Rolf Dubs
Lehrerverhalten

Rolf Dubs

Lehrerverhalten

Ein Beitrag zur Interaktion von Lehrenden und Lernenden im Unterricht

VERLAG:SKV

Dr. Dres. h.c. Rolf Dubs
Em. Professor für Wirtschaftspädagogik
der Universität St. Gallen
1990–1993 Rektor der Universität St. Gallen
Ehemals Direktor des Institutes für Wirtschaftspädagogik
an der Universität St. Gallen

2., vollständig neu
bearbeitete Auflage
2009

ISBN 978-3-286-51052-4

Umschlag: Brandl & Schärer AG

Vorwort zur zweiten Auflage

Eigentlich dachte ich nicht mehr daran, dieses Buch über das Lehrerverhalten in einer zweiten Auflage herauszubringen. Viele Lehrpersonen ermunterten mich aber immer wieder dazu.
Nun liegt die Neuauflage vor. Der ursprüngliche Charakter des Buches bleibt erhalten. Inhaltlich ist es aber vertieft und ausgeweitet worden, um vor allem neuen Problemen gerecht zu werden. Auch neue Literatur und Forschungsergebnisse sind eingearbeitet worden, ohne jedoch ältere Literatur nicht mehr anzuführen. Es zeichnet sich nämlich immer deutlicher ab, dass eine erste, originelle Idee häufig zu einer Fülle von Folgepublikationen führt, welche das Neue oft weniger verständlich und nicht besser darstellen als die erste ursprüngliche Publikation. Deshalb finden sich im Buch viele Verweise auf ältere Literatur.

Im Verlaufe des Entwerfens des Buches belasteten mich aber zwei Probleme immer stärker:
Erstens erscheinen täglich neue Publikationen zum Lehrerverhalten, ganz abgesehen davon, dass diese Thematik immer vielfältiger wird. Deshalb ist es kaum mehr möglich, den Überblick über die gesamte verfügbare Literatur sicherzustellen. Als Folge davon muss die Literaturauswahl beschränkt bleiben, und das Risiko, nicht immer auf einer optimalen Literaturauswahl aufzubauen, wird zunehmend grösser und kann zu einem ernsthaften Kritikpunkt werden.
Zweitens werden mit der Verfeinerung der Forschungsmethodik und der Spezialisierung im Fachgebiet die Ergebnisse der empirischen Forschung immer widersprüchlicher. Dies macht es laufend schwieriger, in einem Buch, das für die Schulpraxis geschrieben wurde, aus Forschungsergebnissen Trendaussagen abzuleiten, welche dem Schulalltag dienen können. Ich habe trotzdem versucht, Forschungsergebnisse auszuwerten und sie als Trendaussagen und in Verbindung mit Best Practice darzustellen.

Eine weitere Problemstellung betrifft die normative Basis von Empfehlungen für das Lehrerverhalten. Ausgegangen bin ich von einer leistungsorientierten Schule mit einem erweiterten Leistungsbegriff (nicht nur kognitive, sondern auch psychomotorische, soziale, affektive und volutative Schulleistungen), in welcher den Schülerinnen und Schülern Sorge getragen wird (Caring) und alles versucht wird, um ein gutes Schulklima mit einem wohlwollenden Lehrerverhalten zu schaffen. In solchen Schulen darf nicht indoktriniert werden, sondern die Schülerinnen und Schüler sollen unterstützt werden, bei Wertfragen im freien Urteil zu einer reflektierten eigenen Meinung zu gelangen. Im Übrigen verweise ich auf meine Grundannahmen zur Schule und zum Unterricht, welche für meine Arbeiten immer noch wegweisend sind (Dubs 1993).

Das Buch orientiert sich nicht an einem bestimmten Paradigma. Es will auch kein wissenschaftlich originelles Werk sein, sondern viel bescheidener den Lehrerinnen und Lehrern Anregungen zur Verbesserung des eigenen Unterrichts und zur Reflexion über das eigene Denken und Handeln geben. Anders ausgedrückt versucht es auf der Basis wissenschaftlicher Erkenntnisse einen Beitrag zur Kunst des Unterrichtens zu leisten.

St. Gallen, September 2008 Rolf Dubs

Inhaltsverzeichnis

Kapitel 1
Grundlegung

1 Vier Probleme und drei Voraussetzungen des Buches

Es sind vier Gründe, die es immer schwieriger machen, ein Lehrbuch über Lehrerverhalten zu schreiben. Erstens lösen sich Paradigmen[1] über den Unterricht und die Sichtweise über die Rolle von Lehrkräften im Rahmen des wissenschaftlichen Erkenntnisfortschrittes immer rascher ab, sodass Aspekte des Lehrerverhaltens laufend unter neuen Voraussetzungen und Annahmen behandelt werden und als Folge der – sehr oft einseitigen – andersartigen Betrachtungsweise neue (häufig auch nur scheinbar neue) Einsichten vorgetragen werden. Zweitens beeinflussen normative Entwicklungen (bildungsphilosophische und gesellschaftspolitische Zielsetzungen) die Schule und damit auch die Rolle und die Aufgaben der Lehrkräfte. Diese Entwicklungen haben oft den Nachteil des wenig durchdachten Pendelschlages, weil die breite Öffentlichkeit – unabhängig von der Dauerhaftigkeit und Qualität neuer Zielvorstellungen – rasche Anpassungen in der Schule und im Rollenverständnis der Lehrpersonen erwartet. Drittens haben Lehrkräfte ihre eigenen Überzeugungen darüber, was guter Unterricht ist. Dabei verhalten sie sich je nach ihrer eigenen Lebens- und Schulerfahrung statischer oder dynamischer, d.h., sie sind entweder überhaupt nicht bereit, Neuerungen zu akzeptieren, oder – um beim Extrem zu bleiben – sie eifern jeder Innovation unreflektiert in der Meinung nach, sie sei geeignet, Schwachstellen im Unterricht ein für alle Male zu beseitigen. Viertens macht sich – wie in allen Lebensbereichen – auch in der Pädagogik eine gewisse Intoleranz bemerkbar, indem Wissenschafter (häufig aus dem Bestreben nach eigener Profilierung) und Praktiker (oft aus weltanschaulichen Überzeugungen oder persönlichen Erfahrungen aller Art) nur eine Auffassung über Schule und Unterricht (meistens für eine gewisse Zeit) als richtig anerkennen und alles andere in Frage stellen oder gar ablehnen.

Im Interesse der Transparenz und der sachlichen Auseinandersetzung über die Rolle und das Verhalten von Lehrpersonen ist es angesichts der Vielfalt von vertretenen Positionen zwingend, zu Beginn den eigenen Standpunkt offenzulegen. Deshalb werden drei Positionsbezüge an den Anfang gestellt.

1) Ist Unterricht eine Wissenschaft oder eine Kunst?
2) Welche Aufgaben sollen Lehrerinnen und Lehrer übernehmen?
3) Von welchem Paradigma und von welchen Ansätzen über Unterricht, Lehren und Lernen wird ausgegangen?

[1] Paradigma heisst: Modell zur Erklärung von Zusammenhängen.

1.1 Ist Unterricht eine Wissenschaft oder eine Kunst?

Immer wieder wird behauptet, das Unterrichten sei eine Kunst. In dieser extremen Form ist diese Aussage falsch. Erfolgreiches Unterrichten bedingt zunächst Kompetenzen.
Grundlegende Voraussetzung für wirksames Unterrichten ist eine gute fachwissenschaftliche Kompetenz (Mayer, Mullens et al. 2000). So konnte beispielsweise festgestellt werden, dass in ihrem Studienfach pädagogisch gut beurteilte Lehrkräfte weniger erfolgreich unterrichten, wenn sie in einem verwandten Fach eingesetzt werden, das sie nicht umfassend studiert hatten. Wer also fachwissenschaftlich nicht kompetent ist, wird nie variantenreich unterrichten können, denn nur wer sein Fachgebiet beherrscht, weiss, wo die Probleme des Verstehens und Anwendens von Wissen liegen, warum Verständnisprobleme entstehen und wie mit ihnen umgegangen werden kann. Allerdings benötigen Lehrkräfte nicht genau das gleiche fachwissenschaftliche Wissen wie Fachwissenschaftler in anderen Berufen, sondern sie müssen dieses fachwissenschaftliche Wissen berufsbezogen verfügbar machen, d.h., ein Chemielehrer braucht ein anderes strukturiertes Fachwissen als ein Chemiker in der Industrie. Dieses Fachwissen ist immer in den Zusammenhang mit den schulischen Bedürfnissen zu bringen, damit es unterrichtlich sinnvoll verwertbar ist. Daher benötigt eine Lehrkraft zusätzlich ein breites pädagogisches Wissen, ein gutes Wissen über die Abhängigkeiten der Schule von ihrer Umwelt sowie ein Wissen über Merkmale und Eigenarten der jeweils zu unterrichtenden Schüler und Schülerinnen. Über eine gute unterrichtliche Basis verfügt demzufolge eine Lehrkraft immer erst dann, wenn sie diese vier Wissensbereiche sinnvoll miteinander zu einem Ganzen, dem **pädagogischen Inhaltswissen** (Shulman 1986), verknüpfen kann. Ziel der Lehrerbildung und -weiterbildung muss es sein, dieses pädagogische Inhaltswissen aus zwei Gründen dauernd auszuweiten. Erstens nimmt das Wissen in allen vier Bereichen stets zu, sodass jede Lehrkraft daran teilhaben muss, um den Anschluss nicht zu verlieren. Und zweitens sollte sich jede Lehrperson bemühen, ihr pädagogisches Inhaltswissen fortwährend zu vergrössern, um den Unterricht vielseitiger und innovativer zu gestalten. Die Weiterbildung in nur einem Bereich (z.B. bloss fachwissenschaftliche Weiterbildung) genügt für eine gute Unterrichtsführung nicht. Abbildung 1.1 zeigt diese Zusammenhänge.
Viele Lehrkräfte – vor allem solche auf höheren Schulstufen – messen indessen dem pädagogischen Wissen nicht viel Bedeutung bei, weil sie gegenüber der erziehungswissenschaftlichen Forschung skeptisch eingestellt sind. In diesem Buch wird der wissenschaftlichen Basis des pädagogischen Wissens auf drei Ebenen viel Bedeutung beigemessen (Arends 1991): (1) als wissenschaftliche Basis des Unterrichtens, (2) als persönliches Repertoire für die eigene Tätigkeit und (3) als Voraussetzung und Grundlage für das dauernde Reflektieren über das eigene Tun.
Die wissenschaftliche Basis des Unterrichts beruht auf mehreren zehntausend empirischen Untersuchungen, in denen meistens die Zusammenhänge zwischen einem bestimmten Rollenverständnis von und über Lehrpersonen, ihren Wert- und Zielvorstellungen, den verschiedenen Formen ihrer Unterrichtsgestaltung und -führung sowie den Voraussetzungen und Aktivitäten bei den Lernenden mit den Auswirkungen auf die erzielten Lernergebnisse erforscht werden. Die gefundenen Erkenntnisse sind zum Teil sehr widersprüchlich und reichen bei weitem nicht aus, um den Unterricht sowie das Lehrer- und Schülerverhalten umfassend zu erklären. Trotzdem

Abbildung 1.1 **Pädagogisches Inhaltswissen**

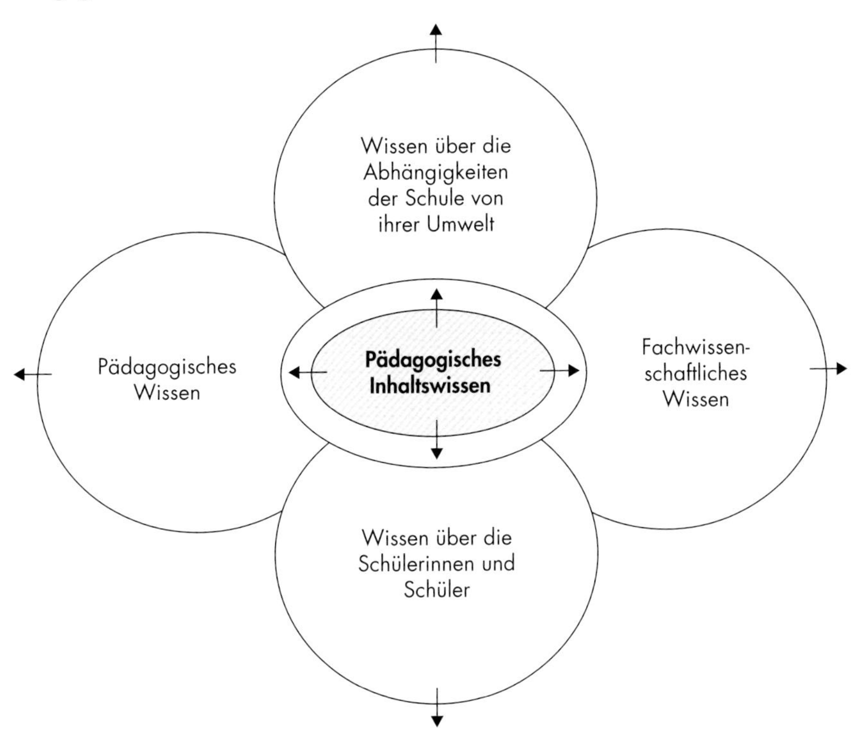

können die Ergebnisse auch für die praktisch tätigen Lehrpersonen wertvoll sein, denn sie zeigen – gar wenn in ähnlichen Untersuchungen übereinstimmende Ergebnisse gefunden wurden –, unter welchen Bedingungen und in welcher Situation eine bestimmte Form von Unterricht oder von Lehrerverhalten erfolgreich ist und wann nicht. Damit bietet aber die Forschung nicht unmittelbar Rezepte an, die jederzeit gültig und anwendbar sind, sondern sie sensibilisiert nur für Beziehungen zwischen verschiedenen Verhaltensweisen von Lehrpersonen und zeigt, unter welchen Bedingungen und in welcher Situation eine bestimmte Form von Unterrichtsführung oder Lehrerverhalten vorteilhafter oder ungünstiger ist. Die Forschung ermöglicht also nur **Trendaussagen**, die nicht immer und in jeder Situation absolut gültig sind.
Diejenigen Lehrkräfte, die über viele Forschungskenntnisse verfügen, können ihr Verhalten bewusster steuern und deutlicher erkennen, was für ihre Unterrichtsführung in den verschiedensten Situationen wirksam (erfolgreich) ist und sich auf diese Weise bewusster ein **persönliches Repertoire** für einen vielgestaltigen Unterricht aufbauen. Deshalb gewinnen auch diejenigen Lehrkräfte für sich persönlich am meisten, die ihr **eigenes Tun** anhand der Forschungserkenntnisse stets **reflektieren**, d.h., sich immer wieder überlegen, wie man Forschungserkenntnisse für die eigene Tätigkeit und Entwicklung nutzen und in konkreten unterrichtlichen Vorhaben situationsgerecht anwenden kann.
Deshalb hat das **Unterrichten sowohl eine wissenschaftliche Basis als auch den Charakter einer Kunst:** Diejenige Lehrperson, die Forschungsergebnisse als Richtschnur oder als Trend zur Kenntnis nimmt, sie für ihr eigenes Unterrichten nutzbar

macht und sich durch Reflexion allmählich ein eigenes Repertoire aufbaut, wird langfristig erfolgreicher sein als diejenige, welche von Forschungsergebnissen nichts wissen will, sei es, weil sie der Meinung ist, menschliches Verhalten lasse sich empirisch nicht erfassen, oder sei es, weil sie die Forschung infolge der vielen widersprüchlichen Ergebnisse grundsätzlich in Frage stellt (Gage 1978).
An dieser Stelle sei ein Vergleich mit der Medizin gestattet. Aus der Forschung weiss man, dass ein Heilmittel X geeignet ist, die Krankheit Y zu heilen, weil nachweislich viele Menschen gesund wurden. Es gibt aber auch immer wieder Einzelfälle, bei denen das Heilmittel nicht wirkt. Trotzdem wird es weiterverwendet; aber die anwendenden Ärzte werden versuchen, genau zu beobachten, unter welchen situationalen Bedingungen das Heilmittel mehr oder weniger nützt. Die wissenschaftliche Erkenntnis wird durch die ärztliche Kunst ergänzt.
Dieses Buch stützt sich deshalb stark auf empirische Forschungsergebnisse ab, die in genügender Weise gesichert sind, einen ausreichenden Realitätsbezug haben und vorsichtig verallgemeinert werden dürfen, um eine Richtschnur oder Trendaussagen für die Praxis zu erhalten, die aber nicht unumstössliche Rezepte und Regeln darstellen, sondern Hinweise auf ein bedenkenswertes Agieren und Verhalten geben. Amerikanische Forschungsergebnisse werden nur zitiert, wenn sie bildungspolitisch und interkulturell mit europäischen Voraussetzungen einigermassen vergleichbar sind.

1.2 Welche Aufgaben sollen Lehrerinnen und Lehrer übernehmen?

Angesichts der steigenden Erwartungen an die Lehrpersonen (die Gesellschaft und die Eltern erwarten von der Schule immer häufiger die Übernahme von Aufgaben, die eigentlich ihnen zustehen, die sie aber nicht mehr erfüllen können oder wollen) und die schwieriger werdende Unterrichtsführung (zunehmend heterogenere Klassen in kultureller, intellektueller und sprachlicher Hinsicht) machen es verständlich, wenn vor allem die Lehrerverbände eine Rückkehr und Konzentration der Tätigkeit ihrer Mitglieder auf die **Kernaufgabe** des Unterrichtens fordern. In diesem Buch wird eine andere Auffassung vertreten: Die Lehrerinnen und Lehrer sollten sich als die Fachleute für die Schule, die Erziehung und den Unterricht und ihre Aufgabe als Ganzheitliches im Umgang mit der Schule und der jungen Generation verstehen. Deshalb umfasst ihr Auftrag mehr als nur das Erteilen und Betreuen von Unterricht, sondern er beinhaltet die folgenden Aufgaben:

- Selbstverständlich stehen die **Gestaltung und die Führung des Unterrichts**[2] als **Kernaufgabe** im Vordergrund.
- Dazu müssen die Lehrpersonen aber weiterhin bereit sein, auch Erziehungsaufgaben zu übernehmen: Sie sollten sich mit den Lernenden über wichtige Fragen der gesellschaftlichen und individuellen Werte (Werterziehung) auseinandersetzen, ihnen zu emotionaler Stabilität und persönlicher Sicherheit verhelfen sowie für Ordnung und Anstand wenigstens im weiteren Umfeld der Schule sorgen. Selbstverständlich können sie nicht alle Aufgaben, welche viele Eltern

[2] Unter Gestaltung des Unterrichts wird der Aufbau von Unterrichtseinheiten (eine oder mehrere Lektionen) verstanden: Zielsetzung, Unterrichtsverfahren (siehe Abbildung 1.6) und Ablauf.
Mit Unterrichtsführung ist die praktische Durchführung von Unterrichtseinheiten gemeint.

und die Gesellschaft nicht mehr wahrnehmen, erfüllen. Sichtbar sein muss jedoch ein deutlicher Wille zur Erziehungsarbeit im Rahmen des Möglichen der Schule.

- Von Bedeutung ist im Weiteren die **Kommunikation mit den Eltern**, indem die Lehrpersonen bereit sind, mit den Eltern individuelle und kollektive Kontakte zu haben und mit ihnen zusammenzuarbeiten. Sie bemühen sich auch gezielt um eine Rechenschaftsablage über die Leistungen und Erfolge mit ihren Schülerinnen und Schülern. Eine institutionalisierte Mitbestimmung für die Eltern wird hier aber nicht vertreten, denn sie ist mangels längerfristiger Interessen vieler Eltern nicht wirklich geeignet, die Qualität der Schule zu verbessern. Zudem trägt sie eine Tendenz in sich, die Stellung der Lehrkräfte als Fachleute für Erziehung zu schwächen (siehe ausführlich Dubs 2005 und die dort zitierte Literatur).
- Angesichts der selbstverständlich gewordenen Forderungen nach der Verbesserung der Qualität der Schule mit neuen Erhebungsinstrumenten wie TIMSS und PISA[3] sowie Verfahren wie Cockpit (Moser 2003), müssen die Lehrpersonen zur **Diagnose** von Schülerleistungen und Schülerverhalten bereit sein, wobei die Fähigkeit zur Diagnose **Beurteilungskompetenz** voraussetzt.
- Erziehung, Förderung, Beurteilung und Diagnose setzen ein **Caring** voraus, d.h., erfolgreiche Lehrkräfte tragen ihren Schülerinnen und Schülern «Sorge», sie interessieren sich für ihre Entwicklung und ihre Lernfortschritte. Sie führen sie aber auch zielgerichtet (siehe Noddings 2001).
- Schliesslich verstehen sich Lehrkräfte nicht nur als Unterrichtende, sondern sie sind auch bereit **aussercurriculare und administrative Aufgaben** zu übernehmen, wozu insbesondere die aktive Mitwirkung bei **Schulentwicklungsaufgaben** zählt (vergleiche beispielsweise Rolff 2006).

In diesem Buch wird das Schwergewicht auf die Gestaltung und die Führung des Unterrichts, auf einzelne Aspekte der Erziehung, der Kommunikation und des Carings gelegt. Fragen der Kommunikation mit den Eltern, der Beurteilungskompetenz sowie der aussercurricularen und administrativen Aufgaben und der Schulentwicklung werden nicht behandelt (siehe dazu Dubs 2005).

1.3 Von welchem Paradigma und von welchen Ansätzen über Unterricht, Lehren und Lernen wird ausgegangen?

1.3.1 Der stete Wandel

Seit vielen Jahren werden Paradigmen des Lehrens und Lernens (Behaviorismus, Kognitivismus, Konstruktivismus) sowie Unterrichtsansätze (individuelles und kollektives Lernen, kompetenzorientierter Unterricht, problemorientierter Unterricht, handlungsorientierter Unterricht, gelenktes Lehrgespräch, selbstgesteuertes Lernen usw.) wissenschaftlich zunehmend intensiver und kontroverser diskutiert. Dabei laufen die Auseinandersetzungen meistens nach dem gleichen Muster ab: Von Zeit zu

[3] TIMSS steht für «Third International Mathematic and Science Study», PISA für «Programmes for International Student Achievement».

Zeit entwickelt sich aufgrund von erkannten Mängeln oder Schwachstellen eines vorherrschenden Paradigmas oder eines Unterrichtsansatzes eine neue Betrachtungsweise, die von Forschenden und praktisch Tätigen systematisiert und im guten Fall zu einem neuen Paradigma oder Ansatz ausgearbeitet wird. Je besser es gelingt, das neue Paradigma oder den neuen Ansatz plausibel zu begründen und aufzuzeigen, wie gut sie geeignet sind, allgemein erkannte Mängel zu überwinden, desto mehr Forschende und praktisch Tätige propagieren ihn, wobei häufig ein grosser Nachahmungsdrang beobachtbar ist. Gefährlich wird es dann, wenn die neuen Ideen den Charakter eines Slogans erhalten (vergleiche die interessante Beschreibung bei Komisar & McCellan 1968), d.h., der Ansatz und seine Begriffe so umfassend dargestellt werden, dass jedermann diejenigen Aspekte hinein interpretieren kann, die seinen Vorstellungen am besten entsprechen. Im Verlaufe der Zeit erfahren aber viele Lehrkräfte im praktischen Unterricht und erkennen Wissenschafter aufgrund empirischer Untersuchungen, dass auch das neue Paradigma oder der neue Ansatz, gar wenn sie übergeneralisiert oder unreflektiert und dogmatisch verbreitet wurden, ihre Schwachstellen und Mängel haben. Und die Suche beginnt von Neuem, dem irgendwann das gleiche Schicksal droht, wenn es zu einseitig empfohlen wird. An sich sind solche Pendelschläge nicht zwingend schlecht, denn sie beflügeln die wissenschaftliche Forschung. Kritisch sind sie jedoch, weil sie Lehrkräfte verunsichern und für eine gewisse Zeit die Entwicklung der Schule infolge ihrer Einseitigkeit negativ beeinflussen können. Die Idee antiautoritärer Erziehung ist dafür ein typisches Beispiel.
Deshalb kann nicht genügend betont werden: Lehren und Lernen bleibt ein dermassen anspruchsvolles Unterfangen, das mit einseitigen Paradigmata und Ansätzen weder erklärbar noch wirksam umsetzbar ist. Daher ist es gut, sich des Gesetzes der ungewollten Nebenwirkung in der Pädagogik von Eduard Spranger zu erinnern, welches besagt, dass es in der Pädagogik nichts gibt, was nicht auch wieder Nachteile hat.
In diesem Buch wird versucht, Bewährtes mit Neuem zu verknüpfen. Es erhebt deshalb nicht den Anspruch paradigmatisch originell oder neu zu sein, sondern es versucht das Lehrerverhalten unter dem Gesichtspunkt eines breiten Repertoires (Vielgestaltigkeit) darzustellen, ohne sich einseitig an einem Paradigma oder an einem Ansatz zu orientieren. Ziel ist es, von klaren Prämissen ausgehend, solche Aspekte und Kriterien des Lehrerverhaltens aufzuzeigen, für welche theoretische und empirische Trendaussagen vorliegen, die dazu beitragen können, die Qualität des alltäglichen Unterrichts zu verbessern.
Weil unterschiedliche Auffassungen über die Unterrichtsgestaltung und -führung hintergründig meistens auf verschiedenartigen paradigmatischen Voraussetzungen beruhen, werden im Folgenden die in der heutigen Schuldiskussion wichtigen Paradigmata in idealtypischer Weise kurz dargestellt.

1.3.2 Objektivismus und Konstruktivismus

Objektivismus und Konstruktivismus werden meistens als zwei Extreme eines Kontinuums beschrieben, um die Unterschiede deutlich sichtbar werden zu lassen (Jonassen 1992).

Die **Objektivisten** gehen von folgenden Annahmen aus (Objektivismus):

1) Es gibt zu einer bestimmten Zeit ein allgemein gültiges (objektives) Wissen, mit dem sich die Welt und das Geschehen in der Welt weitgehend erklären lassen.

2) Dieses Wissen weist in den meisten Bereichen eine relativ hohe Stabilität aus und lässt sich so strukturieren, dass es an die Lernenden weitergegeben werden kann.
3) Die Lernenden übernehmen dieses Wissen von den Lehrenden sowie aus Lehrmaterialien und verstehen es im gleichen Sinn, weil es ein Abbild der Realität ist.
4) Im Lernprozess wird das Wissen über Denkprozesse, die für die Lernenden gestaltet werden, assimiliert. Deshalb beinhalten Lernprozesse die Übernahme und die Verinnerlichung der realen Welt bzw. deren struktureller Merkmale.
5) Damit ist es die Aufgabe von Erziehung und Bildung, den Lernenden zu helfen, die Inhalte des objektiven Wissens über die Welt in die Strukturen ihres Denkens zu übernehmen.

Die **Konstruktivisten** nehmen die gegenteilige Position ein (Subjektivismus):
1) Ein objektives Wissen gibt es nicht, sondern jeder Mensch konstruiert oder interpretiert die Wirklichkeit aufgrund seiner eigenen Erfahrungen und Vorstellungen. Deshalb gibt er dem Wissen die von ihm erfasste Bedeutung (z.B. sieht ein Architekt ein Haus anders als ein Dieb).
2) Daher versteht jeder Mensch die Realität etwas anders, nämlich so, wie er sie aus seinen Erfahrungen und aus dem Dialog mit anderen Menschen aufbaut (konstruiert).
3) Aufgabe von Erziehung und Bildung ist es demzufolge, den Lernenden Erlebnisse zu verschaffen und Probleme vorzulegen, damit sie ihr Wissen und Können selbst aktiv aufbauen können, denn nur dann verstehen sie es. Wissen kann deshalb nicht passiv übernommen werden, weil es einerseits nicht beschreibbar ist, und andererseits bei einer passiven Übernahme nur angelerntes, aber nicht verstandenes und jederzeit anwendbares Wissen ist.

Diese – in den Extremen gezeigte – Gegenüberstellung von Objektivismus und Konstruktivismus macht sofort deutlich, dass die Rolle und das Verhalten der Lehrkräfte in diesen beiden Fällen sehr verschieden sein müssen: bei den **Objektivisten lehrt** die Lehrkraft schwergewichtig, bei den **Subjektivisten modelliert** sie Lernkontexte und **moderiert** hauptsächlich.
Zum Objektivismus zählt das Paradigma des Behaviorismus und bei einzelnen Forschern der Kognitivismus. Zu den Subjektivisten gehören die Konstruktivisten und zum Teil die Kognitivisten.

1.3.3 Der Behaviorismus

Der dem Objektivismus zuzurechnende behavioristische Ansatz des Lehrens und Lernens beruht auf vier Prinzipien (Goetz, Alexander & Ash 1992):

1) Das Unterrichten wird auf spezifische, beobachtbare Verhaltensweisen ausgerichtet. Deshalb bestimmt die Lehrkraft das konkrete Verhalten, das gelehrt wird und führt es durch seine Interventionen herbei. Zu diesem Zweck werden behavioristische Lernziele[4] entworfen.

[4] Behavioristische Lernziele sind durch drei Merkmale charakterisiert: (1) Das zu erreichende Endverhalten, (2) die Bedingungen, unter denen das Endverhalten zu zeigen ist, (3) den zu erbringenden Leistungsstandard (Mager 1962).
Beispiel: Am Ende des Unterrichts sind die Lernenden in der Lage, das Standardsoftware-Paket «Word Perfect» unter Zuhilfenahme des Handbuches für alle Anwendungen fehlerfrei einzusetzen.

2) Komplexe Lernvorgänge sind in eine Reihe von einfachen Lernschritten aufzugliedern, die konkretes Verhalten beinhalten. Aufgabe der Lehrkräfte ist es, diese Lernschritte festzulegen und den Lernenden zu helfen, diese Lernschritte zu bewältigen. Daraus werden anschliessend komplexere Verhaltensweisen durch eine sinnvolle Aneinanderreihung und Kombination von einfachen Lernschritten unter Anleitung der Lehrkraft aufgebaut.
3) Die Lehrkraft fördert und verstärkt richtiges Verhalten der Lernenden sofort, d.h. sie arrangiert den Unterricht so, dass die Lernenden das gewünschte Verhalten erbringen, das unmittelbar belohnt wird (Lob und Anerkennung).
4) Die Lehrerschaft steuert und überwacht den Lernprozess laufend, um den Lernfortschritt zu kontrollieren und um Fehler sofort zu korrigieren.

Der auf die amerikanischen Psychologen Thorndike (1932) und Skinner (1948) zurückgehende Behaviorismus kommt heute vor allem in drei Erscheinungsformen zum Tragen: in der in kleine Lernschritte gegliederten, stark gesteuerten Form der fragend-entwickelnden Lehrform im Frontalunterricht, im traditionellen programmierten und im traditionellen computergestützten Unterricht. Er gibt vor, Lernen sei ein einfacher Prozess, in welchem über sinnvoll aneinandergereihte kleine Lernschritte, die beobachtbar sind, komplexe Zusammenhänge verstehbar und durchschaubar gemacht werden können. Diese Hoffnung hat sich nicht erfüllt.
Wohl konnte seine Wirksamkeit beim Üben (Drill and Practice) sowie beim Erlernen einfacher Vorgänge und Abläufe (insbesondere wenn es nur um deren Beherrschung geht) nachgewiesen werden. Bedeutsam sind auch die Erkenntnisse über die Verstärkung, sei es in der unterrichtlichen Interaktion mit den Lernenden (siehe Abschnitt 3.3 im Kapitel 4) oder in Fragen der Führung einer Klasse (siehe Kapitel 15). Hingegen reicht er zur Erklärung intellektuell anspruchsvoller Lernprozesse nicht aus, weil das Aneinanderreihen von kleinen, noch so logisch aufgebauten Lernschritten kein Verständnis für die Gesamtzusammenhänge zu schaffen vermag (das Ganze ist mehr als die Summe seiner Teile), und weil der ganze Bereich der Metakognition (Bewusstsein und Wissen über die eigenen Denkprozesse und die Fähigkeit, sie zu beobachten und zu regulieren) vernachlässigt wird.

1.3.4 Der kognitive Behaviorismus

Der ebenfalls zum Objektivismus gehörende kognitive Behaviorismus (Becker 1986, Vargas 1993) versucht an den Prinzipien des Behaviorismus festzuhalten, sie aber durch Erkenntnisse aus der Kognitionspsychologie[5] zu ergänzen. Er lässt sich wie folgt charakterisieren:

1) Die Aufgliederung in kleine Lernschritte und damit auch behavioristische Lernziele werden beibehalten. Aber bei der Bearbeitung der einzelnen Lernschritte werden kognitionspsychologische Elemente (siehe im nächsten Abschnitt 1.3.5) bewusst eingebaut (z.B. Begriffe werden systematisch entwickelt, das Neue wird in das Bekannte eingebaut oder in einzelnen Lernschritten werden Verfahren der Problemlösetechnik angewandt).

[5] Kognitionspsychologie heisst: Psychologie des Wissens und Denkens.

2) Das intensive Einüben von Grundfertigkeiten ist bedeutsam, wobei einfache Grundfertigkeiten fortlaufend stärker zu kombinieren sind, damit auch anspruchsvollere Aufgaben und Probleme gelöst werden können.
3) Die einzelnen Verhaltensschritte bei der Bearbeitung von Problemen sind immer wieder durch die Schülerinnen und Schüler beschreiben zu lassen, damit sie sich der Konsequenzen ihres Tuns bewusst werden und die Metakognition entwickelt wird.
4) Das regelmässige Feedback (Verstärkung) bleibt bedeutsam, was starke Lehreraktivitäten bedingt. Deshalb ist auch dieser Unterricht stark lehrerzentriert.

Dieser Ansatz wird oft mit dem «Direct Instruction Model»[6] in Verbindung gebracht (Becker & Gersten 1982, Rosenshine 1983), welches vor allem für das Erlernen von Grundlagen und für eher weniger gewandte Schülerinnen und Schüler gute Lernerfolge zeitigte. Obschon dieses Modell kognitive Aspekte bei einzelnen Lernschritten besser beachtet und damit auch den metakognitiven Bereich angeht, bleibt es umstritten, weil es offen lässt, ob Gesamtzusammenhänge verständlich werden, wenn – auch unter Berücksichtigung kognitionspsychologischer Einsichten – auf kleinen Lernschritten aufgebaut wird. Kritiker verweisen immer wieder darauf, dass die kleinen Lernschritte, gar wenn sie durch die Lehrkraft stark gesteuert sind, zum mechanischen Lernen und routinemässigen Anwenden verführen, wodurch die Förderung der Denkprozesse (Kognition) letztlich doch vernachlässigt wird.

1.3.5 Traditioneller Kognitivismus

Der traditionelle Kognitivismus (traditionell, weil er dem Objektivismus verpflichtet ist) orientiert sich am Denkprozess. Betrachtet werden die mentalen Operationen (geistigen Prozesse), die nötig sind, um neues Wissen zu erlernen und zu verstehen: Identifizieren, Analysieren und Systematisieren von Ereignissen, Sachverhalten und Erscheinungen; Erinnern von vorgängig gelerntem Wissen; Lösen von Problemen sowie Entwickeln, Formulieren und Organisieren von neuen Ideen. Diese Operationen können nicht in kleinen Schritten «verabreicht» werden, sondern die Lehrkräfte müssen die Denkprozesse der Lernenden anregen und sie von ihnen durcharbeiten lassen. Wesentlich ist, dass die Schülerinnen und Schüler diese Denkprozesse schliesslich verstehen und selbst steuern sowie die Erkenntnisse und Einsichten in eigenen Worten ausdrücken können. Aufgabe der Lehrerinnen und Lehrer ist es deshalb, Lernprozesse der Jugendlichen anzuleiten und sie in deren weiteren Ausgestaltung und Verfeinerung zu unterstützen. Die vielen in den letzten zwanzig Jahren entwickelten traditionellen kognitiven Ansätze lassen sich durch die folgenden gemeinsamen Merkmale charakterisieren (Bednar et al. 1992, Goetz et al. 1992, Joyce & Weil 1996):

1) Ziel des Unterrichts ist es, Möglichkeiten zu schaffen, dass die Lernenden die reale Welt (objektives Wissen) verstehen. Deshalb sind **kognitive Lernziele**[7] zu

[6] Direct Instruction Model heisst: Die Lehrperson leitet die Schülerinnen und Schüler mit einer gezielten Steuerung der Lernprozesse an.

[7] Es wird immer wieder behauptet, Lernziele seien nur mit dem Behaviorismus vereinbar. Leider verstärkt die Praxis diesen Eindruck, denn viele Lernziele sind tatsächlich behavioristisch auf kleine Lernschritte ausgerichtet. Dies ist nicht selten eine Folge von mangelnder didaktischer Phantasie und der Unkenntnis kognitiver Unterrichtsmodelle. Kognitive Lernziele sind für die

erreichen, bei denen aber nicht nur das Lernergebnis (Produkt), sondern auch der Lern- und Denkprozess bedeutsam sind (Kognition und Metakognition).

2) Aufgabe der Unterrichtenden ist es, eine günstige Lernumgebung zu schaffen, in der Denkprozesse fortlaufend angeregt werden. Dies ist umso eher der Fall, je mehr die Lernenden die Gelegenheit zum aktiven Handeln und Denken erhalten, und je stärker durch strukturierende Hilfen der beschränkten Aufnahmekapazität von Wissen Rechnung getragen wird (ohne die Spontaneität des Lernprozesses durch eine zu starke Steuerung in kleinen Lernschritten zu beeinträchtigen).
3) Denkprozesse werden nicht durch kleine, linear verabreichte Problemstellungen in Gang gesetzt, sondern durch die Vorgabe anspruchsvoller Aufgaben- und Problemstellungen, die bei den Lernenden eine Fragehaltung und einen Suchprozess auslösen, der zu Können und Einsichten führt, die auf andere Situationen übertragbar sein sollen (Transfer).
4) Für das eigene Lernen wichtig sind kognitive Strategien, d.h. systematische Vorgehensweisen (Pläne) beim Lernen. Sie umfassen alle Verhaltensweisen und Gedanken, die Lernende verwenden, um ihren Lernprozess in möglichst wirksamer Weise zu gestalten (z.B. wenn sie mit Hilfe eines Lehrbuches lernen, stellen sie vor Beginn des Lernens Fragen an den Text und fassen das Gelesene am Ende jedes Abschnitts zusammen; oder sie führen vor Beginn des Lernens Selbstgespräche, um ihre Lernangst zu reduzieren usw.) (Weinstein & Mayer 1986). Primäre Aufgabe der Lehrkräfte ist es also, mit den Schülerinnen und Schülern Lernprozesse durchzuarbeiten und zu entwickeln.
5) Besonders bedeutsam ist das Lernen (die Eigentätigkeit) in Gruppen, weil sie nicht nur zur gegenseitigen Anregung und als Korrektiv in den Lernprozessen dienen, sondern auch die sozialen Fähigkeiten stärken.
6) Ganz wesentlich ist schliesslich die Balance zwischen dem, was die Lehrkraft vermittelt und dem, was die Lernenden selbst erarbeiten (entwickeln, entdecken). Einigkeit besteht heute bei den Vertretern dieses Ansatzes darüber, dass es ein «Sowohl-als-auch» sein muss. Hingegen sind die Auffassungen über das Ausmass und die Gewichtung der Interventionen der Lehrkräfte und der Eigentätigkeit der Schülerinnen und Schüler immer noch sehr widersprüchlich. Wahrscheinlich wird es nie gelingen, das richtige Verhältnis zwischen den

Unterrichtsplanung sehr wertvoll, meistens aber schwierig zu formulieren, weil vor der Formulierung der ganze Lernprozess zu überdenken ist. Zudem können kognitive Lernziele nicht schematisch und vereinfacht umschrieben werden, wie dies aufgrund der Empfehlungen von Mager (1962) weitherum geschehen ist.

Beispiele kognitiver Lernziele:

- Mit Hilfe eines morphologischen Kastens eine ganzheitliche Umweltpolitik entwerfen, diese in der Klasse vertreten und Erkenntnisse aus der Diskussion in die eigenen Überlegungen einbringen.
- Die verschiedenen Theorien zur Arbeitslosigkeit auf ihre Annahmen überprüfen, diese mit der gegenwärtigen Wirklichkeit vergleichen und deren Wirkungsmöglichkeiten sowie politische Anwendbarkeit beurteilen.

Leider setzen sich aber Lernziele in der Unterrichtspraxis selbst dann nicht durch, wenn sie in der Lehrerbildung eingeübt wurden (Aerne 1990 auch für die St. Galler Handelslehrerausbildung). Wahrscheinlich liegt die Begründung dafür darin, dass sich viele Lehrkräfte – vor allem höherer Schulstufen – zu sehr nur mit der Inhaltsfrage des Unterrichts beschäftigen und die Überlegungen zu den kognitiven Prozessen vernachlässigen.

Interventionen und der Eigentätigkeit auch nur annähernd zu bestimmen, weil die Lernvoraussetzungen bei den Schülerinnen und Schülern und die Fähigkeit der Lehrkräfte in lernwirksamer Weise zu intervenieren sehr verschieden sind.

Seit Jahren konzentriert sich die Forschung sehr stark auf diesen traditionellen kognitiven Ansatz, und es liegen interessante Forschungserkenntnisse vor, auf die in diesem Buch immer wieder zurückzukommen sein wird.

1.3.6 Konstruktivismus

Der grundlegende Unterschied zwischen den bisher dargestellten objektivistischen Ansätzen und dem (subjektivistischen) Konstruktivismus liegt in der Auffassung über den Wissenserwerb. Die Konstruktivisten lehnen alle Formen von Übertragung von Wissen von einer Person (der Lehrerin) auf eine andere (den Schüler) als objektivistisch ab. Ihnen geht es darum, wie die Lernenden dieses Wissen für sich verständlich machen, ihm ihren persönlichen Sinn geben (Fosnot 1992). Dazu bedarf es einer Interaktion zwischen dem Lerngegenstand und der lernenden Person, d.h. den Lernenden ist zu helfen, neue Informationen in das eigene Denken aufzunehmen, ihnen Sinn und Verständnis zu geben, damit sie immer wieder einen neuen (erweiternden) Sinn bekommen (Akkomodation). Deshalb handelt es sich beim Konstruktivismus nicht nur um entdeckendes Lernen, sondern es geht um eine neue Interpretation in einem neuen Schema oder in einer veränderten Struktur (Grennon Brooks & Brooks 1993). Denn man möchte nicht nur erreichen, dass die Lernenden etwas repetieren, was schon bekannt ist, sondern dass sie neues Verständnis generieren, demonstrieren und präsentieren können.[8]

Dies sei an einem Beispiel verdeutlicht (Grennon Brooks & Brooks 1993): Ein Kind kennt das Wasser aus der Badewanne und aus dem Schwimmbad. Es erlebt es als ruhig und nur auf seine Bewegungen reagierend. Später sieht es am Strand das Wasser des Meeres, das sich in grossen Wellen bewegt, auf die es keinen Einfluss hat. Beim Baden erkennt es das Salzwasser, das anders schmeckt als das Wasser zuhause. Es wird also mit einer ganz anderen Erfahrung von Wasser konfrontiert, die mit seinem anfänglichen Verständnis nicht übereinstimmt. Deshalb muss es ein neues Verständnis von Wasser konstruieren. Andernfalls findet es sich mit der Wirklichkeit nicht mehr zurecht. Jedes neue Verständnis entwickelt sich aus seiner Fähigkeit, komplexe Denkprozesse vollziehen zu können. Und jede neue Konstruktion von Wissen hängt von seiner kognitiven Fähigkeit ab, die neuen Erfahrungen und Erkenntnisse akkomodieren zu können, d.h. seine bestehenden Wissens- und Denkstrukturen neu auszugestalten. Dieses persönliche Verarbeiten der eigenen Erfahrung stellt den oben angesprochenen Interaktionsprozess zwischen dem Lerngegenstand und der Person her.[9]

Im Hinblick auf den alltäglichen Unterricht lässt sich der Konstruktivismus anhand von acht Merkmalen charakterisieren (Duffy & Jonassen 1992, Pressley, Har-

[8] Konstruktivismus ist in seinem anspruchsvollsten Verständnis mehr als entdeckendes Lernen, das in vielen Fällen nur zu selbsterarbeitetem objektivem Wissen führt. Er will die Lernenden zu **eigenen** Einsichten und zu einem **persönlichen** Verständnis von Erscheinungen führen, um damit echte Dynamik zur Entwicklung des Weltgeschehens zu schaffen.

[9] Dieses Beispiel macht den Rückgriff der Konstruktivisten auf Piaget deutlich (Piaget & Inhelder 1971).

ris & Marks 1992, Mandl 1992, Gerstenmeier & Mandl 1995, Dubs 1995, Reusser 2006):

1) Es gibt kein objektives Wissen. Wissen als Prozess und Produkt wird individuell konstruiert (Interaktion zwischen Lerngegenstand und lernender Person).
2) Inhaltlich muss sich der Unterricht an komplexen, lebens- und berufsnahen, ganzheitlich zu betrachtenden Erlebnis- und Problembereichen (authentische Probleme) orientieren. Nicht vereinfachte (reduktionistische) Modelle, sondern die Realität (unstrukturierte Probleme) sind zu betrachten, denn verstehen lässt sich etwas nur, wenn es im komplexen Gesamtzusammenhang als Problem erfasst ist, dann Einzelheiten im grösseren Zusammenhang betrachtet und vertieft und schliesslich wieder in den Gesamtzusammenhang gebracht werden.
3) Lernen kann nur in einem aktiven Prozess geschehen, weil allein aus eigenen neuen Erfahrungen und Erkenntnissen das individuell vorhandene Wissen und Können als Ganzes (in seiner Struktur) verändert und personalisiert wird, d.h. auf das eigene Interpretieren und Verstehen ausgerichtet wird.
4) Wesentlich ist das Lernen in Gruppen (soziales oder kollektives Lernen), denn erst die Diskussion der individuellen Interpretation und des persönlichen Verstehens, der entworfenen Hypothesen und möglicher Lösungen trägt dazu bei, die eigene Interpretation zu überdenken oder die gewonnenen Erkenntnisse anders (besser) zu strukturieren. In diesem Sinn regulieren die Schülerinnen und Schüler ihr Lernen selbst und halten es auch dauernd in Gang.
5) Bei diesem selbstgesteuerten sozialen Lernen sind Fehler – im Gegensatz zum Behaviorismus – sehr bedeutsam. Diskussionen in Lerngruppen sind nur sinnvoll, wenn Fehler geschehen und diese diskutiert und korrigiert werden. Die Auseinandersetzung mit Fehlüberlegungen wirkt verständnisfördernd und trägt zur besseren Konstruktion des Wissens bei.
6) Die komplexen Lernbereiche sind auf die Interessen der Schülerinnen und Schüler auszurichten, weil am leichtesten aus Erfahrungen gelernt werden kann, die als interessant oder herausfordernd empfunden werden.
7) Konstruktivismus beschränkt sich nicht bloss auf die kognitiven Aspekte des Lehrens und Lernens. Gefühle (z.B. Umgang mit Freuden und Ängsten) sowie persönliche Identifikation (z.B. mit der Lehrkraft, die als Modell dient) sind ausserordentlich bedeutsam, denn kooperatives Lernen, Umgang mit Fehlern in komplexen Lernsituationen, Selbststeuerung und Eigenerfahrung verlangen mehr als nur Rationalität.
8) Weil eine eigene Wissenskonstruktion und nicht die passive Wissensaufnahme und -reproduktion angestrebt wird, darf die Evaluation des Lernerfolgs nicht auf Lernprodukte (mit ausschliesslich richtigen und falschen Lösungen) ausgerichtet werden, sondern zu überprüfen sind die Fortschritte bei den Lernprozessen, und dies wiederum in komplexen Lernsituationen.

Im Verlaufe der Zeit haben sich viele Ausprägungen des Konstruktivismus herausgebildet, die hier nicht nachgezeichnet werden (vergleiche dazu Gerstenmeier & Mandl 1995). Bezogen auf die Unterrichtsgestaltung und -führung unterscheiden sie die einzelnen Ausprägungen in zweierlei Hinsicht:

– Wie viel Wissen sollen sich die Lernenden selbst beschaffen und/oder erarbeiten, und wie viel Wissen soll ihnen durch die Lehrkraft bereitgestellt werden, da-

mit aufgrund der vorgegebenen Problemstellungen neues Wissen leichter und rascher konstruiert werden kann?
- Welches Ausmass an Unterstützung sollen die Lehrkräfte ihren Schülerinnen und Schülern bei der Wissensbeschaffung, Wissenserarbeitung und Problemlösung anbieten?

Am Weitesten geht der **radikale Konstruktivismus** (endogener Konstruktivismus). Seine Vertreter (beispielsweise Duffy & Jonassen 1992, Glasersfeld 1996) wollen nur die Lernvoraussetzungen (starke Lernumgebung mit komplexen Problemstellungen, welche zu anregenden Lernsituationen führen) schaffen, damit die Schülerinnen und Schüler im Wechselspiel von neuen Erfahrungen sowie bisherigem Wissen und Können in Lerngruppen ohne wesentliche Hilfe durch die Lehrperson neues Wissen konstruieren und ihr Verstehen selbständig ausweiten.[10] Da die Lernarbeit weitgehend selbständig in Gruppen erfolgt, wird auch von **Sozialkonstruktivismus** gesprochen.

Auf der anderen Seite steht der **gemässigte Konstruktivismus** (dialektischer Konstruktivismus). Auch bei diesem Ansatz steht die Arbeit an komplexen Problemen im Unterricht im Vordergrund. Die Lehrkräfte bieten aber mehr anleitende (unterstützende) Hilfen an (Dialoge mit Scaffolding, siehe Abschnitt 3.2 im Kapitel 4). Sie verzichten aber auf die Vermittlung von Strukturen und Strategien sowie auf das Modelllernen,[11] sondern Hilfen werden nur soweit angeboten, als sie von den Lernenden

---

[10] Die eindrücklichsten praktischen Unterrichtsbeispiele hat die Cognition and Technology Group at Vanderbilt (Learning Technology Center 1992) entwickelt. Es handelt sich um Abenteuergeschichten für den Mathematik-Unterricht in der Volksschule. Den Schülerinnen und Schülern werden in 15 bis 20-minütigen Filmen Episoden gezeigt, welche als Grundlage für einen vier- bis achtwöchigen Unterricht dienen. Die Schülerinnen und Schüler suchen aufgrund der Episoden die mathematischen Probleme, welche in den Episoden enthalten sind, erarbeiten anschliessend in Gruppen selbständig Lösungsmöglichkeiten und begründen diese. Als Beispiel sei die Episode «Eine Fahrt zur Ceder-Bucht» wiedergegeben: Zu Beginn der Geschichte «Eine Fahrt zur ‹Ceder-Bucht›» sieht der Zuschauer zunächst die Hauptfigur, Jasper Woodbury, bei seinen Golfübungen; als die Zeitung geliefert wird, wendet sich Jasper sogleich den Verkaufsanzeigen für Boote zu. Dort entdeckt er eine Anzeige für einen alten Kreuzer, der sich in der «Ceder»-Bucht befindet. Alsbald beschliesst er, dorthin zu fahren, und zwar mit Hilfe seines kleinen «Ruder»-Bootes mit Aussenbordmotor. Der Zuschauer kann mitverfolgen, wie Jasper seine Fahrt vorbereitet: Er zieht die Landkarte zu Rate, um sich über die Route von seinem Dock zu Hause bis zur «Ceder»-Bucht zu informieren; er verfolgt den Wetterbericht im Radio und überprüft den Benzinvorrat. Während seiner Fahrt muss Jasper bei Larry halten, wo er seinen Tank nachfüllen kann; Larry ist eine komisch wirkende Figur, die viele interessante Informationen vermittelt (z.B. erwähnt er beiläufig die wichtigsten Ölvorkommen u.Ä.). Beim Zahlen erfährt der Zuschauer, dass Jasper nur mehr über 50 Dollar Bargeld verfügt. Während der weiteren Fahrt kommt Jasper an einigen Booten und Schiffen vorbei, über die der Zuschauer jeweils einige Informationen erhält. Auch mit einer schwierigen Situation muss Jasper bei seiner Fahrt zurechtkommen: Durch irgendein Hindernis im Wasser wird sein Boot so beschädigt, dass er es an geeigneter Stelle gegen Bezahlung reparieren lassen muss. In der «Ceder»-Bucht angekommen, trifft Jasper die Eigentümerin des alten Kreuzers, sie gibt Jasper Informationen über den Kreuzer, und sie unternehmen gemeinsam eine kleine Spritztour. Während dieser Tour erfährt Jasper etwas über die Geschwindigkeit, den Kraftstoff-Verbrauch und die Kraftstoff-Kapazität des Kreuzers und dass der Tank momentan nur 12 Gallonen enthält. Zudem wird Jasper darüber informiert, dass die Lichter nicht funktionieren, so dass man mit dem Kreuzer nach Sonnenuntergang nicht mehr fahren sollte. Jasper beschliesst schliesslich, den alten Kreuzer zu kaufen, zahlt mit einem Check und beginnt nachzudenken, ob er es bis Sonnenuntergang noch nach Hause schafft.

[11] Modelllernen heisst: Die Lehrperson zeigt, wie sie einen kognitiven Prozess durcharbeitet, indem sie den ganzen Denkprozess vorträgt (siehe auch Abbildung 1.7).

zur Fortführung der eigenen Denkprozesse notwendig sind. Ziel dieser Form des Lernens ist es, die Lernenden zunehmend unabhängiger zu machen, was umso eher gelingt, je mehr sie die Lernerfahrungen in der Auseinandersetzung mit den Lerninhalten zu Lernprozessen verarbeiten sowie sie verinnerlichen und personalisieren. Wesentlich ist, dass sie ihr Wissen und Können internalisieren, nicht aber in einer Form, wie sie von aussen vorgegeben oder instruiert wurde, sondern wie sie sie selbst verstehen (Vygotski 1962).

Der Konstruktivismus forderte das traditionelle Denken über Lehren und Lernen grundsätzlich heraus. Nicht mehr das Lehren (die Instruktion) der Lehrerinnen und Lehrer, sondern die Wissenskonstruktion der Lernenden (die Wechselwirkung zwischen Lerninhalten und Eigentätigkeit der Schülerinnen und Schüler) steht im Mittelpunkt. Viele unterrichtliche Forderungen zur Erneuerung des Unterrichts finden ihre Wurzeln im Konstruktivismus, auch wenn – vor allem in modernen praktischen Unterrichtslehren – nicht immer unmittelbar Bezug darauf genommen wird: Selbstgesteuertes Lernen, Problemorientierung von Lehrplänen und Unterricht, soziales (kollektives) statt individuelles Lernen, stärkere Gewichtung der Lern- und Denkprozesse. Allerdings hat die oberflächliche Diskussion über den Konstruktivismus im Schulalltag auch zu Missverständnissen geführt, wie etwa die Auffassung, der Frontalunterricht sei grundsätzlich überholt und durch soziales Lernen (insbesondere Gruppenarbeiten) zu ersetzen, oder Lehrkräfte dürften nicht mehr instruieren, sondern alles Lernen hätte selbstgesteuert zu erfolgen. Solche Forderungen sind einem Missverständnis zum Opfer gefallen: Der Konstruktivismus ist nicht eine Methodenlehre (Lehre von Lehr- und Lernformen), sondern es handelt sich um ein Paradigma, das erklärt, wie Wissen entwickelt wird.

Selbstverständlich fehlt es nicht an **Kritik** am Konstruktivismus, die sich kurz wie folgt zusammenfassen lässt: Erstens ist die Aussage, es gebe kein objektives Wissen, sondern verstanden sei nur, was selbst konstruiert wurde, zu einseitig. Zu einem bestimmten Zeitpunkt gibt es unbestrittenes Wissen und Können, das ein Mensch zur Erfüllung seiner Aufgaben benötigt. Solches Wissen muss nicht unbedingt konstruktivistisch konstruiert, sondern es kann auch in verständlicher Weise vermittelt werden. Zweitens erlauben es die Zeitverhältnisse in der Schule nicht, alles Wissen konstruieren zu wollen. Vor allem wenn vermehrt vernetztes Denken gefordert wird, benötigen die Schülerinnen und Schüler ein genügend breites, gut strukturiertes und sinnvolles Orientierungswissen, das allein schon aus Zeitgründen nicht umfassend konstruiert werden kann, sondern weitere Lehr- und Lernformen nötig macht. Drittens ist es fraglich, ob es Sinn macht, den ganzen Unterricht auf authentischen Problemstellungen aufzubauen, welche für die Lernenden interessant sind. Einerseits kann jede einseitige Ausrichtung des Unterrichts für die Lernenden auch langweilig werden. Und andererseits müssen immer wieder Dinge gelernt werden, die auf den ersten Blick nicht interessant sind. Viertens ist die Überlegenheit des Konstruktivismus bezüglich Lernwirksamkeit (noch?) nicht belegt. Zwar konnte beispielsweise gezeigt werden, wie sogar mit behinderten Grundschulkindern mit einem radikalkonstruktivistischen Unterricht sehr gute Lernerfolge erzielt wurden (Englert et al. 1993), womit die Kritik, konstruktivistischer Unterricht eigne sich nur für Schülerinnen und Schüler mit guten Lernvoraussetzungen, widerlegt sein dürfte. Umgekehrt berichten aber inzwischen selbst Vertreter des radikalen Konstruktivismus, dass Schülerinnen und Schüler, die ausschliesslich nach diesem Ansatz unterrichtet wurden, über geringere und weniger gut strukturierte Wissensbestände verfügen (vergleiche

beispielsweise Bednar, Cunningham et al. 1992). Fünftens muss noch viel systematischer untersucht werden, ob das Erarbeiten und das Einüben von grundlegenden Fertigkeiten in komplexen Themenbereichen in genügendem Ausmass erfolgen kann oder ob es im alltäglichen Unterricht bei der ausschliesslichen Lernarbeit an Problembereichen nicht eher zu einer Vernachlässigung der Fertigkeiten in den einzelnen Fachbereichen kommt. Denkbar ist, dass beim Einüben von Fertigkeiten der kognitive Behaviorismus und bei grundlegenden beruflichen Fertigkeiten das behavioristische Paradigma bei einem geringeren Zeitaufwand zu besseren Lernerfolgen führt. Sechstens ist kritisch zu hinterfragen, ob es wirklich Sinn macht, die Lernenden allein oder in Gruppen alles Wissen und Können selbst erarbeiten (konstruieren) zu lassen. Es gibt – vor allem kognitiv weniger anspruchsvolle – Lerninhalte oder solche Lernbereiche, bei denen Erfahrungen bedeutsam sind, die sich mit weniger Zeitaufwand effizienter vermitteln lassen. Siebtens können sich in heterogenen Klassen (vor allem in Klassen mit Lernenden mit unterschiedlichen Vorerfahrungen und einem verschiedenen Vorwissen) Organisationsprobleme bei der Unterrichtsgestaltung ergeben, wenn infolge dieser verschiedenartigen Voraussetzungen entweder die Problemstellungen (authentische Probleme) in für die einzelnen Gruppen andersartigen Form vorgelegt werden müssen, oder der Zeitbedarf für die Bearbeitung stark variiert. Und achtens schliesslich ist zu fragen, ob die einseitige Ausrichtung auf das soziale Lernen in Gruppen zukunftsträchtig ist, nachdem im späteren Leben neben dem Teamwork auch die individuelle Einzelleistung bedeutsam bleibt.
Diese kritischen Hinweise wollen den Konstruktivismus nicht generell in Frage stellen. Sie möchten aber gegen die Einseitigkeit und den Absolutheitsanspruch wirken, wie er etwa bei der Cognition and Technology Group at Vanderbilt zum Ausdruck kam.
Wenn in diesem Buch eine Vielgestaltigkeit des Lehrens und Lernens sowie der Unterrichtsgestaltung und -führung (ein breites Repertoire im Lehrerhandeln) gefordert und kein Paradigma für sich allein als richtig betrachtet wird, sind im Interesse der Transparenz und einer überprüfbaren Konsistenz der Empfehlungen in diesem Buch die Prämissen für den Unterricht und das Lehrerverhalten darzustellen.

2 Die Prämissen für den Unterricht und das Lehrerverhalten

2.1 Die Leistungsorientierung der Schule und des Unterrichts

Die Prognostiker über die künftigen Entwicklungen in der Gesellschaft, in den beruflichen Tätigkeiten und in der persönlichen Lebensgestaltung sind sich darin einig, dass alle Ansprüche an die eigene Person steigen werden. Bedingt durch den «Focus on self» in der gesellschaftlichen Umwelt, d.h., alle Probleme auf sich bezogen interpretieren und nur Lösungen in Betracht ziehen, welche den eigenen Bedürfnissen gerecht werden, wird das künftige Leben durch stete Zielkonflikte gekennzeichnet sein. Um damit umzugehen, bedarf es nicht nur eines grossen Verständnisses (intellektuelle Kompetenz), sondern Menschen müssen auch fähig werden, sich in andere Menschen hineinzudenken und sie zu verstehen (Empathie) sowie mit ihnen kommunizieren zu können (kommunikative Kompetenz). Auch bei der Berufstätigkeit steigen infolge des raschen technologischen und wirtschaftlichen Wandels und der sich verschärfenden Konkurrenz auf den Weltmärkten die intellektuellen Anforderungen. Dazu kommen Ansprüche, welche die physischen und psychischen Kräfte immer mehr herausfordern, und im Zusammenhang mit der Globalisierung der Wirtschaft gewinnt das Verständnis für andere Kulturen (interkulturelle Kompetenz) fortlaufend an Bedeutung. Schliesslich verlangt eine erfolgreiche persönliche Lebensgestaltung von einzelnen Menschen angesichts der sich ständig verändernden Lebensgewohnheiten emotionale Stabilität, die Fähigkeit zur Reflexion über Werte und das Einstehen für bestimmte Standpunkte.

Diese Entwicklungen erfordern von allen Menschen eine höhere Leistungsbereitschaft und Leistungsfähigkeit. Deshalb muss die Schule die Voraussetzungen dafür schaffen, dass die Kinder und Jugendlichen Leistungen erbringen können: Die Schule muss eine **Leistungsschule** bleiben, die **sinnvolle Lernleistungen** abverlangt. Sinnvolle Lernleistungen sind aber nicht passiv aufgenommene, auswendig gelernte, mechanisch aufgenommene und pädagogisch wenig sinnvoll begründbare Leistungsgrössen, sondern sie sind immer etwas **Ganzheitliches** [12] von hoher Qualität. Inhalte, Themen und Problembereiche, die in ganzheitlicher Sicht erarbeitet werden und zur Lebensbewältigung, zur Berufsfähigkeit sowie zur bewussten eigenen Lebensgestaltung befähigen. Abbildung 1.2 verdeutlicht dies.

Sinnvolle Lernleistungen sind aber nicht eindimensional, sondern **vielgestaltig**. Damit ist gemeint, dass beim Aufbau von Lehrplänen und bei der Gestaltung des Unterrichts kognitive, affektive, soziale, volutative und psychomotorische Bereiche des Lernens[13] – oder moderner ausgedrückt Fachkompetenzen, soziale und kommunikative Kompetenzen, Methodenkompetenzen und Selbstkompetenzen – in sinnvoller und natürlicher Weise an pädagogisch wertvollen Frage- und Problemstellungen zu kombinieren sind. Selbstverständlich kann es aber nicht darum gehen, in jeder Lektion alle Lern- oder Kompetenzbereiche anzusprechen, wie das gelegentlich in praktischen Anweisungen zur Unterrichtsgestaltung empfohlen wird.

Ebenso wenig Sinn macht es, soziale und kommunikative Kompetenzen, Methodenkompetenzen und Selbstkompetenzen schwergewichtig ohne Einbettung in Fachkompetenzen fördern zu wollen. Anzustreben ist diese Vielgestaltigkeit überall dort, wo die vorherrschende kognitive Betrachtung eines Lernbereichs eindeutig zu kurz greift. **Integrativ** bedeutet eine Ausrichtung des Lernens auf grössere Zusammehänge (Themen- und Problemkreise, die eine Gesamtschau fördern anstelle einer additiven Aneinanderreihung von Einzelheiten). Dies bedingt zugleich eine vermehrte **Interdisziplinarität**, d.h., der rein disziplinenorientierte Unterricht in vielen Einzelfächern ist durch interdisziplinäre Fragestellungen zu ergänzen. Allerdings dürfen disziplinenorientierter und interdisziplinärer, der häufig auch als integrierter Unterricht bezeichnet wird, nicht als Gegensatz verstanden werden. Vielmehr ist bei der Lehr-

[12] Ganzheitlichkeit des Unterrichts ist als allgemeine Denkhaltung bei der Lehrplanentwicklung und bei der Unterrichtsgestaltung und nicht als Modell oder gar als Kriterium der Inhaltsauswahl zu verstehen. Das heisst: Es ist immer wieder anzustreben, dass, dort wo es sinnvoll ist, ein Lerninhalt aus den verschiedensten Gesichtswinkeln betrachtet wird.

[13] Kognitiv: Wissen und Denken (intellektuelle Prozesse).
Affektiv: Empfindungen, Gefühle (Emotionen), Interessen, Haltungen, Werte.
Sozial: Beziehungen zwischen Menschen.
Volutativ (oder volutional): Willenskraft.
Psychomotorik: Bewegungen aller Art (eine Maschine bedienen, Tanz, ein Instrument spielen usw.).

Abbildung 1.2 **Sinnvolle Lernleistungen**

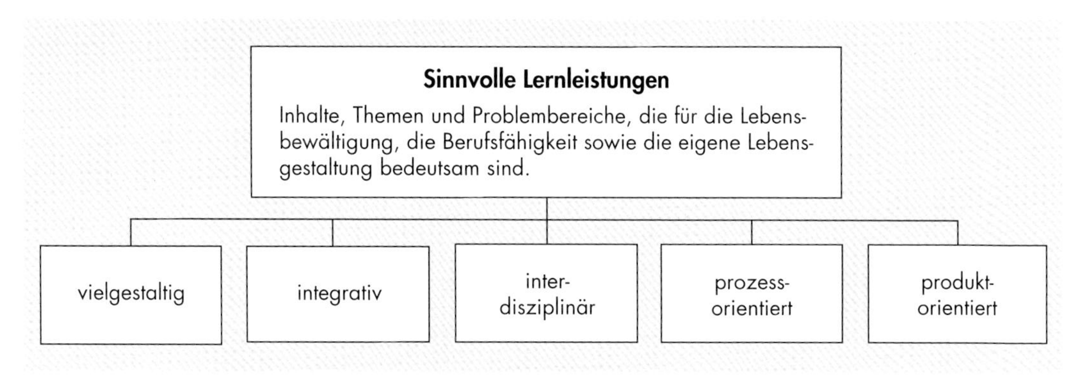

plan- und Unterrichtsgestaltung immer wieder zu überlegen, ob sich disziplinenorientierte oder interdisziplinäre Betrachtungsweisen von bestimmten Lerninhalten besser eigenen. Schliesslich ist das noch weitgehend vorherrschende **produktorientierte Lernen**, das schwergewichtig auf Lernergebnisse, die sich in erster Linie auf die Wiedergabe von erarbeitetem Wissen sowie gewonnenen Einsichten beschränkten, besser mit dem prozessorientierten Lernen zu verknüpfen, mit welchem Lernprozesse bewusst gemacht werden. Später wird in diesem Zusammenhang von den wichtigen Begriffen des **deklarativen** und des **prozeduralen** Wissens gesprochen.
Der Entscheid darüber, was sinnvolle Lernleistungen sind, ist primär eine Frage der Lehrplangestaltung. Weil viele Lehrpläne wenig überzeugend sind, sollte sich jede Lehrerin und jeder Lehrer immer wieder überlegen, ob das, was von den Schülerinnen und Schülern verlangt wird, wirklich noch sinnvoll ist und allenfalls in Ergänzung zum Lehrplan eigene Akzente setzen.
Wenn hier von Leistungsschule gesprochen wird, handelt es sich also nicht um eine Schule, die einseitige, enge Leistungen abverlangt, sondern ihr liegt ein **erweiterter Leistungsbegriff** zugrunde.
Sinnvolle Lernleistungen hängen jedoch nicht nur von der Qualität der Lehrpläne und der Güte der Unterrichtsgestaltung und -führung ab, sondern ebenso bedeutsam sind die Motivation der Lernenden sowie ihre Bereitschaft und ihr Wille etwas lernen zu wollen (Anstrengungsbereitschaft, Durchhaltewillen). Da die Motivation und die Leistungsbereitschaft als überdauernde Persönlichkeitsvariablen bereits ab der frühen Kindheit durch die Lebens- und Umweltbedingungen beeinflusst werden, ergeben sich für die Schule immer wieder Begrenzungen bei den Einflussmöglichkeiten (Wild, Hofer & Pekrun 2001). Umso wichtiger ist es, dass sich die Lehrerschaft trotz dieser Begrenzungen und vor allem bei sozial benachteiligten Lernenden intensiv um die Verbesserung der Motivation und der Lernbereitschaft bemühen (siehe ausführlicher Kapitel 12). Lernen ist und bleibt «harte Knochenarbeit». Deshalb ist Vorstellungen über «lustvolles», «spielerisches» oder «leichtes Lernen» mit Vorsicht zu begegnen.

2.2 Die Lernzielorientierung der Lehrpläne und des Unterrichts

Wenn die Schule auf die Lebensbewältigung und die berufliche Bewährung vorbereiten soll, dürfen ihre Lehrpläne und ihr Unterricht nicht der inhaltlichen **Beliebigkeit**

anheimfallen. Leider haben im letzten Jahrzehnt viele unscharfe Begriffe wie Schlüsselqualifikationen (ausführlich Gonon 1996) oder allgemeine Kompetenzen (Grob & Maag Merki 2001) sowie unklare Vorstellungen über die moderne Informationstechnologie («in den nächsten Jahren sind alle Informationen über Informationssysteme abrufbar, so dass es wichtiger ist, allgemeine Kompetenzen zu gewinnen statt Wissen zu erwerben») die Tendenz zur Beliebigkeit der Lerninhalte noch verstärkt. Angesichts der vor allem inhaltlich begrenzten Transferwirkungen[14] bleibt die systematische Bestimmung relevanter Lerninhalte (Wissen und Können) für die Lehrpläne und den Unterricht weiterhin bedeutsam.
Zurzeit stehen jedoch nicht mehr die herkömmlichen Lernziele für den Unterricht im Mittelpunkt der wissenschaftlichen Diskussion, sondern es sind die **Bildungsstandards** (Klieme et al. 2003). Ob die Bildungsstandards im Schulalltag bessere Vorgaben sein werden als die herkömmlichen **Lernziele**, und ob sie den Unterricht stärker beeinflussen als die Lernziele, lässt sich gegenwärtig noch nicht abschätzen (vergleiche die kritischen Anmerkungen bei Heid 2006, sowie bei Dubs 2006). Wahrscheinlich wird sich aber die Annahme von Anderson, Krathwohl et al. (2001) bestätigen, wonach Bildungsstandards eher breiter, für grössere Lerneinheiten und für eine längere Unterrichtszeit umschrieben sein werden (global objectives und educational objectives), so dass die Lehrkräfte bei ihrer kurzfristigen Unterrichtsplanung engere instruktionale Lernziele für einzelne Unterrichtseinheiten[15] aufgrund der Bildungsstandards formulieren müssen (instructional objectives). Die Bildungsstandards, wie sie beispielsweise in einzelnen Bundesländern in Deutschland vorgelegt werden, deuten zudem eher auf eine Wiederbelebung der Lernziele als Form der Vorgabe von Lerninhalten hin. In diesem Buch wird davon ausgegangen, dass Lehrkräfte für ihren Unterricht weiterhin **instruktionale Lernziele** entwerfen, um einerseits zielgerichtet zu unterrichten und andererseits eindeutige Voraussetzungen für Lernerfolgskontrollen zu schaffen.
Entscheidend ist, dass instruktionale Lernziele nicht mehr behavioristisch operational formuliert werden, d.h. ausschliesslich auf Lernergebnisse (Output) ausgerichtet werden, welche drillmässig oder schematisch lernbar sind. Instruktionale Lernziele sollen prozessorientiert gestaltet werden, indem sie umschreiben, welche Lernprozesse zu fördern sind, damit das erwünschte Ziel erreicht wird. Selbstverständlich dienen sie weiterhin als Grundlage für die notwendigen Lernerfolgskontrollen, aber sie fördern nicht nur ein Lernen für den Test (Teaching-to-the-test), sondern sie regen zu einem verständnisvollen Lernen an.

Beispiele von instruktionalen (kognitiven, prozessorientierten) Lernzielen:

Behavioristisches Lernziel:	Die Schülerinnen und Schüler sind in der Lage, alle Epochen der Literatur zu beschreiben.
Instruktionales (kognitives oder prozessorientiertes) Lernziel:	Die Schülerinnen und Schüler lernen, Werke der Literatur den entsprechenden Epochen zuzuordnen.

[14] Transfer: Ein Prozess, bei welchem das Lernen in einer Situation das Lernen in einer anderen Situation beeinflusst (Lernprozess A erleichtert Lernprozess B).

[15] Unterrichtseinheit heisst: Eine oder mehrere Lektionen zur Behandlung einer in sich geschlossenen Thematik oder eines Problems.

Behavioristisches Lernziel:	Die Schülerinnen und Schüler sind in der Lage, den Rechtstatbestand der Übervorteilung zu definieren.
Instruktionales (kognitives oder prozessorientiertes) Lernziel:	Die Schülerinnen und Schüler lernen eigene-Beispiele von Übervorteilungen in verschiedenen Rechtsgebieten zu entwerfen.

2.3 Die Wissensbasierung der Lehrpläne und des Unterrichts

Auf die Bedeutung des Wissens für das Lernen wurde schon hingewiesen. Aus der Experten-Novizenforschung (Pressley & McCormik 1995) ist längstens bekannt, dass Personen mit einem ausreichenden, strukturierten Wissen in ihrem Fachbereich Probleme darin schneller erkennen und präziser umschreiben können sowie rascher zu Lösungen gelangen als Menschen, welche nicht über ein genügendes Fachwissen verfügen. Auch sind Personen mit einem grossen Wissen intellektuell kreativer als solche, deren Wissen lückenhaft oder oberflächlich ist (Hayes 1989). Nützlich ist dieses Wissen aber nur, wenn es zur Anwendung jederzeit verfügbar, also nicht träge ist. Träges Wissen betrifft ein bestimmtes Wissen, das einmal erworben wurde, dann aber nicht mehr oder erst mit unterstützender Hilfe wieder verfügbar ist, wenn es zu Anwendungen konkret benötigt wird (Renkl 1998).

Genau besehen betrifft die hier besprochene Wissensbasierung des Lehrplans und des Unterrichts das **deklarative Wissen**, d.h. das Wissen über «Was» oder «Was ist». Gemäss der überarbeiteten Form der kognitiven Taxonomie[16] (Anderson, Krathwohl et al. 2001) wird unterschieden zwischen Faktenwissen und konzeptionellem Wissen (oft wird auch von strukturellem Wissen gesprochen).

Das **Faktenwissen** umfasst terminologisches Wissen (Fachausdrücke, Definitionen, Symbole und begriffliche Einzelheiten). **Das konzeptionelle Wissen** besteht aus Wissen über Ordnungen (Klassifikationen und Kategorien), über Prinzipien und Generalisierungen sowie über Theorien, Modelle und Strukturen.

Pädagogisch kritisch und schwierig zu beantworten ist die Frage, über wie viel Faktenwissen die Schülerinnen und Schüler verfügen müssen. Als grobe Regel kann gelten: Je weniger fachspezifisch ein Bildungsgang auf bestimmte Tätigkeiten vorbereitet, und/oder je einfacher es ist, das Faktenwissen in Informationssystemen abzurufen, desto weniger detailliertes Faktenwissen ist zu vermitteln. Ganz allgemein sollte sich die Schule viel stärker auf die Erarbeitung von konzeptionellem (strukturellem) Wissen konzentrieren, um damit die Einordnung und das Verständnis von neuem Wissen sowie die Anwendung des Wissens zu erleichtern (siehe Kapitel 7).

2.4 Die Prozessorientierung der Lehrpläne und des Unterrichts

Schülerinnen und Schüler sollen nicht schematisch und routinemässig lernen, sondern sie sollen das, was sie lernen, verstehen und in neuen Lern- und Problemsituationen anwenden können. Gelegentlich wird von «verständnisintensivem Lernen» gesprochen (Buhl 2003). Im Vordergrund stehen dabei die **Prozesse des Lernens**,

[16] Taxanomie heisst Ordnungsgefüge oder Klassifikationssystem. Die kognitive Taxonomie stellt ein Klassifikationssystem für kognitive Lernziele und Testaufgaben dar.

der Vorgang einer produktiven und nachhaltigen Auseinandersetzung mit den Lerninhalten. Entscheidend für den Lernerfolg ist deshalb nicht nur das «Was» sondern auch das «Wie» des Lernens, das aktive Aufnehmen von neuen Sachverhalten und Problemstellungen, dessen Einbau in Vorerfahrungen und Vorwissen sowie die aktive Auseinandersetzung mit dem zu Lernenden, um zu neuen Erkenntnissen zu gelangen (Mayer 1999). Dies gelingt umso besser, über je mehr **prozedurales Wissen** (Verfahrenswissen) die Lernenden verfügen. Geht man von einem erweiterten Leistungsbegriff aus, so darf sich das prozedurale Wissen nicht allein auf kognitive Prozesse (häufig auch als Strategien bezeichnet) beschränken, sondern es sind sechs Formen des prozeduralen Wissens zu unterscheiden:

1) **Arbeitstechniken:** Sie betreffen grundlegende Fertigkeiten, die wesentliche, eher arbeitstechnische und willentliche Voraussetzungen für ein erfolgreiches Lernen sind (z.B. Gruppenarbeiten durchführen).
2) **Lernstrategien:** Sie umfassen Verfahren, welche das persönliche Lernen systematisieren und fördern (z.B. Wörter in einer Fremdsprache lernen).
3) **Denkstrategien:** Sie bilden umfassendere kognitive Prozesse (Strategien) ab (z. B. Probleme in bestimmten Fachgebieten lösen).
4) **Metakognitive**[17] **Strategien:** Sie tragen dazu bei, das eigene Denken und das eigene Lernen zu verstehen, zu reflektieren und zu überwachen (z. B. einen Lernprozess zu planen).
5) **Affektive Strategien:** Sie befähigen zur Auseinandersetzung mit dem Affektiven (Emotionen, Werte) (z. B. Gefühle ausdrücken).
6) **Soziale und kommunikative Strategien:** Sie betreffen Aspekte, die im Umgang mit anderen Menschen und der Kommunikation bedeutsam sind (z. B. ein Streitgespräch führen).

Der Umgang mit dem prozeduralen Wissen wird im Kapitel 8 besprochen.

2.5 Die metakognitive Orientierung des Unterrichts
(Rückbesinnung auf das eigene Lernen)

Die Qualität des eigenen Lernens und letztlich die Fähigkeit, Lernprozesse selbstgesteuert durchzuführen und deren Erfolg selbst zu überwachen, hängen massgeblich von der Metakognition ab. In vielem Unterricht werden immer noch kaum systematische Massnahmen zur gezielten Stärkung der Metakognition getroffen, obschon seit langem bekannt ist, dass ein unmittelbarer Zusammenhang zwischen metakognitiver Förderung im Unterricht, Lernerfolg und sogar der Entwicklung des Selbstkonzepts[18] besteht (vergleiche Waibel 1994 und die dort zitierte Literatur). Auf die Metakognition und ihre Stärkung im Unterricht wird im Abschnitt 4 des Kapitels 8 vertieft eingegangen. Betont sei jedoch schon jetzt, dass die Stärkung der Metakognition in

[17] Metakognition heisst: Bewusstsein und Wissen über die eigenen Denkprozesse und die Fähigkeit, sie zu beobachten und zu regulieren.

[18] Selbstkonzept heisst: Die Fähigkeit einer Person ihren Charakter und ihren Wert im Allgemeinen oder in speziellen Bereichen selbst einzuschätzen (zu definieren).

den Fachunterricht eingebaut werden muss und nicht in allgemeiner Form unterrichtet werden kann (Pellegrino 2002).

2.6 Notwendigkeit der Selbstdiagnose

Der Unterricht sollte nicht nur so ausgeweitet werden, dass die Schülerinnen und Schüler in der Lage sind, ihre eigenen Lern- und Denkprozesse selbst zu steuern und selbst zu regulieren, sondern sie müssen fähig werden, ihre Lernfortschritte und ihre Lernschwächen selbst erkennen und selbst beurteilen zu können. Sie benötigen also die Fähigkeit zur Selbstdiagnose ihrer eigenen Lernprozesse. Auf die Förderungsmöglichkeiten im Alltagsunterricht wird im Kapitel 9 eingegangen.

2.7 Starke Lernumgebungen und die Kontextorientierung des Unterrichts

Prozedurales Lernen und metakognitive Förderung der Schülerinnen und Schüler werden erst möglich, wenn ihnen nicht «fertige Lerninhalte» vorgelegt werden, sondern bei der Gestaltung und Führung des Unterrichts das **Verständnis** der Lernziele und der Lerninhalte in den Vordergrund gestellt wird. Dies gelingt unter den folgenden Voraussetzungen:

- Der Unterricht soll nicht didaktisch-reduktionistisch (vom Einfachen zum Schwierigen, vom Konkreten zum Abstrakten oder vom Nahen zum Fernen), sondern anhand von sinnvollen und sinnstiftenden Problemstellungen (authentische Situationen) aufgebaut werden. Schon im Anfangsunterricht soll also mit anspruchsvolleren Ziel- und Inhaltsstrukturen gearbeitet werden, welche die Schülerinnen und Schüler dann nicht überfordern, wenn sie auf deren Erfahrungsschatz und Vorwissen aufbauen.
- Weil das Erkennen von Problemausgangspunkten sowie die Einsicht in eigene Wissens- und Könnenslücken im Hinblick auf eine Problemlösung geeignet sind, eigene Lernprozesse aufzubauen, macht es Sinn, nicht nur klar, sondern auch schlecht definierte Probleme vorzulegen.
- Gute Problemstellungen werden in starken **Lernumgebungen** geschaffen, d.h., anspruchsvolle Lernumgebungen regen ein aktives Lernen im denkhandelnden Umgang mit den Problem- und Aufgabenstellungen an. Der Unterricht wird **problem- oder handlungsorientiert.**[19] Achtenhagen (Achtenhagen & John 1992) spricht in diesem Zusammenhang von **komplexen Lehr-Lern-Arrangements** (vergleiche auch Dubs 1996).

[19] Angesichts der vielen theoretischen Abhandlungen über das handlungs- und problemorientierte Lernen mit den unterschiedlichsten wissenschaftlichen Konzeptionen (Czycholl & Ebner 1989, Reetz 1991, Dörig 2003, Weber 2004) erscheint es als geboten, auf eine lerntheoretischen Anforderungen genügende, aber praktikable Umschreibung zurückzukommen, welche geeignet ist, den täglichen Unterricht wirksamer zu machen. Deshalb werden in diesem Buch handlungs- und problemorientiertes Lernen synonym verwendet.
Handlungsorientiertes oder problemorientiertes Lernen ist ein zielgerichtetes zum Erwerb von und Umgang mit deklarativem, prozeduralem und metakognitivem Wissen (später wird vom Erwerb

- In starken Lernumgebungen werden die Anwendung und Entwicklung des deklarativen, prozeduralen und metakognitiven Wissens an den Problemstellungen im Hinblick auf die jeweiligen Lernziele kombiniert, um eine ganzheitliche (alle Lernbereiche ansprechende) Förderung herbeizuführen. Die im Alltagsunterricht noch häufig zu beobachtende Gliederung des Unterrichts in Phasen der Wissensvermittlung und der Anwendung wird also weitgehend (nicht ausschliesslich) überwunden.

Insgesamt ergibt sich also eine **Kontextorientierung** des Unterrichts: Das prozedurale Wissen und die metakognitive Förderung werden in den Sachunterricht integriert.
Die Orientierung an authentischen Situationen sollte allerdings nicht zur ausschliesslichen Auffassung über Unterricht werden (siehe dazu die im Abschnitt 3 dieses Kapitels aufzuzeigende Gegenüberstellung von instruktionalen und konstruktivistischen Unterrichtsansätzen), denn sie birgt auch Gefahren in sich, auf die Heid (2001) hinweist. Zunächst ist ein Problem oder eine authentische Situation, die einer Klasse als Ausgangspunkt für das Lernen vorgelegt wird, nicht in jedem Fall geeignet, jede Schülerin und jeden Schüler für das Lernen gleichermassen zu motivieren und Lernprozesse in der erwarteten oder gewünschten Zielrichtung auszulösen. Die selektive Wahrnehmung und die subjektive Interpretation sowie die persönliche Erfahrung und das individuelle Vorwissen führen dazu, dass die Situation in einer bestimmten Weise wahrgenommen wird, diese Wahrnehmung aber zugleich zu einer für die Lernenden individuell verschiedenartigen Problemerkennung und zur Auslösung von unterschiedlichen – im schlimmsten Fall von irrelevanten – Lehrprozessen führt. Vor allem für radikale Konstruktivisten ist dies jedoch kein Nachteil, denn solche unterschiedlich erkannte Problemfelder, die vor allem beim Lernen in der Gruppe zu vielfältigen Lernprozessen anregen, bedeuten für sie vermehrte Spielräume für das Reflektieren und die Kreativität beim Lernen. Dies ist richtig; nur garantieren mehr Handlungsspielräume die Entwicklung von bedeutsamen Wissensbeständen noch keineswegs. Wie Lehrkräfte mit diesem Problem kämpfen, lässt sich im Unterrichtsalltag vor allem bei der improvisierten Einleitung einer Lektion mit einer wenig ausgereiften Problemstellung immer wieder beobachten. Die Lernenden nehmen

---

von Kompetenzen gesprochen) anhand von realen Frage- und Problemstellungen (authentischen Situationen). Es geht also um eine tätige Auseinandersetzung mit der Umwelt, deren Ziel die Erkenntnisbildung aufgrund äusseren Handelns (psychomotorisches, sichtbares Tun) oder inneren Handelns (Denkprozesse und Reflexion) sowie die Persönlichkeitsentwicklung ist. Es strebt – soweit es im jeweiligen Lernabschnitt sinnvoll ist – eine ganzheitliche Betrachtung an, um so gut als möglich von der Atomisierung des Lernens wegzukommen, ohne aber die gezielte Schulung von Fertigkeiten als Voraussetzung für ein ganzheitliches problem- oder handlungsorientiertes Lernen zu vernachlässigen. Daher unterscheidet es sich – wie bereits früher angedeutet – schwergewichtig vom Konzept des «Vorratslernens» mit dem langphasigen Rhythmus «Wissenserwerb – Anwendung», indem dem Handeln und Denken nicht erst beim Anwenden, sondern bereits beim Wissenserwerb grosse Bedeutung zukommt. Es ist charakterisiert durch den kurzfristigen Rhythmus «Handeln (Erkennen von Problemen und konkreter Umgang mit ihnen) – Lernen (Denken, Reflexion, Abstraktion) – Handeln (Anwendung in ähnlichen und neuen Situationen).» Auf diese Weise sollen Schülerinnen und Schüler dasjenige deklarative, prozedurale und metakognitive Wissen gewinnen und den Umgang damit erlernen, das nötig ist, um Probleme nicht nur zu lösen und zu reflektieren, sondern sie sollen für eigenständiges Lernen und Handeln motiviert und fähig werden, über Problemlösungen jederzeit im freien Urteil eine eigene Meinung zu bilden und zu selbst verantworteten Entscheidungen zu gelangen.

ganz unterschiedliche Probleme wahr und wollen Lernprozesse mit unterschiedlichen Zielen einleiten. Sobald jedoch der Zeitfaktor ins Spiel kommt – und er bleibt vor allem an Berufsschulen bedeutsam – müssen solche an sich fruchtbaren Lernprozesse abgebrochen werden, und viele Lehrkräfte fallen in einen stark gesteuerten und vornehmlich darbietenden Unterricht zurück. Deshalb ist für den Erfolg eines konstruktiv orientierten Unterrichts die Gestaltung der Situation (Schaffen einer starken Lernumgebung mit auf die Erfahrungen und das Vorwissen ausgerichteten Problemstellung) erfolgsentscheidend. Im Weiteren ist die Bestimmung der Komplexität einer Lernaufgabe anspruchsvoll. Wie komplex eine Lernsituation jeweils ist, lässt sich nicht generell bestimmen, sondern der Komplexitätsgrad hängt vom Erfahrungshintergrund und dem Vorwissen der Lernenden ab. Über je mehr deklaratives, prozedurales und metakognitives Wissen sie zur Problemerkennung und Problemdefinition sowie zur Problembearbeitung verfügen, umso weniger komplex ist eine Situation. Je heterogener jedoch unsere Schulklassen werden, desto schwieriger wird es, die passende Komplexität für die konkrete Unterrichtssituation zu finden. Je beliebiger der Unterricht von der Inhaltsseite her wird und je mehr ein strukturiertes Grundlagenwissen fehlt, desto häufiger scheitern die Schülerinnen und Schüler bereits an relativ «einfachen» Problemsituationen. Schliesslich ist auch der Begriff der Authentizität (authentische Situationen) nicht ganz problemlos. Eine zu lebensnahe Umschreibung kann eine zukunftsgerichtete Bildung geradezu behindern, denn nicht jede «Aktualitätenschau», die heute als noch so bedeutsam erscheint und motiviert, hat nachhaltige Wirkung. Zudem kann eine zugeschriebene, selektive Authentizität rasch einmal manipulativen Charakter erhalten, wenn die Zuschreibung der Authentizität nicht reflektiert ist, und deren Begründung nicht transparent gemacht wird. Dieser Aspekt ist vor allem in der Berufsbildung bedeutsam, wo Lernumgebungen oft zu stark auf die unmittelbare Berufsfertigkeit ausgerichtet werden.
Diese kritischen Anmerkungen wollen starke Lernumgebungen sowie einen Unterricht mit authentischen Situationen (Problemstellungen) keineswegs in Frage stellen. Sie möchten aber vor zu starken Verallgemeinerungen warnen (siehe ausführlicher Abschnitt 3 in diesem Kapitel).

2.8 Die Anwendungsorientierung im Unterricht

Starke Lernumgebungen und Kontextorientierung stellen sicher, dass das Lehren und Lernen anwendungsorientiert sind, denn Problemwahrnehmung und Problemdefinition sowie die Erarbeitung von neuen Erkenntnissen und Problemlösungen setzen die Anwendung von deklarativem, prozeduralem und metakognitivem Wissen voraus. Zu beachten ist, dass bei diesen Lernprozessen auch der **Dekontextualisierung** genügend Beachtung geschenkt wird, d.h. die Verallgemeinerung der an den Problemstellungen gefundenen Erkenntnissen und Einsichten sowie ihre Übertragbarkeit bzw. Nichtübertragbarkeit einschliesslich allenfalls nötiger Anpassungen nicht vernachlässigt werden.
Verunsichert sind viele Lehrkräfte bei der Frage, wie **Grundfertigkeiten** einzuüben sind. Verursacht durch einen missverstandenen Aufsatz von Ausubel (1960), dessen Inhalt er in späteren Jahren vor allem in Vorträgen immer wieder korrigiert hat, verbreitete sich die Meinung, jede Form von **Drill** sei im Unterricht zu vermeiden. Inzwischen wird dieses Problem differenzierter betrachtet (beispielsweise Steiner 1988). Je mehr etwas eine Grundfertigkeit ist, die in späteren komplexeren Lernvorgängen

als Voraussetzung zur Problembewältigung beherrscht werden muss (z.B. grundlegende Regeln im Fremdsprachenunterricht [z.B. Konjugation von Verben] oder mathematische Grundfertigkeiten [z.B. Ableitung] oder die Technik der doppelten Buchhaltung für das spätere Verständnis der Mittelflussrechnung), desto wichtiger ist das Einüben dieser Fertigkeiten bis zur routinemässigen Beherrschung. Es lässt sich doch immer wieder beobachten, wie Schülerinnen und Schüler bei der Bearbeitung anspruchsvoller Aufgaben scheitern, weil sie Grundfertigkeiten ungenügend beherrschen. Deshalb sollten die Grundfertigkeiten in allen Lernbereichen und auf allen Schulstufen nach folgendem Muster eingeübt werden:

- Erster Schritt: Erklären, Vorzeigen, Modellieren (Modelllernen) oder Erarbeiten.
- Zweiter Schritt: Üben zur Automatisierung (Üben der Fertigkeit ohne Variation) (Drill).
- Dritter Schritt: Überlernen (Üben der gleichen Fertigkeit unter sich verändernden Bedingungen [mit Variationen]).

Auf die Problematik, ob und wie wirksam solche Übungen in komplexe Lehr-Lern-Arrangements eingebaut werden können, ist im Abschnitt 3 nochmals zurückzukommen.

2.9 Individuelles und kooperatives Lernen

Auf die Bedeutung des kooperativen (sozialen) Lernens, vor allem bei den radikalen Konstruktivisten, wurde bereits hingewiesen. Es wurde aber auch auf die Bedeutung des individuellen Lernens verwiesen. Deshalb sollten im Unterricht beide Formen verwendet werden. Beim kooperativen Lernen ist bedeutsam, dass ein völlig unbegleitetes kooperatives Lernen, wie es im täglichen Unterricht immer wieder zu beobachten ist, entgegen einer verbreiteten Auffassung unter Lehrkräften wenig zum Lernerfolg der Schülerinnen und Schüler beiträgt. Notwendig ist eine gute Lernberatung. Darauf ist im Kapitel 3 zurückzukommen.

2.10 Lehren und Lernberatung

Es erstaunt immer wieder, wie das Paradigma des radikalen Konstruktivismus die Tätigkeit des Lehrens durch die Lehrperson «in Verruf» gebracht hat: Nach dieser Auffassung bedarf es bei der Konstruktion des Wissens keiner belehrenden Lehrkräfte mehr, sondern notwendig sind «Coaches», welche den Lernenden unterstützend zur Seite stehen, ihnen beim Lernen zwar helfen, aber nichts darbieten und anweisen. Dieses andersartige Lehrerverhalten beschränkt sich nach dieser Auffassung ausschliesslich auf ein **Scaffolding.**[20]

Im Kapitel 3 wird zu zeigen sein, dass Lehrkräfte je nach den Zielen des Unterrichts, den Voraussetzungen bei den Schülerinnen und Schülern und den Lernfortschritten in der Klasse im Interesse der Lernwirksamkeit einmal weiterhin Lehren, ein anderes Mal aber Lernberatung betreiben müssen. Zu fordern ist also ein auf die konkrete Unterrichtssituation ausgerichtetes Lehrerverhalten, das verschiedene Formen des

[20] Scaffolding heisst: Die Lehrerin oder der Lehrer bauen den Lernenden mit ihren Interventionen (Fragen, Inputs) ein Gerüst, das gezielt zum eigenen Denken und Lernen anregt (Hogan & Pressley 1997)

Lehrens und der Lernberatung (eine bessere Bezeichnung als Coaching) umfasst (breites Repertoire). Inzwischen ist erwiesen, dass auch das Lehren (eine direkte Anleitung und Steuerung der Lernprozesse) in bestimmten Situationen (z.B. Erlernen von Fertigkeiten, Einführung in Lernstrategien, Vorbereitung des selbstgesteuerten Lernens, Förderung der Metakognition) unabdingbar ist. Gegenüber den gegenwärtigen Vorstellungen soll aber diese Steuerung weniger über einen darbietenden Unterricht (Lehrervortrag), sondern über einen erarbeitenden Unterricht erfolgen, und der Anteil der Lernberatung in der Eigentätigkeit der Schülerinnen und Schüler muss schrittweise erhöht werden. Mit anderen Worten muss der Führungsstil im Unterricht mehr Variation erhalten, wie es in Abschnitt 3 des Kapitels 3 dargelegt wird.

3 Instruktive oder konstruktive Unterrichtsansätze

3.1 Ausgangslage

Die bisherigen Ausführungen dürften gezeigt haben, dass diesem Buch nicht ein Paradigma zugrunde gelegt, sondern eine unterrichtliche Vielfalt, ein breites Repertoire des Unterrichts vertreten wird. Damit es aber nicht «theorielos» pragmatisch wird, ist aufzuzeigen, wie unter Berücksichtigung verschiedener Paradigmen ein umfassender Ansatz für die Unterrichtsgestaltung aussehen kann. Ausgegangen wird von zwei Gegensatzpaaren, welche die pädagogische Diskussion schon lange prägen und über die wissenschaftlich noch alles andere als Einigkeit besteht:

- Soll ein **instruktiver** Unterrichtsansatz (die Lehrkräfte lehren schwergewichtig) oder ein **konstruktiver** Unterrichtsansatz (das Schwergewicht liegt auf der Schülerselbsttätigkeit) gewählt werden?
- Soll ein **disziplinärer** Lehrplan (der Lehrplan ist nach einzelnen Disziplinen [Fächern] gegliedert und folgt einem fachsystematischen Aufbau), oder soll ein **kasuistischer** Lehrplan (der Lehrplan orientiert sich an Lernfeldern [Lipsmeier & Pätzold 2000], an Problemfeldern [Barrows & Myers 1993, Dörig 2003, Weber 2004] oder Modulen [Kloas 1997, Pilz 1999] und meistens wird bei diesen Gestaltungsformen eine interdisziplinäre Betrachtung gefordert) aufgebaut werden?

3.2 Die drei Ebenen von Lehrplan und Unterricht

Viele Missverständnisse in der Diskussion über die «Richtigkeit» des instruktiven oder des konstruktiven Unterrichtsansatzes entstehen, weil zu wenig deutlich zwischen der Makroebene, der Mesoebene und der Mikroebene der Lehrpläne und des Unterrichts unterschieden wird (siehe Abbildung 1.3).
Oft wird behauptet, das konstruktivistische Paradigma (konstruktivistischer Unterrichtsansatz) sei untrennbar mit komplexen Lehr-Lern-Arrangements, sozialem Lernen (Gruppenunterricht) und einer interdisziplinären Betrachtung verbunden, und das Entscheidende sei das selbstgesteuerte Lernen. Deshalb müssten disziplinenorientierte Lehrpläne überwunden und durch integrative, kasuistische (thematische) Lehrpläne ersetzt werden, wie dies beispielsweise im Fach «Allgemeinbildung» (Integration der Fächer Muttersprache, Staats- und Wirtschaftskunde) in den Lehrplänen für gewerbliche Berufsschulen in der Schweiz der Fall ist. Andernfalls lasse sich ein

Abbildung 1.3 **Die drei Ebenen von Lehrplan und Unterricht**

	Ebene	Fragestellung	Arbeitsbereich
	Makroebene (normativ) Bildungphilosopie Bildungspolitik	Welche Ziele sollen mit Schule und Unterricht erreicht werden?	Normative Grundlagen Didaktische Gestaltungsideen
Instruktionsdesign	**Mesoebene** (curricular) Curriculumplanung	Wie soll der Lehrplan im Hinblick auf die Zielvorstellungen organisatorisch/institutionell und lerntheoretisch gestaltet werden?	Lehrplanvorgaben (Bildungsstandards oder allgemeine Lernziele)
	Mikroebene (instruktional) Unterrichtsgestaltung	Wie sollen die Unterrichtseinheiten konkret gestaltet werden (Lehr-Lern-Situation)?	Unterrichtliche Gestaltungsideen

konstruktivistischer Unterrichtsansatz nicht verwirklichen. Damit sind der Lehrplan (Mesoebene) und der Unterricht (Mikroebene) gleichzeitig angesprochen. Es wäre aber durchaus möglich, auf der Mesoebene einen disziplinen-(fächer-)orientierten Unterricht anzubieten, ihn aber auf der Mikroebene konstruktiv zu gestalten. Mit anderen Worten schliessen sich disziplinenorientierte Lehrpläne und konstruktivistischer Unterricht nicht völlig aus (vergleiche dazu die Überlegungen bei Käppeli 2001). Oder immer häufiger hört man die Forderung, zukunftsträchtig sei angesichts des raschen Wandels in der Gesellschaft nur noch das autonome, selbstgesteuerte Lernen. Deshalb dürfe die Schule nicht mehr lehren, sondern nur noch zum autonomen Lernen anleiten, also Lernberatung betreiben. Mit dieser Aussage wird zunächst die Makroebene angesprochen: Welches normative Verständnis wird dem Begriff autonomes Lernen zugrunde gelegt? Geht es um eine autonome Inhaltsbestimmung (die Lernenden legen selbst fest, was sie lernen wollen) oder um autonome Lernprozesse (die Schülerinnen und Schüler lernen im Rahmen vorgegebener Lerninhalte in radikalkonstruktivistischer Weise selbstgesteuert)? Je nach dem Entscheid sind die Lehrpläne (Mesoebene) und der Unterricht (Mikroebene) anders zu gestalten.

Viele Unklarheiten und einseitige, nicht richtig reflektierte Forderungen an die Lehrpläne und an die Gestaltung des Unterrichts liessen sich versachlichen, wenn die jeweilige Problematik aus der Sicht dieser drei Ebenen geklärt würde. Um beim zweiten Beispiel zu bleiben: Auf der Makroebene wird entschieden, dass den Lernenden im Hinblick auf das lebenslange Lernen ein gut ausgewähltes deklaratives und prozedurales Wissen mitzugeben ist, ihnen also keine Autonomie in der Wahl der Lerninhalte zugestanden wird. Dies mit der Begründung, dass beliebige Lerninhalte für das spätere lebenslange Lernen schlechtere Voraussetzungen schaffen als ein gezielt ausgewähltes Basiswissen. Deshalb gibt der Lehrplan (Mesoebene) die Lerninhalte verbindlich vor. Auf der Mikroebene bleibt es aber der Lehrerschaft zum Entscheid überlassen, ob sie den instruktionalen Unterrichtsansatz oder den konstruktivistischen Unterrichtsansatz anwenden will.

Damit wird aus einer anderen Sicht erneut für die Vielgestaltigkeit des Unterrichts plädiert. Damit aber diese Forderung nach Vielgestaltigkeit nicht willkürlich wird, darf die Frage nach der Lernwirksamkeit von möglichen Kombinationen von Ansätzen nicht unbeantwortet bleiben. Im Folgenden wird eine Lösung vorgestellt, von der man aufgrund der Interpretation von empirischen Untersuchungen in vielen Teilbereichen sowie aufgrund schulpraktischer Erfahrungen annehmen darf, dass sie zu guten Lernerfolgen führen kann. Wahrscheinlich wird es jedoch kaum je gelingen, die Wirksamkeit solcher ganzheitlicher Modellüberlegungen empirisch zu belegen, da die Lernergebnisse durch zu viele Einflussfaktoren (Variablen) geprägt werden (vergleiche dazu die interessante historische Darstellung der laufend neuen und sich wiederholenden Unterrichtsansätze in den Vereinigten Staaten bei Tanner & Tanner 1995).

4 Situationsabhängige Vielfalt bei der Lehrplangestaltung und Unterrichtsdurchführung

Aufgrund der Prämissen im Abschnitt 2 dieses Kapitels lässt sich mit dem in Abbildung 1.4 dargestellten Modell aufzeigen, wie eine **situationsabhängige Vielfalt** bei der Lehrplangestaltung und Unterrichtsgestaltung aussehen kann. Es lässt sich wie folgt charakterisieren und begründen:

(1) Bei der Gestaltung der Lehrpläne (Mesoebene) wird zwischen dem Anfänger- und dem Unterricht für Fortgeschrittene unterschieden.
Im **Anfängerunterricht** sollte tendenziell mit einem disziplinären Unterricht begonnen werden, in dem das fachbezogene disziplinäre deklarative und prozedurale Wissen sowie die Voraussetzungen für das selbstgesteuerte Lernen aufgebaut werden. Je geringer das Vorwissen und die Erfahrungen der Schülerinnen und Schüler sind, je mehr Grundfertigkeiten zu erwarten sind und aus je bildungsferneren Schichten die Lernenden stammen, desto eher ist auf der Mikroebene schwergewichtig der instruktionale Ansatz zu wählen.
Im **Unterricht von Fortgeschrittenen** sollte der kasuistisch gestaltete Unterricht in den Vordergrund treten, indem der Lehrplan nach Modulen, Themen- oder Problembereichen zunehmend interdisziplinär aufgebaut wird, wozu organisatorisch viele Möglichkeiten bestehen (Fächerkoordination, Fächerfusion, thematische Organisation) (vergleiche dazu die systematische Darstellung bei Schoch & Seitz 1997). Der Unterricht sollte zunehmend konstruktivistischer werden.
Begründen lässt sich diese Auffassung wie folgt: Nachdem nachweislich viele Lernschwierigkeiten auf ein ungenügendes Wissen und Können sowie auf Schwächen in der Anwendung von Grundfertigkeiten zurückzuführen sind (vergleiche beispielsweise Brophy 1996), drängt sich anfänglich eine stärkere Steuerung und Anleitung des Lernens auf (zur Vertiefung siehe Abschnitt 3 im Kapitel 3). Für Fortgeschrittene wird aber im Hinblick auf das lebenslange Lernen die Fähigkeit zum selbstgesteuerten Konstruieren von Wissen und Verständnis immer wichtiger, so dass die konstruktivistische Orientierung von Lehrplan und Unterricht viel stärker zu gewichten ist als bisher. Andernfalls verändert sich die traditionelle disziplinorientierte, zu einseitig belehrende Schule nicht nachhaltig.

(2) Sehr differenziert betrachtet werden muss die Mikroebene. Wenn für den Anfängerunterricht schwergewichtig ein instruktiver Unterricht mit einem anleitenden und steuernden Lehrerverhalten gefordert wird (die Lehrpersonen lehren), bedeutet dies keinesfalls einen Rückfall in ein bloss darbietendes Lehrerverhalten (Lehrervortrag) oder in einen behavioristisch geprägten fragend-entwickelnden Unterricht, sondern auch bei disziplinenorientierten systematischen Lehrplänen müssen die Prinzipien

Abbildung 1.4 **Situationsabhängige Vielfalt bei der Lehrplangestaltung und Unterrichtsdurchführung**

Entwicklungsstand	Mesoebene	Mikroebene
Anfänger	**Allgemeine Tendenz**	• Vielgestaltiger Unterricht (breites Repertoire) mit schwergewichtig angeleitetem Unterricht (direktes Lehrerverhalten) unter besonderer Beachtung des prozessorientierten Lernens
– im berufsbildenden Unterricht	• Disziplinärer (systematischer) Lehrplan zur Erarbeitung der Wissensstrukturen mit deutlicher Themenorientierung	
– im allgemeinbildenen Unterricht	• Disziplinärer (systematischer) Lehrplan mit Schwergewicht auf der Erarbeitung der Wissensstrukturen mit ausgewählter Problemorientierung	↓
↓		mit zunehmend indirektem Lehrerverhalten mit gezieltem angeleitetem kollektivem Lernen
Fortgeschrittene (grösseres Vorwissen; höher entwickelte Arbeitstechniken, Lern- und Denkstrategien; gewonnene Fähigkeit zur Selbststeuerung des Lernens)	• Fächerintegrierender Lehrplan	↓
– im berufsbildenden Unterricht	• Lernfelder, Module (kasuistischer Lehrplan)	• Vielgestaltiger Unterricht (breites Repertoire) mit Abnahme der Anleitung und Verstärung des individuellen und kollektiven selbstgesteuerten Lernens mit Lernberatung
– im allgemeinbildenen Unterricht	• Themen- oder problemorientierter Lehrplan (kasuistischer Lehrplan)	

des Konstruktivismus besser integriert werden: Stärkere Beachtung des prozessorientierten Lernens und der Metakognition durch Erarbeitung des Wissens an Problemen, wobei der Anleitung und Steuerung des Lernens durch die Lehrperson eine grössere Bedeutung zukommt, als es von den radikalen Konstruktivisten gefordert wird (zur Vertiefung sehe Abschnitt 4 im Kapitel 5).

5 Ein Modell des Lehrens und des Lernens

5.1 Problemstellung

Für viele Lehrpersonen wird es zunehmend schwieriger, für die Verbesserung des eigenen Unterrichts aus der Fülle der vertretenen Paradigmen, der Vielfalt von Begriffen und der grossen Zahl von Erkenntnissen aus der empirischen Forschung ohne weiteres praktikable Hilfestellungen zu erhalten. Erschwerend hinzu kommen die laufenden Innovationen (Neuerungen), welche nicht systematisch mit dem aktuellen

Erkenntnisstand in Verbindung gebracht, sondern häufig als etwas völlig Neues angepriesen werden, selbst wenn es sich nur um eine Präzisierung und/oder Verbesserung von Bestehendem handelt.
Auch in diesem Kapitel wurden bislang viele Begriffe angesprochen, die selbstverständlich noch zu vertiefen sind. Nur am Rande erwähnt wurde aber bislang die neueste Innovation, die in den letzten Jahren die europäische Bildungspolitik geprägt hat: **die Bildungsstandards.** Die langjährigen Bemühungen um die Verbesserung der Qualität der Schule sowie die für verschiedene Länder unbefriedigenden Ergebnisse der TIMSS- und PISA-Studien haben die Forderung einer **outputorientierten** Schule verstärkt, d.h. die Schulbehörden für ihr Schulsystem sowie die Schulleitungen und die Lehrerschaft für ihre Schulen sollten nachweisen, was die Schülerinnen und Schüler tatsächlich gelernt haben. Dieses Ziel lässt sich jedoch nicht nur mit verfeinerten Evaluationsmassnahmen erreichen, sondern auszugehen ist von reflektierten Erziehungs- und Bildungszielen, die in der Form von **Bildungsstandards** inhaltlich konkretisiert werden. Bildungsstandards sind verbindliche Vorgaben an die Schulen und ihre Lehrkräfte zur Steuerung des Lernens. Sie legen fest, welche Kompetenzen die Schülerinnen und Schüler bis zu einer bestimmten Jahrgangsstufe mindestens erworben haben sollen. Die Kompetenzen werden so konkret umschrieben, dass sie in Aufgabenstellungen umgesetzt und mit Hilfe von Testverfahren erfasst werden können (Klieme et al. 2003, Maag Merki 2005). Auf diese Thematik wird hier jedoch nicht eingegangen und auf andere Publikationen verwiesen (Klieme et al. 2003, Dubs 2004, 2006). Aber es stellt sich die Frage, welche Auswirkungen die **Bildungsstandards** auf das **Lehrerverhalten** haben. Es ist interessant, dass sich zu den Auswirkungen der Bildungsstandards auf den täglichen Unterricht und das Lehrerverhalten noch kaum Publikationen finden. Deshalb soll im Folgenden mit einem Modell des Lehrens und Lernens eine Synthese des bisher Dargestellten und der Bildungsstandards versucht werden. Gleichzeitig wird damit ein Modell vorgelegt, welches das Lehrerverhalten in einen grossen Gesamtzusammenhang bringt und als Rahmen für das ganze Buch dient.

5.2 Kompetenzorientiertes Lehren und Lernen

Neu an den Bildungsstandards ist erstens, dass sie als Zielvorgabe für den Unterricht von **Kompetenzen** ausgehen, welche die Schülerinnen erlernen und anwenden können müssen. Dabei wird meistens vom Kompetenzbegriff von Weinert (2001, 27) ausgegangen: «Kompetenzen sind die bei den Individuen verfügbaren oder von ihnen erlernbaren Fähigkeiten und Fertigkeiten, bestimmte Probleme zu lösen sowie die damit verbundenen motivationalen, volutionalen und sozialen Bereitschaften und Fähigkeiten, die Problemlösungen in variablen Situationen erfolgreich und verantwortungsvoll nutzen zu können.» Mit diesem Begriff der Kompetenzen wird eine ganzheitliche Sicht der Problemlösefähigkeit im weitesten Sinn angestrebt, welche Bildungsprozesse nicht wieder atomisiert, indem künstlich zwischen Fachkompetenzen, Methodenkompetenzen, Sozialkompetenzen und Selbstkompetenzen unterschieden wird, die unabhängig voneinander geschult werden. Es geht vielmehr darum, die Problemstellungen (komplexe Lehr-Lern-Arrangements) so auszugestalten, dass jeweils nicht nur ein Kompetenzbereich, sondern möglichst alle Kompetenzbereiche in einer inneren Verbundenheit zum Tragen kommen sowie Bereitschaften geschaffen werden, sich willkürlich mit den Problemen auseinanderzusetzen.

Beispiel: Die Schülerinnen und Schüler sollen in der Sozialkompetenz «ihre eigene Meinung (seinen persönlichen Standpunkt) überzeugend kommunizieren» gefördert werden. Diese Kompetenz lässt sich nicht für sich allein, sondern nur dann wirksam schulen, wenn auch die nötige Fach- und Methodenkompetenz verfügbar sind, welche für die Erläuterung des eigenen Standpunktes nötig sind. Alles andere führt zu wenig sinnvollen Lehrveranstaltungen, welche die Sozialkompetenzen in inhaltsloser Form fördern wollen, die allenfalls die Kompetenz der Präsentation stärken, substanziell aber leer bleiben.

Es versteht sich aber von selbst, dass nicht in jedem Lernprozess alle Kompetenzbereiche integriert werden können. Sicherzustellen ist jedoch, dass versucht wird, Teilkompetenzen immer mehr zu verknüpfen.

Neu an den Bildungsstandards ist zweitens, dass die zu erwerbenden Kompetenzen nicht isoliert festgelegt, sondern in fachbereichsspezifischen Kompetenzmodellen systematisiert werden. Mit einem **Kompetenzmodell** wird festgelegt, über welche Kompetenzen Schülerinnen und Schüler am Ende eines grösseren Unterrichtsabschnitts verfügen müssen, wenn die als wichtig erachteten Ziele als erreicht gelten sollen. Kompetenzmodelle stellen wichtige Dimensionen, Abstufungen und Entwicklungsverläufe von Kompetenzen dar. Dabei wird zwischen Komponenten und Stufen unterschieden, indem zunächst die Kompetenzdimensionen zusammengestellt werden (im Sprachunterricht beispielsweise die Kompetenzdimensionen «Zuhören und Sprechen», «Schreiben», «Lesen») und anschliessend festgelegt wird, auf welchem Anforderungsniveau (Stufen) die einzelnen Dimensionen stehen sollen (z. B. schlechte Lesekompetenz, mittlere Lesekompetenz, hohe Lesekompetenz) (vergleiche auch Maag Merki 2005). Gegenüber den herkömmlichen Lernzielformulierungen haben Kompetenzmodelle den Vorteil, dass kumulativ aus Teilkompetenzen umfassendere Kompetenzen aufgebaut werden, welche als Grundlage für die Festlegung der Bildungsstandards dienen. Durch diesen systematischen Aufbau der Kompetenzen lässt sich das Anspruchsniveau des Unterrichts zielgerichtet erhöhen, sofern die Lehrkräfte **kompetenzorientiert unterrichten**, d. h. das deklarative und prozedurale Wissen an Problemstellungen kombinieren, um auf diese Weise Teilkompetenzen und kumulative Kompetenzen aufzubauen.

Bereits heute zeigt sich, dass dort, wo Bildungsstandards ohne Kompetenzmodelle, die fachspezifisch sind, entwickelt werden, häufig ein Rückfall in die traditionelle Lernzielformulierung stattfindet. Deshalb sind die Kompetenzmodelle das Neue. Leider besteht gegenwärtig noch überhaupt keine Einigkeit darüber, wodurch sich gute Kompetenzmodelle auszeichnen, und die Zahl der Entwürfe nimmt rasch zu.[21]

Unabhängig davon, welche Kompetenzmodelle sich letztlich durchsetzen, werden Bildungsstandards den täglichen Unterricht nur verbessern, wenn es gelingt, einen **kompetenzorientierten Unterricht** einzuführen, der nicht etwas grundlegend Neues ist, sondern mit dem versucht wird, durch einen problem-(handlungs-)orientierten Unterricht das deklarative, prozedurale und metakognitive Wissen zusammenzuführen und die Lernprozesse bewusster zu entwickeln, um als Output Teilkompetenzen und kumuliert die von den Schülerinnen und Schülern erwarteten Kompetenzen zu

[21] Vergleiche als Beispiel:
Kompetenzenmodell im Fach Biologie (Deutscher Verein zur Förderung des mathematischen und naturwissenschaftlichen Unterrichts [2005]).
Kompetenzenmodell für Lehrpersonen (Oser o. J.).
Kompetenzenmodell für Volkswirtschaftlehre (Dubs 2004).
Kompetenzenmodell für Deutsch (OECD 2000).

erhalten. Auf dieser Grundlage beruht das in Abbildung 1.5 dargestellte Modell für das kompetenzorientierte Lehren und Lernen.

5.3 Ein Modell für das kompetenzorientierte Lehren und Lernen

In einer Gesellschaft des raschen Wandels muss die Befähigung der jungen Generation zum lebenslangen Lernen das oberste Ziel des Unterrichts sein. Lebenslang eigenständig lernen kann jedoch nur, wer den Willen zum Lernen hat und sein Lernen selber steuern kann (selbstgesteuertes oder selbstreguliertes Lernen). Deshalb lautet die entscheidende Frage für eine wirksame Schule: **Wie ist der Unterricht zu gestalten und durchzuführen, damit die Schülerinnen und Schüler wichtige Kompetenzen erwerben und ihr Lernen letztlich selber steuern können?** Diese Frage betrifft in erster Linie die Mikroebene von Schule und Unterricht, und zwar unabhängig davon, ob ein instruktionaler oder ein konstruktiver Unterrichtsansatz gewählt wird.
Ihr Lernen selbst steuern können nur Schülerinnen und Schüler, welche über ausreichende Kompetenzen verfügen (siehe Abbildung 1.5). Kompetenzen entstehen kumulativ aus Teilkompetenzen, die sich aus einem zielgerichteten Zusammenwirken von deklarativem, prozeduralem und metakognitivem Wissen entwickeln. Dieses Zusammenspiel setzt ein aktives, handlungs-(problem-)orientiertes Lernen voraus, das anhand komplexer Lehr-Lern-Arrangements eingeleitet wird. Dabei sind zwei Aspekte zu beachten: Erstens ist aktives Lernen nicht an bestimmte Lehr- oder Lernformen gebunden. Entscheidend ist vielmehr, ob und wie intensiv die Lernenden herausgefordert werden, die Problemstellungen durchzuarbeiten (Mikroebene). Deshalb kann unter bestimmten Bedingungen ein fragend-entwickelnder Frontalunterricht ebenso wirksam sein wie ein Gruppenunterricht. Zweitens ist nicht entscheidend, ob der Lehrplan (Mesoebene) systematisch oder kasuistisch aufgebaut ist. In beiden

Abbildung 1.5 **Ein Modell zum kompetenzorientierten Lernen**

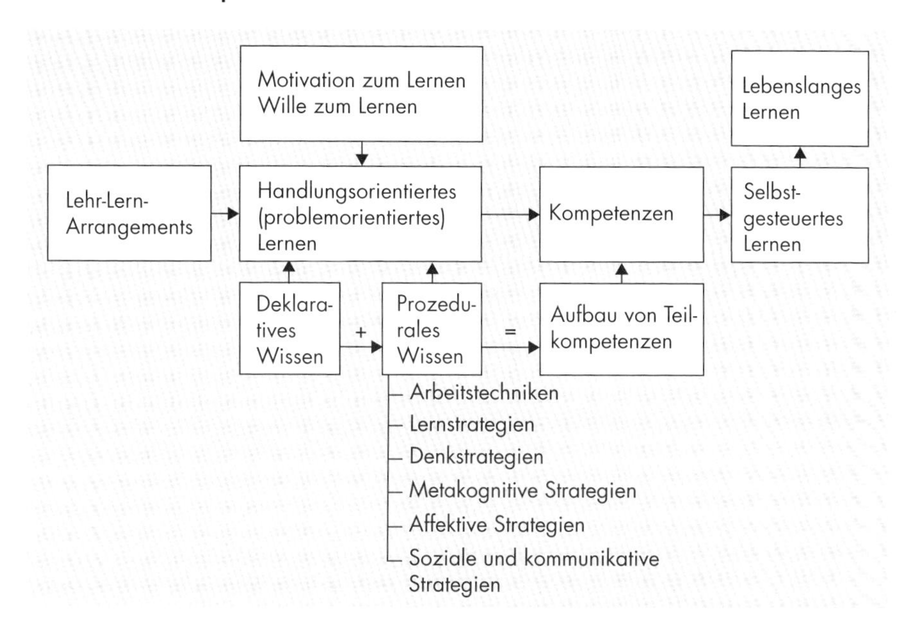

Fällen sollte bei der Planung und Durchführung des Unterrichts dieses Modell den Rahmen setzen, ohne dogmatisch verstanden zu werden.
Dieses Modell bildet den Rahmen für das ganze Buch. Dies im Bestreben, Unterricht und Lehrerverhalten immer in seiner Ganzheitlichkeit zu sehen.

6 Unterrichtsverfahren, Lehrmethoden, Lernmethoden und Führungsstil

6.1 Übersicht

Noch immer werden die Begriffe Unterrichtsverfahren, Lehrmethoden, Lehrformen, Lernformen usw. sehr unterschiedlich definiert. Deshalb wird im Folgenden eine mögliche begriffliche Ordnung dargestellt, wie sie in diesem Buch verwendet wird. Diese Ordnung hat nicht nur theoretische Bedeutung, sondern sie will einen Rahmen für einen variationsreichen und wirksamen Unterricht schaffen (breites Repertoire).

Auf der **obersten Ebene** stehen die **Unterrichtsverfahren** (siehe Abbildung 1.6). Sie betreffen die **Makrostruktur** des Unterrichts, d.h. sie geben vor, welche grundsätzliche Verfahrensweise für eine Unterrichtseinheit (eine oder mehrere Lektionen) zur Erreichung eines Lernziels (einer Teilkompetenz) gewählt wird. Sie bestimmen also den Grobverlauf der betreffenden Unterrichtseinheit: Soll für die Unterrichtseinheit ein Frontalunterricht, ein Projekt, ein Planspiel usw. gewählt werden? Der Entscheid dazu hängt von den gesetzten Lernzielen, den pädagogischen Absichten, den Voraussetzungen bei den Schülerinnen und Schülern, dem zur Verfügung stehenden Lehr- und Lernmaterial, der vorgegebenen Unterrichtszeit sowie – um motivierende Abwechslung herbeizuführen – vom bisherigen Einsatz von Unterrichtsverfahren ab. Denkbar ist, dass bei umfangreicheren Unterrichtseinheiten verschiedene Unterrichtsverfahren kombiniert werden.

Beispiel: Ein Lehrer entscheidet sich, eine Unterrichtseinheit mit einem Fall zu bearbeiten. Nun weiss er aus Erfahrung, dass bei einem zu bearbeitenden Aspekt alle Schülerinnen und Schüler Schwierigkeiten haben. Deshalb wählt er bei der Fallbearbeitung bei diesem Aspekt den Frontalunterricht (z.B. Lehrervortrag), um mit einem geringen Zeitaufwand sichere Grundlagen für die Weiterbearbeitung des Falls zu schaffen.

Die **zweite Ebene** betrifft die Lehrmethoden (siehe Abbildung 1.7) und die Lernformen (siehe Abbildung 1.8). Die **Lehrmethoden** sind Formen des Frontalunterrichts mit der ganzen Klasse oder mit Gruppen. Sie sind dadurch gekennzeichnet, dass die Lehrkräfte den Unterricht zielgerichtet anleiten und steuern (direktes und indirektes Lehrerverhalten) (siehe ausführlich im Kapitel 2). Bei **Lernformen** liegen die Lerntätigkeiten (Initiativen und Aktivitäten) vornehmlich bei den Schülerinnen und Schülern und die Lehrkräfte unterstützen die Lernenden (Lernberatung).
Die Unterscheidung zwischen Unterrichtsverfahren sowie Lehrmethoden und Lernformen ist wichtig, um eine zielgerichtete Vielfältigkeit des Unterrichts im Hinblick auf eine bessere Motivation und auf eine grössere Wirksamkeit sicherzustellen.

Beispiel: Eine Lehrerin entscheidet sich für das Unterrichtsverfahren Projektunterricht. Um den Unterricht zweckmässig vorzubereiten, muss sie sich auch überlegen, welche Lehrmethoden und/oder Lernformen sie im Rahmen dieses Projektunterrichts einsetzen will. Wahrscheinlich wird sie als Lernform eine ergänzende oder konkurrierende Gruppenarbeit

Abbildung 1.6 **Unterrichtsverfahren**

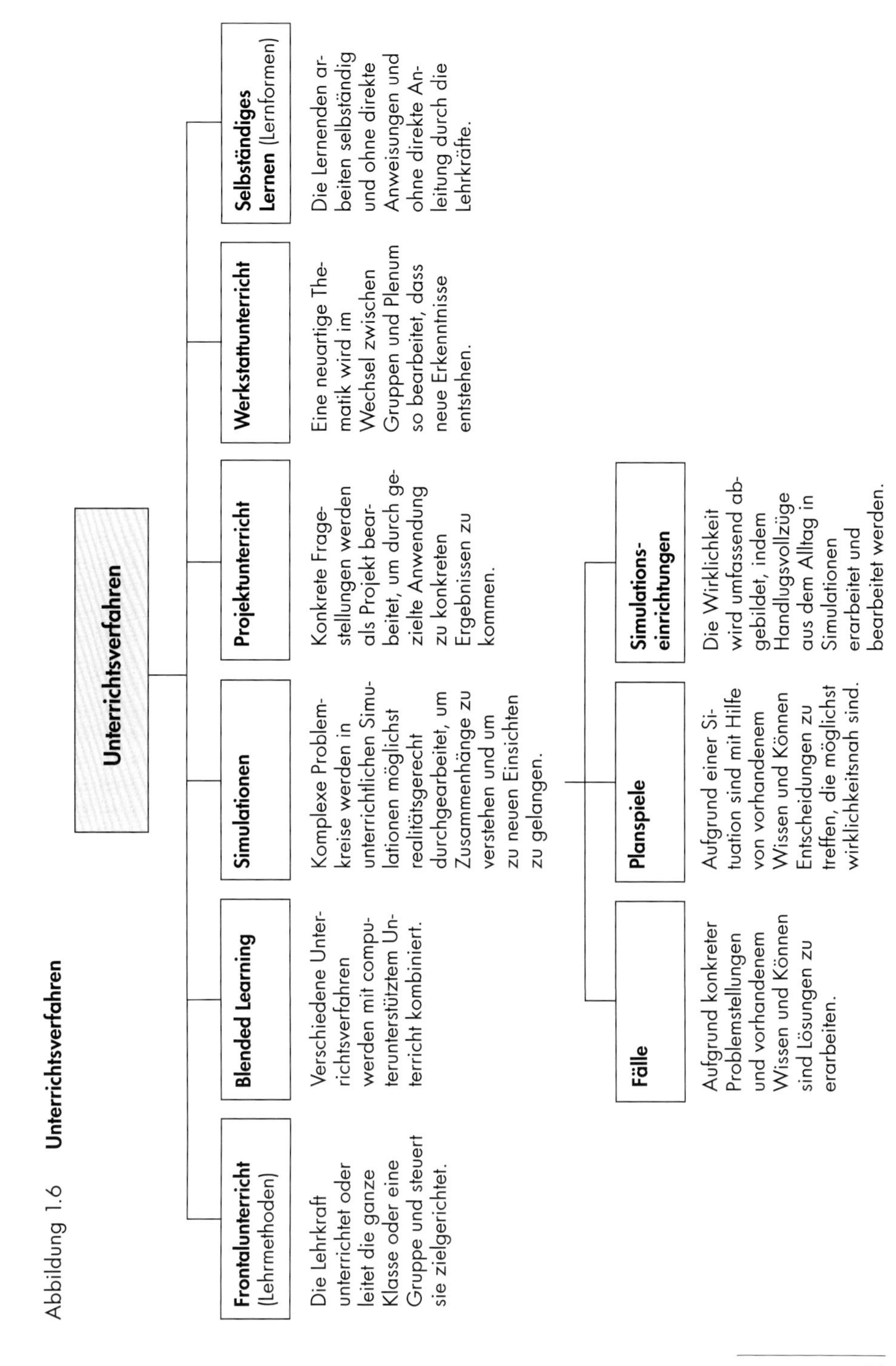

Abbildung 1.7 **Lehrmethoden**

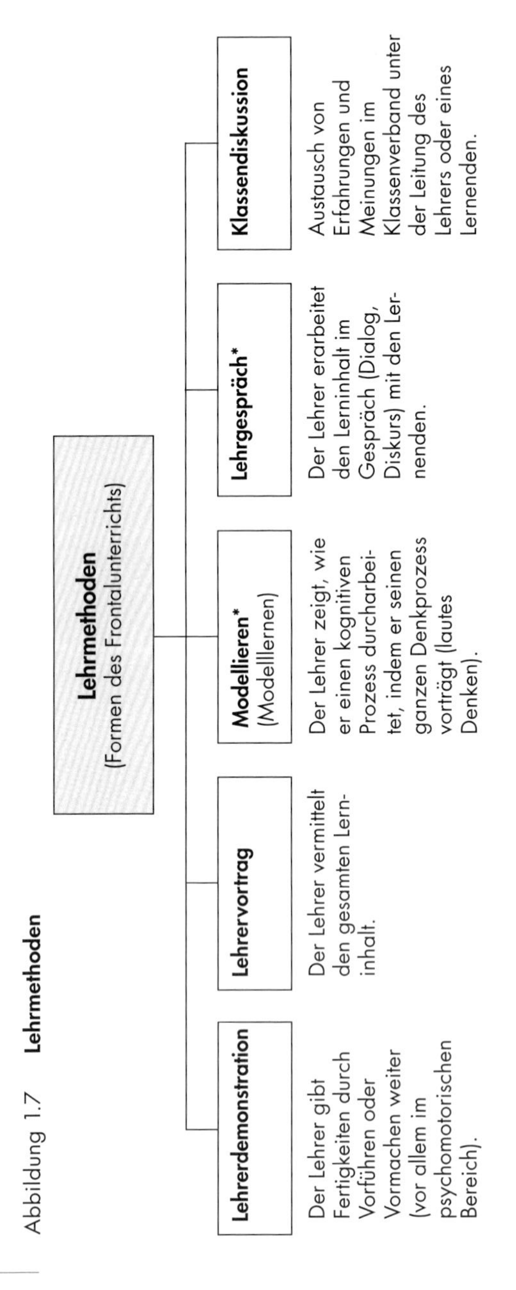

*Die Abgrenzung zwischen diesen beiden Lehrmethoden ist in der Praxis oft fliessend.

Abbildung 1.8 **Lernformen**

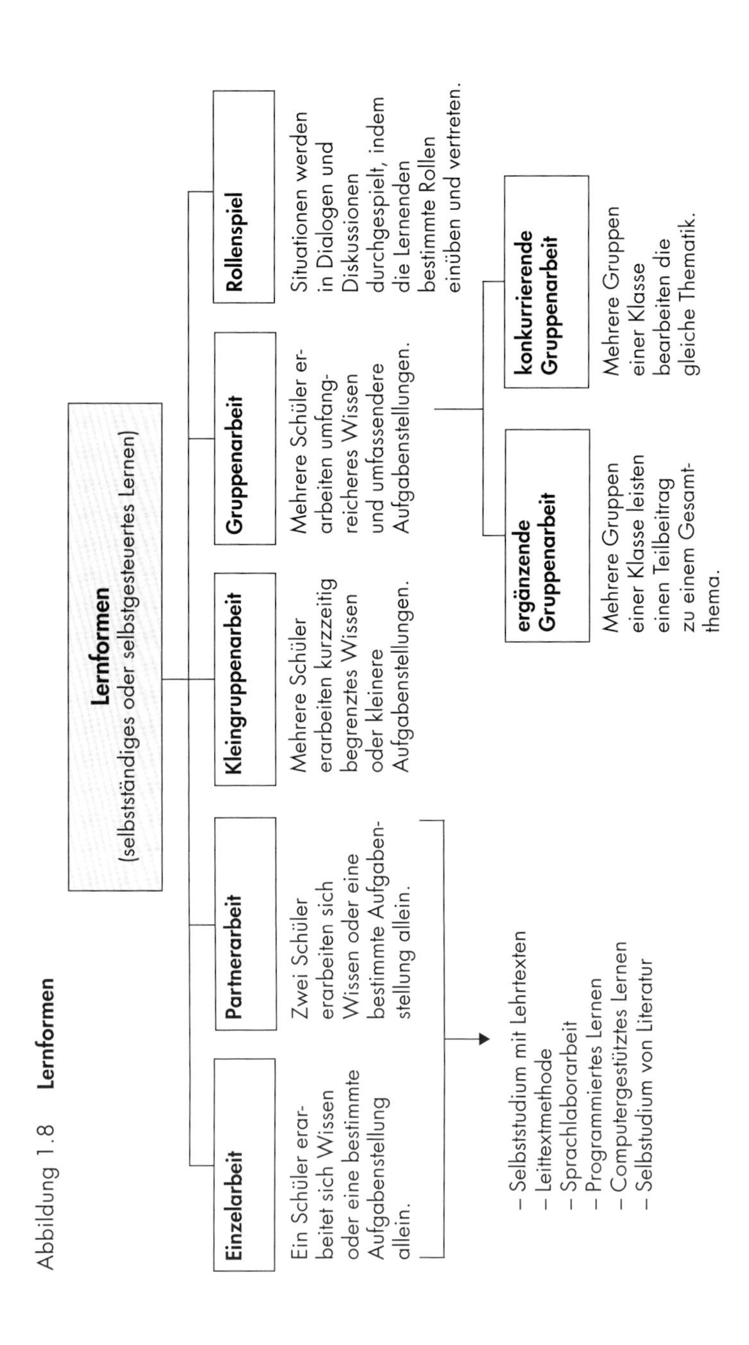

vorsehen. Vermutlich wird sie aber auch einmal zur Lehrform des Lehrervortrages greifen (wenn sie beispielsweise erkennt, dass die meisten Schülerinnen und Schüler trotz längerer selbständiger Lernarbeit in den Gruppen etwas nicht verstehen) oder ein Rollenspiel einbauen (wenn sie im Rahmen des Projektunterrichts soziale und kommunikative Kompetenzen fördern will). Das Unterrichtsverfahren Projektunterricht, mit der ausschliesslichen Anwendung der Lernform Gruppenarbeit, trägt weniger zu einer ganzheitlichen Lernleistung bei, als die vielfältige Kombination verschiedener Unterrichtsverfahren, Lehrmethoden und Lernformen.

Die **dritte Ebene** betrifft den **Führungsstil** des Lehrers oder der Lehrerin. Darunter ist die Disposition zu verstehen, die als Struktur das konkrete Führungsverhalten der Lehrpersonen im Unterricht und damit im Umgang mit den Schülerinnen und Schülern prägt und Voraussagen über deren Verhalten und deren Erfolg im Unterricht und in der Schule ermöglicht (siehe ausführlich im Kapitel 3).

6.2 Ein Beispiel für vielfältigen Unterricht

Abschliessend soll an einem Beispiel gezeigt werden, wie eine Unterrichtseinheit zum Thema «Der Standort einer Unternehmung» in unterschiedlicher Weise gestaltet werden kann (vergleiche dazu eine ältere Untersuchung von Dubs 1983, welche nachwies, wie wenig variantenreich zu jener Zeit unterrichtet wurde). Die hier vorgelegten drei Varianten – weitere Möglichkeiten sind denkbar – beanspruchen unterschiedlich viel Unterrichtszeit (vergleiche Tabelle 1.9).

Thema für die Unterrichtseinheit: Gemäss Lehrplan, der systematisch oder kasuistisch sein kann, ist das Thema «Standort einer Unternehmung» zu behandeln (sei es in den Realienfächern einer 6. Klasse der Volksschule oder im 1. Lehrjahr einer Kaufmännischen Berufsschule).

Überlegungen und Lernziel der Lehrerin: Ich muss dieser Thematik für meine Klasse Sinn geben, denn der pädagogische Nutzen dieser Unterrichtseinheit wäre gering, wenn ich nur die Standortfaktoren, wie sie in jedem Lehrbuch dargestellt sind, durch einen Lehrervortrag vermitteln würde, sie lernen liesse und anschliessend abfragte. Für die Sinngebung habe ich zwei Ansatzpunkte, die ich beide berücksichtigen will. Erstens arbeite ich mit dem Beispiel des Einkaufszentrums, das in unserer Nähe gebaut wird, d.h. ich konstruiere ein komplexes Lehr-Lern-Arrangement, und zweitens verknüpfe ich die Thematik mit der Förderung des Problemlösens, nachdem meine Schülerinnen und Schüler sich noch nie mit Problemlösen im wirtschafts- oder sozialkundlichen Bereich auseinandergesetzt haben. Deshalb lautet mein instruktionales Lernziel: Am Ende der Unterrichtseinheit sind meine Schülerinnen und Schüler in der Lage, Standortentscheidungen für Unternehmungen zu treffen. Bevor ich meinen Unterricht im einzelnen plane, will ich drei mögliche Varianten vergleichen.

Variante 1 (2 bis 3 Lektionen)
Ich habe einen systematischen Lehrplan, in welchem das Thema «Standort einer Unternehmung» in eine systematische Anordnung von Themen eingebaut ist (Begriff der Unternehmung, Formen von Unternehmungen usw.). Ich entscheide mich schwergewichtig für einen Frontalunterricht mit drei Phasen. In der ersten Phase gebe ich in einem kurzen Lehrervortrag die Systematik der möglichen Unternehmungsstandorte. Dann lege ich den Schülerinnen und Schülern einen Fall «Entscheid über die Wahl des Standortes eines Einkaufszentrums» vor. In der dritten Phase wende ich

Abbildung 1.9 **Drei Varianten für eine Unterrichtseinheit «Wahl des Standortes einer Unternehmung»**

	Variante 1				**Variante 2**				**Variante 3**			
	Mesoebene	Mikroebene			Mesoebene	Mikroebene			Mesoebene	Mikroebene		
		Unterrichtsverfahren	Lehrmethode/ Lernform	Führungsstil		Unterrichtsverfahren	Lehrmethode/ Lernform	Führungsstil		Unterrichtsverfahren	Lehrmethode/ Lernform	Führungsstil
1. Phase	Disziplinärer (systematischer) Lehrplan	Frontalunterricht	Lehrervortrag	direkt	Kasuistischer Lehrplan	Simulation (Fall)	Klassendiskussion	indirekt	Systematischer Lehrplan	Projektunterricht	Selbstgesteuertes Lernen in Gruppen	Lernberatung
2. Phase			Lehrgespräch	direkt			Gruppenarbeit	Lernberatung				
3. Phase			Lehrgespräch	direkt		Frontalunterricht	Lehrgespräch	direkt				

die Erkenntnisse in einem Lehrgespräch an. Weil die Klasse noch nie mit Problemlösestrategien gearbeitet hat, verwende ich das Lehrgespräch mit der ganzen Klasse mit einem direkten Führungsstil, damit die Schülerinnen und Schüler angeleitet lernen, wie man betriebswirtschaftliche Probleme löst.

Variante 2 (3 Lektionen)
Ich habe einen kasuistischen Lehrplan, in welchem ein Lernfeld «Standort einer Unternehmung» vorgesehen ist. Andere Lernfelder sind Unternehmungen in der Volkswirtschaft, Bankbetriebe usw. Ich entscheide mich, einen Fall über «Ein Standortentscheid einer Chemischen Unternehmung» von den Schülerinnen und Schülern lesen und anschliessend diskutieren zu lassen (Warum hat die Unternehmung so entschieden? Hätte es andere Möglichkeiten gegeben?) (indirektes Lehrerverhalten). Dann bitte ich die Schülerinnen und Schüler in Gruppen eine Struktur über Unternehmungsstandorte (Standortkriterien) anhand von ihnen bekannten Unternehmungen selbst zu entwickeln. Schliesslich werte ich in einem Lehrgespräch (direktes Lehrerverhalten) die Gruppenarbeiten aus, um zu einer guten Lösung der Typisierung von Unternehmungsstandorten zu gelangen.

Variante 3 (rund 6 Lektionen)
Ich habe einen systematischen Lehrplan, möchte aber das Thema «Standort einer Unternehmung» durch die Lernenden selbst erarbeiten lassen. Deshalb wähle ich einen radikalkonstruktivistischen Ansatz, indem die Lernenden Unterlagen und einen Fall (Wahl eines Standortes) erhalten, um die Struktur (Typisierung) von Unternehmungsstandorten selbständig in Gruppen zu erarbeiten (selbstgesteuertes Lernen in Gruppen). Ich selbst übernehme die Lernberatung.

6.3 Ein theoretisches Modell zur Beobachtung der Vielfältigkeit des eigenen Unterrichts

Unterrichtende sollten von Zeit zu Zeit überlegen, ob ihr Unterricht die erwünschte Vielfältigkeit hat. Abbildung 1.10 zeigt ein Modell, das einen Überblick über die vielfältigen Möglichkeiten der Unterrichtsgestaltung und -führung gibt (in freier Anlehnung an de Kock, Sleegers & Voeten 2004, siehe auch Käppeli 2001). Es beschreibt die Kriterien, welche den Unterricht prägen, oder anders ausgedrückt, welche vielfältige Lernumwelten charakterisieren. Dieses Modell kann Lehrpersonen nicht nur als Hilfe zur Sensibilisierung für die Vielfältigkeit des Unterrichts dienen, sondern es erweitert auch die Prozess-Produkt-Forschung (siehe nächster Abschnitt), die sich bislang in erster Linie mit der Beziehung des Lehrerverhaltens mit dem Lernerfolg auseinandersetzte. In diesem Modell wird die Unterrichtsgestaltung und -führung nicht mehr nur linear, sondern aus der Sicht des ganzen Unterrichtsgeschehens in vielfältigen Lernumwelten betrachtet.
Abbildung 1.11 zeigt die vielfältigen Unterrichtsmöglichkeiten anhand der drei Varianten zur Unterrichtseinheit «Standort einer Unternehmung» im vorhergehenden Abschnitt in tabellarischer Darstellung.

Abbildung 1.10 **Kriterien zur Beobachtung der Vielfältigkeit des Unterrichts**

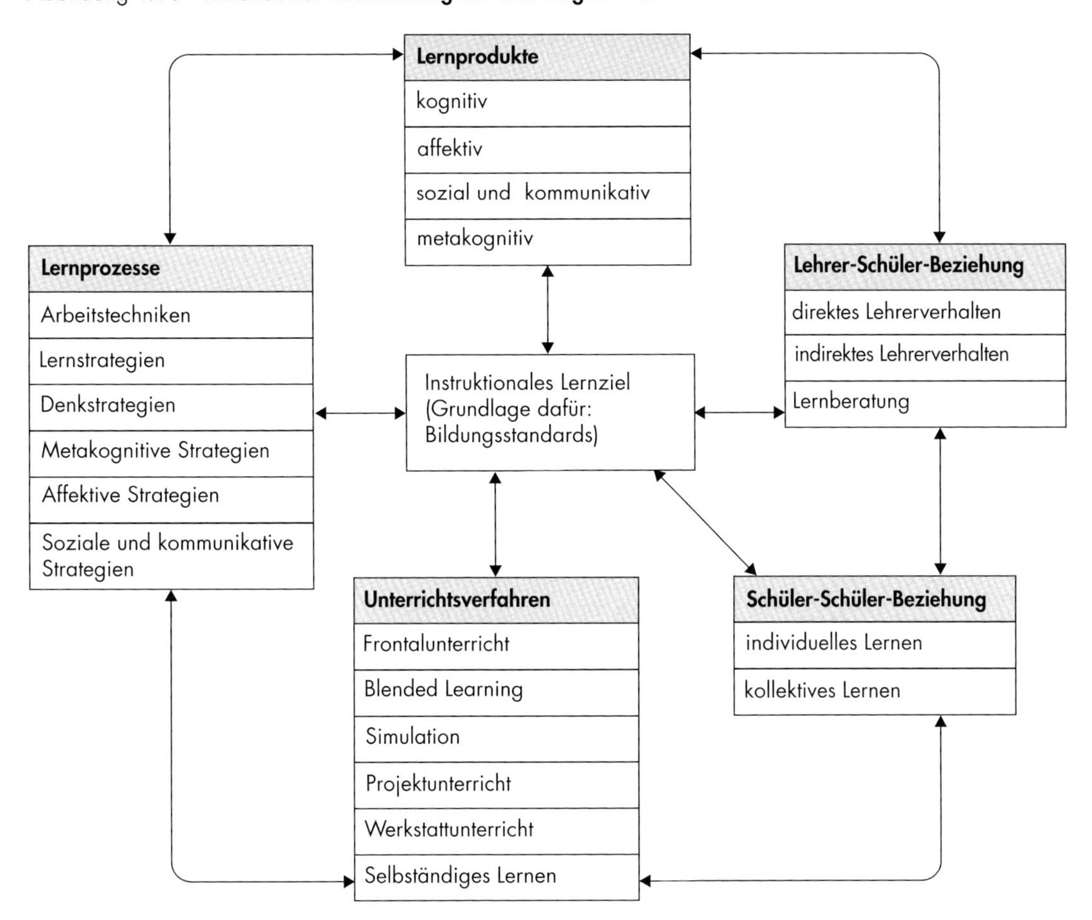

Abbildung 1.11 **Vielfältige Varianten einer Unterrichtseinheit**

	Lernprodukt	Lernprozess	Unterrichtsverfahren	Lehrer-Schüler-Beziehung	Schüler-Schüler-Beziehung
Variante 1	Standortfaktoren einer Unternehmung	Problemlösung	Frontalunterricht	direktes Lehrerverhalten	Schwergewichtig individuelles Lernen
Variante 2	Standortfaktoren einer Unternehmung	Problemlösung	Simulation und Frontalunterricht	direktes und indirektes Lehrerverhalten	individuelles und kollektives Lernen
Variante 3	Standortfaktoren einer Unternehmung	Problemlösung	Selbstgesteuertes Lernen in Gruppen	Lernberatung	Kollektives Lernen

7 Ansätze der Unterrichtsforschung

7.1 Grundsätzliches

In allen Kapiteln dieses Buches wird laufend auf Forschungsergebnisse verwiesen. Weil viele Lehrpersonen der pädagogischen Forschung eher skeptisch gegenüberstehen, werden im Interesse des besseren Verständnisses der Begriffe der Forschung einige Begrifflichkeiten und Zusammenhänge dargestellt.

Zunächst wird zwischen qualitativer und quantitativer Forschung unterschieden.

Bei der **qualitativen Forschung** geht es darum, Theorien und Annahmen zu einer pädagogischen Fragestellung zu entwerfen. Die Grundlagen dazu bilden Beobachtungen im Unterricht, Beschreibungen und Erfahrungsberichte über Unterricht sowie Gespräche (demokratische Diskurse), die nach verschiedenen Gesichtspunkten analysiert werden. Die Erkenntnisse aus den Analysen führen zu theoretischen Grundlagen und zu Hypothesen, die aufgrund der Erkenntnisse aus den Analysen entwickelt bzw. bestätigt oder verworfen werden. Gearbeitet wird aber nicht mit exakten (quantitativen) Daten, sondern mit qualitativen «Daten». Dies sind Erkenntnisse, welche bestätigen, dass erkannte Merkmale auf etwas zutreffen oder nicht zutreffen. Anders ausgedrückt werden Hypothesen durch die Beobachtungen oder Aussagen bestätigt (qualitative confirmation) (Miller & Fredericks 1994).

Beispiel: Eine Forscherin weiss aus eigener Erfahrung, dass Schülerinnen und Schüler in Gruppenarbeiten unterschiedlich aktiv sind. Um herauszufinden, ob ein Zusammenhang mit persönlichen Eigenschaften dieser Schülerinnen und Schüler bestehen, beobachtet sie Schulklassen bei Gruppenarbeiten. Dabei glaubt sie, solche Eigenschaften zu erkennen (z.B. extravertierte Lernende sind aktiver) und formuliert diese Beobachtung als Hypothese. Bei weiteren Beobachtungen überprüft sie, ob sie sich bestätigen. Sie sammelt qualitative «Daten», welche vermutete Merkmale zu- oder absprechen.

Mit der **quantitativen Forschung** (empirische Forschung) werden Hypothesen systematisch überprüft. Es wird möglichst eindeutig festgestellt, wie sich bestimmte Faktoren (Variablen) zueinander verhalten, um Hypothesen mit genauen Daten zu verifizieren oder zu falsifizieren.

Beispiel: Aufgrund theoretischer Überlegungen gelangt eine Forscherin zur Hypothese, dass die Lernleistungen von Schülerinnen und Schülern, die von ihren Lehrpersonen einen regelmässigen individuellen Feedback (Rückmeldung, Verstärkung) erhalten, bessere Leistungen erbringen, als Lernende bei Lehrern, die nur kritisieren und tadeln. Mit einer systematischen Beobachtung zählt sie die Häufigkeit und die Individualität des Feedbacks (Variable), und mit einem Test misst sie den Lernerfolg (Variable) und berechnet die Stärke der Beziehung zwischen diesen beiden Variablen, um die Hypothese zu verifizieren oder zu falsifizieren. Sie sammelt «quantitative» Daten, die den Ausprägungsgrad der Variablen meistens zahlenmässig spezifizieren.

Viele Vertreter der quantitativen (empirischen) Unterrichtsforschung stellen die qualitative Forschung als nicht beweiskräftig grundsätzlich in Frage und betrachten nur die Empirie als Wissenschaft. Hier wird eine mittlere Position vertreten (siehe auch Ercikan & Roth 2006): Alle pädagogischen Probleme haben eine qualitative und eine quantitative Seite. Eine konsequente Unterscheidung zwischen subjektiven Betrachtungsweisen bei den qualitativen und objektiven Erkenntnissen aus der empirischen Forschung macht wenig Sinn, denn am Anfang steht immer die subjektive Wahrnehmung. Beobachtungen, Beschreibung und Reflexion tragen viel zur Erzeugung von Hypothesen und Theorien bei. Die qualitative Forschung kann aber Hypothesen und Theorien nicht auf ihre empirisch belegte Richtigkeit überprüfen. Dazu bedarf es datengestützter empirischer Forschung. Deshalb erfordert eine umfassende Bearbeitung von pädagogischen Fragestellungen sowohl die qualitative als auch die quantitative Forschung.

7.2 Ansätze der empirischen Unterrichtsforschung

7.2.1 Kritische Anmerkungen

Viele Lehrerinnen und Lehrer stehen der empirischen Unterrichtsforschung kritisch gegenüber und argumentieren folgendermassen: Erstens sind Erziehung und Bildung ein dermassen komplexes Unterfangen, dass die Voraussetzungen und die Ergebnisse in ihrer Gesamtheit datenmässig gar nicht erfasst werden können. Deshalb reduziert diese Forschung Erziehung und Bildung auf einfache messbare Zusammenhänge, welche die gesamte Schulwirklichkeit in keiner Weise wiedergeben. Bestätigt fühlen sich viele Skeptiker in ihrer kritischen Haltung durch die vielen sich widersprechenden Ergebnisse aus empirischen Forschungsvorhaben, die ihrer Meinung nach mehr verwirren als für den Schulalltag weiterhelfen. Zweitens werfen sie der empirischen Forschung vor, sie konzentriere sich infolge der leichteren Messbarkeit weitgehend auf einfachere kognitive Lernleistungen, welche aber nicht das Wesentliche der Schule ausmachen. Und drittens stellen sie das Bemühen vieler Forschender, einen belegbaren und nicht nur behaupteten Beitrag zur Versachlichung pädagogischer Streitpunkte zu leisten mit dem Argument in Frage, Erziehung und Bildung seien von den Bildungszielen, vom Lernumfeld und von den Persönlichkeiten der Schülerinnen und Schüler her etwas so Individuelles, dass es nie gelingen werde, mit der empirischen Forschung zu belegen, was gesichert und (objektiv) richtig, und was falsch sei.
In der Tat widersprechen sich bei einer oberflächlichen Betrachtung von empirischen Untersuchungen viele Ergebnisse. Bei sorgfältigen Analysen, welche die Annahmen, Voraussetzungen und Lernumwelten bei den einzelnen Studien mit einbeziehen, vermindern sich die Widersprüche oft schon stark, und es werden wenigstens verlässlichere Trendaussagen möglich, welche für die Unterrichtspraxis mehr Sicherheit schaffen. Zudem wurde die Methode der Meta-Analyse entwickelt, mit welcher viele Untersuchungen zur gleichen Fragestellung in quantifizierender Weise zusammengefasst werden, um zu eindeutigen Aussagen zu gelangen (siehe Abschnitt 7.2.5 dieses Kapitels). Richtig ist auch, dass in vielen Untersuchungen nur wenige Variablen der ganzen Schul- und Unterrichtswirklichkeit einbezogen sind, was häufig nicht zu endgültigen Ergebnissen führt. Verfeinerte empirische Methoden in zunehmend umfassenderen Untersuchungen präzisieren anfänglich widersprüchliche Erkenntnisse jedoch im Zeitverlauf. Deshalb spielt bei der Auswertung von Forschungsergebnissen die zeitpunktbezogene Auswahl der Untersuchungen, die etwas belegen oder widerlegen sollen, eine wesentliche Rolle. In diesem Zusammenhang stellt sich auch die Frage, wie weit Erkenntnisse von Studien an anderen Kulturkreisen (insbesondere aus den Vereinigten Staaten) als Belege angeführt werden dürfen. Darüber besteht noch eine verbreitete Unsicherheit. In diesem Buch wird folgende Regel befolgt: Es werden nur empirische Arbeiten zitiert, welche nicht durch wesentliche kulturelle Unterschiede beeinflusst sein können, die im Original einsehbar sind und

in einem Medium publiziert sind, das einer wissenschaftlichen Kontrolle unterliegt. Schliesslich ist darauf hinzuweisen, dass die empirische Forschung nie zu «objektiven» Erkenntnissen führen kann, sondern ihre Ergebnisse stellen immer nur «**Wenn-Dann-Aussagen**» dar, d.h. alle Untersuchungen gehen von bestimmten Ziel- oder Wertvorstellungen (normative Grundlagen der Erziehung und Bildung) (das Wenn) aus und betrachten die Wirkungen (das Dann) unter diesen Voraussetzungen. Diese «Wenn-Dann-Beziehung» kann deshalb ebenfalls eine Ursache für die Widersprüchlichkeit von Erkenntnissen sein, denn verschiedene normative Positionen können zu anderen eindeutig feststellbaren Erkenntnissen für die alltäglichen Erziehungs- und Bildungsmassnahmen führen.
Zusammenfassend werden also empirische Erkenntnisse nicht als absolute Wahrheiten, sondern als Trendaussagen verstanden, welche umstrittenen Fragen eine Richtung geben sollen, und die mit der Kunst des Lehrens in einer guten Weise zu verknüpfen sind (siehe Abschnitt 1.1 in diesem Kapitel).

7.2.2 Überblick über die empirischen Forschungsansätze

Abbildung 1.12 gibt eine – mögliche – Übersicht über die wichtigsten Ansätze der empirischen Forschung in der Pädagogik.

7.2.3 Deskriptive Methoden

Im Zusammenhang mit dem Lehrerverhalten geht es bei den deskriptiven Methoden um die genaue Beschreibung von Prozessen im Unterricht und des Verhaltens der Lehrpersonen. Es werden Aspekte des Ist-Zustands («Wie-ist-Fragen») gestellt, und es wird nach möglichen Ursachen und Wirkungen gefragt, wobei die Ursachen und Wirkungen jedoch nicht systematisch überprüft werden.

1) Mit **Erfahrungsberichten** dokumentieren praxisorientierte Pädagogen ihre Erfahrungen, die sie im Unterricht gemacht haben, beurteilen sie und leiten daraus praktische Empfehlungen ab. Solche Berichte sind oft interessant und anregend. Es fehlt ihnen aber die wissenschaftliche Fundierung, so dass die Erkenntnisse mit grosser Vorsicht aufzunehmen sind.

   Beispiel: Aufsätze in praxisorientierten Lehrerzeitschriften, in denen über Erfahrungen im Zusammenhang mit dem Lehrerverhalten berichtet wird (z.B. dank einem bestimmten Lehrerverhalten habe ich mit meinen Klassen keine Disziplinarprobleme).

2) **Deskriptive Studien** erfassen einen Ist-Zustand in der Schulwirklichkeit systematisch und genau (z.B. genaue Angaben über den Lernerfolg bei einer bestimmten Form von Unterricht). Der Einfluss bestimmter Faktoren (Variablen), die zu diesem Lernerfolg geführt haben, wird aber nicht ermittelt.

   Beispiel: Die PISA-Studie zeigt, dass die Leseleistungen von Schülerinnen und Schülern im Land A unter den Durchschnittsleistungen der Lernenden aller untersuchten Länder liegen. Dieser Befund wird aufgrund systematischer Testerhebungen ermittelt. Im deskriptiven Teil der PISA-Studie werden aber keine Angaben über die Ursachen gemacht.

3) **Explorative Studien** dienen dazu, mittels Beobachtungen von Unterricht oder Befragung von Lehrkräften und weiteren an der Schule interessierten Personen, Anhaltspunkte zu erhalten, um Erklärungen zu suchen, Abhängigkeiten und

Abbildung 1.12 **Übersicht über die wichtigsten Ansätze der empirischen Forschung in der Pädagogik**

Gesamtformen	Einzelne Untersuchungstypen
Deskriptive Methoden	1) **Erfahrungsberichte:** Systematische Beschreibungen von Situationen (z. B. Transkript einer Lektion).
	2) **Deskriptive Studien:** Systematische, datengestützte Erfassung eines Zustands (z. B. PISA-Studie)
	3) **Explorative Studie:** Datengestützte Studie, um Ansätze für eine Theorie, ein umfassenderes Experiment usw. zu finden (z. B. Vergleich von lernwirksamen und nicht lernwirksamen Lektionen,um Variablen erfolgreichen Lehrerverhaltens zu finden).
Hypthesenprüfende Methoden	4) **Feldstudien:** Systematische, datengestützte Untersuchungen in der Schulwirklichkeit (z. B. Ermittlungen der Lernwirksamkeit kognitivistischer und konstuktivistischer Unterrichtsansätze in realen Unterrichtssituationen).
	5) **Experimente im Unterricht:** Systematische, datengestützte Untersuchungen mit Experimentalgruppen (in diesen Gruppen werden bestimmte Variablen manipuliert) und Kontrollgruppen (keine Einwirkung) (z. B. Ermittlung der Wirksamkeit von direktem und indirektem Lehrerverhalten).
Meta-Methoden	6) **Empirische Meta-Analysen:** Zusammenfassende Auswertungen einer Vielzahl von datengestützten Untersuchungen zur gleichen Forschungsfrage (z. B. Lernwirksamkeit von Hausaufgaben).

Wechselwirkungen von Faktoren zu entdecken und Hypothesen aufzustellen, die später systematisch untersucht werden.

Beispiel: Die Forschenden besuchen den Unterricht von Lehrpersonen, von denen bekannt ist, dass sie keine oder dauernd Disziplinarprobleme haben. Aus der vergleichenden Beobachtung versuchen sie Anhaltspunkte für mögliche Ursachen beispielsweise infolge von unterschiedlichem Lehrerverhalten zu finden.

7.2.4 Hypothesenprüfende Methoden

Bei hypothesenprüfenden Methoden geht es darum, einen eindeutigen Nachweis über die Zusammenhänge zwischen einzelnen Faktoren (Variablen) und deren Wirkungen sowie über Ursachen von Zusammenhängen und Wirkungen zu erbringen. Im Bereich des Lehrerverhaltens war bis Mitte der achtziger Jahre die **Prozess-Produkt-Forschung** vorherrschend. Sie untersucht die Beziehung zwischen bestimmten Formen des Lehrerverhaltens (Prozess) und dem Lernerfolg (Produkt) (ursprünglich Dunkin & Biddle 1974). Auf diese Weise will man Regeln oder Empfehlungen für wirksames Lehrerverhalten finden. Die Prozess-Produkt-Forschung kann in Form von Feldstudien oder von Experimenten im Unterricht durchgeführt werden.

4) **Bei Feldstudien** werden Lehrkräfte in der alltäglichen Schulpraxis (in der Schulwirklichkeit) in Bezug auf bestimmte Verhaltensweisen (Prozesse) systematisch beobachtet und anschliessend der Lernerfolg (Produkt) der Schülerinnen und Schüler erfasst. Aus dem Vergleich des Lehrerverhaltens und der Lernerfolge lässt sich feststellen, welches Lehrerverhalten wirksamer und welches weniger wirksam ist.

   Beispiel: Es werden 10 Lehrkräfte in ihrem Alltagsunterricht in Bezug auf das Ausmass der Lenkung der Klasse beobachtet und festgestellt, wie stark sie ihren Unterricht lenken (Lenkung = unabhängige Variable). Nach einer gewissen Unterrichtszeit wird der Lernerfolg der Schüler (abhängige Variable) erfasst, um daraus ableiten zu können, welche Lenkungsform des Unterrichts (mehr oder weniger Lenkung) wirksamer ist (vergleiche Abbildung 1.13).

5) **Bei Experimenten im Unterricht** werden wiederum verschiedene Verhaltensweisen von Lehrkräften im Hinblick auf den Lernerfolg untersucht. Aber das Ausmass der Lenkung (unabhängige Variable) wird manipuliert, d.h. die Lehrkräfte werden für eine bestimmte Verhaltensweise (ein bestimmtes Treatment) vorbereitet und haben während der Dauer des Experimentes im Sinne dieses gewollten Verhaltens zu unterrichten. Nach Abschluss des Experimentes wird wiederum der Lernerfolg (abhängige Variable) erfasst.

   Beispiel: Eine Gruppe von zufällig ausgewählten Lehrkräften wird in starkem Lenkungsverhalten geschult, die andere ebenfalls zufällig ausgewählte auf ein wenig lenkendes Verhalten vorbereitet (die unabhängige Variable wird manipuliert). Anschliessend unterrichten die Lehrkräfte in der gewünschten Form. Nach Abschluss des Experimentes wird der Lernerfolg (abhängige Variable) erfasst, um zu bestimmen, welches Lenkungsverhalten wirksamer ist.

Obschon die Prozess-Produkt-Forschung sehr viele auch praktisch hilfreiche Einsichten gebracht hat, wird sie seit Mitte der achtziger Jahre des letzten Jahrhunderts von vielen Forschenden – nicht zuletzt solchen, die sie während mehr als einem Jahrzehnt selbst geprägt haben – mit folgenden Begründungen immer stärker in Frage gestellt:[22] Erstens beschränken sich viele Untersuchungen auf einfache Techniken des Lehrerverhaltens und vernachlässigen die anspruchsvolle Förderung des Denkens, weil sie schwer zu messen ist. Zweitens sind viele Untersuchungen zu spezifisch und zu linear, so dass nie sicher ist, ob unter veränderten Umständen und beim Einbezug weiterer Variablen des Lehrerverhaltens wieder völlig andere Erkenntnisse resultieren

Abbildung 1.13 **Prozess-Produkt-Forschung**

Prozess ⟶	**Produkt**
Lenkung (Strukturierung des Unterrichts)	Lernerfolg
Unabhängige Variable (im Experiment verändert [manipuliert])	abhängige Variable (Wirkung der unabhängigen Variablen)

[22] Der über zwei Jahrzehnte führende Wissenschaftler in der Lehrerverhaltensforschung versuchte zusammen mit einer ehemaligen Doktorandin das Prozess-Produkt-Paradigma letztmals 1989 mit einem überlegten Aufsatz zu rechtfertigen und Missverständnisse zu beseitigen (Gage & Needels 1989).

würden. Diese Beschränktheit mag auch der Hauptgrund für die vielen widersprüchlichen Ergebnisse von Forschungsvorhaben zur gleichen Thematik sein. Drittens ergeben sich immer wieder Probleme mit der Operationalisierung[23] des Lehrerverhaltens, indem gleiche Formen von Verhalten sehr verschiedenartig operationalisiert werden, so dass Erkenntnisse nicht vergleichbar sind. Zudem bleibt die Operationalisierung oft beim äusserlich Beobachtbaren stehen, obschon Lehrerverhalten auch verinnerlichte Komponenten hat. Viertens beschränkt sich die Prozess-Produkt-Forschung ausschliesslich auf das Lehrerverhalten und seine Äusserlichkeiten. Sie vernachlässigt das ebenso wichtige Schülerverhalten (wie Schülerinnen und Schüler lernen und wie sich ihr Denken entwickelt) und vor allem die kognitiven Prozesse bei den Lehrkräften selbst (wie planen und entscheiden sie, von welchen Werten lassen sie sich leiten? usw.). Und fünftens – so behaupten die schärfsten Kritiker – hat die ganze Prozess-Produkt-Forschung ob der vielen widersprüchlichen Forschungsergebnisse mehr Fragen aufgeworfen, als der Unterrichtspraxis verlässliche Handreichungen gegeben.

Als Reaktion auf diese Kritik wurden die **Aptitude-Treatment-Interaction-Untersuchungen** (ATI-Untersuchungen) entwickelt, die als Feldstudien oder als Experimente durchgeführt werden. Bei ihnen werden nicht mehr nur das Lehrerverhalten und der Lernerfolg erfasst, sondern als intervenierende Variablen werden auch Eigenschaften der Lernenden in die Untersuchungen miteinbezogen, wobei die Eigenschaften sehr breit umschrieben werden: Soziale Herkunft, Einstellungen, Angst, Leistungsfähigkeit usw. Dadurch lassen sich differenziertere Aussagen machen: Nicht nur die Beziehung zwischen dem Verhalten der Lehrperson (Treatment) und dem Lernerfolg der Schülerinnen und Schüler wird ermittelt, sondern mit dem Einbezug von Eigenschaften (Aptitudes) wird erfasst, welche Wechselwirkungen zwischen dem Verhalten der Lehrperson und den Eigenschaften der Lernenden im Hinblick auf den Lernerfolg bestehen.

Beispiel: Eine Gruppe von Lehrkräften unterrichtet stark lenkend, die andere wenig lenkend. In allen Klassen hat es leistungsfähigere und weniger leistungsfähigere sowie ängstlichere und weniger ängstlichere Schülerinnen und Schüler. Von Interesse ist nun die Frage, wie die verschiedenen Schüler auf die unterschiedlichen Formen der Lenkung der Lehrkräfte im Unterricht reagieren. Abbildung 1.14 zeigt das Ergebnis: Weniger leistungsfähige und ängstliche Schüler zeitigen bessere Lernerfolge bei stärker gesteuertem Unterricht; leistungsfähigere und weniger ängstliche Schüler profitieren mehr vom weniger stark gesteuerten Unterricht (vergleiche die ausführlichere Darstellung im Kapitel 2).

Inzwischen wurden Modelle für empirische Untersuchungen noch weiter verfeinert. Dazu sei auf den immer noch prägenden Aufsatz von Campell & Stanley (1963) verwiesen, der ideal-typische Untersuchungsmodelle (Designs) systematisch erläutert.

7.2.5 Meta-Analysen

Weil viele Felduntersuchungen und Experimente zu gleichen Fragen über wirksames Lehrerverhalten oft zu widersprüchlichen oder nicht signifikanten Ergebnissen führen, wurde die **Meta-Analyse** entwickelt, bei der es sich um eine spezifische Form einer quantifizierenden Zusammenfassung und Analyse einer Vielzahl von empirischen Untersuchungen mit gleichen Variablen handelt.

[23] Opertionalisierung heisst: beobachtbar oder messbar umschreiben.

Abbildung 1.14 **ATI-Darstellung**

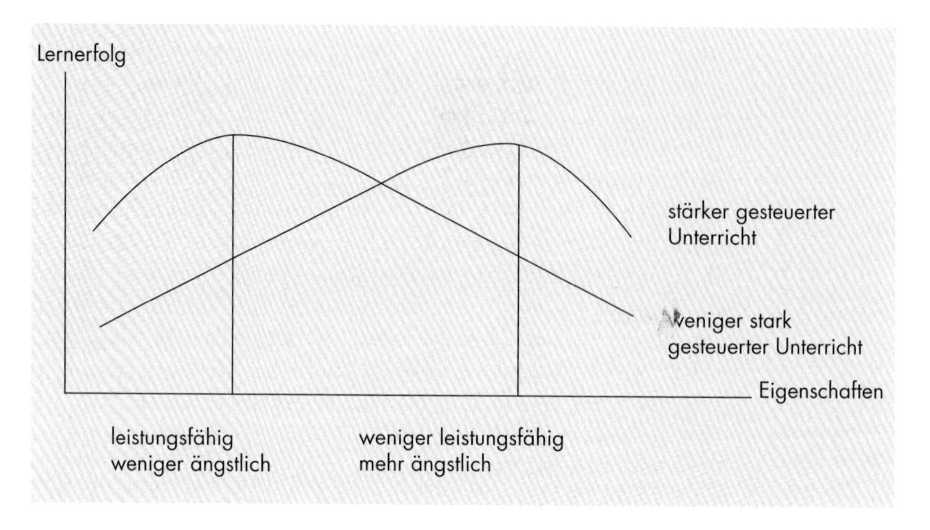

6) Bei einer **empirischen Meta-Analyse** wird wie folgt vorgegangen: Man berechnet für jede Untersuchung die «Effektgrösse», d.h. die Differenz der Ergebnisse zwischen den zwei Treatments (im Beispiel der Abbildung 1.14 stärker und weniger stark gesteuerter Unterricht) in Standardabweichungen. Dadurch wird die Stärke der Differenz zwischen den Treatments in den verschiedenen Untersuchungen in aussagekräftiger Form vergleichbar. Dann lässt sich für alle Untersuchungen ein Durchschnittswert der Effektgrössen ausrechnen, der zeigt, ob das stärker steuernde Lehrerverhalten eine grössere oder kleinere Differenz bezüglich Lernerfolg zum weniger stark steuernden Verhalten bringt.

Beispiel: Zur Frage, ob Gruppen- oder Klassenunterricht zu besseren Lernleistungen führen, und ob im Gruppenunterricht heterogene oder homogene Gruppen gebildet werden sollen, liegen sehr widersprüchliche Ergebnisse vor. In einer Meta-Analyse wurden zur ersten Frage 145 methodisch gute Studien in einer Meta-Analyse zusammengefasst und die Effektgrösse ermittelt. Es zeigte sich eine leichte Überlegenheit der Gruppenarbeit, und bei der zweiten Frage, die aufgrund von 20 Studien untersucht wurde, ergab sich eine leichte Überlegenheit der homogeneren Gruppen (Lou, Abrami et al. 1996).

Kritisch an Meta-Analysen ist, dass die unterschiedlichen Rahmenbedingungen, Unterschiede in der Operationalisierung der Begriffe, verschiedene Verhaltensmuster von Lehrkräften usw., welche die einzelnen in eine Metaanalyse aufgenommenen empirischen Untersuchungen charakterisieren, zu wenig berücksichtigt werden können. Deshalb führen Meta-Analysen oft zu generalisierenden Erkenntnissen, die im Einzelfall für die Praxis nicht immer zutreffen müssen.

7.3 Ansätze der qualitativen Forschung

Auch die ernsthafte qualitative Forschung arbeitet systematisch mit dem Entwurf und der Überprüfung von Theorien und Hypothesen. Aber sie belegt ihre Hypothesen aufgrund von Beobachtungen, Beschreibungen sowie demokratischen Diskursen und wägt ihre Richtigkeit durch Überlegung und Argumentation ab. Entscheidend

ist der reflektive Prozess des Abwägens, der zu einer in sich stimmigen Schlussfolgerung führt.
Vor allem dem Konstruktivismus nahestehende Forscher möchten sich nicht mehr als die «Besserwisser im Elfenbeinturm» sehen, sondern selbst zu Lernenden werden und mit den Lehrkräften gemeinsam durch die Beobachtung der Schulwirklichkeit mit ihren Schülerinnen und Schülern Wissen über das Unterrichten konstruieren. Dazu streben sie nicht mehr grosse Untersuchungen mit komplexen statistischen Signifikanzüberlegungen an, sondern sie wollen eine kooperative qualitative Forschung, in welcher zuerst über Unterricht nachgedacht und dabei vor allem über das Lernverhalten der Schülerinnen und Schüler reflektiert wird, dann unterrichtet und anschliessend intensiv über die Erfahrungen nachgedacht wird, um daraus weitere Erkenntnisse für die Verbesserung des eigenen Unterrichts zu gewinnen. Nur auf diese Weise kommt es ihrer Meinung nach zur Transformation in der Schule. Vorgaben aus der empirischen Forschung erscheinen ihnen oft übergeneralisiert und damit fragwürdig, praxisfremd oder so kompliziert, dass sie von der Praxis weder wahrgenommen noch verstanden werden. Nach diesem Paradigma stehen also gemeinsame Konstruktionsprozesse von Forschern und Praktikern, Schularbeit sowie die Reflexion und damit qualitative Forschung im Vordergrund.

7.4 Aktionsforschung

Bei der Aktionsforschung handelt es sich um die Anwendung wissenschaftlicher Verhaltensweisen und Forschungstechniken bei der Bearbeitung von Alltagsproblemen, indem versucht wird, praktisches Handeln und Forschung mit dem Ziel zu kombinieren, nicht primär etwas Neues zu erkennen, sondern etwas zu verändern. Die Veränderung der konkreten Situation ist wichtiger als die Gewinnung von replizierbaren und generalisierbaren Erkenntnissen. Die betroffenen Personen (z. B. Lehrkräfte, die ihren Unterricht verbessern wollen) sind Forschende und Versuchspersonen, die ihr Forschungsvorhaben planen, durchführen und je nach Bedürfnissen aufgrund eines gemeinsamen Beschlusses auch immer wieder anpassen. Erhoben und analysiert werden qualitative und quantitative Daten. Angestrebt werden nicht objektive Erkenntnisse, sondern gesucht sind subjektive Erkenntnisse, welche geeignet sind, das die Aktionsforschung auslösende Problem zu bewältigen und eine bessere Situation herbeizuführen (siehe ausführlich Altrichter & Posch 1998).

Beispiel: Die Lehrerschaft in einem Schulhaus erkennt, dass die mathematischen Leistungen ihrer Schülerinnen und Schüler rückläufig sind. Sie vermuten, dass ihr Lehrplan und ihr Unterricht zu abstrakt sind. Deshalb entscheiden sie sich für einen kasuistischen Unterricht, entwerfen Modell-Unterrichtseinheiten und beobachten sich gegenseitig im Unterricht. Sie tauschen ihre Erfahrungen aus (sie halten Erkenntnisse als Empfehlungen fest) (qualitative Forschung) und erfassen mit Tests die Leistungsveränderungen (quantitative Forschung). Ihr Ziel ist es, den Mathematikunterricht in ihrer Schule wirksamer zu gestalten. Aktionsforschung ist aber, selbst wenn wissenschaftliche Methoden eingesetzt und wissenschaftliches Personal beigezogen werden, keine Forschung im engeren Sinn, weil es nur um die Entwicklung von Massnahmen im Einzelfall und nicht um die Gewinnung allgemein gültiger Erkenntnisse geht.

7.5 Nachwort

Die wissenschaftliche pädagogische Literatur und die Erkenntnisse aus empirischen Untersuchungen sind in den letzten drei Jahren selbst für Fachleute unübersehbar geworden. Dies brachte auf der positiven Seite grosse **Erkenntnisfortschritte.** Auf der kritischen Seite werden jedoch vor allem die Lehrpersonen verunsichernden **Erkenntniswidersprüche** immer grösser. Hinzu gesellt sich eine Tendenz zur **Übergeneralisierung** von Erkenntnissen (man beachte beispielsweise, wie viele Leute die PISA-Ergebnisse als Bestätigung ihrer Meinung überinterpretieren) und zur **missbräuchlichen Verwendung** von Forschungsergebnissen (es werden nur solche Untersuchungen zitiert, welche die eigene Meinung bestätigen und alles andere wird verschwiegen).

Deshalb seien die folgenden Leitlinien beachtet, die auch diesem Buch zugrunde gelegt sind:

- Es gibt keine absolut richtigen (objektiven) Aussagen über die «richtige» Form der Unterrichtsgestaltung und -führung. Alle Aussagen sind **«Wenn-Dann-Aussagen».** Deshalb gelten die in diesem Buch vorgetragenen Empfehlungen nur unter den in diesem ersten Kapitel dargestellten Zielvorstellungen.
- Erkenntnisse aus empirischen Untersuchungen sind in den meisten Fällen nur **Trendaussagen**, d. h., sie treffen nicht auf jeden Fall uneingeschränkt zu, denn die Voraussetzungen und Verhältnisse in einzelnen Schulen oder Klassen können sich von der allgemeinen Tendenz unterscheiden.
- Aber das Wissen über wissenschaftliche Erkenntnisse der Pädagogik ist eine grundlegende Voraussetzung, um die **alltägliche Kunst** des Unterrichtens laufend zu verbessern und um immer vielfältiger unterrichten zu können.

Kapitel 2
Das Wissen über die Schülerinnen und Schüler

1 Alltagsfragen

Es ist noch nicht allzu lange her, als man das Lehrerverhalten allein aus der Lehrtätigkeit der Lehrperson heraus beschreiben wollte und meinte, wenn sie über gute Fertigkeiten und Fähigkeiten der Wissensvermittlung und zur Weitergabe von Lernprozessen verfüge, würde sie lernwirksam unterrichten. Die Schülerinnen und Schüler wurden als blosse Empfangende von Lerninhalten gesehen. Ihre unterschiedlichen Einstellungen und Verhaltensweisen, wie gute oder schlechte Lernbereitschaft, intensive oder oberflächliche Erfüllung der Hausaufgaben, den Unterricht gerne oder widerwillig besuchen und selbst Lerninitiativen zu ergreifen oder nur das Verlangte tun usw., wurden vor allem in der ersten Phase der Prozess-Produkt-Forschung kaum betrachtet, und individuelle Unterschiede bei den Lernenden blieben im alltäglichen Unterricht weitgehend unbeachtet.

In den letzten beiden Jahrzehnten erkannte man, dass das Lehrerverhalten und die Lerninhalte weiterhin bedeutsam bleiben, beides aber viel zielgerichteter mit den Eigenarten und den individuellen Unterschieden der Schülerinnen und Schüler zu verknüpfen ist. Dies gelingt umso eher, je besser die Lehrpersonen ihre Schülerinnen und Schüler mit ihren Individualitäten sehen und das Unterrichten als ein Wechselspiel (Interaktion) zwischen Lehrenden, Lernenden und Lerninhalten verstehen. Voraussetzung dafür ist, dass die Lehrkräfte ihre Schülerinnen und Schüler mit ihren Eigenarten genauer kennen. Deshalb ist das Wissen über die Lernenden im Zusammenhang mit dem pädagogischen Inhaltswissen (siehe Abbildung 1.1), über das die Lehrpersonen für einen erfolgreichen Unterricht verfügen müssen, ein wichtiger Faktor für einen erfolgreichen Unterricht.

Mit Sicherheit wird die Bedeutung des Wissens über die Schülerinnen und Schüler für eine erfolgreiche Unterrichtsgestaltung und -führung noch zunehmen, weil sich als Folge der sich rasch wandelnden Lebensumstände die individuellen Unterschiede bei den Lernenden verstärken werden, die Heterogenität (Andersartigkeit) der Schülerinnen und Schüler also weiter zunehmen wird. Bedingt durch die sozialen Bedingungen und die familiären Verhältnisse sowie die vorschulische Erziehung und die Schulerfahrungen betreffen diese individuellen Unterschiede die Motivation und die Selbstdisziplin, die Leistungsbereitschaft und die Leistungsfähigkeit, die Stabilität der Persönlichkeit, die Folgen unterschiedlicher ethnischer Hintergründe, die Einstellungen und Wertvorstellungen usw.

Dieses Wissen über die Schülerinnen und Schüler ist aus drei Gründen bedeutsam:

1) Der **Unterricht** lässt sich nur nachhaltig lernwirksam gestalten und führen, wenn die Lehrperson die Eigenarten der Schülerinnen und Schüler sowie das Ausmass der Heterogenität der Klasse kennt. Die geforderte Vielfältigkeit des Unterrichts ist auch auf die Eigenarten der Klassen auszurichten.
2) Die **Diagnose** von Lernfortschritten und Misserfolgen von ganzen Klassen und von einzelnen Lernenden wird angesichts der Output-Orientierung der Schule[24] immer bedeutsamer. Nur Lehrkräfte, welche ihre Schülerinnen und Schüler kennen, sind in der Lage, Schülerleistungen verlässlich zu diagnostizieren und sachgerechte Hilfestellungen zu leisten.
3) **Elternkontakte** gewinnen ebenfalls an Bedeutung. Eltern im Falle von persönlichen Problemen und Lernschwierigkeiten richtig beraten können aber nur Lehrpersonen, welche die Eigenarten ihrer Schülerinnen und Schüler kennen.

Im Folgenden sollen einige Aspekte des Wissens über die Schülerinnen und Schüler angesprochen werden.

2 Das Bemühen um einen adaptiven Unterricht

Lehrpersonen sollten ihre selbst erfolgreichen Unterrichtsbeispiele nicht zur Routine werden lassen, sondern sie immer wieder an die individuellen Gegebenheiten der jeweiligen Klasse anpassen, also einen **adaptiven** (den individuellen Unterschieden der Lernenden angepassten) **Unterricht** anstreben (vergleiche Corn & Snow 1986). In Klassen mit grossen Unterschieden bei der schulischen Leistungsbereitschaft und -fähigkeit haben sich zwei Ansätze als wirksam erwiesen:

(1) **Der Lernlücken und Lernschwächen überwindende Ansatz** (Remediation Approach): Eine Lehrperson erkennt, dass Schülerinnen und Schüler Lücken im Vorwissen und bei Fertigkeiten haben, die das Erlernen von neuen Inhalten erschweren. In diesem Fall suchen sie nach Möglichkeiten, wie diese Lücken geschlossen werden können, bevor sie mit dem eigentlichen Unterricht beginnen. Je nach den individuellen Eigenarten sind viele Varianten möglich: Zusätzliche Erarbeitung der fehlenden Inhalte und des mangelhaften Könnens in einem angeleiteten Klassenunterricht (insbesondere wenn die Klasse wenig leistungsbereit und motiviert ist); Erteilen von Voraushausaufgaben, die vor Beginn des Neuen zu bearbeiten sind (es bestehen Lücken, aber der Leistungswille ist da); ein angekündigter, die Lücken erfassender Test vor der Einführung in das neue Lerngebiet (insbesondere wenn die Klasse wenig leistungsbereit ist) usw. Möglich ist auch, dass Schülerinnen und Schüler persönliche Schwierigkeiten haben: Sie sind beispielsweise ängstlich. In diesem Fall ist es nicht zweckmässig mit einem freien Unterricht (z.B. Gruppenarbeiten) zu beginnen. Sinnvoller ist ein anfänglich stark gesteuerter, aber wohlwollender Unterricht, der angstreduzierend wirkt und Sicherheit gibt.
Diese Form des adaptiven Unterrichts erweist sich vor allem dann als wirksam, wenn er sehr spezifisch auf die Lücken und Schwächen ausgerichtet ist und innerhalb einer

[24] Output-Orientierung heisst: Schulen und Lehrkräfte werden danach beurteilt, welche Leistungen ihre Schülerinnen und Schüler erbringen. Deshalb werden Diagnose und Hilfestellung zu einer wichtigen Aufgabe erfolgreicher Schulen und ihrer Lehrerschaft.

vernünftigen Zeit zu Lernfortschritten führt, welche für die Lernenden selbst spürbar sind.

(2) **Ausgleichender Ansatz** (Compensatory Approach): Hier geht es um eine auf individuelle Unterschiede ausgerichtete Auswahl von Lehrmethoden und Lernformen, indem auch überlegt wird, wie individuellen Unterschieden durch unterschiedliche Lehrmethoden und Lernformen zielgerichtet Rechnung getragen werden kann. In einer Klasse mit vielen lerngewandten Schülerinnen und Schülern kann ein Lehrervortrag mit Power-Point-Darstellungen oder Hellraumprojektor-Folien häufiger verwendet werden, als in Klassen mit vielen Lernenden mit einer schlechteren Auffassungsgabe. In solchen Klassen kann ein Lehrgespräch mit einer zeichnerisch entwickelnden Begleitung an der Wandtafel lernwirksamer sein. Ganz generell lassen sich individuelle Unterschiede über das Ausmass der Visualisierung, über die Anzahl der Illustrationsbeispiele, über die Unterstützung mit Arbeitspapieren oder Dokumenten, über die Verwendung von Lehr- und Lernmaterial sowie über unterschiedliche Unterrichtsverfahren auch im Klassenverband vermindern.

3 Die Diagnose als Voraussetzung für den Umgang mit individuellen Unterschieden

Für den Umgang mit den individuellen Unterschieden der einzelnen Schülerinnen und Schüler im Klassenverband sind der Wille und die Fähigkeit der Lehrpersonen zur Diagnose wichtig.

3.1 Individuelle Unterschiede bei den Schulleistungen

Zu warnen ist zunächst vor den vielen Missverständnissen des Zusammenhanges zwischen **Intelligenz** (am Intelligenztest gemessen) und **Schulleistung**. Noch immer bringen viele Lehrkräfte die Schulleistungen in einen unmittelbaren Zusammenhang mit der Intelligenz und führen individuelle Leistungsunterschiede auf Intelligenzunterschiede zurück. In dieser allgemeinen Form trifft dieser Sachverhalt nicht zu. Die Schulleistung ist eine Funktion von Intelligenz, Motivation, Arbeitshaltung und Lernvergangenheit (verfügbares Wissen und Können).

Schulleistungen =
f (Intelligenz x Motivation x Arbeitshaltung x Lernvergangenheit)

Die Korrelation zwischen der am Intelligenztest gemessenen Intelligenz und der Schulleistung ist mittelhoch ($r = .50$), d.h. Schulleistungsunterschiede lassen sich etwa zu einem Viertel auf Intelligenzunterschiede zurückführen. Die Intelligenz ist also für die Schulleistung bedeutsam aber nicht allein entscheidend, sondern weitere durch die Schule beeinflussbare Faktoren spielen ebenfalls eine bedeutende Rolle (vergleiche beispielsweise Süss 1996). Deshalb sollten sich Lehrkräfte bei der Beurteilung der individuellen Leistungsunterschiede der Lernenden nicht um globale Intelligenzaussagen bemühen, sondern versuchen, die Leistungsunterschiede in denjenigen Bereichen zu diagnostizieren, in denen die Schule Einfluss nehmen kann.

Bessere Ansatzpunkte für eine Diagnose gibt die Theorie von Sternberg (1986, 1997). Seiner Meinung nach setzt sich die Intelligenz aus drei Komponenten zusammen, von denen sich viele durch guten Unterricht beeinflussen lassen. Die erste Komponente betrifft die interne Welt eines Menschen, die sein Denken leitet. Dabei geht es um das Wissen über die mentalen Prozesse, die Steuerung des Verhaltens bei der Problemlösung, insbesondere um Denkstrategien und um das Vorwissen, das nötig ist, um intelligent zu denken. Für Sternberg spielt dieses Vorwissen eine zentrale Rolle für intelligente Leistungen, und eine wesentliche Ursache für Unterschiede in den Leistungen liegt in der Verfügbarkeit des Wissens. Deshalb sollte bei Schülerinnen und Schülern mit ungenügenden Leistungen immer wieder überprüft werden, ob sie eine schlechte Lernvergangenheit hatten und deshalb über ein ungenügendes Wissen verfügen.

Die zweite Komponente bezieht sich auf die Frage, wie Individuen die Intelligenz erwerben. Hier geht Sternberg davon aus, dass das Vorwissen immer wieder mit neuen Problemstellungen kombiniert werden sollte, weil die stete Kombination von Bekanntem und Unbekanntem sowie die Auseinandersetzung damit intelligenzfördernd wirkt.

Schliesslich ist als dritte Komponente die externe Welt des Individuums zu betrachten. Entscheidend ist, wie Menschen lernen, sich in ihrer externen Welt zurechtzufinden und mit ihr zusammen mit den internen mentalen Prozessen, die teils angeboren, teils erworben sind, umzugehen.

Intelligente und weniger intelligente Schülerinnen und Schüler unterscheiden sich nach Sternberg durch zwanzig Merkmale (siehe Abbildung 2.1).

Abbildung 2.1 **Hindernisse für weniger intelligentes Denken (nach Sternberg)**

Mangel an Motivation
Mangel an kontrolliertem Antrieb
Mangel an Ausdauer
Anwenden falscher Fähigkeiten
Unfähigkeit Gedanken in Aktionen umzusetzen
Mangel an Zielorientierung
Unfähigkeit Aufgaben zu vollenden und durchzuziehen
Misserfolg beim Initiieren
Angst vor Misserfolg
Zaudern
Fehlzuordnung von Schuld
Ausgesprochenes Selbstmitleid
Ausgesprochene Abhängigkeit
Sich in persönlichen Schwierigkeiten wälzen
Zerstreutheit und Mangel an Konzentration
Sich selbst zersplittern
Unfähigkeit längerfristige Befriedigung anzustreben
Unfähigkeit oder mangelnder Wille das Ganze zu sehen
Ungleichgewicht zwischen kritischem und kreativem Denken
Zu wenig oder zu viel Selbstvertrauen

Diese Abbildung verweist auf externe Ursachen der Leistungsunterschiede, die durch weniger intelligentes Denken bedingt sind. Nur wer sie kennt, kann versuchen individuelle Unterschiede durch eine zielgerichtete Unterrichtsgestaltung und -führung etwas auszugleichen. Auf diese Hindernisse wird in späteren Kapiteln zurückgekommen.

3.2 Ängste von Schülerinnen und Schülern

Schulängste wirken sich negativ auf das Lernen aus, sobald sie zu gross werden. Sie können die Freude am und die Motivation für das Lernen schmälern. Sie beanspruchen Kräfte um die Angstsituationen zu bewältigen. Sie können zur Flucht und zum Ausweichen in unwichtige Tätigkeiten verleiten, und beeinträchtigen den Lernerfolg massgeblich. Eine geringe Angst kann aber auch motivations- und leistungsfördernd sein. Deshalb sollte in der Interaktion mit den Schülerinnen und Schülern die Schulangst differenziert beobachtet werden.
Noch immer wird aufgrund wegweisender Arbeiten von Spielberger (1966) zwischen einer Angst als vorübergehendem emotionalen Zustand (State-anxiety oder **Zustandsangst**) und der Angst als einer relativ stabilen Persönlichkeitseigenschaft (Trait-anxiety oder **Ängstlichkeit**) unterschieden.
Die **Zustandsangst** ist immer eine momentane Angst, welche durch besondere Umstände im Umfeld der Lernenden ausgelöst wird: Tests, Präsentation einer Arbeit vor der Klasse, aber auch unberechenbares Verhalten eines Lehrers oder einer Lehrerin oder überfordernde Ansprüche der Eltern. Nicht alle Schülerinnen und Schüler empfinden aber in der gleichen Situation die gleiche Zustandsangst. Deshalb liegen auch hier individuelle Unterschiede in einer Klasse vor, welche zu unterschiedlichen Verhaltensweisen führen. Daher sollten sich Lehrkräfte bemühen, durch ihr Verhalten dazu beizutragen, die Zustandsangst zu reduzieren. Die wichtigsten Verhaltensweisen sind eine klare Kommunikation über die Erwartungen an die Klasse, Berechenbarkeit des Verhaltens, individuelle Unterstützung und Fairness. Wie die verbreitete Prüfungsangst reduziert werden kann, belegte Metzger (1986). Er ergänzte den Unterricht einer Experimentalgruppe mit formativen Tests (regelmässige, kurze Tests zum behandelten Lerninhalt, die von den Lernenden selbst korrigiert und mit der Klasse besprochen werden), während er in der Kontrollgruppe auf formative Tests verzichtete. An der Schlussprüfung erbrachten die Lernenden der Experimentalgruppe nicht nur bessere Leistungen, sondern ihre Zustandsangst war signifikant tiefer.
Die **Ängstlichkeit** bezieht sich hingegen auf relativ stabile interindividuelle Differenzen in der Neigung (Disposition), eine Vielzahl von schulischen Situationen als bedrohend zu bewerten und hierauf mit einem Anstieg der Zustandsangst zu reagieren. Hochängstliche Lernende neigen dazu, mehr Situationen im Verhältnis zu anderen Personen als selbstwertbedrohend zu empfinden und darauf mit einem intensiveren Anstieg der Zustandsangst zu reagieren als Niedrigängstliche. Es scheint, dass hoch motivierte Schülerinnen und Schüler mit dem Bedürfnis erfolgreich zu sein, allgemein höher ängstlich sind, wobei sich diese höhere Ängstlichkeit besonders negativ auf den Lernerfolg auswirkt, wenn sie sich vor Misserfolgen fürchten, weil sie von der Lehrperson oder von den Eltern getadelt werden oder fürchten, von ihren Mitschülern ausgelacht oder verspottet zu werden. Oft geben sich ängstliche Schülerinnen und Schüler grosse Mühe und lösen zusätzliche Aufgaben mit Sorgfalt, aber häufig auf eine mechanische Weise. Wenn ängstliche Lernende hochmotiviert sind,

ist es aber auch möglich, dass sie mit einem grossen Einsatz bessere Lernleistungen erbringen. Generell sollte Schülerinnen und Schülern mit einer hohen Ängstlichkeit mit Wohlwollen und Wärme, Ermunterung und konkreten Hilfestellungen bei Lernaufgaben begegnet werden. Hilfreich ist es auch, solchen Lernenden vor Beginn von Lernaufgaben eine strukturierende Unterstützung zu geben (Borich 1992).

3.3 Durch den sozio-ökonomischen Status bedingte individuelle Unterschiede

Seit langem ist bekannt, dass der sozio-ökonomische Status der erziehenden Personen (Eltern, Alleinerziehende) einen grossen Einfluss auf den Lernerfolg der Kinder hat. Erfasst wird er meistens mittels der Einkommensverhältnisse und der Ausbildung der Erziehenden, wobei dies nur die äusserlichen Merkmale für schichtenspezifische Charakteristiken sind, aus denen sich Folgewirkungen ergeben. So sind Erziehende aus unteren sozialen Schichten meistens weniger in der Lage, ihren Kindern Anregungen zum Lernen zu geben, sie zu einem guten Gebrauch der Sprache anzuleiten oder sie im Umgang mit dem kulturellen Angebot zu fördern. Auch führen sie ihre Kinder autoritativer, legen mehr Wert auf Konformität, strafen sie häufiger und messen dem routinemässigen Lernen mehr Bedeutung bei. Dies hat zur Folge, dass Kinder aus einem tieferen sozio-ökonomischen Milieu bereits beim Schuleintritt gegenüber Kindern aus einem bildungsreicheren Milieu benachteiligt sind (vergleiche ausführlich Schneewind 1994).
Es ist damit zu rechnen, dass sich aufgrund der Globalisierung der Wirtschaft und der zunehmenden Mobilität der Arbeitskräfte die sozio-ökonomischen Unterschiede eher vergrössern, so dass den Lehrkräften auch noch die Aufgabe zufällt, durch die Unterrichtsgestaltung und -führung im Rahmen der Möglichkeiten die sozio-ökonomisch bedingten Leistungsunterschiede in den einzelnen Klassen zu vermindern. In vielen Fällen bringen dabei die individuellen Unterschiede zwischen Schülerinnen und Schülern aus den Folgewirkungen von ungünstigen sozio-ökonomischen Verhältnissen für die Führung von Klassen mehr Belastungen als die blossen Unterschiede aus der Schichtenzugehörigkeit. Erfolgreich differenzieren lässt sich, wenn Lehrpersonen die folgenden Gesichtspunkte berücksichtigen:

- Klassen mit vielen Unterschichtkindern sind direkter zu führen und intensiver anzuleiten (siehe Kapitel 3).
- Die Schülerinnen und Schüler sollen spüren, dass die Lehrerin oder der Lehrer trotz der schlechten Voraussetzungen hohe Erwartungen an sie haben, sie beim Lernen unterstützen und sich um sie bemühen (Caring, siehe Abschnitt 4.4 im Kapitel 3) sowie angemessen verstärken.
- Besonderes Gewicht ist auf eine sorgfältige Sprache und auf die Förderung der Sprachfähigkeit zu legen, wobei der konsequenten Korrektur von Sprachfehlern – selbstverständlich ohne Druck oder Kritik – viel Bedeutung zukommt.
- Schliesslich sollte man diese Schülerinnen und Schüler auch über ihre Erfahrungen aus ihrer Umwelt berichten lassen, damit sie besser in ihre Klasse integriert werden (Borich 1992).

3.4 Individuelle Unterschiede infolge verschiedener kultureller Herkunft (Migrantenkinder und -jugendliche)

Als Folge der zunehmenden Mobilität in unserer Gesellschaft werden die Schulklassen auch aus ethnischer Sicht immer heterogener. Weil diese Entwicklung vor allem aus wirtschaftlicher Sicht (unausgeglichene Erwerbsstruktur in vielen Ländern) und aus politischen Gründen (Asylsuchende) nicht mehr rückgängig gemacht werden kann, muss sich die Lehrerschaft zusätzlich auch mit «kulturellen» Unterschieden bei den Schülerinnen und Schülern beschäftigen. So gab beispielsweise die deutsche Kultusministerkonferenz bereits 1996 vor, dass alle Jugendlichen interkulturelle Kompetenzen erwerben sollen, die zu einer Schlüsselqualifikation werden müssen und auf ein konstruktives Miteinander von ethnischen Gruppen abzielt. Demgegenüber gibt es aber auch Bevölkerungskreise, welche behaupten, dass es die Thematisierung kultureller Unterschiede in der Politik und in der Schule sei, welche die Fremdheit und die Ausgrenzung von Migranten und ethnischen Minderheiten zum Problem machen. Leider gibt es auch Lehrkräfte, welche dieser Meinung sind und Menschen anderer Ethnien nur in ihrer Funktionsrolle in der Öffentlichkeit (z.B. als Maurer, Hilfsarbeiter oder auch als Arzt oder Computerspezialist) sehen und eine völlige Anpassung an die einheimische Kultur fordern (kompensatorischer Ansatz). Andere Bevölkerungskreise wollen ihnen in der Privatsphäre die Freiheit gewähren, nach den Vorstellungen ihrer eigenen Kultur zu leben. Dieser Gegensatz führt zu den beiden in Abbildung 2.2 einander gegenübergestellten «Idealen» einer interkulturellen Bildung (in freier Anlehnung an Auernheimer 2003).
Hier wird der kompensatorische Ansatz, nach welchem sich ethnische Minderheiten im öffentlichen Leben an die einheimische Kultur anzupassen haben, abgelehnt. Erstens bringt diese Vorstellung die Kinder und Jugendlichen in dauernde Konflikte, weil das Elternhaus diese erzwungene Übernahme der einheimischen Kultur in den meisten Fällen innerlich nicht akzeptiert und vor allem nicht vorleben will und kann. Zweitens wird durch das einseitige Festhalten an der eigenen (inländischen) Kultur das Verständnis für andere Kulturen nicht geschaffen, und mögliche Konflikte lassen

Abbildung 2.2 **Zwei Auffassungen über interkulturelle Bildung**

– Bewusst vergleichende Sichtweise, kulturelle Unterschiede erkennend, kulturelle Unterschiede reflektierend, Gemeinsamkeiten betonend	– Ausdrücklich vergleichende Sichtweise, Versuch einer objektivistischen Gegenüberstellung des Wir und der Andern
– unter gesellschaftlicher, struktureller Sichtweise thematisierend	– auf individuelle Zielvorstellungen und individuelles Handeln ausgerichtet
– Orientierung an einer multikulturellen Schülerschaft	– monokultureller Ausgangspunkt und Betrachtungsweise
– Minderheiten als Bereicherung gesehen	– Minderheiten als die eigene Kultur bedrohend darstellend
– interkulturelle Bildung als für alle Schülerinnen und Schüler allgemeine Zielvorstellung	– kompensatorischer Bildungsansatz (fremde Schülerinnen und Schüler sollen wie wir werden)

sich nicht auf einer begründbaren Sach- und Beziehungsebene austragen, was letztlich infolge einer zunehmenden Polarisierung eine Konfliktaustragung verunmöglicht und zu einem Zusammenbruch der Kommunikation sowie zur allmählichen Ausgrenzung führt. Und drittens trägt der kompensatorische Ansatz nicht zum Reflektieren über die einheimische Kultur bei, was die Tendenz zur unbedachten Rechtfertigung des eigenen kulturellen Verhaltens verstärkt, mangels Auseinandersetzung zur undifferenzierten Emotionalisierung verleitet und damit die Integrationsbemühungen erschwert (vergleiche dazu die Überlegungen bei Bender-Szymanski 2002).
Im Umgang mit Minderheiten in der Schule muss also das Ziel der Integration angestrebt werden: Integration bedeutet Anschluss der Schülerinnen und Schüler an die einheimische Gesellschaft unter Beibehaltung der eigenen kulturellen Identität (Auernheimer 2002 und die dort zitierte Literatur). Kritisch zu beurteilen sind die Assimilation, die Separation und die Marginalisierung, Zielvorstellungen, die in der täglichen Diskussion immer wieder zu hören sind (siehe Abbildung 2.3).
Die Integration von ethnischen Minderheiten kann nur gelingen, wenn das interkulturelle Lernen in der Schule zu einer Selbstverständlichkeit wird: «Interkulturelles Lernen findet statt, wenn eine Person bestrebt ist, im Umgang mit Menschen einer anderen Kultur deren spezifisches Orientierungssystem der Wahrnehmung, des Denkens, Wertens und Handelns zu verstehen, in das eigenkulturelle Orientierungssystem zu integrieren und auf ihr Denken und Handeln im fremdkulturellen Handlungsfeld anzuwenden. Interkulturelles Lernen bedingt neben dem Verstehen fremdkultureller Orientierungssysteme eine Reflexion des eigenkulturellen Orientierungssystems.» (Thomas 1988, 83).

Interkulturelles Lernen erfolgt auf der Ebene der Bildungspolitik und der Schulorganisation sowie des Lehrplans und des Lehrerverhaltens. Aufgrund des heutigen Forschungsstands lassen sich für die Bildungspolitik, die Schulorganisation und die Lehrpläne neben anderem die folgenden wichtigen Forderungen aufstellen (Preuss-Lausitz 2003, Holzbrecher 2004):

– Migrantenkinder sollten so rasch als möglich in die Normalklassen integriert werden. Sonderklassen sind – selbst für den Erwerb der Schulsprache – nicht lernwirksam und verstärken die Ghettoisierung der Schülerinnen und Schüler. Sie sind jedoch zusätzlich und so lange zum Besuch eines Intensivunterrichts in der Schulsprache zu verpflichten, bis sie dem Unterricht in der Normalklasse problemlos folgen können.

Abbildung 2.3 **Zielvorstellungen für den Umgang mit ethnischen Minderheiten**

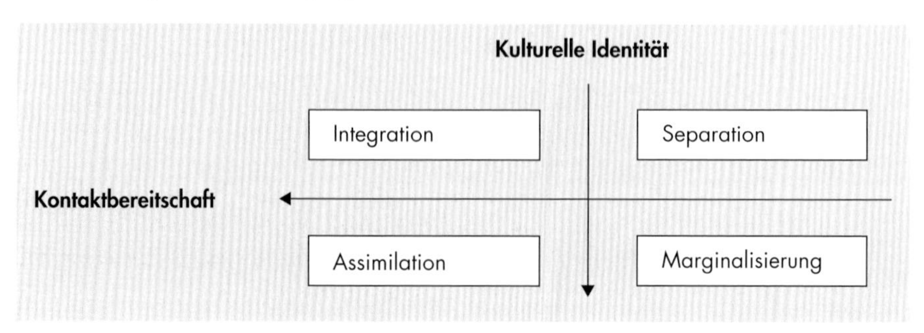

- In den unteren Jahrgängen benötigen die Migrantenkinder einen Unterricht in ihrer Sprache und in ihrer Kultur, damit sie nicht «kulturlos» werden.
- Bearbeitung von Unterrichtsthemen aus der Sicht verschiedener Kulturen (mehrperspektivisches Curriculum) mit Unterrichtsverfahren, die für die Kinder aus ethnischen Minderheiten Möglichkeiten zur Präsentation ihrer Kultur schaffen.
- In oberen Klassen Veranstaltungen, welche auch den Migrantenkindern Perspektiven aufzeigen.
- Gelegentlicher Beizug von bedeutsamen Vertreterinnen und Vertretern aus der Gemeinschaft der ethnischen Minderheiten bei curricularen und aussercurricularen Veranstaltungen, um den Kindern Beispiele/Möglichkeiten einer positiven Integration aufzuzeigen.
- Als besonders wirksam haben sich für den Kindergarten und untere Volksschulklassen Versuche erwiesen, in denen die Schule den Eltern/Müttern von Migrantenkindern Deutschunterricht anbieten, und sie die Gelegenheit haben, gelegentlich in lernender Weise am Unterricht teilzunehmen.

Viele dieser Zielvorstellungen erfordern innerhalb einer Schule gezielte Schulentwicklungsarbeiten und ein gutes Konzept der Elternmitwirkung (siehe Dubs 2005).

Solche bildungspolitische, schulorganisatorische und curriculare Massnahmen unterstützen die Integration aber nur nachhaltig, wenn auch das Lehrerverhalten auf die Integration ausgerichtet ist. Dazu benötigt die Lehrerschaft interkulturelle Kompetenz, die sich mit folgenden Merkmalen charakterisieren lässt (zur Vertiefung insbesondere Holzbrecher 2004, Auernheimer 2003, Bender-Szymanski 2002, Auernheimer 2002):

- Lehrkräfte sollten sich über die Kulturen jener Gesellschaften orientieren, aus denen sie viele Schülerinnen und Schüler in ihren Klassen haben, damit sie über eine kulturelle Sachkompetenz verfügen. Sie ist die Voraussetzung für die Fähigkeit, mit «unverzerrten» Situations- und Konfliktanalysen Ansätze zum Umgang mit Problemen kulturfremder Kinder und Jugendlichen zu finden. Insbesondere sollen sie selbst fähig werden, die Probleme nicht mit kulturspezifischen Stereotypen zu sehen.

  Beispiel: Das Rollenverständnis von Vater und Mutter in einer Kultur muss bekannt sein, um bei Schulbesuchstagen oder Elternabenden richtig beraten zu können.

- Zugleich sollten sie in der Lage sein, das Verhalten ihrer Schülerinnen und Schüler nicht nur kritisch aus ihren eigenen Sichtweisen zu sehen, sondern versuchen, es aus der Sicht der fremden Kulturen zu deuten.

  Beispiel: Im Hauswirtschaftsunterricht wird ein Menü mit Schweinefleisch gekocht. Eine Schülerin aus einem arabischen Land weigert sich es zu kosten. Es macht keinen Sinn, sie im Sinne unserer Erziehungsvorstellungen dazu zu zwingen.

- Sie sollten sensibel für das eigene Verhalten werden, um zu vermeiden, dass sie sich den Umgang mit den Migrantinnen und Migranten selbst erschweren, indem sie durch unreflektiertes eigenkulturelles Verhalten selbst zur Quelle von Missverständnissen und Konflikten werden.

Beispiel: Ein Lehrer ist die Diskussionen über das Kopftuch satt, nicht zuletzt, weil er ohnehin schon immer der Meinung war, es verstosse gegen die Menschenrechte und habe nichts mit Religion zu tun. Deshalb bringt dieser Lehrer dieses Argument stereotyp in seinen Unterricht ein.

- Sie sollten versuchen, unübliche Strategien in ihr eigenes Handlungsrepertoire aufzunehmen.

Beispiel: Ein Mädchen berichtet ihrer Lehrerin, dass es ohne Begleitung des Bruders nach 18.00 Uhr nicht mehr ausser Haus dürfe. Deshalb könne es an einem Klassenabend nicht teilnehmen. Die Lehrerin könnte deshalb den Bruder auch einladen.

- Wenn in einer Klasse kulturelle Probleme auftreten, sollten sie nicht ignoriert, sondern thematisiert werden.

Beispiel: In einer Schule bestehen keine Vorschriften über das Kopftuch. Unerwartet erscheint eines Tages eine Schülerin mit einem Kopftuch. Die Klasse verspottet sie. In dieser Situation sollte die Schulleitung einen Entscheid treffen, und mit der Klasse ist die Kopftuchproblematik zu thematisieren.

- In Klassen mit grösseren ethnischen Minderheiten sollten curriculare Möglichkeiten zur Darstellung von kulturellen Eigenarten ausgeschöpft werden.

Beispiel: Wenn vor Ostern Osterbräuche behandelt werden, könnten während des Ramadans die muslimischen Kinder in die Bräuche des Ramadans einführen.

- In allen diesen Fällen müssen die Lehrkräfte über gute Fähigkeiten in der interkulturellen Kommunikation verfügen. Abbildung 2.4 zeigt ein Modell, das von Auernheimer (2003, 108) entwickelt wurde.
  Die interkulturelle Kommunikation wird durch vier Dimensionen geprägt: die Machtasymmetrien, die Kollektiverfahrungen, die Kulturmuster und die Fremdbilder. Erstens sind interkulturelle Beziehungen meistens durch eine **Machtasymmetrie** – Statusungleichgewicht, Wohlstandsgefälle – charakterisiert. Diese Asymmetrie wird umso grösser, je weniger jemand integriert ist. Nicht begegnen darf man ihr mit «Beziehungsmanövern», mit denen äusserlich versucht wird, eine Symmetrie herzustellen (Schulz von Thun 2005). Die Machtasymmetrie kann nur abgebaut werden, wenn durch konkrete Verhaltensweisen eine ehrliche, unterstützende Beziehung aufgebaut wird, was für Lehrkräfte eine zeitraubende Aufgabe ist, die viel Geduld und Verständnis erfordert.

Beispiel: Ein Kind eines portugiesischen Gastarbeiters wird nicht promoviert. Der Vater sucht das Gespräch mit der Lehrerin. Sie antwortet: «Sie sind jetzt in der Schweiz und müssen unsere Regeln akzeptieren.» Selbstverständlich gelten Regeln für jedermann. Aber würde die Lehrerin dem Vater Lösungsvorschläge unterbreiten, statt sich nur auf die Regeln zu beziehen, trüge sie zur interkulturellen Verständigung mehr bei.

Zweitens stören **Kollektiverfahrungen** die interkulturelle Kommunikation. In der Schule gilt es vor allem negative Erfahrungen mit ethnischen Gruppierungen zu beachten, denn sie prägen als Erfahrungen unser Verhalten und tragen die Gefahr der Verallgemeinerung in sich.

Beispiel: In einem Schulhaus wird gestohlen. Sehr häufig werden ohne weitere Überlegungen beispielsweise die Roma-Kinder verdächtigt, und eine echte Kommunikation kommt gar nicht mehr zustande.

Abbildung 2.4 **Interkulturelle Kommunikation (Auernheimer)**

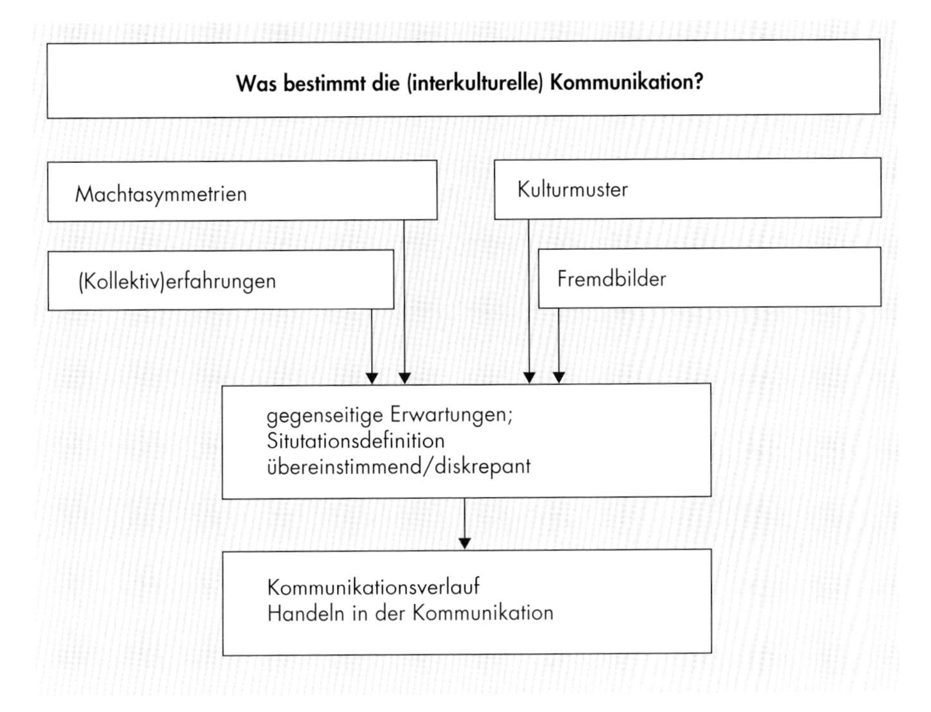

Aus Kollektiverfahrungen entwickeln sich drittens **Fremdbilder**, die nicht zuletzt durch undifferenzierte Diskurse zu Sterotypen werden und zusammen mit bestimmten kulturspezifischen Verhaltensweisen oder Erscheinungsformen **Kulturmuster** bilden, welche die Kommunikation prägen. Besonders kritisch ist dabei, dass Äusserlichkeiten wie Stimme, Sprache, Sprechpausen, Körperhaltung, Mimik, Gesten, Körperdistanz und Berührungen in verschiedenen Kulturen eine ganz unterschiedliche Bedeutung haben und oft zu Missverständnissen und Kommunikationsproblemen führen, welche Kulturmuster verstärken.

Beispiel: In Kontakt- und Berührungskulturen (Südeuropa, Südamerika) stehen sich Menschen näher und direkter gegenüber als in Distanzkulturen (Nordische Länder). Wer in Mitteleuropa den Blickkontakt meidet, gilt schnell als unglaubwürdig, in der Türkei ist es üblich, dass Frauen Männern nicht direkt in die Augen schauen. Grosse Unterschiede bestehen beim Ergreifen des Wortes: in südostasiatischen Ländern sprechen tiefer gestellte eher kurz und lassen höher gestellte Personen ausreden usw.

Als Lehrerin oder als Lehrer sollte man im Umgang mit Migrantinnen und Migranten also um eine ehrliche Symmetrie der Kommunikation bemüht sein, gegenüber Kollektiverfahrungen kritisch bleiben, Fremdbilder nicht unreflektiert übernehmen und Kulturmuster in differenzierter Weise aufnehmen.

– Dem Bemühen um Integration von Schülerinnen und Schülern darf aber weder unreflektierte Anpassung oder Opportunismus noch Laissez-faire zugrunde liegen. Jede Lehrperson muss sich zunächst nach den rechtlichen Vorschriften und innerschulischen Vereinbarungen richten. Weil sie aber für interkulturelle Konflikte häufig ungenügend sind, muss sie immer wieder entscheiden, ob sie kulturellen Ansprüchen anderer ethnischer Gruppen Rechnung tragen will, oder ob sie ihre eigene Glaubwürdigkeit behalten will, wobei die sachliche Relevanz eines Problems oder Konflikts ein wesentliches Entscheidungskriterium ist. Allerdings: hier endet die Theorie und beginnt die Kunst der Führung durch Persönlichkeiten.

3.5 Das Selbstkonzept der Schülerinnen und Schüler

Das Selbstkonzept eines Menschen umfasst alle Wahrnehmungen, Ideen und Gefühle, die er im Verlaufe seines Lebens über sich selbst entwickelt. Oder etwas anspruchsvoller ausgedrückt: Es stellt die kognitive Repräsentanz der eigenen Person dar und umfasst das gesamte Wissen, das von der Person über sich selbst aufgenommen und gespeichert wurde. Heute wird davon ausgegangen, dass es hierarchisch aufgebaut oder als assoziatives Netz organisiert ist (Shavelson, Hubner & Stanton 1976, Hannover 1998). Shavelson et al., welche die Selbstkonzept-Forschung stark geprägt haben, gehen für schulische Betrachtungsweisen von einem hierarchischen Aufbau gemäss Abbildung 2.5 aus. Zuoberst steht das allgemeine Selbstkonzept, das sich im Verlaufe des ganzen Lebens durch die Erfahrungen mit der Umwelt entwickelt hat und als Satz von ganz allgemeinen Wahrnehmungen, Ideen und Gefühlen über sich selbst bezeichnet werden kann. Auf der zweiten Stufe stehen spezifischere Komponenten des Selbstkonzepts (schulisches, soziales, emotionales und physisches Selbstkonzept). Zwischen dem allgemeinen und dem schulischen Selbstkonzept besteht ein direkter Zusammenhang. Die dritte Stufe bezieht sich auf Schulfächer und auf die Beziehungen mit anderen Personen sowie auf emotionale Zustände und physische Qualitäten. Spezifische Selbstkonzeptfaktoren auf der dritten Ebene sind relativ autonom und unter Umständen sehr wenig mit anderen Selbstdimensionen verknüpft. Insofern ist es besser, von einzelnen bereichsspezifischen Selbstkonzepten als von «dem» Selbstkonzept eines Schülers oder einer Schülerin zu sprechen. Die Selbstkonzepte entwickeln sich und werden geprägt durch eigene Erfahrungen mit sich selbst, durch persönliche Empfindungen, Interpretationen und Zuschreibung aufgrund von erfahrenen Ereignissen sowie durch Rückmeldungen von aussen, besonders wenn diese von subjektiv als bedeutsam empfundenen Personen stammen.
Für den Schul- und späteren Lebenserfolg ist ein positives (starkes) Selbstkonzept wesentlich, denn es beeinflusst den Schulerfolg und die Intensität des lebenslangen Lernens nachhaltig, wobei die Kausalität dieser Beziehung angenommen werden darf (vergleiche insbesondere Waibel 1994 und die dort zitierte Literatur). Ein gutes schulisches Selbstkonzept hat positive Auswirkungen auf das Bemühen, etwas leisten zu wollen, und es schützt vor Selbstzweifeln in kritischen Lernsituationen (Helmke 1992).
Aus einer Meta-Analyse schloss Hattie (1992), und Waibel (1994) bestätigte es, dass durch ein geeignetes Erzieher- und Lehrerverhalten das Selbstkonzept gestärkt werden kann, wobei über die Stärke der Wirkung noch unterschiedliche Erkenntnisse vorliegen. Offensichtlich ist es aber so, dass ein guter kognitiver Unterricht, der zu für die Schülerinnen und Schüler erkennbaren Lernfortschritten führt, mehr zur Stärkung des Selbstkonzepts beiträgt als affektive Unterrichtsansätze (beispielsweise Übungen zur Stärkung der Persönlichkeit). Auch ist der Einfluss der Lehrperson auf das Selbstkonzept bei jüngeren Schülerinnen und Schülern grösser als bei älteren

Abbildung 2.5 **Hierarchisch aufgebautes Selbstkonzept (Shavelson, Hubner & Stanton)**

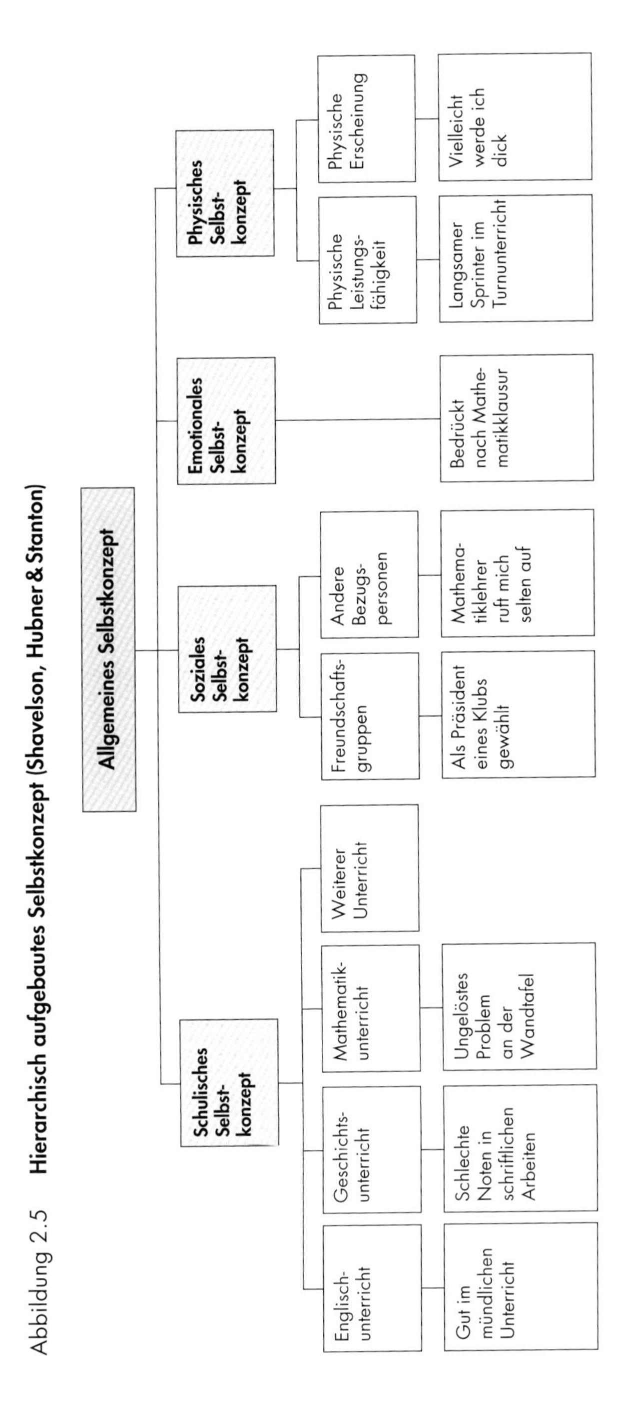

Lernenden, und die Wirkungen bei den auf den unteren Stufen liegenden Faktoren des Selbstkonzepts sind grösser, als wenn versucht wird, das allgemeine Selbstkonzept zu beeinflussen.
Wenn Eltern und Lehrkräfte das Selbstkonzept stärken und die Wirkungen bei jüngeren Kindern grösser ist, ergeben sich in Schulklassen Unterschiede in der Stärke des Selbstkonzepts und damit auch von hier her Auswirkungen auf den Lernerfolg. Beane und Lipka (1984) haben eine Gegenüberstellung von Verhaltensweisen von Kindern und Jugendlichen mit einem eher schwachen und einem eher starken Selbstkonzept entworfen, die Lehrkräften als Hilfe für die Erfassung des Selbstkonzepts dienen kann (siehe Abbildung 2.6). Deshalb sollten die Lehrkräfte bei der Unterrichtsführung diese individuellen Unterschiede ebenfalls zu erfassen versuchen, um die Schülerinnen und Schüler auch in diesem Bereich möglichst individuell zu stützen.

Abbildung 2.6 **Verhalten von Kindern und Jugendlichen mit einem eher schwachen sowie einem eher starken Selbstkonzept (Beane & Lipka)**

Kinder und Jugendliche mit einem tendenziell wenig entwickelten (schwachen) Selbstkonzept neigen zu folgendem Verhalten:	Kinder und Jugendliche mit einem tendenziell gut entwickelten (positiven) Selbstkonzept neigen zu folgendem Verhalten:
– sind abhängig von Lehrkräften und anderen «Autoritäten» – wollen Standards, die andere setzen, immer entsprechen – vermeiden es, eigene Meinungen und Standpunkte zu vertreten – verwerfen neue Ideen oder alternative Erklärungen häufig – kritisieren andere, um selbst besser dazustehen – vermeiden es, neue und komplizierte Probleme aufzugreifen – vermeiden Führungsrollen in Gruppen, selbst wenn sie dazu aufgefordert werden – vermeiden es, über persönliche Interessen und Vorlieben zu sprechen – stellen selten Fragen, die andere zu Stellungnahmen herausfordern – sind wenig interessiert an anderen Dingen als solchen, die von Dritten aufgeworfen werden – können sich nicht in die Gefühle anderer eindenken – bringen sich selbst immer wieder ungewollt in schlechte Situationen – versuchen sich immer wieder selbst zu bestätigen	– sind risikobereit und risikofreudig – bringen auch unpopuläre Ideen zum Ausdruck – suchen nach neuen Problemen – lieben die Zusammenarbeit in Gruppen – hinterfragen sich und ihre Ideen selbst – finden sich in kritischen und widersprüchlichen Situationen zurecht – übernehmen Führungsrollen – bringen ihre Interessen ein – drücken Ideen und Erfahrungen mit eigenen Beispielen aus – übernehmen Verantwortung – sind an neuen Ideen interessiert und prüfen sie offen – setzen sich mit den Gefühlen anderer auseinander – glauben, dass sie von anderen geschätzt werden – vermeiden für sie schädliche Situationen – vernachlässigen destruktive Gruppen – freuen sich am Erfolg anderer – ziehen Aufgaben durch – haben Vertrauen in ihre Arbeit und Leistungen

Kinder und Jugendliche mit einem tendenziell wenig entwickelten (schwachen) Selbstkonzept neigen zu folgendem Verhalten:	Kinder und Jugendliche mit einem tendenziell gut entwickelten (positiven) Selbstkonzept neigen zu folgendem Verhalten:
– geben rasch auf, wenn ein Problem schwierig wird – sind bei Problemlösungen stark von anderen abhängig – drücken sich über sich häufig negativ aus – über- oder unterschätzen ihre Arbeit und Leistungen – sind über die eigene Zukunft pessimistisch – sind sehr inkonsistent und ändern häufig ihre Meinung – sind oft entscheidungsunfähig – können sich sozial schlecht einpassen und sind scheu sowie überempfindlich gegenüber Kritik – haben eine tiefe Motivation – haben Mühe, Lob und Tadel zu akzeptieren – sind negativ gegenüber Wettbewerb – haben eine schlechte Einstellung zur Schule und zu Lehrkräften	– zeigen die eigene Arbeit anderen gerne – haben von sich ein positives Selbstbild – beurteilen ihre Arbeiten und Leistungen fortwährend – nehmen Lob mit Stolz entgegen und Tadel an, ohne verletzt zu sein – setzen sich realistische Ziele – sind optimistisch in Bezug auf ihre Zukunft

3.6 Persönlichkeitsmerkmale von Schülerinnen und Schülern

Im Schulalltag beobachten die Lehrpersonen das Verhalten ihrer Schülerinnen und Schüler. Oft erkennen sie bei den einzelnen Lernenden über eine lange Zeit gleiche Verhaltensweisen, die sie mit der Zeit als Persönlichkeitsmerkmale beschreiben. Häufig werden dann solche Persönlichkeitsmerkmale verwendet, um Schülerinnen und Schüler zu beschreiben, zu charakterisieren und zu beurteilen. Im Verlaufe der Zeit wurden unendlich viele Persönlichkeitsmerkmale beschrieben und Tests (Inventare) zu deren Erfassung entwickelt. Um sie zu strukturieren hat John (1990) mittels einer Faktorenanalyse[25] die «grossen fünf Faktoren der Persönlichkeit» entwickelt (siehe vertiefend Snow, Corno & Jackson 1996), die in Abbildung 2.7 mit einigen ausgewählten Persönlichkeitsmerkmalen wiedergegeben sind. Jeder Faktor kann eine positive und negative Seite beinhalten. Nun könnte man versuchen, anhand einzelner Faktoren und Persönlichkeitsmerkmalen Aussagen über den Charakter oder die

[25] Die Faktorenanalyse dient der Rationalisierung der wissenschaftlichen Arbeit. Mit ihrer Hilfe können gemessene Werte (Daten) von vielen Variablen daraufhin untersucht werden, ob sie annähernd das Gleiche messen und deshalb zu einem Faktor zusammengefasst werden können.
Beispiel: Mit einer grossen Zahl von Schülerinnen und Schülern werden ein Wortschatztest, ein Lesetest, ein Synonymbildtest und ein mathematischer Test durchgeführt, mit welchen viele Variablen erfasst werden. Wenn nun vermutet wird, dass diese vier Tests mit den vielen Variablen zum Teil gleiche Fähigkeiten messen, werden diese mit einer Faktorenanalyse ermittelt und als Faktoren bezeichnet. Die Fragestellung der Faktorenanalyse lautet in diesem Beispiel also: Wie viele Faktoren liegen den Variablen der vier Tests zugrunde, und wie kann man sie bezeichnen?

Abbildung 2.7 **Fünf Persönlichkeitsfaktoren und entsprechende (ausgewählte) Persönlichkeitsmerkmale (John)**

Die grossen fünf Persönlichkeitsfaktoren

Faktor 1		**Faktor 2**		**Faktor 3**		**Faktor 4**		**Faktor 5**	
feindlich	angenehm	introvertiert	extravertiert	impulsiv	gewissenhaft	neurotisch	emotional stabil	intellektuell eng	intellektuell offen
kalt	mitfühlend	ruhig	ausdrücklich	nachlässig	organisiert	ängstlich	emotional stabil	beschränkte	weite
unfreundlich	freundlich	zurückhaltend	gesprächig	unordentlich	ordentlich	nervös	ruhig	Interessen	Interessen
abweisend	liebevoll	scheu	enthusiastisch	leichtfertig	verantwortlich	launisch	streng	untief	schöpferisch
bissig	nett	zurückgezogen	gesellig	unverantwortlich	vorsichtig	geplagt	unemotional	einfach	erfinderisch
hartherzig	uneigennützig		feurig	unverlässlich	verlässlich			unintelligent	geistreich
	vertrauensvoll		dominant		geplant				weise
					zuverlässig				klug
									neugierig
									originell

Wesensmerkmale eines Menschen und sein zu erwartendes Verhalten sowie seine Leistungsbereitschaft und -fähigkeit zu machen (beispielsweise: eine Schülerin, welche bei gewissen Persönlichkeitsmerkmalen stark ist, verhält sich in einer konkreten Situation immer in einer bestimmten Weise, oder gute Lehrkräfte lassen sich an bestimmten Persönlichkeitsmerkmalen erkennen). Davor ist zu warnen: Das Verhalten von Menschen ist immer durch Persönlichkeitsfaktoren und die Umwelt (und in der Umwelt insbesondere durch positive Verstärkung, Erfolg, Kritik und Misserfolg) beeinflusst. Deshalb ist das Verhalten bei testmässig erfassten oder beobachteten Persönlichkeitsmerkmalen nicht besonders stabil. Daher sollten sich Lehrerinnen und Lehrer bemühen, dem Verhalten von Schülerinnen und Schülern nicht zu grosse Beständigkeit aufgrund von vermuteten Persönlichkeitsmerkmalen zuzuschreiben. Die immer wieder zu beobachtende Etikettierung von Schülerinnen und Schülern als intelligent, unordentlich, kreativ, aggressiv, ängstlich usw. muss möglichst vermieden werden, da sie oft falsche Verallgemeinerungen beinhalten, weil das beobachtete Verhalten nur für bestimmte Situationen zutreffend ist. Gleichzeitig besteht die Gefahr, dass diese Etikettierungen als sich selbst erfüllende Voraussagen wirken und die betroffenen Schülerinnen und Schüler zu dem werden, wozu sie – oft sehr oberflächlich – etikettiert wurden (siehe zur Vertiefung die Erkenntnisse zur Bedeutung der Lehrererwartungen im Kapitel 13). Sehr viele Eigenschaften sind beeinflussbar. Deshalb sollte immer wieder versucht werden, unerwünschte Verhaltensweisen positiv zu verändern, bevor die Schülerinnen und Schüler in einer Klasse abgestempelt sind (Gage & Berliner 1998). Wirksam und positiv beeinflusst werden kann aber nur, wenn unterschiedliche Persönlichkeitsmerkmale aufgrund des Verhaltens der Kinder und Jugendlichen unvoreingenommen erfasst und nicht stereotyp oder vorurteilsgeladen interpretiert und als feststehende Persönlichkeitsmerkmale verstanden werden.

4 Checklist zum Wissen über die Schülerinnen und Schüler

Checklist 1 wirft zusammenfassend die Fragen auf, die sich Lehrkräfte im Zusammenhang mit dem Wissen über die Schülerinnen und Schüler immer wieder stellen sollten.[26]

[26] Statt Zusammenfassungen werden in diesem Buch Checklists und Beobachtungsschemata vorgelegt. Die **Checklists** dienen der **Sensibilisierung**, d. h. sie sollen dazu anregen, über das eigene Verhalten im Unterricht nachzudenken. **Beobachtungsschemata** wollen eine Hilfestellung für **eine Person** sein, die Unterricht **beobachtet**, und zwar vor allem in Bereichen, die für die Eigenwahrnehmung kritisch sind. Es zeigt sich nämlich immer wieder, dass Lehrkräfte über besseres und schlechteres Lehrerverhalten gut orientiert sind, dieses Wissen aber selbst häufig nicht anwenden, weil sie sich gar nicht bewusst sind, dass sie sich nicht im Sinne ihres Wissens verhalten. Deshalb sollte sich auch jeder Lehrer und jede Lehrerin von Zeit zu Zeit beobachten lassen, um sich für weniger vorteilhaftes Lehrerverhalten durch einen Beobachter sensibilisieren zu lassen. Besonders wirksam ist die Beobachtung und Diskussion in Gruppen, bei welchen sich zwei oder drei Lehrkräfte in einer Gruppe zusammentun, um sich gegenseitig jährlich zwei- bis dreimal zu besuchen, um die Beobachtungen und Erfahrungen zu diskutieren.

Checklist 1: Wissen über die Schülerinnen und Schüler	ja	nein
1. Bemühe ich mich, meine Schülerinnen und Schüler im Rahmen des Möglichen individuell wahrzunehmen, indem ich mich bei meiner Unterrichtsgestaltung und -führung nicht nur an der Klasse als Ganzem orientiere, sondern auch Eigenarten der einzelnen Schülerinnen und Schüler berücksichtige?	☐	☐
2. Beachte ich das Konzept des adaptiven Unterrichts bei meiner Unterrichtsgestaltung in sinnvoller Weise?	☐	☐
3. Ist mir immer bewusst, dass Intelligenz keine allgemeine, einheitliche Grösse ist, aus vielen Komponenten besteht, die ich beeinflussen kann, und dass sie neben Motivation, Arbeitshaltung und Lernvergangenheit nur ein Faktor ist, der die Schulleistung beeinflusst?	☐	☐
4. Beachte ich Schülerängste, und unterscheide ich zwischen Zustandsangst und Ängstlichkeit, damit ich jeweils zielgerichtet Massnahmen treffe?	☐	☐
5. Sind mir die durch den sozio-ökonomischen Status bedingten Unterschiede in meinen Klassen bewusst, und habe ich ein Verständnis für Benachteiligte, um sie im Rahmen meiner Möglichkeiten zu fördern und ihnen in der Schule Sicherheit zu geben?	☐	☐
6. Verbessere ich meinen Wissensstand über andere Kulturen, und sind meine Haltungen sowie die Massnahmen im Unterricht auf Integration ausgerichtet, wobei die Bemühungen echt und weder von Opportunismus noch von Prinzipienlosigkeit geleitet sind?	☐	☐
7. Ist mir bewusst, wie ich in meinem Unterricht einen Beitrag zur Entwicklung des Selbstkonzepts der Schülerinnen und Schüler leisten kann?	☐	☐
8. Vermeide ich die Tendenz, Verhaltensweisen von Schülerinnen und Schülern mit stereotypen Persönlichkeitsmerkmalen in Verbindung zu bringen und aufgrund von solchen vermeintlich feststehenden Persönlichkeitsmerkmalen vorschnelle Globalbeurteilungen vorzunehmen, die sich zu selbsterfüllenden Voraussagen entwickeln?	☐	☐
9. Bemühe ich mich, unangenehme oder negative Verhaltensweisen von Schülerinnen und Schülern zu beeinflussen und sie nicht vorschnell als unveränderbare Persönlichkeitsmerkmale zu charakterisieren?	☐	☐

Kapitel 3
Der Führungsstil von Lehrerinnen und Lehrern

1 Alltagsfragen

Wohl eines der im Schulalltag umstrittensten Probleme ist jenes des «richtigen» Führungsstils von Lehrerinnen und Lehrern. Immer noch verbreitet ist die Auffassung von Lewin, Lippitt & White (1939), man könne drei allgemein gültige Führungsstile, den autoritären, den demokratischen und den Laissez-faire-Stil unterscheiden und anzustreben sei ein demokratischer (sozialintegrativer) Führungsstil. Nicht klar abgegrenzt wird auch zwischen Unterrichtsverfahren und Führungsstilen, indem etwa behauptet wird, der Frontalunterricht sei unter anderem deshalb nicht mehr zu empfehlen, weil er zu einem unzeitgemässen autoritären Führungsstil verleite. Oder oft begegnet man Gruppenarbeiten, welche von der Lehrperson – häufig unbewusst – stark geführt werden, indem sie den einzelnen Gruppen bei der Begleitung der Arbeit verbindliche Anweisungen gibt oder gar längere Lehrervorträge hält, obschon sie selbst glaubt, ihre Gruppenarbeiten seien demokratisch geführt.
Während langer Zeit wurde mit der Prozess-Produkt-Forschung vor allem in den Vereinigten Staaten zu ermitteln versucht, mit welchem Führungsstil im Unterricht die besten Lernerfolge erzielt werden. Dabei wurden für die Unterrichtspraxis interessante Hinweise gewonnen. Inzwischen hat man aber erkannt, dass es nicht einen richtigen Führungsstil gibt, sondern seine Wahl in einer Wechselwirkung mit den beabsichtigten Zielen des Unterrichts, den gewählten Unterrichtsverfahren sowie den Gegebenheiten bei den Schülerinnen und Schülern steht. Zudem wird der Begriff des Führungsstils nicht mehr nur wie bei der Prozess-Produkt-Forschung auf den Unterricht bezogen, sondern er wird auf den generellen Umgang mit den Lernenden ausgeweitet.
In diesem Kapitel wird der Führungsstil noch ohne direkten Bezug zu einzelnen Unterrichtsverfahren in allgemeiner Sicht dargestellt. Der Bezug zu den Unterrichtsverfahren wird in den Kapiteln 5 und 6 dargestellt.

2 Erkenntnisse aus der Forschung

2.1 Definition

Unter **Führungsstil** versteht man eine Disposition, die als Struktur das konkrete Führungsverhalten einer Lehrperson bei der Durchführung des Unterrichts und im Umgang mit den Schülerinnen und Schülern prägt und Voraussagen über die Auswirkungen auf das Verhalten der Schülerinnen und Schüler zulässt.

Diese Disposition, welche das Führungsverhalten prägt, muss beschrieben und erklärt werden. Deshalb ist der Führungsstil eine **erklärungsbedürftige** (abhängige) **Variable**, indem zu fragen ist, welche Bedingungen für das Zustandekommen bestimmter Führungsstile verantwortlich sind. Er ist aber auch eine **erklärende** (unabhängige) **Variable**, wenn untersucht wird, ob und in welchem Ausmass sich der Führungsstil auf das Verhalten (Prozessvariablen) und die Lernergebnisse (Produktvariablen) (abhängige Variablen) der Schülerinnen und Schüler auswirkt. Zu diesen beiden «feststellenden» Betrachtungsweisen (Forschungsfragen) gesellen sich die prognostischen Fragestellungen. Einerseits kann untersucht werden, welche Merkmale (Persönlichkeitsmerkmale, Werthaltungen, soziale Erfahrungen) **Voraussagen über den Führungsstil einer Lehrperson** zulassen. Und andererseits könnte man sich für **Voraussagen des Verhaltens und des Lernerfolgs** der Schülerinnen bei verschiedenen Führungsstilen interessieren. Schliesslich stellt sich die Frage, wie sich der **Führungsstil von Lehrkräften** verändern lässt.
Die folgende Darstellung beschränkt sich auf die erklärende und die voraussagende Betrachtungsweise.

2.2 Stilumschreibungen

Ziel dieses historisch ersten Ansatzes (Lewin, Lippitt & White 1939, Tausch & Tausch 1986) war es, den **idealen** Führungsstil für den Unterricht zu finden, der mit den Hauptdimensionen Lenkung/Nichtlenkung sowie Wertschätzung/Geringschätzung umschrieben wird. Dabei haben die Vertreter dieses Ansatzes ihr Augenmerk vor allem auf die Dimension Lenkung/Nichtlenkung gelegt und – gestützt auf ihre Erkenntnisse – einen sozialintegrativen Führungsstil empfohlen, bei welchem eine Lehrkraft möglichst wenig lenkt und den Lernenden mit grosser Wertschätzung begegnet (siehe Abbildung 3.1). Dies als Folge der Untersuchungsergebnisse, die zweierlei besagen: Entweder zeigen Lernende von stark lenkenden Lehrkräften ein fügsames, gehemmtes und stark eingeengtes Verhalten, das kaum kreativ oder originell ist, oder aber es kommt mit der Zeit zu höherer Widersetzlichkeit, zu häufigen Störungen des Unterrichts und zu einer höheren Aggressivität infolge von aufgestauten inneren Spannungen. Zudem liess sich immer wieder beobachten, dass die Lenkung sehr häufig mit Geringschätzung gegenüber den Lernenden einherging, was in der Schulpraxis häufig zur fragwürdigen Generalisierung führte, die Wertschätzung lasse sich mit weniger Lenkung besser herbeiführen, so dass Lehrkräfte möglichst wenig lenken sollen.
Gegen die Verallgemeinerung dieser Erkenntnisse, grosse Wertschätzung lasse sich mit wenig lenkendem Unterricht besser herbeiführen, sind deutliche Vorbehalte anzubringen. (1) Die bis auf den heutigen Tag immer wieder zitierten Untersuchungen von Lewin, Lippitt & White betrafen nicht üblichen Schulunterricht, sondern die Freizeitpädagogik, die anderen Gesetzen folgt. (2) Die Untersuchungen waren zu stark auf äusseres Verhalten ausgerichtet. Die Auswirkungen eines wenig lenkenden Verhaltens im Hinblick auf kognitive Aspekte des Unterrichts wurden nicht systematisch untersucht. (3) Sicher ist richtig, dass viele Lehrkräfte, die stark lenken, manchmal eine Tendenz zur Geringschätzung und damit schlechte Unterrichtsergebnisse haben. Nicht untersucht wurde aber in diesen ersten Studien, zu welchen Resultaten eine situationsgerechte Lenkung bei grosser Wertschätzung führt. (4) Schliesslich wurde bei diesen Untersuchungen die Unterrichtssituation nicht berücksichtigt: Einfache

Abbildung 3.1 **Sozialintegrativer (demokratischer) Führungsstil**

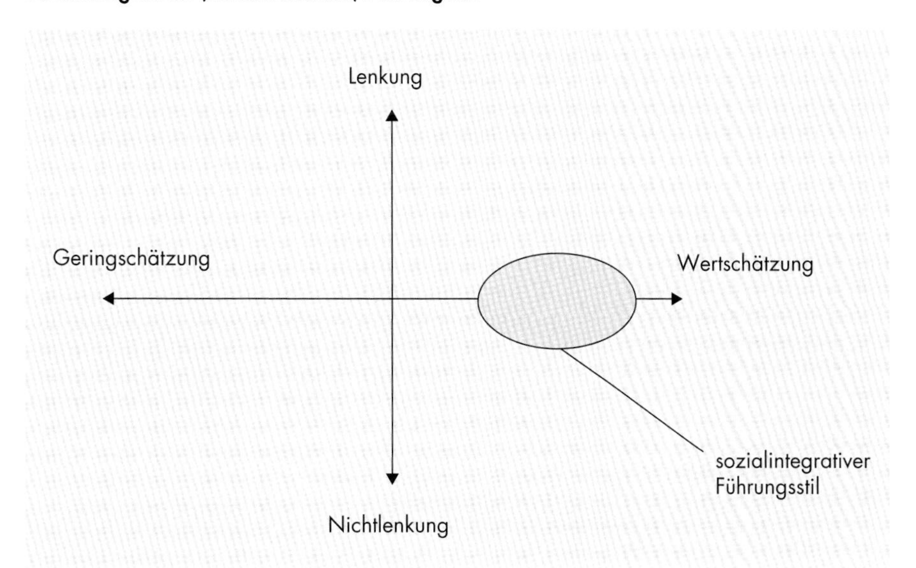

kognitive Unterrichtsziele dürften wahrscheinlich einen anderen Führungsstil erfordern, als komplexe kognitive oder affektive Lernziele.

2.3 Die Interaktionsanalysen

Flanders (1970), und nach ihm viele mit dem gleichen Ansatz, schaffte mit seiner Interaktionsmatrix (Erfassung des Wechselspiels zwischen Lehrern und Schülern mit 10 eindeutig erfassbaren Kategorien) ein Beobachtungssystem, mit welchem der Führungsstil operational einwandfrei definiert und im Unterricht problemlos erfasst werden kann. Unterschieden wird zwischen einem direktem Lehrerverhalten (mit den Kategorien «Einführen von neuem Stoff», «Kritik und Rechtfertigung von Autorität») sowie einem indirekten Lehrerverhalten (mit den Kategorien «akzeptiert Empfindungen», «lobt und ermutigt», «akzeptiert und verwendet Gedanken der Schüler», «stellt Fragen»). Aus den Beobachtungen im Unterricht berechnet Flanders das Verhältnis zwischen direkten (dominanten) und indirekten Verhaltensweisen der Lehrkraft im Unterricht. Dieses Verhältnis bezeichnet er als **Integrations-/ Dominanz-Quotient**, der aufzeigt, wie gross der Anteil integrativer und dominanter Verhaltensweisen bei der Führung der Klasse ist. Obschon mit der Flanders'schen Interaktionsanalyse und Adaptionen davon weit über 100 Untersuchungen gemacht wurden, lassen sich keine sicheren Folgerungen ableiten, da die Ergebnisse sehr widersprüchlich sind. Dafür gibt es zwei Interpretationsmöglichkeiten: entweder ist das Gegensatzpaar direktes/indirektes Lehrerverhalten im ganzen Unterrichtsgeschehen eine zu unbedeutende Variable, der Führungsstil für den Lernerfolg also nicht so entscheidend, oder das ganze Modell mit seiner Operationalisierung ist zu wenig differenziert (Dunkin & Biddle 1974).

2.4 Prozess-Produkt-Studien

In den Prozess-Produkt-Studien (siehe Abschnitt 7.2.4 im Kapitel 1) wird der Führungsstil als unabhängige Variable (erklärende Variable) bewusst manipuliert. Eine für viele weitere Untersuchungen beispielhafte Studie führte Gage (1976) durch. Er operationalisierte das Führungsverhalten der Lehrkräfte mit drei Dimensionen: Stärke der Strukturierung (Lenkung) im Unterricht (stark/schwach), Fragestellung des Lehrers (anspruchsvoll/wenig anspruchsvoll) und Reaktion des Lehrers (Verstärkung) (stark/schwach). Daraus ergeben sich acht Kombinationen von Lehrerverhalten (starke Strukturierung, anspruchsvolle Fragestellung, starke Reaktion bis hin zu schwacher Strukturierung, wenig anspruchsvolle Fragestellung, schwache Reaktion). Vier Lehrerinnen erhielten ein intensives Lehrerverhaltenstraining, damit jede Lehrerin jede Kombination in einem neunstündigen Umweltlehre-Curriculum in einer Klasse unterrichten konnte. Daraus ergab sich folgendes Ergebnis: Die Kombination starke Strukturierung/anspruchslose Fragestellung/starke Reaktion brachte den besten Lernerfolg, die Kombination geringe Strukturierung/geringe Reaktion (bei der Fragestellung ergeben sich keine Unterschiede) den schlechtesten. In Bezug auf die Veränderung der Werthaltungen bei den Schülerinnen und Schülern bezüglich Umweltfragen liessen sich keine Unterschiede ermitteln (was angesichts der kurzen Versuchszeit verständlich ist). Dieses Experiment deutet darauf hin, dass ein direktes Führungsverhalten (und um ein solches handelt es sich bei der hier erfolgreichen Form der Operationalisierung) im Anfängerunterricht lernwirksam ist. Mehr kann aber aus dieser Untersuchung nicht geschlossen werden, denn es wäre zu überprüfen, ob sich im anspruchsvolleren, fortgeschrittenen Unterricht die gleichen Erkenntnisse ergäben. Zudem muss die Betrachtungsweise verfeinert werden, indem auch Eigenschaften der Lehrenden und Lernenden beachtet werden.

2.5 ATI-Untersuchungen

Mit den ATI-Untersuchungen (siehe Abschnitt 7.2.4 im Kapitel 1) erfolgte die Verfeinerung der Betrachtung. Aus den vielen Untersuchungen (beginnend mit Soar 1972a) lassen sich folgende differenziertere Aussagen machen: Offensichtlich gibt es nicht einen richtigen Führungsstil, sondern die Unterrichtssituation und die Eigenschaften der Lernenden beeinflussen die Wirksamkeit des Führungsstils: Ängstliche, sprachlich weniger fähige Lernende, solche aus unteren sozialen Schichten und mit einem geringeren Selbstvertrauen, scheinen bei stärker strukturiertem und gelenktem Unterricht (direktes Lehrerverhalten) bessere kognitive Leistungen zu erbringen als bei indirektem Lehrerverhalten und umgekehrt (vergleiche dazu auch Abbildung 1.14).

Allerdings haben auch die ATI-Studien ihre Grenzen. Zwar führt das Erfassen von Eigenschaften von einzelnen Schülergruppen zu differenzierteren Aussagen. Leider ist es aber so, dass jede neue Kombination von Eigenschaften oder Situationen wieder neue Erkenntnisse bringt, so dass die Forschungsergebnisse immer widersprüchlicher werden. Immerhin bestätigt aber die ATI-Forschung, dass es **nicht** einen richtigen Führungsstil gibt.

2.6 Direct Instruction Model (direkter Unterricht)

Dem direkten Unterrichtsverhalten Auftrieb gab das amerikanische «Direct Instruction Model» (Becker, Carnine et al. 1980), dem trotz Kritik seitens der Konstruktivisten in Lehrbüchern viel Bedeutung beigemessen wurde (Arends 1992, Borich 1992, Goetz et al. 1992). Es handelt sich um ein Modell, bei dem die Lehrkraft ihren Unterricht stark strukturiert, häufig lenkt, die Lernenden ausgeprägt verstärkt, viel übt und Quelle aller Informationen ist. In einer Gruppe von Projekten, mit denen die Schuleffektivität erhöht werden sollte («Follow through»-Projekt) und mit ganz verschiedenen Ansätzen experimentiert wurde, brachte dieses «Direct Instruction Model» die besten kognitiven Ergebnisse und gute Resultate im affektiven Bereich (Selbstwertgefühl und Eigenverantwortlichkeit der Schülerinnen und Schüler). Dies allerdings nur unter der Voraussetzung einer warmen, entspannten Unterrichtsatmosphäre. Diese Untersuchung beschränkt sich jedoch auf Unterschichtkinder mit Lernschwierigkeiten (vergleiche Soar 1972). Später wurden aber auch Studien in normalen Schulverhältnissen durchgeführt, die durchwegs zu guten Lernerfolgen führten.
Die Konstruktivisten kritisieren an diesem Modell, dass es zu stark auf das Erlernen (wenn nicht sogar das Anlernen) von Grundlagenkönnen (basic skills) ausgerichtet ist und deshalb nicht mehr zeitgemäss sei, nachdem man heute höhere kognitive Fähigkeiten fördern wolle. Dieser Einwand ist vertretbar, führt aber zum Paradigmenstreit: Muss wirklich alles konstruiert werden, oder ist es nicht effizienter, wenn im Anfängerunterricht ein angeleiteter Unterricht gewählt wird? Der empirische Beleg zu dieser Streitfrage steht immer noch aus. In Deutschland hat Helmke (1988) die Wirkung des direkten Unterrichts im Fach Mathematik in fünften und sechsten Hauptschulklassen untersucht. Seine Kriterien für das Führungsverhalten der Lehrpersonen waren die Instruktionsintensität (straff lehrergeleiteter Unterricht und effektive Zeitnutzung für unterrichtliche Belange) sowie Adaptivität des Unterrichts (Eingehen auf individuelle Lernprobleme). Die Lernerfolge der Schülerinnen und Schüler waren vergleichsweise sehr gut, wobei Helmke meint, dass das gute Ergebnis zu einem guten Teil auf die Adaptivität des Unterrichts zurückzuführen sei.

2.7 Meta-Analysen

Bisher wurden zur Führungsstil-Problematik zwei Meta-Analysen (siehe Abschnitt 7.2.5 im Kapitel 1) durchgeführt. Peterson (1979) zog 45 Studien, Giacona & Hedges (1983) fassten 153 Abhandlungen zusammen. Allerdings wählten sie ein etwas breiteres Untersuchungsfeld, indem sie traditionellen und offenen Unterricht verglichen. Diese Ausweitung ist jedoch mit der hier diskutierten Fragestellung vereinbar, denn traditioneller und offener Unterricht stehen in direktem Zusammenhang mit der Führungsstilfrage. Die Ergebnisse dieser beiden Meta-Analysen lassen sich wie folgt zusammenfassen:

- Der Unterschied der mittleren Effektgrössen ist über alles gesehen so klein, dass von einer eindeutigen Überlegenheit des traditionellen oder des offenen Unterrichts nicht gesprochen werden kann.
- Betrachtet man jedoch einzelne Aspekte des Unterrichts, so ergeben sich Unterschiede. Der traditionelle Unterricht und damit das direkte Lehrerverhalten führen in den herkömmlichen kognitiven Lernbereichen zu besseren Lernergebnissen, während für kreative Aufgaben und den affektiven Bereich (Schulangst,

Selbstkonzept, Unabhängigkeit) der offene Unterricht und damit das indirekte Lehrerverhalten bessere Lernerfolge zeitigt.

Allerdings dürfen die Grenzen der Meta-Analysen nicht übersehen werden. Weil viele Studien zusammengefasst werden, sind verschiedenartige Operationalisierungsformen von Lehrerverhalten einbezogen, so dass man die Ergebnisse bestenfalls als Trendanalysen bezeichnen darf. Immerhin ergeben sich gewisse Übereinstimmungen mit dem Prozess-Produkt-Modell und dem «Direct Instruction Model».

2.8 Eine eigene Untersuchung

In einer eigenen Untersuchung (Dubs 1982, Dubs, Eberle et al. 1994) wurden in einem einsemestrigen Lehrgang «Wirtschaftskunde» vier Möglichkeiten von Unterricht im Hinblick auf den Lernerfolg und das Klassenklima im Fach «Wirtschaftskunde» untersucht: (1) Systematischer Unterricht mit direktem Lehrerverhalten, (2) exemplarischer Unterricht mit indirektem Lehrerverhalten, (3) exemplarischer Unterricht mit direktem Lehrerverhalten und (4) exemplarischer Unterricht mit indirektem Lehrerverhalten. Den besten Lernerfolg erbrachten der systematisch/indirekte und der exemplarisch/direkte Unterricht. Dies legt den Schluss nahe, dass im Unterricht strukturierte und flexible Elemente vorhanden sein müssen, was gegen einen einzigen besten Führungsstil spricht. Am meisten positive Veränderungen im Klassenklima ergaben sich beim systematisch/direkten und systematisch/indirekten Unterricht. Dies bestätigt, dass für das Klassenklima, entgegen vor allem der Feststellungen von Tausch & Tausch (1986), weniger der Führungsstil, sondern das wertschätzende Verhalten der Lehrkraft massgeblich ist (was Rosenshine [1976] auch zum «Direct Instruction Model» feststellt).

2.9 Folgerungen für den Schulalltag

Eine Analyse dieser Forschungsansätze erlaubt die folgenden Trendaussagen für die unterrichtliche Alltagspraxis:

- Es gibt nicht einen richtigen Führungsstil der Lehrerin oder des Lehrers. Je nach Lernzielen, Stand der Klasse (Anfänger/Fortgeschrittene) und Eigenschaften der Schülerinnen und Schüler ist ein anders gearteter Führungsstil einzusetzen.
- Als grobe Faustregel darf gelten: Bei einfacheren kognitiven Lernzielen, eher ängstlicheren und schwächeren Lernenden und bei solchen aus tieferen sozialen Schichten sowie im Grundlagenunterricht, sollte eine stärkere Tendenz zur Strukturierung und Lenkung (immer bei grosser Wertschätzung der Schülerinnen und Schüler) angestrebt werden. Oder anders ausgedrückt: bei Schülerleistungen im traditionellen Sinn ist das direkte Unterrichtsverhalten erfolgreicher. Bei anspruchsvollen kognitiven sowie bei affektiven und sozialen Lernzielen sowie im Unterricht mit Fortgeschrittenen bei gewandteren Lernenden ist ein indirektes Lehrerverhalten wirksamer.
- Entgegen der immer wieder anzutreffenden Behauptung ist es offensichtlich weniger das Ausmass von Strukturierung und Lenkung des Unterrichts, das das Klassenklima prägt, sondern vor allem die Wertschätzung, die eine Lehrkraft den Lernenden entgegenbringt.

- Deshalb sollte ein warmes, ermunterndes Klassenklima bei einer situationsgerechten, grossen Variation von direktem und indirektem Unterrichtsverhalten angestrebt werden. Zur gleichen Empfehlung gelangte Krumm (1986).[27]

3 Der Führungsstil im Schulalltag: Best Practice[28]

3.1 Der direkte und der indirekte Führungsstil im Unterricht

Eine Interpretation der Forschungserkenntnisse rechtfertigt es, im Unterricht zwischen einem **direkten** und einem **indirekten** Führungsstil zu unterscheiden, der situativ einzusetzen ist. Im Zusammenhang mit dem selbstregulierten (selbstgesteuerten) Lernen sind diese beiden Führungsstile mit der **Lernberatung**[29] zu ergänzen. In Abbildung 3.2 werden diese beiden Führungsstile für den Unterricht charakterisiert. Zu beachten ist, dass der Führungsstil im Unterricht und die Unterrichtsverfahren weitgehend voneinander unabhängig sind. Dies sei an einigen Beispielen gezeigt: Eine Gruppenarbeit kann direkt oder indirekt geführt werden. Wenn die Lehrperson eine Klasse zum ersten Mal in die Gruppenarbeit einführt, wird sie im Interesse eines wirksamen Lernens die Gruppenarbeit stark gesteuert direkt anleiten. Später wird sie nur noch indirekt Impulse geben, um das Lernen zu unterstützen. Oder im Frontalunterricht kann sie je nach den konkreten unterrichtlichen Situationen einmal einen direkten, ein anderes Mal einen indirekten Führungsstil anwenden.
Wann tendenziell im täglichen Unterricht ein direkter und wann ein indirekter Führungsstil anzuwenden ist, zeigt Abbildung 3.3.
Ein das Lernen anregender und herausfordernder direkter Führungsstil schafft aber nur gute Voraussetzungen für ein später selbstgesteuertes Lernen. Deshalb bemühen sich erfolgreiche Lehrkräfte systematisch um eine gezielte Öffnung des Unterrichts mit einem Übergang vom direkten zum indirekten Führungsstil, um den Lernenden zu helfen, beim Lernen selbständiger zu werden. Daher wird ihre Unterrichtsführung flexibler, und sie passen ihren Unterricht immer mehr an die Gedankengänge der Lernenden an, um sie auf die Eigenständigkeit vorzubereiten. Die grosse Kunst der Führung des Unterrichts liegt also in der Fähigkeit, den Führungsstil situationsgerecht zu variieren.

3.2 Die Lernberatung

Weil die Schule letztlich auf das selbständige Lernen vorbereiten muss, reicht ein mit direktem und indirektem Lehrerverhalten geführter Unterricht nicht aus, sondern es sind Lerngelegenheiten zu schaffen, in denen die Schülerinnen und Schüler einzeln oder in Gruppen selbständig lernen und arbeiten müssen. Leider meinen immer

[27] Man mag sich fragen, warum keine Untersuchungen aus den neunziger Jahren angeführt sind. Seitdem sich in den Vereinigten Staaten ein Paradigma-Wechsel abzeichnete, stand die Frage des Führungsstils nicht mehr im Vordergrund des Interessens. Man begann sich mehr mit Fragen der Qualität des Dialogs im Klassenzimmer zu beschäftigen (siehe Abschnitt 4 im Kapitel 9).

[28] Best Practice besagt: Aus der Forschung lassen sich Trendaussagen ableiten, die jedoch meistens nicht alles zu erklären vermögen. Deshalb sind die Trendaussagen mit praktischen Erfahrungen zu ergänzen, wobei diese den Forschungsergebnissen nicht widersprechen dürfen.

[29] Oft wird auch vom **Coaching** gesprochen, ein Ausdruck, der in diesem Buch nicht verwendet wird, weil er vieldeutiger ist als Lernberatung.

Abbildung 3.2 **Direkter und indirekter Führungsstil**

Direkter Führungsstil	Indirekter Führungsstil
Der Lehrer/die Lehrerin	**Der Lehrer/die Lehrerin**
– legt die Organisation und den Ablauf des Unterrichts selbst fest	– legt die Organisation und den Ablauf des Unterrichts in groben Zielen fest, passt sie aber an die Bedürfnisse und Wünsche der Lernenden an
– strukturiert die Lernprozesse selbst	– gibt Impulse und hält sich mit der Strukturierung der Lernprozesse zurück
– steuert den Ablauf des Unterrichts	– hält sich mit steuernden Einflüssen zurück, sorgt aber dafür, dass die Schüleraktivitäten im Gang bleiben
– gibt starken Feedback (Verstärkung)	– wird mit dem Feedback zurückhaltend
– unterstützt bei Lernproblemen in gesteuerter Form	– unterstützt bei Lernproblemen ohne starke Steuerung
– legt den Zeitplan verbindlich fest	– bleibt mit dem Zeitplan flexibel

Abbildung 3.3 **Anwendung des direkten und indirekten Führungsstils**

Direkter Führungsstil	Indirekter Führungsstil
– Beim Erlernen von Grundlagen, wenn wenig Lernerfahrung und Vorwissen verfügbar ist	– Im Unterricht mit im jeweiligen Lernbereich eher fortgeschrittenen Schülerinnen und Schülern
– mit lernschwächeren Schülerinnen und Schülern	– mit lerngewandteren Schülerinnen und Schülern
– mit eher ängstlichen Schülerinnen und Schülern	– mit wenig ängstlichen Schülerinnen und Schülern
– mit Kindern und Jugendlichen aus eher unteren sozialen Schichten	– mit Kindern und Jugendlichen aus lernreicherem Milieu
– mit wenig leistungsbereiten Schülerinnen und Schülern	– mit stärker leistungsbereiten Schülerinnen und Schülern

noch viele Lehrkräfte, das selbständige Lernen werde am meisten gefördert, wenn sie sich in solchen Unterrichtsphasen völlig zurückziehen. Dieses oft zu beobachtende Verhalten (Gruppen werden beispielsweise in Gruppenräumen sich selbst überlassen) ist nicht zweckmässig. Die Lehrpersonen müssen die selbständig Lernenden ständig beobachten und ihnen bei Problemen beistehen, nicht aber in der Form des Darbietens (Lösungswege aufzeigen, Arbeitsabläufe vorgeben usw.), sondern sie sollten sie beim Lernen beraten. Schon vor langer Zeit (Wood, Brunner & Ross 1976) wurde für diese **Lernberatung** die Technik des **Scaffoldings** (vom Englischen «Gerüst bauen») vorgeschlagen. Unter Scaffolding wird ein unterstützendes (beratendes) Lehrerverhalten beim selbständigen individuellen Lernen oder beim Lernen in der Gruppe verstanden, indem die Lehrperson Anstösse und Anregungen für die selbständige Konstruktion von Wissen sowie zum Aufbau von Lern- und Denkprozessen (aber keine Arbeitsanweisungen oder Lösungen) gibt. Bei dieser Technik handelt es sich also um einen anspruchsvollen Ansatz der Lernberatung beim selbständigen Lernen.[30] Charakterisieren lässt sich das Scaffolding mit sechs Merkmalen (in ähnlichem Sinn Paris & Winograd 1990):

1) Die Aufgabenstellungen für das selbstgesteuerte Lernen müssen auf dem Vorwissen und den Erfahrungen der Schülerinnen und Schüler aufgebaut werden.
2) Die Lehrperson muss die Aufgabenstellung (Erwartungen an das Ergebnis) in nicht einengender Form genau vorgeben und beobachten, ob sich die Lernenden immer wieder an den Zielvorgaben orientieren und ihren Lernfortschritt selbst beurteilen.
3) Die Lehrperson muss die Lernenden fortlaufend beobachten, um unterstützend eingreifen zu können, wenn nicht mehr zielgerichtet gearbeitet und gelernt wird.
4) Mit unterstützenden und anregenden Interventionen muss die Lehrperson dafür sorgen, dass dauernd ein sinnvoller und anspruchsvoller Lernprozess im Gang bleibt. Sie fällt aber nicht in einen Lehrervortrag oder Lehrgespräch mit einzelnen Schülerinnen und Schülern oder mit den einzelnen Gruppen zurück.
5) Die Interventionen sollen von den Lernenden als unterstützend und entlastend empfunden werden, damit ihre Form nicht zu unangenehmen Belastungen führt.
6) Die Lehrperson darf nicht nur formal überwachen, sondern sie muss sich in die Arbeit der Lernenden hineindenken (beispielsweise nicht nur beiläufig über die Schultern der Gruppenmitglieder schauen und kurz kommentieren).

Eine gute Lernberatung mit Scaffolding ist sehr anspruchsvoll. Abbildung 3.4 zeigt eine Taxonomie[31] des Scaffoldings beim selbständigen Lernen.

[30] Inzwischen wird dieser Begriff von vielen Autoren in einem breiteren Sinn verstanden als Technik der Führung eines unterstützenden Dialogs bei jeder Form von Unterricht (vergleiche beispielsweise Hogan & Pressley 1997). In diesem Buch wird der Begriff in zwei Formen verwendet: Einerseits als ein Lehrerverhalten bei der Lernberatung, und andererseits ein Lehrerverhalten in Lehrgesprächen (siehe Abschnitt 4 im Kapitel 5). Diese Unterscheidung wird gemacht, um das Lehrerverhalten für Lehrgespräche und selbstgesteuertes Lernen besser zu differenzieren.

[31] Taxonomie heisst Ordnungssystem oder Gliederungssystem.

Abbildung 3.4 **Taxonomie des Scaffoldings**

1 Hilfestellung bei der Vorbereitung von Lernprozessen (Verbesserung der Arbeitstechnik) (Lernprozesse planen)

Die Lehrkraft gibt Hilfestellungen zur Verbesserung der Arbeitstechnik beim selbstgesteuerten individuellen Lernen oder beim Lernen in Gruppen.

1.1 Aufforderung, einen Arbeits- und Zeitplan zu erstellen (z.B. Wie sieht der Zeitplan aus?)

1.2 Aufforderung, das Ziel des eigenen Lernens oder der gemeinsamen Lernarbeit zu umschreiben (z.B. Was soll insgesamt erreicht werden?)

1.3 Aufforderung, die Lernarbeit zu organisieren (z.B. Wie ist die Lernarbeit organisiert?)

2 Unterstützung bei der selbständigen Verarbeitung von Literatur (Lernprozesse planen)

Die Lehrkraft gibt den Lernenden Hinweise zur Verbesserung der Literaturverarbeitung und zur Erhöhung der Lernwirksamkeit.

2.1 Hinweise auf einsetzbare Techniken zur Verbesserung des Lesens und Verstehens (z.B. Welche Technik könnte eingesetzt werden, um diesen komplizierten Text besser zu verstehen?)

2.2 Hinweise, wie das Textverständnis durch einen Dialog in einer Gruppe verbessert werden kann (z.B. Gemeinsame Suche in der Gruppe nach den schwer verständlichen Stellen im Text und Diskussion.)

3 Verbesserung des aktiven Mitwirkens und der Motivation zum Mitdenken in der Gruppe bei Gruppenarbeiten (zu Lernprozessen anregen)

Die Lehrkraft regt substanzielle Aktivitäten aller Gruppenmitglieder an.

3.1 Schaffen von Vertrauen in das selbstgesteuerte Lernen durch bewusste Verstärkung (z.B. Dies ist ein interessanter Vorschlag; verfolgt ihn weiter.)

3.2 Einspielen einer neuen Herausforderung nach selbsterkannten Gesichtspunkten beim Lernen (z.B. Hier habt ihr eine interessante Gesetzmässigkeit gefunden. Was wäre aber, wenn ...?)

3.3 Schaffen von Neugier durch Aufwerfen von neuen Fragestellungen (z.B. Verfolgt diesen Aspekt weiter. Vertieft ihn aber noch unter der Annahme ...)

3.4 Herausforderung zur Selbstevaluation von eigenen Erkenntnissen (z.B. Überprüft, ob eure neuen Einsichten für jeden Fall zutreffen.)

4 Herausfordern von verfügbarem oder trägem Wissen (Lernhandlungen ausführen)

Vieles Wissen bleibt bei den Lernenden träge[32], oder sie sind nicht in der Lage, neu konstruiertes Wissen sogleich anzuwenden.

4.1 Aufforderung, an sich vorhandenes Wissen wieder verfügbar zu machen (z.B. Erinnert euch an die Begriffe im Zusammenhang mit... zurück.)

4.2 Hinweis, erkanntes Wissen zu erklären (z.B. Gebt Beispiele, um euer Wissen zu verdeutlichen.)

4.3 Herausforderung, unbestimmtes oder unklares Wissen zu präzisieren (z.B. Würdet ihr nicht eine bessere Übersicht erhalten, wenn ihr die vielen Einzelerkenntnisse besser gliedern und definieren würdet?)

[32] Träges Wissen, das einmal erlernt wurde, aber in einer bestimmten Anwendungssituation nicht mehr unmittelbar anwendbar ist. Erst mit Hinweisen und Hilfestellungen erinnern sich die Lernenden wieder daran.

5 Unterstützung von Denkprozessen (Lernhandlungen ausführen)

Die Lehrkraft unterstützt, um angelaufene Denkprozesse in Gang zu halten oder zu vertiefen.

5.1 Aufforderung, nach weiteren Wissensgrundlagen zu suchen (z.B. Wenn ihr im Lehrbuch genau nachschaut, findet ihr weiteres Wissen, das für euer Problem relevant ist.)

5.2 Aufforderung zur Präzisierung einer Aussage (z.B. Diese Aussage ist zu allgemein und zu wenig klar. Präzisiert sie.)

5.3 Aufforderung, eine Idee zu verdeutlichen, zu illustrieren oder einen Zusammenhang zu demonstrieren (z.B. Zeigt eure Erkenntnisse an einem Beispiel.)

5.4 Unterstützung zur besseren Beschreibung eines Denkschrittes (z.B. Umschreibt deutlicher, was ihr jetzt tun wollt.)

5.5 Aufforderung, einen begonnenen Gedankengang weiterzuführen (z.B. Es würde sich lohnen, diesen Gedankengang fortzuführen.)

5.6 Im Falle des Verlustes eines Gedankengangs (z.B. Kommen wir auf die vorherigen Überlegungen zurück.)

5.7 Aufforderung zu einer Zwischenzusammenfassung (z.B. Versuchen wir, alle Ergebnisse systematisch zusammenzufassen, um damit weiterzuarbeiten.)

6 Unterstützung bei der Selbstbewertung (Lernhandlungen bewerten)

Die Lehrkraft regt zur dauernden Bewertung der eigenen Lernfortschritte im Hinblick auf ein bestimmtes Lernziel an.

6.1 Aufforderung, sich zu überlegen, ob noch zielgerichtet gearbeitet wird (z.B. Was ist eigentlich euer Ziel?)

6.2 Aufforderung, ob die Vorgehensweise zweckmässig ist (z.B. Gäbe es nicht einen einfacheren Weg?)

6.3 Aufforderung, ein Ergebnis kritisch zu hinterfragen (z.B. Ist eure Lösung schon genügend differenziert?)

6.4 Aufforderung, ungewollte Nebenwirkungen zu beachten (z.B. Schaffen eure Erkenntnisse nicht neue Probleme, die auch noch zu beachten sind?)

7 Aufforderung zur metakognitiven Reflexion[33] (Lernhandlungen reflektieren)

Die Lehrkraft bemüht sich, dass beim individuellen Lernen auch metakognitive Reflexionen erfolgen (Nachdenken über das eigene Lernen).

7.1 Aufforderung, einen Gedankengang zu erläutern, damit er nachvollziehbar wird (z.B. Wie seit ihr zu dieser Lösung gelangt?)

7.2 Aufforderung, Gründe anzugeben, warum in einem Denkprozess Probleme aufgetreten sind (z.B. Wo und warum habt ihr Schwierigkeiten erhalten?)

7.3 Erklärung, wann erkannt wurde, dass eine Überlegung nicht mehr weitergeführt hat, wo ein Überlegungsfehler gemacht und wie der Fehler überwunden wurde (z.B. An welcher Stelle habt ihr den Denkfehler erkannt?)

7.4 Aufforderung, nach Abschluss eines Denkprozesses alle Schritte aufzuzählen und zu überlegen, was sich bewährt hat (z.B. Wie seid ihr konkret vorgegangen?)

7.5 Aufforderung, die eigenen Lernerfahrungen zu beschreiben (z.B. Was habt ihr an diesem Beispiel gelernt?)

[33] Metakognition heisst: Bewusstsein eines Menschen über sein eigenes Wissen sowie über seine Fähigkeiten, die eigenen Lern- und Denkprozesse selbst zu planen, zu überwachen und zu kontrollieren (siehe Abschnitt 4 im Kapitel 8).

3.3 Checklist zum Führungsstil

Checklist 2: Führungsstil des Lehrers oder der Lehrerin im Unterricht		
	ja	nein
1. Verwende ich in meinem Unterricht je nach Situation einen unterschiedlichen Führungsstil?	☐	☐
2. Bin ich mir bewusst, dass viele Lehrkräfte bei der Anwendung des direkten Führungsstils eine Tendenz zur Geringschätzung der Schülerinnen und Schüler haben, und ich deshalb besonders auf wertschätzende Verhaltensweisen achten muss?	☐	☐
3. Unterstütze ich selbstgesteuertes individuelles Lernen oder Lernen in Gruppen mit einer zielgerichteten Lernberatung?	☐	☐
4. Wende ich bei der Lernberatung die Technik des Scaffoldings an?	☐	☐

4 Sich um die Schülerinnen und Schüler kümmern und ihnen Sorge tragen

4.1 Übersicht

Die drei Führungsstile (direkter und indirekter Führungsstil sowie Lernberatung) betreffen die Unterrichtsführung. Die Führung der Schülerinnen und Schüler umfasst darüber hinaus auch den allgemeinen Umgang mit ihnen, der mit Wertschätzung, Vertrauensbildung und Caring (sich um die Lernenden kümmern und ihnen Sorge tragen) charakterisiert werden kann. Hinzu kommt die Führung der Klassen mit der Schülerschaft im Zusammenhang mit der Ordnung in der Schule. Dieser letzte Aspekt wird im Kapitel 15 behandelt.

4.2 Die Wertschätzung gegenüber den Schülerinnen und Schülern

Die Wertschätzung, die Lehrerinnen und Lehrer den Lernenden entgegenbringen, hängt stark mit affektiven, emotionalen und sozialen Eigenschaften der Lehrerpersönlichkeit zusammen. Nur wenn sie sich in andere Menschen eindenken und mitfühlen können (Empathie haben), sind sie fähig, ihnen bei allen erkannten Stärken und Schwächen wertschätzend zu begegnen. Variablen im Lehrerverhalten, die diese Persönlichkeitsmerkmale umschreiben, lassen sich nur oberflächlich definieren, weil sie etwas betreffen, das aus dem Innersten einer Persönlichkeit kommt. Deshalb gelingt es in der Forschung auch nicht, viele gesicherte Erkenntnisse über Verhaltensweisen zu erbringen, mit denen sich die Wertschätzung einer Lehrkraft gegenüber ihren Lernenden genau erfassen liesse. Und dies, obschon bekannt ist, dass die Schülerinnen und Schüler sehr bald empfinden, mit wie viel Wertschätzung ihnen die Lehrkraft begegnet, und dass das empfundene Ausmass von Wertschätzung das Wohlbefinden in der Schule und die Lernbereitschaft mit aller Wahrscheinlichkeit stark beeinflusst (Borich 1992). Trotz dieser schwachen Forschungsbasis sollen im

Folgenden einige Variablen des Lehrerverhaltens besprochen werden, die im weitesten Sinn mit Wertschätzung zusammenhängen:

1) Von grosser Wichtigkeit ist der **Enthusiasmus** eines Lehrers oder einer Lehrerin, denn damit wird das Interesse am Unterricht und an den Lernenden in für sie klar erkennbarer Weise zum Ausdruck gebracht.
   In vielen Studien konnte zudem ein positiver Zusammenhang zwischen dem Enthusiasmus einer Lehrkraft und dem Lernerfolg nachgewiesen werden (Bettencourt, Gillett et al. 1983). Als Variablen für Enthusiasmus wurden identifiziert: Anregende Unterrichtsführung, Eingehen und bewegliche Reaktion auf Schüleräusserungen (Flexibilität), Energie in der Durchführung des Unterrichts, Augenkontakt, Gesten, Gesichtsausdruck, Betonungen in der Sprache sowie Wortwahl, wobei alle diese Verhaltensweisen natürlich (nicht übertrieben) sein und mit dem Geschehen im Unterricht übereinstimmen sollen. Selbstverständlich gibt es umfassendere Beschreibungen von Enthusiasmus, die auf die verinnerlichten Prozesse hinweisen. Diese sind aber nicht erfassbar. Die hier vorgetragenen äusserlichen Faktoren lassen sich jedoch wenigstens durch Beobachtung und Übung fördern, so dass eine Lehrkraft etwas in Richtung der Verbesserung ihres Enthusiasmus arbeiten kann.

2) Wertschätzung wird zum Ausdruck gebracht, wenn sich die Lehrkraft für den Lernerfolg ihrer Schülerinnen und Schüler **persönlich verantwortlich** fühlt und **positive Erwartungen** für jeden einzelnen Lernenden hat (siehe ausführlich im Kapitel 13).

3) In der amerikanischen Forschung (Flanders 1970, Soar & Soar 1983, Borich 1990) wird oft der Ausdruck «**Wärme der Lehrkraft**» verwendet, die gegeben ist, wenn folgendes Lehrerverhalten ausgeprägt ist:
   - **Lob und Anerkennung**: Die Lehrkraft lobt die Lernenden und anerkennt ihre Leistungen in angemessener Weise.
   - **Verwendung von Schülergedanken**: Die Lehrkraft baut Überlegungen und Gedanken der Lernenden laufend in den Unterricht ein. Dadurch fühlen sie sich von der Lehrperson ernstgenommen.
   - **Berücksichtigung von Wünschen und Bedürfnissen von Schülerinnen und Schülern:** Die Lehrkraft bemüht sich in für die Lernenden spürbarer Weise, deren Bedürfnisse und Wünsche im Unterricht zu berücksichtigen (z.B. speziell interessierende Gegenstände werden vertieft behandelt, oder bei Lernschwierigkeiten wird etwas nochmals erarbeitet oder vermehrt geübt).
   - **Zurückhaltung mit Kritik:** Kritik belastet die Beziehung zwischen Lehrenden und Lernenden. Deshalb sollte sie mit grosser Zurückhaltung, unter vier Augen und aufbauend eingesetzt werden.

Aufgrund einer grossen Zahl von Untersuchungen (Dunkin & Biddle 1974) darf tendenziell davon ausgegangen werden, dass diese Verhaltensweisen von den Schülerinnen und Schülern eher als wertschätzend wahrgenommen werden und sich positiv auf ihr Leistungsverhalten auswirken.
Die eben zusammengefassten Variablen zur «Wärme» einer Lehrperson lassen sich objektiv erfassen, haben aber den Nachteil, dass sie etwas technokratisch anmuten. Deshalb sprechen Tausch & Tausch (1986) von der emotionalen Dimension «**Wert-**

schätzung – Wärme – Zuneigung versus Geringschätzung – Kälte – Abneigung», die sie in folgende Sub-Dimensionen aufteilen:

- **Verständnis** versus Verständnislosigkeit: Die Lehrkraft bemüht sich laufend, die Lernenden, ihr Denken und ihr Tun zu verstehen.
- **Soziale Reversibilität** versus soziale Irreversibilität: Lehrkräfte verhalten sich den Lernenden gegenüber so, wie sie erwarten, dass sich die Schüler ihnen gegenüber verhalten.
- **Ermutigung versus Entmutigung**[34]: Die Lehrkräfte ermutigen die Schülerinnen und Schüler immer wieder, vor allem im Falle von Schwierigkeiten, und zeigen nicht ein Verhalten, das schwächere Schülerinnen und Schüler immer mehr entmutigt.
- **Ruhiges Verhalten versus erregtes Verhalten**: Hier geht es nicht etwa um eine Drosselung von Temperamenten. Viel wichtiger ist die Berechenbarkeit des Lehrers und der Lehrerin, d.h. sie überraschen die Klasse nicht dauernd mit unerwarteten Aktionen oder inkonsistentem Verhalten, sondern die Lernenden können abschätzen, wie die Lehrkraft in bestimmten Situationen agieren oder reagieren wird.
- **Optimismus** versus Pessimismus: Trotz allem Ungemach dieser Welt muss die Schule der jungen Generation Perspektiven geben. Die «Weltschmerzpädagogik» vereinzelter Lehrkräfte ist etwas Verhängnisvolles, weil sie nicht geeignet ist, Menschen die Kraft zum Versuch der Problembewältigung zu geben.
- **Freundlichkeit** versus Unfreundlichkeit.
- **Höflichkeit** versus Unhöflichkeit: In diesem Zusammenhang ist zu beachten, dass Höflichkeit etwas Ganzheitliches ist, bei dem Worte und Verhalten übereinstimmen müssen. Der Glaube, eine höflichere (und meistens unverbindlichere) Ausdrucksweise genüge, ist falsch. Entscheidend ist die Ausdrucksweise, die mit dem Handeln übereinstimmt.[35]

[34] Wie vielgestaltig diese Sub-Dimensionen interpretiert werden können, sei an einem Beispiel von Stevenson & Stiegler (1992), die amerikanische mit japanischen Schulen vergleichen, gezeigt: In einer japanischen Schule wurde ein Schüler an die Wandtafel genommen, um etwas zu erklären. Der Schüler konnte es nicht. Der Lehrer beharrte aber und behielt den Schüler bis am Ende der Stunde an der Wandtafel. Im ersten Moment verurteilten Stevenson & Stiegler aus amerikanischer Sicht dieses Verhalten des Lehrers und dachten an die Folgen der Entmutigung. Am Ende der Stunde erkannten sie aber, wie der Lehrer den Unterricht führte: Er liess diesem Schüler durch die Klasse helfen und schaffte innerhalb der Klasse einen Gemeinschaftsgeist, der am Schluss allen Freude und Selbstvertrauen brachte; dem betroffenen Schüler, weil er die Aufgabe erfüllte und der Klasse, weil sie behilflich sein konnte.

[35] Ein typisches Beispiel dafür: Ein Lehrer sagt: «Wenn ihr einverstanden seid, so machen wir jetzt eine Pause.» Diese Ausdrucksweise ist unsinnig, denn wenn er entschieden ist, die Pause zu machen, so ist die Aussage «Und jetzt machen wir eine Pause» korrekter. Andernfalls müsste er fragen: «Wollt ihr jetzt oder in 20 Minuten die Pause machen?», und sich dann dem Klassenentscheid unterziehen.

Diese Sub-Dimensionen von «Wertschätzung» sind im Gegensatz zur «Wärme des Lehrers» zwar schlechter operationalisiert (ihre empirische Erfassung ist schwieriger), dafür sind sie aussagekräftiger.[36]
Diese Aufzählung von einzelnen Variablen (Dimensionen), die wertschätzendes Verhalten umschreiben, ist vielleicht nicht ganz vollständig. Sie gibt aber trotzdem deutliche Hinweise auf Beachtenswertes, um als wertschätzende Lehrerin oder Lehrer empfunden zu werden.
Mit Hilfe des **Beobachtungsschemas 1** kann eine beobachtende Person Hinweise auf die Wertschätzung, die eine Lehrperson den Schülerinnen und Schülern entgegenbringt, gewinnen. Um im Falle von ungenügender Wertschätzung zu Einsichten zu gelangen, sollte die Beurteilung in einzelne Drittel einer Lektion gegliedert werden. Auf diese Weise wird allenfalls sichtbar, welche didaktischen Gesichtspunkte, welche Störungen usw. zur Geringschätzung geführt haben.

4.3 Vertrauensfördernde Merkmale des Lehrerverhaltens

In der Lehrer-Schüler-Beziehung spielt das Vertrauen der Schülerinnen und Schüler in die Lehrperson eine wichtige Rolle. In einer umfassenden Studie, die auch eine empirische Untersuchung beinhaltet, gelangt Schweer (1996) zu folgenden Erkenntnissen:

- Das von den Lernenden erlebte Vertrauen zum Lehrer oder zur Lehrerin wirkt sich nicht nur in konkreten Vertrauenshandlungen ihnen gegenüber aus, sondern es steht in direktem Zusammenhang mit der Wahrnehmung der gesamten Ausbildungssituation einschliesslich der jeweiligen Lern- und Leistungsmotivation durch die Schülerinnen und Schüler. Je geringer das Vertrauen und damit die Interaktionsbeziehung ist, desto stärker sinken die Lern- und Leistungsmotivation.
- Für den Vertrauensaufbau gegenüber der Lehrperson wirkt sich insbesondere die Wahrnehmung von Unterstützung (Zuwendung und fachliche Hilfe), Zugänglichkeit, Respekt und Aufrichtigkeit aus. Diese vier Faktoren werden den Lehrenden aber erst zugeschrieben, wenn sie von den Lernenden längerfristig erlebt wurden. Bei jüngeren Lernenden ist für das Vertrauen bedeutsam, dass sie sich auch bei privaten Schwierigkeiten an den Lehrer oder die Lehrerin wenden können.
- Wichtig sind die Wechselwirkungen: Unterstützung, Zugänglichkeit, Respekt und Aufrichtigkeit werden bei solchen Lehrkräften als feststellbar wahrgenommen, zu denen eine intensive Vertrauensbeziehung besteht.
- Der erste Eindruck beeinflusst das Vertrauen, welches die Lernenden später in ihre Lehrerinnen und Lehrer haben. Dieses anfängliche Vertrauen beeinflusst die Wahrnehmung der gesamten Ausbildungssituation sowie das Interaktionsverhalten der Schülerinnen und Schüler und fördert oder hemmt die weitere Vertrauensentwicklung.

[36] Dies ist ein typisches Beispiel für das Spannungsfeld zwischen empirischer Unterrichtsforschung und praktischer Pädagogik: Die Operationalisierung führt oft zu einem gewissen Substanzverlust. Dafür werden einzelne Verhaltensweisen erfasst, die sich durch Übung beeinflussen lassen.

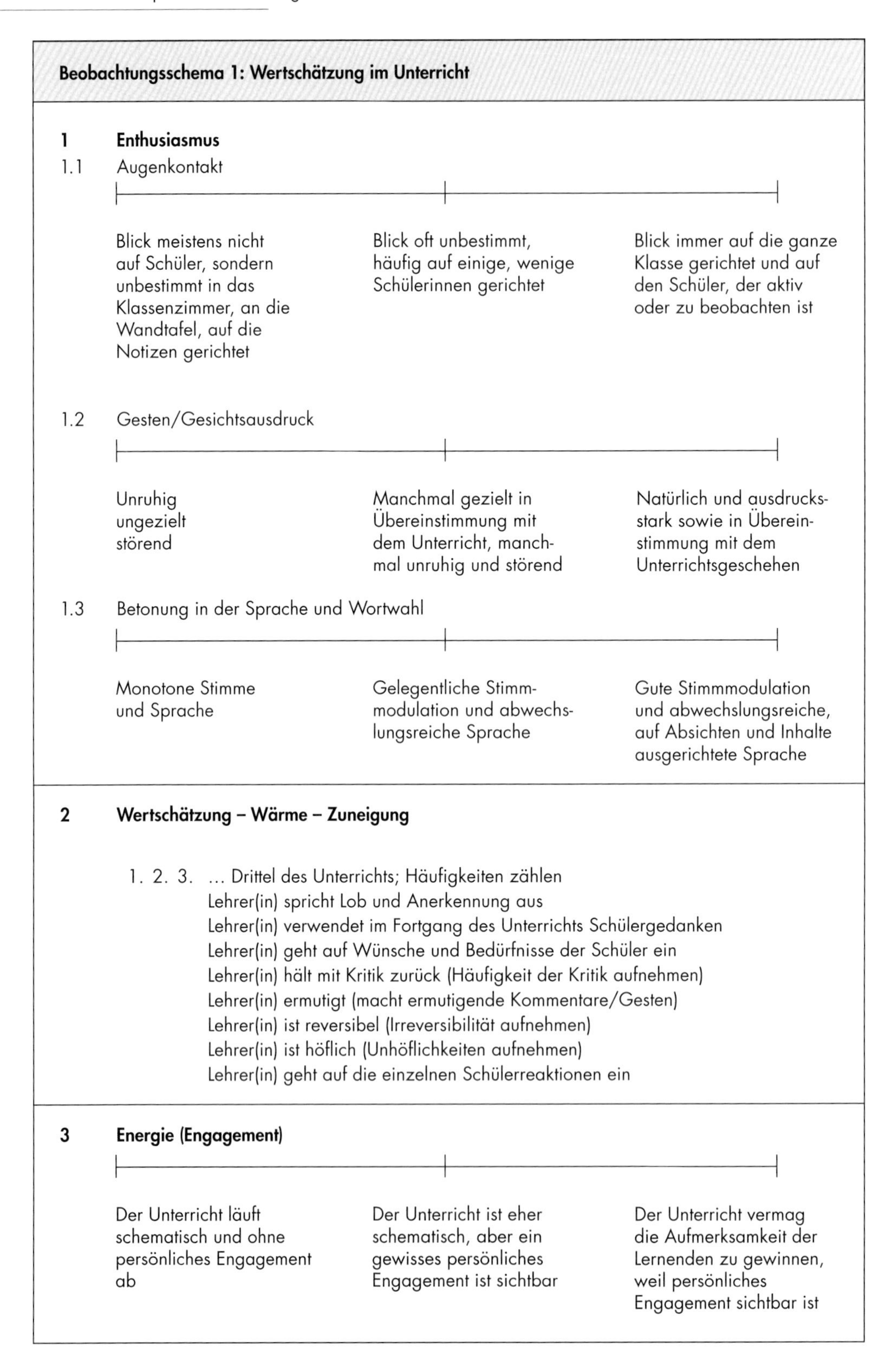

Beobachtungsschema 1: Wertschätzung im Unterricht

1 Enthusiasmus

1.1 Augenkontakt

├	┼	┤
Blick meistens nicht auf Schüler, sondern unbestimmt in das Klassenzimmer, an die Wandtafel, auf die Notizen gerichtet	Blick oft unbestimmt, häufig auf einige, wenige Schülerinnen gerichtet	Blick immer auf die ganze Klasse gerichtet und auf den Schüler, der aktiv oder zu beobachten ist

1.2 Gesten/Gesichtsausdruck

├	┼	┤
Unruhig ungezielt störend	Manchmal gezielt in Übereinstimmung mit dem Unterricht, manchmal unruhig und störend	Natürlich und ausdrucksstark sowie in Übereinstimmung mit dem Unterrichtsgeschehen

1.3 Betonung in der Sprache und Wortwahl

├	┼	┤
Monotone Stimme und Sprache	Gelegentliche Stimmmodulation und abwechslungsreiche Sprache	Gute Stimmmodulation und abwechslungsreiche, auf Absichten und Inhalte ausgerichtete Sprache

2 Wertschätzung – Wärme – Zuneigung

1. 2. 3. … Drittel des Unterrichts; Häufigkeiten zählen

Lehrer(in) spricht Lob und Anerkennung aus
Lehrer(in) verwendet im Fortgang des Unterrichts Schülergedanken
Lehrer(in) geht auf Wünsche und Bedürfnisse der Schüler ein
Lehrer(in) hält mit Kritik zurück (Häufigkeit der Kritik aufnehmen)
Lehrer(in) ermutigt (macht ermutigende Kommentare/Gesten)
Lehrer(in) ist reversibel (Irreversibilität aufnehmen)
Lehrer(in) ist höflich (Unhöflichkeiten aufnehmen)
Lehrer(in) geht auf die einzelnen Schülerreaktionen ein

3 Energie (Engagement)

├	┼	┤
Der Unterricht läuft schematisch und ohne persönliches Engagement ab	Der Unterricht ist eher schematisch, aber ein gewisses persönliches Engagement ist sichtbar	Der Unterricht vermag die Aufmerksamkeit der Lernenden zu gewinnen, weil persönliches Engagement sichtbar ist

- Mit zunehmendem Vertrauen schätzen die Lernenden das Lehrerverhalten positiver ein, und – was besonders interessant ist – je intensiver das Vertrauen in die Lehrerin oder in den Lehrer ist, als desto partizipativer wird die Unterrichtsgestaltung eingeschätzt. Das konkret erlebte Vertrauen ist somit eindeutig mit der Beurteilung didaktischer und inhaltlicher Aspekte der Unterrichtsgestaltung durch die Lernenden verbunden. Damit beinhaltet der Interaktionsprozess von Vertrauen und Einschätzung der Unterrichtsgestaltung eine Dynamik, bei der ein eindeutiger Ursache-Wirkungs-Zusammenhang empirisch nicht bestimmt werden kann. Das heisst, dass der «Prozess der Vertrauensentwicklung nicht losgelöst von der jeweiligen Unterrichtsgestaltung seitens der Lehrperson gesehen werden darf» (Schweer 1996, 177).

Trotz diesem noch wenig erforschten Ursache-Wirkungs-Zusammenhang dürfte die grosse Bedeutung von Unterstützung, Zugänglichkeit, Respekt und Aufrichtigkeit im Lehrerverhalten deutlich geworden sein. Dies rechtfertigt auch den Umgang mit dem bislang eher beschreibend dargelegten Begriff Caring als umfassende Forderung an die Lehrkräfte für die Interaktion mit den Schülerinnen und Schülern.

4.4 Caring

4.4.1 Begriff

Der Begriff **Caring** ist Mitte der achtziger Jahre des letzten Jahrhunderts aufgekommen und wurde von Anfang an kontrovers diskutiert. Auf der einen Seite wurde gefordert, Caring gehöre zu den Kernkompetenzen einer jeden Lehrperson, und andererseits wurde die Idee mit der Begründung verworfen, solche Vorstellungen gingen weit über die Aufgabe der Schule hinaus und würden Lehrkräfte sehr oft in kritische und überfordernde Situationen bringen.
Heute wird Caring mit der im Prinzip gleichen Zielsetzung sehr unterschiedlich definiert. Es ist eine Kombination von Übernahme von Verantwortung für jemanden und von Aufbau einer positiven emotionalen Beziehung zu dieser Person (Noddings 1984, 2001). Caring kann aber auch heissen, sich um eine Person zu bemühen und ihr zu helfen, sich zu entwickeln und sich selbst zu verwirklichen oder sich persönlich verantwortlich zu fühlen für das Wohl von andern (Oliner & Oliner 1995).
Caring lässt sich wie folgt definieren: Eine Lehrperson bemüht sich, die Gefühle sowie das Denken und Handeln ihrer Schülerinnen und Schüler, vor allem durch gutes Beobachten und aktives Zuhören, zu verstehen, sie zunächst so zu akzeptieren, wie sie sind, ihre Ängste, Unsicherheiten und Probleme zu erkennen, um ihnen im vertrauensvollen, unterstützenden Dialog zu helfen, ihr Lernen zu verbessern und sich als Persönlichkeit weiterzuentwickeln sowie zu lernen, sich aufgrund einer Beurteilung der eigenen Möglichkeiten und Grenzen richtig einzuschätzen. Letztes Ziel soll der Aufbau eines dauerhaften gegenseitigen Vertrauens sein.
Angesichts der gesellschaftlichen Entwicklung wird hier die Auffassung vertreten, dass Caring zu einer immer wichtigeren Aufgabe für jede Lehrperson auf allen Schulstufen wird. Diese Forderung darf aber nicht fehlinterpretiert werden: Lehrkräfte haben in erster Linie ihren Auftrag der schwergewichtig kognitiven Förderung der jungen Generation zu erfüllen. Wirksam für alle Lernenden kann dies aber nur geschehen, wenn das Caring ebenfalls ernsthaft wahrgenommen wird. Damit sollen aber Lehrkräfte nicht zu Sozialarbeiterinnen und Sozialarbeitern umfunktioniert

werden, sondern sie sollten sich mit emotionaler Verpflichtung über das rein Kognitive hinaus für die Entwicklung der eigenen Schülerinnen und Schüler interessieren und sich um sie kümmern. Zweifellos gibt es viele Lehrpersonen, welche dies aus innerer Überzeugung schon lange und gut tun. Es lassen sich aber ebenso viele finden, die sich aus Gründen der beruflichen Überlastung, aus persönlicher Enttäuschung, wenn sich erwartete Erfolge nicht einstellen, oder aus einer allgemeinen Resignation heraus immer mehr mit der kognitiven Stoffvermittlung begnügen. Sie müssen sich den Vorwurf gefallen lassen, ihren Berufsauftrag nicht in umfassender Weise wahrzunehmen.

4.4.2 Die Bereiche des Carings

In der alltäglichen Führung besteht das Caring aus den in Abbildung 3.5 dargestellten fünf Bereichen.

1) Die Lehrkräfte müssen Schülerinnen und Schüler mit allen ihren Eigenarten, Stärken und Schwächen auch im grösseren Klassenverband bewusst individuell durch reflektierendes Beobachten wahrnehmen **wollen** (Wissen über die Schülerinnen und Schüler).

2) Dann müssen sie versuchen, die Schülerinnen und Schüler mit ihren Problemen und Anliegen sowie in ihrem Verhalten **zu verstehen**, d.h. Erscheinungen und Verhaltensweisen nicht unmittelbar aufgrund der eigenen Wert- und Zielvorstellungen zu beurteilen, sondern sich in die Denkweise der jungen Leute zu versetzen (Empathie), um anschliessend abzuwägen und sich ein differenziertes Urteil über die Erscheinungen und ein mögliches eigenes Verhalten zu bilden (Respekt).

3) Besonders wichtig ist im Weiteren die **Beobachtung** von Lerneigenschaften und Lernproblemen der Schülerinnen und Schüler, um im alltäglichen Unterricht mittels angepasster Unterrichtsgestaltung im Rahmen der Möglichkeiten zu individualisieren.

Abbildung 3.5 **Die fünf Bereiche des Carings**

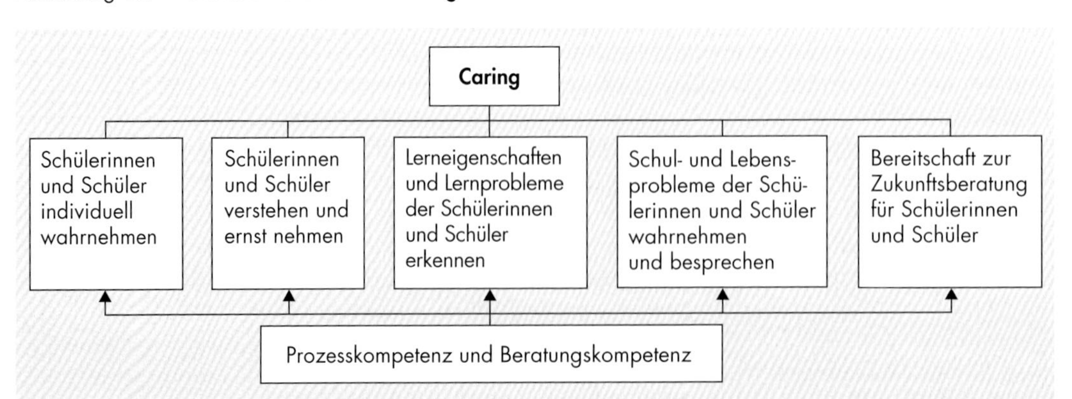

4) Im Weiteren sollten die Lehrkräfte **sensibel** für Probleme sein, bei denen sich die Schülerinnen und Schüler allein gelassen fühlen, sie in nicht aufdringlicher Weise ansprechen und – sofern erwünscht – Hilfe anbieten. Selbstverständlich sind hier aber auch die Grenzen zu beachten. Lehrpersonen dürfen sich nicht als selbsternannte Psychologen verstehen und Probleme behandeln wollen, die ihre Kompetenz und ihr Können überfordern (Unterstützung).

5) Schliesslich sollten Lehrkräfte bereit sein, die Schülerinnen und Schüler im Zusammenhang mit künftigen Ausbildungsmöglichkeiten zu **beraten**. Dies ist in einem differenzierten Schulsystem vor allem dann wichtig, wenn die Lernenden den Bedingungen und Anforderungen nicht mehr genügen. Mit anderen Worten dürfen sich Lehrkräfte nicht nur mit der Selektion beschäftigen, sondern sie sollten bei negativen Selektionsergebnissen zugleich neue Wege und Perspektiven aufzeigen.

Diese Aufgaben des Carings können erst erfüllt werden, wenn die Lehrkräfte über ausreichende Prozesskompetenzen (Schley 1992) und über Beraterfähigkeiten (Will 1991) verfügen. Diese Kompetenzen sind in Abbildung 3.6 zusammengefasst.

Abbildung 3.6 **Kompetenzen für das Caring**

Prozesskompetenzen	– Probleme und kritische Situationen erkennen (Dies setzt eine fortwährende bewusste Beobachtung der Lernenden und eine Sensibilität zum Erkennen von Veränderungen voraus.) – Aufbauen (Dies bedingt die Fähigkeit, mit den betroffenen Schülerinnen und Schülern ins Gespräch zu kommen, ohne sich aufzudrängen oder erkannte Probleme verpsychologisieren zu wollen.) – Ändern (Die Situation der betroffenen Jugendlichen verbessern.) – Herstellen der Stabilität (Herbeiführen einer Besserung und/oder Lösen des Problems.)
Beraterfähigkeit	– Sich in die Problemlage der betroffenen Schülerinnen und Schüler hineinversetzen – Aktives Zuhören – Analytisches Herausarbeiten des Problems – Klares Strukturieren der Hilfestellung – Klären von Zielen und Erwartungen – Variabel verfügbare Gesprächstechniken sowie Verhaltensweisen im Unterricht – Erkennen und Vermeiden von Verstrickungen

4.4.3 Alltägliche Problemsituationen und Caring

In Abbildung 3.7 werden einige alltägliche Problemsituationen von Schülerinnen und Schülern beschrieben, denen Lehrkräfte mittels Caring Beachtung schenken sollten.

Abbildung 3.7 **Problembereiche für das Caring**

Problemsituation	Caring
Klasse mit vielen schwachen Schülerinnen und Schülern	– Unterricht in kleinen Schritten, der Erfolgserlebnisse schafft – Metakognitive Förderung verstärken
Scheue, passive Schülerinnen und Schüler	– Bewusstes Einbeziehen in den Unterricht – Kleinere Erfolgserlebnisse verstärken
Aussenseiter in einer Klasse Gedemütigte Schülerinnen und Schüler	– Bewusst Integrieren (z.B. gezielte Zuordnung bei Gruppenarbeiten) – Besondere Zuwendung
Vom Elternhaus vernachlässigte Schülerinnen und Schüler	– Zuwendung – Gesprächsbereitschaft – Hilfsbereitschaft
Zu anderen Kulturkreisen gehörende Schülerinnen und Schüler, die in der Minderheit sind	– Bewusstes Einbeziehen in den Unterricht – Kleine Erfolgserlebnisse schaffen – Interkulturelle Aspekte in den Unterricht einbauen – Persönliche offene Haltung zu anderen Kulturkreisen zum Ausdruck bringen
Aggressive Schülerinnen und Schüler	– Konsequente Führung und Integration in den Unterricht
Unterforderte Schülerinnen und Schüler	– Individuelle Zusatzaufgaben – Einsatz als Tutoren
Schülerinnen mit persönlichen Problemen (Schulverleider, Beziehungsprobleme, Gleichgültigkeit)	– Aktives Zuhören – Hilfestellung bei der Planung von Massnahmen zur Problemüberwindung

4.4.4 Checklist und Beobachtungsschema zum Caring

Checklist 3: Caring	ja	nein
1. Beobachte ich meine Schülerinnen und Schüler bewusst und zielstrebig, um Veränderungen in den Schulleistungen und im Verhalten frühzeitig zu erkennen?	☐	☐
2. Überlege ich mir, wie ich den Kontakt zum betroffenen Schüler oder zur Schülerin aufbauen kann, ohne aufdringlich zu werden?	☐	☐
3. Bin ich zu aktivem Zuhören fähig?	☐	☐
4. Habe ich Ideen, wie ich dem Schüler oder der Schülerin helfen kann?	☐	☐
5. Kenne ich aber auch meine Grenzen, und verweise ich Betroffene in diesem Fall an Fachleute?	☐	☐
6. Werde ich nicht aufdringlich oder übereifrig? Halte ich mich zurück, wenn ich spüre, dass die betroffenen Schülerinnen oder Schüler gar keine Hilfe wollen oder nötig haben?	☐	☐

Für Lehrkräfte kann es spannend sein, sich hinsichtlich Caring durch die Schülerinnen und Schüler beurteilen zu lassen (siehe Beobachtungsschema 2).

Beobachtungsschema 2: Lehrerbeurteilung durch Schülerinnen und Schüler

Kriterien des Lehrerverhaltens zum Bereich Caring (Stufe Gymnasium/Berufsschule)	trifft zu ←				→ trifft nicht zu
1. Unser Lehrer (unsere Lehrerin) hört uns zu, wenn wir uns im Unterricht melden oder ihm (ihr) etwas berichten.	1	2	3	4	5
2. Er (sie) gibt uns Chancen zu zeigen, was wir können.	1	2	3	4	5
3. Er (sie) ermutigt und ermuntert uns.	1	2	3	4	5
4. Wir spüren, dass er (sie) uns, vor allem, wenn wir Schwierigkeiten beim Lernen haben, Lernunterstützung und Lernhilfen gibt.	1	2	3	4	5
5. Unsere Lehrkraft spürt, wenn wir irgendwelche Probleme haben, spricht uns an und bietet Hilfe an.	1	2	3	4	5
6. Er (sie) nimmt Rücksicht auf unsere Interessen und Bedürfnisse.	1	2	3	4	5
7. Ich habe keine Hemmungen, ihn (sie) im Falle von persönlichen Problemen anzusprechen.	1	2	3	4	5
8. Ich spüre, dass er (sie) sich für unsere Probleme interessiert.	1	2	3	4	5

Kapitel 4
Techniken der Kommunikation im Unterricht

1 Alltagsfragen

Ganz unabhängig davon, ob sich Lehrerinnen und Lehrer in einer bestimmten Unterrichtssituation für ein direktes oder ein indirektes Unterrichtsverhalten oder für die Lernberatung entscheiden, haben sie immer fünf Aufgaben zu erfüllen:

1) Sie müssen den Schülerinnen und Schülern helfen, **ihr eigenes Wissen zu erarbeiten oder zu konstruieren**, damit sie es nicht nur anlernen, sondern **verstehen**. Dazu reicht die blosse Weitergabe von Inhalten (Lehrform des Lehrervortrags) in den wenigsten Fällen aus, sondern es bedarf gezielter Interaktionen zwischen Lehrenden und Lernenden und unter Lernenden.

2) Sie müssen **Lern- und Denkprozesse** der Schülerinnen und Schüler unterstützen, d.h. ihnen situationsgerecht so beistehen, dass sie in ihren Reflexionen und Denkvollzügen selbständig werden, weil nur ein aktives Lernen zu verstandenem Wissen und nicht nur zur passiven Reproduktion von Wissen führt.

3) Sie müssen ihre Schülerinnen und Schüler beim Nachdenken über ihr eigenes Tun, Lernen und Denken unterstützen, sie also **metakognitiv fördern.**

4) Sie müssen dafür sorgen, dass sich die Lernenden **selbst innerlich zum Lernen verpflichtet fühlen** und die **Verantwortung** für ihr eigenes Lernen selbst übernehmen, denn nur selbstverantwortetes Lernen bleibt langfristig wirksam.

5) Dies setzt bei den Lehrenden und Lernenden gute Kommunikationsfertigkeiten (technische Voraussetzungen) und Kommunikationsfähigkeiten (ganzheitliche Bewältigung von Dialogen) voraus, die den offenen Umgang untereinander in vielgestaltiger Weise (affektive und kognitive Aspekte) ermöglichen. Diese Kommunikation ist sorgsam zu pflegen; sie entsteht nicht von selbst.

In diesem Kapitel werden deshalb die **Techniken der Kommunikation** im Unterricht in allgemeiner Weise dargestellt, d. h. es wird gezeigt, welches die Voraussetzungen für eine gute Kommunikation sind, ohne dass schon auf konkrete unterrichtliche Situationen eingegangen wird. So wird zum Beispiel die Technik der Fragestellung behandelt, ohne bereits deren Anwendung im Lehrgespräch, in der Klassendiskussion, in der Lernberatung usw. zu vertiefen. Die Grundtechniken bleiben immer die gleichen.

2 Ein Modell der Kommunikation zwischen Lehrenden und Lernenden

2.1 Das Modell

Rogers (1983) war einer der ersten, der immer wieder anführte, dass für den Erfolg des Unterrichts die zwischenmenschlichen Beziehungen ebenso wichtig sind wie die Lerninhalte. Diese Beziehungen lassen sich nur durch den direkten persönlichen Umgang zwischen zwei Menschen im Sinne eines alle Kontaktbereiche umfassenden längerfristigen Prozesses aufbauen. Knapp (1984) zeigt acht Dimensionen auf, mit welchen sich dieser Prozess erfassen und die Veränderungen der Qualität der Kommunikation über die Zeit beobachten lassen:

1) **Breite:** immer mehr Themenbereiche werden mit grösserer Tiefe angesprochen.
2) **Individualität:** die Bezugsperson wird immer stärker als Individuum und nicht mehr in einer stereotypen Rolle gesehen.
3) **Effizienz:** die Präzision, die Schnelligkeit und die Wirksamkeit der Kommunikation verbessert sich, je besser man die andere Bezugsperson kennt.
4) **Flexibilität:** die Formen, wie die Kommunikation erfolgt, vergrössern sich, und die Emotionalität wird ausgeprägter.
5) **Geschmeidigkeit:** die Fähigkeit, Verhalten und Reaktionen der anderen Bezugsperson vorauszusagen und sich darauf auszurichten, nimmt zu.
6) **Persönliches:** die Bereitschaft sich so zu geben wie man ist, vergrössert sich mit der Dauer der Kommunikation.
7) **Spontaneität:** die spontanen Reaktionen und die Bereitschaft, rascher auf alles einzugehen, verstärkt sich.
8) **Offenheit:** Lob und Kritik werden offener und ehrlicher.

Eine der wichtigsten Aufgaben im Umgang mit den Schülerinnen und Schülern ist es, diesen Prozess durch eigenes Lehrerverhalten (Modellieren) in Richtung von mehr Breite, Individualität usw. zu beeinflussen, damit es zu einer freien und offenen Kommunikation kommt, die für alles Lernen sehr förderlich ist.[37] Abbildung 4.1 zeigt ein Modell, mit welchem die Möglichkeiten der interpersonellen Kommunikation dargestellt werden.
Ausgangspunkt einer guten Kommunikation sind Eigenschaften der miteinander kommunizierenden Menschen: Das Selbstkonzept; die Offenheit; die Botschaft, welche übermittelt (gesendet) und empfangen wird; sowie die Tätigkeit der Lehrpersonen, die Kommunikation mittels einer guten Form der Aktivierung der Schülerinnen und Schüler in zielgerichteter Weise zu beleben bzw. deren Bereitschaft, aktiv und eigenverantwortlich für den Gedankenaustausch zu werden. Bei jeder Kommunikation – und für die Lehrer-Schüler-Beziehung vor allem für die Lehrkräfte bedeutsam – sind die Kommunikationsbarrieren, welche bewirken, dass verbale, vokale und nicht verbale Botschaften vom Empfänger nicht so wahrgenommen werden, wie es vom Sender beabsichtigt war. So kann die Lehrkraft beispielsweise die Kommunikation stören, wenn sie unklare Fragen stellt (verbale Kommunikation), sie zu schnell

[37] Vor einem Missverständnis ist zu warnen: Freie und offene Kommunikation bedeutet nicht Respektlosigkeit, Zügellosigkeit und Unanständigkeit. Es geht vielmehr um den offenen und ungezwungenen Dialog, in welchem die Rechte und Würde des Partners respektiert werden.

Abbildung 4.1 **Einfaches Modell der Kommunikation von Lehrenden und Lernenden im Unterricht**

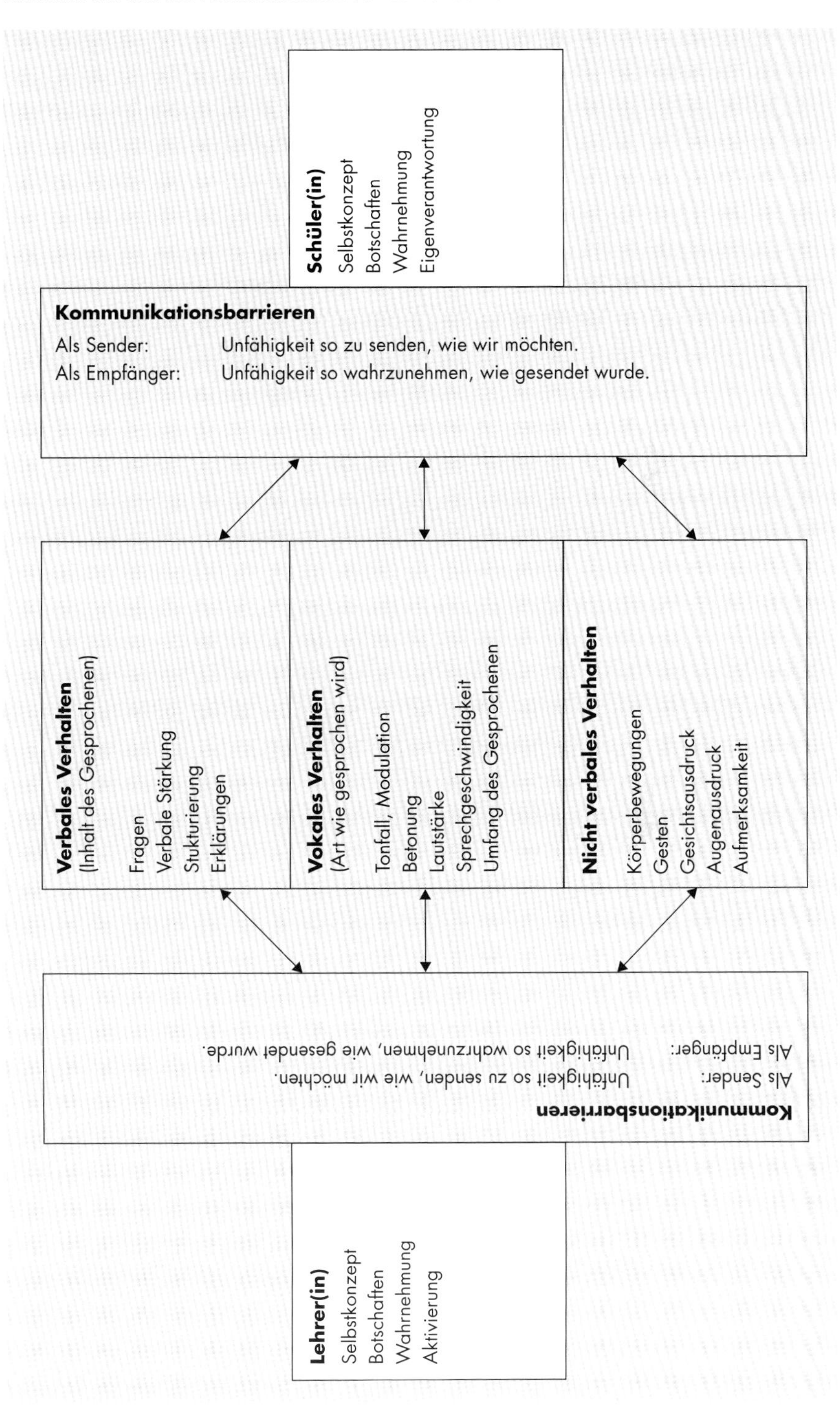

spricht (vokale Kommunikation) oder sie keinen Augenkontakt mit den Lernenden hat (nicht verbale Kommunikation). Oder die Lernenden behindern eine gute Kommunikation, wenn sie die Erklärungen der Lehrperson inhaltlich nicht verstehen, nicht zuhören oder nicht interessiert sind. Solche Kommunikationsbarrieren behindern letztlich den Lernerfolg. Insgesamt sind die Kommunikationstechniken eine grundlegende Voraussetzung für einen erfolgreichen Unterricht, und Erkenntnisse über die Kommunikationsbarrieren schaffen wesentliche Voraussetzungen für einen wirksameren Unterricht.

2.2 Eigenschaften der an der Kommunikation beteiligten Personen

(1) Zwischen **Selbstkonzept** und Kommunikation besteht eine Wechselbeziehung (siehe Abbildung 4.2): Die Art der Kommunikation, das verbale, vokale und nicht verbale Verhalten einer Lehrkraft, beeinflussen das Selbstkonzept der Schülerinnen und Schüler. Umgekehrt prägt aber das Selbstkonzept die Kommunikation. Dies lässt sich mit dem Modell von Kinck (zit. nach Cooper 1991) erklären: Das Wissen einer Schülerin, wie sie von ihrem Lehrer oder ihrer Klasse gesehen wird, beeinflusst ihr Selbstkonzept (Abbildung 4.3 zeigt Merkmale von Schülerinnen und Schülern mit einem unterschiedlichen Selbstkonzept). Ihr Selbstkonzept hat Auswirkung auf ihr Verhalten, das von der Klasse und vom Lehrer wahrgenommen wird und deren Verhalten gegenüber der Schülerin prägt. Sie nehme ihrerseits dieses Verhalten wiederum wahr usw. Dieser Prozess, der meistens selbstverstärkende Wirkung im positiven und im negativen Sinn hat, kann an jeder Stelle beginnen. Durch eine gute Gestaltung der Kommunikation im Unterricht können Lehrkräfte diesen Prozess positiv beeinflussen und einen Beitrag zur Stärkung des Selbstkonzepts von Lernenden leisten, insbesondere durch:

Abbildung 4.2 **Kommunikation und Selbstkonzept**

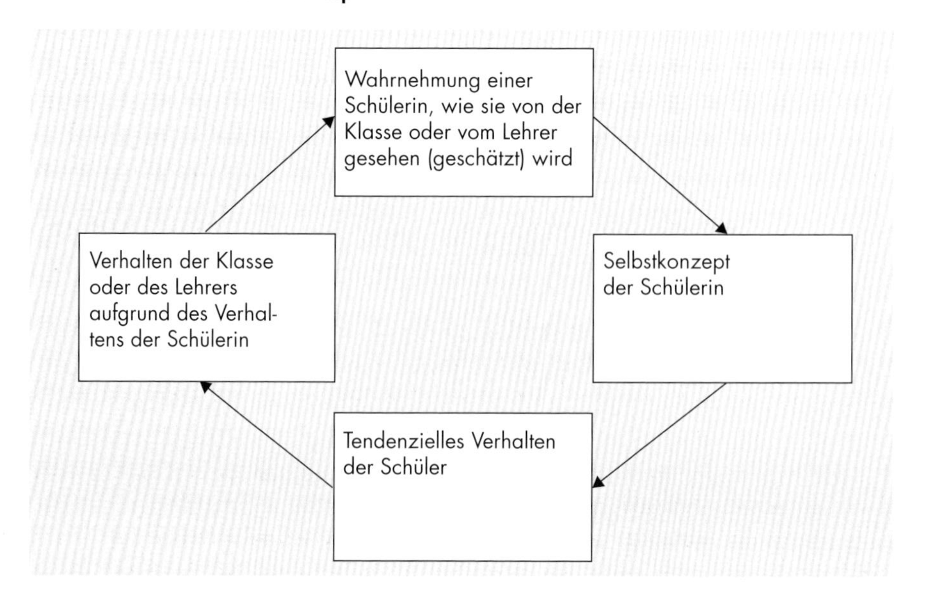

Abbildung 4.3 **Selbstkonzept und Schulleistungen**

Schülerinnen und Schüler mit einem höher entwickelten Selbstkonzept	**Schülerinnen und Schüler mit einem weniger entwickelten Selbstkonzept**
1. Haben eine hohe Selbstachtung für sich 2. Sind im Hinblick auf ihre Fähigkeiten für die Zukunft optimistisch 3. Haben Vertrauen in ihre Kompetenzen als Person und Lernende 4. Haben die Überzeugung, dass sie intensiv arbeiten 5. Haben die Überzeugung, dass sie von der Lehrperson und von ihren Mitschüler(innen) geschätzt werden	1. Haben eine ungünstige Haltung gegenüber der Schule und ihren Lehrkräften 2. Übernehmen wenig oder keine Eigenverantwortung für ihr Lernen 3. Haben eine geringe Motivation 4. Haben eine schlechtere Schulmoral und sind mit ihren Schulerfahrungen unzufrieden 5. Schaffen häufiger Disziplinprobleme 6. Können sich persönlich und in der Gruppe schlechter an die Klasse und an den Unterricht anpassen

- bewusstes Eingehen auf Wünsche und Bedürfnisse der Lernenden und aufbauende Hilfestellungen bei Schwachstellen.
- Anerkennung erbrachter Leistungen im Klassenverband, indem Ideen und Vorschläge oder Antworten im Unterricht weiterbearbeitet werden.
- Schaffen von Unterrichtssituationen, in denen auch Lernende mit einem schwächeren Selbstkonzept etwas Sinnvolles beitragen können, was bei einem vielgestaltigen Unterricht leichter zu planen ist.
- ergänzende Gruppenarbeiten (siehe Abschnitt 3.4.1 im Kapitel 6), in denen Schülerinnen und Schüler in Bereichen aktiv werden können, in denen sie dank eigener Erfahrung besser kommunizieren können.
- Aufgaben stellen, die zu rasch erkennbaren Lernerfolgen führen.

Aber auch das **Selbstkonzept von Lehrkräften** ist bedeutsam. So konnte nachgewiesen werden, dass Lernende, die von Lehrkräften mit einem positiven Selbstkonzept (sie sind kontaktfreudig und gewandt im Umgang mit Problemen, sehen sich als beliebt, beurteilen sich als unterstützende Menschen) unterrichtet werden, bessere Lernleistungen erbringen (Hamacheck 1975). Das Selbstkonzept von Lehrkräften wird aber auch durch die Schülerinnen und Schüler beeinflusst, indem positive Einstellungen der Schüler (Zustimmung für die Lehrkraft, Aufmerksamkeit und Zusammenarbeit) sich positiv auf das Selbstkonzept der Lehrkräfte auswirken (Klein 1971). Für diesen wechselseitigen Prozess spielt eine offene, glaubwürdige Kommunikation eine ganz wesentliche Rolle.

(2) Für eine gute Kommunikation entscheidend ist, welche **Botschaften** die einzelnen Äusserungen beinhalten, und wie sie wahrgenommen werden. Schulz von Thun et al. (2005) sprechen vom Kommunikationsquadranten und meinen damit den vierfachen Gehalt einer Äusserung:

- Bei jeder Äusserung (Botschaft) ist der **Sachverhalt** am wichtigsten. Sie sollte wahr, relevant und ausreichend sein.
- Jede, auch sachlich einwandfreie Äusserung beinhaltet eine Beziehungsseite. Der Tonfall, die Begleitmimik und die Formulierung lassen erkennen, was der

Sender vom Empfänger hält, oder wie er zu ihm steht. Solche Beziehungshinweise werden oft in sensibler Weise wahrgenommen und können eine Kommunikation erheblich stören. Je weniger der Sachinhalt und die Beziehungsseite miteinander übereinstimmen, desto schwieriger wird eine Kommunikation, weil kein echtes Vertrauensverhältnis entsteht. Kritisch sind weniger Meinungsverschiedenheiten auf der Sachebene als Störungen auf der Beziehungsebene, denn sie erschweren die Kommunikation hintergründig.

- Bei jeder Kommunikation gibt der Sender etwas von sich selbst kund (**Selbstkundgabeseite**). Er gibt Hinweise, aus denen geschlossen werden kann, was in ihm vorgeht, wie er seine Rolle auffasst, oder wofür er einsteht. Diese Selbstkundgabe kann zu verschiedenen Zwecken erfolgen: sie kann beispielsweise eine Selbstdarstellung sein, Echtheit zum Ausdruck bringen oder formale Autorität demonstrieren wollen. Für den Empfänger wird die Kommunikation einfacher, wenn er diese Ich-Botschaften des Senders bewusst wahrnimmt und seine Reaktion darauf abstimmt. Im Lehrer-Schüler-Verhältnis darf dieser Aspekt der Kommunikation nicht dazu führen, dass die Lehrperson mit ihren Botschaften den Lernenden die Möglichkeiten zu einer Reaktion nimmt.
  In diesem Zusammenhang ist die **Offenheit** einer Lehrperson bedeutsam. Wenn sie im richtigen Zeitpunkt offen ist, reagieren auch die Lernenden mit mehr Offenheit, was die emotionalen Beziehungen verbessert, die eine wichtige Voraussetzung für eine gute Kommunikation und den Lernerfolg darstellen. Im Allgemeinen sollte eine Lehrkraft ein mittleres Mass von persönlichen Informationen in die Klasse hineintragen, und diese sollten möglichst mit den Unterrichtsinhalten in Verbindung gebracht werden (Downs, Javidi & Nussbaum 1988). Zu viel unnötige Offenheit scheint die Lehrer-Schüler-Beziehung eher zu stören.

  Beispiel: So soll eine Lehrperson im Gespräch mit der Klasse durchaus einmal erwähnen, dass sie – in begründeter Weise – mit einer Entscheidung der Schulleitung nicht einverstanden ist. Sie soll dabei aber nichts über ihr persönliches Verhältnis zum Schulleiter oder zur Schulleiterin sagen, denn solche Informationen nützen den Schülerinnen und Schülern nichts.

- Schliesslich ist die **Appellseite** einer Botschaft zu beachten. Der Sender will den Empfänger nicht nur ansprechen. Er möchte bei ihm etwas erreichen. Seine Botschaften wollen motivieren, herausfordern oder etwas bewegen.
  Die Appellseite ist für Lehrkräfte als Empfänger bedeutsam, indem sie Wünsche, Sorgen und Ängste der Schülerinnen und Schüler, die offen oder verdeckt an sie herangetragen werden, bewusst wahrnehmen und darauf reagieren sollten.

(3) Die **Wahrnehmung** der Botschaften der Schülerinnen und Schüler ist besonders wichtig, weil sie die Kommunikation und letztlich den Umgang mit ihnen prägt. Nur wer sensibel wahrnimmt, kann zielgerichtet reagieren. Entscheidend ist nicht, alle Vorstellungen und Wünsche zu akzeptieren, sondern die Lernenden sollten empfinden, dass sie bei der Lehrperson Gehör finden und Ernst genommen werden, selbst wenn ihnen eine Absage erteilt wird.

(4) Schliesslich ist die Fähigkeit der Lehrkräfte, ihre Schülerinnen und Schüler für das Lernen zu **engagieren** und sie zu **aktivieren**, eine wichtige Grundlage für eine

gute Kommunikation. Die Aktivierung darf aber nicht zu Scheinaktivitäten führen, d.h. nicht die Aktivität als solche, sondern der Gehalt der Kommunikation muss im Vordergrund stehen. Die Aktivierung gelingt umso leichter, je mehr sich die Lehrperson

- um Aufgaben- und Problemstellungen bemüht, bei denen die Lernenden für ihr Lernen Verantwortung übernehmen,
- sie zielgerichtete Rückmeldungen (Feedback oder Verstärkung) gibt,
- sie Einzel- und Gruppenarbeiten als Lernberater gut betreut und Impulse gibt,
- sie sich individuell um die einzelnen Lernenden mit ihren Stärken und Schwächen bemüht (Caring),
- sie möglichst alle Lernenden immer wieder aktiv in den Lernprozess integriert.

Umstritten ist die Frage, wie stets schweigende Schülerinnen und Schüler zu behandeln sind. Weil die Kommunikation für das Lernen bedeutsam ist, wird hier die Auffassung vertreten, dass sie mit leichtem Zwang aktiviert werden müssen (im Frontalunterricht beispielsweise durch Aufruf, auch wenn sie sich nicht melden, wobei sie eine Chance haben sollten, antworten zu können und nicht kritisiert werden, wenn sie nicht reagieren können).

2.3 Kommunikationsbarrieren

Wenigstens fünf Erscheinungen können die Kommunikation zwischen Lehrenden und Lernenden hemmen: (1) die Angst vor der Kommunikation, (2) die Lehrperson verstellt sich, (3) sie nimmt filtriert wahr, (4) sie wandert mit den Gedanken ab und (5) sie kann nicht aktiv Zuhören (Hennings 1975, Cooper 1991, Schulz von Thun et al. 2005).

(1) Vor allem sachliche Unsicherheiten und Schwächen in der Ausdrucksfähigkeit führen sowohl bei Lehrenden wie bei Lernenden zu einer **Angst vor der Kommunikation**. Kommunikationshemmend wirkt auch ein schlechtes Lehrerverhalten. Wenn Fehler in Schüleräusserungen fortwährend und kleinlich korrigiert werden, verlieren die Schülerinnen und Schüler den Mut zur aktiven Kommunikation im Unterricht. Selbstverständlich muss der Sprachpflege genügend Aufmerksamkeit geschenkt werden. Aber Korrekturen am mündlichen Ausdruck sollen in vernünftigen Grenzen gehalten werden. Kommunikationsängstliche Schülerinnen und Schüler zeigen im Klassenzimmer die folgenden Verhaltensweisen (Daly 1976): Sie übernehmen in Gruppenarbeiten keine Führungsrolle, wirken bei Klassenaktivitäten nicht mit, haben ein bescheidenes Selbstkonzept, ziehen Raumorganisationen (Sitzanordnungen) vor, die wenig kommunikationsfreundlich sind, und sind im Unterricht häufig gespannt, weniger interessiert und melden sich ganz selten. Von den Lehrkräften werden sie deshalb viel häufiger negativ wahrgenommen und generell schlechter beurteilt. Solchen kommunikationsängstlichen Lernenden sollten die Lehrerinnen und Lehrer ihre besondere Aufmerksamkeit schenken, indem sie

- in der Klasse ein nicht bedrohliches Kommunikationsklima schaffen (dafür sorgen, dass alle Schülerinnen und Schüler zum Sprechen kommen, bei Sprechschwierigkeiten unterstützend helfen und die Ausdrucksweise nicht dauernd und kleinlich korrigieren sowie beachten, dass sich verbales und nicht verbales Verhalten der übrigen Klassenmitglieder nicht gegen die Kommunikationsängstlichen richtet).

- Schülerinnen und Schüler mit Kommunikationsängsten bewusst in den Unterricht miteinbeziehen und ihnen anfänglich einfachere und strukturierte Aufgabenstellungen vorlegen, damit sie zu Erfolgserlebnissen kommen.
- mündliche Leistungen im alltäglichen Unterricht nicht bewerten und benoten, um die freie Kommunikation zu fördern (und dies der Klasse auch klar mitteilen).
- bei Gruppenarbeiten die Gruppen so zusammensetzen, dass kommunikationsängstliche Lernende eine Chance zur aktiven Kommunikation haben (dazu ist eine gute Überwachung der Gruppenarbeit nötig).

Interessanterweise ist der Lernerfolg von kommunikationsängstlichen Schülerinnen und Schülern in kleinen Klassen und bei zu viel Gruppenarbeiten geringer als in grösseren Klassen und Gruppen, weil sie ihr Ungenügen in kleineren Lernverbänden deutlicher erkennen (Cooper 1991).

(2) Eine zweite Kommunikationsbarriere ist das **Verstellen**, d.h. Sender zeigen ein Verhalten, welches nicht die wahren Gedanken, Gefühle und Einstellungen widerspiegelt. Typische Situationen, in denen sich Lehrkräfte verstellen und damit die Kommunikation mit den Lernenden stören, sind:
- Übertriebene, aufdringliche Freundlichkeit gegenüber den Schülerinnen und Schülern soll gegen ein schlechtes Gewissen (Lehrpersonen haben ihre Aufgaben nicht gut erfüllt, die Lernenden ungerecht behandelt), gegen Zorn (sie wollen ihn überdecken) oder gegen Angst (sie fürchten sich vor der Klasse, oder sie hoffen, die Lernenden durch übertriebene Freundlichkeit von etwas abzuhalten oder sie zu etwas zu bewegen) wirken.
- Gesten und Mimik stimmen nicht mit den verbalen Äusserungen überein (mit grossem Lächeln schwere Klausuren ansagen oder Strafen erteilen). Dadurch verlieren Lehrpersonen ihre Glaubwürdigkeit oder Berechenbarkeit.
- Spannungen im Gesichtsausdruck deuten auf Unruhe hin, selbst wenn die verbalen und vokalen Verhaltensweisen nichts ahnen lassen. Unruhe bei Lehrkräften beeinträchtigt aber die Konzentrationsfähigkeit bei den Lernenden.
- Zögerndes, unsicheres Sprechen mit häufigen Pausen kann (muss aber nicht) auf Unsicherheiten und wenig Begeisterung im Unterricht hinweisen.

Generell gilt, dass es einfacher ist, sich mit verbalen Äusserungen zu verstellen, während es äusserst schwierig wird, Schwächen, Ängste und Unsicherheiten mit wenig echtem nicht verbalem Verhalten zu überspielen.

Für den Schulalltag sind zwei Dinge wichtig:
- Lehrkräfte sollten sich möglichst wenig verstellen, um einerseits nicht zu einem schlechten Modell für die Lernenden zu werden, und um andererseits nicht drei für den langfristigen Erfolg wesentliche Lehrereigenschaften wirkungslos zu machen: Berechenbarkeit, Echtheit und Glaubwürdigkeit.

  Beispiel: Lehrer zeigen sich in Diskussionen über Wertfragen offen, in konkreten Konfliktsituationen sind sie aber wenig diskussionsbereit und in den Anordnungen stur.

- Sie sollen ihre Schülerinnen und Schüler im Hinblick auf das Verstellen beobachten, denn wenn sie sich zu verstellen beginnen, stimmt entweder im Lehrerverhalten etwas nicht, oder es herrscht kein offenes Klassenklima mehr.

Beispiel: Sobald die Lehrerin das Klassenzimmer betritt, sind die Schülerinnen und Schüler sehr freundlich, beim Klassenlehrer beschweren sie sich aber über diese Lehrerin.

(3) Die dritte Kommunikationsbarriere ist die **filtrierte Wahrnehmung**, d. h. vermittelte Informationen werden nur teilweise und/oder unter ganz bestimmten Werthaltungen oder aus der Sicht persönlicher Erfahrungen aufgenommen und verarbeitet. Deshalb sollten sich Lehrkräfte immer wieder bewusst machen, welche Werthaltungen und Erfahrungen ihre Informationsaufnahme und -verarbeitung verzerren. Besonders gefährlich ist die **Selbstbezogenheit** von Lehrkräften, die ihnen selbst oft gar nicht recht bewusst ist. In diesem Fall interpretieren vor allem sachlich und persönlich unsichere Lehrkräfte viele Ereignisse im Unterricht oder Verhaltensweisen von Schülerinnen und Schülern als Bedrohung ihres eigenen Ichs. Dadurch filtrieren sie Informationen und Verhaltensweisen in extremer Weise als gegen sich gerichtet. Besonders kritisch sind dabei bestimmte Schüleräusserungen oder -reaktionen, welche eine Lehrkraft irritieren und dazu führen, dass die gesamte weitere Kommunikation nur noch unter dem Einfluss dieser Äusserungen oder Reaktionen erfolgt. Es kann nicht genug betont werden, dass viele Verhaltensweisen von Lernenden oft unbedacht sind, und Lehrkräfte vor allem kleinere «Angriffe» auf ihre Ideale und Ziele oder ihren Unterricht zu vorschnell als gezielte Aktion gegen sie interpretieren.

Beispiele:
Eine Schülerin flüstert und lächelt mit ihrem Banknachbarn während des Unterrichts.
Selbstbezogene Interpretation der Lehrperson: Sie belächeln meinen Unterricht.
Mögliche sachliche Erklärung: Die Schülerin teilt dem Schüler mit, dass sie in die Disco eingeladen ist, aber nicht recht weiss, ob sie gehen soll.

Zwei Schüler schwatzen mehrere Male während der gleichen Unterrichtsstunde.
Selbstbezogene Interpretation der Lehrerin: Sie interessieren sich nicht für meinen Unterricht.
Mögliche sachliche Interpretation: Die Lehrerin schreitet zu rasch voran. Deshalb unterhalten sich die Schüler über Unterrichtsinhalte, die sie nicht verstanden haben.

(4) Stark gestört wird die Kommunikation im Unterricht, wenn die Gedanken der Lernenden und Lehrenden **abwandern**. Dass unaufmerksame Schülerinnen und Schüler nichts lernen, ist bekannt. Wie unaufmerksame Lehrkräfte die Kommunikation erschweren, wird viel weniger beachtet, obschon dies in verschiedenen Formen geschieht. Oft beschäftigt sich ein Lehrer bereits mit dem nächsten Lernschritt (in den Unterlagen nachlesen, Material bereitstellen, ein neues Tafelbild vorbereiten), wenn die Klasse noch Fragen aus dem laufenden Unterrichtsabschnitt beantwortet oder diskutiert haben möchte. Auf diese Weise kann er aber den Verlauf der Lektion oder der Diskussion nicht mehr richtig verfolgen und unterstützend eingreifen. Eine andere Form von abwandernden Gedanken ist die Antizipation (Meyers 1991). Die Lehrerin erfasst eine Schüleräusserung vollständig, bevor sie fertig formuliert ist und fällt dem Schüler ins Wort. Damit erschwert sie den übrigen Lernenden den Gedankenfluss. Manchmal konzentrieren sich Lehrkräfte zu stark auf die sprachliche Korrektheit einer Schüleräusserung und verpassen es, den tieferen Sinn von Aussagen wahrzunehmen. Gelegentlich lässt sich auch eine schlechte Organisation in der Gedankenführung von Lehrkräften beobachten (Gedankensprünge, Verlieren in Nebensächlichem, lange Pausen zwischen einzelnen Überlegungen und Lernschritten), was oft auf wandernde Gedanken zurückzuführen ist (zu viel Routine im Un-

terrichten führt zu einer mangelhaften Konzentration bei der Unterrichtsführung). Schliesslich gibt es Lehrpersonen, die ihre Gedanken wandern lassen, indem sie sich nicht auf die Lernenden konzentrieren, sondern sich unbewusst mit anderem beschäftigen (Verfolgen des Geschehens auf dem Schulhausplatz, Nachdenken über eigene Probleme usw.).

(5) Eine starke Kommunikationsbarriere ist schliesslich die **Unfähigkeit aktiv zuzuhören.** Gute Kommunikatoren versuchen sich in das Gegenüber einzufühlen, um ihn in eigenen Worten wiederzugeben, was von ihm nicht nur sachlich, sondern auch emotional wahrgenommen wird (Schulz von Thun et al. 2005). Aktives Zuhören setzt beim Empfänger eine Grundhaltung voraus, die als «einfühlendes Verstehen» umschrieben werden kann. Das aktive Zuhören umfasst vier Schritte:

1. Schritt: Man konzentriert sich auf die sprechende Person und wartet ab, bis sie ihre Information abgeschlossen hat. Man zeigt ihr, dass man «ganz Ohr» ist, stellt den Blickkontakt her und schliesst Störungen (z.B. ein Gedankenwandern) aus.

2. Schritt: Man bewertet die Informationen (habe ich alles verstanden, und wie will ich die Informationen im weiteren Gesprächsverlauf verwenden?). Allenfalls unterbricht man den Sender kurz, um bei Unklarheiten nachzufragen, oder man fasst kurz zusammen, um sicherzustellen, dass keine Missverständnisse vorhanden sind.

3. Schritt: Man paraphrasiert die erhaltene Information, d.h. man bringt den faktischen Gehalt der Information mit dem Zustand oder den Gefühlen der sprechenden Person in Verbindung, um dessen Stellenwert richtig zu beurteilen.

4. Schritt: Man gibt die Antwort. Dabei sollte man dem Andern «aus dem Herzen sprechen», d.h. ihm zeigen, dass man nicht nur dieSachlage erfasst, sondern auch die Gefühlslage verstanden hat.

Viele Lehrpersonen bekunden mit dem aktiven Zuhören Mühe, weil sie sich an das stete Präsentieren gewöhnt und das Zuhören nicht richtig gelernt haben. Zu beachten sind die folgenden Schwierigkeiten (Cooper 1991, Schulz von Thun et al. 2005):

- Vor allem aktive und temperamentvolle Lehrkräfte haben Mühe, sich zurückzuhalten oder die vorläufige «Lösungslosigkeit» (man diskutiert nicht sofort Varianten oder mögliche Lösungen) einer Kommunikation zu akzeptieren.
- Viele Zuhörer konzentrieren sich vorschnell auf Einzelheiten, verlieren die Übersicht und sind dadurch nicht mehr in der Lage, sich im Fortlauf der Kommunikation auf das Wesentliche zu konzentrieren.
- Es entstehen immer wieder semantische Missverständnisse, d.h. Sender und Empfänger geben der Information einen anderen Inhalt und eine andere Bedeutung.
- Störend wirken mentale Störungen, welche persönlichkeits- oder beziehungsbedingt sind. So beziehen Lehrkräfte kritische Anmerkungen oft zu stark auf sich, oder sie sehen die Dinge ausschliesslich aus ihrer Sicht (etwa aufgrund ihrer pädagogischen Grundhaltungen). Kommunikationshemmend wirken sich auch Sympathien und Antipathien aus.

- Kommen beim Sender starke Gefühle (z. B. Tränen, Wutanfall) zum Ausdruck, so sollte der Empfänger nicht innerlich «Wegrennen», indem er zu beschwichtigen versucht («Deine Situation ist gar nicht so schlimm») oder das Thema wechselt, sondern er sollte die Gefühle zulassen und zu deren Bewältigung beitragen.

Aktives Zuhören ist wichtig. Es kann aber auch zu Missbräuchen kommen und muss in solchen Fällen unterbrochen werden: Der Empfänger wird unsachlich angegriffen; der Sender widerspiegelt nur Gefühle des Empfängers, um selbst keine Stellung zu beziehen; der Empfänger beginnt in wenig sensibler Weise nachzufragen usw.

Um das aktive Zuhören zu verbessern, sollten Lehrkräfte die folgenden Empfehlungen beachten:
- Sie sollten versuchen, die ganze Botschaft wahrzunehmen und nicht zu rasch unterbrechen und intervenieren.
- Sie sollten sich auf die Hauptidee oder das Hauptanliegen des Senders konzentrieren und Einzelheiten, soweit sie bedeutsam sind, später nachfragen.
- Sie sollten sich zuerst auf die sprechende Person und ihre Botschaft konzentrieren und erst nachher beurteilen und reagieren.
- Als Empfänger sollten sie in realistischer Weise das aus der Botschaft für den Fortgang der Kommunikation Brauchbare und Positive ausnützen, ohne selbst unklar zu bleiben.

2.4 Checklist und Beobachtungsschema zur Kommunikation

Checklist 4 dient der Selbstkontrolle der eigenen Kommunikation und der Reflexion darüber.
Mit dem **Beobachtungsschema 3** kann eine Drittperson die Kommunikation einer Lehrperson im Unterricht beobachten.

Checklist 4: Kommunikationshinweise für Lehrkräfte

	ja	nein
1. Versuche ich mich so zu verhalten, dass sich die Schülerinnen und Schüler mir gegenüber nicht verstellen?		
– Ermutige ich sie, mir gegenüber offen zu sein?	☐	☐
– Schaffe ich Unterrichtssituationen, in denen die offene Diskussion möglich wird?	☐	☐
– Trage ich ihnen nichts nach?	☐	☐
– Habe ich aber auch den Mut, energisch zu intervenieren, wenn die Schülerinnen und Schüler meine Offenheit zu missbrauchen versuchen?	☐	☐
2. Kann ich anhand verbaler, vokaler und nicht verbaler Verhaltensweisen sowie in bestimmten Situationen erkennen, ob sich die Schüler mir gegenüber nicht verstellen?	☐	☐
3. Bemühe ich mich, mein Verhalten zu überdenken, wenn ich spüre, dass die Schüler sich verstellen?	☐	☐
4. Verstelle ich mich meinen Schülern gegenüber so wenig als möglich?	☐	☐

Checklist 4: Kommunikationshinweise für Lehrkräfte (Fortsetzung)

	ja	nein
5. Überdenke ich von Zeit zu Zeit meine Interessen, Liebhabereien, Werthaltungen sowie Einstellungen gegenüber meinen Schülerinnen und Schülern, damit sie mir wieder bewusst werden, und ich Schülerverhalten nicht nur nach diesen Präferenzen filtriert wahrnehme?	☐	☐
6. Gebe ich keine selbstbezogenen Interpretationen, indem ich		
– viele Verhaltensweisen von Schülern als gegen mich gerichtet sehe?	☐	☐
– Schülerverhalten nach einem mich irritierenden Ereignis nur noch unter diesem Eindruck wahrnehme?	☐	☐
7. Bemühe ich mich, meine Gedanken während meines Unterrichts nicht wandern zu lassen, indem ich		
– mich mit anderem beschäftige, während die Schüler aktiv am Klassenunterricht teilnehmen?	☐	☐
– die Schüler aussprechen lasse, selbst wenn ich erfasst habe, was sie sagen wollen, oder ich aus sachlichen Gründen intervenieren möchte?	☐	☐
8. Bemühe ich mich, ein aktiver Zuhörer oder eine aktive Zuhörerin zu sein?		
– Konzentriere ich mich auf den sprechenden Schüler, ohne die Klasse aus dem Auge zu verlieren?	☐	☐
– Versuche ich ganze Botschaften in Schülerreaktionen oder -fragen zu erfassen und notfalls Einzelheiten nachzufragen?	☐	☐
– Bemühe ich mich, die Schüleräusserungen vor meiner Reaktion zu paraphrasieren?	☐	☐
– Benütze ich im Fortgang meiner Fragestellung oder Argumentation die Ideen oder Äusserungen der Schüler?	☐	☐
9. Bemühe ich mich, alle Schülerinnen und Schüler in die Kommunikation einzubeziehen, indem ich		
– schwatzende und passive Lernende im Unterricht gezielt aufrufe?	☐	☐
– gehemmte Lernende in Pausen und Randzeiten bewusst aber unaufdringlich anspreche, um die Kommunikation zu fördern?	☐	☐

Beobachtungsschema 3: Qualität der Kommunikation im Unterricht

1. Individualität

Auf Individualitäten und Eigenarten der Lernenden wird nicht eingegangen.	Die Lehrkraft geht teilweise auf Individualitäten und Eigenarten ein. Es gäbe aber noch mehr Möglichkeiten.	Die Lehrkraft nimmt auf Eigenarten der Lernenden Rücksicht und behandelt die Lernenden individuell.

2. Breite

Die Kommunikation ist eng und beschränkt. Sie ist gegängelt. Die Lernenden haben keinen Einfluss auf den Unterrichtsverlauf.	Die Kommunikation ist nicht gegängelt, aber sie könnte tiefer und breiter sein. Die Lernenden beeinflussen den Unterrichtsverlauf nur unwesentlich.	Die Kommunikation ist breit und tief. Die Lernenden beeinflussen den Unterrichtsverlauf.

3. Effizienz

Die Lehrkraft folgt hauptsächlich ihren eigenen Gedankengängen und reagiert zu langsam und geht wenig wirksam auf die Reaktionen und Aktionen der Lernenden ein.	Die Lehrkraft ist noch stark an ihre eigenen Gedankengänge gebunden und geht nur vereinzelt rasch und wirksam auf die Lernenden ein.	Die Lehrkraft erfasst die Aktionen und Reaktionen der Lernenden schnell und geht wirksam auf sie ein.

4. Geschmeidigkeit

Die Lehrkraft schätzt die Lernenden nicht richtig ein. Deshalb kommt es zu vielen Missverständnissen und Stockungen im Unterrichtsablauf.	Die Lehrkraft schätzt die Lernenden häufig nicht richtig ein, so dass es immer wieder zu Missverständnissen und Stockungen im Unterrichtsablauf kommt.	Die Lehrkraft sieht das Verhalten der Lernenden treffend voraus, so dass der Unterricht einen vernünftigen Fluss hat.

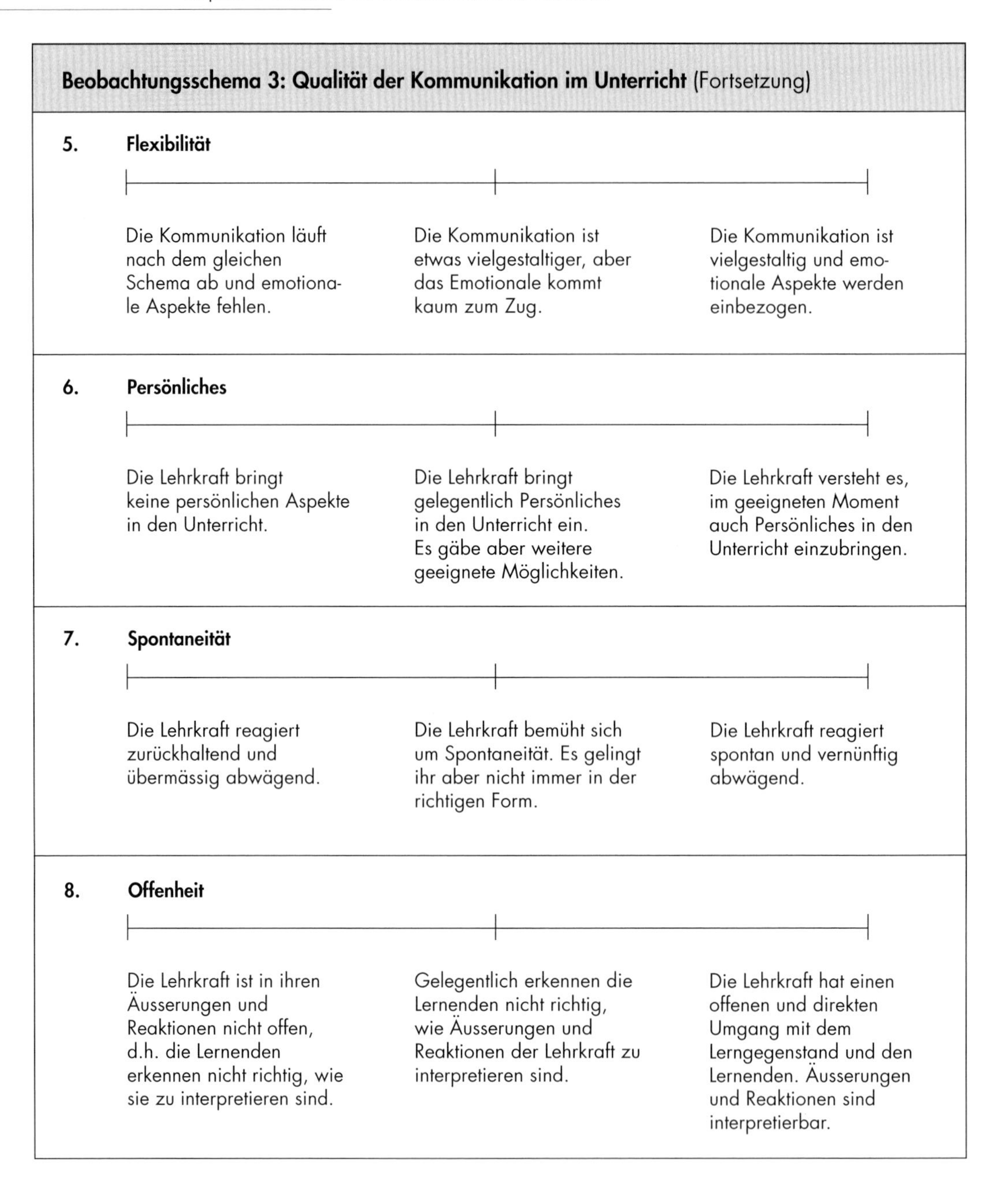

Beobachtungsschema 3: Qualität der Kommunikation im Unterricht (Fortsetzung)

5. Flexibilität

Die Kommunikation läuft nach dem gleichen Schema ab und emotionale Aspekte fehlen.	Die Kommunikation ist etwas vielgestaltiger, aber das Emotionale kommt kaum zum Zug.	Die Kommunikation ist vielgestaltig und emotionale Aspekte werden einbezogen.

6. Persönliches

Die Lehrkraft bringt keine persönlichen Aspekte in den Unterricht.	Die Lehrkraft bringt gelegentlich Persönliches in den Unterricht ein. Es gäbe aber weitere geeignete Möglichkeiten.	Die Lehrkraft versteht es, im geeigneten Moment auch Persönliches in den Unterricht einzubringen.

7. Spontaneität

Die Lehrkraft reagiert zurückhaltend und übermässig abwägend.	Die Lehrkraft bemüht sich um Spontaneität. Es gelingt ihr aber nicht immer in der richtigen Form.	Die Lehrkraft reagiert spontan und vernünftig abwägend.

8. Offenheit

Die Lehrkraft ist in ihren Äusserungen und Reaktionen nicht offen, d.h. die Lernenden erkennen nicht richtig, wie sie zu interpretieren sind.	Gelegentlich erkennen die Lernenden nicht richtig, wie Äusserungen und Reaktionen der Lehrkraft zu interpretieren sind.	Die Lehrkraft hat einen offenen und direkten Umgang mit dem Lerngegenstand und den Lernenden. Äusserungen und Reaktionen sind interpretierbar.

3 Das verbale Lehrerverhalten

3.1 Alltagsfragen

Unabhängig vom Unterrichtsverfahren ist das dialogische verbale Lehrerverhalten immer wieder durch die beiden in Abbildung 4.4 wiedergegebenen Verhaltensmuster gekennzeichnet. Das Verhaltensmuster I entspricht in erster Linie dem Lehrgespräch mit einem direkten Führungsstil der Lehrperson: Sie stellt Fragen, um die Schülerinnen und Schüler zum Lernen anzuregen, und sie erwartet Antworten und Reaktionen, welche sie verstärkt. Zur Anwendung gelangt dieses Verhaltensmuster I aber auch bei der Lernberatung: Die Lehrkraft regt die einzelnen Lernenden oder die Gruppe zur weiteren Arbeit oder zum Nachdenken an und erwartet, dass die Schülerinnen und Schüler reagieren, indem sie aufgrund der Anregungen der Lehrperson

Abbildung 4.4 **Zwei Verhaltensmuster des verbalen Lehrerverhaltens im Unterricht**

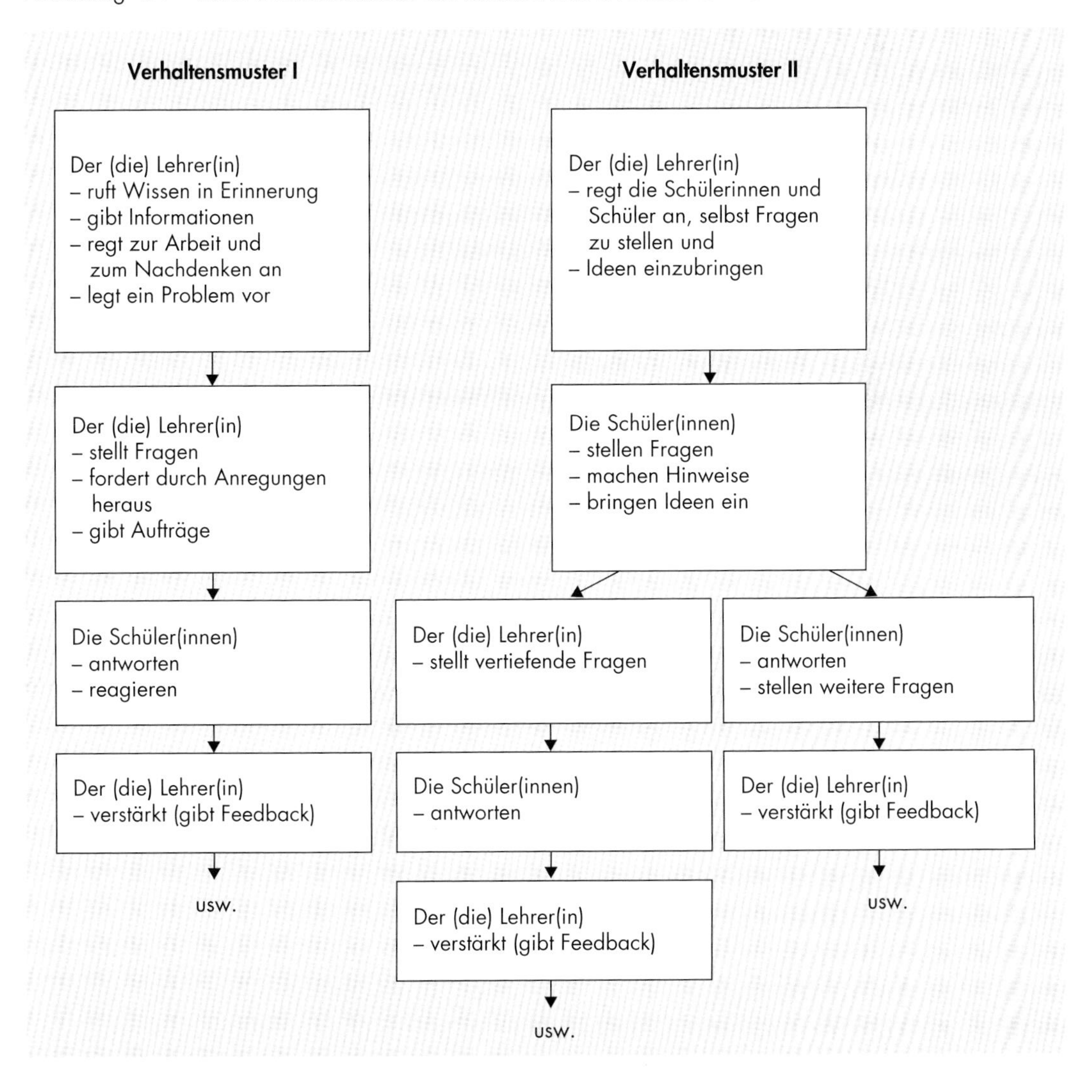

weiterarbeiten. Das Verhaltensmuster II entspricht eher dem indirekten Führungsstil der Lehrperson, indem sie insbesondere Lernprozesse anregt und die Schülerinnen und Schüler herausfordert, selbst Fragen zu stellen und/oder Ideen einzubringen. Dieses Verhaltensmuster kann in einem Lehrgespräch, das immer mehr in eine Klassendiskussion übergeführt wird, oder bei der Lernberatung in Gruppen angewandt werden.
Vor allem das Verhaltensmuster I wird immer wieder mit der Behauptung in Frage gestellt, es führe zu einem «Gängeln» der Lernenden, weil es nur in die vom Lehrer oder von der Lehrerin vorbestimmte Richtung führe und deshalb nur eine mit Scheinaktivitäten verbundene Informationsübermittlung darstelle. Es mache die Lernenden in ihrem Denken unfrei, und es sei eine Form von «autoritärem» Lehrerverhalten. Weil dieses Verhaltensmuster meistens auf das Lehrgespräch im Frontalunterricht ausgerichtet ist, wird auch diese Lehrform mit den gleichen Argumenten in Frage gestellt. Auf die wichtige Frage des Stellenwerts des Frontalunterrichts und des Lehrgesprächs mit dem Verhaltensmuster I wird im Abschnitt 3.1 im Kapitel 4 zurückgekommen. Richtig ist, dass man im Schulalltag gängelnden und damit weitgehend lernunwirksamen Lehrgesprächen immer wieder begegnet. Verantwortlich dafür ist aber nicht die Lehrform, sondern das Ungenügen vieler Lehrpersonen im Umgang mit den Routinen des Verhaltensmusters I, indem die Fragen nicht genügend gut gestellt werden, oder die Verstärkung vernachlässigt wird. Beherrschen die Lehrkräfte diese Routinen nicht, so sind Lehrgespräche und Lernberatungen oft sehr mühsam. Deshalb werden im Folgenden die Routinen genauer besprochen.[38]

3.2 Die Lehrerfrage

Die Lehrerfragen dienen ganz allgemein folgenden Zwecken (Borich 1992):
1) Sie haben eine Führungsfunktion für den Unterricht.
2) Sie führen Aufmerksamkeit und Interesse herbei.
3) Sie rufen Fakten und Informationen in Erinnerung.
4) Sie regen Denkprozesse an.
5) Sie lenken und strukturieren das Lernen.
6) Sie ermöglichen den Ausdruck von Affektivem.
7) Sie dienen der Diagnose und Kontrolle.

Ganz allgemein ausgedrückt dienen Fragen der Vororganisation des Lernens (advance organizers), indem mit ihnen Wissen bereitgestellt und geordnet wird und als Rahmen oder Voraussetzung für eigenes Denken und Handeln der Lernenden dient. Unterschiedlich ist deren Häufigkeit und deren Einsatzform (Fragen an die ganze Klasse, an Gruppen oder an einzelne Schülerinnen und Schüler) bei den verschiedenen Unterrichtsverfahren und Lehrmethoden.

3.2.1 Forschungsergebnisse zur Lehrerfrage

Aus einer grossen Zahl von Untersuchungen können zur Fragestellung von Lehrkräften folgende Erkenntnisse gezogen werden:

[38] In den folgenden Abschnitten wird immer wieder Bezug auf ältere Prozess-Produkt-Untersuchungen genommen. Dies ist deshalb notwendig, weil zu diesen wichtigen Aspekten der Routinen des Unterrichts kaum mehr Untersuchungen durchgeführt werden.

(1) **Häufigkeit der Fragen:** Lehrgespräche (mit grossen Unterschieden im Ausmass der Aktivierung der Lernenden) und Klassendiskussionen sind immer noch die meist verwendeten Lehrformen. Dabei werden in einer Lektion etwa 50 – 80 Fragen gestellt (Gall 1984, Kerry 1992). Ob Schülerinnen und Schüler bei Lehrkräften, die viel fragen, mehr lernen, lässt sich in der Tendenz bejahen, obschon einige Untersuchungen keine Unterschiede zeigten (Soar 1972, Stallings & Kaskowitz 1974, Brophy & Evertson 1974, Good 1975).

(2) **Die Schülerreaktion auf Lehrerfragen:** Die Lehrkräfte können mit ihrer Fragestellung das kognitive Niveau des Unterrichts beeinflussen: eine kognitiv anspruchsvollere Fragestellung führt zu kognitiv höher stehenden Antworten (Dunkin & Biddle 1974).

(3) **Das Niveau der Fragestellung:** Nach ihrem kognitiven Anspruchsniveau gegliedert sind etwa 80% der Lehrerfragen Fakten- und Erinnerungsfragen und nur etwa 20% Denkfragen. Angesichts dieses ungünstigen Verhältnisses wurde immer wieder untersucht, ob kognitiv anspruchslosere oder kognitiv anspruchsvollere Fragen[39] zu besseren Lernerfolgen führen. Anfänglich glaubte man, anspruchslosere Fragen, deren Antworten sofort verstärkt würden, führten zu besseren Lernerfolgen (behavioristische Sicht) (Rosenshine, 1976, der vor allem untere Primarschulklassen mit Unterschichtkindern betrachtete). Später konnte jedoch mit verfeinerten Forschungsmethoden gezeigt werden, dass eine kognitiv anspruchsvollere Fragestellung der Lehrkräfte zu besseren Lernerfolgen führte (Redfield & Rousseau 1981). In einer weiteren zusammenfassenden Studie (Gall 1984), die auch heute noch allgemein als Richtlinie gilt, wird folgende praktische Schlussfolgerung gezogen: Wenn die Lernziele Grundfertigkeiten betreffen und eher mit leistungsschwächeren Lernenden gearbeitet wird, sind Fakten- und kognitiv weniger anspruchsvolle Fragen lernwirksamer. Soll aber – vor allem auf höheren Schulstufen – selbständiges und kritisches Denken gefördert werden, so führen kognitiv anspruchsvollere Lehrerfragen zu besseren Lernergebnissen. Da aber in jedem Lernprozess Wissen in Erinnerung gerufen und Denkprozesse in Gang gesetzt werden müssen, drängt sich immer eine Mischung von kognitiv anspruchsloseren und anspruchsvolleren Fragen auf, wobei auch zum Verhältnis dieser zwei Fragetypen Untersuchungen angestellt wurden.

Gall (1975) führte ein Experiment mit einem eigens entworfenen Curriculum zu Umweltfragen durch, das wie folgt aufgebaut war: Nach der Informationsvermittlung mit Texten, Filmstreifen und anderem Material, die in den neun Lektionen etwa 15–20 Minuten in Anspruch nahm, wurden verschiedene Klassendiskussionen von 20–30 Minuten geführt. Die Fragen für die Diskussion (Faktenfragen, kognitiv anspruchsvolle Fragen) wurden den Lehrkräften vorgegeben, wobei in einer Gruppe 25 % anspruchsvolle und 75% einfache Fragen zu stellen waren. In der zweiten Gruppe wurde ein Verhältnis von 50% zu 50%, und in der dritten Gruppe ein solches von 75% zu 25% gewählt. Signifikante Leistungsunterschiede wurden nur im Wissenstest erzielt, während sich in den übrigen kognitiv anspruchsvollen Tests keine Unterschiede ergaben. Im Wissenstest waren die Leistungen bei der 75/25%- und der 25/75%-Gruppe besser als bei der 50/50%-Gruppe.

Aufgrund solcher Untersuchungen kommt Borich (1992) zum Schluss, dass in Lektionen mit weniger anspruchsvollen Lerninhalten (Basiswissen und Grundfertig-

[39] Der genaue Unterschied zwischen kognitiv anspruchslosen und anspruchsvollen Fragen wird in Abbildung 4.5 gezeigt.

keiten) ein Verhältnis von 70% anspruchsloseren zu 30% anspruchsvolleren Fragen sinnvoll ist, während das Verhältnis bei kognitiv anspruchsvollen Lerninhalten bei 60% zu 40% liegen sollte. Alle diese Untersuchungen bestätigen damit die verbreitete Meinung, es sei generell ein anspruchsvolles Frageniveau anzustreben, nicht. Offensichtlich trägt man einerseits mit einer breiteren Streuung des Anspruchsniveaus der Lehrerfragen den kognitiven Möglichkeiten aller Schülerinnen und Schüler besser Rechnung, und andererseits scheinen durchwegs anspruchsvolle Fragen vielen Lernenden mehr Angst zu machen (Clark, Gage, Marx et al. 1976).

(4) **Schwierigkeitsgrad der Fragen:** Untersucht wird auch die Frage nach dem Schwierigkeitsgrad der Fragen, d. h. der Wahrscheinlichkeit, mit der die Fragen beantwortet werden können. Aus den ebenfalls widersprüchlichen Forschungsergebnissen lässt sich folgende Trendaussage ableiten (Brophy & Good 1986): Etwa drei Viertel der Fragen sollten zu richtigen Antworten führen, während der Rest substanzielle offene (aber nicht falsche) Antworten bringen sollte, die zu weiterem Reflektieren veranlassen müssten.

(5) **Fragemuster von Lehrkräften**: Es scheint so zu sein, dass Lehrkräfte mit der Zeit persönlichkeitsspezifische Verhaltensmuster in ihrer Fragestellung (Arten von Fragen, Zahl von Fragen, Anspruchsniveau) entwickeln, die über lange Zeit konstant bleiben. Deshalb ist jeder Lehrkraft zu empfehlen, ihr Frageverhalten von Zeit zu Zeit zu überprüfen.

Die vielen widersprüchlichen Forschungsergebnisse zur Fragestellung, welche zwar gewisse Trendaussagen zulassen, machen die Grenzen der Prozess-Produkt-Forschung deutlich. Solange man sich an äusseren Aspekten der Fragestellung orientiert, lassen sich bestimmte Aussagen machen. Ihre teilweise Widersprüchlichkeit ist zu einem guten Teil auf die kognitive Substanz der Fragefolgen in Dialogen zurückzuführen. Sie lässt sich jedoch kaum systematisch erfassen, hat aber offensichtlich einen wesentlichen Einfluss auf die Wirksamkeit von Dialogen.
Wenn die Fragetechnik im Folgenden trotzdem ausführlich behandelt wird, liegt dies daran, dass Lehrerfragen trotz allen Unsicherheiten in der Forschung bedeutsam bleiben, weil in dialogischen Lehrmethoden Fragen weiterhin im Mittelpunkt stehen. Der Vorschlag, die Frage durch eine **Anweisung** zu ersetzen (z. B. statt «Wie viel erhalten wir?» würde man sagen «Berechne das Ergebnis!»), ist aus zwei Gründen abzulehnen. Einerseits besteht in den Auswirkungen kein Unterschied, und andererseits wird jedermann, der Lektionen mit Anweisungen statt Fragen durchgeführt hat, bestätigen, wie mühsam solche Unterrichtsstunden sind. Auch ist es unrealistisch zu glauben, man könne auf Fragen verzichten und Lernende soweit bringen, dass sie alle Fragen selbst aufwerfen. Sicher ist es erstrebenswert, möglichst viele Schülerfragen gestellt zu erhalten; ganz auf Lehrerfragen wird man aber nicht verzichten können.
Allerdings sei nochmals betont, dass bei der Fragestellung auf jede behavioristische Mechanik ebenso zu verzichten ist wie auf theatralisch ablaufende Frageketten. Fragen müssen auf den verschiedenen kognitiven Anspruchsniveaus zum Denken und damit zu sinnvollen kognitiven Lernaktivitäten herausfordern oder zu affektivem Gedankenaustausch anregen.

3.2.2 Anforderungen an die gute Lehrerfrage

Gute Lehrerfragen müssen neun Anforderungen genügen (Arends 1991, Borich 1992):
(1) Fragen dürfen nur in Verbindung mit Erfahrungen, früher Gelerntem, neuen Informationen oder vorgelegten Problemen gestellt werden.
Sinnvoll beantworten können die Lernenden Fragen nur, wenn sie auf etwas Vorhandenem oder Gegebenem aufbauen können. Deshalb ist vor der Fragestellung immer zu überlegen, von welchem Ansatzpunkt her sie versuchen können, die Frage zu beantworten.

Beispiel: Heute besprechen wir die Formen von wirtschaftlicher Integration. Welches sind die Vorteile der einzelnen Formen?
Diese Fragestellung ist schlecht, weil die Lernenden diese Formen noch gar nicht kennen und deshalb die Beurteilung nicht vornehmen können. Die gleiche Frage kann aber in der folgenden Unterrichtssituation gestellt werden: «Auf heute habt ihr im Lehrbuch die Formen der Integration studiert. Wenn ihr sie beurteilt: Welche Vorteile haben die einzelnen Formen?»

(2) Fragen müssen klar und eindeutig sein.
Klare und eindeutige Fragen umschreiben die Gesichtspunkte, auf welche die Lernenden bei der Antwort achten müssen. Sie lassen sie nicht im Unklaren darüber, in welcher Richtung zu suchen oder zu überlegen ist. Nicht klar und eindeutig sind vage, zweideutige, zu allgemeine, mehrfache und überladene Fragen.

Beispiele:

	schlecht	**verbessert**
vage, zweideutig:	Was ist bei einer Abwertung wichtig?	Worauf hat man bei der Festlegung des Abwertungssatzes aus binnenwirtschaftlichen Gründen zu achten?
zu allgemein:	Was ist beim Arbeiten mit dem OR wichtig?	Welche Arbeitstechniken sind anzuwenden, wenn wir im OR einen Artikel suchen?
mehrfache oder überladene Fragen:	Was ist ein Embargo, und wie entwickelt es sich?	Zwei getrennte Fragen konstruieren.

Unklare Fragen erkennt man häufig daran, dass zur Hauptfrage gleich anschliessend ergänzende Fragen gestellt werden.

(3) Fragen sind in ihrem Umfang sinnvoll zu beschränken.
Wenn zu umfassende Fragen gestellt werden, gibt ein Schüler oder eine Schülerin eine lange Antwort, die richtig sein kann. In den meisten Fällen wird aber die Lehrkraft die ganze Antwort nochmals schrittweise durcharbeiten müssen, um sich zu vergewissern, dass sie von allen Lernenden verstanden wird. Dies mag aber für einen Teil der Schüler langweilig sein. Deshalb ist es vorteilhafter, zu umfassende Fragen in eine Anzahl Zwischenfragen aufzugliedern.

(4) Die Fragen sollen zielstrebig und nicht suggestiv sein.
Fragen sollen Anstösse in die gewünschte Denkrichtung geben, aber nicht suggestiv sein, d.h. so gestellt werden, dass sie die Antwort schon nahezu enthalten.

Beispiele:

	schlecht	**verbessert**
nicht zielstrebig:	Was tut eine Bank, wenn ein Kunde einen Kredit möchte?	Was überprüft eine Bank, bevor sie einem Kunden einen Kredit gewährt?
suggestiv:	Gibt es hier wohl mehr und warum?	Wie viel erhält man, und begründe dein Ergebnis.

Auf nicht zielstrebige Fragen antworten Lernende im Allgemeinen nicht, weil sie die Absicht der Lehrkraft nicht erkennen, auf suggestive Fragen nicht, weil sie banal sind.

(5) Fragen sollen kurz und natürlich sein.
Lange Fragen sind oft unklar oder schwer verständlich. Je kürzer und prägnanter sie ausfallen, desto leichter wird es aus der Sicht der Kommunikation für die Lernenden, sie zu erfassen und zu beantworten. Auch kurze Fragen können anspruchsvoll sein, wenn sie gut gestellt werden.
Die Sprache der Lehrkraft soll natürlich und nicht gekünstelt wirken, weil die Lernenden dadurch unmittelbarer angesprochen werden. Natürliche Sprache heisst nicht ungenaue oder populäre Sprache. Beides ist schädlich, da sich die Lernenden in ihrem Sprachverhalten allmählich den Lehrenden als Modell angleichen.

(6) Die Lehrerfrage ist dem Niveau der Klasse anzupassen.
Die Lehrkraft passt ihre Fragen dem Niveau der Klasse an, wenn sie (1) Wörter verwendet, die der Klasse bekannt sind, und (2) alle Schüler die Frage verstehen. Dies bedeutet aber nicht, dass Lehrkräfte keine komplexen Wörter oder Fragen mit höherem Anspruchsniveau verwenden dürfen, sonst trüge ihr Sprachverhalten nicht zur sprachlichen Förderung der Schülerinnen und Schüler bei. Sie müssen vielmehr sicherstellen, dass neue Wörter zunächst genügend genau erklärt sind und sie später bewusst verwendet werden, damit sie in den Sprachschatz der Lernenden eingehen. Das Gleiche gilt für das Anspruchsniveau der Fragen. Der Lehrer sollte also versuchen, allmählich sprachlich anspruchsvollere Fragen zu stellen, damit die Lernenden auch diese Sprachmuster zu übernehmen beginnen.

Beispiele:
1. Beispiel: Zweck der Zölle
Angepasst für langsamere Lerner: Wozu zieht der Staat Zölle ein?
Angepasst für gute Schüler: Welche Funktionen erfüllen die Zölle?

2. Beispiel: Beurteilung eines allfälligen EU-Beitritts der Schweiz
Angepasst für langsamere Lerner: (1) Welche Vorteile brächte ein allfälliger EU-Beitritt der Schweiz für unser Land?
(2) Welche Nachteile ergäben sich?
Angepasst für gute Schüler: Wie ist ein allfälliger EU-Beitritt der Schweiz zu beurteilen?

(7) Fragen sollen möglichst als W-Fragen gestellt werden.
Das Fragewort soll an den Anfang des Fragesatzes gestellt werden. Die Erfahrung lehrt, dass unter dieser Voraussetzung die Fragen besser formuliert und von den Lernenden bewusster wahrgenommen werden.

(8) Es ist zwischen engen (geschlossenen) und weiten (offenen) Fragen zu unterscheiden.
Abbildung 4.5 zeigt den Unterschied. Auf enge (geschlossene) Lehrerfragen gibt es nur eine richtige Antwort. Die Lernenden folgen also der Denkspur der Lehrkraft. Auf weite (offene) Fragen gibt es mehrere mögliche Antworten, weil die Lehrkraft die Lernenden in ihr Denkfeld, nicht aber auf eine bestimmte Denkspur führt.
Enge Lehrerfragen werden in Lehrgesprächen angewandt, bei denen die Lehrenden die Lernenden in kleinen Schritten auf einen bestimmten Punkt hinführen wollen (eine Schlussfolgerung ziehen, eine Regel erkennen, eine Verallgemeinerung finden usw.). Der Schwerpunkt liegt also bei konvergentem Denken. Solche Lehrgespräche widerspiegeln kognitiven Behaviorismus und sind nur im Anfangsunterricht und wenn mit jeder Frage ein echter Denkprozess ausgelöst wird, sinnvoll. Alles andere ist «Gängelung» und Scheinaktivität.

Deshalb sollten vermehrt weite Fragen angewendet werden, die nicht nur zum Denken herausfordern, sondern die Lernenden auch zwingen, sich über ihre eigenen Denk- und Lernprozesse Gedanken zu machen (Förderung der Metakognition). Um dieser Absicht Nachdruck zu verleihen, legen die Konstruktivisten auf die Technik der Fragestellung nicht mehr soviel Gewicht, für sie sind Denkanstösse bedeutsam. Werden weite Fragen gestellt, so ist auf jede Schülerantwort einzugehen. Einer der grössten Fehler ist es, offene Fragen zu stellen, aber nur eine Antwort zu erwarten, die weiter bearbeitet wird.

Beispiel eines schlechten Lehrgesprächs mit einer weiten Frage

Lehrerin:	Welche Möglichkeiten gibt es, um eine Zahlung nach den Vereinigten Staaten auszuführen?
Schüler A:	Check.
Lehrerin:	Ja, weiter!
Schüler B:	Banküberweisung.
Lehrerin:	Ja, das auch. Weiter!
Schülerin C:	Belastung auf der Kreditkarte.

Abbildung 4.5 **Enge und weite Fragen**

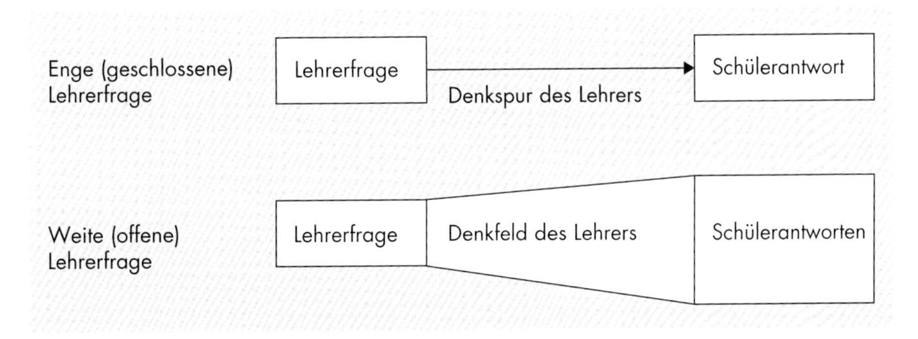

Lehrerin: Jawohl, das wollte ich, denn heute wollen wir die Verwendungsmöglichkeiten der Kreditkarte besprechen.
Dieser Dialog ist eine nutzlose Scheinaktivität.

(9) Es ist sinnvoll zwischen Faktenfragen, kognitiv anspruchsloseren und kognitiv anspruchsvolleren Fragen (oder Anstössen) zu unterscheiden.
Faktenfragen sind nötig, um Erfahrungen und bisher Gelerntes in Erinnerung zu rufen. Wichtiger ist aber, dass die Lernenden immer wieder zu Denkprozessen von unterschiedlichem Anspruchsniveau herausgefordert werden, sie Sachverhalte beurteilen, Folgerungen ziehen, Ideen entwerfen. Um für die Vielfalt von möglichen Fragen zu sensibilisieren, und um das Frageverhalten von Lehrkräften zu beobachten, wurden sehr viele Typisierungen von Lehrerfragen entwickelt.

3.2.3 Typen von Lehrerfragen

Lehrerfragen lassen sich nach dem Zweck der Fragen und nach dem kognitiven Anspruchsniveau gliedern.
Eine mögliche Gliederung von Fragen ist in Abbildung 4.6 wiedergegeben.
Eine häufig verwendete Gliederung der Fragen beruht auf der kognitiven Taxonomie von Bloom et al. (1956) (vergleiche Abbildung 4.7). Sie zeigt, welchem kognitiven Anspruchsniveau die einzelnen Fragen zugeordnet werden können. Üblicherweise werden die Fragen des «Wissens» und des «Verstehens» dem anspruchsloseren, und diejenigen der «Analyse», der «Synthese» und der «Bewertung» dem anspruchsvolleren Niveau zugeordnet. Damit lässt sich auch die Verbindung zu den Forschungsergebnissen herstellen (siehe Abschnitt 3.2.1 dieses Kapitels), aus denen die Empfehlung abgeleitet wurde, dass sich eine Lehrkraft um eine sinnvolle Variation von anspruchsloseren und anspruchsvolleren Fragen bemühen muss. Wichtiger ist aller-

Abbildung 4.6 **Gliederung der Fragen nach ihrem Zweck**

Fragen zur Ziel- oder Zwecksetzung
Sie dienen der Bestimmung oder Identifizierung des Bereichs, mit dem sich die Lernenden zu beschäftigen haben. Z. B. Wo liegt hier das Problem?

Fragen zum kognitiven Prozess
Mit ihnen soll deutlich gemacht werden, welche Denkprozesse vollzogen wurden, wie vorgegangen wurde oder wie ein Ablauf ist. Z. B. Wie lässt sich diese Erscheinung erklären? Welche Gedankengänge wurden vollzogen?

Fragen zur Aktivierung von Vorwissen
Sie dienen der Bereitstellung von Vorwissen oder dem Einbringen von Erfahrungen im Hinblick auf neue Probleme oder auf die Konstruktion von neuem Wissen. Z. B. Welcher Zusammenhang besteht zwischen dieser Fragestellung und dem, was wir letzte Woche gelernt haben?

Fragen, welche die Aufmerksamkeit auf einen bestimmten Punkt ziehen
Mit ihnen wird auf wichtige Aspekte für den Fortgang einer Überlegung verwiesen.
Z. B. Wenn wir diesen Gesichtspunkt genauer analysieren: Was sind die Folgen?

Fragen, die das eigene Denken klären
Sie tragen dazu bei, das eigene Verständnis und den eigenen Denkprozess zu klären. Z.B. Ist dieser Zusammenhang klar geworden, oder müssen wir ihn noch anders angehen?

dings die Variation und nicht die hierarchische Gliederung in anspruchslosere und anspruchsvollere Fragen. Die kognitive Taxonomie ist nämlich zu lange als streng hierarchische Ordnung vom sogenannt anspruchslosen «Wissen» zur anspruchsvollen «Bewertung» gesehen worden. Tatsächlich kann es aber so sein, dass im

Abbildung 4.7 **Gliederung von Lehrerfragen nach dem Anspruchsniveau**

1. Wissen	Fragen, mit denen – Begriffe, Definitionen, Fakten, Daten, Namen, Ereignisse; – Klassifikationen, Abläufe, Merkmale, Kriterien, Verfahrensweisen, Methoden; – Regeln, Gesetzmässigkeiten, Theorien; – Symbole, graphische Darstellungen, Statistiken erfragt werden.
2. Verstehen	Fragen, mit denen aufgefordert wird, – einen Sachverhalt in eigenen Worten zu erklären; – Symbole, Skizzen, graphische Darstellungen, Statistiken in Worte umzusetzen und umgekehrt; – einfache Texte zu übersetzen; – Beispiele und Analogien zu einem gegebenen Sachverhalt anzuführen; – einen Sachverhalt in eigenen Worten zusammenzufassen; – Wesentliches in mündlichen und schriftlichen Darstellungen festzuhalten.
3. Analyse	Fragen, mit denen aufgefordert wird, – Sachverhalte (Fakten, Meinungen, Aussagen, Daten, Situationen, Probleme, Ereignisse) in Teile zu gliedern; – Kriterien zu ermitteln; – Wesentliches und Unwesentliches zu unterscheiden; – Besonderes aufzudecken; – Fakten von Meinungen zu unterscheiden; – Widersprüche aufzudecken; – Feststellungen von Folgerungen zu unterscheiden; – Fehler festzustellen; – Absichten, Ideen, Gedanken und Gefühle zu ermitteln; – Sachverhalte anhand von Kriterien zu vergleichen oder zu gliedern; – Folgerungen abzuleiten.
4. Synthese	Fragen, mit denen aufgefordert wird, – divergente Ideen sowie Lösungswege vorzuschlagen; – Pläne, Strukturen, Gliederungen und Schemata zu entwerfen; – begründete Hypothesen, Vermutungen und Annahmen zu formulieren; – originelle und umfassende Verallgemeinerungen zu ziehen.
5. Bewertung	Fragen, mit denen aufgefordert wird, – einen Sachverhalt anhand innerer Kriterien (inhaltliche und logische Richtigkeit, Folgerichtigkeit, Genauigkeit, Sorgfalt) oder äusserer Kriterien (Normen, Werte, Ideen) zu beurteilen; – Alternativen gegeneinander abzuwägen und auszuwählen; – Entschlüsse zu fassen und zu begründen.

Da die Kategorie «Anwendung» in der Taxonomie von Bloom vieldeutig ist, verzichten wir darauf. Überall dort, wo Gelerntes in gleicher Form angewandt wird, zählen wir entsprechende Fragen als Wissensfragen.

Einzelfall das Verstehen eines komplizierten Sachverhalts kognitiv anspruchsvoller ist, als die Bewertung einer einfachen Problemstellung.

3.2.4 Mängel in der Fragestellung von Lehrkräften

Im Schulalltag lassen sich immer wieder acht typische Mängel in der Fragestellung von Lehrkräften feststellen, die sich auf den Fortgang des Unterrichts nachteilig auswirken.

(1) Es darf nicht nach Bezeichnungen (Begriffen) gefragt werden.
Häufig lässt sich beobachten, wie eine Lehrkraft einen Sachverhalt oder einen Begriff mit ihrer Klasse erarbeitet und am Schluss noch nach der Bezeichnung frägt. Solche Fragen können aber die Schülerinnen und Schüler nicht beantworten, weil Bezeichnungen reines Faktenwissen sind (entweder weiss man die Bezeichnung, oder man weiss sie nicht). Deshalb hat eine solche Frage keinen Sinn (einmal mehr: sie führt zu einer Scheinaktivität).

Schlechte Beispiele:
Ein Lehrer leitet eine Unterrichtsstunde wie folgt ein: «Heute unterhalten wir uns über den Föderalismus. Was versteht man unter dem Föderalismus?»

Ein Lehrer wollte, nachdem er «imperative Planung in einem Wirtschaftssystem» sauber erarbeitet hatte, auch noch den «Begriff» erfragen. Die Lehrerfragen und Schülerantworten lauteten:

Lehrer:	«Wie bezeichnet man diese Form der Planung? Überlegt auch die französischen Ausdrücke. Was heisst Planung?»
Schüler:	«Planification.»
Lehrer:	«Was heisst Befehl?»
Schüler:	«Imperatif.»
Lehrer:	«Jetzt verdeutschen wir, und wir haben den Begriff gefunden. Wie lautet er?»
Schüler:	«Imperative Planung.»

(2) Es sollen keine Entscheidungsfragen (Ja-nein-Fragen) gestellt werden.
Fragen, die nur mit ja oder nein (oder einer Entscheidung) beantwortet werden können, sind zu vermeiden, weil sie von den Lernenden keine Anstrengung verlangen. Deshalb reagieren sie darauf auch nicht.

Schlechte Beispiele:
1. «Hat dieses Land Inflation oder Deflation?»
2. «War damals die Zahlungsbilanz aktiv?»
3. «Gibt es mehr oder weniger als im vorherigen Beispiel?»

Jeder Lehrperson unterlaufen gelegentlich Entscheidungsfragen. Dann sollte sie jedoch nach der kurzen Schülerantwort immer noch die Begründung für den Entscheid verlangen.

Beispiel:
Lehrer: «War damals die Zahlungsbilanz aktiv oder passiv?»
Schüler: «Passiv.»
Lehrer: «Warum?»

Vermeiden sollte man auch eine Kombination von Fragen, welche die Antwort zum Teil schon vorwegnehmen.

Beispiel:
«Ist diese Umweltschutzpolitik sinnvoll, und wenn ja, warum?» In diesem Fall fragt man besser: «Wie beurteilst du diese Umweltschutzpolitik?»

(3) Es sollen keine Ratefragen gestellt werden.
Ratefragen sind solche, bei denen die Lernenden überhaupt keine Anhaltspunkte zu einer Antwort haben.

Schlechte Beispiele:
«Was denkst du, wie viele Tiger leben noch in freier Wildbahn?»
«Wie gross ist der gewichtsmässige Anteil aller Güter, die mit der Bahn transportiert werden?»

Solche Fragen sind in den meisten Fällen zu vermeiden. Sinnvoll können sie ausnahmsweise beim Motivieren sein, wenn etwas wirklich Unerwartetes als Einstieg besonders betont werden soll (z.B. dass in der Schweiz nur noch 8% aller Güter mit der Bahn transportiert werden).
Nicht jede Frage, die als Ratefrage erscheint, braucht eine solche zu sein. Sobald Lernende über Unterlagen oder Informationen verfügen, entfällt das Raten.

Beispiele:
Die Frage «Welche amerikanischen und europäischen Städte liegen auf dem gleichen Breitengrad?» ist keine Ratefrage, wenn die Lernenden über einen Atlas verfügen.
Die Frage «Wie gross sind die Währungsreserven der Entwicklungsländer?» ist sehr sinnvoll, wenn die Lernenden über ein statistisches Jahrbuch verfügen. In diesem Fall braucht es einige Kenntnisse, um die Zahl zu ermitteln.

(4) Es sollen keine unfertigen Fragen gestellt werden.
Unfertige Fragen sind häufig eine Unsitte, deren sich viele Lehrkräfte gar nicht bewusst sind. Sie sollten vermieden werden, denn sie schaffen bei den Schülerinnen und Schülern immer ein gewisses Mass von Unsicherheit, weil sie nie genau wissen, ob und wann darauf eine Reaktion erwartet wird.

Beispiele:
Der Lehrer beginnt einen Satz und der Schüler vollendet ihn: «In diesem Fall hat die Inflation die Form einer...» Hier weiss der Schüler nicht, wann er antworten soll.
Nach einer Antwort fordert die Lehrerin in vager Form weitere Antworten: «Weiter», «Was noch», «Noch etwas». In diesen Fällen fehlt den Lernenden ein Hinweis, worauf sie noch antworten sollen.

(5) Es sollen keine «leitenden» und rhetorischen Fragen gestellt werden.
Solche Fragen aktivieren die Lernenden nicht richtig. Dies trifft insbesondere zu für gehemmte Lernende oder für Schülerinnen und Schüler bei Lehrkräften, die keine andere Meinung gelten lassen (unerwünschtes Lehrerverhalten).

Beispiel:
«Ihr seid doch auch der Meinung, man müsse in diesem Fall von einer falschen Konjunkturpolitik sprechen.» statt «Wie urteilt ihr über die Konjunkturpolitik des Bundesrates?»

Fragen sollen nur gestellt werden, wenn die Lehrperson eine eigenständige Antwort der Lernenden erwartet. Lehrkräfte, die keine nichtssagenden und rhetorischen

Fragen stellen, entwickeln bei ihren Lernenden eine positivere Einstellung gegenüber Fragen: Ihre Schülerinnen und Schüler wissen, dass sich eine Frage auf etwas Wichtiges oder Interessantes bezieht.

(6) In der Fragesequenz «Frage – Aufrufen – Antwort – Frage» muss genügend Wartezeit eingebaut sein.
Bei der Interaktion Lehrperson – Lernende ist zwischen den einzelnen Schritten genügend Wartezeit einzubauen. Wenn eine Lehrkraft eine Frage stellt, sollte sie etwa 3 Sekunden warten, bis sie einen Schüler oder eine Schülerin aufruft (Wartezeit 1). Nach der Schülerantwort und der Verstärkung sollte sie wiederum etwa 3 Sekunden warten, bis sie die nächste Frage stellt (Wartezeit 2). Rowe (1974) konnte dazu nachweisen, wie eine Wartezeit von etwa drei gegenüber einer Sekunde mehrere positive Wirkungen hat: Die Antworten werden länger; die Zahl richtiger Antworten steigt; die Möglichkeit antworten zu können steigt; spekulative Antworten werden häufiger; schlussfolgernde Antworten erscheinen öfter; es gibt mehr Schülerantworten; die Schülerantworten werden vielgestaltiger, und die Lernenden vergleichen ihre Antworten gegenseitig häufiger. Im Allgemeinen sollten also Lehrkräfte ihre Fragesequenzen im Interesse besserer Schülerantworten eher etwas verlangsamen.
Ausnahmsweise kann es vorteilhaft sein, einen Schüler oder eine Schülerin vor der Frage namentlich aufzurufen: Vor allem wenn ein Schüler nicht aufpasst, und er vor der Fragestellung aufgerufen wird, hat man ihn in den Unterricht zurückgeholt und nicht ein neues Problem geschaffen, indem er nicht antworten kann, weil er die Frage verpasst hat.
Im Allgemeinen bekunden viele Lehrkräfte Mühe mit dieser Wartezeit, weil sie den Eindruck haben, Wartezeiten hemmten den Fluss der Lektion. Dies ist nicht der Fall, weil die Lernenden Zeit brauchen, um über anspruchsvolle Fragen nachzudenken. Zu lange schon überschätzt man zu grosse und zu rasche Aktivitäten in ihrem pädagogischen Wert. Vieles, was im Unterricht als sehr elegant und «geschliffen» aussieht, entpuppt sich bei genauerer Analyse als Scheinaktivität ohne den geringsten pädagogischen Wert.

(7) Alle Schülerinnen und Schüler sind gleichmässig aufzurufen.
Es ist darauf zu achten, dass alle Schülerinnen und Schüler die gleiche Chance haben, aufgerufen zu werden. Das regelmässige Aufrufen aller Schülerinnen und Schüler (insbesondere auch der Passiven, die sich nie melden und äussern) dient dazu, die Aufmerksamkeit zu verbessern, Möglichkeiten zur Selbstkontrolle zu geben und Voraussetzungen für die Verstärkung zu schaffen. Zur Überwindung des – meist unbewussten – Lehrerverhaltens, mit nur wenigen Schülerinnen und Schülern einer Klasse regelmässig zu interagieren, empfiehlt sich die folgende Selbstkontrolle: In Phasen individueller Schülerarbeit (Kleingruppenarbeit, Einzelarbeit) sollte man alle Schülerinnen und Schüler bewusst ins Auge nehmen und sich fragen, wann man mit ihnen zum letzten Mal eine unterrichtliche Interaktion gehabt hat.
Zur Frage, wie die **Sitzordnung** im Klassenzimmer die Aktivität der einzelnen Schülerinnen und Schüler beeinflusst, wurden viele Untersuchungen durchgeführt. Daraus lassen sich die folgenden Erkenntnisse ableiten:

- In traditionell gestuhlten Schulzimmern werden Schüler, die in der ersten Reihe und nach hinten gegen die Mitte sitzen (also T-förmig) von den Lehrkräften am meisten befragt und beachtet (Adams & Biddle 1970).

- In hufeisenförmig angeordneten Schulzimmern sind es diejenigen, die der Lehrkraft gegenüber sitzen, während die seitlich sitzenden, die weit von der Lehrkraft entfernt sind, am meisten übersehen werden (McCroskey & McVetta 1978).
- Hingegen sind die Aktivitäten in traditionellen und hufeisenförmigen Anordnungen insgesamt etwa gleich gross. Interessanterweise scheinen sich aber bei der traditionellen Bestuhlung mehr Lernende aktiv am Unterricht zu beteiligen als bei der Hufeisenform. Auch spielt es keine Rolle, ob das Zimmer Fenster hat oder nicht (Sommer 1969). Wahrscheinlich ist die Fähigkeit der Lehrkräfte, die Schüler zu aktivieren, bedeutsamer als die Sitzanordnung (wenigstens im Klassenunterricht).
- Bei herkömmlichen Unterrichtsinhalten und bei direktem Lehrerverhalten ziehen die Schülerinnen und Schüler die traditionelle Bestuhlung vor, während für freie Tätigkeiten und moderne Unterrichtsformen Gruppentische den Vorrang haben (McCroskey & McVetta 1978).
- Schülerinnen und Schüler mit Kommunikationsschwierigkeiten wählen Plätze, bei denen sie von der Lehrkraft weniger beachtet werden, um der Kommunikation auszuweichen (Koneya 1976). Deshalb sollte man Schülerinnen und Schüler mit Kommunikationsschwierigkeiten nach Ermahnung so versetzen, dass für die Kommunikation bessere Voraussetzungen geschaffen werden.
- Die Wahl des Sitzplatzes durch eine Schülerin oder einen Schüler beeinflusst deren Wahrnehmung durch die Lehrkraft. Sitzen sie in Bereichen mit hoher Wahrnehmung (z.B. T-Form im traditionellen Schulzimmer), so werden sie positiver wahrgenommen. Diese Schülerinnen und Schüler sehen aber auch sich selbst positiver (Daly & Suite 1981).

(8) Es ist dafür zu sorgen, dass das Schema «Lehrerfrage-Schülerantwort» nicht zum alleinigen Muster wird. Schüler-Schüler-Interaktionen sind ebenso wichtig.
Arbeitet eine Lehrkraft zu sehr nur mit denjenigen Schülerinnen und Schülern, die sich freiwillig melden, so besteht die Gefahr, dass der Ablauf Lehrerfrage-Schülerantwort vorherrschend wird. Deshalb sollten passive Lernende nicht nur aufgerufen werden, sondern es ist zugleich für Interaktionen zwischen den Lernenden zu sorgen, damit sie selbstinitiiert mehr lernen.

3.2.5 Checklist und Beobachtungsschema

Checklist 5 dient der Sensibilisierung für die eigene Fragestellung, vor allem in Lehrgesprächen und in Dialogen. Einige Fragen haben auch für Klassendiskussionen Gültigkeit. Man sollte alle Fragen mit «Ja» beantworten können.
Mit Hilfe des **Beobachtungsschemas 4** lassen sich das Anspruchsniveau der Lehrerfragen sowie das Ausmass und die Verteilung der Fragen während einer Lektion an die einzelnen Schülerinnen und Schüler ermitteln. Anzuwenden ist dieses Schema wie folgt:

1. Schritt: Der Lehrer oder die Lehrerin orientiert die beobachtende Person darüber, welche Schülerinnen und Schüler leistungsmässig in der oberen und welche in der unteren Hälfte liegen. Dies wird in der Spalte «Leistung» bei jedem Schüler und jeder Schülerin vermerkt.

2. Schritt: Während der Lektion entscheidet die beobachtende Person bei jeder Lehrerfrage, welcher Kategorie sie angehört (die Grundlage dazu bildet die Abbildung 4.7), ob es sich um eine enge oder weite Frage handelt, und hält sie im Zählverfahren bei der entsprechenden Kategorie, im entsprechenden Zeitabschnitt (1 = erster Drittel usw.) und beim jeweils zutreffenden Schüler oder der jeweiligen Schülerin fest.

3. Schritt: Die erfassten Daten werden analysiert und besprochen.
Die Gesamtwerte geben eine gute Einsicht in das Frageverhalten einer Lehrkraft. Aufgrund der Erfahrung lassen sich folgende Hypothesen aufstellen:
- Gerät eine Lehrkraft in einer Lektion unter Zeitdruck, so verringert sich im Fortgang der Lektion das kognitive Anspruchsniveau der Fragen, und sie arbeitet nur noch mit den guten Schülerinnen und Schülern.
- Bei fehlender Sachkompetenz der Lehrkraft werden hauptsächlich enge Wissensfragen gestellt.
- An Schülerinnen und Schüler, die der leistungsschwächeren Gruppe zugeordnet sind, werden generell weniger Fragen und häufiger kognitiv anspruchslose Fragen gestellt.
- Eine zunehmende Ermüdung der Lehrkraft führt zu kognitiv anspruchsloseren Fragen und zur Interaktion mit wenigen, aktiven Schülerinnen und Schülern.
- Lehrkräfte sind sich oft gar nicht bewusst, dass sie nur mit wenigen Schülerinnen und Schülern arbeiten.

3.3 Die Verstärkung

3.3.1 Hintergrund

Das Prinzip der Verstärkung geht auf die behavioristische Lerntheorie des **operanten Konditionierens** von Skinner (1953) zurück. Diese Lerntheorie versuchte das Lernen umfassend als Reiz-Reaktions-Lernen zu erklären. Sie gilt heute als alleinige Lerntheorie überholt, weil sie wesentliche kognitive Aspekte des Lernens vernachlässigt. Als Kommunikationstechnik bleibt aber ihr Prinzip der Verstärkung weiterhin bedeutsam.
Eine Verstärkung wird definiert als ein angenehmer Reiz oder Zustand, der auf ein bestimmtes Verhalten folgt. Je häufiger ein Verhalten verstärkt wird, desto mehr und umso stärker tritt es später auf. Nicht verstärktes Verhalten hingegen verschwindet allmählich. Es wird ausgelöscht (Extinktion).

Das einfachste Beispiel von operantem Konditionieren ist dasjenige der Ratte in der Skinnerbox. Es handelt sich dabei um eine Kiste mit einem Futtertrog und einem Hebel, der, wenn er betätigt wird, Futter freilässt. Bringt man nun eine hungrige Ratte in die Box, so wird sie allerlei Verhalten zeigen. Irgendwann wird sie zufällig den Hebel drücken, so dass etwas Futter in den Kasten fällt, das von der Ratte gefressen wird. Später berührt sie den Hebel erneut, so dass sich der Vorgang wiederholt. Mit der Zeit lernt die Ratte den Hebel zu drücken, um Futter zu erhalten. Dieses Lernen ist ein Ergebnis dauernder Verstärkung durch das Futter.
Dieses Verfahren wurde auch bei anderen Tieren angewandt: Tauben lernten mit den Schnäbeln Ping-Pong spielen, Hühner auf ein Glockenzeichen ihr Nest zu verlassen usw. Daraus ergab sich das Prinzip: Jedes Verhalten wird häufiger geäussert, wenn es kurz nach seinem Erscheinen verstärkt wird.

Checklist 5: Fragetechnik

	ja	nein
1. Haben meine Fragen Bezug auf Erfahrungen (Gelerntes) der Schüler, oder stelle ich Fragen die notwendigen Informationen oder Probleme voraus?	☐	☐
2. Sind meine Fragen klar und eindeutig? (Die Schüler verstehen was gemeint ist, ohne dass ich unmittelbar ergänzende Fragen stellen muss.)	☐	☐
3. Sind die Fragen in ihrem Umfang sinnvoll beschränkt? (Die Schüler werden nicht zu zeitlich langen, umfassenden Antworten gezwungen.)	☐	☐
4. Sind die Fragen zielstrebig und nicht suggestiv? (Die Frage wird mit einer bestimmten Zielsetzung gestellt und nimmt die Antwort nicht zu einem guten Teil vorweg.)	☐	☐
5. Sind die Fragen kurz und natürlich? (Der Schüler kann die Frage ohne übermässige Anstrengung verstehen.)	☐	☐
6. Variiere ich sinnvoll zwischen Fakten- und Denkfragen sowie engen und weiten Fragen? (Die Fragestellung ist nicht eintönig.)	☐	☐
7. Bemühe ich mich bei den weiten Fragen um die Auslösung von substanziellen Denkprozessen (Scaffolding), und ersetze ich Fragen zunehmend durch offene Anstösse?	☐	☐
8. Passe ich das Niveau der Fragen an die Voraussetzungen bei den Schülern an? (Die Fragen sind auf die Schüler zugeschnitten.)	☐	☐
9. Sind meine Fragen W-Fragen? (Das Fragewort geht voraus.)		
10. Verzichte ich auf		
– Begriffsfragen? (Die Frage sucht nach einem Begriff.)	☐	☐
– Entscheidungsfragen? (Man kann mit Ja oder Nein oder Alternativen antworten.)	☐ ☐	☐ ☐
– Ratefragen? (Der Schüler kann nur raten.)	☐	☐
– unfertige Fragen? (Der Schüler vollendet nur den vom Lehrer begonnenen Satz.)	☐ ☐	☐ ☐
– leitende oder rhetorische Fragen? (Die Frage enthält die Antwort bereits.)	☐	☐
11. Verlange ich, wenn ich ausnahmsweise Entscheidungsfragen anwende, eine Begründung?	☐	☐
12. Warte ich nach der Fragestellung etwa drei Sekunden, bevor ich einen Schüler aufrufe?	☐	☐
13. Warte ich bei allen Schülern gleich lange auf eine Antwort?	☐	☐
14. Gebe ich selten Antworten selbst?	☐	☐
15. Bemühe ich mich, die Schüler gleichmässig zu befragen?	☐	☐

Beobachtungsschema 4: Lehrerfragen		Wissen						Verstehen						Analyse						Synthese						Bewertung					
Name des Schülers	Zeit / Leistung	Enge Frage			Weite Frage			Enge Frage			Weite Frage			Enge Frage			Weite Frage			Enge Frage			Weite Frage			Enge Frage			Weite Frage		
		1	2	3	1	2	3	1	2	3	1	2	3	1	2	3	1	2	3	1	2	3	1	2	3	1	2	3	1	2	3

Dieses operante Konditionieren wird auch bei Menschen eingesetzt: Ein Kind wird für sein gutes Verhalten von den Eltern gelobt. Als Folge davon wird es dieses Verhalten häufiger zeigen. Oder eine Lehrerin verstärkt eine kreative Antwort eines Schülers, indem sie die Originalität dieser Antwort hervorhebt. Viele Erzieher begegnen heute dem Prinzip der Verstärkung mit Skepsis. Sie wenden sich gegen die Übertragbarkeit von Erkenntnissen aus Tierversuchen auf die Menschen. Und sie lehnen die Verstärkung als erzieherisch sinnlos ab, weil sie annehmen, dass nur von der Lehrkaft erwünschtes Verhalten verstärkt und die Lernenden damit im Sinne der Lehrkraft manipuliert würden. Diese Gefahr mag bei schlechtem Lehrerverhalten tatsächlich bestehen. Forschungsergebnisse zeigen aber, dass das Prinzip der Verstärkung sehr positiv wirkt, wenn es richtig angewandt wird.

3.3.2 Forschungsergebnisse

Brophy (1981) hat die Wirkungen der Verstärkung in einer zusammenfassenden Studie untersucht und ist zu folgenden Trendaussagen gelangt: Richtig eingesetzt führt die Verstärkung zu einer grösseren Aktivität der Lernenden im Unterricht und zu einem besseren Lernerfolg. Längerfristig beeinflusst sie die Motivation. Auch ist es sinnvoller, wenn sich die Lehrkräfte auf das Positive und die Lernerfolge der Schülerinnen und Schüler konzentrieren, diese positiv verstärken und sich nicht an den Fehlern[40] und Misserfolgen orientieren, diese herausstreichen und fortwährend Kritik üben. Zudem kann abweichendes Schülerverhalten umso eher vermieden werden, je vielgestaltiger positiv verstärkt wird, damit der positive Nacheffekt geschaffen und dadurch das erwünschte Verhalten häufiger geäussert wird. Trotz der guten Wirkung der Verstärkung verwenden aber die meisten Lehrkräfte wenig Zeit dafür. Wragg & Wood (1984) berichten, dass nur etwa 2% der Zeit, die Lehrkräfte mit Lernenden verbringen, für Lob und Anerkennung verwendet werden.

3.3.3 Praktische Hinweise für die Verstärkung

Die Lernenden richtig zu verstärken ist eine Kunst, weil unter keinen Umständen schematisch vorgegangen werden darf, und die Verstärkung individuell auf jeden einzelnen Schüler und jede einzelne Schülerin auszurichten ist. Konkret sind folgende Gesichtspunkte zu beachten:

– Verstärkt werden kann nur, wenn die Lernenden aktiviert werden.
  Selbst beim Lehrervortrag kann verstärkt werden, wenn gelegentlich Zwischenfragen gestellt oder von Zeit zu Zeit formative Tests (Metzger, 1986)[41] eingebaut werden. Es konnte nachgewiesen werden, dass sich die Wirksamkeit von Vorträgen mit Zwischenfragen verbessert (Berliner 1968).

[40] Fehler von Schülerinnen und Schülern sind etwas sehr Fruchtbares, weil sie, richtig analysiert, aufzeigen, wo falsche Vorstellungen und Fehler bestehen. Deshalb dürfen sie im Unterricht nicht unterdrückt werden, sondern sie sind zu bearbeiten und den Lernenden ist zu helfen, daraus Lehren zu ziehen.

[41] Formative Testaufgaben heisst: Wenn ein Unterrichtsteil abgeschlossen oder etwas Wichtiges bearbeitet wurde, legt die Lehrperson den Schülerinnen und Schülern einen kurzen Test vor (3–5 Aufgaben), der von ihnen gelöst und selbst korrigiert wird (z. B. auf einer Hellraumprojektorfolie Mehrfachwahl-Aufgaben). Die Lösungen werden anschliessend besprochen.

- Verstärkt werden soll erwünschtes Verhalten.
  Neben Gesamtaussagen sind auch Zwischenaussagen zu verstärken. Dies vor allem bei zögernden Schülerinnen und Schülern, weil sie durch die Verstärkung ermutigt werden.
  Im Allgemeinen sollte man nicht unerwünschtes Verhalten bekämpfen, sondern erwünschtes beachten und verstärken.

- Es soll situationsgerecht und auf die Substanz der Aussagen bezogen verstärkt werden.
  Die Verstärkung soll situationsspezifisch und individuell auf das Inhaltliche der einzelnen Aussage ausgerichtet werden. Allgemeine positive Verstärkungen, die sich an eine ganze Klasse richten, sind wenig wirksam.

- Die Verstärkung soll den Lernenden helfen, ihre eigene Leistungsfähigkeit besser beurteilen zu können. Deshalb orientiert sie sich an der konkreten Leistung, welche die zu verstärkende Person erbracht hat.
  Wichtig ist, dass die Lernenden den Wert ihrer Aussagen im Hinblick auf ihre eigene Leistungsfähigkeit zu beurteilen lernen. Deshalb ist das Ausmass der Verstärkung auf die eigene Leistung im Verhältnis zum Können auszurichten.

- Die Verstärkung ist am wirksamsten, wenn sie unmittelbar nach dem guten Verhalten erfolgt.
  Eine verspätete Verstärkung verliert an Wirksamkeit, weil der Zusammenhang zwischen erbrachter Leistung und guter Verstärkung nicht mehr offenkundig ist.

- Die Verstärkung orientiert sich an endogenen Faktoren.
  Mit der Verstärkung bringt die Lehrkraft zum Ausdruck, dass die Lernenden für sich denken und arbeiten und nicht, um dem Lehrer zu gefallen oder von anderen anerkannt zu werden (exogene Faktoren).

- Die Verstärkung kann sachbezogen oder personenbezogen erfolgen.
  Sachbezogen verstärkt eine Lehrkraft, wenn sie die Richtigkeit einer Schüleräusserung bestätigt. Typische Wendungen sind: «richtig», «jawohl», «stimmt». Als sachbezogene Verstärkung gilt auch das Festhalten an der Wandtafel (Hellraumprojektor). Die sachbezogene Verstärkung wird mit Vorteil bei guten, selbstsicheren und gewandten Lernenden angewandt. Ihnen genügt in den meisten Fällen eine Bestätigung der Richtigkeit.
  Personenbezogen verstärkt sie, wenn sie eine qualifizierende Bemerkung beifügt, wie beispielsweise «sehr gut», «glänzende Idee», «das ist ein entscheidender Einwand», «das ist ein grosser Fortschritt». Die personenbezogene Verstärkung eignet sich besonders für gehemmte, weniger leistungsfähige Lernende und solche aus tieferen sozialen Schichten. Von grosser Bedeutung ist dabei, dass die Verstärkung ehrlich gemeint ist, sowie das verbale und nicht verbale Lehrerverhalten miteinander übereinstimmen (Tonfall, Augenkontakt, Ansprache der Lernenden mit dem Namen).

- Es soll nicht nur verbal, sondern auch nicht verbal verstärkt werden.
  Formen nicht verbaler Verstärkung sind: aufmerksames Zuhören (Augenkontakt), den Schüler freundlich anschauen, Interesse zeigen, Kopfnicken (um die

Schülerin oder den Schüler schon während einer Äusserung zu verstärken, sofern dies erwünscht ist), Freude zeigen.
Beobachtet man Lehrerverhalten häufig, so sieht man immer wieder, wie Lehrkräfte die Lernenden hemmen, weil sie die nicht verbale Verstärkung vergessen: sie beschäftigen sich mit etwas anderem, während die Lernenden Antworten geben (Bereitstellen von Unterlagen, sich auf den Fortgang der Lektion konzentrieren, aus dem Fenster schauen usw.).

– Die Verstärkertechniken sind zu individualisieren, und das Ausmass der Verstärkung ist allmählich abzubauen.
Es empfiehlt sich, am Anfang von Unterrichtsstunden vor allem bei gehemmten Schülerinnen und Schülern und langsameren Lernern stark zu verstärken, um sie damit besser zu aktivieren. Behält man aber eine regelmässige Verstärkung bei, so beginnt ein «Lorbeereffekt» zu wirken, d.h. die Lernenden meinen, sie seien gut und lassen in ihren Anstrengungen nach. Deshalb ist allmählich von regelmässigem zu unregelmässigem und von personenbezogenem zu sachbezogenem Verstärken überzugehen.

– Falsche Schülerreaktionen sollen nicht einfach abgelehnt werden.
Bei falschen Schülerreaktionen (falsche Antworten, falsche Lösungen) ist zu versuchen, Richtiges hervorzuheben und zu verstärken, um anschliessend Falsches richtigzustellen. Dabei kann man mit Rückfragen und Hinweisen die betreffenden Schülerinnen und Schüler selbst zur Korrektur anregen, oder man kann den falschen Teil der Aussage von der Klasse diskutieren und verbessern lassen. Verstärkende Wirkungen ergeben sich, wenn der Lehrer anschliessend beim irrenden Lernenden rückfragt, ob ihm das Problem jetzt klar sei. Das gleiche Verfahren kann bei völlig falschen Schülerreaktionen angewandt werden.
Damit vertreten wir aber nicht die Meinung, Schülerinnen und Schüler dürften nie zurechtgewiesen werden. Im Gegenteil. Bei eindeutig nachlässigem, gleichgültigem oder oberflächlichem Verhalten kann gezielter, sachbezogener Tadel durchaus wertvoll sein.

– Verstärken sollte man in der Klasse, tadeln im privaten Gespräch.
Wenn man tadelt, so gilt zu beachten, dass der Tadel nicht zum Verstärker wird. Besonders sich vernachlässigt fühlende Lernende zeigen gelegentlich bewusst ein Fehlverhalten, um die Aufmerksamkeit auf sich zu ziehen. Tadelt der Lehrer in diesem Fall, so hat der Schüler sein Ziel erreicht, und er wird das Fehlverhalten eher wieder äussern.

3.3.4 Ethische Fragen im Zusammenhang mit der Verstärkung

Gegen die systematische Verstärkung wird seit langem ein wichtiger Einwand geltend gemacht: Lehrkräfte können sie zur Manipulation verwenden, indem sie die Lernenden nur im Sinne der von ihnen gewünschten Verhaltensweisen verstärken. Dieser Einwand ist ernst zu nehmen. Deshalb dürfen Lehrpersonen überall dort, wo es um Meinungsbildung und Werthaltungen geht, nicht so verstärken, dass nur das ihnen Genehme ihre Unterstützung erfährt. Zu verstärken ist die Schülerleistung. Ganz allgemein sollte man bei wertenden Themenbereichen mit der Verstärkung zurückhaltend sein und primär auf die Denkleistung der Lernenden und nicht auf den nor-

mativen Inhalt der Aussagen abstellen. Bei gesicherten Erkenntnissen stellt sich das Problem nicht, da in diesem Fall die Verstärkung nicht manipulierend sein kann.
Zu beachten ist auch, dass mittels der Verstärkung mündliche Prüfungen nicht manipuliert werden. Verstärkt beispielsweise eine Lehrkraft zu Beginn einer mündlichen Prüfung die ersten Antworten sehr stark, trägt dies bei den Prüfungskandidatinnen und -kandidaten zu einer grösseren Sicherheit und zu einem günstigeren Prüfungsverlauf bei, als wenn einzelne Antworten nur in Bezug auf ihre Richtigkeit quittiert oder bei Fehlern weitere Fragen gestellt werden. Oder eine heftige Kritik an den ersten Antworten führt zu einer starken Verunsicherung und damit zu einem ungünstigen Prüfungsverlauf.

3.3.5 Checklist und Beobachtungsschema

Anhand von **Checklist 6** kann das eigene Verstärkerverhalten in Lehrgesprächen und Dialogen überdacht werden.
Mit Hilfe des **Beobachtungsschemas 5** kann eine beobachtende Person das Verstärkerverhalten einer Lehrkraft in einer Lektion beobachten. Dabei ist wie folgt vorzugehen:

1. Schritt: Die beobachtende Person hält jede Reaktion auf Schüleräusserungen im Unterricht fest und beurteilt sie anhand des Beobachtungsschemas 5 auf ihre Qualität. Dabei entscheidet sie, ob die Reaktion angemessen, diskutabel oder falsch war. Das Ergebnis ihrer Überlegungen hält sie im Zählverfahren auf der entsprechenden Zeile (Merkmal und Zeitabschnitt) fest.

2. Schritt: Dort, wo die beobachtende Person die Lehrerreaktion als falsch bezeichnet, hält sie das Ergebnis mit einem Stichwort fest, damit bei der Besprechung die Fehler systematisch diskutiert werden können.
Ziel dieser Beobachtung ist es, der Lehrkraft Informationen über ihr Verstärkerverhalten zu geben. Dabei ist das Augenmerk auf die Lehrkraft und nicht auf die Schülerinnen und Schüler gerichtet.

3.4 Weitere Aspekte des verbalen Lehrerverhaltens

Neben der Fragestellung und der Verstärkung gibt es noch weitere Fertigkeiten im verbalen Verhalten von Lehrkräften, die allerdings weniger umfassend erforscht sind.

3.4.1 Flüssige Sprache ohne vage Ausdrücke

Hiller, Fisher & Kaess (1969), Hiller (1971) untersuchten das Sprachverhalten von Lehrkräften in Bezug auf vage Ausdrücke, optimale Informationen, strukturierende Stichwörter und auf die Sprachflüssigkeit. Dabei fanden sie folgende Zusammenhänge:

- Der Gebrauch von vagen Ausdrücken erschwert das Verständnis von Lerninhalten und behindert den Lernerfolg. Wenn Lehrpersonen häufig vage (unklar, mehrdeutig, unverbindlich) Ausdrücke verwenden, ist dies oft ein Anzeichen für eine ungenügende Sachkompetenz der Lehrkraft. Deshalb ist der präzisen Sprache sowie klaren Ausdrücken (Begriffen) alle Beachtung zu schenken. Zudem sollte man sich auf relevante Informationen konzentrieren (Cooper 1991).

- Auf unbestimmte oder relativierende Ausdrücke sollte man im Interesse der besseren Verständlichkeit verzichten.
- Die Sprachflüssigkeit erhöht die Aufnahmefähigkeit: Keine zu langen Sätze mit einer aktiven Sprache, keine langen Pausen, keine verzögernden Wörter wie «äh», «oder» (nach einem Satz), «nicht wahr» usw.

Checklist 6: Verstärkerverhalten

	ja	nein
1. Suche ich nach Aktivierungsmöglichkeiten, um die Schüler verstärken zu können?	☐	☐
2. Verstärke ich sofort nach der Äusserung des Schülers, und versuche ich auch Ansätze zu richtigem Verhalten zu verstärken?	☐	☐
3. Verstärke ich situationsspezifisch die Substanz der Schülerantworten?	☐	☐
4. Trägt meine Verstärkung dazu bei, dass die Lernenden ihre konkreten Leistungen besser einschätzen können?	☐	☐
5. Variiere ich mit meiner Verstärkung?		
– Sachbezogen/personenbezogen/nicht verbal?	☐	☐
– Umfang der Verstärkung (abnehmend)?	☐	☐
– Individuell angepasste Verstärkung?	☐	☐
6. Verwende ich nicht verbale Verstärkung?	☐	☐
7. Stimmen verbale und nicht verbale Verstärkung miteinander überein?	☐	☐
8. Bemühe ich mich, auch falsche Schülerantworten richtig zu behandeln?		
– Richtige Aspekte verstärken?		
– Mit Hinweisen und Fragen den Schüler zur Korrektur veranlassen?	☐	☐
– Bei Korrekturen durch andere Schüler rückfragen, ob ein Problem geklärt ist?	☐	☐
9. Verzichte ich auf negative Kommentare im Klassenganzen?		
– Harte verbale Ablehnung von Antworten?	☐	☐
– Deutlich negatives nichtverbales Verhalten?	☐	☐
10. Verstärke ich alle Schüler ohne Rücksicht auf meine Erwartungen gleichmässig?*	☐	☐
11. Verzichte ich darauf, Verstärkermechanismen einzusetzen, um nicht Ziele des Lehrplans, sondern persönliche Wertvorstellungen und Ideen durchzusetzen?	☐	☐

*Vgl. dazu Checklist 19 (Lehrererwartungen), Seite 461

Beobachtungsschema 5: Verstärkung						
			Urteil des Beobachters			Beispiele für falsches Lehrerverhalten (Protokollierung)
	Merkmal	Zeitabschnitt	Angemessen	Diskutabel	Falsch	
Richtige Schülerreaktion	Sachbezogene Verstärkung	1				
		2				
		3				
	Personenbezogene Verstärkung	1				
		2				
		3				
	Nicht verbale Verstärkung	1				
		2				
		3				
Falsche Schülerreaktion	Fragt anderen Schüler	1				
		2				
		3				
	Gibt Antwort selbst	1				
		2				
		3				
	Fordert zu Ergänzungen auf	1				
		2				
		3				
	Wiederholt Frage	1				
		2				
		3				
	Wiederholt modifizierte Frage	1				
		2				
		3				
	Gibt Hilfe (Stichworte, Gedankenbrücke)	1				
		2				
		3				

Beobachtungsschema 5: Verstärkung (Fortsetzung)

			Urteil des Beobachters			Beispiele für falsches Lehrerverhalten (Protokollierung)
	Merkmal	Zeitab-schnitt	Ange-messen	Disku-tabel	Falsch	
Falsche Schülerreaktion	Vergewissert sich, ob verstanden	1				
		2				
		3				
	Kritisiert die Schüler	1				
		2				
		3				
	Zeigt negatives nicht verbales Verhalten	1				
		2				
		3				
Wertprobleme	Bleibt neutral bei wertorientierten Fragen (Antworten, die man weder als richtig, noch als falsch bezeichnen kann)	1				
		2				
		3				
	Verstärkt wertorientierte Fragen, um seine Meinung zu unterstützen	1				
		2				
		3				

3.4.2 Betonung wichtiger Inhalte (wichtige Dinge hervorheben)

Pinney (1969) fand, dass die verbalen Verhaltensweisen «auf wichtige Punkte aufmerksam machen» sowie «Wesentliches hervorheben» positive Auswirkungen auf den Lernerfolg haben.[42]

Beispiele:

- einzelne betonende Wörter (grundsätzlich, hauptsächlich, erstrangig, wichtig, bedeutsam, beachte usw.);
- bestimmte heraushebende Wendungen (dies ist eine Voraussetzung, um das Folgende zu verstehen; diesen Zusammenhang betone ich besonders, weil wir später darauf zurückkommen werden; das ist der entscheidende Punkt usw.);
- Fragen, welche die Bedeutung von etwas hervorheben (Warum ist das so? Was muss sich deshalb zwangsläufig ergeben? Welches ist hier der Kerngedanke? usw.);
- Repetition von wichtigen Lernschritten.

[42] Einige Untersuchungen, die keine Auswirkungen auf den Lernerfolg zeitigten, sind von der Testkonstruktion her umstritten.

3.4.3 Verbindend-erklärende Hinweise

Rosenshine (1968) konnte zeigen, dass Erklärungen verständlicher werden, wenn durch geeignete Wörter oder Satzkonstruktionen den Lernenden die Beziehung zwischen Mitteln und Wirkung, zwischen Ursachen und Folgen sowie Bedingungen deutlich gemacht werden. Typische verbindende Wendungen sind: weil, wenn, da, infolge, aufgrund, von, deshalb, obschon usw. Solche Verbindungen sind bedeutsam, weil sie darauf hinweisen, dass zwischen zwei Teilen einer Aussage (Satzteilen) eine Beziehung besteht.

Beispiele:

Schlechteres Beispiel: Umweltschutzmassnahmen werden von vielen Leuten nicht geschätzt. Sie bringen ihnen letztlich Wohlstandsbeschränkungen.

Verbessertes Beispiel: Umweltschutzmassnahmen werden von vielen Leuten nicht geschätzt, weil sie Wohlstandsbeschränkungen bringen.

Verbessertes Beispiel: Da Umweltschutzmassnahmen Wohlstandsbeschränkungen bringen, werden sie von vielen Leuten nicht geschätzt.

3.4.4 Nachziehende (vertiefende) Fragen

Mit nachziehenden Fragen (probing questions) fordert eine Lehrkraft ihre Lernenden auf, Antworten auf vorangehende Fragen zu präzisieren und zu vertiefen. Sie beeinflussen mit aller Wahrscheinlichkeit die Aufmerksamkeit und den Lernerfolg der Schülerinnen und Schüler (Spaulding 1965, Soar 1966, Wright & Nuthall 1970).[43] Aus diesen Untersuchungen lassen sich folgende Formen von nachziehenden (vertiefenden) Fragen ableiten:

Mit vertiefenden Fragen werden zusätzliche Fakten oder Informationen gesucht.

Beispiel:

Lehrer: «Studiert die vorliegende Statistik. Wie hat sich die Zahlungsbilanz des Landes entwickelt?»
Schüler: «Sie ist von Jahr zu Jahr stärker aktiv geworden.»
Lehrer: «Richtig. Seit wann zeichnet sich dieser Trend deutlich ab?»

Mit nachziehenden Fragen erbittet sich die Lehrkraft vom antwortenden Schüler eine weitere Klärung seiner Aussagen und die Lernenden werden aufgefordert, ihre Antwort kritisch zu überprüfen.

Beispiel:

Lehrer: «Was können wir folgern, wenn wir wissen, dass ein Land eine aktive Zahlungsbilanz hat?»
Schüler: «Die Exporte sind grösser als die Importe.»
Lehrer: «Das ist möglich, aber nicht sicher. Welche weiteren Erklärungen gibt es?»

Mit nachziehenden Fragen lenkt die Lehrkraft die Aufmerksamkeit der Lernenden auf einen wichtigen oder kritischen Punkt.

[43] Einige Untersuchungen, die keine Auswirkungen auf den Lernerfolg zeitigten, sind von der Testkonstruktion her umstritten.

Beispiel:

Lehrer: «Was geschieht mit dem Geldwert eines Landes, das bei stabilen Wechselkursen immer eine stark aktive Zahlungsbilanz hat?»

Schüler: «Es hat üblicherweise stark inflationäre Tendenzen.»

Lehrer: «Ja. Aber betrachtet einmal die Statistiken des Jahres 1961. Dort stimmt die Aussage nicht. Wer findet Gründe dafür?»

3.4.5 Verbale Zusammenfassung

Zwischenzusammenfassungen während und eine Schlusszusammenfassung am Ende einer Lektion scheinen den Lernerfolg ebenfalls zu erhöhen (Wright & Nuthall 1970). Dabei sollten folgende Gesichtspunkte beachtet werden:

- Die wichtigsten Erkenntnisse des Lernabschnitts (Lektion) sind zusammenzufassen (1).
- Sie sind mit der ursprünglichen Fragestellung in Beziehung zu bringen (2).
- Sie sind mit dem bisher Bekannten zu verknüpfen (3).
- Den Lernenden soll Gelegenheit zur Anwendung und praktischen Übung gegeben werden (4).
- Nach Möglichkeit soll die nächste Problemstellung im Rahmen der Zusammenfassung angesprochen werden (5).

Beispiel einer Zwischenzusammenfassung

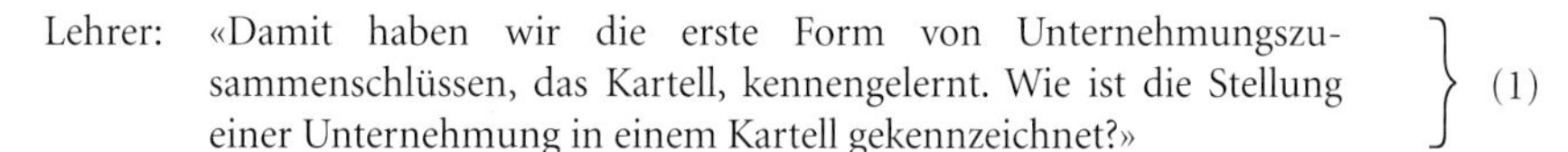

Lehrer: «Damit haben wir die erste Form von Unternehmungszusammenschlüssen, das Kartell, kennengelernt. Wie ist die Stellung einer Unternehmung in einem Kartell gekennzeichnet?» } (1)

Schüler: «Die Unternehmung bleibt rechtlich und finanziell selbständig.»

Lehrer: «Richtig: Warum schliessen sich dann aber Unternehmungen zusammen?» } (2)

Schüler: «Um sich selbst wirtschaftlich zu stärken.»

Lehrer: «Gut. Haben wir in unserem Land Beispiele dafür, dass Unternehmungen in Kartellen wirklich stärker wurden?» } (3), (4)

Schüler: «Ja, ich sehe folgende Beispiele...»

Lehrer: «Hat jemand eine andere Auffassung?... Offenbar nicht. Wir haben also gesehen, dass Unternehmungen in Kartellen rechtlich und finanziell selbständig bleiben. Kann sich nun jemand Voraussetzungen vorstellen, bei denen der Zusammenschluss von Unternehmungen enger wird?» } (5)

Aus Zeitgründen wird es nicht immer möglich sein, Zwischen- und Endzusammenfassungen so ausführlich zu gestalten. Vermeiden sollte man in diesem Fall vor allem ein «Auslaufen» der Lektion mit letzten Informationen. Fehlt die Zeit zu einer Gesamtzusammenfassung, so sollte man wenigstens mit dem Satz schliessen: «Damit haben wir... besprochen.» Dadurch erkennen die Schülerinnen und Schüler, wann die Lektion beendet ist, so dass es nicht zu einem unbestimmten Auslaufen der Lektion mit vorzeitigem Aufbruch einzelner Schülerinnen und Schüler kommt.

3.4.6 Der verbale Stil

In Anlehnung an Hennings (1975) lassen sich fünf Regeln zum verbalen Stil von Lehrkräften aufstellen:

- Die Sprache von Lehrkräften im Unterricht soll nicht zu kompliziert sein.
  Die Sprache ist anfänglich an die Sprachmuster der Schülerinnen und Schüler anzupassen, aber mit der Zeit anspruchsvoller zu gestalten (Ausweitung des Wortschatzes, Einführung von Bedingungssätzen, Einführung von Fremdwörtern), damit die Lernenden regelmässig sprachlich gefördert werden. Tendenziell sollten aber immer kurze Sätze und eine aktive Sprache gewählt werden.
- Die Sprachmuster von Lehrkräften sollen vielgestaltig sein.
  Vielgestaltigkeit heisst Abwechslung zwischen Fragen, Antworten, Aufforderungen, einfachen und anspruchsvolleren Äusserungen. Zu vermeiden sind stereotype Sprachmuster, d.h. gleichbleibende Redewendungen, gleiche Satzformen, gleiche Wortwahl.
- Der Wortschatz der Lernenden ist systematisch auszuweiten.
  Lehrkräfte sollten sich um die Vergrösserung des Wortschatzes bemühen, indem sie Synonyme einführen, den Fachwortschatz ausweiten und sich dabei um eine sorgfältige Begriffsbildung bemühen.
- Eine unnötige Breite (zu grosse Redundanz) ist zu vermeiden.
  Eine zu knappe Sprache ohne Redundanz wirkt kalt und unverständlich, eine zu grosse Redundanz geht zulasten der Präzision der Sprache. Ausserdem deutet sie nicht selten auf eine schlechte Vorbereitung des Unterrichts hin.
- Wichtig ist es, seinen persönlichen Stil zu finden.
  Der verbale Stil soll der eigenen Persönlichkeit entsprechen, nicht distanziert-formal sein, sondern die Lernenden persönlich ansprechen und nicht ichbezogen sein (ausser man wolle bestimmte, auf sich bezogene Aussagen machen oder persönlich Stellung beziehen).

Schlechte Beispiele	Verbesserte Fassung
– Wer kann **mir** Fälle nennen, die hier zutreffen?	– Welche Fälle gibt es, die hier zutreffen?
– Ich möchte jetzt die Formel hören!	– Wie heisst die Formel?

4 Das vokale Lehrerverhalten

4.1 Forschungsergebnisse zum vokalen Lehrerverhalten

Unterscheidet sich eine erfolgreiche Lehrkraft in ihrem vokalen Verhalten, d.h. in der Art wie sie spricht, von ihren weniger erfolgreichen Kolleginnen und Kollegen? Aufgrund einer längeren Forschungstradition in den siebziger Jahren darf man den Schluss ziehen, dass das vokale Verhalten in Kombination mit dem verbalen und nicht verbalen Lehrerverhalten nicht nur die Aufmerksamkeit, sondern auch den Lernerfolg der Schülerinnen und Schüler beeinflusst.
Coates & Smidchens (1966) untersuchten die Auswirkungen auf die Gedächtnisleistung bei den Schülern in zwei Zehn-Minuten-Lektionen, die von je zwei Lehrern erteilt wurden. Zwei Lehrer unterrichteten statisch. (Sie lasen die ganze Lektion von einem Manuskript ab und verzichteten auf Augenkontakt und Gesten. Sie modu-

lierten auch die Stimme nicht, sprachen aber deutlich und genügend laut.) Die beiden anderen Lehrer zeigten sich dynamisch (freie Wiedergabe aus dem Gedächtnis, modulierte Stimme, Gesten, Augenkontakt und animierendes Verhalten). Ein Behaltenstest unmittelbar nach den Kurzlektionen zeigte, dass die Schüler von den dynamischen Vorträgen mehr behielten als von den statischen. Ware (1974) bereitete sechs Vorträge vor, die ein Schauspieler auf Tonband sprach. Diese Vorträge enthielten drei verschiedene Informationsniveaus, wobei viel, mittel und wenig von den für den Lerngegenstand wichtigen Punkten vermittelt wurde. Jedes Informationsniveau wurde auf zwei Arten präsentiert, die dem Schauspieler vorgeschrieben worden waren. Beim gewinnend-ausdrucksvollen Stil betonte er, was ihm wichtig schien. Er bemühte sich, die Schüler aufmerksam zu halten und sie zu einer positiven Haltung gegenüber dem Lernstoff zu bewegen. Er verstand sich als «Verkäufer», indem er Humor anwandte und gute Beispiele verwendete. Er fühlte sich für die Aufmerksamkeit seiner Schüler verantwortlich usw. Die Anweisungen für den wenig gewinnenden-ausdruckslosen Stil waren gegenteilig. Die Resultate waren eindeutig: in einem Leistungstest nach dem Vortrag ab Tonband erzielten die Schüler, die den Vortrag mit dem gewinnend-ausdrucksvollen Stil gehört hatten, durchwegs bessere Ergebnisse als die Schüler, denen der nicht gewinnend-ausdrucksvolle Stil geboten worden war. Gleiche Ergebnisse ergaben sich auch, als die Schüler über ihre Zufriedenheit mit dem Vortrag befragt wurden.
Variation in der Lautstärke und der Schnelligkeit der Sprache sowie deren Modulierung beeinflussen die Aufmerksamkeit der Lernenden (Diehl, White & Satz 1961) und scheinen die Glaubwürdigkeit der Lehrkraft zu beeinflussen (Pearce & Conklin 1971). Besonders nachteilig wirkt sich eine monotone Stimme einer Lehrkraft aus, die dazu führt, dass die Schülerinnen und Schüler den Unterricht weniger schätzen, weniger interessiert sind und weniger lernen (Richmond, Gorham & McCrosky 1986).
In einer noch älteren Untersuchung fand Becker (1949) zehn Variablen des Sprechverhaltens von Lehrkräften, die mit dem Unterrichtserfolg in einem positiven Zusammenhang stehen (Reihenfolge der Wichtigkeit): Erklärungen, direkte Sprache (Unumwundenheit), Struktur, Ausgeglichenheit, Gehalt, ausdrucksvolle Stimme, Verständlichkeit (Lautstärke, Artikulation), gefällige Stimme und Sprache. Diese letzte Untersuchung verweist allerdings auf die Problematik solcher Studien: Wahrscheinlich sind die einzelnen Faktoren für sich allein zu schwach, um Auswirkungen zu erbringen; wirksam werden sie erst in einer sinnvollen Kombination mit weiteren Faktoren. Zudem ist denkbar, dass ein einzelner Faktor in Kombination mit anderen über längere Zeit einen anderen Stellenwert erhält (so kann ein Lehrer mit einer monotonen Sprechweise anfänglich wenig Erfolg haben; wenn aber die Schülerinnen und Schüler mit der Zeit die Qualität seiner Erklärungen erkennen, verliert der Faktor Monotonie seine hemmende Wirkung zu einem guten Teil). Angesichts dieser Problematik ist es verständlich, dass in den letzten Jahren in diesem Bereich nicht mehr geforscht wurde.

4.2 Praktische Hinweise zum vokalen Verhalten

Aus diesen Forschungsergebnissen sowie aus Erkenntnissen aus der Sprechschulung (Hennings 1975) lassen sich die folgenden Hinweise ableiten:

- Die **Lautstärke** der Stimme ist zu variieren. Wenn wir zur ganzen Klasse sprechen, so soll unsere Stimme lauter sein. Nähern wir uns einer Gruppe oder einem Schüler, so ist die Lautstärke zu reduzieren. Gelegentlich kann leises Sprechen jedoch auch in einer interessanten Unterrichtssituation mit der ganzen Klasse die Aufmerksamkeit erhöhen. Wirkungslos ist eine konstante Lautstärke (laut oder leise). Sie wirkt ermüdend und verletzt die Regel des Hervorhebens wichtiger Aspekte im Lernprozess.
- Der **Tonfall** der Stimme ist zu modulieren. Eine immer gleiche Stimmhöhe hat ähnlich negative Auswirkungen wie die gleich bleibende Lautstärke der Lehrerstimme.
- Eine variierte Lautstärke und ein modulierter Tonfall machen eine Stimme weniger monoton. Zusätzliche Beweglichkeit geben **stimmliche Betonungen.** Betont werden kann auf mehrere Weisen: Das wichtige Wort wird stärker betont; es werden betonende Wörter verwendet (bei Aufzählungen «erstens», «zweitens» usw. oder «zusammenfassend ergibt sich», «jetzt wollen wir»); lautes Denken bei einem Problem (Wichtiges im Gedankenfluss wird hervorgehoben).
- **Angepasste Schnelligkeit der Sprache.** Viele Lehrkräfte sprechen zu schnell (z. B. wenn sie ein grosses Stoffpensum bewältigen wollen) und überfordern damit die Aufnahmefähigkeit der Schüler. Oft deuten schnelle Erklärungen auch auf eine mangelnde Sachkompetenz hin (die Lehrkraft erklärt schnell, damit die Schüler keine Zwischenfragen stellen). Auf der anderen Seite mindert eine zu langsame Sprache die Aufmerksamkeit.

Besonders zu beachten ist der **emotionale Hintergrund** der Stimme. Lautstärke, Tonfall und Schnelligkeit können eine Stimme gewinnend, lieblich, bedrohend, sarkastisch oder gleichgültig machen. Die Stimme der Lehrperson sollte gewinnend und überzeugend sein und beim Schüler zur Gewissheit führen, dass sie glaubt, was sie sagt. Jede Lehrkraft sollte ihre Stimme von Zeit zu Zeit auf den emotionalen Hintergrund hin überprüfen, weil sie sich, ohne es zu beachten, Sprechmuster zulegen kann, die emotional unangenehm sind. Und weil die Lernenden emotionale Bedeutungen sensibel erfassen, ist zu beachten, dass die Sprache das Lehrer-Schüler-Verhältnis nicht unbewusst beeinträchtigt.

4.3 Checklist und Beobachtungsschema zum verbalen und vokalen Lehrerverhalten

Mit Hilfe der **Checklist 7** kann das eigene verbale und vokale Lehrerverhalten überdacht werden. Mit dem **Beobachtungsschema 6** lassen sich diese beiden Aspekte durch eine beobachtende Person erfassen: Die beobachtende Person hält jedes Lehrerverhalten fest, das verbessert werden kann und trägt es auf der entsprechenden Zeile im jeweiligen Zeitabschnitt der Lektion ein. Im einfachen Fall genügt ein Eintrag nach dem Zählverfahren. Die Interpretation und Hilfestellung kann aber verbessert werden, wenn die schlechten Beispiele zusätzlich protokolliert werden.

Checklist 7: Verbales und vokales Lehrerverhalten

		ja	nein
1	**Sprache**		
1.1	Passe ich meine Sprache an das Sprachvermögen meiner Schüler an, indem ich		
	– anfänglich ihre Sprachmuster verwende?	☐	☐
	– die Sprachmuster systematisch verbessere?	☐	☐
	– den Wortschatz systematisch ausweite?	☐	☐
	– neue Begriffe und Fremdwörter sorgfältig erkläre?	☐	☐
1.2	Spreche ich flüssig (ohne unnötige Pausen, überflüssige Wörter oder Wendungen)?	☐	☐
1.3	Spreche ich klar (nicht vage, nicht kompliziert)?	☐	☐
1.4	Spreche ich vielgestaltig (ohne stereotype Wendungen)?	☐	☐
1.5	Ist meine Sprache nicht unnötig breit?	☐	☐
1.6	Bemühe ich mich um eine grammatikalisch richtige Sprache?	☐	☐
2	**Erklärungen**		
2.1	Versuche ich Problemstellungen oder Schülerfragen zuerst selbst zu zerlegen, um sie besser zu verstehen?	☐	☐
2.2	Versuche ich meine Erklärungen zu verbessern, indem ich		
	– das Wichtige hervorhebe?	☐	☐
	– verbindend-erklärende Hinweise gebe?	☐	☐
	– die Regel-Beispiel-Regel-Technik anwende?	☐	☐
	– Erkenntnisse zusammenfasse?	☐	☐
3	**Zusammenfassungen**		
3.1	Fasse ich die Ergebnisse einzelner Lernabschnitte und ganzer Lektionen zusammen?	☐	☐
3.2	Versuche ich, die neuen Erkenntnisse mit der ursprünglichen Fragestellung sowie dem bisher Bekannten in Beziehung zu bringen?	☐	☐
3.3	Versuche ich, in Schlusszusammenfassungen zugleich eine folgende Problemstellung aufzuwerfen?	☐	☐
4	**Sprechverhalten**		
4.1	Variiere ich mein Sprechverhalten bewusst (Lautstärke, Tonfall, stimmliche Betonungen)?	☐	☐
4.2	Ist meine Sprechweise in der Schnelligkeit angemessen (nicht zu schnell, nicht zu langsam)?	☐	☐
4.3	Beobachte ich den emotionalen Hintergrund meiner Stimme?		
	– Spreche ich so, dass meine Schüler nichts über meine aktuelle Gefühlslage ableiten können?	☐	☐
	– Spreche ich so, dass meine Ausführungen überzeugend (enthusiastisch) wirken?	☐	☐

Beobachtungsschema 6: Vokales Verhalten

Fehlerquellen		Zeitabschnitt 1	2	3	Beispiele (in Stichworten) für die Besprechung
1	**Sätze/Wörter**				
1.1	Für die Stufe zu anspruchsvolle Sätze				1.
1.2	Breite Sprache; überflüssige Sätze				2.
1.3	Breite Sprache: überflüssige Wörter				3.
1.4	Vage Ausdrücke				4.
1.5	Nicht erklärte Fremdwörter und Fachausdrücke				5.
1.6	Unnötig verwendete Fremdwörter				6.
1.7	Falsch verwendete Fremdwörter und Ausdrücke				7.
1.8	Unfertige Sätze				8.
1.9	Stereotype Wörter/Wendungen				9.
	....				10.
	....				11.
2	**Fragen**				
2.1	Für Schüler unklare Fragen (zu breit, zu wenig zielstrebig)				12.
2.2	Zu anspruchsvolle Fragen				13.
2.3	Zu anspruchsvolle Fragen (einschl. Entscheidungsfragen)				14.
2.4	Keine W-Fragen				15.
2.5	Unfertige Fragen				16.
2.6	Begriffsfragen				17.
2.7	Ratefragen				18.
2.8	Fragen, die durch weite Fragen präzisiert werden				19.
3	**Grammatikalische Fehler**				20.
3.1	Fallfehler				21.
3.2	Falsche Satzstellung				22.
3.3	Endungsfehler				
4	**Vokales Verhalten**				
4.1	Monoton gesprochen				
4.2	Zu leise gesprochen				
4.3	Zu laut gesprochen				
4.4	Zu schnell gesprochen				
4.5	Zu langsam gesprochen				
4.6	Zu wenig Enthusiasmus				

5 Nicht verbales Lehrerverhalten

5.1 Forschungsergebnisse zum nicht verbalen Lehrerverhalten

Es ist davon auszugehen, dass etwa 65% von dem, was aus einer Kommunikation erfasst wird, mit dem nicht verbalen Verhalten des Senders zusammenhängt. Das nicht verbale Verhalten von Lehrerinnen und Lehrern umfasst:

Gesten:	Finger-, Hand- und Armbewegungen; Kopfbewegungen
Körperhaltung:	Stellung und Bewegung des Körpers
Gesichtsausdruck:	Mimik
Augenkontakt:	Spiel der Augen
Bewegungen:	Umhergehen im Klassenzimmer
Physische Eigenschaften:	Aussehen, Auftreten, Bekleidung.

Dieses nicht verbale Verhalten spielt im Unterricht in vielfacher Weise eine sehr bedeutsame Rolle (Cooper 1991): Erstens unterstützt es die **Selbstpräsentation** (z.B. Aussagen werden durch die nicht verbale Unterstützung glaubwürdiger oder – im schlechten Fall – mit weniger Vertrauen wahrgenommen). Zweitens nehmen die Lernenden **Regeln** und **Erwartungen** der Lehrkräfte deutlicher wahr, wenn sie nicht verbal unterstützt dargelegt werden. Drittens beeinflusst das nicht verbale Verhalten die Wahrnehmung der **Verstärkung** sehr stark. Viertens bringt das nicht verbale Lehrerverhalten die **Wertschätzung** und **Zuneigung** bzw. **Ablehnung** eines Schülers oder einer Schülerin viel deutlicher zum Ausdruck als alle anderen Formen von Lehrerverhalten. Fünftens kann nicht verbales Verhalten den **Fluss** eines Lehrgesprächs oder einer Diskussion ganz wesentlich **steuern**, indem die Lehrkraft mit Signalen aller Art auf den Verlauf Einfluss nehmen kann (z.B. einem Schüler, der zu lange spricht, dies mit einem Zeichen deutlich machen).

Zum nicht verbalen Lehrerverhalten liegen viele Forschungsergebnisse vor. Gutes, nicht verbales Verhalten, das lernbar ist (McCroskey et al. 1985), verbessert die Kommunikation im Klassenzimmer und beeinflusst den Lernerfolg positiv (Rosenshine 1968). Doyle (1977) stellt aber in einer zusammenfassenden Untersuchung fest, dass Lehrkräfte eher über ein beschränktes Repertoire von nicht verbalem Lehrerverhalten verfügen, die meisten nicht verbalen Verhaltensweisen zur Kontrolle des Geschehens im Klassenzimmer und nicht zur Verstärkung verwendet werden und viele Verhaltensweisen eher formell statt persönlich sind. Besonders zu beachten ist, dass viele Schülerinnen und Schüler nicht verbales Verhalten fehlinterpretieren (vor allem solche mit Verhaltensstörungen legen wohlgemeintes nicht verbales Verhalten oft als feindlich aus) (Norwick, zit. nach Cooper 1991). Deshalb sollten Lehrpersonen ihr nicht verbales Verhalten und die Reaktion der Lernenden darauf von Zeit zu Zeit durch eine Drittperson beobachten lassen.

Positive Auswirkungen von **Gesten und Bewegungen** konnten in mehreren Studien nachgewiesen werden (Petrie 1963, Thompson 1967, Rosenshine 1968, Willett & Smythe 1977), wobei offenbar weniger eine bestimmte Form von Gesten und Bewegungen, sondern mehr deren Vorhandensein bedeutsam ist, weil die Lehrkraft dadurch lebendiger wahrgenommen wird. Allerdings dürfen die Gesten und Bewegungen nicht zu heftig und zu nervös sein, sonst lenken sie vom Lernen ab (Rosenshine 1968).

Die **Mimik** scheint zur Glaubwürdigkeit einer Lehrkraft beizutragen und ein gutes Mittel für die Führung der Klasse zu sein, weil damit Zustimmung, Interesse am einzelnen Schüler und an der einzelnen Schülerin sowie Zurechtweisung recht deutlich zum Ausdruck gebracht werden können. Ganz wichtig ist, dass das verbale und nicht verbale Verhalten miteinander übereinstimmen. Andernfalls wird das Lehrerverhalten durch die Lernenden nicht mehr interpretierbar, was sie stark verunsichert (Cooper 1991).
Der **Augenkontakt** stellt die direkte Kommunikation her. Deshalb ist er sehr bedeutsam. Allerdings darf es sich nicht um einen aufdringlichen Augenkontakt handeln, sondern der Augenkontakt muss auf alle Schülerinnen und Schüler gerichtet werden (indem beispielsweise zu Beginn der Interaktion der Augenkontakt auf den kommunizierenden Schüler gerichtet wird, dann aber auch die übrigen Schülerinnen und Schüler bewusst in das Blickfeld genommen werden) (Exline 1971). Ein ungenügender Augenkontakt von Lehrpersonen lässt sich als mangelndes Interesse und ungenügende Aufmerksamkeit interpretieren. So konnte ein signifikanter Zusammenhang zwischen Augenkontakt und Aufmerksamkeit der Lernenden, Behalten, Einstellung zur Lehrkraft und Mitwirkung im Unterricht nachgewiesen werden (Beebe 1980).
Schliesslich haben **physische Eigenschaften** Einfluss auf die Kommunikation. So wurden Lehrkräfte, die von den Lernenden als attraktiv beurteilt wurden, auch als kompetenter und mit besseren Fähigkeiten zur Motivation eingeschätzt (Chaikin 1978), wobei die Frage, was attraktiv ist, dem zeitlichen Wandel unterliegt. Auch konnte gezeigt werden, wie die Körpergestalt die Kommunikation der Lehrkräfte und die Wahrnehmung durch die Schüler beeinflusst (Knapp 1978).
Solche Studien mögen wissenschaftlich interessant sein; deren Verallgemeinerung ist allerdings sehr gefährlich, weil die Erkenntnisse daraus einerseits zeitabhängig sind, und andererseits diese Faktoren durch die Persönlichkeit einer Lehrkraft geprägt sind und kaum beeinflusst werden können. Deshalb sollten sich Lehrpersonen so natürlich als möglich – so wie man ist – geben.

5.2 Praktische Hinweise zum nicht verbalen Verhalten

Aus diesen Forschungsergebnissen sowie erfahrungsorientierter Literatur lassen sich für die Alltagspraxis die folgenden Hinweise ableiten:
(1) Verbales, vokales und nicht verbales Verhalten müssen übereinstimmen. Andernfalls werden die Schülerinnen und Schüler im Kommunikationsprozess verwirrt.

(2) Nicht verbales Verhalten soll in erster Linie zur Unterstützung und Förderung der Lernenden und nur ergänzend zur Kontrolle des Geschehens im Klassenzimmer eingesetzt werden.

Enthusiastische Unterstützung	Nicht verbales Verhalten, das den Schüler unterstützt und ihn ermutigt (z. B. wohlwollendes Nicken
Hilfe	Nicht verbales Verhalten, das ein Bedürfnis des Schülers befriedigt (z. B. Augenkontakt und Nicken bei Unsicherheit)
Empfänglichkeit	Nicht verbales Verhalten, das die Bereitschaft ausdrückt, dem Schüler mit Geduld und Interesse zuzuhören (insbesondere aktives Zuhören)

Proforma-Verhalten	Nicht verbales Verhalten, das neutral ist (schlechtes Verhalten)
Unaufmerksamkeit	Nicht verbales Verhalten, welches Bedürfnisse und Gefühle der Schüler ignoriert sowie ichbezogen bleibt (schlechtes Verhalten)
Missbilligung	Nicht verbales Lehrerverhalten, das missbilligt, negativ wirkt und Unbefriedigtsein ausdrückt (schlechtes Verhalten)

Zu beachten ist immer wieder, dass nicht verbales Verhalten immer auch eine emotionale Komponente beinhaltet, die besonders bedeutsam ist bei der Unterstützung und Förderung der Lernenden. Deshalb kategorisiert Galloway (1968) das nicht verbale Lehrerverhalten nach seinem emotionalen Gehalt:

(3) Das Repertoire des nicht verbalen Lehrerverhaltens sollte ausgeweitet werden, nachdem es sowohl für den Umfang der Interaktion als auch für den Lernerfolg bedeutsam ist.
Ekman & Friesen (1969) haben eine Kategorienliste erstellt, die folgende nicht verbalen Verhaltensweisen umfasst:

Symbole	Sie haben einen direkten Bezug zum verbalen Lehrerverhalten. **Beispiel:** Die Feststellung eines Lehrers «Ich weiss es nicht» kann mit einem Schulterzucken verbunden werden.
Illustratoren	Sie beziehen sich unmittelbar auf eine bestimmte Aussage. **Beispiel:** Die Lehrerin erklärt eine Statistik und zeigt immer auf die entsprechenden Zahlen auf einer Hellraumprojektorfolie.
Gefühle ausdrücken	Hier geht es um die Mimik, mit der Gefühle zum Ausdruck gebracht werden. **Beispiel:** Eine Schülerin wirft einen interessanten Punkt auf. Der Lehrer hört mit gespannt-interessierten Gesichtszügen zu.
Regulatoren	Sie tragen zum Fortgang der Interaktion bei, sei es ohne oder mit verbaler Unterstützung. **Beispiel:** Ein Schüler ist auf dem Weg, eine gute Aussage zu machen und stockt etwas. Jetzt verstärkt die Lehrerin den Augenkontakt und nickt mit dem Kopf (allenfalls mit dem Hinweis: «Ja, versuche weiter.»).
Adaptoren	Hier handelt es sich um nicht verbales Verhalten, das man sich zur Befriedigung eines Bedürfnisses angeeignet hat. **Beispiel:** Wenn man verängstigt oder unsicher ist, beginnt man mit den Fingern zu spielen, oder wenn etwas durchgesetzt werden soll, stützt man die Hände in die Hüfte.

(4) Sehr wichtig ist, dass eine Lehrkraft die nicht verbalen Signale in der Klasse bewusst beobachtet und wahrnimmt, um entsprechend reagieren zu können.

Beispiele: Man stellt bei den Lernenden ein «Gedankenwandern» fest, d.h. aufgrund des Blickes und/oder der Körperhaltung lässt sich erkennen, dass sie nicht mehr richtig bei der Sache sind. In diesem Fall ist nach einer neuen Herausforderung oder Motivation zu suchen. Oder die Klasse reagiert mit der Mimik auf eine Lehreraussage besonders heftig. In diesem Fall sollte diese Aussage zur Diskussion gestellt werden. Oder ein Schüler weicht dem Augenkontakt der Lehrerin immer stärker aus. Dann sollte der Ursache nachgegangen werden. Usw.

5.3 Checklist und Beobachtungsschema zum nicht verbalen Lehrerverhalten

Mit Hilfe von **Checklist 8** kann das eigene nicht verbale Lehrerverhalten überdacht werden. Mit dem **Beobachtungsschema 7** lässt sich das nicht verbale Verhalten durch eine beobachtende Person systematischer erfassen. Es lässt sich wie folgt anwenden: Es werden alle interaktionsfördernden und interaktionshemmenden Verhaltensweisen im Zählverfahren je Drittel einer Lektion erfasst. Die Summe in den einzelnen Kategorien zeigt, wie intensiv insgesamt nicht verbales Verhalten zum Tragen kommt, und wie das Verhältnis von interaktionsförderndem und interaktionshemmendem nicht verbalem Lehrerverhalten ist.

Checklist 8: Nicht verbales Lehrerverhalten

	häufig	gelegentlich	selten
1. Beachte ich das nicht verbale Verhalten meiner Schüler, um im Unterricht entsprechend zu reagieren?			
– Versuche ich mein Unterrichtsverhalten zu verändern, wenn die Schüler unaufmerksam sind (mit den Gedanken wandern, sich mit anderem beschäftigen, herumschauen)?	☐	☐	☐
– Beobachte ich die Reaktionen der Schüler auf meine Ausführungen, und gebe ich Gelegenheit zur Diskussion, wenn sie stark reagieren?	☐	☐	☐
2. Benütze ich nicht verbale Verhaltensweisen, um ergänzend zu verbalem Verhalten			
– die Schüler anzusprechen?	☐	☐	☐
– auf Schüler zu reagieren und zu antworten?	☐	☐	☐
– auf wichtige Punkte hinzuweisen?	☐	☐	☐
– Aufmerksamkeit zu gewinnen?	☐	☐	☐
3. Setze ich nicht verbales Verhalten stärker als interaktionsförderndes Verhalten (Wertschätzung, Zuneigung, Verstärkung, Motivation) und weniger zur Kontrolle ein?	☐	☐	☐
4. Kontrolliere ich mein nicht verbales Verhalten im Hinblick auf die Übereinstimmung von verbalem und nicht verbalem Verhalten?	☐	☐	☐
5. Variiere ich mit meinem nicht verbalen Verhalten, indem ich			
– verschiedenartige Gesten verwende?	☐	☐	☐
– guten Augenkontakt zur Klasse und zu einzelnen Schülern halte?	☐	☐	☐
– mich im Klassenzimmer bewege, ohne dass die Schüler ihre Sitzhaltung dauernd verändern müssen?	☐	☐	☐
– mit veränderndem Gesichtsausdruck arbeite?	☐	☐	☐
6. Beachte ich, dass es zu keinen Fehlinterpretationen meines nicht verbalen Verhaltens kommen kann?	☐	☐	☐

Beobachtungsschema 7: Nicht verbales Lehrverhalten

Interaktionsfördernd Enthusiastische Unterstützung, Hilfe, Empfänglichkeit des Lehrers	Häufigkeit			**Interaktionshemmend** Proforma-Verhalten, Unaufmerksamkeit, Missbilligung	Häufigkeit		
	1	2	3		1	2	3
Verbales und nicht verbales Verhalten stimmen überein				*Verbales und nicht verbales Verhalten stimmen nicht überein*			
– Kopfnicken				– Schüttelt vorzeitig den Kopf			
– Freundlicher Gesichtsausdruck				– Winkt vorzeitig ab			
– Augenkontakt mit dem betreffenden Schüler				– Unaufmerksame Gesichtszüge			
– Bejahende Gesten				– Beschäftigt sich mit etwas anderem			
– Wendet sich in Richtung des sprechenden Schülers				– Gedanken wandern			
Implementiert Gedanken				*Oberflächliches Eingehen*			
– Hält Gedanken visuell fest				– Nimmt Gedanken nicht wahr (keine Reaktion des Lehrers)			
– Ändert eigene visuelle Schemata							
Persönliche Beziehung zu den Schülern				*Unpersönliche Beziehung zu den Schülern*			
– Augenkontakt mit der ganzen Klasse				– Kein Augenkontakt			
– Unterstreicht Fragen mit Gesten				– Gleichgültiger, starrer Gesichtsausdruck			
– Verwendet visuelle Mittel zur Verdeutlichung der Frage				– Keine Gesten			
				– Keine Visualisierung			
Empfänglich für Schülerreaktionen				*Nicht empfänglich für Schülerreaktionen*			
– Erfasst nicht verbales Schülerverhalten (Unaufmerksamkeit, Langeweile) und passt seinen Unterricht an, indem er – das verbale und vokale sowie – das nicht verbale Verhalten (mehr Gesten, besserer Augenkontakt, Bewegungen gegen unaufmerksame Schüler) verbessert				– Nimmt nicht verbales Verhalten der Schüler nicht wahr und ändert sein Verhalten nicht – Reagiert negativ auf nicht verbales Verhalten der Schüler			

Beobachtungsschema 7: Nicht verbales Lehrerverhalten (Fortsetzung)							
Interaktionsfördernd Enthusiastische Unterstützung, Hilfe, Empfänglichkeit des Lehrers	Häufigkeit			**Interaktionshemmend** Proforma-Verhalten, Unaufmerksamkeit, Missbilligung	Häufigkeit		
	1	2	3		1	2	3
Gefühle – Drückt Gefühle in Übereinstimmung mit dem verbalen Verhalten aus				*Gefühle* – Bleibt auch bei emotionalen Inhalten gefühlsneutral			
Schüler werden zu Interaktionen angeregt – Bestimmter, aber freundlicher Gesichtsausdruck – Unterstützung mit Gesten				*Interaktionen werden gehemmt* – Gleichgültiger Gesichtsausdruck			
Entschlossenheit – Bestimmter Gesichtsausdruck mit ruhigen Gesten und ruhiger Bewegung in Richtung des Schülers				*Härte* – Kritik wird durch heftige, unkontrollierte Gesten und bedrohende Gesichtszüge sowie rasche Bewegung in Richtung des Schülers ausgeübt			
Empfänglichkeit für Schülerreaktionen – Aufmerksamer Gesichtsausdruck – Guter Augenkontakt mit dem Schüler – Bewegung in Richtung des antwortenden Schülers				*Unaufmerksam für Schülerreaktionen* – Gedanken wandern – Beschäftigt sich mit etwas anderem – Schüttelt vorzeitig den Kopf – Winkt vorzeitig ab – Unaufmerksame Gesichtszüge			
Ruhige Arbeit – Beobachtet Schüler bei der Arbeit				*Bedrängnis* – Gespannte Gesichtszüge – Heftige, unkontrollierte Gesten – Rasche Bewegung in Richtung störender Schüler			

Kapitel 5
Lehrmethoden: Formen des Frontalunterrichts und Lehrerverhalten

1 Alltagsfragen und Grundlegung

In diesem Kapitel werden die Formen des Frontalunterrichts, die Lehrmethoden, besprochen: Lehrerdemonstration, Lehrervortrag, Lehrgespräch, Klassendiskussion und Modellieren.

Der **Frontalunterricht** lässt sich umschreiben als ein **Unterrichtsverfahren**, mit welchem eine Lehrperson **eine ganze Klasse unterrichtet** und mittels einem **direkten oder indirekten Lehrerverhalten** den Ablauf des Unterrichts **steuert und prägt.**

In den letzten drei Jahrzehnten war der Frontalunterricht einer der umstrittensten Problembereiche im schulischen Alltag. Auf der einen Seite herrscht er trotz aller Kritik in vielen Schulen weiterhin vor (Bittner 2006, Pätzold et al. 2005, Aschersleben 1999, Krapf 1985). Und gerechtfertigt wird er mit folgenden Argumenten (siehe auch Aschersleben 1999):

1) Der Frontalunterricht führt ohne Umweg und in gerader Richtung zum angestrebten Lernziel.
2) Die Lehrperson stellt die Lerninhalte umfassend geordnet und in verständlicher Weise dar und kann das Verständnis und die Lernfortschritte direkt überwachen.
3) Die Lernenden lernen angeleitet aber doch aktiv, wenn der Frontalunterricht gut gestaltet ist. Fehler werden sofort korrigiert, so dass Irrwege selten bleiben.
4) Im Gegensatz zum Gruppenunterricht oder zum selbständigen Lernen werden die Schülerinnen und Schüler vom «Erarbeitungsunterricht» (Grell & Grell 1981) entlastet, d.h. sie benötigen keine Kraft und Zeit, um mit dem eigentlichen Lernen beginnen zu können.
5) Viele (nicht alle) Unterrichtsschritte sind im Frontalunterricht mit gleicher Lernwirkung weniger zeitaufwändig.

Auf der anderen Seite gibt es sowohl von der wissenschaftlichen als auch von der praktischen Seite her viel Kritik am Frontalunterricht, die jedoch sehr häufig unreflektiert und polemisch ist, wie das folgende Zitat zeigt: «Es wird bei den Schülern die Entwicklung von eigengesteuerter Aktivität und Initiative, von Selbständigkeit, von Kreativität, von kooperierenden Verhaltensweisen sowie die Fähigkeit, Probleme zu lösen und Entscheidungen zu treffen, kaum begünstigt oder gefördert. Durch den frontal geführten Unterricht lernen die Schüler – statt miteinander zu arbeiten – konkurrenzmässig gegeneinander zu arbeiten. Die allgemein verbreitete Autoritätsfixierung auf den Lehrer unterstützt noch diesen Trend» (Staeck 1995, 237). Etwas versöhnlicher, aber in die gleiche Richtung gehend, ist die im-

mer wieder angesprochene Unterscheidung in einen lehrerzentrierten (Frontal-) Unterricht mit passiven Lernenden und einen schülerzentrierten Unterricht mit aktiv Lernenden, die von den Lehrkräften nicht dauernd gegängelt werden.
Es überrascht immer wieder, wie sich viele Lehrerinnen und Lehrer von solchen undifferenzierten und polarisierenden Aussagen leiten lassen. Allein schon eine vertiefte Reflexion über den eigenen Unterricht müsste die Einseitigkeit solcher Aussagen und Konzepte entlarven. Zunächst muss **jede Form von Unterricht** auf das **Lernen** der Schülerinnen und Schüler ausgerichtet sein. Und jedes Lernen setzt eine Aktivität der Lernenden voraus. Entscheidend ist aber nicht in grundsätzlicher Weise, wie intensiv und umfangreich die Tätigkeit einer Lehrperson (Lehrerzentrierung) ist, sondern massgeblich ist die Qualität der Unterrichtsführung. In einer schwächeren und wenig motivierten Klasse kann eine intensivere und umfangreichere Aktivität der Lehrkraft, welche Schüleraktivitäten herausfordert (im Lehrervortrag beispielsweise starke Denkanstösse vermittelt), lernwirksamer sein als eine freie Gruppenarbeit, die von der Idee her schülerzentriert ist, aber zu keinen sinnvollen Lernaktivitäten führt. Deshalb sollte diese Unterscheidung von schüler- und lehrerzentriertem Unterricht nicht verwendet werden, denn sie bleibt unpräzis. Entscheidend ist nicht eine allgemeingültige Aussage über den Umfang und die Intensität der Lehreraktivitäten, sondern massgeblich ist deren **Qualität** und **Variationsbreite**, unter Beachtung der verschiedenartigen Unterrichtssituationen und den unterschiedlichen Voraussetzungen bei den Schülerinnen und Schülern. Im Weiteren ist das oben angeführte Zitat von Staeck mehr als fragwürdig. Erstens ist längstens bekannt, dass eigengesteuerte Lernaktivitäten zunächst einer Anleitung bedürfen, die in wirksamer Weise in einem guten Frontalunterricht erfolgen kann (siehe Abschnitt 3 im Kapitel 9). Zweitens ist die Behauptung, im Frontalunterricht lernten die Schülerinnen und Schüler konkurrenzmässig gegeneinander statt miteinander zu arbeiten, äusserst fragwürdig. Lehrkräfte, welche es verstehen, situationsgerecht zwischen dem direkten und dem indirekten Lehrerverhalten zu differenzieren, tun alles andere als die Konkurrenz in der Klasse zu fördern. Sie führen die Schülerinnen und Schüler zu einem gemeinsamen Lernen zusammen. Drittens ist die Feststellung, der Frontalunterricht behindere die Selbständigkeit, die Entwicklung der Kreativität, das kooperierende Verhalten und die Problemlösefähigkeit eine dogmatische Behauptung, die nirgendwo bestätigt ist. Leider sieht man in vielen Schulen oft schlechten Frontalunterricht: Zu viel Lehrervortrag, schlecht moderierte Klassendiskussionen, behavioristische Fragekettenim Lehrgespräch (fragend-entwickelnde Lehrform), Scheinaktivitäten usw. Dies ist nicht selten auf einen improvisierten Unterricht zurückzuführen. Weil die Belastungen im Unterricht immer grösser werden (Motivationsprobleme, breitere Streuung der Leistungsfähigkeit der Schülerinnen und Schüler in einer Klasse, Disziplinarprobleme) und andere Unterrichtsverfahren oft mehr Vorbereitungszeit verlangen, setzen Lehrpersonen den Frontalunterricht häufig in der Meinung ein, er brauche am wenigsten Vorbereitungszeit und liesse sich aufgrund der Routine am ehesten improvisiert einsetzen. Tatsächlich ist aber ein guter Frontalunterricht sehr anspruchsvoll, weil auch bei diesem Unterrichtsverfahren selbst beim Lehrervortrag nicht die Darbietung von Lerninhalten im Vordergrund stehen darf, sondern die Lehrpersonen die Lernenden so führen sollten, dass sie ihre Wissensstrukturen selbst aufbauen sowie ihre Lern- und Denkstrategien und ihre metakognitiven Strategien mit einer sinnvollen Unterstützung der Lehrkräfte selbst entwickeln. Wesentlich für den Frontalunterricht ist, dass sich die Lehrpersonen auch im Frontalunterricht darum bemühen, die Klassen

zu **Lerngemeinschaften** zu entwickeln, in denen die Schülerinnen und Schüler gemeinsam mit gezielter Unterstützung durch den Lehrer oder die Lehrerin ihre Erkenntnisse entwickeln und gegenseitig beurteilen (Englert, Tarrant & Mariage 1992).

2 Frontalunterricht in der Form von Dialogen

Der Frontalunterricht wird weiterhin bedeutsam bleiben. Etwas verändern muss sich aber die Rolle der Lehrkräfte. Sie sollten sich weniger als Darbietende von Lerninhalten und dominant Steuernde, sondern als Vermittelnde zwischen den Lernenden und Lerninhalten mit Hilfe von guten **Dialogen** verstehen (siehe Abbildung 5.1).
Dialoge sind verbale Interaktionen zwischen Lehrenden und Lernenden, die prozessartig zu neuem Wissen und Können führen und die Welt für die Lernenden durchschaubar machen (Burbules 1993). Dabei sind die Lehrkräfte Dialogpartner, deren Aufgabe es ist, mit direktem und indirektem Lehrerverhalten dazu beizutragen, dass die Lernenden ihre Lernziele in effizienter Weise erreichen. Im Prinzip bauen die Dialoge auf den im Kapitel 4 besprochenen verbalen, vokalen und nicht verbalen Techniken des Lehrerverhaltens auf.

Unterschieden werden **vier Formen von Dialogen** (in freier Anlehnung an Burbules 1993) (siehe Abbildung 5.2)[44]:

(1) **Der Dialog als Instruktion** (in der Form des Lehrgesprächs und des Modellierens): Sein Ziel ist es, die Lernenden durch geschickte Vermittlung zwischen ihrem Wissen und Können sowie neuen Lerninhalten mittels Fragen, Hinweisen, Ergänzungen und Anregungen zu einem bestimmten Ziel zu führen. Dabei ist nicht nur das Ergebnis (Produkt), sondern auch der Weg zum Ziel (Prozess) von Bedeutung, indem

Abbildung 5.1 **Die Lehrkraft als Vermittlerin von Dialogen**

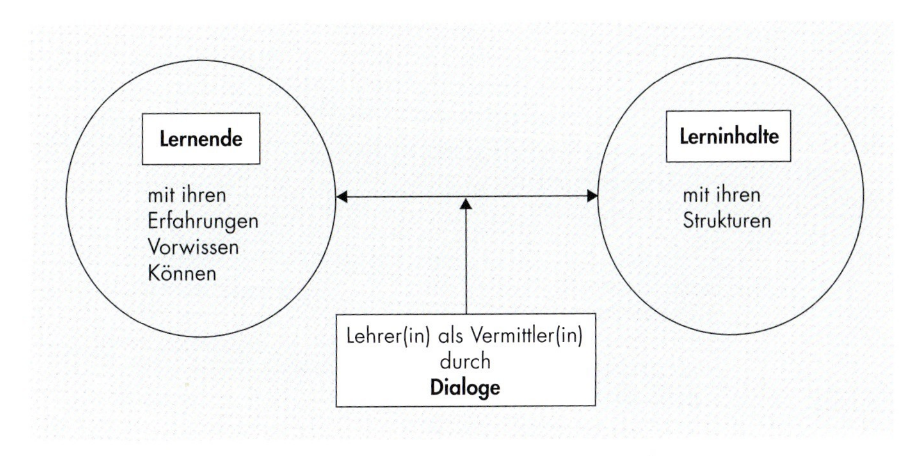

[44] Diese Gliederung mag auf den ersten Blick als sehr akademisch erscheinen. Es wird aber zu zeigen sein, dass sie zur differenzierten Betrachtung des Frontalunterrichts beiträgt, indem seine Vielgestaltigkeit deutlich wird. Jede Form des Dialogs folgt nämlich anderen Regeln. Dadurch erhält der Frontalunterricht auch sehr verschiedenartige Choreographien.

Abbildung 5.2 **Dialoge mit den entsprechenden Lehrformen**

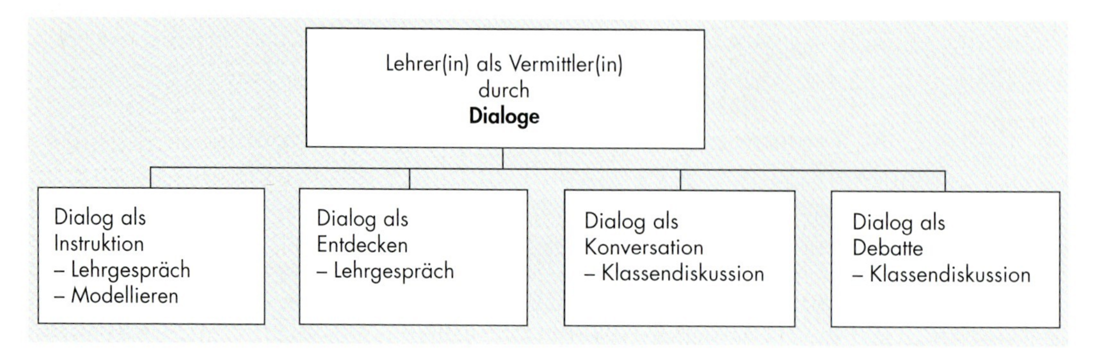

die Lernenden im Dialog bewusst erfahren müssen, auf welchem Weg (Prozess) sie zum Ergebnis (Produkt) gekommen sind, und welche Erkenntnisse sie für ihr eigenes Lernen gewonnen haben.

Im Prinzip entspricht der Dialog als Instruktion einer – all erdings kognitiv anspruchsvolleren – Form der herkömmlichen Lehrgespräche (fragend-entwickelnde Lehrform), in welcher Elemente des kognitiven Behaviorismus mit Gedanken der Konstruktivisten verknüpft werden, indem die Lehrperson den Unterrichtsverlauf so strukturiert, dass die Schülerinnen und Schüler ihr Wissen und Können durch eigene Beiträge so weit als möglich selbständig konstruieren (Palinscar 1986, Borich 1992, Burbules 1993, Good & Brophy 1994). Charakterisieren lässt sich der Dialog als Instruktion wie folgt:

- Die Lehrkräfte schaffen eine starke Lernumgebung.
- Sie veranlassen die Schülerinnen und Schüler zu aktiven, eigenen Beiträgen im Dialog und so oft als möglich nicht nur zur Reaktion auf Fragen.
- Sie verwenden Schülerbeiträge, um daraus zur Konstruktion von Wissen anzuregen sowie Denk- und Lernstrategien aufzubauen, die den Lernenden deutlich sichtbar gemacht werden.
- Auf diese Weise verlagern sie den Unterricht vom Auswendig- und Routinelernen auf ein anspruchsvolleres kognitives Lernen.
- Sie unterstützen die Lernprozesse so, dass die Lernenden immer mehr zu Eigenaktivitäten fähig werden.
- Sie prägen die Lernprozesse so, dass sie zu bestimmten Lernergebnissen, die für die Schülerinnen und Schüler bedeutsam sind, führen.[45]

Anwendung: Der Dialog als Instruktion eignet sich vor allem dann, wenn die Lernenden komplexes Wissen erarbeiten (konstruieren) sowie Lern-, Denk- und metakognitive Strategien erarbeiten und verinnerlichen sollen.

[45] Für diese an sich herkömmliche Form von Lehrgesprächen sind zwei immer wieder zitierte Modelle entwickelt worden: Palinscar & Brown (1984) sprechen von «**reziprokem Unterricht**», den sie im Zusammenhang mit dem Leseunterricht und dem Textverstehen entwickelt haben. Sie konnten deutlich nachweisen, dass Texte besser verstanden wurden, wenn im Dialog (Lehrkraft und Lernende wechseln ihre Rolle als Lehrende und Lernende fortwährend) vier Strategien zum Textverständnis entwickelt wurden: Fragen an den Text stellen; Zusammenfassen; Voraussagen dessen, was vom Text erwartet wird; Klärung von Nichtverstandenem. Oder Collins, Brown & Newman (1989) entwickelten die Idee der «**Cognitive Apprenticeship**», indem sie die Idee der traditionellen Handwerkslehre

(2) **Der Dialog als Entdecken** (in der Form des Lehrgesprächs) dient dazu, eine bestimmte Fragestellung zu beantworten oder ein bestimmtes Problem zu lösen. Deshalb läuft der Dialog nach den Regeln eines Such- oder Problemlöseprozesses ab, in welchem das Entdecken und das kritische Denken an einem Gegenstand gefördert werden.

Anwendung: Der Dialog als Entdecken eignet sich in Unterrichtssituationen, in denen Erkenntnisse (Wissen, Denkstrategien) aus einer Problemstellung gewonnen werden sollen (z. B. eine Regel aus einem naturwissenschaftlichen Experiment oder ein rechtswissenschaftlicher Begriff aus Rechtsfällen). Wichtig ist, dass nach Abschluss des Entdeckens Generalisierungen vorgenommen werden (Welche allgemeinen Schlüsse oder Erkenntnisse lassen sich ziehen?).

(3) **Der Dialog als Konversation** (in der Form der Klassendiskussion) wird geführt, wenn es darum geht, sich gegenseitig zu verstehen, ein Problem gemeinsam zu erkennen oder einen anderen Standpunkt zu erfassen. Ziel der Konversation ist es also, Einsicht und Verständnis zu gewinnen, nicht aber schon Lösungen oder Meinungsübereinstimmung zu erhalten.

Anwendung: Der Dialog als Konversation eignet sich insbesondere beim Einstieg in eine neue Unterrichtsthematik (Motivation, Erfassen des Kenntnisstands der Schülerinnen und Schüler, Angleichen der Lernvoraussetzungen). Sehr wichtig ist er im affektiven Bereich bei der Werteklärung und Werterhellung (siehe Kapitel 10).

(4) **Der Dialog als Debatte** (in der Form einer Klassendiskussion) dient der Klärung von unterschiedlichen Meinungen und Werthaltungen. Im Gegensatz zum Entdecken kann es zu einem Konsens oder zu einem Fortbestehen unterschiedlicher Meinungen kommen. Ein schulischer Dialog als Debatte muss immer so geführt werden, dass die Lernenden zu unterscheiden lernen zwischen Tatsachen und Meinungen, Fakten und Behauptungen sowie Aussagen, die unter bestimmten Prämissen (Werthaltungen, Einstellungen usw.) zutreffen oder nicht richtig sind.

Anwendung: Dialoge als Debatten sollen im Unterricht möglichst häufig bei Streitfragen aller Art geführt werden, weil sie für die Kultur des menschlichen Zusammenlebens und für die evolutive Fortentwicklung einer Gesellschaft sehr wichtig sind: Je weniger die Menschen die Kunst guter Debatten beherrschen, desto ärmer wird die Kultur.

In Abbildung 5.1 wurde auf die Bedeutung der Lehrkraft als Vermittlerin zwischen den Lernenden und den Lerninhalten hingewiesen. Damit sie diese Rolle in Dialogen wahrnehmen kann, muss sie den Wissens- und Könnensstand der Lernenden zu Beginn eines Lernabschnitts genau erfassen, **denn Lernende bauen ihr neues Wissen und Können auf ihrem Vorwissen und auf ihrem bisherigen Verständnis sowie auf ihren Erfahrungen auf.** Schenken die Lehrkräfte bei ihrer Unterrichtsvorbereitung dem Vorwissen und den Erfahrungen der Schülerinnen und Schüler keine Beachtung, so sind verständnisorientierte Dialoge kaum möglich, weil die vielen Elemente des Wissens und des Könnens nicht miteinander verknüpft werden. Mit Verständnis und nicht mechanisch wird nur gelernt, wenn die Schülerinnen und Schüler ihr Un-

---

auf das kognitive Lernen übertrugen: Die Lehrkräfte begleiten die Lernenden in für sie relevanten Lernprozessen in dialogischer Form. Dabei sind die Lehrkräfte aber nicht «Unterweiser von Wissen», sondern sie unterstützen die Lernenden durch Modellieren, Scaffolding und weitere Formen zur Förderung des eigenen Denkens (Problemlösen, kritisches Denken usw.), damit sie eigenständige, aktive Lernende werden.

vermögen erkennen, eine neue Aufgabe mit ihrem bisherigen Wissen und Können zu lösen und diejenige Hilfe erhalten, die sie befähigt, das Neue zu erfassen und zu verstehen, indem ihr Wissen und Können transformiert und verfeinert wird (Smith, diSessa & Roschelle 1993). Dieser Aufbau auf dem bisherigen Wissen und Können ist nicht zuletzt auch deshalb wichtig, weil die Lernenden viele nicht richtige Vorerfahrungen oder falsche Erkenntnisse aus bisherigem Lernen haben. Werden diese einfach ausgelöscht und das Richtige daneben gestellt, so bleibt das wirkliche Verstehen ungewiss. Deshalb kann ein Dialog nur erfolgreich werden, wenn er im Hinblick auf den neuen Lerngegenstand das bei den Lernenden vorhandene Wissen und Können mitberücksichtigt.
Vygotsky (1978) spricht in diesem Zusammenhang von der «Zone der proximalen Entwicklung» (zone of proximal development) und meint damit die Differenz zwischen dem, was die Lernenden von sich aus intellektuell allein bewältigen und dem, was sie nur mit Hilfe der Lehrenden erwerben können. Erfolgreiche Dialoge spielen sich in dieser Zone ab, d.h. je besser es einer Lehrkraft gelingt, den aktuellen kognitiven Entwicklungsstand der Lernenden zu erfassen und die neuen Lerninhalte so vorzulegen, dass sie mit gezielten Hinweisen, Fragen und Denkanstössen bearbeitet werden können, desto stärker wird das Verstehen und Umgehenkönnen mit diesen Lerninhalten gefördert. Dieses Verstehen und Umgehenkönnen führt zu einem höheren Entwicklungsstand, so dass die «Zone der proximalen Entwicklung» für die nächste Lernphase auf ein höheres Niveau gelangt. Deshalb spielt das Verständnis der Denkprozesse bei den Lernenden und die Einsicht in ihren momentanen Stand für einen lernwirksamen Dialog eine entscheidende Rolle. Ausserdem ist der Dialog nur sinnvoll, wenn die Lernaufgabe so anspruchsvoll gestellt ist, dass sie von den Lernenden ohne fremde Hilfe nicht behandelt werden kann. Diese Hilfestellung durch die Lehrkräfte geht aber wesentlich weiter als die schematische Frage-Antwort-Kette mit kleinen Lernschritten in der herkömmlichen fragend-entwickelnden Lehrform. Sie gibt ein Gerüst für ein immer selbständiger werdendes Denken der Lernenden. Deshalb wird der Begriff des Scaffoldings auch immer häufiger im Zusammenhang mit den Lehrgesprächen verwendet.
Entscheidend für die Wirksamkeit von Lehrgesprächen ist, dass sie nicht auf behavioristischen, schematischen Frage-Antwort-Ketten aufbauen, sondern sowohl formal als auch inhaltlich herausfordernd gestaltet werden. Deshalb sollten Lehrgespräche folgenden Anforderungen genügen:

- Der Dialog darf nicht in einer theatralisch-perfekten Form mit vielen kleinen Lernschritten, die ausschliesslich auf richtige Antworten ausgerichtet sind, ablaufen, sondern es können auch Denkpausen eintreten, wenn die Schülerinnen und Schüler besonders gefordert sind.
- Fehler und Missverständnisse dürfen nicht unterdrückt werden, sondern sie sind für das weitere Lernen fruchtbar zu machen.
- Ein wirklicher Dialog durchbricht das traditionelle Schema «die Lehrkraft fragt – die Lernenden antworten», indem auch Interaktionen nach dem Muster «die Schülerin fragt – die Lehrerin antwortet» oder «die Schülerin fragt – der Schüler antwortet» selbstverständlich werden.
- Die Lernenden werden zunehmend mehr aus der Hilfestellung der Lehrkraft befreit und selbständiger (vom direkten zum indirekten Unterrichtsverhalten der Lehrkraft).

3 Erkenntnisse aus der Forschung

Die Wirksamkeit von Lehrgesprächen hängt massgeblich von der Qualität der Dialoge ab. Erstmals versuchte Bellack (1966) eine Taxonomie für die einzelnen Äusserungen in einem Dialog aufzustellen, um Rückschlüsse auf dessen Wirksamkeit ziehen zu können. Er unterschied zwischen strukturierenden Äusserungen, die den Rahmen für den Fortgang des Dialogs festlegen; Aufforderung zu Aktivitäten; Antworten darauf sowie Reaktionen (z.B. Klarstellungen, Erweiterungen). In seinen Untersuchungen stellte er fest, dass über 80% der strukturierenden Äusserungen und Reaktionen durch die Lehrkräfte erfolgten, und die Schülerinnen und Schüler meistens nur auf die Aufforderungen der Lehrkräfte reagierten. Deshalb sind viele Lehrgespräche keine echten Dialoge. Dieser Sachverhalt ist vielfach bestätigt. Tausch & Tausch (1986) ermittelten im schlechten Frontalunterricht im Mittel 2–4 Fragen pro Minute. Gage & Berliner (1998) wiesen einen Überhang an Wissens- und Erinnerungsfragen (in einzelnen Fällen bis zu 80% aller gestellten Fragen) und nur 20% der Fragen auf einem höheren kognitiven Niveau sowie 20% der Fragen zum Unterrichtsablauf nach. Besonders scharf kritisiert Bittner (2006) das Unterrichtsverhalten von Lehrkräften in Lehrgesprächen und Klassendiskussionen aufgrund von Beobachtungen in Studienseminaren: Das Schweigen der Schülerinnen und Schüler oder Schwierigkeiten beim Beantworten von Fragen verleiten Lehrkräfte zu einem zwanghaften Nachfragen, was oft zu Frageketten führt, die immer substanzloser werden, und die Lehrpersonen aus den vielen Antworten das herausfiltrieren, was ihren Absichten entspricht. Häufig lässt sich, vor allem wenn kurze und einfache Fragen gestellt werden, ein Lehrerecho beobachten, d.h. die Lehrperson wiederholt jede Schülerantwort. Das Lehrerecho tritt umso häufiger auf, je stärker der Dialog gesteuert und je substanzloser die Fragen sind. Besonders wirkungslos sind die immer wieder zu beobachtenden Scheindialoge, bei denen nur auf die Schüleraktivitäten, nicht aber auf die inhaltliche Substanz geachtet wird. Scheindialoge zeichnen sich insbesondere durch folgende Fragentypen aus, die alle pädagogisch unfruchtbar sind: Entscheidungsfragen, Scheinfragen, Echofragen, Ratefragen, Suggestivfragen usw. (siehe Abschnitt 3.2.2 im Kapitel 4).
Angesichts der Komplexität der Erfassung von Dialogen ist es verständlich, dass bislang nur wenige empirische Untersuchungen zur Frage der Lernwirksamkeit von Lehrgesprächen und Klassendiskussionen vorgelegt wurden. Im Zusammenhang mit dem «Direct Instruction Model» haben Rosenshine & Meister (1992) die Wirksamkeit dieses stark auf den Frontalunterricht ausgerichteten Modells nachgewiesen. Bei dieser Studie bleibt aber offen, wie viel der Frontalunterricht und wie viel die anderen Merkmale des Modells zum Lernerfolg beigetragen haben. Auch Waxmann & Walberg (1991) haben gezeigt, wie Dialoge als Instruktion anspruchsvolle kognitive Leistungen herausfordern, wenn sie in starken Lernumgebungen flexibel und situationsgerecht eingesetzt werden. Anders ausgedrückt muss der Dialog in multiplen Kontexten stattfinden, damit der Erkenntnisgewinn immer wieder in neue Situationen übertragen werden kann, um «Landschaften» mit komplexen «Domänen» auszuformen. Diese Forderung entspringt der «Cognitive-Flexibility-Theorie», welche die Bedeutung der vielseitigen Anwendung des Wissens in verschiedensten Lernumwelten beschreibt (Reinmann-Rothmeier & Mandl 1998).

Eine der wenigen systematischen Untersuchungen zur Wirksamkeit des Frontalunterrichts legte Frey (1976) vor. Er wollte feststellen, inwieweit die Mathematikleistung besserer und schwächerer Schüler durch unterschiedliche Lehrformen (Partnerarbeit, Alleinarbeit, frontalunterrichtliche Erarbeitung und Darbietung durch Lehrervortrag) beeinflusst wird. Er gelangte dabei zu sehr differenzierten Ergebnissen: Der Lernerfolg wird generell stärker durch das Leistungsniveau der Lernenden als durch die Lehr- und Lernformen bestimmt. Auch der jeweilige Lernbereich (Arithmetik, Geometrie usw.) hat einen starken Einfluss. So lernten in seinem Versuch die leistungsstärkeren Lernenden in Arithmetik eher mehr im Frontalunterricht, während die leistungsschwächeren Jugendlichen von den anderen Lernformen mehr profitierten. Dies steht im Gegensatz zu den Erkenntnissen aus dem «Direct Instruction Model» (Rosenshine & Meister 1992). Der Lehrervortrag erbrachte zwischen besseren und schlechteren Lernenden bei Sachaufgaben keine wesentlichen Unterschiede, wohl aber bei der Mengenlehre. In Zahlen ausgedrückt ergaben sich folgende Beiträge der einzelnen Faktoren an die Gesamtleistung: Lernbereiche 2,3 %, Unterrichtsmethoden nur 1,5 %, Leistungsfähigkeit 54,6 %, Wechselwirkungen 27,4 % und Reststreuung 14,1 %. Diese Reststreuung ist auf Faktoren wie Motivation, soziale Schichtzugehörigkeit usw. zurückzuführen, die nicht untersucht wurden. In einer ähnlichen Weise untersuchten Langer & Schoof-Tams (1976) den Frontalunterricht im Vergleich zur Einzelarbeit und zur Kleingruppenarbeit. Sie erkannten, dass die Einzelarbeit am wenigsten wirksam war. Leistungsschwache Lernende erzielten den höchsten Lernfortschritt bei der Gruppenarbeit bei leicht verständlichen Texten, während leistungsstarke Kinder mit schwer verständlichen Texten am meisten vom Frontalunterricht und am wenigsten in Gruppenarbeiten lernten. Besonders stark versagten die Lernenden in Gruppen, wenn sie besonders schwere Texte zu bearbeiten hatten, was mit dem «Direct Instruction Model» wieder übereinstimmt. In Prozenten ausgedrückt trägt der Faktor Textverständlichkeit 6%, Unterrichtsmethoden 4 %, Leistungsfähigkeit der Schüler 16 % bei. Der Rest ist durch andere Faktoren bestimmt, die nicht untersucht wurden.
Die vorliegenden Untersuchungen zeigen, dass es kaum je gelingen wird, einen Nachweis der Überlegenheit oder Unterlegenheit von Lehrgesprächen zu erbringen. Zu viele Faktoren beeinflussen die Lernergebnisse: Leistungsfähigkeit der Schülerinnen und Schüler, Lerninhalte und vor allem die Qualität der Darbietung und der Dialoge. Deshalb wird es wahrscheinlich ob der vielen Wechselwirkungen bei den Darbietungen und Dialogen nie gelingen, einen empirischen Beleg über die generelle Wirksamkeit einzelner Lehr- und Lernformen im Vergleich zu anderen zu erbringen.
Hingegen gibt es immer deutlichere Hinweise dafür, dass bessere und schlechtere Dialoge unterschiedlich lernwirksam sind. Aufgrund des gegenwärtigen Forschungsstands (vergleiche Pauli 2006 und insbesondere Seidel, Rimmele & Prenzel 2003) sind sie wirksam, wenn die Lernenden

- auf der **individuellen Ebene** durch ihre Teilnahme an den Dialogen im **Aufbau von kognitiven und metakognitiven Prozessen** unterstützt werden und die aktive Lernarbeit der Schülerinnen und Schüler zur Verinnerlichung von Kompetenzen führt,
- auf der **sozialen Ebene** die Dialoge als **anregend** und **herausfordernd** empfinden und kognitiv gut strukturierte Interaktionen stattfinden,
- auf der **unterrichtlichen Ebene** anhand gut ausgewählter Lerninhalte dialogisch unterrichtet werden, und die Dialoge **qualitativ gut** sind, wozu es viele praktische Hinweise gibt. Besonders bedeutsam sind die folgenden Aspekte:

- Die Darbietungen und Dialoge müssen gut strukturiert sein.
- Die Unterstützung der Lehrperson muss auf die Lernprozesse und die kognitiven Prozesse ausgerichtet sein. Dabei soll sie sich am «Prinzip der minimalen Hilfe» orientieren, d. h. die Lehrkraft soll wenig vorgeben, viel anregen und prozessunterstützend wirken.
- Die Lehrperson muss Schülerantworten konstruktiv auswerten und weiterverwenden, indem sie die Schülerinnen und Schüler im Dialog unterstützt, wesentliche Gedanken durch die Klasse weiter verarbeiten lässt, um mit einer Ko-Konstruktion ein gemeinsames Wissen aufzubauen (Konzept des Revoicing, das eine dreifache Unterstützung der Lernenden durch die Lehrperson fordert: Sie sollen lernen, wie man Überlegungen zum Ausdruck bringt, wie man verschiedene Gesichtspunkte vergleicht, und wie man eine Position ausdrücken kann [O'Connor & Michaels 1996]).
- In der Klasse muss sich eine **Diskurs-Kultur** entwickeln, und die Lernenden sollen durch die Dialoge zu einer Lerngemeinschaft werden, in welcher gemeinsam Wissen konstruiert wird, wobei Lehrgespräche zur Vertiefung immer wieder mit Lernformen (Einzelarbeiten, Kleingruppenarbeiten usw.) ergänzt werden sollten, um die Lernenden in Richtung des selbstgesteuerten Lernens zu führen.

All diese Erkenntnisse entspringen einem Paradigmawechsel in der Forschung über die Lehrmethoden: In der Vergangenheit sah man die Lehrmethoden vornehmlich aus der Sicht des Lehrerverhaltens und hat dabei die Eigenarten und Merkmale der Lernenden in bestimmten Situationen weitgehend vernachlässigt. Heute misst man dem Schülerverhalten und der Qualität der Interaktion zwischen den Lehrenden und Lernenden mehr Bedeutung bei (Cazden 1986). Deshalb interessieren auch Vergleiche über die Wirksamkeit von Lehr- und Lernformen weniger als die Frage, wie Lehrformen in bestimmten Unterrichtssituationen verbessert werden können, um eine bessere Wirksamkeit zu erzielen. Als Folge davon orientiert sich die Forschung heute insbesondere an Mikroanalysen von erfolgreichen Lehrgesprächen, aus denen Erkenntnisse für die Gestaltung von Dialogen gewonnen werden (vergleiche beispielsweise Leinhardt 2005).

4 Lehrgespräche

4.1 Das Lehrgespräch I: Der Dialog als Instruktion

4.1.1 Merkmale und Anwendung

Gudjons (2006) unterscheidet zwei Formen von Lehrgesprächen,
- den **traditionellen Frontalunterricht**, d. h. das Lehrgespräch wird während einer ganzen Lektion eingesetzt, sowie
- den **integrierten Frontalunterricht**, d.h. während einer Lektion wird das Lehrgespräch mit anderen Lehr- und Lernformen kombiniert, um einerseits Abwechslung in den Unterrichtsablauf zu bringen und um andererseits den Unterricht zielgerichteter zu gestalten, nachdem bekannt ist, dass sich die einzelnen Lehr- und Lernformen nicht gleichermassen für jedes Lernziel eignen.

Im Prinzip ist ein integrierter Frontalunterricht anzustreben. Diese Form sollte aber nicht dazu verleiten, den Frontalunterricht «retten» zu wollen, indem in jeder Lektion von allem etwas getan wird (Kleingruppenarbeit, selbständige Textbearbeitung, Simulationen usw.) oder damit gar ein offener Unterricht propagiert wird, in welchem die Schülerinnen und Schüler die Lerninhalte und die Lernziele aushandeln sowie die Lehr- und Lernformen mitbestimmen (Gudjons 2006, 92). Viel entscheidender sind die Überlegungen, welche Lehr- und Lernformen in einer bestimmten unterrichtlichen Situation ohne Verfahrensaktivismus zu den besten Lernerfolgen führen.

Der Dialog zur Instruktion lässt sich wie folgt anwenden:

- Er dient der **Erarbeitung** von deklarativem und prozeduralem Wissen sowie der metakognitiven Förderung unter Anleitung der Lehrperson, welche je nach dem Stand der Klasse einen direkteren oder indirekteren Führungsstil wählt.
- Damit die Erarbeitung des deklarativen und des prozeduralen Wissens Langzeitwirkung erhält, ist die Anleitung der Lehrkraft auf das Verdeutlichen von Arbeitstechniken, Lern- und Denkstrategien auszurichten, damit die Lernenden auf das selbstgesteuerte Lernen vorbereitet werden. Es ist nachweislich lernwirksamer, wenn die Schülerinnen und Schüler angeleitet zu den Strategien hingeführt werden, denn das Versuchs- und Irrtumslernen ist nicht nur zeitaufwändig, sondern auch wenig lernwirksam.
- Der Dialog als Instruktion eignet sich besonders gut für die Vernetzung des Wissens. Noch immer nehmen die Lernenden das Wissen additiv auf, weil sie häufig nicht in der Lage sind, die vielen einzelnen Wissenselemente in grössere Zusammenhänge zu bringen (sie zu vernetzen). Die Unterstützung zur Vernetzung ist eine zentrale Aufgabe des Unterrichts, die in Dialogen als Instruktion am besten verwirklicht werden kann.
- Die Erarbeitung dieser Bereiche erfolgt vornehmlich an Aufgaben- und Problemstellungen, die an den Anfang möglichst jeder Unterrichtseinheit gesetzt werden.
- Die Lehrkraft ist nicht die alleinige Informationsquelle, die Wissen weitergibt, sondern sie wirkt auch als Vermittlerin zwischen den Lernenden und den Lerninhalten.
- Der Dialog zur Instruktion kann in den verschiedensten Unterrichtssituationen eingesetzt werden: (Eher ausnahmsweise) während ganzen Lektionen; in gewissen Phasen von Lektionen, die schwergewichtig mit anderen Unterrichtsverfahren durchgeführt werden (z.B. kann die Einzelarbeit im Informatikunterricht am Computer unterbrochen werden, um eine Problemstellung im Klassenganzen zu erarbeiten, oder während einer Gruppenarbeit, indem mit einer einzelnen Gruppe etwas im Dialog als Instruktion erarbeitet wird).
- Anzustreben ist, den Dialog zur Instruktion zielgerichtet mit anderen Unterrichtsverfahren zu kombinieren.

Diese Anwendungsmöglichkeiten zeigen, dass im Schulalltag nicht zu dogmatisch zwischen dem instruktionalen und dem konstruktivistischen Ansatz unterschieden werden sollte (siehe Abschnitt 3 im Kapitel 1). Die Schülerinnen und Schüler **konstruieren** ihr Wissen und Können unter einer **angemessenen instruktionalen Anleitung**. Deshalb wird auch von einem **wissensbasierten** oder **gemässigten Konstruktivismus** gesprochen (Reinmann-Rothmeier & Mandl 2001).

4.1.2 Die Gestaltung des Dialogs als Instruktion

Wie bereits beschrieben ist es wissenschaftlich immer noch nicht richtig gelungen, gute Dialoge in genereller Weise zu beschreiben. Wahrscheinlich bleibt dieses Ziel unerreichbar, weil die Führung eines guten Dialogs eine **Kunst** ist. Deshalb werden im Folgenden aus pragmatischer Sicht von zwei Seiten her praktische Hinweise gegeben: Zuerst wird gezeigt, wie ein Dialog als Instruktion **aufgebaut** werden kann und dann werden Beispiele zur **Anleitung von kognitiven Prozessen** angeführt.
Idealerweise sollte ein Dialog zur Instruktion mit einer Problemstellung oder Fragestellung beginnen, aus der die Zielsetzung für den Unterrichtsabschnitt abgeleitet wird. Diese Problem- oder Fragestellung kann als **Zielbeispiel** bezeichnet werden, weil sein Inhalt auf das zu Erarbeitende auszurichten ist und immer wieder als Grundlage für den Erkenntnisgewinn dient. Dann sind die Erfahrungen und das Vorwissen zu aktivieren, damit einerseits mit sicheren Voraussetzungen gearbeitet und andererseits die Vernetzung des Wissens eingeleitet werden kann. In den meisten Fällen muss dann die Aufmerksamkeit auf einen bestimmten Aspekt gelegt werden, der das Problem verdeutlicht und die Suche nach Antworten erleichtert. Darauf aufbauend kann der kognitive Prozess eingeleitet werden. Sind die Begriffe gebildet, die Fragestellung beantwortet und/oder das Problem gelöst, kann generalisiert, d.h. das Allgemeingültige ermittelt werden. Daran anschliessen sollte sich eine metakognitive Phase, während welcher dialogisch über die Lernerfahrungen reflektiert wird. Wenn irgendwie möglich, sollte darauf eine angeleitete Übungsphase folgen, mit welcher der Umgang mit dem erlernten Wissen und den gewonnenen Strategien flexibilisiert wird. Den Abschluss kann eine Phase der Selbstevaluation bilden, indem mit den Lernenden eine Beurteilung der Zielerreichung vorgenommen wird (siehe Abbildung 5.3).
Oft wird vorgeschlagen, statt Fragen zu stellen, Impulse zu geben (z.B. «Denkt an die Regeln für die Durchführung eines Versuchs!»). Zur Abwechslung mögen sie gelegentlich berechtigt sein, doch sollten sie die Ausnahme bilden, weil auf Impulse weniger Reaktionen zu erwarten sind. Geeignet sind sie für Beobachtungsaufgaben und als Herausforderung zur Reflexion sowie für Aufträge und als Herausforderung, etwas zu beachten oder auf etwas aufmerksam zu werden.

Rosenshine & Meister (1992) haben nachgewiesen, dass erfolgreiche Lehrkräfte kognitive Prozesse sorgfältiger anleiten und häufiger modellieren, d.h. zeigen, wie sie überlegen oder wie sie ihre Prozesse vollzogen haben (Gaskins, Anderson et al. 1993).
Um vor allem kognitive Prozesse besser anzuleiten, schlagen Collins & Stevens (1983) **zehn mögliche Sequenzen** zu deren **Anleitung** vor. Sie verstehen sie als Ideensammlung zur Verbesserung von Dialogen als Instruktion.

(1) **Wahl von positiven und negativen Beispielen**: Diese Sequenz wird in einem Dialog gewählt, um bei Definitionen oder Begriffen die relevanten (konstituierenden) Merkmale bewusst zu machen.
Beispiel: Mit der Klasse wurde ein Begriff erarbeitet. Um zu erkennen, ob die Schülerinnen und Schüler den Begriff verstanden haben, gibt die Lehrerin Beispiele, die für den Begriff zutreffen und solche, die ähnlich, aber nicht zutreffend sind (z.B. wurde im Rechtskunde-Unterricht der Begriff des unlauteren Wettbewerbs besprochen. Anschliessend werden eindeutige Beispiele, die zutreffen und nicht zutreffen, analysiert).

Abbildung 5.3 **Der Aufbau und Ablauf eines Dialogs als Instruktion**

Aufbau und Ablauf des Dialogs	**Umschreibung**	**Verbales Lehrerverhalten (und verbales Schülerverhalten)**	**Beispiele für Fragen und Impulse**
Problemstellung und Zielsetzung	Erkennen von Problemen und Umschreiben der Absicht (Zielsetzung) in einem Unterrichtsabschnitt	Fragen, Hinweise, Denkanstösse, Tipps	– Wo liegen die Probleme in diesem Beispiel? – Bedenkt die Unterschiede in den beiden Situationen.
Aktivierung von Erfahrungen und Vorwissen	Herstellen des Bezugs zwischen dem Neuen und dem Bekannten; Hinweis auf bekannte Arbeitstechniken, Denk- und Lernstrategien	Fragen, Hinweise, Tipps	– Sucht nach Kriterien, die ihr von früher kennt! – Welcher bekannte Zusammenhang wird hier wieder sichtbar?
Aufmerksamkeit auf einen bestimmten Punkt lenken (etwas bewusst machen)	Hilfestellung, indem die Aufmerksamkeit auf einen bestimmten Punkt gezogen wird	Fragen, Hinweise, Denkanstösse, Tipps	– Was ergäbe sich, wenn wir das Problem aus historischer Sicht betrachten würden? – Wo liegt der Widerspruch in dieser Aussage?
Anleiten des kognitiven Prozesses	Weiterführung der Gedankenfolge (im Denkfeld der Lehrkraft) mittels geeigneter Arbeitstechniken, Denk- und Lernstrategien	Fragen, Hinweise, Denkanstösse, Tipps sowie Modellieren	– Auf welchem Weg kommen wir weiter? – Wie wäre es, wenn...? – Überlegt die Konsequenzen eurer Aussagen!
Formale Erklärung der eigenen Denk- und Lernstrategien (metakognitiver Aspekt)	Nachdenken über und Erklären der eigenen Vorgehens- und/oder Denkweisen zum Aufbau der eigenen Denk- und Lernstrategien	Aufforderungen zur Erklärung und Zusammenfassung, Nachvollziehen der Lernprozesse sowie Modellieren	– Erklärt, wie ihr vorgegangen seid. – Welche Denkschritte habt ihr vollzogen?
Herausarbeiten von Generalisierungen	Erkennen von Allgemeingültigem, Regeln, Übertragbarem	Fragen und Aufforderungen zum Herausarbeiten	– Welche Regel lässt sich ableiten? – Was ist allgemeingültig?
Angeleitete Übung	Übung zur Vertiefung des Verstehens und Anwendung	Neue Problemstellungen ergänzt durch Hinweise und Fragen	– Entwerft dazu ein eigenes Beispiel. – Wie sähe es aus, wenn diese Bedingung verändert würde?
Anleiten zur Selbstevaluation	Eigenbeurteilung von Erkenntnissen	Fragen, Hinweise, Tipps	– Schätzt ab, ob diese Lösung richtig sein kann. – Ist dies wirklich eine sinnvolle Lösung?

(2) **Situationen systematisch verändern:** Nach der Erarbeitung einer Regel oder eines Sachverhalts behandelt sie die Lehrkraft weitergehend, indem sie die Bedingungen oder die Voraussetzungen verändert. (Wie beeinflusst die Veränderung eines Faktors das Übrige? Welche Generalisierungen lassen sich aus den vielen veränderten Voraussetzungen ableiten? usw.)
Beispiel: Die einzelnen Kennzahlen für eine Bilanz wurden erarbeitet. Anschliessend werden einzelne Bilanzpositionen verändert, um die Auswirkungen auf die gesamte finanzielle Lage abschätzen zu können.

(3) **Gegenbeispiele auswählen:** Nachdem für einen Begriff, einen Sachverhalt oder ein Problem Merkmale, Kriterien oder Lösungen entwickelt wurden, gibt die Lehrerin Gegenbeispiele, die dazu dienen, eine weitere Differenzierung der Betrachtungsweise einzuleiten.
Beispiel: Die Schülerinnen und Schüler haben für eine bestimmte Klimaregion nach ihrem bisherigen Kenntnisstand die Flora und die Fauna beschrieben. Dabei haben sie aber die Höhenunterschiede nicht berücksichtigt. In dieser Situation bringt der Lehrer Gegenbeispiele ein, welche die Lernenden dazu veranlassen, auch über den Einfluss der Höhe nachzudenken.

(4) **Hypothetische Fälle entwerfen:** Die Lernenden gelangen zu einer Folgerung. Nun wirft die Lehrerin ein hypothetisches Beispiel ein, damit überprüft werden kann, ob die Überlegungen zutreffend sind oder ob Präzisionen nötig sind.
Beispiel: Bei der Behandlung der Asylbewerberfrage kommt die Klasse zum Schluss, dass der Bundesrat aus rechtlichen Gründen nicht anders handeln kann, als er es tut. Nun kann der Lehrer einen hypothetischen Fall einbringen, indem er fragt: «Wie liesse sich das Problem lösen, wenn der Bundesrat im Notrecht in eigener Kompetenz die rechtlichen Grundlagen schaffen könnte?»

(5) **Entwickeln von Hypothesen:** Die Lernenden behandeln Situationen, Fälle, Aufgaben oder Probleme und kommen zu Feststellungen oder Schlüssen, die sie generalisieren, indem sie Hypothesen aufstellen, die auf Regeln oder allgemeingültige Begründungen verweisen. Sie versuchen, sie als Faktoren zu identifizieren und diese miteinander in Beziehung zu bringen.
Beispiel: Die Lernenden behandeln die Temperaturen und erkennen eine Beziehung zur Nord-Süd-Lage. Eine genauere Prüfung zeigt aber, dass Orte auf gleichen Breitengraden unterschiedliche Temperaturen haben. Jetzt lässt die Lehrerin Hypothesen über weitere Einflussfaktoren entwickeln, indem sie die Schüler Temperaturkarten studieren lässt. Eine Hypothese lautet: Die Temperatur ist auch abhängig von der Entfernung zu grossen Wassern: Je ferner ein Standort vom Meer ist, desto tiefer werden die Temperaturen im Winter.

(6) **Beurteilen von Hypothesen:** Haben die Lernenden Hypothesen entwickelt, so müssen sie diese überprüfen, d.h. systematisch testen, ob sie wirklich für jede Situation und jeden Fall zutreffen.
Beispiel: Im Beispiel mit den Temperaturen ziehen die Lernenden Klimatabellen zu Rate und überprüfen, ob mit ihren beiden Hypothesen (Nord-Süd und Abstand vom Meer) wirklich alle Fälle erklärt sind.

(7) **Betrachten unter anderen Voraussetzungen:** Die Lernenden werden aufgefordert, einen Sachverhalt, eine Aussage, ein Problem usw. unter anderen Voraussetzungen zu betrachten, damit sich ihre Betrachtungsweise verbreitert. Dadurch sollen Einseitigkeiten und ein schematisches Verständnis überwunden werden.

Beispiel: Die Klasse hat über den Nutzen einer bestimmten Organisationsform in einer Unternehmung gesprochen und ist zum Schluss gekommen, dass diese Form für die Unternehmung die effizienteste ist. Nun fordert sie der Lehrer auf, die ganze Frage aus der Sicht der Mitarbeiter zu betrachten: «Wie ist diese Organisationsform aus der Sicht der Mitarbeiter zu beurteilen?»

(8) **Widersprüche aufnehmen und darauf hinweisen**: Oft antworten Schülerinnen und Schüler in widersprüchlicher Weise. Dann sind diese Widersprüche aufzunehmen und zu verarbeiten.
Beispiel: Eine Schülerin ist der Meinung, die Zinsen seien im Interesse billiger Mieten tief zu halten. Etwas später fordert sie bessere Massnahmen zur Inflationsbekämpfung. An dieser Stelle ist die Frage aufzuwerfen: «Welche Beziehungen bestehen zwischen Zinssätzen in bestimmten konjunkturellen Lagen und der Inflation?»

(9) **In Widersprüche verstricken:** Oft beruhen Aussagen von Schülerinnen und Schülern auf Missverständnissen, falschen Annahmen oder unrichtigen Voraussetzungen. Mit Gegenfragen oder Ergänzungen gelingt es oft, ihnen aufzuzeigen, dass ihre Überlegungen Widersprüche enthalten.
Beispiel: Lernende sind der Meinung, es sei in Ordnung, wenn Atomkraftgegner jenen prozentualen Anteil an ihrer Stromrechnung nicht bezahlen, der aus Atomkraftwerken stammt. Sie erwarten davon mehr Druck auf die Elektrizitätswerke, auf Atomstrom zu verzichten. Statt lange zu argumentieren, fragt die Lehrerin zurück: «Aus euren Äusserungen schliesse ich, dass ihr der Auffassung seid, man solle immer dann, wenn man mit etwas nicht einverstanden ist, den Pflichten nicht nachkommen.»

(10) **Autorität kritisch hinterfragen:** Die Lernenden sollten zu erkennen lernen, dass die Lehrkräfte und die Lehrbücher nicht immer alles abschliessend richtig klären können, sondern viele Erkenntnisse auf bestimmten Annahmen und Werthaltungen beruhen oder Sachverhalte noch ungeklärt sind. Deshalb sind sie immer wieder zum kritischen Hinterfragen anzuleiten.
Beispiel: In diesem Zusammenhang ist das Verhalten der Lehrkräfte entscheidend, indem sie durch ihre Äusserungen erkennen lassen, dass sie nicht allwissend sind. So soll durchaus einmal gesagt werden: «Ich bin auch nicht sicher. Lasst uns das Ganze gemeinsam durchdenken!» Oder die Lehrkraft stellt eine Behauptung auf, wartet einen Moment und fragt, wenn keine Schülerantwort kommt: «Ist wirklich jedermann mit dieser Aussage einverstanden?»

Diese zehn Prinzipien zur Verbesserung des Dialogs stehen auf einem hohen Abstraktionsniveau. Deshalb wollen sie auch nur als Anregungen verstanden sein, die in den einzelnen Unterrichtssituationen zu konkretisieren sind und keinesfalls schematisch angewandt werden dürfen. Collins & Stevens (1983) haben Lehrkräfte beobachtet und glauben, dass der geschickte Einsatz solcher Sequenzen im Dialog drei Vorteile bringt: (1) Er führt zu einem kognitiv anspruchsvolleren Unterricht, (2) er motiviert die Schülerinnen und Schüler für Lehrgespräche, weil sie sinnvoll aktiv werden können und (3) er fordert die Lernenden zu selbständigem Denken heraus, weil sie dank der Anleitung durch die Lehrkraft Denkprozesse besser erkennen können.
Abschliessend wird ein schlechtes (Abbildung 5.4) einem guten Lehrgespräch in der Form eines Dialogs als Instruktion gegenübergestellt (Abbildung 5.5). Dieser Vergleich zeigt einerseits, wie ein Dialog (Lehrgespräch) anspruchsvoller und interessanter gestaltet werden kann, wenn mit Hilfe von Unterlagen und problemorientiert gearbeitet wird; und andererseits macht er deutlich, wie die in diesem Abschnitt modellhaft dargestellten Sequenzen im Dialog eingebaut werden können. Und doch

befriedigt dieses Beispiel nicht ganz, denn es ist (nicht zuletzt angesichts der knappen Unterrichtszeit) zu fragen, ob diese Problemstellung kognitiv interessant und bedeutsam genug ist, um sie wirklich im Dialog als Instruktion zu erarbeiten, oder ob es nicht sinnvoller wäre, dies in einem kurzen Lehrervortrag zu präsentieren. Die letztere Lösung ist wahrscheinlich sinnvoller. Damit ist zugleich zum Ausdruck gebracht, dass auch der Lehrervortrag (im Sinne eines Abschnitts in einer Lektion) seine Bedeutung behält. Darauf ist im Abschnitt 5 dieses Kapitels zurückzukommen.

4.2 Lehrgespräch II: Der Dialog als Entdecken

4.2.1 Seine Anwendung

Der Dialog als Entdecken im Frontalunterricht (gesteuertes entdeckendes Lernen) beruht auf ähnlichen Überlegungen wie der Dialog als Instruktion. Er ist aber in seinem Ablauf systematisch strukturiert, weil ein ganzer Entdeckungsprozess (Problemlöseprozess) durchlaufen wird. Deshalb beginnt er nicht mit irgendwelchen Informationen, sondern mit einer umfassenden Frage oder einer Problemstellung zu bestimmten Vorkommnissen oder Erscheinungen. Auf diesen Grundlagen formulieren die Lernenden Hypothesen, prüfen sie, ziehen Schlussfolgerungen und nehmen Generalisierungen vor. Wesentlich ist dabei, dass sie eigene Mutmassungen einbringen und auf Faktoren aufmerksam werden, die sie üblicherweise vernachlässigen. Auf diese Weise lernen sie mit richtigen und falschen Hypothesen umzugehen und werden fähig, ihre eigenen Vorschläge zu evaluieren (Fähigkeit der Selbsteinschätzung von Ideen und Lösungen).

Beispiele: Im Volkswirtschaftslehre-Unterricht lässt sich die ganze Problematik der Arbeitszeitverkürzung in Rezessionszeiten (Verteilung der Arbeit auf mehr Arbeitskräfte) im Dialog als Entdecken bearbeiten, wobei die moderierende Aufgabe der Lehrkraft darin besteht, die Betrachtungsweise von einer linearen Abfolge in eine ganzheitliche Beurteilung überzuführen. Oder im Staatskunde-Unterricht entdecken die Lernenden aus aktuellen politischen Vorgängen die Vorteile und die Probleme eines Zweikammersystems (Ständerat/Nationalrat).

Abbildung 5.4 **Beispiel eines schlechten Dialogs als Instruktion**

Lehrer:	Nach dem bisher Gelernten müssen Nettosozialprodukt und Volkseinkommen gleich gross sein. In Wirklichkeit sind sie es aber nicht,weil zwei Staatseinflüsse zu beachten sind: die indirekten Steuern und die Subventionen. Was sind indirekte Steuern?
Schüler:	Zölle und Mehrwertsteuer.
Lehrer:	Gut. Schauen wir zuerst die Mehrwertsteuer an. Sie ist in den Verkaufspreisen inbegriffen. Was bedeutet dies für das Nettosozialprodukt?
Schülerin:	Im Wert des Nettosozialprodukts ist der Betrag der Mehrwertsteuer eingeschlossen.
Lehrer:	Jawohl. Dieser Betrag fliesst aber an den Staat und nicht an die Empfänger des Volkseinkommens. Deshalb ist das Nettosozialprodukt um die Mehrwertsteuer höher. Welcher Unterschied besteht deshalb zwischen Volkseinkommen und Nettosozialprodukt?
Schüler:	Das Nettosozialprodukt ist um die Mehrwertsteuer höher als das Volkseinkommen.
Lehrer:	Sehr gut. Wie ist deshalb zu rechnen, wenn man vom Nettosozialprodukt zum Volkseinkommen gelangen will?
Schülerin:	Nettosozialprodukt minus Mehrwertsteuer gibt Volkseinkommen.
Lehrer:	Jawohl.
usw.	

Abbildung 5.5 **Verbesserter Dialog als Instruktion**

Dialog als Instruktion		**Sequenzen im Dialog**
Lehrer:	Nachdem wir die theoretischen Grundlagen von Nettosozialprodukt und Volkseinkommen betrachtet haben, wollen wir die genauen Statistiken anschauen. Wo stimmen unsere Aussagen nicht mit der Statistik überein?	Problemstellung: Autorität hinterfragen
Schülerin:	Nettosozialprodukt und Volkseinkommen stimmen nicht überein.	
Lehrer:	Richtig. Nur unter welcher Bedingung würden sie übereinstimmen?	Entwickeln von Hypothesen
Schüler:	Wenn keine indirekten Steuern und Subventionen zu berücksichtigen wären.	
Lehrer:	Warum führen diese beiden Grössen zu Unterschieden zwischen dem Volkseinkommen und dem Sozialprodukt?	Entwickeln von Hypothesen
Schülerin:	Wir haben gelernt, dass das Nettosozialprodukt zu Marktpreisen berechnet wird. Deshalb sind die Mehrwertsteuern im Nettosozialprodukt inbegriffen. Sie gehen an den Staat und sind damit im Volkseinkommen nicht berücksichtigt. Deshalb sind die indirekten Steuern abzuziehen.	
Lehrer:	Diese Überlegung ist richtig. Gilt dies aber auch für die anderen indirekten Steuern?	Wahl von positiven und negativen Beispielen
Lehrer: usw.	Wer argumentiert?	

4.2.2 Die Gestaltung des Dialogs als Entdecken

Abbildung 5.6 zeigt ein Grundschema für den Ablauf eines Dialogs als Entdecken. Sein Vorteil liegt in der kognitiven Wirkung, sein Problem im grossen Zeitaufwand zur Erarbeitung von Generalisierungen. Deshalb kann auch diese Form von Unterricht nicht zum ausschliesslichen Prinzip werden.

4.3 Scaffolding in Dialogen als Instruktion und in Dialogen als Entdecken

Im Abschnitt 3.2 im Kapitel 3 wurde angedeutet (Fussnote 30), dass zwischen dem Scaffolding beim selbstgesteuerten individuellen Lernen und Lernen in Gruppen und dem Scaffolding bei Dialogen unterschieden werden sollte, weil bei diesen beiden Lehr- und Lernformen die unterrichtlichen Bedingungen sehr verschieden sind. Nachdem dort Empfehlungen für das Scaffolding beim selbstgesteuerten Lernen vorgelegt wurden, gilt es im Folgenden in zusammenfassender Weise auf das Scaffolding in Dialogen einzugehen.

Abbildung 5.6 **Ablauf eines Dialogs als Entdecken**

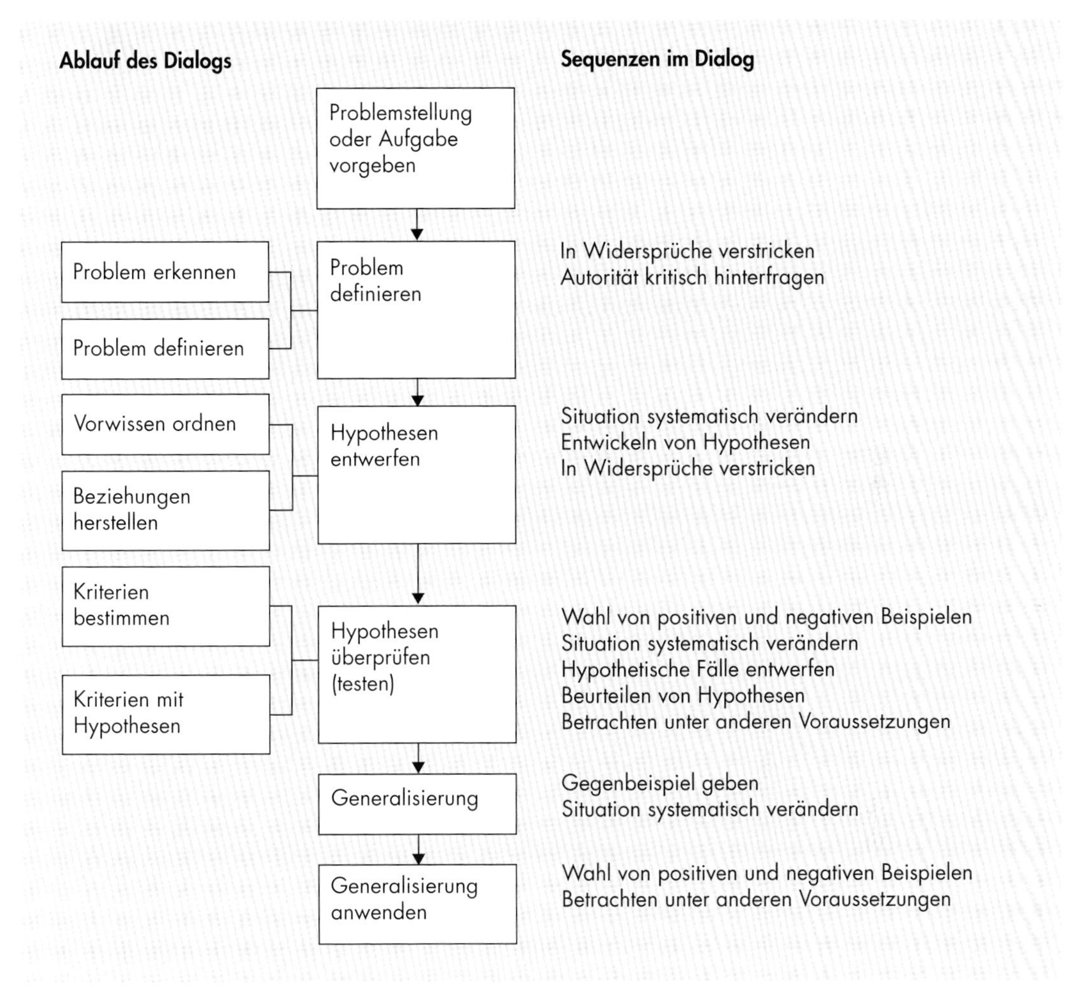

Beobachtet man Lehrkräfte, so erkennt man immer wieder gleiche Fehler beim Scaffolding (vergleiche dazu auch Salonen & Vauras 2006):

- Lehrkräfte wirken zu **direktiv** ein, indem sie zu genaue Hinweise oder zu konkrete Anweisungen geben, so dass bei den Lernenden keine kognitiv wertvollen Prozesse eingeleitet, sondern anspruchslose Aktivitäten ausgelöst werden.
- Sie unterstützen einen Lernprozess bei den geringsten Schwierigkeiten **vorschnell**. Meistens geschieht dies im falschen Bestreben für eine hohe Aktivität im Unterrichtsablauf. Pausen, während denen die Schülerinnen und Schüler ernsthaft reflektieren, können wertvoll sein.
- Sie **unterbrechen** die Denkarbeit der Lernenden fortlaufend, um neue Impulse zu geben. Dadurch behindern sie die laufenden Denkprozesse und damit die Eigentätigkeit im Lehrgespräch.
- Sie vermitteln **unklare Impulse**, indem ihre Interventionen zu vage oder zu abstrakt sind und keinen Anhaltspunkt für das weitere Reflektieren geben.

- Sie greifen im **falschen Zeitpunkt** ein. Oft bringen sie neue oder weitere Beispiele ein, wenn die Schülerinnen und Schüler bereits auf dem Weg zu einer eigenständigen Abstraktion oder Generalisierung sind, oder ihre Interventionen greifen weiteren Überlegungen vor.
- Ihr Verhalten ist **unsensibel**, d.h. sie reagieren falsch, wenn sie merken, dass sich die Lernenden über- oder unterfordert fühlen und behindern damit die Lernprozesse.

Seit langem wird versucht, für das Scaffolding in Dialogen **praktische Handreichungen** für den täglichen Unterricht zu entwickeln (vergleiche beispielsweise Hogan & Pressley 1997, Cazden 2001). Wahrscheinlich wird dies aber nie gelingen, weil das Scaffolding ein Hineindenken in das Lernen der Schülerinnen und Schüler, eine hohe Sensibilität für Interventionen, ein kognitiv wirksames Unterstützen und ein gutes Verstärkerverhalten erfordern, das immer sehr situativ geprägt sein muss.
Hogan & Pressley (1997) haben die **Kernelemente des Scaffoldings** wie folgt umschrieben: Es kann nur gelingen, wenn
- die Lernenden die Lernziele zu ihren eigenen Zielen machen (ownership),
- die Aufgabenstellung so gewählt wird, dass sie für die jeweilige Klasse geeignet ist,
- die Lehrperson die Lernenden in geeigneter Form unterstützt, und
- die Lernenden Eigenverantwortung für das Lernen übernehmen.

Diese Kernelemente lassen sich umsetzen, wenn die folgenden Bedingungen erfüllt sind:
- Die Lehrkraft überlegt sich, wie sie unter Berücksichtigung der Eigenarten der Lernenden sowie der Lernziele die Unterrichtseinheit strukturieren will.
- Über die motivationalen Massnahmen versucht sie die Lernenden so weit zu bringen, dass sie die Lernziele als ihre Eigenen verstehen.
- Die Lehrkraft schätzt ab, in welcher Form und wie stark sie die Lernenden in den einzelnen Phasen des Unterrichts unterstützen will (Fragen, Impulse, Darbietung, Modellieren, Klassendiskussionen).
- Sie stellt sicher, dass zielgerichtet gelernt wird und interveniert, wenn die Lernenden zu stark vom Lernziel abweichen. Dazu stellt sie klärende und wegweisende Fragen, betont sie Wichtiges und führt auf den zielgerichteten Weg zurück.
- Sie setzt die Verstärkung in zweckmässiger Weise ein.
- Sie achtet darauf, dass aus der Klasse eine Lerngemeinschaft wird, in welcher sich alle Schülerinnen und Schüler wohlfühlen, und sie sorgt sich um die Lernfortschritte der Lernenden, indem sie ihnen hilft, Lernschwierigkeiten und Frustrationen zu überwinden.
- Sie bemüht sich, die Lernenden schrittweise zum selbstgesteuerten Lernen zu führen (die Schülerinnen und Schüler sollten von der Lehrperson zunehmend unabhängiger werden).

Bei dieser Umschreibung der Kernelemente des Scaffoldings stellt sich natürlich die Frage, wie sie in Verbindung gebracht werden können mit den Techniken der Kommunikation (Kapitel 4) und dem Führungsstil der Lehrpersonen (Kapitel 3).
Die **Techniken der Kommunikation** stellen unabdingbare **Routinen** für die Lehrkräfte dar. Wer die Technik der Fragestellung und Verstärkung sowie die Verhaltens-

muster des verbalen Lehrerverhaltens nicht beherrscht, wird beim Scaffolding nie erfolgreich sein. Und wer die verschiedenen **Führungsstile** nicht unterscheiden kann, wird bei den individuellen Unterschieden der Schülerinnen und Schüler nicht in der Lage sein, schülergerecht zu unterrichten.
Versucht man, das Scaffolding in Dialogen mit dem Führungsstil zu verbinden, so ergibt sich das in Abbildung 5.7 wiedergegebene Bild.

4.4 Beobachtungsschema zum Dialog als Instruktion und zum Dialog als Entdecken

Um sicherzustellen, dass Dialoge nicht nur zu einem schematischen Frage-Antwort-Spiel werden, ist es wichtig, ihren kognitiven Gehalt zu beobachten. Eine Möglichkeit dazu bildet das Erheben des kognitiven Anspruchsniveaus der Lehrerfragen (siehe Beobachtungsschema 4). Einen besseren Einblick gibt **Beobachtungsschema 8,** mit welchem die kognitive Substanz anhand einzelner Sequenzen im Unterricht durch eine beobachtende Person besser erfasst werden kann. Betrachtet wird jede einzelne Äusserung, d.h. jede ununterbrochene Aussage der Lehrkraft oder einer Schülerin/eines Schülers. Diese Aussage wird in ihrem Gesamtgehalt beurteilt und – fortlaufend nummeriert – zusammen mit der nächsten ununterbrochenen Äusserung im entsprechenden Feld festgehalten. Dadurch lässt sich der gesamte Verlauf des Dialogs erfassen. Die Auswertung lässt Antworten auf die folgenden Fragen zu:

- Wie verteilen sich die einzelnen Äusserungen der Lehrkraft auf die einzelnen Kategorien (kognitive Herausforderung der Lernenden)?
- Wie viele Schülerinitiativen finden statt?
- Wie ist der Dialog im Ablauf gestaltet (Lehrer-Schüler bzw. Schüler-Schüler-Initiativen)?
- In welchem Ausmass sind Vorwissen und Erfahrungen aktiviert worden?

Aufgrund der Forschung darf davon ausgegangen werden, dass der kognitive Erfolg des Unterrichts umso besser ist, je mehr auf Vorwissen und Erfahrungen aufgebaut wird, je häufiger zu kognitiven Prozessen angeleitet wird, je ausdrücklicher Denk- und Lernstrategien dargelegt werden und je häufiger Schüler-Schüler-Interaktionen stattfinden.

Abbildung 5.7 **Scaffolding in Dialogen und Führungsstil**

	Direkter Führungsstil →		**Indirekter Führungsstil**	
	Steuerung der kognitiven Prozesse durch die Lehrkraft	Sozio-emotionales Verhalten der Lehrkraft	Steuerung der kognitiven Prozesse durch die Lehrkraft	Sozio-emotionales Verhalten der Lehrkraft
Anleitung der kognitiven Prozesse durch die Lehrkraft	Mehr zielgerichtete Anleitungen zur Stärkung der kognitiven Prozesse (mehr Fragen, engere Fragen, stärkere Verstärkung)		Zurückhaltung mit zielgerichteten Anleitungen zur Stärkung der kognitiven Prozesse (weniger Fragen, offenere Fragen, zurückhaltende Verstärkung)	
Beziehung		Wohlwollen, Verständnis, aber etwas mehr unterstützende Dominanz (keine Unterwerfung der Lernenden)		Wohlwollen, Verständnis, Abbau jeder Form von Dominanz (keine Unterwerfung der Lernenden)
Anwendung	Schülerinnen und Schüler mit geringem Vorwissen, wenig Vorerfahrungen, weniger leistungsbereit und leistungsfähig sowie eher aus unteren sozialen Schichten		Schülerinnen und Schüler mit einem guten Vorwissen, vielen Vorerfahrungen, stärker leistungsbereit und leistungsfähig sowie eher aus höheren sozialen Schichten	
Absicht	Gezielte Anleitung zum selbstgesteuerten Lernen		Zwischenphase auf dem Weg zum eigenständigen selbstgesteuerten Lernen	
Erwartung	Symmetrie des Verhaltens von Lehrenden und Lernenden (d.h., das Verhalten der Lehrenden löst ein gleiches oder ähnliches Verhalten der Lernenden aus)			

Beobachtungsschema 8: Lehrgespräch (Dialog zur Instruktion und zum Entdecken)		**Reaktion Lehrer(in) auf Schülerverhalten**					**Reaktion Schüler(in) auf Schülerverhalten**				
		Richtige Reaktion, die weiterverwendet wird	Richtige Reaktion, die nicht weiterverwendet wird	Fehlerhafte Reaktion, die weiterverwendet wird	Fehlerhafte Reaktion, auf die nicht eingegangen wird	Reaktion, die einen unerwarteten Aspekt aufwirft	Richtige Reaktion, die weiterverarbeitet wird	Richtige Reaktion, die nicht weiterverarbeitet wird	Fehlerhafte Reaktion, die weiterverarbeitet wird	Fehlerhafte Reaktion, auf die nicht eingegangen wird	Reaktion, die einen unerwarteten Aspekt aufwirft
Lehrerinitiativen	Hinweise zur Zielsetzung										
	Aktivieren von Vorwissen und Erfahrungen										
	Vermitteln von deklarativem Wissen										
	Vermitteln von prozeduralem Wissen										
	Anleiten von kognitiven Prozessen										
	Angeleitete Übung										
	Anleiten zur Selbstevaluation										
Schülerinitiativen	Eigeninitiative zu kognitivem Prozess										
	Eigeninitiative zur Darlegung der eigenen Denk- und Lernstrategien										
	Eigeninitiative zur Selbstevaluation										

4.5 Klassendiskussion: Der Dialog als Konversation und Debatte

4.5.1 Anwendung

Der **Dialog als Konversation** dient der Förderung des gegenseitigen Verstehens. Deshalb stehen Ziele wie «auf andere hören», «ihre Argumente verstehen», «die eigene Meinung unmissverständlich formulieren» sowie «klare Voraussetzungen für verschiedene Standpunkte schaffen» im Vordergrund. Diese Form des Dialogs ist vor allem für den Einstieg in eine kontroverse Unterrichtsthematik sinnvoll. Sie setzt anspruchsvolle Diskussionsfertigkeiten voraus, damit in einer unklaren Ausgangslage für den weiteren Unterrichtsverlauf gute Grundlagen geschaffen sind. Geeignet ist der Dialog als Konversation aber auch am Ende eines Unterrichtsabschnitts, wenn die Lernenden mittels eines Dialogs persönliche Akzente setzen wollen oder in einer sachlichen Auseinandersetzung zu einem vertieften Urteil gelangen möchten.

Beispiele: Vertiefte Auseinandersetzung mit einem literarischen Text, nachdem die Lernenden in den Text, seine Entstehungsgeschichte, sein Umfeld usw. eingeführt wurden; oder die Vertiefung von Beobachtungen und Wahrnehmungen nach einem Experiment. Die gemeinsame Wahrheitsfindung ist ein wichtiges Merkmal für den Dialog.

Der **Dialog als Debatte** dient der Bearbeitung von kontroversen Themen, zu denen es keine richtigen und falschen Antworten, wohl aber normative Standpunkte gibt. Er kann damit nicht der Wahrheitsfindung dienen (dazu eignet sich der Dialog des Entdeckens, sofern man überhaupt zu einer Wahrheit gelangen kann), sondern er soll zur Auseinandersetzung mit einer Streitfrage motivieren und die Fähigkeit fördern, den eigenen Standpunkt überzeugend darzulegen und ihn gegenüber anderen Personen überzeugend zu vertreten.

Beispiele: Im Staatskunde-Unterricht werden Kontroversen über aktuelle, langfristig bedeutsame Themen zur Diskussion gestellt (z.B. verkehrsfreie Innenstädte, Bekämpfung der neuen Armut). Im Umwelt-Unterricht wird ein Film über eine Umweltkatastrophe gezeigt und anschliessend über die Frage der Informationspolitik in diesem Krisenfall diskutiert. Im Sprachunterricht wird eine pointierte Stellungnahme eines Dichters zur Diskussion gestellt.

4.5.2 Die Gestaltung einer Klassendiskussion

In Klassendiskussionen übernimmt die Lehrperson solange die Rolle eines **Moderators** mit einem stark indirekten Lehrerverhalten, bis die Klasse eine Klassendiskussion unabhängig von den Einwirkungen der Lehrkraft führen kann. In die Diskussion eingreifen darf sie nur mit dem Ziel, die Schüler(in)-Schüler(in)-Interaktion zu fördern, die Diskussion im Gang zu halten und grobe Fehler zu korrigieren sowie Fehlverhalten richtig zu stellen. Allenfalls kann sie ausnahmsweise auch Zwischenzusammenfassungen machen.

In anspruchsvolleren Diskussionen kann die Lehrkraft zudem die Aufgabe der Visualisierung der vorgetragenen Argumente an der Wandtafel oder auf dem Hellraumprojektor übernehmen, indem sie systematisch aufgeschrieben oder als Netzwerk dargestellt werden. Eine Visualisierung gibt der Diskussion oft mehr Substanz und macht Vernetzungen sowie mögliche Zielkonflikte besser sichtbar. Allerdings muss die Lehrkraft auch dabei ihre Neutralität wahren, nur vollziehend festhalten, nur minimal intervenieren und nicht dauernd kommentieren: Die Klasse darf sie in keiner Weise beeinflussen und führen (sonst entsteht wieder ein Dialog als Instruktion oder als Entdecken). Dillon (1979) schlägt Formen zu Lehrerinterventionen in Klassendiskussionen vor:

1. **Erklärende Statements:** Lehrpersonen geben für den Fortgang der Diskussion Informationen, welche die Lernenden zu verarbeiten haben. Im Vergleich zu Fragen führen sie zu längeren und vielgestaltigeren Reaktionen.

   Beispiel: In einer Diskussion stellt die Lehrerin fest: «Die aussergewöhnliche Kälte hatte grosse Auswirkungen auf den angelaufenen wirtschaftlichen Aufschwung: Er wurde stark gebremst.» Dieses Statement regt die Diskussion über den wirtschaftlichen Aufschwung stärker an als die Frage: «Welche Auswirkungen hatte die grosse Kälte auf den wirtschaftlichen Aufschwung?»

2. **Zusammenfassende Statements:** Lehrkräfte bringen damit zum Ausdruck, dass sie die Diskussionsbeiträge verstanden haben, halten auf diese Weise den Stand der Diskussion fest und stimulieren zur weiteren, vertieften Diskussion.

   Beispiel: «Damit scheinen alle einig zu sein, dass die grössere Geldmenge zu Inflationstendenzen führt. Die Gewerkschaften akzeptieren aber diese kaum bestrittene Auffassung oft nicht.»

3. **Indirekte Fragen:** Indirekte Fragen regen weiteres Denken an, ohne dass bei den Lernenden Hemmungen oder Ängste entstehen.

   Beispiel: Statt zu sagen: «Begründe deine Auffassung» kann es wirksamer sein indirekt zu fragen: «Es interessiert mich, welche Überlegungen dich zu dieser Aussage führten.»

4. **Aufforderungen:** Die Lehrkraft ermuntert die Schülerinnen und Schüler weiter zu argumentieren.

   Beispiele: «Erzähle uns mehr darüber.» Oder: «Bitte gib Beispiele für deine Beobachtung.»

5. **Fragen der Lernenden:** Lehrkräfte sollten die Lernenden ermuntern, Fragen an die Klassenkameraden zu stellen oder selbst mit Statements zu reagieren.

6. **Stillschweigen zum Überlegen:** Lehrkräfte sollten nach Schüler-Statements auch häufiger schweigen und warten, damit die Mitschülerinnen und Mitschüler Zeit gewinnen, um Statements und Antworten vorzubereiten.

Aus diskussionstechnischer Sicht sollten Lehrkräfte in Klassendiskussionen die folgenden Aspekte berücksichtigen:

- Zu wenige Interventionen der Lehrkräfte während einer Klassendiskussion lassen sie häufig rasch ziel- und zwecklos werden. Dies führt dazu, dass die Lernenden die Diskussion nicht mehr ernst nehmen, so dass sie die Lernwirksamkeit verliert. Deshalb muss die Lehrkraft eingreifen, sobald die Diskussion an Substanz verliert, ohne jedoch den Charakter des Dialogs zu ändern. Günstige Momente für Interventionen sind (Gage & Berliner 1998):
  - Ein zu weites Entfernen der Diskussionsbeiträge vom Thema oder vom Ziel: Lehrerstatements, die zur Thematik zurückführen und/oder die Diskussion etwas stärker strukturieren.
  - Zu lange Pausen zwischen Schülerbeiträgen: Statement, das eine neue Betrachtungsweise aufwirft oder ein zusammenfassendes Statement, das weiterführt.

  - Schwerwiegende Fehler in Schüleraussagen, welche die Diskussion in eine falsche Richtung führen: Sofortige Richtigstellung oder strukturierende Hilfestellung.
  - Unsorgfältige Argumentationsweise (Behauptungen und Fakten werden nicht auseinandergehalten, Werte nicht erhellt, logische Widersprüche in der Argumentation usw. nicht aufgedeckt): Statements, die darauf aufmerksam machen, sofern sie von der Klasse nicht selbst geklärt wird.
  - Sachliche Unsicherheiten: Statements der Lehrperson, die sachliche Sicherheit geben und/oder Missverständnisse klären.

- Wenn die Schülerinnen und Schüler nicht aktiv werden, darf die Lehrkraft die Führung nicht übernehmen, sonst erfolgt ein Wechsel zu einer anderen Form des Dialogs. In diesem Fall empfiehlt Shulman (1970) drei Schritte für das Vorgehen: (1) Etwa 30 Sekunden warten, (2) die Klasse fragen, warum sie nicht reagiert (um allenfalls klärende Statements abzugeben), (3) Hinweis auf eigene Vermutungen zum Schweigen, z.B. «Ich weiss, dass niemand starten will. Wer macht trotzdem den Anfang?»

- Es ist sicherzustellen, dass alle Meinungen und Ideen eingebracht werden. Deshalb sind vor allem Schülerinnen und Schüler in die Diskussion miteinzubeziehen, die eher Aussenseiter und/oder gehemmte, unsichere Lernende sind. Dies kann mit nicht verbaler Ermunterung (Augenkontakt, Zunicken) oder mit direktem Aufruf geschehen.

- Zu beachten ist, dass die Schülerinnen und Schüler in Diskussionen lernen, mit den Gefühlen umzugehen.

- Sie sollen fähig werden, mit Kritik an ihren Ideen und Aussagen umzugehen und sie – solange sie sachlich berechtigt ist – zu akzeptieren.

- Intervenieren soll die Lehrkraft, wenn Äusserungen einzelner Schüler und Schülerinnen gegenüber anderen sarkastisch, feindlich oder ungebührlich sind, und in solchen Fällen muss sie eine begründete Richtigstellung vornehmen.

- Besonders wichtig ist, dass Lehrkräfte mit der Zeit aus allen Lernenden «Leader» in Diskussionen machen. Dazu sollen verbale und nicht verbale Verstärker eingesetzt werden (bei einem schwächeren Schüler mögen Bemerkungen wie «Das ist ein gutes Argument» ergänzt mit Kopfnicken und Zulächeln wirksam sein). Übermässig aktive Schüler müssen aber auch etwas gebremst werden (etwa mit dem Hinweis: «Das, Peter, genügt. Lasst uns nochmals das Argument von Klara aufnehmen!»).

5 Der Lehrervortrag

5.1 Die Kritik am Lehrervortrag

Seit Jahren wird der Lehrervortrag – trotz der häufigen Verwendung vor allem im Unterricht an Berufs- und Mittelschulen – immer wieder kritisiert (Henson 1988, McLeish 1976). Geltend gemacht werden die folgenden Argumente:

- Lehrervorträge führen zu passivem Lernen. Deshalb fördern sie das Verständnis nicht, und die Schülerinnen und Schüler erhalten keine Gelegenheit, Fertigkeiten und kognitive Prozesse einzuüben.
- Bei Lehrervorträgen wird von der falschen Annahme ausgegangen, alle Lernenden würden Lerninhalte mit dem gleichen Verständnis aufnehmen und gleich viel lernen. Tatsächlich bleiben sie aber eine ungeeignete Lehrform, weil sie keine Individualisierung von Erklärungen ermöglichen und damit immer für eine Gruppe von Lernern wirkungslos (geringe Behaltensrate) bleiben.
- Das, was in Lehrervorträgen vermittelt wird, kann ebenso gut gelesen werden, wodurch sich das individuelle Verständnis dank anpassbarem Lesetempo verbessert.
- Lehrervorträge werden mangels aktiven Lernmöglichkeiten bald langweilig. Die fehlende Motivation reduziert den Lernerfolg.
- Mit Lehrervorträgen lassen sich keine sozialen Ziele erreichen (Zusammenarbeit, gegenseitiges Verständnis usw.).

Insbesondere die Konstruktivisten lehnen den Lehrervortrag ab, weil sie der Meinung sind, das Verständnis für Wissen werde am stärksten gefördert, wenn die Lernenden ihr Wissen selbst suchen und aufbauen (konstruieren) müssen. Allerdings hat Ausubel schon 1963 die Frage aufgeworfen, ob es wirklich sinnvoll sei, Schülerinnen und Schüler während Stunden Informationen suchen zu lassen, wenn sie in einem Vortrag in kurzer Zeit dargeboten werden können, und die dadurch gewonnene Zeit für Anwendungsaufgaben und Problemlösungen verwendet werden kann. Ebenso sollte man sich immer wieder fragen, ob die Erarbeitung von Wissen in einem Lehrgespräch in jedem Fall sinnvoll ist, oder ob es nicht wirksamer ist, insbesondere notwendiges Faktenwissen durch einen Lehrervortrag zu vermitteln.
Verschiedene Einwände haben sicher dann ihre Berechtigung, wenn der Lehrervortrag zu häufig und vor allem zu lange eingesetzt wird, und die Präsentation zu schlecht ist. Ihn deshalb aber aus der Schule generell verdrängen zu wollen, ist falsch, denn im Hinblick auf geeignete Lernziele eingesetzt, gut vorbereitet und überzeugend vorgetragen, kann er wirksam sein.

5.2 Erkenntnisse aus der Forschung

Es liegen mehrere Studien über die Wirksamkeit von Lehrervorträgen vor, die allerdings auf höheren Schulstufen durchgeführt wurden und deshalb nur für Klassen auf der Sekundarstufe II aussagekräftig sein dürften. Zunächst ergab sich, dass Lehrervorträge nur geeignet sind, wenn ihr Ziel die Vermittlung von Grundlagenwissen (Begriffe, Übersichten, Strukturen) ist, kein geeignetes, zu viel oder schlecht auffindbares Lernmaterial vorhanden ist, für ein Lerngebiet die Motivation aufgebaut werden muss, eine Einführung in eine Fülle von verfügbaren Lernmaterialien für späteres Lernen erforderlich ist oder die Vertiefung einer Problemstellung vorbereitet werden muss. Nicht geeignet ist der Lehrervortrag, wenn ein anderes Ziel als die Wissensvermittlung angestrebt wird (Förderung von sozialen und anspruchsvolleren kognitiven Fähigkeiten, affektive Reflexion), zu detaillierte und zu abstrakte Lerninhalte aufzunehmen sind und ein langfristiges Behalten angestrebt wird (McLeish 1976, McKeachie 1999).

Immer wieder versucht wird, die Wirksamkeit des Lehrervortrages mit anderen Unterrichtsverfahren zu vergleichen. Einzelne Studien zeigten die Überlegenheit des Selbststudiums im Vergleich zum Lehrervortrag (Da Rosa et al. 1991), andere erbrachten keine Unterschiede (Harrison 1995). Ebenfalls keine Unterschiede fanden Martens et al. (1995) zwischen Lehrervortrag, computergestütztem Unterricht und Selbststudium. Oder McKeachie et al. (1990) zeigten, dass der Lehrervortrag beim Erlernen von Faktenwissen ebenso wirksam ist wie eine Klassendiskussion. Sobald jedoch anspruchsvolleres Denken und Motivation bedeutsam sind, ist die Klassendiskussion wirksamer. Allerdings ist auf die Fragwürdigkeit solcher Untersuchungen infolge des «Ausgleichseffektes» zu verweisen: Weil nie genau erfasst werden kann, was die Schülerinnen und Schüler im Unterricht, und was sie bei den Hausaufgaben gelernt haben, können die Lernergebnisse aufgrund unterschiedlicher Lehrmethoden nicht grundlegend verschieden sein (McLeish 1976).
Diese Forschungserkenntnisse weisen darauf hin, dass es wenig sinnvoll ist, sich zu sehr mit der Frage auseinanderzusetzen, ob ein Lehrervortrag sinnvoll ist oder nicht. Er wird seinen Stellenwert behalten. Zu fragen ist vielmehr, unter welchen Voraussetzungen und Bedingungen er nützlich und sinnvoll ist (Good & Brophy 1994, Gage & Berliner 1998). Damit im Zusammenhang steht die viel grundsätzlichere Frage: Welches ist die Funktion von Aktivitäten der Lernenden, und welche Aktivitäten sind in welchem Zusammenhang sinnvoll? Diese Frage ist bislang noch kaum erforscht (Brophy & Alleman 1991).

5.3 Die Schüleraktivitäten

In den letzten Jahren gelangt man gelegentlich zum Eindruck, viele Lehrkräfte veranlassen die Lernenden zu Aktivitäten um der Aktivitäten Willen. Ob dem Dogma der Schüleraktivität übersehen sie häufig, wie gewisse Aktivitäten im Hinblick auf ein bestimmtes Lernziel völlig sinnlos sind.
Deshalb sollte immer erstens überlegt werden, ob eine **Schüleraktivität** im Hinblick auf das **Hauptziel** eines Lernabschnitts (Lernzieles) überhaupt **sinnvoll** ist. Zweitens ist die **Machbarkeit** der Aktivität zu überprüfen (hat man eine motivierende, interessante Idee für die Aktivierung? Steht dafür Schulmaterial zur Verfügung?). Und drittens ist der **Zeitfaktor** in Rechnung zu stellen. In 120 Lektionen Geografie ist es einfacher zu aktivieren als bei 40 verfügbaren Schulstunden.
Unter diesen Voraussetzungen lässt sich der Lehrervortrag immer wieder rechtfertigen, und zwar in folgenden Situationen (Henson 1988, Good & Brophy 1994):

- Es ist Wissen zu vermitteln, das später in einem grösseren Zusammenhang aktiv angewandt wird.
- Dieses Wissen ist nicht leicht zugänglich (z. B. es kann nicht im Lehrbuch nachgelesen werden oder über computergestützten Unterricht selbständig erarbeitet werden).
- Das Wissen muss für einen bestimmten Zweck in einer besonderen Form zur Verfügung stehen (z. B. bedarf es zur Bearbeitung eines bestimmten Problemkreises Informationen aus den verschiedenen Gebieten).
- Die Lehrkraft will durch einen persönlichen Einfluss motivieren.
- Es ist ein Überblick zu geben, damit sich die Lernenden beim späteren selbständigen Lernen zurechtfinden.

- Die Lehrkraft will zu einem bestimmten Zeitpunkt einen Abschnitt als Basis für weiteres Lernen und für die Gewinnung zusätzlicher Erkenntnisse zusammenfassen.
- Vorhandenes Lehrmaterial ist an die aktuelle Situation anzupassen.
- Die Lehrkraft will mit einem geringen Zeitaufwand die Voraussetzungen für eine Klassendiskussion schaffen.
- Die Lehrkraft muss gewisse Zusammenhänge erklären, welche die Lernenden beim selbständigen Lernen oder bei Gruppenarbeiten nicht verstanden haben.

Diese Aufzählung verweist auf die vielen Einsatzmöglichkeiten des Lehrervortrages, der allerdings nur wirksam ist, wenn eine ganze Reihe von Regeln des Lehrerverhaltens eingehalten wird.

5.4 Die Gestaltung des Lehrervortrages

In einem guten Lehrervortrag sind die folgenden Voraussetzungen erfüllt:

(1) Jeder Lehrervortrag ist zeitlich zu beschränken: Sinnvoll sind 15–20-minütige Präsentationen, an die sich eine aktive Schülertätigkeit anschliessen muss (Kleingruppenarbeit, Gruppenarbeit, Rollenspiel, Einzelarbeit). Ganze Lektionen in Form des Lehrervortrages sind zu vermeiden.

(2) Der Aufbau des Lehrervortrages ist für dessen Wirksamkeit sehr bedeutsam (Chilcoat 1989). Idealerweise sollte die folgende Disposition gewählt werden:

1. Schritt: **Vororganisator** (es wird gezeigt, wie das während dem Vortrag zu Lernende organisiert wird, und auf welchem Vorwissen es aufbaut), Überblick oder Fragen zur Thematik, um das Interesse zu wecken und den Rahmen für die Präsentation zu geben.

2. Schritt: **Lernziele** und Hinweise auf die wichtigsten Zusammenhänge, die behandelt werden, damit die Voraussetzungen für die Struktur der zu lernenden Inhalte gegeben ist.

3. Schritt: **Präsentation** der Informationen, bei der folgende Gesichtspunkte zu beachten sind (McCaleb & White 1980):
   - Das Verständnis wird verbessert, wenn die neuen Informationen klar erkennbar auf dem Vorwissen und den Erfahrungen der Lernenden aufbauen.
   - Die Struktur muss jederzeit erkennbar sein (die Lernenden müssen den «roten Faden» erfahren können). Deshalb sollten Zwischenziele gesetzt und Zwischenzusammenfassungen gemacht werden (siehe auch Abschnitt 3.4.5 im Kapitel 4).
   - Die Sequenzierung (das schrittweise Vorgehen) muss logisch geplant sein: Vom Prinzipiellen zu den Einzelheiten, vom Bekannten zum Unbekannten und von der Regel zur Ausnahme und bei anspruchsvollen Inhalten vom Einfacheren zum Komplexeren.

   Gage & Berliner (1998) schlagen bewährte Dispositionsformen für Vorträge vor:

  - Das Ganze und seine Teile: Man erklärt den Sachverhalt im Überblick und präzisiert nachher einzelne Teile.
  - Die Problemlösung: Der Vortrag wird in der Form eines Problemlöseprozesses aufgebaut.
  - Der Vergleich: Es werden bestimmte Dinge nach gleichen Kriterien verglichen.
  - Das Netzwerk: Die Sequenzierung beruht auf dem Ablauf zur Erstellung eines Netzwerkes (siehe Abschnitt 3.10 Kapitel 8).

- Die Erklärungen müssen klar und verständlich sein: Saubere Definitionen und gute Begriffsbildung, keine vagen Ausdrücke, Illustration durch Beispiele und Nichtbeispiele sowie gute Begründungen.
- Die Wirksamkeit des Lehrervortrags wird erhöht, wenn nach einzelnen Teilabschnitten kurz zusammengefasst und mit verbindenden Hinweisen oder einer Teilzielsetzung der nächste Abschnitt eingeleitet wird.

4. Schritt: **Zusammenfassung,** in welcher mit drei bis vier Punkten das Wesentliche des Unterrichtsabschnitts nochmals betont wird. Dies erhöht das Behalten.

(3) Der Lehrervortrag ist wirksamer, wenn er visuell unterstützt wird. Dazu sollten die folgenden Empfehlungen beachtet werden: Erklärungen und Visualisierung müssen synchron verlaufen; deshalb ist es wirksamer, wenn die Darbietung durch einfache, gleichzeitig zu erstellende Zeichnungen an der Wandtafel oder mittels Hellraumprojektor ergänzt wird (also eher keine, und wenn schon wenige, fertige Hellraumprojektorfolien, es sei denn, man müsse etwas am komplexen Original zeigen). Die Darstellungen und Zeichnungen dürfen nicht überladen sein, sondern sie müssen das Wesentliche zeigen. Und die Visualisierung ist auf das Sinnvolle zu beschränken (nicht für jede Selbstverständlichkeit eine bildliche Unterstützung geben). Werden Hellraumprojektorfolien gezeigt, so sollen sie als Ganzes gezeigt und nicht schrittweise aufgedeckt werden. Lernende nehmen ein Gesamtbild leichter wahr, als wenn kleine Abschnitte Schritt um Schritt gezeigt werden. Die Präsentation kann mit einem Zeiger (oder einem Bleistift) unterstützt werden, damit die Lernenden im Fall von Unaufmerksamkeiten den Anschluss an den Lehrervortrag wieder finden.
Die Zahl der Folien für Hellraumprojektorpräsentationen und der Umfang des Powerpoint-Einsatzes sollten beschränkt bleiben, damit die Lernenden visuell nicht überfordert werden.

5.5 Checklists zu Schüleraktivitäten und zum Lehrervortrag

Checklist 9 will für den Entscheid, Lehrervorträge sinnvoll in den Unterricht einzubauen, sensibilisieren. Damit soll eine Hilfestellung zur Beantwortung der folgenden Fragen bei der Unterrichtsvorbereitung gegeben werden: Wann ist eine Schüleraktivität (und in welcher Form) sinnvoll? Wann darf man sich zugunsten eines Lehrervortrages entscheiden? **Checklist 10** fasst die Erkenntnisse zum Lehrervortrag mit der Absicht zusammen, Anregungen zu seiner Verbesserung zu geben.

Checklist 9:
Der Entscheid, Schüleraktivitäten in eine Lektion einzubauen

Der Entscheid, in einen Lehrervortrag Schüleraktivitäten einzubauen, hängt von folgenden Kriterien ab:

1. Ist das zu erlernende Wissen in einem Lehrabschnitt im Hinblick auf das gesamte Unterrichtsziel so wichtig, dass es sich lohnt, in diesem Lernabschnitt Schüleraktivitäten vorzusehen?
2. Verfügen die Lernenden über die nötigen Voraussetzungen (Erfahrungen, Vorwissen, Können), damit die Schüleraktivität zu guten Lernergebnissen führt?
3. Habe ich gute Ideen und gutes Material, damit sinnvolle Schüleraktivitäten möglich werden?
4. Lohnt es sich bei geringen Lektionszahlen im jeweiligen Lernabschnitt Schüleraktivitäten vorzusehen, oder will ich mich für einen Lehrervortrag entscheiden, um Zeit für Schüleraktivitäten in anderen Lernabschnitten zu gewinnen?
5. Ist es im gesamten Verlauf des Unterrichts sinnvoll, Schüleraktivitäten einzusetzen, oder könnten gewisse Aktivitäten im jeweiligen Lernabschnitt für die Schülerinnen und Schüler mühsam werden?
6. Ist die Schüleraktivität für weiteres Lernen oder für die Berufsvorbereitung und die Lebensbewältigung bedeutsam, oder trägt sie die Tendenz der Aktivität um der Aktivität willen in sich?

Anmerkung: Diese Checklist will nicht eindeutig den Lehrervortrag propagieren, sondern dazu anregen, Schüleraktivitäten um der Aktivitäten willen kritisch zu hinterfragen.

6 Die Lehrerdemonstration und das Modellieren

6.1 Grundlagen

Alle Menschen lernen viel durch das Beobachten des Handelns und des Verhaltens von anderen Menschen. In der Schule beobachten die Schülerinnen und Schüler ihre Lehrkräfte, die ihnen als Modelle dienen und dadurch ihr Handeln und Verhalten beeinflussen: Lehrkräfte modellieren. Deshalb wird von **beobachtendem** (nachahmendem) **Lernen** oder vom **Modellieren** gesprochen.
Beobachtendes Lernen der Schülerinnen und Schüler bzw. das Modellieren der Lehrpersonen hat einen stark konstruktivistischen Einschlag (Moshmann 1982), weil das, was beobachtet und gelernt wird, nicht nur eine Kopie des Vorgezeigten ist, sondern die Lernenden reflektieren über das Gesehene und Gehörte, setzen sich mit wahrgenommenen Schwierigkeiten und Fehlern auseinander und finden schliesslich ihre eigenen Anwendungsmöglichkeiten. Verhaltensweisen werden deshalb bei einem guten Modelling nicht nur schematisch nachgeahmt, sondern innerlich mitvollzogen. Dies gelingt umso eher, je besser die Schülerinnen und Schüler angeleitet werden, ihre Lernfortschritte zu erkennen und zu beurteilen. Deshalb müssen sie eine genaue Vorstellung vom richtigen Lernergebnis haben (z.B. genau wissen, welche Schritte zu durchlaufen sind, wenn in einem PC-Programm Textteile in einen anderen Text übertragen werden müssen). Sie sollen auch wissen, welche Fehler sich einstellen können, das Falsche darf also bewusst betrachtet werden, ist aber unmissverständlich als solches zu bezeichnen (indem beispielsweise im Ablaufprozess einer PC-Bedienung,

Checklist 10: Lehrervortrag		ja	nein
1.	Überlege ich mir, ob in diesem Unterrichtsabschnitt ein Lehrervortrag sinnvoll ist?	☐	☐
2.	Überlege ich mir, wie lange der Lehrervortrag während der Lektion sein soll (keine ganze Lektionen mit Lehrervorträgen)?	☐	☐
3.	Überlege ich mir, wie ich den Lehrervortrag mit Lernmethoden sinnvoll kombinieren kann?	☐	☐
4.	Überlege ich mir, wie ich den Lehrervortrag visuell unterstützen kann, und ob die Abgabe von Material an die Lernenden die Aufnahme erleichtert?	☐	☐
5.	Leite ich den Lehrervortrag sinnvoll ein (Vororganisator, Fragen, Problem), um das Interesse zu wecken, und setze ich Lernziele zur Erleichterung der Inhaltsaufnahme?	☐	☐
6.	Baue ich den Lehrervortrag zweckmässig auf, indem ich		
6.1	auf die Erfahrungen und das Vorwissen der Lernenden achte?	☐	☐
6.2	den Aufbau gut strukturiere (klare Disposition)?	☐	☐
6.3	mich bemühe, den «roten Faden» für die Lernenden sichtbar zu machen?	☐	☐
6.4	auf eine klare Begriffsbildung achte?	☐	☐
6.5	Zwischenzusammenfassungen mache und verbindende Hinweise gebe?	☐	☐
7.	Fasse ich den Lehrervortrag mit einer Zusammenfassung (drei bis vier Punkte) zusammen?	☐	☐
8.	Achte ich auf ein gutes Lehrerverhalten?		
8.1	Bin ich enthusiastisch?	☐	☐
8.2	Halte ich ständigen Augenkontakt?	☐	☐
8.3	Habe ich ein gutes vokales Verhalten (siehe Checklist 7)?	☐	☐
8.4	Beachte ich die Lernenden, damit ich bei Langeweile sofort reagiere (durch eine Veränderung des vokalen Verhaltens, mit einer Darstellung von Beispielen usw.)?	☐	☐
9.	Bemühe ich mich um eine gute Visualisierung?	☐	☐

der an der Wandtafel festgehalten ist, das Falsche markant durchgestrichen wird) (siehe auch Aebli 2002).
Zu unterscheiden sind zwei unterrichtliche Ansätze:

1. **Die Lehrerdemonstration und das nachahmende Üben:** Insbesondere im psychomotorischen Bereich, aber auch beim Erlernen von kognitiven Fertigkeiten wird die Lehrerdemonstration häufig verwendet: Die Lehrperson demonstriert etwas und überlässt es den Lernenden, das Neue individuell und selbständig zu versuchen. Weil sich auf diesem Weg aber oft viele Fehler einschleichen, ist es wirksamer, der Demonstration zuerst eine angeleitete Übung folgen zu lassen.

2. Modellieren von anspruchsvolleren kognitiven Prozessen und beim moralischen Reflektieren: Als wirksam hat sich das Modellieren von anspruchsvolleren kognitiven Prozessen und beim moralischen Reflektieren erwiesen. Insbesondere bei der Entwicklung von Lern- und Denkstrategien sowie bei der metakognitiven Förderung zeigt sich immer wieder, wie vor allem schwächere Schülerinnen und Schüler leichter lernen, wenn die Lehrperson demonstriert, wie sie einen kognitiven Prozess durcharbeitet, und wie sie selbst mit falschen Überlegungen umgeht (Pressley & McCormick 1995). Für ein solches Modelling gibt es viele Möglichkeiten: Die Lehrperson kann die Hermeneutik (Textinterpretation) modellieren, oder sie kann zeigen, wie sie den Problemlöseprozess bei einer Mathematikaufgabe selbst durchdenkt, oder sie kann die einzelnen Schritte bei der Lösung eines Rechtsfalls demonstrieren.

6.2 Die Lehrerdemonstration und das nachahmende Üben

Seit langem ist erwiesen, dass Lehrerdemonstrationen mit nachahmendem Üben sehr wirksam sein können (Bandura 1977). Leider lässt sich im täglichen Unterricht aber immer wieder beobachten, wie Lehrerdemonstrationen oft mehr verwirren als nützen. Der Informatikunterricht ist ein typisches Beispiel dafür: Viele Lehrkräfte der Informatik geben sich zu wenig Rechenschaft über den Stand der Fertigkeiten und das Vorwissen der Schülerinnen und Schüler. Deshalb demonstrieren sie häufig auf der Grundlage ihrer Fertigkeiten und ihres Kenntnisstands ohne zu erkennen, wie sie die Lernenden sowohl von der Schnelligkeit her als auch sachlich überfordern.

Daher sind bei der **Vorbereitung von Lehrerdemonstrationen** die folgenden Gesichtspunkte zu beachten:

- Die Lehrkraft muss sich über die Kenntnisse und vor allem über den Stand der Fertigkeiten bei den Lernenden genaue Rechenschaft geben, damit die Demonstration unter lernergemässen Voraussetzungen stattfindet (keine Überforderung durch die Routine der Lehrkraft).
- Die Demonstration ist in vernünftig kleine Schritte aufzuteilen (eine genügende Ganzheit eines Schrittes muss aber gegeben sein), damit die Lernenden die Teilschritte sofort nachvollziehen können. Das Unterrichtsverhalten muss dabei sehr direkt sein, damit Missverständnisse und Unverständnis den Lernprozess der Demonstration nicht dauernd stören.
- Trotz der Zerlegung des Lernprozesses in vernünftig kleine Schritte ist einleitend ein Gesamtüberblick über die Tätigkeit und Einsicht in die Zusammenhänge zu geben, weil dadurch Anwendungsstrategien deutlicher sichtbar werden und eher Transfereinsichten entstehen, als wenn rein routinemässig eingeübt wird.

Eine **Lehrerdemonstration** ist wie folgt **aufzubauen:**

1. Schritt: Aufmerksamkeit schaffen.
Vor Beginn der Demonstration müssen die Lernenden ihre Personalcomputer, die Werkzeuge und weiteres Material so bereitgestellt haben, dass der geordnete Ablauf nicht schon durch äussere Unzulänglichkeiten gestört wird.

2. Schritt: Allgemeine Orientierung und Überblick geben.
Dadurch sollen die Lernenden erfahren, was sich abspielen wird, und wie das Ganze in den grösseren Zusammenhang passt.

3. Schritt: Erster Teilschritt demonstrieren und nachvollziehen lassen.
Jeder Schritt wird deutlich vorgemacht und erklärt. Die Lernenden vollziehen ihn gleichzeitig. Die Lehrkraft denkt laut.

4. Schritt: Die nächsten Teilschritte werden in gleicher Weise vollzogen.

5. Schritt: Wiederholung des ganzen Prozesses durch die Lernenden.
Die Lernenden wiederholen unter der strikten Anleitung den ganzen Prozess (Vorgabe der einzelnen Teilschritte, die zu durchlaufen sind, um den gemeinsamen Rhythmus zu haben) und beschreiben ihr Vorgehen durch Mitsprechen.

6. Schritt: Einzelarbeit.
Die Lernenden üben den Ablauf (Üben zur Automation) unter Beobachtung und Anleitung bei Fehlern durch die Lehrperson (nachahmendes Üben).

Der Erfolg einer Lehrerdemonstration kann gesteigert werden,
- wenn Fehler bereits im ersten Demonstrationsdurchgang korrigiert werden. Zu diesem Zweck sind die Lernenden genau zu beobachten, und es darf erst weitergegangen werden, wenn die ganze Klasse oder die ganze Lerngruppe den Teilschritt fehlerlos vollzogen hat.
- Deshalb ist eine straffe Führung mit Hinweisen, wann weiterzugehen ist, wichtig (direktes Lehrerverhalten).
- Über Fehler soll nicht zu lange argumentiert werden, sondern die Lehrkraft führt den Teilschritt – durch lautes Denken unterstützt – nochmals durch. Fehler sollten aber besprochen werden.
- Wenn die Demonstration durch zu viele Fragen und Fehler unterbrochen wird, ist bei der Weiterführung vorerst wieder auf den bisher erfolgten Gesamtablauf zu verweisen.
- Ist ein psychomotorischer Ablauf besonders komplex, sollte ein Merkblatt mit der Beschreibung der einzelnen Schritte (how to do it) abgegeben oder wenigstens im 5. Schritt den Lernenden die Gelegenheit gegeben werden, die einzelnen Schritte aufzuschreiben.

6.3 Modellieren von anspruchsvollen kognitiven Prozessen und beim moralischen Reflektieren

Kognitive Prozesse können in zwei Situationen modelliert werden. Erstens zeigt die Lehrperson bei der Einfühung in ein neues Lehrgebiet, wie sie ein für dieses Gebiet typisches Problem selbst in Angriff nimmt und durchdenkt, damit die Lernenden mit dem Problem und dessen Umgang schnell und anschaulich vertraut werden. Besonders interessante Studien dazu führten Englert, Raphael et al. (1991) zum Verfassen von Texten durch, bei welchen sie in einem ersten Schritt durch die Lehrperson zeigen lassen, wie Texte aufgebaut werden, um in einem zweiten Schritt mittels Fragen und lautem Denken die Strategien des Textentwurfes zu modellieren. Dabei stellt die

Lehrperson Fragen über die Gestaltung des Textaufbaues: «Wem oder für wen schreibe ich den Text?», «Warum schreibe ich dies?», «Was weiss ich darüber?» und «Wie kann ich all dies ordnen (Erklärung, Vergleich/Gegensatz, Problem/Lösung und andere Ordnungsmerkmale).» Im dritten Schritt führt die Lehrperson ein «Planungs-Denk-Blatt» ein, auf welchem das, was modelliert wurde, festgehalten wird. Dieses Blatt dient als Grundlage für das Verfassen weiterer Texte. Diese Unterrichtsform mittels Modellieren (und damit direktem Lehrerverhalten) führte bei Lernenden auf der Volksschulstufe im Vergleich zu Kontrollgruppen zu wesentlich besseren Lernleistungen beim Abfassen von einfachen Texten, und zwar sowohl bei leistungsfähigen als auch bei behinderten Kindern (siehe ausführlicher Abschnitt 3.5.7 im Kapitel 8).
Zweitens kann ein kognitiver Prozess auch nach seiner Erarbeitung im Klassenunterricht zur Vertiefung modelliert werden, indem die Lehrperson den ganzen Prozess mittels lautem Denken nochmals demonstriert, um einen idealen Prozess vorzustellen oder um Voraussetzungen für ein metakognitives Reflektieren (siehe Abschnitt 4 im Kapitel 8) zu schaffen. Es scheint, dass davon vor allem schwächere Schülerinnen und Schüler profitieren.
Modellieren kann auch beim moralischen Reflektieren eingesetzt werden, indem die Lehrperson bei einem moralischen Problem oder einem moralischen Dilemma seine Argumente in systematischer, differenzierter und ausgewogener Weise darstellt, um das Raisonieren oder Reflektieren der Lernenden anzuregen und herauszufordern. Der pädagogische Sinn dieser Form liegt in der Vorbildwirkung der Lehrkraft, nicht mit dem Ziel der Indoktrination aber im Bemühen, die Schülerinnen und Schüler zu differenzierten, systematisch reflektierten Urteilen zu führen (siehe Kapitel 10).

Kapitel 6
Lernformen (selbständiges Lernen)

1 Alltagsfragen

Schon im 19. Jahrhundert haben einzelne Philosophen (z.B. Spencer 1873) auf die Wichtigkeit des **unabhängigen, individuellen Lernens** verwiesen. Ihrer Meinung nach sollten Lehrkräfte den Schülerinnen und Schülern so wenig wie möglich darbieten und sie so viel wie möglich selbst entdecken lassen. Das Lernen des Lernens wurde zum wichtigsten Ziel erklärt, und die Selbstentwicklung galt als beste Voraussetzung für das lebenslange Lernen. Als man sich später der individuellen Unterschiede der einzelnen Schülerinnen und Schüler bewusster wurde, die im Klassenunterricht zu wenig berücksichtigt werden können, erhoffte man sich vom Einsatz von individuellen Lernformen auch bessere Lernergebnisse. Deshalb gewann das selbständige Lernen in der Form von Einzelarbeit und Partnerarbeit immer mehr an Bedeutung, wobei sich im Verlaufe der Zeit viele Verfahren herausgebildet haben: Selbststudium mit Lehrtexten, Leittextmethode, Sprachlaborarbeit, programmiertes Lernen, computergestütztes Lernen und Selbststudium von Literatur (siehe Abbildung 1.8).
Aufgrund der gesellschaftlichen und wirtschaftlichen Entwicklung mit den steigenden Ansprüchen in allen Lebensbereichen wurde im Alltag die Teamarbeit immer bedeutsamer. Deshalb gewann die Idee des kooperativen Lernens laufend mehr an Bedeutung. Beim **kooperativen Lernen** arbeiten kleine Gruppen von (normalerweise 4 bis 6) Schülerinnen und Schülern über eine kürzere oder längere Zeit zusammen, um ein gemeinsames, vorgegebenes oder selbstentwickeltes Lernziel zu erreichen.
Mit den raschen Entwicklungen in der Gesellschaft und in der Wirtschaft ging eine Zunahme von gesellschaftlichen und sozialen Konflikten einher, auf welche die Schule mit **Rollenspielen** reagierte. In Rollenspielen werden die Schülerinnen und Schüler mit Problem- und Konfliktsituationen konfrontiert, welche durch die Teilnehmenden am Rollenspiel durch spielerisches Handeln bewältigt werden sollen. Ihr Ziel ist es, den Lernenden die Gelegenheit zu geben, soziale Verhaltensweisen und Konfliktlösestrategien einüben und reflektieren zu können.
Bei allen diesen Lernformen sind für den Schulalltag zwei Fragen bedeutsam: Einerseits geht es um die Gelingensbedingungen des selbständigen (selbstgesteuerten, selbstregulierten) Lernens:[46] Welche Voraussetzungen müssen erfüllt sein, damit die Lernenden selbstgesteuert Lernen können? Entgegen einer verbreiteten Meinung ist das freie «Versuchs- und Irrtumslernen» wenig lernwirksam, was inzwischen auch die radikalen Konstruktivisten bestätigen. Wesentlich wirksamer sind das individuel-

[46] Die Begriffe selbständiges, selbstgesteuertes und selbstreguliertes Lernen werden in diesem Buch synonym verwendet. Bevorzugt wird aus lerntheoretischer Sicht der Begriff «selbstgesteuert», weil die bewusste eigene Steuerung des Lernens am wichtigsten ist.

le und das kollektive Lernen, wenn die Schülerinnen und Schüler dazu systematisch angeleitet werden. Andererseits ist zu klären, unter welchen Voraussetzungen das individuelle und das kollektive Lernen sinnvoll sind. Hier ist vor allem vor der verbreiteten Meinung zu warnen, kollektives Lernen würde generell besser motivieren, in jedem Fall zu besseren Lernleistungen führen, und es machte die Lernenden zufriedener. Im Folgenden ist zu zeigen, dass Antworten auf diese Fragen viel komplexer sind, als sie von den Gegnern des Frontalunterrichts immer wieder gegeben werden.

2 Die Einzelarbeit und die Partnerarbeit

2.1 Merkmale

Ziel der **Einzelarbeit** ist es, die Schülerinnen und Schüler als unabhängige Lernende zu fördern. Zu diesem Zweck geben ihnen die Lehrpersonen eine Aufgabe, die sie in kürzerer oder längerer Zeit im Unterricht oder ausserhalb des Unterrichts als Hausaufgabe einzeln zu lösen haben. Damit Einzelarbeiten erfolgreich erledigt werden können, müssen die folgenden Voraussetzungen erfüllt sein:

- Die Lehrperson muss die **Aufgabenstellung** genau **definieren.**
- Angabe eines klaren Lernziels (was ist zu lernen?),
- Vorgabe, wie zu zeigen ist, dass das Lernziel erreicht wurde (auf welche Art sollen die Lernenden das Erreichen des Ziels belegen?),
- allfällige Hinweise auf Lehrmittel, Lernmaterial, computergestützte Hilfsmittel usw. (welche Ressourcen sollen beim Lernen verwendet werden?).
- Die Aufgabe muss für die Lernenden als **sinnvoll** und für sie persönlich als **gewinnbringend** aufgefasst werden.
- Die Lernenden müssen erkennen, dass sie die Aufgabe **erfolgreich lösen** können.
- Die Lernenden müssen in der Lage sein, ihre Lernarbeit **planen zu können**, und sie müssen über das **Vorwissen** und die **Kompetenzen** verfügen, um die Aufgabe bewältigen zu können.

Die **Partnerarbeit** ist insbesondere dann sinnvoll, wenn ein Schüler oder eine Schülerin einen Partner oder eine Partnerin beim selbständigen Lernen unterstützt und anleitet. Der meistens bessere Schüler übernimmt also die Rolle eines **Tutors.** In einer Meta-Analyse (Lipsey & Wilson 1993) wurde nachgewiesen, dass die Partnerarbeit (Tutoring) vor allem für schwächere Schüler verbesserte Lernleistungen bringt und auch für die Tutoren leistungssteigernd wirkt. Zudem stärkt das Tutoring das Selbstkonzept der Lernenden. Allerdings eignet sich das Tutoring nicht für alle Lernaktivitäten gleichermassen. Seine Wirksamkeit ist grösser, wenn

- das Tutoring systematisch in ein strukturiertes Unterrichtsprogramm eingebaut wird,
- eher Fertigkeiten und weniger intellektuelle Fähigkeiten gefördert werden sollen,
- eher mathematik-orientierte und weniger sprach-orientierte Lerninhalte bearbeitet werden.
- das Tutoring im anwendungsorientierten (und daher sehr geeigneten) Informatik-Unterricht eingesetzt wird.

2.2 Verfahren der Einzel- und der Partnerarbeit

Am häufigsten angewandt werden die Einzel- und die Partnerarbeit auf der Grundlage von **Lehrbüchern und weiterer Literatur,** indem die Lernenden angewiesen werden, den Lehrbuchtext oder die Inhalte der vorgegebenen Literatur zu verarbeiten. Die Lernwirksamkeit dieses Verfahrens wird verbessert, wenn

- die Schülerinnen und Schüler über Lernstrategien verfügen (siehe Abschnitt 3.5 im Kapitel 8),
- ihnen mit dem Lese-(Lern-)auftrag eine klare Aufgabe gegeben wird (z.B. «Lesen Sie im Lehrbuch die Seiten 15–20 und versuchen Sie die Zielkonflikte, die Sie im Text finden, zu umschreiben»),
- nach Abschluss der Lektüre eine gezielte Auswertung in der Klasse mit einer Akzentsetzung durch den Lehrer oder die Lehrerin erfolgt.

Im **Selbststudium mit Lehrtexten** und mit der **Leittextmethode** wird der Lernprozess stärker strukturiert. Lehrtexte sind nach lerntheoretischen Prinzipien aufgebaut und meistens mit Fragen und Aufgaben ergänzt. Bei der Leittextmethode werden den einzelnen Lernenden oder Gruppen Arbeitsblätter abgegeben, in welchen umschrieben wird, wie eine anspruchsvollere Aufgabe zu lösen ist. Das Arbeitsblatt hat also eine Anleitungs- und Strukturierungsfunktion für einen Lernprozess, indem die einzelnen zu vollziehenden Lern- und Arbeitsschritte umschrieben werden. Vor allem im psychomotorischen Bereich im Berufsschulunterricht wird die Leittextmethode häufig mit dem Ziel angewendet, die Schülerinnen und Schüler auf das selbständige Lernen anhand von Anleitungen vorzubereiten. Abbildung 6.1 zeigt die einzelnen Schritte, die in einem Arbeitsblatt im berufsbildenden Bereich vorgegeben werden (Kaiser & Kaminski 1999, 253).

Im psychomotorischen Lernbereich können Leittexte ein gutes Hilfsmittel sein, deren Vorteil gegenüber dem Demonstrieren und dem Modellieren in der Möglichkeit des

Abbildung 6.1 **Vorgaben eines Leittextes (Ablauf der Leittextmethode) (Kaiser & Kaminski)**

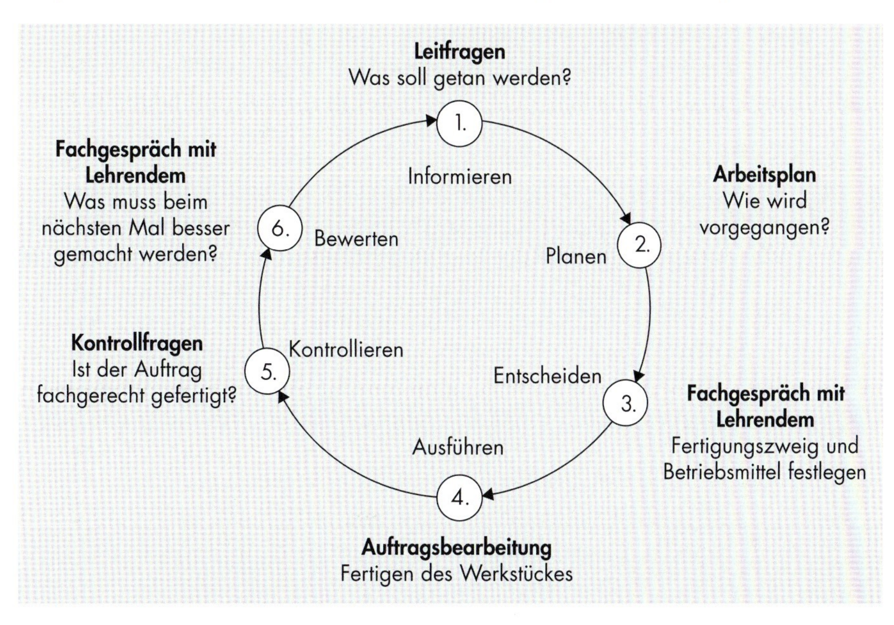

individuell wählbaren Lerntempos liegt. Je stärker ein Lerninhalt den anspruchsvolleren kognitiven Lernbereich betrifft, desto weniger geeignet ist die Leittextmethode, denn in vielen Fällen fallen die Anleitungen in eine behavioristische Steuerung zurück, die für das Erlernen von Fertigkeiten, nicht aber für höhere kognitive Prozesse geeignet ist.
Gleiches gilt für den **programmierten Unterricht** und das **traditionelle computergestützte Lernen.** Deshalb haben sich bessere Grundformen des mediengestützten Unterrichts entwickelt, bei denen die herkömmlichen Formen von Unterricht mit Medienunterstützung ergänzt werden (Blended Learning). Euler (2001) hat dazu die in Abbildung 6.2 wiedergegebenen Grundformen entwickelt.
Beim Teleteaching kommuniziert der Lehrende über Telekommunikationsnetze (unmittelbar oder aufgezeichnet). Das Teletutoring verbindet das selbstgesteuerte Lernen mit der Möglichkeit, bei Bedarf auf die Unterstützung durch einen Teletutor oder durch andere Lernende im Rahmen einer virtuellen Lerngemeinschaft auf medialem Weg zurückgreifen zu können. Bei der Telekooperation geht es um die gemeinsame Erarbeitung von Wissen und Können zur Lösung eines Problems oder einer Aufgabe mit Hilfe des Telekommunikationsnetzes. Beim mediengestützten Selbstlernen (individuell oder in Gruppen) wird ein Bestand an grundlegenden Lernressourcen über eine Multimedia-Plattform zur Verfügung gestellt, die dem Selbstlernen dienen und beliebig kombiniert werden können.

Für Lehrkräfte sind bei diesen Entwicklungen die folgenden Aspekte beachtenswert:
– Diese Grundtypen pendeln zwischen einem mediengestützten fremdgesteuerten Lernen bis zum selbstgesteuerten Lernen. Anstrebenswert ist das selbstgesteuerte Lernen, dem aber allenfalls ein Teleteaching voranzustellen ist, um die Lernenden auf das selbstgesteuerte Lernen vorzubereiten.
– Bei der Aufbereitung der Lerninhalte für das Selbstlernen sollte nicht in polarisierender Weise zugunsten einer objektivistischen oder konstruktivistischen Gestaltung der Lernprozesse argumentiert werden. Beide Ansätze können sich je nach Lernziel ergänzen. So ist es beispielsweise durchaus sinnvoll, einen Lernbereich von einem authentischen Arbeitsproblem ausgehend mit einer starken Lernumgebung konstruktivistisch zu gestalten, einzelne Fertigkeiten, die in

Abbildung 6.2 **Grundtypen mediengestützter Lehr-Lernformen (Euler)**

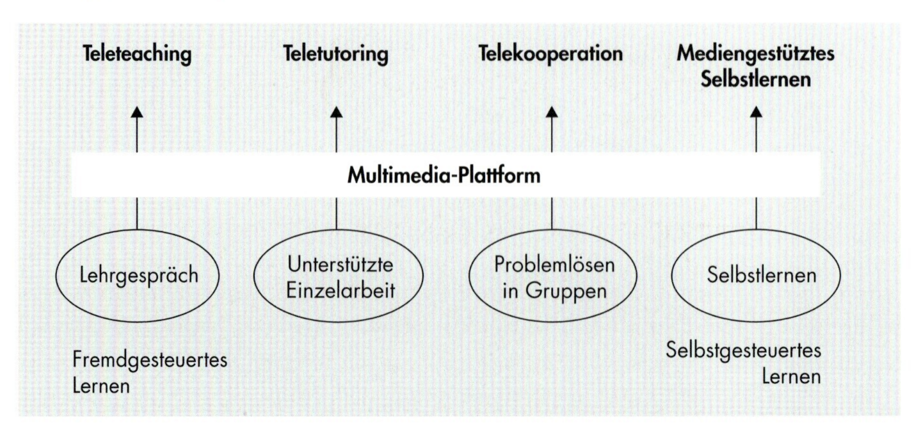

diesem Lernprozess benötigt werden, jedoch in einem traditionellen (vielleicht sogar behavioristischen) Lernprogramm durcharbeiten zu lassen.

– Zu vermeiden sind aber Lösungen, bei denen Medien als blosse Ergänzung additiv einem bestehenden Ausbildungsprogramm oder einem vorhandenen Medienprogramm beigefügt werden. Vielmehr ist zu überlegen, wie die traditionellen und die multimedialen Lehr-Lernformen untereinander zu einer Ganzheit verknüpft werden können. Oder anders ausgedrückt dürfen die technischen Lernhilfen nicht zum Selbstzweck werden, sondern sie müssen in ein didaktisches Gesamtkonzept passen, das traditionelle und mediengestützte Lehr-Lernformen in lernzielgerechter Weise kombiniert, um eine höhere Lernwirksamkeit zu erreichen.

3 Gruppenunterricht (kooperatives Lernen)

3.1 Die Bedeutung der Teamarbeit

Die Bedeutung der Gruppenarbeit in der Schule lässt sich wie folgt begründen:

(1) Die moderne Arbeitsteilung erfordert immer mehr Teamwork, das ganz andere Kompetenzen voraussetzt als die Einzelarbeit. Deshalb sollen bereits in der Schule mit Hilfe des kooperativen Lernens kooperative Kompetenzen für eine wirksame Zusammenarbeit gefördert werden.

(2) Die veränderte Situation in der Familie (Kleinfamilien mit weniger sozialen Beziehungen; berufstätige Eltern und Alleinerziehende, die grösseren Belastungssituationen ausgesetzt sind) führt dazu, dass das prosoziale Verhalten der Kinder in der Familie nicht mehr immer genügend gefördert wird, d.h. sie lernen nicht mehr in geeigneter Weise, was im Umgang mit anderen Menschen gut und schlecht ist. Deshalb fällt dem kollektiven Lernen auch die Aufgabe der prosozialen Förderung zu.

(3) In der heutigen Informations- und Konsumgesellschaft wird die junge Generation immer mehr mit Reizen überflutet, die sie passiv und meistens unreflektiert aufnimmt. Die traditionelle Schule verstärkt diese Tendenz mit ihrer additiven Wissensvermittlung noch zusätzlich. Kooperatives Lernen kann dazu ein Gegengewicht setzen, indem die Arbeit in den Gruppen zur Reflexion anregt und auf diese Weise zum Aufbau von Werthaltungen beiträgt.

(4) In der Wirtschaftswelt hat der Teamgedanke immer mehr Beachtung gefunden, weil man nicht nur bessere Leistungen erwartet, sondern auch erhofft, dass sich zu starre hierarchische Strukturen in der Mitarbeiterführung und im Aufbau von Arbeitsprozessen auflösen.

(5) Schliesslich werden dem kooperativen Lernen Vorzüge aus der Interaktion unter den Lernenden zugeschrieben: Die Schülerinnen und Schüler setzen sich beim Lernen mehr ein, weil sie mehr Gestaltungsfreiheiten haben; die Zusammenarbeit in der Gruppe hat verstärkende und ermutigende Wirkungen, die Zusammenarbeit führt zu mehr Kreativität, und es entsteht ein tieferer, freundschaftlicher Zusammenhalt unter den Lernenden.

Angesichts der zunehmenden Bedeutung des Teamgedankens und der Teamarbeit in der Gesellschaft fand das kooperative Lernen auch in denSchulen immer mehr Beach-

tung. Verstärkt wurde die Forderung nach vermehrtem kooperativem Lernen durch die Annahme, dass häufige Gruppenarbeiten das individuelle Lernen verbessern. Dazu wurden immer wieder die gleichen positiven Effekte angeführt: die Verbesserung der Wissensanwendung (De Corte 2003), die Erhöhung des individuellen Wissenserwerbs (Lou et al. 1996), den Erwerb von Sozialkompetenzen (Reinmann-Rothmeier & Mandl 1997) sowie die Entwicklung der Persönlichkeit (Huber 2006).
Der Stellenwert der Teamarbeit und deren vielerorts beobachtete Wirksamkeit führten an vielen Schulen und bei vielen Lehrerinnen und Lehrern zu einem grossen Bedeutungsgewinn des kooperativen Lernens. Nicht zuletzt unter dem Einfluss der radikalen Konstruktivisten entstand sogar da und dort eine eigentliche Ideologie, welche im Unterricht nur noch die Vorzüge der Gruppenarbeit sah und vor allem den Frontalunterricht ausschliessen wollte. Bei der konsequenten Verwirklichung dieser Auffassung im Schulalltag zeigten sich aber überall auch Nachteile. Viele Schülerinnen und Schüler empfanden zu viel kooperatives Lernen als nicht sehr wirksam, Lehrkräfte fühlten sich in ihrem Beruf nicht mehr ganz ausgefüllt und wünschten im Unterricht selbst wieder aktiver zu werden. Dieser Wunsch entspringt jedoch einem Missverständnis. Kooperatives Lernen erfordert von den Lehrkräften eine genaue Beobachtung und Unterstützung beim Lernen (Scaffolding). Oft wird – vor allem an Berufsschulen – im Weiteren angeführt, dass das kooperative Lernen zu zeitaufwändig sei und damit die vorgegebenen Lehrpläne nicht mehr einzuhalten seien. Auch dieser Einwand ist zu relativieren. Die Wirksamkeit des kooperativen Lernens kann sowohl aus zeitlicher Sicht als auch im Hinblick auf den Lernerfolg durch eine zweckmässige Unterrichtsgestaltung und ein gutes Lehrerverhalten wesentlich gesteigert werden. Voraussetzung ist allerdings, dass die Lehrpersonen mehr wissen über die Voraussetzungen und die Probleme des kooperativen Lernens. Dazu liegen viele Erkenntnisse aus der Forschung vor.

3.2 Voraussetzungen für das kooperative Lernen (Arbeit in Gruppen)

Um das kooperative Lernen im Unterricht lernwirksam einzusetzen, sollten vier Voraussetzungen berücksichtigt werden (Dillenbourg, Baker et al. 1996, Kopp & Mandl 2006):

(1) Nicht alle Schülerinnen und Schüler verfügen gleichermassen über die **individuellen Eigenschaften und Kompetenzen** für das kooperative Lernen. Zu beachten ist die Gewissheits- bzw. Ungewissheitstoleranz bei den Lernenden. Das kooperative Lernen eignet sich besser für Schülerinnen und Schüler, die eine hohe Ungewissheitstoleranz ausweisen, d.h. eine hohe Bereitschaft haben, sich mit Lernproblemen auseinanderzusetzen, bei denen das Ergebnis ihres Denkens und Tuns nicht im Voraus erkennbar ist (Huber & Rotering-Steinberg 1998). Bei solchen Lernenden ist denn auch die intrinsische Motivation[47] zum kooperativen Lernen grösser. Schliesslich gelingt kooperatives

[47] Unterschieden werden die intrinsische und die extrinsische Motivation. Eine intrinsische Motivation ist gegeben, wenn bei den Lernenden der Wunsch vorhanden ist, etwas zu lernen, weil sie diesen Lerngegenstand aus persönlichem Interesse an der Sache oder an der Problemstellung verstehen möchten. Eine extrinsische Motivation liegt vor, wenn aus anderen Gründen als um der Sache Willen gelernt wird (z.B. gute Noten, dem Lehrer oder den Eltern Freude machen, im Klassenverband Anerkennung zu erhalten usw.).

Lernen umso besser, über je mehr Sozialkompetenzen (siehe Kapitel 11), Grundfertigkeiten und fachliche Kompetenzen des Lernbereichs sie verfügen. Viele Grupenarbeiten bleiben wirkungslos, weil die kognitiven und sozialen Voraussetzungen mit dem Umgang des Lerngegenstands fehlen.

(2) Bedeutsam sind im Weiteren die **Gruppenmerkmale.** Ganz allgemein scheinen Gruppenarbeiten wirksamer zu sein, wenn ein möglichst vergleichbarer Status zwischen den Gruppenmitgliedern gegeben ist (Dillenbourg 1999). Auf weitere Eigenarten ist noch zurückzukommen.

(3) Kooperatives Lernen macht nur dann Sinn, wenn es sich um eine **Aufgabenstellung** handelt, welche eine Kooperation wirklich notwendig macht (Cohen 1994). Solche Aufgaben lassen sich durch die folgenden Merkmale charakterisieren: Anspruchsvolle Aufgaben, die nicht nur eine richtige Lösung zulassen, sondern bei denen das Aushandeln unterschiedlicher Lösungsansätze anhand verschiedener Gesichtspunkte unabdingbar ist. Weil die Interaktion unter den Gruppenmitgliedern ein Wesensmerkmal der Gruppenarbeit ist, darf die Aufgabe nicht so gestellt werden, dass voneinander unabhängige Teilarbeiten erbracht werden können, die von einzelnen Gruppenmitgliedern allein und unabhängig gelöst werden und am Ende nur noch additiv zur Gruppenarbeit zusammengesetzt werden müssen. Die Interdependenz von Bestandteilen der Arbeit ist somit ein wichtiger Bestandteil einer jeden Gruppenarbeit (Johnson & Johnson, 1992, 1998). Dass der ausgewählte Lerninhalt viele Lernende intrinsisch motivieren sollte, ist eine Selbstverständlichkeit.

(4) Schliesslich muss sowohl für die Gruppe als Ganzes als auch für die einzelnen Gruppenmitglieder eine gute **Anreizstruktur** geschaffen werden. Slavin (1997) zeigte in einer zusammenfassenden Studie, dass Gruppen ohne genügende Anreizstruktur schlechter arbeiten, und Johnson & Johnson (1998) weisen auf die Wichtigkeit des Feedbacks an die Gruppe und an die einzelnen Gruppenmitglieder hin.

Nun gilt es aber zu beachten, dass die Erwartung, Gruppen erbrächten in jedem Fall und unter Einhaltung der oben erwähnten vier Voraussetzungen immer bessere Arbeits- und Lernleistungen als ein Individuum allein, in dieser allgemeinen Form nicht stimmt, denn neben Prozessgewinnen gibt es bei der Gruppenarbeit auch Prozessverluste.
Modellmässig lässt sich dies gemäss Abbildung 6.3 darstellen (in freier Anlehnung an Wilke & Wit 2002). Wenn die einzelnen Gruppenmitglieder die ihnen zur Verfügung stehenden Ressourcen (individuelles relevantes Wissen und Können sowie verfügbare Hilfsmittel und Zeit) bei für Gruppenarbeiten geeigneten Aufgaben optimal einsetzen, um die Aufgabe oder ein Problem zu lösen, so sollte die bestmögliche Gruppenleistung entstehen **(potenzielle Gruppenleistung).** Diese potenzielle Gruppenleistung wird aber häufig nicht erbracht, weil die einzelnen Gruppenmitglieder bei der Arbeit in der Gruppe eine Vielzahl von Fehlern begehen und Unterlassungen zu verantworten haben. Dadurch entstehen bei der Gruppenarbeit **Prozessverluste**, so dass die tatsächlich erbrachte Gruppenleistung nicht mehr der potenziellen Gruppenleistung entspricht. Umgekehrt kann die Arbeit in der Gruppe auch Prozessgewinne herbeiführen. Dies ist beispielsweise der Fall, wenn sich die Gruppenmitglieder gegenseitig gut ergänzen und zielstrebig unterstützen.
Deshalb lässt sich die von einer Gruppe **tatsächlich erbrachte Leistung** theoretisch genau umschreiben (siehe Abbildung 6.3).

Auf diese Weise wird verständlich, warum Gruppenarbeiten (seien es Lern- oder Arbeitsgruppen) in einzelnen Situationen, selbst wenn günstige Gruppenmerkmale gegeben sind und eine gute Anreizstruktur geschaffen wurde, häufig erfolgreich sind und in anderen Fällen unbefriedigende Resultate bringen können. Deshalb kann auch nicht von einer generellen Überlegenheit gesprochen werden.
Ein erfolgreiches Scaffolding der Lehrkräfte bei den Gruppenarbeiten (siehe Abschnitt 3.2 im Kapitel 4) setzt voraus, dass ihnen bewusst ist, wie bei der Gruppenarbeit Prozessgewinne und Prozessverluste durch eine gute Beobachtung des Geschehens in den Gruppen entdeckt und durch Interventionen gefördert bzw. abgeschwächt oder verhindert werden können. Bislang wurden in Untersuchungen die folgenden Kriterien gefunden (siehe ausführlich Wilke & Witt 2002):

(1) Zunächst hängt der Erfolg des Lernens und des Arbeitens in einer Gruppe vom Umfang der **Informationen**, des **Wissens** und des **Spezialwissens** der Gruppenmitglieder ab. Von der Zusammenarbeit profitiert eine Gruppe umso stärker, je mehr die einzelnen Gruppenmitglieder in der Lage und auch bereit sind, alle ihre Informationen und ihr Wissen aktiv in die Gruppe einzubringen. In diesem Zusammenhang können typische Verhaltensweisen von einzelnen Gruppenmitgliedern zu Prozessverlusten führen: Gewisse Gruppenmitglieder geben nur gerade dasjenige Wissen in die Gruppe ein, das sie mit den anderen gemeinsam haben und behalten ihr Mehrwissen vor allem dann zurück, wenn ihnen später der Wissensvorsprung persönlich etwas nützt (beispielsweise bereitet eine Gruppe einen Vortrag vor, der später von einem Gruppenmitglied zu halten ist, und der als Einzelleistung bewertet wird). Andere Gruppenmitglieder behalten ihnen bekanntes Wissen und eigene Erfahrungen zurück, weil sie dem Wissen der anderen Gruppenmitgliedern mehr vertrauen als ihrem eigenen Erfahrungs- und Kenntnisstand (dies trifft vor allem für Schülerinnen und Schüler mit einem geringen Selbstvertrauen in ihr Wissen und Können zu).

(2) Zu Prozessverlusten führt der **Konformitätsdruck.** Motive wie «von den anderen Gruppenmitgliedern gemocht werden» oder «mit geschätzten Gruppenmitgliedern gleicher Meinung sein», verleiten Gruppenmitglieder häufig dazu, eigene Erkenntnisse und Einsichten nicht mehr in die Gruppe einzubringen (Stewart & Strasser 1998). Damit in Verbindung steht auch der **Effekt des gemeinsamen Wissens**, welcher besagt, dass sich Gruppenmitglieder zu schnell auf das gemeinsam geteilte Wissen beschränken und nicht mehr nach weiteren Informationen suchen oder bekannte Informationen nicht mehr weiter verarbeiten (was häufig bei schlecht motivierten Gruppen der Fall ist).

Abbildung 6.3 **Tatsächlich erbrachte Gruppenleistung**

Tatsächliche Leistung =	**potenzielle Leistung** (Ressourcen werden optimal eingesetzt)
	./. Prozessverluste
	+ Prozessgewinne

(3) Zu Prozessgewinnen oder Prozessverlusten kann die **Anwesenheit von Gruppenmitgliedern** führen. Aufgrund einer Metaanalyse kamen Bond & Titus (1983) zum Schluss, dass die Prozessgewinne bei einfachen, gut gelernten Aufgaben oft nicht so gross sind wie die Prozessverluste bei komplexen, nicht gut gelernten Aufgaben. Mit anderen Worten kann die Anwesenheit anderer beim Lernen in einer Gruppe mehr zur Verbesserung der Leistung beitragen, wenn die erforderlichen Reaktionen (Beiträge, welche die Gruppenmitglieder leisten) gut gelernt und zur Routine geworden sind. Allerdings erklärt die blosse Anwesenheit von Gruppenmitgliedern nur etwa drei Prozent der Varianz der individuellen Produktivität.

(4) Prozessgewinne und Prozessverluste entstehen auch aufgrund der **Zusammensetzung** der Gruppen. Die Frage, ob heterogene oder homogene Gruppen zu besseren Lernerfolgen führen, ist nicht leicht zu beantworten. Tendenziell sollte das Vorwissen der Gruppenmitglieder eher leicht unterschiedlich sein, aber dic Unterschiede im Wissen und Können dürfen nicht zu gross sein, denn wenn zu leistungsstarke Gruppenmitglieder die Arbeit in den Gruppen dominieren, verlieren die Schwächeren ihre Mitwirkungsmöglichkeiten, so dass durch sie Prozessverluste entstehen (Webb & Palincsar 1996). Deshalb erweisen sich homogene Gruppen über alles gesehen eher als erfolgreich (Lou, Abrami et al. 1996). Allerdings ergeben sich differenziertere Aussagen, wenn die Fähigkeiten der Gruppenmitglieder berücksichtigt werden. Weniger fähige Lernende profitieren in heterogenen Gruppen mehr, insbesondere wenn die leistungsstärkeren Gruppenmitglieder in den heterogenen Gruppen in der Lage sind, die Schwächeren zu unterstützen (Tutoring) (Webb & Palincsar 1996). Bessere Schüler profitieren jedoch in homogenen Gruppen mehr, während für die besten Lernenden die Gruppenzusammensetzung keinen Einfluss auf den Lernerfolg hat.

(5) Wenn die Gruppenmitglieder gemeinsam ein Ziel erreichen wollen und alle überzeugt sind, dass der Erfolg jedes Mitgliedes die Chancen für den Erfolg der ganzen Gruppe verbessert, so sind alle bereit, ihre verfügbaren Ressourcen optimal in der Gruppe einzubringen (kooperative Interdependenz in der Gruppe). Es ist aber auch möglich, dass ein Mitglied in der Gruppe nur dann erfolgreich ist, wenn (ein) andere(s) Mitglied(er) der Gruppe versagen(-t) (wettbewerbsorientierte Interdependenz). Dies ist beispielsweise der Fall, wenn ein Gruppenmitglied mehr Anerkennung und Beachtung erhält, oder wenn es im Vergleich zu anderen weniger Arbeitszeit einbringen muss. Meistens besteht bei Gruppenarbeiten eine Interdependenz mit gemischten Motiven, d.h. die Gruppenmitglieder wollen sowohl den gemeinsamen Zielen und Interessen dienen, als auch im eigenen Interesse handeln. Je nach der Gewichtung der beiden Interdependenzen verhält sich ein Gruppenmitglied anders: Es kann beispielsweise seine eigenen Anstrengungen für die Gruppe bewusst oder unbewusst verringern, aber gleichzeitig eigene Vorteile aus der Kooperation der übrigen Gruppenmitglieder ziehen. Auf diese Weise können erneut Prozessverluste entstehen. Wenn durch solche Verhaltensweisen die Ressourcen nicht optimal eingebracht werden und es nicht gelingt, die Gruppe zusammenzuführen, so entstehen **Koordinationsverluste**. Gleichzeitig können aber auch **Motivationsverluste** eintreten, welche die Vorteile des kooperativen Lernens zunichte machen (Wilke & Wit 2002).

(6) Durch eine gute Organisation der Gruppen lassen sich Koordinationsverluste vermeiden. Aber auch in solchen Gruppen kann es mangels genügender Motivation einzelner Gruppenmitglieder zu Prozessverlusten kommen. Zu beachten ist das

soziale Faulenzen: Je grösser eine Gruppe ist und je weniger die Beiträge der Einzelnen identifizierbar sind (z.B. durch einen Vergleich mit den Beiträgen der anderen Gruppenmitglieder), desto geringer ist die Gruppenleistung. Umgekehrt können aber Prozessgewinne entstehen, wenn die einzelnen Gruppenangehörigen eine gute individuelle Bewertung erwarten. Solche Menschen, gar wenn die zu erbringende Leistung für sie persönlich bedeutsam ist, arbeiten im Kollektiv noch mehr, um das antizipierte Faulenzen anderer Gruppenmitglieder zu kompensieren. In diesem Fall liegt eine **soziale Kompensation** vor (Brickner, Harkins & Ostrom 1986).

(7) Mit dem Ausmass der Motivation für die Mitarbeit in der Gruppe hängen die Erscheinungen des **Trittbrettfahrens** (free riding) und des **sozialen Bummelns** (social loafing) zusammen (Salomon & Globerson 1989, Wegge 2001). Trittbrettfahrer setzen sich infolge ungenügender Motivation oder infolge fehlender Kompetenzen bei der Gruppenarbeit nicht ein, wobei sie dies bewusst tun, während das soziale Bummeln weitgehend unbewusst erfolgt. Das Trittbrettfahren und das soziale Bummeln führen bei aktiven Gruppenmitgliedern häufig zum **Trotteleffekt** (sucker effect), der eintritt, wenn ein aktives Gruppenmitglied sich anderen Gruppenmitgliedern gegenübersieht, die zwar etwas beitragen könnten, es aber nicht tun, weil es erkennt, dass die übrigen Gruppenangehörigen Trittbrettfahrer oder soziale Bummler sind (Kerr 1983, zit. nach Wilke & Wit 2002). Alle drei Erscheinungen können durch Statusunterschiede der Gruppenmitglieder entstehen oder verstärkt werden.

(8) Persönliche Charakteristika der Mitglieder einer Gruppe (Alter, Geschlecht, Wissen und Können, soziale Stellung) führen innerhalb der Gruppe zu A-priori-Erwartungen über die Beiträge der anderen Gruppenmitglieder zum Gruppenerfolg, und sie schaffen damit die Voraussetzungen für eine **Statusdifferenzierung** (Berger, Rosenholtz & Zelditch 1980). Unterschieden wird zwischen Beziehungsspezialisten, die in der Gruppe beliebt sind und Aufgabenspezialisten, von denen angenommen wird, dass sie zur Lösung der Gruppenarbeit am meisten beitragen können. Als Aufgabenspezialisten erkennen die Gruppenmitglieder solche andere Angehörige der Gruppe, deren Informationen und Fähigkeiten für die Erfüllung der Gruppenaufgabe bedeutsam sind. Sie werden während der Gruppenarbeit häufiger angesprochen und öfters ermuntert, die Initiative zu ergreifen oder die Gruppenleitung zu übernehmen, weil sie über spezifische Statusmerkmale verfügen. Bei Beziehungsspezialisten liegen meistens diffuse Statusmerkmale vor. Das sind persönliche Eigenschaften, von denen die Gruppenmitglieder annehmen, dass sie nur indirekt für die erfolgreiche Erfüllung der für die Gruppenarbeit gesetzten Ziele bedeutsam sind. Daraus lässt sich der Prozess der Statusorganisation in einer Gruppe ableiten: Die Gruppenmitglieder nehmen die Statusmerkmale sowie während der Arbeit den Verhaltensstil (die Beteiligungsraten, die Gruppenorientierung sowie das Ausmass der Selbstbehauptung) der anderen Gruppenangehörigen wahr, schätzen den Beitrag, den diese zu leisten in der Lage sind, ab, und bestimmen den Status, der über den Einfluss in der Gruppe entscheidet (Wilke & Wit 2002). Idealerweise sollte die Statusdifferenzierung bei Gruppen, welche ein bestimmtes Ziel erreichen wollen, auf den aufgabenspezifischen Statusmerkmalen beruhen. Je mehr jedoch die diffusen Statusmerkmale den Einfluss in der Gruppe prägen, desto grösser werden die Prozessverluste. So sind beispielsweise dominante Gruppenmitglieder meistens aktiver, und sie kommunizieren üblicherweise mehr. Deshalb haben sie einen stärkeren Einfluss bei der Arbeit in Gruppen, weil ihren Beiträgen von den anderen Gruppenmitgliedern mehr Beachtung geschenkt wird,

auch wenn sie nicht über die besten spezifischen Statusmerkmale verfügen. Ganz allgemein haben Gruppenmitglieder mit einem hohen Status mehr Einfluss. Selbst wenn sie eine falsche Lösung vertreten, scheinen sie die anderen Gruppenmitglieder leichter davon zu überzeugen, als Mitwirkende mit einem geringeren Status. Solche Prozessverluste können vor allem dort sehr gross werden, wo in straffen hierarchischen Systemen die offene Argumentation nicht stattfindet.

(9) Wenn sich einzelne Gruppenmitglieder bei Gruppen, die ein bestimmtes Lern- oder Arbeitsziel erreichen müssen, häufiger an die Gruppenangehörigen mit spezifischen Statusmerkmalen (insbesondere aufgabenbezogene Fertigkeiten und Fähigkeiten) wenden, beeinflusst dies die **Kommunikationsmuster** der Gruppe. Bei komplexeren Gruppenarbeiten (schwierige Problemlösungen, die viele Informationen benötigen) sind dezentrale Kommunikationsmuster überlegen, d.h. möglichst alle Gruppenmitglieder sollten miteinander kommunizieren, damit möglichst viele Informationen in die Gruppenarbeit integriert werden, um zu einer höheren Gruppenleistung zu gelangen. Dezentralisierte Kommunikationsmuster führen auch zu einer höheren Aufgabenzufriedenheit. Wenn aber eine komplexe Gruppenarbeit einen längeren Zeitraum beansprucht, so ist es wirksamer, wenn das Kommunikationsmuster im Verlauf der Zeit zentraler wird, also ein Gruppenmitglied die Koordination und die Führung der Gruppe übernimmt. Interessanterweise ist jedoch bei einfachen Aufgaben von Anfang an ein zentralisiertes Kommunikationsmuster effizienter (Wilke & Wit 2002).

(10) Schliesslich ist zu fragen, welche Beziehung zwischen den **Interaktionen** der Gruppenmitgliedern und dem Lernerfolg besteht. Für die Schulpraxis bedeutsam ist die Erkenntnis, dass die Häufigkeit der Interaktionen (Anzahl der Äusserungen) der einzelnen Gruppenmitglieder in keiner Beziehung zum Lernerfolg der Schülerinnen und Schüler steht. Lernwirksam werden sie erst, wenn in der Gruppe schwierige Fragen und schlecht strukturierte Probleme behandelt werden müssen, und wenn in der Gruppenarbeit eine reziproke Interdependenz entsteht, d.h. wenn die Gruppenmitglieder voneinander abhängig sind, um ihr Ziel zu erreichen, und sie auch alle Ressourcen (Informationen, Unterrichtsmittel) gemeinsam verwenden müssen, um zum Ziel zu gelangen (Cohen 1994). Sobald jedoch die Lernenden dazu angeleitet werden, während ihren Interaktionen kognitive Prozesse durchzuarbeiten, verbessern sich die Lernerfolge. Zu diesem Zweck wurde der Ansatz der **Scripted Cooperation** entworfen, bei dem vorgegeben wird, wie in Gruppen mit Texten gelernt werden kann: Die Gruppenmitglieder lesen einen Text, dann fasst ein Mitglied den Text ohne Unterlage zusammen, während die Übrigen zuhören, um Mängel, Unklarheiten und Missverständnisse zu diskutieren und zu korrigieren. Dann verknüpft die Gruppe das Gelernte mit dem Vorwissen oder dem zu bearbeitenden Problem, um schliesslich das Neue ins Gedächtnis zu übernehmen (O'Donnell 1999).

Von grosser Wichtigkeit für den individuellen Lernerfolg ist die Qualität der Dialoge (Interaktionen) in der Gruppe. Interessanterweise sind aber die Erkenntnisse aus der schulnahen Forschung (immer noch) widersprüchlich. Einerseits konnte gezeigt werden, dass gute Erklärungen von Gruppenmitgliedern den Lernerfolg der ganzen Gruppe erhöhen. Auch profitierten leistungsfähige Schülerinnen und Schüler in heterogenen Gruppen viel, wenn sie den schwächeren Gruppenmitgliedern Erklärungen geben konnten (Peterson & Swing 1985). Umgekehrt zeigten Studien vor allem im Erlernen der Programmierung von Computern, dass Erklärungen keine massgebliche Wirkung haben (Webb 1996). Versuche von Fletcher (siehe Wilke & Wit 2002) erbrachten wiederum bessere Lernerfolge: Mit seinem Ansatz der kognitiven Förderung (cognitive facilitation), in welchem er mit videounterstütztem Modelling und lautem Denken bei Problemlöseprozessen arbeitete, erreichten die Lernenden in den Gruppen bessere kognitive Erfolge.

Wahrscheinlich werden die Forschungsergebnisse immer widersprüchlich bleiben, weil mit Sicherheit die Qualität der Interaktion einen massgeblichen – wenn auch nicht alleinigen – Einfluss auf den Lernerfolg von Schülerinnen und Schülern bei Gruppenarbeiten hat. Anders lässt sich nicht erklären, dass auch Transkripte von Gruppengesprächen nicht zu praktikablen Erkenntnissen führten (vergleiche die Pionierarbeiten von Barnes & Todd 1977).

Die vielen Prozessgewinne und Prozessverluste beeinflussen die Lernwirksamkeit von Gruppenarbeiten offensichtlich stark. Deshalb sollten Lehrkräfte Gruppenarbeiten insbesondere im Anfängerunterricht aufmerksam begleiten. Zu beachten sind die folgenden Gesichtspunkte:

- Vor allem um Prozessverluste in den einzelnen Gruppen sofort unterstützend zu korrigieren, sollten die Gruppenarbeiten nicht in verschiedenen separaten Gruppenräumen, sondern im Klassenzimmer durchgeführt werden. Mit der heute meistens flexiblen Möblierung der Schulzimmer lässt sich die bestehende Bestuhlung rasch und problemlos in Gruppentische umbauen.

- Der Lehrperson fallen bei Gruppenarbeiten zwei Aufgaben zu: Einerseits muss sie die einzelnen Gruppen beobachten, um Prozessverluste aufzudecken und um sie mit der Gruppe zu besprechen, damit die Fertigkeiten des Teamworks und die Fähigkeit der Interaktion und Kommunikation gestärkt werden. Andererseits muss sie von der sachlichen Seite her mit einem guten Scaffolding die Lern- und Arbeitsprozesse stärken. Die Betreuung von Gruppenarbeiten ist damit viel anspruchsvoller und kräfteraubender als der Frontalunterricht. Unbegleitete Gruppenarbeiten machen vor allem bei Anfängern und Lernenden mit schlechten Voraussetzungen wenig Sinn.

- Zu beobachten ist auch das Verhalten von Gruppenmitgliedern. Vor allem die negativen Auswirkungen der Statusdifferenzierung, des Trittbrettfahrens und des sozialen Bummelns sollten unmittelbar während der Gruppenarbeit korrigiert werden.

3.3 Die Kleingruppenarbeit

Kleingruppenarbeiten sind gezielt in einzelne Lektionen eingebaute Gruppenarbeiten von fünf- bis zehnminütiger Dauer. Die Gruppen von 3–4 Schülerinnen und Schüler werden spontan gebildet, d.h., diejenigen Lernenden, die nahe beieinander sitzen, bilden die Kleingruppe, so dass keine Umstellung der Sitzordnung nötig ist. Kleingruppenarbeiten können eingesetzt werden

- im Anschluss an eine Phase der Wissensvermittlung zur Vertiefung des dargebotenen Wissens,
- zum Einüben von Fertigkeiten und Fähigkeiten (Übung in Kleingruppen), oder

- zur Diskussion eines Widerspruches, zur Klärung einer Kontroverse oder zur Aussprache über einen Zielkonflikt, mit dem Ziel der gemeinsamen Reflexion und der persönlichen Meinungsbildung.

Ziel der Kleingruppenarbeit ist es, die Lernenden während des Frontalunterrichts durch eine andere Lernform neu zu motivieren und sie zum selbstgesteuerten, kooperativen Lernen zu veranlassen. Wenn sie im Ablauf einer Lektion an einer geschickten Stelle mit einem klaren Arbeitsauftrag eingesetzt wird, und die Ergebnisse gut ausgewertet werden, ist sie sehr lernwirksam (Tausch & Tausch 1986).

Beispiel eines Arbeitsauftrages: «Jetzt haben wir die beiden widersprüchlichen Anschauungen unserer Fragestellung kennen gelernt. Diskutiert während den nächsten acht Minuten die Problematik und bildet euere eigene Meinung. Ich werde dann einige von euch bitten, die eigene Meinung vorzutragen.»

Viele Lehrkräfte bekunden mit der Führung der Kleingruppenarbeit im Klassenverband Mühe: sie verlieren viel Zeit mit der Organisation, sie stellen fest, dass die Schülerinnen und Schüler nicht über die aufgetragene Aufgabe sprechen, und es gelingt ihnen nicht, nach der Kleingruppenarbeit die Ruhe im Klassenzimmer wieder herzustellen. Diese Probleme können umgangen werden, wenn die folgenden Gesichtspunkte beachtet werden:
- Es sind klare Aufträge und Arbeitsanweisungen zu erteilen.
- Die Sitzordnung ist nicht umzustellen.
- Die Erkenntnisse der Kleingruppen sind gut auszuwerten: Wenn beispielsweise die erste berichtende Gruppe eine einwandfreie Lösung präsentiert, sollten die übrigen Gruppen wenigstens noch Gelegenheit zu Fragen oder zur Diskussion unterschiedlicher Erkenntnisse erhalten; andernfalls beginnen sie unter sich zu diskutieren und stören den weiteren Unterricht.

3.4 Die Gruppenarbeit

3.4.1 Formen der Gruppenarbeit

Bei Gruppenarbeiten arbeiten vier bis sechs Schülerinnen und Schüler über eine längere Zeit zusammen, um eine grössere Aufgabe gemeinsam zu bewältigen. Diese Aufgabe kann auf das Erarbeiten von neuem Wissen, auf die Bearbeitung einer Problemstellung oder auf ein Projekt ausgerichtet sein.
Für Gruppenarbeiten geeignet sind Aufgabenstellungen, bei denen entweder gemeinsam anhand von Unterlagen neues Wissen erarbeitet oder umfassende Problemlöseprozesse durchgearbeitet werden, die eine gemeinsame Tätigkeit voraussetzen. Der Zwang zur Kooperation ist also bei der Aufgabenstellung unabdingbar. Deshalb eignen sich Aufgaben, welche von den Lernenden meistens allein gelöst werden können (z.B. Anwendungsaufgaben zur Routinisierung und Vertiefung) oder Aufgaben, bei denen das individuelle Lernen entscheidend ist (z.B. Erlernen von Sprachfertigkeiten) für Gruppenarbeiten nicht.
Wichtig ist, dass die Themen für die Gruppenarbeiten immer im Gesamtzusammenhang mit dem Lehrplan stehen und nicht etwas beliebig Zugefügtes sind, damit die sachliche Vertrautheit mit dem Thema gegeben ist und die Verknüpfung mit dem Vorwissen sichergestellt werden kann. Gruppenarbeiten, welche ohne Bezug zum

Abbildung 6.4 **Formen von Gruppenarbeiten**

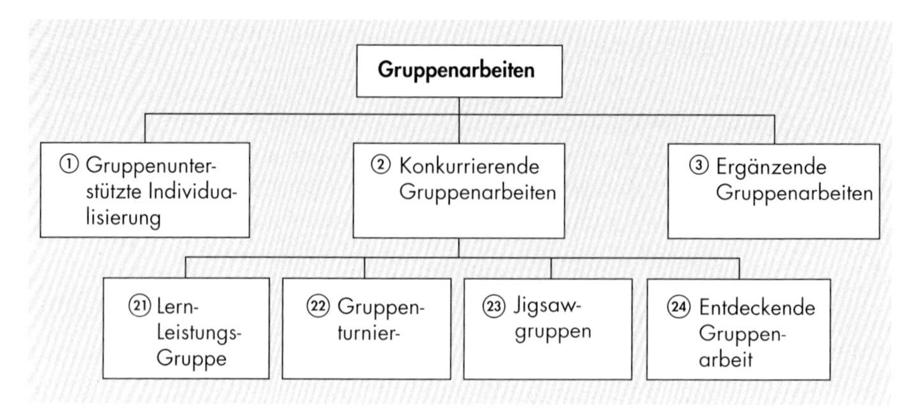

Fachwissen nur die Förderung der Kommunikation und Kooperation zum Ziel haben, sind wenig lernwirksam.
Nach ihrer Organisationsform lassen sich die in Abbildung 6.4 wiedergegebenen Formen von Gruppenarbeiten unterscheiden, die durch eine unterschiedliche Arbeits- und Aufgabenstruktur sowie durch verschiedenartige Formen der Verstärkung gekennzeichnet sind.

Gruppenunterstützte Individualisierung ①

Bei der gruppenunterstützten Individualisierung (Team-Assisted Individualization, TAI, Slavin 1986) werden individuelles und kooperatives Lernen kombiniert. Ihr Ablauf sieht wie folgt aus:

1. Schritt: Die Lehrkraft erfasst den Wissens- und Könnensstand der Schülerinnen und Schüler.

2. Schritt: Aufgrund ihres Wissens- und Könnensstands erhalten alle Lernenden Arbeitsunterlagen und -aufträge zur gleichen Thematik, die sie allein bearbeiten.

3. Schritt: Dann besprechen die Lernenden ihre Lösungen, diskutieren Unklarheiten und instruieren sich gegenseitig in Zweierteams und/oder in einer grösseren Gruppe.

4. Schritt: Schliesslich bearbeiten alle Lernenden individuell einen Test, der sowohl für das Individuum als auch für die Gruppe bewertet wird, so dass Gruppenvergleiche möglich werden.

Lern-Leistungs-Gruppe ㉑

Bei den Lern-Leistungs-Gruppen (Student Teams-Achievement Division, STAD, Slavin 1986) arbeiten die Schülerinnen und Schüler in heterogenen Gruppen zusammen, um einen bestimmten Lerninhalt kooperativ zu entwickeln. Am Ende der Lernphase werden die Lernerfolge der einzelnen Schülerinnen und Schüler erfasst und die Gruppenergebnisse verglichen. Der Ablauf sieht wie folgt aus:

1. Schritt: Im Klassenunterricht wird ein Lerngegenstand erarbeitet.

2. Schritt: Dann wird dieser Lerngegenstand (mit Vorzug anhand eines Arbeits- oder Aufgabenblattes) in Gruppen vertieft, indem im kooperativen Lernen Unklarheiten beseitigt, Fragen beantwortet, Strategien präzisiert werden usw.

3. Schritt: Wenn die Gruppe ihre Aufgaben erfüllt hat, erhalten die Lernenden einen Test, den sie individuell lösen und der individuell und für die Gruppe bewertet wird.

Gruppenturnier ㉒
Im Prinzip entspricht das Gruppenturnier (Teams-Games-Tournaments, TGT, De Vries & Slavin 1986) der Lern-Leistungs-Gruppe, aber statt eines Tests werden Gruppenturniere durchgeführt.

1. Schritt: Im Klassenunterricht oder computergestützt wird ein Lerngegenstand erarbeitet.

2. Schritt: Dann wird dieser Lerngegenstand (mit Vorzug anhand eines Arbeits- oder Aufgabenblattes) in homogenen Gruppen vertieft, wobei die gegenseitige Lernunterstützung bedeutsam ist.

3. Schritt: Alle Lernenden bestehen einen Test. Der jeweils Gruppenbeste steigt in der Folge in die Gruppe mit einem höheren Testergebnis auf, während der jeweils Gruppenschlechteste in die schwächere Gruppe absteigt.

4. Schritt: Dieser Prozess wird an den folgenden Tagen wiederholt.

Zu beachten ist, dass sich diese Form der Gruppenarbeit nur für das Erlernen von Fertigkeiten und Grundkompetenzen eignet. Zudem darf das Gruppenturnier nicht zu einer stereotypen Zuteilung der Schülerinnen und Schüler über längere Zeit in die Aufsteiger- oder Absteigerposition führen. Dies lässt sich vermeiden, wenn in sich folgenden Turnieren verschiedenartige Themen ausgewählt und unterschiedliche Fertigkeiten zugrunde gelegt werden.

Jigsaw-Gruppen ㉓
Bei Jigsaw-Gruppen (Aronson, Blaney, Stephan et al. 1978, Slavin 1986) will man sicherstellen, dass alle Lernenden etwas zur Gruppenleistung beitragen müssen. Deshalb wird die durch die Gruppen zu leistende Arbeit in Teilaufgaben aufgeteilt, und jedem Gruppenmitglied wird eine Teilaufgabe zur Bearbeitung übertragen. Nachdem die Gruppen organisiert sind und den Überblick haben, werden die Mitglieder aller Gruppen, die an ihrer Teilaufgabe arbeiten, vorübergehend in einer neuen, der «Expertengruppe», zusammengenommen, in der diese Teilaufgabe bearbeitet wird, damit die jeweiligen «Experten» mehr Wissen und Können in ihre Gruppe einbringen können. Diese Organisationsform hat den Vorteil, dass die Gruppenaufgabe nur gelöst werden kann, wenn jedes Gruppenmitglied sein Wissen und Können einbringt (das Trittbrettfahren und das soziale Bummeln sind nicht mehr möglich). Zudem ist die Bewertung der Gruppenarbeit einfacher. Einerseits kann jedes Gruppenmitglied individuell in seinem «Expertengebiet» bewertet und die Gruppenleistung als Ganzes beurteilt werden.

Jigsaw-Gruppen führen bei komplexen Problemstellungen nicht nur zu besseren kognitiven Leistungen, sondern sie erwiesen sich auch als vorteilhaft für den Erwerb von Sozialkompetenzen sowie für die Erhöhung des Selbstwertgefühls (Aronson 1984).

Entdeckende Gruppenarbeit ㉔

Die ursprünglichste und häufigste Form der Gruppenarbeit ist diejenige des Entdeckens: Die Lernenden erarbeiten in Vierer- bis Sechsergruppen in kooperativer Weise anhand einer Problemstellung neues Wissen, lösen ein Problem oder erarbeiten eine umfassendere Thematik. Wichtig ist dabei, dass sie ihre ganze Arbeit selbst planen, den Fortschritt überwachen und ihre Erkenntnisse selbst evaluieren. In den meisten Fällen wird das Endergebnis in einer bestimmten Form präsentiert.
Der Arbeitsablauf einer solchen Gruppenarbeit lässt sich wie folgt beschreiben:

1. Schritt: Vorgabe des Themas und des Ziels der Gruppenarbeit sowie des für den Gesamtablauf innerhalb des Lehrplanes vorgesehenen Zeitplans sowie Überprüfung, ob den Lernenden die Aufgabenstellung klar ist.

2. Schritt: Einführung in die Organisation und Arbeitsweise in einer konkurrierenden Gruppenarbeit. Besonders wichtig ist, dass die Lernenden die verschiedenen Rollen kennen, die Gruppenmitglieder haben (Johnson & Johnson 1987), und sie über kooperative Fertigkeiten verfügen, die mit Vorteil vorgängig in weniger umfassenden Gruppenarbeiten eingeübt werden (Bennett & Dunne 1992).

3. Schritt: Die Gruppen in der Klasse werden gebildet.

4. Schritt: Jede Gruppe organisiert sich, teilt die Rollen zu und entwirft den Arbeits- und Zeitplan sowie eine erste Disposition für die Arbeit.

5. Schritt: Die einzelnen Gruppenmitglieder arbeiten an ihrem Problem. Phasenweise finden Gruppendiskussionen statt, in der Erkenntnisse ausgetauscht und in den Gesamtzusammenhang eingebaut werden. Die Lehrkraft beobachtet die Gruppendiskussion, um Unterstützung und notfalls Richtung zu geben.

6. Schritt: Die Einzelergebnisse werden zusammengestellt und diskutiert, um die definitiven Erkenntnisse zusammenzustellen.

7. Schritt: Die Präsentation der Ergebnisse wird entwickelt (schriftliche Fassung oder Grundlagen für die mündliche Präsentation).

8. Schritt: Präsentation vor der ganzen Klasse und Auswertung der Ergebnisse.

Ergänzende Gruppenarbeiten ③

Bei den bisher dargestellten Formen von Gruppenarbeiten stand die «Konkurrenz» unter den Gruppen im Vordergrund, d.h. die Klasse wird in einzelne Gruppen aufgeteilt, die alle die gleiche Lernaufgabe erfüllen. Bei der ergänzenden Gruppenarbeit wird die Klasse in Gruppen (allenfalls von unterschiedlicher Grösse) gegliedert, die je einen Teilbeitrag an ein Gesamtthema der Klasse leisten. Diese Form von Gruppenarbeit ist viel zeitaufwändiger, so dass sie nicht – wie bei allen übrigen Formen – in den normalen Lektionsablauf eingebaut werden kann, sondern dafür ist entweder im Jahrespensum eine Blockzeit vorzusehen, oder sie ist in spezielle Fächer einzubringen (z.B. Sozialkundliches Praktikum an Wirtschaftsgymnasien oder im Integrationsfach an kaufmännischen Berufsschulen, vergleiche dazu Capaul 1991). Da die Ermüdungserscheinungen bei solchen ergänzenden Gruppenarbeiten besonders in der Schlussphase meistens sehr gross sind, bedarf es einer besonders guten Überwachung und Hilfestellung durch die Lehrpersonen. Der Ablauf einer ergänzenden Gruppenarbeit lässt sich folgendermassen beschreiben:

1./2. Schritt: Wie bei der entdeckenden Gruppenarbeit.

3. Schritt: Die Klasse organisiert sich, teilt die Rollen zu und entwirft den Arbeits- und Zeitplan sowie eine erste Disposition für die Arbeit.

4. Schritt: Die einzelnen Gruppen bearbeiten ihre Aufgaben, wobei phasenweise Klassendiskussionen stattfinden, in denen Folgerungen gezogen und die Arbeitsdisposition angepasst wird.

5. Schritt: Die Einzelergebnisse der einzelnen Gruppen werden zusammengezogen und (von einem Gruppenmitglied) für die Gesamtdiskussion vorbereitet, diskutiert und zur Endbearbeitung freigegeben.

6. Schritt: Die Präsentation (schriftliche Fassung oder mündliche Präsentation) wird vorbereitet und ausgeführt.

7. Schritt: Die Gesamtergebnisse werden diskutiert.

3.4.2 Die Aufgaben der Lehrpersonen bei Gruppenarbeiten

Die Wirksamkeit der Gruppenarbeiten hängt stark vom Einsatz und der Unterstützung der Gruppen ab. Die Notwendigkeit einer guten Planung und die Wichtigkeit der Beobachtung der Schülerinnen und Schüler während der Gruppenarbeit wurden bereits angesprochen. Für Lehrkräfte bedeutsam sind die folgenden weiteren Gesichtspunkte:

Heterogene und homogene Gruppenzusammensetzung?
Die optimale Gruppengrösse liegt bei drei bis sechs Mitgliedern (Slavin 1986), wobei bei Kleingruppen- und kurzzeitigen Gruppenarbeiten drei Mitglieder und bei längerzeitigen eher sechs Mitglieder zweckmässig sind.
Noch immer nicht abschliessend geklärt ist die Frage, ob heterogene oder homogene Gruppen gebildet werden sollen. Eine vorsichtige Trendaussage führt zu folgender Empfehlung (Bennett & Cass 1988, Webb & Palincsar 1996, Lou, Abrami et al. 1996):

- Es sollen nie Gruppen gebildet werden, welche sich nur aus schwächeren Schülerinnen und Schülern zusammensetzen.
- Wird beabsichtigt, Gruppenarbeiten im Klassenverband zur Individualisierung und dabei vor allem für die Begabtenförderung einzusetzen, so lassen sich homogene Gruppen mit den Besten rechtfertigen, sofern dies nicht zur Regel wird.
- Obschon generell eher homogene Gruppen empfohlen werden, sollten auch heterogene Gruppen vorgesehen werden, in denen es Aufgabe der besseren Gruppenmitglieder ist, den Schwächeren zu helfen. Aber auch dies sollte nicht zur ausschliesslichen Regel werden.
- Wesentlich ist, dass bei der Gruppenbildung die Eigenarten der Lernenden zu berücksichtigen sind, um Prozessverluste zu minimieren.

Wie werden die Gruppen zusammengesetzt?

Johnson & Johnson (1987) schlagen vier Möglichkeiten für die Zusammensetzung von Gruppen vor:

1) Die Lehrerin oder der Lehrer setzen die Gruppen selbst zusammen.
2) Sie bestimmen ein erstes Gruppenmitglied, dieses wählt ein Weiteres aus, dann wählen der Lehrer oder die Lehrerin das Nächste usw.
3) Sie bitten die Lernenden, drei Kameradinnen und Kameraden zu nennen, mit denen sie in einer Gruppe zusammenarbeiten möchten. Dann entscheidet der Lehrer oder die Lehrerin, wobei sie auch noch Nichtgewählte zuteilen.
4) Die Gruppen werden nach Zufall zugeteilt (z. B. Zettel ziehen oder in der Klasse nummerieren lassen: alle «1» zusammen, alle «2» zusammen).

Nicht zu empfehlen ist die völlig freie Wahl, weil sie meistens zu Problemen führt, die für die Gruppenarbeit nicht förderlich sind (immer die gleichen Schülerinnen und Schüler wollen zusammenarbeiten, es sind immer die gleichen Aussenseiter zuzuteilen usw.). Angesichts der vielen möglichen durch die Gruppenmitglieder bedingten Prozessverluste sollten die Lehrenden die Gruppen mindestens anfänglich selber zusammensetzen. Dabei ist vor allem darauf zu achten, dass in jeder Gruppe genügend Schülerinnen und Schüler sind, welche über das nötige Vorwissen und Kompetenzen verfügen, möglichst geringe Statusdifferenzen vorhanden sind oder entstehen und wenigstens ein Gruppenmitglied die Voraussetzungen hat, um die Gruppenleitung zu übernehmen.

Wie werden Gruppenarbeiten bewertet (benotet)?

Sollen die Gruppenleistung, die individuelle Leistung oder beide belohnt und bewertet oder kann auf eine Bewertung verzichtet werden? Radikale Konstruktivisten neigen zu der Meinung, Bewertungen und Belohnungen seien bei Gruppenarbeiten nicht mehr nötig, und auf Tests könnte verzichtet werden, wenn die Gruppen ihre Erkenntnisse mündlich oder schriftlich vortragen, denn die durch interessante Problemstellungen geschaffene intrinsische Motivation sowie die intensive Auseinandersetzung mit den Lernprozessen garantierten den Lernerfolg automatisch (tendenziell bei Cohen 1994). Auf der anderen Seite zeigte Slavin (1983a) aufgrund einer Analyse von Studien, dass der Lernerfolg erhöht wird, wenn die Gruppe als Ganzes bewertet und belohnt, aber auch jeder einzelne Gruppenteilnehmer für seinen Beitrag an die Gesamtleistung der Gruppe verantwortlich gemacht wird. In diesem Sinn hat Slavin (1983b) sein STAD-System (Student Teams-Achievement Division) entwickelt, in welchem einerseits jedes Gruppenmitglied einen Test besteht, der benotet wird, zudem aber andererseits auch die Leistung der ganzen Gruppe im Interesse des Sichtbarmachens des Gruppenerfolgs beurteilt wird, wobei die gesamte Arbeit bewertet wird, und jedes Gruppenmitglied zusätzlich die Gruppennote erhält.

Angesichts der Prozessverluste durch Trittbrettfahrer, sozialem Bummeln oder sozialem Faulenzen erscheint die Bewertung der Gruppenleistung und der individuellen Leistung als die beste Lösung.

3.4.3 Die Auswertung von Gruppenarbeiten

Gruppenarbeiten sollten nicht nur bewertet, sondern auch besprochen werden, damit die Arbeitstechniken der Gruppenarbeit sowie die Lernprozesse verstärkt werden. Denkbar sind die folgenden Varianten:

- Die Lehrperson bespricht die Gruppenarbeiten anhand der vorgelegten schriftlichen Fassung oder der mündlichen Präsentation sowie aufgrund ihrer Beobachtungen während der Arbeit.
- Sie lässt zu Beginn der Gruppenarbeit in jeder Gruppe einen «Vertrauensschüler» bestimmen, der die Gruppenarbeit anfänglich nur beobachtet und nach einer bestimmten Zeit auf Anweisung der Lehrperson seine Beobachtung mit seiner Gruppe bespricht. Ein solcher «Kameraden-Feedback» hat oft recht grosse Wirkungen. Damit die Beobachtung zielstrebig erfolgt, sollte den «Vertrauensschülern» ein Beobachtungsbogen abgegeben werden (siehe **Beobachtungsschema 9**). Diese Beobachtungsaufgabe sollte auf die Anfangsphase der Gruppenarbeit beschränkt bleiben, damit keine Ermüdungserscheinungen aufkommen. Zudem ersetzt dieses Verfahren die Schlussbesprechung durch die Lehrperson nicht.
- Um objektivere Unterlagen für die Besprechung zu erhalten, kann die Lehrperson jedes Gruppenmitglied ein Beurteilungsblatt über die kooperativen Fähigkeiten der anderen Gruppenmitglieder ausfüllen lassen (siehe **Beobachtungsschema 10**) (Kagan 1988, Borich 1992). Diese Blätter sollten nach der Besprechung den Schülerinnen und Schülern ausgehändigt werden, damit sie mit den Ergebnissen eine Selbstbeurteilung vornehmen können.

Beobachtungsschema 9: Beobachtung von Gruppenarbeiten in der Anfangsphase durch eine(n) Vertrauensschüler(in)

Zu beobachtende Kriterien	Zu besprechende Beobachtungen
Die Gruppe hat sich zu Beginn organisiert.	
Sie hat sich ein Ziel gesetzt.	
Sie entwickelte einen Arbeits- und Zeitplan.	
Welche(r) Schüler(in) hat die Kommunikation und die Kooperation positiv beeinflusst und wie?	
Welche(r) Schüler(in) hat die Kommunikation gestört und wie?	
Welche Tipps kann ich als Beobachter(in) jedem(r) Schüler(in) geben?	

Beobachtungsschema 10: Beurteilungsblatt für Gruppenmitglieder

Kooperative und soziale Fertigkeiten und Fähigkeiten bei Gruppenarbeiten	**Jedes Gruppenmitglied beurteilt alle anderen Gruppenmitglieder am Ende der Gruppenarbeit**				
	Namen der Gruppenmitglieder				
Gab der Gruppe Informationen und Wissen[1]					
Hörte aktiv zu					
War offen und brachte seine Meinung und seine Gefühle ein					
Half anderen Gruppenmitgliedern bei Schwierigkeiten und Problemen					
Verstand es, immer wieder in Richtung der Ziele zu arbeiten					
Stellte Fragen und warf Probleme auf					
Beurteilte Aussagen und Voten der anderen Gruppenmitglieder sachlich-konstruktiv					
Verstand es, immer wieder auf das Wesentliche zu führen und Struktur zu geben					
Anerkennt die Leistungen der anderen Gruppenmitglieder					
Arbeitet mit allen Gruppenmitgliedern zusammen					
Beschafft Material, das er den anderen Gruppenmitgliedern auch zur Verfügung stellt					
Trug zu einem guten Gruppenklima bei					

[1]Bewerten Sie wie folgt:
1 = gute Zusammenarbeit
2 = mittelmässige Zusammenarbeit
3 = schlechte Zusammenarbeit

4 Das Rollenspiel

4.1 Begriffe, Ziele und Formen von Rollenspielen

Im Rollenspiel erhalten die Schülerinnen und Schüler die Gelegenheit, vornehmlich in Problem- und Konfliktsituationen den Umgang mit anderen Lernenden in bestimmten Rollen, die sie übernehmen, zu erlernen. Durch die Interaktionen während dem Rollenspiel sollen sie lernen (Van Ments 1983, Kaiser & Kaminski 1999)

- verschiedene Rollen, welche Menschen freiwillig oder bei beruflichen und gesellschaftlichen Verpflichtungen übernehmen, zu erkennen und verstehen zu lernen;
- Einblicke in die Wertvorstellungen anderer Menschen zu gewinnen und das dadurch geprägte Verhalten zu verstehen und darauf richtig zu reagieren;
- für Gefühle und Empfindungen anderer Menschen sensibler zu werden;

- zwischenmenschliches Verhalten im Umgang mit Problemen und Konflikten zu erleben und zu interpretieren, sowie
- eigene Spannungen, Ängste und Unsicherheiten abzubauen.

Im Verlaufe der Zeit haben sich viele Formen von Rollenspielen herausgebildet, die sich von drei Seiten her charakterisieren lassen:

1) **die Ausgestaltung der Rolle:** die Lernenden können eine imaginäre Person, eine reale Person oder sich selbst spielen.
2) **die Situation:** sie kann einfach (zwischen zwei Personen mit bestimmten Rollen) oder komplex (mehrere Personen), vertraut oder neu und unerwartet, sehr genau umschrieben oder nur grob vorgegeben sowie für ein kürzeres oder längeres Rollenspiel geeignet sein.
3) **das beabsichtigte Lernen:** es kann aus der aktiven Teilnahme oder aus dem Beobachten der Rollenspieler resultieren und die Förderung von Kommunikationstechniken, die Sensibilisierung für ein bestimmtes Verhalten und/oder Verhaltensänderungen zum Ziel haben.

4.2 Erkenntnisse aus der Forschung

Schon ältere Untersuchungen zeigen, dass Rollenspiele in Bezug auf Verhaltensänderungen und hinsichtlich der Sensibilisierung für Rollen sehr wirksam sind (Culbertson 1957, Haney, Banks & Zimbardo 1971), weil sie es den Lernenden ermöglichen, ihre Gefühle und Empfindungen in nicht bedrohlichen Spielsituationen darzustellen und durch die Reaktionen der anderen Rollenspielenden ein sofortiger und wirksamer Feedback stattfindet. Good & Brophy (1994) vertreten die Auffassung, dass Rollenspiele vor allem Wesentliches zur Stärkung der Interaktion in einer Klasse beitragen und geeignet sind, den Lernerfolg zu erhöhen.
Allerdings beinhalten sie, vor allem wenn sie seitens der Lehrperson improvisiert werden, auch Gefahren: Bei wenig herausfordernden und die Lernenden nicht interessierenden Inhalten kann es zu Oberflächlichkeiten und wenig sinnvollen Spielereien kommen; ein ungenügender Bezug auf die notwendige Wissensbasis macht sie substanz- und damit wertlos; oft stehen Zeitaufwand und Nutzen in einem schlechten Verhältnis, und Lehrkräfte können die Kontrolle über die Klasse verlieren, was besonders dann gefährlich wird, wenn gruppendynamische Prozesse entstehen, die sich auf schwächere und weniger gewandte Schülerinnen und Schüler negativ auswirken. Solche Nachteile lassen sich mit einer guten Planung und Durchführung eines Rollenspiels vermeiden.

4.3 Die Planung und Durchführung eines Rollenspiels

Im Folgenden wird (in freier Anlehnung an Van Ments 1983) eine mögliche Vorgehensweise dargestellt, die als Richtschnur, nicht aber als starres Schema verstanden sein will.

1. Schritt: Einführung in Gesprächsregeln
Wenn mit einer Klasse ein Rollenspiel zum ersten Mal durchgeführt wird oder wenn sich eine Klasse mit der Gesprächsführung schwer tut, sollten vorgängig Gesprächsregeln besprochen werden, die auch bei der Auswertung des Rollenspiels gelten. Solche Regeln können sein:

- Auf verletzende oder zu persönliche Äusserungen im Rollenspiel oder beim Feedback ist zu verzichten.
- Aktives Zuhören ist eine grundsätzliche Voraussetzung für Rollenspiele und Auswertungen.
- Gefühle dürfen nicht unterdrückt aber auch nicht verspottet werden.
- Bei den Auswertungen sollen nur Verhaltensbeobachtungen besprochen werden. Auf spekulative Äusserungen ist zu verzichten.
- Rückmeldungen sollen als persönliche Wahrnehmungen und nicht als feststehendes Urteil abgegeben werden.

2. Schritt: Integration des Rollenspiels in das Lehrprogramm und Lernziele
Wesentlich für die Wirksamkeit eines Rollenspiels ist, dass es organisch in den **Lehrplan integriert** wird, damit auf einer genügenden Wissensbasis aufgebaut werden kann sowie kognitive und affektive Elemente in einem ausgewogenen Verhältnis zur Sprache kommen. Dadurch verbessert sich nicht nur die Motivation, sondern es resultieren auch bessere affektive und kognitive Lernergebnisse (Good & Brophy 1990). Deshalb ist es von Vorteil, wenn die Thematik mit den behandelten Unterrichtsinhalten in einem unmittelbaren Zusammenhang steht. Sie muss für eine mündliche Kommunikation passend und in Rollen darstellbar sowie geeignet sein, die Schülerinnen und Schüler innerlich zu verpflichten. Deshalb ist ein für die Klasse spannungsgeladenes Thema zu wählen, das je nach den vorgesehenen Zielen (Einüben von Kommunikationsfähigkeiten oder Sensibilisierung für Gefühle, Empfindungen und Werte oder Verhaltensänderung) unterschiedlich auszugestalten ist. Nicht zu empfehlen sind Rollenspiele, zu denen den Schülerinnen und Schülern die Wissensvoraussetzungen und das Vorstellungsvermögen fehlen, weil es unter diesen Gegebenheiten meistens nicht zu einer genügend sachbezogenen Auseinandersetzung kommt, sondern vorgefasste Meinungen verstärkt werden.

Schlechtes Beispiel aus einer Lektion im Fach Staatskunde zum Thema der Freiheitsrechte der Bürger: Das Rollenspiel betrifft die Frage, ob die Polizei bei einer Geiselnahme schiessen darf. Gespielt werden die Rollen des zuständigen Polizeidirektors, des Einsatzleiters und der drei Scharfschützen. Ein solches Beispiel überfordert sogar auf höheren Schulstufen das Vorstellungsvermögen der Schülerinnen und Schüler.

Besseres Beispiel: Der zuständige Polizeidirektor diskutiert mit seinen Stabsmitarbeitenden, ob eine Schülerdemonstration zur Frage einer neuen Maturitäts-(Abitur-)Verordnung bewilligt werden soll, nachdem bekannt ist, dass Störungen des Verkehrs geplant sind. Diese heikle Frage eignet sich für ein Rollenspiel, wenn im vorausgegangenen Unterricht die Prinzipien des Polizeirechts behandelt wurden.

Umstritten ist die Frage, ob man Ereignisse innerhalb der Schule für Rollenspiele verwenden soll. Abzulehnen ist diese Lösung, wenn die Gefahr besteht, dass die Diskussion der Lehrperson infolge eigener äusserer oder innerer Beteiligung am Problem entgleitet oder wenn Werte und Gefühle von Schülerinnen und Schülern verletzt werden könnten. Auf tieferen Schulstufen scheinen sich aber Rollenspiele über Vorkommnisse in der Schule gut zu eignen.

Beispiele: Diebstähle im Schulhaus, Mobbing gegen einzelne Mitschülerinnen und Mitschüler, Ordnungsregeln im Schulhaus.

3. Schritt: Entscheid über die Form des Rollenspiels

Ein Rollenspiel kann als **strukturiertes** oder als **unstrukturiertes** Rollenspiel aufgebaut werden. Strukturiert ist es, wenn die zu spielende Situation genau vorgegeben und die Rollen definiert sind, so dass die zu lösenden Probleme umschrieben und die entstehenden Rollenkonflikte im Voraus bekannt sind. Ein solches Rollenspiel hat eher den Charakter eines Falls, und sein Ziel ist es, zu einer Lösung zu kommen. Deshalb dient es stärker der Förderung von Kommunikationsfähigkeiten. Bei unstrukturierten Rollenspielen geht es in erster Linie um das Entdecken von Problemen, Verstehen von anderen Anschauungen und das Hineinleben und Erfahren von Rollen. Der Ablauf eines unstrukturierten Rollenspiels entwickelt sich daher aufgrund des Könnens sowie nach den Wünschen und Empfindungen der Mitwirkenden spontan, und es ist nicht vorhersehbar, in welcher Richtung sich das Rollenspiel entwickelt. Deshalb dient diese Form in erster Linie der Sensibilisierung für Standpunkte und einer möglichen Verhaltensänderung.

4. Schritt: Verfassen des Szenarios

Viele Rollenspiele laufen ziellos ab, weil ihr Szenario nicht genügend sorgfältig abgefasst und den Teilnehmenden als Folge davon nicht mit der nötigen Genauigkeit bewusst ist. Deshalb sollte es schriftlich niedergelegt sein.

Ein Szenario ist gut, wenn (1) sofort ersichtlich ist, ob es sich um ein strukturiertes oder unstrukturiertes Rollenspiel handelt, (2) das im Szenario steckende Spannungsfeld klar ersichtlich wird (Problem, Konflikt, Emotionen, unterschiedliche Wahrnehmung eines Sachverhalts, widersprüchliche Zielvorstellungen, Kontroverse usw.), (3) das Umfeld und die Ambiance genügend genau umschrieben sind und (4) die Unterlagen genau mit den Spielanlagen übereinstimmen (Szenario, Rollenbeschreibungen, Arbeitsunterlagen).

5. Schritt: Genaue Definition der Rollen

Im Interesse der klaren Voraussetzungen sollten auch die einzelnen Rollen genügend genau beschrieben werden. Eine Rollenbeschreibung umfasst zwei Elemente: Einerseits muss die darzustellende Aufgabe beschrieben werden (Wen stellen die Spielenden dar? Welche Aufgabe haben sie?), und andererseits sind die Bedingungen, unter denen gespielt wird, darzulegen. Die Rollenbeschreibung ist so zu gestalten, dass die Lernenden in der jeweiligen Rolle sich selbst spielen müssen und nicht zur Schauspielerei verleitet werden.

Gelegentlich kann dem Rollenträger eine Schülerin oder ein Schüler mit ergänzender Aufgabe beigegeben werden: **Alter Ego** (die hinter der Rollenträgerin stehende Person gibt ihr laufend Feedback).

- **Spiegel** (eine Person beobachtet den Rollenträger und zeigt bei einer Wiederholung des Rollenspiels, wie sich der Rollenträger verhalten hat, damit deren Selbstwahrnehmung verbessert wird),
- **beratende Person** (die von der Rollenträgerin im Falle von Schwierigkeiten konsultiert werden kann, wodurch sich die Fähigkeit zur Zusammenarbeit fördern lässt).

Rollenspiele müssen durch die Klassenangehörigen immer beobachtet werden, damit zunächst die Mitschülerinnen oder Mitschüler einen Feedback geben können, denn meistens wird diese kollegiale Beurteilung ernster genommen. Abbildung 6.5

zeigt mögliche Beobachtungskriterien auf, welche auch als Grundlage für die Nachbesprechung dienen können.
Die Beobachtung kann auf zwei Arten erfolgen: Entweder führt nur eine Gruppe das Rollenspiel durch und alle übrigen Schülerinnen und Schüler der Klasse beobachten das Rollenspiel. In diesem Fall empfiehlt es sich, Subgruppen von Beobachtenden zu bilden, welche gezielt einzelne Kriterien beobachten. Oder gleichzeitig spielen mehrere Gruppen das gleiche Rollenspiel.
Bei dieser Variante sollte jeder Gruppe ein Beobachter oder eine Beobachterin beigegeben werden, welche mehrere Kriterien in ihrer Gruppe beobachten.

6. Schritt: Durchführung
Zunächst ist zu entscheiden, ob nur eine Gruppe spielt (und die übrigen Schülerinnen und Schüler Beobachterrollen übernehmen), oder ob die Klasse in Gruppen aufgeteilt wird, die alle das Rollenspiel durchlaufen, wobei im Interesse der Auswertung jeder Gruppe eine beobachtende Person zugeteilt werden sollte. Dann ist zu überlegen, ob eine Rollenrotation (nach einigen Minuten werden die Rollen unter den Mitspielenden getauscht, damit sie sich im gleichen Rollenspiel in alle Rollen einleben müssen), oder ob das Rollenspiel als Ganzes mehrere Male durchgeführt werden soll, damit die Lernenden Erfahrungen anwenden und sich in verschiedene Rollen eindenken können. Im Allgemeinen ist es vorteilhafter, ein Rollenspiel einmal mit einer sorgfältigen Auswertung und ohne Rollenrotation und Wiederholungen durchzuführen, damit es für die Lernenden nie langweilig wird, und sich das Rollenspiel nicht zu einem Theater entwickelt.

Abbildung 6.5 **Beobachtungskriterien für Beobachtende bei Rollenspielen**

1. Gab es einen Diskussionsleiter, auch wenn keiner bestimmt wurde? Wie hat er die Aufgabe wahrgenommen?
2. Wurde ein Ziel, wie es in der Aufgabenstellung vorgegeben wurde, erreicht? Wie oder warum nicht?
3. Wurden wesentliche inhaltliche Aspekte übersehen?
4. Wurde zwischen Fakten, Behauptungen und wertorientierten Aussagen unterschieden?
5. Gingen die einzelnen Teilnehmenden auf Argumente und Gegenargumente ein?
6. Wie verhielten sich die Teilnehmenden bezüglich aktivem Zuhören?
7. Hatten die Teilnehmenden Augenkontakt?
8. Gab es im Spiel Szenen mit Enthusiasmus, Frustration, Langeweile, und wie wurde darauf reagiert?
9. Wer hat immer wieder unterbrochen oder das Thema gewechselt?
10. Wer hatte Einfluss (keinen Einfluss) und warum?
11. Wer sprach am meisten, wer am wenigsten?
12. Wer überzeugte, wer nicht und warum?
13. Welche kommunikationsfördernden und -hemmenden Vorgänge liessen sich beobachten?
14. Wie war die Stimmung in der Gruppe?

Zu Beginn des Rollenspiels ist eine gute Ambiance durch eine zielstrebige Einführung und eine klare Aufgabenstellung zu schaffen sowie eine unmissverständliche Rollenzuteilung (am besten mit schriftlichen Unterlagen) vorzunehmen. Die Beobachtenden sind in die Beobachtungsaufgabe einzuführen. Schlecht vorbereitete Beobachter lernen nichts.

Für die Zuteilung der Rollen gibt es verschiedene Möglichkeiten:
- Zuteilung nach Zufall,
- nach Übereinstimmung von Rolle und Wesen der Lernenden,
- nach Gegensätzlichkeit der Rollen,
- nach der Wesensart der Lernenden,
- nach Entscheid der Klasse und
- nach Wunsch der Lernenden (Freiwilligkeit).

Der jeweilige Entscheid ist aufgrund der Absichten zu treffen. Steht der Versuch einer Verhaltensänderung im Vordergrund, so sollte die Zuteilung nach Gegensätzlichkeit erfolgen. Ist das Gelingen des Rollenspiels wichtiger, so sind die anderen Formen problemloser. Zurückhaltend sollte man mit der Freiwilligkeit sein, weil sich häufig nur die kommunikationsfreudigen Schülerinnen und Schüler melden, oder es tun sich immer die gleichen Klassenangehörigen in Gruppen zusammen.
Die Lehrkraft selbst sollte nur in Ausnahmefällen eine Rolle übernehmen (beispielsweise in Zweier-Rollenspielen, wenn sie etwas demonstrieren oder in grösseren Rollenspielen etwas steuern will). In solchen Fällen sollte aber die Rolle, welche die Lehrkraft übernimmt, eine andere als die für sie typische sein und/oder eine auf sie bezogene Charakteristik beinhalten.
Sorgfältig zu erteilen sind die Beobachtungsaufgaben an die Beobachtenden bei den einzelnen Gruppen oder für die nicht aktiv mitwirkenden Klassenangehörigen, wenn die Klasse eine einzige Gruppe beobachtet. Was beobachtet werden kann, findet sich in Abbildung 6.5.
Die Lehrperson muss den Verlauf des Rollenspiels genau verfolgen, aber nur intervenieren, wenn es zu schwerwiegenden Mängeln und Fehlern kommt (sachliche Fehler, die den Fortgang des Rollenspiels entscheidend beeinträchtigen, schwerwiegende Störungen in den emotionalen und sozialen Beziehungen unter den Lernenden, die Spielenden weichen von den ihnen zugeordneten Rollen ab, mangelnde Ernsthaftigkeit im Rollenspiel). Sie entscheidet auch, wann das Rollenspiel beendet wird. Da sich Mitspielende in einer letzten Phase oft anders verhalten (z.B. höhere Risikobereitschaft oder radikale Lösungen im Wissen um das baldige Ende), sollte die Zeitdauer nicht im Voraus bekannt gegeben werden.

7. Schritt: Auswertung

Für den Lernerfolg entscheidend ist eine gute Auswertung des Rollenspiels, die vier Besprechungsteile beinhalten sollte:
(1) Nachbereitung des Ablaufs des Rollenspiels aus der Sicht der Rollenspielenden und der Beobachter (Stärken, Schwächen, Fehler, eigene Erfahrungen). In dieser Phase sollen zuerst die Spielenden zur Selbstevaluation und dann die Beobachter sprechen können. Die Lehrkraft sollte sich eher zurückhalten, ausser es seien grobe Fehler und schwere Mängel deutlicher herauszustreichen.

(2) Ziehen von Folgerungen über das Verhalten der einzelnen Spielenden, die Formen der Interaktionen sowie über die eingesetzten Strategien.
(3) Transfermassnahmen, d.h. Besprechung von Möglichkeiten des Umsetzens der Erkenntnisse im Klassenzimmer und ausserhalb der Schule.
(4) Allfällig individuelle Hilfe an einzelne Schülerinnen und Schüler, bei denen besondere Probleme aufgetreten sind. Diesem Aspekt sollte vor allem bei weniger gewandten oder vom Rollenspiel besonders betroffenen Lernenden viel Aufmerksamkeit geschenkt werden (z.B. stellt sich während des Rollenspiels heraus, dass ein Schüler im Rollenspiel in eine Situation gerät, die er im eigenen Leben erfahren hat oder erfährt).

4.4 Folgerungen, Checklist und Beobachtungsschema

Häufig sehen die Schülerinnen und Schüler den Sinn von Rollenspielen nicht richtig ein und verstehen sie als blosses Theater in der Schule. Deshalb sollten die Lehrpersonen die folgenden Regeln beachten:

- Ein Rollenspiel darf nicht zufällig durchgeführt werden, sondern es ist zielgerichtet in die Thematik des Unterrichts einzubauen.
- Eingesetzt werden darf es erst, wenn die Schülerinnen und Schüler über die nötigen fachlichen Voraussetzungen verfügen, damit es nicht zu einem wenig sinnvollen «Geschwätz» wird.
- Spielregeln, Zielsetzung, Rollen und Ablauf sind der Klasse unmissverständlich bekannt zu geben.
- Für die Auswertung muss genügend Zeit eingesetzt werden, damit die Lernenden einen aussagekräftigen Feedback erhalten. Je substanzieller der Feedback ist, desto wahrscheinlicher wird es, dass Erfahrungen und Erkenntnisse später angewandt werden.

Checklist 11 dient der Reflexion des Lehrerverhaltens bei Rollenspielen. **Beobachtungsschema 11** kann als Beispiel für eine beobachtende Person dienen, wenn in einer Klasse gleichzeitig mehrere Rollenspiele durchgeführt werden.

5 Vorteile und Probleme des kooperativen Lernens

Der Entscheid, wann kooperatives Lernen eingesetzt werden soll, lässt sich begründeter treffen, wenn man sich der Vorteile und der Probleme des kooperativen Lernens bewusst ist (Good, Mulryan & McCaslin 1992, Good & Brophy 1994).
Zugunsten des kooperativen Lernens sprechen acht Stärken:

1) Durch das kooperative Lernen lassen sich in Lernsituationen dank der Zusammenarbeit unter den Schülerinnen und Schülern mehr Vorwissen mobilisieren und breitere Problemstellungen erkennen als bei individuellem Lernen. Dadurch werden die Wissenskonstruktion vielfältiger und die Problemlösungen kognitiv anspruchsvoller.

2) Durch die Diskussion in heterogenen, kleinen Gruppen werden Unklarheiten, Missverständnisse sowie sachliche Unsicherheiten besser sichtbar als in grossen,

Checklist 11: Rollenspiele

	ja	nein
1. Wähle ich für die Durchführung eines Rollenspiels im Ablauf des Unterrichts einen günstigen Augenblick (genügendes Vorwissen, organischer Einbau in den Unterrichtsablauf, klare Zielvorstellungen)?	☐	☐
2. Eignet sich die gewählte Problem- oder Konfliktsituation für ein Rollenspiel (kontroverse Positionen, die eine mündliche Auseinandersetzung rechtfertigen)?	☐	☐
3. Habe ich überlegt, in welcher Form das Rollenspiel durchgeführt werden soll (imaginäre Person, reale Person, sich selbst spielen; zwei oder mehrere Personen; eine oder mehrere spielende Gruppen)?	☐	☐
4. Ist eine Einführung in die Gesprächsführung notwendig?	☐	☐
5. Habe ich ein genügend klares Szenario für das Rollenspiel, und definiere ich die Rollen in klarer Weise?	☐	☐
6. Habe ich die Beobachtungsaufgaben genügend genau definiert, damit ein guter Feedback erfolgen kann und ein transfergerechtes Auswertungsgespräch möglich wird?	☐	☐

Beobachtungsschema 11: Beobachtung eines Rollenspiels

Bitte beobachten Sie das Rollenspiel, und tragen Sie zu den vorgegebenen Kriterien einige Bemerkungen ein, damit Sie den am Rollenspiel teilnehmenden Mitschülern Rückmeldungen zur Verbesserung des Verhaltens geben können.

	Mitschüler A	Mitschülerin B	Mitschüler C	Mitschülerin D
1. Bei meinen Mitschülern habe ich die folgende Stärke im Gesprächsverhalten beobachtet:				
2. Meinen Mitschülern gebe ich den folgenden Tipp zur Verbesserung ihres Gesprächsverhaltens:				
3. Am überzeugendsten wirkte …, weil …				
4. Am wenigsten überzeugte …, weil …				
5. Im Gesprächsverlauf sind die folgenden sachlichen Fehler aufgetaucht und nicht korrigiert worden:	1. 2. 3.			
6. Die Stimmung im Gespräch war …. (bitte das zutreffende Kriterium ankreuzen!)	☐ gut ☐ schlecht ☐ von aufbauender Art ☐ von niederreissender Art ☐ substanziert ☐ belanglos			

von der Lehrkraft geführten Klassen. Bei deren Klärung wird von der Gruppe mehr Zeit verwendet, so dass Denkprozesse besser sichtbar werden, was das Verständnis von Begriffen und Zusammenhängen verbessert.

3) Die Lernenden können ihre Lernprozesse besser nach ihren Bedürfnissen durchführen, Lernmaterial individueller einsetzen und die Zeitverhältnisse selbst bestimmen. Dadurch wird ihr Lernen flexibler.

4) Die Gruppenmitglieder lernen mit ihren Kameradinnen und Kameraden umzugehen: Fragen zu stellen, Arbeiten zu koordinieren, Informationen auszutauschen, Material gemeinsam zu nutzen usw.

5) Die Schülerinnen und Schüler entwickeln eine Grundhaltung für Teamwork und herausfordernde Aufgaben und erkennen, dass sie dank der Zusammenarbeit zu höheren Leistungen fähig sind.

6) Kooperatives Lernen entspricht besser den modernen Lebenssituationen im Haushalt und am Arbeitsplatz, wo die Arbeitsteilung und damit der Zwang zur Zusammenarbeit immer grösser werden.

7) Die Gruppenmitglieder dienen sich gegenseitig als Modelle. Deshalb lernen sie nicht nur von den Lehrpersonen, sondern von sich selbst, was vor allem bei der Entwicklung von Fähigkeiten und Fertigkeiten sehr wirksam ist.

8) Die Schülerinnen und Schüler lernen die anderen und sich selbst besser kennen und Menschen differenzierter zu beurteilen. Im Gegensatz zum traditionellen Klassenunterricht werden Stärken und Schwächen deutlicher sichtbar, wobei vor allem wesentlich ist, dass in gut vorbereiteten und organisierten Gruppenarbeiten alle Lernenden die Chance haben, ihre Stärken einzubringen und damit etwas zu leisten, was ihnen Achtung und Selbstwertgefühl bringt. Die Möglichkeit Fehler zu machen und diese in der Gruppe zu diskutieren, schaffen ein besseres gegenseitiges Verständnis, und die Offenheit in der Gruppe kann zu mehr Kreativität beitragen.

Diesen Vorteilen stehen **Gefahren** gegenüber, die den Wert des kooperativen Lernens beeinträchtigen können (Good, Mulryan & McCaslin 1992, Good & Brophy 1994).

1) Kooperatives Lernen will die Schülerinnen und Schüler von der Lehrperson unabhängig(er) machen. Oft findet aber nur ein Übergang der Abhängigkeit von der Lehrkraft zu dominanten Gruppenmitgliedern statt, so dass sich die Lernorientierung nicht verändert. Das ist vor allem der Fall, wenn die Mehrheit der Gruppenmitglieder eher passiv ist.

2) Die Lerngruppe konzentriert sich bei ihrer Arbeit zu sehr auf das Produkt (z. B. um das Ziel in möglichst kurzer Zeit erreicht zu haben). In solchen Fällen werden die Prozesse, die bei der Konstruktion von Wissen und bei der Wahrnehmung von Verhaltensmerkmalen sehr wichtig sind, vernachlässigt. Dadurch geht ein wesentlicher Teil des Nutzens des kooperativen Lernens verloren.

3) Aber die Lernenden können auch zu viel Interesse an den Gruppenprozessen erhalten, so dass sie ihr Augenmerk stärker auf die Mechanismen der Zusammenarbeit, auf die Diskussion von Meinungsverschiedenheiten oder auf Verfah-

rensfragen richten, wodurch das kognitive Lernen zu kurz kommt. Eine solche Entwicklung lässt vor allem leistungsstärkere Schülerinnen und Schüler mit der Zeit zu passiven Gruppenmitgliedern werden, weil sie sich nicht mehr genügend herausgefordert fühlen.

4) Schlecht überwachtes kooperatives Lernen kann Schülerinnen und Schüler in Rollen drängen, die sie gar nicht suchen. So können passive Gruppenmitglieder die Leistungsfähigen immer zu Gruppensprechern machen, obschon diese eine solche Aufgabe nicht suchen (und vielleicht auch nicht benötigen, weil sie sie schon beherrschen). Oder gute Lernende fühlen sich immer mehr belastet, weil sie die Hauptarbeiten leisten oder immer wieder dafür sorgen müssen, dass die Gruppengespräche im Gang bleiben. Deshalb verlieren sie nicht selten das Interesse am kooperativen Lernen.

5) Kritisch ist das kooperative Lernen für leistungsschwächere, von der Klasse nicht akzeptierte Schülerinnen und Schüler, die meistens auch ein geringes Selbstwertgefühl haben. Gelingt es der Lehrkraft nicht, sie in die Gruppe zu integrieren, so ist ihr Lernerfolg bedeutend kleiner als im traditionellen Klassenunterricht.

6) Gewisse Lernende können demotiviert werden, wenn sie erkennen, dass die Gruppe die Ziele ohne ihren Beitrag problemlos erreicht. In kleinen Gruppen stellen schwächere Lernende ihr Ungenügen deutlicher fest und werden mehr entmutigt als im Klassenverband.

7) Eine schlecht gestaltete Überwachung der Leistungen jedes einzelnen Gruppenmitgliedes innerhalb der Lerngruppe kann zu misserfolgsvermeidendem oder erfolgssteigerndem Verhalten führen. Wenn z.B. ein kooperativer Lernprozess mit einem Test abgeschlossen wird, ist es möglich, dass Lernende während dem kooperativen Lernen mit Wissen und Ideen zurückhalten, um für sich im Test eine bessere Ausgangslage zu schaffen. Oder wenn Lernende merken, dass die Lehrperson die einzelnen Beiträge während Gruppendiskussionen zu sehr beurteilt, schweigen sie, um keine Fehler zu machen. Deshalb ist die Überwachung des kooperativen Lernens sehr differenziert zu gestalten.

8) Beim kooperativen Lernen besteht die Gefahr, dass Fehler und Missverständnisse verstärkt werden, weil die Lernenden vor allem bei kognitiv anspruchsvolleren Lerninhalten selbst in vielen Fällen nicht in der Lage sind, nachhaltig richtig zu stellen.

Viele dieser Gefahren des kooperativen Lernens führen zu den oben beschriebenen Prozessverlusten. Sie lassen sich vermeiden, wenn es gut vorbereitet und überwacht wird. Deshalb sind sie in keiner Weise geeignet, das kooperative Lernen grundsätzlich in Frage zu stellen.

6 Checklist zum kooperativen Lernen

Checklist 12 will vor allem auf diejenigen Aspekte im Lehrerverhalten aufmerksam machen, die beim Entscheid, eine Phase des kooperativen Lernens zu wählen, bei deren Vorbereitung, Überwachung und Auswertung bedeutsam sind. Alle Fragen sollten mit ja beantwortet werden können.

Checklist 12:
Planung, Vorbereitung und Überwachung von kooperativem Lernen

	ja	nein
1. Wähle ich für das kooperative Lernen eine im betreffenden Zeitpunkt geeignete Thematik (Vorwissen, passende Eingliederung in den Lehrplan)?	☐	☐
2. Wähle ich einen Lerninhalt und Lernziele, die sich für echtes kooperatives Lernen eignen (und nicht nur Einzelarbeiten herbeiführen, die am Schluss verglichen werden)?	☐	☐
3. Habe ich überlegt, welche Form von kooperativem Lernen für die gesetzten Lernziele und bei den Voraussetzungen der Klasse am besten geeignet ist?	☐	☐
4. Habe ich mir Gedanken über die Gruppengrösse, die Gruppenzusammensetzung, das Verfahren zur Bestimmung der Gruppenmitglieder und die vorgesehene Darstellung und Bewertung der Gruppenergebnisse gemacht?	☐	☐
5. Bemühe ich mich (z.B. in vorausgehenden Kleingruppenarbeiten) darum, kooperative und soziale Fertigkeiten und Fähigkeiten bewusst einzuüben (möglichst an den Lehrplaninhalten)?	☐	☐
6. Führe ich die Klasse genügend gut in die in einer Phase des kooperativen Lernens zu leistende Arbeit ein: Ziele und überprüfen, ob die Ziele verstanden sind, Form der Präsentation der Arbeitsergebnisse, Bekanntgabe der Beurteilungsform?	☐	☐
7. Beobachte ich die Lernenden während des kooperativen Lernens genügend: Sich zu den Gruppen begeben; im Falle von Fehlentwicklungen auf den richtigen Weg zurückführen; im Falle von Schwierigkeiten unterstützen; Aussenseiter(innen) und Passive in die Gruppe reintegrieren; Sicherstellen, dass ein genügendes kognitives Anspruchsniveau erreicht wird; Ermutigung in schwierigen Situationen?	☐	☐
8. Werden die Ergebnisse des kooperativen Lernens mit der Klasse sowohl aus inhaltlicher als auch aus der Sicht der Erfahrungen mit dem kooperativen Lernen genügend ausgewertet (Feedback)?	☐	☐
9. Überlege ich mir genügend, welche Form der Auswertung ich wählen will: Beurteilungsbogen der Lernenden, Besprechung durch den Beobachter mit eigenen Besprechungspunkten oder Selbstbeurteilung durch die Gruppe?	☐	☐
10. Bin ich mir der möglichen Prozessgewinne und Prozessverluste mit einer Klasse in einer gegebenen Unterrichtssituation bewusst?	☐	☐

Kapitel 7
Wissen und Wissenserwerb

1 Alltagsfragen

Vor allem die Schulpraxis tut sich mit dem Stellenwert des Wissens in den Lehrplänen und dessen Bedeutung für das Lernen immer noch schwer. Zu häufig orientiert sie sich in der Diskussion an drei Fehlentwicklungen, die leider im Alltag der Schule immer wieder zu beobachten sind:

(1) Noch immer beinhalten viele Lehrpläne zu viel Faktenwissen, das meistens additiv vermittelt und gelernt wird. Dadurch fehlt es an einer Vernetzung der vielen Elemente des Wissens, wodurch das Behalten und das Anwenden erschwert werden.

(2) Als Folge davon sind auch viele Klausuren und Prüfungen immer noch zu wissenslastig, was die Schülerinnen und Schüler häufig zum wenig sinnvollen Auswendiglernen verleitet.

(3) Die Wissensüberfülle im Unterricht führt nicht selten zu einer Überforderung vor allem derjenigen Lernenden, die nicht in der Lage sind, hohe Gedächtnisleistungen zu erbringen.
Diese Erscheinungen führen zum – allerdings nicht immer berechtigten – Vorwurf einer generellen «Kopflastigkeit» der Schule.

Selbstverständlich entwickelten sich aus diesen Fehlentwicklungen in der Schulpraxis Gegenpositionen, welche jedoch auch nicht immer zutreffend sind:

(1) Eine Auffassung besagt, dass heute dank der **Informationssysteme** (z.B. Internet; fachbezogene, computergestützte Informationssysteme) auf die Wissensvermittlung verzichtet werden könne, weil alles Wissen abrufbar sei. Deshalb benötigten die Lernenden wohl Suchstrategien für die Informationsbeschaffung aber keinen wissensvermittelnden Unterricht mehr.

(2) Oft wird auch auf die **Halbwertszeit** des Wissens verwiesen. Gegenwärtig besagt sie, dass in fünf Jahren etwa die Hälfte der gegenwärtigen Wissensbestände nicht mehr relevant ist. Deshalb sei es nicht mehr nötig, dem Wissen in der Schule einen grossen Stellenwert einzuräumen.

(3) Um der Wissensüberfülle zu begegnen, wurden auch neue didaktische Vorstellungen entwickelt, wobei die Forderung «**mehr Tiefe und weniger Breite**» in den Lehrplänen und im Unterricht vor allem bei solchen Lehrkräften Anklang gefunden hat, welche sich ernsthaft um einen vertieften, auf kognitive Prozesse ausgerichteten Unterricht bemühen. Sie gehen davon aus, dass bei einem solchen vertiefenden Un-

terricht auf die Breite des Wissens verzichtet werden kann, und für sie ist pädagogisch nur ein auf die Förderung der Denkfähigkeiten ausgerichteter Unterricht wertvoll.

(4) Vor allem in der Berufsbildung wurde das Konzept der **Schlüsselqualifikationen** entworfen (Mertens 1974). Es spricht sich für eine Entspezialisierung und eine höhere Abstraktheit der zu erwerbenden Kenntnisse und Fähigkeiten aus, wobei im Verlaufe der Zeit den Fähigkeiten immer mehr Beachtung geschenkt wurde. Dies in der Meinung, je fachunspezifischer die Bildung ausgestaltet werde, desto leichter erfolge ihr Transfer in andere Lernbereiche und in die Berufspraxis. Schon früh hat Zabeck (1991) diese Entwicklung in Frage gestellt, indem er vom Schlüsselqualifikations-Dilemma sprach, das er wie folgt umschreibt: Je allgemeiner und unspezifischer die Schlüsselqualifikationen definiert werden, desto wahrscheinlicher ist es, dass der Transfer nicht gelingt. Je enger und je situationsspezifischer sie gefasst werden, desto weiter entfernen sie sich von der ihr zugesprochenen Form. Bei der praktischen Umsetzung haben sich immer mehr inhaltslose Qualifikationsumschreibungen ergeben, welche allgemeine Fähigkeiten bestimmten, die aber für eine zielgerichtete Ausbildung im Sinne des Dilemmas von Zabeck nicht mehr geeignet sind (vergleiche die Kontroverse bei Gonon 1996).
In eine ähnliche Richtung gehen die Bemühungen um die Ermittlung **überfachlicher Kompetenzen** (Maag Merki 2002). Sie mögen eine gute Anregung für die Lehrplangestaltung sein und lassen sich bei Evaluationen für die Kompetenzerfassung einsetzen. Für die konkrete Ausgestaltung von Lehrplänen und den Unterricht eignen sie sich aber wenig, weil sie zur Wissenskomponente nichts aussagen.

(5) An vielen Orten lässt sich auch ein Trend zur **Beliebigkeit der Unterrichtsinhalte** feststellen. In der Meinung, dem Wissen komme keine grosse Bedeutung mehr zu, verlieren der systematische Aufbau von Wissensstrukturen und eine zielgerichtete Auswahl der Unterrichtsinhalte immer mehr an Bedeutung. Auch die Vertretenden dieser Auffassung glauben, die Förderung kognitiver Fähigkeiten sei weitgehend unabhängig von einem systematischen Wissen möglich.

(6) Im Hinblick auf das lebenslange Lernen gewinnen schliesslich die Postulate, die Schule müsse **«das Lernen lehren»** und das Augenmerk sei auf die **Denkschulung** zu richten, eine stärkere Zustimmung, obschon man sich damit wieder der seit langem als überholt geltenden formalen Bildungstheorie annähert, welche besagt, dass das Schwergewicht der Bildung auf die geistige Formung der jungen Generation und nicht auf die Wissensvermittlung gelegt werden sollte.

Alle diese Reaktionen auf gewisse Fehlentwicklungen mit der Wissensüberfülle sind zu wenig differenziert. Richtig ist, dass sich Wissen und Denken gegenseitig ergänzen müssen, und dass Denken viel gegenstandsgebundener ist, als es Vertretende der oben erwähnten Ansätze wahrhaben wollen.

2 Die Formen des Wissens

Wenn von Wissen gesprochen wird, so denkt man immer zuerst an **Faktenwissen** (ich weiss, wann Amerika entdeckt wurde, was eine Inflation ist, oder welche Regeln im Verkehr gelten). Jeder Mensch verfügt denn auch über mehr oder weniger Faktenwissen (Wissen von Elementen, die nicht miteinander verbunden sind). Für das Denken und damit alle Formen der Problembewältigung ist aber nicht der Umfang des angesammelten (additiven) Faktenwissens bedeutsam, denn Wissenslücken können immer durch Nachfragen, Nachsuchen oder Nachschlagen geschlossen werden. Massgeblich ist vielmehr, ob man über ein genügend **strukturiertes Wissen** verfügt, d.h. über ein geordnetes Wissen, welches Zusammenhänge und Verknüpfungen aufzeigt, und das beim weiteren Lernen und bei Problemlösungen auch angewandt werden kann. Es genügt also nicht, über viel Wissen im Faktenzustand zu verfügen, sondern das Wissen muss in verwendbares Wissen übergeführt werden können. Grundlegende Voraussetzung dazu ist, dass das Wissen nicht nur als isoliertes Faktenwissen, sondern in strukturierter Form jederzeit verfügbar ist. Dieses strukturierte Wissen wird in das **deklarative Wissen** (Begriffswissen), das **prozedurale Wissen** (Verfahrenswissen) und das **Bedingungswissen** (konditionales Wissen) gegliedert (siehe Abbildung 7.1) (Jonassen, Beissner & Yacci 1993).

Deklaratives Wissen (Begriffswissen) (Wissen was?) umfasst Informationen (Wissenselemente) über einen Gegenstand, einen Sachverhalt oder eine Idee. Seine Verfügbarkeit sagt aber noch nichts darüber aus, ob es wirklich auch verstanden ist, d.h. im Gedächtnis so geordnet und verfügbar ist, dass es in einem grösseren Zusammenhang gesehen und in bestimmten Situationen angewendet werden kann. Deshalb dürfen beim Lehren und Lernen nicht nur Fakten aneinandergereiht werden, sondern das Wissen ist bei seiner Aufnahme zu organisieren (strukturieren) und in vorhandenes Wissen (Vorwissen) zu integrieren, denn nur unter dieser Voraussetzung wird es für neue Aufgaben- und Problemstellungen anwendbar und lassen sich neue Wissenselemente in die grösseren, vernetzten Zusammenhänge einbauen. Das **prozedurale Wissen** umschreibt, wie etwas zu tun ist (Wissen wie?), das **Bedingungswissen**, wann es zu tun ist (Wissen wann?). Prozedurales Wissen beschreibt also Handlungen und

Abbildung 7.1 **Gliederung des Wissens**

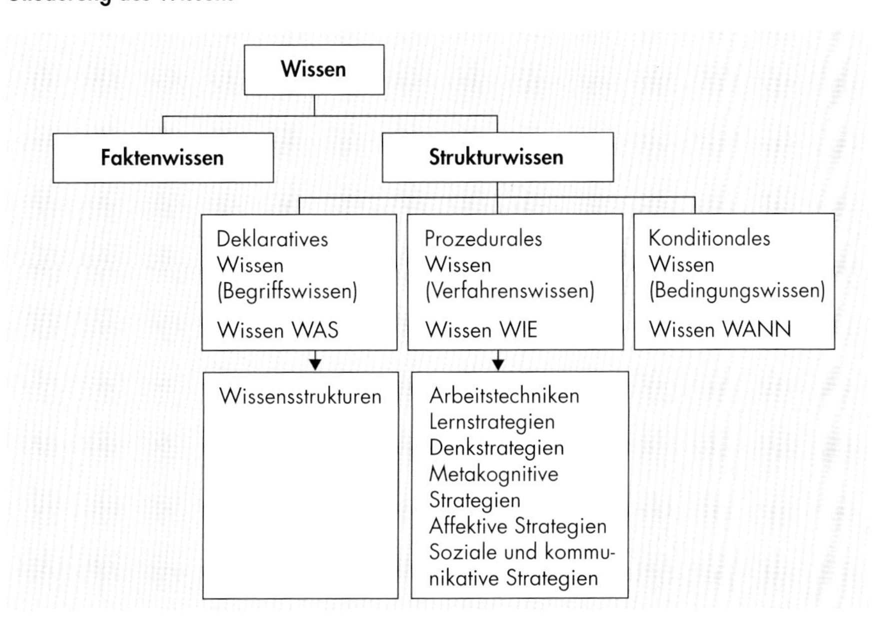

Denkvorgänge (Arbeitstechniken, Lernstrategien, Denkstrategien, metakognitive, affektive sowie soziale und kommunikative Strategien), während das Bedingungswissen die Umstände umschreibt, unter denen die Handlung oder der Denkvorgang auszulösen ist (z.B. wenn ich einem bestimmten Problem begegne, hilft mir das Problemlöseschema, es besser zu lösen).

Zu beachten ist, dass ein Begriff alle drei Wissensformen beinhalten kann. Dies sei am Beispiel des Begriffes «Kennzahl» gezeigt:
Deklaratives Wissen: Ich weiss, was die Kennzahl ist.
Prozedurales Wissen: Ich weiss, wie man sie anwendet (berechnet).
Bedingungswissen: Ich weiss, wann (in welcher Situation) ich sie anwenden kann.

Der Zusammenhang zwischen prozeduralem und Bedingungswissen wird auch mit der «Wenn-dann-Regel» dargestellt.

Beispiele:
Zuerst weiss ich, was die Kennzahl «Liquidität» bedeutet (**wenn** ich wissen will, ob eine Unternehmung zahlungsfähig [liquid] ist, **dann** berechne ich die Kennzahl). Dieses Wissen ist deklarativ. Mit der Anwendung wird es prozeduralisiert und mit genügender Praxis automatisiert, d.h. wenn ich Zweifel an der Liquidität habe, dann weiss ich, wie ich diese Kennzahl berechnen und interpretieren kann.
Oder am Beispiel des Fahrunterrichts: Zuerst werden die Regeln zum Autofahren gelernt (z.B. **Wenn** die Verkehrsampel von grün auf rot schaltet, **dann** ist zu bremsen und vor dem Fussgängerstreifen anzuhalten). Anfänglich ist dieses Wissen deklarativ. Mit der Anwendung wird es prozeduralisiert und mit genügender Praxis automatisiert, d.h. man beherrscht diesen Zusammenhang ohne weiteres Nachdenken.

3 Wissen und Gedächtnis

3.1 Gedächtnismodelle und drei Phasen des Lernens

Seit längerem wird versucht, Vorgänge und Erscheinungen im Gedächtnis in Modellen der Informationsverarbeitung zu analysieren. Im Vordergrund stehen dabei immer noch **Mehrspeichermodelle**[48]. Sie gehen davon aus, dass mehrere Gedächtnisspeicher bestehen. Das Gehirn wird als eine Art Computer gesehen, der dank einem geistigen Symbolsystem fähig ist, Informationen zu verarbeiten. Dieses Symbolsystem kann die Umwelt innerlich repräsentieren, sie durch Abrufschlüssel wieder verfügbar machen und durch die als Denken bezeichnete Aktivität manipulieren und transformieren. Als grundlegende Komponenten eines Informationsverarbeitungssystems gelten (1) die senorischen Rezeptoren, welche den aus der Umwelt kommenden Input aufnehmen, (2) Effektoreneinheiten, welche Reaktionen hervorbringen, (3) ein Gedächtnis, das Datenstrukturen und Handlungsprogramme enthält sowie (4) eine zentrale Verarbeitungsinstanz, in der die entscheidenden geistigen Aktivitäten stattfinden (Bower & Hilgard 1984).

[48] Daneben gibt es den Mehrebenenansatz, in welchem nicht zwischen verschiedenen Gedächtnissen (wie Kurzzeit- und Langzeitgedächtnis) unterschieden, sondern davon ausgegangen wird, dass unterschiedlich intensive Prozesse Informationen verarbeiten. Je nach der Intensität, mit der Informationen verarbeitet werden, bleiben diese kürzer oder länger im Gedächtnis verfügbar (Schunk 1991). Dieser Ansatz wird hier nicht weiter behandelt.

Im Folgenden soll in knapper Form gezeigt werden, wie die Aufnahme und Verarbeitung von Informationen im Gedächtnis erfolgt, um Erkenntnisse für den Unterricht zu gewinnen. Deshalb erfolgt die Darstellung der Abläufe auf der Grundlage von zwei Phasen des Lernens:

1. Die Phase der ersten Aneignung von Wissen
2. Die Phase der Verfestigung und Konsolidierung des Wissens im Langzeitgedächtnis.

Die Grundlage für diese Überlegungen gibt das Modell in Abbildung 7.2 (siehe dazu insbesondere Driscoll 1994, Hodel 1995, Fortmüller 1997, Wellenreuther 2006).

3.2 Die Phase der ersten Aneignung von Wissen

Am Anfang steht die Wahrnehmung oder die gesteuerte Wissensaufnahme (siehe Abbildung 7.2). Aufgrund von Beobachtungen und Feststellungen in der Umwelt, anhand von gezielter Wissenswiedergabe (Instruktion) oder von erkannten Problemen und Aufgaben in konstruierten Lernumgebungen nehmen die Lernenden vieles wahr. Alle diese Informationen gehen in das **sensorische Gedächtnis** ein. Seine Aufgabe ist es, die noch ungeordneten Informationen, die sofort wieder vergessen werden, wenn sie nicht aufbereitet und wiederholt werden, im Kurzzeitgedächtnis für die Speicherung im Langzeitgedächtnis oder als Antwort bereitzustellen. Das **Kurzzeitgedächtnis** dient mit einem Teil von für einen Lernprozess relevanten Informationen auch als **Arbeitsgedächtnis**. Es hält die vielen Informationen nur für eine kurze Zeit verfügbar (man vergisst beispielsweise Telefonnummern rasch wieder, wenn man nichts vorgekehrt hat, um sie im Langzeitgedächtnis zu verankern), und es hat eine beschränkte Kapazität von höchstens sieben Chunks.
Chunks sind Informationseinheiten, die durch Formen der Bündelung und Gliederung im Langzeitgedächtnis unterschiedlich gross sind. Menschen, welche in einem Wissensgebiet (noch) über wenige Kenntnisse verfügen, haben entsprechend wenige Chunks. Solche mit grossen Kenntnissen und damit vielen im Langzeitgedächtnis gespeicherten Chunks reagieren auf neue Informationen aus dem gleichen Wissensgebiet flexibler und schneller und können die neuen Informationen wirksamer verarbeiten und in das **Langzeitgedächtnis** überführen. Wer also beispielsweise viel über Wetterlagen weiss, wird Informationen über die Tendenz der Zunahme von Hurrikanen schneller und wirksamer verarbeiten und verstehen können. Dem Abspeichern von komplexen Elementen liegt der **Prozess des Chunkings** zugrunde. Mit diesem Prozess werden bestimmte Elemente gemeinsam abgespeichert, d.h. es werden Strukturen oder Netzwerke gebildet. So wird man beispielsweise das Jahr 1828 zusammen mit Informationen zum Tod von Franz Schubert besser abspeichern, als wenn man als einziges Element nur die Jahrzahl 1828 ohne Bezug zu weiteren Informationen behalten sollte.

Für den Unterricht bedeutet dies, dass Fakten (Wissenselemente) nicht nur additiv dargeboten werden sollten, sondern ihnen Sinn zu geben ist, indem sie in grössere Strukturen eingebaut werden. Zudem ist es besser kleinere Chunks zu entwickeln, um die Lernenden von der Wissensaufnahme her nicht zu überfordern.

Abbildung 7.2 **Entwicklung des Wissens**

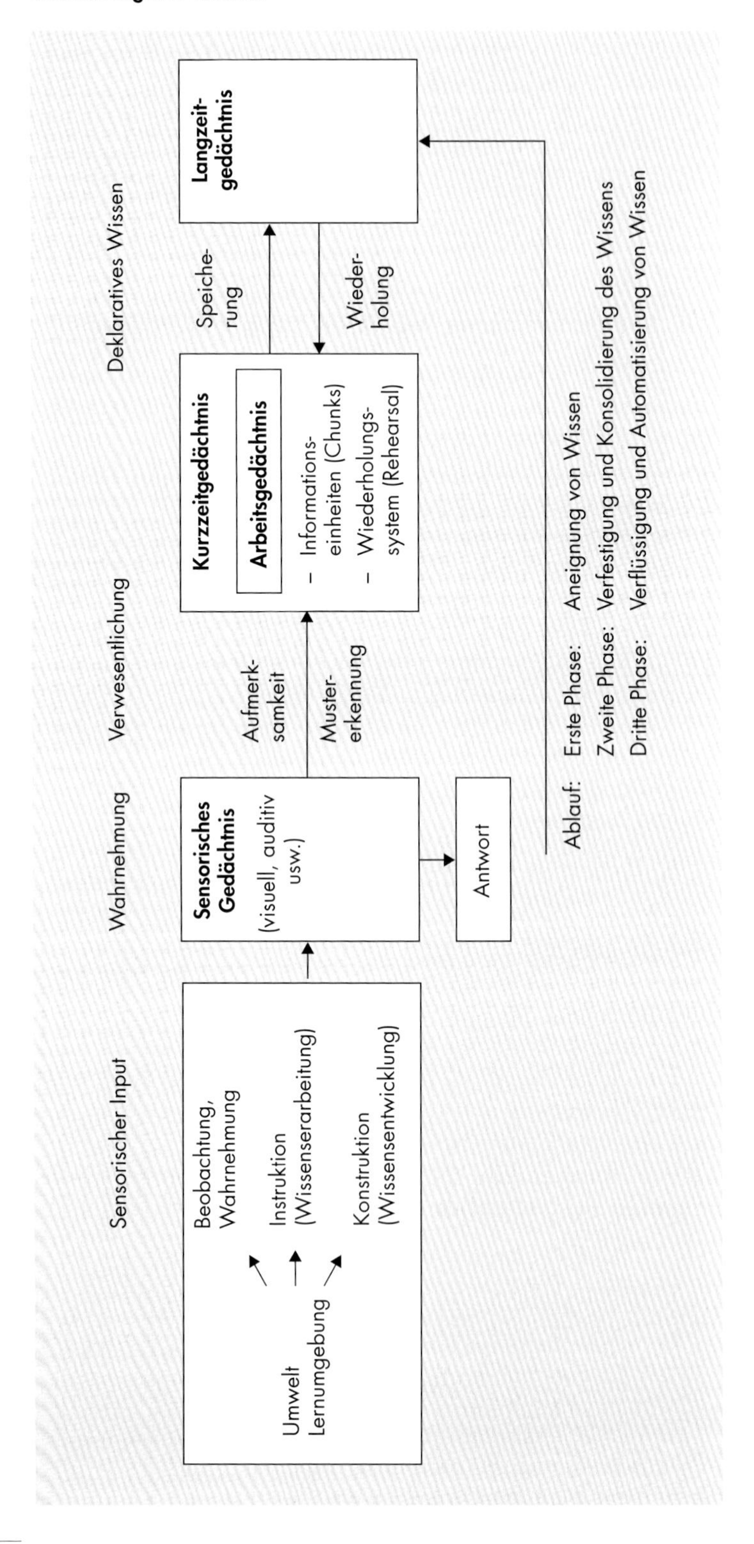

Driscoll (1994, 82) gibt dafür ein schönes **Beispiel**: Die nachstehende Reihenfolge von 17 individuell wahrzunehmenden Buchstaben,

JFKFBIAIDSNASAMIT

also einem Chunk, überfordert bei den meisten Menschen das Arbeitsgedächtnis. Werden diese Buchstaben in fünf Chunks aufgegliedert, und wird ihnen dadurch zugleich eine Bedeutung gegeben, so können sie leichter aufgenommen und behalten werden:

JFK, FBI, AIDS, NASA, MIT.

Eine Überbelastung des Arbeitsgedächtnisses, dessen Kapazität beschränkt ist, vermindert die Möglichkeit, komplexere Strukturen und Netzwerke aufzubauen. Mit der **Cognitive Load Theorie** (Sweller, Merrienboer & Paas 1998) konnte nachgewiesen werden, dass die Überlastung nicht notwendige Anstrengungen erfordert, welche das Lernen unnötig verlangsamen. Vermutet wird, dass neben den kognitiven Aspekten der Informationsverarbeitung auch emotionale Erfahrungen lernhemmend wirken können. Tobias (1985) zeigt beispielsweise, dass Lernende, die sich dauernd mit dem Gedanken des Ungenügens beschäftigen, unfähig sind, eine Aufgabe zu lösen; sie nehmen die von einer Lehrperson vermittelten oder in einem Lehrtext präsentierten Informationen bedeutend schlechter auf.

Wellenreuther (2006) gibt dazu ein treffendes **Beispiel**: Wenn eine Lehrperson eine Arbeit mit folgenden Worten zurückgibt: «Von euch habe ich nicht mehr erwartet als eine schlechte Arbeit. Es sind nur zwei Klassenkameraden, welche eine gute Leistung erbracht haben», so fühlt sich die Mehrheit der Klasse als schlecht behandelt, und sie wird im anschliessenden Unterricht mit der Aufnahme von Informationen mehr Mühe haben, weil sie sich zu sehr mit den gemachten Vorhaltungen beschäftigen werden.

Im Zusammenhang mit der Cognitiv Load Theory wurden Effekte gefunden, welche dafür verantwortlich sind, dass es zu einer Überlastung des Arbeitsgedächtnisses kommt. Wie dagegen gewirkt werden kann, zeigen die folgenden Effekte:

(1) Ein **Redundanzeffekt** liegt vor, wenn verschiedene Informationsquellen jeweils für sich allein alle Informationen enthalten. Dies ist beispielsweise der Fall, wenn ein Text bildlich unterstützt wird, und das Bild nochmals die notwendigen Informationen enthält. Eine solche Doppelinformation belastet das Arbeitsgedächtnis in unnötiger Weise. So zeigte sich, dass mündliche Erklärungen, die durch Videoclips mit ergänzenden Textzeilen kombiniert waren, schlechter aufgenommen wurden als mündliche Erklärungen mit Clips ohne zusätzlichen Text (Mayer, Heiser & Lonn 2001). Oder Kinder lernen Hauptwörter besser, wenn sie nicht auch noch mit Bildern unterstützt werden.

Ganz allgemein sollten Erklärungen und Bilder synchron dargeboten und Bilder nicht noch mit zusätzlichen Texten ergänzt werden.

(2) Für den Unterricht bedeutsam ist der **Modalitätseffekt**. Baddeley (1991) beschreibt das Arbeitsgedächtnis mit drei Komponenten, einer zentralen Exekutive, welche die Verbindung zum Langzeitgedächtnis und zu zwei dieser Exekutive zuarbeitenden Hilfssystemen herstellt. Die Hilfssysteme sind die phonologische Schlaufe (sie nimmt verbale Informationen auf) und der visuell-räumliche Skizzenblock (er verarbeitet die visuellen und räumlichen Informationen). Die Leistung des Arbeitsgedächtnisses lässt sich erhöhen, wenn bei der Informationsvermittlung beide Hilfssysteme belastet werden.

Deshalb kann die unterrichtliche Wirkung erhöht werden, wenn eine Erklärung durch bildliche Darstellungen ergänzt wird, die genau auf die mündliche Erklärung abgestimmt sind. Negative Wirkungen ergeben sich, wenn ein Hilfssystem doppelt beansprucht wird. So macht es beispielsweise wenig Sinn, einen Text mittels Powerpoint zu präsentieren und ihn gleichzeitig vorzutragen, weil dieser Vortrag mit dem stillen Lesen der Schülerinnen und Schüler interferiert (Wellenreuther 2006). Der Abstimmung von mündlicher Präsentation und Visualisierung kommt grosse Bedeutung bei. Zu vermuten ist, dass eine dem Vortrag synchron folgende Visualisierung an der Wandtafel oder auf dem Overhead mit einfachen Darstellungen die Kapazität der Informationsaufnahme erhöht.

(3) Zu beachten ist im Weiteren der **Aufmerksamsteilungseffekt**, der für visuelle Informationen belastend auf das Arbeitsgedächtnis wirkt. Visuelle Informationen sollten möglichst in Diagramme, Graphiken oder Darstellungen integriert werden, damit die Lernenden nicht zwischen verschiedenen Informationsquellen hin- und herspringen müssen.

Deshalb sollten ganzheitliche Darstellungen angewandt werden, die jedoch nicht überladen sein dürfen. Der immer wieder zu beobachtende Einsatz von zwei Hellraumprojektoren, bei welchem auf einem Projektor zum Beispiel ein Grundgerippe und auf dem anderen Einzelheiten visualisiert werden, oder die Arbeit an zwei Wandtafeln, die an verschiedenen Zimmerwänden angeordnet sind, sind von der Informationsaufnahme her wenig zweckmässig.

(4) Interessant ist, dass sich aus der Sicht des Wissenserwerbs das entdeckende Lernen nicht in jedem Fall als überlegen erweist. Vor allem wenn die Lernenden über wenig Erfahrung und ein geringes Vorwissen verfügen, scheint das Arbeitsgedächtnis weniger belastet zu sein, wenn Aufgaben mit den Lernenden in ihrer Ganzheit durchgearbeitet, die einzelnen Teilschritte deutlich herausgearbeitet und erst anschliessend Vertiefungen von Teilaspekten und weitere Anwendungsbeispiele bearbeitet werden (Catrambone 1998) (**Aufgabenergänzungseffekt**).

Man sollte also immer zuerst Aufgaben vorlegen, die als Ganzes gelöst werden und später Aufgaben stellen, welche Teilbereiche vertiefen. Insbesondere sollten bei grundlegenden Einführungsaufgaben bei den einzelnen Teilschritten nicht schon zu viele Ausnahmen und Varianten bearbeitet werden. Vor allem in einführenden Lernbereichen, bei denen es um grundlegende Kompetenzen geht, sollten vertiefende Ergänzungen erst erfolgen, wenn das Grundlegende verstanden ist.

(5) Schliesslich ist der **Variabilitätseffekt** zu beachten. Wenn Lernende etwas gelernt haben, sollten sie an vielen ähnlichen, aber andersartigen Beispielen im gleichen Lerngebiet das Gelernte vertiefen, wobei zu beachten ist, dass eine zu hohe Variabilität das Arbeitsgedächtnis mehr belastet, dafür aber höhere Transferwirkungen bringt.

Deshalb sollte man bei Aufgabenstellungen genügend variabel sein, denn ein zu enges Einüben gleicher Fähigkeiten führt weder zu einem besseren Verständnis noch zu Transfer. Aber zusätzliche Variabilität hat nur unter nicht übermässiger Belastung des Arbeitsgedächtnisses positive Lernwirkungen (Wellenreuther 2006).

Weil die Kapazität des Arbeitsgedächtnisses beschränkt ist, wäre der Mensch nicht in der Lage, anspruchsvolle kognitive Leistungen zu vollbringen. Möglich wird dies erst, wenn aus dem **Langzeitgedächtnis**, das eine nahezu unbegrenzte Aufnahmekapazität hat, viele kognitive Strukturen abgerufen werden können und Netzwerke verfügbar sind. Die Rolle des Langzeitgedächtnisses lässt sich am einfachsten am Beispiel des Schachspiels erklären (z.B. Chase & Simon 1973). Schachgrossmeister haben aufgrund ihrer langjährigen Erfahrung in ihrem Langzeitgedächtnis mindestens 100'000 Schachstellungen gespeichert. Dank der Verfügbarkeit dieser Stellungen, welche komplexe Schemata im Langzeitgedächtnis sind, können sie die vielen einzelnen Stellungen rasch und genau rekonstruieren (Verfügbarkeit von deklarativem Wissen, dem die Rolle des Vorwissens zufällt). Zugleich sind zu den einzelnen Stellungen viele Spielzüge gespeichert (prozedurales Wissen), so dass Grossmeister schneller bessere Entscheidungen treffen als Anfänger (Novizen). Entgegen einer verbreiteten Meinung sind Grossmeister also nicht aufgrund allgemeiner Problemlösestrategien, sondern dank ihres **Vorwissens** (verfügbares Wissen über Stellungen und Züge) überlegen.

3.3 Die Phase der Verfestigung und Konsolidierung des Wissens im Langzeitgedächtnis

Bildlich wird das Langzeitgedächtnis oft mit einer Bibliothek verglichen (Wellenreuther 2006). Um sich in einer Bibliothek zurechtzufinden, muss man Zugriff auf ein strukturiertes Katalogsystem mit Schlagwörtern, Autorenverzeichnis usw. haben, die miteinander verknüpft sind. Fehlt ein solches System, so ist die Bibliothek nur unter sehr erschwerten Umständen benützbar. Deshalb muss das System immer aktualisiert und vertieft sowie der Zugang verbessert werden.
Ähnlich verhält es sich mit dem Langzeitgedächtnis. Die bestehenden Strukturen und Netzwerke sind zu ergänzen, zu vertiefen und zu verbreitern. Damit die erweiterten Strukturen und Netzwerke im Langzeitgedächtnis verankert werden, ist das neu erarbeitete Wissen durch Wiederholungen und Übungen gezielt in die vorhandenen Strukturen zu integrieren. Dazu genügt das Verstehen allein noch nicht, sondern die mehrfache Anwendung ist eine zwingende Voraussetzung (Übung und Überlernen). Wesentlich ist daher, dass die Lernenden selbst sich aktiv um die Integration bemühen, denn ein nur passives Aufnehmen von selbst gut strukturiertem Wissen (z.B. ein schnelles Einprägen von Strukturen) genügt für dessen Übernahme aus dem Kurzzeit- ins Langzeitgedächtnis nicht.

4 Die Repräsentation des Wissens im Gedächtnis

Im Umgang mit Gedächtnismodellen geht es in erster Linie um die Frage, wie Lernende mit ihrer Umwelt interagieren, um mittels der damit zusammenhängenden Informationsaufnahme lernen zu können. Ebenso bedeutsam ist die Frage, wie das Wissen im Gedächtnis repräsentiert wird. In diesem Fall geht es um das **Repräsentationsproblem**, das als «Problem der adäquaten Abbildung» von strukturell-operativen Zusammenhängen im menschlichen Wissen in Datenstrukturen und Algorithmen gesehen werden kann (Schefe 1986). Bislang werden drei Repräsentationssysteme vorgeschlagen (siehe Abbildung 7.3, Wuttke 2005, 37).

Bei **propositionalen Repräsentationssystemen** werden diskrete Symbolstrukturen (= Propositionen) verwendet, die den deklarativen Gehalt bzw. den Bedeutungsgehalt einer Äusserung bilden. Propositionen sind kleinstmögliche, selbständige und als wahr oder falsch beurteilbare Wissenseinheiten. Sie bestehen immer aus einem Argument (Substantiv) und Relationen (Verben und Adjektiven). Wenn Propositionen gemeinsame Wissenselemente haben, lassen sie sich zu einem propositionalen Netz zusammenfassen (siehe Abbildung 7.4).
Im Schulalltag lassen sich umfassendere **propositionale Netze** erarbeiten, welche die Verknüpfung mit dem Vorwissen ermöglichen, und in welche immer neue Propositionen eingebaut werden können, so dass das Neue nicht isoliert und additiv in die Gedächtnisstruktur aufgenommen wird. Abbildung 7.4 zeigt ein Beispiel eines umfassenderen propositionalen Netzes (Baddeley 1991, 329). Von solchen hierarchisch aufgebauten propositionalen Netzen erwartete man, dass sie die Informationssuche und -wiedergabe bei zu lösenden Aufgaben beschleunigen. Dies hat sich jedoch nicht bestätigt (Wuttke 2005).

Ein anderer Ansatz der propositionalen Repräsentationssysteme ist die **Schematheorie** (z.B. Seel 2000). Sie geht davon aus, dass das Wissen im Gedächtnis in kognitiven Strukturen repräsentiert ist. Solche Schemata besitzen Leerstellen, die variabel sind und unterschiedliche Werte annehmen können. Enthalten können sie auch Subschemata, die wiederum in hierarchiehöhere Schemata eingebettet sind. Durch den Abruf von Schemata aus dem Gedächtnis in vergleichbaren Situationen wird die Lösung von Problemen erleichtert.

Regelbasierte Repräsentationssysteme (Produktionssysteme) ermöglichen auch die Modellierung von prozeduralem Wissen. Bedeutsam ist die ACT-Theorie (Adaptive Control of Thought) von Anderson 1995 (siehe auch Mandl, Friedrich & Hron 1988). Nach dieser Theorie durchläuft der Prozess des Wissenserwerbs mehrere Phasen. In einer ersten Phase wird Wissen in deklarativer Form kodiert. Dann wird dieses deklarative Wissen durch bereits vorhandene Prozeduren (prozedurales Wissen) interpretativ angewandt. Schliesslich wird dieses Wissen häufig verwendet, so dass sich das prozedurale Wissen, in welchem deklarative Informationen enthalten sind, rascher anwenden lässt. Die häufige Übung fördert schliesslich die Generalisierung.

Analoge Repräsentationssysteme gehen von mentalen Modellen aus. Mentale Modelle sind Abbildungen, welche die Eigenschaften eines abzubildenden Objektes oder

Abbildung 7.3 **Überblick der gängigen Wissensrepräsentationssysteme (Wuttke)**

Propositionale Repräsentationssysteme	Regelbasierte Repräsentationssysteme	Analoge Repräsentationssysteme
Insbesondere geeignet zur Rekonstruktion von deklarativem Wissen	Auch geeignet zur Rekonstruktion von prozeduralem Wissen	Geeignet zur Rekonstruktion von deklarativem, prozeduralem und konditionalem Wissen
z.B. Propositionen und Netze Schemata	z.B. Produktionssysteme	z.B. Mentale Modelle

Abbildung 7.4 **Propositionales Netz**

Ausgegangen wird in diesem Beispiel vn zwei Propositionen (P):
P1: Das Sozialamt vermittelt Informationen über berufliche Möglichkeiten.
P2: Informationen über berufliche Möglichkeiten werden über Computerterminals vermittelt.
Diese beiden Propositionen lassen sich folgendermassen darstellen:

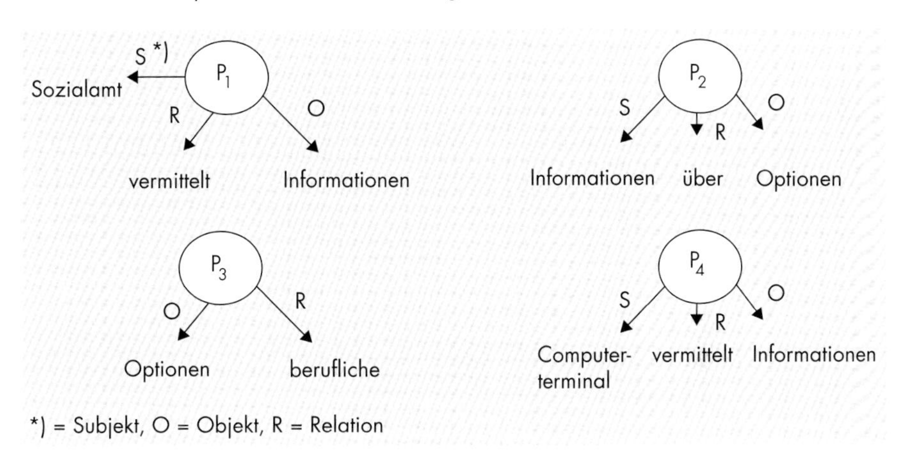

Weil die einzelnen Propositionen gemeinsame Wissenselemente haben, lassen sie sich in einem propositionalen Netz zusammenfassen, das weniger Redunanz hat als die vier einzelnen Propositionen (es zeigt die Struktur, während die einzelnen Propositionen additives Wissen darstellen).

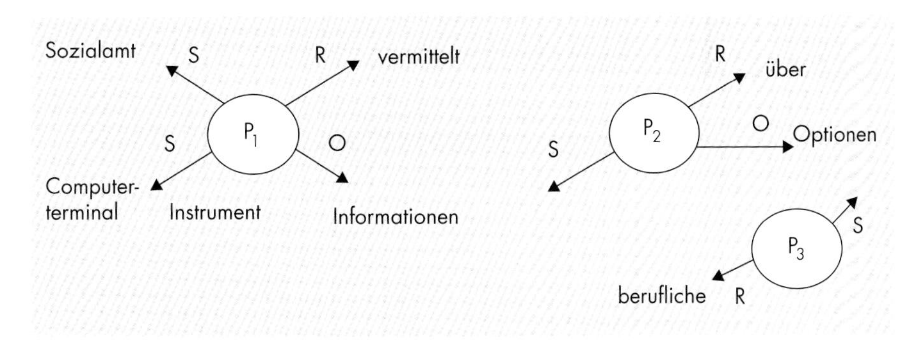

Umweltereignisses beibehalten. Sie sind bildliche Vorstellungen, welche sich Personen ins Gedächtnis rufen können. Sie vermitteln also zwischen dem Wissen und der Wirklichkeit. Als Rekonstruktion des Weltwissens setzen sie Inferenzbildungen induktiver und analoger Natur voraus, indem sie einer bestimmten Gegebenheit der Welt Eigenschaften zuschreiben, über die das modellschaffende lernende Individuum bereits etwas weiss. Seel (1991, 21) erklärt die mentale Modellbildung gemäss Abbildung 7.5.
Lernende verfügen über Wissensbasen, die entweder durch Instruktion begründetes, abstraktes oder aufgrund von Alltagserfahrungen begründetes konkretes enzyklopädisches Wissen darstellen. Die Funktion eines mentalen Modells liegt darin, einen Teil der Realität, der für eine Person wichtig ist, zu verstehen. Um zu verstehen, muss das enzyklopädische Wissen strukturiert und mit dem Vorwissen vernetzt werden, d.h. die lernende Person muss fähig sein, mittels Schlussfolgerungen auf induktive und analogisierende Weise Wissen herzuleiten, das über das abrufbare bereichsspezifische Wissen hinausgeht. Die Wissensgenerierung erfordert also den aktiven Aufbau und die Nutzung interner subjektiver Repräsentationen extern gegebener Anforderungen. Anders ausgedrückt müssen Strukturen und Attribute des Weltwissens und des Problembereichs identifiziert werden, die in beiden Bereichen signifikant sind. Dieses Erkennen von relevanten Ähnlichkeiten (Analogien) führt bei Erfolg zu neuen Wissensstrukturen, welche das Neue zu erschliessen vermögen. Dazu muss die lernende Person Regeln der analogischen Inferenzbildung finden, die sie nutzen kann, um eine Welterscheinung in Übereinstimmung mit Wissen über ähnliche Erscheinungen erschöpfend plausibel zu machen.

Vorderhand ist es schwierig, aus diesen anspruchsvollen Forschungen zum Gedächtnis und zur Repräsentation des Wissens eindeutige praktische Handlungsempfehlungen abzuleiten. Deshalb sind im Folgenden Erfahrungen mit den grundsätzlichen Erkenntnissen zu verbinden, um mit «Best Practice» Vorschläge zur Verbesserung des Wissenserwerbs im Unterricht abzuleiten.

Abbildung 7.5 **Komponenten der mentalen Modellbildung**

Wissensbasen
als

vorwiegend auf Vermittlung/ Instruktion begründetes, abstraktes	vorwiegend auf Alltagserfahrungen begründetes, konkretes

Enzyklopädisches Wissen

Inferenzen
aufgrund eines

formalen kalkülbegründeten Regelsystems:	praktischen «intuitionsbegründeten» Regelsystems
Deduktion	**Induktion/Analogiebildung**

5 Wissenserwerb: Wissensvermittlung, Wissenserarbeitung und Wissenskonstruktion

5.1 Grundlagen

Unsicherheiten bestehen nicht nur über die Abläufe im Gedächtnis und über die Wissensrepräsentation, sondern auch die Begriffe im Umgang mit dem Wissen sind sehr verschieden. In diesem Buch wird vom Wissenserwerb gesprochen, der in Wissenvermittlung, Wissenserarbeitung und Wissenskonstruktion gegliedert wird (siehe Abbildung 7.6).

Noch immer ist vor allem auf höheren Schulstufen die **Wissensvermittlung** in einem instruktionalen Unterricht mit einem direkten Führungsstil des Lehrers oder der Lehrerin weit verbreitet. Ausgegangen wird dabei von der Vorstellung, das Wissen lasse sich aus dem Kopf von Lehrenden in die Köpfe der Lernenden transportieren. Diese Vorstellung mag bestenfalls genügen, wenn ausschliesslich reproduzierbare Fakten zu lernen sind, und man sich damit begnügt, dass die Lernenden diese Fakten wiedergeben können. So bleibt aber das Lernen an der Oberfläche. Sollen die Schülerinnen und Schüler das Wissen anwenden können, so müssen fünf Bedingungen erfüllt sein (vergleiche auch Reinmann-Rothmeier & Mandl 1998):

1) Neues Wissen kann nur über eine **aktive Beteiligung** der Lernenden erworben werden, d.h. sie müssen motiviert sein und/oder Interesse am Gegenstand oder am Prozess der Wissensgewinnung haben.
2) Der Erwerb von neuem Wissen bedarf einer gewissen **Steuerung** und **Kontrolle** durch die Lernenden selbst. Ein Wissenserwerb ohne jeglichen Selbststeuerungsanteil ist nicht möglich.
3) Das neue Wissen ist immer zu **erarbeiten** oder zu **konstruieren**, d.h. Wissen kann nur erworben und genutzt werden, wenn es bewusst und gezielt in bei

Abbildung 7.6 **Wissenserwerb**

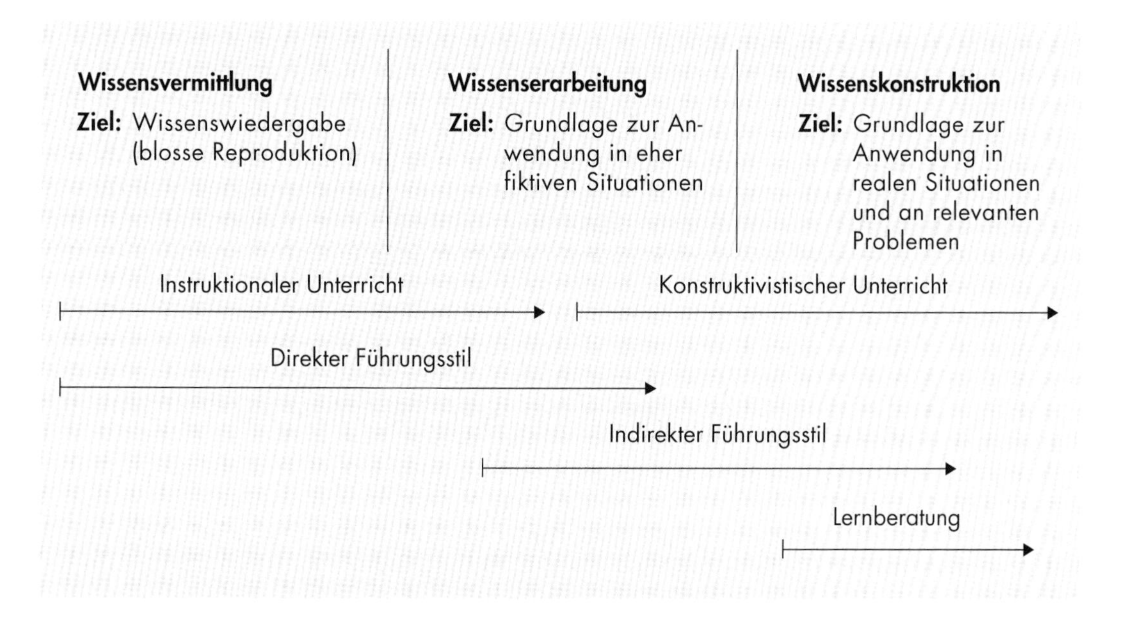

den Lernenden bestehende Wissensstrukturen eingebaut und von ihnen bewusst auf dem Hintergrund individueller Erfahrungen interpretiert wird.

4) Der Erwerb von Wissen ist immer an einen bestimmten Kontext gebunden und somit **situativ**.
5) Wissen ist in einem **sozialen Kontext** zu sehen, in welchem Interaktionen bedeutsam und die soziokulturellen Einflüsse auf den Lernprozess zu beachten sind.

Unter diesen Voraussetzungen sind die Wissensvermittlung und damit der Lehrervortrag sowie enge, behavioristische Dialoge (Lehrgespräch) mit einem direkten Führungsstil für einen anwendungsorientierten Unterricht wenig wirksam, es sei denn, man wolle nur Faktenwissen vermitteln, das die Lernenden als unabdingbare Voraussetzung für weiteres Lernen benötigen (z.B. im Geografieunterricht Standorte von Städten und Ländern). Allerdings ist es möglich, die Lernwirksamkeit eines Lehrervortrages etwas zu verbessern, wenn er so vorgetragen wird, dass die Lernenden gezwungen sind, das dargebotene Wissen beim Zuhören selbst in die bestehenden Wissensstrukturen einzuordnen (bescheidenes Ausmass an Selbststeuerung und Konstruktion).

Beispiel: Eine Lehrerin wählt den Lehrervortrag, um einen ersten Überblick über die Epochen der Literatur zu vermitteln. Wenn sie einen klassischen Vortrag hält, in welchem sie eine Epoche nach der anderen mit ihren Merkmalen und Eigenarten vorstellt, wird der Behaltenseffekt klein sein. Wenn sie hingegen ihren Vortrag mit Hilfe einer Matrixdarstellung (siehe Abbildung 7.14) präsentiert und die einzelnen Epochen mit dem den Lernenden verfügbaren Vorwissen (z.B. historische Ereignisse) verknüpft, wird das Behalten besser sein, weil allein durch das ordnende Aufnehmen eine – wenn auch minimale – Aktivierung erfolgt, und die Verknüpfung des Vorwissens mit den vorhandenen Wissensstrukturen zu einer bescheidenen Form der Wissenskonstruktion führt. Deshalb sind bei lerntheoretisch gut aufbereiteten Lehrervorträgen die Schülerinnen und Schüler nicht nur passiv Aufnehmende, sondern ein beschränktes aktives Lernen ist gegeben, sofern die Darbietung nicht nur additiv aufgebaut ist.

Trotz dieser Differenzierung bleibt aber die Wirkung der Wissensvermittlung gering, weil sie für ein nachhaltiges aktives Lernen mit einer bewussteren Selbststeuerung der Wissenskonstruktion nur beschränkt geeignet ist. Wissen, das nur zur Reproduktion verwendet, nicht verstanden und nicht angewandt werden kann, ist wenig nützlich. Wirksamer ist es, Wissen in Dialogen zu erarbeiten (**Wissenserarbeitung**) oder selbstgesteuert zu konstruieren (**Wissenskonstruktion**) (Spada & Lay 2000). Der Unterschied zwischen diesen beiden Formen liegt einzig im Ausmass der Anleitung und Steuerung durch die Lehrpersonen. Die Wissenserarbeitung erfolgt je nach unterrichtlicher Situation mittels eines direkten oder indirekten Führungsstils, während die Wissenskonstruktion mit Lernberatung selbstgesteuert erfolgt (siehe Abschnitt 3 im Kapitel 4). In beiden Fällen ist der Unterricht so zu gestalten, dass sich die Schülerinnen und Schüler am Wissenserwerb aktiv beteiligen, bei ihren Lerntätigkeiten Möglichkeiten zur Selbststeuerung geschaffen werden, und sie herausgefordert werden, konstruktiv vorhandene und neue Wissensstrukturen zu integrieren. Dabei ist für den Lernerfolg weniger die Ausprägung des Führungsstils, und damit das Ausmass der Steuerung durch die Lehrperson, als situativ die Gelegenheit des aktiven Mitdenkens und Konstruierens massgebend. In vielen Fällen ist ein bestimmtes Mass an Fremdsteuerung durch die Lehrkräfte nötig, damit die Lernenden die Fähigkeit zur selbständigen Steuerung und Kontrolle sowie zur Konstruktion erhalten können.

Selbst- und Fremdsteuerung sind deshalb keine unversöhnlichen Gegensätze (siehe auch Reinmann-Rothmeier & Mandl 1998).

5.2 Der Erwerb von deklarativem Wissen

Das deklarative Wissen besteht aus **Begriffen.** Das sind grundlegende Einheiten unseres Wissens, die im Gedächtnis in der Form von Wissensstrukturen gespeichert sind. Diese Einheiten bestehen aus Propositionen und Netzen, die in einer bestimmten Form geordnet sind und miteinander in einer bestimmten Beziehung stehen. Deshalb muss es **zwei Wissenserwerbsprozesse** geben. Einerseits geht es um den **Erwerb neuer Begriffe** samt ihrer relationalen Anbindung an andere Begriffe. Der Erwerb neuer Begriffe erfolgt in einem mehrphasigen Prozess: Zunächst muss etwas erkannt und zu einem Ganzen integriert werden. Aus dem anfänglich diffus wahrgenommenen Ganzen müssen dann stabile, allgemeingültige Erscheinungen herausgefiltert werden, womit die Begriffsbildung als abgeschlossen gilt. In der Regel erhalten diese stabilen Merkmalsmuster noch eine Bezeichnung oder einen Namen (Wuttke 2005).

Beispiel: Ein kleines Kind beobachtet etwas Schwarzes, das fliegt und zwei Beine hat. Es erkennt, dass dieses Ding ein Rabe ist (siehe Abbildung 7.7).

Abbildung 7.7 **Begriff «Rabe»**

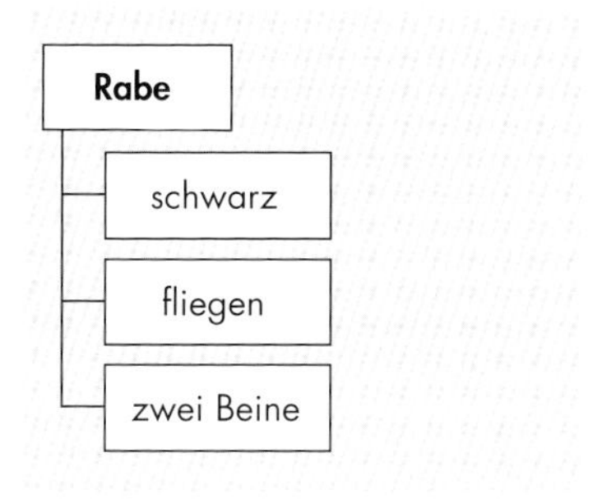

Andererseits **verändern sich vorhandene Begriffsstrukturen**, indem neue Eigenschaften hinzukommen oder Relationen neu geschaffen, gelöscht oder verändert werden. Ausserdem können durch Konkretisierungs- oder Abstraktionsprozesse neue Ober- und Unterbegriffsrelationen zwischen Begriffen entstehen.

Beispiel: Später sieht das Kind wiederum einen schwarzen Vogel und meint, es sei ein Rabe. Beim genaueren Hinsehen erkennt es aber, dass dieser Vogel eine Amsel ist. Irgendwann lernt es, dass diese Tiere Vögel sind (siehe Abbildung 7.8), das Begriffsgefüge oder die Wissensstruktur entwickeln sich.

Nach diesem Erklärungsansatz, der sich primär an der Schematheorie (propositionales Repräsentationssystem) orientiert, wird der Wissenserwerb einerseits als **Ergänzung** bereits vorhandener Schemata (Wissensstrukturen) und andererseits als **Umstrukturierung** vorhandener Schemata charakterisiert. Im ersten Fall, der **Assimilation**, bleiben die Schemata, die als Vorwissen vorhanden sind, erhalten. Sie werden aber verfeinert und ergänzt. Im zweiten Fall, der **Akkomodation**, werden Schematas grundsätzlich verändert oder neu aufgebaut (Piaget 1975).

Abbildung 7.8 **Entwicklung von Begriffen**

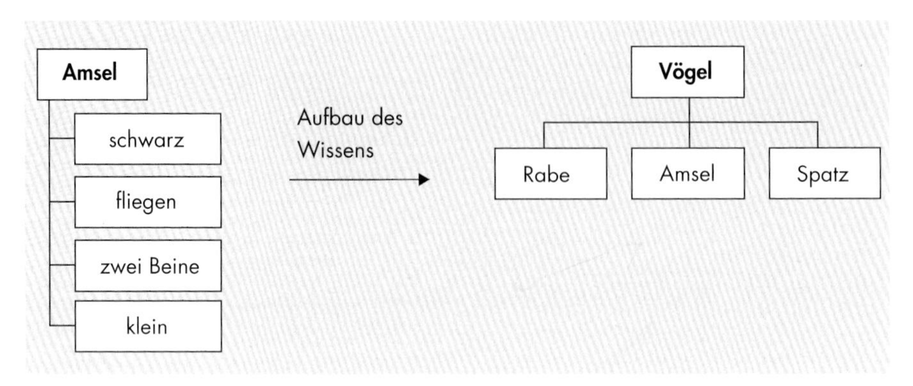

Die Schemata haben zwei wichtige Funktionen:

- Sie scheinen erstens **aufmerksamkeitssteuernd** zu wirken: Wer über mehr strukturiertes deklaratives Wissen verfügt, bemüht sich eher um zusätzliches Wissen und ist problembewusster.
- Zweitens dienen sie als **Advance Organizers** (Ausubel 1960), d.h. sie können Unterricht vorstrukturieren, d.h. sie zeigen, welche Begriffe beim nachfolgenden Lernen bedeutsam sind, und wie sie eingeordnet werden können. Deshalb empfiehlt es sich, übergeordnete Wissensstrukturen immer wieder sichtbar zu machen und sie zu Beginn von Unterrichtseinheiten zur Aktivierung von Vorwissen einzusetzen.

5.3 Der Erwerb von prozeduralem Wissen

Grundsätzlich sind alle Lern- und Denkprozesse als eine Anwendung des prozeduralen Lernens auf das deklarative Wissen zu interpretieren (siehe regelbasierte Repräsentationssysteme, Anderson 1995). Der Erwerb des prozeduralen Wissens stellt deshalb immer eine interpretative Anwendung von deklarativem Wissen im Rahmen von Problemlöseprozessen dar. Die dadurch entwickelten Prozeduren sind auf den zu bearbeitenden Problembereich abgestimmt. Dieser Prozess der Prozeduralisierung erzeugt spezifische Versionen von Produktionen, die es bei der Bearbeitung gleichartiger Aufgaben ermöglichen, die Probleme ohne weiteren Rückgriff auf das ursprünglich angewandte deklarative Wissen zu lösen. Weil diese Prozeduralisierung immer auf eine bestimmte Lernsituation mit ihrem deklarativen Wissen abgestimmt ist, entstehen bereichsspezifische Prozeduren (prozedurales Wissen), die nur auf Lernbereiche übertragbar sind, bei denen dieselben Bedingungen vorliegen und dieselben Operationen notwendig werden. Deshalb gibt es kein allgemeingültiges Prozedere für das Lösen von Problemen, sondern jedes Fachgebiet hat seine eigene Problemlösestrategie. Für das Lösen eines Rechtsfalls bedarf es einer anderen Problemlösestrategie als für die Bearbeitung eines Mathematikproblems.
Unterrichtsbezogen lässt sich dieser Zusammenhang zwischen deklarativem und prozeduralem Wissen gemäss Abbildung 7.9 darstellen (vergleiche dazu in ähnlicher Form Fortmüller 1997). Auszugehen ist von einer Problemstellung (komplexes Lehr-Lern-Arrangement), welche zu interpretieren ist, um das deklarative und das prozedurale Vorwissen zu aktivieren. Dann folgt die Wissensentwicklung durch eine Prozedurali-

Abbildung 7.9 **Der Zusammenhang zwischen deklarativem und prozeduralem Wissen**

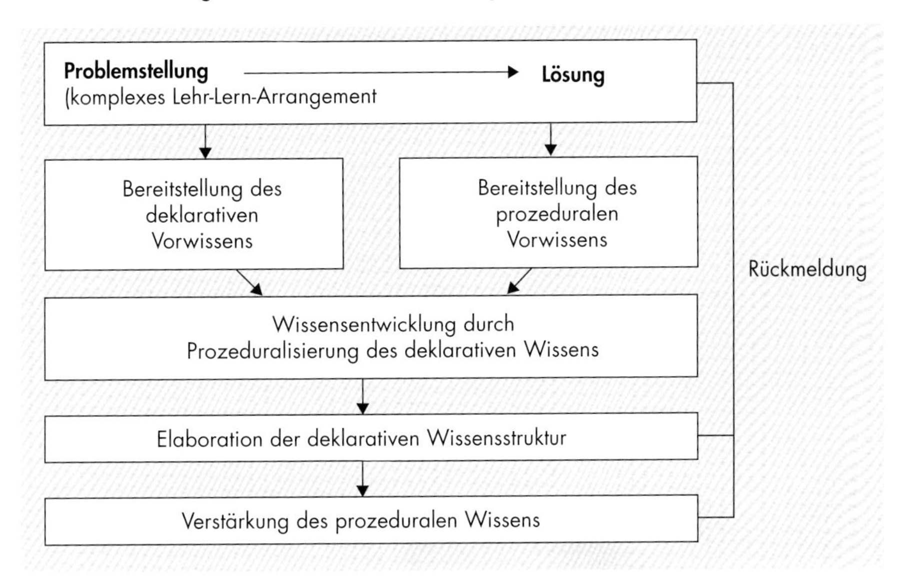

sierung des deklarativen Wissens, d.h. das verfügbare deklarative Wissen wird interpretativ angewandt, um im ablaufenden Denkprozess eine erweiterte (Assimilation) oder eine neue (Akkomodation) Wissensstruktur zu gewinnen. Dieser Denkprozess erweitert das prozedurale Wissen, das durch eine Anwendung an Aufgabenstellungen in vergleichbaren aber variierten Situationen zu verstärken ist. Schliesslich ist zu überprüfen, ob mit dem neu gewonnenen deklarativen und prozeduralen Wissen das Problem gelöst ist (Rückmeldung und Selbstkontrolle) sowie eine metakognitive Reflexion vorzunehmen (Nachdenken über die gewählten Lösungswege, Abklärung der Ursachen von Fehlern usw.).

6 Die Bedeutung des Vorwissens beim Lernen

In den bisherigen Ausführungen wurde immer wieder auf die Bedeutung des Vorwissens bei Wissenserwerbs- und Verarbeitungsprozessen verwiesen. Konkret fallen ihm die folgenden Aufgaben zu (Wuttke 2005):

(1) Es hat eine **aufmerksamkeitssteuernde Funktion**, weil es bei der Informationsselektion die Aufmerksamkeit auf das relevante Wissen lenkt. Über je bessere und umfassendere Wissensstrukturen die Lernenden verfügen, umso häufiger fügen sie neue Informationen in die bestehenden Strukturen ein, so dass diese durch Assimilation nur noch verfeinert werden.

(2) Der laufende Einbau neuen Wissens in die Strukturen führt zu deren Vergrösserung, was die **Aufnahme von weiterem neuem Wissen** erleichtert, denn dank der vorhandenen Struktur werden Einzelheiten systematischer und leichter aufgenommen. Dadurch wird das Arbeitsgedächtnis entlastet. Anders ausgedrückt erleichtern die vorhandenen Strukturen den Erwerb von Detailwissen.

(3) Verfügen Lernende über ein gut verankertes Strukturwissen, so kann das neu erworbene Wissen mit dem bereits vorhandenen Wissen verknüpft werden. Dadurch erhöhen sich das **Verstehen und Behalten** des neu erworbenen Wissens, und sein Abruf sowie seine Nutzung werden leichter, weil dank des vernetzten Wissens immer wieder verfügbares Wissen in verstandener Weise aktiviert wird.

Obschon die Wichtigkeit des Vorwissens für das Lernen wissenschaftlich kaum mehr bestritten wird, darf nicht übersehen werden, dass noch immer widersprüchliche Forschungsergebnisse vorliegen. So hat beispielsweise Bronner (1988) für den Bereich der Wirtschaftswissenschaften einen Nachteil des Vorwissens beim Problemlösen nachgewiesen, wenn sich Studierende dank ihrem grossen Vorwissen in Sicherheit wiegen und als Folge davon relevante Informationen gar nicht mehr sorgfältig einholen. Oder Gruber & Renkl (2000) stellten in einem Planspiel bessere Leistungen von Pädagogikstudierenden ohne wirtschaftliches Vorwissen gegenüber BWL-Studierenden, die eigentlich über ein grosses Vorwissen hätten verfügen müssen, fest. Sie führen dieses Ergebnis auf träges Wissen zurück, das BWL-Studierende in den Anwendungssituationen nicht verwenden konnten, eine Vermutung, die angesichts der verbreiteten additiven Stoffvermittlung im BWL-Unterricht durchaus zutreffen mag. Weber (1994), die in ihrer unterrichtsbezogenen Arbeit die Bedeutung des Vorwissens für Wirtschaftsfächer empirisch gut darlegt und bestätigt, führt die widersprüchlichen Ergebnisse auf unrealistische Versuchsanforderungen zurück, bei denen der Zusammenhang zwischen Vorwissen und Lernerfolg nur aus vagen Plausibilitätserklärungen abgeleitet wurde.
Verfolgt man den alltäglichen Unterricht, so wird bald einsichtig, warum Vorwissen nicht automatisch bessere Lernleistungen bringt. Je mehr Strukturen und Netzwerke ohne Integration in das vorhandene Vorwissen und ohne Verständnis nur abgespeichert werden, desto weniger können sie dem späteren Lernen dienstbar gemacht werden. Wenn Assimilisierungs- und Akkomodationsprozess nicht durchgearbeitet werden, kann der Wissenserwerb kein Verständnis bringen.

Beispiel: Viele Lehrbücher werden heute mit bildlichen Strukturen und Netzwerken lernfreundlicher gestaltet. Leider werden aber diese Strukturen in vielem Unterricht weiterhin nur auswendig gelernt und nicht systematisch verarbeitet. Unter solchen Umständen nützen sie nichts.

Für den Unterricht ergeben sich die folgenden Konsequenzen:

- Es genügt nicht, noch so gute Strukturen und Netzwerke vorzugeben. Sie müssen verstanden sein, und die Assimilisierung und die Akkomodation sind zu unterstützen.
- Strukturen und Netzwerke sind an Aufgabenstellungen immer wieder anzuwenden und auszuweiten. Sie dürfen zu keinen leicht auswendig zu lernenden Schematismen führen. Sinnlos ist die immer wieder zu beobachtende Praxis, ein Lerngebiet zu bearbeiten, es mit einer Prüfung abzuschliessen und kaum mehr je darauf zurückzukommen. Der Rückgriff auf vorhandenes Wissen sollte häufiger und systematischer über die ganze Zeit des Lernens erfolgen. Dabei ist besonders auf die Strukturen zu achten.
- Besonders bedeutsam ist die jederzeitige Verknüpfung von deklarativem, prozeduralem und konditionalem Wissen. Wenn Schülerinnen und Schüler nur über unvernetztes deklaratives Wissen verfügen, das sie nicht anwenden kön-

nen, also nicht wissen, wann es mit welchen Strategien verwendet werden kann, nützt es wenig für nachhaltiges Lernen.

7 Das träge Wissen

Je weniger sich Lernende um das Verstehen von neuem Wissen bemühen und je weniger Voraussetzungen geschaffen werden, um das erworbene Wissen durch Übung und Wiederholung in bestehende Strukturen und Netzwerke einzubauen, desto mehr bleibt das Wissen träge. Träges Wissen liegt vor, wenn jemand etwas wissen und damit kompetente Handlungen ausführen können sollte, tatsächlich aber sich nicht spontan an dieses Wissen erinnert und die erwarteten kompetenten Handlungen nicht ausführt (vergleiche in ähnlicher Weise, Gruber & Renkl 2000).

Beispiel: Oft ist man als Lehrkraft sicher, dass man etwas im früheren Unterricht erklärt hat. Jetzt möchte man darauf zurückkommen. Die Klasse erinnert sich aber nicht mehr daran. Deshalb gibt man einen Hinweis auf das bereits Behandelte, worauf sich einige Schülerinnen und Schüler wieder zurückbesinnen vermögen. Mit einem zusätzlichen Hinweis erinnern sich weitere Lernende an den Lerngegenstand. Sie sind aber nicht (mehr) in der Lage, dieses Wissen anzuwenden. Diese häufig zu beobachtende Unterrichtssituation weist auf träges Wissen als Folge eines Unterrichts hin, in welchem das Wissen nicht richtig erarbeitet, sondern nur additiv angelernt wurde. Je mehr eine Lehrkraft in ihrem Unterricht dieser Situation begegnet, desto weniger hat sie sich um den systematischen Aufbau von Wissensstrukturen und deren Anwendung bemüht.

Wie bereits erwähnt ist es möglich, dass Vorwissen träges Wissen ist und deshalb entgegen der theoretischen Sicht nichts zum späteren Lernen beiträgt. Oft besteht das Vorwissen allein aus unvernetztem deklarativem Wissen, das nicht mit dem prozeduralen und konditionalen Wissen verbunden ist, so dass es infolge Unkenntnis der Einsatzmöglichkeiten und -bedingungen nicht angewandt werden kann (Strohschneider 1990).

8 Starke Lernumgebungen

8.1 Komplexe Lehr-Lern-Arrangements

Eine entscheidende Voraussetzung für einen wirksamen Wissenserwerb und zur Vermeidung einer Wissensaufnahme, die nur zu trägem Wissen führt, ist ein Unterricht, der auf starken Lernumgebungen aufbaut (Achtenhagen 1992, Dubs 1996, Wahl 2006). Eine starke Lernumgebung ist gegeben, wenn eine Unterrichtseinheit auf einer anspruchsvollen, wirklichkeitsnahen Problemstellung beruht, die von verschiedenen Gesichtspunkten her beleuchtet werden kann, zur Erarbeitung von strukturiertem deklarativem, prozeduralem und konditionalem Wissen geeignet ist und Möglichkeiten zum Transfer eröffnet. Oft werden zum Aufbau starker Lernumgebungen komplexe Lehr-Lern-Arrangements verwendet, die für eine einzelne Lektion oder für eine Unterrichtseinheit vorbereitet werden und sowohl für den Frontalunterricht als auch für das selbstgesteuerte Lernen geeignet sind.

Schematisch lässt sich die Arbeit in starken Lernumgebungen wie folgt darstellen:

1. Schritt: Es wird ein komplexes Lehr-Lern-Arrangement vorgelegt (anspruchsvolle, wirklichkeitsnahe Problemstellung, die aus einer multiplen Perspektive bearbeitet werden kann). Aufgrund dieser Vorgaben sollen die Schülerinnen und Schüler ihre Erfahrungen einbringen und ihr Vorwissen aktivieren sowie über die erkannte Problematik reflektieren. Wichtig ist bei dieser Reflexion, dass die Problematik aus verschiedenen Perspektiven betrachtet wird sowie feststehende Meinungen und Vorstellungen (subjektive Theorien) hinterfragt werden.

2. Schritt: Aus der Problemstellung wird das neue Wissen entwickelt (unter Anleitung) oder frei konstruiert (selbstgesteuert), indem die bestehenden Wissensstrukturen weiterentwickelt werden (Assimilierung oder Akkomodation).

3. Schritt: Den Abschluss bilden die Vertiefung und der Transfer mit der Anwendung in gleichen und veränderten Situationen (Üben und Überlernen), damit sich die neu entwickelten Wissensstrukturen im Langzeitgedächtnis verfestigen.

8.2 Anforderungen an komplexe Lehr-Lern-Arrangements

Die Alltagspraxis lehrt, dass die Qualität des komplexen Lehr-Lern-Arrangements den Lernprozess ganz entscheidend beeinflusst. Deshalb sind bei deren Entwicklung die folgenden Grundsätze zu beachten:

1) Zuerst ist zu überlegen, welche **Wissensstrukturen** die Lernenden in der Unterrichtseinheit oder der Lektion, die mit einem komplexen Lehr-Lern-Arrangement eingeleitet werden, erarbeiten und verstehen bzw. anwenden sollen. Diese Wissensstruktur dient als Grundlage für die Formalisierung des instruktionalen Lernziels.

2) Anschliessend sollten die instruktionalen **Lernziele** formuliert werden, denn mit ihrer Hilfe werden die besten Voraussetzungen für die zielgerichtete Gestaltung des komplexen Lehr-Lern-Arrangements geschaffen.

3) Auf der Grundlage der Lernziele und der Wissensstrukturen, die als Produkte der Lernprozesse zu umschreiben sind, kann nach der **Problemstellung**, welche die Lernenden zu bearbeiten haben, gesucht werden, die komplex, realistisch und authentisch sein muss.

4) Dann ist zu überprüfen, ob diese Problemstellung im **Erfahrungsbereich** der Schülerinnen und Schüler liegt, und ob sie über das nötige **Vorwissen** verfügen, um das Problem überhaupt zu verstehen. Nur unter dieser Voraussetzung werden sie nicht überfordert.

5) Anschliessend ist zu entscheiden, wie das Problem als komplexes Lehr-Lern-Arrangement formuliert werden kann. Fakten, Datenmaterial, Originaldokumente und die **Situationsbeschreibung** sind so ausführlich zu gestalten, dass die Lernenden die Probleme erkennen, über die selbst erkannten Problemstellungen zu den gewünschten Wissensstrukturen gelangen und sich damit ak-

tiv auseinandersetzen. Dabei ist zu beachten, dass die Situationsbeschreibung nicht zu weit von den Lernzielen wegführt, sonst kommt es rasch zu unergiebigen Lernaktivitäten. Lernziele, Problemstellungen und Wissensstrukturen müssen eine Ganzheit bilden.

6) Damit die Lernenden die Probleme soweit als möglich selbst entdecken, dürfen keine offensichtlichen Problemfragen oder konkrete Aufgabenstellungen formuliert werden. Das **Entdecken von Problemen** ist eine wesentliche Voraussetzung für deren Verstehen. Die Aufgabenstellung sollte eher Aufforderungscharakter haben (z.B. kann man den Lernenden eine Rolle zuschreiben, in der sie etwas zu erfüllen haben).

7) Bei der Formulierung der komplexen Lehr-Lern-Arrangements sind folgende Gesichtspunkte zu beachten: Sie soll **wirklichkeitsnahe** sein, Möglichkeiten der **Verknüpfung mit Vorwissen** oder Erfahrungen verdeutlichen, eine Betrachtung aus verschiedenen Sichtweisen (**multiple Kontexte**) ermöglichen, Anwendungsmöglichkeiten in verwandten Situationen (**multiple Perspektiven**) erkennbar machen und Ambiance vermitteln.

8) Je nach dem gewählten Unterrichtsverfahren (Frontalunterricht, selbstreguliertes Lernen, Planspiel, Werkstattunterricht) ist das komplexe Lehr-Lern-Arrangement unterschiedlich zu formulieren. Am umfassendsten müssen die Formulierungen beim selbstregulierten Lernen sein, weil sie allein die selbstgesteuerten Lernprozesse prägen müssen.

8.3 Ein Beispiel für den Unterricht

In Abbildung 7.10 wird ein Beispiel eines komplexen Lehr-Lern-Arrangements vorgestellt. Es wurde im Rahmen eines Schulversuches zum selbstgesteuerten Lernen nach dem radikalkonstruktivistischen Ansatz (nur Lernberatung durch die Lehrperson) für 1. Klassen einer Berufsschule für Verkauf entwickelt. Zu überprüfen war in diesem Versuch, ob die Lernenden selbstgesteuert in Gruppen in der Lage sind, die Wissensstrukturen zu erarbeiten. Deshalb musste eine ausführliche Fassung des Lehr-Lern-Arrangements gewählt werden. Im nachfolgenden Test zeigte sich keine Überlegenheit des selbstgesteuerten Lernens im Vergleich mit der Kontrollgruppe, die mit diesem komplexen Lehr-Lern-Arrangement in einem guten Frontalunterricht mit einem direkten Führungsstil unterrichtet wurde. Die beanspruchte Unterrichtszeit war aber wesentlich höher.

Die folgenden Zeilen zeigen die Überlegungen, welche die Gestaltung dieses Lehr-Lern-Arrangements prägten:

(1) Grundlage für die Lehr-Lern-Arrangements war die im Lehrplan vorgegebene Thematik «Lager und Lagerhaltung in einem Detailhandelsbetrieb». Die Unterrichtseinheit wird so aufgebaut, dass die Lernenden die Gesamtzusammenhänge der Lagerorganisation und der Lagerbewirtschaftung verstehen. Diese Wissensstrukturen genügen auch als Wissensbasis für Anwendungen in veränderten Situationen (Transfer). Abbildung 7.11 zeigt die thematische Struktur (siehe Abschnitt 10.1 in diesem Kapitel).

Abbildung 7.10 **Beispiel eines komplexen Lehr-Lern-Arrangements**

Mit dem Lager im Detailhandelsgeschäft Walther stimmt etwas nicht

Seit vielen Jahren sind die Arbeiten im Lager des Detailhandelsgeschäftes Walther gleich organisiert: Trifft eine Lieferung ein, so wird sie von derjenigen Verkäuferin entgegengenommen, die gerade frei und verfügbar ist. Sind im Laden Gestelle leer, so ist jene Verkäuferin, die für einen Verkaufsrayon zuständig ist, dafür besorgt, dass sie wieder aufgefüllt werden. Für jede Ware im Lager wird ein Bestandesblatt geführt. Diejenige Person, die Waren ins Lager bringt oder holt, ist für die Eintragungen in die Bestandesblätter verantwortlich. Monatlich einmal erstellt Herr Walther das gesamte Inventar und überprüft die Kosten und die Wirtschaftlichkeit des Lagers.
In letzter Zeit haben sich mit dieser Lagerorganisation Probleme ergeben. Schon mehrere Male vermutete Herr Walther nach der Inventarerstellung, dass jemand Waren stehle, denn seine Kontrollen mit den Verkäufen stimmten nie. Diese Vermutungen haben das Betriebsklima belastet. Deshalb schlägt eine langjährige Verkäuferin, Frau Belser, vor, man sollte sich einmal über die Lagerproblematik aussprechen. Herr Walther akzeptiert dies. Die Aussprache erbringt viel Unerfreuliches. Frau Belser rügt, dass diejenigen, welche die Waren empfangen, sie einfach irgendwo abstellen, nur nicht an den zugewiesenen Orten. Zwei jüngere Verkäuferinnen reagieren darauf heftig und meinen, man könnte eben nicht gleichzeitig im Verkauf und im Lager tätig sein. Einigkeit herrscht aber, dass das Lager unübersichtlich geworden ist, obschon eigentlich alle Lagerplätze und -gestelle angeschrieben sind. Verkäuferin Klein rügt, dass bestimmte Waren gelegentlich gar nicht mehr am Lager sind und deshalb unmittelbar bestellt werden müssen, was ihrer Meinung nach zu höheren Kosten führen muss. Der Lehrling Robert hat – wie er glaubt – etwas Interessanteres entdeckt. Er findet, er habe an abgelegenen Orten im Lager «Ladenhüter» gefunden, die zum Teil ungeniessbar geworden seien und findet, jemand müsste über die Dauer der Lagerung wachen und jeweils Vorschläge für Verkaufsaktionen mit solchen Waren machen.
Nachdem sich Herr Walther diese Dinge angehört hat, meint er, er wolle den Betrieb nicht komplizieren; wenn jedermann die Aufgaben erfülle und etwas mitdenke, würde die bisherige Lagerordnung genügen. Damit sind eigentlich alle einverstanden.

Das Lehr-Lern-Arrangement ist so gestaltet, dass die folgenden Strategien gefördert werden: Probleme erkennen, Aussagekraft von Feststellungen und Daten bestimmen, Sachverhalte analysieren und beurteilen, Probleme lösen, Schlussfolgerungen ziehen.

(2) Das instruktionale Lernziel lautet wie folgt:
Am Ende dieser drei Lektionen mit selbstgesteuertem Lernen sind die Schülerinnen und Schüler in der Lage:

- die Wichtigkeit einer guten Lagerhaltung und -ordnung in einem Detailhandelsgeschäft zu begründen,
- eine zweckmässige Lagerorganisation und Lagerbewirtschaftung aufzubauen,
- die Lagerbewirtschaftung mit Hilfe von Kennzahlen zu beurteilen.

Abbildung 7.10 (Fortsetzung)

Leider verbessert sich aber die Situation nicht. Deshalb lässt Herr Walther seine beiden Lehrlinge Robert und Karl kommen und bittet sie, Vorschläge für die Verbesserung der Lagersituation zu unterbreiten. Er übergibt ihnen auch noch Zahlen, die aber recht ungeordnet sind. Eine Tabelle zeigt den jeweiligen Wert des Lagers und die Verkaufsumsätze:

Monat	Wert des Lagers (Ende Monat)	Verkaufsumsätze (pro Monat)
Januar	Euro 60 000.–	Euro 300 000.–
Februar	Euro 70 000.–	Euro 290 000.–
März	Euro 70 000.–	Euro 350 000.–
April	Euro 80 000.–	Euro 300 000.–
Mai	Euro 60 000.–	Euro 280 000.–
Juni	Euro 50 000.–	Euro 310 000.–

Eine andere Aufstellung zeigt die durchschnittliche Lagerdauer:

Durchschnittliche Lagerdauer (Tage)	Januar 72	Februar 88	März 72	April 97	Mai 78	Juni 58

Obschon Herr Walther diese Zahlen hat, schaut er sie kaum je an. Deshalb ersucht er Robert und Karl, bei ihren Verbesserungsvorschlägen auch die zahlenmässigen Aspekte zu berücksichtigen. Herr Walther bittet seine beiden Lehrlinge bei ihren Vorschlägen ebenfalls auf die Gefühle und das Wohlbefinden aller Mitarbeitenden im Detailhandelsgeschäft Rücksicht zu nehmen. Er möchte, dass wieder alle mit Freude mitarbeiten. Karl fragt nach, ob man sich auch Gedanken über die Bedeutung des Lagers für die Lieferanten und Kunden machen müsse, was Herr Walther bejaht.

(3) Die Problemstellungen sind deutlich erkennbar:
- Wann sind die Lagerorganisation und die Lagerbewirtschaftung im Detailhandelsgeschäft Walther zweckmässig?
- Wie lässt sich die Lagerbewirtschaftung mit Kennzahlen optimieren?

(4) Das komplexe Lehr-Lern-Arrangement beruht auf dem Erfahrungsbereich der Schülerinnen und Schüler aus ihrem eigenen Lehrbetrieb. Aus dem Unterricht verfügen sie über kein Vorwissen. Deshalb steht nur zufällig im Betrieb erworbenes Wissen zur Verfügung.

(5) Die Situationsbeschreibung ist sehr konkret und personifiziert. Dies in der Hoffnung, es werde dadurch eine gute Motivation geschaffen. Um aber auf die Komplexität der Lagerhaltung aufmerksam zu machen, werden auch Daten vorgegeben, damit den Lernenden die Komplexität der Lagerbewirtschaftung von allem Anfang an deutlich wird.

Abbildung 7.11 **Thematische Struktur**

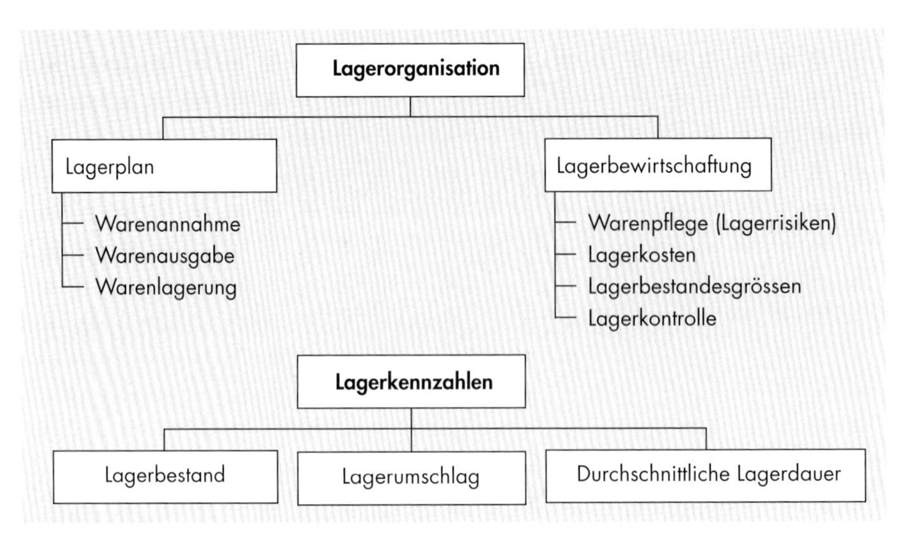

(6) Die Aufgabenstellung erfolgt mit einem realistischen Arbeitsauftrag, der weder auf Probleme noch auf zu lösende Aufgaben verweist.

(7) Die Wirklichkeitsnähe ist gegeben. Erfahrungen sind vorhanden. Multiple Kontexte ergeben sich aus dem Hinweis, die Lagerprobleme sollen nicht nur aus der Sicht des eigenen Geschäftes, sondern auch aus jener der Mitarbeitenden, der Lieferanten und der Kunden betrachtet werden.

Die Erkenntnisse zum selbstgesteuerten Lernen mit Lernberatung werden im Abschnitt 6 des Kapitels 9 besprochen.

9 Die Visualisierung des Wissens

Es zeichnet sich immer deutlicher ab, dass die Visualisierung von Wissensstrukturen zu einem besseren Verständnis und einem höheren Behalten sowie zu einer zielstrebigeren Anwendung des Wissens führt. Der Einsatz der Informatik beim Lernen, der die Visualisierung von Wissensstrukturen mit Assimilisationen und Akkomodationen erleichtert, hat das Interesse an der visuellen Darstellung noch verstärkt. Deshalb liegen heute viele Verfahren zur Visualisierung von Wissensstrukturen vor (vergleiche beispielsweise Nowak & Gowin 1984, McCagg & Dansereau 1991, Jonassen, Beissner & Yacci 1993, Mandl & Fischer 2000, Nesbit & Adesope 2006). Hier können nicht alle diese Verfahren dargestellt werden, sondern es werden vier Typen von Wissensstrukturen vorgestellt, die vor allem in sozialwissenschaftlichen Fächern im Alltagsunterricht und ohne allzu grossen Aufwand eingesetzt werden können (siehe die Übersicht in Abbildung 7.12). Es handelt sich also um eine «Best Practice»-Gliederung.
Thematische Strukturen, Konzept-Mappen und **lineare Flussdiagramme** lassen sich als Strukturierungshilfen im Frontalunterricht oder als Hilfsmittel beim selbstgesteuerten Lernen zum Erwerb von Begriffen (deklaratives Wissen) anwenden. Die Grundlage dazu bildet die Schematheorie. Wenn eine Lehrkraft in Dialogen solche Wissensstrukturen erarbeitet, verwendet sie sie als **Lehrstrategie** (Vorgehensplan für

Abbildung 7.12 **Formen der Visualisierung des Wissens (Übersicht)**

Form	Merkmal
Thematische Strukturen	Statische Darstellung von deklarativem Wissen
Konzept-Mappen	Statische Darstellung von komplexen begrifflichen Zusammenhängen (deklaratives Wissen)
Lineare Flussdiagramme	Dynamische Darstellung zur Erklärung eines Begriffes oder von linearen Zusammenhängen eines Begriffes (deklaratives Wissen)
Prozeduren (Lehrstrategien bzw. Lern- und Denkstrategien)	Statische Darstellungen von prozeduralem Wissen
Zielgerichtete Netzwerke und Feedback-Diagramme	Dynamische Darstellung von Gesamtzusammenhängen (deklaratives und prozedurales Wissen)

den Unterricht). Wesentlich ist, dass die Schülerinnen und Schüler allmählich lernen, diese Formen der Strukturierung beim selbstgesteuerten Lernen (z.B. bei der eigenständigen Verarbeitung von Texten) selbst anzuwenden, wodurch sie zu **Lernstrategien** werden (Vorgehensplan beim selbstgesteuerten Lernen) (siehe Abschnitt 3.5 im Kapitel 8).

Prozeduren visualisieren Lern- und Denkstrategien. Als **Lehrstrategien** dienen sie den Lehrkräften im Frontalunterricht als Vorgehensplan für den Aufbau von prozeduralem Wissen. Für die Schülerinnen und Schüler werden die Lehrstrategien zu **Lernstrategien**, weil sie ihnen als Vorgehensplan für die Steuerung ihres Lernens und Denkens dienen. Sie haben statischen Charakter, weil sie Lehr- bzw. Lern- und Denkprozesse (prozedurales Wissen) modellhaft strukturieren und nur als erste Grundlage für die Individualisierung und Erweiterung für Lern- und Denkprozesse im Frontalunterricht und beim selbstgesteuerten Lernen dienen.

Zielgerichtete Netzwerke und **Feedback-Diagramme** stellen bei einem bestimmten Sachverhalt oder in einer bestimmten Situation alle Abhängigkeiten und Wechselwirkungen (das Wirkungsgefüge zwischen einer Vielzahl von Einflussfaktoren [Variablen]) dar, um die Dynamik des Geschehens sichtbar zu machen. Diesem Ansatz liegen mentale Modelle zugrunde (Vester 1985, Gomez 2004) (siehe Abschnitt 3.10 im Kapitel 8).

Insgesamt werden mit der Visualisierung des Wissens zwei Ziele angestrebt: Im einen Fall geht es um den Aufbau und die Elaboration von Wissensstrukturen, die als **statische** Voraussetzung für eine vielseitige Anwendung dienen, d.h. ein Begriff wird erarbeitet, damit er in gleichen und ähnlichen Situationen angewandt werden kann. Im anderen Fall stehen grössere Zusammenhänge mit ihren Abhängigkeiten und Wechselwirkungen im Mittelpunkt, d.h. man möchte erkennen, welche **Dynamik** zwischen Begriffen besteht.

Aufgrund vieler Untersuchungen darf man heute davon ausgehen, dass die Visualisierung das Behalten des Wissens verbessert und seine Anwendung erleichtert (Hofer 1988, Bernd, Hippchen et al. 2000, Grillenberger & Niegemann 2000, Nesbit & Adesope 2006). Die Akzeptanz und die Lernwirksamkeit dieser Strategien hängen aber stark davon ab, wie gut sie die Lernenden handhaben können (Mc Cagg &

Dansereau 1991). Deshalb sind die Lernenden in der Anwendung dieser Strategien anfänglich anzuleiten. Dies lässt sich erreichen, wenn die Lehrkräfte ihren Unterricht bei der Einführung in Begriffe aufgrund der Strategien strukturieren, diese visualisieren und sie an Beispielen vertiefen. Vor allem bei zielgerichteten Netzwerken und Feedback-Diagrammen sollten Lehrpersonen deren Entwicklung auch modellieren. Im Weiteren scheint die Visualisierung für sprachlich schwächere Schülerinnen und Schüler und einem ungenügenden Vorwissen besonders wirksam zu sein (Lambiotte & Dansereau 1992). Seit längerem werden Konzeptmappen und Feedback-Diagramme auch computergestützt aufgebaut, worauf hier jedoch nicht eingegangen wird (vergleiche beispielsweise das Lernprogramm zur Technik des Concept Mappings von Grillenberger & Niegemann [2000]). Hingegen soll im folgenden Abschnitt gezeigt werden, wie Begriffswissen im alltäglichen Unterricht erarbeitet und dargestellt werden kann. Dabei wird das Schwergewicht auf den Unterricht in sozialwissenschaftlichen Fächern gelegt.

10 Unterrichtspraktische Aspekte des Wissenserwerbs

10.1 Thematische Strukturen

Will eine Lehrperson mit Lernenden Begriffe im Lehrgespräch (Dialog als Instruktion) erarbeiten, muss sie zwei Entscheidungen treffen:

(1) Wie will ich das zu erarbeitende Wissen strukturieren? Welche thematische Struktur soll erarbeitet werden?

(2) Mit welcher Lehrstrategie will ich diese thematische Struktur erarbeiten?
In diesem Buch wird für statisch dargestellte Wissensstrukturen oder Schemata die Bezeichnung **thematische Struktur** gewählt (Posch, Schneider & Mann 1989).
Die beiden Fragen können erst beantwortet werden, wenn die Lehrkraft das notwendige Fachwissen erarbeitet und strukturiert hat. Die Entwicklung von thematischen Strukturen setzt ein umfassendes Fachwissen voraus, denn nur unter dieser Voraussetzung lassen sich Wissenselemente sinnvoll kombinieren und kann entschieden werden, welche Wissenstiefe erreicht werden soll und wo inhaltlich reduziert werden kann, ohne dass es zu sachlichen Verfälschungen kommt.

Diese Problematik der inhaltlichen Reduktion und Verfälschung sei an einem (inzwischen korrigiertem) **Beispiel** aus einem Lehrbuch für Rechtskunde gezeigt. Die thematische Struktur der absichtlichen Täuschung ist in Abbildung 7.13 dargestellt. Danach liegt eine absichtliche Täuschung vor, wenn ein Vertrag unter Vorspiegelung falscher Tatsachen zustande gekommen ist (z.B. der Käufer gibt vor, einen echten Perserteppich zu verkaufen, übergibt aber eine Imitation), dies mit Absicht geschieht (der Verkäufer weiss, dass es sich um eine Imitation handelt) und der Kausalzusammenhang gegeben ist (der Käufer kauft diesen Teppich, weil er einen echten Perserteppich will und nicht, weil ihm das Muster gefällt). Im Gesetzestext sind nur die ersten beiden konstituierenden Merkmale erwähnt, während sich das dritte Merkmal, der Kausalzusammenhang, aus der Rechtstheorie ergibt. Nun entschied sich der Lehrbuchautor, in seinem Text nur die ersten beiden konstituierenden Merkmale aufzunehmen. Dies mit der Begründung, diese inhaltliche Reduktion lasse sich rechtfertigen, einerseits, weil der Gesetzestext den Kausalzusammenhang nicht erwähnt und andererseits, weil er für die Lernenden schwer verständlich ist. Diese inhaltliche Reduktion ist unzulässig, denn ohne das dritte konstituierende Merkmal (Kausalzusammenhang) wird der Begriff falsch gelernt und genügt deshalb für die richtige Lösung von Rechtsfällen nicht.

Abbildung 7.13 **Thematische Struktur: Absichtliche Täuschung**

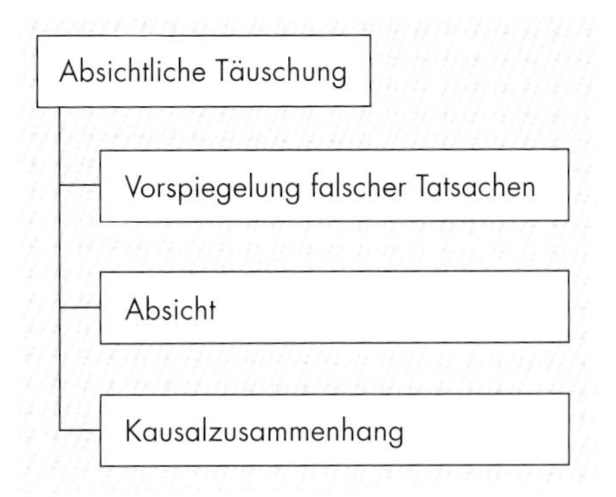

Wesentlich ist, dass es in den meisten Fällen nicht richtige und falsche thematische Strukturen gibt, sondern sie in flexibler Weise zu konstruieren sind, damit sie von den Lernenden in der jeweiligen Lernsituation auch verstanden werden.
Gelegentlich bekunden Lernende mit thematischen Strukturen in Lehrbüchern Mühe, weil sie in der betreffenden Thematik allenfalls eine etwas andere Problemsicht haben und deshalb ihr Wissen unterschiedlich konstruieren. In einer solchen Unterrichtssituation soll die Lehrkraft nicht die thematische Struktur des Lehrbuchautors durchsetzen, sondern die Unterschiede der verschiedenen Auffassungen besprechen und nur dann Änderungen verlangen, wenn die Sicht der Lernenden eindeutig falsch ist.
Abbildung 7.14 zeigt die für sozialwissenschaftliche Fächer grundlegenden thematischen Strukturen. Weitere strukturierende Darstellungsformen sind:
- Zeittabellen oder Zeitgerade (z.B. im Geschichtsunterricht),
- schematische Darstellungen (z.B. der Kreislauf im Volkswirtschaftslehreunterricht),
- Darstellung mit Kurven (z.B. Produktionskurve in der Volkswirtschaftslehre).

Die thematische Struktur ist immer das Ergebnis einer Lektion oder Unterrichtseinheit, deren Schwerpunkt der Wissenserwerb ist. Wird die thematische Struktur im Lehrgespräch (Dialog als Instruktion) erarbeitet, so eignet sich die induktive oder die deduktive Lehrstrategie.
Bei der **induktiven Lehrstrategie** werden den Lernenden Beispiele, Fakten und Daten vorgelegt, aus denen sie Begriffe und Definitionen entwickeln, Generalisierungen vornehmen, Folgerungen ziehen oder nach Beziehungen und Wechselwirkungen suchen. Es handelt sich also um einen Denkprozess, in welchem spezifische Einzelheiten betrachtet und Schlüsse gezogen werden.
Bei der **deduktiven Lehrstrategie** geht es um den umgekehrten Vorgang. Begriffe, Regeln, Prinzipien und Generalisierungen werden vorgegeben und sind anschliessend an spezifischen Beispielen und Situationen anzuwenden. In vielen Fällen geht es beim deduktiven Denken um das Überprüfen von Generalisierungen, um zu sehen, ob sie wirklich zutreffend sind.
In Abbildung 7.15 werden die induktive und die deduktive Lehrstrategie miteinander verglichen (Borich 1992).

Diese beiden Lehrstrategien seien an einem **Beispiel** erläutert: Die Lernenden sollen Aktien von Obligationen unterscheiden können. Als thematische Struktur wählt die Lehrkraft die

Abbildung 7.14 **Thematische Strukturen**

1 Thematische Struktur eines Begriffes mit den relevanten Attributen (konstituierenden Merkmalen)

Beispiel: rechtliche Begriffe wie absichtliche Täuschung, Werkvertrag usw.

Anwendung: Visualisierung von Definitionen

2 Thematische Struktur der Ober- und Unterbegriffe (hierarchische Ordnung von Begriffen)

Beispiel: Tiere und ihre Unterarten

Anwendung: Visualisierung von Grundstrukturen, die laufend ausgeweitet werden können

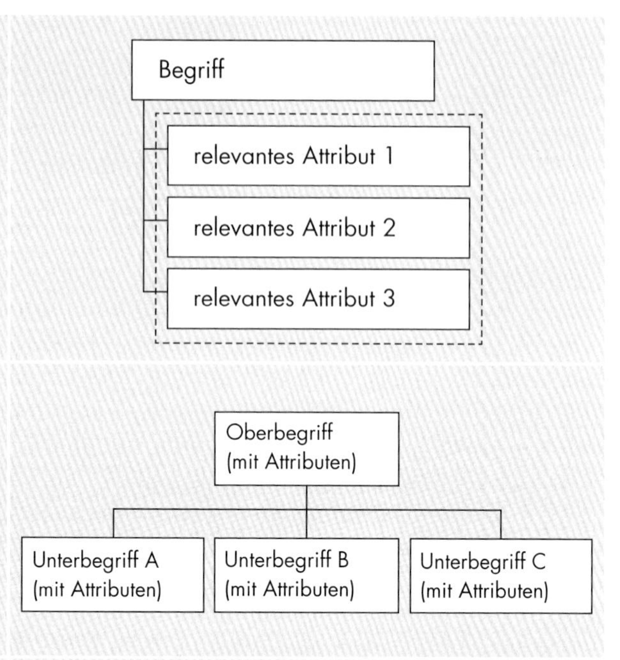

3 Thematische Struktur des Vergleiches von gleichgeordneten Begriffen (Matrixdarstellung)

Beispiel: Merkmale verschiedener Kunstepochen

Anwendung: Visualisierung von Definitionen, die in einem bestimmten Zusammenhang stehen

	Begriff 1	Begriff 2	Begriff 3
Kriteriums-bezogenes Attribut I			
Kriteriums-bezogenes Attribut II			
Kriteriums-bezogenes Attribut III			

Form der Matrix. Bei der induktiven Lehrstrategie legt die Lehkraft den Lernenden je ein Muster einer Aktie und Obligation vor. In einem Dialog als Instruktion wird nach den Unterscheidungskriterien gesucht und die Matrix entworfen, um darauf die Definitionen für die Aktie und die Obligation abzuleiten. Bei der deduktiven Lehrstrategie wird die Matrix erklärt, und die Lernenden untersuchen anhand von Mustern von Aktien und Obligationen, um was es sich handelt.

Beim Aufbau von Begriffen bedeutsam sind die Generalisierungen, wobei mit fortschreitendem Lernen auch Generalisierungen über Generalisierungen konstruiert werden sollten. Abbildung 7.16 zeigt ein Beispiel von mehreren Generalisierungen zum Thema Entwicklungsländer, die mit der induktiven Lehrstrategie erarbeitet werden können. Im Zusammenhang mit Generalisierungen sollten folgende Gesichtspunkte beachtet werden:

Abbildung 7.15 **Induktive und deduktive Lehrstrategie**

Induktive Lehrstrategie

Fakten
Fakten
Fakten
Generalisierung

1. Die Lehrperson vermittelt Beispiele, Fakten oder Daten, aus denen alle Arten von Generalisierungen zu ziehen sind. Oder Lernende bringen Beispiele ein (die Lehrkraft holt sie in ihrem Erlebnisbereich ab).
2. Die Lernenden haben genügend Zeit, um nach den Gemeinsamkeiten zu suchen und erste Folgerungen zu ziehen.
3. In schwierigen Situationen werden zur Überprüfung erster Annahmen weitere Beispiele und Nichtbeispiele gegeben.
4. Die Lehrperson unterstützt das endgültige Finden, indem sie bei Schwierigkeiten auf relevante und nichtrelevante Aspekte hinweist.
5. Die Lernenden nehmen die Generalisierung vor, mit der Beispiele von Nichtbeispielen unterschieden werden können.

Deduktive Lehrstrategie

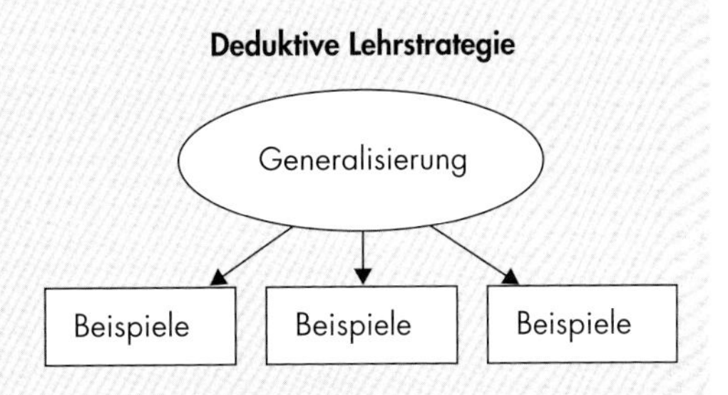

1. Die Lehrperson gibt die zu lernende Generalisierung vor.
2. Sie verweist auf die für die Generalisierung relevanten Fakten.
3. Die Lehrperson oder die Lernenden geben Beispiele (Situationen, Daten).
4. Die Lernenden überprüfen, ob die Beispiele (Situationen, Daten) zutreffend sind.
5. Die gewonnenen Erkenntnisse werden ausgewertet.
6. Die Generalisierung wird nötigenfalls verbessert, angepasst oder verfeinert.

– Die komplexen Zusammenhänge in unserer Zeit lassen sich nur über gute Generalisierungen erfassen. Deshalb sollten den Lernenden durch geeignete Anordnung der Lerninhalte häufig Möglichkeiten zur Entwicklung von Generalisierungen gegeben werden, weil sich dadurch bessere Transfermöglichkeiten gestalten lassen.
– Die Lernenden sollen immer wieder erkennen, dass Generalisierungen Versuche darstellen, die nur mit einer gewissen Wahrscheinlichkeit wahr oder richtig sind. Deshalb müssen sie angehalten werden, ihre Generalisierungen zu überprüfen, indem die Lehrperson dazu mit folgenden Fragen anregt: «Gibt es auch Fälle (Situationen), die für die Generalisierung nicht zutreffen?» oder «Versuchen wir, unsere Generalisierung an möglichst vielen Beispielen zu überprüfen.»
– Die Fähigkeit zum Generalisieren kann gefördert werden, wenn die Lernenden immer wieder zum Generalisieren aufgefordert werden (z.B. mit der Frage: «Was lässt sich aus dem Besprochenen verallgemeinernd ableiten?»).

Die Frage, ob die induktive oder die deduktive Lehrstrategie wirksamer ist, lässt sich aufgrund empirischer Untersuchungen trendmässig beantworten (Cronbach &

Abbildung 7.16 **Beispiel von mehreren Generalisierungen**

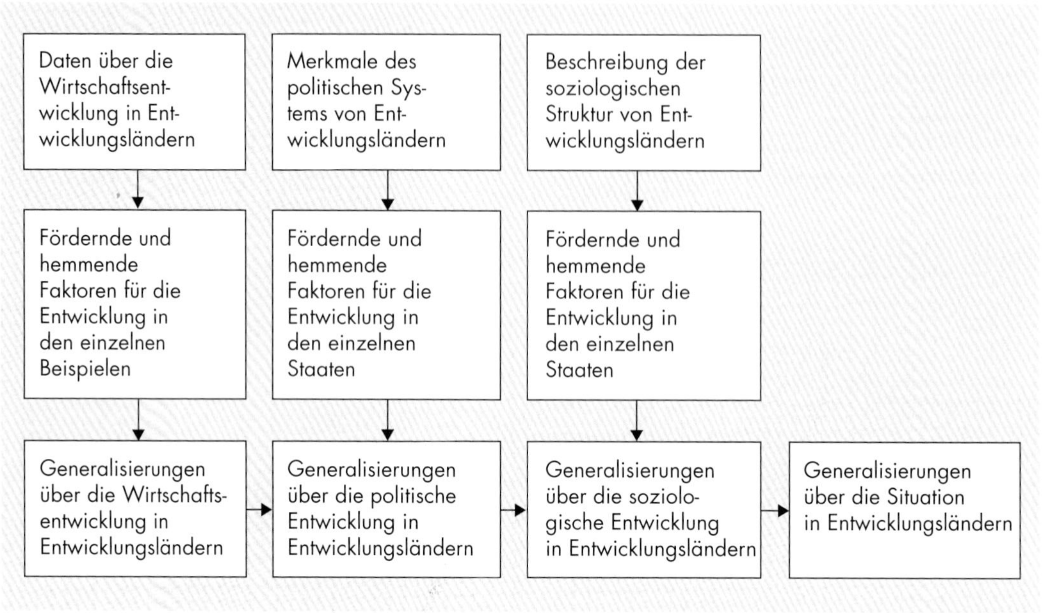

Daten über die Wirtschaftsentwicklung in Entwicklungsländern	Merkmale des politischen Systems von Entwicklungsländern	Beschreibung der soziologischen Struktur von Entwicklungsländern	
↓	↓	↓	
Fördernde und hemmende Faktoren für die Entwicklung in den einzelnen Beispielen	Fördernde und hemmende Faktoren für die Entwicklung in den einzelnen Staaten	Fördernde und hemmende Faktoren für die Entwicklung in den einzelnen Staaten	
↓	↓	↓	
Generalisierungen über die Wirtschaftsentwicklung in Entwicklungsländern →	Generalisierungen über die politische Entwicklung in Entwicklungsländern →	Generalisierungen über die soziologische Entwicklung in Entwicklungsländern →	Generalisierungen über die Situation in Entwicklungsländern

Snow 1976): Mit jüngeren, weniger leistungsfähigen Schülerinnen und Schülern, im Anfängerunterricht und bei sehr komplexen Lerngegenständen scheint der Dialog mit der induktiven Lehrstrategie zu besseren Lernergebnissen zu führen, während bei Erwachsenen und leistungsfähigeren Lernenden die deduktive Lehrstrategie vorteilhafter ist.

10.2 Konzept-Mappen

Konzept-Mappen sind in ihrer Endfassung eine statische Darstellung, in welchen die Zusammenhänge zwischen einzelnen Begriffen bezeichnet werden, wobei inzwischen computergestützte Programme zur Entwicklung von solchen Begriffsstrukturdarstellungen entwickelt wurden (vergleiche beispielsweise Bernd, Hippchen et al. 2000 und Weber 1994). In Abbildung 7.17 ist ein schönes Beispiel einer Konzept-Mappe abgebildet (entnommen bei Nesbit & Adesope 2006, 416, in freier Übersetzung).

Konzept-Mappen eignen sich aufgrund der eigenen Erfahrung eher als Hilfsmittel im selbstgesteuerten Lernen bei der Verarbeitung von Texten. Damit sie angewandt werden, bedarf es aber vieler angeleiteter Übungen.
Konzept-Mappen werden im Unterricht wie folgt erarbeitet (Grundlage Aebli 1983).

1. Schritt: Problemlösender Aufbau
Die Schülerinnen und Schüler erhalten eine Beschreibung einer Ausgangslage (z.B. einen Text). Sie bestimmen daraus die vorhandenen Begriffe und suchen nach einer Vernetzung der Begriffe (Erkennen von Relationen).

Abbildung 7.17 **Konzept-Mappe (Nesbit & Adesope)**

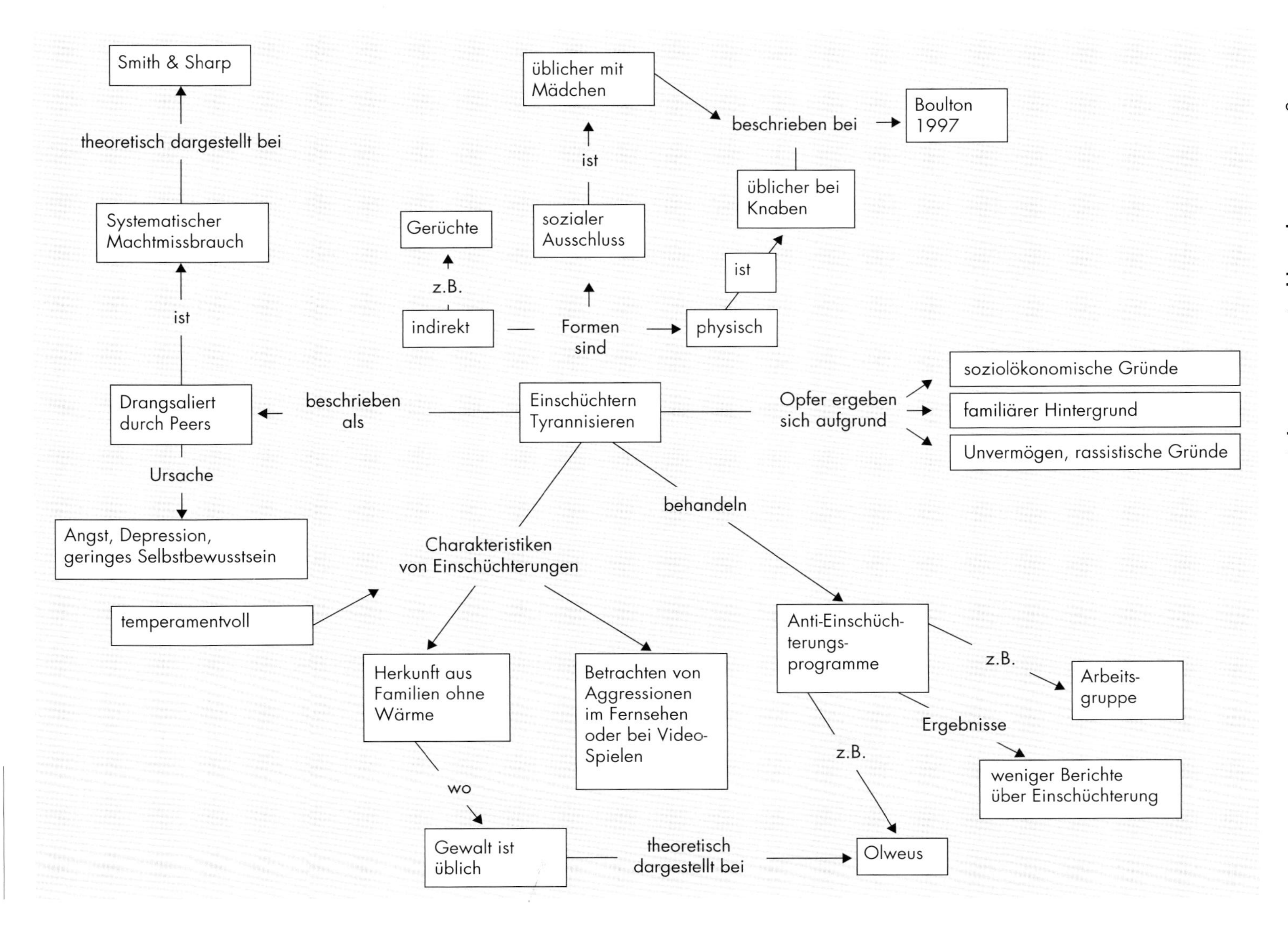

2. Schritt: Durcharbeiten des Begriffes
Dann durchwandern die Schülerinnen und Schüler den ersten Entwurf der Konzept-Mappe und ergänzen ihn notfalls, wenn sie sehen, dass sie nicht alle Knoten und Relationen gefunden haben. Im Anfänger-Unterricht ist es sinnvoll, im Anschluss an die Schülerarbeiten eine Mappe der Lehrperson vorzulegen und die Erkenntnisse zu vergleichen.

3. Schritt: Wiederholen
Die Schülerinnen und Schüler durchwandern die Mappe nochmals, um allenfalls eine andere Strukturierungzu finden.

4. Schritt: Anwendung
Mit weiteren Informationen und neuen Begriffen wird die Konzept-Mappe ausgeweitet und ergänzt.

10.3 Lineare Flussdiagramme

Es gibt Sachverhalte, Definitionen und Regeln, die im Sinne von Flussdiagrammen so bearbeitet werden, dass Ursache-Wirkung-Folge-Beziehungen Schritt um Schritt durchgearbeitet werden, um schliesslich aus dem ganzen Ablauf die Generalisierung (als Sachverhalt, Definition oder Regel) abzuleiten. In diesem Fall liegt die **Lehrstrategie der dynamischen Darstellung** vor. Sie eignet sich besonders dann, wenn sich Begriffe aus einem chronologischen oder einem sachlogischen Ablauf heraus entwickeln lassen. Voraussetzung für den Erfolg dieser Strategie ist eine innere Logik des Ablaufs bei der Begriffsentwicklung.
Abbildung 7.18 zeigt die thematische Struktur in der Form eines Flussdiagrammes am Beispiel der Erarbeitung des Begriffes «Inflation».
Er kann im Lehrgespräch (Dialog als Instruktion) gemäss Abbildung 7.19 mit der Lehrstrategie «dynamische Darstellung» entwickelt werden.

11 Wissen und Vergessen

In der lernpsychologischen Literatur wird immer wieder eine idealtypische Behaltens- (oder Vergessens-)Kurve vorgelegt, welche kurz nach dem Lernen einen starken Abfall der Behaltensleistung nachweist.
So versuchten Semb & Ellis (1994) aus über 100 Studien einen Mittelwert für das relative Vergessen zu berechnen[49]. Er beträgt bei der Wiedererkennung von Wissen rund 16%, für das Wiedererinnern rund 28% und für kognitive Fähigkeiten rund 13%. Dabei ist die Vergessensquote beim Wiedererkennen in der Phase zwischen der fünften und dreizehnten Woche nach dem Lernen am grössten, jene des Wiedererinnerns zwischen der dreizehnten und sechzehnten Woche. Für die kognitiven Fähigkeiten ergaben sich keine konsistenten Ergebnisse. Heute werden diese Erkenntnisse, die hauptsächlich aus lernpsychologischen Laborexperimenten stammen, aus meh-

[49] Das relative Vergessen sei an einen Beispiel erklärt: Am Ende eines Lernabschnitts erreicht eine Schülerin 90% der möglichen Leistung in einem Wissenstest, nach einem Jahr noch 70%; ein Schüler erzielt im gleichen Test 70% und ein Jahr später noch 50%. Absolut haben beide je 20% des Wissens vergessen, relativ sind es aber 22,2% bzw. 28,6%.

Abbildung 7.18 **Thematische Struktur in der Form des Flussdiagrammes**

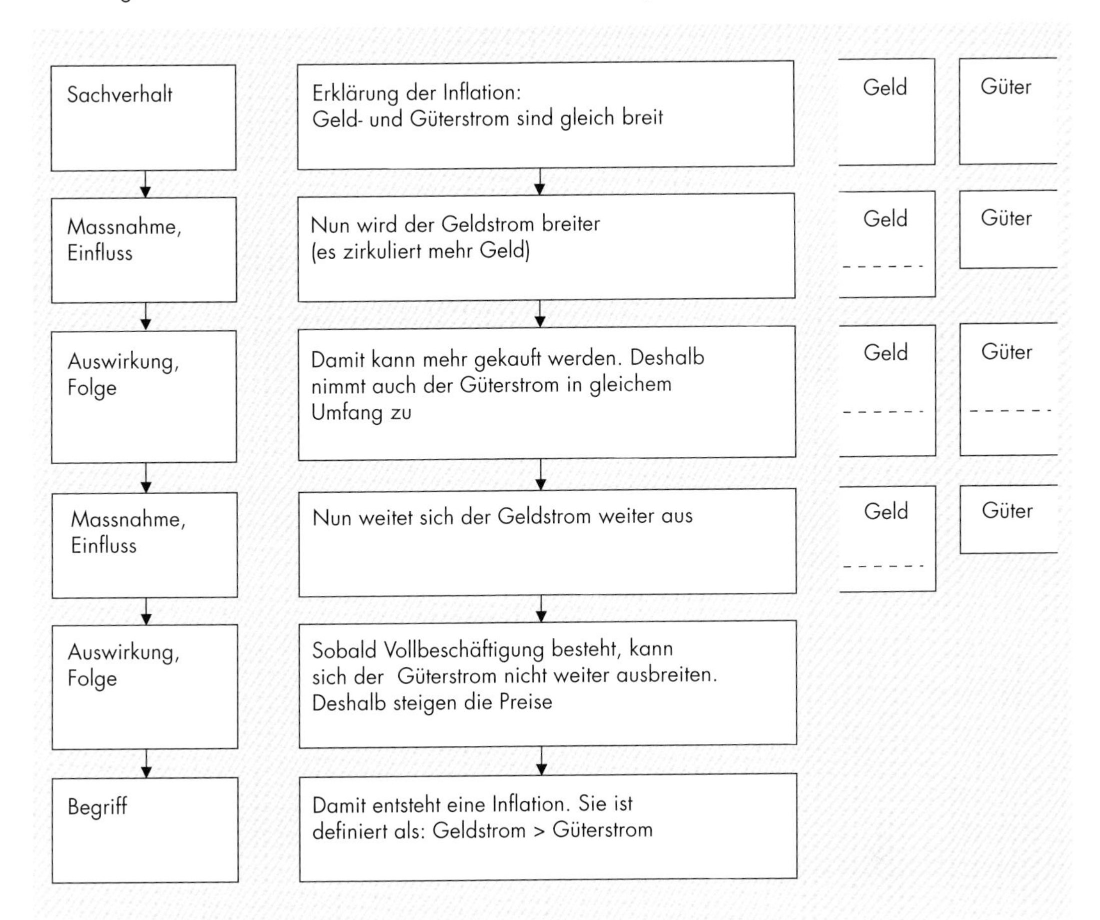

reren Gründen kritischer betrachtet. Erstens handelt es sich bei den meisten dieser Untersuchungen um kleinere Interventionen während einer kurzen Zeit in einem kleineren Lernbereich, während in realen Schulsituationen ein bestimmtes Wissen über eine längere Zeit mit verschiedenen Lehrmethoden und Lernformen erarbeitet wird. Zweitens waren bei vielen Laboruntersuchungen einfache Informationen wie Wortlisten oder Textpassagen zu lernen, an die sich Versuchspersonen später erinnern mussten. In der Schulwirklichkeit werden aber grössere Zusammenhänge und sinnvolle Inhalte gelernt. Drittens betreffen viele dieser experimentellen Untersuchungen einmal durchgeführte Lernprozesse, während im Schulalltag repetiert oder das erlernte Wissen immer wieder in neuen Zusammenhängen angewandt wird. Neuere Untersuchungen, die in der Schulwirklichkeit durchgeführt wurden, zeigen, dass das Vergessen von Wissen weniger gross ist, als es diese Laborexperimente vorgeben.

Solange ungenügend erarbeitetes Wissen träge bleibt, ist die Vergessensrate hoch. Sobald jedoch das Wissen sorgfältig erarbeitet oder konstruiert wird, steigt die Behaltensrate.

Abbildung 7.19 **Entwicklung des Begriffes Inflation mit der Lehrstrategie dynamische Darstellung**

Lehrperson	Schülerinnen/Schüler
Aus dem früheren Unterricht kennen wir die Beziehung zwischen Geld- und Güterstrom in einer störungsfreien Wirtschaft. Wer erinnert sich?	
	Der Geld- und der Güterstrom sind gleich gross.
Nehmen wir nun an, der Geldstrom verbreitere sich. Die Gründe dafür lernen wir später kennen. Was geschieht dann?	
	Weil mehr Geld als Güter zur Verfügung stehen, ist jedermann bereit, mehr zu bezahlen. Die Preise steigen.
Stimmen alle dieser Auffassung bei?	
	Das kann sein, muss aber nicht. Es ist auch möglich, dass die Produzenten mehr herstellen, weil mit dem zusätzlichen Geld mehr nachgefragt wird. Dann gleichen sich die beiden Ströme an, und die Preise bleiben konstant.
Beide Auffassungen sind richtig. Wer versucht sie nun zu generalisieren?	
	Es gibt eine Generalisierung: Wenn die Volkswirtschaft vollbeschäftigt ist und zusätzliches Geld in Umlauf kommt, so steigen die Preise.
Dies ist zutreffend. Damit haben wir die Situation einer klassischen Inflation umschrieben. Wer kann sie nun definieren?	
	Bei einer klassischen Inflation besteht in einer vollbeschäftigten Volkswirtschaft ein Missverhältnis zwischen Geld- und Güterstrom in dem Sinne, dass «zu viel» Geld und «zu wenig» Güter verfügbar sind, so dass die Preise steigen.

- Der Rückgriff auf das Vorwissen und die Integration des neu zu lernenden Wissens in das Vorwissen wirkt sich positiv auf das Behalten aus.
- Je sinnvoller die Lernenden einen Lerngegenstand empfinden, bei dem sie Wissen erlernen müssen, desto grösser ist das Behalten.
- Das Behalten wird wesentlich verbessert, wenn in der Phase nach dem Lernen immer wieder Anwendungen auf einem stets höheren Niveau erfolgen sowie bewusst Gelegenheiten geschaffen werden, bei denen das bisherige Wissen gezielt wieder verwendet werden muss.
- Häufigere Lernerfolgskontrollen und das Bemühen der Lehrpersonen, mit möglichst allen Lernenden die gesetzten Ziele wirklich zu erreichen, erhöhen

das Behalten. Individuelle Hilfestellungen wirken sich positiv auf das Behalten aus.

- Negativ auf das Behalten wirkt sich ein Unterricht aus, in welchem in kurzer Zeit und ohne Verknüpfung mit dem Vorwissen viele einzelne Fakten vermittelt werden. Es besteht ein Zusammenhang zwischen der Dauer und der Tiefe des Unterrichts und des Behaltens von Wissen.
- Lernende mit höheren intellektuellen Fähigkeiten lernen und behalten mehr. Aber im Ausmass des Vergessens unterscheiden sie sich von den weniger Leistungsfähigen nicht grundsätzlich.

12 Checklist zum Wissen

Checklist 13 ruft die wichtigen Aspekte des Lehrerverhaltens in Erinnerung, wenn der Wissenserwerb zu einem möglichst grossen Behaltenseffekt führen soll.

Checklist 13: Wissenserwerb

	ja	nein
1. Bin ich mir der Bedeutung des Vorwissens für den Aufbau von Unterrichtseinheiten und Lektionen bewusst?	☐	☐
2. Stelle ich sicher, dass meine Schülerinnen und Schüler zu Beginn einer Unterrichtseinheit oder Lektion über das vorausgesetzte Vorwissen verfügen, indem ich		
– Voraushausaufgaben zur Aufbereitung des Vorwissens erteile?	☐	☐
– zu Beginn des Unterrichts das Vorwissen strukturiert repetiere?	☐	☐
– bei wenig leistungsfähigen und weniger motivierten Klassen das Vorwissen in einem formativen oder summativen Test feststelle?	☐	☐
3. Überlege ich mir bei der Unterrichtsvorbereitung		
– welches deklarative Wissen sinnvollerweise notwendig ist,	☐	☐
– mit welchen thematischen Strukturen und Lehrstrategien ich es entwickeln will?	☐	☐
4. Unterscheide ich zwischen Faktenwissen, das nachgeschlagen oder abgerufen werden kann und strukturiertem Wissen, das zu erarbeiten ist?	☐	☐
5. Verfügen meine Schülerinnen und Schüler über Arbeitstechniken, mit denen sie das Faktenwissen systematisch und rasch finden? (siehe Abschnitt 3.3.4 im Kapitel 8).	☐	☐
6. Bemühe ich mich systematisch, vom angeleiteten Wissenserwerb zum selbstgesteuerten Wissenserwerb überzugehen?	☐	☐

Kapitel 8
Denken und Denkförderung

1 Alltagsfragen

Obschon seit langem wissenschaftlich kaum mehr bestrittene Erkenntnisse zur Frage, wie im Unterricht das Denken gefördert werden kann, vorliegen, kommt es in neuerer Zeit doch immer wieder zu bildungspolitischen Debatten darüber. So erscheint etwa im Zusammenhang mit der Behauptung, die Schülerinnen und Schüler seien heute intellektuell weniger leistungsfähig, der Wunsch nach einer Verstärkung des Latein-, des Mathematik- oder des Informatikunterrichts. Dies in der – inzwischen als falsch erwiesenen – Meinung, diese Fächer wirkten besonders denkfördernd. Oder noch immer glauben viele Leute, das Denken lasse sich ohne Bezug zu Inhalten fördern. Deshalb sei es wichtig, allgemeine Denkfähigkeiten, wie Problemlösetechniken und Kreativitätstechniken, ohne Bezug zu bestimmten Inhalten zu stärken oder das Lernen zu schulen, statt die Lernenden mit Wissen zu belasten, eine Auffassung, die sich in dieser absoluten Form auch als falsch erwiesen hat.
Als Folge der Ideen der radikalen Konstruktivisten steht in der alltäglichen Diskussion auch die Aufgabe der Lehrpersonen bei der Denkförderung im Unterricht immer wieder zur Diskussion. Nicht wenige Lehrerinnen und Lehrer glauben, dass nur das selbstgesteuerte Lernen denkfördernde Wirkung habe und jede Anleitung und Steuerung denkhemmend wirke.
Diese im Schulalltag immer wiederkehrenden Kontroversen liessen sich versachlichen, wenn in Diskussionen die verschiedenen möglichen Ansätze der Denkschulung und -förderung sorgfältiger definiert und empirisch im Hinblick auf ihre Wirksamkeit überprüft würden. Viele widersprüchliche Behauptungen über lernwirksame Wege der Förderung des Denkens entfielen, wenn mögliche Ansätze sorgfältiger analyisert würden.

2 Vier theoretische Ansätze zur Denkförderung im Unterricht

2.1 Die Ansätze

In einer älteren aber auch heute noch differenzierenden Form hat Ennis (1989) vier Erklärungsansätze für die unterrichtliche Gestaltung der Denkförderung entwickelt. Sie sind in Abbildung 8.1 übersichtsmässig charakterisiert:

Abbildung 8.1 **Ansätze für die unterrichtliche Gestaltung der Denkförderung (Ennis)**

	Macht die Denkstrategie sichtbar?	Verwendet konkrete Inhalte?	Verwendet nur Standard-Lehrinhalte der einzelnen Schulfächer?	Verwendet Standard-Lehrinhalte und andere Inhalte?
Allgemeiner Ansatz				
Konkret	ja	ja	nein	vielleicht beides
Abstrakt	ja	nein	nein	nein
Ansatz des Einbaus von Denkfertigkeiten und Denkstrategien in einzelne Fächer (Infusion)	ja	ja	ja	nein
Ansatz des Erkennens aus den Inhalten (Immersion)	nein	ja	ja	ja
Gemischter Ansatz	ja	ja	nein	ja

(1) Der **allgemeine Ansatz**
Bei diesem Ansatz wird das Denken unabhängig von Inhalten, wie sie in Lehrplänen vorgesehen sind, unterrichtet. Möglich sind zwei Varianten: Beim **abstrakten** Ansatz verzichtet man völlig auf Inhalte und begnügt sich mit einer intensiven Schulung in Logik. Beim **konkreten** Ansatz übt man die Denkvorgänge an beliebigen Inhalten ein, die gerade aktuell sind. In den Vereinigten Staaten finden sich noch immer Lehrpläne, in denen beide Ansätze umgesetzt werden. Meistens werden zu traditionell unterrichteten Fächern zusätzlich spezielle Kurse angeboten (z.B. Kurse zur Logik, Kurse zum kritischen Denken, Kurse zur Förderung der Kreativität). Solche Kurse sind bei Sternberg & Kastoor (1986) beschrieben.

(2) Der Ansatz des **Einbaus von Denkfertigkeiten und Denkstrategien** in einzelne Fächer (Infusion)
Dieser Ansatz beruht auf einem systematischen Fachunterricht, in welchem die Schülerinnen und Schüler in das Fachwissen eingeführt werden und an diesem Fachwissen denken lernen. Dazu werden die herkömmlichen Lehrpläne so restrukturiert, dass an den zu behandelnden Lerninhalten Denkfertigkeiten und Denkstrategien in für die Lernenden sichtbarer Form systematisch bearbeitet und eingeübt werden. Namhafte Vertreter dieses Ansatzes sind Glaser (1984), Resnick (1987), Swartz & Park (1994) und Sternberg (2001).
Als (Lern- und Denk-)Strategien werden eine grosse Zahl von Vorgehensweisen oder Denkplänen bezeichnet, welche die Anwendung und die Erwerbung des Wissens im Umgang mit Problemen erleichtern (Prawat 1989). Sie können einfache und komplizierte Heuristiken oder Kontrollstrategien (metakognitive Strategien) sein. **Heuristiken** sind Vorgehensweisen beim Denken. Kontrollstrategien dienen der Planung, Überwachung, Kontrolle und Verbesserung des Lernens. Strategien sind etwas Individuelles, d.h. erfolgreiche Lernende sind fähig, ihre Strategien beim Erwerb und der Anwendung von Wissen (im weitesten Sinn beim Problemlösen und kritischen

Denken) immer wieder anzupassen, zu verändern und auf ihre Brauchbarkeit hin zu überprüfen, bis Wissen verstanden oder das Problem gelöst ist (Duffy 1993). Damit sind Strategien weder etwas Schematisches noch Mechanisches. Sie können aber zur Gewohnheit und damit automatisiert werden, wenn ein Lerngegenstand mittels einer Heuristik (Denkstrategie) erarbeitet sowie durch Übung und die ständige Anwendung aber automatisiert und so zu einem Algorithmus (routinisierter Denkplan) wird (Pressley, Goodchild et al. 1989).
Strategien setzen **Denkfertigkeiten** (thinking skills) und **Algorithmen** voraus, die dadurch gekennzeichnet sind, dass sie von der gleichen Person immer wieder in etwa gleicher Form ausgeführt werden. Deshalb bleibt das Einüben von Denkfertigkeiten und Algorithmen mit vielen Übungen bedeutsam (Duffy 1993).

(3) Der **Ansatz des Erkennens aus den Inhalten** (Immersion)
Bei diesem Ansatz wird das Denken an den Inhalten der einzelnen Wissenschaften oder Schulfächer gefördert. Dabei werden aber die Denkfertigkeiten und die Denkstrategien nicht ausdrücklich behandelt, sondern die Lernenden erfahren die Denkvorgänge durch die Art der Bearbeitung der Inhalte. Die Verfechter dieser Auffassung sind damit der Meinung, mit der intensiven Auseinandersetzung mit den Lerninhalten erfolge die Denkförderung gewissermassen von selbst, so dass die Denkvorgänge gar nicht mehr sichtbar gemacht werden müssten (Denkfähigkeiten fallen gewissermassen als Beiprodukt an). Exponenten dieses Ansatzes sind McPeck (1981) und Prawat (1991).

(4) Der **gemischte Ansatz**
Dieser Ansatz stellt eine Kombination des allgemeinen Ansatzes mit dem Ansatz des Einbaus in einzelne Fächer oder dem Ansatz des Erkennens aus Inhalten dar, indem in einem allgemeinen Fach oder Kurs die Prinzipien des Denkens gelehrt und in den einzelnen Fächern die fachspezifischen Denkstrategien explizit oder nicht explizit angewandt werden.

2.2 Beurteilung der Ansätze

Eine erste Beurteilung dieser vier Ansätze kann anhand der Kriterien Transfer und Stellenwert des Wissens vorgenommen werden.
In Bezug auf den **Transfer** lässt sich Folgendes festhalten: Die Vertreter des allgemeinen Ansatzes gehen von der Annahme eines allgemeinen Transfers aus. Ihrer Meinung nach bringt die allgemeine Schulung des Denkens Auswirkungen in allen Lern- und Lebensbereichen. Leider zeigt aber die Transferforschung seit langem, dass es diesen allgemeinen Transfer nicht gibt und Denken lernen viel gegenstandsgebundener ist als allgemein angenommen wird (Singley & Anderson 1989, Steiner 2001), d.h. ein Transfer findet nur dann statt, wenn prozedurales Wissen mit einer deklarativen Wissensbasis kombiniert werden kann. Diese Voraussetzung ist beim allgemeinen Ansatz nicht gegeben, so dass er für sich allein als unwirksam zu bezeichnen ist (Ennis 1994).
Der Ansatz des Erkennens aus Inhalten ist eine Reaktion auf die Kritik am allgemeinen Ansatz (McPeck 1990), indem wie folgt argumentiert wird: Weil jedes Fachgebiet seine eigenen Denkstrategien hat, lassen sich diese am besten an den komplexen Zusammenhängen und Eigentümlichkeiten seiner Inhalte erarbeiten: Je vertiefter die Auseinandersetzung mit dem Substantiellen erfolgt, desto wahrscheinlicher ist es,

dass die Denkfähigkeiten als erwünschtes positives «Beiprodukt» anfallen, so dass ein bewusstes Unterrichten von Denkstrategien hinfällig wird. Diese Feststellung findet eine gewisse Bestätigung in den Untersuchungen zur Wirksamkeit des entdeckenden Lernens (Bangert-Drowns 1992), wobei jedoch zu beachten ist, dass beim entdeckenden Lernen die Denkstrategien häufig bewusst gemacht werden.
Betrachtet man die Problematik aus der Sicht des **Stellenwertes des Wissens** im Lernprozess, so ergibt sich erneut, dass der allgemeine Ansatz wirkungslos bleibt: Kontextungebundene Denkstrategien erbringen kaum positive Auswirkungen auf das Denkvermögen. So ergeben sich aus fachunabhängig durchgeführten allgemeinen Problemlösekursen keine Auswirkungen auf die Problemlösefähigkeit in bestimmten Fachgebieten. Oder Programmierkurse, die viel logisches Denken erfordern, erbrachten keine positiven Wirkungen auf das logische Denken in anderen Fachgebieten (Perkins & Salomon 1990).
In einer umfassenden Sammeluntersuchung mit einer Meta-Analyse haben Bangert-Drown & Bankert (1990) untersucht, welcher dieser vier Ansätze der Förderung der Denkfähigkeit der Wirksamste ist. Sie wählten zu diesem Zweck aus 250 Forschungsbeiträgen alle jene aus, in denen eine Gruppe einen Unterricht zur Förderung des kritischen Denkens erhielt und die andere nicht. Der Unterricht zur Förderung des kritischen Denkens musste so gestaltet sein, dass die Strategien des kritischen Denkens ausdrücklich dargestellt und diskutiert sowie eingeübt wurden. Unterschieden wurde weiter nach Fachunterricht, in den kritisches Denken (in einem sehr umfassenden Sinn) nach dem Ansatz des Einbaus in einzelne Fächer (Infusion) eingebaut wurde sowie nach Kursen, denen der allgemeine Ansatz zugrunde lag. Dazu mussten die Untersuchungen methodisch einwandfrei und alle Daten verfügbar sein. Die Ergebnisse dieser Sammeluntersuchung lassen sich wie folgt zusammenfassen: Ganz allgemein erzielten diejenigen Programme, in denen kritisches Denken ausdrücklich unterrichtet wurde (die Denkstrategien wurden aufgezeigt und eingeübt), bedeutend bessere Ergebnisse im kritischen Denken. Hingegen erbrachte der Fachunterricht, in dem das kritische Denken aus den Inhalten erkannt werden sollte (Immersion), keine besseren Ergebnisse als allgemeine Kurse des kritischen Denkens an konkreten Inhalten, bei denen die Strategien ausdrücklich behandelt wurden. In allgemeinen Kursen mit abstrakten Inhalten ergaben sich durchwegs schlechtere Resultate. Bedeutsam war schliesslich die Intensität des kritischen Denkens. Unterricht, in welchem die Strategien nur gelegentlich angesprochen wurden, war weniger wirksam als Unterricht, in welchem diese Strategien bewusst angesprochen und kontinuierlich gefördert wurden.
Eine weitere Meta-Analyse (Bangert-Drowns 1992) von 21 Dissertationen über das entdeckende Lernen mit dem Ansatz des Erkennens aus den Inhalten (Immersion) brachte ebenfalls signifikante Effekte, d.h. entdeckendes Lernen trägt wesentlich zur Fähigkeit des kritischen Denkens bei. Als besonders erfolgreich erwies sich der Ansatz, wenn die Lernenden bereits ein bestimmtes Niveau des kritischen Denkens erreicht hatten.
In der deutschsprachigen Literatur wurde die Frage des unterrichtlichen Umgangs mit Lern- und Denkstrategien einerseits unter dem Gesichtspunkt eines direkten versus indirekten Strategietrainings und andererseits eines isolierten versus eingebetteten Strategietrainings untersucht (Friedrich & Mandl 1992, Wuttke 1999, Mandl & Friedrich 2006). Diese Formen lassen sich wie folgt charakterisieren:

- Bei der **direkten Förderung** werden die Lern- und Denkstrategien im Fachunterricht explizit vermittelt und eingeübt.[50] Dies geschieht vornehmlich mit einem direkten Führungsstil der Lehrperson (Infusion, siehe Abbildung 8.1).
- Bei der **indirekten Förderung** wird die Lernsituation so gestaltet, dass das Lernen und Denken durch herausfordernden Unterricht angeregt wird. Die Lern- und Denkstrategien werden aber nicht explizit vermittelt (Immersion, siehe Abbildung 8.1).
- Beim **isolierten Strategietraining** werden eigenständige Unterrichtseinheiten für das Strategietraining entworfen (allgemeiner Ansatz, siehe Abbildung 8.1).
- Das **eingebettete Strategietraining** ist organisch in den Lehrplan eingebettet und immer auf die konkreten Lerninhalte ausgerichtet.

Für die Schulpraxis bedeutsam ist nun die Frage, welche dieser Formen am meisten zur Denkförderung und zum Lernerfolg beiträgt. Trotz einer grossen Zahl von Untersuchungen lassen sich noch kaum allgemeingültige, gesicherte Aussagen machen. Dies ist nicht überraschend, denn die unterrichtliche Umsetzung von Lern- und Denkstrategien ist durch eine solche Vielzahl von Variablen beeinflusst, dass es gar nicht möglich ist, sie alle zu erfassen und zu kontrollieren. Zunächst werden Lern- und Denkstrategien sehr unterschiedlich definiert und – dort wo sie überhaupt bewusst gefördert werden – unterrichtlich sehr verschiedenartig erarbeitet, ganz abgesehen davon, dass Lehrkräfte ihren Strategieeinsatz bei Befragungen oft anders umschreiben, als sie ihn im täglichen Unterricht tatsächlich einsetzen. Offensichtlich reagieren die Schülerinnen und Schüler auch sehr unterschiedlich auf die verschiedenen Formen der Strategieentwicklung im Unterricht und beim selbständigen Lernen. Nicht übersehen werden darf im Weiteren die Rolle des trägen Wissens. Wenn in einer Klasse das deklarative und das prozedurale Wissen nicht verfügbar gemacht werden können, und die Lernenden konditional nicht im Klaren sind, wann sie ihr Wissen anwenden können (konditionales Wissen), so ist der Aufbau von anspruchsvolleren Lern- und Denkstrategien schwieriger als im umgekehrten Fall. Und schliesslich dürfen die forschungsmethodischen Probleme mit der Ermittlung des Einsatzes von Lernstrategien bei den Schülerinnen und Schülern sowie mit der Definition des Lernerfolgs nicht übersehen werden (Artelt 2006).

Versucht man den gegenwärtigen Forschungsstand zusammenzufassen, so lassen sich die folgenden **Trendaussagen** ableiten:
- Weil das Lernen stark inhaltsgebunden ist, genügt der allgemeine Ansatz, also beispielsweise allgemeine Problemlösekurse oder Lehrveranstaltungen über Logik oder Kreativität, zur Förderung des Denkens für sich allein nicht. Dies schliesst jedoch den gemischten Ansatz nicht aus, denn es ist denkbar, dass beispielsweise ein zielgerichteter Kurs in Logik für das fachgebundene Denken unterstützend wirken kann.
- Nicht geklärt ist die Frage, ob Lern- und Denkstrategien direkt oder indirekt (Infusion oder Immersion) gefördert werden sollen.

[50] Es ist zu beachten, dass die direkte Förderung gelegentlich im Sinne des allgemeinen Ansatzes verstanden wird. In diesem Buch wird direkte Förderung wie folgt verstanden: Bei der Bearbeitung von fachlichen Lerninhalten werden die Strategien ausdrücklich dargelegt (als Prozeduren gezeigt).

Argumentativ lassen sich die in Abbildung 8.2 zusammengestellten Vor- und Nachteile anführen.
Wahrscheinlich ist es am wirksamsten, wenn je nach den Gegebenheiten bei den Schülerinnen und Schülern und dem Entwicklungsstand der Klasse beide Ansätze verwendet werden. Es scheint, dass bei Anfängern und kognitiv schwächeren Schülern die direkte Strategieförderung wirksamer ist (Brown, Campione & Day 1981), eine Feststellung, die mit den Erkenntnissen zum Führungsstil der Lehrpersonen übereinstimmt. Aber auch unter diesen Voraussetzungen sollten sich die Lehrerinnen und Lehrer um einen Unterricht bemühen, der von der direkten zur indirekten Strategieförderung führt.

- Einen starken Einfluss auf die Lernwirksamkeit von Strategien hat die Einstellung der Lehrkräfte: Je mehr sie sich in einer für die Lernenden erkennbaren Form um die Förderung des Verstehens und um die systematische Weiterentwicklung von Gesamtzusammenhängen bemühen, desto wahrscheinlicher ist es, dass sich die Förderung von Strategien positiv auf den Lernerfolg auswirkt (Trigwell, Prosser & Waterhouse 1999). Wesentlich ist dabei das Bemühen um langfristige Gewohnheitsbildung, d.h. der Erwerb und die Nutzung von Strategien dürfen nicht gelegentlich in einzelnen Unterrichtseinheiten erfolgen, sondern Strategien sind immer wieder anzuwenden und auszuweiten, damit sie allmählich in selbstverständlicher Weise angewandt werden (Artelt, Schreblowski & Hasselhorn 2006). Mit anderen Worten müssen die Schülerinnen und Schüler die Lern- und Denkstrategien nicht nur kennen, sondern fähig sein, sie zielführend einzusetzen (Leutner & Leopold 2006).
- Damit der Lernstrategienerwerb zu besseren Lernerfolgen führt, müssen die Lernenden den Sinn und Zweck der Strategien verstehen und sie als relevant empfinden (Weinert 1983). Zudem ist der selbstinitiierte Einsatz von Lernstrategien bedeutsam, der durch die Qualität des Unterrichts, wie sie von den Lernenden wahrgenommen wird, beeinflusst wird (Friedrich & Mandl 1992).

Abbildung 8.2 **Vor- und Nachteile bei der direkten und indirekten Strategieförderung**

	Vorteile	Nachteile
Direkte Förderung	– Deklaratives und prozedurales Wissen können unmittelbar kombiniert werden. – Das prozedurale Wissen muss bewusst entwickelt werden. – Es lassen sich Modelle (Prozeduren) für die Strategien als Stützen des Lern- und Denkprozesses entwerfen.	– Die Modelle und Prozeduren können zu einem Schematismus und mechanischen Denken verleiten. – Lernende, die bereits über eigene Strategien verfügen, können infolge der neuen, expliziten Strategien verunsichert werden.
Indirekte Förderung	– Aus der vertieften Auseinandersetzung mit den Lerninhalten erkennen die Lernenden die Lern- und Denkstrategie weitgehend selbst.	– Lernende erkennen die Strategien nicht und können sie später nicht bewusst anwenden. – Verfügen die Lernenden über ein ungenügendes Vorwissen, wird es schwieriger, Strategien bewusst zu machen.

- Schliesslich ist das Zusammenwirken von motivationalen Faktoren sowie von kognitiven und metakognitiven Strategien (siehe Abschnitt 3.8 in diesem Kapitel) bedeutsam. Insbesondere ein blosses Training mit kognitiven Strategien und ohne Bezug zu bestimmten Inhalten bringt keine optimalen Lernerfolge. Ebenso sind für den Lernerfolg nicht der Zeitaufwand und der Einsatz der Strategien allein, sondern deren effektive Nutzung und die Anstrengung zum Verstehen und Umsetzen der Strategien entscheidend (Schiefele, Wild & Winteler 1995).
- Zusammenfassend führen Strategien nur dann zur Erleichterung des Lernens und zur Förderung des Denkens, wenn sie längerfristig aufgebaut werden, bereits vorhandene Strategien ergänzen und erweitern sowie nicht verunsichernd wirken, sie mit deklarativem Wissen verbunden eingeübt und habitualisiert sowie metakognitiv verstärkt werden.

3 Arbeitstechniken, Lernstrategien, Denkfertigkeiten und Denkstrategien: Best Practice

3.1 Voraussetzungen

In den letzten fünfzehn Jahren wurden viele Definitionen für Lernstrategien und deren Gliederung entwickelt, die unterschiedlichen Forschungstraditionen entstammen. Beispielhaft werden zwei Modelle angeführt:

Weinstein & Mayer (1986) unterscheiden:

- **Kognitive Strategien** (Memorisierungs-, Elaborations- und Transformationsstrategien):
  Memorisierungsstrategien betreffen das Aufnehmen und Behalten von Wissen.
  Mit **Elaborationsstrategien** wird Wissen erarbeitet und vernetzt. Einzelne Strategien betreffen Bereiche wie logische Schlussfolgerungen ziehen, Analogien bilden, Vernetzung von Wissen mit Neuem sicherstellen, neues Wissen in eigene Worte fassen usw.
  Transformationsstrategien betreffen die transferorientierte Steuerung des Lernens, d.h. die Frage, wie deklaratives und prozedurales Wissen in neue Zusammenhänge transformiert werden können.
- **Metakognitive Strategien**, die der Planung, Überwachung und Regulation der eigenen Lernprozesse dienen.
- **Strategien des Ressourcenmanagements**, wozu das Zeitmanagement, das Wissensmanagement (z.B. Konzept-Mappen) sowie Strategien, die den Umgang mit Lernumgebungen und den darin verwendeten Materialien zählen.
- **Affektive** Strategien, welche dazu beitragen, ein Unterrichtsklima zu schaffen, in welchem ein effizientes Lernen möglich wird (Weinstein 1988).

Friedrich & Mandl (1992) und Mandl & Friedrich (2006) haben im Verlaufe der Zeit verschiedene Gliederungen vorgelegt:

- **Primärstrategien**: Sie dienen der Steuerung unmittelbarer kognitiver Prozesse. Sie können Informationsstrategien sein, d.h. der unmittelbaren Informationsaufnahme, -verarbeitung und -speicherung dienen, oder als Kontrollstrategien

verwendet werden, d.h. der Kontrolle des Ablaufs und des Erfolgs von Lernaktivitäten dienen (andere Autoren verwenden dafür auch den Begriff der metakognitiven Strategien).
- **Stützstrategien**: Sie leiten den Prozess der Informationsverarbeitung ein, erhalten ihn aufrecht und steuern ihn. Dazu zählen Strategien der Motivation, der Aufmerksamkeit, des Zeitmanagements usw. (andere Autoren sprechen hier von den Strategien des Ressourcenmanagements).

Bislang ist es noch nicht gelungen, eine unbestrittene Taxonomie von Lern- und Denkstrategien zu entwerfen. In ihrer neuesten Publikation unterscheiden Mandl & Friedrich (2006) die folgenden kognitiven Lernstrategien:
- **Elaborationsstrategien**: Sie dienen dem Behalten und Verstehen neuer Informationen.
- **Organisationsstrategien**: Sie zielen darauf ab, neues Wissen zu organisieren und zu strukturieren, indem die zwischen den Wissenselementen bestehenden inhärenten Verknüpfungen herausgearbeitet werden.
- **Selbstkontroll- und Selbstregulationsstrategien**: Sie dienen der situations- und aufgabenangemessenen Steuerung von Lernprozessen (Planung, Überwachung, Bewertung und Regulation des Lernens).
- **Wissensnutzungsstrategien**: Sie tragen dazu bei, einem typischen Lernproblem entgegenzuwirken (Überwindung des trägen Wissens, Verbesserung des Transfers).

Obschon inzwischen viele Untersuchungen zeigen, dass unter günstigen Voraussetzungen die bewusste Verwendung von Lernstrategien zu besseren Lernerfolgen führt, werden sie im Unterricht an vielen Schulen noch nicht gezielt eingesetzt (siehe die Auswertung der PISA-Studie bei Artelt, Demmrich & Baumert 2001). Über die Ursachen kann vorderhand nur spekuliert werden. Sicher wurde und wird diesem Aspekt in der Lehrerbildung noch zu wenig Beachtung geschenkt. Auch liegen – wenn man von Umsetzungsbemühungen in den Vereinigten Staaten absieht (Swartz & Park 1994, Beyer 2001, Costa 2001) – noch kaum praktische Anleitungen zur unterrichtlichen Verwirklichung vor. Aufgrund der alltäglichen Erfahrung sind aber solche Hilfestellungen nötig, denn es lässt sich immer wieder beobachten, wie Lehrerinnen und Lehrer, vor allem wenn sie sich mit dem strategischen Lernen selber schwer tun, allein mit theoretischen Erläuterungen ihren Unterricht kaum anpassen. Leider lehnen aber viele Forschende pragmatische Ansätze – wie sie auch im Folgenden vertreten werden – mit der Begründung ab, sie könnten als Übergeneralisierung weitere Verunsicherungen statt Fortschritte bringen.
Hier wird die Auffassung vertreten, dass sich die Forschung auch um eine «Best Practice» bemühen sollte. Dies nicht zuletzt im Hinblick auf die bildungspolitische Bewegung mit den **Bildungsstandards** (Klieme et al. 2003), denn bislang wird noch kaum diskutiert, wie die Bildungsstandards im täglichen Unterricht konkret umgesetzt werden (Dubs 2006). Zwar wird in Lehrplänen, die für sich beanspruchen, sich an den Bildungsstandards zu orientieren, in irgendeiner Form auf die Wichtigkeit von Lern- und Denkstrategien verwiesen. Aber Umschreibungen wie «Entwicklung von Lernkompetenz» oder «Methodenkompetenz umfasst die Fähigkeit und die Bereitschaft Lernstrategien zu entwickeln, unterschiedliche Techniken und Verfahren sachbezogen und situationsgerecht anzuwenden», sind nicht nur infolge ihrer Abstraktheit für den Schulalltag wenig hilfreich, sondern sie verleiten auch wieder

zur falschen Vorstellung, dem prozeduralen Wissen komme mehr Bedeutung zu als dem deklarativen Wissen. Es ist sehr vor Tendenzen zu warnen, Bildungsstandards und Lernstrategien als eine Neuauflage der formalen Bildungstheorie und/oder von Schlüsselqualifikationen zu sehen. Sollen Bildungsstandards zu nachhaltigen Veränderungen im täglichen Unterricht führen, so ist es zwingend, sie im Zusammenhang mit Lern- und Denkstrategien und dem deklarativen Wissen sowie in für Lehrkräfte einsichtiger und praktikabler Sicht darzustellen. Dies soll im Folgenden unter den angeführten Voraussetzungen geschehen:

1) Ausgangspunkt bildet die Entwicklung von Kompetenzen aus Teilkompetenzen, wie dies in Abbildung 1.5 dargestellt ist.
2) Teilkompetenzen sind Arbeitstechniken, Lernstrategien, Denkfertigkeiten und metakognitive Strategien, die zu Denkstrategien erweitert werden, welche zusammen mit deklarativem Wissen Kompetenzen darstellen.
3) Im Anfängerunterricht wird häufiger der Infusions-Ansatz (die direkte Förderung der Strategien, die in den Fachunterricht eingebettet werden) angewandt. Im Unterricht mit Fortgeschrittenen, in welchem auf mehr deklaratives Wissen sowie auf Lern- und Denkstrategien zurückgegriffen werden kann, ist der Immersions-Ansatz (die indirekte Förderung) zu verstärken, d.h. die Lern- und Denkstrategien werden nicht mehr explizit herausgearbeitet.
4) Arbeitstechniken, Lernstrategien, Denkfertigkeiten und Denkstrategien können generell in allen Lernbereichen angewendet werden. In der Mehrzahl der unterrichtlichen Anwendungen sind sie aber fachgebunden.
5) Bei der Gestaltung von Lehrplänen und bei der Vorbereitung des Täglichen sind immer zwei Fragen zu klären:
   Erstens: Mit welcher Rechtfertigung unterrichten wir ein bestimmtes deklaratives Wissen? (So what? Können wir sinnvoll begründen, weshalb wir dieses Wissen unterrichten?)
   Zweitens: Welche Arbeitstechniken, Lernstrategien, Denkfertigkeiten und Denkstrategien fördern wir im Zusammenhang mit den ausgewählten Wissensbereichen?

3.2 Übersicht

Aufgrund dieser Voraussetzungen lässt sich die in Abbildung 8.3 dargestellte **Taxonomie** aufbauen, welche aufgrund der Forschung und der Schulerfahrung «Best Practice» darstellt. Sie bezieht sich schwergewichtig auf sozialwissenschaftliche Fächer.
In Abbildung 8.4 werden die Denkfertigkeiten und Denkstrategien in systematischer Weise dargestellt. Zusammen mit den jeweiligen Lerninhalten stellen sie Teilkompetenzen dar, die schrittweise zu umfassenderen Kompetenzen aufgebaut werden (siehe auch Abbildung 1.5).

Abbildung 8.3 **Taxonomie der Arbeitstechniken, Lernstrategien, Denkfertigkeiten und Denkstrategien**

Arbeitstechniken	Sie schaffen die handwerklichen Voraussetzungen für eine erfolgreiche Lernarbeit.	– Sich konzentrieren – Zeitmanagement – Notizen nehmen – Informationen suchen (Suchstrategien) – Gruppenarbeiten gestalten
Lernstrategien	Sie stellen eine Abfolge von einzelnen Lernschritten dar, die flexibel und zielführend eingesetzt sowie automatisiert werden, um im Bewusstsein zu bleiben.	– Vorwissen aktivieren – Fragen stellen – Wiederholung – Lernen ab Texten (SQ3R-Methode) – Webbing – Konzept-Mappen – Texte entwerfen
Denkfertigkeiten	Einzelne Lern- und Denkschritte, die von der gleichen Person immer wieder in etwa gleicher Weise durchgeführt werden (Algorithmen) und zu anspruchsvolleren Denkstrategien ausgeweitet werden.	Voraussetzungen zum – interpretativen Denken – kritischen Denken – kreativen Denken – beurteilenden Denken (siehe Abbildung 8.4) ↓
Denkstrategien	Denkpläne, welche die Anwendung und Erweiterung des Wissens und Könnens im Zusammenhang mit umfassenderen Problemen ermöglichen (Heuristiken).	die zum – vernetzten Denken – Probleme lösen – Entscheidungen treffen befähigen

3.3 Unterrichtliche Erarbeitung von Arbeitstechniken, Lernstrategien, Denkfertigkeiten und Denkstrategien

Die restlichen Abschnitte dieses Kapitels wollen aufzeigen, wie die einzelnen Strategien im Unterricht strukturiert werden können (wie die Algorithmen und Heuristiken dargestellt werden können). Es sei aber nochmals vor einem allzu schematischen Verständnis gewarnt. Alle aufzuzeigenden Strukturen sollen zu einer zielgerichteten Unterrichtsgestaltung anregen und als Grundlage für situative Anpassungen und Weiterentwicklungen dienen. Gerechtfertigt wird dieses Verständnis aus der praktischen Erfahrung heraus, dass viele Lehrkräfte einen strategieorientierten und damit auch kompetenzorientierten Unterricht eher einzusetzen beginnen, wenn sie über Strukturierungsmodelle für Lernstrategien, Denkfertigkeiten und Denkstrategien verfügen. Für die Gestaltung von Unterrichtseinheiten und Lektionen sind ganz allgemein die folgenden **Unterrichtsverläufe** denkbar:

Modell 1: Die Lehrperson erarbeitet mit der Klasse die Aufgaben- oder Problemstellung in freier Weise. Sie hält aber wichtige Schritte visuell fest, um am Ende den Verlauf zu beschreiben und die Struktur der Vorgehensweise (Denkfertigkeit, Lern- oder Denkstrategie) zu konkretisieren und zu verfestigen.

Abbildung 8.4 **Denkfertigkeiten und Denkstrategien**

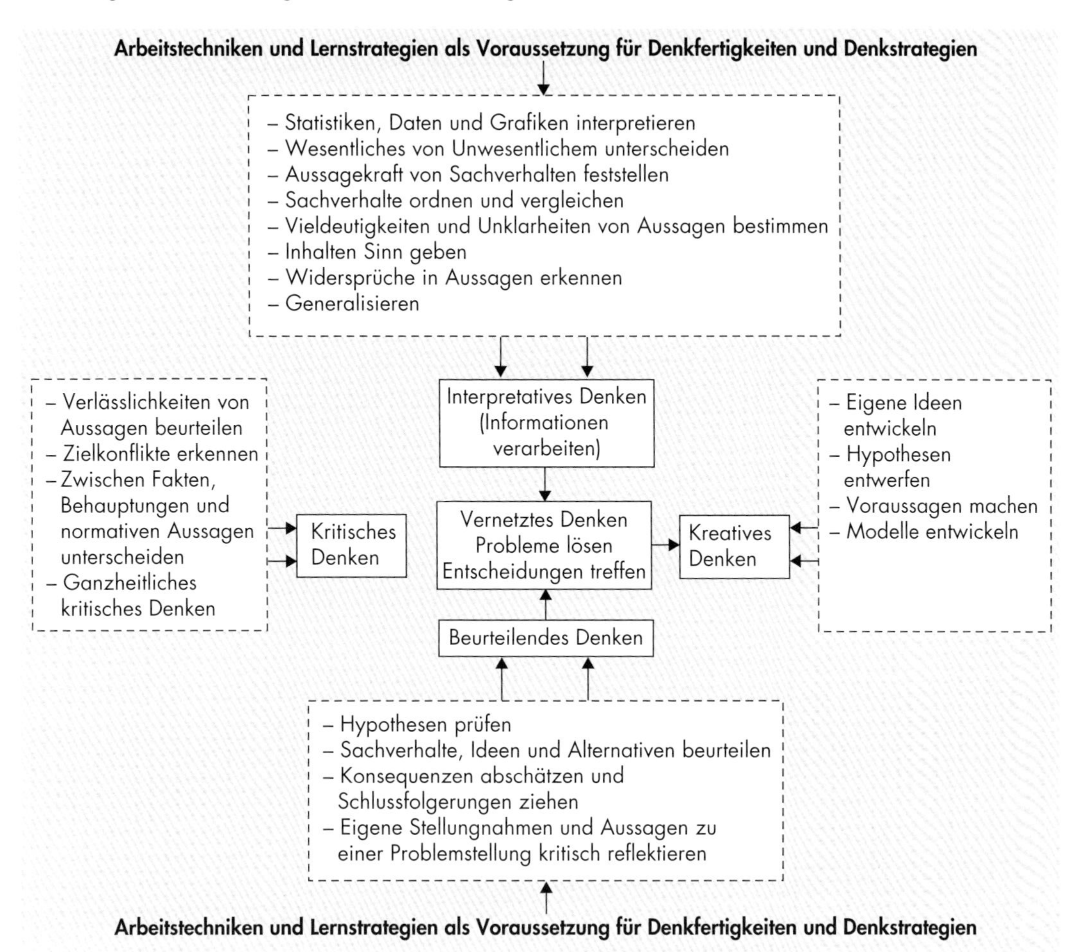

Beispiel: Die Lehrerin bearbeitet eine Statistik mit dem Ziel, die Teilkompetenz «Verlässlichkeit von Aussagen» zu überprüfen. Sie stellt Fragen wie «Wissen wir alles, um diese Daten richtig beurteilen zu können?», «Was müssen wir zusätzlich wissen, um die Daten zu interpretieren?», usw. Alle Antworten werden an der Wandtafel gegliedert festgehalten, damit am Ende die Denkfertigkeit «Verlässlichkeit von Aussagen» visuell erkennbar wird (siehe Abbildung 8.18).

Modell 2: Die Lehrerin zeigt zu Beginn der Lektion die Struktur einer Strategie und erklärt sie, oder sie modelliert sie. Anschliessend wird sie von den Schülerinnen und Schülern aufgrund des Modells durchgearbeitet.

Beispiel: Das oben angeführte Beispiel verläuft wie folgt: Die Lehrerin modelliert die Teilkompetenz «Verlässlichkeit von Aussagen überprüfen» gemäss Abbildung 8.18. Anschliessend gibt sie den Lernenden Statistiken, um die modellierte Denkfähigkeit einzuüben.

Modell 3: Die Lehrerin gibt die Statistik vor und lässt die Schülerinnen und Schüler die Aussagekraft der Daten im Klassenverband oder in Gruppen frei diskutieren, um am Schluss mittels Reflexion mit mehr oder weniger Anleitung über die Vorgehensweise die Strukturierung des Denkverlaufs zu generalisieren.

3.4 Arbeitstechniken

3.4.1 Arbeitstechnik «Sich konzentrieren»

Die begrenzte Kapazität des Arbeitsgedächtnisses erfordert beim Lernen eine Konzentration auf das Wesentliche. Störfaktoren sind möglichst auszuschliessen. Deshalb müssen die Schülerinnen und Schüler zur Konzentration angeleitet und angehalten werden. Metzger (2002) schlägt dazu die in Abbildung 8.5 dargestellten Arbeitstechniken (er spricht von Lernstrategien) vor.

Im Unterricht sollten die Lehrerinnen und Lehrer Folgendes beachten:
- Störungen im Unterricht: Geschwätz und andere Störungen sind zu vermeiden. Ein erfolgreiches Lernen setzt Aufmerksamkeit und Konzentration voraus (siehe Abschnitt 2.3 im Kapitel 15).
- In unaufmerksamen Klassen oder mit einer Schülerschaft, die angespannt ist (z.B. im Hinblick auf eine kommende Herausforderung), empfehlen sich Konzentrations- und Entspannungsübungen: Die Klasse kann aufgefordert werden, die Augen zu schliessen und tief durchzuatmen, sich kurz zu bewegen oder sich auszustrecken.
- Der Arbeitsplatz im Schulzimmer soll geordnet sein und das Lernmaterial zu Beginn der Lektion so bereitgestellt werden, dass es ohne grosse Bewegungen und Störungen verfügbar ist.
- Motivation ist nicht nur eine Aufgabe der Lehrpersonen, sondern die Lernenden müssen auch bereit sein, etwas lernen zu wollen. Mit Begründungen, warum etwas bedeutsam ist, müssen sie immer wieder neu herausgefordert werden (siehe Abschnitt 3.3 im Kapitel 12).
- Die Lernenden sind in geeigneter Form stets zum Handeln herauszufordern: Notizen zu nehmen, Fragen zu stellen, Aufgaben zu lösen, Antworten zu geben. Stets schweigende Schülerinnen und Schüler sind bewusst aufzurufen, ohne sie jedoch in irgendeiner Weise blosszustellen (beispielsweise kein Aufruf, wenn man erkennt, dass ein Schüler infolge momentaner Unaufmerksamkeit nicht antworten kann).

Abbildung 8.5 **Arbeitstechnik «Sich konzentrieren» (Metzger)**

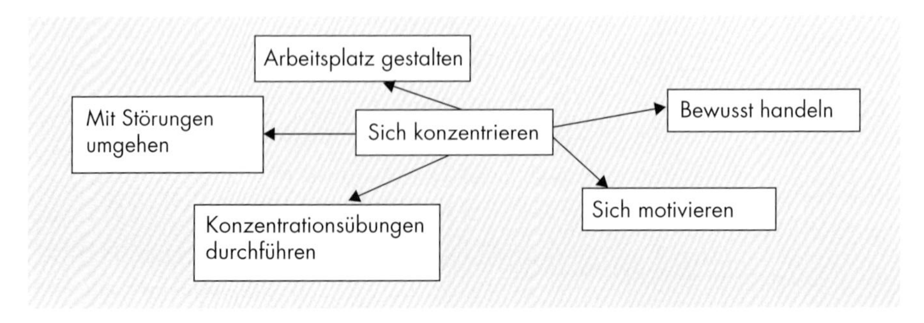

3.4.2 Arbeitstechnik «Zeitmanagement»

Metzger (2002) definiert das Zeitmanagement gemäss Abbildung 8.6.
Für den Schulalltag empfehlen sich die folgenden Möglichkeiten für die Förderung der Arbeitstechnik «Zeitmanagement».

- In einer Lektion werden die Regeln des Zeitmanagements anhand von Lernsituationen erarbeitet, oder sie werden in einem Text gelesen und besprochen. Dazu eignet sich das Buch von Metzger (2002)[51], das für verschiedene Schulstufen verfasst wurde, besonders gut.
- Die Lehrperson beobachtet während Gruppen- oder Einzelarbeiten die Aktivitäten der Lernenden und interveniert, wenn ein schlechtes Zeitmanagement beobachtet wird.

Beispiele:

- Von Zeit zu Zeit kann man eine Lektion 10 Minuten vor dem Ende abschliessen, eine Hausaufgabe erteilen und die Lernenden bitten, damit gleich noch zu beginnen. Während dieser Zeit muss die Lehrkraft das Arbeitsverhalten der Lernenden beobachten und notfalls korrigierend eingreifen (z.B. wenn ein Schüler die Arbeit nicht mehr in Angriff nimmt).
- Während der Gruppenarbeit lässt sich das Zeitmanagement beobachten, um bei Fehlverhalten unterstützend einzugreifen.
- Die Zeitplanung lässt sich bei längerfristig erteilten Hausaufgaben einüben, indem die Aufgabe erteilt und gleichzeitig mit den Schülerinnen und Schülern die Zeiteinteilung und Zeitplanung besprochen wird, um die Regeln für den Umgang mit der Zeit abzuleiten.

3.4.3 Arbeitstechnik «Notizen nehmen»

Vor allem auf höheren Schulstufen ist es immer noch üblich, die Schülerinnen und Schüler zu veranlassen, im Unterricht Notizen zu nehmen. Lernwirksam ist das Notizen nehmen jedoch nur, wenn es nicht mechanisch erfolgt, sondern die Lernenden fähig sind, das Wesentliche zu erkennen und es strukturiert niederzuschreiben. Dies gelingt ihnen umso besser, je mehr sich die Lehrenden um eine für die Schülerinnen und Schüler erkennbare Strukturierung ihres Unterrichts bemühen. No-

Abbildung 8.6 **Arbeitstechnik «Zeitmanagement» (Metzger)**

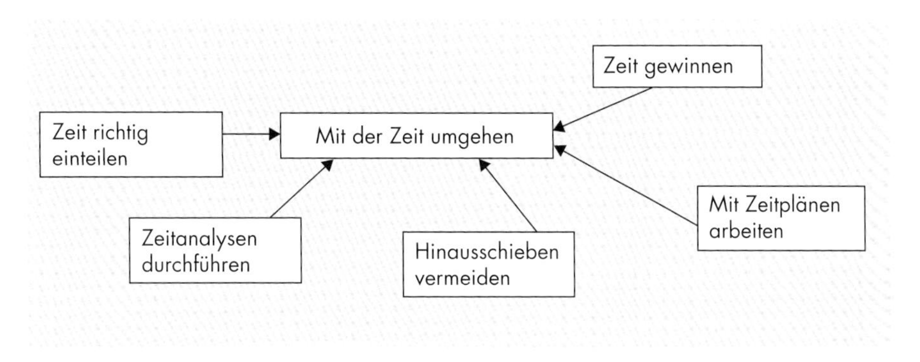

[51] Sehr zu empfehlen ist der WLI-Fragebogen von Metzger, Weinstein & Partner (2003), mit welchem die Lernenden ihr Arbeits- und Lernverhalten erfassen und Anregungen für dessen Verbesserung gewinnen können.

tizen nehmen für sich allein trägt jedoch wenig zum Verstehen der Lerninhalte bei. Hingegen erleichtern gute Notizen das Repetieren, und die Arbeit mit ihnen bei der Vorbereitung von Prüfungen erhöht den Lernerfolg (Gage & Berliner 1998). Ebenfalls lernfördernd wirken unfertige, aber strukturierte Unterlagen (z.B. Kopien von Hellraumprojektor-Folien), die von den Lernenden während dem Unterricht ergänzt oder fertig ausgefüllt werden, sofern nicht zu viele und unstrukturierte Unterlagen abgegeben werden. Die Abgabe fertiger Präsentationen hat deutlich weniger Lernwirkungen (Hartley 1976). Entscheidet man sich auf höheren Schulstufen für einen Lehrervortrag, so ist die Vorausabgabe von Unterlagen zur Vorbereitung wirksamer als das Notizen nehmen (Mac Manaway 1968).

Für den Unterricht ist Folgendes zu empfehlen:
- Man sollte die Klasse anweisen, ob und wie sie Notizen nehmen soll. Verwendet man ein gut strukturiertes Lehrbuch und folgt man ihm, so kann angesichts der geringen Lernwirkung des Notizennehmens darauf verzichtet werden. Fehlt das Lehrbuch, oder ergänzt man es fortlaufend, so sollte überlegt werden, ob man die Lernenden zur Aufnahme von Notizen veranlassen, oder ob man Unterlagen abgeben will.
- Entscheidet man sich für das Notizennehmen, so sollte man mit gut strukturierten Tafelbildern, welche im Verlaufe der Lektion entwickelt werden, die Aufnahme von Notizen erleichtern.
- Erwartet man, dass die Lernenden häufig Notizen nehmen, so sollte man zeigen, wie gut strukturierte Notizen aufgenommen werden (vergleiche dazu die Darstellungen bei Metzger 2002). Geeignet ist dafür das Modellieren, indem die Lehrperson in einer frühen Lektion eine kurze Einführung in das Notizen nehmen gibt, die Lektion durchführt und abschliessend zeigt, wie ihre Notizen für diese Lektion aussehen, damit die Schülernotizen mit jenen der Lehrperson verglichen werden können.
- Pädagogisch wertvoll ist es aufzuzeigen, wie Notizen strukturiert werden können (siehe dazu die Visualisierungsformen im Abschnitt 3.5 dieses Kapitels).

3.4.4 Arbeitstechnik «Informationen suchen»

Die beste Massnahme gegen das immer noch stark verbreitete Vermitteln von Faktenwissen ist die Befähigung der Schülerinnen und Schüler zur eigenständigen Suche von Informationen (Fakten wie Definitionen, Daten, Einzelheiten usw.). Angesichts der Fülle von Informationen in den vielen Informationsquellen (Druckerzeugnisse, computergestützte Informationssysteme) ist es heute zwingend, die Lernenden systematisch in den Umgang damit einzuführen. Abbildung 8.7 zeigt eine allgemeine Arbeitstechnik «Informationen suchen», die sowohl für die Arbeit mit Literatur als auch mit Informationssystemen geeignet ist. Eine ausführliche Straegie für Recherchen im World Wide Web hat Nüesch (2001) entworfen und im Schulversuch überprüft.

Wenn eine Klasse in einer Unterrichtseinheit zum ersten Mal Informationen selbst beschaffen muss, sollte der Arbeitstechnik «Informationen suchen» viel Bedeutung beigemessen werden.
Je nach Leistungsstand der Klasse sind vier Unterrichtsverläufe denkbar:

Abbildung 8.7 **Arbeitstechnik «Informationen suchen»**

1. Schritt **Gedankliche Vorbereitung**

(1) Für welchen Zweck muss ich was wissen?
(2) Welches Vorwissen habe ich dafür?
(3) Welches Wissen muss ich suchen?

2. Schritt **Vorbereiten der Sucharbeit**

(1) Wo könnte ich Informationen finden (Bücher, Internet, spezielle Informationssysteme, Befragungen)?
(2) Welche Reihenfolge wähle ich für die Suche?

3. Schritt **Suchstrategien**

(1) Welche Suchstrategie setze ich ein?
- Zeitschriften: Inhaltsverzeichnisse
- Bücher: Stichwortverzeichnis
- Bibliothekskataloge: nach Themen oder Autoren
- Internet: www-Eingaben
- Suchmaschinen: Durchsuchen www nach bestimmten Themen

4. Schritt **Auswertung**

(1) Wie ordne ich die Informationen?
- Thematische Struktur
- Web
- Konzept-Mappen

(2) Habe ich genügend Informationen, die nicht einseitig sind?
(3) Genügt die Aussagekraft meiner Informationen, oder muss ich weiter suchen?
- Wahrheitsgehalt und dessen Verifizierung
- Objektivität (neutrale oder wertorientierte Informationen)
- Verlässlichkeit

1) Die Lehrperson erarbeitet die Arbeitstechnik durchgehend während des Unterrichts im Lehrgespräch, wobei sie in den Lehrstoff eingebaut wird (Infusion).
2) Die Lehrperson modelliert die Anwendung der Arbeitstechnik im Zusammenhang mit dem Lehrstoff (Infusion).
3) Die Schülerinnen und Schüler erarbeiten die Arbeitstechnik in Gruppen selbständig, und die Lehrperson lässt die Erkenntnisse in einer Klassendiskussion auswerten und stellt sicher, dass die Lernenden den Prozess am Schluss richtig aufgenommen haben.
4) Die Schülerinnen und Schüler erarbeiten einzelne Schritte in Gruppen selbständig, andere werden im Lehrgespräch behandelt (siehe das Beispiel bei Nüesch 2001).

3.4.5 Arbeitstechnik «Gruppenarbeiten gestalten»

Obschon heute Gruppenarbeiten in allen Schulen verbreitet sind, fällt selbst auf der Hochschulstufe immer wieder auf, wie wenig gewandt sie selbst von guten Studierenden angepackt und in formaler Hinsicht durchgeführt werden. Dies ist darauf zurückzuführen, dass immer noch viele Lehrkräfte glauben, Gruppenarbeiten seien am lernwirksamsten, wenn die Gruppenmitglieder im Sinne des Versuchs- und Irrtumslernens selbst allmählich lernen, wie die Abläufe von Gruppenarbeiten formal zu gestalten sind. Diese Praxis ist allein schon aus zeitökonomischer Sicht wenig sinnvoll. Besser ist es, die Lernenden anfänglich in die Technik der Gruppenarbeit einzuführen.

Dazu sind drei **Unterrichtsverläufe** denkbar:

Modell 1: Die Lehrperson bespricht mit der Klasse die Vorgehens- und Arbeitsweise bei Gruppenarbeiten und lässt anschliessend die Gruppen arbeiten. Während dieser Zeit beobachtet sie die Gruppen und bespricht mit ihnen die beobachteten Mängel, und/oder nach Abschluss der Gruppenarbeiten bearbeitet sie mit der ganzen Klasse die Erfahrungen.

Modell 2: Die Gruppenarbeiten werden ohne weitere Einführung begonnen. Die Lehrperson beobachtet die Arbeit, interveniert bei einzelnen Gruppen, die nicht zweckmässig arbeiten und bespricht am Ende der Gruppenarbeit die Erfahrungen mit der Klasse.

Modell 3: Die Zahl der Gruppenangehörigen wird um eine(n) Schüler(in) erhöht. Vor Beginn der Gruppenarbeit lässt die Lehrperson in jeder Gruppe ein Mitglied als «Vertrauensperson» bestimmen, die – ohne Wissen der Gruppe – den Beginn der Gruppenarbeit beobachtet. Nach einer gewissen Zeit wird die Arbeit unterbrochen, damit die «Vertrauensperson» die Arbeit in der Gruppe bis zu diesem Zeitpunkt besprechen kann. Anschliessend fasst die Lehrperson ihre Beobachtungen im Klassenganzen zusammen. Je nach Ergebnis beginnen die Gruppenarbeiten nochmals von vorne, oder die Arbeit wird fortgeführt und bis zu einer nächsten Bespechung beobachtet. Die Beobachtung kann frei erfolgen, d.h. die «Vertrauensleute» besprechen zwei bis drei gute und zwei bis drei zu verbessernde Punkte nach freier Wahl, oder sie beurteilen anhand eines Beobachtungsschema (siehe Beobachtungsschema 9).

Das Modell 3 bewährt sich in der Schulpraxis gut, denn unmittelbare Rückmeldungen von den Mitschüler(innen) werden meistens sehr positiv wahrgenommen. Zudem lernen die Schülerinnen und Schüler Kommunikations- und Zusammenarbeitsprozesse zu beobachten und zu beurteilen.
Abbildung 8.8 zeigt ein mögliches Schema, das der Arbeitstechnik «Gruppenarbeiten gestalten» zugrunde gelegt werden kann.

Abbildung 8.8 **Arbeitstechnik «Gruppenarbeit gestalten»**

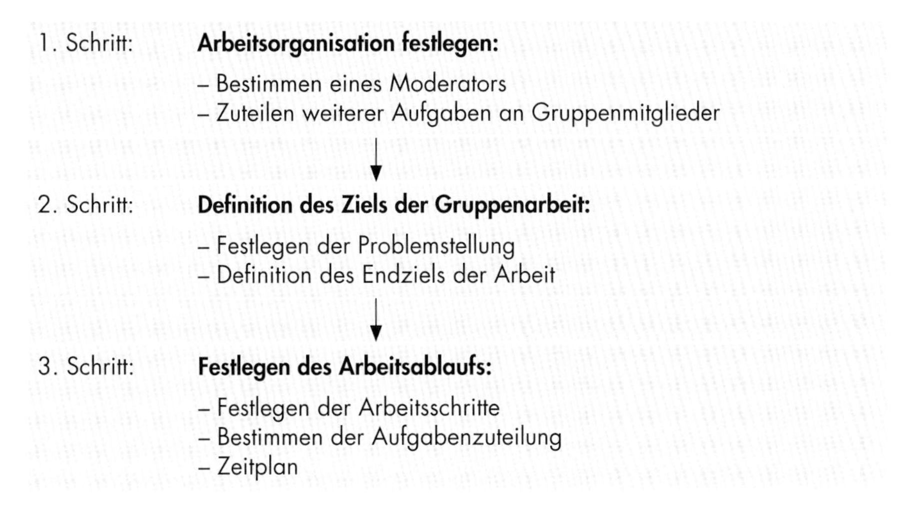

3.5 Lernstrategien

3.5.1 Lernstrategie «Vorwissen aktivieren»

Auf die Bedeutung des Vorwissens wurde im Abschnitt 6 im Kapitel 7 verwiesen. Im Zusammenhang mit Lernstrategien ist die Frage bedeutsam, wie das Vorwissen aktiviert werden kann. Konkret geht es dabei um den Abruf von gespeicherten Informationen und die Bereithaltung dieser Informationen im Arbeitsgedächtnis, damit neues Wissen mit den vorhandenen Informationen verknüpft werden kann.
Die Strategien der Vorwissensaktivierung werden in offenere und fokusorientiertere Aktivierungsstrategien gegliedert (Krause & Stark 2006).
Die **offenere Aktivierungsstrategie** wird meistens für den Einstieg in ein neues Lerngebiet empfohlen, indem Wissensbestände, Erfahrungen, Perspektiven und Ideen zum jeweiligen Lerngebiet in allgemeiner Form aktiviert werden. Dabei geht es nicht nur um eine kognitive, sondern auch um eine motivationale Vorbereitung der neuen Thematik.
Im alltäglichen Unterricht eignet sich dazu das **Brainstorming** (Osborne 1963), mit welchem die Schülerinnen und Schüler aufgefordert werden, alle Ideen, ihre Erfahrungen und ihr Vorwissen zum Lerngegenstand spontan einzubringen, wobei nur Äusserungen gesammelt, nicht aber kommentiert werden (siehe Abschnitt 3.6.5.3 in diesem Kapitel). Die vorgetragenen Äusserungen können abschliessend systematisiert werden (thematische Strukturen, Konzept-Mappen oder Netzwerke), um die Assimilation oder die Akkomodation vorzubereiten. Es scheint, dass diese Form der Strukturierung des Vorwissens zu besseren Lernerfolgen führt (Mandl & Fischer 2000). Eine andere Möglichkeit ist das **Berichtenlassen über Erfahrungen.** Auf diese Weise drücken die Schülerinnen und Schüler ihre subjektiven Kenntnisse und ihre subjektiven Theorien aus, welche Fehlkonzepte und Missverständnisse beinhalten mögen, die richtiggestellt werden können, wodurch bessere Voraussetzungen für das Erlernen von Neuem geschaffen werden.

Mit der **fokussierten Aktivierungsstrategie** werden spezifische Informationen und Wissensbestände aktiviert, die für einen bestimmten Lernprozess benötigt werden (z.B. mathematisches Vorwissen für ein Thema in der Statistik).
In diesem Fall aktiviert die Lehrperson ihre Schülerinnen und Schüler in gezielter Weise. Möglichkeiten dazu sind **Advance Organizers** (Ausubel 1968), mit welchen notwendiges Vorwissen systematisch strukturiert wird, damit die Verknüpfung des Neuen mit bestehenden Wissensbeständen besser gelingt; die **Fragestellung**, indem mit gezielten Fragen das Vorwissen in Erinnerung gerufen wird; **Analogien**, d.h. relationale Strukturen, die von einem Gebiet auf ein anderes übertragen werden können (z.B. Strukturen der Unternehmensbuchhaltung und der nationalen Buchhaltung), wobei die Lernenden die strukturellen Elemente von Analogien deutlich erkennen müssen sowie **Beispiele und Falldarstellungen**, mit denen anhand von Beispielen abstrakte Zusammenhänge zur Aktivierung von Vorwissen verwendet werden können (z.B. ein Rechtsfall zur absichtlichen Täuschung, deren Attribute das Verständnis für die widerrechtliche Furchterregung erleichtern).

3.5.2 Lernstrategie «Fragen stellen»

Viele Untersuchungen zeigen, dass Schülerinnen und Schüler, die zu einem Lerngebiet selber Fragen stellen können, leichter und erfolgreicher lernen (vergleiche ausführlich Levin 2005). Mit einem Fragetraining lässt sich die Fähigkeit Fragen zu stellen, stärken. Praktisch stehen folgende Möglichkeiten zur Verfügung:

- Fragen bei der Textverarbeitung: Anfänglich fügt die Lehrperson zum Lektüreauftrag Fragen an, welche nach der Lektüre zu beantworten sind. Generell dürfen keine Leseaufträge ohne Fragen zum Text erteilt werden. Später sollten die Lernenden angeleitet werden, selbst Fragen an den gelesenen Text zu stellen und sie zu beantworten.
- Nützlich ist auch die Förderung des Frageverhaltens der Lernenden im Bereich epistemischer Fragen (Fragen, welche nach Zielen und Motiven von handelnden Personen in politischen und historischen Kontexten suchen), wodurch sich zugleich das themenspezifische – nicht aber das fachbereichsbezogene – Interesse verbessert (Neber 1996).

3.5.3 Lernstrategie «Wiederholen»

Entgegen einer immer wieder zu hörenden Kritik sind Lernstrategien des «Wiederholens» für das Lernen förderlich, sofern sie gezielt eingesetzt werden. Mit dem Wiederholen soll vermieden werden, dass Informationen nur im Arbeits- und Kurzzeitgedächtnis Eingang finden, denn in diesem Fall gehen sie verloren, sobald sie nicht mehr gebraucht werden. Durch das mehrfache Wiederholen, das im geeigneten Fall visuell oder auditiv unterstützt werden kann, wird eine Überführung in das Langzeitgedächtnis verbessert. Besonders wichtig ist dabei das wiederholte Abrufen dieser Informationen. Deshalb sollte sowohl dem Prozess des Behaltens (encoding) und des steten Abrufens (retreving) von Informationen viel Aufmerksamkeit geschenkt werden: Wer gelernte Inhalte in immer länger werdenden zeitlichen Intervallen abruft und dabei vergessene Inhalte systematisch rekonstruiert, optimiert seine langfristige Gedächtnisleistung (Steiner 2006).

Die Prozesse des Behaltens und Abrufens von Lerninhalten sollten durch die stete Anwendung (Wiederholung) ergänzt werden. Entscheidend für ein nachhaltiges Lernen ist aber, dass die anzuwendenden Inhalte vorgängig nicht nur angelernt, sondern erarbeitet (durchgearbeitet, Aebli 1983) wurden, denn nur verstandene, in Strukturen verarbeitete Informationen führen zu sinnvollen weiteren Anwendungen, in denen allenfalls die Wissensstrukturen ausgeweitet werden. Die Wiederholung kann auch die **Automatisierung** von prozeduralem Wissen fördern. Diese Automatisierung ist bedeutsam, denn viele Schülerinnen und Schüler scheitern bei komplexeren Aufgaben- und Problemstellungen, weil sie unabdingbare Routinen nicht beherrschen.
Wesentlich ist aber, dass das Wiederholen über die Automatisierung (Drill) hinausgeht und **variantenreich** wiederholt wird (Überlernen). Dies geschieht durch verschiedenartige Anwendungskonzepte, durch unterschiedliche Übungsgeschwindigkeiten (einmal steht für eine Anwendung viel Zeit zur Verfügung, ein anderes Mal ist sie unter Zeitdruck auszuführen) oder durch unterschiedliche Formen der Repräsentation (z.B. kann eine verbale Erarbeitung in eine bildliche Darstellung transformiert werden).
Das Wiederholen (Üben) sollte nicht geballt (massiert), sondern **verteilt** erfolgen, weil bessere Lernwirkungen resultieren, wenn in kleineren inhaltlichen und in kleineren zeitlichen Einheiten über einen längeren Zeitraum verteilt geübt wird. Wahrscheinlich fördert dieses verteilte Wiederholen in variantenreicher Form das Behalten von Wissensstrukturen sowie die Akkomodation massgeblich. Schliesslich ist zu überlegen, ob ein grösserer Lernbereich als Ganzes und mit langen Wiederholungsphasen (**G-Strategie**) zu bearbeiten ist, oder ob er in sinnvolle Teile mit jeweils anschliessenden kürzeren Wiederholungsphasen aufgegliedert (**T-Strategie**) werden soll. Zu entscheiden ist dies nach dem Umfang des Lernbereichs und nach dem Grad des Zusammenhangs der einzelnen Teile: Je wichtiger der Gesamtzusammenhang eines Lerngebiets ist, desto eher sollte die G-Strategie verwendet werden. Sind Teilbereiche für sich allein bedeutsam, empfiehlt sich die T-Strategie (Steiner 2006). Für den alltäglichen Unterricht lassen sich die folgenden Empfehlungen ableiten:

- Je mehr aus irgendeinem Grund Faktenwissen zu behalten ist, desto häufiger sollten diese Fakten immer wieder in den Unterricht eingebracht werden, damit sie im Langzeitgedächtnis verankert werden.
- Grundfertigkeiten und Grundfähigkeiten müssen durch Wiederholung automatisieirt werden, damit sie bei komplexeren Aufgaben und Problemen routinisiert zur Verfügung stehen. In diesem Sinn ist ein angemessener «Drill» nicht unzeitgemäss.
- Wesentlich ist das Wiederholen im Sinn des Überlernens: Wiederholen von erarbeiteten Inhalten unter variierten Bedingungen, wobei auch Akkomodationen angeregt werden sollten.

3.5.4 Lernstrategie «Lernen ab Texten» (SQ3R-Methode)

Das selbständige Lernen ab Texten (Lehrbücher, Fachartikel) ist eine grundlegende Voraussetzung für das lebenslange Lernen. Weil immer mehr Lernende mit der Texterarbeitung Mühe bekunden, sollten sie dazu anfänglich gezielt angeleitet werden. Als Grundlage dazu kann die SQ3R-Methode empfohlen werden (Robinson 1964), deren Wirksamkeit allerdings umstritten ist, weil sie wirkungslos bleibt, wenn sie vor allem im dritten Schritt unsorgfältig angewandt wird. Hofer (1988) hat in einer schönen

Studie die Wirksamkeit bei einer guten Anleitung deutlich nachgewiesen. Abbildung 8.9 zeigt die fünf Schritte, die beim Lernen eines Textes durchzuarbeiten sind.
Für den Unterricht ist zu beachten:
- Die SQ3R-Methode ist anzuleiten und unter Aufsicht intensiv einzuüben.
- Die Schülerinnen und Schüler sind immer wieder anzuhalten, die Methode anzuwenden. Deshalb kann es vorteilhafter sein, Leseaufgaben, die als Hausaufgaben erteilt werden, mit dem Auftrag zu koppeln, die beim Lesen (3. Schritt) erarbeiteten Strukturen oder Netzwerke vorzulegen.

3.5.5 Lernstrategie «Webbing»[52]

Webbing (Norton 1989) ist eine Lernstrategie, mit welcher Informationen aus einem Text in freier Form bildlich dargestellt werden. Sie dient in erster Linie dazu, den Lernenden zu helfen, einem Text die wichtigen Informationen (vor allem Begriffe und Gesamtzusammenhänge) zu entnehmen. Beim Erstellen eines Gewebes sind folgende Regeln zu beachten (= prozedurales Wissen):
1) Im Gewebe werden nur die wesentlichen Informationen dargestellt.
2) Die Hauptbegriffe oder die **wichtigen** Ideen werden im Zentrum der Zeichnung dargestellt.
3) Die Beziehungen zwischen den Informationen werden durch Pfeile, die vom Hauptbegriff oder von der wesentlichen Idee ausgehen, dargestellt.
4) Die Beziehungen können bezeichnet werden, damit Zusammenhänge deutlicher sichtbar werden.

Beispiel: In einem Text sind die Entwicklungstendenzen in der Automobilindustrie und die Auswirkungen für die Standortregion beschrieben. Das sich ergebende Web ist in Abbildung 8.10 dargestellt.

Für das Webbing bestehen keine eigentlichen Konstruktionsregeln. Nach aller Erfahrung eignet es sich vor allem für jüngere und intellektuell weniger gewandte Schülerinnen und Schüler im Anfängerunterricht, weil sie mit seiner Hilfe lernen, das Wesentliche an Informationen aus einem Text herauszuarbeiten. Aufgrund des erarbeiteten Wissens lassen sich dann im Unterricht Zusammenhänge, Beziehungen sowie Abhängigkeiten entwickeln, aus denen Generalisierungen konstruiert werden können.

3.5.6 Lernstrategie «Konzept-Mappen»

In Konzept-Mappen (Jonassen, Beissner & Yacci 1993) werden Beziehungen zwischen Begriffen, Merkmalen oder Ideen, die auch als Knoten bezeichnet werden, dargestellt. Sie werden hierarchisch angeordnet, weisen alle Beziehungen zwischen Knoten aus und streben Vollständigkeit an, indem das neu zu erarbeitende Wissen in das Vorwissen eingebaut wird. Das neue Wissen wird also systematisch mit dem bestehenden Wissen verbunden, wodurch bestehende Wissensstrukturen ergänzt und erweitert werden.
Abbildung 8.11 zeigt eine Konzept-Mappe aus dem Biologie-Unterricht.

[52] Leider besteht zu allen Strukturen eine grosse Begriffsvielfalt. Hier bestehen Ähnlichkeiten zwischen Webbing und Konzept-Mappen: Konzept-Mappen stellen die Strukturen präziser dar als das Webbing, weil bei Konzept-Mappen die Beziehungen beschrieben werden.

Abbildung 8.9 **SQ3R-Modell**

1. Schritt: Überblick (S = Survey)	Die Lernenden gewinnen einen Überblick, indem sie die Einleitung und die Zusammenfassung eines Buches oder eines Abschnitts lesen, die Titel überblicken und allfällige Fragen am Ende eines Abschnitts betrachten, um ein allgemeines Verständnis (eine Vorschau) über das zu gewinnen, was im zu verarbeitenden Text vermittelt wird.
2. Schritt: Fragen (Q = Questions)	Die Lernenden stellen Fragen an den Text, damit sie inhaltsbewusst werden. Am wirksamsten ist es, wenn Titel und Randvermerke in Fragen umgebaut werden.
3. Schritt: Lesen (R = Read)	Anschliessend lesen die Lernenden den Text abschnittsweise. Dabei sollten die folgenden Regeln beachtet werden: – Die zu lesenden Abschnitte sollten nicht zu umfangreich sein, aber einen zusammenhängenden Inhalt wiedergeben. – Der Abschnitt ist einmal sorgfältig und nicht mehrere Male oberflächlich zu lesen. Mit dem Lesen darf jeweils erst fortgefahren werden, wenn der Inhalt wirklich verstanden ist (kein überspringen in der Annahme, später verstünde man den Inhalt doch). – Statt lange Auszüge zu verfassen, sollte der gelesene Inhalt in Strukturen (thematischen Strukturen, Netzwerken) zusammengefasst werden, weil sich dadurch die Aufnahme der Inhalte verbessert und das spätere Lernen im 4. Schritt erleichtert wird (siehe die Darstellung der Strukturen in Abbildung 7.14). – Eine strukturierte Darstellung der Inhalte ist in vielen Fällen wirksamer als das Unterstreichen, denn Unterstreichen scheint während dem Lesen von Texten eine nicht besonders lernwirksame Technik zu sein, weil es sich um eine im Grunde genommen passive Lerntätigkeit handelt, indem die Lernenden zwar versuchen, das Wichtige festzuhalten, aber wenig tun, um die wirklichen Zusammenhänge zu verstehen. Zudem verwenden viele Lernende diese Technik in nicht optimaler Form, weil sie entweder zu viel oder fortlaufend unterstreichen und damit gar nicht erkennen, was das Wesentliche ist. Richtigerweise müsste der ganze Text gelesen und überlegt werden, was wichtig ist, und dann erst bei einem zweiten Durchgang unterstrichen werden (Good & Brophy 1990).
4. Schritt: Wiedergeben (R = Recite)	Nach der Lektüre wird der Inhalt in eigenen Worten wiedergegeben und die an den Text gestellten Fragen werden abschnittsweise beantwortet.
5. Schritt: Rückblick (R = Review)	Nachdem alle Abschnitte mit Fragen, Lesen und Wiedergeben bearbeitet sind, ist abschliessend ein Rückblick vorzunehmen, indem das Gelernte in die grösseren Zusammenhänge des eigenen Wissens eingeordnet werden und überprüft wird, ob das Wesentliche aufgenommen und verstanden ist.

Abbildung 8.10 **Beispiel eines Webs**

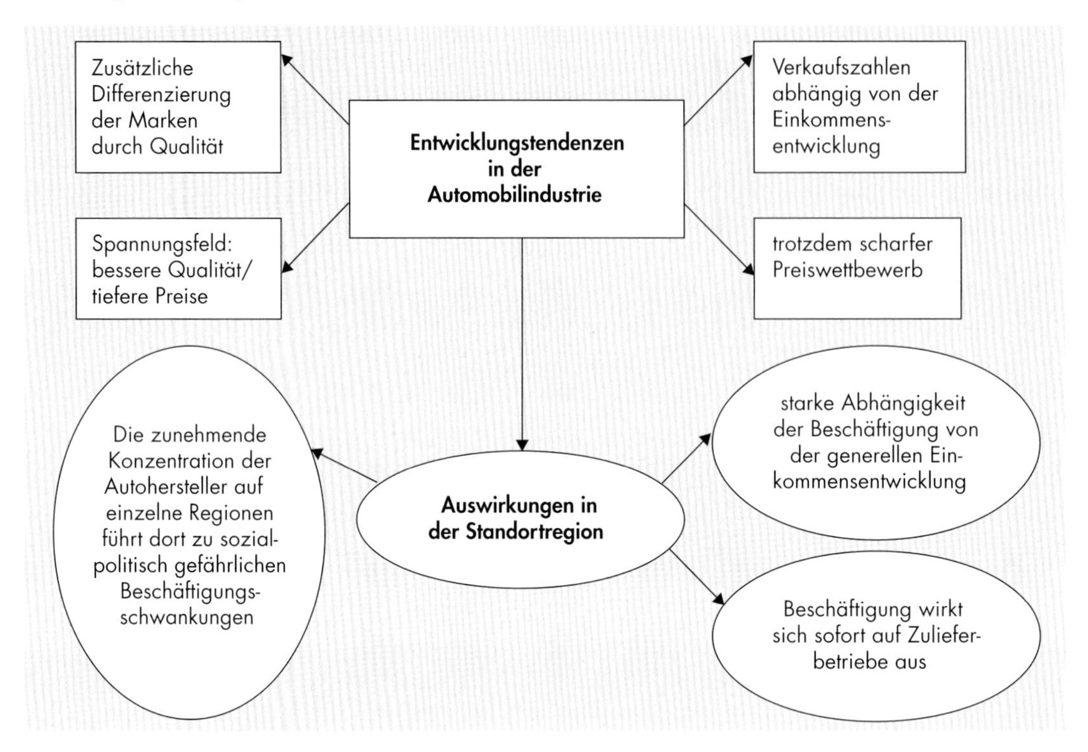

Beispiel: In einem Lehrgespräch (Dialog des Entdeckens) fordert die Lehrerin die Klasse auf, das Vorwissen zur generellen Klimaveränderung einzubringen. Sie hält alle Schüleräusserungen an der Wandtafel in der Form einer Konzept-Mappe fest. Dann lässt sie die Lernenden nach Lücken suchen. Sie werden erkennen, dass mehr Wissen über neue landwirtschaftliche Anbautechniken, die weniger Treibhausgase abgeben, nötig ist, oder sie werden nach Verwendungsmöglichkeiten von Metangasen suchen usw. Auf diese Weise lassen sich die Wissensstrukturen ausweiten (Assimilation, Akkomodation).

Denkbar ist auch eine unterrichtliche Variante: Die Lehrerin lässt die Schülerinnen und Schüler zu Beginn der Unterrichtseinheit einen Text über Klimaveränderungen mit dem Auftrag lesen, eine Konzept-Mappe zu erstellen. Erst nachher beginnt sie mit dem Lehrgespräch im vorhin beschriebenen Sinn. Konzept-Mappen können also sowohl im Unterricht als auch bei der Verarbeitung von Texten verwendet werden.

Die Anwendung erfolgt in vier Schritten:

1. Schritt: Im Lehrgespräch oder bei der Lektüre werden die Knoten visuell festgehalten.
2. Schritt: Dann werden die Knoten hierarchisch geordnet.
3. Schritt: Anschliessend wird vom umfassendsten Knoten her die Konzept-Mappe aufgebaut, indem die Knoten der zweiten Hierarchiestufe bestimmt und alle Beziehungen zwischen diesen Begriffen bezeichnet werden.
4. Schritt: Abschliessend ist zu prüfen, ob alle Knoten verwendet und alle Beziehungen bezeichnet sind. Dann ist zu kontrollieren, ob die Darstellung insgesamt zweckmässig ist. Allenfalls muss die Konzept-Mappe nochmals gezeichnet werden.

Abbildung 8.11 **Beispiel einer Konzept-Mappe**

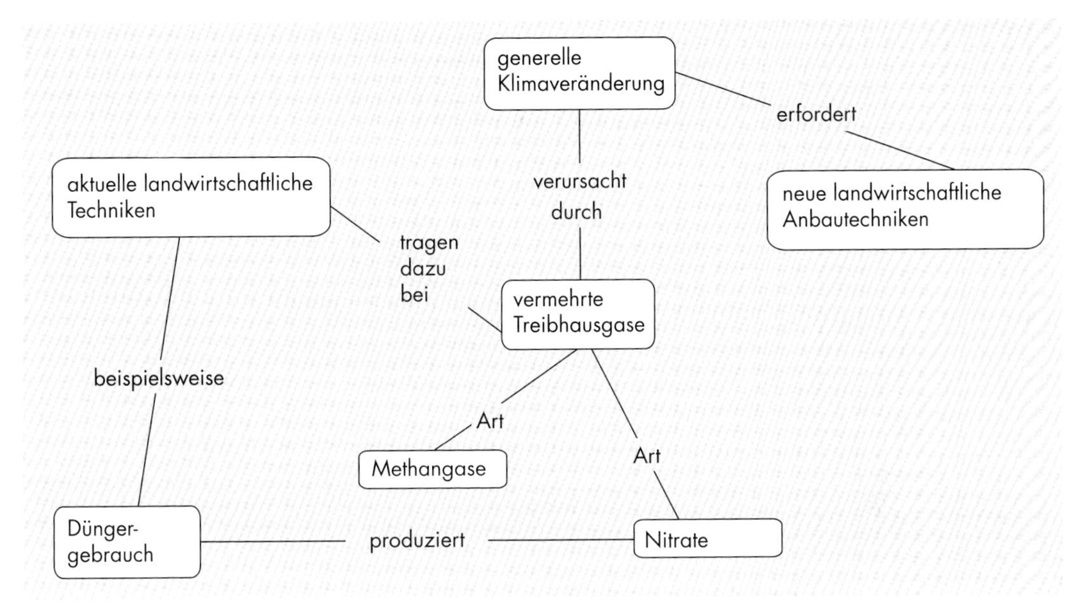

Verschiedene Untersuchungen zeigten, dass Lehrende und Lernende, die diese Technik anwandten, ein besseres Verständnis gewannen und bessere Testergebnisse erbrachten. In einer Untersuchung konnte sogar eine angstreduzierende Wirkung beim Lernen nachgewiesen werden. Auch scheint es, dass die Wissenserarbeitung mit dieser Technik die Fähigkeit zum Problemlösen in den entsprechenden Fachgebieten verbessert (Jonassen, Beissner & Yacci 1993).

3.5.7 Denkstrategie «Texte entwerfen»

Bislang befassen sich viele Lehrkräfte noch kaum systematisch mit der Frage, wie die Schülerinnen und Schüler im Entwerfen von Texten gefördert werden können. Seit langem beschäftigen sich Englert & Raphael (1989) in ihrem «Cognitive Strategy Instruction in Writing»-Projekt mit Lernstrategien zum Verfassen von Texten auf der Volksschulstufe. Sie modellieren diese Lernstrategien mit **Denkblättern**, die von den Lernenden im Dialog mit der Lehrkraft entwickelt oder von ihr modelliert werden. Diese Denkblätter stellen einen «Raster» dar, der nachweislich zu besseren Texten führt. Gearbeitet wird mit vier Denkblättern (je eines zur Planung, eines zum Abfassen und eines zur Kontrolle des Textes durch den Verfasser und weitere Leser). Auf diese Weise sollen die Kinder lernen, einen Text wie Experten abzufassen. Abbildung 8.12 zeigt das Denkblatt zur Planung eines Textes. Es demonstriert die Planung als strategischen Prozess (prozedurales Lernen). Von den an Schulen üblichen Arbeitsblättern unterscheidet es sich durch seine kognitive Substanz, indem es nicht schematisch ausgefüllt werden kann, sondern zu Denkprozessen anleitet und metakognitiv fördert. In systematischen Unterrichtsversuchen wurden damit sehr gute Lernergebnisse erzielt, sei es in Form von Unterrichtsgesprächen mit dem Ziel, das Denkblatt zu entwickeln und anzuwenden, oder durch die Lehrkraft modelliert oder in Gruppen erarbeitet.

Abbildung 8.12 **Beispiel eines Denkblattes (Englert & Raphael)**

Denkblatt zur Planung

Name: ______________________ Datum: ____________

Thema: ______________________

Wer: Für wen schreibe ich diesen Text?

____

____

Warum: Warum schreibe ich diesen Text?

____

____

Was: Was weiss ich? (Brainstorming)

1. ______________________
2. ______________________
3. ______________________
4. ______________________
5. ______________________
6. ______________________

Wie: Wie kann ich meine Ideen ordnen?

Wie will ich meine Ideen organisieren?

_____ Vergleich _____ Problem/Lösung

_____ Erklärung _____ Anders

3.6 Denkfertigkeiten

3.6.1 Voraussetzungen

Viele Pädagogen stehen den Forderungen, Denkfertigkeiten müssten systematisch erlernt werden, skeptisch gegenüber. Sie befürchten eine Schematisierung des Denkens, gar wenn Denkfertigkeiten als Ablaufbeschreibung (Beyer 2001) oder in einer schematisch-visualisierten Form (Swartz & Park 1994, Marzano, Norford et al. 2001) dargestellt werden. Heute besteht jedoch Einigkeit darüber, dass die Lernenden über Denkfertigkeiten (zusammen mit Inhalten über Teilkompetenzen) verfügen müssen, um anspruchsvolle Aufgaben und Probleme bearbeiten und lösen zu können (umfassende Kompetenzen anzuwenden) (siehe Abbildung 1.5). Lernende, deren Denkfertigkeiten wenig entwickelt sind, haben auch mehr Schwierigkeiten mit dem selbstgesteuerten Lernen (Siegler 1998). Denkfertigkeiten werden am wirksamsten entwickelt, wenn sie an Lerninhalten kontinuierlich und explizit angewandt und aufbauend mit anderen Denkfertigkeiten verknüpft werden, damit umfassendere Denkstrategien konstruiert werden können (Beyer 2001, Resnick 1987).
Denkfertigkeiten sind an Lehrinhalten je nach Entwicklungsstand der Schülerinnen und Schüler mit mehr oder weniger Anleitung (direktes und indirektes Lehrerverhalten) zu erarbeiten. Ihre Ablaufbeschreibungen oder ihre schematisch-visualisierten Darstellungen sind **Lehrstrategien**, d.h. sie dienen der Lehrperson als Disposition für die Lehrgespräche. Diese strukturierte Anleitung, die immer indirekter werden muss und schliesslich zum selbstgesteuerten Lernen befähigen will, soll die Voraussetzungen dafür schaffen, dass die Lernenden letztlich ihre eigenen Denkstrategien entwickeln und anwenden können.
Im Folgenden werden die wichtigsten Denkfertigkeiten für sozialwissenschaftliche Fächer dargestellt (vergleiche dazu auch Marzano, Norford et al. 2001, Swartz & Park 1994, Beyer 1992). Dazu werden die in Abbildung 8.4 dargestellten Denkfertigkeiten als Elemente des interpretativen Denkens, des kritischen Denkes, des beurteilenden Denkens und des kreativen Denkens in der Form von Lehrstrategien zugrunde gelegt, die sich allmählich zu Denk- und Lernstrategien entwickeln sollten.

3.6.2 Denkfertigkeiten zum interpretierenden Denken

(1) Denkfertigkeit «Statistiken, Daten und Grafiken interpretieren»
Abbildung 8.13 zeigt die Struktur der Denkfertigkeit «Statistiken, Daten und Grafiken interpretieren». Ihr Ziel ist es, die Lernenden zu befähigen, Statistiken, Daten und Grafiken nicht nur aufzunehmen, sondern sie zu interpretieren und in einen grösseren Zusammenhang zu stellen, um deren Aussagekraft zu beurteilen.

Anwendungsbeispiel: Mit einer Klasse werden die Einkommensverhältnisse der Bevölkerung in drei Ländern verglichen. Ein Schüler findet im statistischen Jahrbuch der UNO für diese drei Länder die Daten für die Durchschnittseinkommen. Nun gilt es zunächst abzuklären, wie zuverlässig diese Daten sind. Dann ist zu fragen, ob diese Daten die Frage nach den Einkommensverhältnissen beantworten. Die Klasse wird erkennen, dass die Durchschnittsdaten zur Beurteilung der Einkommensverhältnisse nicht ausreichen, sondern auch die Streuung zu betrachten ist. Deshalb genügen die gefundenen Daten nicht, sondern es ist nach einer weiteren Datensammlung (z.B. Steuerdaten) zu suchen, um zu aussagekräftigen Erkenntnissen zu gelangen.

Abbildung 8.13 **Denkfertigkeit «Statistiken, Daten und Grafiken interpretieren»**

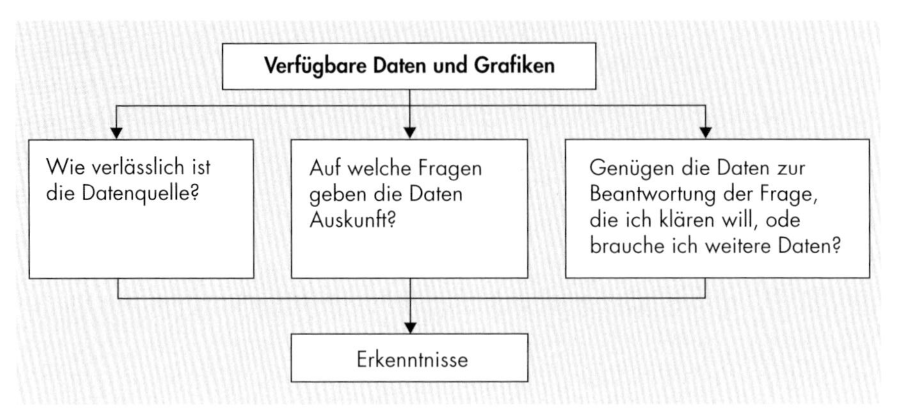

(2) Denkfertigkeit «Wesentliches von Unwesentlichem unterscheiden»

Diese Denkfertigkeit lässt sich erarbeiten, indem der Klasse beispielsweise eine sehr lange Aufgabenstellung mit vielen Informationen übergeben wird, und sie als erstes zu ermitteln hat, welche Informationen bedeutsam und welche überflüssig sind, indem alle überflüssigen oder unwesentlichen Teile im Text zu streichen sind. Um dieses Ziel zu erreichen, kann mit den Lernenden ein Text durchgearbeitet werden, indem sie angeleitet werden, wichtige Aussagen anzustreichen und zu strukturieren sowie unwesentliche Aspekte zu übersehen.

Das Hervorheben von wichtigen Stellen (z.B. Unterstreichen aller wichtigen Substantive oder der Sätze, welche eine wichtige Idee ausdrücken) muss unter Anleitung eingeübt werden. Andernfalls bleibt es oft unwirksam. Verbessert werden kann die Wirksamkeit, wenn erst beim zweiten Lesedurchgang unterstrichen wird, wenn also ein Überblick über den Gesamttext besteht, und wenn auf bedeutungsanzeigende Signalwörter (z.B. wesentlich ist, dieser Aspekt darf nicht übersehen werden) geachtet wird (Ballstaedt 2006).

(3) Denkfertigkeit «Aussagekraft von Sachverhalten feststellen»

Hier geht es darum, die Schülerinnen und Schüler zu befähigen, Sachverhalte, die sie wahrnehmen, bezüglich ihrer Aussagekraft zu beurteilen: Sagt dieser Sachverhalt wirklich etwas aus, oder ist er bedeutungslos? Abbildung 8.14 zeigt eine mögliche Struktur für das unterrichtliche Vorgehen.

Anwendungsbeispiel: Im Staatskunde-Unterricht wird das Problem eines allfälligen EU-Beitritts der Schweiz behandelt. Zum Einstieg in die Unterrichtseinheit wird den Lernenden ein Text eines Gegners vorgelegt. In diesem Text wird aufgrund einer wissenschaftlichen Studie gezeigt, wie sich die Waren- und Geldströme bei einem Beitritt verändern würden. Dabei werden die Erklärungen zu den Strömen angereichert mit Aussagen deutscher Wirtschaftsleute, die aufgrund persönlicher Erfahrungen der EU nicht mehr beitreten würden; es wird auf mafiöse Zustände in südlichen Ländern verwiesen oder vor einer Islamisierung im Falle eines Beitritts der Türkei gewarnt, und es wird aufgezeigt, wie die Einkommensverhältnisse in allen EU-Ländern auseinanderklaffen. Ein solcher Text eignet sich, um zu zeigen, wie aussagekräftig die angeführten Sachverhalte bezüglich des angesprochenen Sachverhalts sind. Zudem kann gut aufgezeigt werden, wie einzelne Aspekte bis zur Manipulation verwendet werden können.

Abbildung 8.14 **Denkfertigkeit «Aussagekraft von Sachverhalten feststellen»**

Abbildung 8.15 **Denkfertigkeit «Sachverhalte ordnen und vergleichen»**

Ziel	Sachverhalte, Fakten oder Ideen mit gleichen Merkmalen aufgrund von bestimmten Kriterien ordnen sowie vergleichen.
Vorgehen (Unterrichtsschritte)	1. Vorlage der Sachverhalte, Fakten, Ideen 2. Bestimmen des Zwecks der Gruppierung (Ordnung) 3. Suche nach Kriterien oder Attributen zur Gruppierung 4. Erstellen einer ersten Ordnung 5. Verfeinerung der Gruppierung (Ordnung) 6. Definitive Gruppierung (Ordnung)
Anwendung	Ungeordnete Sachverhalte, Fakten, Ideen sind zur besseren Übersicht und leichteren Anwendung in eine Ordnung zu bringen.
Hilfsmittel	Die Darstellung in Form von thematischen Strukturen erleichtert die Erstellung der Ordnung.
Beispiel	Statt dass im Unterricht Wertpapiere einzeln und nacheinander besprochen werden, gibt die Lehrkraft Faksimile-Drucke aller Wertpapier ab, die von den Lernenden zu ordnen sind.

(4) Denkfertigkeit «Sachverhalte ordnen und vergleichen»
Ziel dieser Fertigkeit ist es, eine Fülle von Sachverhalten, Fakten oder Ideen aufgrund von Kriterien zu ordnen und zu vergleichen (siehe Abbildung 8.15).

(5) Denkfertigkeit «Widersprüche in Aussagen erkennen»
Auch bei dieser Strategie kann von Sachverhalten ausgegangen werden, welche im Unterricht vorgetragen oder als Text abgegeben werden. Diese Vorgaben müssen in ihrem Inhalt erkennbare Widersprüche haben. Abbildung 8.16 zeigt die Struktur dieser Fertigkeit.

Anwendungsbeispiel: Im Staatskunde-Unterricht könnte man Parteiprogramme vergleichen und später bei einer aktuellen, politisch umstrittenen Fragestellung Aussagen von Politikerinnen und Politikern mit der Parteimeinung und der öffentlichen Meinung vergleichen, um Widersprüche zu entdecken und nach Begründungen dafür zu suchen (z.B. Vernunft und Kompromiss, Opportunismus, Dogmatismus).

(6) Denkfertigkeit «Generalisieren»
Abbildung 8.17 zeigt diese Denkfertigkeit.

3.6.3 Denkfertigkeiten zum kritischen Denken

(1) Denkfertigkeit «Verlässlichkeit von Aussagen beurteilen»
Angesichts der Überfülle von Informationen und widersprüchlichen Aussagen müssen die Schülerinnen und Schüler lernen, die Verlässlichkeit von Aussagen zu beurteilen. Abbildung 8.18 zeigt dazu eine mögliche Struktur.

(2) Denkfertigkeit «Zielkonflikte erkennen»
Je komplexer das Geschehen in der Welt wird, desto weniger «Patentlösungen» gibt es, sondern die meisten Probleme beinhalten Zielkonflikte, d.h. es gibt nicht mehr richtige oder falsche Lösungen, sondern jede mögliche Lösung hat Vor- und Nachteile, so dass allein anhand von Kriterien entschieden werden kann, welche Lösung zu wählen ist. Je eher Lernende Zielkonflikte verstehen und mit ihnen umgehen können, desto weniger polarisierende Auffassungen werden vertreten. Deshalb wird die Denkfertigkeit «Zielkonflikte» immer bedeutsamer. Ihre Struktur ist in Abbildung 8.19 wiedergegeben.
Bei dieser Denkfertigkeit handelt es sich um eine erste, einfachere Form der Denkstrategie «Kritisches Denken».

(3) Denkfertigkeit «Zwischen Fakten, Behauptungen und normativen Aussagen unterscheiden»
Da immer mehr Aussagen in der Informationsfülle blosse Behauptungen beinhalten oder nur unter bestimmten normativen Voraussetzungen gültig sind, sollen die Schülerinnen und Schüler mit Hilfe der in Abbildung 8.20 wiedergegebenen Struktur lernen, zwischen Fakten, Behauptungen und normativen Aussagen zu unterscheiden.

(4) Denkfertigkeit «Ganzheitliches kritisches Denken»
Eine umfassende Lehrstrategie für das kritische Denken legt Beyer (1988) vor, das für anspruchsvollere Fragestellungen geeignet ist (siehe Abbildung 8.21).

Anwendungsbeispiel: Dieses Modell sei an einem Unterrichtsbeispiel verdeutlicht: Im Geografie-Unterricht wird das Thema «Entwicklung der Weltbevölkerung» behandelt. In einer Lektion werden zwei Texte vorgelegt; einer, in welchem eine indische Soziologieprofessorin zeigt, dass zwischen Bevölkerungswachstum und Wachstum der Wirtschaft bzw. Armut der Menschen kein Zusammenhang besteht; und ein anderer, in welchem ein deutscher Ökonomieprofessor mit viel Datenmaterial die gegenteilige Auffassung vertritt.

Abbildung 8.16 **Denkfertigkeit «Widersprüche in Aussagen erkennen»**

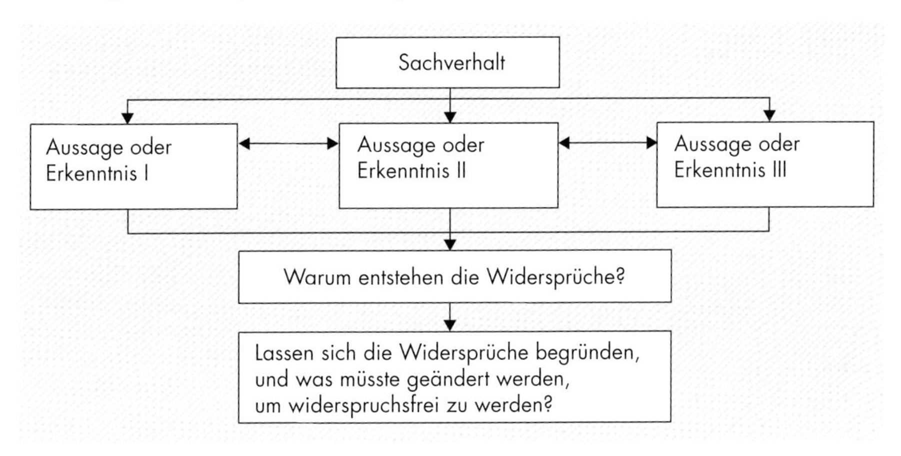

Abbildung 8.17 **Denkfertigkeit «Generalisierung»**

Ziel	Herausarbeiten allgemeiner Gültigkeiten (Regeln, Gesetze)
Vorgehen (Unterrichtsschritte)	1. Vorlegen von Fakten, Ideen, Ereignissen, Beispielen 2. Suchen nach Gemeinsamkeiten und Unterschieden 3. Definitives Bestimmen der Gemeinsamkeiten 4. Ableiten des Allgemeingültigen 5. Umschreibung der Generalisierung 6. Überprüfung der Generalisierung (Regel, Gesetz)
Anwendung	Einzelheiten werden miteinander in Beziehung gebracht und auf einer höheren Ebene verallgemeinert
Beispiel	Im Geografie-Unterricht wird das Klima verschiedener Regionen beschrieben. Aus den Beschreibungen entwickeln die Lernenden Klimazonen mit ihren Merkmalen.

Abbildung 8.18 **Denkfertigkeit «Verlässlichkeit von Aussagen beurteilen»**

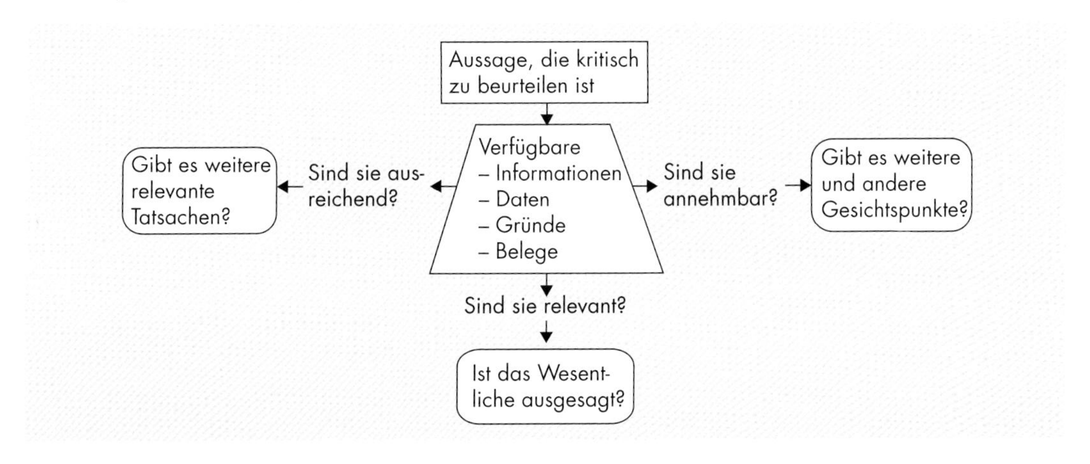

Abbildung 8.19 **Denkfertigkeit «Zielkonflikte erkennen»**

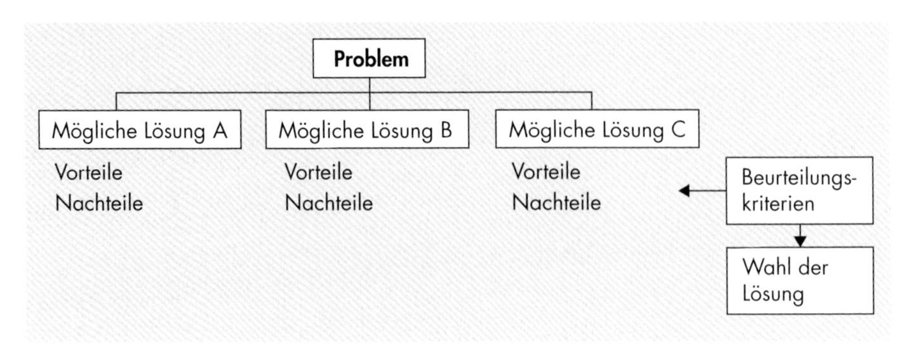

Abbildung 8.20 **Denkfertigkeit «Zwischen Fakten, Behauptungen und normativen Aussagen unterscheiden»**

Ziel	Informationen in differenzierter Form wahrnehmen Fakten: Objekte, überprüfbare Sachverhalte Behauptungen: Nicht überprüfbare Sachverhalte Normative Aussagen: Sachverhalte, die nur unter bestimmten Annahmen zutreffend sind
Vorgehen (Unterrichts-schritte)	1. Vorlage von Informationen (Text, Film) 2. Ermitteln aller substanziellen Aussagen 3. Definieren von Fakten, Behauptungen und normativen Aussagen 4. Analyse jeder einzelnen Aussage im Hinblick auf die drei Formen Dabei sind als besonders kritisch zu betrachten: – emotionale, überbetonte Elemente, – Übergeneralisierungen, – rhetorische Fragen, – falsche Schwerpunkte im Thema (Einseitigkeiten) 5. Gesamtwürdigung aller Informationen 6. Rückschluss auf die sachliche Verlässlichkeit der Informationen
Anwendung	Beurteilung der Aussagekraft und Verlässlichkeit von Informationen
Beispiel	Im Staatskunde-Unterricht wird ab Video zu einem behandelten Lehrinhalt eine kontradiktatorische Diskussion gezeigt. Dann werden die Aussagen der einzelnen Teilnehmer erfasst und auf Fakten, Behauptungen und normativen Gehalt hin untersucht. Abschliessend lässt sich das Bemühen der einzelnen Teilnehmer um Sachlichkeit und Wahrheit beurteilen.

Abbildung 8.21 **Denkfertigkeit «Ganzheitliches kritisches Denken»**

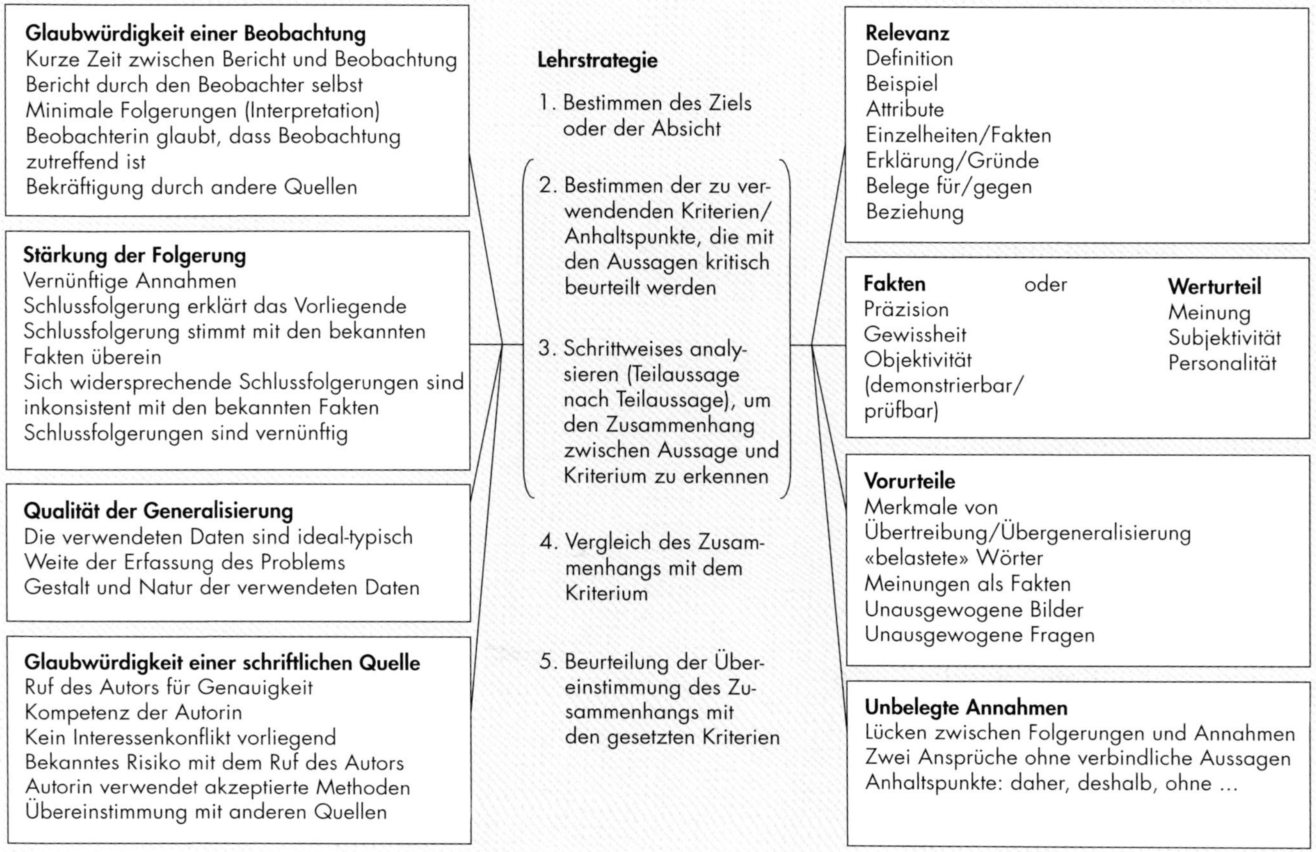

Lehrstrategie

1. Bestimmen des Ziels oder der Absicht
2. Bestimmen der zu verwendenden Kriterien/Anhaltspunkte, die mit den Aussagen kritisch beurteilt werden
3. Schrittweises analysieren (Teilaussage nach Teilaussage), um den Zusammenhang zwischen Aussage und Kriterium zu erkennen
4. Vergleich des Zusammenhangs mit dem Kriterium
5. Beurteilung der Übereinstimmung des Zusammenhangs mit den gesetzten Kriterien

Glaubwürdigkeit einer Beobachtung
Kurze Zeit zwischen Bericht und Beobachtung
Bericht durch den Beobachter selbst
Minimale Folgerungen (Interpretation)
Beobachterin glaubt, dass Beobachtung zutreffend ist
Bekräftigung durch andere Quellen

Stärkung der Folgerung
Vernünftige Annahmen
Schlussfolgerung erklärt das Vorliegende
Schlussfolgerung stimmt mit den bekannten Fakten überein
Sich widersprechende Schlussfolgerungen sind inkonsistent mit den bekannten Fakten
Schlussfolgerungen sind vernünftig

Qualität der Generalisierung
Die verwendeten Daten sind ideal-typisch
Weite der Erfassung des Problems
Gestalt und Natur der verwendeten Daten

Glaubwürdigkeit einer schriftlichen Quelle
Ruf des Autors für Genauigkeit
Kompetenz der Autorin
Kein Interessenkonflikt vorliegend
Bekanntes Risiko mit dem Ruf des Autors
Autorin verwendet akzeptierte Methoden
Übereinstimmung mit anderen Quellen

Relevanz
Definition
Beispiel
Attribute
Einzelheiten/Fakten
Erklärung/Gründe
Belege für/gegen
Beziehung

Fakten	oder	**Werturteil**
Präzision		Meinung
Gewissheit		Subjektivität
Objektivität (demonstrierbar/prüfbar)		Personalität

Vorurteile
Merkmale von
Übertreibung/Übergeneralisierung
«belastete» Wörter
Meinungen als Fakten
Unausgewogene Bilder
Unausgewogene Fragen

Unbelegte Annahmen
Lücken zwischen Folgerungen und Annahmen
Zwei Ansprüche ohne verbindliche Aussagen
Anhaltspunkte: daher, deshalb, ohne …

3.6.4 Denkfertigkeiten zur Beurteilung

(1) Denkfertigkeit «Hypothesen prüfen»
Lernende müssen nicht nur fähig sein, Hypothesen zu entwerfen, sondern sie bedürfen auch der Fähigkeit, Hypothesen zu prüfen. Abbildung 8.22 gibt dazu eine mögliche Struktur.
Anwendungsbeispiel: Im Geschichts-Unterricht kann die Hypothese aufgestellt werden, dass die Ursache von Terrorismus in wenig entwickelten Ländern immer soziale Ungleichheiten seien. Um schlagwortartige Prüfungen dieser Hypothesen zu vermeiden, sind die Begriffe Terrorismus, wenig entwickelte Länder und soziale Ungleichheit zu definieren. Dann kann nach Beurteilungskriterien anhand von Quellen gesucht werden, um aus den Erkenntnissen daraus die Hypothese zu verifizieren oder zu falsifizieren.

(2) Denkfertigkeit «Sachverhalte, Ideen und Alternativen beurteilen»
Abbildung 8.23 zeigt die Struktur dieser Denkfertigkeit.

(3) Denkfertigkeit «Konsequenzen abschätzen und Schlussfolgerungen ziehen»
Abbildung 8.24 zeigt, wie die Lernenden angeleitet werden können, Konsequenzen abzuschätzen und Schlussfolgerungen zu ziehen.
Anwendungsbeispiel: Im Physik-Unterricht werden die Verfahren zur Elektrizitätsgewinnung bearbeitet. Anschliessend wird der künftige Energiebedarf ermittelt, und die Lernenden schätzen ab, welche Konsequenzen sich bei verschiedenen Energie-Szenarien (Ausbau oder Moratorium bei der Atomkraft usw.) ergeben, um zu einer Schlussfolgerung zu gelangen.

(4) Denkfertigkeit «Eigene Stellungnahmen und Aussagen zu einer Problemstellung kritisch reflektieren»
Schülerinnen und Schüler sollten lernen, eigene Stellungnahmen und Aussagen kritisch zu reflektieren, so dass sie ihr eigenes Denken und Urteilen immer wieder zu differenzieren versuchen. Abbildung 8.25 zeigt die Struktur.

3.6.5 Kreativität und Denkfertigkeiten zum kreativen Denken

3.6.5.1 Theoretische Grundlagen

Die Erziehung von Kindern und Jugendlichen zu kreativen (schöpferischen) Menschen war schon immer ein vorrangiges Ziel für den Unterricht und die Schule. Dazu kommt die Faszinationskraft des Ausdrucks Kreativität. Deshalb ist es auch verständlich, dass sehr viele Kreativitätstheorien entworfen wurden, die allerdings noch kaum Eingang in den täglichen Unterricht gefunden haben. Zurückzuführen ist dies vor allem auf die Komplexität des Begriffs Kreativität (vergleiche Leone 2000).
Cohen & Ambrose (1993) und Ambrose (1996) unterscheiden zwei unterschiedliche Sichtweisen von Kreativitätstheorien. Die **mechanistisch** orientierten Theorien versuchen die Kreativität **reduktionistisch** zu erfassen, d.h. sie untersuchen einzelne Variablen, welche die Kreativität beeinflussen und prägen. Mit ihnen wird also nach Ursache-Wirkungs-Aussagen gesucht.

Dazu gehören insbesondere
- Assoziationstheorien: Die Kreativität ergibt sich aus der Anzahl und Ungewöhnlichkeit von Assoziationen.
- Psychomotorische Theorien: Messbare, stabile Charakterzüge oder Faktoren unterscheiden kreative Menschen von anderen.

Abbildung 8.22 **Denkfertigkeit «Hypothesen prüfen»**

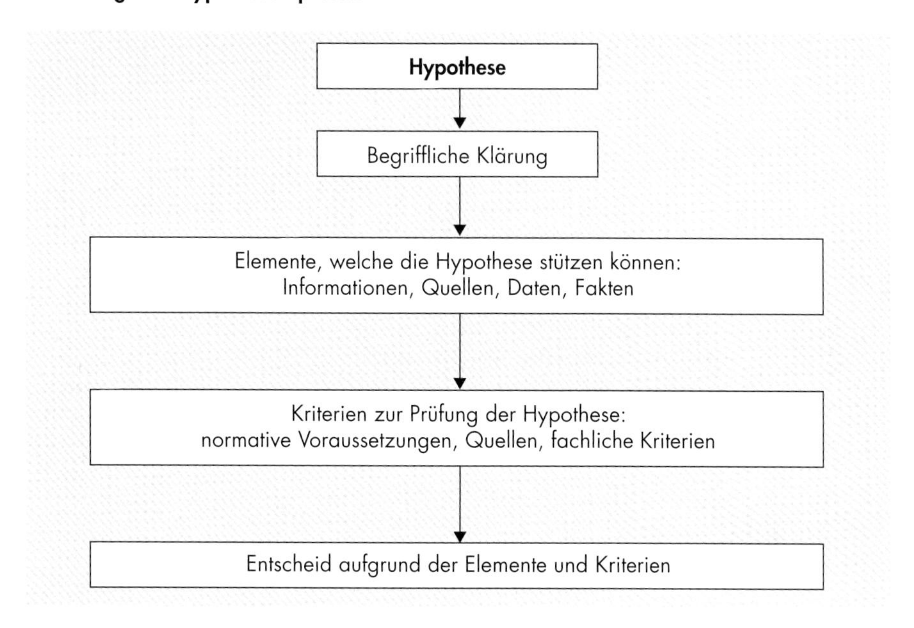

Abbildung 8.23 **Denkfertigkeit «Sachverhalte, Ideen, und Alternativen beurteilen»**

Ziel	Bestimmen der Qualität, des Wertes, der Angemessenheit oder der Vollständigkeit einer Sache oder von Alternativen
Vorgehen (Unterrichtsschritte)	1. Klare Bestimmung dessen, was zu beurteilen ist, und Überprüfung der Vollständigkeit der Informationen 2. Bestimmen der Kriterien, anhand derer die Beurteilung vorzunehmen ist 3. Suchen der Elemente (Informationen, Daten, Fakten), die die Beurteilung anhand der Kriterien ermöglichen 4. Anwenden dieser Elemente, um bei jedem Kriterium die optimale Beurteilung zu erhalten 5. Entscheid über die Beurteilung bei jedem Kriterium 6. Gesamtbeurteilung
Anwendung	Vorbereitung von Entscheidungen
Beispiel	Im Geografie-Unterricht wird die Idee beurteilt, abgelegene Regionen aus wirtschaftlichen Gründen nicht mehr zu fördern (auf eine Regionalpolitik städteferner Gegenden zu verzichten), um die Wirtschaft in den bevölkerungsreichen, standortstarken Gegenden zu stärken.

Abbildung 8.24 **Denkfertigkeit «Konsequenzen abschätzen und Schlussfolgerungen ziehen»**

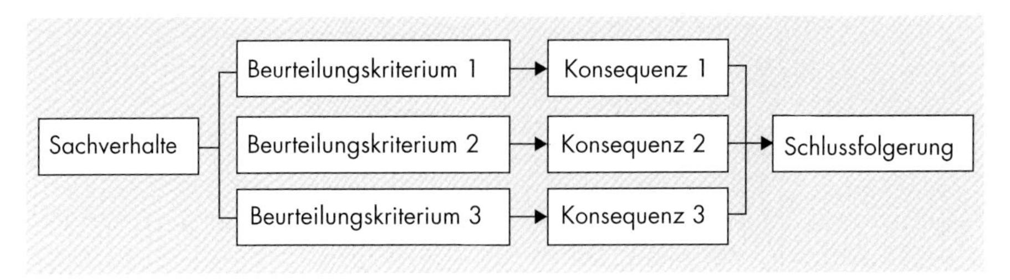

Abbildung 8.25 **Denkfertigkeit «Eigene Stellungnahmen und Aussagen zu einer Problemstellung kritisch reflektieren»**

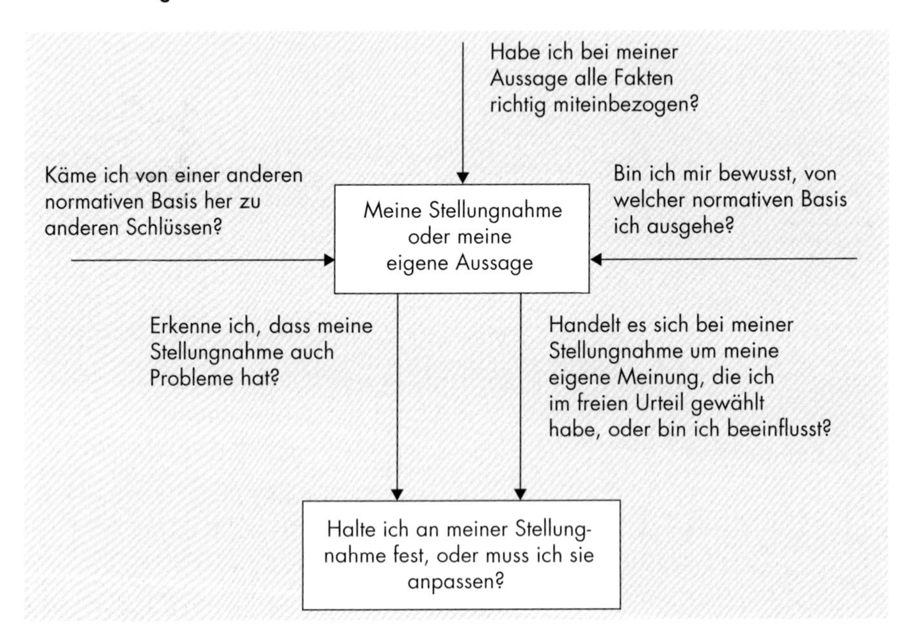

- Theorien der Persönlichkeitseigenschaften und der kognitiven Stile: Stabile Persönlichkeitsmerkmale unterscheiden kreative von weniger kreativen Menschen.
- Theorien der Umgebungsvariablen: Faktoren der Umwelt wie Anregungen von aussen, Lernmaterialien usw. beeinflussen die Kreativität.
- Kognitive und Informationsprozesstheorien: Die Verfügbarkeit von höheren kognitiven Prozessen unterscheidet kreative von weniger kreativen Menschen.

Holistisch orientierte Theorien betrachten Ganzheiten, indem nach Wechselwirkungen zwischen Subsystemen gesucht wird, die es erlauben, auf die der Ganzheit zugrunde liegende Organisation der Strukturen zu schliessen.

Dazu gehören insbesondere
- Psychoanalytische Theorien: Das Unbewusste bzw. das Unterbewusste ist die Quelle der Kreativität. Durch den kreativen Prozess müssen die Ideen auf die Ebene des Bewusstseins transferiert und dort weiterverarbeitet werden.
- Humanistische Theorien: Im Streben nach Selbstverwirklichung lassen sich die in der Person liegenden Fähigkeiten zu kreativem Denken und Handeln entwickeln.
- Gestaltthemen: Verstandene Konfigurationen führen mittels produktivem Denken zu kreativen Leistungen.
- Entwicklungstheorien: Mit der Entwicklung des Menschen wachsen die Fähigkeiten, Probleme zu erkennen, Alternativen zu entwickeln und zu beurteilen.
- Transzendentale Theorien: Die Ursprünge der Kreativität liegen ausserhalb des Menschen (Inspiration, Drogen).
- Biologische Theorien: Diese Theorien beschäftigen sich mit den Ausprägungen und den Wirkungsweisen des Gehirns.

In vielen Kreativitätstheorien spielt der **kreative Prozess** eine wichtige Rolle, und die vielen **Kreativitätstechniken** beruhen auf Überlegungen zu kreativen Prozessen. Auch dazu liegen verschiedene Ansätze vor:

- Intelligenz und Kreativität: Viele Theoretiker vermuten eine hohe Korrelation zwischen Intelligenz und Kreativität: Je intelligenter eine Person ist, desto kreativer sollte sie sein. Die Forschungsergebnisse dazu sind immer noch widersprüchlich. Wahrscheinlich trägt eine allgemeine Intelligenz zur Kreativität bei. Aber kreative Prozesse erfordern auch eine gute Motivation und gewisse Persönlichkeitseigenschaften (Lubart 1994).
- Kreativität als unbewusster Prozess: Die Vertreter dieser Auffassung meinen, dass in geistigen Ruhephasen viele neue Ideen und Assoziationen entstehen, von denen jedoch nur ein kleiner Teil ins Bewusstsein vordringt und dort ein sinnvolles Resultat entsteht. Insbesondere bewusste, aber vordergründig erfolglose Problemlöseprozesse können nach dieser Auffassung unbewusste Prozesse in Gang bringen, die zu einer zufälligen Anzahl neuer Ideenkombinationen führen können (Brown 1989).
- Kreativität als Element der Problemlösung: Viele Theoretiker sehen Problemlöseprozesse und darauf aufbauende Förderprogramme als kreative Prozesse. Insbesondere Forscher im Bereich der künstlichen Intelligenz stellen die beiden Konstrukte Kreativität und Problemlösen auf die gleiche Ebene, während andere Autoren die Kreativität nur als einen Aspekt des Problemlösens verstehen und der Meinung sind, das logische Schritt-für-Schritt-Denken in Problemlöseprozessen genüge für die Förderung der Kreativität nicht. Insbesondere Perkins (1990) hält fest, dass das Problemlösen nicht alle Denkprozesse umfasst, welche zur Förderung der Kreativität nötig sind.
- Kreativität als assoziativer Prozess: Die Entwicklung von neuen Ideen lässt sich mit drei Prinzipien erklären: erstens mit dem «Prinzip der Erfahrung», wonach sich ein Mensch auf seine eigenen Vorstellungen, Gefühle und Bemühungen beruft, zweitens mit dem «Prinzip der Beziehungen», nach welchem eine Person in einer Situation, in der zwei oder mehr Items vorkommen, diese auf verschiedene Weise wahrnimmt, und drittens dem «Prinzip der Wechselbeziehungen»,

welches besagt, dass beim bewussten Vorliegen eines Items und einer Beziehung der Geist ein weiteres Item generieren kann (Spearman 1931).

Dem Zusammenhang von Kreativität und Intelligenz wird heute weniger Beachtung geschenkt als früher, weil keine klaren Aussagen möglich sind. Die anderen drei Ansätze bleiben aber bedeutsam, weil sie vor allem für die Entwicklung von Kreativitätstechniken Grundlagen abgeben.
Die verschiedenen Theorien zur Kreativität und die vielen Ansätze zur Erklärung der kreativen Prozesse machen es nahezu unmöglich, zu allgemeingültigen Aussagen zu gelangen, welche auch unterrichtspraktisch in verlässlicher Weise weiterführen. Dies bestätigt auch Weinert (1993, 22): «Kreativität lässt sich überhaupt nicht definieren, weil es dafür keine andere Möglichkeit gäbe, als völlig spekulativ eine Kraft, eine Fähigkeit oder eine Mechanik zu postulieren, die kreative Produkte hervorbringt. Solche Definitionen sind zwar ausserordentlich beliebt, aber wissenschaftlich völlig nutzlos. Was man umschreiben kann, sind lediglich jene Qualitäten von Produkten, Prozessen und Personen, die wir als kreativ bezeichnen.» Anders ausgedrückt, verändert sich die Betrachtungsweise der Kreativität je nach der Beschreibung des Ursprungs der kreativen Leistung und der Betrachtung des Produktes, des Prozesses oder der Person immer wieder.

3.6.5.2 Ein Gedankenmodell für einen kreativitätsfördernden Unterricht

Versucht man aus der Fülle der Erklärungen über kreative Prozesse Grundsätze abzuleiten, denen sowohl Forschende als auch Praktiker zustimmen, und welche geeignet sind, Empfehlungen für den Unterricht abzuleiten, so lässt sich Folgendes festhalten (vergleiche auch Treffinger & Isaksen 2001):

(1) Eine aussagekräftige Umschreibung von Kreativität muss auf einer vielgestaltigen Betrachtungsweise aufbauen, und die Förderung der Kreativität im Unterricht setzt die Kombination von vielen Faktoren voraus. Eindimensionale Betrachtungsweisen wie beispielsweise der Glaube, mit dem Einüben und Anwenden von Kreativitätstechniken lasse sich die Kreativität nachhaltig stärken, sind unterrichtlich wenig fruchtbar. Darauf machte schon früh Rhodes (1961) mit den «four P's of Creativity» aufmerksam (siehe Abbildung 8.26).
Der Prozess und das Produkt stellen die Kriterien dar, wobei ein Produkt nur dann eine kreative Leistung darstellt, wenn es **originell, neuartig** und **brauchbar** ist; dies in Abgrenzung zur Primitivkreativität, d.h. Ideen und Erkenntnisse, welche diesen drei

Abbildung 8.26 **Die «four P`s of Creativity»**

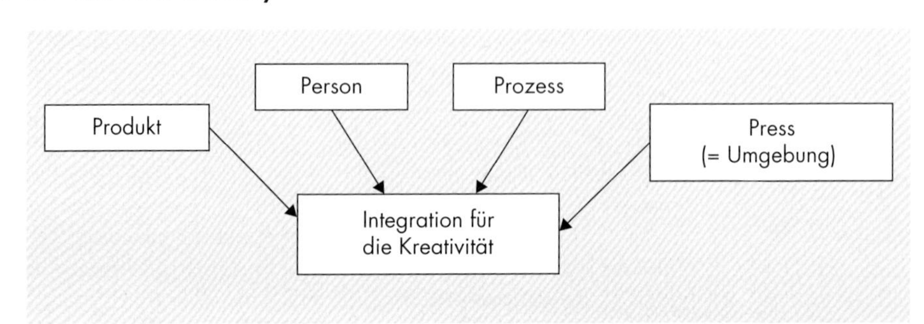

Bedingungen nicht entsprechen. Die Eigenschaften der Person dienen als Grundlage, damit ein kreativer Prozess überhaupt in Gang kommen kann. Und die Lernumgebung ist eine Voraussetzung, um die anderen drei Faktoren zum Tragen zu bringen. Deshalb setzt die Förderung der Kreativität eine gezielte Interaktion zwischen den vier «P's» voraus.

(2) Sternberg & Lubart (1996) haben diese integrative Betrachtungsweise weiterentwickelt und ihre Investitionstheorie entwickelt, in welcher sie sechs Ressourcen (Input-Strom) erkennen, die interagieren und auf verschiedene Weise gefiltert und selektiv genutzt werden, damit es zu kreativen Leistungen kommt. Diese Ressourcen sind: die Intelligenz, das Wissen, der Denkstil[53], die Eigenschaften der Person [54], ihre Motivation und die Umgebung (Kontext). Erfolgsentscheidend ist das Zusammenspiel (die Interaktion dieser sechs Ressourcen), wozu Sternberg & Lubart (1996) fünf Annahmen umschreiben:

- Kreative Leistungen werden nur möglich, wenn die einzelnen Ressourcen ein gewisses Ausprägungsniveau aufweisen. Eine Schülerin beispielsweise mit einem grossen Faktenwissen, das sie aber nicht verstanden hat, und die sehr wenig motiviert ist, wird kaum kreative Leistungen erbringen.
- Schwächen bei einer Ressource können bis zu einem gewissen Grad durch Stärken bei einer anderen Ressource wenigstens zum Teil kompensiert werden.
- Aus einer Interaktion verschieden stark ausgeprägter Ressourcen kann sich eine Steigerung der Kreativität ergeben, sofern die Qualität der Umgebung gut ist. So tragen beispielsweise ein umfassendes, verstandenes Wissen und eine hohe Motivation in einer guten Lernumgebung zu einer Stärkung der Kreativität bei.
- Wahrscheinlich sind Beiträge der einzelnen Ressourcen von Fachbereich zu Fachbereich verschieden gross. So können in einem Bereich die Eigenschaften der Person, in einem anderen das Wissen stärker prägen.
- Aber nicht alle Aspekte der einzelnen Ressourcen spielen für die Kreativität eine fördernde Rolle. Gewisse Eigenschaften einer Person können positiv mit der Kreativität, andere negativ korrelieren.

---

[53] Sternberg (1997) geht von der Annahme aus, dass der Lernerfolg nicht nur von der Frage abhängt, wie gut jemand denkt, sondern ebenso sehr von der Art, **wie** jemand denkt. Dies zeigt sich in Denkstilen, die nicht eine Fähigkeit an sich sind, sondern sie zeigen vielmehr, wie Menschen die Fähigkeit des Denkens anwenden. Dabei hat aber ein Mensch nicht **einen** Stil, sondern ein Profil mit Stilen. Deshalb denken auch Leute mit gleichen Fähigkeiten nicht gleich. Sternbergs Ziel ist es, bei Lernenden das Bewusstsein für Denkstile zu schaffen, damit sie mit ihrem Denkstil-Profil ihr Lernen und Denken besser zu beherrschen lernen. Er geht davon aus, dass Denkstile durch den Unterricht beeinflusst werden können. Deshalb empfiehlt er einen methodisch vielgestaltigen Unterricht, in welchem viel über die Lernerfahrungen reflektiert wird. Zu diesem Zweck zeigt er auf, mit welchen Unterrichtsverfahren welche Denkstile am ehesten gefördert werden können. In seinen Arbeiten hat er viele interessante Zusammenhänge herausgefunden. Leider ist es aber noch nicht richtig gelungen, die Idee der Denkstile im alltäglichen Unterricht umzusetzen.

[54] Insbesondere Kindheitserfahrungen prägen die kreative Leistungsfähigkeit sehr stark, stärken also die Eigenschaft Kreativität von Personen. Kreative Erwachsene berichten immer wieder, dass sie in ihrer Jugendzeit aufgefordert wurden, viele Fragen zu stellen und ihre Ideen durch aktives Experimentieren zu überprüfen, ihre Interessen in Hobbies zu verwirklichen und sich spezielles Wissen in Interessensgebieten zu erarbeiten (Wallach 1971).

(3) Damit gilt heute als erwiesen, dass im Unterricht die Kreativität der Schülerinnen und Schüler gezielt gefördert werden kann, sofern der Unterricht alle diese Ressourcen in integrierter Weise berücksichtigt (siehe dazu beispielsweise die Sammeluntersuchung bei Isaksen & DeSchryver 2000).

Aufgrund der bisherigen Darstellung lässt sich ein Gedankenmodell für einen kreativitätsfördernden Unterricht entwerfen (siehe Abbildung 8.27). Für den alltäglichen Unterricht lassen sich aus diesem Modell folgende Anregungen ableiten:

1) Kreative Leistungen im intellektuellen Bereich sind nicht etwas Spielerisches, sondern setzen eine hohe Motivation sowie ein gutes Wissen voraus. Darauf können Lehrkräfte unmittelbar Einfluss nehmen, indem sie eine anregende Lernumwelt schaffen, in welcher mit komplexen Lehr-Lern-Arrangements Voraussetzungen zu einem **divergenten Denken**[55] geschaffen werden, d.h. die Aufgaben- und Problemstellungen zielen nicht auf eine einzige, richtige Lösung ab (konvergentes Denken), sondern sie sollen zur Suche nach einer Vielzahl von Lösungsmöglichkeiten anregen, die zu würdigen sind. Deshalb sind populäre «Kreativitätstheorien», welche das Wissen und in Verbindung damit die Motivation vernachlässigen, mit Vorsicht aufzunehmen (Hayes 1990).

2) Ein Unterricht, der kreativitätsfördernd wirken soll, muss bei den Schülerinnen und Schülern eine **offene Fragehaltung** herbeiführen. Deshalb sind die Problemstellungen so aufzubereiten, dass die Lernenden möglichst aus eigenem Antrieb tiefer in die Thematik oder Problemstellung eindringen wollen. Dazu kann eine geschickte Fragestellung seitens der Lehrkraft wesentliche Anregungen geben.

   Beispiel: Im Volkswirtschaftslehre-Unterricht kann eine Lehrerin fragen: «Warum bringt eine aktive Zahlungsbilanz bei stabilen Wechselkursen dem Land Inflationstendenzen?» Diese Frage löst konvergentes Denken aus. Stellt sie hingegen Folgendes fest: «Ich nenne euch einen häufigen Tatbestand: Inflation entsteht bei stabilen Wechselkursen und bei einer aktiven Zahlungsbilanz, nicht aber bei einer passiven», so wird ein stärker divergentes Denken gefordert, weil die Lernenden selbst nach der Problemstellung suchen müssen, was ihre Fragehaltung fördert.

3) Die Lerngegenstände sollten häufig **manipuliert** werden, um die Habitbildung (Gewöhnung) zu hemmen, d.h. die gleiche Thematik wird immer wieder aus einer anderen Sicht betrachtet, damit sich die Lernenden nicht auf mechanische Denkpläne festlegen, sondern gezwungen werden, ihr Wissen laufend neu zu organisieren.

---

[55] **Divergentes Denken** ist kreatives Denken, das durch drei Merkmale charakterisiert ist (Guilford 1956): Flüssigkeit (rasches Generieren von vielen Ideen), Flexibilität (bewegliches Angehen von Problemen von vielen verschiedenen Seiten her) und Originalität (Generieren von neuen unerwarteten Ideen).
Beim **konvergenten Denken** geht es um schlussfolgerndes Denken, das zu einem bestimmten Ergebnis führt. Dieser Unterschied wird in Abbildung 8.28 mit zwei Beispielen verdeutlicht. Diese beiden Beispiele verweisen auf die Wichtigkeit der Art der Problemstellung, indem sofort ersichtlich wird, wie bei den beiden divergenten Beispielen die Ansätze zum kreativen Denken ausgeprägter sind. Dass zu deren Bearbeitung auch konvergente Denkoperationen benötigt werden, ist selbstverständlich, was für den Schulalltag darauf hinweist, dass man Denkoperationen nicht zu stark fraktionieren sollte.

Abbildung 8.27 **Gedankenmodell für einen kreativitätsfördernden Unterricht**

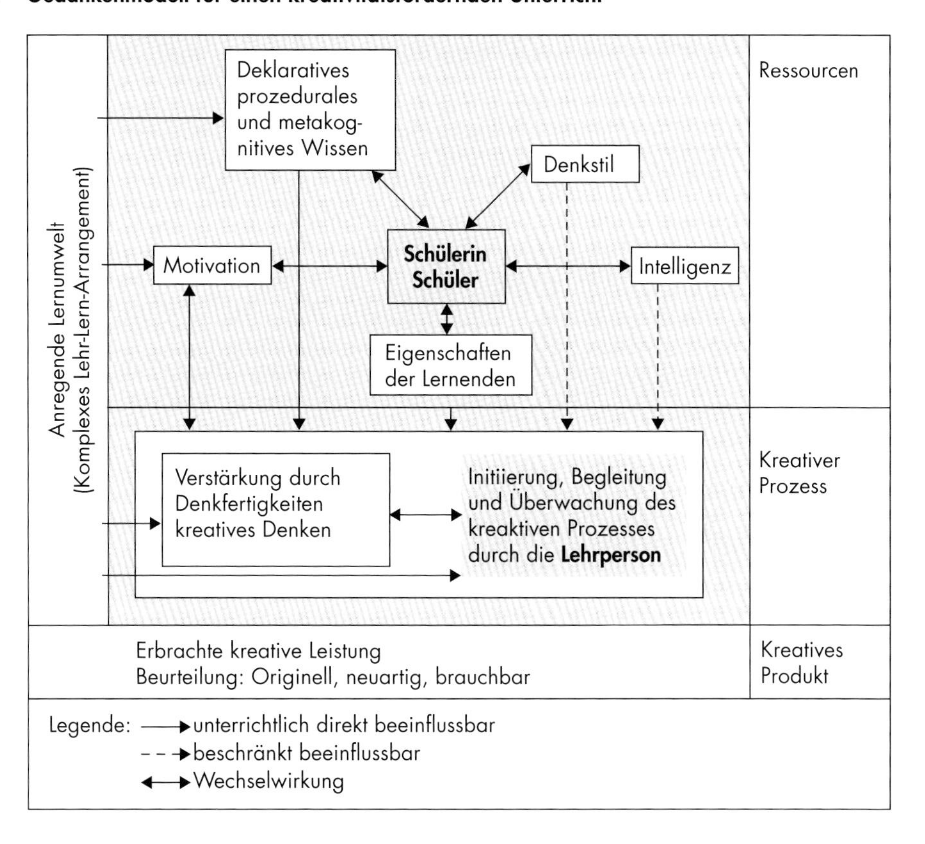

Abbildung 8.28 **Konvergentes und divergentes Denken**

Konvergentes Denken	**Divergentes Denken**
Rechtskunde-Unterricht	
Die Schülerinnen und Schüler haben ein Rechtsproblem erkannt und den zutreffenden Gesetzesartikel verstanden. Damit lösen sie das Rechtsproblem.	Die Schülerinnen und Schüler haben ein Rechtsproblem erkannt und versuchen – als «Gesetzgeber» – selbst einen Gesetzesartikel zu entwerfen. Später vergleichen sie ihre erfundene Lösung mit der bestehenden Rechtsordnung.
Geschichts-Unterricht	
Die Schülerinnen und Schüler lernen das taktische Agieren einer historischen Persönlichkeit im Zusammenhang mit einer politischen Frage zu analysieren.	Die Schülerinnen und Schüler erarbeiten selbst ein Konzept, das zeigt, wie sie in dieser Situation agiert hätten, und vergleichen später ihr Konzept mit dem seinerzeitigen tatsächlichen Geschehen.

Beispiel: Im Staatskunde-Unterricht steht eine politische Streitfrage zur Diskussion. Im konvergenten Unterricht ermittelt die Klasse anhand von Dokumenten, wie und warum die einzelnen Interessengruppen auf eine bestimmte Art argumentieren. Im divergenten Unterricht suchen die Lernenden selbst nach möglichen Argumentationen, welche die einzelnen Interessengruppen einbringen könnten. Auf diese Weise sind sie gezwungen, ihr Wissen zur Lösung der Aufgabe ganz neu zu organisieren, indem sie sich aus der einseitigen Sicht der Interessengruppe in die Thematik einarbeiten müssen.

4) Im alltäglichen Lehrerverhalten sind die folgenden Punkte zu beachten:
   - Neuartige, unerwartete Ideen, Lösungswege, Hypothesen usw. sollten gut verstärkt und im weiteren Unterrichtsverlauf für die Lernenden erkennbar weiterverarbeitet werden, selbst wenn sie das vorbereitete Unterrichtskonzept durchkreuzen.
   - Auch bei scheinbar unproblematischen Sachverhalten sind die Schülerinnen und Schüler aufzufordern, nach hintergründigen Ursachen und Problemen zu suchen (Erhöhung der Sensitivität und Förderung der Fragehaltung).
   - Die Lernenden sind anzuhalten, eigene und fremde kreative Einfälle positiv zu werten und nicht zu belächeln oder zu übersehen. Die Lehrkraft kann diesen Prozess unterstützen, wenn sie auch ausgefallene Ideen im Unterricht stets bewusst und in sinnvoller Weise auswertet.
   - Klassen sind zu einer Haltung von konstruktiver Kritik zu erziehen: Wer kritisiert, muss dies wohl begründet tun und neue Vorschläge bringen. Deshalb dürfen Lehrkräfte unbegründete Kritik im Klassenverband nicht akzeptieren.
   - Sucht die Klasse nach neuen Ideen, Lösungen, Hypothesen usw., sollten Lehrpersonen möglichst lange auf jeden Kommentar und jede Kritik oder Beurteilung verzichten, damit viele Schülerbeiträge eingebracht werden. Von Vorteil ist es aber, wenn alle Aussagen der Lernenden an der Wandtafel (Hellraumprojektor) festgehalten werden, weil die Visualisierung zu weiteren Assoziationen anregt und die spätere Beurteilung erleichtert wird.
   - Sehr häufig erbringen Lernende keine kreativen Leistungen, weil sie sich vor Misserfolg und Kritik fürchten, sozial gehemmt sind, kein Selbstvertrauen haben oder einfach glauben, sie seien nicht kreativ (Davis 1976). In solchen Fällen sollte die Lehrkraft steuernd Einfluss nehmen, indem sie durch geschickte Aufforderung und gutes Scaffolding sowie durch Modellieren kreative Leistungen anregt und ein Klassenklima schafft, in welchem die Lernenden regelmässig erfahren, dass Originalität ebenso geschätzt wird wie konvergentes Denken. Manske & Davis (1968) fanden, dass Lernende mehr originelle Antworten gaben, wenn sie aufgefordert wurden, originelle Antworten, Ideen und Lösungen einzubringen (aber auch mehr praktische, wenn sie dazu aufgefordert wurden), was auf eine gewisse Steuerbarkeit hinweist.

Schon seit langem ist bekannt, dass viele Lehrpersonen konvergent denkende den divergent denkenden Schülerinnen und Schülern vorziehen, weil die Divergenten mit ihren Ideen den Unterrichtsverlauf mit ausgefallenen Ideen häufiger unterbrechen oder gar «stören» und dadurch von den Lehrkräften sogar nicht selten als «bedrohend» wahrgenommen werden, gar wenn sie im traditionellen konvergenten Unterricht schlechtere Schulleistungen erbringen. Deshalb muss das eigene Lehrerverhalten in dieser Hinsicht besonders reflektiert werden.

5) Um die Schülerinnen und Schüler in der Fähigkeit zur Selbststeuerung von kreativen Prozessen optimal zu fördern, muss man sie richtig einschätzen. Dazu mag eine Typisierung von Lernenden aufgrund ihrer Voraussetzungen bezüglich Kreativität und herkömmlichen Schulleistungen unterstützend wirken (Wallach & Kogan 1965):
   - Lernende mit einer hohen Kreativität und guten herkömmlichen Schulleistungen: Sie geben keine Probleme, weil sie ihr Lernen und ihre kreativen Leistungen selbst gut steuern.
   - Lernende mit einer hohen Kreativität und schwächeren herkömmlichen Schulleistungen: Sie haben oft Mühe, sich im Klassenunterricht richtig einzugliedern, weil sie das Alltägliche nicht meistern, aber laufend versuchen, originelle Ideen einzubringen. Infolge ihrer schwächeren Schulleistungen werden sie von vielen Lehrkräften nicht ernst genommen, und ihre originellen Ideen werden im Unterricht nicht weiterverarbeitet. Als Folge des Nichtwahrnehmens entwickelt sich bei ihnen oft ein unangepasstes Verhalten. Solchen Schülerinnen und Schülern kann durch eine gute Führung geholfen werden, indem ihre Kreativität nicht unterdrückt wird, sondern ihnen Hilfen zu mehr Disziplin bei der Wissenserarbeitung und beim konvergenten Denken angeboten werden.
   - Lernende mit einer geringen Kreativität und guten herkömmlichen Schulleistungen: Sie sind konvergente Denker und zeigen im traditionellen Unterricht ein angepasstes Verhalten. Deshalb sind sie bei Lehrkräften im Allgemeinen beliebt. Sie sind mit kreativen Aufgabenstellungen herauszufordern, damit sie sich nicht weiter einseitig entwickeln und zu rigiden Persönlichkeiten werden.
   - Lernende mit einer geringen Kreativität und schwächeren herkömmlichen Schulleistungen: Sie sind im Unterricht meistens passiv und versuchen sich oft mit ausserschulischen Aktivitäten zu profilieren, um schulische Misserfolge zu kompensieren. Sie sind durch gezielte Unterstützung aus ihrer Passivität herauszuholen. Wesentlich ist, dass ihre Wissensbasis (Vorwissen) im Rahmen des Möglichen verbreitert wird, damit sie wieder Chancen zur aktiven Mitwirkung im Unterricht erhalten (z.B. gezielte zusätzliche Hausaufgaben, Zusatzunterricht mit einem Tutor).

3.6.5.3 Denkfertigkeiten zum kreativen Denken

Eigene Ideen entwickeln

Zur Entwicklung eigener Ideen wurden viele **Kreativitätstechniken** entwickelt. Es handelt sich dabei um **Heuristiken**[56]. Die Wirksamkeit dieser Techniken ist wissen-

[56] **Heuristiken** sind Methoden (Denkpläne), mit welchen nach Ideen und Problemlösungen gesucht wird. Sie beruhen auf groben Faustregeln, welche die Chancen, originelle Antwort und Lösungen zu finden, verbessern. Sie garantieren aber nicht, dass Ideen und Lösungen gefunden werden.
Davon zu unterscheiden sind **Algorithmen.** Sie bestehen aus einer Zahl von intellektuellen Operationen, die, wenn sie verstanden und richtig angewandt werden, zu richtigen Lösungen führen. Algorithmen eignen sich für **gut strukturierte Probleme**, d.h. für solche, deren Ausgangslage und die mit der Problemlösung zu erreichenden Ziele klar sind.
Heuristiken sind bei **schlecht strukturierten Problemen** notwendig, d.h. bei solchen, deren Ausgangslage und das zu erreichende Ziel sowie die Vorgehensweise unklar sind.

schaftlich umstritten. Meistens bleiben die Wirkungen kurzfristig und vor allem der Transfer von Ausbildungsprogrammen mit Kreativitätstechniken ist bescheiden (Cropley 1997, Parkhurst 1999). Wahrscheinlich ergeben sich positive Auswirkungen nur, wenn die einzelnen Techniken in grösseren Zusammenhängen eingesetzt werden (z.B. Brainstorming in einem Problemlöseprozess), sie systematisch in den Lehrplan eingebaut und öfters angewandt werden und die Lehrkräfte Unterrichtssituationen herstellen und Lernmaterialien verfügbar haben, welche die Schülerinnen und Schüler zu motivieren vermögen. Für sich allein fördern die Kreativitätstechniken die Kreativität offensichtlich wenig. Nur deren Kombination mit sachbezogenem Wissen, guten Problemstellungen und zweckmässiger Anleitung durch die Lehrperson können zu gewissen Wirkungen führen (Bussmann & Heymann 1995).

(A) Brainstorming

Brainstorming ist die gemeinsame, auf die Lösung einer definierten Fragestellung gerichtete, ungehemmte «Ideen-Produktion» einer Gruppe (Osborn 1963). Es ist durch vier Prinzipien gekennzeichnet.

- Die hinausgeschobene Beurteilung: Die einzelnen Gruppenteilnehmer sollen vom Druck vorzeitiger kritischer Beurteilung befreit sein. Deshalb ist während des Brainstormings jede verbale und nicht verbale Kritik an geäusserten Ideen verboten, damit die Gelöstheit und die Spontaneität der Mitwirkenden nicht gehemmt werden.
- Tolerante Atmosphäre: Jede Idee darf geäussert werden, mag sie auf den ersten Blick als noch so einfach, unbrauchbar oder «verrückt» erscheinen.
- Quantität kommt vor Qualität: Anzustreben ist eine grosse Menge von Vorschlägen, um damit die Kombinationsmöglichkeiten und die Wahrscheinlichkeit zu erhöhen, die gute Lösung zu finden.
- Ideen kombinieren: Die Teilnehmenden sollen ihre Einfälle gegenseitig aufgreifen und weiter assoziieren. Deshalb ist das Brainstorming in Gruppen und nicht individuell durchzuführen.

Im Unterricht kann das Brainstorming folgendermassen eingesetzt werden: Die Klasse gelangt in eine Unterrichtssituation, in der nach Lösungen und/oder Ideen gesucht werden muss (z.B. in einem Problemlöse- bzw. Entscheidungsfindungsprozess oder bei der Gestaltung einer bestimmten Arbeit). Dann formuliert die Klasse (der Lehrer oder ein als Moderator bestimmter Schüler) das genaue Problem, zu dem Ideen oder Lösungen gesucht werden. Im nächsten Schritt steuert die ganze Klasse Ideen bei, wobei der Moderator (Lehrer oder Schüler) beachtet, dass nur Ideen beigesteuert, diese aber grundsätzlich nicht kritisiert oder beurteilt werden. Versiegt der Ideenfluss, so bringt ihn der Diskussionsleiter durch geschickte Fragen wieder in Gang.
Osborn hat Fragestellungen entwickelt, mit denen der Moderator oder die Moderatorin die Gedankengänge wieder in Fluss bringen kann:

«1. Anders verwenden – Wie kann man es anders verwenden? Welchem Gebrauch wird es zugänglich, wenn es modifiziert ist? usw.
2. Adaptieren – Was ist so ähnlich? Welche Parallelen lassen sich ziehen? Was kann ich kopieren? usw.
3. Modifizieren – Kann man Bedeutung, Farbe, Bewegung, Klang, Geruch, Form, Grösse verändern bzw. hinzufügen? Was lässt sich noch verändern? usw.

4. Magnifizieren – Was kann man addieren? Mehr Zeit? Grössere Häufigkeit? Stärker? Höher? Länger? Dicker? Verdoppeln? Multiplizieren? usw.
5. Minifizieren – Was kann man wegnehmen? Kleiner? Kondensierter? Tiefer? Kürzer? Aufspalten? usw.
6. Substituieren – Durch was kann man ersetzen? Kann man anderes Material verwenden? Kann man den Prozess anders gestalten? Andere Kraftquelle? Anderen Platz, andere Stellung? usw.
7. Rearrangieren – Kann man Komponenten austauschen? Andere Reihenfolge? Kann man Ursache und Folge transponieren? usw.
8. Umkehrung – Lässt sich positiv und negativ transponieren? Wie ist es mit dem Gegenteil? Kann man es rückwärts bewegen? Kann man die Rollen vertauschen? usw.
9. Kombinieren – Kann man Einheiten kombinieren? Kann man Absichten kombinieren? usw.»

Alle Ideen werden an der Wandtafel (Hellraumprojektor oder Flip-Flap-Wand) festgehalten, damit nach Abschluss der Ideensammlung die Bewertung anhand von Kriterien festgelegt werden kann.

(B) Die Methode 6-3-5
Diese Methode ist eine straff organisierte Form des Brainstormings, durch welche Lösungen schrittweise assoziativ weiterentwickelt werden. Gearbeitet wird in Sechsergruppen nach folgendem Ablauf: Die Lehrperson oder die Klasse definiert das zu lösende Problem oder umschreibt das Ziel für die zu suchenden Ideen. Dann wird die Klasse in die Sechsergruppen aufgeteilt, welche die folgenden Arbeitsgänge vollziehen:

1. Schritt: Innert fünf Minuten schreiben die sechs Schülerinnen und Schüler in jeder Gruppe je drei Ideen auf.
2. Schritt: Dann geben sie ihre Lösungsvorschläge oder Ideen dem nächsten Schüler weiter, der auf den bereits vorhandenen Lösungsvorschlägen oder Ideen wiederum innert fünf Minuten drei weitere Lösungen assoziert.
3. Schritt: Dieser Prozess wird wiederholt, bis alle Schülerinnen und Schüler auf jedem Blatt je drei Lösungsvorschläge eingetragen haben.
4. Schritt: Am Schluss werden der Lehrperson von jeder Gruppe sechs Blätter mit je 18 Ideen oder Lösungsvorschlägen übergeben, die ausgewertet und anhand von Kriterien beurteilt werden.

(C) Morphologie
Morphologie (von Morpho – Logie = Kenntnis der Gestalt oder Struktur) ist eine Kreativitätstechnik, die dazu dient, schlecht strukturierte Probleme systematisch zu strukturieren, um sie nach allen Gesichtspunkten zu durchdringen und durch Kombination aller massgebenden Faktoren alle möglichen Lösungen zu ergründen (Zwicky 1959).
Das Arbeitsinstrument der Morphologie ist der morphologische Kasten (siehe Abbildung 8.29), mit dem einzeln oder in Gruppen zur Entwicklung neuer Ideen folgendermassen gearbeitet wird:

Abbildung 8.29 **Aufbau eines morphologischen Kastens**

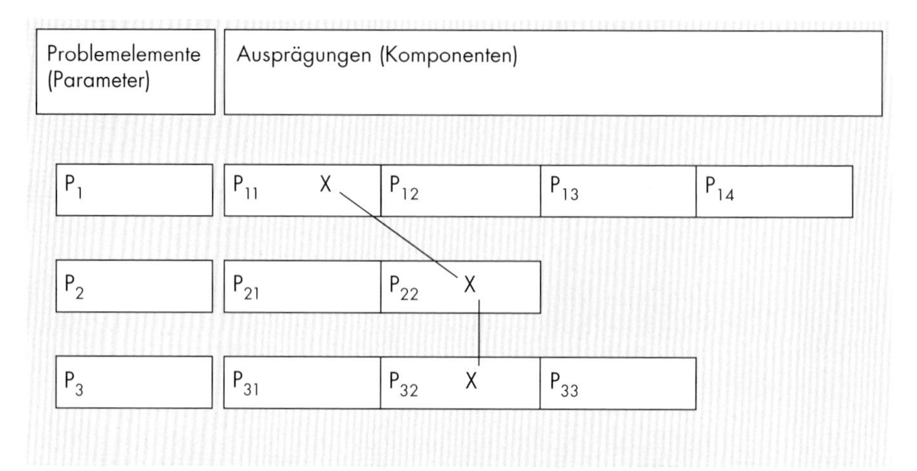

1. Schritt: Die Problemstellung ist möglichst genau zu umschreiben.
2. Schritt: Dann werden die Problemelemente (Parameter P1, P2, P3 usw.) bestimmt, d.h. alle Teilaspekte des Problems festgelegt, welche die Lösung beeinflussen können. Diese Teilaspekte müssen voneinander unabhängig sein.
3. Schritt: Anschliessend werden die Ausprägungen (Komponenten P11, P12 usw., P21, P22 usw.) gesucht, d.h. zu den Teilaspekten des Problems werden Lösungsmöglichkeiten entworfen. Sie können quantitativer oder qualitativer Art und in ihrer Anzahl von Problemelement zu Problemelement unterschiedlich sein.
4. Schritt: Im nächsten Schritt werden die Ausprägungen der Problemelemente zu Lösungsalternativen des Gesamtproblems kombiniert. Dabei ist wesentlich, dass die Kombinationen vorurteilsfrei vorgenommen werden.
5. Schritt: Schliesslich sind die Lösungsalternativen des Gesamtproblems zu bewerten, wobei wiederum Bewertungskriterien zu suchen sind.

Beispiel: Im Wirtschaftskunde- oder Geografie-Unterricht werden Umweltprobleme behandelt. Das letzte Lernziel dieses Unterrichts lautet: «Eine staatliche Umweltschutzpolitik entwerfen». Dieses Ziel kann mit einem morphologischen Kasten erarbeitet werden, indem die Schüler im ersten Schritt die Problemelemente im Umweltschutz suchen (P1 im morphologischen Kasten: Beschränkung der Verwendung von natürlichen Ressourcen, P2: Beschränkung der Abgabe schädlicher Reststoffe an die Natur, P3: Erhöhung der Regenerationsfähigkeit der Natur, P4: Förderung des Recyclings). Dann suchen die Schüler nach Ausprägungen (z.B. bei der Beschränkung der Verwendung natürlicher Ressourcen: Information der Bevölkerung [P11 im morphologischen Kasten], Besteuerung der Ressourcen [P12], Rationierung der Ressourcen [P13] usw.). Im nächsten Schritt werden die Elemente kombiniert, um Möglichkeiten (Alternativen) einer umfassenden Umweltschutzpolitik zu erhalten. Abschliessend sind diese Alternativen nach zu bestimmenden Kriterien zu gewichten (z.B. politische Realisierbarkeit, volkswirtschaftliche Kosten, Wirksamkeit).

Auch in der Morphologie ist das Prinzip der herausgeschobenen Beurteilung zu beachten. Deshalb ist bei der Bestimmung der Problemelemente (Parameter) und der

Ausprägungen jede Idee aus der Klasse entgegenzunehmen und die Bewertung auf das Ende der Entwicklungsarbeit aufzuschieben.
Insgesamt erleichtert die Morphologie die systematische Strukturierung und Analyse eines Problemfelds. Das Sichtbarmachen und Durchdenken der möglichen Kombinationen wirkt anregend und erhöht die Möglichkeit, kreative Leistungen zu erbringen.

Denkfertigkeit «Hypothesen entwerfen»
Eine wesentliche Herausforderung zur Förderung des Reflektierens ist die Denkfertigkeit «Hypothesen entwerfen». Abbildung 8.30 zeigt die Struktur.

Denkfertigkeit «Voraussagen machen»
Aus Hinweisen aus gegenwärtigen Entwicklungen oder aufgrund von Erkenntnissen aus Beobachtungen und aus Feststellungen lassen sich Voraussagen machen. Diese Denkfertigkeit ist bedeutsam, weil sie die Schülerinnen und Schüler befähigt, Entwicklungen abzuschätzen und zu beurteilen, um daraus Voraussagen abzuleiten. Abbildung 8.31 zeigt die Struktur.

Denkfertigkeit «Modelle entwickeln»
Der Erwerb von Wissen und das Verständnis von Gesamtzusammenhängen lassen sich über die Entwicklung von Modellen erleichtern. Ausgehend von einer Problemstellung wird versucht, einen Ablauf oder eine Entwicklung systematisch nachzuzeichnend als Modell darzustellen und innerhalb des Modells nach allen Abhängigkeiten und Wechselwirkungen zu suchen. Im alltäglichen Unterricht können solche Modelle in zweifacher Weise eingesetzt werden: Entweder wird im Klassenunterricht oder in Gruppen zu einem vorgegebenen Sachverhalt oder zu einer Problemstellung ein Modell konstruiert (exploratory mode), oder es wird ein fertiges Modell vorgelegt, das durch Simulationsabläufe angewandt und allenfalls modifiziert wird (expressive mode) (Schecker 1995). Zum Bereich des kreativen Denkens zählt nur der «exploratory mode», während der «expressive mode» schwergewichtig dem konver-

Abbildung 8.30 **Denkfertigkeit «Hypothesen entwerfen»**

Ziel	Für Ideen, Erscheinungen, Sachverhalte Begründungen und Zusammenhänge suchen
Vorgehen (Unterrichtsschritte)	1. Vorlage von Fakten, Daten, Situationen oder Ereignissen 2. Ermitteln von Problemen, die sich aus diesen Fakten, Daten, Situationen oder Ereignissen ergeben 3. Bestimmen des Problems, das genauer analysiert werden soll 4. Formulieren von Hypothesen – Welches sind die Ursachen, die zum Problem führen? – Welche Möglichkeiten gibt es, dieses Problem zu lösen?
Anwendung	Vorbereitung, um sich in einer Problematik Gewissheit zu verschaffen
Beispiel	Im Volkswirtschaftslehre-Unterricht stellt man anhand einer Statistik fest, dass die Arbeitslosenquote in den Vereinigten Staaten auf Konjunkturschwankungen rascher reagiert als in der Schweiz.

Abbildung 8.31 **Denkfertigkeit «Voraussagen machen»**

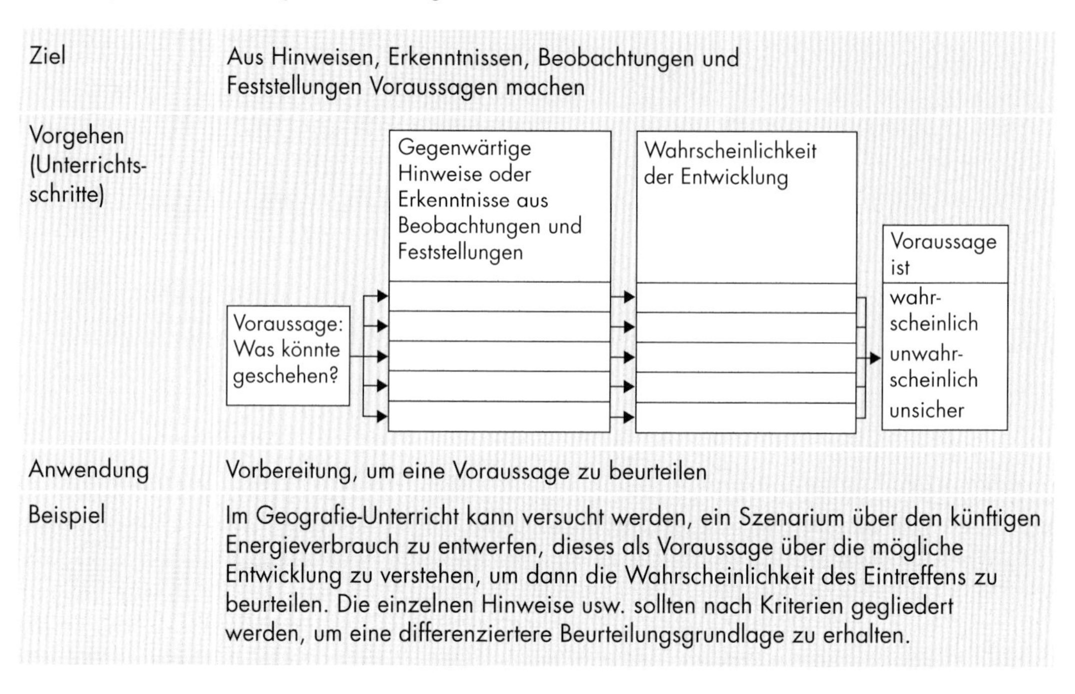

genten Denken zuzuordnen ist. Der Denkfertigkeit «Modelle entwickeln» liegen die folgenden Ablaufschritte zugrunde (vergleiche dazu die grundlegenden Arbeiten von Hillen, Berendes & Breuer 2000):

1. Schritt: Die Lernenden erhalten eine anspruchsvolle Problemstellung.
2. Schritt: Auf dieser Grundlage (unbeschriebene Oberfläche) beginnen sie die wichtigen Grössen herauszuarbeiten:
   - Bestandesgrössen (Zustandsvariablen)
   - Flussgrössen (Änderungsraten)
   - Konstanten und Hilfsvariablen
3. Schritt: Darauf aufbauend werden die Bestandesgrössen und die Flussgrössen zueinander in Beziehung gebracht und die Grössen, die noch zu wenig bestimmt sind, genauer beschrieben.
4. Schritt: Dann werden die Elemente miteinander verbunden, um das Modell zu entwickeln und fortlaufend zu verfeinern.

Beispiel: Im Anfänger-Unterricht in Betriebswirtschaftslehre eignet sich beispielsweise auch mit schwächeren Schülern der Lernbereich Lagerplanung/Lagerdisposition (in freier Anlehnung an Hillen, Berendes & Breuer 2000). Zu Beginn der Lektion werden den Lernenden die folgenden Angaben vorgelegt (es genügt, sie an der Wandtafel festzuhalten, damit die Lernenden nicht mit noch mehr Papier überschwemmt werden):
- Beschreibung eines Lagers,
- Forderung eines minimalen Lagerbestands zur Sicherstellung der Produktionsbereitschaft,
- Beschaffungszeit.

Diese Hinweise müssen gemacht werden. Andernfalls werden wichtige Elemente der Modellbildung vergessen.

Dann wird im Lehrgespräch das Modell entwickelt und erweitert bzw. verfeinert. Bei den ersten Anwendungen ist ein direktes Lehrerverhalten nötig, um im Lehrgespräch jeweils zugleich die richtigen Symbole einzuführen. Anfänglich sollten bei jedem Beispiel neue Symbole gewählt werden, damit die Lernenden auch im Umgang mit Symbolen flexibel werden. Abbildung 8.32 zeigt ein Modell, wie es in einem Schulversuch als Wandtafelbild entstanden ist.

3.6.5.4 Verallgemeinerung

Beginnend mit Hayes (1990) wird immer wieder in allgemeiner Form auf fünf kognitive Prozesse verwiesen, die beim kreativen Denken bedeutsam sind und als eine Vorstufe eine Heuristik darstellen können:

(1) **Vorbereitung:** Für kreative Leistungen wird eine längere Vorbereitungszeit benötigt. Während dieser Zeit werden im Hinblick auf die zu erbringende Leistung (kreative Problemlösung) weiteres Wissen und notwendige intellektuelle Fertigkeiten erworben.

(2) **Zielsetzung:** Ein sehr wichtiger Schritt zur Erbringung einer kreativen Leistung ist der Prozess der Zielsetzung, wobei besonders wichtig zu sein scheint, dass im Falle von Problemen und Schwierigkeiten versucht wird, nach neuen Betrachtungsweisen und Erklärungsansätzen zu suchen (Flexibilität als wichtiger Faktor für die Kreativität). Lernende mit einem grossen Wissen, das über enge Spezialkenntnisse hinausgeht sowie mit realistischen Beurteilungsfähigkeiten zur Einschätzung von Problemen und Lösungen, scheinen kreativere Ziele zu finden.

(3) **Repräsentation:** Die Art, wie die zu lösende Aufgabe oder das Problem dargestellt wird, hat wesentlichen Einfluss auf das Endergebnis. Dazu gehören die unmissverständliche Definition des Ziels der Aufgabe oder des Problems sowie die sichtbare Verbindung mit dem im Langzeitgedächtnis gespeicherten Wissen. Wie wichtig die

Abbildung 8.32 **Denkfertigkeit «Modelle entwickeln»**
Beispiel Lagerplanung/Lagerhaltung

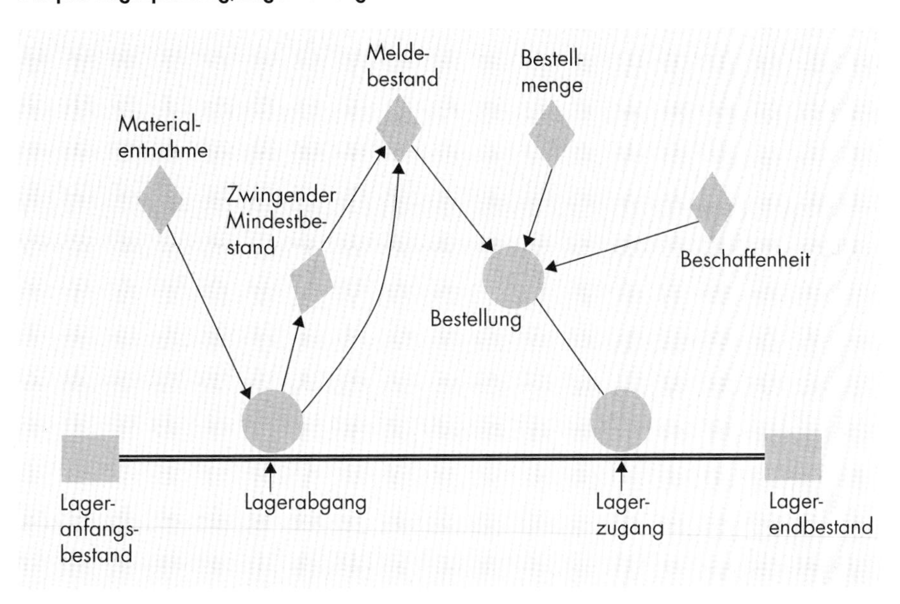

Repräsentation ist, konnten Katovsky, Hayes & Simon (1987) (zit. nach Hayes 1990) zeigen: Eine bestimmte Repräsentation eines Problems machte seine Lösung bedeutend schwieriger als eine andere Repräsentation des gleichen Problems.

(4) **Suchen nach Lösungen:** Kreativitätstechniken können zur Generierung von möglichst vielen Lösungen beitragen. Bei Findeleistungen können Gruppen überlegen sein, d.h. dort, wo es darum geht, überhaupt zu neuen Ideen zu gelangen. Häufig sind aber viele von in Gruppen vorgeschlagene Lösungen von geringer Qualität. Es scheint, dass für kreative Leistungen in erster Linie die lockernde und entspannende Funktion der Gruppenatmosphäre sowie die Stimmung zur Produktion von neuen Ideen und weniger die Gruppenprozesse entscheidend sind. Deshalb wird heute eher empfohlen, Kreativitätstechniken in einer Kombination von Einzel- und Gruppenarbeiten einzusetzen (z.B. suchen alle Teilnehmer zuerst allein mit Hilfe einer Kreativitätstechnik neue Ideen, um anschliessend in der Gruppe darüber zu diskutieren). Immer noch ungeklärt ist die Frage, ob im Schritt des Suchens nach Lösungen eine Inkubationszeit bedeutsam ist, d.h. eine Phase, während der die problemlösende Person ihre bewussten Überlegungen unterbricht, damit die Lösung gewissermassen von selbst «reift».

(5) **Revision:** In kreativen Prozessen ist die regelmässige Überprüfung von Zwischenschritten sehr bedeutsam, weil dadurch Schwachstellen und Mängel im eigenen Denken bewusster erkannt werden. Es scheint, dass kreative Personen weniger kreativen gegenüber überlegen sind, weil sie sich ganz allgemein höhere Ziele (Standards) setzen, sie sensibler wahrnehmen, dass sie ihre Standards noch nicht erreicht haben und flexibler sind, wenn sie Verbesserungen vornehmen.

3.7 Denkstrategien «Probleme lösen»

3.7.1 Grundlagen

Lernen und Problemlösen sind untrennbar miteinander verbunden: Lernende treffen ständig auf Hindernisse und Barrieren. Diese lassen sich nur durch Nachdenken und Problemlösen überwinden (Funke & Zumbach 2006). Ganz allgemein ausgedrückt lässt sich das Problemlösen durch drei grundlegende Aspekte charakterisieren: (1) Ein Anfangszustand ist durch eine (2) Anstrengung in einen (3) erwünschten Zielzustand überzuführen. Diese Anstrengung setzt deklaratives Wissen und prozedurales Wissen (Denkfertigkeiten oder Teilkompetenzen) voraus, die in ihrer Ganzheit die Denkstrategien «Probleme lösen» ergeben. Diese Denkstrategien können einem **Algorithmus** entsprechen (gut strukturierte Probleme, bei denen spezifische Regeln oder Denkpläne die Überführung eines Ausgangszustands in den gewünschten Zielzustand garantieren) oder eine **Heuristik** erfordern (schlecht strukturierte Probleme, bei denen «Daumenregeln» dazu beitragen können, den gewünschten Zielzustand allenfalls zu erreichen). Eine häufig beschriebene heuristische Strategie ist die **Mittel-Ziel-Analyse** (Newell & Simon 1972). Mit ihr vergleicht die problemlösende Person die vorliegende Situation mit dem gewünschten Zielzustand und ermittelt dabei die zur Verfügung stehenden Massnahmen, welche zu einer Verringerung des Abstands zwischen der gegenwärtigen Situation und dem Ziel geeignet scheinen. Die zutreffenden Massnahmen werden ausgeführt, und anschliessend wird erneut eine Mittel-Ziel-Analyse durchgeführt, bis das Ziel schliesslich erreicht wird.

Beispiel: Jemand will sein Kind zur Schule bringen. Was ist der Unterschied zwischen dem Jetzt und dem Ziel? Es ist die Distanz. Was reduziert die Distanz? Das Auto. Leider läuft das Auto im Moment nicht. Was muss ich tun, damit es läuft? Ich brauche eine neue Batterie usw. (Newell & Simon 1972).

Für den Unterricht wesentlich ist der zweite Aspekt des Problemlösens: die Anstrengung (Denkstrategien) vom Anfangszustand zum erwünschten Zielzustand. Diese Denkstrategien können sowohl als Algorithmen wie auch als Heuristiken direkt (Infusion) oder indirekt (Immersion) gefördert werden (siehe auch Abschnitt 2.1 in diesem Kapitel). Bei der **direkten Förderung** werden die Denkstrategien «Probleme lösen» durch gezielte Anleitung **(explizit)** eingeübt. Bei der **indirekten Förderung** erfolgt die Förderung **implizit**, d.h. die Schülerinnen beschäftigen sich anhand von Problemsituationen (komplexen Lehr-Lern-Arrangements) mit den Problemstellungen, um daraus die Denkstrategien so gut als möglich selbst zu erkennen. Einmal mehr ist aber darauf hinzuweisen, dass die Grenzen zwischen diesen beiden Gestaltungsformen des Unterrichts fliessend sind. Anfänglich scheint es wirksamer zu sein, wenn die Lernenden mit direktem Lehrerverhalten in die Denkstrategie «Probleme lösen» eingeführt werden und darauf geachtet wird, dass sie sich entsprechend ihrer Lernfortschritte mit einem indirekten Lehrerverhalten und mit Lernberatung immer eigenständiger weiterentwickeln können (Dubs 1990, Funke & Zumbach 2006).

3.7.2 Gute Problemlöserinnen und Problemlöser

Hinweise für die Entwicklung von Denkstrategien und vor allem für die Gestaltung des Unterrichts ergeben sich aus den Merkmalen guter Problemlöser, indem sich die Strategieentwicklung an diesen Merkmalen orientiert (Woods, Hrymak et al. 1997; Resnick 1985; Chi, Glaser & Ress 1982). Abbildung 8.33 gibt eine Übersicht.

3.7.3 Einzelne Denkstrategien

Im Verlaufe der Zeit wurden sehr viele Algorithmen und Heuristiken vorgeschlagen, deren Wirksamkeit im Sinne der Verbesserung des Problemlöseverhaltens nachgewiesen werden konnte. Anzuführen sind die folgenden Erkenntnisse (siehe Funke & Zumbach 2006 und die dort zitierte Literatur):

- Fachgebundene Denkstrategien, die visuell unterstützt sind, verbessern die Kompetenz des Problemlösens und den Transfer.
- Eine strukturierte Lernunterstützung mit Fragen, welche strategische Lösungshinweise geben, verbunden mit metakognitiver Reflexion des Problemlöseprozesses erhöhen sogar bei Lernenden mit Entwicklungsstörungen die Problemlösekompetenz.
- Lautes Denken während des Problemlöseprozesses wirkt fördernd.
- Lücken im Vorwissen können mit Selbsterklärungen besser geschlossen werden, d.h. wenn Schülerinnen und Schüler Konflikte zwischen vorliegenden Informationen und ihren eigenen mentalen Modellen beschreiben können, verbessert sich ihr Problemlöseverhalten.
- Das Lernen mit Lösungsbeispielen, welche einen musterhaften Problemlöseprozess aufzeigen, erhöht die Problemlösekompetenz. Deshalb sollten den Schülerinnen und Schülern vollständig gelöste Fallbeispiele abgegeben werden, welche den Problemlöseprozess deutlich machen. Die Auseinandersetzung mit

Abbildung 8.33 **Merkmale guter Problemlöser**

1.	Sie verfügen über viel deklaratives Wissen im das Problem betreffenden Fachbereich, das sie im Langzeitgedächtnis in strukturierter Form verfügbar haben.
2.	Sie verwenden viel Zeit, um Informationen zu sammeln und das Problem zu definieren. Präzision ist ihnen wichtiger als Geschwindigkeit.
3.	Sie systematisieren die Informationen und gehen die Probleme organisiert an.
4.	Sie nutzen externe Formen der Repräsentation (Aufzeichnen der Strukturen und Abläufe).
5.	Sie erkennen die Schlüsselpunkte der Probleme besser und bringen sie leichter mit dem wesentlichen Vorwissen in Verbindung.
6.	Sie versuchen das Problem algorithmisch und heuristisch anzugehen.
7.	Sie nehmen immer wieder Rückgriff auf ihr deklaratives und prozedurales Wissen und verwenden es zur Beurteilung des Problems und dessen Lösung.
8.	Sie sind flexibel und suchen immer wieder nach neuen Lösungswegen. Sie betrachten das Problem aus verschiedenen Perspektiven.
9.	Sie betrachten eher übergreifende Lösungsansätze und verlieren sich nicht in Teilaspekten möglicher Lösungen.
10.	Sie erkennen den Nutzen von Denkstrategien besser und überwachen ihre Lösungsfortschritte sorgfältiger.

unvollständigen Lösungsbeispielen (das sind Problemlösungen mit Lücken) schafft Möglichkeiten zu Selbsterklärungen mit den erwähnten positiven Auswirkungen auf das Problemlöseverhalten.

- Auch das Modellieren wirkt sich positiv aus.

Im Folgenden werden nun einige Denkstrategien «Probleme lösen» dargestellt.

Die Heuristik IDEAL

Eine in der Literatur häufig diskutierte Heuristik heisst IDEAL, die fünf Schritte umfasst und als allgemeine Heuristik in vielen Gebieten mit wenig gewohnten Inhalten angewendet werden kann (Bransford & Stein 1984) (siehe Abbildung 8.34).
Zu den einzelnen Schritten lassen sich aus der Forschung die folgenden konkreteren Erkenntnisse für das Problemlösen zusammenstellen (Schunk 1991, Goetz, Alexander & Ash 1992): Wichtig ist, dass die Lernenden das Problem richtig erkennen und verstehen (Identifizieren und Definieren des Problems). Sehr häufig widmen Lehrkräfte diesen ersten beiden Schritten zu wenig Aufmerksamkeit, weil für sie die Problemstellung selbstverständlich ist. Mit der Identifizierung und Definition wird

Abbildung 8.34 **Heuristik IDEAL**

I = Identifiziere das Problem
D = Definiere und repräsentiere das Problem
E = Erkunde mögliche Denkstrategien
A = Agiere mit diesen Strategien
L = (Lob) Schaue zurück und bewerte die Wirkung der Aktivitäten

das Problem repräsentiert, d.h. es wird mit dem Kurzzeitgedächtnis in Form von Bildern und Propositionen (wenn… dann) wahrgenommen und mit dem deklarativen Wissen sowie allfällig vorhandenen Denkstrategien (Problemlösestrategien) verbunden (Erkundung möglicher Denkfertigkeiten). Die Problemrepräsentation bestimmt also, welches deklarative und prozedurale Wissen aktiviert werden muss und entscheidet letztlich über den Erfolg der Problemlösung. Auf die Repräsentation des Problems folgt die Agitation mit den Denkfertigkeiten. Im einfachen Fall (gut strukturierte Probleme) verfügt die lernende Person über einen Algorithmus, der die Problemlösung garantiert. In anderen Fällen ist eine Heuristik zu finden, wozu folgende allgemeine Ansätze helfen können:

(1) **Problemreduktion:** Das Problem wird in Teilprobleme zerlegt, die zunächst gelöst werden, um aus den Teillösungen schliesslich das gesamte Problem zu bewältigen.

(2) **Mittel-Ziel-Analyse** (Newell & Simon 1972): Man vergleicht die aktuelle Situation mit dem Zwischen- und dem Endziel der Lösung und reduziert durch Massnahmen und Überlegungen die Unterschiede, die zwischen dem Jetzt und dem Ziel bestehen.

(3) **Methode des Generierens und Überprüfens** (Chi & Glaser 1985): Bei dieser Methode wird eine mögliche Lösung generiert und sofort auf ihre Tauglichkeit hin überprüft. Diese Methode eignet sich, wenn viele Lösungen denkbar sind. Sie setzt aber viel deklaratives Wissen voraus, das eine Hierarchie möglicher Lösungen ergibt.

Beispiel: Jemand schaltet den elektrischen Schalter ein. Das Licht kommt nicht. Mögliche Ursachen sind (1) die Birne ist kaputt, (2) der Strom ist abgestellt, (3) der Schalter ist defekt usw.

(4) **Analogien** (Anderson 1995): Hier geht es um den Vergleich einer bekannten mit einer unbekannten Problemsituation, indem man versucht, aus diesem Vergleich eine Lösung zu finden. Anders ausgedrückt sucht man im Langzeitgedächtnis nach einer ähnlichen Situation, die im Kurzzeitgedächtnis mit dem Problem in Verbindung gebracht wird. Analogien können allerdings auch gefährlich sein, denn sie führen nur zu guten Lösungen, wenn die Bedingungen der verglichenen Situationen wirklich vergleichbar sind.

(5) **Brainstorming** (Osborn 1963): Mit dieser Kreativitätstechnik lassen sich Ideen für Problemlösungen finden.
Im letzten Schritt ist die gefundene Lösung zu überprüfen, damit die Lernenden einerseits von der Richtigkeit ihrer Lösung überzeugt sind, und sie andererseits durch Reflexion Fortschritte in ihrer Metakognition erzielen.

Ein einfaches Denkblatt
Abbildung 8.35 zeigt eine einfache Denkstrategie «Probleme lösen» in der Form eines Denkblattes, das als Arbeitsblatt ausgestaltet ist. Es kann für einfachere Problemstellungen und bei knapper Unterrichtszeit als Hilfsmittel im angeleiteten Unterricht oder als Hilfestellung beim selbstgesteuerten Lernen (einzeln und in Gruppen) verwendet werden.

Abbildung 8.35 **Ein einfaches Denkblatt für eine Denkstrategie «Probleme lösen»**

Wie lautet mein Problem? (als Frage zu formulieren)

____

____

____

____

____

Welche Lösungsmöglichkeiten sehe ich?

1. ____________________________________
2. ____________________________________
3. ____________________________________
4. ____________________________________
5. ____________________________________

Wie sind die einzelnen Lösungsmöglichkeiten zu beurteilen?

	Vorteile	Probleme	Folgen
1.			
2.			
3.			
4.			
5.			

Mein Entscheid:

____

____

____

Ein Drei-Phasen-Modell

Vor allem für das problemorientierte Lernen (siehe Abschnitt 8.7.4 in diesem Kapitel) wird als Denkstrategie «Probleme lösen» ein Drei-Phasen-Modell vorgeschlagen, welches für die Lösung von umfassenderen, zeitlich mehr Unterrichtszeit beanspruchenden komplexen Lehr-Lern-Arrangements mittels Fragen in Gruppen den Problemlöseprozess steuert. Abbildung 8.36 zeigt dieses Modell (Prpic & Hadgraft 1999, zit. nach Weber 2004). Obschon über die Anwendung dieses Modells beim problemorientierten Lernen über gute Lernerfolge berichtet wird (Landwehr 1994), scheint es in seiner Struktur nicht in jedem Fall zwingend zu sein. Dies ist aber nicht als Nachteil zu werten, wenn die Schülerinnen und Schüler mit der Zeit fähig werden, die Denkstrategien auf ihre Bedürfnisse auszurichten.

Abbildung 8.36 **Drei-Phasen-Modell (Prpic & Hadgraft)**

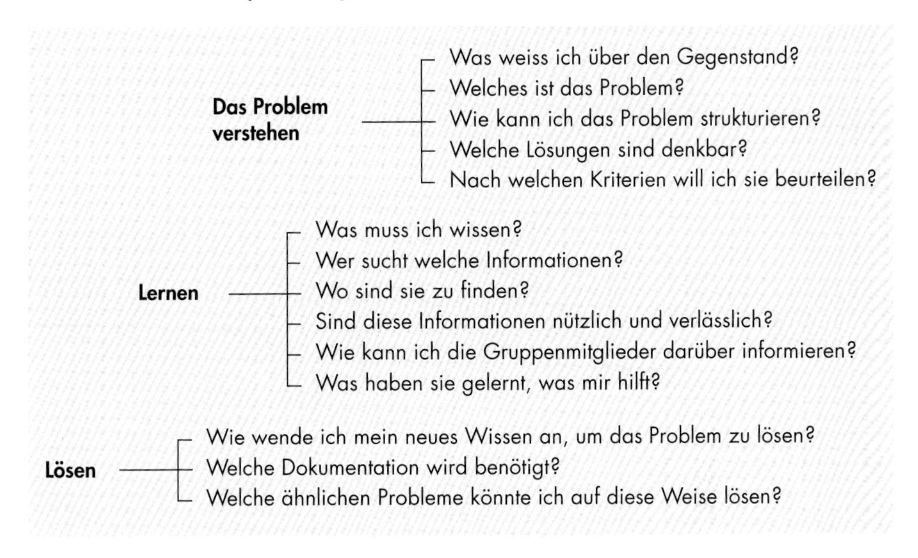

Eine anspruchsvollere Denkstrategie «Probleme lösen» mit Hypothesen

Abbildung 8.37 zeigt eine anspruchsvollere Denkstrategie, bei der vor allem der systematische Umgang mit Hypothesen bedeutsam ist. Deshalb sollten vor deren Anwendung die Denkfertigkeiten «Hypothesen entwerfen» und «Hypothesen testen» bekannt sein. Diese Denkstrategie eignet sich vor allem für naturwissenschaftliche Problemstellungen.

Bei der Anwendung dieser Denkstrategie sind in der Phase der Anleitung mit direktem Lehrerverhalten die folgenden Empfehlungen zu beachten (Beyer 1988, Dubs 1990).

- **Gegebenheiten:** Erfolgreiche Problemlösende verwenden für die Analyse des Ist-Zustands (erfasste Gegebenheiten des Problems) viel mehr Zeit als schwächere Problemlösende. Deshalb ist es wichtig, die Lernenden anzuleiten, ihr Wissen über die Gegebenheiten beim Problem systematisch zu ordnen und dabei auch die folgenden Fragen zu beantworten: Welche Informationen sind wichtig/unwichtig? Was weiss ich/was weiss ich nicht? Wie ordne ich die Gegebenheiten? Schülerinnen und Schüler, welche im vorausgegangenen Unterricht zu strukturieren gelernt und die Denkfertigkeiten «Wesentliches von Unwesentlichem unterscheiden», «Aussagekraft von Sachverhalten feststellen», «Sachverhalte ordnen und vergleichen», «Widersprüche in Aussagen erkennen» und «Verlässlichkeit von Aussagen beurteilen» beherrschen, bewältigen diesen Schritt besser.

- **Definieren des Problems:** Erfolgreiche Problemlöserinnen kennen und verstehen das Problem genau. Sie arbeiten erst weiter, wenn sie das Problem genau definiert haben. Weniger erfolgreiche Problemlöser passen ihre Problemstellung im Verlaufe des Problemlöseprozesses immer wieder an, wenn sie neuen Schwierigkeiten begegnen. Am besten definiert ist ein Problem, wenn es als Frage formuliert werden kann, so dass die Lösung die Antwort darauf darstellt.

Abbildung 8.37 **Anspruchsvollere Problemlösestrategie**

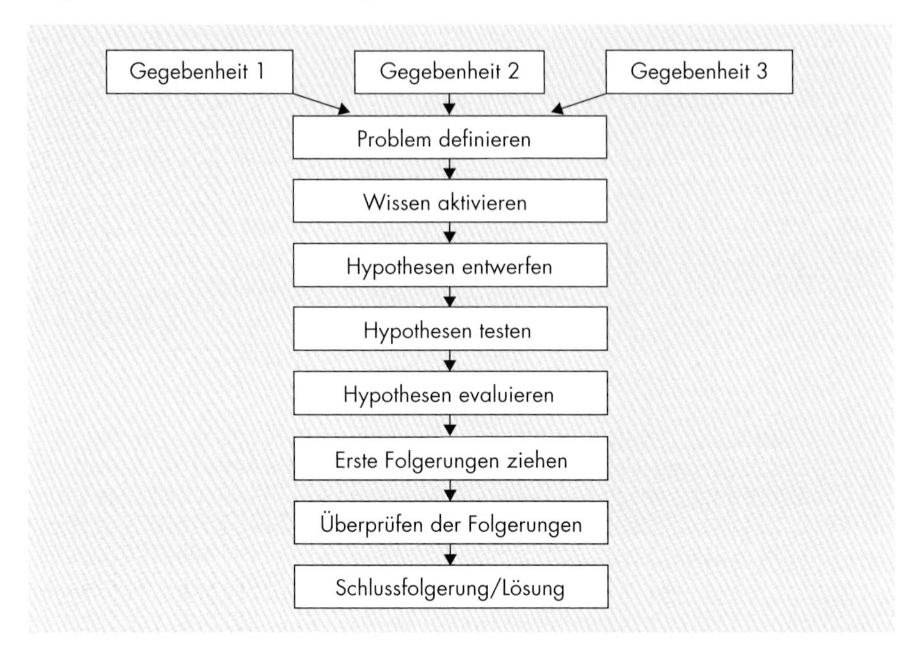

Gut gestellt ist die Frage, wenn man darauf nicht nur mit «ja» oder «nein» antworten kann.

Beispiel:
Im Betriebswirtschaftslehre-Unterricht wird das Problem der Standortwahl eines Spezialgeschäfts für Haushaltwaren bearbeitet. Das bestehende Geschäft liegt in der Innenstadt, die verkehrsfrei wird. Gleichzeitig wird am Stadtrand ein neues Einkaufszentrum gebaut.
Schlechte Definition des Problems: Soll das Geschäft in das neue Einkaufszentrum verlegt werden?
Bessere Definition des Problems: Wie reagieren wir auf die neue Entwicklung? Die zweite Fassung zwingt zum Nachdenken über mehrere mögliche Lösungen, wodurch der Problemlöseprozess kreativer wird.

Die Bedeutung der Problemstellung lässt sich den Schülerinnen und Schülern am besten zeigen, wenn man sie **bittet**, nach der Analyse der Gegebenheiten ihre Problemformulierung individuell oder in Gruppen niederzuschreiben, damit nachher die vielen Problemstellungen in der Klasse verglichen und die beste Problemformulierung bestimmt und Einsichten in die Definition von Problemen gewonnen werden. Im weiteren Verlauf des Problemlöseprozesses muss immer wieder beobachtet werden, ob sich die Schülerinnen und Schüler der Problemstellung noch bewusst sind, und sie immer noch von den festgelegten Gegebenheiten ausgehen. Schlechte Problemlöser verlieren diese Elemente bald aus ihren Überlegungen und gelangen dadurch auf falsche Wege.

- **Wissensaktivierung:** Gute Problemlöserinnen bemühen sich viel stärker um die Wissensaktivierung und darum, die wichtigen Wissenselemente mit der Problemstellung in Verbindung zu bringen. Deshalb muss die Lehrkraft durch ein gutes Scaffolding die Lernenden immer wieder dazu bringen, sich an das für das Problem wichtige Wissen zu erinnern. Viele Problemlöseprozesse bleiben pädagogisch unwirksam, weil nicht gezielt mit dem Vorwissen umgegangen wird.

- **Hypothesen entwerfen**: Hypothesen entwerfen heisst nach möglichen Lösungen suchen. Dies geschieht, indem die Gegebenheiten verglichen werden; nach Ursachen des Problems gesucht wird, um daraus auf Lösungen zu stossen oder um nach Beziehungen zwischen Gegebenheiten, Daten usw. zu forschen (siehe Denkfertigkeit «Hypothesen entwerfen», Abbildung 8.30).
- **Hypothesen testen**: Beim Testen der Hypothesen sind die getroffenen Annahmen mit Gegebenheiten, Daten und Ideen zu konfrontieren, um zu erkennen, ob die Hypothese zutreffend ist. Hilfreich ist es, mit «wenn... dann»-Beziehungen zu arbeiten (wenn die Hypothese zutrifft, dann geschieht...). Das Überprüfen von Hypothesen besteht aus viel Sucharbeit, indem bestehendes Wissen, Daten aus Statistiken und Experimenten, Erfahrungen usw. benötigt werden (siehe Denkfertigkeit «Hypothesen prüfen», Abbildung 8.22).
- **Hypothesen evaluieren**: Sind die Elemente für das Testen der Hypothesen erfasst, so sind die Kriterien im Hinblick auf ihre Akzeptanz zu evaluieren: Genügen die Erklärungen, die Daten usw., um die Hypothesen zu bestätigen?
- **Erste Folgerungen ziehen**: Entsprechen die Erklärungen, die Daten usw. den Kriterien, die gesetzt wurden, so darf die Hypothese als bestätigt gelten, sofern nicht Wichtiges bei den Gegebenheiten übersehen wurde.
- **Überprüfen der Folgerungen**: Trifft die Folgerung zu oder treten Mängel auf? (Z.B. die Folgerung trifft nicht für jedes weitere untersuchte Beispiel zu; man entdeckt, dass die zugrunde gelegten Daten noch Widersprüche aufweisen. Auch hier ist es hilfreich, wenn die Lernenden im früheren Unterricht Denkfertigkeiten eingeübt haben (siehe Denkfertigkeit «Konsequenzen abschätzen und Schlussfolgerungen ziehen», Abbildung 8.24).
- **Schlussfolgerung/Lösung**: Erst wenn bei der Überprüfung keine Mängel mehr erkannt werden, dürfen die Hypothesen als verifiziert betrachtet werden, womit die Lösung gefunden ist.

3.8 Denkstrategie «Entscheidungen treffen»

3.8.1 Der Umgang mit Zielkonflikten

Immer mehr Probleme in unserer Gesellschaft stellen **Zielkonflikte** dar, d.h. zu einem Problem gibt es nicht mehr eine richtige und mehrere falsche Lösungen, sondern jede mögliche Lösung hat Vor- und Nachteile. Deshalb wird die «beste» Lösung nur durch ein Abwägen von Vorteilen und Nachteilen gefunden. In einfacheren Situationen kann dieser Denkprozess anhand der in Abbildung 8.38 (siehe auch Abbildung 8.19) dargestellten Strategie abgewickelt werden (siehe ausführlich Dubs 2001).

3.8.2 Ausführliche Denkstrategie «Entscheidungen treffen»

Häufig wird zwischen den Denkstrategien «Probleme lösen» und «Entscheidungen treffen» kein Unterschied gemacht. Hier geschieht es aus Gründen der unterrichtli-

Abbildung 8.38 **Denkstrategie bei Zielkonflikten**

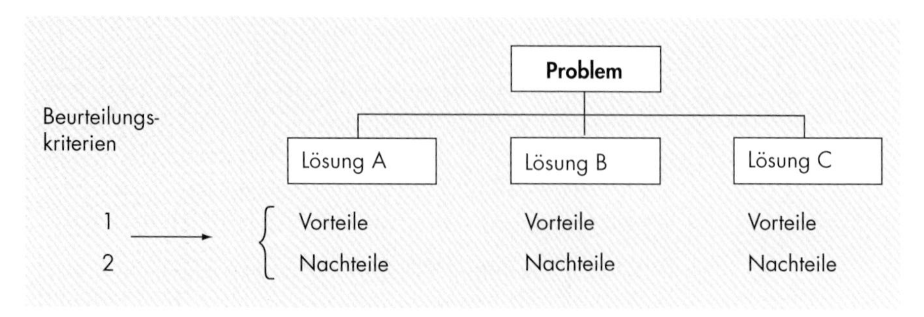

chen Differenzierung. Während beim «Probleme lösen» meistens ein durchwegs rationaler Problemlöseprozess möglich ist, der zu einer unbestrittenen Antwort führt, liegen beim «Entscheidungen treffen» aus der Sicht der Problemlöser unterschiedliche Voraussetzungen (Zielvorstellungen) und Werthaltungen vor, so dass verschiedene Lösungen denkbar sind, wobei keine richtig oder falsch ist, sondern je nach Bedingungen (wenn ... dann) die eine oder die andere bevorzugt werden kann. Abbildung 8.39 zeigt die Denkstrategie «Entscheidungen treffen».
Bei der Anwendung dieser Strategie sind die folgenden Aspekte zu beachten:

- **Gegebenheiten:** Für die Organisation der Gegebenheiten, das Definieren des Problems und die Wissensaktivierung gilt, was bei der Denkstrategie «Problemlösen» beschrieben wurde.

- **Kriterien zur Beurteilung von Lösungen:** Im sozialwissenschaftlichen Bereich ist es von Vorteil, nach der Problemformulierung und Wissensaktivierung zuerst die Kriterien zu bestimmen, mit denen die Lösungsvorschläge beurteilt werden. Dadurch erkennt man nicht selten, dass weitere Informationen zu suchen sind, denn häufig machen die Kriterien noch auf neue Aspekte aufmerksam. Zudem regt die Suche nach den Kriterien oft zu solchen Lösungsideen an, die nicht ohne weiteres ersichtlich waren.
  Ein Kriterium muss jeweils die der Lösung zugrunde gelegte Zielvorstellung oder die Wertvorstellungen als unabdingbare Voraussetzung ansprechen, damit man im Entscheidungsprozess erkennt, welchen Einfluss es auf die endgültige Entscheidung hat.

  Beispiel: Wenn in der Umweltlehre über die Einführung von Umweltsteuern zu entscheiden ist, spielen die Wertvorstellungen über die Bedeutung der freien Märkte und des weiteren Wachstums eine entscheidende Rolle. Deshalb sind sie als Kriterien zu definieren und bei der Beurteilung zu beachten.

- **Lösungsvarianten und Bewertung der Lösungen anhand der Kriterien:** Mit Hilfe einer Matrix lassen sich Kriterien und Lösungsvorschläge in einer übersichtlichen Form darstellen (siehe Abbildung 8.40). Dabei empfiehlt es sich, höchstens 5–7 Kriterien aufzunehmen (mehr wird unübersichtlich) sowie die einzelnen Kriterien für jede Lösungsvariante mit positiv/negativ/neutral oder mit Vor- und Nachteilen zu beurteilen. Nutzwertanalysen (zahlenmässige Gewichtung der Kriterien als solche und deren Erfüllungsgrad bei den einzelnen Lösungen) führen vor allem dann nicht zu guten Entscheidungen, wenn die zu

Abbildung 8.39 **Denkstrategie «Entscheidungen treffen»**

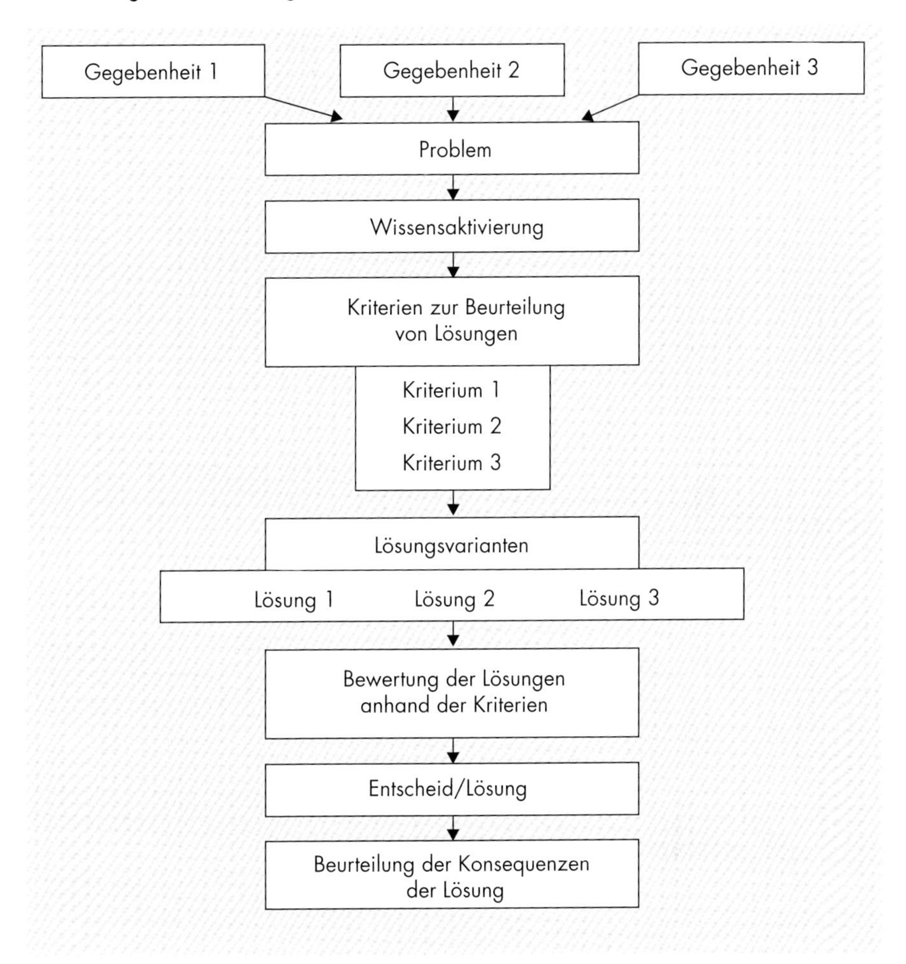

Abbildung 8.40 **Matrix zur Erleichterung der Entscheidung**

	Unabdingbarkeit des Kriteriums	Lösung 1	Lösung 2	Lösung 3
Kriterium 1	unabdingbare Wertvorstellung	+	–	–
Kriterium 2	nein	+	+	–
Kriterium 3	nein	+	–	+
Kriterium 4	nein	+	+	–

beurteilenden Kriterien qualitativer Art sind. Es hat sich nämlich gezeigt, dass Nutzwertanalysen eine häufig nicht gegebene mathematische Objektivierung vortäuschen.

- **Entscheidung:** Aufgrund der Beurteilung der Matrix (Denk- und nicht bloss Zählprozess von negativen und positiven Beurteilungen bei den Kriterien der einzelnen Lösungen) kann die Entscheidung getroffen werden. Weil Schülerinnen und Schüler mit Entscheidungen (selbst wenn sie in der Schule keine Konsequenzen haben) Mühe bekunden, empfiehlt es sich, bei besonders anspruchsvollen und/oder umstrittenen Problemen ihre Entscheidung zuerst individuell schriftlich niederlegen zu lassen, um sie erst anschliessend zu diskutieren. Dadurch werden sie nicht nur gezwungen, ihren Entscheid wirklich zu treffen, sondern ihre schriftliche Fassung ist sorgfältig zu durchdenken. Im Interesse der Vorbildwirkung sollte die Lehrkraft ihre Entscheidung der Klasse ebenfalls vorlegen.
- **Beurteilung der Konsequenzen:** Nach jedem Entscheidungsprozess sind die Schülerinnen und Schüler anzuhalten, die Konsequenzen ihrer Entscheidung zu bedenken, indem sie Fragen bearbeiten wie: Hat mein Entscheid auch Nachteile? Wirft er neue Probleme auf, und wie ist darauf zu reagieren? Damit sollen sie für Zielkonflikte sensibilisiert werden und lernen, sich der Konsequenzen ihrer Entscheidungen bewusst zu werden.

An einem **Beispiel** aus dem Staats- oder Wirtschaftskunde-Unterricht sei der Unterschied zwischen den Denkstrategien «Probleme lösen» und «Entscheidungen treffen» verdeutlicht.
Eine Lehrerin will mit ihrer Klasse die Problematik «Die Auswirkungen eines EU-Beitritts bzw. Nicht-Beitritts der Schweiz auf das wirtschaftliche Wachstum» bearbeiten. Sie entscheidet sich, diese Thematik mit der Klasse zu erarbeiten, indem sie den ganzen Problemlöseprozess durcharbeitet. Zu diesem Zweck entwickelt sie eine Hypothese (z.B. bei gleichbleibender wirtschaftlicher Entwicklung werden sich ... Auswirkungen ergeben). Diese Hypothese lässt sie anhand von Szenarien und mit Datenextrapolationen testen, um zu einer rational vertretbaren Lösung zu gelangen. Später will sie mit der Klasse die Problematik eines EU-Beitritts bearbeiten. Dazu wählt sie die Strategie «Entscheidungen treffen», weil sie nicht nur eine Klassendiskussion führen, sondern den Schülerinnen und Schülern helfen will, verschiedene mögliche Lösungen zu entwickeln und ihre Entscheidung anhand von Kriterien bewusst zu treffen. Will man die Entscheidungsfähigkeit und -freude bewusst fördern, ist die Anwendung dieser Denkstrategie lernwirksamer als eine wenig strukturierte Klassendiskussion, in welcher vorgefasste Meinungen oft nur verfestigt werden.

3.9 Problembasiertes Lernen (Problem Based Learning)

3.9.1 Grundlagen

Diese Darstellung der Denkstrategien «Probleme lösen» und «Entscheidungen treffen» geht von einem vielgestaltigen Unterricht aus, bei welchem diese Strategien an verschiedenen Stellen abwechselnd mit anderen Zielen und Darstellungsformen in den Unterricht eingebaut werden und anfänglich von einem angeleiteten Unterricht mit einem direkten Lehrerverhalten ausgegangen wird.
Seit Beginn der sechziger Jahre des letzten Jahrhunderts, vorerst in der medizinischen Ausbildung (Barrows 1994) und später in der Umsetzungsphase des radikalen Kons-

truktivismus (Duffy & Jonassen 1992) entwickelten sich die Vorstellungen eines problembasierten Lernens zu einem eigenständigen, umfassenden didaktischen Ansatz, der sich durch die folgenden Merkmale charakterisieren lässt:

1) Alles Lernen ist **situiert**, d. h. die Schülerinnen und Schüler lernen nur noch an konkreten Situationen (komplexen Lehr-Lern-Arrangements).

2) Anhand der vorgegebenen Situationen erarbeiten die Lernenden das Wissen **selbstgesteuert** und vornehmlich in **Gruppen**.

3) Die Lehrpersonen übernehmen nur noch das **Tutoring** der einzelnen Gruppen (Lernberatung).

4) Der **Ablauf** des problembasierten Lernens lässt sich in vier idealtypische Phasen gliedern (Barrows 1996):
   1. Phase: Die Lehrperson legt den Lerngruppen ein Problem vor, welches die Phänomene beschreibt, die zu lernen sind. Das Material dazu soll intrinsisch motivieren und geeignet sein, den notwendigen Lernprozess zu steuern.
   2. Phase: Die Problemstellung wird in der Gruppe diskutiert. Ziel dieser Diskussion ist es, das Vorwissen zu aktivieren, neues Wissen zu elaborieren und nach Transfermöglichkeiten zu suchen.
   3. Phase: Aufgrund der Erkenntnisse aus der Diskussion sollen das autonome Lernen, die Recherchierfähigkeit, die Integration von Wissen in grössere Strukturen und die Selbstlernfähigkeiten gestärkt werden.
   4. Phase: Die Ergebnisse der Lern- und Denkprozesse werden in der Gruppe mit dem Ziel diskutiert, das erarbeitete Wissen in das Langzeitgedächtnis zu überführen, metakognitive Erkenntnisse zu gewinnen und Transfermöglichkeiten zu erkennen (Dekontextualisierung, d.h. sich vom konkreten Problem zu lösen und Verallgemeinerungen vorzunehmen).

Weber (2004) rechtfertigt das problembasierte Lernen mit folgenden Gegenüberstellungen:
- Von der Wissensvermittlung zur Wissenskonstruktion,
- Einbezug und Partizipation der Schülerinnen und Schüler beim Gestalten des Lernens,
- anstelle des geplanten ein offenes Lernen,
- anstelle der Lenkung Autonomie für die Schülerinnen und Schüler,
- anstelle der didaktischen Reduktion ein Lernen an angemessenen komplexen Lerngegenständen,
- statt einer vorgegebenen Zeitstruktur eine freie Planung der Lernarbeit.

Eine Vielzahl von empirischen Untersuchungen bestätigt verschiedene Stärken des problembasierten Lernens: Eine umfassende Meta-Analyse von Albanese & Mitchell (1993) zeigt für die medizinische Ausbildung, dass das problembasierte Lernen von den Studierenden als interessant und herausfordernd empfunden wird und zu einer hohen Lernzufriedenheit führt. Kommunikative und soziale Fähigkeit und die Teamfähigkeit werden stark gefördert (Dolmans & Schmidt 1999). Hingegen scheint es zu keinen besseren Wissensleistungen zu führen (Rankin 1999). Neuerdings geben vor allem Vertreter des radikalen Konstruktivismus sogar zu bedenken, dass die alleinige

Anwendung dieses didaktischen Ansatzes zu Defiziten im fachbezogenen Strukturwissen führt, vor allem wenn zu früh und zu einseitig interdisziplinär gearbeitet wird. Dies mag auch die Erklärung dafür sein, dass die Lernenden, die nach diesem Ansatz unterrichtet werden, in traditionellen Prüfungen nicht besser abschneiden als solche, die herkömmlich unterrichtet werden (Bernon & Blake 1993).
Die meisten Untersuchungen zur Wirksamkeit des problembasierten Lernens wurden auf der Sekundarstufe II und an Universitäten durchgeführt. Zu vermuten ist, dass sich ein ausschliesslich darauf ausgerichteter Unterricht auf tieferen Schulstufen nicht als lernoptimal erweist. Dies aus folgenden Gründen:

(1) Auf tieferen Schulstufen kommt dem Einüben von Grundfertigkeiten grosse Bedeutung zu. Ob es effizient ist, das Erlernen von Grundfertigkeiten in umfassende Problemstellungen einzubauen, ist eher fraglich, denn die Gefahr ist gross, dass beim Einbau das notwendige Einüben der Grundfertigkeiten vernachlässigt wird. Dies führt viele Befürworter des problembasierten Lernens zum Entscheid, weiterhin auch einen herkömmlichen Unterricht anzubieten, in dem die Grundfertigkeiten ohne eine starke Lernumgebung eingeübt werden.

(2) Im Weiteren ist zu fragen, ob die Lerneffizienz nicht verbessert wird, wenn zunächst in einem angeleiteten Unterricht die wichtigsten Wissensstrukturen, Denkfertigkeiten und Denkstrategien erarbeitet werden, damit die Lernenden für das problembasierte Lernen bessere Voraussetzungen mitbringen. Das heisst selbstverständlich nicht, dass zuerst nur Grundlagen vermittelt und dann problembasiertes Lernen betrieben werden sollen. Auch die Grundlagen lassen sich an kleineren Problemen problemorientiert erarbeiten.

(3) Nicht übersehen werden darf der Zeitfaktor. Dort wo – wie an Berufsschulen – wenig Unterrichtszeit zur Verfügung steht und im Interesse des Verständnisses von Gesamtzusammenhängen relativ viel Orientierungswissen zu vermitteln ist, reicht die Zeit für ausschliesslich problembasiertes Lernen nicht aus.

3.9.2 Die Gestaltung des problembasierten Lernens

Abbildung 8.41 zeigt einen möglichen Ablauf zur Verwirklichung des problembasierten Lernens (in freier Anlehnung an die wegweisende, frühe Darstellung von Barrows 1994). Zu beachten sind die folgenden Aspekte:

- Wesentlich ist, dass solche Problemstellungen ausgewählt werden, die den Lernbedürfnissen der Schülerinnen und Schüler so weit als möglich entsprechen und so umfassend sind, dass sinnvolles Wissen (d.h. solches, das später in irgendeinem Zusammenhang wieder gebraucht wird) konstruiert werden muss (komplexe Lehr-Lern-Arrangements).
- Bedeutsam ist das Lernumfeld: Die Schülerinnen und Schüler müssen die Inhalte des komplexen Lehr-Lern-Arrangements internalisieren: sie müssen es als interessant empfinden und in seiner ganzen Bedeutung verstehen. Ausserdem ist eine **Lerngemeinschaft** aufzubauen, d.h. die Lernenden müssen kooperieren wollen und wissen, dass sie jederzeit Risiken eingehen dürfen (Fehler machen; verzögern, wenn sie etwas nicht verstehen; nachfragen, wenn etwas nicht klar ist usw., ohne dass sie mit negativen Konsequenzen zu rechnen haben).

Abbildung 8.41 **Disposition des problembasierten Lernens (nach Barrows)**

Beginn des Unterrichts mit einer neuen Problemstellung

1. Einführung: Ziele, Zweck, Absichten, Vorgehensweise
2. Schaffen einer Lerngemeinschaft mit einem guten Lernklima

Erste Bearbeitung des neuen Problems

1. Präsentation des Problems (schriftlich, mündlich, audiovisuell)
2. Internalisierung des Problems durch die Schülerinnen und Schüler
3. Vorgabe der erwarteten Lern- und Arbeitsergebnisse durch die Lehrkraft
4. Erste Reflexion über das Problem (in der Klasse oder in Gruppen)
   Eine Schülerin oder ein Schüler hält die Ergebnisse der Reflexion an der Wandtafel nach folgendem Schema fest:

Ideen/Hypothesen	Fakten	Inhalte, die zu erreichen sind	Aktionsplan
Die Lernenden suchen nach Ideen und Hypothesen für die Problemlösung	Sie sammeln alles Wissen, das zur Problemlösung in der Klasse oder Gruppe vorhanden ist	Sie listen auf, was sie noch nicht wissen und noch lernen müssen	Sie machen erste Überlegungen zum Vorgehen bei der Problemlösung

5. Nach einer ersten Sichtung: Vertieftes Reflektieren über das Problem

Ideen/Hypothesen	Fakten	Lerninhalte	Aktionsplan
Ausweiten/auf das Wesentliche konzentrieren	Synthese und Strukturieren	Identifizieren/ Rechtfertigen	Formulieren des Plans

6. Schaffen der Bereitschaft zum selbständigen Erarbeiten dessen, was zu lernen ist
7. Zuteilung der Aufgaben für die Beschaffung des Lernmaterials (Wissen)

Selbständige Wissenserarbeitung

Erarbeitung des als notwendig identifizierten Wissens (Literatur, Interviews usw.)

Problem Follow-Up

1. Berichterstattung über das Gelernte und Beurteilung des Nutzens der verwendeten Ressourcen
2. Erneute Beurteilung des Problems

Ideen/Hypothesen	Fakten	Lerninhalte	Aktionsplan
Überprüfen und allenfalls anpassen aufgrund des neuen Wissens	Anwenden des neuen Wissens	Sofern nötig: weitere Wissenserarbeitung	Sofern nötig: weiterer Arbeitsplan

Präsentation der Ergebnisse

Die Klasse oder die Gruppe legt die Lösung fest und stellt sie dar

Abbildung 8.41 (Fortsetzung)

Folgerungen nach der Lösung des Problems

1. Abstraktion des Wissens (Entwurf von Definitionen, Begriffen, Regeln, Prinzipien, Generalisierungen, Diagrammen usw.)
2. Selbstbeurteilung (mit anschliessenden Kommentaren der Klasse oder der Gruppe)
   - Beitrag aller Lernenden zur Problemlösung
   - Beitrag zur Wissenserarbeitung
   - Umfang der Unterstützung
   - Beitrag zum Erkenntnisgewinn

- Bei der ersten Bearbeitung des neuen Problems ist sicherzustellen, dass die Gruppendiskussionen zielgerichtet ablaufen. Deshalb empfiehlt es sich, eine Schülerin oder einen Schüler mit der Moderation der Gruppe und jemanden mit der Visualisierung der entwickelten Gedanken an der Wandtafel zu beauftragen. Das in Abbildung 8.41 enthaltene Schema gibt dazu einen sehr praktikablen Rahmen (vergleiche dazu die Arbeitstechnik «Gruppenarbeiten gestalten»). Auch hier gilt festzuhalten, dass das problembasierte Lernen wirksamer abläuft, wenn diese Arbeitstechnik vorgängig eingeübt wurde.
- Bevor die Lernenden mit der selbständigen Wissenserarbeitung (Schliessung der Wissenslücken) beginnen, sollte die Lehrkraft überprüfen, ob die relevanten Wissenslücken erkannt sind, und ob die Aufgabenverteilung für die Wissenserarbeitung gemäss Aktionsplan zweckmässig ist. Anzustreben ist, dass jede Schülerin und jeder Schüler individuell einen Wissensbereich erarbeitet (also eher keine Gruppenarbeit), damit alle Lernenden fähig werden, Wissen individuell zu erarbeiten, denn auch im späteren Leben müssen sie weiteres Wissen meistens individuell erarbeiten.
  Idealerweise sollten die notwendigen Unterlagen (Bücher, Aufsätze, Statistiken usw.) nicht vorgelegt, sondern von den Lernenden selbst gesucht werden, damit sie auch mit dem Suchprozess vertraut werden. Oft ist dies aber aus Zeitgründen nicht möglich, so dass das Material abzugeben ist oder gar eine Phase direkten Unterrichts mit der notwendigen Wissensvermittlung vorgesehen werden kann (was selbst namhafte Konstruktivisten wie Duffy im Alltag tun). Ausserdem empfiehlt es sich, in der Anfängerphase die Literatur eher zur Verfügung zu stellen, weil die Lernenden noch mit zu vielen Problemen «kämpfen».
- Beim Problem Follow-up ist die Berichterstattung jedes einzelnen Schülers und jeder einzelnen Schülerin ausserordentlich wichtig. Zunächst sind in der Gruppe Lehren über die Verwendung von Ressourcen zu besprechen, damit die Fähigkeit der selbständigen Wissenserarbeitung gefördert wird. Und dann ist sicherzustellen, dass die Berichterstattung über das erarbeitete Wissen und die gewonnenen Erkenntnisse sehr sorgfältig erfolgt. Andernfalls gelingt die anschliessende, erneute Beurteilung des Problems nicht. Sehr viele selbstgesteuerte Lernprozesse in Gruppen verlieren in dieser Phase an kognitiver Subs-

tanz und führen zu wenig gehaltvollen weiteren Diskussionen, denn ohne gute Wissensgrundlagen lassen sich Probleme nicht vertiefen.

- Schliesslich muss die Lehrperson durch eine klare Aufgabenstellung dafür sorgen, dass die Abstraktion des Wissens tatsächlich erfolgt, die Lernenden also Definitionen, Begriffe, Regeln, Prinzipien, Generalisierungen, Diagramme usw. erarbeiten, denn erst dadurch entwickeln sich die Wissensstrukturen richtig weiter. Im Unterrichtsalltag lässt sich immer wieder beobachten, wie sich Lehrpersonen und Lernende mit der Problemlösung zufrieden geben und die Wissensverankerung vernachlässigen, was den Erfolg des problembasierten Lernens beeinträchtigt. Diese Abstraktion lässt sich verwirklichen, indem die Lehrkraft die Gruppen auffordert, die thematischen Strukturen zu visualisieren, Definitionen niederzuschreiben usw. Gelegentlich kann es auch sinnvoll sein, die Abstraktion in einem abschliessenden Unterrichtsgespräch vorzunehmen.
- Für den ganzen Prozess des selbstgesteuerten Lernens wichtig ist die Selbstbeurteilung (Barrows & Myers 1993). Wenn die Lernenden am Ende eines Lernabschnitts beschreiben müssen, was sie gelernt haben, wie sie vorgegangen sind, welches ihre Stärken und ihre Schwächen waren, und wie sie diese überwunden haben, lernen sie nicht nur metakognitiv zu reflektieren, sondern sie werden auch fähig, sich selbst einzuschätzen und gewinnen mehr Einsicht in die Notwendigkeit zur eigenen Verbesserung. Wenn schliesslich die übrigen Gruppenmitglieder die jeweilige Selbstbeurteilung kommentieren, lernt sich die betroffene Person nicht nur realistischer einzuschätzen, sondern sie wird auch empfänglicher für sachlich vorgetragene Kritik.

Abschliessend ist festzuhalten, dass das problembasierte Lernen der Stärkung des **selbstgesteuerten Lernens** in Gruppen dient, worauf im Kapitel 9 zurückgekommen wird.

3.9.3 Abschliessende Bemerkung

Hier wird die Auffassung vertreten, das problembasierte Lernen, welches eine Form des kasuistischen Lernens nach konstruktivistischer Auffassung darstellt (siehe Abschnitt 3.2 im Kapitel 1), sei ein wertvoller Ansatz für eine unterrichtliche Innovation auf höheren Schulstufen. Er sollte aber nicht als Alternative zu anderen Unterrichtsverfahren, sondern als Ergänzung zur grösseren Vielfalt des Unterrichts gesehen werden. Seine Wirksamkeit ist wahrscheinlich am grössten, wenn es in späteren Unterrichtsabschnitten eingesetzt wird, nachdem die Lernenden über ein gewisses fachbezogenes Wissen verfügen und eine Vielfalt von Arbeitstechniken, Lernstrategien und Denkfertigkeiten beherrschen.

3.10 Vernetztes Denken

3.10.1 Zur Notwendigkeit des vernetzten Denkens

Problem- und Entscheidungssituationen werden immer komplexer. **Komplexität** ist durch vier Merkmale charakterisiert:

1) Jede Situation und jedes Problem ist durch eine Vielzahl von Einflussfaktoren gekennzeichnet.

2) Alle diese Einflussfaktoren stehen in gegenseitigen Abhängigkeiten und Wechselwirkungen.
3) Die daraus entstehenden Zusammenhänge verändern sich laufend, so dass eine immer rascher werdende Dynamik zu erfassen ist.
4) Einmal gefundene Lösungen zu Problemen und getroffene Entscheidungen beinhalten zunehmend mehr Zielkonflikte, das heisst, es gibt immer weniger nur «richtige» und nur «falsche» Lösungen. Bei Entscheiden ist immer häufiger nach einer Optimierung zwischen Vor- und Nachteilen zu suchen.

Das vorherrschende **lineare Denken**, das durch vier Merkmale gekennzeichnet ist, genügt angesichts der zunehmenden Komplexität aller Erscheinungen nicht mehr:

1) Beim linearen Denken werden nur wenige Einflussfaktoren beachtet.
2) Im Vordergrund steht das Ursache-Wirkungs-Denken, welches sekundäre Ursachen, Neben- und Wechselwirkungen sowie Abhängigkeiten weitgehend vernachlässigt.
3) Die Betrachtungsweise bleibt oft statisch, indem die laufenden Veränderungen der jeweiligen Ausgangssituation kaum berücksichtigt werden.
4) Das Denken ist häufig ausschliesslich auf «richtige» und «falsche» Lösungen ausgerichtet.

Diese Mängel versucht der Ansatz des **vernetzten Denkens** zu überwinden (Vester 1985, Gomez 2004). Sein Ziel ist es, bei einem bestimmten Sachverhalt oder in einer bestimmten Situation alle Abhängigkeiten und Wechselwirkungen (das Wirkungsgefüge) zwischen einer Vielzahl von Einflussfaktoren (Variablen) sichtbar zu machen, damit die Dynamik des Geschehens mit ihren vielfältigen Folgen gesehen wird. Neuerdings hört man allerdings, Komplexität lasse sich am besten durch Intuition bewältigen. Deshalb erübrige es sich, das vernetzte Denken im Unterricht systematisch einzuführen. Dieser Auffassung ist deutlich zu widersprechen, denn seit langem ist bekannt, dass sich komplexe Systeme kontraintuitiv verhalten, d.h. die Betrachtung von Kreisläufen unter Berücksichtigung aller Abhängigkeiten und Wechselwirkungen führt oft zu Erkenntnissen, die dem gesunden Menschenverstand widersprechen (Forrester 1974).
Da systematische Untersuchungen über die Wirksamkeit der verschiedenen Formen des vernetzten Denkens immer noch fehlen, stützen sich die folgenden Ausführungen vor allem auf die praktische Unterrichtserfahrung. Vorgelegt werden drei Formen: (1) Zielgerichtete Netzwerke, (2) Feedbackdiagramme zur Ausweitung der Betrachtungsweise sowie (3) Feedbackdiagramme mit Kreisläufen. Sie unterscheiden sich in der Komplexität.

3.10.2 Zielgerichtete Netzwerke

Mit einem zielgerichteten Netzwerk sollen die Abhängigkeiten und Wechselwirkungen (Wirkungsgefüge) zwischen einer Vielzahl von Variablen entdeckt werden, indem von einem Problem, einer damit verbundenen Zielvorstellung sowie einer möglichen Massnahme ausgegangen und überlegt wird, welche weiteren Variablen von dieser Massnahme betroffen, und wie die Auswirkungen der Massnahme auf die Zielvorstellung sind. Dabei wird eine positive Auswirkung im Hinblick auf das Ziel mit einem Pluszeichen (+) und eine negative Auswirkung mit einem Negativzeichen (-) versehen. Auf diese Weise können Abhängigkeiten und Wechselwirkungen nachgezeichnet sowie die grösseren Zusammenhänge und die Dynamik des Systems dargestellt werden.

Beispiel: Eine Unternehmung der Konsumgüterindustrie hat eben ein neues Verkaufskonzept beschlossen, in welchem in den neuen Bundesländern Regionalvertretungen mit einem Verkaufsleiter und Verkäufern errichtet werden, das mit einer Werbekampagne gekoppelt wird. Dazu erhalten alle Verkäufer einen eigenen Firmenwagen mit dem Firmenlogo, damit die Marke des Konsumgutes bekannt wird. Kurz nach diesem Beschluss kommt es bei dieser Unternehmung zu einem Gewinneinbruch, weil sich eine Konkurrenzunternehmung auf den Märkten der alten und der neuen Bundesländern besser positionieren konnte. Unsere Unternehmung entscheidet sich in dieser Situation für eine Kostensparstrategie. Für linear Denkende ist diese Lösung erfolgreich, wie das zielgerichtete Netzwerk in Abbildung 8.42 zeigt.
Sobald aber, um das Wirkungsgefüge aufzuzeigen, andere Variablen betrachtet werden, verändern sich die Erkenntnisse. Die kostensparenden Massnahmen haben auch ihre nachteiligen Wirkungen (siehe Abbildung 8.43): Weniger Verkaufspersonal, die Reduktion der Werbekosten sowie der Verzicht auf Autos behindern die Marktdurchdringung und vermindern den Bekanntheitsgrad des Produkts. Dadurch sind die Umsätze gefährdet, und es ist mit rückläufigen Gewinnen zu rechnen, was die möglichen Erfolge der Kostensparstrategie zunichte macht.

Dieses sehr einfache Anfängerbeispiel demonstriert den Wert zielgerichteter Netzwerke: Sie führen vom linearen zum vernetzten Denken, weil die auf den ersten Blick positiven Zusammenhänge der wenigen Variablen mit zusätzlichen Variablen negative Wechselwirkungen herbeiführen. Sichtbar werden aber auch die Grenzen, weil die zielgerichteten Netzwerke nichts aussagen über die zeitlichen Wirkungen (Verzögerungseffekte) und die quantitativen Verhältnisse (Wie viel Umsatzeinbussen bringen die Kostenersparnisse?). Deshalb eignet sich das zielgerichtete Netzwerk nur zur Aufdeckung von Abhängigkeiten und Wechselwirkungen, wenn in einer bestimmten Situation ein Problem formuliert und eine Massnahme festgelegt wird, mit der ein bestimmtes Ziel erreicht werden soll. Sein Nutzen liegt insbesondere darin, dass die Lernenden Ganzheiten sehen, d.h. erkennen, wie eine mögliche Massnahme oder Lösung neben Vorteilen auch Nachteile bringt. Deshalb trägt es zur ganzheitlichen Sicht und zur Differenzierung des Beurteilungsvermögens bei.
Zur Entwicklung von zielgerichteten Netzwerken müssen die Lernenden über das folgende prozedurale Wissen verfügen:

Abbildung 8.42 **Lineares Denken**

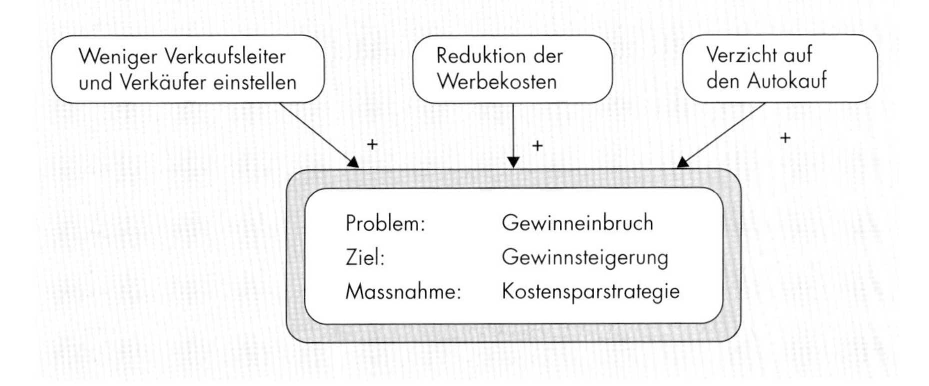

Abbildung 8.43 **Vernetztes Denken (zielgerichtetes Netzwerk)**

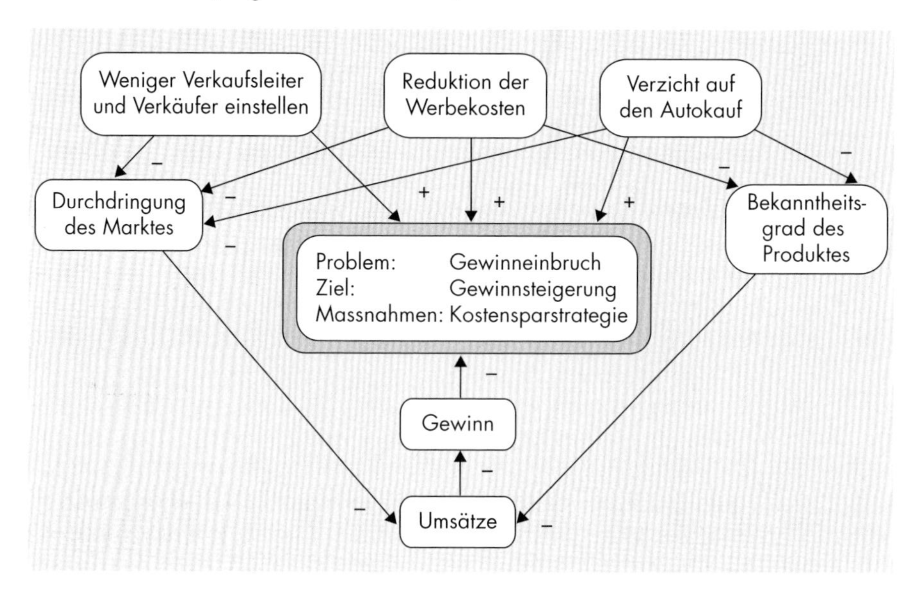

1. Schritt: Erkennen des Problems, Formulieren des Ziels und Festlegen der vordergründig geeigneten Massnahme bzw. der zu verfolgenden Idee.
2. Schritt: Bestimmen der vordergründigen Einflussfaktoren (Variablen).
3. Schritt: Festlegen des Wirkungsgefüges (positive und negative Auswirkungen).
4. Schritt: Bestimmen weiterer Variablen und Entscheid, wie stark das System ausgeweitet werden soll (welche nicht vordergründigen Variablen noch in die Betrachtung miteinbezogen werden sollen).
5. Schritt: Gesamtbeurteilung des gesamten zielgerichteten Netzwerkes und Schlussfolgerungen.

Voraussetzung für die Entwicklung von zielgerichteten Netzwerken (und allen anderen Formen des vernetzten Denkens) ist die Verfügbarkeit eines genügenden deklarativen Wissens. Fehlt es, so bekunden die Lernenden Mühe mit dem Bestimmen der relevanten Einflussfaktoren (Variablen).

3.10.3 Feedback-Diagramme zur Ausweitung der Betrachtungsweise

Mit dem Feedback-Diagramm sollen die Abhängigkeiten und Wechselwirkungen (Wirkungsgefüge) zwischen einer Vielzahl von Einflussfaktoren (Variablen) entdeckt werden. Dabei wird aber das Wirkungsgefüge nicht nur wie beim zielgerichteten Netzwerk auf ein bestimmtes Ziel hin betrachtet, sondern von einer angenommenen Position, einem vermeintlichen Sachzwang oder einem bestehenden Ablauf her sollen anhand weiterer Betrachtungsweisen grössere Zusammenhänge erkannt werden. Ziel des Feedbackdiagramms ist es also letztlich, vorgefasste oder festgefahrene Meinungen und Tatsachen im grösseren Zusammenhang zu reflektieren.

Beispiel: Eine Unternehmung der Verpackungsindustrie will mit ihrer neuen Unternehmungspolitik drei Zielsetzungen in ausgewogener Weise erreichen: Wirtschaftlichen Erfolg, Umweltverträglichkeit der Produkte und Akzeptanz der Unternehmung in der gesellschaftlichen Umwelt. Das Personal denkt aber noch absolut traditionell und sieht nur die wirtschaftliche Seite. Es folgt einem traditionellen, engen Denkschema, wie es in Abbildung 8.44 zum Ausdruck kommt. Dieses Denkschema stellt den zentralen Kreislauf oder den Motor des Geschehens dar.

Dieser Kreislauf ist positiv (+), d.h. die Beziehung ist gleichgerichtet (je mehr desto mehr, je weniger ... desto weniger). Um die Eindimensionalität der Betrachtung zu überwinden, werden nun aber die Einflussfaktoren (Variablen) der anderen beiden Zielsetzungen (Dimensionen) beigefügt und auf ihr Wirkungsgefüge hin untersucht: auf der linken Seite die gesellschaftliche Akzeptanz und rechts die Umweltverträglichkeit. Damit wird das Feedback-Diagramm ausgeweitet und die Betrachtungsweise differenzierter (siehe Abbildung 8.45). Es ist ersichtlich, dass die Umweltschäden zu mehr gesetzlichen Vorschriften führen, welche die Umsätze mit grosser Wahrscheinlichkeit beeinträchtigen (eine negative Beziehung [-] heisst je mehr ... desto weniger, je grösser ... desto kleiner). Zudem ist erkennbar, welche verstärkenden Wirkungen umweltgerechte Produkte über das Image der Unternehmung und die gesellschaftliche Akzeptanz auf weitere Variablen bis hin zum Umsatz haben.
Das Feedback-Diagramm zur Ausweitung der Betrachtungsweise dient der «Horizonterweiterung», indem es durch die Beifügung weiterer Einflussfaktoren (Variablen) aus der Eindimensionalität des Denkens herausführt und ein grösseres Wirkungsgefüge untersucht. Es sagt aber nichts über die zeitlichen Wirkungen, die Stärke der Abhängigkeiten und Wechselwirkungen sowie über das Ausmass der Beeinflussbarkeit von Variablen durch bestimmte Massnahmen aus. Die Klärung dieser Feinheiten ist Aufgabe der Interpretation.

Zur Entwicklung eines solchen Feedback-Diagramms müssen die Lernenden über das folgende prozedurale Wissen verfügen:

1. Schritt: Festlegen des zentralen Kreislaufs oder Motors, der meistens linear und eindimensional ist.
2. Schritt: Entscheid über weitere Dimensionen, die einbezogen werden sollen.
3. Schritt: Auswahl der einzelnen Einflussfaktoren (Variablen) der weiteren Dimensionen, die in die Betrachtung einbezogen werden sollen.

Abbildung 8.44 **Zentraler Kreislauf**

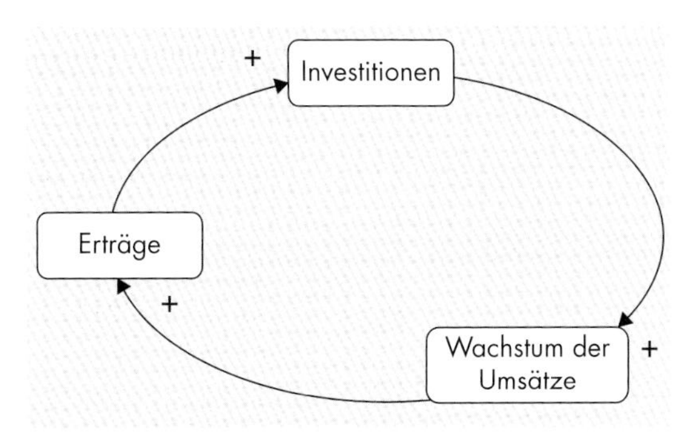

Abbildung 8.45 **Feedback-Diagramm zur Ausweitung der Betrachtungsweise**

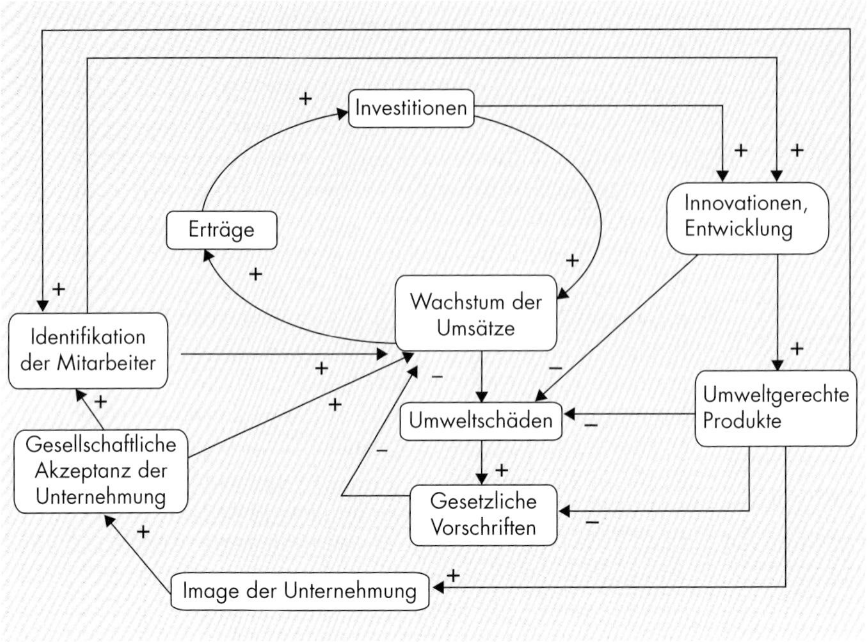

4. Schritt: Abschätzen des Wirkungsgefüges. Dabei heisst:

\+ gleichgerichtete Beziehung
je grösser ... desto grösser
je kleiner ... desto kleiner
je weniger ... desto weniger
je mehr ... desto mehr

– entgegengesetzte Beziehung
je grösser ... desto kleiner
je mehr ... desto weniger
je kleiner ... desto grösser
je weniger ... desto mehr

5. Schritt: Interpretation

3.10.4 Das Feedback-Diagramm mit Kreisläufen

Bei dieser anspruchsvollsten Form von Feedback-Diagrammen wird nach Wirkungsgefügen gesucht, die Kreisläufe darstellen, welche sich selbst positiv oder negativ verstärken. Diese Kreisläufe zeigen, ob sich ein System selbst stabilisiert, wie dies in der unbeeinflussten Natur typischerweise geschieht, oder ob ein System aus dem Gleichgewicht kommt (überschiesst).

Beispiel: Sehr viele Wohngemeinden in einem Land mit einem föderalen Steuersystem (wie die Schweiz) gerieten in einen sich selbst verstärkenden Kreislauf (positive Rückkoppelung) (siehe Abbildung 8.46). Eine Gemeinde hat ein hohes Steueraufkommen und damit einen gesunden Finanzhaushalt. Dadurch wird die Gemeinde steuerlich attraktiv, und die Zahl der Neuzuzüger nimmt zu. Damit entsteht eine positive Rückkoppelung (⊕). Andere Gemeinden mit einem geringen Steueraufkommen haben auch eine positive Rückkoppelung, aber mit für sie unangenehmen Rückwirkungen; infolge eines geringen Steueraufkommens verlieren sie an Attraktivität, und sie haben keine Neuzuzüger oder gar Abgänge.

Trotzdem ist es möglich, dass sich das System infolge negativer Rückkoppelungen (⊖) stabilisiert. Im vorliegenden Beispiel (siehe Abbildung 8.47) kann dies über steigende Bodenpreise und als Folge davon über steigende Mieten geschehen. Dadurch vermindert sich die Zahl der Neuzuzüger, was sich negativ auf das Steueraufkommen und damit negativ auf die Attraktivität der Gemeinde auswirkt. Dieser Entwicklung kann entgegengewirkt werden, wenn die Gemeinde eine attraktive Bodenpolitik führt (Zonenplanung, Landabgabe im Baurecht). Eine weitere negative Rückkoppelung ergibt sich bei den Infrastrukturkosten.
Anhand dieses Feedback-Diagramms lassen sich die Verhaltensmöglichkeiten des Systems beurteilen. Bei linearem Denken sahen viele Gemeinden nur die Neuzuzüger, die dazu beitrugen, dass das Steueraufkommen stieg. Die Auswirkungen auf die Boden- und Mietpreise sowie die Infrastrukturkosten übersahen sie. Erst nachdem die Infrastrukturkosten sowie die Miet- und Bodenpreise stiegen, erkannten sie den Attraktivitätsverlust der Gemeinde. Mangels langfristigem Denken fehlten aber meistens eine vorbereitete, langfristige Investitions- und Bodenpolitik. Verfeinert werden kann die Interpretation, indem die Zeitverhältnisse berücksichtigt werden (siehe Abbildung 8.48). Schliesslich ist bei der Interpretation immer zu überlegen, welche Einflussfaktoren (Variablen) lenkbar (oder beeinflussbar) sind, um zu erkennen, wo Massnahmen ergriffen werden können. In diesem Beispiel ist sofort ersichtlich, dass es nur die Infrastrukturkosten und die Bodenpolitik sind. Alle anderen Variablen lassen sich durch die Gemeinde nicht beeinflussen.

Zur Entwicklung von Feedback-Diagrammen mit Kreisläufen müssen die Lernenden über das folgende Verfahrenswissen verfügen:

1. Schritt: Festlegen der Auslangslage, die in ihren Zusammenhängen und Folgen untersucht werden soll.
2. Schritt: Erstellen des Feedback-Diagramms mit allen Variablen, die in die Betrachtung einbezogen werden sollen.
3. Schritt: Erfassung des gesamten Wirkungsgefüges. Dabei heisst:

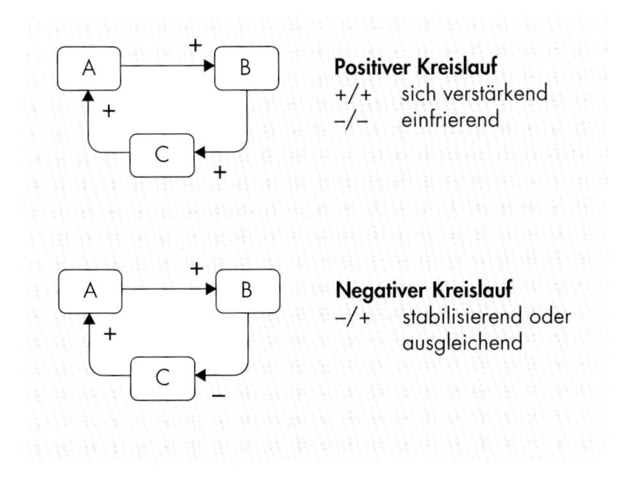

Abbildung 8.46 **Positive Rückkoppelung**

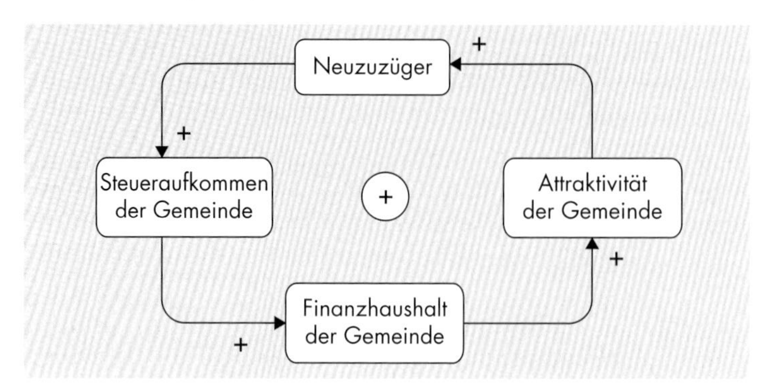

Abbildung 8.47 **Feedback-Diagramm mit Kreisläufen**

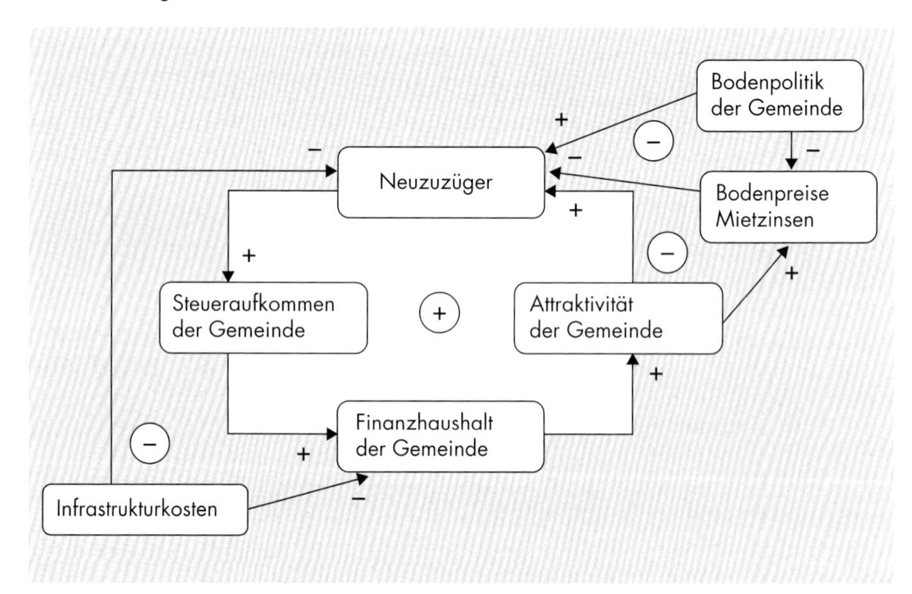

Abbildung 8.48 **Feedback-Diagramm unter Berücksichtigung der Zeitverhältnisse**

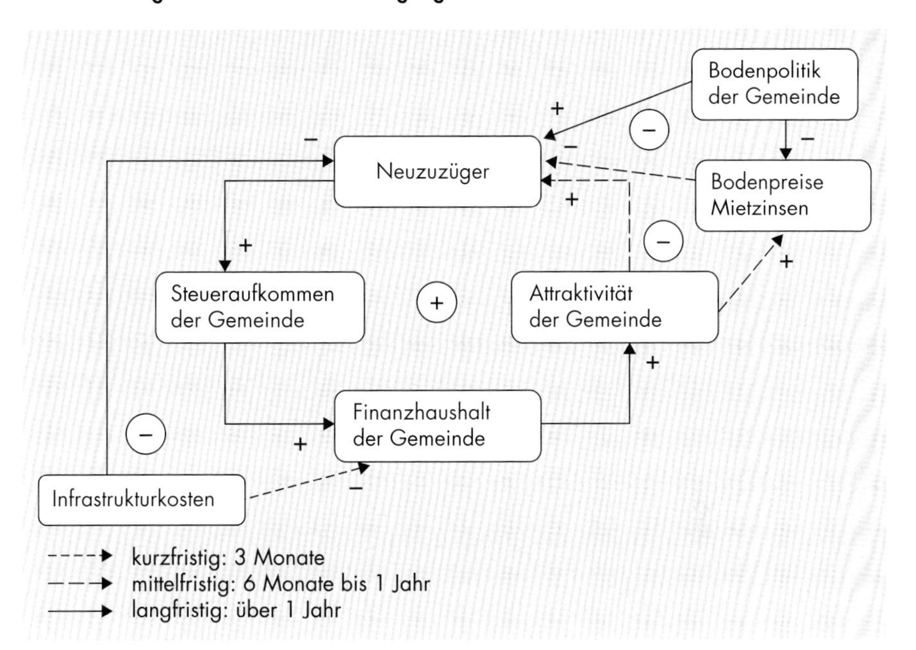

4. Schritt: Erfassen der zeitlichen Dynamik.

5. Schritt: Interpretation der Zusammenhänge, der Zeitverhältnisse und Beurteilung der Beeinflussbarkeit der Variablen (lenkbare und nicht lenkbare Variablen).

Der fünfte Schritt ist sehr bedeutsam, weil die Beurteilung der Beeinflussbarkeit von Variablen zeigt, wo reale Möglichkeiten zur Veränderung des ganzen Geschehens bestehen. Dadurch wird vor allem deutlich sichtbar, was Symptom- und was wirkliche Ursachenbekämpfung ist.

3.10.5 Einsatzmöglichkeiten und Gefahren

Diese drei Verfahren des vernetzten Denkens lassen sich in folgenden unterrichtlichen Situationen einsetzen:

Zielgerichtetes Netzwerk: Lernende diskutieren oder bearbeiten eine Problemsituation ausschliesslich aus linearer Sicht mit einer vorgefassten Meinung oder Lösung. Mit Hilfe des zielgerichteten Netzwerkes kann ihnen die Einseitigkeit oder Linearität ihrer Argumentation sichtbar gemacht werden.

Feedbackdiagramm zur Ausweitung der Betrachtungsweise: Die Lernenden sollen einen grösseren Zusammenhang ganzheitlich zu erkennen und zu verstehen lernen.

Feedbackdiagramm mit Kreisläufen: Die Lernenden sollen in die Bedeutung von sich selbst regulierenden Kreisläufen eingeführt und fähig werden, das Überschiessen von gewissen Entwicklungen zu beurteilen sowie Gegenmassnahmen zu erkennen.

Gelegentlich wird gegen die Methoden des vernetzten Denkens eingewendet, sie seien technisch-schematisch und trügen nichts zur Förderung des ganzheitlichen Denkens bei, sondern sie förderten einen wenig sinnvollen Schematismus. Diese Gefahr besteht tatsächlich dann, wenn ohne gute Wissensgrundlagen und vor allem ohne sorgfältiges Auswählen der Einflussfaktoren (Variablen) sowie ohne gewissenhaftes Reflektieren über die Wirkungsgefüge gearbeitet wird. Solche Mängel lassen sich vermeiden, wenn die Lernenden gut in diese Methoden eingeführt und Lösungen in intensiven Klassen- und Gruppendiskussionen gesucht werden.

4 Die Metakognition

4.1 Begriff und Dimensionen von Metakognition

Der Begriff Metakognition wurde schon verschiedentlich angesprochen. Ganz einfach ausgedrückt geht es dabei um das «Denken über das Denken». Oder anders ausgedrückt hat jemand eine gut entwickelte Metakognition, wenn man weiss, was man weiss (wo man ein umfassendes Wissen hat, und wo Lücken bestehen) sowie fähig ist, seine Lernprozesse selbst zu planen, zu überwachen und zu kontrollieren.
In den letzten Jahren wurde die Bedeutung der Metakognition für ein erfolgreiches Lernen immer deutlicher erkannt und der Begriff immer differenzierter ausgestaltet (Flavell 1992, Opwis 1998, Kaiser & Kaiser 1999). Abbildung 8.49 zeigt die vielfältigen Dimensionen der Metakognition.
Erstens hat die Metakognition einen **deklarativen Aspekt**, der das Wissen eines Menschen über seine kognitiven Gegebenheiten beinhaltet. Dieses Wissen kann **personenbezogen** sein, und es umfasst alles, was man über sich selbst, über andere Personen sowie allgemein über Denkprozesse weiss. Entsprechend ist dieses Wissen intrapersonal (alles was man über sein eigenes Wissen und Denken weiss), interpersonal (Wissen über das Denken anderer Personen) sowie generell (allgemeines personenbezogenes Wissen als Resultat eines Generalisierungsprozesses aus den beiden zuvor genannten Wissensaspekten). Es kann aber auch **aufgabenbezogen** sein, d.h., man weiss, ob die Informationen in einer Problemstellung oder Aufgabe vertraut oder fremd, einfach oder kompliziert oder gut oder schlecht geordnet sind. Dieses Wissen ermöglicht es, zu erreichende Ziele nach ihrem Schwierigkeitsgrad einzuschätzen: Je mehr man über sein eigenes Wissen weiss, desto leichter fällt es diese Einschätzung vorzunehmen und ein entsprechendes Lernverhalten aufzubauen. Schliesslich gibt es das **Strategiewissen**. Es umfasst jenes Wissen, welches es erlaubt, Lernprozesse und

Abbildung 8.49 **Dimension der Metakognition (Kaiser & Kaiser)**

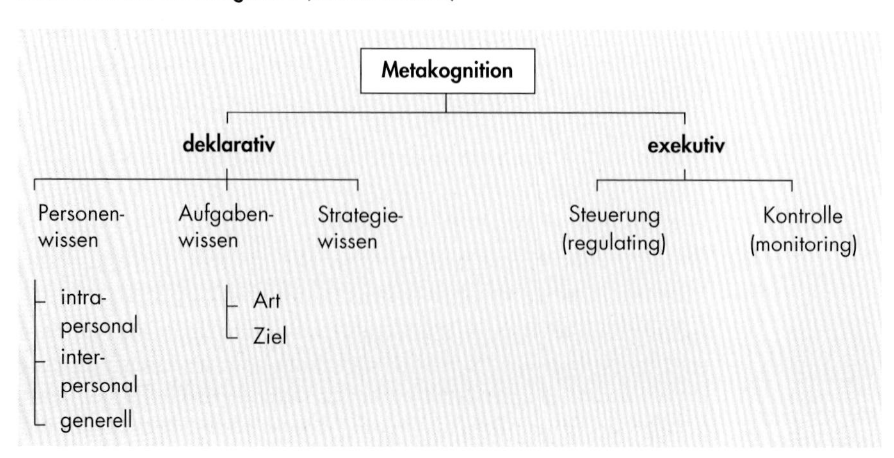

Lösungswege im Hinblick auf ihre Eignung zur Problembearbeitung einzuschätzen sowie alternative Lernprozesse und Lösungsmöglichkeiten zu beurteilen.
Zweitens ist der **exekutive Aspekt** der Metakognition zu beachten: Er umfasst die **metakognitive Steuerung**. Darunter sind alle Aktivitäten zu verstehen, welche der Planung und Steuerung von Lern- und Problemlöseprozessen dienen. Und schliesslich gibt es die **metakognitiven Kontrollprozesse**, mit denen sich feststellen lässt, wie man beim Lernen und Problemlösen Fortschritte erzielt, ob man sich auf dem richtigen Weg zum Ziel befindet, und ob man Zwischenziele und das Endziel erreicht hat (metakognitive Strategien).

4.2 Die Bedeutung der Metakognition für den Unterricht

Wenn auch seit langem bekannt ist, dass Schülerinnen und Schüler mit metakognitiven Fähigkeiten besser und leichter lernen, bemühen sich immer noch viele Lehrkräfte zu wenig um die metakognitive Förderung ihrer Klassen. Sie arbeiten zwar Lernprozesse durch, aber schliessen ihren Unterricht ab, wenn eine Aufgabe oder ein Problem gelöst ist. Auf diese Weise tragen sie selbst mit einem guten prozessorientierten Unterricht noch nicht alles zur wirksamsten Förderung ihrer Lernenden bei. Ergänzt werden sollte der Unterricht durch eine metakognitive Reflexion, indem beispielsweise Fragen wie die folgenden besprochen werden müssen:

- Wie haben wir das Problem «angepackt»? Wie sind wir vorgegangen?
- Wo sind wir auf Schwierigkeiten gestossen, und wie haben wir sie gemeistert?
- Welche Folgerungen kann ich für die Verbesserung meiner Denkfertigkeiten, Lern- und Denkstrategien ziehen usw.

Metakognitive Reflexionen sollten jedoch nicht ausschliesslich am Ende einer Lektion durchgeführt werden. Ebenso wichtig ist deren Einbau im Unterrichtsverlauf. So sollten beispielsweise gewichtige Fehler, die bei der Lösung eines Problems auftreten, analysiert werden, indem man fragen könnte: «Warum ist dieser Fehler entstanden?» oder «Was hätte getan werden müssen, damit er nicht passiert wäre?»
Die Bedeutung der Metakognition für ein erfolgreiches Lernen wurde in vielen Untersuchungen nachgewiesen. Mayer & Wittrock (1996) belegten, dass die im Unterricht gezielte Förderung metakognitiver Fähigkeiten das Lernen erleichtert, und – was besonders bedeutsam ist – wie sich die metakognitive Förderung sowohl bei kognitiv leistungsfähigeren und weniger leistungsfähigen Schülerinnen und Schülern positiv auf den Lernerfolg auswirkt (Swanson 1990). Diesen Sachverhalt haben auch Brown & Palincsar (1982) beschrieben. Sie leiteten intellektuell schwache Schülerinnen und Schüler im Unterricht strategisch an, besprachen Fehler, verstärkten Schülerantworten zielgerichtet und leiteten zur metakognitiven Reflexion an. Die Lernerfolge waren beeindruckend, denn selbst diese schwachen Lernenden erzielten wesentlich bessere Leistungen im Bereich des Textverstehens als Klassen, in denen die Metakognition nicht gestärkt wurde. Schraw (1994) bestätigte mit einer Untersuchung die Annahme, dass Lernende, welche ihr Wissen und Denken selbst gut beurteilen können (über eine gute deklarative und exekutive Metakognition verfügen), Informationen zu Aufgabenstellungen zielgerichteter und wirksamer in ihre Lernprozesse integrieren und deutlich bessere Testleistungen erbrachten als solche, welche ihre Metakognition schlechter einschätzten, wobei die Leistungsunterschiede nachweislich nicht auf eine höhere Sprachkompetenz oder bessere Fachkenntnisse zurückzuführen waren.

Schliesslich belegte Waibel (1994) in einer langfristig angelegten Untersuchung im Schulalltag, dass Lehrpersonen für den Einsatz metakognitiver Aspekte im Unterricht geschult werden können, ihre Schülerinnen und Schüler als Folge davon zu besseren Lernleistungen gelangen und – was besonders interessant ist – mit der Berücksichtigung dieser metakognitiven Aspekte zur Stärkung ihres Selbstkonzepts beitragen, was wiederum bessere Voraussetzungen für das weitere Lernen schafft und wahrscheinlich auch zu mehr persönlicher Sicherheit im Umgang mit der Umwelt führt.

Diese und viele weitere Untersuchungen belegen die Bedeutung der Metakognition nicht nur für das Lernen im Unterricht, sondern auch im Hinblick auf das selbstgesteuerte Lernen. Weil sich aber viele Schülerinnen und Schüler der Wichtigkeit der Metakognition nicht bewusst sind und vor allem ihre eigenen Lernprozesse metakognitiv nicht reflektieren, müssen sie von den Lehrkräften gezielt angeleitet werden (Kaiser & Kaiser 1999). Dazu dürfen die Lehrkräfte selbst nicht nur über Techniken der Metakognition verfügen, sondern sie bedürfen vor allem der Disziplin und der Kraft, metakognitive Techniken immer wieder in den Unterricht einzubringen.
Gelingen kann die Anleitung im Umgang mit der Metakognition erst, wenn die Schülerinnen und Schüler über Lern- und Denkstrategien sowie Denkfertigkeiten verfügen und sie an vielen Aufgaben erarbeitet und durchgearbeitet haben. Zudem müssen sie befähigt werden, sich bei der Reflexion von den Sachinhalten mehr und mehr zu lösen.

Die Bereitschaft der Schülerinnen und Schüler sich mit metakognitiven Aspekten auseinanderzusetzen, hängt von folgenden Faktoren ab:
- sie müssen ausreichend motiviert sein, was umso eher der Fall ist, je mehr sie sich durch die Aufgabe oder das Problem angesprochen und/oder herausgefordert fühlen,
- sie müssen über ein internes Attribuierungsmuster verfügen, d.h. daran glauben, dass ihre eigenen Anstrengungen und Fähigkeiten und nicht Zufälle zum Lernerfolg führen,
- sie müssen sicher sein, dass sie für die zu lösende Aufgabe ein Grundverständnis haben.

Die Metakognition kann durch Interventionen des Lehrers oder der Lehrerin gefördert werden (Beck, Guldimann & Zutavern 1995, Guldimann 1995):
- durch **Modellieren**, indem die Schülerinnen und Schüler angeregt werden, Vorgehensweisen der Lehrkräfte zu beobachten, diese mit den eigenen Denkprozessen zu vergleichen und aufgrund der Erkenntnisse die eigene Vorgehensweise zu verbessern,
- durch **lautes Denken**, d.h., die Lernenden werden aufgefordert, ihre Aufgabenbearbeitung oder ihren Problemlöseweg laut vorzusprechen. Davon profitieren nicht nur die Mitschülerinnen und Mitschüler, sondern auch der laut denkende Lernende selbst, weil er gezwungen ist, seine Lernprozesse zu reflektieren. Dieses laute Denken ist aber nur eine Vorstufe der metakognitiven Förderung und kein eigentliches metakognitives Training (Kaiser & Kaiser 1999),
- durch **schriftliche Reflexion**, indem die Lernenden ihre Arbeitsabläufe und Denkprozesse niederschreiben,
- mittels **Klassendiskussionen**, indem die Lernenden in der Klasse über ihre eigenen Lernerfahrungen und -schwierigkeiten berichten. Allerdings ist diese

Form weniger wirksam, weil die Lernenden die Erfahrungen selbst machen müssen und blosses Zuhören nicht genügt,

- mittels **Lernjournalen** (Reflexionshefte) (Zeder 2006), indem die Schülerinnen und Schüler ihr Lernen systematisch umschreiben und reflektieren. Loo (2002) schlägt fünf Fragestellungen vor, die nach dem Lernen beschrieben werden können:

  Beschreibung: Welches war die konkrete Lernsituation, und was habe ich gelernt?

  Metakognition: Welche Gedanken habe ich beim Lernen gemacht, wie habe ich gelernt, und wie habe ich mich gefühlt?

  Evaluation: Was ist mir gut, was schlecht gelungen?

  Folgerung: Was hätte ich unternehmen können, damit mir das Lernen und die Bewältigung der Aufgabe noch besser gelungen wäre?

  Aktionsplan: Wie werde ich künftig anders vorgehen, um ein besseres Lernergebnis zu erzielen, um meine Aufgaben besser zu bewältigen und um mich in Lernsituationen wohler zu fühlen?

  Die Forschungsergebnisse zur Wirksamkeit von Lernjournalen (Reflexionshefte) sind noch sehr widersprüchlich (Zeder 2006), was angesichts der unterschiedlichen Einsatz- und Bearbeitungsformen nicht überrascht. Trotzdem sollten sie gezielt und mit einer guten Betreuung durch die Lehrpersonen neben den anderen Verfahren der metakognitiven Förderung eingesetzt werden, um die Metakognition auch mittels Vielgestaltigkeit zu stärken.

Die metakognitive Förderung darf aber keinesfalls als einfache und schematische Technik verstanden werden. Sie ist zwar eine notwendige aber keinesfalls eine hinreichende Bedingung für ein erfolgreiches Lernen und deshalb immer im Zusammenhang mit dem Vorwissen, der Motivation und der Komplexität der zu lösenden Aufgaben zu sehen. Weinert (1984) warnt vor einer undifferenzierten Überschätzung der Metakognition. Wenn Schülerinnen und Schüler mit einer zu stark entwickelten Metakognition sehr schwierige Aufgaben zu lösen haben, können sie die Motivation verlieren, weil sie zu erkennen meinen, eine Weiterarbeit mache keinen Sinn mehr, da die Aufgabe nicht zu bewältigen sei. Dieser Gefahr ist mit mittelschweren Aufgaben zu begegnen, und es sind im kritischen Fall Anstösse (Herausforderungen) zu einer erneuten Motivation zu schaffen. Kritisch ist auch der Stellenwert des Vorwissens. Es scheint, dass metakognitive Kompetenzen bei gewandten Lernenden (Experten) mit einem grösseren fachspezifischen Wissen grössere Wirkungen bringen als bei Anfängern (Novizen) mit wenig Vorwissen (Schneider, Körkel & Weinert 1990). Zu beachten ist schliesslich, dass viele Schülerinnen und Schüler metakognitive Strategien, die sie im Prinzip kennen, nicht einsetzen. Dafür können viele Gründe verantwortlich sein: Die Lernenden verfügen über kein konditionales metakognitives Wissen, d.h. sie wissen nicht, wann (unter welchen Voraussetzungen) sie es einsetzen können. Chan (2000) schreibt die Nichtanwendung von metakognitivem Wissen und Strategien vier Ursachen zu: Erstens werden die Lernerfahrungen im Unterricht zu wenig reflektiert. Zweitens fehlt es an einer gezielten Vermittlung durch die Lehrkräfte. Drittens sind Schülerinnen und Schüler für den Umgang mit der Metakognition oft zu wenig motiviert. Und viertens führen viele Lernende den Lernerfolg nicht auf metakognitive Fähigkeiten, sondern nur auf ihre Anstrengungen zurück, was oft eine Folge einer zu wenig auf die Metakognition ausgerichteten Unterrichtsgestaltung ist.

Im Sinne einer «Best Practice» lassen sich zusammenfassend folgende Regeln für das Lehrerverhalten ableiten (vergleiche auch Zeder 2006 sowie Kaiser & Kaiser 1999):

- Eine metakognitive Kompetenz lässt sich nur aufbauen, wenn die metakognitive Reflexion in den täglichen Unterricht eingebaut wird, und die Schülerinnen und Schüler zum Umgang mit der Metakognition angeleitet werden.
- Der erfolgreiche Umgang mit der Metakognition setzt eine genügende Motivation dafür voraus. Sie lässt sich vornehmlich mit einem internen Attribuierungswissen aufbauen, indem die Lernenden spüren, dass sich Lernerfolge nicht zufällig einstellen, sondern sie das Ergebnis der eigenen Bemühung im Umgang mit der metakognitiven Reflexion sind.
- Die unterrichtlichen Aufgaben- und Problemstellungen sollten einem mittleren Schwierigkeitsgrad entsprechen, wozu insbesondere ein Vorwissen notwendig ist, und welches die Bearbeitung der Aufgabe ermöglicht. Dazu müssen genügende motivationale Voraussetzungen gegeben sein.

4.3 Ein unterrichtspraktisches Modell zur Förderung der Metakognition

Das metakognitive Reflektieren sollte immer wieder zu Beginn, während und nach einem Lernprozess gezielt und in unterstützender Weise durchgeführt werden. Die in Abbildung 8.50 dargestellten Fragen versuchen aufzuzeigen, wie die Schülerinnen und Schüler ihr kognitives Lernen durch die metakognitive Reflexion ergänzen können. Sie sollten lernen, sich diese Fragen immer wieder selbst zu stellen und darüber zu reflektieren.
Lehrerinnen und Lehrer sollten bei ihrer Unterrichtsvorbereitung immer wieder überlegen, wie sie diese metakognitive Reflexion gezielt in ihren Unterricht einbauen wollen. Es ist zu erwarten, dass mit einer anfänglich gezielten Anleitung der Lernenden zum Überdenken ihres Lernens gute Voraussetzungen für den bewussten Umgang mit der Metakognition geschaffen werden. Sobald die Schülerinnen und Schüler den Nutzen erfahren, werden sie bewusster reflektieren und dazu auch motiviert werden. Aber es ist nochmals zu betonen: Gelegentliche metakognitive Exkurse tragen wenig zur Verbesserung des Lernens bei. Metakognitive Förderung ist eine dauerhafte Aufgabe. Abbildung 8.51 stellt abschliessend alle Aspekte der Metakognition, wie sie von Lehrkräften bei der Unterrichtsvorbereitung zu bedenken sind, in Frageform zusammenfassend dar (Paris & Winograd 1990, Presseisen 1992, Kaiser & Kaiser 1999).

Abbildung 8.50 **Fragen für die Schülerinnen und Schüler zur metakognitiven Reflexion**

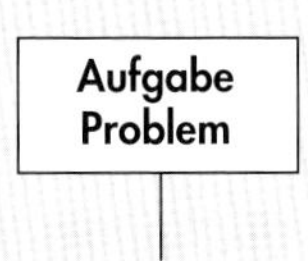

Als **Lernende(r)** überlege ich mir:
- Welches Ziel will ich erreichen? Welche Ergebnisse/Erkenntnisse erwarte ich?
- Habe ich früher bereits eine ähnliche Aufgabe gelöst, und welchen Weg habe ich gewählt?
- Wo sind damals Schwierigkeiten entstanden, und wie habe ich darauf reagiert?
- Wo erwarte ich jetzt welche Schwierigkeiten?

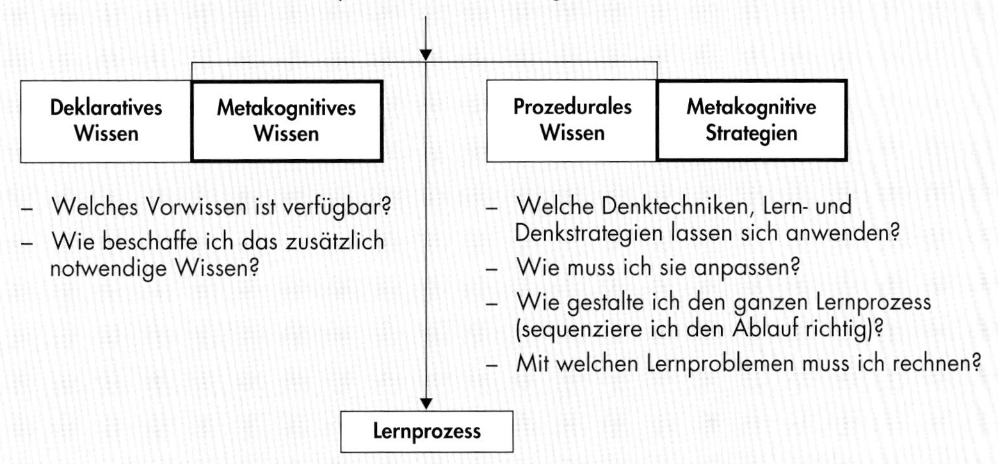

- Überlege ich immer wieder, ob meine Sequenzierung zweckmässig ist?
- Halte ich während dem Lernprozess das Ziel immer im Auge?
- Erkenne ich, nachdem ich ein Teilziel erreicht habe, ob ich für den Fortgang des Lernprozesses noch andere Denkfertigkeiten einsetzen muss?
- Kann ich bei Fehlern den Lernprozess reflektieren und nach dessen Vorgehensweisen suchen?

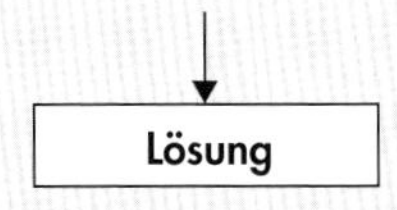

- Wie gut habe ich mein Ziel erreicht?
- Hat sich meine Vorgehensweise (Lern- und Denkprozesse) bewährt, oder muss ich Anpassungen vornehmen?
- Was kann ich aus Mängeln und Fehlern lernen?
- Welchen Nutzen habe ich insgesamt für mein Lernen gezogen?

Abbildung 8.51 **Fragen zur Anregung der metakognitiven Förderung**

Massnahmen vor dem eigentlichen Lernprozess	
Vorüberlegungen der Lehrperson	– Über welches Vorwissen verfügen meine Schülerinnen und Schüler? – Über welches metakognitive Wissen verfügen meine Schülerinnen und Schüler? – Verfügen sie über Denkfertigkeiten und Denkstrategien, die im zu unterrichtenden Lernprozess benötigt werden?
Lehrerverhalten im Klassen- oder Gruppenunterricht	– Stelle ich sicher, dass die Lernenden die auf sie zukommende Aufgabe oder Problemstellung verstanden haben? – Greife ich auf das Vorwissen zurück? – Treffe ich ein mittleres Anspruchsniveau? – Wie sieht mein Vorgehensplan für die Lektion aus (Denkfertigkeiten und -strategien sowie Metakognition), und wie mache ich diese sichtbar?
Massnahmen während des eigentlichen Lernprozesses	
Lehrerverhalten im Klassen- oder Gruppenunterricht	– Bei wichtigen Gedankengängen immer wieder fragen, wie (auf welchem Weg) der sprechende Schüler auf die Antwort oder Lösung gekommen ist. – Eigene Gedankengänge schrittweise durcharbeiten und begründen (modellieren), damit Denkfertigkeiten und -strategien sichtbar werden. – Scaffolding statt mechanische Fragekette. – Falsche Antworten und Lösungen auswerten. – Bei anderen Schülerinnen und Schülern immer wieder nachfragen, ob sie die Gedankengänge nachvollzogen haben. – Den Lernenden helfen, ihre eigenen Lernprozesse genau zu verfolgen und sie ermuntern, immer wieder neue Lernprozesse einzuleiten. – Die Lernenden im Beurteilen ihrer Antworten und Lösungen im Hinblick auf das Ziel unterstützen.
Massnahmen nach dem eigentlichen Lernprozess	
Lehrerverhalten im Klassen- oder Gruppenunterricht	– Diskutieren von verschiedenen Lösungen und der Wege, die zur Lösung geführt haben, sowie Beurteilung. – Zusammenfassen und Verdeutlichen der angewandten Denkfertigkeiten und -strategien und Beschreiben ihrer Anwendungsmöglichkeiten sowie ihrer möglichen Fehlerquellen. – Anwenden der Strategie an weiteren und komplexeren Beispielen, um sie zu flexibilisieren. – Abschätzen des persönlichen Nutzens der Denkfertigkeiten und -strategien. – Allenfalls: Lernjournal mit eigenen Erkenntnissen führen.
Nachüberlegungen der Lehrperson	– Welche Erkenntnisse habe ich aus den Denkprozessen gezogen, um bei einer Wiederholung des Unterrichts in dieser Thematik bessere Denkanstösse zu geben? – Hat sich eine Denkfertigkeit oder -strategie als besonders wirksam erwiesen, so dass sie bewusst unterrichtet werden kann?

5 Hemmende und fördernde Faktoren in der Denkerziehung

5.1 Gutes und schlechtes Denken

Zusammenfassend ist mit aller Deutlichkeit zu betonen, dass Denken und Denken lernen etwas Umfassendes sind. Die Verfügbarkeit von Denkfertigkeiten und Denkstrategien und die Fähigkeit sie anzuwenden sind eine grundlegende Voraussetzung. Viel wichtiger sind aber die Fähigkeiten ihrer Verknüpfung mit der Metakognition und ihrer flexiblen Weiterentwicklung und flexiblen Anwendung in neuen Lern- und Problemsituationen. Die Qualität des Bemühens um eine gute Denkerziehung führt schliesslich zu Menschen, welche gute und weniger gute Denker sind. Abbildung 8.52 zeigt einen Vergleich von guten und schlechten Denkenden.
Dieser Vergleich darf aber nicht als Grundlage für die Kategorisierung von Schülerinnen und Schülern dienen, denn jeder Mensch kann unter anderem angesichts der Bedeutung des Wissens bei Denkprozessen in einem Fachbereich ein guter und in

Abbildung 8.52 **Gute und schlechte Denkende**

	Gute Denkende	Schlechte Denkende
Allgemeine Merkmale (Züge)	– Begrüssen kritische Situationen und schätzen Vieldeutigkeit – Sind genügend selbstkritisch; suchen immer nach anderen Möglichkeiten und Zielen; suchen vielseitige Belege – Sind reflektiv und überlegend; suchen wenn nötig intensiv – Glauben an den Wert der Rationalität, und dass Denken effektiv ist	– Suchen nach Gewissheit und Sicherheit und vermeiden Vieldeutigkeiten – Sind nicht selbstkritisch und mit ersten Lösungsversuchen zufrieden – Sind impulsiv, geben rasch auf, und sind von der Richtigkeit erster Ideen überzeugt – Überschätzen die Intuition, verleugnen Rationalität und glauben nicht, dass Denken viel hilft
Ziele	– Sind überlegt im Entdecken von Zielen – Passen ihre Ziele, wenn nötig, immer wieder an	– Sind beim Entdecken der Ziele impulsiv – Passen ihre Ziele nicht an
Möglichkeiten	– Sind offen für viele Möglichkeiten und betrachten Alternativen – Sind in der Analyse von Alternativen überlegt	– Ziehen es vor, sich mit einer beschränkten Zahl von Möglichkeiten zu beschäftigen; suchen keine Alternativen zu ersten Möglichkeiten – Sind in der Wahl von Möglichkeiten impulsiv
Beweise, Belege	– Benützen Beweise und Belege, welche für bestimmte Lösungen eine Herausforderung bedeuten – Suchen gewissenhaft nach Belegen gegen Möglichkeiten, die anfänglich überzeugend sind oder zugunsten solcher, die schwach sind	– Vernachlässigen Beweise und Belege, welche für bestimmte Lösungen eine Herausforderung bedeuten – Suchen nur nach Beweisen und Belegen, welche die bevorzugten Möglichkeiten bestätigen

einem anderen ein weniger guter Denker sein. Dies zeigt sich beispielsweise oft bei Professoren, die in ihrem Fachgebiet herausragende Denker sind. Nehmen sie aber zu Fragen ausserhalb ihres Tätigkeits- und Erfahrungsbereichs Stellung, ist man gelegentlich überrascht, welche Fehlschlüsse gezogen werden (aber: keine Regel ohne Ausnahme).

5.2 Anforderungen an die Lehrpersonen für eine fördernde Denkerziehung

Das Denken der Lernenden wird **nicht** gefördert, wenn die Lehrpersonen

- die Schülerinnen und Schüler nur mit schwierigen Aufgaben und Problemen belasten, sie aber wenigstens anfänglich nicht gezielt zum Denken anleiten (blosse Hinweise wie «denke», «denke nochmals intensiver» oder «dies erfordert halt ein vertieftes Denken» sind pädagogisch wenig sinnvoll),
- mit anspruchslosen Frageketten (Behaviorismus) in kleinen Schritten Erfahrungen und Informationen abrufen, die keine Denkfertigkeiten herausfordern,
- Arbeitsblätter ausfüllen lassen, in welche nur Informationen eingetragen werden, die irgendwo gesucht werden können, ohne dass damit (abgesehen von der Fertigkeit der Informationsbeschaffung) irgendwelche Denkprozesse gefordert sind,
- eigenständiges Lernen propagieren, ohne dass die Schülerinnen und Schüler je gelernt haben, systematisch selbständig zu arbeiten und zu denken,
- einen zu grossen Konformitätsdruck ausüben, d.h. sie im Unterricht alles gleichschalten und nur ihre Ziele, Denkpläne und Vorstellungen als richtig zulassen,
- zu rigide Persönlichkeitsmerkmale in den Unterricht hineintragen: Bewusste Vernachlässigung von Lernenden, die originelle Ideen oder herausfordernde Fragen in den Unterricht hineintragen, welche den vorbereiteten Unterrichtsverlauf stören; starre Unterrichtskonzepte aus der Angst heraus, die Lernenden könnten Unsicherheiten erkennen; Beharren auf Gewissheit, um immer eindeutige Beurteilungsgrundlagen zu haben; systematische Kontrolle des Unterrichtsgeschehens, damit keine aussergewöhnlichen Sachprobleme aufgeworfen werden usw.

Eine gute Denkerziehung findet hingegen statt, wenn die Lehrpersonen

- die Schülerinnen und Schüler anfänglich zum Gebrauch von Denkfertigkeiten und -strategien anleiten,
- ihnen Probleme und Aufgaben herausfordernder Art von mittlerem Schwierigkeitsgrad vorgeben,
- die Metakognition vom direkten Unterrichtsverhalten bis hin zum selbstgesteuerten Lernen systematisch aufbauen und dabei vor allem durch ihr modellhaftes Verhalten (Modellieren, Scaffolding) eine sinnvolle Unterstützung geben,
- bei den Lernenden die das Denken hemmenden Faktoren erkennen und korrigieren. Raths, Wassermann et al. (1967) beschreiben acht für das Denken hemmende Faktoren, die auch heute noch bedeutsam sind:

- Impulsive Schülerinnen und Schüler scheitern bei Denkprozessen immer wieder, weil sie sich auf etwas festlegen, bevor sie das Wesentliche erfasst haben. Ihnen ist mit einer konsequenten Anleitung zu helfen (z.B. sie sind zu veranlassen, die Problemstellung schriftlich festzulegen, ihren Arbeitsweg zuerst zu beschreiben und zu begründen).
- Oft sind Lernende zu stark von der Lehrkraft abhängig, d.h. sie tun nur gerade das, was verlangt wird. Ihnen ist vermehrte Gelegenheit zu selbständiger Arbeit zu geben, welche sie allein planen müssen.
- Schülerinnen und Schüler bekunden Mühe, sich auf einen konkreten Denkprozess zu konzentrieren und ihn durchzuarbeiten. Dafür ist nicht selten ein schlechtes Lehrerverhalten verantwortlich: Schlecht gewählte Inhalte, zu wenig Beachtung für die Motivationslage, unklare Voraussetzungen für das Lernen. Nebst der Verbesserung dieser Aspekte sind solchen Lernenden kürzerfristige Ziele zu setzen, und sie sind laufend zu aktivieren. Bei längerfristigen Aufgaben sind sie zu verpflichten, einen Arbeitsplan zu erstellen.
- Die Lernenden erfassen den Sinn und den Inhalt einer Aufgaben- oder Problemstellung nicht und finden deshalb den Weg zu einem guten Denkplan nicht. In einer solchen Situation ist der Interpretation der Gegebenheiten und dem Besinnen auf das notwendige Vorwissen sehr viel Aufmerksamkeit zu schenken. Zudem ist der Problemdefinition viel Gewicht beizumessen.
- Bei älteren Schülerinnen und Schülern begegnet man immer mehr dogmatischen Vorstellungen, die oft in unbegründete Behauptungen hinauslaufen. Unter solchen Umständen finden häufig keine Denkprozesse mehr statt, weil sie bereits alles «sicher wissen». In solchen Fällen ist immer wieder mit nachziehenden (vertiefenden) Fragen zu reagieren, die Schwachstellen im Denken oder in der Argumentation aufdecken. Besonders hilfreich ist auch der Einsatz von Feedback-Diagrammen, die zu einer differenzierteren Denkweise zwingen.
- Hemmend wirkt oft eine zu starre und wenig flexible Anwendung von Denkfertigkeiten und -strategien. Dies ist häufig eine Folge eines Unterrichts, der zu einseitig auf automatisierendes Lernen ausgerichtet ist. Dieser Mangel lässt sich durch Überlernen und durch eine gute metakognitive Reflexion überwinden.
- Immer mehr Lernende haben ein geringes Vertrauen in ihr eigenes Denkvermögen, so dass sie sich gar nicht mehr um eigenes Denken bemühen. Dies ist in den meisten Fällen eine Folge der Vernachlässigung der metakognitiven Aspekte im Unterricht.
- Schliesslich gibt es vor allem auf höheren Schulstufen immer wieder Schülerinnen und Schüler, die nicht mitdenken wollen; jede Herausforderung ist für sie zu viel. Es wäre falsch, diese Entwicklung einfach als Zeiterscheinung abtun zu wollen, auch wenn es heute angesichts der vielen Einflüsse, die auf die Schülerinnen und Schüler einwirken, immer schwieriger wird, Klassen für die Lerninhalte zu begeistern. Die Schule mit ihrer Lehrerschaft

ist dafür mitverantwortlich, weil im Unterricht häufig zu viel Routine vorherrscht (traditionelle Stoffe), er zu sehr auf Konvergenz ausgerichtet ist (alles wird nur unter dem Gesichtspunkt «richtig/falsch» gesehen) und den wirklichen Denkprozessen zu wenig Aufmerksamkeit geschenkt wird. Zudem sehen die Lernenden den Sinn von vielem, was in der Schule getan wird, nicht richtig ein, weil sich viele Lehrkräfte zu wenig mit der Begründung ihres Tuns auseinandersetzen und deshalb selbst oft nicht merken, wie sie an den Bedürfnissen der Lernenden vorbei unterrichten.

6 Checklist und Beobachtungsschema zur Förderung der Denkfähigkeit

Checklist 14 fasst die wichtigsten Fragen, die sich Lehrpersonen bezüglich Denkförderung im Unterricht immer wieder selbst stellen sollten, zusammen.
Beobachtungsschema 12 stellt beobachtbare Verhaltensweisen von Lehrkräften dar, welche sich gezielt um die Denkförderung bemühen. Zu beachten ist, dass die affektiven Verhaltensweisen bedeutsam sind, denn allein mit Rationalität lassen sich die Lernenden nicht gewinnen. Das Schema kann durch einen Beobachter im Unterricht angewandt werden. Von Interesse sind die Häufigkeiten der beobachteten Kriterien im ersten, zweiten und dritten Drittel der Lektion. Sie lassen Folgerungen über Ermüdungserscheinungen, Resignation oder steigender Motivation mit intensiverer Auseinandersetzung mit der Klasse zu.

Checklist 14: Eigene Sensibilisierung für die Denkerziehung

	ja	nein
1. Bin ich mir bewusst, dass ich das Denken der Schülerinnen und Schüler von drei Seiten her fördern muss?		
– Unterricht mit dem Ziel, das Denken zu fördern: Inhalte werden so unterrichtet, dass das Denken gefördert wird.	☐	☐
– Unterrichten des Denkens: Denkfertigkeiten, Denkstrategien und metakognitive Strategien werden an Inhalten bewusst sichtbar gemacht.	☐	☐
– Unterrichten über das Denken: Den Lernenden wird geholfen, sich ihrer eigenen Denkprozesse bewusst zu werden (Metakognition).	☐	☐
2. Überlege ich mir, wie ich meinen Unterricht mit dem Ziel das Denken zu fördern, gestalten kann?		
– Suche ich immer wieder nach Möglichkeiten, den Unterricht problemorientiert zu gestalten (problemorientierte Einstiegsbeispiele, komplexe Lehr-Lern-Arrangements)?	☐	☐
– Bestimme ich die Denkfertigkeiten und Denkstrategien, die an bestimmten Problemen und Inhalten eingeübt werden sollen, zielgerichtet?	☐	☐
– Versuche ich mittels der Förderung der Denkfertigkeiten und Denkstrategien gezielt fachbezogene Kompetenzen aufzubauen?	☐	☐
– Überlege ich mir bei der Unterrichtsvorbereitung nicht nur die Stoffauswahl und den Lektionsaufbau, sondern überlege ich mir insbesondere, welche Denkfertigkeiten und Denkstrategien ich in den Unterricht einbringen will?	☐	☐
3. Beachte ich, dass ich die Lernenden immer wieder anhalte, ihre Gedankengänge zu beschreiben und zu begründen, und helfe ich ihnen, diese Denkvorgänge immer besser zu planen, zu überwachen und zu bewerten (Metakognition).	☐	☐
4. Schaffe ich günstige Voraussetzungen zur Stärkung des selbstgesteuerten Lernens, indem ich Denkfertigkeiten und Denkstrategien anfänglich durch direktes Unterrichtsverhalten erarbeite und anschliessend die Lernenden immer selbständiger arbeiten lasse?	☐	☐
5. Schaffe ich ein für das Denkenlernen günstiges Klassen- und Gruppenklima?		
– Übe ich auf die Lernenden keinen Konformitätsdruck aus, sondern fordere ich sie zu autonomem Denken auf und unterstütze ich sie dabei?	☐	☐
– Verhalte ich mich so, dass die Lernenden im Unterricht risikofreudig werden (sich vor möglichen Fehlern nicht scheuen)?	☐	☐
– Werte ich Schüleräusserungen aus, indem ich sie für den weiteren Unterrichtsverlauf verwende?	☐	☐
– Durchbreche ich schematische Frageketten, indem ich für gute Dialoge sorge und Zeit zum Nachdenken gebe?	☐	☐
– Fordere ich immer wieder zu divergentem Denken auf?	☐	☐
– Nütze ich Fehler und Lernhindernisse in meinem Unterricht positiv aus?	☐	☐
6. Wird die metakognitive Reflexion in meinem Unterricht zu einer Selbstverständlichkeit (siehe vor allem Abbildung 8.50)?	☐	☐

Beobachtungsschema 12: Denkförderndes Lehrerverhalten während einer Lektion

Affektive Voraussetzungen	**generelle Beurteilung**		
	immer	häufig	nie
1. Die Lehrperson schafft Lernvoraussetzungen, die von den Lernenden als interessant empfunden werden.	☐	☐	☐
2. Die Lehrperson beobachtet alle Lernenden und hört aktiv zu.	☐	☐	☐
3. Die Lehrperson spricht die Lernenden persönlich und mit dem Namen an.	☐	☐	☐
4. Die Lehrperson und die Lernenden haben bewussten Augenkontakt.	☐	☐	☐
5. Die Lehrperson zeigt Verständnis für falsche Überlegungen und unterstützt bei Fehlern.	☐	☐	☐
6. Die Lernenden spüren den Willen der Lehrperson, sie beim Lernen unterstützen zu wollen.	☐	☐	☐
7. Verbales und nicht verbales Verhalten stimmen überein.	☐	☐	☐

Kognitive Voraussetzungen	**Häufigkeit**		
	1. Drittel	2. Drittel	3. Drittel
8. Die Lehrperson stellt sicher, dass die Lernenden die jeweilige Problem-, Aufgaben- oder Fragestellung der Lektion wirklich verstanden haben.	☐	☐	☐
9. Die Lehrperson fordert die Lernenden auf, das Vorwissen zu organisieren und es in die Verbindung mit dem Neuen zu bringen.	☐	☐	☐
10. Die Lehrperson fordert Erklärungen und Begründungen zu den Antworten, sofern die Gedankengänge nicht klar erkennbar sind.	☐	☐	☐
11. Es ist spürbar, wie sich die Lehrperson um den Aufbau von Denkfertigkeiten und Denkstrategien bemüht.	☐	☐	☐
12. Die Lehrperson überprüft immer wieder, ob Zusammenhänge verstanden werden	☐	☐	☐
13. Die Lehrperson orientiert ihre Steuerung des Unterrichts an den erkennbaren Voraussetzungen und den Aktivitäten der Lernenden während den Lernprozessen.	☐	☐	☐

Beobachtungsschema 12: (Fortsetzung)

Kognitive Voraussetzungen	**Häufigkeit**		
	1. Drittel	2. Drittel	3. Drittel
14. Die Lehrperson gibt Anstösse zu divergentem Denken und schafft Voraussetzungen für verschiedenartige Antworten.	☐	☐	☐
15. Die Lehrperson lässt verschiedenartige Antworten vergleichen.	☐	☐	☐
16. Die Lehrperson wertet falsche Antworten aus.	☐	☐	☐
17. Die Lehrperson stellt immer wieder sicher, dass die Schülerinnen und Schüler die Struktur des Unterrichts (den «roten Faden») nicht verlieren.	☐	☐	☐
18. Das Bemühen der Lehrperson um den Aufbau von Denkfertigkeiten und Denkstrategien ist immer wieder erkennbar.	☐	☐	☐
19. Die Lehrperson stellt sicher, dass neue Erkenntnisse mit dem Bekannten verbunden werden.	☐	☐	☐
20. Die Lehrperson stellt mit Beispielen den Transfer her.	☐	☐	☐
Metakognitive Voraussetzungen	**Häufigkeit**		
	1. Drittel	2. Drittel	3. Drittel
21. Die Lehrperson unterstützt die Lernenden bei der Steuerung des Lernens (Verständnis des Lernziels, Planung der Abläufe des Lernens, Überwachung des Lernfortschrittes).	☐	☐	☐
22. Die Lehrperson lässt Denkfertigkeiten und Denkstrategien in ihrem Ablauf als Nachvollzug beschreiben (metakognitive Reflexion).	☐	☐	☐
23. Die Lehrperson lässt abschliessend über den ganzen Lernprozess Rückschau halten und die gewonnenen Erkenntnisse bewerten sowie allfällige Fehler diskutieren.	☐	☐	☐
24. Die Lehrperson lässt die Lernenden abschliessend sichtbar machen, was sie gelernt haben.	☐	☐	☐
Organisatorische Voraussetzungen	**Häufigkeit**		
	1. Drittel	2. Drittel	3. Drittel
25. Die Lehrperson sorgt für Dialoge unter den Lernenden.	☐	☐	☐
26. Die Lehrperson hält mit Hinweisen und Fragen den Lernprozess in Gang.	☐	☐	☐
27. Die Lehrperson visualisiert die Denkprozesse.	erfüllt	nicht erfüllt	
28. Die Lehrperson versucht sich immer mehr zurückzuziehen.	gelungen	nicht gelungen	

Kapitel 9
Selbstgesteuertes Lernen

1 Alltagsfragen

Im Abschnitt 5.3 des Kapitels 1 sowie in Abbildung 1.5 wurde die Bedeutung des selbstgesteuerten Lernens im Hinblick auf das lebenslange Lernen bereits angesprochen. In diesem Kapitel soll die Thematik umfassend angegangen werden, um einerseits die vielen Begriffe und Definitionen des selbstgesteuerten Lernens als autonomes Lernen, selbstbestimmtes Lernen, autodidaktisches Lernen, selbstorganisiertes Lernen und selbstreguliertes Lernen besser zu differenzieren und um andererseits bessere Grundlagen für den unterrichtlichen Einsatz zu schaffen.
In den letzten Jahren ist das selbstgesteuerte Lernen nicht nur zu einem pädagogischen Schlagwort, sondern zu einem eigentlichen **Slogan** geworden, d.h. übereinstimmend wird das selbstgesteuerte Lernen als etwas für die Zukunft Zentrales gesehen; diese Übereinstimmung ist aber nur gegeben, weil angesichts der Unbestimmtheit des Begriffs jedermann darunter das versteht, was er verstehen möchte. Die zunehmende Bedeutung des selbstgesteuerten Lernens ist auf verschiedene Ursachen zurückzuführen:

(1) Der rasche Wandel in der Gesellschaft und Wirtschaft erfordert von allen Menschen zunehmend mehr Flexibilität, um neuen Anforderungen aller Art zu genügen. Erreicht wird diese Flexibilität nur durch eine zielgerichtete Weiterbildung, welche immer häufiger selbst zu organisieren ist und in vielen Fällen als Eigentätigkeit die Fähigkeit zur Selbststeuerung des Lernens voraussetzt.

(2) Die Fortschritte in der Informationstechnologie schaffen neue Möglichkeiten zum selbständigen Lernen, sei es im Aufsuchen und Verarbeiten von neuen Informationen, was nur nutzbringend ist, wenn die Fähigkeiten zum selbständigen Lernen gegeben sind, sei es mit Hilfe der lerntechnologischen Medien oder mit Büchern und Lernmaterialien.

(3) Aber auch die unkritische Übernahme lerntheoretischer Erkenntnisse verstärkte die Forderung nach mehr Selbständigkeit beim Lernen: Nicht mehr dem «lehrergesteuerten» sondern dem «schülerzentrierten» Unterricht und damit in wenig differenzierter Form dem selbstgesteuerten Unterricht wird eine nachhaltige Lernwirkung zugesprochen, selbst wenn diese Unterscheidung wenig aussagekräftig ist.

(4) Noch fragwürdiger wird es, wenn angenommen wird, mit Formen des durch das selbstgesteuerte Lernen geprägte Selbststudiums liessen sich Kosten sparen. Nachdem schon verschiedentlich darauf hingewiesen wurde, dass das selbstgesteuere Lernen

anfänglich der Anleitung und später der Betreuung bedarf, dürften die Einsparmöglichkeiten nicht allzu gross sein.
Infolge ungenügender Auseinandersetzung mit den begrifflichen und theoretischen Grundlagen des selbstgesteuerten Lernens haben sich in der Unterrichtspraxis auch viele Fehlentwicklungen ergeben. So wird selbstgesteuertes Lernen oft mit wenig betreuten Gruppenarbeiten gleichgesetzt, was etwas überspitzt ausgedrückt einem – unwirksamen – Laissez-faire mit einem Versuchs- und Irrtumslernen gleichkommt. Oder an einzelnen Schulen lässt sich beobachten, dass das selbstgesteuerte Lernen ausschliesslich mit der radikalkonstruktivistischen Auffassung des problembasierten Lernens (siehe Abschnitt 3.9 im Kapitel 8) gleichgesetzt wird.
Wie verwirrend das Verständnis des Begriffs selbstgesteuertes Lernen ist, zeigt auch Dietrich (2001, 24–25) auf, der mögliche Merkmale, wie sie in der Literatur angeführt werden, zusammenfasst:

«– Lernziele werden von den Lernenden oder gemeinsam mit den Lernenden festgelegt, es wird z.B. ein Lernvertrag formuliert.
- Arbeit am Computer (mit Lernprogrammen oder Simulationen), Seminarsituationen und Beratungsgespräche mit den Lernenden und in der Lerngruppe ergänzen sich zu einem vielseitigen Lern-, Experimentier-, Reflexions- und Arbeitsfeld.
- Die Lernenden arbeiten aufgaben- und projektbezogen an von ihnen selbst entwickelten Fragestellungen.
- Die Lernenden eignen sich das erforderliche Wissen aktiv an, z.B. durch die selbständige Nutzung eines Lernquellenpools mit unterschiedlichen Lernmedien.
- Leittexte, Lerntagebuch, Lernkonferenz und Lerngespräch ergänzen die dozierende Lehrkraft, der Lehrervortrag verliert deutlich an Stellenwert.
- Häufig ist die Überprüfung des Lernerfolgs eine wichtige Aufgabe für die Lernenden selbst. Dabei werden sie von den Lehrenden unterstützt, selbstgesteuertes Lernen wird jedoch auch im Kontext von Zertifikatsprüfungen, wie z.B. Berufsabschlüssen, durchgeführt. Dann ergänzen sich Selbstprüfung und Abschlussprüfung.
- Die Verantwortung für den Lernprozess wird dem Lernenden übertragen.
- Problemlösendes und aufgabenbezogenes Lernen stehen im Vordergrund.
- Die Lernenden sind nicht isolierte Einzellerner, sondern sie sind in soziale Bezüge eingebunden. Häufig handelt es sich um Kombinationen verschiedener Lernsituationen: Lernen in der Gruppe, Einzellernen mit Lernsoftware oder entsprechenden Materialien, Lerntandems, Phasen mit höheren und Phasen mit geringerem Selbststeuerungsgrad.
- Die Reflexion des Lernprozesses und der Austausch zwischen Lernenden und Lehrenden, aber auch zwischen den Lernenden selbst, haben hohen Stellenwert.»

Diese Aufzählung wissenschaftlicher Aussagen belegt, dass es weder ein eindeutiges Konzept oder eine bestimmte Methode des selbstgesteuerten Lernens gibt, noch dass jeder einzelne Aspekt etwas völlig Neues darstellt. Dies macht auch die vielen verschiedenartigen Umsetzungsversuche im Schulalltag verständlicher. Um mit dem selbstgesteuerten Lernen die Wirksamkeit des Unterrichts zu verbessern und nicht nur eine weitere und wenig bestimmte Neuerung in der Schule zu haben, drängt sich zunächst eine begriffliche Klärung auf.

2 Begriffliche Grundlegung

Knoll (2001) hat ein praktikables Modell für die Umschreibung des selbstgesteuerten Lernens entwickelt, das er mit der Organisationsform des Lernens verbindet. Er versteht «Steuern» und «Organisieren» als je eine Dimension mit polaren Ausprägungen: Alles Lernen kann von selbstgesteuert bis fremdgesteuert und von selbstorganisiert bis fremdorganisiert gestaltet werden (siehe Abbildung 9.1). Selbstorganisiert ist es, wenn die Lernenden die Initiative dazu selbst ergreifen, die Lerninhalte selbst auswählen und den Lernprozess von sich aus in Gang setzen. Fremdorganisiert ist es, wenn die Lehrperson das Lernen initiiert, die Inhalte auswählt und den Lernprozess in Gang setzt. Selbstgesteuert ist es, wenn die Lernenden die Lernprozesse selbst gestalten. Fremdgesteuert ist es, wenn die Lehrperson die Lernprozesse ein- und anleitet. Daraus ergeben sich vier grundsätzliche Formen des Lernens:

1. Form: Selbstorganisiertes und selbstgesteuertes Lernen
Im Schulunterricht ist diese Form, die häufig als autonomes Lernen bezeichnet wird, in folgenden Situationen denkbar:
– Nachdem in einem Fach die Grundlagen erarbeitet sind, lässt der Lehrer oder die Lehrerin ein von einer Gruppe beliebig gewähltes Thema selbstgesteuert erarbeiten. Ziel kann das Nutzbarmachen einer Motivation oder eine Vertiefung der Grundlagen an einem frei gewählten Inhalt sein.

2. Form: Selbstorganisiertes und fremdgesteuertes Lernen
Dafür ist folgende Unterrichtssituation denkbar:
– Die Lernenden dürfen ein Lehrgebiet auswählen. Es zeigt sich aber, dass es für die Selbststeuerung zu zeitaufwändig oder mangels genügendem Vorwissen zu komplex ist. Deshalb leitet die Lehrperson die Lernprozesse an.

Abbildung 9.1 **Vier grundsätzliche Formen des Lernens (Knoll)**

		Organisieren des Lernens	
		selbstorganisiert	fremdorganisiert
Steuerung des Lernens	selbstgesteuert	**1. Form:** autonomes Lernen	**3. Form:** selbstgesteuertes Lernen im Rahmen der Lehrplanvorgaben (vorherrschende Form)
	fremdgesteuert	**2. Form:** inhaltlich mitbestimmtes Lernen	**4. Form:** herkömmliche Lehrformen

3. Form: Fremdorganisiertes und selbstgesteuertes Lernen
 – Diese Form ist in Schulen mit einem verbindlichen Lehrplan die übliche Form. Der Lehrplan bzw. die Lehrperson gibt die Lernziele vor und die Lernenden lernen individuell oder in Gruppen selbständig. Das problembasierte Lernen entspricht meistens dieser Form.

4. Form: Fremdorganisiertes und fremdgesteuertes Lernen
 – Hier geht es um einen Unterricht mit den herkömmlichen Lehrformen.

Im Schulalltag wird das selbstgesteuerte (selbstregulierte) Lernen meistens mit der 3. Form gleichgesetzt. Zu beachten ist aber, dass das Ausmass der Steuerung variiert und damit die Abgrenzung zwischen der 3. und 4. Form häufig fliessend ist (direktes Lehrerverhalten → indirektes Lehrerverhalten → Lernberatung).
Bei vielen Lehrkräften ist der Stellenwert des autonomen Lernens (1. Form) immer noch umstritten. Die Befürwortenden dieser Form argumentieren häufig mit der Motivation. Wenn Lernende in möglichst vielen unterrichtlichen Situationen selbst auswählen können, was sie lernen wollen, so lasse sich das immer schwieriger werdende Problem der Motivation leichter lösen. Angesichts der Bedeutung des Vorwissens für Lernprozesse müsste aber eigentlich klar sein, dass die Beliebigkeit der Auswahl von Lerninhalten zu keinen nachhaltigen Lernerfolgen führen kann. Deshalb bleibt das autonome Lernen, vielleicht mit Ausnahme von Gruppen mit höchst leistungsfähigen, gut motivierten und ehrgeizigen Lernenden auf höheren Schulstufen, eine Illusion. Dies schliesst nicht aus, dass im vertiefenden Unterricht nach der Erarbeitung des notwendigen deklarativen und prozeduralen Wissens periodisch eine freie Inhaltsauswahl (selbstorganisierter Unterricht) vorgesehen werden kann. Die folgenden Ausführungen beschränken sich auf die vorherrschende 3. Form (fremdorganisiert – selbstgesteuert) des selbstgesteuerten Lernens.

3 Von der Lehrfunktion zu den Lernfähigkeiten

Schon verschiedentlich wurde angedeutet, dass das selbstgesteuerte Lernen anfänglich einer guten Anleitung mit einem direkten Lehrerverhalten bedarf. Darauf machte Simons (1992) schon früh aufmerksam: In der Unterrichtswirklichkeit sollte man jedoch nicht polarisierend von einem gesteuerten und einem selbstgesteuerten Lernen sprechen, sondern im eigenen Lehrerverhalten aus dem Prozess des direkten Lehrerverhaltens zielstrebig zur Lernsteuerung übergehen, also das **Fading** im Auge behalten. Abbildung 9.2 zeigt nach Simons (1992), wie mit dem Fading die Lehrfunktion durch ein geschicktes Lehrerverhalten in die Förderung von Lernfähigkeiten übergeführt werden kann.

Diese fünf Merkmale stellen an das selbständige Lernen hohe Ansprüche:

(1) Die Lernenden müssen selbst erkennen, was sie lernen sollen. Um dieses Ziel zu erreichen, muss die Lehrkraft eine Phase des selbständigen Lernens so vorbereiten, dass die Lernenden ein persönliches «Defizit» erkennen, das sie durch eigenes Tun beseitigen wollen. Defizite erkennen sie aber nur, wenn sie über ein im Hinblick auf das selbständig zu Erlernende genügendes Vorwissen und/oder Erfahrungen verfügen.

Abbildung 9.2 **Lehrfunktion und Lernfähigkeiten (nach Simons)**

Lehrfunktionen →	**Lernfähigkeiten**
1. Vorbereitung des Lernens durch die Lehrkraft – Vorgabe von Lernzielen – Begründen der Lernziele – Aufbau der Motivation – Planung und Durchführung der Lernhandlungen – Aktivieren des Vorwissens	**1. Die Lernenden erkennen selbst, was sie lernen müssen, um sich darauf vorzubereiten** – Eigenes Bestimmen von Lernzielen – Sich die Bedeutung der Lernziele bewusst machen – Sich selbst motivieren – Vorbereiten und In-Gang-Setzen des eigenen Lernens – Rückbesinnen auf das Vorwissen
2. Steuerung der Lerntätigkeiten – Erklären der Lerngegenstände – Anleiten zur Integration in das Vorwissen – Anleiten zur Anwendung des Gelernten	**2. Selbständige Lerntätigkeiten** – Erarbeiten der Lerngegenstände mit Hilfe von geeigneten Lernstrategien, Denkfertigkeiten und Denkstrategien – Selbständiges Integrieren in das Vorwissen – Selbständiges Anwenden des Erarbeiteten
3. Regulieren des Lernens (Metakognition) – Überwachung des Verlaufs der Lernprozesse – Lernfortschritt überprüfen – Steuerung der Lehr- und Lernstrategien bei Lernproblemen – Anleiten des Nachdenkens über die eigenen Lernprozesse und Lernerfahrungen	**3. Selbstregulierung des Lernens** (Metakognition) – Lernfortschritte selbst mit den selbstgesetzten Zielen vergleichen – Lernfortschritt selbst beurteilen – Selbstwahl von alternativen Strategien bei Lernproblemen – Sich auf die eigenen Lernprozesse und Lernerfahrungen rückbesinnen (Reflexion)
4. Leistungsbeurteilung – Feedback über die Lernprozesse und Lernergebnisse geben – Lernprozesse und Lernergebnisse beurteilen	**4. Selbstbeurteilung** – Sich selbst Feedback über die Lernprozesse und Lernergebnisse geben – Lernprozesse und Lernergebnisse selbst realistisch beurteilen
5. Motivation und Konzentration – Lernmotivation erhalten – Konzentration sicherstellen	**5. Motivation und Konzentration** – Seine eigene Motivation erhalten – Sich selbst konzentrieren wollen

(2) Die Planung des eigenständigen Lernens gelingt also nur, wenn die Lernenden über genügende Strukturelemente verfügen, in die das Neue eingefügt werden kann. Diese Strukturelemente entsprechen dem, was Ausubel (1960) als Vororganisatoren (advance organizers) bezeichnet, d.h. geordnete Wissensstrukturen, die für die neuen Lerngegenstände einen ordnenden Raster darstellen.

(3) Eine wesentliche Voraussetzung für die selbständigen Lerntätigkeiten ist, dass die Schülerinnen und Schüler über die geeigneten Arbeitstechniken, Lernstrategien, Denkfertigkeiten, Denkstrategien und metakognitiven Strategien verfügen und im Falle des Einsatzes kooperativer Lernformen wissen, wie man mit anderen zusammenarbeitet.

(4) Dazu müssen die Lernenden ihren eigenen Lernfortschritt überwachen und einschätzen können, also fähig sein, über ihr eigenes Lernen zu reflektieren (Metakognition). Dies bedingt zweierlei: Einerseits sind die Lernenden zu befähigen, fortwährend einen Soll-Ist-Vergleich anzustellen, und andererseits müssen sie mit sich selbst ehrlich genug sein, um über eigene Misserfolge nachzudenken und Lernprozesse in verbesserter Weise zu wiederholen, indem sie von sich aus nach neuen Lernstrategien suchen.

(5) Die Motivation und die Konzentration lassen sich über längere Zeit nur aufrecht erhalten, wenn die Lernenden guten Feedback im Hinblick auf ihre Lernprozesse und Lernergebnisse und notfalls zielgerichtete Hilfestellungen für die weitere Lernarbeit (nicht Lösungen und fertige Antworten) erhalten. Dies setzt voraus, dass die Lehrkräfte das selbständige Lernen in der Klasse sorgfältig beobachten und im Sinne des Fadings und Scaffoldings zielgerichtet unterstützen. Dies verlangt seitens der Lehrkräfte eine grosse Arbeitsdisziplin, die viel anspruchsvoller ist als ein darbietender Unterricht.

4 Das Zwei-Schalen-Modell für den Schulalltag

Unterrichtspraktische Hinweise zur Wirksamkeitssteigerung des selbstgesteuerten Lernens lassen sich aus dem Zwei-Schalen-Modell von Stratka und Nenninger ableiten, welche dieses Modell aus vielen Untersuchungen abgeleitet und empirisch überprüft haben (Stratka, Nenninger et al. 1996, Nenninger, Stratka et al. 1995).
Abbildung 9.3 zeigt in freier Anlehnung an diese Autoren sowie an Butler (1998) und Zimmerman (2006) ein solches Modell, dessen Zweck es ist, Lehrkräfte für die Unterrichtsvorbereitung und die Lernberatung zu sensibilisieren.
Die **äussere** Schale des Modells betrifft die motivationalen Aspekte des selbstgesteuerten Lernens, indem zu fragen ist, **ob** gelernt wird (was vom **inhaltlichen Interesse** am Lerngegenstand abhängt) und **wie** gelernt wird (was durch das **Vorgehensinteresse** geprägt wird). Das inhaltliche Interesse drückt aus, welche Bedeutung dem Lerngegenstand persönlich gegeben wird, und welche Erwartungshaltung hinsichtlich der Erreichung des Ziels vorhanden ist. Das Vorgehensinteresse betrifft die persönliche Einschätzung der Bedeutsamkeit, welche einem bestimmten Lern- und Arbeitsverhalten für die Realisierung des Ziels beigemessen wird. Das inhaltliche Interesse und das Vorgehensinteresse stellen die motivationale Voraussetzung für das selbstgesteuerte Lernen dar. Die **innere** Schale spricht die Arbeitstechniken, Denkfertigkeiten, Lern- und Denkstrategien sowie die metakognitiven Strategien an, welche den Lernprozess steuern und kontrollieren.
Mit Hilfe dieses Modells lassen sich die Aufgaben einer Lehrperson bei der Gestaltung eines selbstgesteuerten (selbstorganisiert oder fremdorganisiert) Lernens mit einer optimalen Lernberatung beschreiben:

- Selbstgesteuertes Lernen gelingt nur mit einer klaren Problemvorgabe und/oder Aufgabenstellung. Beim selbstorganisierten Lernen definieren die Schülerinnen und Schüler ihre Aufgabenstellung selbst, während beim fremdorganisierten Lernen die Lehrperson die Probleme und/oder Aufgaben vorgibt.

Abbildung 9.3 **Modell für das selbstgesteuerte Lernen**

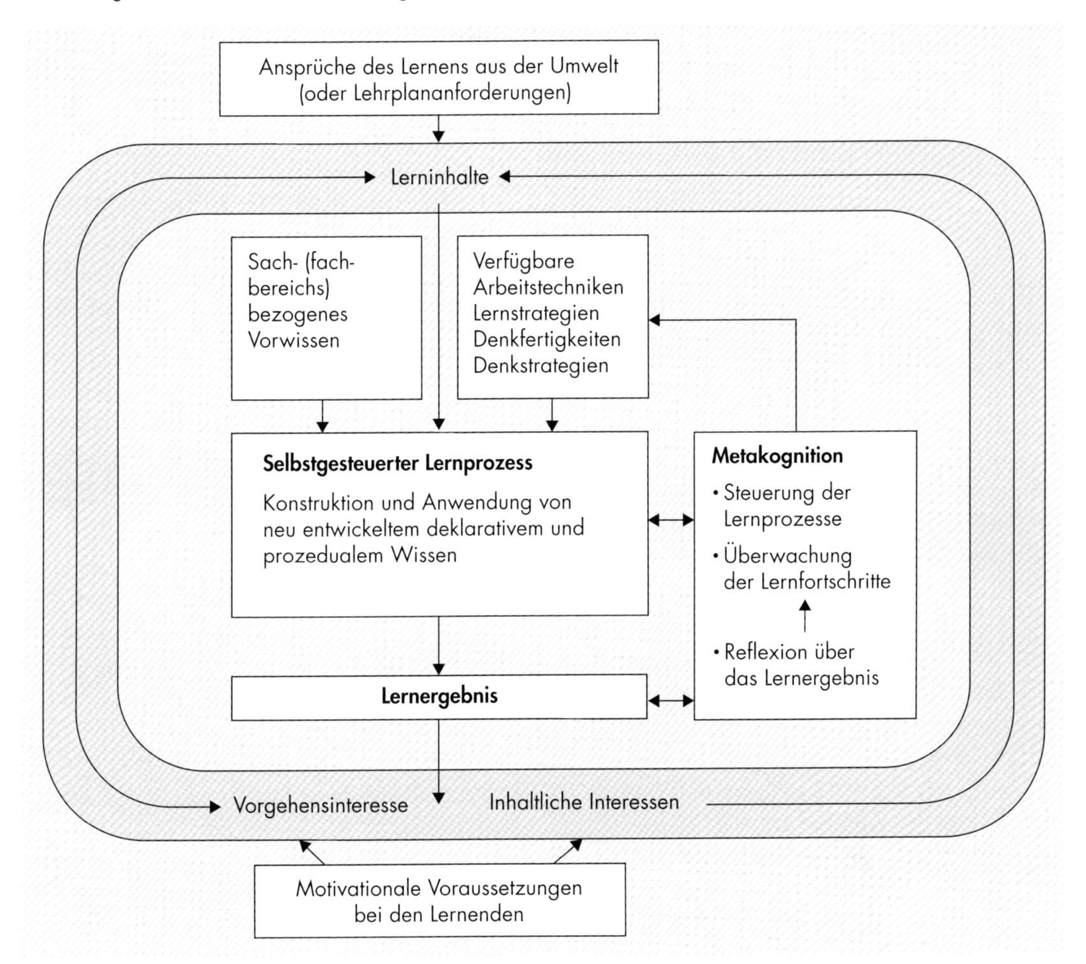

Unklare Zielvorstellungen über das selbständig zu Lernende behindern die Wirksamkeit des selbstgesteuerten Lernens.

– Nachdem sich immer wieder zeigt, wie viele Schülerinnen und Schüler den Antrieb zum selbstgesteuerten Lernen rasch verlieren, ist der motivationalen Gestaltung des Unterrichts, dem Wollen, viel Aufmerksamkeit zu schenken. Abhängig ist die Motivation vom inhaltlichen Interesse und vom Vorgehensinteresse. Deshalb sind die Problem- und/oder Aufgabenstellungen mit Vorteil als komplexe Lehr-Lern-Arrangements auszugestalten, die für die Lernenden interessant und anregend sind, als bedeutsam beurteilt werden und einem Anspruchsniveau entsprechen, bei dem die Lernenden erkennen, dass sie aufgrund ihres deklarativen und prozeduralen Vorwissens mit einiger Anstrengung in der Lage sind, das gesetzte Ziel zu erreichen. Bei weniger gut motivierten Klassen kann es sinnvoll sein, im Rahmen des feststehenden Lehrplans Unterrichtseinheiten zur Vertiefung von Lernstoffen einzubauen, bei denen die inhaltliche Thematik von den Lernenden ausgewählt wird (selbstorganisiertes-selbstgesteuertes Lernen).

- Die Problem- und/oder Aufgabenstellung sollte so ausgestaltet werden, dass ein genügendes deklaratives und prozedurales Wissen vorhanden ist, damit die Lernenden nicht einem ziellosen und zeitintensiven Versuchs- und Irrtumslernen zum Opfer fallen. Deshalb lässt sich ein herkömmlicher darbietender oder anleitender Unterricht als Vorbereitung auf Phasen des selbstgesteuerten Unterrichts immer wieder rechtfertigen.
- Selbstgesteuertes Lernen setzt immer eine zielgerichtete und auf die situationalen Gegebenheiten der Lernenden ausgerichtete Lernberatung voraus (Scaffolding, siehe Abschnitt 3.2 im Kapitel 3).
- Bei der Lernberatung ist insbesondere die Metakognition zu beachten, weil sich die Schülerinnen und Schüler damit vor allem anfänglich schwer tun. Deshalb empfiehlt es sich, bei der Lernberatung die Lernenden immer wieder auf die metakognitiven Strategien und auf die metakognitive Reflexion aufmerksam zu machen.
- Bedeutsam ist, am Ende einer Phase des selbstgesteuerten Lernens die Schülerinnen und Schüler zu einer Beurteilung der eigenen Lernprozesse und des Arbeitsergebnisses zu veranlassen, wobei während dieser Lernphase in schwächeren Klassen ein direktes Lehrerverhalten gewählt werden kann, um deutliche metakognitive Akzente zu setzen.

5 Hindernisse beim selbstgesteuerten Lernen

Sehr viele Lehrkräfte berichten immer wieder über Misserfolge mit dem selbstgesteuerten Lernen. Dafür können zwei Ursachen verantwortlich sein: Einerseits werden die Schülerinnen und Schüler zu wenig systematisch auf das selbstgesteuerte Lernen vorbereitet und andererseits zeigen viele Lernende – vor allem in höheren Klassen aufgrund ihrer bisherigen Lernerfahrungen und Gewöhnung – eine starke Tendenz zum reproduktiven, passiven und lehrerabhängigen Lernen. Mitverantwortlich dafür sind oft ungenügend konzipierte Tests und Prüfungen, die stark auf die Reproduktion ausgerichtet sind (Teaching to the Test). Simons (1992) hat in verschiedenen Untersuchungen Faktoren ermittelt, welche das selbstgesteuerte Lernen behindern.

(1) Die Lernenden wissen nicht, warum sie etwas selbstgesteuert lernen müssen und verstehen es nicht, sich selbst Lernziele zu setzen. Dies mag zum Teil darauf zurückzuführen sein, dass viele Lehrkräfte beim selbstgesteuerten Lernen den Lernzielen und ihrer Begründung zu wenig Beachtung schenken.

(2) Nicht übersehen werden darf die eher zunehmende «Konsumentenhaltung» vieler, vor allem älterer Schülerinnen und Schüler. Sie ziehen ein stärker passives Lernen vor und sind an eigenen, intensiveren Lernaktivitäten (Unterrichtsverfahren) gar nicht interessiert. Verhängnisvoll wird die Entwicklung dort, wo Lehrkräfte – sei es resignierend oder aus Bequemlichkeit – diese Haltung akzeptieren und die Lernen-

den weder durch eine geschickte Motivation noch durch ein gutes Fading zu mehr selbständigen Lernaktivitäten hinführen.

(3) Bedeutsam sind die Einstellung zum Lernen und die Erfolgsattribuierung (Ursachenzuschreibung für den Erfolg). Viele Schülerinnen und Schüler sehen das Lernen nur unter dem Aspekt ihrer Anstrengung, d.h. sie beachten die Art wie sie lernen und deren Wirksamkeit kaum, sondern nur ihren persönlichen Lernaufwand. Ein typisches Beispiel dafür ist das eigenständige Lernen auf eine Klausur. Sie lesen den Lehrbuchtext zu einem bestimmten Zeitpunkt einige Male durch. Später repetieren sie, indem sie am Vorabend und am Morgen vor der Klausur alles nochmals durchlesen. Sie setzen aber keine verschiedenartigen Lernstrategien ein und unternehmen vor allem zu wenig, um das Gelernte auch im grösseren Zusammenhang zu verstehen. Damit erfahren sie den Nutzen eines gezielten selbstgesteuerten Lernens nicht, so dass sie dafür auch nicht motiviert werden. Damit in Zusammenhang bringen sie dann ihre Erfolgs- und Misserfolgserlebnisse beim Lernen. Haben sie sich stark – aber falsch – angestrengt und einen Misserfolg erlebt, schreiben sie ihn mangelndem Können oder Zufällen zu und sehen keine Veranlassung, ihr selbstgesteuertes Lernen zu verändern, gar wenn sie dazu im Unterricht keine Unterweisung erhalten haben.

(4) Viele Lehrende behindern die Förderung der Fähigkeit «selbständig zu lernen», weil sie ihre Steuerung des Unterrichts zu wenig variieren. Vor allem der Übergang von der starken Steuerung im direkten Unterrichtsverhalten zur Lernberatung bereitet ihnen häufig Mühe, weil sie sich im «Paradoxa des Lernens» nicht zurechtfinden (Larsson 1983), d.h. sie wissen zwar, dass sie zum selbstgesteuerten Lernen anleiten sollten und versuchen es auch zu tun. Weil sich damit aber viele Lernende schwer tun, verzichten sie bald wieder darauf, was zusätzlich dazu führt, dass diejenigen Lernenden, welche für das selbstgesteuerte Lernen motiviert sind, keine Gelegenheit mehr dazu haben.

6 Einsatzmöglichkeiten des selbstgesteuerten Lernens im Unterricht

6.1 Übersicht

Das selbstgesteuerte Lernen kann in ganz unterschiedlichen Unterrichtssituationen eingesetzt werden.
(1) Die am häufigsten verwendete Form ist das **problembasierte Lernen** in Gruppen (siehe Abschnitt 3.9 im Kapitel 8).
(2) Die Lernwirksamkeit der **Hausaufgaben** könnte erhöht werden, wenn die Erkenntnisse des selbstgesteuerten Lernens besser mit den Hausaufgaben verknüpft würden (siehe Kapitel 16).
(3) Das selbstgesteuerte Lernen kann aber auch zum **individuellen Lernen** eingesetzt werden. Denkbar ist es, in einzelnen Lektionen individuell selbstgesteuert Lernen zu lassen, um die Schülerinnen und Schüler bei ihrer individuellen Lernarbeit zu beobachten und zu beraten. Oder es kann – eher auf höheren Schulstufen – zum **Selbststudium** eines Themenbereichs über eine gewisse Zeitspanne zu Hause vorgesehen werden.

6.2 Einsatzmöglichkeiten des Selbststudiums

Wenn eine Lernphase mit Selbststudium vorgesehen wird, sind zwei Grundfragen zu klären (Landwehr & Müller 2006): Einerseits muss das Selbststudium mit dem thematisch-fachlichen Schwerpunkt des Unterrichts in der Klasse verbunden sein, d.h. es ist zu überlegen, wofür sich der Klassenunterricht und wofür sich das Selbststudium besser eignet (didaktischer Aspekt). Andererseits ist zu klären, wie das Selbststudium zeitlich und organisatorisch in den Verlauf des gesamten Unterrichts eingegliedert wird, um vom strukturellen Aufbau des Unterrichts her die besten Voraussetzungen zu schaffen (lernorganisatorische Integration).
Entscheidend ist also, dass der Klassenunterricht und das Selbststudium nicht beziehungslos nebeneinander stehen. Landwehr & Müller (2006) stellen die möglichen Formen der Integration des Selbststudiums in den gesamten Unterricht in treffender Weise dar und unterscheiden die folgenden Möglichkeiten:

1) **Integrierte Lernaufgaben:** Die Schülerinnen und Schüler erhalten Aufgaben, die in engem Bezug mit dem Klassenunterricht stehen, zur Vertiefung und Anwendung. Diese Form entspricht weitgehend der üblichen Form von Hausaufgaben.
2) **Unterlagenbasiertes Selbststudium:** Die Lernenden erhalten die Aufgabe, einen Lehrbuchtext oder andere Lernmaterialien individuell zu bearbeiten, so dass sich der Klassenunterricht erübrigt. Im Klassenunterricht werden nur noch offene Fragen geklärt. Möglich ist es auch, nach dem Selbststudium die offenen Fragen zuerst in Gruppenarbeiten im oder ausserhalb des Klassenunterrichts bearbeiten zu lassen, um die Fragerunde im Klassenunterricht zu verkürzen.
3) **Das Social-Support-Modell:** Bei diesem Modell wird der Lehr-Lern-Prozess in verschiedene Phasen aufgeteilt: Klassenunterricht, Selbststudium, begleitete und unbegleitete Lerngruppen. Damit sollen die Lernenden im ganzen Unterrichtsverlauf verschiedene Formen von Unterstützung (Social Support) erhalten.
4) **Leitprogramme** (Leittextmethode): Hier geht es um die Verarbeitung von vorgegebenen Texten in Verbindung mit schriftlichen Lernanleitungen. Der Umfang von Leitprogrammen kann unterschiedlich gross sein.
5) **Problembasiertes Lernen:** (siehe Abschnitt 3.9 im Kapitel 8).
6) **Individuelle Vorhaben:** Die Lernenden wählen in Absprache mit der Lehrperson ein eigenes Lernvorhaben aus, das sie selbständig mit Lernberatung durch die Lehrkraft bearbeiten.
7) **Projekte:** Die Schülerinnen und Schüler bearbeiten einzeln oder in Gruppen Projekte.

Der Erfolg aller dieser Formen des Selbststudiums hängt entscheidend von der Unterstützung durch die Lehrpersonen ab. Diese Unterstützung lässt sich wie folgt umschreiben:
- Der Lehrer oder die Lehrerin müssen sich selbst über die Ziele des Selbststudiums im Klaren sein, geeignete Materialien zur Verfügung stellen und klare, eindeutige Aufträge erteilen.
- Sie müssen die Lernberatung zielstrebig und auf die individuellen Lernbedürfnisse und Lernnöte der einzelnen Schülerinnen und Schüler ausrichten.
- Sie müssen der Auswertung und dem Feedback alle Beachtung schenken.

7 Checklist zum selbstgesteuerten Lernen

Checklist 15 will für das selbstgesteuerte Lernen sensibilisieren. Jede Frage sollte mit «ja» beantwortet werden.

Checklist 15: Selbstgesteuertes Lernen

	ja	nein
– Weil die Fähigkeit zum selbstgesteuerten Lernen fachgebundenes deklaratives Wissen voraussetzt, ist es im Fachunterricht einzusetzen. Bemühe ich mich, die Förderung des selbstgesteuerten Lernens in den lehrplangemässen Unterricht einzubauen (kein fachneutrales Einüben von Strategien)?	☐	☐
– Schaffe ich die Motivation zum selbstgesteuerten Lernen durch Beachtung der inhaltlichen Interessen und des Vorgehensinteresses?	☐	☐
– Stelle ich sicher, dass meine Problem- oder Aufgabenstellungen (komplexe Lehr-Lern-Arrangements) von mittlerem Schwierigkeitsgrad sind und die Schülerinnen und Schüler über das notwendige deklarative und prozedurale Vorwissen verfügen?	☐	☐
– Beachte ich das Prinzip des Fadings, d. h. habe ich die Lernenden genügend für das selbstgesteuerte Lernen angeleitet, und gehe ich mit fortschreitender Fähigkeit der Lernenden zum selbstgesteuerten Lernen immer mehr zur Lernberatung über?	☐	☐
– Helfe ich den Lernenden stets mit einer guten Lernberatung nach den Regeln des Scaffoldings?	☐	☐
– Überlege ich, welche Form des selbstgesteuerten Lernens ich in einer bestimmten Unterrichtsphase wählen will?	☐	☐
– Habe ich den Unterricht im Klassenverband von den Zielen und Inhalten her genügend mit dem selbstgesteuerten abgestimmt?	☐	☐

Kapitel 10
Affektive Aspekte des Unterrichts

1 Alltagsfragen

In den sechziger Jahren und den Folgejahren wurde den Fragen der affektiven Erziehung (Umgang mit Gefühlen, Empfindungen und Werten) vor allem in der wissenschaftlichen Forschung keine grosse Beachtung mehr geschenkt, und religiöse, ethische und moralische Probleme galten nicht mehr als bedeutsame Unterrichtsgegenstände. Nicht selten wurde sogar vorgeschlagen, den Religionsunterricht abzuschaffen oder ihn bestenfalls durch eine «neutrale» Form von Werterziehung zu ersetzen. Wahrscheinlich waren für diese Entwicklung drei Gründe verantwortlich. Erstens stand zu jener Zeit der Glaube an eine «allumfassende Machbarkeit» in allen Lebensbereichen im Vordergrund. Warum sollte man sich noch mit Fragen der menschlichen Werte beschäftigen? Zweitens wich man in der pluralistischen Gesellschaft mit Vorstellungen einer umfassenden individuellen Freiheit diesen Fragen aus, weil man sich nicht mehr darauf einigen konnte, welche Werte in der schulischen Erziehung angestrebt werden sollten. Wie soll die Schule erziehen, wenn es gesellschaftlich nicht mehr gelingt, sich auf einige weltanschauliche Prinzipien zu einigen? Drittens zeigten viele Untersuchungen bescheidene Wirkungen einer schulischen affektiven Erziehung. Warum soll die Schule Unterrichtszeit für etwas verwenden, dessen Wirksamkeit bescheiden ist? In den letzten Jahren verändert sich die Einstellung zur affektiven Erziehung angesichts der zunehmenden Formen von Krisenerscheinungen bei einem Teil der Jugendlichen immer schneller. Vandalismus, Respektlosigkeit, Gewalt, Drogenmissbrauch, fehlendes Bewusstsein über Recht und Unrecht und weitere Erscheinungen rufen in der Öffentlichkeit nach Gegenmassnahmen. Deshalb wollen zunehmend mehr Leute in oft vorschneller und wenig bedachter Form die Schule wieder in die Pflicht nehmen und Religionsunterricht, ethische oder Werterziehung werden wieder zu einem vordringlichen bildungspolitischen Postulat. Und dies, obschon die Einwirkungsmöglichkeiten der Schule eher begrenzt sind, und sie alle diese Probleme ohne intensives Mit- und Zusammenwirken mit den Eltern allein nicht zu lösen vermag. Weshalb dieses Mit- und Zusammenwirken jedoch nicht richtig gelingen will, ist auf zwei Gründe zurückzuführen. Einerseits fällt es immer mehr Eltern angesichts des Pluralismus der Weltanschauungen und Moralsysteme schwer, sich bewusst auf bestimmte Erziehungsziele festzulegen und diese mit ihren Kindern zu habitualisieren, d.h. sie so zu fördern, dass erwünschte Werte zu einer Disposition in der Persönlichkeit ihrer Kinder werden, welche das Erleben und Verhalten in bestimmten Situationen zielentsprechend prägen. Diese Werteunsicherheit der Eltern überträgt sich auf die Lehrerschaft, indem sie immer weniger weiss, welche Werte sie ihrem erzieherischen Tun zugrunde legen soll, ohne in Konfliktsituationen mit den

Eltern und Schulbehörden zu geraten. Andererseits besteht sowohl bei Eltern wie bei Lehrkräften eine Unsicherheit darüber, welche Erziehungsmittel konkret eingesetzt werden sollen: Überbehütung oder Freiräume, viel oder wenig Strenge, wohlwollendes Zureden oder Strafe (Uhl 1996).
Unter solchen Voraussetzungen ist es verständlich, dass viele Lehrkräfte einer gezielten affektiven Erziehung aus dem Weg gehen und sich auf die Kernaufgaben des Unterrichts zurückziehen möchten. In diesem Buch wird die gegenteilige Position vertreten: Angesichts der zunehmenden Krisenerscheinungen und den verschiedenen Formen von Fehlverhalten vieler Kinder und Jugendlicher einerseits und der Versäumnisse vieler Eltern bei der Erziehung ihrer Kinder andererseits muss sich die Schule im Rahmen ihrer Möglichkeiten auch gezielt der affektiven Erziehung der Schülerinnen und Schüler annehmen (siehe auch Abschnitt 1.3 im Kapitel 1). Erfüllen können die Lehrerinnen und Lehrer diese Aufgabe jedoch nur, wenn die folgenden drei Voraussetzungen erfüllt sind:
Erstens: Die Ziele der affektiven Erziehung müssen in einer Form umschrieben sein, welche trotz der Pluralität in der Gesellschaft allgemein akzeptiert werden.
Zweitens: Es müssen praktische Unterrichtsmodelle entworfen werden, die im alltäglichen Unterricht die Umsetzung eines affektiven Unterrichts ermöglichen. Dazu sind Lehrplanfragen und Aspekte des Lehrerverhaltens zu klären, welche einen genügenden Praxisbezug haben.
Drittens: Für die langfristige Akzeptanz einer affektiven Erziehung muss der wissenschaftliche Nachweis der Wirksamkeit erbracht werden. Von diesem Ziel ist die Forschung noch weit entfernt, so dass sich die Schule vorderhand mit «Best Practice» aus pragmatischen Anwendungsversuchen begnügen muss. In diesem Sinn sind auch die Ausführungen dieses Kapitels zu verstehen.

2 Ziele der affektiven Erziehung

Abbildung 10.1 zeigt eine mögliche Umschreibung der Ziele des affektiven Unterrichts.
Im affektiven Unterricht soll erstens das **prosoziale Verhalten** der Schülerinnen und Schüler gefördert und gestärkt werden, d.h. ihr Handeln soll darauf ausgerichtet sein, andere Menschen und Gruppen zu verstehen und ihnen in angemessener Form beizustehen.
Zur Förderung und Stärkung des prosozialen Verhaltens sind fünf Eigenschaften im Menschen zu entwickeln, welche beschreibbare Fähigkeiten voraussetzen:

(1) **Willens und fähig sein, für Gefühle und Empfindungen empfänglich zu werden**
Vieles in unserer Zeit ist gefühllos und zu rational oder scheinrational. Weil Gefühle und Empfindungen oft als etwas Irrationales und damit Unbrauchbares bezeichnet werden und junge Menschen in ihrer Umwelt immer häufiger mit gefühlsarmen Situationen konfrontiert werden, sind sie für Empfindungen und Gefühle oft gar nicht mehr empfänglich. Sie können sich nicht mehr über etwas Schönes freuen, oder sie wagen es nicht mehr, ihre Ängste auszudrücken. Deshalb muss im Unterricht die Empfänglichkeit (Wahrnehmung, Reflexion) für Gefühle und Empfindungen gestärkt werden.

Abbildung 10.1 **Affektiver Unterricht**

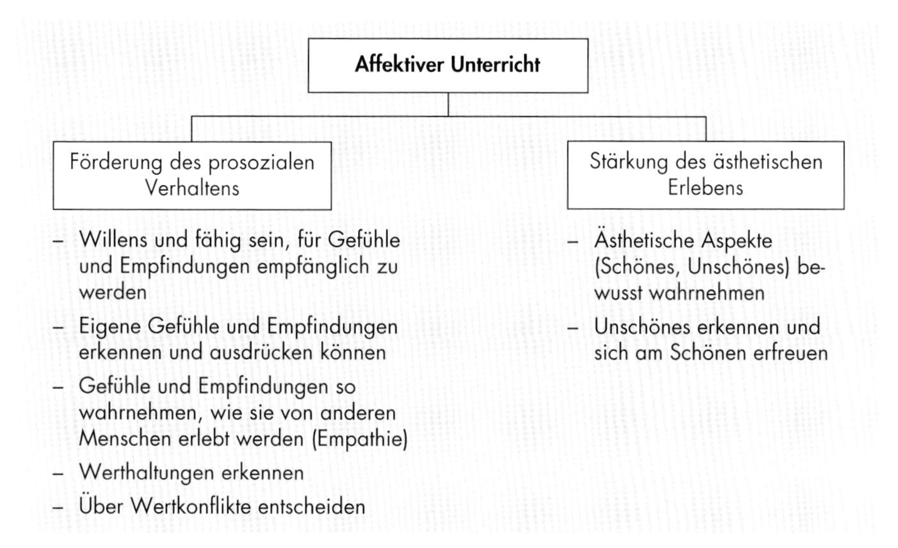

(2) **Eigene Gefühle und Empfindungen erkennen und ausdrücken können**
Menschen sind nicht mehr nicht nur wenig empfänglich für Gefühle und Empfindungen, sondern sie können sie oft auch nicht mehr ausdrücken, weil sie befürchten, dies könnte als Schwäche ausgelegt werden. Die Folge davon sind unbewältigte Ängste, Verunsicherungen, Rückzüge in die Isolation, Negativismus gegenüber allem und Aggressionen, die das menschliche Zusammenleben immer schwieriger machen. Dieser Entwicklung kann die Schule entgegenzuwirken versuchen, wenn sie im Unterricht Möglichkeiten schafft, dass die Lernenden ihre Gefühle und Empfindungen auszudrücken lernen.

(3) **Gefühle und Empfindungen so wahrnehmen, wie sie von anderen Menschen erlebt werden (Empathie)**
Die egozentrischer werdenden menschlichen Beziehungen führen auch vom Bemühen weg, andere Menschen zu verstehen. Deshalb wird oft gar nicht mehr versucht, ihre Gefühle und Empfindungen zu verstehen. Die Folge davon ist ein mangelndes Verständnis für das Denken, Fühlen und Verhalten anderer Menschen, was die Unverträglichkeit und Polarisierung in jeder Gesellschaft verschärft. Deshalb muss die Schule in ihrem Unterricht der Empathie mehr Beachtung schenken.

(4) **Werthaltungen erkennen**
Was eine Person über andere Menschen, Sachen, Situationen und Normen empfindet und denkt, aber auch wie sie im konkreten Fall handelt und entscheidet, hängt von ihren Werthaltungen (Einstellungen, Attitüden) ab, die sich durch folgende Merkmale charakterisieren lassen:
- Werthaltungen beschreiben die allgemeine Beziehung einer Person zu etwas anderem (einem Menschen, einer Sache, einer Situation, einer Norm).
- Sie bestimmen die Richtung und die Intensität dieser Beziehung.
- Sie sind nicht allein das Ergebnis unabhängigen Urteilens, sondern sie werden im Verlaufe des Sozialisierungsprozesses (Hineinwachsen in eine Gesellschaft)

von der Umwelt übernommen und internalisiert (zur persönlichen Norm verinnerlicht).
- Sie führen zu relativ dauerhaften und gleichbleibenden Reaktionen gegenüber der Umwelt.

Abbildung 10.2 zeigt eine mögliche Erklärung des Konzepts von Werthaltungen im grösseren Zusammenhang (in freier Anlehnung an Shaver & Strong 1982). Es scheint so zu sein, dass einige wenige verinnerlichte Werte das Verhalten der Menschen steuern. Werte sind Prinzipien oder Standards, die als Kriterium für die Bewertung von «Dingen» (Menschen, Gegenständen, Ideen, Verhaltensweisen, Äusserungen, Situationen) dienen. Die ästhetischen Werte sind die Prinzipien, anhand derer eine Person die Schönheit oder Hässlichkeit (Gefallen oder Nichtgefallen) von Dingen in der Kunst, der Musik, der Literatur und der Natur beurteilen. Moralische Werte sind Standards, mit deren Hilfe beurteilt wird, ob Ideen, Absichten, Ziele, Verhaltensweisen usw. gut oder schlecht sind. Ästhetische und moralische Werte prägen also die Werturteile. Aus den Werturteilen ergeben sich schliesslich viele Werthaltungen, die das Fühlen, Denken und Handeln prägen. Aus den Äusserungen über Gefühle und Gedanken sowie aus dem Verhalten lässt sich auf die Werthaltungen schliessen.
Heute sind viele Menschen nicht mehr in der Lage zu unterscheiden, ob es sich bei Aussagen, Vorschlägen usw. um belegbare Tatsachen oder um Feststellungen handelt, die nur unter bestimmten Wertvorstellungen richtig sind. Als Folge davon kommt es zu immer mehr Missverständnissen über den Stellenwert von dargebrachten Auffassungen. Deshalb müssen die Schülerinnen und Schüler lernen, die hinter Ideen, Aussagen, Feststellungen usw. stehenden Werthaltungen zu erkennen. Für die Differenzierung zwischen belegbaren Tatsachen und wertegeprägten Aussagen ist daher die Fähigkeit der Werterkennung, Werterhellung und Werteklärung ausserordentlich wichtig.

(5) **Über Wertkonflikte entscheiden**
Schliesslich müssen die Kinder und Jugendlichen befähigt werden, in Problemstellungen aller Art über Wertkonflikte zu entscheiden, denn das Leben erfordert laufend solche Entscheidungen. Anders ausgedrückt geht es darum, die Entscheidungsfähigkeit in Wertfragen zu stärken, wobei nicht nur rationale Begründungen des Entscheids, sondern auch die Fähigkeit zur Argumentation über die den Entscheid prägenden Werthaltungen sowie die Gefühle und Empfindungen zu stärken sind.

Abbildung 10.2 **Schematische Darstellung zum Wertkonzept**

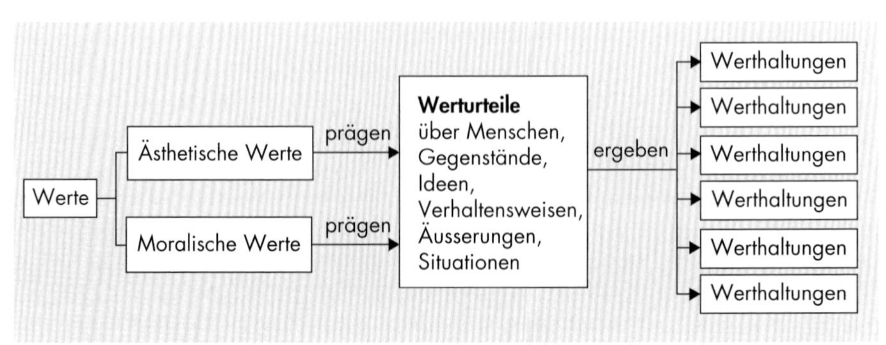

Zweitens soll die affektive Erziehung auch das **ästhetische Erleben** stärken.

(1) **Ästhetische Aspekte bewusst wahrnehmen**
Die Schülerinnen und Schüler sollen soweit geführt werden, dass sie Schönes und Unschönes bewusst wahrnehmen wollen und Ästhetischem gegenüber nicht gleichgültig bleiben.

(2) **Unschönes erkennen und sich am Schönen erfreuen**
Ästhetische Erziehung muss zum Ziel haben, junge Menschen in den dafür geeigneten Fächern (Sprachen, Musik, Kunst) soweit zu bringen, den sinnlichen Genuss zu kultivieren. Dies setzt voraus, dass sie die Lerninhalte von ihren Wirkungen her aufnehmen und sie nicht nur von ihrem theoretischen Hintergrund oder ihrem historischen Gehalt her sehen und interpretieren. Bei der Arbeit an diesen Lerninhalten soll deshalb nicht primär ein Nutzen, sondern die Freude im Umgang mit ihnen im Vordergrund stehen.

3 Konzepte der affektiven Erziehung

3.1 Drei idealtypische Konzepte

Im Verlaufe der letzten Jahrzehnte wurden viele Konzepte und Programme zur Verankerung des Affektiven im Unterricht entwickelt. Idealtypisch lassen sich drei Formen unterscheiden.

(1) **Die Bewegung der humanistischen Erziehung** (massgeblich geprägt durch Rogers 1983)
Vertreter dieses Konzepts fordern mehr Ausgewogenheit zwischen kognitiven und affektiven Lernzielen. Dieses Ziel lässt sich ihrer Meinung nach jedoch nicht durch die Aufnahme (Integration) affektiver Lerninhalte in die bestehenden Lehrpläne erreichen (Infusion), sondern die Schule und ihr Unterricht sind als Ganzes umzugestalten. Eine solche Neuausrichtung der Schule lässt sich durch die folgenden sieben Postulate charakterisieren:

1) Offener Stundenplan, damit themen- und problemorientiertes Lernen in grösseren Zeitblöcken möglich wird.
2) Stärkere Betonung der Kreativität im Unterricht.
3) Stärkere Gewichtung des selbstgesteuerten Lernens.
4) Grössere Unabhängigkeit der Lernenden von den Lehrenden, um für die Schülerinnen und Schüler mehr Möglichkeiten für die persönliche Entfaltung zu schaffen.
5) Mehr Gelegenheiten zum kooperativen Lernen im Klassenverband.
6) Gelegenheit zur dauernden Selbstbeurteilung des Lernfortschritts und Abbau der herkömmlichen Prüfungs- und Bewertungsverfahren.
7) Starke Respektierung der persönlichen Integrität der Lernenden, vermehrte Förderung nicht akademischer Fähigkeiten sowie umfassende Verwirklichung affektiver Lernziele im Unterricht.

Die Vertreter dieses Ansatzes erwarten von einer solchen Schule mehr Emotionalität in der Lehrer-Schüler-Beziehung sowie ein ausgewogeneres Verhältnis zwischen kognitiven und affektiven Lernzielen, weil die stärkere Eigentätigkeit der Lernenden und die emotionale Beziehung zwischen den Lehrpersonen und der Schülerschaft von selbst zu einer intensiveren Beschäftigung mit dem Affektiven führten und die Vorherrschaft der kognitiven Lernleistungen durchbrochen werde.

(2) **Die Integration des Affektiven in die Lehrpläne** (massgeblich geprägt durch Lickona 1992)
Vertreter dieses Ansatzes wollen in den Lehrplänen affektive Lernziele vorgeben, indem die schwergewichtig kognitive Ausrichtung der Lehrpläne durch affektive Frage- und Problemstellungen ergänzt und erweitert wird. Curricular stehen dazu zwei unterrichtliche Einsatzmöglichkeiten zur Diskussion. Im einen Fall werden affektive Lernziele in den fachbezogenen, kognitiven Unterricht **integriert** (Infusion), d.h. die einzelnen Lerninhalte werden nicht nur aus kognitiver Sicht bearbeitet, sondern es wird überlegt, welche affektiven Lernziele organisch in den kognitiven Unterricht integriert werden können. Im anderen Fall werden im Lehrplan **eigenständige Themenbereiche** (Fallbeispiele, praktische Übungen, Diskussionen) mit affektiven Zielsetzungen vorgesehen, die keinen unmittelbaren Bezug zu den fachbezogenen, kognitiven Lerninhalten haben, aber das Bewusstsein für das Affektive schaffen. Erwartet wird, dass dadurch das Affektive im schwergewichtig kognitiven Unterricht gewissermassen von selbst zum Tragen kommt. Aus den Vereinigten Staaten liegen zu dieser zweiten Möglichkeit sehr viele Beispiele vor. Am Weitesten geht Japan, das in seinen Lehrplänen über die ganze Pflichtschulzeit ein eigenes Fach «Moralische Erziehung» vorsieht, in welchem ein affektiver Unterricht mit einem Schwergewicht auf einer Wert- und Charaktererziehung umgesetzt wird.

Beispiele von eigenständigen Themenbereichen:

- Beurteilung von Menschen anhand von Aussagen: Die Lehrkraft legt der Klasse sechs Statements (Zitate) vor. Dann haben die Lernenden die Personen, die sie hinter dem Zitat sehen, individuell schriftlich zu charakterisieren. Anschliessend sammelt die Lehrkraft alle Beurteilungen ein und ordnet sie nach den Personen, damit die unterschiedlichen Charakterisierungen verglichen werden können. Ziel dieses Vergleichs ist es, den Lernenden zu zeigen, wie ihre persönlichen Einstellungen und Werthaltungen ihre Wahrnehmung des Statements beeinflussen, und wie diese – und nicht die konkrete Aussage – zu sehr unterschiedlichen Beurteilungen von Menschen führen.
- Verbesserung der Einstellung gegenüber Minderheiten, ethnischen Gruppen, alten Leuten usw.: Den Lernenden werden Filme und Texte über solche Menschengruppen und ihr Verhalten vorgelegt, damit sie mit deren Eigenarten und Rollen vertraut werden und auf diese Weise lernen, solchen Leuten gegenüber auch mit positiven Gefühlen und Einstellungen zu begegnen. Oft werden solche eigenständige Themenkreise noch mit Besuchen und Besichtigungen verbunden, damit die Lernenden aus unmittelbarer Erfahrung allenfalls zu anderen Einstellungen gelangen.
  Allerdings sind nicht alle diese Programme erfolgreich. Insbesondere wird immer wieder festgestellt, dass sich bei Besichtigungen Vorurteile verstärken können.
- Magischer Zirkel: Die Lernenden bilden Sechsergruppen, in denen sie Informationen über sich selbst austauschen. Ziel dieser Diskussion ist es, sich besser kennen zu lernen und sich menschlich gegenseitig zu öffnen. Deshalb werden beispielsweise folgende Aussagen und Fragen diskutiert: An dir gefällt mir ...; ich schätze es, wenn du ...; wenn ich könnte, würde ich ... tun.
- Mit einem interessanten Ansatz ging die Emory University (Atlanta) vordringliche gesellschaftliche Probleme mit affektivem Gehalt an. Sie versuchte beispielsweise über eine Erziehung zur sexuellen Abstinenz die Probleme von unerwünschten Schwangerschaf-

ten im High-School-Alter zu lösen: Ältere Schülerinnen und Schüler unterrichten mit geeignetem Material und Rollenspielen die jüngeren Angehörigen der Schule. Im ersten Versuchsjahr zeichnete sich ein guter Erfolg ab. Bei 1000 Schülerinnen und Schülern, die das Curriculum durchliefen, ergaben sich fünfmal weniger Teenager-Schwangerschaften als in Kontrollgruppen.

(3) Humanistische Lehrerinnen und Lehrer

Als Reaktion auf die stark rationalistischen Tendenzen der Pädagogik der ersten Zeit nach dem Zweiten Weltkrieg fand in den siebziger Jahren die gesicherte Grunderkenntnis, dass die physische und psychische Gesundheit sowie die ungestörte körperliche und seelische Entwicklung der Kinder ohne positive emotionale Annahme und Zuwendung unmöglich ist, wieder mehr Beachtung. Die emotionale Fundierung durch wohlwollende Bezugspersonen und ein steter «affektiver Austausch» zwischen Lehrpersonen und Lernenden oder – anders ausgedrückt – die emotionale «pädagogische Atmosphäre» und die «erzieherischen Interaktionen» fanden wieder vermehrt Eingang in die pädagogische Diskussion (siehe dazu die treffende Darstellung bei Weber 1975). Gefordert wurde als Folge dieser Erkenntnisse die **humanistische Lehrerpersönlichkeit**, die fähig ist, im Unterricht eine Lernumwelt zu schaffen, in welcher das Affektive in natürlicher Weise gepflegt wird und gedeihen kann. Nicht wohlklingende affektive Lernziele und Unterrichtseinheiten oder eine anders geartete Schule sind nach dieser Auffassung nötig, sondern gefordert werden Lehrerpersönlichkeiten, welche sich in zielgerichteter Weise um ein gutes Klassenklima bemühen, und die ihren Schülerinnen und Schülern Sorge tragen (Caring, siehe Abschnitt 4.4 im Kapitel 3).

Dieser Ansatz belebte die Diskussion über das **Paradigma der Lehrerpersönlichkeit**, das die pädagogische Forschung seit den dreissiger Jahren des letzten Jahrhunderts beschäftigte, erneut. Mit diesem Paradigma wurde sowohl aus geisteswissenschaftlich-phänomenologischer als auch aus empirischer Sicht versucht, die gute Lehrerpersönlichkeit anhand von Persönlichkeits- und Charaktermerkmalen zu beschreiben. Konkret wurde gefragt, ob Personenmerkmale die Unterschiede des Lernerfolgs der Schülerinnen und Schüler erklären können, und ob sich der Erfolg einer Lehrperson aufgrund seiner Persönlichkeits- und Charaktereigenschaften voraussagen lässt (Getzels & Jackson 1963). Die Ergebnisse von Studien zu diesem Paradigma ergaben ein enttäuschendes Bild. Aus den vielen Befunden lassen sich keine allgemein gültige Persönlichkeitsprofile der «guten» oder «schlechten» Lehrerpersönlichkeit ableiten. Wahrscheinlich stehen Persönlichkeitsmerkmale auf einer zu hohen Abstraktionsebene. Deshalb sind sie zu weit entfernt von den konkreten Gegebenheiten der Lehrer-Schüler-Interaktion, die durch viele situative Gegebenheiten geprägt ist und durch einfache Ursache-Wirkungs-Beziehungen auf der Ebene von Persönlichkeits- und Charaktermerkmalen nicht erklärbar ist.

Es liegen auch ältere Untersuchungen vor, welche sich mit affektiven Aspekten des Unterrichts und des Lehrerverhaltens beschäftigen, ohne dass sie aber ausreichten, um zu einer ganzheitlichen Sicht zu gelangen.

Halperin (1976) zeigte für Lehrkräfte an Volksschulen, dass unterschiedliche Werthaltungen von Lehrkräften zu verschiedenartigen Lernumwelten im Schulzimmer führen. So legen beispielsweise Lehrkräfte, die am kognitiven Lernerfolg ihrer Schülerinnen und Schüler interessiert sind, mehr Gewicht auf gute Arbeit im Sachunterricht als affektiv orientierte Lehrpersonen. Interessanterweise waren sogar Laien nach beobachteten Lektionen in der Lage, verlässlich auf die Werthaltungen von Lehrkräften zu schliessen. Auch Fisher, Filby et al. (1983) konnten nachweisen, wie die Wert- und Zielvorstellungen von Lehrkräften das Lernklima und die Unterrichtsführung massgeblich prägen. Sie fanden, dass Lehrkräfte häufig Mühe haben, den Lernerfolg im kognitiven **und** im affektiven Bereich zu maximieren. Ab einem gewissen Punkt scheinen sie das Augenmerk schwergewichtig auf den **einen** oder den anderen Lernbereich zu legen. Prawat, Anderson et al. (1981) befragten Primarlehrkräfte, was sie vom bewussten Beeinflussen der persönlichen und sozialen Entwicklung ihrer Schülerinnen und Schüler halten, und wie diese persönliche Einstellung ihr Denken prägt. Sie kamen zu folgenden Erkenntnissen: (1) Die Mehrzahl der Lehrkräfte sieht affektive und kognitive Lernziele als Gegensätze. Als besonders wichtige affektive Ziele wurden genannt: Förderung der Fähigkeiten zu zwischenmenschlichen Beziehungen, Unabhängigkeit, Selbstdisziplin und -verantwortung, Selbstwertgefühl und Selbstverständnis, Enthusiasmus für das Lernen. (2) Die meisten befragten Lehrkräfte waren überzeugt, diese Ziele zu fördern. (3) Bei der Beschreibung guter Schülerinnen und Schüler überwogen die folgenden persönlichen Qualitäten: Eifer, Selbstmotivation, sich hohe Ziele setzen, gutes Betragen, das aber nicht zu gut oder zu konform ist. (4) Der Stellenwert, den die Lehrpersonen der persönlichen und sozialen Entwicklung gaben, stand in engem Zusammenhang mit ihrem eigenen Verhalten (so gaben Lehrkräfte, welche persönlichen Wert auf Unabhängigkeit legten, weniger Regeln zum Verhalten im Klassenzimmer). Auf die Frage, wie sie die persönliche Entwicklung ihrer Schülerinnen und Schüler fördern, erwähnten sie die folgenden Möglichkeiten am häufigsten: Gruppendiskussionen über Ideen, Gefühle oder Probleme sowie die Verstärkung von Verhaltensweisen, die zwischenmenschliche Beziehungen, Zusammenarbeit und Unabhängigkeit zum Inhalt hatten. In einer weiteren Untersuchung ermittelten Prawat & Nickerson (1985), ob Volksschullehrkräfte, die affektiven Lernzielen höhere Priorität geben als kognitiven, mit ihren Schülerinnen und Schülern auch bessere affektive Ergebnisse erzielen. Sie fanden, dass in Klassen mit Lehrkräften, die den affektiven Lernzielen mehr Bedeutung beimessen als den kognitiven, die Schülerinnen und Schüler affektiv nicht stärker betroffen waren. Hoch affektive Lehrkräfte waren auch weniger erfolgreich in der Entwicklung des Affektiven als Lehrpersonen mit einem ausgeglichenen Verhältnis zwischen Affektivem und Kognitivem. Ihrer Meinung nach scheint die Absicht, Affektives zulasten des Kognitiven zu fördern, kontraproduktiv zu sein. Daraus lässt sich die Folgerung ableiten, dass eine überlegte Ausgewogenheit zwischen kognitiven und affektiven Lernzielen am besten geeignet ist, die Lernenden optimal zu motivieren sowie kognitiv und affektiv zu fördern (Good & Brophy 1990). Schliesslich konnte belegt werden, dass Schülerinnen und Schüler aus Klassen mit einem guten Klassenklima bessere Schulleistungen erbringen (Freiberg 1999).

3.2 Beurteilung der idealtypischen Konzepte

Wie meistens fehlt idealtypischen Konzepten die ganzheitliche Betrachtungsweise. Die Bewegung der humanistischen Erziehung versteht sich bei vielen ihrer Verfechter als Alternative zur bisherigen Schule. Meistens führen aber Alternativen in neue Einseitigkeiten. Deshalb wird dieses Konzept im Folgenden nicht mehr systematisch betrachtet. Wohl übernommen werden jedoch die Forderungen nach einer stärkeren Respektierung der persönlichen Integrität der Lernenden sowie nach einer vermehr-

ten Förderung nicht akademischer Fähigkeiten und einer verstärkten Berücksichtigung affektiver Lernziele. Obschon viele Lehrkräfte diese Vorstellungen als selbstverständlich bezeichnen, kann nicht genügend auf die Verletzung der persönlichen Integrität von Schülerinnen und Schülern im alltäglichen Schulbetrieb, vor allem in kritischen Situationen im sozialen Gefüge einer Klasse oder gegenüber Lernenden mit schwachen Leistungen, hingewiesen werden. Deshalb ist dem Konzept der humanistischen Lehrerpersönlichkeit alle Aufmerksamkeit zu schenken. Entgegen einer verbreiteten Meinung darf aber die humanistische Lehrerpersönlichkeit die rationalen Kräfte und Fähigkeiten nicht vernachlässigen, denn die wichtigste Aufgabe der Schule bleibt die kognitive Förderung aller Kinder und Jugendlichen, um sie lebenstüchtig zu machen. Zu überwinden ist vielmehr die Geringschätzung der affektiven Ziele einer jeden Erziehung und Bildung.
Obschon – wie bereits erwähnt – der empirische Beleg der pädagogischen Wirksamkeit des Konzepts der Integration des Affektiven in die Lehrpläne und in den Unterricht noch fehlt, wird hier dieser Ansatz vertreten. Erst wenn in den Lehrplänen affektive Lernziele und -inhalte vorgegeben werden, besteht eine Hoffnung, dass sich **alle** Lehrkräfte darum zu bemühen beginnen. Dies gelingt umso besser, je mehr Unterrichtsbeispiele vorgegeben werden. Deshalb wird im Folgenden im Sinne von Best Practice versucht, praktische Umsetzungsmöglichkeiten von affektiven Lerninhalten vorzulegen. Dabei wird die Infusion gewählt, d.h. die Lehrpläne werden mit affektiven Lernzielen, die einen Bezug zu den kognitiven Inhalten des Lehrplans haben, ausgeweitet. Ein eigenständiges Fach für den affektiven Unterricht oder die Aufnahme von eigenständigen Themenbereichen mit affektiven Zielsetzungen wird nicht empfohlen, weil – nicht zuletzt in Anlehnung an die Arbeiten von Beck, Bienengräber et al. (2001) – zu vermuten ist, dass insbesondere im Bereich des moralischen Urteilens und Entscheidens die einzelnen Lernenden in verschiedenen Lebenszusammenhängen nicht auf der gleichen Stufe ihrer moralischen Entwicklung stehen, die moralische Urteilsbildung also mit der Umgebung verknüpft ist. Dieser Bezug zu den Lebenszusammenhängen und damit zu fachlichen Lerninhalten lässt es als zweckmässig erscheinen, die affektiven Lernziele in den fachbezogenen Unterricht einzubauen.
Unter diesen Voraussetzungen genügt aber auch das Konzept der humanistischen Lehrerinnen und Lehrer für sich allein für die Gestaltung einer affektiven Bildung in der Schule nicht. Die humanistische Lehrerpersönlichkeit ist aber eine unabdingbare Voraussetzung für einen in den Lehrplan eingebauten affektiven Unterricht.
Wenn damit davon ausgegangen wird, dass

- affektive Lernziele in die Lehrpläne einzubauen sind, und
- die humanistische Lehrerpersönlichkeit eine unabdingbare Voraussetzung für einen glaubwürdigen affektiven Unterricht ist,

genügt es nicht, sich auf einige äusserliche Aspekte der affektiven Entwicklung der Schülerinnen und Schüler zu konzentrieren, indem von Zeit zu Zeit in einem Lehr-Lern-Arrangement eine affektive Problemstellung eingebaut wird, sowie Gefühle und Empfindungen oder Wertkonflikte reflektiert werden. Bei der Gestaltung von affektivem Unterricht sind immer die persönliche, die soziale und die affektive Dimension zu beachten. In freier Anlehnung an Morse, Ardizzone et al. (1989) lassen sich die Zusammenhänge modellmässig gemäss Abbildung 10.3 erklären.
Je ausgeglichener das Selbst der Lernenden (persönliche Dimension) und je ausgeprägter das prosoziale Verhalten (soziale Dimension) sind, desto wahrscheinlicher

Abbildung 10.3 **Modell der affektiven Erziehung**

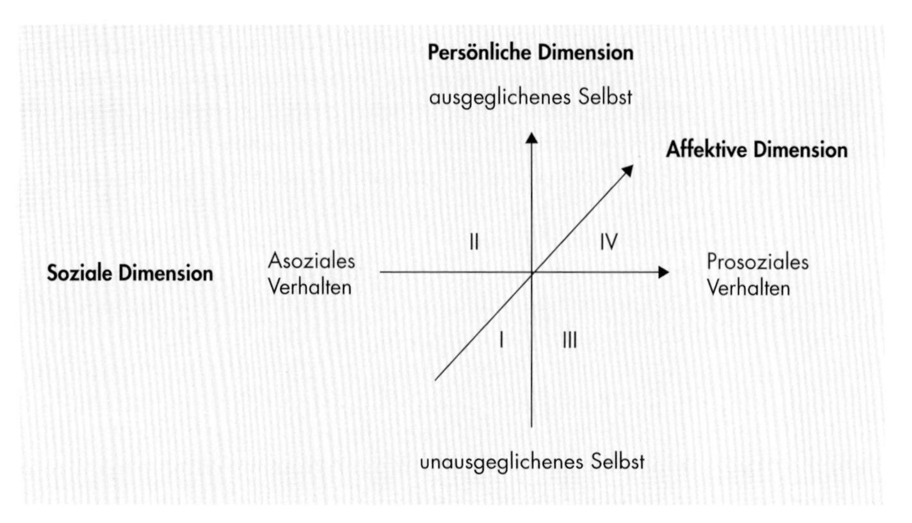

wird, dass sie mit Gefühlen und Empfindungen umgehen können, sich bedachter verhalten und moralisch differenzierter urteilen und handeln (affektive Dimension). Ein ausgeglichenes Selbst ist durch ein realistisches Selbstkonzept und ein gutes Selbstwertgefühl gekennzeichnet. Und Menschen mit einem prosozialen Verhalten verstehen andere Menschen, gehen auf sie zu und versuchen sich mit ihnen zu verstehen. Ziel der affektiven Erziehung ist es deshalb, das Selbst und das prosoziale Verhalten der Schülerinnen und Schüler so zu fördern, dass sich ihr Empfinden, Denken, Urteilen und Verhalten in Richtung eines sich stets ausgeglichener werdenden Selbst in einem positiver werdenden prosozialen Verhalten entwickelt.

Das Modell in Abbildung 10.3 verdeutlicht dies. Erstrebenswert ist es, die Kinder und Jugendlichen mit geeigneten Massnahmen der affektiven Erziehung in den Quadranten IV (ausgeglichenes Selbst, prosoziales Verhalten) zu führen. Schwierig ist dies mit Jugendlichen, die dem Quadranten I (unausgeglichenes Selbst, asoziales Verhalten) zuzuordnen sind. Sie fühlen sich selbst schlecht, weil sie sich selbst weder richtig einschätzen können noch an sich glauben. Oft fallen sie auch häufig durch ein asoziales Verhalten auf, und sie gliedern sich weder in eine Lerngemeinschaft noch in eine positive Freundschaftsgruppe ein (häufig aber in negative Einflüsse bringende Gruppierungen). Weil zudem ihre Schulleistungen meistens schlecht sind, bereitet es Mühe, sie zu motivieren. Besondere Schwierigkeiten entstehen zudem bei denjenigen Schülerinnen und Schülern, welche viele von ihren Mitschülern beobachtete Misserfolge hatten, weil sie als Folge davon ihr unausgeglichenes Selbst durch ein dominantes Verhalten (beispielsweise Unterdrückung und Bedrohung von anderen) überdecken wollen. Kinder und Jugendliche im Quadranten III sind oft angepasste und damit auf den ersten Blick wenig problematische Lernende. Sie zeigen Verständnis für andere, ordnen sich in Lerngemeinschaften ein und sind bereit, gemeinsame Ziele zu verfolgen. Es fehlt ihnen aber an Selbstvertrauen, und sie verfügen vor allem dann über kein gefestigtes Selbstkonzept, wenn sie schulische Misserfolge haben. Kinder und Jugendliche im Quadranten II verfügen über ein aus ihrer Sicht ausgewogenes Selbst, zeigen aber ein asoziales Verhalten, weil sie sich mangels einer eigenen Gefühlswelt

nicht in andere Menschen eindenken können und die Welt häufig ausgesprochen Ich-bezogen sehen.
Wie jede Typisierung bleibt auch diese Gliederung ein idealtypisches Modell, das nicht auf jeden Einzelfall zutreffen muss. Sie ist aber geeignet, die affektive Erziehung aus einer umfassenden Sicht darzustellen. Insbesondere macht sie deutlich, dass ein affektiver Unterricht, der individuellen Unterschieden in der affektiven Entwicklung der Schülerinnen und Schüler nicht Rechnung trägt, selbst dann nicht genügt, wenn mit guten didaktischen Anordnungen gearbeitet wird. Alle unterrichtlichen Massnahmen sind mit Bemühungen um die Stärkung des Selbstkonzepts und der Förderung des prosozialen Verhaltens zu kombinieren. Und dazu bedarf es humanistischer Lehrerpersönlichkeiten.

4 Die humanistische Lehrerpersönlichkeit

Abbildung 10.4 zeigt die Dimensionen der humanistischen Lehrerpersönlichkeit, die sich bemüht, Schülerinnen und Schüler nicht nur zu guten Schulleistungen anzuspornen, sondern der es auch gelingt, deren Selbstkonzept zu stärken und sie nachhaltig zu einem ausgeglichenen Selbst zu führen. Wie schon früher angedeutet, kann auch die humanistische Lehrerpersönlichkeit nicht mit Persönlichkeitsmerkmalen beschrieben werden. Hingegen lassen sich aus der Forschung verschiedene Verhaltensdimensionen ableiten, die weitgehend durch bestimmte Persönlichkeitseigenschaften bestimmt sind (Stronge 2002 und die dort zitierte Literatur).

(1) **Echtheit:** Lehrpersonen, die als echt wahrgenommen werden, verstecken sich nicht hinter Fassaden. Sie haben die Kraft, über ihre Gefühle und Ansichten zu sprechen. Sie können in bedachter Weise all das ausdrücken, was sie denken, ohne jedoch Dinge aus dem privaten Leben zur Schau zu stellen, welche für den Unterricht oder die Lernenden irrelevant sind. Sie können ihre Freuden und Ängste zeigen. Sie geben

Abbildung 10.4 **Verhaltensdimensionen von humanistischen Lehrerpersönlichkeiten**

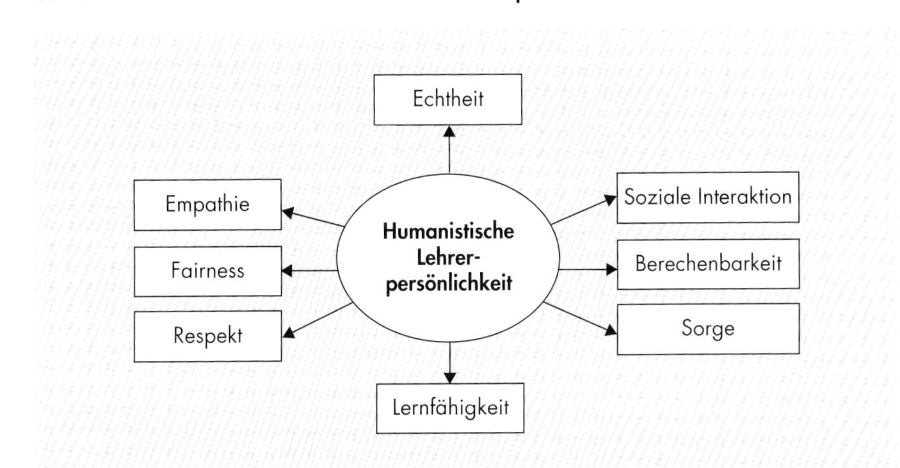

aber auch ihrem Missfallen Ausdruck, allerdings in kontrollierter Weise, d.h. sie lassen die Lernenden nicht unter ihren Stimmungen leiden (Patterson 1973).

Die Echtheit betrifft auch den täglichen Umgang mit beliebteren und weniger beliebten Schülerinnen und Schülern. Es gibt Lehrkräfte, die behaupten, sie schätzen alle Lernenden gleichermassen. Diese Annahme stimmt nicht. Jede Lehrperson hat beliebtere und weniger beliebte Schülerinnen und Schüler; sie soll dies in ihrem Denken auch nicht unterdrücken, sich aber dieses Sachverhalts jederzeit bewusst sein und sich bemühen, den äusserlichen Umgang mit allen Lernenden gleich zu gestalten (z.B. nicht nur immer mit den gleichen beliebten Lernenden Pausengespräche führen, oder nicht immer den unbeliebteren Schülern die gleichen unangenehmen Aufgaben übertragen).

(2) **Empathie:** Die Lehrperson versucht sich immer wieder in die Situation der Lernenden hinein zu denken, um in deren Verständnis und Wahrnehmung von Schule und Unterricht Einsichten zu gewinnen. Sie versteht es deshalb, in ihren Anordnungen und Entscheidungen die Schülersicht besser zu berücksichtigen und den Lernenden zu zeigen, dass sie ihre Anschauungen und Gefühle kennt (nichtbewertender Feedback) und sie reflektiert.
Rogers (1983) stellte in einer zusammenfassenden Untersuchung von Studien fest, dass Lehrpersonen mit hoher Empathie sich durch folgende Verhaltensweisen auszeichnen:
- bessere Reaktion auf Gefühle der Lernenden,
- häufigere Verwendung von Schülerideen im Unterrichtsverlauf, häufigere Diskussionen mit den Schülerinnen und Schülern,
- häufigere Anerkennung für die Lernenden,
- mehr echte Gespräche ohne formale Rituale und stärkere Berücksichtigung von Schülerwünschen im Unterricht.

(3) **Fairness und Respekt:** Viele Studien (Cotton 2000, Peart & Campbell 1999) verweisen auf die Bedeutung von Fairness und Respekt im Umgang mit den Schülerinnen und Schülern. Vor allem aus Interviews lässt sich erkennen, dass sich die Lernenden bei Lehrkräften, welche ihnen mit Fairness und Respekt begegnen, wohler und besser betreut fühlen.

Zu beachten sind die folgenden Verhaltensweisen:
- Die Lernenden verbinden Respekt mit Fairness. Als fair werden Lehrpersonen empfunden, welche die Schülerinnen und Schüler unter gleichen Bedingungen gleich behandeln, sie als Menschen und nicht als Zöglinge oder einseitig Unterstellte sehen und unabhängig vom Geschlecht sowie der sozialen und ethnischen Herkunft in gleicher Weise mit ihnen umgehen.
- Die Lernenden spüren, dass die Lehrperson sich darum bemüht, allen die gleichen Chancen und Möglichkeiten zur Partizipation im Unterricht und im Schulleben zu geben und ihnen zu Erfolgen zu verhelfen.
- Die Lehrkräfte vermeiden es, Schülerinnen und Schüler lächerlich zu machen oder sie vor der Klasse zu desavouieren.
- Die Lernenden spüren, dass die Lehrperson aktiv zuhören kann und sie vertrauen darauf, dass sie etwas zu ihrem Lernen beitragen will. Fehler werden

nicht hochgespielt, sondern besprochen und auf ein Schülerversagen wird gezielt eingegangen.
- Schülerinnen und Schüler spüren, dass sich die Lehrperson ehrlich und realistisch auch um Schwächere bemüht.

(4) **Soziale Interaktion:** Humanistische Lehrerpersönlichkeiten bemühen sich bei jeder Gelegenheit um eine gute soziale Interaktion (Stronge 2002, Shellard & Protheroe 2000, Peart & Campbell 1999). Das Bemühen um viele zielgerichtete Interaktionen, persönliches Wohlwollen und Wärme sowie Respekt im Umgang mit den Schülerinnen und Schülern beeinflussen das Lern- und Schulklima sowie die Lernleistungen signifikant positiv. Wichtig ist dabei, dass sich die soziale Interaktion nicht nur auf den Unterricht, sondern auch auf ausserschulische Aktivitäten bezieht (Umgang mit den Lernenden in den Pausen und Randzeiten der Unterrichtszeit, Teilnahme an Schulanlässen). Empirisch belegte Merkmale einer guten sozialen Interaktion sind:

- Freundlicher Umgang mit Wohlwollen und Wärme, ohne aber auf die zwischen Lehrenden und Lernenden nötige Distanz zu verzichten.
- Vielgestaltige Arbeit mit den Lernenden und nicht nur Anweisung und Belehrung.
- Die Lernenden zur Selbstverantwortung anleiten.
- Häufiger Einbezug der Schülerbeiträge in den Unterricht (aktives Zuhören und Weiterverarbeiten der Schülerreaktionen).
- Schaffen einer entspannten Atmosphäre, in der auch Spass seinen Platz hat.
- Zeigen, dass die Lerninhalte, die bearbeitet werden, bedeutsam sind und den Lernenden einen Nutzen bringen (Enthusiasmus nicht nur für Personen, sondern auch für Inhalte).

(5) **Berechenbarkeit:** Die Lehrperson verhält sich in allem so, dass die Schüler und Schülerinnen jederzeit wissen, welche Regeln im Unterricht und in der Schule gelten, wie etwas zu verstehen ist, wie die Lehrkraft auf etwas reagiert, und was eine bestimmte Reaktion bedeutet usw. Sie können sich aber auch auf ihren Lehrer oder ihre Lehrerin verlassen, indem Festgelegtes nicht laufend verändert wird, dauernd Unerwartetes geschieht oder Reaktionen auf ein Ereignis nicht absehbar sind.

Typische **Beispiele** von Unberechenbarkeit sind: Überraschungsklausuren; Hinweise, wie eine Prüfung gestaltet wird, die später nicht eingehalten werden; einmal nachsichtige, dann wieder harte Behandlung von Nachlässigkeiten und Störungen im Unterricht usw.

(6) **Sorge:** Die Schülerinnen und Schüler spüren, dass sich ihre Lehrpersonen um eine «sich um sie sorgende Beziehung» bemühen (Noddings 1984). Dazu sei auf das Caring als Grundverständnis der Lehrer-Schüler-Beziehung im Abschnitt 4.4 des Kapitels 3 verwiesen.

(7) **Lernfähigkeit:** Die Lernenden spüren, dass die Lehrperson willens ist, Schüleräusserungen nicht nur aus der Sicht von richtig/falsch aufzunehmen, sondern sie vor allem in den Dialogen mitdenkt und allenfalls auch mitlernt. Einer der wichtigen Aspekte des Scaffoldings ist der echte Rollentausch von Lehrenden und Lernenden, indem die Lehrpersonen deutlich machen, dass sie in den Dialogen selbst auch lernen

können. Lernfähigkeit bedeutet auch, eigene Fehler zuzugeben und daraus – auch für die Schülerinnen und Schüler sichtbar – Lehren zu ziehen.
Dies bedingt eine Abkehr vom Bild der Lehrkraft, die immer alles weiss und immer recht hat. Einmal etwas nicht zu wissen, gelegentlich auch einmal zuzugeben, dass man in einer Frage unsicher ist oder zu zeigen, wie man eine Problemstellung aus einer neuen Sicht anders angeht, hat der Autorität einer Lehrperson noch nie geschadet.

Diese Charakterisierung der humanistischen Lehrerpersönlichkeit darf aber **nicht missverstanden** werden: Sie will keinen Gegensatz zwischen kognitiv orientierten Lehrkräften und humanistischen Lehrerpersönlichkeiten schaffen. Vielmehr werden **effektive Lehrpersonen** gefordert, die als humanistische Persönlichkeiten,

- ihren Unterricht dauernd und nachhaltig auf das Lernen ausrichten und dafür sorgen, dass sich die Schülerinnen und Schüler kognitiv, affektiv, volutativ, psychomotorisch und sozial weiterentwickeln,
- der kognitiven Leistungsorientierung alle Aufmerksamkeit schenken und hohe Erwartungen an alle ihre Schülerinnen und Schüler stellen,
- ihren Unterricht auf reflektierte Lernziele ausrichten, ihn sorgfältig planen, indem sie Ziele, Inhalte und Unterrichtsverfahren aufeinander abstimmen sowie auf alle Beliebigkeiten verzichten,
- die Lernfortschritte ihrer Schülerinnen und Schüler beobachten, ihre Stärken und Schwächen diagnostizieren und sie im Rahmen des Möglichen individuell fördern.

Deshalb ist immer nach einem sinnvollen Gleichgewicht zwischen kognitiven sowie affektiven, sozialen und volutativen Lernzielen zu suchen, und die Dimensionen der humanistischen Lehrerpersönlichkeit dürfen nicht nur für den affektiven Unterricht gelten, sondern sie müssen Richtschnur für allen Unterricht sein und das Lehrerverhalten auch in den vornehmlich kognitiven Lernbereichen prägen: **Jede Lehrperson muss eine humanistisch orientierte Lehrerpersönlichkeit sein.**
Insgesamt darf sich das Konzept der humanistischen Lehrerpersönlichkeit also nicht nur auf die Stärkung des affektiven Unterrichts beziehen.

5 Grundsätzliche Überlegungen zur Gestaltung von affektivem Unterricht

Aufgrund der bisherigen Überlegungen wird im Folgenden nur noch vom Ansatz der Integration des Affektiven in die Lehrpläne ausgegangen. Nicht besprochen wird die ästhetische Bildung, wie sie in den Kunst- und Musikfächern erfolgt, weil dies über die Ziele des Buches hinausführte. Auch Fragen der Gestaltung von eigenständigen Themenbereichen und Übungen mit affektiven Zielen werden nicht behandelt. Dies aus zwei Gründen: Erstens entstammen viele Themenbereiche und Übungen dem Bereich des Umgangs mit Problemschülern und der Beratung von Schulklassen und gehören damit in den therapeutischen Bereich (Gordon 1974). Auch die Vermischung von Lern- und Beratungsaspekten sollte vermieden werden, denn die Gefahr ist gross, dass in Betreuungs- und Beratungsfragen nicht ausgebildete Lehrpersonen mit solchen psychologisch orientierten Übungen mehr Schaden als Nutzen stiften.

Zweitens sind solche Übungen zeitaufwändig, so dass sie im Schulalltag kaum zu verwirklichen sind, zumal nur kurze Übungen kaum Wirkungen zeitigen.
Wenn im Folgenden Modelle und Strategien zum affektiven Unterricht vorgeschlagen werden, ist eine weitere Kontroverse zu klären. Hier wird die Auffassung vertreten, dass in Lehrplänen affektive Lernziele möglichst organisch eingebaut und als Folge davon affektive Unterrichtsabschnitte geplant werden sollen. Viele Lehrpersonen sind dagegen der Meinung, affektive Ziele liessen sich nur in günstigen Unterrichtssituationen ansprechen. Ein geplanter affektiver Unterricht sei ein Widerspruch in sich selbst. Leider ist diese Frage wissenschaftlich ungeklärt. Noch immer besteht im affektiven Bereich ein Forschungsdefizit. Wahrscheinlich wird es kaum je gelingen, aus der empirischen Unterrichtsforschung verlässliche Trendaussagen über Formen und Wirksamkeit des affektiven Unterrichts zu gewinnen, weil das Affektive durch viele unkontrollierbare Einflüsse geprägt wird, auf die Morse, Ardizzone et al. (1989) schon vor langem verwiesen haben:

(1) Die Persönlichkeit der Lehrperson und ihr Verhalten führen zu sehr vielen subtilen Einflüssen, die nicht nur nicht erfasst werden können, sondern auch jede Unterrichtssituation zu etwas Einmaligem machen.

(2) Jede Klasse hat ihre eigenen affektiven Dispositionen, welche die Wirksamkeit des affektiven Unterrichts massgeblich beeinflussen. Deshalb kann etwas, was in einer Klasse Wirkungen zeitigt, in einer anderen bedeutungslos bleiben.

(3) Dazu kommen die individuellen Unterschiede bei den einzelnen Lernenden innerhalb der gleichen Klasse. Daher kann ein bestimmtes affektives Unterrichtsarrangement bei einem Schüler oder einer Schülerin einen tiefen Eindruck hinterlassen und bei anderen Lernenden völlig einflusslos bleiben.

(4) Affektive Lernziele sind nicht etwas Lineares, sondern sie unterliegen vielen auch langfristigen Einflüssen, die ein schulisches Programm zu verstärken oder zu stören vermögen. So können beispielsweise negative Einflüsse in einer Freundesgruppe den besten affektiven Unterricht zunichte machen. Nicht zu unterschätzen ist auch der Einfluss der Eltern. Kinder aus Familien, denen früh eigene Verantwortung übertragen wird und die lernen, über ihre und die Gefühle anderer Menschen nachzudenken sowie vernünftige Verhaltensregeln vorgegeben erhalten, die ihnen erklärt und begründet werden, sprechen auf affektiven Unterricht anders an als solche, die keine derart gestaltete Erziehung erhalten.

(5) Im Weiteren vermindert die Tatsache, dass sich im Unterricht erworbenes affektives Wissen nicht unmittelbar in entsprechendes Handeln umsetzt, die Wirkung von affektivem Unterricht. Selbst wenn also Tests gute Ergebnisse bringen, ist noch lange nicht sicher, dass sich auch andere Verhaltensweisen entwickelt haben.

(6) Häufig bringt ein affektiver Unterricht in der Schule ohne Veränderung der Bedingungen im Klassenzimmer oder in den Lebensumständen der Schülerinnen und Schüler kaum Wirkungen, so dass schlechte Ergebnisse beim affektiven Lernen nicht nur auf einen ungenügenden Unterricht, sondern auch auf ungünstige Faktoren im Umfeld der Lernenden zurückzuführen sind.

(7) Schliesslich dürfen die forschungsmethodischen Probleme nicht übersehen werden. Die Formulierung von affektiven Lernzielen und deren unterrichtliche Verwirk-

lichung sind sehr anspruchsvoll. Entsprechend schwierig ist es auch, die geeigneten Messinstrumente für das Affektive zu finden.
Abgesehen von den Fragen der Werterziehung (siehe Abschnitt 6 in diesem Kapitel) liegen wenige Untersuchungsergebnisse vor, so dass im Folgenden einmal mehr von «Best Practice» auszugehen ist. Diese Tatsache darf aber Lehrkräfte nicht davon abhalten, affektives Lernen in einer auf sie persönlich zugeschnittenen Form in ihrem Unterricht pragmatisch zu verwirklichen und seine Wirkungen sorgfältig zu beobachten, um schliesslich ein eigenes Konzept zu finden, das für sie persönlich überzeugend ist. Dass die affektive Erziehung je länger desto mehr zu einer wichtigen Aufgabe der Schule wird, lässt sich von drei Seiten her begründen. Erstens kann beobachtet werden, wie in unserer Gesellschaft immer mehr Menschen persönlich verunsichert und unglücklich sind, weil ihnen die Orientierung an längerfristig anzustrebenden Zielen und Werten fehlt. Zweitens ist unsere Welt durch immer mehr Gefühllosigkeit gekennzeichnet. Das Ausdrücken von Gefühlen wird häufig als Schwäche ausgelegt, obschon eigentlich bekannt sein müsste, dass die offene Aussprache vor allem über negative Gefühle wie Angst, Aggressionen usw. therapeutische Wirkungen haben kann. Und drittens ist für immer mehr Jugendliche die Familie nicht mehr der Hort der Geborgenheit, der genügend affektive Stabilität zu geben vermag. Selbst wenn die Schule die Familie in der affektiven Erziehung nicht zu ersetzen vermag, muss sie sich dieser Aufgabe annehmen. Andernfalls steigt die Zahl der Jugendlichen mit emotionalen Störungen und unstabilen Wertvorstellungen noch stärker an.

6 Gefühle und Empfindungen im Unterricht

Einerseits machen es der rationale Charakter unserer Gesellschaft und der vor allem von ehrgeizigen Leuten angestrebte Perfektionismus in unserer Gesellschaft immer schwerer, Gefühle zu zeigen und sich darüber auszusprechen. Man möchte keine Ängste zeigen und sich nicht über Schwächen und Betroffenheit unterhalten, um «das Gesicht nicht zu verlieren». Andererseits fällt die zunehmende Gefühllosigkeit von Gruppen von Jugendlichen auf, seien es das immer egoistischere und rücksichtslosere Verhalten oder die aufkommende Brutalität in kritischen Situationen. Auch wenn diese Erscheinungen aufgrund sich wiederholender besonders augenfälliger Vorkommnisse nicht dramatisiert werden dürfen, muss sich die Schule stärker mit der Gefühlswelt der Kinder und Jugendlichen auseinandersetzen, um sie in ihrer Gefühlswelt zu stärken. Gelingen kann dies nur, wenn es in einem ersten Schritt gelingt, sie soweit zu bringen, dass sie **«willens und fähig sind, für Gefühle und Empfindungen empfänglich zu werden»**. Die Bereitschaft und Offenheit dazu lässt sich fördern, wenn sie im Unterricht Gelegenheit erhalten, sich über Gefühle und Empfindungen auszusprechen, indem sie bewusst aufgefordert werden, ihre **eigenen Gefühle zu erkennen und auszudrücken.** Dies kann im Zusammenhang mit einem unerwarteten Ereignis jederzeit im Unterricht geschehen, indem die Lehrperson die Schülerinnen und Lernenden anhand eines konkreten Vorfalls (z.B. die Lernenden machen sich über eine ausländische Frau im Hausdienst der Schule lustig, oder ein schwacher Schüler wird gemobbt) auffordert, ihre eigenen Gefühle und Empfindungen zu solchen Vorfällen zu schildern. Denkbar ist aber auch der geplante Einbau solcher affek-

tiver Abschnitte im lehrplangemässen Unterricht (z.B. Beschäftigung mit der Angst im Rahmen eines Lerngegenstands).
Mit solchen unterrichtlichen Möglichkeiten sollen die Schülerinnen und Schüler lernen, sich ihrer eigenen Gefühle und Empfindungen bewusst zu werden und unbelastet darüber zu sprechen. Erfahrungsgemäss haben damit viele Lernende Mühe, so dass sehr behutsam vorzugehen ist. Insbesondere dürfen die Lernenden bei den ersten Beispielen nicht zu Äusserungen gezwungen werden, sondern es sind anfänglich freiwillige Wortmeldungen zu besprechen. Zurückhaltende Lernende sollen erst allmählich, dann aber bewusst aktiviert werden. Erforderlich ist auch ein offenes Lehrerverhalten (humanistische Lehrerpersönlichkeit). Zu vermeiden ist aber in solchen Unterrichtssequenzen – dies sei wiederholt – eine Verpsychologisierung der Gespräche etwa mit tiefenpsychologischen Annäherungen, für welche die meisten Lehrkräfte nicht ausgebildet sind.
Weil viele Lehrkräfte mit solchen affektiven Dialogen oft Mühe bekunden, zeigt Abbildung 10.5 eine pragmatische affektive Strategie, mit welcher Gefühle und Empfindungen im Klassenunterricht erstmals angesprochen werden können.
Abbildung 10.6 gibt unterrichtliche Anregungen, wie Schülerinnen und Schüler zur Empfänglichkeit von Gefühlen geführt werden können. Und Abbildung 10.7 gibt Anregungen, wie die Lernenden ihre eigenen Gefühle und Empfindungen ausdrücken können.
Ganz wesentlich ist aber, dass die Schülerinnen und Schüler lernen, **«Gefühle und Empfindungen so wahrzunehmen, wie sie von anderen Menschen erlebt werden»**. Abbildung 10.8 gibt dazu Anregungen.
Denkbar ist es, Gefühle und Empfindungen auch in Rollenspielen zum Ausdruck bringen zu lassen (siehe Abschnitt 4 im Kapitel 6).

Abbildung 10.5 **Pragmatische affektive Strategie**

Lehrer	Schüler	Durch den Lehrer zu beachten
1. Schildert ein Ereignis Liest einen Text Zieht die Aufmerksamkeit auf etwas zu Beobachtendes		
2. Frage: «Was geschah?» «Was habt ihr festgestellt?»	3. Schildern, was festgestellt wurde	Überprüft, dass Schüler alles Wesentliche festgestellt haben und über die Feststellungen einig sind
4. Frage: «Was denkt ihr, dass ... gefühlt haben muss?»[1]	5. Beschreiben ihre Vermutungen und Gefühle	Fordert, dass klar geschildert wird
6. Frage: «Wer vermutet, dass... anders als wir es bis jetzt beschrieben haben, gefühlt hat?»	7. Beschreiben Vermutungen über mögliche andere Gefühle	Stellt sicher, dass nicht zu rasch eine einheitliche Meinung entsteht
8. Frage: «Wer hat etwas Ähnliches erlebt, und was hat er dabei gefühlt?» [2,3]	9. Beschreiben ähnliche Situationen aus ihrem Leben und die Gefühle dazu	Stellt sicher, dass sich Schüler klar ausdrücken
10. Frage: «Warum denkt ihr, habt ihr auf diese Weise gefühlt?» [2]	11. Erklären und versuchen, ihre Gefühle mit der eigenen Erfahrung in Verbindung zu bringen	Fragt so, dass die Schüler mehr echte Gefühle beschreiben

[1] Diese Sequenz kann wegfallen, wenn die Schüler von sich aus beurteilen.

[2] Diese Sequenz ist mit mehreren Schülern zu behandeln, damit viele Gefühle zum Ausdruck kommen.

[3] Wenn den Schülern Erlebnisse und Erfahrungen fehlen, so kann gefragt werden: «Wie hättet ihr gefühlt, wenn ihr dies erlebt hättet?»

Abbildung 10.6 **Unterrichtliche Möglichkeiten: Willens und fähig sein, für Gefühle und Empfindungen empfänglich zu werden**

Unterrichtliche Möglichkeit	Praktische Durchführung	Beispiel
Lektüre eines emotionalen Textes	Die Klasse bearbeitet einen emotionalen Text und diskutiert, warum der Text emotionsgeladen ist, und wie er auf sie wirkt.	Jeder beliebige Text zum betreffenden Unterrichtsgegenstand.
Vorlage eines Textes oder einer Videoaufnahme in einer sachlichen und einer emotionalen Variante	Der Klasse werden zur gleichen Thematik zwei verschiedene Texte oder zwei Videoaufnahmen von unterschiedlicher Gefühlslage vorgelegt. Die Schüler(innen) diskutieren in Zweiergruppen die Unterschiede, damit sie unterschiedliche Gefühlslagen und Stimmungen zu beschreiben lernen. Anschliessend erfolgt eine kurze Auswertung in der Klasse.	Jeder beliebige Text oder jede beliebige Videoaufnahme zum betreffenden Unterrichtsgegenstand.
Vorspielen einer emotionsgeladenen Szene ab einem Videoband	Die Klasse verfolgt ab Videoband eine Veranstaltung (Podiumsdiskussion, Demonstration usw.), bei der Emotionen zum Tragen kommen. Im Anschluss daran diskutieren sie in Gruppen, welche Emotionen sie erkannt haben, und wo der Grund dafür liegen kann. In der Zusammenfassung in der ganzen Klasse werden die Gruppenerkenntnisse ausgewertet.	Im Anschluss an die Bearbeitung der Ausländerfrage wird ein Beispiel eines Redners gegen Ausländer abgespielt, der trotz vielen unsachlichen Argumenten von den Zuhörern viel Applaus erhalten hat. Die Gruppen und Klasse untersuchen, welche Emotionen mitgespielt haben, und warum es zu diesen Emotionen gekommen ist.
Das private und das öffentliche Selbst	Die Lernenden nehmen in einer Hausaufgabe Stellung zu einer bestimmten Frage. Dabei schreiben sie auf einer Seite des Blattes auf, welche Gefühle sie in der Öffentlichkeit und welche Gefühle sie privat zu dieser Thematik haben. In der nächsten Stunde werden Vierergruppen gebildet, in denen die Schülerinnen und Schüler ihre Erfahrungen mit dem öffentlichen und privaten Selbst diskutieren. Eine abschliessende Klassendiskussion dient der Erkenntnisgewinnung über das private und das öffentliche Selbst.	Für diese Vorgehensweise eignen sich nur Beispiele, die die Lernenden persönlich betreffen. Z.B.: Diskussion über eine gemeinsame Aufgabe, die die Klasse erfüllen sollte. Unkorrektheit, die in der Schule begangen wurde.

Abbildung 10.7 **Unterrichtliche Möglichkeiten: Eigene Gefühle und Empfindungen erkennen und ausdrücken können**

Unterrichtliche Möglichkeit	Praktische Durchführung	Beispiel
Text, Bild oder Tondokument mitbringen, das die eigenen Gefühle ausdrückt	Nach Abschluss einer Thematik: Die Lernenden erhalten als Hausaufgabe den Auftrag, zur bearbeiteten Thematik einen kurzen Text, ein Bild oder ein Tondokument in die nächste Lektion zu bringen. In der nächsten Lektion bringen sie ihr Beispiel in eine Gruppe ein und schildern ihre Gefühle zu ihrem Beitrag. Abschliessend werden in einer Klassendiskussion einige typische Beispiele besprochen.	Im Anschluss an die Behandlung der Probleme der Entwicklungsländer lässt sich diese Möglichkeit leicht verwirklichen, weil über Entwicklungsländer viel Material leicht auffindbar ist.
Eigenes Statement zu den eigenen Empfindungen bei einer Thematik verfassen	Nach Abschluss einer Thematik: Die Lernenden erhalten als Hausaufgabe den Auftrag, zur bearbeiteten Thematik ein kurzes Statement auf einen Karton aufzuschreiben. In der nächsten Lektion werden die Statements nach Kriterien, die von der Lehrkraft festgelegt werden, aufgehängt, um nach den Hintergründen der unterschiedlichen Empfindungen zur gleichen Thematik zu suchen.	Im Anschluss an die Behandlung einer kontroversen Thematik (z.B. Ausländerpolitik) eignet sich dieses Vorgehen gut.
Freies Berichten über eigene Ängste und Sorgen	Während der Bearbeitung einer Thematik fordert die Lehrkraft die Lernenden auf, ihre Ängste und Sorgen, die sich aus der Thematik ergeben, aufzuschreiben. Anschliessend werden sie in kleinen Gruppen diskutiert, damit diejenigen Schüler(innen), die aus der Gruppe Hilfe bekommen haben, in der Klasse berichten können.	Dieses Vorgehen lässt sich an jedem Stoffgebiet, das die Lernenden betrifft, verwirklichen (z.B. Arbeitslosigkeit in einer Berufsschulklasse; unausgeglichene Erwerbsstruktur in akademischen Berufen in einer Gymnasialklasse). Es kann aber auch einmal vor einer Bewährungssituation (z.B. Klausur) eingesetzt werden.

Abbildung 10.7 (Fortsetzung)

Unterrichtliche Möglichkeit	**Praktische Durchführung**	**Beispiel**
Bericht über den persönlichen Umgang mit einem Problem im Verlaufe seines Lebens	Nach Abschluss einer Thematik, die einen unmittelbaren Lebensbezug hat: Die Lernenden bereiten sich darauf vor, in einer Gruppe über den persönlichen Umgang mit einem Problem (Freuden, Sorgen, Unerfülltes, Wünsche) zu berichten. Im Anschluss an die Gruppenarbeit berichten die Lernenden in der Klasse über ihre Erlebnisse in der Gruppe.	Im Anschluss an die Behandlung von Budgetfragen (im Buchhaltungs-, Wirtschaftskunde- oder Hauswirtschaftsunterricht) berichten die Lernenden über ihren Umgang mit Geld und materiellen Gütern.
Verbreiten einer eigenen, kurzen emotionalen Botschaft über ein Tonband	An einer günstigen Stelle bei der Behandlung eines Lerngegenstands: Die Lernenden erhalten die Hausaufgabe, zu einer eben behandelten Problematik ihre Meinung in der Form einer Botschaft, die sachlich und emotional ist, ein persönliches Statement auf Tonband zu sprechen. In Gruppen werden die Tonbänder abgehört. Dann haben sich die Sprechenden der Gruppendiskussion zu stellen.	Im Anschluss an jede Unterrichtsthematik, die eine kontroverse Frage beinhaltet.
Fantasie	Nach Abschluss einer Thematik: Die Lernenden erhalten die Aufgabe, zur behandelten Thematik eine Fantasie zu schreiben, die aufzeigt, wie der (die) Verfasser(in) den Idealzustand oder die Ideallösung zur betreffenden Thematik sehen würde. Die Fantasien werden in Zweiergruppen besprochen und daraufhin untersucht, wo die Gefühle und Empfindungen zur Fantasie übereinstimmen und wo nicht.	Z.B.: Schülerinnen und Schüler beschreiben, wie ihr Umweltschutzkonzept oder ihre Friedenspolitik aussehen würde.
Emotionale Verarbeitung eines Vorfalls in der Klasse	Nach einem Vorfall, der im Leben einer Klasse bedeutsam ist: Die Klasse wird in Gruppen aufgeteilt, in denen die Lernenden über ihre Gefühle im Zusammenhang mit dem Vorfall berichten. Anschliessend berichtet der Lehrer der Klasse über seine Gefühle und lässt darüber diskutieren.	Im Anschluss an bedeutsame Vorfälle im Klassenzimmer. Z.B.: Bedrohung oder Verspotten eines Schülers Nach durchgeführtem Streik von einigen Schülerinnen

Abbildung 10.8 **Unterrichtliche Möglichkeiten: Gefühle und Empfindungen so wahrnehmen, wie sie von anderen Menschen erlebt werden**

Unterrichtliche Möglichkeit	Praktische Durchführung	Beispiel
Stellungnahme, zu der andere die dahinterstehenden Gefühle und Empfindungen begründen	In einer kontroversen Fragestellung werden die Lernenden individuell aufgefordert, ihre persönliche Stellungnahme niederzuschreiben. Anschliessend werden Zweiergruppen gebildet, in denen die Stellungnahmen ausgetauscht werden, und der (die) Partner(in) die hinter der Stellungnahme stehenden Gefühle und Empfindungen zu ermitteln versucht. Diese werden niedergeschrieben.	Bei jeder kontroversen Fragestellung möglich. Z.B.: Die Lernenden nehmen Stellung zum Problem von Entlassungen in Unternehmungen.
Statement, das von zwei weiteren Gruppenmitgliedern unterstützt werden muss	Bei einer bestimmten Thematik werden Dreiergruppen gebildet. Jedes Gruppenmitglied verfasst eine Stellungnahme, die es den anderen Gruppenmitgliedern erklärt. Im anschliessenden Klassenunterricht muss ein Gruppenmitglied die Stellungnahme eines anderen Mitgliedes vertreten. Dann diskutiert die Klasse die Wirkung der Präsentation, und der ursprüngliche Verfasser erläutert der Klasse, ob die Stellungnahme in seiner Gefühlslage weitergegeben wurde.	Bei jeder Thematik, die affektiven Gehalt hat, möglich. Z.B.: Die Lernenden nehmen Stellung zum Problem der Armut.
Statement der Gruppe präsentieren	Zu einer bestimmten Aufgabenstellung entwickeln Vierergruppen Statements. Anschliessend bestimmt die Lehrkraft ein Gruppenmitglied, das das Statement vor der ganzen Klasse vortragen muss. Die Klasse diskutiert in der Folge die Wirkungen des Statements, und die übrigen Gruppenmitglieder erläutern der Klasse, ob das berichtende Gruppenmitglied die Gefühlslage der Gruppe getroffen hat.	Für diese Vorgehensweise eignen sich nur Themenbereiche, welche die Lernenden emotional berühren. Z.B.: Ein politischer Entscheid, der Gefühle anspricht; ein Gerichtsurteil.

7 Die Werterziehung

7.1 Übersicht

Die im Abschnitt 2 dieses Kapitels angeführten Eigenschaften «**Werthaltungen erkennen**» und «**über Wertkonflikte entscheiden**», welche die Schülerinnen und Schüler erwerben sollten, betreffen die Werterziehung (Charaktererziehung oder moralische Erziehung). Obschon heute die Notwendigkeit einer Werterziehung unbestritten ist, besteht keine Einigkeit darüber, wie sie ausgestaltet werden soll. Jackson, Boostrom & Hansen (1993) haben schon vor langer Zeit durch Lehrplananalysen und Unterrichtsbeobachtung versucht, Kategorien zu ermitteln, welche die Ideen und Formen von Werterziehung gliedern und geeignet sein könnten, die Werte und das darauf aufbauende Verhalten zu beeinflussen. Abbildung 10.9 zeigt diese Gliederung. Die ersten fünf Kategorien sprechen direkte Ansätze für die unterrichtliche Bearbeitung von Wertfragen an, die letzten drei Kategorien sind in vielen Unterrichtssituationen hintergründig vorhanden und können je nach Situation letztlich sogar unbewusst wertprägend wirken.
Diese acht Kategorien zeigen, in wie vielen unterrichtlichen Situationen (1) offen und bewusst oder (2) verdeckt und bewusst oder unbewusst Werte angesprochen und beeinflusst werden. Deshalb ist es sinnlos, von einer wertneutralen Schule zu sprechen. Ehrlicher ist es, wenn die Wertproblematik in offener und für die Schülerinnen und Schüler klar erkennbarer Weise angegangen wird, und die Lehrpersonen ihre vermeintliche Wertneutralität im Unterricht zugunsten einer zielgerichteten Werterziehung aufgeben. Dann stellen sich aber zwei Fragen: Einerseits ist zu zeigen, wie eine solche Werterziehung methodisch gestaltet werden kann. Und andererseits ist zu klären, welche Werte durch einen solchen Unterricht anzustreben sind.
Noch immer lassen sich vier grundsätzlich verschiedene Ansätze für die Werterziehung unterscheiden. Sie sind in Abbildung 10.10 charakterisiert (Elias 1989, Uhl 1996).

7.2 Der entwicklungsorientierte-kognitive Ansatz

7.2.1 Grundlagen

Der entwicklungsorientierte-kognitive Ansatz wurde von Kohlberg (1981, 1984) entwickelt und hat sowohl die wissenschaftliche als auch die unterrichtspraktische Diskussion während zwei Jahrzehnten geprägt. Er hat zu vielen unterrichtspraktischen Empfehlungen geführt, ist aber auch häufig kritisiert und immer wieder modifiziert worden.
Dieser Ansatz geht von folgenden theoretischen Annahmen aus (siehe auch Beck, Brütting et al. 1996):

1. Schrittweise Stufenprogression: Die individuelle moralische Urteilskompetenz, d.h. die Fähigkeit, sich ein moralisches Urteil zu bilden, entwickelt sich von Stufe zu Stufe in langen Phasen, auch noch im Erwachsenenalter. Jeder Mensch durchläuft diese Stufen, und keine Stufe kann übersprungen werden. Abbildung 10.11 zeigt das Modell von Kohlberg, das aus drei Stadien zu je zwei Stufen besteht.

2. Entwicklungssimulation: Die Entwicklung von Stufe zu Stufe setzt eine soziale Simulation voraus, d.h. die Menschen müssen sich mit stufenkritischen Konfliktlagen

Abbildung 10.9 **Kategorien der Werterziehung im Schulalltag**

Kategorie 1	Werterziehung als formaler Bestandteil des Lehrplans (in den Fächern Religion, Ethik, Philosophie, Lebenskunde).
Kategorie 2	Einbau von Wertfragen in die einzelnen Fächer des Lehrplans (unterrichtliche Aktivität der einzelnen Lehrkräfte).
Kategorie 3	Rituale und Zeremonien im Schulleben, in denen Werte zum Tragen kommen (z.B. Eröffnungs- und Schlussfeiern mit affektivem Gehalt, Schulausstellungen zu einem aktuellen Thema, Vorträge mit erzieherischer Absicht).
Kategorie 4	Visuelle Ausgestaltung des Schulzimmers, die in sehr vielen Fällen wertgeladen ist, d.h. es ist rasch erkennbar, welche affektiven Botschaften von den an den Wänden aufgehängten Dokumenten ausgehen.
Kategorie 5	Spontanes Einbringen von Themen moralischen Inhalts aufgrund alltäglicher Vorkommnisse allgemeinen oder schulischen Ursprungs, wobei oft kurze Anmerkungen sehr wertorientiert sind.
Kategorie 6	Vorschriften und Regeln in der Schule und im Klassenzimmer, die oft nicht bewusst wahrgenommene Ausdrucksformen von ganz bestimmten Werthaltungen einer Schule oder einer Lehrperson sind.
Kategorie 7	Jeder Lehrplan, auch wenn er noch so kognitiv und sachbezogen ausgerichtet ist, beruht auf bestimmten Werthaltungen, die bewusst gemacht werden können oder unbewusst vorhanden sind.
Kategorie 8	Die Ausstrahlung, das verbale und nicht verbale Verhalten, die persönliche Annahme und Sorge um die Schülerinnen und Schüler sowie die Form aller Interaktionen im Schulzimmer beinhalten eine stark prägende Wertkomponente.

auseinandersetzen können. Sie ist deshalb kein biologisch veranlasster Reifungsprozess, sondern ein Entwicklungsprozess, der durch erzieherische Massnahmen angestossen und beeinflusst wird.
Gefördert werden kann dieser Prozess, wenn die Lernenden die Gelegenheit erhalten, Rollen und Perspektiven zu übernehmen oder mit sozialen-moralischen Konflikten konfrontiert werden, um durch die Reflexion über mehrere mögliche Lösungen die eigenen Urteilsstrukturen zu erweitern und um auf eine höhere Stufe der moralischen Entwicklung zu gelangen (Kohlberg 1976), wobei die Konflikte möglichst auf der Stufe, auf der sich die Lernenden befinden, liegen sollten (Oser & Althof 1992). Neben diesen gezielten erzieherischen Interventionen beeinflussen aber auch die alltäglichen Lebensumstände den Entwicklungsprozess der moralischen Urteilsbildung. Hoff, Lempert & Lappe (1991) ermittelten in ihren Untersuchungen soziobiographische Entwicklungsbedingungen der moralischen Urteilskompetenz. Sie sind in Abbildung 10.12 wiedergegeben. Auch diese Entwicklungsbedingungen sind geeignet, die Fähigkeit zum moralischen Urteil zu fördern.

3. Kognitive Leistungsfähigkeit: Die schrittweise Stufenprogression bei der Entwicklung der moralischen Urteilskompetenz setzt die Fähigkeit zu intellektuellen Leistungen voraus, damit in Konfliktlagen die relevanten Gesichtspunkte verstanden und verarbeitet sowie verallgemeinert werden können. Die kognitive Leistungsfähigkeit ist aber nur eine notwendige, nicht jedoch eine hinreichende Bedingung.

Abbildung 10.10 **Charakteristik von vier Ansätzen zur Werterziehung**

	Entwicklungsorientierter kognitiver Ansatz	Ansatz der Werteklärung (Förderung der Wertungsklarheit)	Aktionistischer Ansatz	Rationalistischer Ansatz
Angestrebte Ziele	Förderung der Lernenden, damit sie auf eine höhere Stufe des moralischen Denkens und Handelns kommen	Anregen der Lernenden, im Zusammenhang mit realen Lebenssituationen die eigenen Werthaltungen zu erkennen und vertieft darüber nachzudenken, mit dem Ziel der Stärkung der moralischen Entscheidungskraft	Förderung der Fähigkeit, mit realen moralischen Problemen umzugehen	Schaffen eines besseren Verständnisses für das Rechtssystem, damit die Bereitschaft, im Rahmen der Gesetze zu handeln, steigt
Pädagogisches Konzept	Diskussion von moralischen Dilemmas	Aufwerfen von Fragen und Kommentierung von Ereignissen mit dem Zweck, die Überprüfung von Werten zu fördern	Konkrete Dienstleistungen für die Gemeinschaft	Herkömmlicher Unterricht mit Lektüre, Fällen, Filmen, Exkursionen
Lernbereich	Kognitiv mit affektivem Ziel	Schwergewichtig affektiv	Schwergewichtig affektiv	Kognitiv mit affektivem Ziel
Verhältnis von Wert und Aktion	Bearbeitung von Werten ohne direkte Aktionen	Werte werden zum Teil in Aktionen zum Ausdruck gebracht	Werte werden durch Aktionen geformt	Bearbeitung von Werten ohne direkte Aktionen
Vertreter	Kohlberg, Oser, Beck, Lind	Raths, Harmin und Simon	Deweg, Tyler, Hedin	Newmann

4. Situationsübergreifende Urteilshomogenität: Hat ein Individuum eine bestimmte Stufe erreicht, so hat es gelernt, moralische Konfliktsituationen nach den stufentypischen Prinzipien zu verstehen, zu interpretieren und anzuwenden. Nach Kohlberg fällt es also alle seine Urteile bei moralischen Problemen nach den Prinzipien der Stufe, welche es erreicht hat.

Aufgrund dieses theoretischen Ansatzes wurden in den letzten dreissig Jahren viele Unterrichtsmodelle und unterrichtspraktische Hinweise entwickelt, die sich wie folgt charakterisieren lassen (Galbraith & Jones 1976, Oser 1986, Däpp 1992, Uhl 1996, Lind 2003):

(1) Die häusliche Erziehung und der Unterricht sollen auf moralische Dilemmas ausgerichtet werden, d.h. auf Situationen, in denen die Schülerinnen und Schüler vor

Abbildung 10.11 **Stadien des moralischen Denkens und Stufen der moralischen Ausrichtung (nach Kohlberg)**

Stadien des moralischen Denkens	Stufen der moralischen Entwicklung	
I. Präkonventionelles Stadium: Das Kind reagiert auf die kulturell festgelegten Etiketten «gut» und «schlecht», beachtet jedoch hauptsächlich die physischen Auswirkungen (Lust-Schmerz) von Aktionen oder die physische Macht desjenigen, der die Regel aufstellt.	1. Die Bestrafung-Gehorsam-Orientierung: Für das Individuum ist die Vermeidung von Bestrafung von Wert, Macht ist ein ausreichender Grund, um sich zu fügen.	2. Die instrumental-relativistische Orientierung: Recht ist, was die eigenen Bedürfnisse befriedigt, manchmal auch die anderer. Beziehungen zwischen Menschen sind, wie auf dem Marktplatz, ausschliesslich eine Angelegenheit der Gegenseitigkeit: «Kratzt du meinen Rücken, kratz ich deinen.» Dies ist eine pragmatische Moral.
II. Konventionelles Stadium: Das Erfüllen der Erwartungen, die die Familie, die Gruppe oder die Nation hegt, ist von Wert, unabhängig von den unmittelbaren Konsequenzen. Loyalität gegenüber der sozialen Ordnung und deren Unterstützung werden über grosse Konformität hinaus mit einem Wert versehen.	3. Die Orientierung auf interpersonelle Eintracht: Ein gutes Verhalten ist das, was anderen gefällt oder ihnen hilft. Ein grosses Ausmass an Konformität mit den Stereotypen «angemessenen» Verhaltens. Die Absicht ist wichtig. Man erntet Anerkennung, indem man «nett» ist.	4. Orientierung auf Autorität und den Erhalt der sozialen Ordnung: Rechtes Verhalten besteht darin, dass man seine Pflicht tut, die Autorität achtet und zum Erhalt der sozialen Ordnung um ihrer selbst willen beiträgt.
III. Postkonventionelles, autonomes oder durch Grundsätze gekennzeichnetes Stadium: Es werden Anstrengungen unternommen, moralische Grundsätze festzulegen, die unabhängig von der Autorität der Personen, die sie vertreten, oder von der eigenen Identifikation mit diesen Gruppen sind.	5. Die legalistische Sozial-Kontakt-Orientierung: Die Brauchbarkeit von Gesetzen und Rechten des Einzelnen wird kritisch überprüft. Standards, die als vorteilhaft für die Gesellschaft anerkannt werden, spielen eine grosse Rolle. Persönliche Werte sind relativ. Verfahrensregeln, über die ein Konsensus erreicht werden soll, sind von grosser Bedeutung. Gesetze können also auf demokratischem Weg geändert werden. Ihre Brauchbarkeit kann durch rationale Überlegungen vertreten werden.	6. Die Orientierung auf ein universelles ethisches Prinzip: Das Recht wird über das Gewissen in Übereinstimmung mit selbstgewählten, logischen und umfassenden ethischen Prinzipien definiert. Das Recht ist abstrakt und ethisch (z.B. die «goldene Regel»), nicht konkret und moralisch (z.B. die Zehn Gebote). Die Betonung liegt auf Gegenseitigkeit und gleichem Recht für alle. Die Würde des Individuums wird respektiert.

Abbildung 10.12 **Soziobiographische Entwicklungsbedingungen der moralischen Urteilskompetenz (nach Lempert)**

Bedingung	Erläuterung	Unterbedingung	Ausprägung
(1) erfahrene Wertschätzung	Qualität der zwischenmenschlichen Beziehungen	als Mensch; als Fachmann	Erfahren **oder** entzogen
(2) wahrgenommene Konflikte	gegensätzliche Orientierungen interagierender Personen(gruppen)	offen vs. verdeckt, manifest vs. latent, gravierend vs. schwach ausgeprägt	Interesse vs. Interesse **oder** Interesse vs. Wert **oder** Wert vs. Wert
(3) Kommunikationsmöglichkeiten	Austausch von Meinungen, Behauptungen, Argumenten		zwanglos **oder** restringiert
(4) Kooperationserfahrung	Art der Beziehungsmuster bei Entscheidungen		partizipativ **oder** direktiv
(5) Verantwortung	wahrgenommene Zuweisung und Zurechnung von Verantwortung	adäquat	
		inadäquat	übefordernd **oder** unterfordernd
(6) Handlungschancen	wahrgenommene Handlungsspielräume bzw. Restriktionen	adäquat	
		inadäquat	überfordernd **oder** unterfordernd

ein moralisches (ethisches) Problem gestellt werden, das sie auf sich bezogen lösen müssen, indem sie eine eigene Wertentscheidung treffen.
(2) Gute moralische Dilemmas führen die Lernenden in **kognitive Konflikte,** welche sie zwingen, ihre vorhandenen Werthaltungen zu überdenken, wodurch sich ihre kognitive Struktur verändern kann (Akkomodation). Das Reflektieren über den kognitiven Konflikt führt allmählich auf eine höhere Stufe des moralischen Urteils.
(3) Die **moralischen Dilemmas** sind weder auf bestimmte Werte noch Tugenden ausgerichtet, sondern sie sind prozessorientiert, indem sie die Schülerinnen und Schüler in der Fähigkeit des moralischen Urteilens und des Entscheidens fördern wollen. Dies in der Hoffnung, moralisches Verhalten zu fördern.

Zwei **Beispiele** von moralischen Dilemmas:

A. Der Versicherungsbearbeiter Weber steht vor der Entscheidung, der verwitweten Frau Danz die Lebensversicherung ihres Mannes auszuzahlen. Kompliziert wird die Angelegenheit, weil er zufällig privat erfährt, dass Herr Danz seine Herzkrankheit bei Abschluss der Versicherung verschwiegen hat. Durch die Einführung verschiedener Variationen (Frau Danz ist sympathisch bzw. unsympathisch, sie ist selber schwer krank usw.) wird der Fall systematisch abgewandelt. Die Schülerinnen und Schüler werden dadurch mit verschiedenen Wertkonflikten (Leben gegen Gesetz, persönliche Bindung gegenüber Eigentum usw.) konfrontiert. Ihre Aufgabe besteht darin, jeweils aufgrund der gegebenen Informationen zu entscheiden, wie sich der Versicherungssachbearbeiter Weber verhalten soll, und insbesondere ihren Entscheid zu begründen (Beck, Bienengräber et al. 2001).

B. Der vierzehnjährige Joe möchte an einem Ferienlager teilnehmen. Der Vater verspricht seine Zustimmung, wenn Joe das Geld dafür selbst zusammenspart, was Joe tut. Kurz vor Beginn des Ferienlagers ändert der Vater seine Meinung: Einige seiner Freunde planen einen Ausflug, den er gerne mitmachen würde. Weil ihm aber das Geld dazu fehlt, bittet er Joe, ihm sein erspartes Geld zu überlassen und auf das Ferienlager zu verzichten. Joe ist damit nicht einverstanden …

7.2.2 Unterrichtliche Umsetzung

Im Verlaufe der Jahre wurden viele Unterrichtsmodelle zur Behandlung moralischer Dilemmas entworfen. Prägend wirkte ein Modell, das sich an Galbraith & Jones (1976) anlehnt und sich im Unterricht bewährt hat. Es umfasst vier Schritte (siehe Abbildung 10.13), die sich folgendermassen umschreiben lassen:

Abbildung 10.13 **Schema für die Unterrichtsgestaltung mit einem moralischen Dilemma**

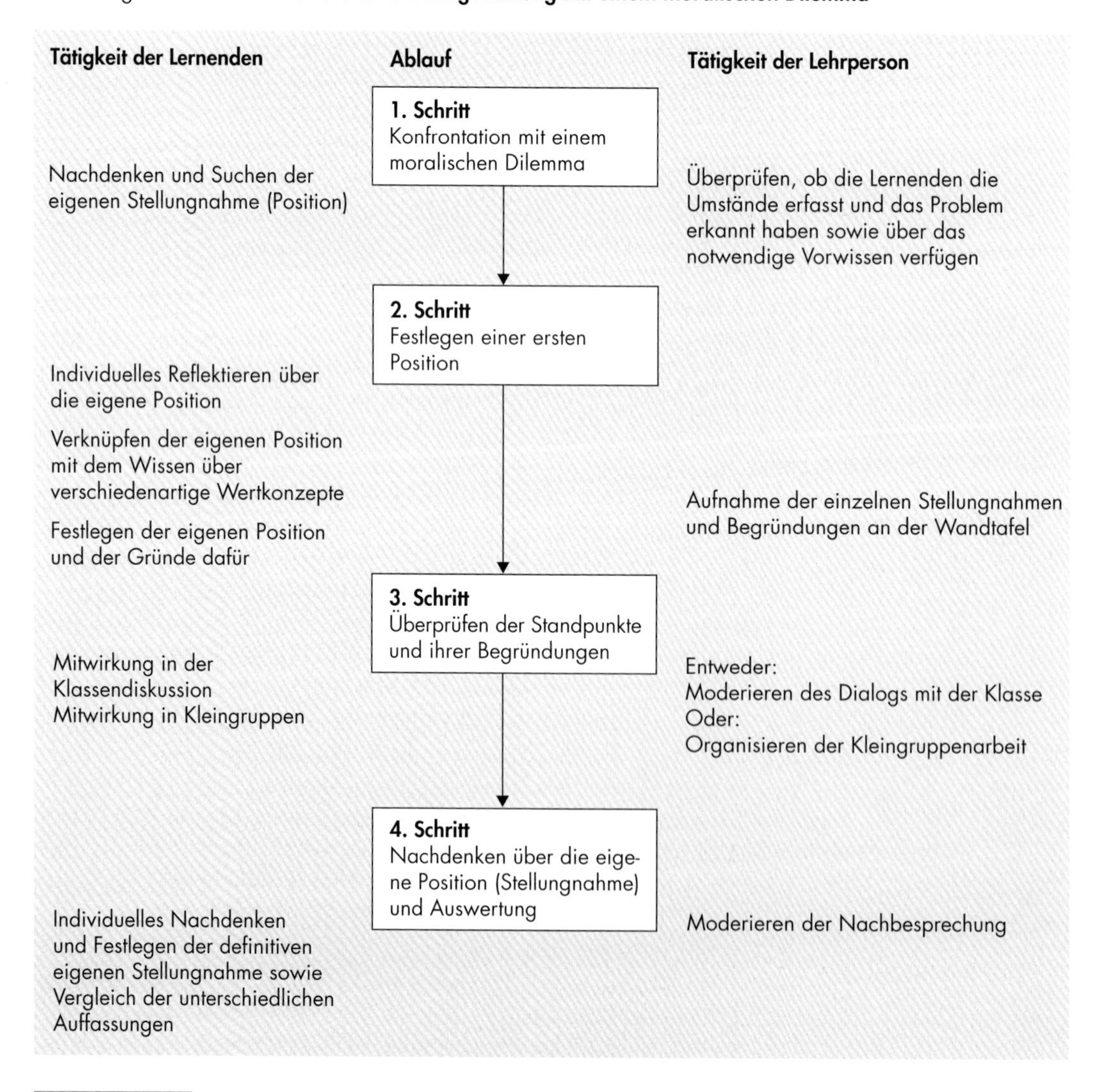

1. Schritt: Die Lehrperson legt der Klasse ein moralisches Dilemma vor und vergewissert sich, ob die Lernenden die Problemstellung (das Dilemma) erkannt haben und über das Vorwissen und die Erfahrungen verfügen, um damit umgehen zu können.

2. Schritt: Die Schülerinnen und Schüler reflektieren individuell über das Dilemma und legen ihren persönlichen Standpunkt (ihre Meinung oder Überzeugung) zu diesem Dilemma fest und begründen ihn. Dann werden die individuellen Standpunkte mit der Begründung im Klassenverband vorgetragen.
Die Lehrperson hält die einzelnen Standpunkte an der Wandtafel in geordneter Weise fest. Sie beachtet dabei, dass die Lernenden ihre Standpunkte auf der Grundlage ihrer Werthaltungen darstellen und konkret beschreiben, wie sie sich verhalten oder wie sie handeln würden. Sie veranlasst also die Lernenden zu konkreten Stellungnahmen und lässt nicht mit Wenn und Aber argumentieren.
Anfänglich arbeitet sie vornehmlich mit den Schülerinnen und Schülern, die sich freiwillig äussern. Mit der Zeit veranlasst sie aber auch die übrigen Lernenden zur Mitwirkung.
Vor allem wenn die Schülerpositionen stark einseitig sind, sollte die Lehrperson ihre gegenteilige eigene Meinung einbringen, um die Reflexion zu beleben. Sie darf aber nicht nur «Advocatus Diaboli» spielen, sondern sie muss ihre eigene Überzeugung einbringen, damit sie berechenbar und glaubwürdig bleibt.

3. Schritt: Die einzelnen Standpunkte werden diskutiert. Im Vordergrund der Diskussion müssen Fragen über die Konsistenz der Aussagen, über eindeutige sachliche Fehler sowie über die Bedeutung der persönlichen Werthaltung stehen. Wesentlich ist dabei, dass die Lehrperson nur moderiert und nicht aus ihrer Sicht zu argumentieren beginnt.
Methodisch kann dieser Schritt in einer Diskussion in der ganzen Klasse oder mit Kleingruppenarbeiten verwirklicht werden. Anfänglich sollte der Klassendiskussion der Vorzug gegeben werden, damit die Lernenden durch Anleitung mit den Reflexionsprozessen vertraut werden. Später sind in diesem dritten Schritt Kleingruppenarbeiten sinnvoll, wobei vier Einsatzmöglichkeiten denkbar sind:
- Die Kleingruppenarbeiten werden einheitlich aus gleichdenkenden oder nicht gleichdenkenden Schülerinnen und Schülern gebildet.
- Während einer ersten Phase diskutieren Lernende gleicher Auffassung miteinander; in einer zweiten Phase werden Gruppen von unterschiedlich Denkenden gebildet.
- Das Dilemma wird in der Form eines Rollenspiels durchgearbeitet (siehe Abschnitt 4 im Kapitel 6).
- Sind die Stellungnahmen wenig kontrovers, so können Gruppen gebildet werden, in denen die Hälfte der Gruppenmitglieder beauftragt wird, die eine Position und die andere Hälfte die andere Position zu vertreten.

Es gibt immer wieder Schülerinnen und Schüler, die sich zu keiner Meinung durchzuringen vermögen. Sie können in eigene Gruppen zusammengefasst und mit der Entwicklung eines Fragekatalogs beauftragt werden, den sie in einer Klassendiskussion vorlegen und mit der ganzen Klasse nach einer Antwort suchen.

4. Schritt: Die Schülerinnen und Schüler bereiten individuell ihre eigene Stellungnahme vor. Von Vorteil ist es, sie zu einer schriftlichen Formulierung zu veranlassen, weil sie auf diese Weise zu mehr Bestimmtheit und Verbindlichkeit verpflichtet werden. Anschliessend werden die Stellungnahmen diskutiert, offene Fragen beantwortet sowie individuelle Erfahrungen und Einsichten besprochen, die allenfalls zu einem Wertewandel geführt haben.

7.2.3 Wirksamkeit moralischer Dilemmas

Während langer Zeit galt als unbestritten, dass sich die Diskussion von Dilemmata im Unterricht in einer Steigerung der moralischen Urteilsfähigkeit niederschlägt, sofern sie genügend häufig in den Unterricht eingebaut werden, sie lebensnahe, alltägliche Dilemmasituationen ansprechen sowie sich auf die Entwicklungsstufe ausrichten, der die Schülerinnen und Schüler angehören. Snarey (1985) hat 45 Untersuchungen aus aller Welt ausgewertet und zusammenfassend festgestellt, dass das Konzept von Kohlberg eindrucksvoll bestätigt ist. Stark geprägt wurde die Diskussion durch die Dissertation von Blatt (Blatt & Kohlberg 1975). In zwei Schulversuchen (sechste und zehnte Klasse der Elementary School in den Vereinigten Staaten) wurde nach dem Konzept der moralischen Dilemmas während neun bzw. zwölf Wochen lang je eine oder zwei Lektionen unterrichtet. In den Versuchsklassen nahm die Urteilsfähigkeit der Schülerinnen und Schüler um eine halbe bis eine ganze Stufe zu, während sich bei der Kontrollgruppe keine Veränderung ergab. Bei Nachtests liess sich der Vorsprung der Versuchsgruppe auch ein Jahr nach Ende des Lehrgangs feststellen.
Später wurden die Ergebnisse differenzierter, indem nach Unterschieden zwischen erfolgreichen und wirkungslosen Programmen gesucht wurde. Schläfli, Rest & Thoma (1984) analysierten 55 Untersuchungen und fanden, dass es eine optimale Dauer von Unterrichtseinheiten gibt, welche zwischen drei und zwölf Wochen liegt. Zudem fanden sie Zusammenhänge mit dem Alter der Lernenden: Je älter sie sind, desto grösser ist die Wirkung. Zudem scheinen die Fortschritte in moralischen Urteilen bei jenen Lernenden grösser zu sein, welche die Theorie von Kohlberg kennen. Im Verlaufe der Zeit zeitigten aber viele weitere Studien geringere Wirkungen. Einerseits erbrachten viele Untersuchungen nur einen geringen Zuwachs der moralischen Urteilsfähigkeit (Leming 1981). Und andererseits wurde immer deutlicher, wie allgemeine unterrichtliche Eigenarten die Wirksamkeit des Konzepts beeinflussen: freie Arbeitsatmosphäre, Berücksichtigung der Stimmung und Gefühle der Lernenden, Kommunikationsfähigkeit sowie Planung und Durchführung des Unterrichts. Zudem erkannten Colby & Kohlberg (1987) schon früh, dass es auch zu Rückentwicklungen in der moralischen Urteilsfähigkeit kommen kann, die sich mit dem Kohlbergschen Ansatz nicht erklären lassen. Schliesslich verweisen die Arbeiten von Lempert (1993) auf mögliche ungünstige soziale Bedingungen (siehe Abbildung 10.12), welche die Entwicklung des moralischen Urteilens mittels moralischer Dilemmas behindern könnten, wobei allenfalls weitere Ansätze in Verbindung mit moralischen Dilemmas die Wirksamkeit der Werterziehung fördern könnten.

Wesentliche Ansatzpunkte zur Revision der Kohlberg-Theorie entwickelte Beck (1999). Aufgrund seiner Untersuchungen geht er heute davon aus, dass sich die Idee der strukturierten Ganzheit der Stufen von Kohlberg nicht halten lässt, sondern die moralische Denkfähigkeit bereichsspezifisch erworben und entwickelt wird. Sollte sich diese Annahme empirisch weiter bestätigen, so wäre anzunehmen, dass die Lernenden im Hinblick auf Wertfragen spezifische Denkfähigkeiten entwickeln, die an bestimmte Inhaltsbereiche gebunden sind und Moralvorstellungen aufgrund von Wertvorstellungen in einem bestimmten Milieu (insbesondere auch in Peer Groups) allmählich erworben werden und mit diesem Netz verknüpft bleiben. Neue moralische Probleme würden unter diesen Umständen von den Lernenden zuerst darauf hin überprüft, ob sie dieser Umgebung zugeordnet werden können, um sie danach nach den dort geltenden Wertvorstellungen zu reflektieren (Beck, Bienengräber et al. 2001). Im Weiteren stellte Beck fest, dass beim Reflektieren auf einer höheren Stufe die Denkstrukturen der darunter liegenden Stufen nicht nur erhalten, sondern auch aktiv bleiben. Deshalb bedarf es weiterer Überlegungen, wie die Denkstrukturen der verschiedenen Stufen miteinander verknüpft werden können. Aufgrund dieser Erkenntnisse gelangen Beck, Bienengräber et al. (2001, 15) zu der folgenden Erkenntnis: «Während die Kohlberg-Theorie implizit auf dem Konzept der personalen moralischen Identität beruht, die in einer uneingeschränkt homogenen Urteilsbildung auf ein und derselben Stufe zum Ausdruck kommt, halten wir es für angemessen, moralische Standards mit Rollen zu verknüpfen und damit jene Differenzierungen theoretisch zuzulassen und abzubilden, die in der wissenschaftlichen Beschreibung sozialer Entwicklung und sozialen Handelns unabweisbar festzustellen sind.»
Schliesslich ist auf einen generell kritischen Aspekt der Werterziehung nach dem entwicklungsorientierten-kognitiven Ansatz zu verweisen. Die Reflexion anhand von moralischen Dilemmas führt primär zu einem bestimmten moralischen Wissen und Urteilen. Ob sie aber auch zu einem verbesserten moralischen Handeln anregt, bleibt offen. In einer ganzen Reihe von Untersuchungen wurde überhaupt kein Zusammenhang zwischen Urteilen und Handeln gefunden (Wonderly & Kupfersmid 1980). In einzelnen Fällen ergab sich sogar ein negativer Zusammenhang (Richards, Bear et al. 1992).

7.2.4 Folgerungen für den Unterricht

Mit Hilfe des Konzepts der moralischen Dilemmas lassen sich anregende Lektionen aufbauen. Nachdem anfänglich viele Studien vorgelegt wurden, welche die Wirksamkeit dieses Ansatzes der Moralerziehung bestätigten, wurden viele unterrichtsbezogene Schriften und praktische Ratschläge erarbeitet, und viele Lehrkräfte glaubten, einen verlässlichen Weg der Werterziehung gefunden zu haben (siehe dazu beispielsweise die Videoaufnahme von Lind 2007). Leider wurden mit dem Fortschritt in der empirischen Forschung die Ergebnisse über die Wirksamkeit immer widersprüchlicher, so dass sich sogar Kohlberg von den reinen Diskussionsprogrammen abgewendet und sich der Schule als Ganzem zugewandt hat, indem er annahm, das Schulklima, die bewussten und unbewussten Verhaltensgewohnheiten der Lehrkräfte sowie institutionelle Verhaltensweisen und Regeln an der Schule hätten für das Werden der Persönlichkeit der Schülerinnen und Schüler mehr Bedeutung als unterrichtliche Ansätze. Deshalb entwickelte er die Idee der «Erziehung in der Gerechten-Gemeinschafts-Schule» (Just Community School), die so gestaltet ist, dass durch demokra-

tische Führungsformen und Mitwirkung die Schülerinnen und Schüler die Gelegenheit erhalten, Schulprobleme aller Art in einer echten Lerngemeinschaft selbst zu regeln (Kohlberg 1985). Ob diese Betrachtungsweise eine echte Alternative für die Werterziehung ist, bleibt immer noch offen. Zwar gibt es viele positive Beschreibungen. Systematische empirische Untersuchungen fehlen aber noch weitgehend.
Soll aufgrund der vielen Unsicherheiten auf die Bearbeitung von moralischen Dilemmas verzichtet werden? Angesichts der auch positiven Untersuchungsergebnisse sowie der Erkenntnisse von Beck wird hier die Auffassung vertreten, dass dieser Ansatz im Unterricht weiter verwendet werden sollte, selbst wenn keine allzugrossen Wirkungen zu erwarten sind und in vielen Fällen nur zusätzliches moralisches Wissen, das bei einzelnen Schülerinnen und Schülern ohnehin vorhanden ist, mit wenig oder keinem Einfluss auf das moralische Verhalten gewonnen wird. Dies nicht zuletzt, weil jede Möglichkeit – und sei die Wirkung noch so gering – wahrgenommen werden sollte, Wertfragen zu diskutieren. Um wenigstens hoffen zu können, dass einige Schülerinnen und Schüler von einem solchen Unterricht etwas gewinnen können, sollten bei der Unterrichtsgestaltung die folgenden Aspekte berücksichtigt werden:

- Die moralischen Dilemmata müssen in einem unmittelbaren Zusammenhang mit den in den einzelnen Lektionen behandelten Lerninhalten stehen. Auf die Behandlung inhaltsunabhängiger Dilemmata sollte verzichtet werden.
- Moralische Dilemmata sollten häufig und nicht nur gelegentlich eingesetzt werden.
- Moralische Dilemmata sollten für die Schülerinnen und Schüler einen genügenden Lebensbezug haben und sie möglichst betroffen machen. Authentizität scheint eine unabdingbare Voraussetzung für die – wenn auch beschränkte – Wirkung zu sein.

7.3 Das Modell der Werteklärung

7.3.1 Merkmale

In den sechziger Jahren des letzten Jahrhunderts wurden in den Vereinigten Staaten für die historisch-gesellschaftliche Fächergruppe (Social Studies) Unterrichtsmodelle entwickelt, welche die Schülerinnen und Schüler zu mehr Klarheit und zu grösserer Urteilsfähigkeit in Fragen der Moral führen sollten. Ihre Ziele waren die Stärkung der «moralischen Wertungsklarheit» sowie der «moralischen Urteilsfähigkeit». Erreichen wollte man damit die Förderung von formalen Persönlichkeitseigenschaften, welche für das moralische Handeln relevant, aber inhaltlich an keine spezielle Morallehre gebunden sind (Brezinka [1992] spricht von einer «formalen Bewertungs-Erziehung»). Herangebildet werden soll also die moralisch selbständige (autonome) Persönlichkeit. In Deutschland fand dieses Modell etwa zehn Jahre später viele Anhänger (Mauermann 1979), weil sich die Programme auf formale Persönlichkeitsqualitäten konzentrieren und es den Lehrkräften ermöglichen, inhaltlich neutral zu bleiben und sich auf die werturteilsfreie Information über die moralischen Überzeugungssysteme und ihre Begründung zurückzuziehen. Auf diese Weise laufen die Lehrkräfte nicht Gefahr, der moralischen Indoktrination im Unterricht bezichtigt zu werden.
Am meisten geprägt wurde dieses **Modell der Werteklärung** (Value Clarification) durch Raths (Raths, Harmin & Simon 1976), mit welchem die in Abbildung 10.14 angestrebten Erziehungsziele erreicht werden sollen.

Abbildung 10.14 **Erziehungsziele der Werteklärung (nach Raths, Harmin & Simon)**

1. Die Klarheit über die eigenen Wertüberzeugungen und moralischen Ideale und über die Rangfolge, in der sie zueinander stehen;
2. die Fähigkeit zur Suche nach neuen Wertüberzeugungen, falls sich die vorhandenen Wertüberzeugungen als unzureichend, widersprüchlich oder unvernünftig erweisen;
3. die Fähigkeit zur klugen Wahl zwischen konkurrierenden Wertalternativen unter Berücksichtigung der Folgen, welche die Verwirklichung jeder Alternative nach sich ziehen würde;
4. die Fähigkeit zur Beurteilung von moralischen Anforderungssituationen unter Wertgesichtspunkten und die Fähigkeit zum Fällen von guten, vernünftig begründeten Werturteilen;
5. die Bereitschaft, seine «geklärten» Wertüberzeugungen zu bejahen, sich emotional an sie zu binden und vor anderen Menschen zu ihnen zu stehen;
6. die relativ dauerhafte Bereitschaft, in moralischen Anforderungssituationen in Übereinstimmung mit den eigenen Wertüberzeugungen zu handeln.

Dieser Ansatz gehört – wie die Arbeiten von Kohlberg – zu den rationalitätsorientierten Erziehungsverfahren, weil sie auf vernunftsbestimmte Komponenten in der Persönlichkeit gerichtet sind: Das Wertbewusstsein, das Wertunterscheiden und die Wertentscheidung sind für das Werden der moralischen Persönlichkeit und für die Festigung des Gewissens unabdingbare Voraussetzungen.

7.3.2 Die unterrichtliche Umsetzung

Mit dem Modell der Werteklärung sollen also keine Werte vermittelt werden, sondern die Lernenden werden ermuntert, sich ihrer Gefühle und Empfindungen sowie ihrer Werthaltungen bewusst zu werden, ihre persönlichen Präferenzen zu erkennen und sie mit denjenigen ihrer Mitschülerinnen und Mitschüler zu vergleichen, um ihre eigenen Wertentscheidungen zu treffen. Zu diesem Zweck entwickelt die Lehrperson klare Übungen, die möglichst zu den Lerninhalten in Verbindung stehen. Anhand der vorgegebenen Übung stellt die Lehrerin oder der Lehrer Fragen, zu denen die Lernenden Stellung beziehen müssen. Die abgegebenen Stellungnahmen werden anschliessend in einer Klassendiskussion vertieft. Typische Fragen können sein:

- Worin besteht das moralische Problem oder der Konflikt? Welche Wertüberzeugungen wurden zum Ausdruck gebracht, und worin unterscheiden sie sich?
- Welche Tatsachen muss man kennen und bei der eigenen Entscheidung berücksichtigen? Werden weitere Informationen benötigt?
- Gibt es mehrere Möglichkeiten für Lösungen und Handlungsalternativen?
- Welche Folgen haben die einzelnen Entscheide und/oder Handlungen?
- Wie sind die Entscheidungen, Handlungen und Folgen zu beurteilen?
- Wie würdet ihr in einer ähnlichen Situation entscheiden?

Abbildung 10.15 zeigt ein Beispiel (nach Hawley 1972, 36–37).
Im Verlaufe der Jahre wurden viele Beispiele und Strategien entwickelt. Abbildung 10.16 gibt eine Übersicht.

Abbildung 10.15 **Beispiel einer Werteklärung (nach Hawley)**

Die Lehrperson trägt Probleme vor:

«Ich lese euch jetzt ein paar Fragen vor. Wenn ihr eure Zustimmung zeigen wollt, hebt die Hand. Wenn ihr besonders stark zustimmen wollt, hebt die Hand und winkt hin und her. Wenn ihr eure Ablehnung zeigen wollt, dreht den Daumen zur Erde. Bei besonders heftiger Ablehnung stosst ihr mit dem Daumen ein paarmal nach unten. Wenn ihr keine Meinung habt oder sie nicht sagen wollt, dann verschränkt die Arme. Und jetzt die Fragen:

- Würdest du einmal mit einem Drachensegler fliegen?
- Würdest du jemandem sagen, dass er Mundgeruch hat?
- Würdest du Haschisch ausprobieren – einmal wenigstens?
- Würdest du bei einer Demonstration ein Transparent tragen?
- Meinst du, dass das Auto der grösste Feind der Umwelt ist?
- Würdest du deine Haare anders tragen und dich anders anziehen, wenn du dadurch einen besseren Posten und mehr Geld bekommen würdest?
- Denkst du, dass man bei einem blutigen Bürgerkrieg in einem fremden Land militärisch eingreifen und damit auch das Leben unserer eigenen Soldaten in Gefahr bringen sollte?
- Hältst du es für richtig, für die Durchsetzung von bestimmten Zielen Gewalt anzuwenden?»

Im Anschluss an die Stellungnahme der Schülerinnen und Schüler kann abgestimmt werden, um das Meinungsbild der Klasse zu erfassen. Dann können die Probleme in Kleingruppen weitergeführt werden, um abschliessend eine Klassendiskussion zu führen.

Bei schwierigen Fragestellungen oder zur Abwechslung im Unterricht kann es hilfreich sein, die in Abbildung 10.17 dargestellten Techniken zur ausgeprägteren Darstellung von Werten zu verwenden.

Damit lässt sich das Modell der Werteklärung wie folgt charakterisieren:
- Mit eher zufälligen Dialogen zwischen Lehrenden und Lernenden sollen längere Klassendiskussionen vermieden werden, damit keine Indoktrinationsversuche entstehen.
- Die Probleme sollen sich an möglichst alltäglichen Problemen (eingebettet in den Fachunterricht) orientieren, damit theoretische Diskussionen vermieden werden und möglichst Voraussetzungen für ein sich zu veränderndes Verhalten geschaffen werden.
- Anzusprechen sind die Schülerinnen und Schüler leichter, wenn sich die Probleme an sie unmittelbar betreffenden Fragestellungen orientieren.

Für das Lehrerverhalten ergeben sich die folgenden Anforderungen:
- Die Lehrpersonen belehren nicht, sondern sie leiten Prozesse im Umgang mit Werten an.
- Sie führen die Lernenden (fast im Sinne von Therapeuten) zum offenen und bewussten Umgang mit Gefühlen und Werten.

7.3.3 Wirksamkeit der Werteklärung

Obschon der Ansatz der Werteklärung – wahrscheinlich infolge seiner scheinbar einfachen Anwendbarkeit im täglichen Unterricht – während langer Zeit grosse Beachtung gefunden hat, blieb er nicht unkritisiert. Zunächst stellt sich die Frage, ob

Abbildung 10.16 **Beispiele und Strategien für die Werteklärung**

1. **Strategie der klärenden Impulse**
   Die Lehrkraft greift inner- und ausserhalb des Unterrichts Äusserungen von Schülerinnen und Schülern auf mit der Absicht, mit Fragen und Anmerkungen in ihrem Bewusstsein eine Fragehaltung zu erzeugen und sie zum Überdenken ihrer Vorstellungen und ihres Verhaltens anzuregen.

   Solche Fragen können sein:
   - Ist das etwas, was du gern hast?
   - Bist du froh darüber?
   - Wie hast du dich gefühlt, als dies passierte?
   - Hast du das Gefühl schon lange gehabt?
   - Wohin würde das führen? Welches wären die Konsequenzen?
   - Würdest du dies auch wirklich tun, oder sagst du es bloss?
   - Hast du dir schon Gedanken über dieses Problem (oder Verhalten) gemacht?
   - Ist dies deine persönliche Meinung, oder glaubst du, dass die meisten Leute dieser Meinung sind?
   - Was bezweckst du mit dieser Aussage (oder Handlung)?
   - Ist das sehr wichtig für dich?
   - Würdest du anderen gerne davon erzählen?
   - Würdest du dies nochmals sagen (tun)?
   - Woher weisst du, dass dies richtig ist?
   usw.

   Äusserungen von Lernenden, an die sich solche Fragen anschliessen können, werden als Wertindikatoren bezeichnet. Für sie muss die Lehrperson hellhörig werden, um mit Fragen geeignete Impulse zur Offenlegung von Gefühlen und Werthaltungen zu geben. Wertindikatoren sind Aussagen von Lernenden, die Ziele beinhalten; Hoffnungen und Erwartungen ausdrücken; auf Haltungen, Interessen, Gefühle sowie Überzeugungen hinweisen oder bestimmte Aktivitäten beinhalten.

2. **Das Wertblatt**
   Den Lernenden wird ein Blatt mit einer provokativen Äusserung und einer Reihe von Fragen zu dieser Äusserung vorgelegt. Die Lernenden schreiben dazu entweder ihre individuellen Antworten auf, oder sie erarbeiten Antworten in Kleingruppen.

3. **Die Zickzack-Stunde**
   Die Lehrkraft wirft einige harmlose Fragen mit affektivem Gehalt auf, damit die Lernenden immer mehr darüber zu rätseln beginnen, was die Lehrkraft anstrebt. Unvermittelt wird dann das Thema mit affektivem Gehalt angesprochen.

4. **Gedankenblätter**
   Jeder Schüler und jede Schülerin schreibt einige Gedanken und Gefühle über einen Sachverhalt aus Unterricht und Schulleben auf, die ihn (sie) während der Woche beschäftigt haben und von persönlicher Bedeutung waren. Dann können die Schülerinnen und Schüler vom Lehrer wünschen, dass ihre Gedanken und Gefühle von ihm vor der Klasse anonym vorgelesen werden, wodurch nicht nur eine Klassendiskussion möglich wird, sondern die Lehrkraft notfalls auch individuelle Hilfe anbieten kann.

5. **Das öffentliche Interview**
   Eine Schülerin oder ein Schüler lässt sich freiwillig von der Klasse bezüglich gewisser Vorstellungen, Gefühle, Interessen usw. befragen. Sie (er) hat aber jederzeit das Recht, die Beantwortung einer Frage zu verweigern.

Abbildung 10.17 **Techniken zur ausgeprägten Darstellung von Werten**

1. **Wert-Kontinuum**
Die Lernenden werden aufgefordert, ihre Wertvorstellungen auf einem Kontinuum einzuordnen. Zu diesem Zweck zeichnet die Lehrkraft das Kontinuum an der Wandtafel auf, damit es den Lernenden leichter fällt sich zu positionieren.

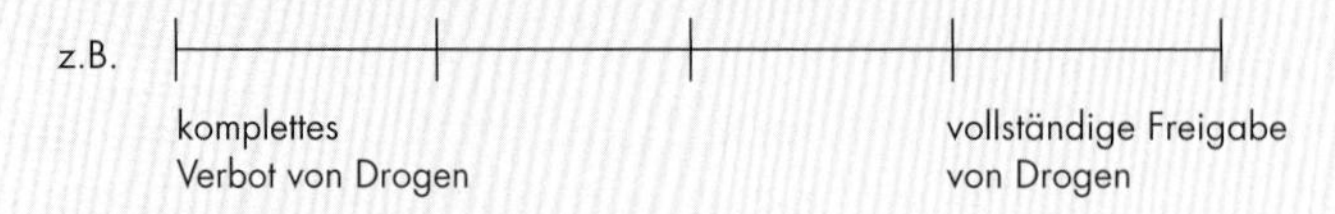

2. **Abstimmung über Werte**
Nachdem eine Wertproblematik definiert ist, wird die in der Klasse vorherrschende Auffassung durch Abstimmung erfasst und darüber diskutiert.

3. **Rangordnungen**
Nachdem in einer wertorientierten Problemstellung verschiedene Lösungen entworfen sind, erstellt die Klasse als Ganzes oder in Gruppenarbeiten eine Rangordnung der Wünschbarkeit der Lösungen, die auf Wertvorstellungen beruht.

4. **Wertorientiertes Spiel**
Die Lernenden werden aufgefordert, auf eine wertorientierte Aufforderung zu reagieren (z.B. Ich fühle mich am wohlsten, wenn ...).
In Dreiergruppen stellen die Lernenden ohne Unterbrechung nacheinander ihre Auffassung dar. Dann werden die Positionen in der Gruppe und anschliessend in der Klasse behandelt.

ein Prozess des Wertens nahezu beliebig und unabhängig von einer systematischen Betrachtung des Objekts des Wertens erfolgen kann. Im Weiteren bleibt fraglich, ob am Ende des Unterrichts diejenigen Werte internalisiert wurden, die als erstrebenswert galten, nachdem der Ansatz zu sehr auf unterrichtlichen Zufälligkeiten aufbaut. Raths, Harmin & Simon (1976) erkannten diese Gefahren, glauben aber an die wertbildende Wirkung der Lehrkräfte, wenn sie jeweils ihre eigenen Werte offenlegen. Im täglichen Unterricht kritisch ist, dass für die Werteklärung zu einfache Beispiele und Vorgänge ausgewählt werden, so dass sich die Diskussion häufig auf bedeutungslose persönliche Präferenzen beschränkt, die nicht ausreichen, um eine gute Wertebasis zu schaffen. Weil schliesslich die Werteklärung keine moralischen Entscheidungen erzwingt, werden vorgetragene Meinungen oft nicht bewusst und systematisch an moralischen Werten gemessen, sondern nur in Bezug auf Werte erhellt, was immer dann zu einem gefährlichen Werterelativismus führt, wenn die Lehrperson während des ganzen Dialogs strikte neutral bleibt (Lickona 1992). Auf diese Grenze des Ansatzes hat auch einer der Hauptvertreter dieses Ansatzes, Harmin (1988), verwiesen, indem er schrieb: «Unser Bemühen um Wertneutralität der Lehrkräfte hat wahrscheinlich traditionelle Vorstellungen über Werte und Moral unterlaufen ... Wenn ich zurückschaue wäre es besser gewesen, wenn wir ein ausgeglicheneres Bild präsentiert und die Bedeutung beider Seiten der Hilfestellung an die Lernenden, nämlich ihre Werte zu klären und moralische Werte der Gesellschaft zu adoptieren, stärker betont hätten ... Es ist sehr sinnvoll zu sagen, dass Vertrauenswürdigkeit besser ist als Misstrauen, das Sich-sorgen besser ist als das Verletzen, Loyalität besser ist als Betrug und das Teilen besser ist als die Ausbeutung.»

Wie für Schöpfer eines unterrichtlichen Ansatzes üblich berichten Raths, Harmin & Simon (1976) von 12 Untersuchungen, die positive Auswirkungen auf das Sich-klar-Werden von Werten zeitigten. McKenzie (1974) konnte belegen, dass Lernende, die Rechtsfälle mit Werteklärungsübungen behandelten, bessere Gerechtigkeitsziele vertraten als solche in einer Kontrollgruppe ohne Werteklärungsübungen. Ob diese Untersuchungen aussagekräftig sind, ist allerdings umstritten, da die Messinstrumente als nicht besonders zuverlässig zu betrachten und die zugrunde gelegten Wertkonzepte zu unbestimmt sind.
Verfolgt man aber die Forschung auf längere Zeit, so wird der Optimismus etwas gedämpft. Leming (1981) stellt anhand von 33 empirischen Untersuchungen fest, dass die Werteklärung einen erkennbaren Einfluss auf das Faktenwissen bei Schülern im Jugendalter hat und bei den Grundschülern zu einer besseren Einstellung zur Schule beiträgt, die Ergebnisse bezüglich Wertentwicklung aber insgesamt nicht sehr ermutigend sind. Auch Kirschenbaum (1992), anfänglich ein führender Vertreter dieses Ansatzes, gelangt zum Schluss, dass der Ansatz für sich allein nicht genügt und deshalb mit anderen Ansätzen und Modellen in Kombinationsprogrammen zu erweitern ist, d.h. mit anderen Ansätzen zusammengeführt werden muss (siehe Abschnitt 6.6 in diesem Kapitel).

7.4 Aktionistischer Ansatz

Dieser Ansatz entspringt der «Learning by doing»-Bewegung und beruht auf der Annahme, dass unterrichtliche Auseinandersetzungen mit Wertfragen letztlich wenig wirksam bleiben. Erfolgversprechender seien Projekte und andere Aktivitäten, bei denen sich die Jugendlichen mit echten Problemen in der Wirklichkeit auseinanderzusetzen hätten, und die zu wirklichen Folgen für andere Leute führen (Hedin & Schneider 1978, Elias 1989). Vorgeschlagen wurden folgende Formen von Aktivitäten (National Commission on Ressources for Youth, New York):

1) Hilfestellungen für Leute in bedrängten Lagen, in denen die Jugendlichen moralische und soziale Probleme im Umgang mit Menschen aus ihren unterstützenden Leistungen direkt erleben,
2) Mitarbeit in sozialen Organisationen in der eigenen Gemeinde,
3) soziale Aktionen mit dem Ziel, Veränderungen herbeizuführen,
4) praktische Tätigkeit in einem sozialen Dienst unter Anleitung von Fachleuten.

Programmatisch werden zugunsten des aktionistischen Ansatzes die folgenden Vorzüge genannt: Die praktische Erfahrung macht einsichtiger und führt zu differenzierteren Werturteilen, und sie hinterlässt nachhaltigere Spuren als der theoretische Unterricht. Problematisch sind der Zeitaufwand und die Gefahr, dass Werthaltungen je nach Auswahl des Projekts oder der Aktivität sehr stark in eine bestimmte Richtung geprägt werden. Dies nicht einmal in «böser» Absicht der Lehrkraft, sondern allein schon durch die Auswahl der Aktivität. Zu beachten sind auch Erfahrungsberichte, die von einer psychischen Überforderung von Lernenden sprechen (z.B. Arbeitswochen von gesunden und invaliden Kindern) sowie auf negative Auswirkungen infolge der Verstärkung von Vorurteilen hinweisen (z.B. Begegnungen mit der Lebensweise von Menschen aus anderen Kulturen oder unteren sozialen Schichten).

Zur Werterziehung mit Aktionen gibt es keine wissenschaftliche Effizienzuntersuchungen. Es liegen aber viele Erfahrungsberichte vor, die über positive Wirkungen berichten (Lickona 1992). Dabei zeichnet sich immer deutlicher ab, dass Aktionen am ehesten geeignet sind, moralisches Wissen, das im Unterricht erworben wird, in moralisches Handeln überzuführen.

7.5 Rationalistischer Ansatz

Der rationalistische Ansatz (Newmann 1975, Elias 1989) (auch als kognitiver Ansatz ohne Entwicklungsstufen bezeichnet) betrifft in erster Linie die staatsbürgerliche Erziehung der jungen Generation. Sein Ziel ist es, die Lernenden zum moralischen Reflektieren über Vorgänge im Staat und in der Gesellschaft anzuregen und die affektive Beziehung (Vertrauen, persönliche Verpflichtung) zum Staat und zur Gemeinschaft zu vertiefen. Zu diesem Zweck sind die folgenden Kompetenzen zu entwickeln: Fähigkeiten zur Kommunikation, Sammeln und Interpretieren von Informationen, Beschreiben von Entscheidungsprozessen, Entscheiden von öffentlichen Streitfragen mit Rechtfertigung des Entscheides und möglicher Strategien für Aktionen auf der Basis von Gerechtigkeit und Rechtmässigkeit, Fähigkeit zur Zusammenarbeit, Fähigkeit zur Diskussion persönlicher Werte und Erfahrungen in Verbindung mit grundsätzlichen menschlichen Fragestellungen, Fähigkeiten zur persönlichen Einflussnahme. Verwirklicht werden diese Ziele im herkömmlichen Unterricht mit der Bearbeitung von kontroversen Fragen sowie Literaturprojekten (um die Grundlagen verschiedenster Werthaltungen genau zu erfassen); mit Aktionen (vor allem Gemeinschaftsdienst und Mitarbeit in einem Projekt einer politischen Gruppierung) sowie mit Berichterstattung für die Öffentlichkeit (um Einfluss zu nehmen).
Im sozialwissenschaftlichen Unterricht (insbesondere in Staats- und Wirtschaftskunde) ist die **politische Modellanalyse** ein besonders gut geeignetes Mittel der Werterziehung (Dubs 1985).
Mit der politischen Modellanalyse sollen typische und allgemein interessierende, umstrittene Sachverhalte in der menschlichen Gemeinschaft, in der Wirtschaft und im Staat, wie sie den Menschen immer wieder begegnen, für Unterrichtszwecke so strukturiert werden, dass die Schülerinnen und Schüler

- unterschiedliche Standpunkte erfassen und interpretieren,
- die verursachenden Probleme ermitteln und definieren,
- das zur Beurteilung nötige Wissen erarbeiten,
- mögliche Lösungen entwickeln und beurteilen sowie
- sich eine eigene Meinung bilden und die Konsequenzen der eigenen Auffassung beurteilen können.

Abbildung 10.18 zeigt die Grundstruktur einer politischen Modellanalyse. Sie dient als Disposition für den Aufbau des Unterrichts oder als Disposition für Hefteinträge und Arbeitsblätter.
Die Modellanalyse repräsentiert die kognitive Verarbeitung von Kontroversen in zwei- oder mehrseitiger Darstellung (die verschiedenen Betrachtungsweisen einer Streitfrage werden beurteilt, und es wird eine persönliche Entscheidung herbeigeführt). Diese Vorgehensweise trägt massgeblich zur Fähigkeit des Reflektierens und Entscheidens in Wertfragen und damit zur Werterziehung bei, sofern genügende kognitive Voraussetzungen geschaffen und die Lernenden nicht bereits so stark negativ

Abbildung 10.18 **Grundstruktur einer politischen Modellanalyse**

1. Schritt: Problemstellung	**Auffassung A** zu einem politischen oder wirtschaftspolitischen Problem	**Auffassung B** zu einem politischen oder wirtschaftspolitischen Problem
2. Schritt: Interpretation der Auffassungen (Ursachen)	a) ________ b) ________	a) ________ b) ________
3. Schritt: Problemformulierung	Problemstellung/Streitfrage ________	
4. Schritt: Ergänzungen des Sachwissens	________ ________ ________	
5. Schritt: Folgen und Konsequenzen	Vorteile: ________ Nachteile: ________ Folgen: ________ Konsequenzen: ________	Vorteile: ________ Nachteile: ________ Folgen: ________ Konsequenzen: ________
6. Schritt: Eigene Meinung (eigene Lösung)	________ ________ ________	
7. Schritt: Konsequenzen, nötige Massnahmen zur eigenen Meinung/Lösung	________ ________ ________	

funktional beeinflusst sind, dass ihnen die Bereitschaft zur kognitiven Auseinandersetzung fehlt (Fenton 1976). In der Schweiz konnte die Wirksamkeit von Modellanalysen deutlich nachgewiesen werden (Däpp 1992, Schwegler 1976).

7.6 Kombinationsprogramm für die Werterziehung

7.6.1 Übersicht

Die Ergebnisse aus der empirischen Forschung zur Wirksamkeit der einzelnen Ansätze zur Werterziehung sind wenig ermunternd. Offensichtlich stösst man in diesem Unterrichtsbereich bald einmal an die Grenzen schulischer Einflussmöglichkeiten. Deshalb darf man sich nicht mit der gelegentlichen unterrichtlichen Anwendung eines Ansatzes begnügen, sondern man sollte sich **Kombinationsprogrammen** zuwenden, d.h. in möglichst vielen Lernsituationen regelmässig alle Ansätze zielgerichtet einsetzen, um wenigstens zu versuchen, durch Vielgestaltigkeit die Wirksamkeit etwas zu erhöhen. Abbildung 10.19 gibt dazu eine Übersicht (siehe insbesondere Uhl 1996).
Die Möglichkeiten zur Werteklärung und zur Entwicklung der moralischen Urteilsfähigkeit sowie die Stärkung des Umgangs mit Gefühlen und Empfindungen wurden in den vorangehenden Abschnitten behandelt.

7.6.2 Bereitstellung von Verhaltensmustern für das Beobachtungs- und Nachahmungslernen

Das Beobachtungs- und Nachahmungslernen geht vor allem auf die Arbeiten von Bandura (1977) zurück und versteht sich als Abfolge von vier Schritten:

1. Schritt: Die **Aufmerksamkeit** der Lernenden richtet sich auf einen Gegenstand der Nachahmung (in erster Linie auf wirkliche aber auch auf erfundene Personen mit ihren Verhaltensweisen, die als Beispiel dienen können). Diese Beispiele sollen ungewöhnlich oder überraschend sein, etwas Ein-

Abbildung 10.19 **Übersicht über Möglichkeiten der Werterziehung**

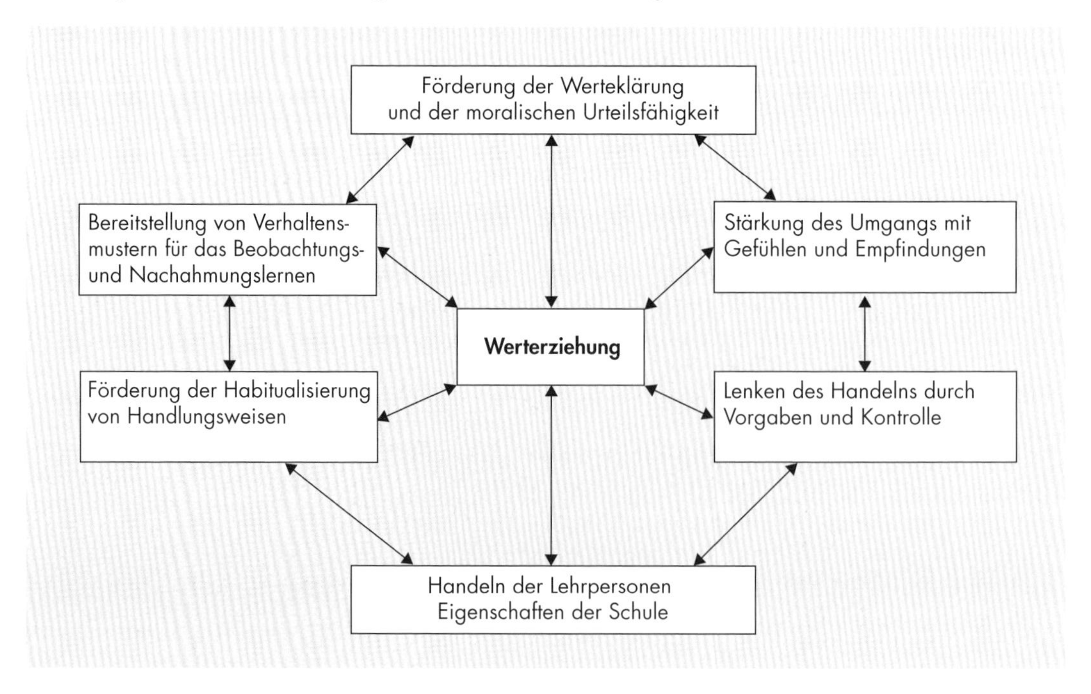

leuchtendes, Zweckmässiges oder Erfolgreiches beinhalten und einen hohen Gefühlswert für die Lernenden haben.

2. Schritt: Die Eindrücke der Beobachtung müssen **verarbeitet** und im **Gedächtnis gespeichert** werden. Dies geschieht entweder dann, wenn die Lernenden ein Verhaltensmuster gesehen und es in bildhafter Vorstellung im Gedächtnis aufgenommen haben, oder wenn sie die spontanen Eindrücke verallgemeinert (abstrahiert) und die erkannten Prinzipien oder Regeln erkannt und aufgenommen haben.

3. Schritt: Das im Gedächtnis aufgenommene Verhaltensmuster wird als Ganzes oder in Teilen **nachgeahmt** und immer wieder **eingeübt.**

4. Schritt: Eine relativ dauerhafte Verhaltensbereitschaft (Übernahme der Werthaltung) erfolgt aber erst, wenn die Lernenden die nachgeahmte Handlungsweise als **zweckmässig** oder in irgendeiner Weise als **lohnend** erachten. Deshalb sind Belohnungen (Feedback) wesentlich, damit die Verhaltensmuster allmählich habitualisiert werden.

Beim Nachahmungslernen spielen Personen mit ihren Verhaltensmustern die entscheidende Rolle. Sie sind die **Vorbilder**, die nachgeahmt werden, eine traditionelle pädagogische Auffassung, die aber auch häufig in Frage gestellt wird, indem der Wert des Vorbilds grundsätzlich bestritten wird. Erst wenn der Wille der Lernenden, das Vorbild nachzuahmen ausdrücklich vorhanden sei, komme es zur Nachahmung. Diese Voraussetzung sei aber oft nicht gegeben. Zudem könne das gute Beispiel von anderen auch oft als vorwurfsvolle Mahnung verstanden werden und deshalb Unwille und Widerstand hervorrufen. Die empirische Forschung gelangt zu einem differenzierten Urteil (siehe ausführlich Uhl 1996). Ob das Nachahmungslernen mehr oder weniger erfolgreich ist, hängt ab

1) von der beispielgebenden Lehrperson: Je höher ihr Status und ihr Ansehen sowie die Glaubwürdigkeit, Vertrauenswürdigkeit und die persönliche Autorität sind, desto grösser ist die Wirkung;

2) von den beobachtenden Lernenden: Je grösser die Ähnlichkeit zwischen Lehrpersonen und Lernenden ist, je mehr Einfluss (z.B. durch Belohnung und Bestrafung) die Lehrenden auf die Lernenden haben und je häufiger diese ein konsistentes Handeln der Lehrperson erkennen, desto stärker ist die Wirkung; Unwissenheit und Unsicherheit bei den Lernenden, d.h. wenn sie in einer bestimmten Situation über keine Handlungsalternativen verfügen, orientieren sie sich eher am Vorbild; auch ängstliche Schülerinnen und Schüler richten sich auf das Vorbild aus, weil sie sich durch das Nachahmen vom Handlungs- und Verantwortungsdruck befreien;

3) von den Merkmalen des beispielgebenden Handlungsmusters: Zweckmässige, zielführende und erfolgreiche Handlungen sowie Handlungen, die zu positiven Reaktionen in der Umgebung der Lernenden führen, werden häufiger nachgeahmt.

Aus diesen Hinweisen lässt sich erwünschtes Lehrerverhalten für ein wirksames Beobachtungs- und Nachahmungslernen ableiten:

- Im Unterricht sollten immer Beispiele guten Verhaltens eingebaut werden, damit Voraussetzungen für die Auseinandersetzung damit geschaffen werden, selbst wenn deren Wirksamkeit nicht überschätzt werden darf.
- Die Beispiele müssen so gewählt und gestaltet werden, dass die Schülerinnen und Schüler aufmerksam werden, und sie ein Motiv haben, das vorgegebene Verhalten nachzuahmen.
- Verhaltensweisen werden nur nachgeahmt, wenn die Lehrkräfte glaubwürdig und vertrauenswürdig sind. Die grundlegendste Voraussetzung dafür ist die «Stimmigkeit». Einstellungen der Lehrperson, ihre Forderungen, ihr Verhalten und ihr Umgang mit den Schülerinnen und Schülern müssen konsistent sein.

Bei jungen Schülerinnen und Schülern ist die Wirksamkeit des Nachahmungslernens grösser, weil sie mangels Wissen und Erfahrung mehr Hilfen für ihr Verhalten brauchen, um Sicherheit zu gewinnen. Je mehr sie wissen und erfahren haben, desto bedeutungsloser werden für sie gute Beispiele, gar wenn sie bei den Beispielen und im Verhalten der Lehrpersonen viele Inkonsistenzen erkennen. Je mehr Beispiele als Appelle für gutes Verhalten verstanden werden, das in der alltäglichen Welt von den Erwachsenen nicht vorgelebt wird, desto mehr verliert das Nachahmungslernen in der Werterziehung an Wirksamkeit.

7.6.3 Förderung der Habitualisierung von Handlungsweisen

Ein Habitus ist eine relativ dauerhafte psychische Disposition für eine bestimmte Form des Erlebens und des Verhaltens. Ein Habitus wird durch eine mehrfache Wiederholung (Übung) einer Erlebnis- oder Handlungsweise aufgebaut. Es handelt sich also um einen Lernprozess, der als Habitualisierung bezeichnet wird (Brezinka 1987). Die Habitualisierung fand schon früh Eingang in die Debatten über die Werterziehung. Bedeutsam war die amerikanische «Charaktererziehungsbewegung» der achtziger Jahre des letzten Jahrhunderts (Nucci 1989), welche Kombinationsprogramme entwarf, in denen für die Moralerziehung in der Schule die Einführung und Einübung in gute Handlungsweisen sowie die frühe Gewöhnung an das normgemässe Handeln im Mittelpunkt stand. Obschon die Habitualisierung an sich kaum je in Frage gestellt wurde, lehnen verschiedene Theoretiker diesen Ansatz für die Werterziehung ab. Einerseits warnen sie vor den Manipulationsmöglichkeiten. Und andererseits sind sie der Meinung, Mittel zur Habitualisierung wirkten nur über eine kurze Dauer, denn sie seien oberflächlich, führten in Richtung Disziplin und Zwang und würden nicht verinnerlicht, so dass veränderte gesellschaftliche Gegebenheiten oder allein schon Unlustgefühle zu deren Unwirksamkeit führten.
Die Befürworter dieses Ansatzes versuchen ihn zu rechtfertigen, indem sie sich fragen, was die Schülerinnen und Schüler konkret lernen, wenn sie durch Übungen in konkreten Situationen moralisch gutes Handeln lernen, und wie nachhaltig die Wirkungen für das spätere Verhalten sind. Angeführt werden fünf Aspekte (vergleiche Uhl 1996 und die dort zitierte Literatur). Erstens gewinnen Kinder und Jugendliche durch das Beobachten und Einüben Techniken für ein normgemässes Verhalten und Handeln, das sie in ähnlichen Situationen anwenden können. Dies ist umso wichtiger, je weniger Wissen sie haben und deshalb nicht recht wissen, wie sie sich verhalten sollen. Haben sie beispielsweise einmal gelernt, wie man mit einem Menschen in einer Notlage umgehen kann, ist die Wahrscheinlichkeit grösser, dass sie sich daran erinnern, wie man jemandem in einer ähnlichen Notlage helfen soll und kann. Zwei-

tens geben diese Kenntnisse über Handeln und Verhalten Sicherheit und Vertrauen in die eigene Leistungsfähigkeit. Drittens lernen die Schülerinnen und Schüler durch das praktische Handeln die Berechtigung von Normen besser zu verstehen. Wenn sie gelernt haben, wie Anstrengungen in einer guten Sache zu Ergebnissen führen, steigt das Selbstvertrauen und die Zuversicht, wodurch sie sich nicht machtlos fühlen. Dadurch lernen sie viertens, moralische Pflichten weniger als von aussen auferlegt sondern als selbst-gesetzt zu erleben. Fünftens schliesslich erleben sie, dass normgemässes Handeln nicht nur Rücksichtnahme und Opfer verlangt, sondern sie empfinden auch Befriedigung, Stolz und Selbstachtung für die eigene Leistung.
Am ehesten entsteht ein moralisch guter Habitus als Folge von normgemässem Handeln in Ernstsituationen, denen die jungen Leute insbesondere in der Familie begegnen. In schulischen Situationen ist dies schwieriger. Es scheint, dass die Habitualisierung mit sozialen Aufgaben in der Schule wie «Pflichten übertragen» oder «Gelegenheiten zu moralisch gutem Handeln» für sich allein nicht besonders wirksam ist. Die erlebnisorientierte Pädagogik (z.B. Sommerfeld 1993), die sich an solchen Zielvorstellungen orientiert hatte, führte zu keinen überzeugenden Ergebnissen. Günstiger sind die Erkenntnisse, wenn erlebnisorientierte und rationalitätsorientierte Programmteile miteinander verbunden werden. So ergaben sich in Programmen, in denen sich die Schülerinnen und Schüler im Anschluss an die Bearbeitung von moralischen Dilemmata oder an einen Unterricht mit moralphilosophischen oder religiösen Texten während einer bestimmten Zeit mit hilfsbedürftigen Menschen beschäftigen konnten, positive Auswirkungen auf die Entwicklung des moralischen Verhaltens (Boss 1994).

Für den täglichen Unterricht ist deshalb Folgendes zu empfehlen:
Vor allem auf tieferen Schulstufen sollte man die Gelegenheit der Kombination wahrnehmen, indem man aufgrund von Vorkommnissen im Schulhaus (Mobbing gegen einzelne Mitschülerinnen und Mitschüler, Bedrohungen Schwächerer) oder anhand von aufkommenden Problemen (Hass gegen Ausländer, religiöse Spannungen) Unterrichtsanordnungen trifft, bei denen es möglich ist, einen handlungsorientierten Teil beizugeben: Betreuung von gemobbten oder ausgeschlossenen Mitschülern; Hilfestellung für behinderte Mitschüler, Unterstützung einer ausländischen Familie in Not usw.

7.6.4 Lenken des Handelns durch Vorgaben und Kontrolle

Eine Erziehung ohne vernünftige Vorgaben, deren Inhalt häufig durch bestimmte Wertvorstellungen geprägt ist, bleibt eine Illusion. Vorgaben, welche das Handeln lenken, müssen aber auch einer angemessenen Kontrolle und notfalls Sanktionen unterliegen. Mittels Kontrollen überwachen die Lehrkräfte das Verhalten der Schülerinnen und Schüler und ergreifen je nach Ergebnis positive (Lob, Verstärkung) oder negative (Richtigstellung, Tadel, Strafe) Sanktionen. Darauf wird im Kapitel 15 eingegangen.

7.6.5 Die Bedeutung der Stimmigkeit aller Massnahmen in Kombinationsprogrammen

Insgesamt ist also davon auszugehen, dass eine Kombination aller Ansätze der Werterziehung deren Wirksamkeit erhöht. Alle diese methodischen Ansätze reichen indessen nicht aus, sondern sie müssen in Übereinstimmung mit dem Handeln der Lehrkräfte sowie mit Eigenschaften der Schule stehen. Anzustreben ist also eine **Stimmigkeit** (Widerspruchsfreiheit oder Konsistenz) von Unterricht, Lehrerverhalten und den Eigenschaften der Schule.

Bezüglich des **Lehrerverhaltens** kann auf das Caring (siehe Abschnitt 4.4 im Kapitel 3) und auf die Verhaltensdimensionen humanistischer Lehrerpersönlichkeiten (siehe Abschnitt 4 in diesem Kapitel) verwiesen werden. Zusammenfassend beschreiben lässt sich das erwünschte Lehrerverhalten auch knapper mit den Merkmalen:

- Widerspruchsfreie Verhaltensweisen von Zuneigung und Festigkeit;
- Eintreten für den eigenen Standpunkt ohne ihn als den allein Richtigen zu betrachten;
- Ein für die Lernenden spürbares Bemühen, immer ein gutes Beispiel sowie konsistent und berechenbar zu sein;
- Bemühen um einen zielgerichteten Einbau von allen Ansätzen der Werterziehung mit einer steten Ermunterung zum Handeln.

Schliesslich dürfen die **Einflussfaktoren der Schule** nicht übersehen werden (Dubs 2005, Dubs 2006):

- Eine optimistische, positive und wohlwollende Grundhaltung in der ganzen Schule mit Lehrkräften, die sich nicht nur um ihren Unterricht bemühen, sondern auch Aufgaben für die ganze Schulgemeinschaft übernehmen und sich mit ihr identifizieren,
- eine Schulleitung, welche nach dem Prinzip moderner Leadership führt,
- eine Schule, welche eine gute Kommunikation und Zusammenarbeit unter den Lehrkräften und mit den Eltern hat.

8 Checklists und Beobachtungsschema zum affektiven Unterricht

Checklist 16 dient der Zusammenfassung aller Fragen des affektiven Unterrichts und soll Lehrpersonen sensibilisieren, die Möglichkeiten und Grenzen des affektiven Unterrichts immer wieder zu reflektieren.

Beobachtungsschema 13 will für Verhaltensweisen sensibilisieren, die humanistische Lehrkräfte charakterisieren. Eine beobachtende Person verfolgt das Verhalten einer Lehrperson und notiert zu den einzelnen Kriterien des Beobachtungsschemas typische gute und zu verbessernde Verhaltensweisen, die im Anschluss an die Lektion diskutiert werden. Dieses Beobachtungsschema lässt keine umfassende Beurteilung einer Lehrperson hinsichtlich ihres gesamten menschlichen Verhaltens als Lehrkraft zu. Es vermag aber für einige mehr vordergründige Aspekte zu sensibilisieren, deren Berücksichtigung schon einiges zur Verbesserung des menschlichen Klimas beiträgt. Die beobachtende Person muss allerdings mit grossem Einfühlungsvermögen in die Lernenden beobachten und der zu beobachtenden Lehrperson in sachlicher Ehrlichkeit begegnen.

Checklist 16: Affektiver Unterricht

	ja	nein
1. Baue ich regelmässig Sequenzen mit affektiven Inhalten in meinen Unterricht ein?	☐	☐
2. Bin ich mir bewusst, dass ich möglichst nach Kombinationsprogrammen suchen muss, weil kein Ansatz der affektiven Erziehung für sich allein wirksam ist?	☐	☐
3. Plane ich affektiven Unterricht, indem ich an die fünf bei den Lernenden zu fördernden Eigenschaften (Fähigkeiten) denke?		
– Willens und fähig sein, für Gefühle und Empfindungen empfänglich zu werden.	☐	☐
– Eigene Gefühle und Empfindungen erkennen und ausdrücken können.	☐	☐
– Gefühle und Empfindungen so wahrzunehmen, wie sie von anderen Menschen erlebt werden (Empathie).		
– Werthaltungen erkennen.	☐	☐
– Über Wertkonflikte entscheiden.	☐	☐
4. Wenn ich Unterrichtssituationen mit affektiven Inhalten gestalte,		
– setze ich genaue Ziele und lege ich den Ablauf fest, damit keine Fehlentwicklungen und Entgleisungen entstehen?	☐	☐
– überwache ich den Verlauf, und interveniere ich, wenn nicht sorgfältig gearbeitet wird?	☐	☐
– setze ich genügend Zeit ein, damit eine gute Auswertung erfolgen kann?	☐	☐
– wähle ich gelegentlich auch schriftliche Ausdrucksformen, damit die Lernenden vertieft über Gefühle und Empfindungen nachdenken?	☐	☐
5. Bin ich mir bewusst, dass affektive Erziehung Stimmigkeit voraussetzt (Lehrerverhalten, Klima im Klassenzimmer, Schulethos)?	☐	☐
6. Führe ich bei affektiven Lerninhalten eine offene Diskussion, damit sich alle Schülerinnen und Schüler daran beteiligen können, und fordere ich passive Lernende allmählich zur aktiven Mitwirkung heraus ohne sie in Verlegenheit zu bringen?	☐	☐
7. Bin ich mir bewusst, dass es keinen wertneutralen Unterricht geben kann?	☐	☐
8. Stelle ich sicher, dass Werte in jeder Unterrichtsphase transparent gemacht werden?	☐	☐
9. Halte ich mich in der Tendenz an den folgenden Aufbau von Unterricht im affektiven Bereich:		
– das Problem wird genügend genau definiert,	☐	☐
– die Klassendiskussion wird von mir nur moderiert,	☐	☐
– ich gebe meine Meinung bekannt,	☐	☐
– ich lasse darüber diskutieren.	☐	☐
10. Stelle ich meine Wertpositionen in transparenter und konsistenter Weise dar, ohne zu indoktrinieren und ohne Unnötiges zu sagen?	☐	☐
11. Nütze ich Gelegenheiten um Grundwerte für das Zusammenleben im Klassenverband zu habitualisieren?	☐	☐
12. Bemühe ich mich Vorbildwirkung zu haben?	☐	☐

Beobachtungsschema 13: Humanistische Lehrerpersönlichkeit

		Gutes Lehrerverhalten (gutes Beispiel)	Zu verbesserndes Lehrerverhalten (verbesserungswürdige Beispiele)
Echtheit	Echt auftreten (im Auftreten vor der Klasse nichts vorgeben, z.B. als hart erscheinen, wenn man es nicht ist)		
	Eigene Werte und persönliche Gefühle im Unterricht offenlegen (ohne Unnötiges zeigen oder sagen)		
	Trotz Sympathien und Antipathien möglichst keine Parteilichkeit zeigen		
	Bemühen um echte Kontakte ohne Formalismus		
Empathie	Zum Ausdruck bringen, dass man Gefühle und Werte von Lernenden aufgenommen hat (klare Reaktionen)		
	Verständnisvolle Reaktion auf Gefühle und Wertäusserung von Lernenden (ohne Haltung des Anpassens)		
	Verwenden von Schülerideen für den weiteren Unterrichtsverlauf		
	Versuch, Gefühle von Lernenden zu erfassen und darauf eingehen (durch Nachfragen, Vertiefen)		
Fairness	Den Lernenden gegenüber fair sein (Gleiches gleich behandeln)		
	Keine Überreaktionen bei unbeabsichtigten Unzulänglichkeiten im Verhalten der Schüler(innen)		
	Verantwortung für unangenehme Massnahmen nicht auf andere abschieben		
	Kein Zynismus sowie Schülerinnen und Schüler nicht lächerlich machen		
	Die Lernenden spüren lassen, dass die Lehrkraft allen gleiche Chancen zu Aktivitäten aller Art schafft		
Respekt	Aktives Zuhören bei Schüleraktivitäten		
	Respektieren anderer Argumente und Meinungen		

Beobachtungsschema 13: (Fortsetzung)

		Gutes Lehrerverhalten (gutes Beispiel)	Zu verbesserndes Lehrerverhalten (verbesserungswürdige Beispiele)
Respekt	Unterstützendes Eingehen auf Fehler und Fehlverhalten		
	Richtigstellen von respektlosem Verhalten von Mitschüler(innen)		
Soziale Integration	Bemühen um unterstützende und wohlwollende Kontakte in- und ausserhalb des Unterrichts mit allen Schülerinnen und Schülern ohne Verzicht auf eine nötige Distanz		
	Hinweise auf die Bedeutung und Wichtigkeit der Lerninhalte		
	Hinführen der Lernenden zur Selbständigkeit und Selbstverantwortung		
	Schaffen einer entspannten Atmosphäre, in welcher auch Spass seinen Platz hat		
Berechenbarkeit	Schwer interpretierbare Verhaltensweisen und Äusserungen mit Auswirkungen für die Lernenden vermeiden		
	Soweit nötig klare Regeln vorgeben und durchsetzen		
	Konstante Verhaltensmuster zeigen		
Sorge	Gezielter Beistand in schwierigen und unglücklichen Situationen		
	Angebot von individueller Hilfestellung bei beobachteten oder festgestellten persönlichen Problemen (ohne sich aufzudrängen)		
	Vertieftes Eingehen bei persönlichen Lern- oder Kommunikationsproblemen von Schüler(innen) im Unterricht		
	Schülerinnen und Schüler unterstützen, welche in der Klasse lächerlich gemacht oder desavouiert werden		
Lernfähigkeit	Fehler und Unsicherheiten eingestehen und Verbesserungen sichtbar machen		
	Bereit sein, die eigene Meinung zu überdenken und eine reflektierte neue Meinung darstellen		
	Neue Erkenntnisse und Einsichten umsetzen		

Kapitel 11
Soziale Kompetenzen

1 Alltagsfragen

Teamwork und Kooperation in allen Lebensbereichen einerseits und kooperatives Lernen andererseits werden in der heutigen Welt immer bedeutsamer. Gelingen können Teamwork, Kooperation und kooperatives Lernen aber nur, wenn alle Beteiligten zur sozialen Kommunikation fähig sind, was soziale Kompetenzen voraussetzt.
Nicht nur aus theoretischer Sicht, sondern auch aufgrund der täglichen Beobachtung wird immer wieder diskutiert, ob soziale Kompetenzen erlernbar sind, oder ob es sich bei ihnen um Persönlichkeitsmerkmale handelt, die nicht geschult werden können, weil sie durch Gegebenheiten im Entwicklungsverlauf eines Menschen aufgrund von Erfahrungen allmählich aufgebaut werden und eine immer höhere Stabilität erreichen (Costa & McCrae 1994). Aufgrund des gegenwärtigen Forschungsstands (von Cranach & Tschan 2003, Mandl & Beitinger 1997) darf man davon ausgehen, dass soziale Kompetenzen innerhalb bestimmter Grenzen von gefestigten Persönlichkeitsstrukturen erlernbar sind. Diese Aussage bestätigt in einer schönen Studie Walzik (2006) mit einer praxisnahen Untersuchung mit Studierenden der Wirtschaftswissenschaften. Deshalb ist genauer zu beschreiben, wie soziale Kompetenzen in der Schule gefördert werden können.
Wie immer wenn etwas Neues als Wesentlich erkannt wird, entwickeln sich – meistens in pragmatischer Form – Unterrichtsansätze, welche jedoch nicht selten entweder nur auf eine oft vordringliche Problemstellung ausgerichtet sind oder häufig einen gekünstelten Zusammenhang mit einer bestimmten Theorie herstellen. Als Folge davon entstehen viele Begriffe und darauf aufbauende Unterrichtsvorhaben, die nicht selten recht einseitig sind. So verhält es sich auch mit der sozialen Kompetenz. Immer wieder werden Teilbereiche für die soziale Kompetenz wie «Teamfähigkeit», «Kommunikationsfähigkeit» oder «Konfliktfähigkeit» bestimmt und als Handlungsfelder bezeichnet, für welche Strategien oder Prozessmodelle entworfen werden, mit denen das konkrete Verhalten verbessert werden soll. Solchen Ansätzen fehlt meistens die ganzheitliche Sicht der sozialen Kompetenzen sowie der Bezug zu konkretem Wissen, so dass die Transfermöglichkeiten beschränkt bleiben. Besonders kritisch sind Übungen ohne direkten Bezug zu kognitiven Lerninhalten, weil sie oft zu banal werden.

Beispiel: Ein Schullehrplan einer Berufsschule enthält das Lernziel «die Schülerinnen und Schüler stellen sich gegenseitig vor». Ein solches Lernziel macht wenig Sinn, denn wenn die Lernenden in substanzieller Weise soziale Kompetenzen erworben haben, sind sie in der Lage sich vorzustellen, ohne dass dafür spärliche Unterrichtszeit verwendet werden muss.

Oft nehmen Lehrpersonen an, Gruppenarbeiten und Rollenspiele trügen von selbst zur Stärkung sozialer Kompetenzen bei. Dies ist ein Trugschluss, denn wenn die Lernenden keine klaren Vorstellungen haben, welche Kompetenzen gefördert werden sollten, und was man dazu wissen bzw. beachten sollte, werden sie gar nicht richtig verdeutlicht und ein zielgerichteter Lernprozess kann nicht stattfinden, gar wenn die Auswertung des Rollenspiels oder der Gruppenarbeit ohne systematischen Bezug auf die sozialen Kompetenzen erfolgt.
Ein im Schulalltag verbreitetes Missverständnis ist auch im Zusammenhang mit der emotionalen Intelligenz (Goleman 1996) entstanden. Vor allem Lehrkräfte, welche Probleme mit der kopflastigen Schule haben, sehen die emotionale Intelligenz als Alternative zum kognitiven Unterricht und glauben – auch angesichts des raschen Wandels der Wissensbestände (Halbwertszeit des Wissen) – die sozialen Kompetenzen stellten eine Alternative zur Kopflastigkeit dar. Goleman selbst weist aber deutlich auf die Wichtigkeit der Abstimmung von Denken und Emotionen hin.
Angesichts der vielen Missverständnisse aber auch der Wichtigkeit der Förderung der sozialen Kompetenz werden im Folgenden zwei Fragen beantwortet:

1) Was sind soziale Kompetenzen, und wie können sie gefördert werden?
2) Wie lässt sich die Förderung der sozialen Kompetenzen in den Lehrplan und in den Unterricht einbauen?

2 Begriffliche Grundlegung

Aus der Fülle der Umschreibung von Sozialkompetenzen (vergleiche dazu Stangl o. J. mehrere Fassungen) wird im Folgenden auf den Arbeiten von Euler (2001, 2004) aufgebaut. Er definiert soziale Kompetenzen «als Kompetenz zur wertbewussten Kommunikation mit anderen Menschen über bestimmte Inhalte in spezifischen Typen von Situationen» (2004, 11), wobei folgendermassen präzisiert werden kann:

- Soziale Kompetenzen sind eine Unterart von Handlungskompetenzen, wobei Kompetenzen als Disposition für ein stabiles, regelmässiges Handeln in bestimmten Typen von Situationen verstanden werden.
- Differenziert und systematisiert werden Handlungskompetenzen mittels drei Handlungsdimensionen:
  (1) Dimension des Erkennens bzw. des Wissens: kognitive Handlungsschwerpunkte (z.B. Wissen über Kommunikationsmodelle),
  (2) Dimension des Wertens bzw. der Einstellungen: affektive und moralische Schwerpunkte (z.B. Einstellung gegenüber Kommunikationspartnern),
  (3) Dimension des Könnens bzw. der Fertigkeiten: psychomotorische Schwerpunkte (z.B. Techniken zur Gestaltung eines Vortrags oder eines Streitgesprächs).
- Grundlage für die Aktivierung von sozialen Kompetenzen ist die Kommunikation zwischen Menschen. Die soziale Kommunikation, eine Weise des Verhaltens, setzt soziale Kompetenzen voraus.
- Die soziale Kommunikation beruht auf Inhalten (Sachkompetenz). Bei einer erfolgreichen Kommunikation ergänzen sich die Sach- und die soziale Kompetenz bei allen Beteiligten. Personen, die hohe soziale Kompetenzen haben (beispielsweise Politiker, die in Debatten gewandt auftreten), aber über un-

genügende Sachkompetenz verfügen, haben selten nachhaltigen Einfluss, weil bald einmal erkannt wird, dass sie substanziell nichts zu sagen haben.
Ähnlich ist es bei Konflikten. Streitende Personen argumentieren gegeneinander und verfallen immer stärker gleichen Argumentations- und Verhaltensmustern, so dass es schliesslich zu einer Eskalation ohne Annäherung der Standpunkte kommt. Deshalb gelingen Streitgespräche oder die kommunikative Lösung von Konflikten nur, wenn die Beteiligten über Sachwissen verfügen, Kenntnisse über Regeln von Streitgesprächen oder über Konfliktlösestrategien haben, Fertigkeiten (Techniken) der Kommunikation beherrschen und Vorstellungen über die Werte und Haltungen (Einstellungen) bei den Gesprächspartnern vorhanden sind.

- Schliesslich ist jede Kommunikation an einen bestimmten Kontext gebunden, so dass sich Situationstypen von Kommunikation ergeben, d.h. es gibt Situationen, die ähnliche Handlungsanforderungen an die Kommunizierenden stellen. Didaktisch gesehen bildet ein Situationstyp den Praxiskontext, in welchem ein Mensch sozialkompetent handeln soll. Solche Situationstypen können sein: Streitgespräch im Fernsehen oder an einer öffentlichen Veranstaltung, Kundenberatungsgespräch für Lebensversicherungen, Konfliktgespräch in einer Arbeitsgruppe oder auch ein Vortrag usw.

Euler (2004, 13) fasst diese Umschreibung gemäss Abbildung 11.1 zusammen.

Für die Gestaltung des Unterrichts ist der folgende Aspekt bedeutsam:
Es ist bei jeder unterrichtlichen Situation, in welcher soziale Kompetenzen gefördert werden sollen, zu überlegen, ob es sich um eine Verhaltensweise handelt, welche in **allgemeiner Form**, also ohne direkten Bezug zu den kognitiven Lerninhalten, gefördert werden kann (z. B. lassen sich die Regeln der Vortragstechnik [Fertigkeiten] an beliebigen Inhalten erlernen), oder ob die Verhaltensweisen mit bestimmten kognitiven Lerninhalten zu erarbeiten sind (z.B. setzt die Einführung in Kundengespräche in Dienstleistungsbetrieben eine hohe kognitive Sachkompetenz voraus).

3 Ein Modell

Die sozialen Kompetenzen dienen der Bewältigung der sozialen Kommunikation (siehe Abbildung 11.1). Während man sich früher vor allem mit der Information be-

Abbildung 11.1 **Zusammenhang soziale Kommunikation und Sozialkompetenz (Euler)**

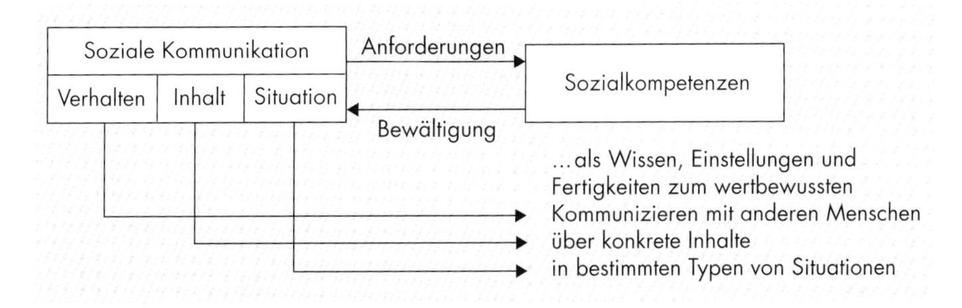

schäftigte, wie sie vom Sender abgegeben und vom Empfänger wahrgenommen wird, betrachtet man heute im konstruktivistischen Sinn viel stärker die Wechselwirkung zwischen der **Artikulation** und **Interpretation** von verbalen und nicht verbalen Äusserungen der Gesprächspartner. Nicht mehr nur der Inhalt einer Aussage, sondern wie sie von einem Gesprächspartner ausgedrückt und vom anderen nicht nur wahrgenommen sondern auch gedeutet wird, ist entscheidend. Man möchte wissen, was hinter jeder Aussage und Antwort steht, und was damit beabsichtigt ist. Entscheidend ist deshalb nicht primär, was zum Ausdruck gebracht wird, sondern welche Hintergründe mitspielen und wie sie zu deuten sind. Je mehr Artikulations- und Interpretationsdifferenzen zwischen Gesprächspartnern bestehen, desto mehr Unverständnis und Missverständnisse treten auf. Daher gelingt eine Kommunikation umso besser, je ähnlicher der Wissensstand sowie die kulturellen und sozialen Erfahrungen der Gesprächspartner sind. Sind diese Unterschiede zu gross, so wird der konstruktivistische Charakter der Kommunikation bedeutsam, d.h. die Gesprächspartner durchlaufen einen Lernprozess, um sich bei der Artikulation und Interpretation gegenseitig besser zu verstehen und um im Verlauf der Kommunikation neues Wissen zu gewinnen.

Unter diesen Voraussetzungen ist eine erfolgreiche soziale Kommunikation unter Beachtung von vier Ebenen aufzubauen (Schulz von Thun 1998, Euler 2004):

- Grundlage ist die **Sachebene** auf der Fakten, Sachverhalte und Ereignisse kommuniziert werden. Es geht daher um die Frage «Wie kann ich das, was ich mitteilen möchte, verständlich weitergeben?» oder «Welche Fakten, Sachverhalte oder Inhalte will ich meinem Gegenüber mitteilen?»
- Dazu kommt die **Beziehungsebene**. Hier geht es um offene oder verdeckte Einstellungen und Regeln, welche die Beziehung zwischen den Kommunizierenden kennzeichnen. Es wird also zum Ausdruck gebracht, ob das Gegenüber gering- oder wertgeschätzt wird, ob Sympathien oder Antipathien die Beziehung beeinflussen oder gar prägen. Bedeutsam sind daher die Fragen «Wie behandle ich mein Gegenüber durch meine Art der Kommunikation mit ihm?» oder «Welche Art von Beziehung bringt mein Gesprächspartner mir gegenüber zum Ausdruck?»
- Im Weiteren ist die **Selbstkundgabeebene** von Bedeutung. Sie betrifft sowohl bei der Artikulierung als auch bei der Interpretation die subjektive Welt der Gesprächspartner, indem Stimmungen, Gefühle, moralische und ästhetische Werte erkennbar werden. Es geht also um die Frage «Was zeige ich von mir, wenn ich kommuniziere?» oder «Was bringt mein Gesprächspartner über seine Person ein, wenn er sich äussert?». Auf dieser Ebene kann je nach Absicht der Artikulation vieles bewusst aufgespielt (z.B. gewollte Selbstdarstellung), preisgegeben (z.B. Selbstenthüllung) oder verniedlicht werden (z.B. Understatement).
- Schliesslich ist die **Absichtsebene** zu beachten, d.h. der Versuch der Handelnden, auf ihre Kommunikationspartner Einfluss zu nehmen. Die entsprechenden Fragen lauten: «Was will ich mit meinen Äusserungen bewirken?» oder «Was will mein Gegenüber von mir?»

In jeder Kommunikation sind sowohl bei der Artikulation als auch bei der Interpretation alle vier Ebenen angesprochen. Oft ist aber nicht objektiv erkennbar, welche der Ebenen in einer Kommunkation betroffen bzw. vom Gegenüber in welcher Weise interpretiert ist. Dies ist – mindestens anfänglich – nur durch den Kommunizierenden bestimmbar.

Euler (2004) hat diese Überlegungen in einem treffenden und für die Unterrichtsgestaltung klärenden Modell zusammengefasst, das er als «agentiven Schwerpunkt in der sozialen Kommunikation» bezeichnet.

4 Die Förderung der sozialen Kompetenzen im Unterricht

4.1 Voraussetzungen

Angesichts der Bedeutung der sozialen Kompetenz im Alltag muss sich die Schule deren gezielter Förderung stärker annehmen als bisher. Bei der Gestaltung eines solchen Unterrichts sollten die folgenden Gesichtspunkte beachtet werden:

- Den einzelnen Unterrichtssequenzen zur Förderung der sozialen Kompetenzen sollte bei der Vorbereitung immer eine ganzheitliche Betrachtungsweise zugrunde gelegt werden, d.h. es dürfen nicht wahllos einzelne Aspekte einer sozialen Kommunikation an irgendeiner Stelle im Unterricht eingebaut werden, sondern die Sequenz ist immer im Rahmen eines Gesamtmodells der sozialen Kompetenzen sowie mit einem klaren Bezug auf die Lerninhalte zu entwerfen. Eine gute Grundlage dazu bietet das Modell von Euler (Abbildung 11.2).
- Zu entscheiden ist, ob die Förderung der sozialen Kompetenzen deduktiv oder induktiv erfolgen soll. Deduktiv bedeutet: Zunächst wird das Gesamtmodell theoretisch bearbeitet und auf dieser Basis werden die einzelnen Lernbereiche an ausgewählten Situationen (Ereignissen) vertieft und eingeübt, wobei die Einbettung im Rahmen und in Verbindung mit den üblichen Lerninhalten erfolgen sollte. Induktiv heisst: Es wird von den Situationen (Ereignissen) ausgegangen, die im Rahmen der üblichen Lerninhalte so eingebaut werden, dass die Schülerinnen und Schüler allmählich das Gesamtmodell erkennen. Erfahrungsgemäss empfiehlt sich für untere Schulstufen der induktive, für obere

Abbildung 11.2 **Agentiver Schwerpunkt der sozialen Kommunikation (Euler)**

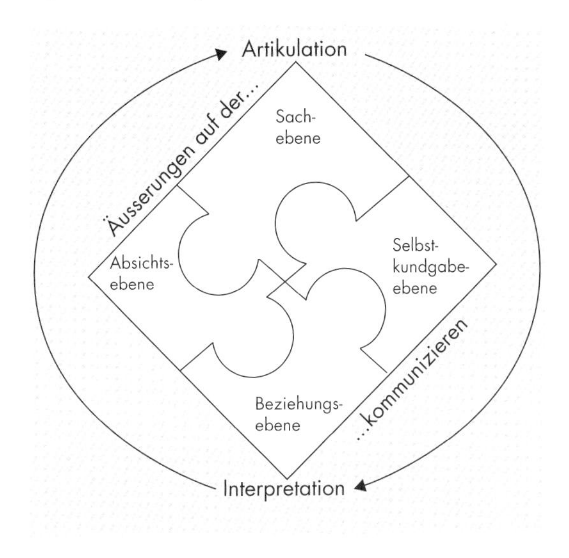

Schulstufen der deduktive Weg, indem das Modell beispielsweise im Deutsch-Unterricht systematisch erarbeitet wird, und die Anwendung von Teilaspekten möglichst häufig in den einzelnen Fächern erfolgt.

- In den konkreten Unterrichtssequenzen muss den Schülerinnen und Schülern die Ganzheitlichkeit einer Kommunikation immer wieder bewusst werden:
  - Die Kommunikation besteht aus wechselseitigen Artikulationen und Interpretationen. Ziel des Unterrichts muss es sein, die Schülerinnen und Schüler so zu fördern, dass möglichst keine Kommunikationsstörungen entstehen.
  - Dies gelingt umso besser, je stärker sie bei der Artikulation und Interpretation die vorder- und hintergründigen Aspekte auf der Sach-, der Beziehungs-, der Selbstkundgabe- und der Absichtsebene erfassen und bei der Gestaltung der Kommunikation zielgerichtet und bewusst einsetzen (**inhaltliche Ebene** der Kommunikation).
  - Schliesslich benötigen die Lernenden Fähigkeiten und Fertigkeiten, um sich verbal und nicht verbal zu äussern (Artikulation) bzw. verbale und nicht verbale Äusserungen interpretieren zu können (**Verhaltensebene** der Kommunikation).

In einer guten Kommunikation besteht zwischen der inhaltlichen und der Verhaltensebene immer eine Verbindung. So ist jemand, der zwar hohe Fertigkeiten und Fähigkeiten im Kommunikationsverhalten hat aber sachlich inkompetent ist, längerfristig weder ein guter noch ein nachhaltig glaubwürdiger und überzeugender Kommunikationspartner, was einmal mehr auf die Wichtigkeit der Integration der Förderung der sozialen Kompetenzen in den Fachunterricht verweist.

4.2 Fertigkeiten der Kommunikation

In Abbildung 11.3 werden die massgeblichen Fertigkeiten der Kommunikation zusammengefasst (vergleiche dazu Schulz von Thun 1988, Delhees 1994, Euler 2004). Diese **Fertigkeiten** der Kommunikation stellen Teilkompetenzen dar, welche für den Aufbau der sozialen Kompetenzen eines Menschen eine grundlegende Voraussetzung sind. Sie kommen aber nur zum Tragen, wenn die Gesprächspartner bereit und fähig sind, Beziehungen zu anderen Menschen aufzubauen, weshalb soziale Kompetenzen auch eine **Einstellungs**dimension beinhalten: Nur wer Beziehungen zu Kommunikationspartnern gestalten will und kann sowie bereit ist, sich mit Wertfragen und Kommunikationsstörungen auseinanderzusetzen, wird sich zu einem erfolgreichen Kommunikator entwickeln. Praktisch ausgedrückt heisst dies, dass die Schülerinnen und Schüler lernen müssen, Wertfragen, welche der Kommunikation zugrunde liegen, zu klären. Damit entsteht auch ein Bezug zur Absichtsebene, indem über die in Abbildung 11.4 dargestellten Gesichtspunkte Klarheit zu schaffen ist.
Schliesslich setzen soziale Kompetenzen ein **Wissen** über den konstruktivistischen Aufbau der Kommunikation (genügendes deklaratives Sachwissen für die Kommunikation), über die einzelnen Fertigkeiten und die Ursachen von Kommunikationsstörungen voraus. Das Wissen über Kommunikation genügt für sich allein nicht, sondern die Fertigkeiten sind in einem kommunikativen und fachinhaltlichen Gesamtzusammenhang intensiv einzuüben. Eine gelegentliche Anwendung im Unterricht führt nicht zur Meisterschaft.

Abbildung 11.3 **Fertigkeiten der Kommunikation**

1 Artikulation

1.1 Verbales Verhalten

- Sich auf der Sachebene äussern: Verständlichkeit (einfach, anschaulich), Übersichtlichkeit (gegliedert, der Reihe nach), Kürze (das Wesentliche, prägnant) und Anregung (lebendig, interessant).
- Die Beziehungsebene beachten: Empathien (sich in den Gesprächspartner versetzen), Sympathien und Antipathien nicht unmittelbar zum Ausdruck bringen, auf Angriffe verzichten, auf den Gesprächspartner zugehen.
- Ausmass der Selbstkundgabe bedenken: Offenheit der Selbstkundgabe (wie viel soll ich von mir preisgeben?), Werteklärung (soll und wie deutlich soll ich meine Werte offenlegen?).
- Absichtsebene ausdrücken (Kundgabe der Absicht): Wie weit soll ich meine Absicht der Kommunikationsebene zum Ausdruck bringen?

1.2 Nicht verbales Verhalten

- Beachten, dass die verbale und die nicht verbale Kommunikation übereinstimmen: Blickkontakt, Mimik, Tonlage der Stimme, äussere Form des Umgangs, Körperstellung.

2 Interpretation

- Aufgrund der Kommunikation des Gegenübers die Beziehungsebene einschätzen: Wie schätzt mich das Gegenüber ein? Das Ausmass der Selbstkundgabe beurteilen (wie viel gibt das Gegenüber preis?).
- Die Absichtsebene analysieren: Welche Absichten verfolgt mein Gegenüber? Die Sachebene klären (könnten Missverständnisse infolge von sachlicher Unklarheit von inhaltlichen Unebenheiten oder mangelndem Verständnis entstehen?).
- Sich um ein aktives Zuhören bemühen: sich auf das Gegenüber konzentrieren (Augenkontakt), nicht sofort intervenieren sondern zunächst zuhören, sich auf den Inhalt und nicht auf das Äussere konzentrieren, sich nicht ablenken lassen, auf Interessantes und neue Anregungen achten, sich nicht ablenken lassen.

3 Störungen in der Kommunikation

- Störungen in der Kommunikation erkennen und darauf richtig reagieren: auf der Sachebene unverständliche Botschaften klären und verdeckte Botschaften analysieren und klären.
- Auf der Beziehungsebene Störfaktoren erkennen: Unehrlichkeit infolge Rivalität, falsche Interpretation von Beziehungen und als Folge davon ungeeignete Reaktionen, Sarkasmus, gespielte Grosszügigkeit usw.
- Auf der Absichtsebene Versuche des Gegenübers erkennen, eigene Absichten auf taktische Weise in verdeckter Form einbringen und verwirklichen (z.B. Erkennen wie mit einer kommunizierten Absicht etwas ganz anderes bezweckt wird).
- Die Selbstkundgabe des Gegenübers analysieren: Übertriebene Selbstdarstellung, eine umständliche Botschaft als Ausdruck einer eigenen Wertunsicherheit, unangemessene nicht verbale Verhaltensformen zur Überdeckung eigener Unsicherheit oder Schwächen, stures Beharren auf Positionen.

Abbildung 11.4 **Absichtsebene und Werte**

Absichtsebene	Werte	Spannungsfeld
Versachlichende Kommunikation	– Schaffen von Transparenz über die eigenen Werte	–
Kommunikationspartner von eigenen Interessen und Zielvorstellungen überzeugen	– Schaffen von Transparenz über die eigenen Werte – Mit Sachargumenten überzeugen	Umgang mit Zielkonflikten, die sachlich abgehandelt werden
Eigene Interessen und Zielvorstellungen durchsetzen	– Keine Transparenz – Nur zielgerichtete Einflussnahme aufgrund eigener Wertvorstellungen	Manipulative Kommunikation durch Verabsolutierung eigener Absichten

5 Die Förderung sozialer Kompetenzen im Unterricht

5.1 Grundsätzliches

Im alltäglichen Unterricht lässt sich immer wieder beobachten, wie in Gesprächsübungen, Klassendiskussionen oder Rollenspielen Gelegenheiten zur Förderung der sozialen Kompetenzen geschaffen werden. Üblicherweise werden diese Unterrichtsverfahren im Sinne des Versuchs- und Irrtumslernens angewandt, indem die Lernenden aktiv werden, ihr Verhalten durch die Mitschülerinnen und Mitschüler beobachtet und reflektiert wird, und die Lehrperson abschliessend einen Feedback gibt, indem sie auf eigene Aspekte des sozialen Verhaltens verweist. Hier wird die Auffassung vertreten, dass Teilkompetenzen der sozialen Kompetenz gezielt aufgebaut werden müssen, indem im alltäglichen Unterricht immer wieder Übungen zur Förderung von Teilkompetenzen in den Fachunterricht eingebaut werden, wobei jeweils zu überlegen ist, welche definierte Teilkompetenz auf welche Art und mit welchem Schwerpunkt eingeübt werden soll. Abbildung 11.5 gibt eine Übersicht über unterrichtliche Möglichkeiten (vergleiche dazu auch Euler 2004).
Erfolgreich gefördert werden können soziale Kompetenzen nur, wenn die Übungsaufgaben (Kommunikationssituationen) den folgenden Aspekten Rechnung tragen:

(1) Die Schülerinnen und Schüler müssen über die **Sachkompetenz** (Sachebene) verfügen, die nötig ist, um überhaupt eine Kommunikation aufbauen zu können. Wie viel Wissen vorauszusetzen ist, hängt von den erzieherischen Absichten ab (in freier Anlehnung an Euler 2004) (vergleiche Abbildung 11.6).
Es lassen sich Kommunikationssituationen (Übungsbeispiele) aufbauen, in welchen die Lernenen zwar glauben, dass sie über die sachlichen Voraussetzungen verfügen. Tatsächlich fehlt ihnen aber die Sachkompetenz. Sie sind also unbewusst inkompetent und sollen dies im Kommunikationsprozess auch erkennen, um für eine bessere Wissenserarbeitung motiviert zu werden, um auf diese Weise ihre bewusste Inkompetenz zu erfahren.

Beispiel: In einem Unterrichtsabschnitt wird eine populäre Thematik abgehandelt, über welche viele Leute glauben zu wissen, um was es geht. Deshalb wird die Lektion mit einem Rundtischgespräch eingeleitet, bei welchem die Lernenden bald erkennen, dass ihr Wissen nicht

Abbildung 11.5 **Unterrichtliche Möglichkeiten zur Förderung von sozialen Teilkompetenzen**

Unterrichtsschritte	Zu entwickelnde Teilkompetenzen	Unterrichtsverfahren	Lernziele
Soziale Kommunikation beobachten	– Artikulation und Interpretation beobachten, um Fertigkeiten der Kommunikation zu gewinnen (agentiver Schwerpunkt) (siehe Abbildung 11.3)	– Angeleitetes Modelllernen (z. B. Beobachten einer Videoaufnahme)	– Fähigkeiten zur Artikulation und Interpretation durch Beobachtung verstärken
Soziale Kommunikation beurteilen und Feedback geben	– Artikulation und Interpretation beurteilen und nach eigenen (verbesserten) kommunikativen Abläufen suchen (reflektiver und ableitend agentiver Schwerpunkt)	– Lehrgespräch – Klassendiskussion – Unterrichtsgespräch (z. B. beobachten einer Videoaufnahme oder einer konkreten Kommunikation)	– Fähigkeiten zur Klärung der Bedeutung und Ausprägung der Absichts-, der Beziehungs- und der Selbstkundgabeebene fördern – Für Kommunikationsstörungen sensibilisieren und Einsichten für das eigene Verhalten gewinnen
Eine Kommunikation planen	– Eine Artikulation (kommunikatives Handeln) vorbereiten	– Lehrgespräch – Kleingruppenarbeit – Einzelarbeit	– Fähigkeit zur Planung einer Kommunikation unter Einbezug der Sach-, Absichts-, Beziehungs- und Selbstkundgabeebene fördern
Eine Kommunikation einüben	– Selbst artikulieren und interpretieren	– Zweiergespräch (z. B. Beratungsgespräch, Streitgespräch) – Klassendiskussion – Rundtischgespräch – Rollenspiel	– Fähigkeiten zur Artikulation und Interpretation unter Einbezug der Sach-, Absichts-, Beziehungs- und Selbstkundgabeebene einüben
Eigene Erfahrungen aus der Kommunikation reflektieren	– Persönliche Erkenntnisse und Erfahrungen aus der Kommunikation festhalten und nach Verbesserungen suchen	– Individuelle Reflexion – Kleingruppenarbeit – Klassendiskussion	– Reflexionsfähigkeit hinsichtlich Kommunikation stärken
Eigene und fremde Eindrücke über eine Kommunikation vergleichen	– Subjektive Wahrnehmungen als Grundlage für eine bewusst differenzierte Kommunikation vergleichen	– Kleingruppenarbeit – Klassendiskussion	– Subjektive Wahrnehmungen in der Kommunikation beachten und entsprechende Verhaltensweisen aufbauen

Abbildung 11.6 **Von der unbewussten Inkompetenz zur unbewussten Kompetenz**

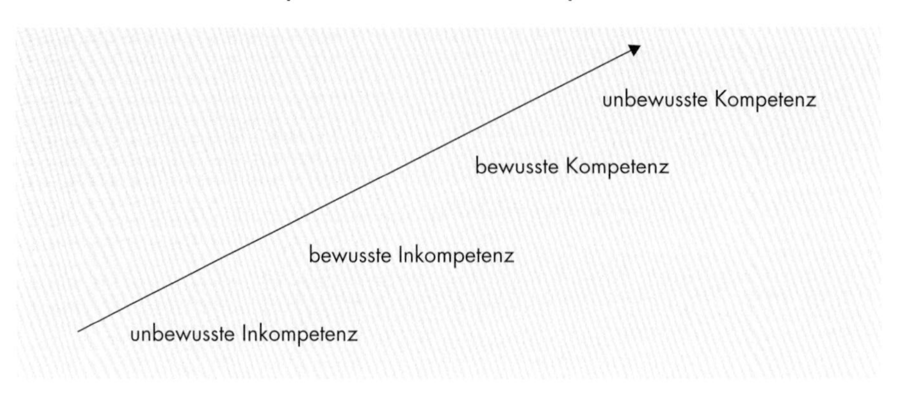

ausreicht, um die Thematik zu verstehen. Sie werden sich ihren Unzulänglichkeiten im Wissensbereich und als Folge davon ihres Ungenügens mit ihren sozialen Kompetenzen bewusst.

Aufgrund von Übungen, bei denen das notwendige Wissen vorausgesetzt werden kann und notwendige soziale Kompetenzen vorhanden sind, ist die Stufe der bewussten Kompetenz erreicht, die vor allem bezüglich sozialen Kompetenzen dank vieler Übungen zur unbewussten Kompetenz werden, d.h. Wissen und soziale Kompetenzen in der Kommunikation routinemässig eingesetzt werden.

(2) Beim Entwurf der Kommunikationssituation ist im Weiteren zu klären, auf welche Situationen die Lernenden vorbereitet werden sollen. Sollen sie befähigt werden,
- die Kommunikation im Rahmen einer Gruppenarbeit oder im Teamwork zu gestalten,
- die Kommunikation in einem Problemlöseprozess zu bewältigen,
- die Kommunikation in der Führung von Menschen zu beherrschen,
- die Kommunikation als Moderator oder als Vermittler einzusetzen,
- die Kommunikation bei der Konfliktlösung oder in Streitgesprächen zu bewältigen.

Je nach gewählter Situation lässt sich die **Absichtsebene** festlegen:
- Sollen bei der Kommunikation die sachlichen Gesichtspunkte im Vordergrund stehen?
- Soll die Kommunikation ausgleichend sein, zu einem Kompromiss beitragen?
- Soll zu beeinflussen oder zu manipulieren versucht oder sollen gar Machtansprüche durchgesetzt werden?

(3) Schliesslich ist zu überlegen, welche Bedeutung den Werten und der Werteklärung in der zu bearbeitenden Kommunikationssituation zu geben ist. Je nach der Absicht kann beispielsweise versucht werden,
- nach einer Gegenüberstellung von Werten eine Werteklärung herbeizuführen, um anschliessend das Gespräch zu versachlichen,
- bei den Gesprächsteilnehmern durch unklare Positionen und einem Feuerwerk von Argumentationen eine Verunsicherung herbeizuführen, um die eigene Position leichter durchsetzen zu können,

- sich ausschliesslich auf die eigenen Interessen und Werte auszurichten und anderes abzulehnen oder sogar nicht zur Kenntnis zu nehmen,
- usw.

5.2 Die Vorbereitung einer Kommunikationssituation

Abbildung 11.7 zeigt, wie eine Kommunikationssituation vorbereitet werden kann. Ausgangspunkt sind die Vorüberlegungen, die auf eine induktive Vorgehensweise, auf den Aufbau von Teilkompetenzen und auf eine ganzheitliche Betrachtungsweise ausgerichtet sind, d. h. es werden mit Beginn des Unterrichts nicht nur Grundfertigkeiten der Kommunikation eingeübt, sondern anzusprechen sind in jeder Situation alle Aspekte einer Kommunikation (vergleiche auch Euler 2006). Steht fest, welche Teilkompetenz ① die Lernenden in einer bestimmten Unterrichtssituation erlernen sollen, ② ist nach den inhaltlichen Möglichkeiten für die konkrete Gestaltung der Kommunikationssituation zu suchen. Sichergestellt werden muss, dass die Lernenden über das notwendige Wissen verfügen. ③ Andernfalls fehlt der Kommunikation der sachliche Gehalt (Sachebene). Im Weiteren zu klären ist mit Bezug auf die Absichtsebene, welche Teilkompetenzen zu fördern sind. ④ Diese Überlegungen führen zum Lernziel. ⑤ Dann sind die Vorgaben für den agentiven Schwerpunkt zu schaffen, indem die konkrete Situationsbeschreibung für die zu bearbeitende Kommunikationssituation konstruiert wird: Wie sind die Vorgaben auszugestalten, damit die Absicht ⑥ und die Werte, ⑦ die der Kommunikation zugrunde liegen sollen, zum Tragen kommen? Zu überlegen ist, ob auch Vorgaben zur Beziehungs- und zur Selbstkundgabeebene nötig sind, ⑧ was von der Unterrichtsform ⑨ her ein Rollenspiel oder eine Diskussion eigener Meinungen zu einer Streit- oder Konfliktsituation voraussetzt. Jede Unterrichtssituation zur Förderung sozialer Kompetenzen muss systematisch beobachtet werden ⑩ und mit einem reflexiven Schwerpunkt abschliessen, ⑪ d.h. der Verlauf der Kommunikation ist zu analysieren, indem Stärken und Schwächen beurteilt und Lehren gezogen werden. Die sorgfältige Bearbeitung des reflexiven Schwerpunkts beeinflusst den Lernerfolg massgeblich.

Beispiel: Soziale Kompetenzen für Verhandlungen
Eine Schulklasse eines Gymnasiums verfügt über die Fähigkeiten der Kommunikation wie sie in Abbildung 11.3 zusammengestellt sind ①. Jetzt sollen die Schülerinnen und Schüler soziale Teilkompetenzen zur Führung von Verhandlungen gewinnen. Diese Kompetenzen lassen sich im Staatskunde-Unterricht im Anschluss an die Behandlung der Raumplanung fördern ②, indem eine Situation gestaltet wird, in welcher drei beteiligte Gruppen (staatliche Behörde, Grundstückeigentümer, Umweltgruppe) durch gemeinsame Verhandlungen zur Lösung einer Zonenplanung ③ gelangen sollen, wobei die Verhandlungen erfolgreich mit einem Kompromiss ④ zu beenden sind und der Rechtsweg nicht beschritten wird ⑥, ⑦. Zur Beziehungs- und Selbstkundgabeebene werden keine Vorgaben gemacht. ⑧ Das Lernziel lautet: «Die Schülerinnen und Schüler sind in der Lage, Verhandlungen sachorientiert und emotionslos zu führen.» ⑤ Als Unterrichtsform wird das Rollenspiel gewählt. ⑨ Die Verhandlungen werden von allen Lernenden mit Hilfe eines Beobachtungsbogens beurteilt, der vorgängig besprochen wird, um eine Lernhilfe zu geben. ⑩ Die Auswertung findet aufgrund der Beobachtungsbogen in einer Klassendiskussion statt (siehe Punkt 6 des Beobachtungsschemas 14).

Abbildung 11.8 zeigt eine mögliche Aufgabenstellung zum Unterrichtsabschnitt, mit welchem soziale Teilkompetenzen der Verhandlungsführung eingeübt werden.

Abbildung 11.7 **Schema zur Vorbereitung einer Kommunikationssituation**

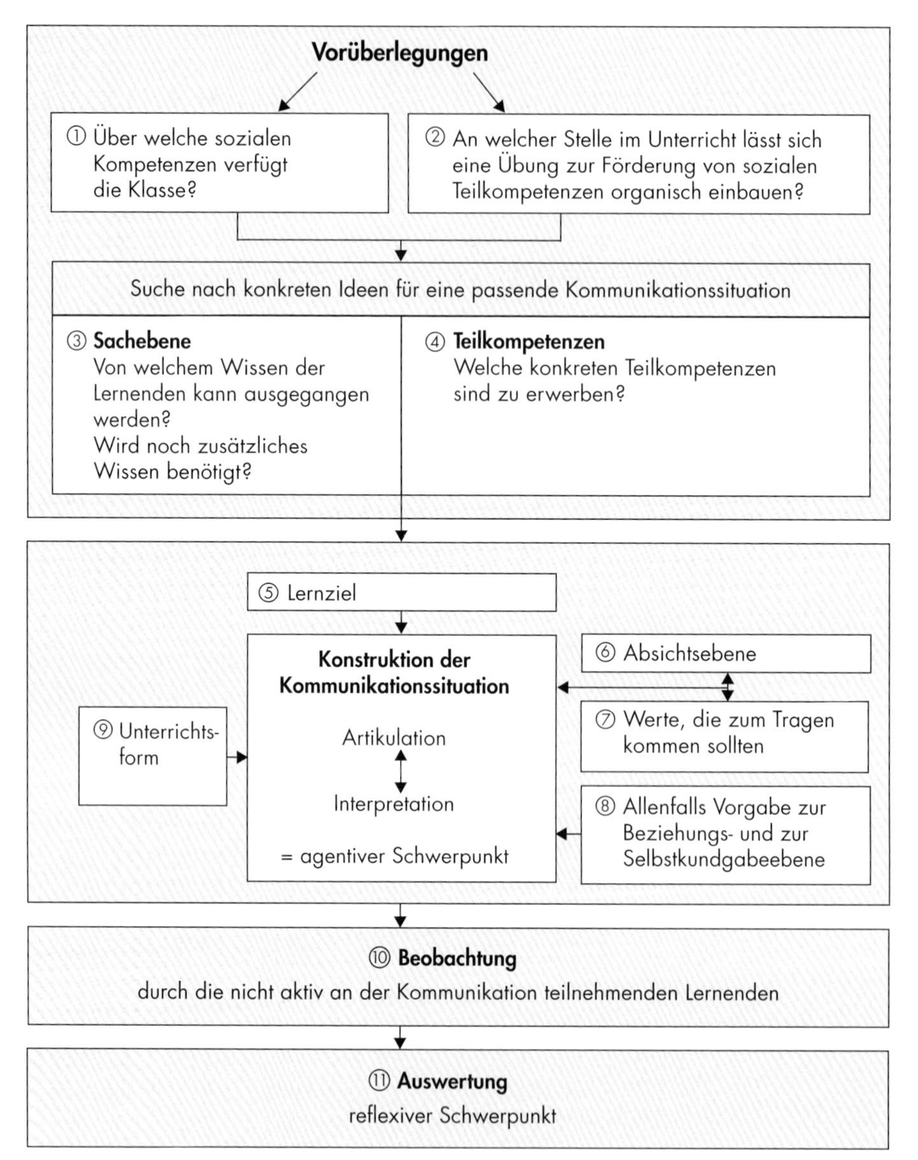

Abbildung 11.8 **Aufgabenstellung für ein Rollenspiel zur Verhandlungsführung**

«Wir haben bisher viele Teilkompetenzen der Artikulation und der Interpretation sowie Ursachen von Kommunikationsstörungen kennen gelernt. Diese Fähigkeiten wollen wir jetzt anwenden, um Teilkompetenzen für Verhandlungen zu gewinnen.

Zum Abschluss unseres Kapitels über die Raumplanung sollen Verhandlungen über eine Zonenplanung geführt werden. Dazu erhalten Sie einen Auszug aus einem Zonenplan, der von der zuständigen Behörde entworfen wurde. Dazu verfügen Sie über den von einem Grundstückeigentümer und einem Vertreter einer Umweltgruppe eingebrachten Einsprachetext. Zu bearbeiten haben Sie:

1. Eine Checklist, die Ihnen Hinweise über die Führung von Verhandlungen gibt. Sie dient Ihnen als Einführung in soziale Teilkompetenzen der Verhandlungsführung und später zur Beobachtung und Beurteilung der Verhandlungen (siehe Beobachtungsschema 14, Punkt 6).
2. Dann bereiten Sie sich anhand der Unterlagen für die Verhandlungen vor. Ziel aller Verhandlungspartner ist es, in aufbauender Weise zu einem Kompromiss zu gelangen, der von den drei Parteien akzeptiert wird. Sie wählen für Ihre Vorbereitung denjenigen Verhandlungspartner aus, den Sie im folgenden Rollenspiel darstellen wollen. Sie bringen sich in diesen Verhandlungen selbst ein und machen die Absicht der Bereitschaft zu einem Kompromiss deutlich.
3. Nach einer kurzen Vorbereitungszeit wähle ich nach Zufall einzelne Schülerinnen und Schüler aus, welche im Rollenspiel mitwirken. Die Übrigen beobachten das Rollenspiel, damit wir aus der Auswertung Folgerungen zur Verbesserung unserer sozialen Kompetenz ‹Verhandlungen führen› ableiten können.»

5.3 Unterrichtspraktische Ideen zum Aufbau von sozialen Kompetenzen im Fachunterricht (Infusionsansatz)

Abbildung 11.9 zeigt an praktischen Beispielen, wie soziale Teilkompetenzen im Fachunterricht schrittweise aufgebaut werden können (siehe auch Abbildung 11.5). Weil die Reflexion über eine erfolgte Kommunikation sehr bedeutsam ist, sollte der systematischen Beobachtung viel Aufmerksamkeit geschenkt werden. **Beobachtungsschema 14**, aus welchem zur Beobachtung von sozialen Teilkompetenzen in einer jeweiligen Unterrichtssituation auch nur einzelne Teile verwendbar sind, gibt Anregungen, welche Kriterien beobachtet werden können. Ganz generell ist es wirksamer, sich bei der Auswertung der Reflexion nur auf wenige Aspekte zu beschränken. Zu umfassende Reflexionen sind weniger lernwirksam. Bei den zu «verbessernden Aspekten» sollten auch immer Alternativen aufgezeigt werden, um den Lernprozess wirksamer zu gestalten.

Abbildung 11.9 **Unterrichtspraktische Aspekte für den Aufbau von sozialen Kompetenzen**

Unterrichtsschritte	Beispiele	Absicht	Praktischer Nutzen
Eine Kommunikation beobachten und darüber reflektieren	– Anhand einer Video-Aufnahme eine Kommunikationssituation beobachten – Die Lehrperson demonstriert mit einem Schüler eine Kommunikationssituation Die Beispiele sollen aufbauend ausgewählt werden: Vorstellungsgespräch, Sachgespräch, Gespräch zur Überzeugung des Gesprächspartners wie Beratungsgespräch oder Überzeugungsarbeit, Streitgespräch.	Lernen am Modell: Mit Hilfe eines Beobachtungsbogens über die Situation reflektieren unter Beachtung der Sach-, Absichts-, Beziehungs- und Selbstkundgabeebene.	Die Schülerinnen und Schüler lernen anhand des Modells mit ihrer Reflexion Regeln der Kommunikation kennen (induktiver Ansatz). Die Lehrperson unterstützt die Lernenden mit einer auf das Modell abgestützten Systematisierung.
Eine Kommunikation planen	– Zu einer Kommunikation eine Disposition entwerfen. Die Beispiele sollen ebenfalls aufbauend gewählt werden: Vom einfachen Sachgespräch bis zum Streitgespräch, um die Lernenden aufbauend in die Flexibilität einer Kommunikation einzuführen.	Lernen, wie eine Kommunikation vorbereitet wird und Erfahrungen sammeln, wie eine gute Vorbereitung letztlich zum freien Gespräch führt.	Die Schülerinnen und Schüler lernen ihre Gedanken zu systematisieren und eine Kommunikation unter Beachtung der vier Ebenen zielgerichtet vorzubereiten.

Abbildung 11.9 **Unterrichtspraktische Aspekte für den Aufbau von sozialen Kompetenzen** (Fortsetzung)

Unterrichts-schritte	**Beispiele**	**Absicht**	**Praktischer Nutzen**
Eine Kommunikation einüben	– Aufgrund einer Disposition eine Kommunikation von sachbezogenen Inhalten bis zu anspruchsvollen Streitgesprächen umsetzen. Für den Lernerfolg der Schulung der Teilkompetenzen entscheidend ist, dass die Situationen vielgestaltig gewählt werden: wenig zeitaufwändig bis zeitaufwändig wie kurze Stellungnahmen zu einer provokativen Aussage, kompliziertere Verhandlungen, kurzes Streitgespräch usw.	In Partner- und Gruppengesprächen, in welchen die eigene Meinung, Position und/oder Werthaltung vertreten wird, soziale Kompetenzen entwickeln. In Rollenspielen bestimmte Rollen einüben und erfahren.	Die Schülerinnen und Schüler sollen aufgrund ihrer Sachkompetenz soziale Kompetenzen gewinnen. Dazu sollen sie erfahren, welche Bedeutung die Formen von Inkompetenz und Kompetenz in der Kommunikation haben.
Kommunikation reflektieren sowie eigene und fremde Eindrücke über eine Kommunikation vergleichen	– Reflexion in einer freien Klassendiskussion oder Reflexion in Kleingruppen mit Schlussfolgerungen der Lehrperson. – Auswertung von systematischen Beobachtungen aufgrund eines Beobachtungsbogens. – Die Lernenden schreiben ihre eigenen Eindrücke sowie eigene Lehren nieder und vergleichen sie in einer Partnerarbeit.	– Erst das bewusste Reflektieren über das eigene Empfinden zu einer Kommunikation beeinflusst den Aufbau von sozialen Teilkompetenzen. – Feedback von Unbeteiligten sensibilisiert für das eigene Verhalten.	Die Schülerinnen und Schüler sollen sich aller möglichen Einflüsse der Sach-, Absichts-, Beziehungs- und Selbstkundgabe bewusst werden.

Beobachtungsschema 14: Beurteilungsschema für Lernende im Zusammenhang mit dem Erwerb von Teilkompetenzen

	positiv	negativ
1. Fertigkeiten der Artikulation		
– Waren die einzelnen Äusserungen verständlich (klare Begriffe, angemessen kurz und redundant, in einen Zusammenhang gebracht, strukturiert anregend)?		
– War ein Bemühen um strukturierte Äusserungen erkennbar?		
– Waren die Äusserungen belegt?		
– Wurde zwischen belegten Tatsachen, Behauptungen und normativen Aussagen unterschieden?		
– War das Bemühen um Sachlichkeit erkennbar?		
– Wurde zweckmässig visualisiert?		
– Waren alle Äusserungen und Visualisierungen konsistent?		
2. Fertigkeiten der Interpretation		
– War ein aktives Zuhören erkennbar, das einen geordneten Fortgang des Gesprächs garantierte?		
– Wurde im Falle von Unklarheiten eine Klärung verlangt?		
– Wurde die nicht verbale Kommunikation beachtet und darauf richtig reagiert?		
– Wurde auf die Äusserungen des Partners eingegangen, um dem Gespräch eine Struktur zu geben?		
3. Überwindung von Kommunikationsstörungen		
– Wurden verdeckte Botschaften analysiert und entsprechend reagiert?		
– Wurden Unklarheiten auf der Absichtsebene geklärt?		
– Wurden Unzulänglichkeiten der Selbstkundgabeebene angesprochen?		
– Wurde bei ausweichenden, unklaren oder verwirrenden Aussagen Substanz eingefordert?		
– Wurden Störungen auf der Beziehungsebene so weit als möglich geklärt?		
– Nahmen sich die Partner gegenseitig ernsthaft wahr?		
– Wurde auf Aggressionen und Sarkasmus verzichtet?		
– Wurden Spannungen (Rechthaberei, unnötige Äusserungen und Angriffe, Geringschätzung der Gesprächspartner) vermieden?		

Beobachtungsschema 14: (Fortsetzung)

	positiv	negativ
4. Teilkompetenzen bei fairen Diskussionen		
– War ein Ziel für die Diskussion erkennbar?		
– Herrschte in der Diskussion begriffliche Klarheit?		
– Blieben die Diskussionsteilnehmer beim Thema?		
– Wurden sachbezogene Argumente eingebracht, auf die reagiert wird?		
– Erfolgte eine Werteklärung, wenn normative Differenzen bestehen?		
– Wurden Widersprüche und Inkonsistenzen aufgedeckt?		
– Wurde in geeigneter Weise zwischen Ich- und Sie-Botschaften unterschieden?		
– Waren alle Diskussionspartner in die Diskussion einbezogen?		

5. Fertigkeiten von unfairen Diskussionen [57]
Unfair:

- Gesprächsinitiative (die Gesprächsinitiative übernehmen und das Gespräch immer wieder in die gewünschte Richtung lenken)
- Ablenken und verwirren (Verwenden von unklaren und verschwommenen Begriffen; Fachjargon; Übergeneralisieren von Einzelbeispielen; einseitiger Bezug auf wissenschaftliche Fakten, Daten und Autoritäten; Übersteigern von Antworten des Gesprächspartners, um ihn unglaubwürdig zu machen, Einbringen unechter Alternativen)
- Persönlich werden (Kompetenz des Gesprächspartners bestreiten; Ignorieren; gezieltes Aufgreifen von Mängeln und Schwachstellen beim Partner; stete andere Nuancierung der eigenen Meinung; Zwischenrufe; das Gespräch in eine Richtung treiben, die von den Zuhörern geliebt wird; ungehörige Gegenfragen)
- Verschleppen der Diskussion und Vertuschen von Argumenten (immer wieder vom Thema abweichen; nur auf das schwächste Argument des Gesprächspartners eingehen; sich naiv geben; Gesprächspartner anhand seiner schwächeren Argumente in die Enge treiben, auf die guten Argumente gar nicht eingehen, Spiel auf Zeitgewinn)
- Spiel mit Abstraktionen, theoretischen Erklärungen, unzulässigen Analogieschlüssen und historischer «Beweisführung»

[57] Weil vor allem in politischen Diskussionen im Fernsehen je länger desto mehr die Medienwirksamkeit höher gewichtet wird als die sachliche Substanz der Auseinandersetzung, sollten Schülerinnen und Schüler auch mit den Fertigkeiten in unfairen Diskussionen, bei denen es nur noch um den «Sieg» in der Debatte geht, vertraut werden. Diese Fertigkeiten sollten anhand von solchen Debatten mit den Lernenden erarbeitet werden.

Beobachtungsschema 14: (Fortsetzung)

	positiv	negativ
5. Fertigkeiten von unfairen Diskussionen (Fortsetzung)		
Dieser Unfairness lässt sich wie folgt begegnen:		
– Wurde immer wieder auf das Thema zurückgeführt?		
– Mussten Begriffe und Schlagwörter definiert werden?		
– Wurden zu Abstraktionen und theoretischen Erläuterungen sowie zur historischen Beweisführung Beispiele verlangt?		
– Wurden bei Bezug auf Autoritäten und Daten Quellenangaben verlangt?		
– Wurden beim Partner Widersprüche aufgedeckt?		
– Wurden Übergeneralisierungen aufgedeckt?		
– Wurde insistiert, dass Gegenfragen beantwortet werden?		
– Wurde die Gesprächsinitiative nicht ausschliesslich dem Partner überlassen?		
6. Teilkompetenzen der Verhandlungsführung		
– War eine Verhandlungsstrategie erkennbar? (Über eine Agenda [Diskussionspunkte und Vorschläge] verfügen; nicht schon zu Beginn alles offen legen; Konzessionen im Voraus innerlich festgelegt und erwartete Gegenleistung definiert haben; positive Fortschritte verstärken und gegenseitige Vorteile hervorheben; Glaubwürdigkeit bewahren; spürbares Bemühen um Zusammenarbeit und möglichst wenig eine Abwehrhaltung zum Ausdruck bringen)		
– Wurde zielstrebig und beharrlich aber nicht stur verhandelt?		
– Wurde immer wieder versucht, die Gesprächsinitiative zu übernehmen?		
– Wurden bezogen auf den Verhandlungspartner die richtigen Worte und ein zweckmässiges nicht verbales Verhalten gewählt?		
– Wurden die eigenen Vorstellungen zweckmässig vorgetragen?		
– Wurden die eigenen Argumente unaufdringlich aber überzeugend vorgebracht?		
– Wurden die Gegenvorschläge des Partners immer wieder in den grösseren Zusammenhang und in Verbindung mit den eigenen Zielvorstellungen gebracht?		
– Wurden die Argumente des Partners im Hinblick auf die eigenen Verhandlungsziele analysiert, notfalls weitere Fragen gestellt und richtig reagiert?		
– Blieb man nicht an Verhandlungspunkten hängen, auf die man sich nicht einigen konnte?		
– Konnte man sich wenigstens auf Prinzipien einigen, wenn es nicht gelang, feste Abmachungen zu treffen?		
– Wurde auf Gefühlsregungen verzichtet?		

Beobachtungsschema 14: (Fortsetzung)

	positiv	negativ
7. Kriterien einer ganzheitlichen Kommunikation		

Wie verschiedentlich angedeutet, sind beim Aufbau von sozialen Teilkompetenzen neben der Sach- auch die Absichts-, die Beziehungs- und die Selbstkundgabeebene zu beachten.

Absichtsebene

- War die Absicht der Kommunikation erkennbar? (Sachbezogenes Kommunikationsziel, Bemühen um Überzeugung, Beeinflussung, Manipulation)
- War das Vorgehen zweckmässig, und wurde das Kommunikationsziel erreicht?

Beziehungsebene

- War die angestrebte Form der Beziehung erkennbar? (Offener Umgang; abtastender oder gar negativer Umgang; Erkennbarkeit von Antipathie oder Sympathie; Bemühen um eine aufbauende Beziehung; Versuch den Kommunikationspartner zu verstehen)
- Waren Beziehungsstörungen erkennbar?

Selbstkundgabeebene

- War die Selbstkundgabeebene der Kommunikationssituation angemessen? (Unnötige Offenlegung von Werten, von Persönlichem; gespielte, unehrliche oder unbedachte Selbstkundgabe; unzweckmässige Selbstdarstellung; falsche Bescheidenheit)

6 Checklist zum Unterricht mit dem Ziel der Förderung von sozialen Kompetenzen

Checklist 17 möchte die Lehrerinnen und Lehrer für die vermehrte und systematische Förderung der sozialen Kompetenzen im Unterricht sensibilisieren.

Checklist 17: Soziale Kompetenzen

	ja	nein
1. Überlege ich mir immer wieder, wie ich soziale Kompetenzen in meinem Fachunterricht fördern kann?	☐	☐
2. Bereite ich meine Schülerinnen und Schüler auf das Erlernen von sozialen Kompetenzen vor, indem ich sie Kommunikationssituationen beobachten und darüber reflektieren lasse?	☐	☐
3. Beschränke ich die Reflexion nicht nur auf die Kommunikationsfähigkeiten, sondern lasse ich in jedem Fall auch die Sach-, die Absichts-, die Beziehungs- und die Selbstkundgabeebene besprechen, damit die Schülerinnen und Schüler früh lernen, jede Kommunikation in ihrer Ganzheit zu sehen und zu verstehen?	☐	☐
4. Schaffe ich Gelegenheiten, bei denen eine Kommunikation sorgfältig geplant werden kann, und bespreche ich die Planung, damit die Schülerinnen und Schüler Kommunikation nicht nur als zufällige Plauderei verstehen?	☐	☐
5. Bereite ich Kommunikationssituationen sorgfältig und auf die Unterrichtsabschnitte ausgerichtet systematisch vor, damit die zu erlernenden sozialen Teilkompetenzen in der Kommunikation zielstrebig gestärkt werden und die Kommunikation nicht in Banalitäten abgleitet?	☐	☐
6. Erfolgt im Anschluss an eine Übung immer eine Phase der Reflexion, in welcher die Lernenden Eindrücke wiedergeben und beurteilen; und nehme ich jeweils Generalisierungen zur Systematisierung der sozialen Kompetenzen vor?	☐	☐
7. Schaffe ich bei der Reflexion immer wieder Gelegenheiten zum Vergleich eigener Eindrücke (Selbstevaluation) und fremder Eindrücke (Fremdevaluation)?	☐	☐
8. Verfügen die Schülerinnen und Schüler gegen Ende des Unterrichts über Modellvorstellungen einer guten Kommunikation (siehe Abbildung 11.1), damit sie sich immer wieder auf die Ganzheitlichkeit einer guten Kommunikation zurückbesinnen?	☐	☐

Kapitel 12
Motivation

1 Alltagsfragen

Bei immer mehr Lehrerinnen und Lehrern verstärkt sich das Gefühl, die Schülerinnen und Schüler interessierten sich nicht mehr für das, was im Unterricht erarbeitet wird, sie entwickelten kaum mehr Eigeninitiative, lernten nur noch unter Druck (z.B. bei strikter Kontrolle der Hausaufgaben oder kurz vor Prüfungen und Klausuren), und sie zeigten in schulischen Belangen oft eine Minimalistenmentalität. Deshalb wird das Klassenzimmer bei vielen Lehrpersonen zu einem «echolosen Raum», was sie persönlich sehr belastet und ermüdet. Ob dies wirklich für alle Klassen und Lernenden als langsam voranschreitender Trend zutrifft, oder ob es sich aufgrund von Einzelerscheinungen um eine Übergeneralisierung handelt, ist schwer zu beurteilen. Sicher machen es heute viele Entwicklungen im Umfeld der Lernenden für die Lehrkräfte schwieriger, das stete Interesse der Lernenden an den Lerninhalten zu schaffen und die dauernde Aufmerksamkeit für den Unterricht herbeizuführen. Zu viele Erscheinungen lenken von der Schule und vom Unterricht ab: Überbeanspruchung in der Freizeit, unstete Familienverhältnisse, Einflüsse der Medien (das Fernsehen offeriert beispielsweise oft Kurzweiligeres, das erst noch ohne Anstrengung aufgenommen werden kann); immer häufigere Nebenbeschäftigungen, vor allem von älteren Schülerinnen und Schülern, machen schulmüde; mehr persönliche Erlebnisse lassen vieles in der Schule als langweiliger erscheinen (z.B. was der Geografie-Unterricht bieten möchte, hat man in den Sommerferien schon selbst erlebt) usw. Trotzdem sollten Pauschalurteile vermieden werden, weil es immer wieder Klassen und Unterrichtssituationen gibt, in denen keine Motivationsprobleme zu erkennen sind.
Die **Motivation** betrifft das Wollen eines Menschen, etwas zu tun (zu lernen). Sie lässt sich auch als theoretisches Konstrukt verstehen, das den Antrieb von zielgerichtetem Verhalten, seine Richtung, seine Stärke und seine Beharrlichkeit erklärt. Hinter diesem Antrieb stehen **Motive**, die besagen, warum Leute das tun, was sie tun. Alle Motive haben ein bestimmtes **Ziel**, und die Menschen verfügen über **Strategien**, um diese Ziele zu erreichen. Sie reagieren also auf die Motive und versuchen, die dahinter stehenden **Bedürfnisse** zu befriedigen. In diesem Sinn gehen Lernende, die eine Wissenslücke haben (Motiv) in die Bibliothek (Strategie), um diese Wissenslücke zu schliessen (Ziel), oder um das Bedürfnis nach mehr Wissen zu befriedigen.
Die für Lehrkräfte im Alltagsunterricht immer bedeutsamere Frage lautet: Was kann ich tun, um die Motivation der Schülerinnen und Schüler zu erhöhen, sie also soweit zu bringen, dass sie etwas lernen wollen? Antworten darauf versuchen **Motivationstheorien** zu geben, aus denen Handreichungen für den Unterricht entwickelt werden. Ihnen ist allerdings mit einiger Vorsicht zu begegnen, weil sie dem komplexen

Motivationsgeschehen meistens nicht gerecht werden. So ist vor allem vor «Motivationstricks» zu warnen, weil sie oft nur extrinsisch motivieren[58] und nur kurzzeitig wirksam sind. Zudem führen sie häufig zu unterrichtlichen Motivationsritualen, die rasch langweilig und damit unwirksam werden. Beispiele gibt es viele: Eine Lektion im Fach Staatskunde wird immer wieder mit zwei politisch kontroversen Zeitungsartikeln eingeleitet. Oder eine Lehrperson beginnt ihre Lektionen regelmässig mit einleitenden Kommentaren zu irgendeinem schulischen oder ausserschulischen Thema, das die Schülerschaft gerade interessiert, mit dem eigentlichen Unterricht aber wenig zu tun hat.

Alle «Motivationstricks» und Motivationsrituale bleiben unwirksam, weil die Stärke der Lernmotivation im Unterricht nicht nur durch situationsabhängige Variablen, sondern auch durch überdauernde und relativ überdauernde Persönlichkeitsvariablen geprägt wird (Heckhausen 1969). Unter den überdauernden Persönlichkeitsvariablen kommt der **Leistungsmotivation** grösste Bedeutung zu. Darunter wird das Bestreben verstanden, «die eigene Tüchtigkeit in allen jenen Tätigkeiten zu steigern oder möglichst hochzuhalten, in denen man einen Gütemassstab für verbindlich hält und deren Ausführung deshalb gelingen oder misslingen kann» (Heckhausen 1969, 194). Dazu gesellt sich der **sachbereichsbezogene Anreiz**, d.h. der Anreiz, den ein Lerngegenstand für die Schülerinnen und Schüler hat, weil ihm von der Umgebung (Gesellschaft, Lehrende, Eltern) grosse Bedeutung beigemessen wird, oder weil sich die Lernenden mit der Lehrkraft, welche dieses Fach unterrichtet, besonders identifizieren. Daneben gibt es relativ überdauernde Persönlichkeitsvariablen, welche die Stärke der Lernmotivation beeinflussen, wie die **Identifikation mit der Lehrperson**, das **Bedürfnis** von Schülerinnen und Schülern von der Lehrperson **geschätzt und anerkannt** zu werden, das **Bedürfnis nach Zustimmung**, d.h. von der Lehrperson als Person und bezüglich der Schulleistungen anerkannt zu werden, das **Bedürfnis nach Geltung und Anerkennung** in den Augen der Lehrpersonen sowie **das Bedürfnis nach Strafvermeidung**, d.h. im Falle von Ungenügen keine negativen Sanktionen gewärtigen zu haben. Diese überdauernden Persönlichkeitsvariablen, die sich von frühester Kindheit an insbesondere durch die Einflüsse der Familie sowie der erlebten Umgebung aufbauen, prägen die Lernmotivation massgeblich. Bedeutsam sind dazu einerseits die Leistungserwartungen, welche die Eltern an ihre Kinder stellen, wie das Bemühen um Leistungen, die von ihnen nicht nur gefordert, sondern auch überwacht werden, sowie die Art, wie sie die erbrachten Leistungen verstärken. Andererseits beeinflussen positive Anregungen zum Lernen sowie die Form der Erziehung zur Selbständigkeit den Aufbau der Lernmotivation. Aufgabe der Familie ist es, ihre Kinder so zu fördern, dass auf der einen Seite risikoreiche Anregungen, die zu Misserfolgen führen, vermieden werden und auf der anderen Seite die Heranwachsenden lernen, ihre Lernerfolge in Beziehung zu ihrem Einsatz und ihrer eigenen Tüchtigkeit zu verstehen. Anzustreben ist eine anregende Erziehung in einer stimulierenden Umwelt mit vielen sozialen Kontakten und wenigen Misserfolgen, welche im Falle ihres Eintretens nicht zu harten Sanktionen führen. Auch der Unterricht in der Schule beeinflusst diese Persönlichkeitsvariablen über die Zeit nachhaltig. Je häufiger

[58] **Extrinsische Motivation** heisst: Die Motivation erfolgt durch Massnahmen, die nicht in unmittelbarem Zusammenhang mit dem Lerngegenstand stehen, sondern von aussen auf das Lernen einwirken (z.B. Noten, Lob, Anerkennung). **Intrinsische Motivation** entsteht aus dem Lerngegenstand selbst (die Sache interessiert an sich).

Kinder beim Lernen mit Misserfolgserfahrungen konfrontiert sind, und je selbstkritischer und hoffnungsloser sie ihre künftigen Lernerfolgschancen einschätzen, desto schlechter entwickeln sich die für die Lernmotivation bedeutsamen überdauernden Persönlichkeitsvariablen (Wild et al. 2001).
Diese überdauernden Persönlichkeitsvariablen sind dafür verantwortlich, dass auch die besten Lehrerinnen und Lehrer mit ihren unterrichtlichen Massnahmen zur Motivierung ihrer Schüler und Klassen scheitern können. Selbst wenn die im Unterricht direkt beeinflussbaren, situationsabhängigen Variablen (**Erreichbarkeitsgrad** der gestellten Lernaufgabe, d.h. Erfolgswahrscheinlichkeit für die Lernenden, **Anreiz** und **Neuigkeitsgehalt** der Lerninhalte) bei der Unterrichtsgestaltung noch so sehr beachtet werden, können schlechte Voraussetzungen bei den Persönlichkeitsvariablen das Bemühen um eine gute Lernmotivation behindern. Dieser Sachverhalt darf aber Lehrpersonen mit schlecht motivierten Schülerinnen und Schülern nicht als Vorwand und Entschuldigung dienen. Zielstrebig eingesetzte Massnahmen haben immer eine – wenn auch unterschiedliche – Wirkung auf das Lernen der einzelnen Schülerinnen und Schüler in der gleichen Klasse.
In den letzten Jahrzehnten sind viele Motivationstheorien entwickelt und daraus Empfehlungen für motivierende Massnahmen im Unterricht abgeleitet worden. Sie hier darstellen zu wollen, würde zu weit führen (siehe vertieft Heckhausen & Heckhausen 2006). Behandelt werden nur die «Erwartungs-x-Werttheorie» (Feather 1982) sowie das Konzept der Motivationsstrategien (Brophy 1994), welches empirisch gut abgesichert ist und praxisbezogene Anregungen gibt.
Trotz der vielen Erkenntnissen aus den Forschungen über die Lernmotivation beklagen sich immer mehr Lehrkräfte darüber, dass es auch mit der gezielten Anwendung von motivationsfördernden Massnahmen immer schwieriger wird, Klassen zu motivieren. Deshalb beginnt sich die Forschung neuerdings auch mit der Frage zu beschäftigen, warum die Schule und die Lehrkräfte die Schülerinnen und Schüler **demotivieren** (Prenzel et al. 2001, Fend 1997). Ganz generell wird festgestellt, dass die Lernmotivation im Verlaufe der Schulzeit abnimmt. Die **Stage-Environment-Fit-Theorie** (Roesner & Eccles 1998, Eccles et al. 1993) versucht diese im Alltag immer häufiger zu beobachtende Entwicklung zu klären. Nach dieser Theorie ist die Demotivierung auf eine schlechte bzw. im Verlaufe der Schulzeit eine sich verschlechternde Übereinstimmung der Bedürfnisse der Lernenden mit den Bedingungen in der Schule zurückzuführen. Im Vordergrund steht die sich im Verlaufe der Zeit verändernde Qualität der Lehrer-Schüler-Beziehung. So bemühen sich beispielsweise viele Lehrkräfte auf höheren Schulstufen nicht mehr sehr um das persönliche Wohlbefinden ihrer Schülerinnen und Schüler im Unterricht, und sie interessieren sich auch weniger für deren persönliche Bedürfnisse und Sorgen. Obschon beispielsweise Lernende auf den Sekundarstufen I und II ein besonderes Bedürfnis nach einer emotionalen Zuwendung und Unterstützung haben, wird das Augenmerk auf diesen Stufen immer ausschliesslicher auf die intellektuelle Leistung gelegt. Zugleich verschärft sich die Notenpraxis, was von den Lernenden häufig mit einer Verschlechterung der Beurteilung der Leistungen gleichgesetzt wird, obwohl der Stand der Kenntnisse und Fähigkeiten besser geworden ist. Dazu gesellt sich ein zu einseitig auf das Lehren ausgerichteter Unterricht, welcher dem Bedürfnis nach Autonomie und Selbstbestimmung zu wenig Rechnung trägt. Auch wenn für die Demotivierung andere Erklärungsansätze denkbar sind, deutet diese Theorie doch auf die Wichtigkeit des Zusammenhanges von Bedürfnissen der Lernenden und ihrer schulischen Umwelt

hin, was einmal mehr deutlich macht, dass das Motivationsgeschehen nicht mit einigen «Tricks» zu bewältigen ist, sondern die Einflussmöglichkeiten zur Verbesserung der Lernmotivation und die Überwindung der Demotivierung auf die Schule und auf die Unterrichtsgestaltung in ihrer Ganzheit auszurichten sind.

2 Die Erwartungs-x-Werttheorie und Ergänzungen

2.1 Grundlagen

Abbildung 12.1 stellt die «Erwartungs-x-Werttheorie» dar. Sie besagt, dass das Wollen von Menschen, eine Aufgabe zu erfüllen, also ihre **Motivation**, (1) von ihrer **Erwartung**, diese Aufgabe erfolgreich erfüllen zu können sowie (2) vom **Wert** den sie und ihre Umgebung dem Erfolg geben, abhängig ist.
Rheinberg (1997) hat dieses Modell verfeinert (siehe Abbildung 12.2 in der Darstellung von Wild et al. 2001).
Auch in diesem Modell sind für den Aufbau einer Motivation einerseits die Erwartungen und andererseits die Bewertungen («Anreize») des Handlungsablaufs oder der Handlungsfolgen von Bedeutung. Die Grundlage für den Motivationsaufbau bildet die Erwartungsebene. Sie bezieht sich auf die Situations(S)-Ergebnis(E)-Erwartungen: Mit welchem Ergebnis ist zu rechnen, wenn ich nicht handle? Auf der mittleren Ebene des Modells, der subjektiven Episodenstruktur, wird der idealtypische Handlungsablauf dargestellt, mit welchem die Situation (S), die Handlung (H), das unmittelbare Handlungsergebnis (E) und die künftigen Folgen dargestellt werden. Dabei stellen sich die Lernenden drei Fragen:

- Situation(S)-Handlungs(H)-Erwartung: Wie leicht fällt es mir, in dieser Situation die notwendige Handlung auszuführen?
- Handlungs(H)-Ergebnis(E)-Erwartung: Inwieweit kann ich das Ergebnis durch eigenes Handeln hinreichend beeinflussen?
- Ergebnis(E)-Folge(F)-Erwartung: Inwieweit kann ich damit rechnen, dass ein bestimmtes Ergebnis die gewünschten Folgen nach sich zieht?

Auf der Anreizebene zeigt sich, dass für die Motivation zwei Bewertungen nötig sind. Einerseits sind es bei der Handlung die **tätigkeitsspezifischen Vollzugsanreize** und andererseits bei den Folgen die **Anreize künftiger Umwelt- und Binnenzustände.** Anfänglich hat man vor allem den Folgen von Handlungen (also den Anreizen künftiger Umwelt- und Binnenzuständen) den entscheidenden Anreiz für die Motivation zugestanden und sich deshalb zu sehr nur auf die instrumentelle Nützlichkeit von

Abbildung 12.1 **Erwartungs-x-Werttheorie**

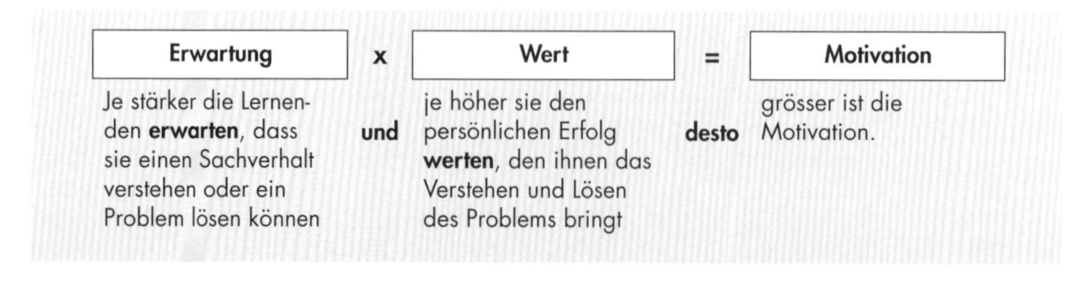

Abbildung 12.2 **Drei Ebenen zur Motivationsanalyse einer Handlungsepisode (in der Darstellung von Wild et al.)**

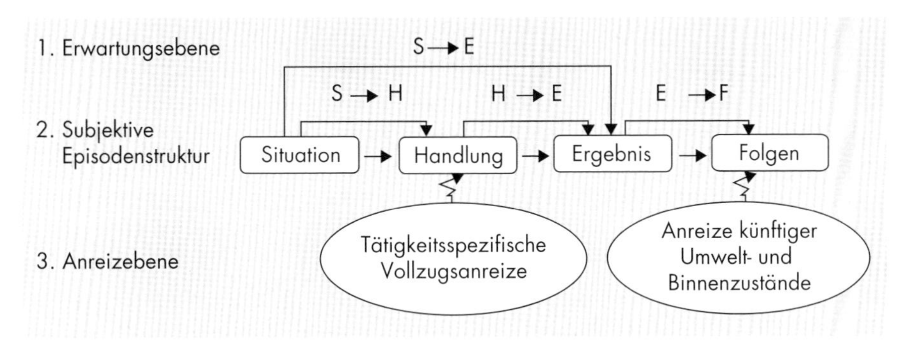

Handlungen ausgerichtet. Inzwischen hat man aber erkannt, dass auch Handlungen als solche tätigkeitsspezifische Vollzugsanreize (intrinsische Anreize) sein können. Nicht mehr der Zweck sondern die Fähigkeit als solche (intrinsische Motivation) beeinflusst das Handeln. Zudem werden heute die beiden Hauptkomponenten Erwartungen und Folgen stärker als generalisierte dispositionelle Überzeugungen (Elemente überdauernder Persönlichkeitsvariablen) verstanden. Von besonderer Bedeutung sind dabei das Selbstkonzept (siehe Abschnitt 3.5 im Kapitel 2) sowie die Kausalattributionen.

Ein gutes schulisches **Selbstkonzept** hat positive Auswirkungen auf den Lernerfolg (Ergebnis E) und auf das Bemühen, kognitiv etwas leisten zu wollen (motivationaler Einfluss des Selbstkonzepts), und es schützt vor Selbstzweifeln mit den motivationshemmenden Wirkungen in kritischen Lernsituationen (Helmke 1992). Deshalb tragen die Bemühungen um die Stärkung des Selbstkonzepts der Schülerinnen und Schüler nicht unwesentlich zur Erhöhung der Lernmotivation bei (Waibel 1994).

Zu beachten ist im Weiteren die **Kausalattribuierung**. Bei ihr geht es um die Frage, wie Menschen die Ursachen für ihre Erfolge und Misserfolge wahrnehmen und interpretieren. Solche Ursachenzuschreibungen stehen in einer engen Beziehung zum Selbstkonzept (Wienert 1994), und von ihnen hängt nicht nur der Grad der lernrelevanten Emotionen ab, sondern auch die Stärke der Motivation. Unterschiede im Attributionsverhalten der einzelnen Schülerinnen und Schüler zeigen sich darin,

- ob die Lernergebnisse eher auf **internale,** d.h. in der eigenen Person liegende Ursachen (z.B. Fähigkeiten, Stimmungen) oder eher auf **externale**, d.h. ausserhalb der Person liegende Ursachen (Glück, Aufgabenschwierigkeit) zurückzuführen sind;
- ob zeitlich **stabile** oder **variable** Faktoren zur Erklärung von Erfolg und Misserfolg herangezogen werden (z.B. längerfristig gleichbleibende oder nur kurzfristige Stimmung),
- ob die Person selbst die **Kontrolle** oder den Einfluss über das Geschehen hat (z.B. kann sie den Lernprozess allein und unabhängig gestalten).

Abbildung 12.3 zeigt Beispiele von Attribuierungen.

An einem Beispiel (Abbildung 12.4) wird im Folgenden der Ablauf einer Kausalattribuierung veranschaulicht (Weiner 1972).

Abbildung 12.3 **Beispiele für Attribuierungen für Erfolg und Misserfolg**

		Ursachen			
		intern		extern	
		Stabilität			
		stabil	variabel	stabil	variabel
Kontrollierbarkeit	unkontrollierbar	Begabung, Fähigkeiten	Krankheit, Stimmung	Aufgabenschwierigkeit, Schwierigkeit des Faches	Glück, Zufall
	kontrollierbar	Wissen, typischer Einsatz	Anstrengung, unmittelbarer Einsatz	Lernumgebung, Lehrer(in)	unübliche Hilfe von andern

Abbildung 12.4 **Ablauf einer Kausalattribuierung**

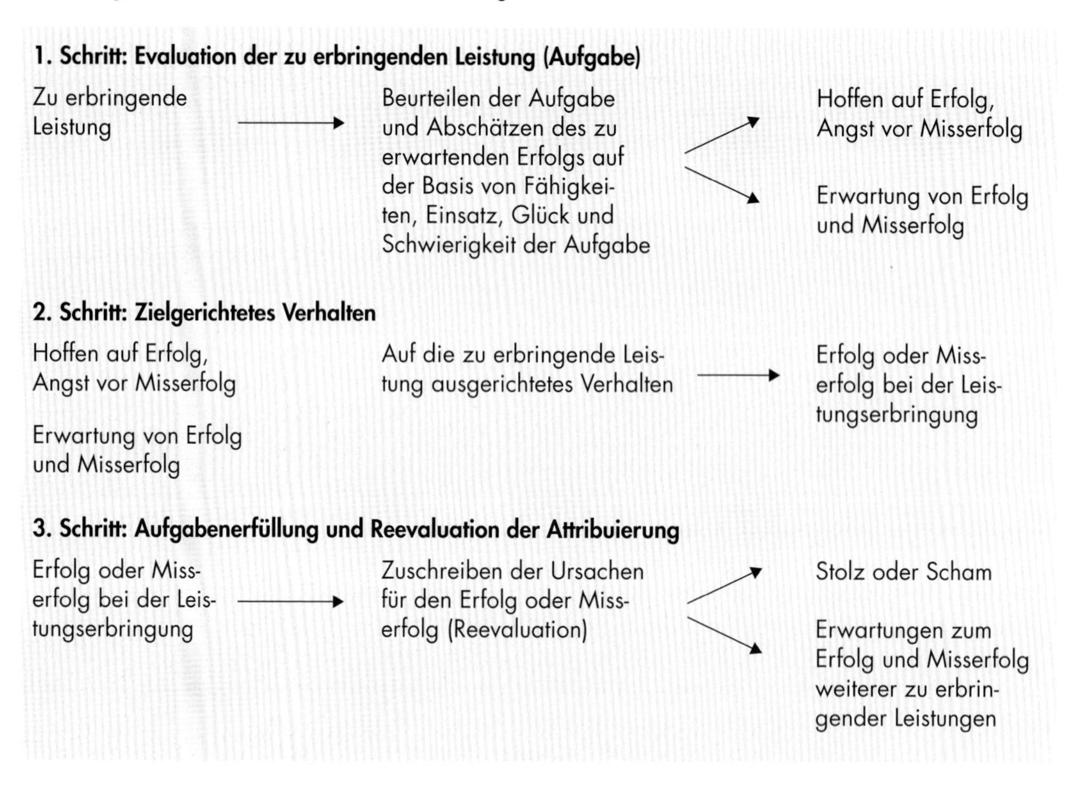

Im ersten Schritt beurteilt die lernende Person die Aufgabe und schätzt den zu erwartenden Erfolg ab, indem sie sich fragt, wie schwierig die Aufgabe ist, und ob die zu erbringende Leistung von ihren Fähigkeiten, ihrem Einsatz oder ihrem Glück abhängt. Dann schätzt sie ihre Erfolgserwartung ab und entwickelt affektive Erwartungen (Antizipation): Hoffnung auf Erfolg und Furcht vor Misserfolg. Diese Antizipation beeinflusst die Leistungsmotivation. Im zweiten Schritt ist die Leistung zu erbringen. Der Wille dazu (die Leistungsmotivation) ist nun stark durch das (affektive) Hoffen

oder die Angst sowie (kognitiv) durch die Erwartungen auf Erfolg oder Misserfolg geprägt. Nach erbrachter Leistung ist der Erfolg oder Misserfolg eingetreten, der (affektiv) zu Stolz oder Scham und (kognitiv) zur Beurteilung der im ersten Schritt vorgenommenen Kausalattribuierung führt (z.B. ich habe die erbrachte Leistung meinen Fähigkeiten zuzuschreiben). Daraus ergeben sich die Erwartungen für die Erfolgsaussichten mit weiteren Aufgaben.
Empirisch gut bestätigt ist, dass die Attribuierung der Lernerfolge auf die eigene Anstrengung über längere Zeit positive Auswirkungen auf die Motivation und den Lernerfolg hat (Heckhausen & Heckhausen 2006). Deshalb ermuntert die Attribuierungstheorie die Lehrkräfte dazu, ihren Unterricht so zu führen und sich den Lernenden gegenüber so zu verhalten, dass diese ihre Wahrnehmungen über sich und ihr Lernen realistisch beurteilen (Reevaluation der Ursachen für Erfolg bzw. Misserfolg). Insbesondere sollten die Lehrpersonen weniger erfolgreichen Lernenden helfen, die Ursachen ihrer Misserfolge nicht vorschnell und unüberlegt externen und unkontrollierbaren Ursachen zuzuschreiben, sondern sich zu fragen, ob nicht auch interne und kontrollierbare Ursachen verantwortlich sein könnten. Dies nicht zuletzt deshalb, weil es scheint, dass schwächere Schülerinnen und Schüler die Ursachen ihrer Misserfolge oft gar nicht richtig erkennen, immer wieder externe und unkontrollierbare Ursachen dafür verantwortlich machen und auch nicht beurteilen können, wo sie bei der Beurteilung ihres Lernens ansetzen müssen, um sich zu verbessern.

2.2 Unterrichtspraktische Hinweise

Aus der **Erwartungs-x-Werttheorie** lassen sich folgende Empfehlungen zur Stärkung der Lernmotivation ableiten:

- Der Unterricht muss so gestaltet werden, dass die Schülerinnen und Schüler schnell Lernfortschritte erfahren und Lernerfolge erkennen, denen nicht nur sie, sondern auch ihre Umwelt eine genügende Beachtung schenkt. Anders ausgedrückt sind Unterrichtsanordnungen zu wählen, welche die Lernenden rasch zu für sie erkennbaren und für sie wertvollen Lernfortschritten führen.
- Damit Lernfortschritte erkennbar sind, müssen die Schülerinnen und Schüler genau wissen, welches die Lernziele sind. Und um gute Voraussetzungen für die Wertschätzung der Lerngegenstände zu schaffen, sollten die Lernenden erfahren, warum ein bestimmter Lerninhalt unterrichtet wird.
- Sicherzustellen ist zudem, dass die Lernenden eine gute Chance haben, mit einer angemessenen Anstrengung das Lernziel zu erreichen. Deshalb sind Aufgaben von einem mittleren Schwierigkeitsgrad vorzulegen, wobei tendenziell eher etwas höhere Ansprüche zu stellen sind.
- Tätigkeitsspezifische Anreize verlangen Lerninhalte und Aufgabenstellungen, welche für die Lernenden interessant und neuartig sind. Dies lässt sich auch bei Routineinhalten mit einem problemorientierten Vorgehen mit Hilfe von die Lernenden interessierenden komplexen Lehr-Lern-Arrangements erreichen.

Motivationsfördernd wirkt sich aus, wenn die Lehrpersonen bei den Lernenden das Bewusstsein für die folgenden **Kausalattribuierungen** schaffen (Good & Brophy 1994):

- Sie verhelfen den Schülerinnen und Schülern zur Einsicht, dass ein voraussagbarer Zusammenhang zwischen der persönlichen Anstrengung und dem Lernerfolg besteht.
- Sie sorgen dafür, dass den Lernenden einsichtig wird, dass die Voraussetzungen für einen Lernerfolg stärker bei den internalen als bei den externalen Ursachen liegen.
- Sie fördern die Einsicht, dass ein gewünschter Lernerfolg stärker im eigenen Tun begründet ist als im Gefühl, das Schicksal und andere Faktoren, die ausserhalb der eigenen Einflussmöglichkeiten liegen (externe Ursachen), seien massgeblich bestimmend.
- Sie fördern die Einsicht, dass sich das Vertrauen in die eigenen Fähigkeiten und in das eigene Lernpotenzial zur Erfüllung einer Lernaufgabe den Einsatz dafür rechtfertigt.
- Sie unterstützen bei den Lernenden die Tendenz, Erfolge beim Lernen den eigenen Fähigkeiten und dem eigenen Einsatz sowie Misserfolge je nachdem einem ungenügenden Einsatz, unklaren Zielvorstellungen über das Lernen oder ungeeigneten Lernstrategien zuzuschreiben.
- Sie helfen den Lernenden die eigenen Fähigkeiten als etwas wahrzunehmen, was mit eigenen Anstrengungen kontinuierlich gefördert werden kann und nicht als ein schicksalshaft feststehendes Potenzial, das bestimmt und begrenzt, was geleistet werden kann.

Schliesslich benötigen die Schülerinnen und Schüler ein geordnetes Umfeld im Klassenzimmer (in chaotischen Klassenzimmern findet kein – auch kein kreatives – Lernen statt), eine entspannte Atmosphäre und eine wohlwollende, unterstützende Lehrkraft (emotionale Seite der Motivation).
Ein auf natürliche Weise geordnetes Umfeld im Klassenzimmer ergibt sich, wenn sowohl die Lehrkraft als auch die Lernenden genau wissen, welche Lernaufgaben erfüllt und welche Ziele erreicht werden sollen, welche Formen der Zusammenarbeit erwartet und welche Feedbackformen angewendet werden, und welche Regeln für das Zusammenleben innerhalb der Lerngemeinschaft der Klasse gelten sollen (Arends 1992). Dies soll in einer entspannten und angstfreien Atmosphäre geschehen, in der die Lernenden die Lehrperson als ermutigend, wohlwollend und unterstützend empfinden, die an ihrem Lernerfolg interessiert ist.
Wie wichtig die gute Stimmung im Klassenzimmer ist, sei am Beispiel eines Experimentes gezeigt (Santrock 1976): In je einer Klasse wurde in freudiger, in trauriger und in sachlich-neutraler Stimmung unterrichtet. In gleicher Weise war das Klassenzimmer ausgestaltet, und in der entsprechenden Stimmung wurden auch die Inhalte ausgewählt. Es zeigte sich sehr deutlich, dass die «freudige» Gruppe viel länger und intensiver an den Problemen arbeitete. Die Beharrlichkeit (als einem Element der Motivation) hängt also nicht nur vom Ausmass der Selbstkontrolle, welche die Lernenden haben, ab, sondern ebenso sehr von der gesamten Lernumgebung. Deshalb sollte die da und dort zu beobachtende «Weltschmerzpädagogik» aus den Klassenzimmern verbannt werden.

3 Motivationsstrategien

3.1 Grundlegung und Übersicht

Aufbauend auf der Erwartungs-x-Werttheorie hat Brophy erstmals 1987 ein Konzept von Motivationsstrategien entwickelt und mit Mitarbeitenden während langer Zeit auf verschiedenen Schulstufen überprüft. Diese Motivationsstrategien wollen die Lehrerinnen und Lehrer anregen, die Lernmotivation der Schülerinnen und Schüler auf ganz unterschiedliche Weise situationsgerecht anzuregen. Erfolgreich wirken sie sich aber nur aus, wenn sie nicht schematisch und routinehaft eingesetzt werden, sondern wenn die Lehrenden sie nach den eigenen Absichten, den Gegebenheiten und Voraussetzungen bei den Lernenden und der aktuellen Unterrichtssituation einsetzen. Abbildung 12.5 gibt eine Übersicht über diese Strategien.

3.2 Strategien zur Erfolgserwartung

- **Anzustreben ist eine Unterrichtsgestaltung, die auf Lernerfolge ausgerichtet ist**
  Lernerfolge schaffen – wie mehrfach dargestellt wurde – Zufriedenheit und fördern die Motivation. Deshalb muss der Unterricht so gestaltet werden, dass die Lernenden aufgrund ihrer eigenen und von ihnen erkannten Anstrengungen zu für sie rasch erkennbaren Lernfortschritten kommen. Dies gelingt mit genügend herausfordernden Lernaufgaben von mittlerem Schwierigkeitsgrad, die eine echte Anstrengung verlangen. Zu einfache Aufgabenstellungen tragen nichts zur Motivation bei, weil deren Erfüllung bei den Lernenden weder die Einsicht in den Nutzen der eigenen Anstrengung bringt noch Erfolgserlebnisse schafft.
  In Lehrgesprächen und Klassendiskussionen ist das Unterrichtsverhalten der Lehrkräfte sehr bedeutsam, denn die Art der Führung der Dialoge und die Gestaltungsfreiräume (Selbstbestimmung) beim Lernen entscheiden über das Ausmass der intellektuellen Herausforderung und damit über den erlebten Lernerfolg.
  Das Ziel, bei den Lernenden für sie erkennbare Lernerfolge herbeizuführen, ist vor allem im Anfänger-Unterricht und bei kognitiv weniger leistungsfähigen

Abbildung 12.5 **Übersicht über Motivationsstrategien**

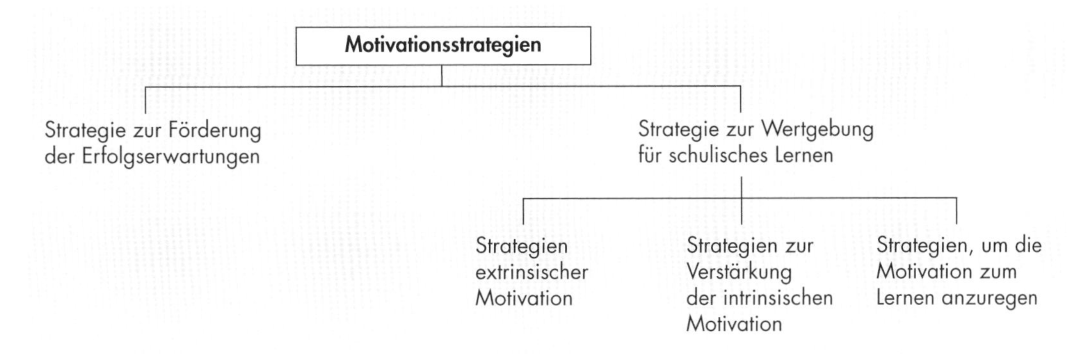

Schülern bedeutsam. Erleben sie zu Beginn keine Lernerfolge, so nimmt die Lernmotivation ab, und das Gefühl im betreffenden Fach nichts zu lernen, demotiviert nachhaltig.
Ein ganz wesentlicher Aspekt für den Lernerfolg ist die Lernvergangenheit. Viele Schülerinnen und Schüler scheitern beim Lernen nicht aus Gründen des Könnens, sondern weil ihnen das für neues Lernen notwendige Vorwissen und -können fehlt. Deshalb ist beim Einstieg in neue Bereiche immer zu überprüfen, ob das notwendige Vorwissen und -können vorhanden ist und zu überlegen, wie die vorhandenen Strukturen mit dem Neuen verbunden werden können (Prawat 1989).

– **Zielsetzung, Lernerfolgskontrolle und Selbstverstärkung sind eine unabdingbare Voraussetzung für eine gute Motivation**
Lernerfolge setzen Lernziele voraus, d.h. die Lernenden müssen wissen, was sie lernen sollen und gewillt sein zu versuchen, die gesetzten Ziele zu erreichen. Dadurch erhöht sich der Lernerfolg. Die Zielsetzung wird von den Lernenden umso besser wahrgenommen, je kurzfristiger (was heute und nicht was in einem Monat insgesamt gelernt wird), je konkreter («löse vier Aufgaben» statt «versuche das Beste zu erreichen») und je herausfordernder (nicht zu leicht und nicht zu schwer) sie ist.
In welcher Form die Lernziele in der Klasse präsentiert werden, und ob sie stärker von der Lehrkraft vorgegeben oder mit den Lernenden entwickelt werden, scheint weniger wichtig zu sein, als dass die Lernenden wissen, was sie erreichen sollen. Deshalb muss vor allem die verbreitete Routine des blossen Fortsetzens des Unterrichts von Stunde zu Stunde ohne Zielvorgaben und ohne Begründung, warum etwas zu lernen ist, überwunden werden.
Wichtig ist, dass die Lernenden Standards haben, an denen sie ihren Lernfortschritt messen können, denn die Motivation verbessert sich, wenn die Lernenden selbst erkennen, welche Lerngewinne sie erzielt haben. Viele Schülerinnen und Schüler sind zu dieser Selbstevaluation allein fähig. Andere bedürfen einer Anleitung durch die Lehrkraft. Ebenso genügt für einzelne die Selbstevaluation, andere bedürfen zusätzlich der Verstärkung durch die Lehrkraft. Wie weit die Lernenden einer Anleitung und allenfalls einer Kontrolle bedürfen, ist bestimmt durch ihre metakognitiven Fähigkeiten.

– **Erkennen des Verhältnisses zwischen persönlichem Einsatz und Lernerfolg**
Die Stärke der Motivation wird positiv beeinflusst, wenn die Lernenden erkennen, wie ihr persönlicher Einsatz (ihre Anstrengungen) den Lernerfolg vergrössert. Auf diese Weise lernen sie die Ursachen für ihren Erfolg sich selbst zuzuschreiben (innere Attribuierung). Die folgenden Motivationsstrategien helfen vor allem solchen Schülerinnen und Schülern, die mit Lernaufgaben Mühe bekunden und zu glauben beginnen, ihre persönlichen Anstrengungen fruchteten nichts:
Die Lehrkraft als **Modell** (Modelllernen): Beim Lösen von Aufgaben und Problemen in Einzel- und Gruppenarbeiten finden die Lernenden den Lösungsweg nicht, und sie wollen resignierend aufgeben. In dieser Situation kann die Lehrperson unterstützend beistehen, indem sie zeigt, wie sie mit einer anderen Lern- oder Denkstrategie eine Lösung des Problems sucht. Sie modelliert das

Suchen nach einem besseren Lernprozess, sie gibt aber keine fertigen Antworten und Lösungen.
Verstärkung: In einer gleichen Situation kann die Lehrkraft Verstärkermechanismen einsetzen (Ermuntern, Zwischenerfolge würdigen usw.), die darauf ausgerichtet sind, das bisher Erreichte mit der eigenen Anstrengung in Verbindung zu bringen.
Blick auf die Eigenleistung richten: Bei der Beurteilung von Schülerleistungen ist stärker auf die individuellen Lernfortschritte und weniger auf den Vergleich mit Klassenkameraden zu achten, damit die Lernenden ihre Leistungsfortschritte erkennen (z.B. ergänzend zu Noten für Klausuren persönliche Kommentare über die individuelle Lernleistung beifügen, die lernfördernd wirken [Page 1958], zusätzliche individuell erteilte Aufgaben, anhand derer die Lernenden Schwächen durch Übung überwinden und ihre Lernfortschritte bewusst erfahren).

3.3 Strategien zur Wertschätzung schulischen Lernens

3.3.1 Strategien extrinsischer Motivation

- **Die Schülerinnen und Schüler für gute oder individuell verbesserte Leistungen belohnen**
  Hier geht es um die Verstärkung. Als Verstärker lassen sich einsetzen: Noten und andere Leistungsanerkennungen (Ausstellen guter Arbeiten im Klassenzimmer, Urkunden usw.), materielle Belohnungen (z.B. Buchgeschenke), öffentliches Lob, Privilegien (z.B. Freizeit, wenn mit Lernenden, die ihre Lernziele nicht erreicht haben, speziell geübt wird) und – dies allerdings in zurückhaltender Weise, damit nicht zu sichtbare Ungleichheiten unter den Lernenden entstehen – erfüllen von Sonderaufgaben für die Lehrperson, womit versucht werden kann, Vertrauen zu schaffen. Allerdings dürfen die Grenzen dieser Form von extrinsischer Motivation nicht übersehen werden: Sie eignet sich eher für die Verbesserung des Einsatzes, weniger aber zur Förderung qualitativer Leistungen; sie ist wirksamer bei einfacheren Lernaufgaben mit klar umschriebenen Lernzielen als bei komplexen Leistungen; und sie wirkt bei jüngeren Schülerinnen und Schülern eher stärker als bei älteren und solchen, die so schlecht sind, dass sie gar nicht mehr daran glauben, ein Ziel erreichen zu können.
- **Auf den unmittelbaren Nutzen eines Lerngegenstands verweisen**
  Weil Nutzendenken in der Pädagogik – nicht immer zu Recht – einen negativen Beigeschmack hat, wagen es Lehrkräfte viel zu wenig, die Lernenden auf den unmittelbaren Nutzen von Lerngegenständen hinzuweisen, obschon davon eine starke extrinsische Motivation ausgeht. Deshalb sollte bei der Einführung in neue Unterrichtsabschnitte immer wieder darauf hingewiesen werden, warum etwas gelernt wird, und welchem Zweck es dient. Dies zwingt nicht nur zu einer Entlastung von Ballast im täglichen Unterricht, sondern auch zur Einbettung von Grundfertigkeiten und Fähigkeiten, für welche sich die Schülerinnen und Schüler mehr interessieren.

- **Wettbewerbe im Unterricht durchführen**
  Gelegentliche Wettbewerbe im Unterricht (sei es individuell oder in Gruppen) können motivierend wirken. Allerdings dürfen die Nachteile nicht übersehen werden: Wettbewerbe führen zu Verlierern, welche im wiederholten Fall an Selbstvertrauen einbüssen bzw. zu Gewinnern, die überheblich und damit sozial unangenehm werden oder beim weiteren Lernen den Anschluss verpassen können. Deshalb sind Wettbewerbe so zu gestalten, dass alle Lernenden eine Chance zum Gewinnen haben (z.B. durch vielgestaltige Aufgabenstellung) und Verlierende in keiner Weise hervorgehoben oder gar getadelt werden. Dies gelingt am besten, wenn der Wettbewerb trotz klarem Lernziel eher spielenden, entspannenden Charakter hat.

3.3.2 Strategien zur Verstärkung der intrinsischen Motivation

Extrinsische Motivationsstrategien mögen in bestimmten Unterrichtssituationen und für gewisse Schülerinnen und Schüler kurzfristig wirksam sein. Sie reichen aber nicht aus, um bei den Lernenden ein inneres Interesse an und eine persönliche Verpflichtung für Lerninhalte zu schaffen. Vor allem wenn Lernziele und extrinsische Motivation zu stark miteinander verbunden sind, werden Voraussetzungen für einen Minimalismus geschaffen, der vom Gedanken geleitet ist, mit wenig Aufwand das im Lernziel Geforderte zu erreichen, um die Belohnung zu erhalten. Langfristig bedeutsamer ist die intrinsische Motivation, die gegeben ist, wenn sich die Lernenden von der Sache her für den Lerngegenstand interessieren und Freude daran haben, sich losgelöst von Belohnungen damit auseinanderzusetzen. Die intrinsische Motivation lässt sich durch folgende Strategien fördern:

- **Die Schülerinnen immer wieder und auf verschiedene Arten motivieren**
  Sinnvolle Formen der Aktivierung von Lernenden, welche interessante Herausforderungen darstellen, schaffen bessere Voraussetzungen für eine intrinsische Motivation als sich immer wiederholende, gleichbleibende Aktivierungsformen (z.B. übermässiger und einseitiger Einsatz von Frontalunterricht, Gruppenarbeiten oder unbegleitetem Selbststudium).

- **Intellektuell anspruchsvollere Lernziele in grösseren und lebensnäheren Themenbereichen bearbeiten lassen**
  Obschon die Erarbeitung von strukturiertem Wissen und das Erlernen von Grundfertigkeiten bedeutsam bleiben sowie traditionelle Unterrichtsverfahren und Lehrmethoden ihre Bedeutung behalten, ist dafür zu sorgen, dass
  - das Erlernen dieser Grundlagen immer in einen grösseren Zusammenhang gestellt und so oft als möglich nach einer problemorientierten Einführung gesucht wird (komplexe Lehr-Lern-Arrangements),
  - anspruchsvollere Denkstrategien, anfänglich angeleitet gefördert und später selbständig angewendet werden müssen,
  - der Unterrichtsaufbau vielfältig (von den Unterrichtsverfahren, den Inhalten, den verwendeten Hilfsmitteln und Medien sowie den Ansprüchen her) und für die Lernenden immer wieder neuartig (andere Betrachtungsweise, andere Ansprüche und verschiedenartig von der letzten Lernaktivität) ist (siehe Abbildung 1.10),

  - schöpferische Entfaltungsmöglichkeiten geschaffen werden (z.B. schöpferisches Schreiben, Suchen nach neuen Ideen mit Kreativitätstechniken),
  - Simulationen und Rollenspiele zum Einsatz gelangen, um soziale Kompetenzen einzuüben und sich mit Wertfragen auseinanderzusetzen.

- **Dafür sorgen, dass auch fertige Lernprodukte entstehen**
  Sehr wichtig ist, dass das Lernen zu fertigen Produkten (möglichst sinnvollen Lernresultaten) führt (z.B. gute, selbst entwickelte Hefteintragungen; Berichte; Computerausdrucke; Stellungnahmen). Beschränkt sich ein Unterricht immer nur auf Prozesse (und mögen sie noch so anspruchsvoll sein), fällt die Motivation geringer aus. Lernprozesse sind wichtig, aber sie müssen auch zu Produkten führen. Andernfalls gewinnen die Schülerinnen und Schüler keine Sicherheit.

3.3.3 Strategien, welche die Motivation zum Lernen anregen

Alle bisher angeführten Motivationsstrategien dienen in erster Linie dazu, die Lernenden anzuregen, eine bestimmte, vorgegebene Lernaufgabe mit Interesse und Freude zu erbringen. Längerfristig sollte aber nicht nur diese produktorientierte Form von Motivation gefördert werden, sondern die Schülerinnen und Schüler müssen auch dafür motiviert werden, von sich aus in neuen Lernsituationen die am besten geeigneten Denk- und Lernstrategien einzusetzen (gewillt sein, neue Lernprobleme zu erkennen, Wissen zu erarbeiten, Zusammenhänge zu verstehen, Denkstrategien zu entwickeln usw.). Diesem Zweck dienen die im Folgenden darzustellenden Strategien, die zum Lernen anregen. Sie betreffen also den Willen oder Antrieb, von sich aus in zweckmässiger Weise lernen zu wollen. Diese Motivation, etwas lernen zu wollen, kann als überdauerndes Persönlichkeitsmerkmal oder als situationsspezifischer Zustand zum Tragen kommen (Gottfried 1985). Beim Persönlichkeitsmerkmal handelt es sich um eine überdauernde Disposition einer lernenden Person, von sich aus dauernd in zweckmässigster Weise zu lernen und erreichten Lernergebnissen als solchen, grossen persönlichen Wert beizumessen. Ein situationsspezifischer Zustand liegt hingegen vor, wenn sich Lernende absichtlich in einem bestimmten Lerngebiet einsetzen, um ein Lernziel aus Interesse an der Sache zu erreichen. Vielen Schülerinnen und Schülern fehlt heute für schulisches Lernen die überdauernde Disposition; für bestimmte Situationen lassen sie sich aber durch Lehrkräfte motivieren, wenn sie den Sinn und die Wichtigkeit eines Lerngegenstands einsehen und dafür durch geschicktes Lehrerverhalten motiviert werden können (Deci et al. 1991).

- **Modellieren durch die Lehrkraft**
  Modellieren im Zusammenhang mit der Motivation heisst: Die Lehrpersonen zeigen den Schülerinnen und Schülern,
  - warum sie sich für den Lerngegenstand interessieren, und was er ihnen nützt,
  - wie sie im Zusammenhang mit dem Lerngegenstand denken und Probleme lösen (machen ihre Denkstrategien sichtbar),
  - wie sie den Lerngegenstand mit weitergehenden Problemstellungen verknüpfen und anderes Wissen zu Rate ziehen, um neuartige Lösungen zu finden,

- wie auch sie schrittweise überlegen müssen, wenn die Lernenden Fragen stellen, die sie nicht spontan beantworten können oder die kontrovers sind,
- wie sie sich für Fragen der Lernenden interessieren, indem sie sie im Unterricht verarbeiten,
- wie sie sich ausserhalb der Schule mit den jeweiligen Lerngegenständen beschäftigen, und wie sie sich selber auf dem Laufenden halten (z.B. Lektüre von Büchern, Zeitschriften und Zeitungen, Fernsehsendungen).

Durch das Modellieren erhalten die Lernenden Einblick in das Lernen und Denken ihrer Lehrkräfte, welche die Rolle des «Experten» haben, und sie erhalten von ihnen Anregungen für das weitere Tun, das – gegenstandsbezogen – weit über das enge schulische Lernen hinausgeht. Diese persönliche Verpflichtung der Lehrperson beeinflusst das Interesse der Lernenden am Lerngegenstand massgeblich (Woolfolk et al. 1990) und stärkt auch das fachbezogene Selbstkonzept (Midgley et al. 1989).

- **Den Lernenden die eigenen Erwartungen an sie deutlich machen**
  Lernpersonen müssen den Lernenden in positiver Weise begegnen, indem sie ihnen zeigen, dass sie hohe Erwartungen an sie haben (und sie nicht ihre Zweifel an der Lernfähigkeit spüren lassen, wie dies in schwächeren Leistungszügen in Schulen so häufig geschieht), sie die Überzeugung haben, dass die Klasse lernen will und mit einer positiven Grundhaltung an die Schule und an den Unterricht herangeht. Wenn Erfolge eintreten, soll auf die Ursachen der Erfolge hingewiesen werden (z.B. auf den erbrachten Arbeitseinsatz oder auf die sorgfältige Vorbereitung). Nichts wirkt demotivierender, als wenn die Lernenden erkennen, wie die Lehrperson ihnen kein Vertrauen schenkt, ihre Lernfähigkeit bezweifelt und am Unterricht desinteressiert ist.

- **Sich so verhalten, dass keine Schul- und Leistungsängste aller Art entstehen**
  Eine Motivation kann nur entstehen, wenn der Unterricht in einer entspannten, angstfreien Atmosphäre stattfindet. Ob dies gelingt, hängt ganz entscheidend von der Lehrkraft ab. Wenn sie berechenbar ist, im Klassenzimmer Offenheit vorherrscht, die Lernenden sich mit Respekt behandelt fühlen, sie Fehler machen dürfen und spüren, wie sich die Lehrkraft um sie sorgt, so sind gute Voraussetzungen für die Angstfreiheit geschaffen (Caring).
  Zu beachten sind Ängste im Zusammenhang mit summativen[59] Leistungsbewertungen. Durch ungeschicktes Lehrerverhalten können sie verstärkt werden. Angstreduzierende Massnahmen in diesem Bereich sind: Prüfungen werden zu wenig zum Steuern des Lernens eingesetzt, indem sie oft intransparent sind und oft überraschend durchgeführt werden. Im Interesse der Angstreduktion und Leistungssteigerung sollten Prüfungen und Bewertungssysteme transparent sein, indem bekanntgegeben wird, was wie geprüft und wie bewertet wird. Zudem sollten die Prüfungsergebnisse besprochen werden. Viele Lehrkräfte setzen keine formativen Tests[60] ein, obschon bekannt ist, dass sie lernfördernde und angstreduzierende Wirkung haben (Metzger 1986).

[59] Summative Leistungsbewertung heisst: Durch die Lehrkraft beurteilte und bewertete Arbeiten.

[60] Formative Leistungsbewertung heisst: Nach wichtigen Lernabschnitten erhalten die Schülerinnen und Schüler Gelegenheit, während einer kurzen Zeit wenige Testaufgaben zur Selbstkontrolle zu lösen, die sie selbst korrigieren und die anschliessend besprochen werden.

- **Die Lehrpersonen sollten motivationsfördernde Verhaltensweisen zum Ausdruck bringen**
  Verschiedene Verhaltensweisen, die im Unterricht über längere Zeit in konsistenter Form zum Ausdruck kommen, beeinflussen die Motivation zum Lernen. Die entscheidenden sind:
  - **Intensität des Unterrichtens:** Die Lernenden sollen aus der verbalen und nicht verbalen Kommunikation erkennen, wenn etwas bedeutungsvoll ist, besondere Aufmerksamkeit nötig ist oder etwas zum Ausdruck gebracht wird, was die Lehrkraft für das weitere Lernen als wichtig erachtet. Die Intensität ist aber deutlich zu variieren, denn ein dauernd intensiver Unterricht überfordert, und er ist vor allem für mehr routinemässige Unterrichtsabschnitte nicht geeignet.
  - **Enthusiasmus:** Die Lehrkraft soll ihren Enthusiasmus nicht theatralisch, sondern durch persönliche Interessen am Stoff, Erklärungen, warum man sich dafür interessiert, und warum man das Lehrgebiet als wichtig empfindet, zum Ausdruck bringen. Die eigene Begeisterung soll spürbar sein. Nichts im Lehrerverhalten ist motivationshemmender als Gleichgültigkeit, neutrale Routine und Monotonie.
  - **Hinweise auf die Bedeutung oder Wichtigkeit eines Lerngegenstands:** Vor allem bei der Einführung in neue Lerngegenstände können Hinweise auf die Wichtigkeit von Lerngegenständen für das spätere Lernen oder für das Leben motivierende Wirkung haben, weil mit diesen Hinweisen ihr Wert hervorgehoben werden kann. Die Bedeutung oder Wichtigkeit kann zusätzlich unterstrichen werden, wenn stärker abstrakte Lehrgegenstände mit vertrauten, konkreten oder persönlichen Problemstellungen in Verbindung gebracht werden.
- **Der Unterricht sollte so gestaltet werden, dass immer wieder kognitive Konflikte entstehen**
  Vor allem wenn Lernende glauben, sie wären mit einer Lernthematik bereits vertraut, kann über die Herbeiführung eines kognitiven Konflikts eine neue Motivation aufgebaut werden. Darunter wird die Präsentation eines Lernbereichs in unerwarteter, widersprüchlicher oder paradoxer Form verstanden. Dadurch werden sie herausgefordert, ihre bestehende kognitive Struktur zu verändern. Moralische Dilemmata sind typische Beispiele von kognitiven Konflikten. Aber auch im sachbezogenen Unterricht lassen sie sich konstruieren, indem widersprüchliche Erkenntnisse, unvollständige Unterlagen oder scheinbar unlogische Folgerungen usw. vorgelegt werden (Zajonc 1968).
- **Die Lernenden sollen zum selbständigen Aufbauen der Motivation zum Lernen angeregt werden**
  Schülerinnen und Schüler sollten befähigt werden, ihre Motivation zum Lernen allmählich selbständig zu entwickeln. Eine Möglichkeit dazu gibt die K-W-L-Methode (know, want, learned) (Ogle 1986). Wenn eine neue Thematik zu lernen ist, stellen die Lernenden zuerst zusammen, was sie darüber wissen; dann umschreiben sie, was sie darüber lernen möchten. Dann wird die Thematik bearbeitet. Abschliessend halten sie fest, was sie gelernt haben. Diese Methode kann in vielen unterrichtlichen Kombinationen verwendet werden. Alle Schritte können individuell schriftlich oder mündlich im Klassenganzen durchgeführt werden. Im Klassenunterricht oder in Gruppen kann die Thema-

tik konstruktivistisch bearbeitet werden, was vorteilhaft ist, weil das Vorwissen gut aufzuarbeiten ist und sich die inhaltlichen Probleme oft aus den die Lernenden interessierenden Fragestellungen ergeben.

– **Die Lehrpersonen sollten das metakognitive Bewusstsein über das prozedurale Wissen schärfen**
  Schliesslich lässt sich die Motivation zum Lernen steigern, wenn die Schülerinnen und Schüler den Nutzen der Metakognition erfahren. Deshalb ist der Reflexion über abgeschlossene Lernabschnitte viel Aufmerksamkeit zu schenken: Wie wurde das Lernen geplant? Wie wurde das Wissen strukturiert? Welche Lernprozesse wurden verwendet, und welches waren ihre Auswirkungen auf den Lernerfolg? Wurden die gesteckten Ziele erreicht? Wo ergaben sich Schwierigkeiten und warum? Je rascher die Lernenden den Sinn und den Nutzen der Metakognition erkannt haben, desto stärker erhöht sich die Motivation zum Lernen.

3.4 Folgerungen

Diese Vielzahl von Motivationsstrategien mag verwirrend sein, und sie stellen für die Lehrerschaft eine grosse Herausforderung dar, weil sie situationsgerecht und flexibel eingesetzt werden müssen. Nicht übersehen werden dürfen, selbst bei einem besten Einsatz der Strategien, persönlichkeitsbedingte Grenzen der Möglichkeiten zur Stärkung der Motivation im Unterricht. Die Schule kann nicht alles ausgleichen, was das Elternhaus versäumt hat. Neuerdings verweisen empirische Studien (Spinath, Toussaint et al. 2008) sogar wieder vermehrt auf die Bedeutung der überdauernden Persönlichkeitsvariablen und auf die Grenzen der kürzerfristigen Einflussnahme im Unterricht hin. Umgekehrt dürfen aber persönlichkeitsbedingte Schwächen im Motivationsgeschehen nicht als Ausrede für eine mangelnde Motivation von Lernenden und Klassen vorgeschoben werden. Die Erwartungs-x-Werttheorie, die Attribuierung, der im Unterricht viel mehr Aufmerksamkeit zu schenken ist, sowie die Motivationsstrategien geben viele Anregungen, wie im Unterricht motiviert werden kann. Die Grenzen dürfen jedoch nicht übersehen werden. Und alle diese Empfehlungen können nicht darüber hinwegtäuschen, dass Unterricht viele Schülerinnen und Schüler im Verlaufe ihrer Schulzeit auch demotiviert. Deshalb wird die Frage der Demotivation vieler Schülerinnen und Schüler immer bedeutsamer.

4 Die Demotivierung von Schülerinnen und Schülern

Seit einiger Zeit belegen Untersuchungen, dass die intrinsische Lernmotivation bei vielen Lernenden und Studierenden im Verlaufe ihrer Schul- und Studienzeit deutlich abnimmt (z.B. Fend 1997, Häussler & Hoffmann 1995, Pintrich & Garcia 1991). Sehr häufig erfolgt ein motivationaler Einbruch beim Übergang vom 6. zum 7. Schuljahr. Ob dafür pubertäre Ursachen verantwortlich sind, ist nicht bestätigt. Es scheint eher, dass der Abfall auf ein vermindertes Wohlbefinden in der Schule zurückzuführen ist. Zudem betrifft der immer wieder beobachtete Abfall der Lernmotivation nach Fend (1997) nur etwa 20–30% der Schülerinnen und Schüler. Allerdings ist auch zu beachten, dass eine bedeutende Zunahme der Motivation im Verlaufe der Schulzeit nur bei

etwa 2–3% der Lernenden beobachtet werden kann, was die Klage vieler Lehrkräfte über eine ungenügende Motivation auch verständlich machen mag.
Sicher wird kaum je eine Lehrperson ihre Schülerinnen und Schüler bewusst demotivieren wollen, sondern es ist eher davon auszugehen, dass Demotivierungen im alltäglichen Unterricht unbewusst erfolgen.
Von Demotivierung ist zu sprechen, wenn eine vorhandene Lernmotivation durch unzweckmässige Massnahmen im Unterricht vermindert wird. Zu unterscheiden sind dabei zwei Möglichkeiten: Betroffen sein können einerseits überdauernde Persönlichkeitsvariablen der Motivation, indem durch ungeeignete Massnahmen oder Eingriffe spezifische, überdauernde Orientierungen von Menschen immer wieder beeinträchtigt werden (beispielsweise systematische Behinderung von Entfaltungsmöglichkeiten über eine längere Zeit). Andererseits können situationsabhängige Variablen verantwortlich sein, indem alltägliche Lernprozesse durch unzweckmässige Eingriffe im Unterricht und Verhaltensweisen der Lehrkräfte gestört und/oder erschwert werden (z.B. die Lernenden erkennen nicht, was sie Lernen sollen, weil die Lehrperson weder ein Lernziel bekannt gibt, noch begründet, warum etwas zu lernen ist). In beiden Fällen liegt die Ursache für die Demotivierungen in der Schule bei einem unzweckmässigen Verhalten der Lehrpersonen, denen es nicht gelingt, günstige Lehr-Lern-Situationen zu schaffen.
Aufbauend auf den Arbeiten von Deci & Ryan (1991) und Ryan (1995), welche abgestuft Formen von Motivationen unterscheiden, hat Prenzel (2001) ein Modell entworfen, in welchem er unterschiedliche Ausprägungen der Lernmotivation darstellt (Abbildung 12.6), die von zwei Dimensionen her bestimmt sind: dem Ausmass der Selbstbestimmung der Lernenden und der Stärke der wahrgenommenen Anreize bzw. Bedeutung der Lerninhalte.
Die Dimension «Selbstbestimmung» wurde gewählt, weil viele Untersuchungen zeigen, dass das Einengen von Spielräumen beim Lernen, das Gängeln und ein andauernd zu enges direktes Lehrerverhalten sowie ein übertriebenes Kontrollieren demotivierend wirken. Kritisch daran ist, dass viele Lehrpersonen ihr demotivierendes Verhalten gar nicht wahrnehmen und nicht erkennen, wie hemmend sie wirken, weil sie oft glauben, durch ihre gezielten und einengenden Interventionen den Schülerinnen und Schülern zu helfen. Die Selbstbestimmung bedeutet jedoch weder Beliebigkeit der Lerninhalte noch ein zielloses Lernen nach jeweiligen Wunschvorstellungen der Schülerinnen und Schüler. Das Lernen muss immer zielorientiert (Heid 1996) und sinnvoll begründet sein. Dies schliesst aber eine zunehmende Selbstbestimmung bezüglich der Lernprozesse (Entwicklung zum selbstgesteuerten Lernen) ein. Letztlich gelingt eine wirksame Selbstbestimmung nur, wenn die Schülerinnen und Schüler wissen, was von ihnen erwartet wird. Bei der Dimension «wahrgenommene Anreize bzw. Bedeutung der Lerninhalte» geht es um die Frage, ob es den Lehrpersonen gelingt, bei den Lernenden einerseits eine Erwartungshaltung aufzubauen, welche das Lernen rechtfertigt und andererseits die Lernenden einsehen, dass die Lerninhalte für sie auch einen begründeten Wert haben (siehe Erwartungs-x-Werttheorie im Abschnitt 2 dieses Kapitels).
Anhand dieser zwei Dimensionen lassen sich nun verschiedene Qualitäten der Lernmotivation beschreiben, und es kann aufgezeigt werden, wie ungeeignete Massnahmen und Eingriffe von Lehrkräften die Schülerinnen und Schüler demotivieren können, oder präziser ausgedrückt, wie Lernende von «höheren» zu «niedrigeren» Formen der Lernmotivation «absteigen». So mag beispielsweise eine Schülerin intrinsisch moti-

viert sein. Ihr Lehrer legt grossen Wert auf eine umfassende Wissensvermittlung und vernachlässigt das prozedurale Lernen. Dies tut er in bester Absicht, weil die Klasse intellektuell gut ist und er glaubt, eine weitere gezielte Förderung des prozeduralen Lernens sei gar nicht mehr nötig. Die blosse Wissensvermittlung beeinträchtigt aber nicht nur die Möglichkeiten selbstbestimmten Lernens, sondern auch der Anreiz zum Lernen geht verloren. Dadurch sinkt die Qualität der Motivation. Zwar wird mit aller Wahrscheinlichkeit weiterhin motiviert gelernt, aber mit einer weniger wirksamen Lernmotivation, allenfalls nur noch aufgrund einer extrinsischen Motivation, um etwa eine Anerkennung des Lehrers oder um in einer Klausur eine gute Note zu erhalten.

Diese Formen der Lernmotivation lassen sich wie folgt beschreiben (vergleiche Abbildung 12.6) (Prenzel 1997):

Amotiviert bezeichnet Zustände ohne jegliche Lernmotivation. Die Lernenden sehen nicht ein, warum sie lernen sollten.

Extrinsisch motivierte Schülerinnen und Schüler lernen nur, um in Aussicht gestellte Bekräftigungen (Anerkennung, Lob, gute Noten) zu erlangen oder um drohende Bestrafungen (Tadel, schlechte Noten) zu vermeiden. Ohne diese äusseren und sachfremden Einflüsse würden sie nicht lernen.

Introjiziert heisst, dass die Schülerinnen und Schüler das äussere Bekräftigungssystem verinnerlicht haben. Sie nehmen Lernvorhaben ohne äusseren Druck in Angriff, weil sie sich andernfalls schlecht fühlen.

Identifiziert bezeichnet ein motiviertes Lernen von Lerngegenständen, welche für die Lernenden nicht oder wenig reizvoll, allenfalls sogar belastend sind, aber als wichtig erachtet werden. Sie lernen von sich aus, weil sie eigene und selbstgesetzte Ziele erreichen können und wollen.

Intrinsisch motiviertes Lernen erfolgt ohne äussere Einflüsse (Bekräftigungen oder Androhung von Strafen). Der Lerngegenstand wirkt von sich aus, indem die Lernenden mehr dazu erfahren und erkennen möchten.

Abbildung 12.6 **Ausprägungen der Motivation (Prenzel)**

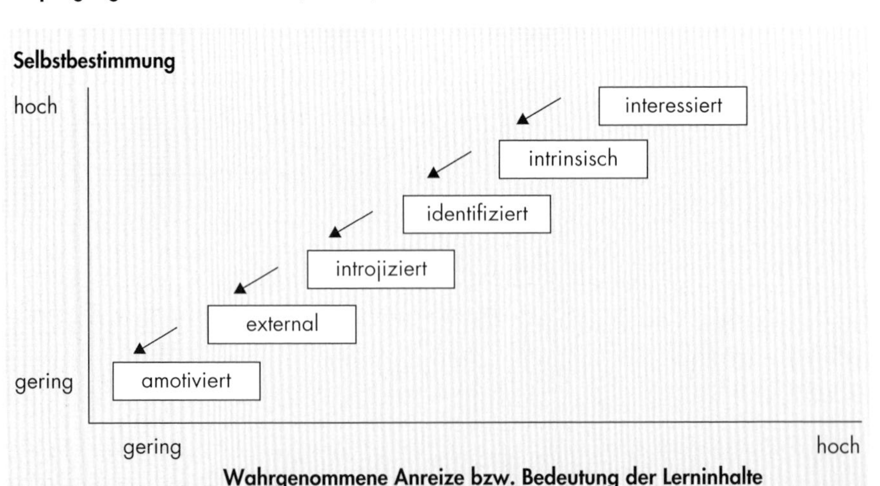

Interessiert Lernen ist die höchste Form von intrinsisch motiviertem Lernen. Die subjektive und die allgemeine Bedeutung, die dem Lerngegenstand gegeben wird, genügt, damit die Schülerinnen und Schüler von sich aus lernen wollen.

Soll das Phänomen der Demotivierung der Schülerinnen und Schüler durch die Schule und die Lehrpersonen überwunden werden, müssen die Lehrkräfte alles verhindern, was die Lernenden von «höheren» in «niedrigere» Formen der Lernmotivation zurückführen könnte. Diese negative Entwicklung lässt sich verhindern, wenn die Lehrkräfte die folgenden Regeln, die zum Teil schon früher angesprochen wurden, beachten (siehe auch Prenzel 1997):

– Vor allem Lehrkräfte, welche sich sehr um die Lernfortschritte ihrer Schülerinnen und Schüler bemühen, sollten beachten, ob sie mit ihrem gut gemeinten direkten Lehrerverhalten nicht zu häufig intervenieren, zu viel vorschreiben und zu eng kontrollieren. Sie vermindern auf diese Weise die Selbstbestimmung ihrer Schülerinnen und Schüler oft mit der guten Absicht ihnen zu helfen, zu stark und wirken deshalb nicht selten demotivierend. Deshalb sollten sie sich vor allem im Frontalunterricht bemühen, beim prozessorientierten Lernen Spielräume für Überlegungen von Varianten des Vorgehens beim Lernen zu geben, Schülerideen in den Unterricht einzubauen sowie genügend Gelegenheiten zur metakognitiven Reflexion schaffen. Dass die immer wieder angesprochene methodische Regel vom angeleiteten zum selbstgesteuerten Lernen auch im Zusammenhang mit der Motivation bedeutsam ist, wird hier wiederholt. Um den Schülerinnen und Schülern den Wert dessen, was sie zu lernen haben, bewusst zu machen und um es ihnen zu ermöglichen selbstbestimmt und eigenverantwortlich zu lernen
  – müssen ihnen die Ziele für die einzelnen Lernabschnitte und für die einzelnen Lektionen klar und bewusst sein,
  – muss ihnen deutlich werden, warum sie die jeweiligen Lerninhalte lernen sollen (So what?),
  – und muss sichergestellt sein, dass sie das Problem, das jeweils bearbeitet wird, richtig verstanden haben.

  Viele Lehrkräfte beachten diese drei Punkte aus der Routine heraus zu wenig: Selbst wissen sie, was sie wollen; sie kennen das Problem, weil sie für die Lektionen vorbereitet sind, und sie vergessen, dass die Schülerinnen und Schüler oft aus einer völlig anderen Situation in den Unterricht kommen, allenfalls noch mit dem Geschehen in der letzten Lektion beschäftigt sind und deshalb genügend auf das neu zu Lernende vorbereitet werden müssen. Die Frage nach dem «So what?» stellt auch für Lehrkräfte eine Herausforderung dar, denn es lässt sich immer wieder beobachten, dass sie selbst keine überzeugende Begründung dafür haben, warum sie etwas unterrichten. Der Hinweis «es wird im Lehrplan verlangt», genügt nicht. Lehrpläne verlangen immer wieder wenig sinnvolle Lerninhalte. Wenn sie trotzdem an einer Schlussprüfung überprüft werden, ist zu überlegen, wie in solchen Fällen allenfalls mit interessanten komplexen Lehr-Lern-Arrangements bessere motivationale Voraussetzungen geschaffen werden können, selbst wenn die Thematik nicht mehr relevant ist.

– Richtigerweise wird immer wieder gefordert, der Unterricht müsse einen mittleren Schwierigkeitsgrad erreichen. Zu beachten ist jedoch, dass mit diesem mittleren Schwierigkeitsgrad meistens konkrete Anwendungs- und Übungsaufgaben, nicht aber derjenige des Unterrichts insgesamt angesprochen ist. Für die Demotivierung kann trotz dem mittleren Schwierigkeitsgrad der Aufgaben ein zu anspruchsloser Unterricht von der Methode her verantwortlich sein. Wenn Lektionen während längerer Zeit schwergewichtig immer nur auf das «Verstehen» ausgerichtet sind, können selbst Aufgaben mit einem mittleren Anspruchsniveau demotivierend wirken, weil der gesamte Unterricht zu wenig anspruchsvoll ist, da weitere Fähigkeiten wie Förderung der Kreativität oder der Bewertung vernachlässigt werden. Als Beispiel dafür dient der Physikunterricht. Wenn noch so gute Experimente immer nur zu Demonstrationszwecken und nicht auch zu problemorientiertem und entdeckendem Lernen mit einer dem Kenntnis- und Könnensstand angepassten Selbststeuerung verwendet werden, können selbst interessante Experimente mit der Zeit demotivierende Wirkung haben (siehe zur einseitigen Verwendung von Experimenten im Physikunterricht Seidel et al. 2006).

- Lernende können demotiviert werden, wenn ihnen ganz allgemein kein genügendes Vertrauen geschenkt wird (siehe dazu das Problem der Lehrererwartungen im Kapitel 11), oder wenn die Lehrkräfte ein Verhalten zum Ausdruck bringen, das bei den Lernenden den Eindruck hinterlässt, ihnen würden die Kompetenzen zum Lösen der gestellten Aufgaben ohnehin fehlen. Besonders kritisch ist dabei der falsche Einsatz der Verstärkung, wie etwa folgende Formen des Feedbacks: «Gut so, dass auch du diesen Zusammenhang verstanden hast» oder «dies ist jetzt eine Aufgabe, die auch du lösen kannst».
- Hohen Stellenwert hat das Bedürfnis der Schülerinnen und Schüler sozial angenommen oder in eine Lerngruppe integriert zu werden. Wird dieses Bedürfnis verletzt, so erfolgt eine Demotivierung. Entscheidend ist dabei, dass die Bedürfnisse von der Lehrperson ernst genommen und akzeptiert werden. Vor allem sollten die Lernenden spüren, dass Ängste, Belastungen und persönliche Lernprobleme wahrgenommen werden und eine gezielte Hilfe spürbar wird.
- Schliesslich sollten die Schülerinnen und Schüler spüren, dass sich die Lehrpersonen selbst für den Lehrstoff interessieren. Offensichtlich demotivieren Lehrende, welche ihren Unterricht ohne innere Beziehung und Freude routinemässig abwickeln, stark (Prenzel & Drechsel 1996, Entwistle et al. 1993). Deshalb sollte immer wieder überlegt werden, wie man mit eigenen überzeugenden Beispielen, Standpunkten oder Erfahrungsberichten den Lernenden zeigen kann, dass man mehr in den Unterricht hineintragen will als eine pflichtmässige Routinearbeit.

5 Checklist und Beobachtungsschema zur Motivation

In der **Checklist 18** sind die im Zusammenhang mit der Motivation stehenden Aspekte des Lehrerverhaltens zusammengefasst. **Beobachtungsschema 15** dient der Beurteilung der Erfolgs- und Misserfolgsattribuierung bei Lehrpersonen. Es hält fest, wie häufig während einer Lektion ein Lehrerverhalten beobachtbar ist, das den Schülerinnen und Schülern hilft, ihre Lernerfolge und ihre Misserfolge beim Lernen den relevanten Ursachen zuzuschreiben. Anhand der Häufigkeiten lässt sich beurteilen, ob Lehrende der Attribuierung die nötige Aufmerksamkeit schenken.

Checklist 18: Motivation

	ja	nein
1. Schenke ich den situationsabhängigen Variablen der Motivation im Unterricht genügend Aufmerksamkeit, auch wenn ich weiss, dass infolge der Unterschiede bei den überdauernden Persönlichkeitsvariablen nicht jeder Schüler und jede Schülerin in einer Klasse gleichermassen motiviert werden kann?	☐	☐
2. Schaffe ich gute Vorbedingungen im Klassenzimmer für die Motivation?		
– Ist die Lernumwelt im Klassenzimmer lernunterstützend (klare Zielvorstellungen, Zusammenarbeit, Feedback, Lerngemeinschaft, angstfreie Atmosphäre, emotionale Zuwendung)?	☐	☐
– Wähle ich Lerninhalte aus, deren Sinn ich genau begründen kann, und gebe ich den Lernenden bekannt, warum etwas behandelt wird, und welchen Nutzen es bringt?	☐	☐
– Gestalte ich meinen Unterricht so, dass er einen angemessenen Schwierigkeitsgrad hat?	☐	☐
– Setze ich an Stelle von «Motivationstricks» und Druck (viele Klausuren und Noten oder Abfragen) situationsgerecht Motivationsstrategien ein?	☐	☐
3. Gelingt es mir, mit Motivationsstrategien bei den Lernenden eine Erwartungshaltung für Lernerfolge zu schaffen, indem ich		
– klare Lernziele setze, damit die Lernenden wissen, was von ihnen erwartet wird?	☐	☐
– den Unterricht so gestalte, dass die Lernenden schnell Lernfortschritte erfahren und Lernerfolge erkennen?	☐	☐
– beachte, dass ich bei der Einführung in neue Lernbereiche den Lernenden helfe, das Vorwissen aufzuarbeiten und verfügbar zu machen?	☐	☐
– schwächeren Lernenden bewusst helfe, ihre Lernfortschritte anhand der Lernziele selbst zu beobachten und selbst zu beurteilen, damit es zur Selbstverstärkung kommt?	☐	☐
4. Beachte ich die Kausalattribuierung, indem ich		
– sicherstelle, dass die Lernenden erkennen, dass ihre persönliche Anstrengung zum Erfolg bzw. der mangelhafte Einsatz beim Lernen zum Misserfolg führte?	☐	☐
– sicherstelle, dass die Schülerinnen und Schüler immer besser erfahren, dass die eigenen Fähigkeiten und das eigene Lernpotenzial zum Lernerfolg beigetragen haben?	☐	☐
– versuche, ganz allgemein den Schülerinnen und Schülern zu helfen, die Ursachen von Erfolg und Misserfolg richtig attribuieren zu können?	☐	☐

Fortsetzung Seite 444

Checklist 18: (Fortsetzung)

	ja	nein
5. Setze ich Motivationsstrategien ein, welche die Wertschätzung für das schulische Lernen vergrössern?		
– Belohne (verstärke) ich gute und vor allem über die Zeit individuell besser werdende Leistungen?	☐	☐
– Bemühe ich mich immer wieder zu erklären und zu begründen, warum etwas zu lernen ist?	☐	☐
– Stelle ich alle Lerninhalte (insbesondere auch wenn es um das Üben von Grundfertigkeiten geht) in einen grösseren, lebensnahen Zusammenhang?	☐	☐
– Achte ich darauf, dass Lernprodukte entstehen?	☐	☐
6. Setze ich Motivationsstrategien ein, welche die Motivation zum Lernen anregen?		
– Nütze ich in geeigneten Unterrichtssituationen die Möglichkeiten des Modellierens aus?	☐	☐
– Kennen die Schülerinnen und Schüler meine hohen Erwartungen, welche ich an sie habe?	☐	☐
– Bemühe ich mich um eine angstfreie Klassenatmosphäre, indem ich berechenbar bin und den Lernenden mit Respekt und persönlicher Sorge begegne?	☐	☐
– Versuche ich das Interesse durch die Entwicklung kognitiver Konflikte an den Lerninhalten immer wieder zu fördern?	☐	☐
– Fördere ich auch den selbständigen Aufbau der Motivation (z. B. mit der K-W-L-Methode)?	☐	☐
– Unterstütze ich das metakognitive Bewusstsein für Lernstrategien?	☐	☐
7. Bin ich mir bewusst, wie ich allenfalls die Schülerinnen und Schüler demotivieren kann, indem		
– ich mit guter Absicht den Lernenden zu wenig Autonomie und Selbstbestimmung beim Lernen gebe (im Sinne, dass sie sich im gut gestalteten Unterricht lernmässig entfalten können)?	☐	☐
– ich sie über die Absichten, Ziele und Rechtfertigung meines Unterrichts im Unklaren lasse?	☐	☐
– ich immer wieder sicherstelle, dass alle Schülerinnen und Schüler die Problemstellung, die ich in einer Lektion bearbeite, wahrgenommen und verstanden haben?	☐	☐
– ich den Unterricht auch von der Lehr- und Lernform her so variiere, dass ein mittleres Anspruchsniveau erreicht wird?	☐	☐
– die Schülerinnen und Schüler meinen Enthusiasmus für den Unterricht und die Lerninhalte spüren?	☐	☐

Beobachtungsschema 15: Erfolgs- und Misserfolgsattribuierung

Verhaltenskategorie	Häufigkeit	Pädagogische Bedeutung
Die Lehrkraft bringt zum Ausdruck, dass sie erkannt hat, dass der (die) Schüler(in) viel geleistet, gearbeitet, vorbereitet hat. z.B.: Diese Arbeit zeigt, dass du viel gelernt hast. Aus dieser Antwort schliesse ich, dass du dich gut vorbereitet hast.		gute Attribuierung
Die Lehrkraft bringt zum Ausdruck, dass der (die) Schüler(in) einen guten Plan zur Erarbeitung eines Sachverhalts oder zur Lösung einer Aufgabe hatte und deshalb erfolgreich war. z.B.: Mit dieser Lösungsskizze kommst du zu einem guten Ergebnis. Diese Strategie ist zweckmässig.		gute Attribuierung
Die Lehrkraft verweist auf bei den Schüler(innen) vorhandene Fähigkeiten im Zusammenhang mit einer erbrachten Lernleistung. z.B.: Du schaffst dies bei deinen Fähigkeiten.		gute Attribuierung
Die Lehrkraft macht den Schüler(innen) deutlich, dass es ihr Einsatz war, der zu den entsprechenden Lernleistungen führte. z.B.: Dank deiner Anstrengung hast du dies nun wirklich gelernt. Weil du die Hausaufgaben in letzter Zeit sorgfältiger gemacht hast, bist du zu diesem Erfolg gekommen.		gute Attribuierung
Die Lehrkraft führt den Misserfolg von Schüler(innen) vorschnell auf die Schwierigkeit der Aufgabenstellung, auf Unklarheiten in den Vorgaben usw. zurück. z.B.: Ich verstehe, dass ihr Mühe habt. Die Aufgabe ist zu schwer. Deshalb zeige ich euch die Lösung. Die Aufgabe war nicht ganz klar gestellt. Deshalb habt ihr so viel Mühe gehabt.		schlechte Attribuierung
Die Lehrkraft bringt eine Schülerleistung mit Glück oder einen Misserfolg mit Pech in Verbindung. z.B.: Du hast Glück gehabt, dass du die Lösung gefunden hast. Hast halt einmal Pech gehabt mit dieser Überlegung.		schlechte Attribuierung
Die Lehrkraft bringt einen Erfolg mit guter und einen Misserfolg mit schlechter Stimmung in Verbindung. z.B.: Du bist gar nicht in guter Stimmung gewesen, als du diese Aufgabe machtest.		schlechte Attribuierung
Die Lehrkraft verwendet irrelevante Attribute. z.B.: Du bist ein Kerl!		schlechte Attribuierung
Die Lehrkraft zweifelt die Eigenleistung von Schüler(innen) an. z.B.: Wer hat dir dies eingeflüstert? Das kann nicht von dir sein.		schlechte Attribuierung

Kapitel 13
Lehrererwartungen

1 Alltagsfragen

Lehrerinnen und Lehrer begegnen den Schülerinnen und Schülern selbst bei grösstem Bemühen nie ganz neutral. Wenn sie mit ihnen interagieren, nehmen sie Merkmale und Verhaltensweisen wahr und entwickeln ihr eigenes Bild über die einzelnen Schülerinnen und Schüler sowie über die Klasse. Diese Bilder führen zu Erwartungen über ihr künftiges Verhalten und ihre Lernfähigkeiten. Diese Erwartungen beeinflussen – oft ungewollt – das Verhalten der Lehrperson gegenüber den Lernenden und die Entscheidungen über die Unterrichtsgestaltung. Alle Lehrpersonen haben immer bestimmte **Erwartungen** an ihre Schülerinnen und Schüler, d.h. sie schliessen aufgrund ihres Wissens und ihrer Wahrnehmungen auf das künftiges Verhalten der Lernenden und deren Lernerfolg. Daraus ergeben sich **Lehrererwartungs-Effekte**, d.h. Auswirkungen auf die Verhaltensweisen der Schülerinnen und Schüler als Reaktion auf das durch die Erwartungen geprägte Verhalten der Lehrpersonen. Abbildung 13.1 zeigt diesen Zusammenhang.
Dieser Prozess ist vor allem für solche Schülerinnen und Schüler verhängnisvoll, an die eine Lehrperson geringe Erwartungen hat, weil dadurch das Lehrerverhalten negativ beeinflusst wird und damit die bestmögliche Förderung der Betroffenen ausbleibt. Deshalb wird für sie die Schule nicht nur unangenehmer, sondern sie müssen sich mit der Zeit als auch ungerechter behandelt fühlen.

Abbildung 13.1 **Prozess der Wirkungen von Lehrererwartungen**

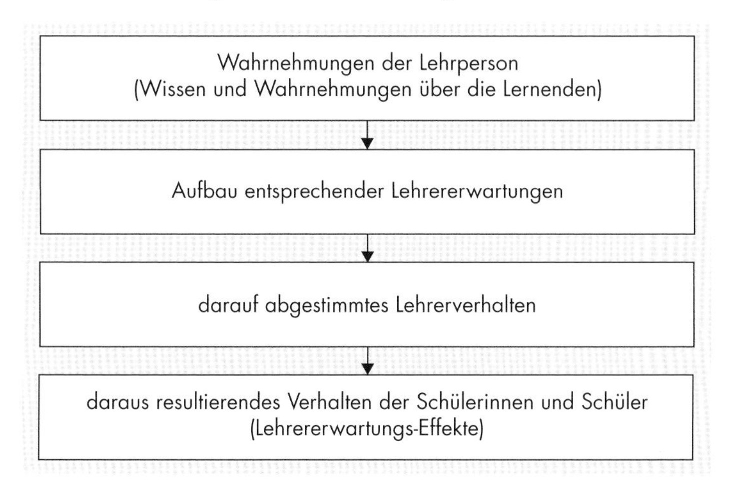

Dies soll an einem **Beispiel,** das im Schulalltag nicht unüblich ist, verdeutlicht werden: Susi gilt bei ihrem Lehrer als sehr leistungsfähig, mit guten Voraussetzungen zum abstrakten Denken sowie als hochmotiviert. In einem schwierigen Unterrichtsabschnitt stellt er ihr eine Frage, die sie nicht spontan beantworten kann. Man sieht aber, dass sie nachdenkt. Nach einer Weile fragt Susi nach, indem sie den Lehrer bittet, ihr die Ausgangsbedingungen zum Problem nochmals zu umschreiben. Der Lehrer tut dies und wartet, bis die Antwort kommt, denn er freut sich darüber, dass Susi intensiv nachdenkt, obschon dies vielleicht gar nicht der Fall ist. Angenommen, der Lehrer hätte nicht Susi, sondern Paul aufgerufen, der nach seiner Meinung schlechter motiviert und intellektuell weniger leistungsfähig ist als Susi. Paul antwortet auch nicht. Wahrscheinlich wird der Lehrer bald reagieren und beifügen «Kommts bald, Paul.» Darauf bittet Paul den Lehrer, die Ausgangsbedingungen zum Fall nochmals zu beschreiben, worauf der Lehrer meint, «Du musst besser aufpassen» und einen anderen Schüler aufruft. Für eine aussenstehende, beobachtende Person sind die beiden Unterrichtssituationen genau gleich, das Lehrerverhalten aber aufgrund der Lehrererwartungen an die als gut wahrgenommene Schülerin und an den als schlecht eingeschätzten Schüler völlig verschieden. Als Folge davon werden sich die Motivation, die Einstellung zum Lehrer und letztlich die eigenen Leistungserwartungen dieser beiden Lernenden sehr unterschiedlich entwickeln.

Die erste grosse schulbezogene Studie zur Problematik der Lehrererwartungen, Pygmalion im Klassenzimmer von Rosenthal & Jacobson (1968), glaubte den Nachweis zu erbringen, dass die Lehrererwartungen das Lehrer- und Schülerverhalten sowie die Lernleistungen der Schülerinnen und Schüler beeinflussen.
In dieser Untersuchung wurde an Kindern vom Kindergarten bis zur fünften Klasse die Entwicklung der intellektuellen Leistungsfähigkeit beobachtet. Zu Beginn der Untersuchung (im Mai vor Beginn des Schuljahres) führte die Forschergruppe mit allen Schülerinnen und Schülern Tests durch. Im September, auf Schulbeginn, bezeichneten sie in jeder Klasse rein zufällig (also ohne Bezug auf die Testleistungen) im Mittel je fünf Schülerinnen und Schüler als besonders befähigt und teilten dies den Lehrkräften mit (Induzierung eines Urteils). Im Januar und im Mai des ersten und im Mai des zweiten Schuljahres wurden die gleichen Tests nochmals vorgelegt. Dabei ergaben sich folgende Ergebnisse: Die (zufällig) als die am befähigsten bezeichneten Schülerinnen und Schüler erzielten bessere Testleistungen als die übrigen, wobei der Leistungszuwachs im Mai des ersten Jahres bei den Erst- und Zweitklässlern und im Mai des zweiten Jahres bei den Fünftklässlern am grössten war. Zudem berichteten die Lehrkräfte, dass sich die als befähigt bezeichneten Lernenden glücklicher, neugieriger und interessierter zeigten. Der Pygmalion-Effekt schien sich bestätigt zu haben.
Die Studie fand weltweit grosse Beachtung und wurde vor allem in der populären Literatur masslos übergeneralisiert, hin bis zur Behauptung, der «Schulerfolg hänge von den Erwartungen, welche die Lehrkräfte an ihre Schülerinnen und Schüler hätten, ab». In Wiederholungsstudien konnten aber die Ergebnisse nicht bestätigt werden (Braun 1976). Als Folge davon waren dann auch viele Lehrkräfte nicht bereit, die Existenz und Einflussmöglichkeiten von Lehrererwartungen auf das Verhalten und die Leistungen von Schülerinnen und Schülern zu akzeptieren. Dies allerdings zu unrecht, denn inzwischen liegen sehr viele Untersuchungen vor, die in allerdings differenzierterer Weise auf tatsächlich vorhandene Zusammenhänge zwischen Lehrererwartungen, Lehrer-Schüler-Interaktion und Schulleistungen der Schülerinnen und Schüler hinweisen. Allerdings sind diese Zusammenhänge viel komplexer als während langer Zeit angenommen wurde (Good & Nichols 2001).

2 Begriffliche Grundlagen und Modell

Die Wirkungen von Lehrererwartungen sind von zwei Seiten her zu betrachten: einerseits als Effekt der sich selbsterfüllenden Prophezeiung und andererseits als Effekt der Aufrechterhaltung der Erwartungen (siehe Abbildung 13.2) (Good & Brophy 2003).

(1) Der **Effekt der sich selbst erfüllenden Prophezeiung** ergibt sich daraus, dass eine ursprünglich falsche Erwartung (positive oder negative) der Lehrkraft zu einem Lehrerverhalten führt, das verursacht, dass das erwartete Schülerverhalten tatsächlich eintrifft (wie im Fall des Pygmalion-Effekts).

Beispiel: Robert ist das jüngste Kind einer Familie; sein Vater ist Mathematikprofessor. Seine drei Geschwister waren in Mathematik sehr gut. Deshalb geht seine Mathematiklehrerin stillschweigend davon aus, dass auch Robert in Mathematik gut sein muss und nimmt sich ihm positiv an, verstärkt ihn und fordert ihn mit zusätzlichen Aufgaben immer wieder heraus. Obschon Roberts Leistungen in früheren Klassen eher schlecht waren, verbessert er sich jetzt beträchtlich. Die positive Erwartung und das darauf abgestimmte Lehrerverhalten wirken deshalb als sich selbst erfüllende Prophezeiung.

Untersuchungen zum Effekt der sich selbst erfüllenden Prophezeiung lassen sich auf zwei Arten durchführen. Im einen Fall werden den Lehrkräften Informationen über Lernende gegeben (induziert), die nicht zutreffend sind. Solche Studien sind nötig, um eine **Ursache**(Induzierung)-**Wirkungs**-(Lehrerverhalten, Schülerverhalten)-**Beziehung** nachzuweisen. Im anderen Fall werden die von den Lehrkräften selbst entwickelten Erwartungen und dem daraus entstehenden Verhalten mit den sich

Abbildung 13.2 **Lehrererwartungen**

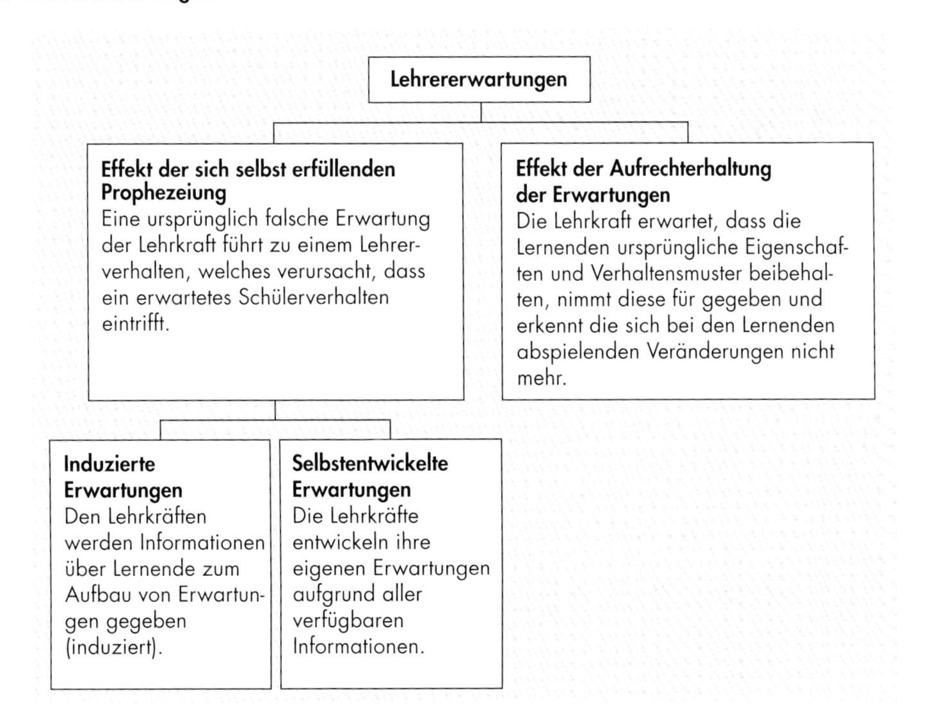

ergebenden Folgen für die Lernenden betrachtet. Diese Untersuchungen lassen keine Ursache-Wirkungs-Aussagen, wohl aber Schlussfolgerungen darüber zu, wie Lehrererwartungen selbst erfüllende Prophezeiungen werden können. Deshalb betreffen sie weniger die Frage nach den Lernergebnissen, sondern sie zeigen vielmehr, wie sich die Lehrer-Schüler-Interaktion bei hohen und geringen Lehrererwartungen entwickeln, und sie erklären zusätzlich die Mechanismen, welche den Effekt der Aufrechterhaltung der Erwartungen steuern.

(2) Der **Effekt der Aufrechterhaltung der Erwartungen** betrifft die Annahme von Lehrpersonen, dass ursprünglich erkannte Eigenschaften und Verhaltensmuster von Lernenden etwas weitgehend Gegebenes sind und kaum Änderungen unterliegen. Daraus ergeben sich festbleibende Vorstellungen über Schülergruppen und einzelne Schülerinnen und Schüler mit feststehenden Lehrererwartungen, welche Lehrkräfte daran hindern, Veränderungen bei den Lernenden wahrzunehmen und das Lehrerverhalten entsprechend anzupassen. Dieser Effekt ist vor allem bei Lehrkräften zu beobachten, die sich mit der Problematik der Lehrererwartungen nicht auseinandersetzen. Er wirkt subtil und konstant, führt aber zu weniger starken Veränderungen im Lehrer- und Schülerverhalten als die sich selbsterfüllende Prophezeiung (Good & Brophy 2003).

Die Bedeutung der Lehrererwartungen lässt sich an einem Modell, das den Prozess und die Effekte der sich selbst erfüllenden Prophezeiung aufzeigt, am eindrücklichsten belegen, nicht zuletzt deshalb, weil es als ordnender Raster für die Vielzahl der empirischen Untersuchungen dient und auch die Effekte der Aufrechterhaltung der Erwartungen sichtbar macht. Abbildung 13.3 zeigt dieses Modell (in Anlehnung an Braun 1976 und Good & Brophy 2003).
Am Anfang steht der Input bei der Lehrperson: Informationen über die Lernenden von aussenstehenden Personen, aus Dokumentationen usw. sowie eigene Wahrnehmungen bei den ersten Begegnungen innerhalb und ausserhalb des Unterrichts. Daraus entwickeln sich die Lehrererwartungen, die ergänzend sowohl durch persönliche Eigenschaften der Lehrkraft als auch durch Gegebenheiten im Umfeld der Schule und des Unterrichts mitprägt werden. Diese Lehrererwartungen beeinflussen den Output der Lehrperson, d.h. die Form aller ihrer Interaktionen mit der Klasse und ihren einzelnen Schülerinnen und Schülern. Dieser Output ist zugleich Input bei den Lernenden: Sie nehmen aus dem Verhalten der Lehrkraft ihnen gegenüber allmählich wahr, was die Lehrperson von ihnen erwartet. Wenn sich die Lehrperson über längere Zeit konsistent verhält und die Lernenden nicht von sich aus gegen die Erwartungen der Lehrkraft einwirken, entwickeln sich ihre Selbsterwartungen in Bezug auf ihre Motivation, ihre Leistungsfähigkeit, ihr Verhalten und letztlich auch das Selbstkonzept im Sinne der Lehrererwartungen. Diese Selbsterwartungen beeinflussen den nächsten Output, nämlich das konkrete Verhalten und allenfalls den Lernerfolg der Schülerinnen und Schüler. Dieser Output wird von der Lehrperson zugleich als neuer Input wahrgenommen, wodurch selbstverstärkende Wirkungen zu spielen beginnen. Verhalten sich die Lernenden im Sinne der Lehrererwartungen, so fühlt sich die Lehrkraft in ihren Erwartungen bestätigt, so dass der ganze Prozess im gleichen Sinn weiterläuft. Dieser Prozess ist nun besonders verhängnisvoll für Lernende, für welche die Lehrperson tiefe Erwartungen hat. Weil sie sich in ihrer Prognose bestätigt fühlt, setzt sie die Interaktionen in einer wenig förderlichen Form fort, so dass die Lernenden keine Chance haben, erfolgreich zu werden, denn es wird

Abbildung 13.3 **Modell des Prozesses und der Wirkungen von Lehrererwartungen**

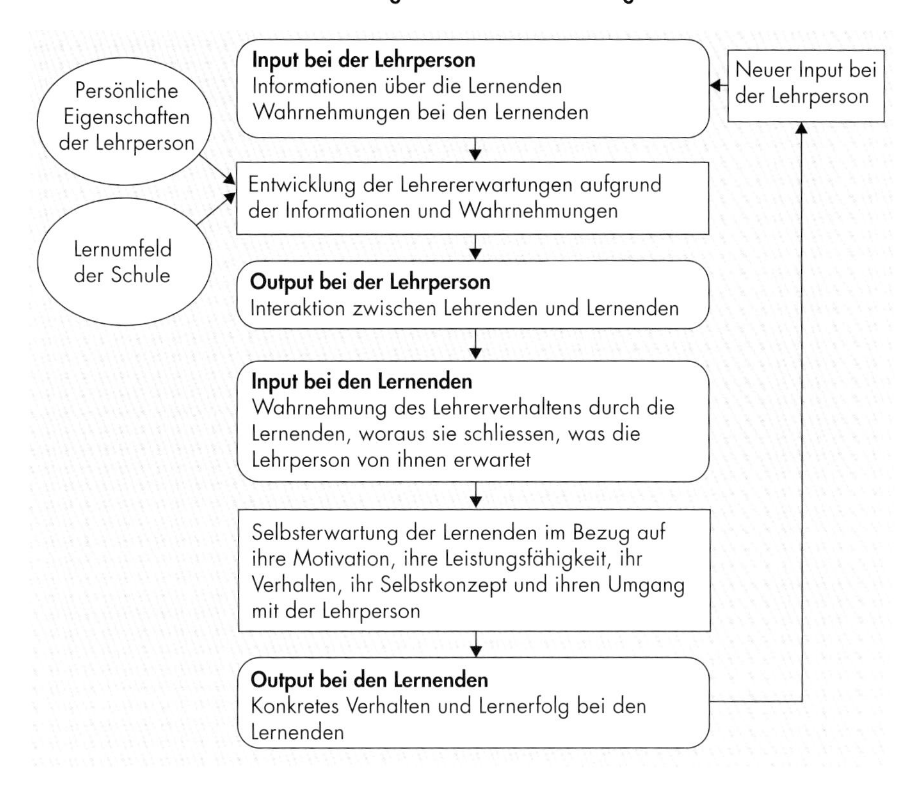

ihnen kaum gelingen, diesen negativen Kreislauf durch eigene, von der Lehrperson bewusst positiv wahrzunehmende Aktionen zu durchbrechen. Umgekehrt sind Lernende, denen Lehrkräfte mit positiven Erwartungen gegenübertreten, in einem sich selbstverstärkenden Prozess bevorzugt, indem sich die Lehrperson an der Bestätigung ihrer positiven Erwartung erfreut und die Interaktionen mit grosser Wahrscheinlichkeit noch positiver gestaltet.

Der Effekt der sich selbst erfüllenden Prophezeiung tritt jedoch nur ein, wenn alle Elemente des Modells vorhanden sind. Häufig fehlen aber einzelne Elemente. So kann es sein, dass eine Lehrkraft keine eindeutigen Erwartungen an Lernende hat, oder dass sie zwar Erwartungen aufbaut, diese aber nicht zu einem konsistenten Lehrerverhalten führen. Vorstellbar ist auch ein Widerstand der Lernenden gegen ein den Erwartungen entsprechendes Verhalten der Lehrkraft (beispielsweise strengt sich ein Schüler immer wieder an, obschon er merkt, dass ihm die Lehrerin keine guten Erfolgschancen gibt, etwa wenn er von zu Hause stark unterstützt wird). In allen diesen Fällen kommt es nicht zur sich selbst erfüllenden Prophezeiung. Hingegen kann der Effekt der Aufrechterhaltung der Erwartungen recht bedeutend sein. So prägen beispielsweise bestimmte Erwartungen das Lehrerverhalten über lange Zeit, indem die Lehrperson bestimmte wahrgenommene Verhaltensweisen als abschliessend gegeben sieht und gar nicht mehr erkennt, wie sich ein Schüler oder eine Schülerin entwickelt, oder wie sich seine Fähigkeiten verändern. Insgesamt sind die Wirkungen der sich selbst erfüllenden Prophezeiung vor allem dann sehr stark, wenn sie tatsächlich zum

Tragen kommen. Die viel subtileren Effekte der Aufrechterhaltung der Erwartungen wirken aber viel häufiger.
Im Folgenden werden die einzelnen Elemente des Modells anhand empirischer Untersuchungen genauer besprochen, um aufzuzeigen, was eine Lehrperson beachten sollte, damit sie vor allem den sich im negativen Sinn entwickelnden Prozess der sich selbst erfüllenden Prophezeigung nicht verstärkt, und der Effekt der Aufrechterhaltung der Erwartungen weniger zum Tragen kommt.

3 Die einzelnen Schritte im Modell

3.1 Input bei der Lehrperson: Informationen und Wahrnehmungen

Die vielen Untersuchungen zur Verarbeitung des Inputs (Informationen und Wahrnehmungen über die Lernenden), bei denen Erwartungen in Experimentalsituationen induziert werden, sind trotz zum Teil recht eindeutigen Ergebnissen sehr sorgfältig zu interpretieren, weil sie oft zu Erwartungen führen, welche in realen Klassensituationen aufgrund der wirklichen Beobachtungen und Erfahrungen rasch korrigiert würden. Entgegen früheren Untersuchungsergebnissen zeichnet sich heute immer deutlicher ab, dass Lehrkräfte ihre Erwartungen auf die besten ihnen zur Verfügung stehenden Informationen abstützen sowie Mängel in ihrer Wahrnehmung rasch korrigieren. Es gibt sogar Lehrkräfte, die aufgrund ihrer Wahrnehmungen zu besseren Erfolgsvorhersagen kommen als aufgrund von Testergebnissen (Helmke & Schrader 1987, Coladarci 1986). Trotzdem lassen sich aber immer wieder Einflüsse von aufrechterhaltenen Erwartungen nachweisen.
Im Folgenden werden einige Quellen für Beurteilungen angeführt, welche nachgewiesenermassen die Erwartungen von Lehrkräften positiv oder negativ beeinflussen (Braun 1976, Jones 1990).

(1) **Erscheinungsbild der Schülerinnen und Schüler:** Viele Lehrkräfte schätzen das Potenzial attraktiver Jugendlicher höher ein und bezeichnen sie als weniger asozial. Bei dieser Beurteilung, die stark durch Persönlichkeitsmerkmale der Lehrerinnen und Lehrer beeinflusst wird, prägen die Kleidung, das allgemeine Verhalten, die Ordentlichkeit usw. die Erwartungen oft sehr stark.

(2) **Bisherige Schulleistungen** beeinflussen die Erwartungen vieler Lehrer und Lehrerinnen häufig nachhaltig. Dies zeigt sich bereits in der Alltagserfahrung. So lässt sich nicht selten beobachten, wie eine gleiche, schwächere Schulleistung von einer Lehrperson bei einer guten Schülerin mit «diesmal warst du weniger gut» und bei einem schlechten Schüler mit «diesmal warst du weniger schlecht» beurteilt wird. Aber auch das Wissen über bisherige Noten, Testergebnisse usw. wirkt auf die Lehrererwartungen ein.

(3) **Zugehörigkeit zu einer bestimmten sozialen Schicht:** Das Wissen darüber führt nicht selten zu stereotypen Lehrererwartungen, wobei diese Erwartungen oft durch die eigene Lebenssituation und -erfahrung der Lehrperson beeinflusst werden.

(4) **Beobachtungen im Klassenzimmer:** Viele Lehrkräfte neigen dazu, bereits nach wenigen Tagen aufgrund erster Eindrücke von einzelnen Schülerinnen und Schülern

umfassende Voraussagen über künftiges Verhalten und den künftigen Schulerfolg zu machen. Diese ersten Voraussagen bestimmen die Erwartungen der Lehrperson oft stark und beeinflussen ihr Verhalten recht nachhaltig: Mit Lernenden, von denen sie einen guten ersten Eindruck haben und denen sie gute Chancen für die Zukunft geben, pflegen sie häufigere Kontakte, schenken ihnen mehr Beachtung und machen die grösseren Erwartungshaltungen mittels grösseren Herausforderungen sichtbar. Dadurch haben die verschiedenen Schülerinnen und Schüler ganz unterschiedliche Ausgangsbedingungen und Chancen im Unterricht. Der erste Eindruck ist aber entgegen einer verbreiteten Meinung unzuverlässig, weil er auf wenigen Beobachtungen beruht. Interessanterweise hält er sich aber meistens stark und führt nicht selten zu einem bleibenden Vorurteil (Aufrechterhaltung der Erwartung).
Zu beachten ist auch der **Halo-Effekt**. Oft lassen sich Lehrkräfte bei der Beurteilung von Lernenden von einzelnen Merkmalen, die besonders stark in Erscheinung treten, leiten, so dass andere Eigenschaften und Verhaltensmerkmale gar nicht mehr richtig wahrgenommen werden. Dadurch verwischt sich das Gesamtbild eines Schülers oder einer Schülerin, was die Subjektivität der Beurteilung stark fördert und die Erwartungen in unzuverlässiger Weise beeinflusst.

(5) **Erfahrungen mit Geschwistern** beeinflussen Lehrererwartungen nachgewiesenermassen sowohl im positiven wie im negativen Sinn.

(6) **Einsicht in die Schülerdatei:** Immer noch nicht ganz eindeutig geklärt ist, wie die Einsicht in die Schülerdatei (Testergebnisse, Resultate von psychologischen Untersuchungen, Berichte des Schularztes, Korrespondenzen mit Eltern usw.) die Lehrererwartungen prägt. Auf der einen Seite wird sie als vorteilhaft beurteilt, weil sie dazu beiträgt, die einzelne Schülerin und den einzelnen Schüler besser kennenzulernen und besser zu verstehen. Auf der anderen Seite wird befürchtet, die Einsichtnahme könnte Lehrererwartungen in eine bestimmte Richtung leiten. Untersuchungen zeigen, dass Lehrkräfte, die über viele Informationen verfügen, sich an ihren Schülerinnen und Schülern interessierter zeigen, zugleich in ihrem Urteil aber auch stärker beeinflusst werden, was insbesondere für negative Informationen zutrifft. Nachgewiesen wurde auch ein Halo-Effekt von Informationen, welche Lehrkräften vor Beginn des Unterrichts zur Verfügung standen. Positiv wirkten sich hingegen Informationen über Probleme von Lernenden, und wie ihnen geholfen werden kann, aus.

Wahrscheinlich ist es am besten, wenn Lehrkräfte vor Unterrichtsbeginn nicht zu viele Informationen erhalten, damit sie ihre Beobachtungen selbst machen. Insbesondere sollten nicht zu viele negative Informationen weitergegeben werden, weil sie doch eher zu negativen Erwartungen führen. Sinnvoll ist es hingegen, vorgängig auf Probleme aufmerksam zu machen, wobei die Wirkung solcher Informationen verstärkt wird, wenn auch auf mögliche Hilfen und positive Erfahrungen verwiesen wird (z.B. eine Schülerin hat eine äusserlich kaum sichtbare cerebrale Lähmung, die sie bei gewissen motorischen Aktivitäten stark behindert. Wissen dies neue Lehrkräfte, so kommt es nicht zu falschen Lehrerreaktionen, welche die Lehrer-Schüler-Beziehung von allem Anfang an belasten).

3.2 Entwicklung der Lehrererwartungen

Aus einer Fülle solcher Informationen und Erwartungen baut sich jede Lehrperson ihre Erwartungen an die einzelnen Schülerinnen und Schüler auf. Wahrscheinlich prägen aber die einzelnen Einflussfaktoren die Erwartungen einer jeden Lehrkraft aufgrund ihrer persönlichen Eigenschaften sowie des Umfelds in einer Schule sehr verschiedenartig.
Good & Brophy (2003) unterscheiden im Hinblick auf die Entwicklung von Lehrererwartungen drei Lehrergruppen mit unterschiedlichen Eigenschaften: proaktive, reaktive und überreaktive.
Die **proaktiven Lehrkräfte** setzen für ihre Klassen und die einzelnen Lernenden Ziele nach ihren eigenen Überzeugungen. Wenn sie realistische Ziele setzen und gut unterrichten, so ist es wahrscheinlich, dass sie ihre Klassen in Richtung der Erfüllung ihrer Erwartungen, die auf diese Ziele ausgerichtet sind, führen. Solche Lehrkräfte haben denn auch positive Erwartungseffekte auf ihre Schülerinnen und Schüler.

Reaktive Lehrkräfte zeigen keine ausgeprägten Erwartungen und passen sie aufgrund von erhaltenem Feedback immer wieder an. Sie haben deshalb schwache Erwartungseffekte auf ihre Lernenden und tendieren dazu, bestehende Unterschiede zwischen Lernenden mit hohen und mit tiefen Leistungen aufrechtzuerhalten. Allenfalls können sich diese Unterschiede noch vergrössern, weil sich die Lernenden entsprechend der Erwartungen verhalten und die Lehrkraft sich nicht um einen Ausgleich bemüht.

Überreaktive Lehrkräfte tendieren zu konventionellem, dogmatischem und autoritärem Verhalten (Babad 1998). Sie halten an ihren einmal festgelegten Erwartungen oft stur fest, fühlen sich für das Lernen ihrer Schülerinnen und Schüler wenig verantwortlich, sehen die Fähigkeiten der Lernenden als wenig veränderlich, betonen die Unterschiede zwischen den Lernenden stärker als Gemeinsamkeiten und suchen Misserfolge beim Unterrichten stärker bei anderen und weniger bei sich selbst.
Die überreaktiven Lehrkräfte sind besonders kritisch, weil sich bei ihnen negative Erwartungen stark auswirken und sich der Prozess der sich selbst erfüllenden Prophezeiung am ausgeprägtesten abspielt. Für diejenigen Lernenden, denen mit tiefen Erwartungen begegnet wird, ist dies verhängnisvoll. Ganz generell scheint es so zu sein, dass tiefe Erwartungen und negative sich selbsterfüllende Prophezeiungen stärkere Effekte haben als hohe Erwartungen und Prophezeiungen (Jussim et al. 1998). Selbst bei stark proaktiven Lehrkräften dürfen die positiven Wirkungen auf die Lernleistungen nicht überbewertet werden (Brophy 1983). Nach Rosenholtz & Simpson (1984) spielt auch das Lernumfeld, wie es von der Lehrperson geschaffen wird, eine Rolle. In Klassen mit einseitigen statt vielseitigen Lernzielen, mit eintönigen statt verschiedenartigen Schüleraktivitäten, mit einer starken Wettbewerbssituation und mit vielen Leistungsbeurteilungen statt Unterstützung der Lernenden, sind unterschiedliche Lehrererwartungen und eine damit verbundene unterschiedliche Behandlung der Lernenden häufiger zu beobachten.

3.3 Output bei der Lehrkraft: Interaktion mit den Lernenden

Einmal entwickelte Lehrererwartungen führen zum Output bei der Lehrkraft, d.h. zu von den Erwartungen abhängigen Interaktionsformen. Besonders ausgeprägt sind die

unterschiedlichen Verhaltensweisen bei der Verstärkung. Schülerinnen und Schüler, in welche Lehrpersonen hohe Erwartungen setzen, erhalten nicht nur quantitativ mehr, sondern auch eine qualitativ bessere Verstärkung (z.B. «Du hast eine gute Lösung gefunden, weil du schon immer gut abstrakt denken konntest.») (Weinstein & McKown 1998). Wahrscheinlich wirken unterschiedliche Lehrererwartungen auch nicht bei allen Schülerinnen und Schülern gleich. Bei gut motivierten und leistungsorientierten Lernenden haben sie weniger Einfluss als im umgekehrten Fall (Salonen et al. 1998).
Good & Brophy (2003) legen eine Liste von Verhaltensweisen von Lehrkräften mit negativen Erwartungen gegenüber Schülerinnen und Schülern vor (siehe Abbildung 13.4). Diese Zusammenstellung will für ungeeignetes Lehrerverhalten sensibilisieren. Selbstverständlich treten diese Verhaltensweisen nicht in jeder Klasse und bei jeder Lehrkraft in dieser Vollständigkeit und in voller Kraft in Erscheinung. Ausserdem ist immer wieder zu beachten, dass viele dieser Verhaltensweisen auch eine – manchmal resignierende – Folge von zu wenig erwünschtem Schülerverhalten (siehe Abschnitt 2.3 im Kapitel 15) sind. Einzelne Formen dieses Verhaltens können in bestimmten Unterrichtssituationen auch gewollt sein (z.B. stärkere Strukturierung mit schwächeren Schülerinnen und Schülern). Kritisch wird es in jenen Klassen, in welchen solche Verhaltensweisen gesamthaft oder gegenüber einzelnen Lernenden gehäuft auftreten. Dann ist davon auszugehen, dass bei der betroffenen Lehrkraft eine Tendenz zu tiefen Erwartungen vorhanden ist. Schliesslich wurde erkannt, dass sich viele Lehrpersonen gar nicht bewusst sind, wie ihre Erwartungen ihr Verhalten prägen. Oft meinen sie sogar, schwächere Schülerinnen und Schüler emotional besonders stark zu fördern, selbst wenn vorurteilsgeladene Verhaltensweisen beobachtbar sind (Babad 1998).

3.4 Input bei den Lernenden: Wahrnehmung des Lehrerverhaltens

In vielen Untersuchungen wurde nachgewiesen, dass bereits junge Schülerinnen und Schüler die unterschiedlichen Verhaltensmuster, welche die Lehrkräfte im Unterricht aufgrund ihrer Erwartungen haben, genau erkennen. So berichten in einer Untersuchung 73 % der Lernenden, die schwächere Leistungen erbrachten, dass sie von der Lehrkraft als schwach wahrgenommen und behandelt werden (Morrison & Mc Intrye 1969). Oder Lernende, an welche die Lehrkräfte hohe Erwartungen hatten, erkannten, wie sie mehr Gelegenheit zu Interaktionen im Unterricht sowie mehr Lob und weniger Kritik erhielten, wobei die Empfindungen stärker waren als das tatsächlich beobachtete Verhalten (Cooper & Good 1983). Oder Primarschulkinder konnten in Interviews genau beschreiben, wie und in welcher Hinsicht sich Lehrkräfte gegenüber besseren Lernenden anders verhielten als gegenüber weniger guten (Weinstein et al. 1987).

3.5 Selbsterwartungen der Lernenden

Weil die Schülerinnen und Schüler von ihren Lehrkräften unterschiedlich behandelt werden und dies auch erkennen, reagieren sie mit der Zeit im Sinne der Lehrererwartungen. Und weil dieses erwartete Verhalten durch die Lehrkraft immer wieder verstärkt wird, beginnen sich die Selbsterwartungen der Lernenden allmählich mit den Erwartungen der Lehrperson zu decken.
Bei den Lernenden ergeben sich auch Unterschiede in der Wahrnehmung des durch Erwartungen geprägten Lehrerverhaltens. Einzelne Schülerinnen und Schüler

Abbildung 13.4 **Verhalten gegenüber Lernenden mit geringen Lehrererwartungen (Good& Brophy)**

Das Verhalten von Lehrkräften gegenüber Lernenden, an die sie geringe Erwartungen haben, ist durch folgende Merkmale gekennzeichnet (im Vergleich zu solchen, an die sie hohe Erwartungen haben):

1. Die Lehrkraft wartet auf eine Antwort weniger lang als bei Lernenden, an die sie hohe Erwartungen haben (sie gibt die Antwort rascher selbst oder ruft schneller einen anderen Schüler oder eine andere Schülerin auf).
2. Sie gibt die Antwort eher selbst oder ruft eher andere Lernende auf, statt die Frage zu präzisieren, Ergänzungen zu geben oder die Frage umzuformulieren.
3. Schlechterer Einsatz der Verstärkermechanismen.
4. Häufigere Kritik bei Misserfolgen und Fehlern.
5. Weniger häufigeres Lob bei Erfolgen und guten Leistungen.
6. Kein Feedback bei Antworten im Klassenganzen.
7. Weniger Beachtung und weniger Interaktionen.
8. Weniger häufiges Aufrufen bei Fragen und stellen von einfacheren, nicht analytischen Fragen.
9. Von der Lehrkraft entfernter setzen (sofern die Lehrkraft die Sitzordnung bestimmt).
10. Geringere Forderungen: Weniger Inhalte, rascheres Akzeptieren von nicht ganz richtigen Antworten und Lösungen, längere Erklärungen, übermässige Sympathie bei Problemen.
11. Mehr private Interaktionen statt solche im Klassenverband, und genauere Überwachung und Strukturierung der Lernaktivitäten.
12. Unterschiedliche Benotung: Weniger häufiges Berücksichtigen der Grenzfälle (aufrunden).
13. Weniger freundliche Interaktion (weniger zulachen und weniger nicht verbale Verstärkung).
14. Kürzerer und weniger intensiver Feedback auf Fragen.
15. Weniger Augenkontakt und weniger andere nicht verbale Kommunikation, welche Aufmerksamkeit und Empfänglichkeit zeigen (sich gegen die Lernenden wenden, unterstützendes Kopfnicken).
16. Weniger häufigerer Einsatz von zeitaufwändigen Unterrichtsverfahren, wenn Zeitbeschränkungen bestehen.
17. Geringere Akzeptanz von Ideen und weniger häufigere Weiterverwendung im Unterricht.
18. Verwendung eines weniger anspruchsvollen Lehrplans (mehr repetitive Inhalte, mehr Gewicht auf Faktenwiedergabe statt Lehrgesprächen und Diskussionen, häufigeres Üben zur Automation statt anspruchsvolles Denken).

schliessen sehr sensibel aus dem Tonfall oder aus Feinheiten der Sprache darauf, was Lehrpersonen von ihnen erwarten. Dies trifft insbesondere für jüngere Lernende und solche, die stärker von der Lehrperson abhängig sind, zu (Jussim et al. 1998).
Weil dieser Zusammenhang vor allem von Praktikern immer wieder bestritten wird, soll er anhand von zwei älteren Untersuchungen belegt werden. Videbeck (1960) zeigte, wie eine Leistungsbeurteilung durch Dritte die Selbsterwartungen beeinflusste. Er liess Schülerinnen und Schüler vor «besuchenden Experten» sechs Gedichte lesen. Die Hälfte der Lernenden wurde für ihre Leistung positiv bewertet, die andere Hälfte kritisiert. Anschliessend hatten sich die Lernenden selbst zu beurteilen. Dabei ergab sich, dass die positiv beurteilten Lernenden mehr Selbstvertrauen zeigten als die kritisierten. Gergen (1965) konnte zeigen, wie das Ausmass und die Gleichgerichtetheit von positiven und negativen Bestätigungen das Selbstvertrauen und die Selbsterwartungen prägen, wobei die Glaubwürdigkeit der beurteilenden Person als verstärkendes Element mitwirkte. Auch Witty & De Baryshe (1994) bestätigen diesen Sachverhalt. Sie stellten fest, dass die Lernenden die unterschiedlichen Verhaltensweisen von Lehrpersonen erkannten. Gute Schülerinnen und Schüler erhalten mehr

Anerkennung, und die Lehrkräfte begegnen ihnen weniger mit negativen Verhaltensweisen als mittelmässige und schwächere Lernende. Interessant bei dieser Untersuchung ist, dass die befragten Lehrkräfte und die Lernenden in der Frage, wo diese Unterschiede erkennbar sind, in keiner Weise übereinstimmen.
Hinzuweisen ist schliesslich auf die Stabilität der Lehrererwartungen, welche die Wahrnehmung durch die Lernenden verstärken. Unabhängig davon, ob sie positiv oder negativ sind, tendieren sie zu grosser Stabilität. Wenn eine Lehrkraft aufgrund ihrer Informationen und Wahrnehmungen einen Eindruck gewonnen und Erwartungen abgeleitet hat, bedarf es recht eindrucksvoller Veränderungen bei den Lernenden, bis es zu einer Revision der Erwartungen kommt (Braun 1976). Diese Stabilität ist es denn auch, die die Erwartungsproblematik vor allem für weniger gute Lernende bedeutsam macht.

3.6 Output bei den Lernenden: Verhalten und Schulleistungen

Längerfristig verändern die Selbsterwartungen der Lernenden ihr Verhalten. So stellten diejenigen, die wissen, dass die Lehrperson keine grossen Erwartungen an sie hat, weniger Fragen, weil sie befürchten, aufgrund ihrer Frage von der Lehrperson kritisiert zu werden. Insbesondere weniger gute Lernende haben jedoch den grössten Bedarf an Hilfe, zugleich sind sie aber am meisten gehemmt, um Hilfe nachzufragen (Newman & Goldin 1990). Deshalb zeichnen sich schwächere Schülerinnen und Schüler, für welche die Lehrkräfte geringe Erwartungen haben, auch durch eine zunehmende Passivität aus, die einerseits auf die in Abbildung 13.4 zusammengestellten, wenig ermunternden Verhaltensweisen von Lehrpersonen und andererseits auf ein viel inkonsistenteres Lehrerverhalten über längere Zeit zurückzuführen ist. Dies ist darauf zurückzuführen, dass viele Lehrkräfte, welche schwächeren Schülerinnen und Schülern helfen möchten, laufend neue Strategien versuchen und dadurch mehr verwirren oder verschiedene Lehrkräfte ihnen ganz unterschiedlich begegnen (beispielsweise verstärkt eine Lehrperson sehr ausgeprägt, die andere tut es nicht; eine Lehrkraft ruft ständig auf, um zu aktivieren und zu integrieren, die andere verzichtet völlig darauf) und damit zusätzlich verunsichern. Als Folge davon wissen solche Lernende mit der Zeit nicht mehr, was sie tun sollen und warten ab, bis eine Lehrperson sie zu führen und damit ihr Verhalten zu strukturieren beginnt (Passivitätsmodell von Good 1993). Die Passivität von Schülerinnen und Schülern wird aber nur zum Teil durch Verhaltensweisen von Lehrkräften, die ihnen gegenüber tiefe Erwartungen haben, verursacht. Oft kann dafür auch ein geringes Selbstvertrauen verantwortlich sein, oder sie halten sich aus kulturellen Gründen zurück (z.B. wenn sie viel Respekt vor dem Lehrer haben), oder sie sind scheu. Oft wollen sie am Unterricht auch bewusst nicht teilnehmen, weil sie es vorziehen, allein durch Zuhören und Denken zu lernen (Jones & Gerig 1994). Angesichts dieser vielen Ursachen des Schweigens im Unterricht ist es wesentlich, dieses Zurückhalten richtig zu diagnostizieren, um es nicht durch falsches Verhalten noch zu verstärken.
In Bezug auf den Einfluss von Lehrererwartungen auf den **Lernerfolg** der Schülerinnen und Schüler sind die Forschungsergebnisse widersprüchlich: in einzelnen Untersuchungen liessen sich Auswirkungen nachweisen, in anderen nicht. Dafür sind verschiedene Ursachen verantwortlich. (1) In zeitlich kurzen Untersuchungen ergeben sich verständlicherweise meistens keine Auswirkungen auf den Lernerfolg. (2) Die einzelnen Lehrpersonen unterscheiden sich im Hinblick auf die Verarbeitung von

Informationen und in der Wahrnehmung ihrer Schülerinnen und Schüler sehr stark. Deshalb entwickeln sich auch grosse Unterschiede in der Stärke und Richtung der Lehrererwartungen. Wahrscheinlich sind fachlich und menschlich gute Lehrkräfte vor allem für negative Lehrererwartungen weniger anfällig, weil sie Lernschwierigkeiten sorgfältiger diagnostizieren und vielfältigere Lernhilfen anbieten. Gleiches lässt sich für Lehrpersonen festhalten, die über die Lernenden weniger dogmatische Urteile haben (z.B. eine Schülerin ist intelligent oder nicht intelligent). Solche und andere individuelle Unterschiede bei Lehrkräften führen immer dann zu widersprüchlichen Forschungsergebnissen, wenn keine genügend grosse Stichprobe von Lehrkräften und Klassen beobachtet wird. (3) Weil der Pygmalion-Effekt immer mehr Lehrkräften bekannt ist, wird es zunehmend schwieriger, darüber noch weitere verlässliche Untersuchungen durchzuführen.
Aufgrund von zwei Effekten bei den Lehrkräften darf aber tendenziell darauf geschlossen werden, dass ein Zusammenhang zwischen Lehrererwartung und Schülerleistung besteht:

- Wenn eine Lehrkraft für einzelne Lernende oder – seltener – für ganze Klassen hohe Erwartungen hat, so wird sie versuchen, mit ihnen mehr und anspruchsvollere Lernziele zu erreichen, sie häufiger zu aktivieren, sich ihnen mehr anzunehmen und sie mehr zu verstärken. Daraus ergibt sich ein direkter Effekt in Richtung besserer Schulleistungen, der bei tiefen Lehrererwartungen wegfällt. Dieser Effekt konnte deutlich nachgewiesen werden (Beez 1968, Goldenberg 1992).
- Daneben können indirekte Effekte wirken. Einzelne Lernende und ganze Klassen, welche spüren, dass Lehrpersonen von ihnen viel erwarten, werden mit der Zeit besser motiviert sein und sich selbst gegenüber höhere Ansprüche stellen. Dadurch werden sie längerfristig bessere Leistungen erbringen. Umgekehrt hemmen Lehrkräfte die Leistungsfähigkeit von Schülerinnen und Schülern, wenn sie infolge geringer Erwartungen ein nicht förderliches Lehrerverhalten zeigen.

Insgesamt können also Lehrererwartungen zu selbsterfüllenden Prophezeiungen werden. Man sollte sich jedoch nicht nur darauf konzentrieren, sondern auch den Effekt der Aufrechterhaltung von Erwartungen betrachten, der das Lehrerverhalten vor allem aufgrund feststehender Meinungen von Lehrererwartungen längerfristig und kaum veränderbar prägt, was sich im Falle von geringeren Erwartungen für die betroffenen Schülerinnen und Schüler besonders negativ auswirkt.

4 Folgerungen für den Schulalltag

Zuerst stellt sich die Frage, ob Lehrkräfte Erwartungen an ihre Schülerinnen und Schüler haben sollen, und wenn ja, welche? Pädagogische Optimisten schliessen aus der Forschung über Lehrererwartungen oft, dass man allen Lernenden mit hohen positiven Erwartungen begegnen sollte, um damit für sie die besten und gerechtesten Voraussetzungen zu schaffen. Diese Auffassung ist eindeutig falsch, weil einerseits nicht alle Lernenden zu gleichem Verhalten und zu gleichen Leistungen befähigt sind, und andererseits noch so positive Erwartungen nicht von selbst zu besseren Leistungen führen. Weckt eine Lehrperson mit ihren Äusserungen zu hohe Erwartungen (z.B. «Diese Aufgabe ist so leicht, dass wir sie alle spielend lösen.»), so sind die nega-

tiven Folgen im Falle eines Misserfolgs für die schwächeren Lernenden eher grösser (Verlust an Selbstvertrauen), als wenn eine realistische Erwartungshaltung vorgegeben wird. Oft wird die Meinung vertreten, es sei alles zu vermeiden, was vorgängig zum Aufbau von Lehrererwartungen führen kann. Deshalb sollte weder mit früheren Lehrkräften gesprochen noch Einsicht in die Schülerdatei genommen werden. Auch diese Auffassung ist falsch, denn Lehrererwartungen lassen sich nicht unterdrücken; jede Interaktion, jede Beobachtung und jede Erfahrung führt zu Erwartungen. Entscheidend ist nicht, ob Erwartungen entstehen, sondern wie mit ihnen im Schulalltag umgegangen wird.
Anzustreben sind **realistische** Erwartungen, auf die das Lehrerverhalten und die Unterrichtsgestaltung auszurichten sind, damit jeder Schüler und jede Schülerin eine möglichst vorurteilsfreie und individuell wirksame Unterstützung durch die Lehrperson erhält. Daher kann es durchaus Situationen geben, in denen Erwartungen kritisch oder pessimistisch sind. Wesentlich ist dann aber, dass sie sich nicht zu einem Prozess der sich selbsterfüllenden Prophezeiung weiterentwickeln oder sich als Erwartung unreflektiert verfestigen. Vermieden werden kann dies, wenn die betroffenen Lernenden genau beobachtet werden, um eigene Erwartungen immer wieder zu überprüfen und alle Verhaltensweisen, die im Umgang mit tiefen Erwartungen oft üblich sind, möglichst vermieden werden.

Ganz allgemein sollten folgende Regeln beachtet werden (Good & Weinstein 1986, Brophy 1983, Good & Brophy 2003):

- Die Lernenden sind als Individuen und mit allen ihren persönlichen Eigenschaften und nicht als Angehörige einer Gruppe oder in stereotyper Weise zu erfassen: Stereotype Feststellungen wie «Weil es sich um ein Gastarbeiterkind aus unteren sozialen Schichten handelt, kann man von ihm kein Verständnis für klassische Literatur erwarten.» sind zu vermeiden.
- Lernende sind laufend zu beobachten. Insbesondere kleine Lernfortschritte sind zu verstärken, und Beobachtungen sollen sich immer auf die Gegenwart und nicht auf die Vergangenheit beziehen.
- Tendenziell sollten kurzfristige Minimalziele gesetzt werden, die auch von schwächeren Lernenden erreicht werden, damit auch sie zu Erfolgen kommen. Selbst wenn es sich nur um Teilerfolge handelt, schaffen sie bessere Voraussetzungen für positivere Selbsterwartungen.
- Bei Leistungsbewertungen darf man sich nicht mit Gruppenvergleichen begnügen, sondern vor allem den Schwächeren sollten die individuellen Fortschritte deutlich gemacht werden.
- Alle Lernenden sollten immer wieder spüren, dass ihnen die Lehrperson mit interessanten und jeweils angemessen anspruchsvollen Aufgaben eine Chance geben will und Misserfolge nicht zu unmittelbarer Kritik, Tadel oder Herabwürdigung führen.
- Wichtig sind die Interaktionen mit allen Lernenden, bei denen keine für die Lernenden durch Erwartungsunterschiede bedingte Differenzierungen im Lehrerverhalten spürbar sind.
- Schwächere Lernende brauchen Hilfe und nicht Wohlwollen und Sympathie. Deshalb sind auch ihnen klare Forderungen, die erfüllbar sind, zu stellen.
- Daher ist eine natürliche, unterstützende Beziehung zu ihnen von grosser Wichtigkeit. Sie darf sich aber nicht so entwickeln, dass sich die übrigen Klas-

senkameradinnen und -kameraden benachteiligt fühlen und sie mehr beachtete Lernende allmählich abzulehnen beginnen.

5 Weitere Aspekte der Lehrererwartungen

Schon seit langem wird vermutet, dass die Erwartungen, welche Lehrkräfte an ihre Klassen haben, die Stoffauswahl, die zeitliche Gliederung von Lektionen (Freeman & Porter 1989) und die Form der Aktivierung der Lernenden beeinflussen, woraus sich wiederum Rückwirkungen auf den Lernerfolg ergeben. Beispiele dafür sind Lehreräusserungen wie «mit euch behandle ich diese Lerninhalte nicht, weil sie zu anspruchsvoll sind». Wahrscheinlich beeinflusst auch das Fachwissen von Lehrkräften die Entscheidungen über Unterrichtsinhalte. Carlsen (1991) zeigte in einer Fallstudie, wie die Unterrichtsgestaltung einer gleichen Zahl von Lektionen zum gleichen Thema je nach der vorhandenen Sachkompetenz bei vier Lehrkräften der Biologie ganz unterschiedlich ausfiel. Über ein je grösseres Sachwissen sie verfügten, desto aktivere Lehrformen verwendeten sie und umso offener war die Diskussion. Daraus lässt sich schliessen, dass sachkompetente Lehrer dank ihrem Wissen und Können höhere Erwartungen an ihre Schülerinnen und Schüler haben und ihren Unterricht anspruchsvoller gestalten als weniger sachkompetente Lehrpersonen, die sich nicht zuletzt mangels Kompetenz stärker mit Lehrervorträgen und Einzelarbeiten begnügen und damit einen anspruchsloseren Unterricht führen.

6 Checklist und Beobachtungsschema zu Lehrererwartungen

Mit Hilfe von **Checklist 19** kann eine Lehrperson überprüfen, ob sie mit Lehrererwartungen richtig umzugehen versteht.
Mit Hilfe des **Beobachtungsschemas 16** kann das Verhalten einer Lehrperson gegenüber Schülerinnen und Schülern, für die sie hohe oder tiefe Lehrererwartungen hat, beobachtet werden. Dabei ist wie folgt vorzugehen:

1. Die Lehrperson nennt der den Unterricht beobachtenden Person seine Erwartungen (über dem Durchschnitt/unter dem Durchschnitt der Klasse), welche er an die einzelnen Lernenden hat. Diese Erwartungen werden im Schema eingetragen.
2. Die beobachtende Person erfasst während der Lektion das Verhalten jeder einzelnen Schülerin und jedes einzelnen Schülers sowie der Lehrkraft in den Verhaltenskategorien des Schemas. Der Eintrag erfolgt beim jeweils betroffenen Schüler bzw. der Schülerin.
3. Aus der Summe der Einzelwerte kann überprüft werden, ob sich die Lehrkraft gegenüber Lernenden, an die sie hohe Erwartungen hat, anders verhält als gegenüber solchen mit tiefen Erwartungen. Ist dies der Fall, so sind Verhaltensänderungen anzustreben.

Mit Hilfe des **Beobachtungsschemas 17** lassen sich Ausdrucksweisen über Erwartungen erfassen, die eine Lehrperson während einer Lektion zur Klasse als Ganzes oder zu einzelnen Schülerinnen und Schülern macht. Aus dem Gesamtbild lässt sich die Grundstimmung einer Lehrperson hinsichtlich der Lehrererwartungen beurteilen. Dieses Schema sollte durch eine beobachtende Person vor allem bei Lehrkräften angewandt werden, die an eine Klasse tiefe Erwartungen haben, um anhand der Auswirkungen zu besprechen, ob alle Bemerkungen gerechtfertigt waren.

Checklist 19: Lehrererwartungen

	ja	nein
1. Aktiviere ich alle Schülerinnen und Schüler unabhängig von meinen Erwartungen ungefähr gleichmässig, so dass – vor allem Schülerinnen und Schüler, an die ich weniger hohe Erwartungen habe – in meinen Klassen nicht passiv werden?	☐	☐
2. Bemühe ich mich, meine Erwartungen an Schülerinnen und Schüler aufgrund sicherer Informationen und eigenen, gesicherten Wahrnehmungen aufzubauen und vermeide ich vorschnelle Vorurteile und Stereotype?	☐	☐
3. Überprüfe ich meine Erwartungen immer wieder, indem		
– ich mir regelmässig überlege, ob sich am Schüler oder an der Schülerin etwas verändert hat?	☐	☐
– ich Veränderungen anhand von Beispielen genau belegen kann?	☐	☐
4. Überlege ich mir immer wieder, ob ich bei meinen Schülerinnen und Schülern Eigenschaften und Verhaltensweisen subjektiv werte und dadurch positive und negative Lehrererwartungen aufbaue, die mein Verhalten prägen (Erscheinungsbild, bisherige Schulleistungen, Herkommen usw.)?	☐	☐
5. Behandle ich Schülerinnen und Schüler, an die ich weniger hohe Erwartungen habe, korrekt?		
– Gebe ich ihnen genügend Zeit zur Beantwortung von Fragen und zur Einbringung von Diskussionsbeiträgen?	☐	☐
– Verstärke ich zweckmässig und verzichte ich auf Kritik, die mit meinen Erwartungen im Zusammenhang steht?	☐	☐
– Stelle ich an Aktivitäten für alle Lernenden die angemessen gleichen Anforderungen, so dass nicht auf meine Erwartungshaltung zurückgeschlossen werden kann?	☐	☐
– Ist mein verbales und nicht verbales Verhalten unabhängig von meinen Erwartungen bei allen Lernenden etwa gleich?	☐	☐
– Gehe ich auf alle Schülerreaktionen und -antworten etwa gleich ein?	☐	☐
– Bemühe ich mich unabhängig von Erwartungen um gleichartige Interaktionen innerhalb und ausserhalb des Unterrichts?	☐	☐
– Bemühe ich mich bei Lernenden, für die ich geringere Erwartungen habe, um ein Deutlichmachen von individuellen Lernfortschritten?	☐	☐
6. Bemühe ich mich um eine angemessene Individualisierung im Unterricht, indem ich Lernenden, an die ich weniger hohe Erwartungen habe, Hilfen anbiete?	☐	☐
7. Bin ich insgesamt nicht überreaktiv?	☐	☐
8. Treffe ich nicht aufgrund von falschen Erwartungen schlechte Lehrplanentscheidungen?	☐	☐
9. Nehme ich nicht tiefe Erwartungen an die Lernenden als Vorwand, eine Lernthematik nicht zu behandeln, weil ich innerlich weiss, dass ich selbst Lücken in der Sachkompetenz habe?	☐	☐

Beobachtungsschema 16: Lehrererwartungen

	Name der Lernenden	
	Leistungserwartungen der Lehrkraft	
Anzahl Interaktionen	Lehrkraft spricht Schüler(in) an	
	Schüler(in) spricht Lehrkraft an	
Schülerverhalten	Eigeninitiative Schüler(in)	
	Eindeutig falsche Reaktion	
	Falsche Reaktion, die aber weiter verwendet werden kann	
	Unerwartete Reaktion, die aber weiter verwendet werden kann	
Reaktionen der Lehrkraft	Gibt weitere Hilfen	
	Wiederholt Frage oder Problem	
	Wiederholt Frage oder Problem modifiziert	
	Fordert Schüler(in) zu Ergänzungen auf	
	Lässt dem (der) Schüler(in) zu wenig Zeit	
	Gibt Antwort selbst	
	Ruft andere(n) Schüler(in) auf	
	Zeigt positives nicht verbales Verhalten	
	Zeigt negatives nicht verbales Verhalten	
Verstärkung	Verstärkt sachbezogen	
	Verstärkt personenbezogen	
Kritik der Lehrkraft	Schlechte Arbeitshaltung	
	Falsches Denken/Überlegen	
	Unaufmerksamkeit	
	Mangelndes Interesse	
	Schlechte Einstellung zur Schule/Stoff	

Beobachtungsschema 17: Lehrererwartungen an die Klasse

Hinweise, Anmerkungen und Bemerkungen der Lehrkraft zu:	Beispiele von Lehreraussagen	
	positive Erwartungen	negative Erwartungen
Empfindungen in der Zusammenarbeit mit der Klasse. z.B.: Diese Thematik gehe ich mit euch richtig gerne an. Ihr seid eine mühsame Klasse.		
Einsatz und Arbeitshaltung der Klasse. z.B.: Ihr seid und bleibt Minimalisten. Mit eurem Lernwillen werden wir diese schwierige Thematik meistern.		
Motivation der Klasse. z.B.: Ich spüre, dass euch dies interessiert. Diese Thematik ist nicht interessant. Aber wir müssen sie behandeln, weil sie im Lehrplan vorgesehen ist.		
Leistungsfähigkeit der Klasse. z.B.: Das ist nichts für euch. Ich freue mich über die vielen guten Leistungen.		
Erkennbare Lernfortschritte der Klasse. z.B.: Obschon die Leistungen noch nicht so sind, wie sie sein sollten, erkenne ich grosse Fortschritte. Das werdet ihr nie lernen.		
Qualität der Lernarbeit in der Klasse. z.B.: In diesen Gruppenarbeiten habt ihr ausgezeichnet gearbeitet. Seit langem sage ich euch, dass euere Hausaufgaben ungenügend sind.		
Prosoziales Verhalten der Klasse. z.B.: Ich freue mich über den schönen Umgang untereinander in dieser Klasse. Ihr seid nicht einmal fähig, euch gegenseitig zu helfen.		
Ermunterung der Klasse. z.B.: Ich sehe, dass ihr hart arbeitet, weil ihr das Ziel erreichen wollt. Mit euerem in diesem Semester gezeigten Einsatz sehe ich schwarz für die Prüfung.		

Kapitel 14
Heterogene Klassen und Problemschüler(innen)

1 Alltagsfragen

Immer mehr Lehrkräfte beklagen sich über die zusätzlichen Belastungen, die infolge der zunehmenden **Heterogenität** (Diversität, Verschiedenheit, Ungleichheit) von Schulklassen sowie von einzelnen Schülerinnen und Schülern auf sie zukommen. Und in der Tat: In den meisten Schulen und Klassen zeichnen sich immer mehr Verschiedenheiten ab (diese Gliederung entstammt Wenning 2007):

Leistungsbedingte Heterogenität: Aufgrund der Motivation, des Vorwissens, der Fähigkeiten, der Lerngeschwindigkeit usw. unterscheiden sich die Schülerinnen und Schüler bei ihrem Lernen und bei den Lernerfolgen immer stärker. Als Folge davon gewinnt die Auseinandersetzung über differenzierte oder integrierte Bildungssysteme erneut an Bedeutung.
Altersheterogenität und Heterogenität des Entwicklungsstands: Lernende von gleichem Alter weisen immer grössere Unterschiede in ihrem sachstrukturellen Entwicklungsstand (Reife und Erfahrungen) aus. Deshalb wird die Jahrgangsklasse wieder vermehrt infrage gestellt.
Soziokulturelle Heterogenität: Die sozialen Erwartungen an die Schule werden in einer pluralistischen Gesellschaft laufend vielschichtiger. Bislang orientierte sich die Schule vor allem an den Vorstellungen der Mittelschicht. Heute möchte man Begabtenförderung betreiben, Behinderte voll integrieren, Schwache stärken usw., was zu zunehmend heterogeneren Anforderungen an die Schulorganisation und den Unterricht führt, sie aber auch wieder in Richtung der Homogenität leitet.
Sprachliche Heterogenität: Die durch Immigranten verursachte sprachliche Vielfalt bringt den Lehrkräften überall dort zusätzliche Belastungen, wo Schülerinnen und Schüler zu unterrichten sind, welche der Unterrichtssprache nicht mächtig sind. Ursache dafür ist häufig ein Ungenügen der Schulbehörden, denen es nicht gelingt, ein Schulmodell zu entwickeln, das eine sichere Einführung in die Unterrichtssprache garantiert sowie Eltern, die nicht willens oder nicht fähig sind, ihre Kinder sprachlich zu fördern.
Migrationsbedingte Heterogenität: Den Schulen gelingt es nicht, unterschiedliche kulturelle Erfahrungen und Handlungsmuster aufeinander abzustimmen, wodurch sich die Ungleichheit unter Schülern oft unterschwellig in allen Bereichen verstärkt und zu Konflikten im Klassenzimmer führen kann, gar wenn die Lehrkräfte mit interkulturellen Unterschieden nicht umzugehen wissen.
Gesundheits- und körperbezogene Heterogenität: Sie ergibt sich vor allem bei der Integration von Behinderten und führt dann zu Problemen, wenn Schulen nicht

behindertengerecht ausgebaut sind und den Lehrpersonen die Fähigkeit fehlt, Behinderte zu verstehen und sie in die Klassen zu integrieren.
Geschlechterbezogene Heterogenität: Gesellschaftliche Muster und deren Veränderung wirken in die Schulen hinein und führen zu Erwartungen, die dem traditionellen Rollenverständnis von Mann und Frau nicht mehr immer entsprechen, gar wenn Lehrpläne, Lehrbücher und Unterricht nicht mehr auf nicht mehr rückgängig zu machende Trends in der Gesellschaft ausgerichtet sind. Ursache für diese Heterogenität sind dann unterschiedliche Erwartungen der Schülerinnen und Schüler, die zu Widersprüchen zwischen gesellschaftlichen Vorstellungen sowie Wertvorstellungen der Eltern und der Lehrpersonen führen können.

Angesichts der Belastungen mit der zunehmenden Heterogenität ist es verständlich, dass sich viele Lehrerinnen und Lehrer eine Fortführung der traditionellen Homogenisierung der Schule insgesamt und der einzelnen Klassen wünschen (z.B. ein differenziertes Schulsystem, Jahrgangsklassen, Leistungsklassen). Viele Wunschvorstellungen können aber auch wieder zu einer andersgearteten Heterogenität des Schulsystems führen, die vor allem aus sozialpolitischer Sicht kritisiert wird, indem die Schülerinnen und Schüler vornehmlich nach sozialen, politischen und sozialen andersartigen Kriterien homogenisiert werden, was neue Ungleichheiten und Ungerechtigkeiten bringen kann. Dieser Entwicklung lässt sich im System Schule und im Unterricht auf drei Arten begegnen, welche allesamt neue Probleme schaffen (siehe auch Wenning 2007):

Erstens lässt sich die Heterogenität **ignorieren** und an einer vermeintlichen Homogentität festhalten, indem beispielsweise weiterhin ein differenziertes Schulsystem geführt, geschlechter- und kulturspezifisch unterrichtet oder zwischen Normalklassen und Sonderklassen unterschieden wird. Gegen solche Lösungen wirkt das steigende Bewusstsein gegen die Diskriminierung.
Zweitens kann die Heterogenität **unterdrückt** werden, d.h. bestimmte Formen der Vielfalt werden als pädagogisch nicht handlungsrelevant gesehen. Interkultureller Unterricht wird als unerwünscht bezeichnet, Kopftücher werden verboten.
Drittens lässt sich die Heterogenität durch Fördermassnahmen **abbauen.** Möglichkeiten dazu bieten eine kompensatorische Erziehung, mit welcher defizitäre sprachliche und soziale Voraussetzungen benachteiligter Kinder und Jugendlicher beseitigt werden sowie die Individualisierung des Unterrichts, mit der im Interesse der Verbesserung der Lernerfolge bei der Unterrichtsgestaltung auf Eigenarten der Lernenden Rücksicht genommen wird.

In neuerer Zeit wird immer wieder vorgeschlagen, die Heterogenität produktiv zu nutzen und die Verschiedenheit und Ungleichheit nicht als eine Last, sondern als Chance für die Schule und den Unterricht zu verstehen (George et al. 1998). Stroot (2007) spricht sogar von einem Diversitäts-Management in Schulen, das zu einer Learning Diversity führen müsse, welche die Schule als Organisation und den Unterricht zum bewussten Umgang mit Heterogenität hinführen sollte. Gedacht wird dabei an eine Schulorganisation, die nicht mehr allein auf Jahrgangsklassen beruht, sondern sich an den jeweiligen Voraussetzungen der Lernenden orientiert, also an mehrsprachigem Unterricht, an didaktischen Arrangements, in welchen interkulturelle Zusammenhänge verdeutlicht werden, an Systeme mit Schulhelfern aller Art usw. Bei einer sorgfältigen Sichtweise ist allerdings zu beachten, dass die Heterogeni-

tät immer im Zusammenhang mit der Homogenität beurteilt werden muss. So kann beispielsweise versucht werden, den Unterricht in einer stark heterogenen Klasse zur Verbesserung der Lernleistungen aller Schüler zu individualisieren. Wird in diesem Fall das Augenmerk auf die Schwächeren gelegt, so kann es zu einer Homogenisierung der Schulleistungen auf einem tieferen Leistungsniveau kommen, was sicher nicht erwünscht ist. Oder man kann Schülerinnen und Schüler aus fremden Kulturen in heterogenen Klassen zur eigenen Kultur hinführen. Ob die damit erreichte Homogenität von Vorteil ist, bleibt fraglich. Deshalb ist immer wieder nach einem optimalen Verhältnis von Heterogenität und Homogenität zu suchen, ein Prozess, der durch viele traditionelle, politische und soziale Zielvorstellungen und Einflüsse geprägt wird.
Schulisch versucht man das Problem der Heterogenität von drei Seiten her anzugehen (siehe Abbildung 14.1).

(1) Das Problem der **Heterogenität vs. Homogenität mit schul- und unterrichtsorganisatorischen Massnahmen zu lösen (äussere Differenzierung)**, wird seit vielen Jahren kontrovers diskutiert. Im Vordergrund steht die Frage der kognitiven Leistungförderung aller Schülerinnen und Schüler, wobei immer noch umstritten ist, ob leistungshomogene oder leistungsheterogene Schultypen (differenzierte versus integrierte Schulsysteme) lernwirksamer sind. Ebenso Pendelschlägen ausgesetzt sind die Auffassungen über geschlechterspezifische oder geschlechterintegrierte Schul- und Unterrichtsformen, über die Integration von Behinderten in Normalklassen oder über einen neutralen bzw. glaubensgebundenen Religionsunterricht. Bei diese Bereiche betreffenden Entscheidungen prägen immer noch politische und sozialpolitische und weniger wissenschaftliche Kriterien die Entscheidungsfindung.

(2) Viele Anhänger findet die Idee des **individualisierten Unterrichts (innere Differenzierung)**, wozu in den letzten Jahren sehr viele Modelle entworfen wurden. Ob der Vielzahl dieser Modelle, deren Wirksamkeit zum Teil empirisch untersucht wurde, liegen verständlicherweise widersprüchliche Erfolgsergebnisse vor, so dass allgemein gültige Aussagen über den individualisierten Unterricht fast nicht möglich sind.

(3) Für Lehrkräfte bedeutsam ist schliesslich das Bemühen um die bestmögliche **Integration von Problemschülerinnen und Problemschülern** in ihre Klassen und in den Unterricht. Diese Aufgabe stellt für Lehrkräfte heute die herausforderndste Belastung dar. Mit geeigneten Strategien lässt sich in diesem Bereich die Heterogenität

Abbildung 14.1 **Umgang mit der Heterogenität**

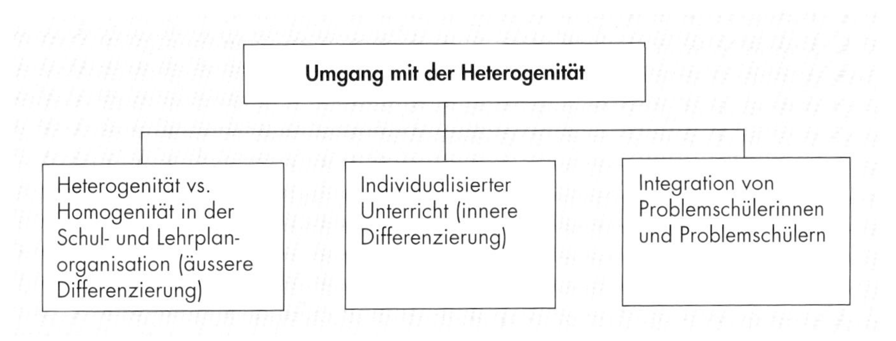

von Klassen etwas vermindern. Voraussetzung dazu ist allerdings eine gute Beziehungskultur in Schulklassen, die von der Lehrperson insbesondere in schwierigen Situationen die Fähigkeit zum Caring voraussetzt sowie durch das Zusammenspiel von Wertschätzung gegenüber allen Schülerinnen und Schülern, Schenken von Vertrauen und schrittweises Übergeben von Verantwortung für das Lernen sowie ehrliches Anerkennen von guten Lernleistungen und anständigem Verhalten charakterisiert ist.

2 Heterogenität vs. Homogenität in der Schul- und Lehrplanorganisation

2.1 Die Schulleistung in homogenen und heterogenen Klassen

Seit Jahrzehnten wird nicht nur auf der politischen Ebene, sondern auch in der Wissenschaft darüber gestritten, ob ein Schulsystem heterogen (z.B. gesamtschulartige Organisationsformen) oder homogen (z.B. gegliederte Schulen) gestaltet und innerhalb eines Systems heterogene, homogene und gemischte Klassen (z.B. Kernunterricht in heterogenen Stammklassen sowie vertiefter Unterricht in Leistungsklassen aus den heterogenen Kernklassen) gebildet werden sollen. Im Rahmen dieses Buches kann auf diese Frage nicht ausführlich eingegangen werden. Einige wichtige Erkenntnisse seien aber festgehalten:

(1) Ausgangspunkt der Diskussion über die Gestaltung einer Schulorganisation ist eine sozialpolitische Frage: Kann mit der Gestaltung der Schulorganisation erreicht werden, dass Kinder und Jugendliche aus bildungsferneren und unteren sozialen Schichten, die unbestritten bildungsmässig benachteiligt sind und geringere Chancen zum sozialen Aufstieg haben, bessere Entwicklungsmöglichkeiten erhalten. Eine sehr umfassende Studie von Blossfeld & Shavit (1993) in dreizehn Ländern mit ganz unterschiedlichen Gesellschaftssystemen führte zu einem wenig erfreulichen Resultat. Noch so durchdachte strukturelle Bildungsreformen führten keinen Ausgleich von sozialen Ungleichheiten herbei. «Nirgendwo haben diese Reformen die Bildungsungleichheit zwischen den sozialen Schichten reduziert» (Blossfeld & Shavit 1993, 49).

(2) Wissenschaftlich unbestritten ist, dass der Besuch eines höheren Schultyps selbst bei gleichen fachlichen Schulleistungen stark schichtenabhängig ist. Besonders stark zeigt sich dies in den deutschsprachigen Ländern: Schülerinnen und Schüler aus einfachen sozialen Verhältnissen gelangen kaum je ins Gymnasium. So konnten beispielsweise Zutavern et al. (2002) für schweizerische Kantone zeigen, wie selbst bei sehr guten Leseleistungen nur ein Viertel der Jugendlichen aus der untersten sozialen Schicht gymnasiale Bildungsgänge belegen, während es aus der gleichen Leistungsgruppe der obersten sozialen Schicht 69% sind. Ramseier & Brühwiler (2003) haben diese Tatsache anhand der PISA-Daten noch vertieft, indem sie das Wechselspiel von kognitiven Grundfähigkeiten, indirekter sozialer Herkunft (Merkmale des familiären Umfelds sowie Ausbildung und Beruf der Eltern), kollektiver sozialer Herkunft (soziale Zusammensetzung der Schulangehörigen), kultureller Herkunft und Schultyp untersucht haben. Sie gelangten zu den folgenden Schlüssen: Die kollektive soziale Herkunft beeinflusst die Schulleistungen häufig noch stärker als die individuelle soziale Herkunft, weshalb Schulhäuser mit einer Mehrzahl von Schülerinnen und Schülern aus unteren sozialen Schichten eine besonders desintegrierende Wirkung

haben. Im Weiteren ist der Einfluss der Schichtzugehörigkeit auf die erbrachten Lernleistungen höher als derjenige der kognitiven Grundfähigkeiten. Dort wo das Schulsystem differenziert aufgebaut ist, bestehen zwar Mittelwertunterschiede bei den Schülerleistungen in den verschiedenen Schultypen; aber es bestehen beträchtliche Leistungsüberlappungen, d.h. unter den Lernenden des anspruchslosesten Schultypus gibt es viele, welche in Leistungstests die Ergebnisse von Schülerinnen und Schülern erreichen, die einen anspruchsvolleren Schultypus besuchen (dieser Sachverhalt wurde bereits früher von Moser & Rhyn [1996] belegt). Interessant ist aber, dass die Leistungsunterschiede in einem differenzierten Schulsystem zwischen den anspruchsloseren Schultypen (z.B. Realschule und Sekundarschule) ausgeprägter sind als zwischen anspruchsvolleren Schultypen (z.B. Sekundarschule und Gymnasium). Hier mag auch einer der Gründe liegen, weshalb Helmke & Weinert (1997, 93) zu folgendem Differenzierungsvorschlag gelangen: «Im Grossen und Ganzen scheinen **begrenzt heterogen** zusammengesetzte Klassen bei ausreichender Nutzung innerer Differenzierungsmöglichkeiten (gelegentliche Bildung homogener Lerngruppen bei bestimmten Aufgabenstellungen) viele soziale, pädagogische und didaktische Vorteile zu bieten.»

(3) Umfassendere Studien über die Schülerleistungen in grundlegend unterschiedlichen homogenen und heterogeneren Formen der Schulorganisation erbringen widersprüchliche Ergebnisse. Typisch dafür ist eine Studie von Gray (1990), in welcher sieben Untersuchungen in England und Schottland verglichen wurden. Zwei Untersuchungen erbrachten keine Leistungsunterschiede für unterschiedliche Schulorganisationsformen, zwei weitere weisen bessere Leistungsergebnisse für gesamtschulähnliche Systeme (Comprehensive School) nach, während in drei Studien eine differenzierte Organisation zu besseren Lernleistungen führt. In Deutschland zeigen Gesamtschulen mit heterogenen Klassen eher geringere Leistungen. Baumert (1995) führte einen Langzeit-Leistungsvergleich in den einzelnen Schulfächern an Schulen des 7.–10. Schuljahres (Gymnasium, Realschule, Hauptschule und Gesamtschule) durch. Seine Ergebnisse sprechen gegen die Gesamtschule mit heterogenen Klassen. Die Heterogenität bringt für die Leistungsschwächeren leichte Verbesserungen, während die Leistungsstärkeren tendenziell eher verlieren. Die PISA-Studie von 2003 führte zur Erkenntnis, dass die Schülerinnen und Schüler des Gymnasiums bessere Lernleistungen erbringen als diejenigen der anderen Schultypen. Allerdings ist dieses Ergebnis stärker auf die Zusammensetzung der Lernenden nach sozialer Herkunft und weniger auf die Schulorganisation und die Qualität des Unterrichts zurückzuführen. Auch in den Vereinigten Staaten sind die Erkenntnisse aus einzelnen Untersuchungen widersprüchlich. Slavin (1990) gelangt in einer zusammenfassenden Meta-Analyse indessen zum Schluss, dass Schulorganisationen mit homogenen Klassen im Vergleich zu heterogenen Klassen zu keinen besseren Lernerfolgen führen.

Diese widersprüchlichen Erkenntnisse aus der empirischen Forschung lassen sich zu einem guten Teil erklären. Das grösste Problem bei Vergleichsstudien liegt erstens in der **Messung der Leistung.** Leistungsmessungen müssen auf die Lehrpläne abgestimmt sein. Je unterschiedlicher diese sind, desto wahrscheinlicher ist es, dass die Leistungsvergleiche verzerrt werden. Zweitens ergeben sich bei Schulsystemen mit homogenen Klassen Verzerrungen infolge der Schülerzuordnung aufgrund der **Selektionsentscheide.** Einerseits sind die Selektionsentscheide oft unzuverlässig (nicht

valide Noten, bei Lehrerempfehlungen allenfalls Wirkungen des Pygmalion-Effektes oder des Einflusses der Eltern). Und andererseits wird die Selektion beeinflusst durch Faktoren wie Wohnort (in abgelegenen Regionen werden höhere Schulen seltener gewählt), zu frühe Selektion (Eltern wollen nicht, dass ihre Kinder zu früh eine auswärtige Schule besuchen) usw. Drittens werden mit einer Veränderung der Schulorganisation häufig weitere **schulische Neuerungen** eingeführt (z.B. neue Lern- und Arbeitsformen, neuartige Schülerbeurteilungssysteme), so dass die Vergleichbarkeit alter mit neuen Schulorganisationsformen fragwürdig ist. Viertens ist die **Einstellung der Lehrkräfte** von Bedeutung (vergleiche Steiner 1980). Wenn sich Lehrpersonen gegen eine bestimmte Schulorganisation stellen, ist die Wahrscheinlichkeit gross, dass geringere Schülerleistungen zu erwarten sind.
Angesichts dieser Forschungslage kann **wissenschaftlich** immer noch **nicht belegt** werden, ob Schulorganisationen auf homogene oder auf heterogene Klassen ausgerichtet werden sollen. Im Sinne von «Best Practice» seien die folgenden Aussagen gewagt:

- Mit schulorganisatorischen Fragen allein lassen sich die Probleme der bildungsmässigen Benachteiligung von Kindern und Jugendlichen aus bildungsfernen und unteren sozialen Schichten nicht beseitigen. Anzusetzen ist bei einer gezielten frühkindlichen und vorschulischen Erziehung, in welche die Eltern in zielgerichteter Weise einzubeziehen sind.
- Volksschulklassen sollten heterogen gestaltet werden, wobei mit zunehmender Schuldauer im Rahmen des für Lehrpersonen Verkraftbaren innere Differenzierungsmassnahmen (Individualisierung des Unterrichts) vorzusehen sind (siehe Abschnitt 3 dieses Kapitels).
- Selektionsentscheide dürfen nicht zu früh getroffen werden, doch mit zunehmender Schuldauer sollte die auf die Leistung ausgerichtete Homogenität der Klassen vorangetrieben werden. Andernfalls könnten gute Schülerinnen und Schüler benachteiligt werden, gar wenn sie in Klassen mit vielen Schülern aus bildungsfernen Schichten mit grossen Sprachdefiziten zu unterrichten sind.
- Diese Forderung nach Homogenität lässt sich – selbst wenn nicht nachgewiesen ist, dass homogene Klassen in jedem Fall zu besseren Schulleistungen führen – mit einer allerdings nicht für jedermann akzeptablen Begründung rechtfertigen: Wenn es durch bildungs-, sozial- und familienpolitische Massnahmen in der Vor- und Volksschulanfangsphase nicht gelingt, eine bessere Gleichheit der Startbedingungen für alle zu schaffen und eine bessere Durchmischung der Bevölkerung herbeizuführen, sich die Tendenz zu schichtenspezifischen Quartierschulen also verstärkt, ist eher damit zu rechnen, dass es mit homogenen Klassen an vielen Schulen zu einer Senkung des Leistungsniveaus kommt. Deshalb ist es zumindest verständlich, wenn bestimmte Elterngruppen und Vertreter aus der Wirtschaft für die Sekundarstufen I und II an der Schulorganisation mit homogenen Schulklassen festhalten wollen. Konsequenterweise müssen sie dann aber bereit sein, Massnahmen zur Förderung der gleichen Startbedingungen in frühen Jahren sowie die systematische Integration von Kindern aus fremden Kulturen im Vorschul- und Grundschulalter mit zweckmässigen Modellen zu unterstützen. Dass diese Integration an die Lehrkräfte zu besonderen Herausforderungen führt, ist eine Selbstverständlichkeit.

2.2 Die Integration von Schülerinnen und Schülern aus fremden Kulturen

Die Globalisierung der Wirtschaft und die zunehmende Freizügigkeit der Arbeitskräfte verstärkt den Trend zu **kulturell heterogenen Schulklassen.** Pädagogisch bedeutsam ist dabei erstens weniger die Zunahme des Anteils der ausländischen Schülerinnen und Schüler, sondern die Tatsache, dass in den einzelnen Klassen immer mehr Lernende aus den verschiedensten Ländern mit immer unterschiedlicheren kulturellen Hintergründen zu finden sind. Zweitens werden immer mehr Kinder und Jugendliche aus Immigrantenfamilien durch die Anforderungen der Schulen im Einwanderungsland überfordert und scheitern deshalb häufiger als einheimische Klassenkameraden.

Die zunehmende kulturelle Durchmischung der Klassen führt je nach Situation zu recht verschiedenartigen Folgen im Hinblick auf die Schulleistungen. So hat die Untersuchung von Moser & Rhyn (1996) für den schweizerischen Kanton Zürich ergeben, dass Jugendliche aus Immigrantenfamilien in Klassen mit einem hohen Begabungsniveau und mit einem Anteil an fremdsprachigen Lernenden von weniger als 30% bessere Leistungen in Mathematik und Lesen erzielen. Der Fremdsprachigenanteil in einer Klasse scheint sich zudem auf den Lernerfolg auszuwirken, indem die Leistungen von Immigranten in Schulklassen mit einem hohen Anteil an Fremdsprachigen besonders weit hinter den Leistungen der schweizerischen Mitschüler liegen. Oder Rüesch (1998, 1999) wies nach, wie in Klassen mit einem steigenden Anteil von Lernenden aus oberen Schichten einzelne Jugendliche unabhängig von der eigenen sozialen Herkunft bessere Leistungen erzielten. Ganz generell zeigte sich auch in dieser Untersuchung, dass in sozioökonomisch und kulturell heterogen zusammengesetzten Klassen Kinder aus unteren sozialen Schichten bessere, und Kinder aus höheren Schichten aber schlechtere Leistungen erbrachten. In keiner Beziehung zu den Schulleistungen der in dieser Studie untersuchten Volksschülern stand aber der Anteil der fremdsprachigen Kinder, wenn andere Merkmale des Kontextes der Klasse, wie die sozioökonomische Zusammensetzung oder die Klassengrösse, neutralisiert wurden. Für Kinder und Jugendliche aus Immigrantenfamilien kommt erschwerend die Wohnsegregierung hinzu: Immigrantenfamilien wohnen zunehmend häufiger in eigenen Wohngebieten. Dadurch entsteht eine soziale Homogenisierung, welche diese bereits benachteiligten Kinder und Jugendlichen weiter in die Tiefe zieht. Die Klassenzusammensetzung wird also je länger desto mehr zu einem **Risikopotenzial** für die Qualität einer Schule und der individuellen Lernprozesse (Rüesch 1999).

Diese wenigen Hinweise machen die Komplexität der Integration von Schülerinnen und Schülern aus fremden Kulturkreisen deutlich. Für die Zukunft entscheidend ist, dass sich die Lehrpersonen um eine sachliche und wissenschaftsbasierte Auseinandersetzung mit den Möglichkeiten und Grenzen der Integration dieser Kinder und Jugendlichen bemühen und sich nicht von politischen Dogmen, welche die bildungspolitische Diskussion immer noch prägen, verführen lassen. Dazu gilt es Folgendes zu bedenken: Viele – nicht alle – Lehrkräfte schätzen Schülerinnen und Schüler aus verschiedenen sozioökonomischen und kulturellen Gruppen unterschiedlich ein, wobei die eigene Herkunft und die eigenen Erfahrungen einen wesentlichen Einfluss auf die Wahrnehmung und Beurteilung haben. In den Vereinigten Staaten wurde nachgewiesen (Alexander et al. 1995), dass weisse Lehrerinnen und Lehrer aus oberen sozialen Schichten Minoritätenkinder als weniger «reif» einschätzten und von ihnen geringere

Leistungen erwarteten. Auch konnte die Wirkung des Pygmalion-Effektes aufgezeigt werden. In den Niederlanden wurde ermittelt, wie Lehrpersonen die intellektuellen Fähigkeiten von marokkanischen und türkischen Kindern unterschätzten, die Lernziele nach unten anpassten und sich die Lernleistungen verminderten. Oder für die Schweiz bestätigen Moser & Rhyn (1996), wie Kinder aus unteren sozialen Schichten und aus anderen Sprachräumen bei gleicher Leistung wie Schweizer Kinder aus höheren Schichten schlechter beurteilt wurden. Gestört wird die Wahrnehmung von Lehrkräften auch, weil Lernende aufgrund ihrer familiären und kulturellen Erfahrungen über verschiedenartige Kommunikations- und Interpretationsmuster verfügen, die sehr unterschiedlich wahrgenommen werden (Casanova 1987, Heath 1983). Schliesslich wurde in Deutschland erkannt, dass es zwei typische Verhaltensweisen von Lehrkräften gegenüber Immigrantenkindern gibt. Im einen Fall ist es die «ignorierende Toleranz», d.h. die Lehrperson betont die Gleichheit aller Schülerinnen und Schüler unter Ausklammerung jeglicher kultureller Besonderheiten, und der Unterricht wird primär auf die Voraussetzungen und die Kompetenzen der einheimischen Schülerinnen und Schüler ausgerichtet. Im anderen Fall ist es die «positive Diskriminierung», mit welcher die Unterschiede bewusst hervorgehoben werden und fehlende Kompetenzen von Immigranten immer wieder betont werden, sei es im negativen und damit leistungshemmenden oder im positiv unterstützenden Sinn (Auernheimer 2002).

Mit diesen wenigen Hinweisen sollten Lehrpersonen angeregt werden, die folgenden Aspekte zu reflektieren:

- Ein erfolgreicher Umgang mit der Integration kann nur gelingen, wenn man die sozioökonomische und kulturelle Zusammensetzung der Klasse kennt sowie sich zwingt, den verschiedenartigen Schülerinnen und Schülern ohne Vorurteile zu begegnen.
- Dies gelingt umso besser, je mehr man über die einzelnen Kulturen weiss, und je stärker man sich um persönliche Erfahrungen aus dem Umgang mit «Minderheiten» bemüht. Nur auf diese Weise lassen sich Vorurteile und falsche Vorstellungen abbauen (vergleiche dazu etwa die schöne, klärende Schrift über muslimische Kinder von Hössli 2005).

In diesem Buch können Lösungen des Integrationsproblems nicht einmal annäherungsweise angesprochen werden, sondern es sollen nur einige Hinweise zum Stellenwert der Sprachen, zur Kommunikation und zur Unterrichtsgestaltung gegeben werden.
Selbstverständlich sein sollte, dass jemand dem Unterricht nur folgen kann, wenn er die **Unterrichtssprache** (Zweitsprache für Schülerinnen und Schüler aus fremden Kulturen) beherrscht. Daran, wie dieses Ziel insbesondere im Kindergarten und in der Volksschule zu erreichen ist, scheiden sich die politischen Geister seit langem. Für alle pädagogischen Entscheidungen ist die folgende Tatsache wesentlich: Die in der Schule verwendete Sprache ist nur begrenzt vergleichbar mit der Alltagssprache. Dies erkannte Cummins (1983) schon früh, und er entwickelte die «Eisberg-Metapher», die auch heute noch bedeutsam ist. Die Spitzen des Eisbergs, die aus dem Wasser ragen, stellen die Oberflächenstruktur der Sprache dar, welche die Fertigkeiten umfasst, um in der Alltagskommunikation zu bestehen (Hörverstehen, Redeflüssigkeit, Aussprache usw.). Die nicht sichtbaren Teile des Eisberges, die Tiefenstruktur, repräsentieren kognitive Grundfähigkeiten wie Abstrahieren, Analy-

sieren usw. Ohne Tiefenstruktur, welche als sprachenübergreifend zu verstehen ist, können die fremdsprachigen Kinder und Jugendlichen dem Unterricht nicht richtig folgen. Deshalb sind die schulischen Schwierigkeiten vieler Immigranten nicht allein eine Folge der «Fremd»-Sprachigkeit, sondern hemmend wirken sich die Probleme der ungenügenden Tiefenstruktur aus, die im Unterricht jeweils zu grossen Teilen und stillschweigend vorausgesetzt wird (siehe auch Rüesch 1999). Besonders kritisch für den Schulerfolg wird es für jene Schülerinnen und Schüler, welche aus unteren sozialen Immigrantenschichten stammen, die nicht in der Lage sind, ihren Kindern Hilfestellungen zum Aufbau von Tiefenstruktur in ihrer Muttersprache zu geben.
Für die Bildungspolitik und den Unterricht bedeutsam ist nun die Frage, wie Kinder und Jugendliche in ihrer Muttersprache und der Zweitsprache gefördert werden sollen. Zur Diskussion stehen die in Abbildung 14.2 dargestellten Modelle (Fthenakis et al. 1985, Horn 1990), zu deren Wirksamkeit viele Untersuchungen angestellt wurden. Einigkeit besteht darüber, dass bereits Schülerinnen und Schüler der Volksschulstufe zur Zweisprachigkeit hingeführt werden können, wie dies vor allem die Immersionsprogramme in Kanada zeigen. Allerdings dürfen die kanadischen Erfolge nicht auf die Immigrantensituation in Westeuropa übertragen werden, da die kanadischen Schülerinnen und Schüler eher aus oberen sozialen gesellschaftlichen Schichten stammen, und die Sprachen Englisch und Französisch gleichberechtigt nebeneinander stehen. In Ländern mit sprachlichen Minderheiten aus eher unteren sozialen Schichten liegen zu den verschiedenen Modellen widersprüchliche Ergebnisse vor (siehe die Zusammenstellung bei Rüesch 1999). Wahrscheinlich wird es nicht möglich sein, ein generell gültiges Modell zu empfehlen, da zu viele Einflussfaktoren gegeben sind. Im Sinne von «Best Practice» können aber etwa die folgenden Empfehlungen gewagt werden.

- Im Prinzip sind die fremdsprachigen Kinder so früh als möglich in die Regelklassen zu integrieren. Dem Lernen in sprachlich gemischten Gruppen ist also der Vorzug zu geben. Zu überlegen ist, ob Lernende ohne Kenntnisse der

Abbildung 14.2 **Umgang mit der Heterogenität**

Assimilisationsmodell	**Bereicherungsmodell**	**Emanzipationsmodell**
Monolingualismus	Bilingualismus	Bilingualismus
1. Variante: Submersion Die fremdsprachigen Kinder werden ab Beginn in der Zweitsprache unterrichtet (sink or swim). **2. Variante: Übergangsprogramm** Anfänglich wird ein Teil des Unterrichts zuerst in der Erstsprache (Muttersprache) erteilt, dessen Anteil aber allmählich abgebaut wird.	**Immersion** Der Unterricht erfolgt zu Beginn schwergewichtig in der Zweitsprache. Mit der Zeit wird der Erstsprache immer mehr Gewicht gegeben, um zu einer bilingualen Sprachkompetenz zu führen.	**1. Variante: Spracherhaltungsprogramm** Anfänglich wird nur in der Erstsprache (in eigenen Klassen) unterrichtet. Später wechseln die Lernenden in die Regelklassen. **2. Variante: Bilinguale Programme** Die Erst- und die Zweitsprache werden ab Beginn mit etwa gleichem Gewicht unterrichtet.

Zweitsprache anfänglich für eine kurze Zeit separat unterrichtet werden sollten, damit nicht schon anfängliche Sprachprobleme der Oberflächenstruktur zu schulischen Misserfolgen und Frustrationen führen. Eine längerfristige Separierung mit einem schwergewichtig auf die Zweitsprache ausgerichteten Unterricht ist aber abzulehnen, weil damit nur eine sprachliche Oberflächenstruktur, nicht aber die notwendige Tiefenstruktur (kognitive Grundfähigkeiten) für das Lernen in der Zweitsprache, geschaffen wird.

- In jedem Fall sollten aber Immigrantenkinder einen in den Lehrplan eingebauten Unterricht in der Erstsprache erhalten, der durch eine Unterweisung in der eigenen Kultur ergänzt wird. Auf diese Weise soll verhindert werden, dass die Schülerinnen und Schüler aus fremden Kulturen im Spannungsfeld familiärer Kultur/Kultur im Einwanderungsland «kulturlos» werden.

- Unbedingt versucht werden sollte, die Eltern dieser Schülerinnen und Schüler besser in das Schulleben einzubinden: Regelmässige Elterngespräche und Elternabende sowie Einbezug und Betreuung der Eltern im Rahmen der Elternmitwirkung (Dubs 2005). Neuerdings laufen in den Vereinigten Staaten Versuche mit ersten guten Integrationserfolgen, bei welchen die Eltern beobachtend am Unterricht teilnehmen.

- Wesentlich ist, dass – abgesehen von einer allfälligen kurzen Einführungszeit – die Zweitsprache konstante Unterrichtssprache ist, wobei in allen Fächern darauf geachtet wird, Sprachlernsituationen zu schaffen, welche über die Alltagssprache hinaus die Tiefenstruktur (oft wird auch von Textkompetenz gesprochen) verbessern. Die Erfahrung lehrt leider, dass fremdsprachige Kinder auch unter günstigen Voraussetzungen mehrere Jahre benötigen, bis sie die gleiche Sprachkompetenz haben wie inländische Schülerinnen und Schüler.

Stellt man die unterschiedliche Sprachkompetenz, die kulturellen Unterschiede beim Lernen sowie die verschiedenartigen familiären Strukturen der Immigrationskinder in Rechnung, so ergeben sich aus der Heterogenität von Schulklassen mit Lernenden aus vielen Kulturen für die Lehrerinnen und Lehrer belastende Herausforderungen, weil sie einerseits ihren Unterricht stärker individualisieren, und sie sich auf vielgestaltige Interaktions- und Kommunikationsmuster ausrichten müssen.

Bezüglich der **Unterrichtsgestaltung** sollten die folgenden Regeln beachtet werden:
- Mit Schülerinnen und Schülern aus unteren sozialen Schichten, wozu viele Immigrationskinder gehören, erweist sich das **direkte Lehrerverhalten** als sehr wirksam (siehe Abschnitt 2.6 im Kapitel 4).
- Der Unterricht in solchen heterogenen Klassen sollte individualisiert werden. Geeignete Verfahren sind das **zielerreichende Lernen** (Mastery Learning) und die **adaptive Instruktion** (siehe Abschnitt 3 in diesem Kapitel).
- Das **kooperative Lernen in kulturell gemischten Gruppen** ist in angeleiteter Form gezielt zu ermöglichen (siehe Abschnitt 3 im Kapitel 6). Banks & Banks (1995) und wiesen nach, dass kooperative Lernformen den Kontakt unter Kindern aus verschiedenen Kulturen stärken und dazu beitragen, Vorurteile abzubauen.
- Schliesslich müssen in geeigneten Stellen im Unterricht **Themenbereiche** (Lehr-Lern-Arrangements) eingebaut werden, welche den interkulturellen

Gedankenaustausch fördern, damit die Lernenden die Wesensmerkmale anderer Kulturen zu verstehen lernen.

Beispiel: Weber (2005) untersuchte auf der Grundlage der Theorien von Ting-Toomey inwiefern das interkulturelle Verständnis durch Dialoge und Reflexion (mindful identity negotiation) bei Berufsschülern verbessert werden kann. Ausgangspunkt ihrer Untersuchung sind messbare Variablen: Die Motive (wie weit sind Individuen bereit und gewillt, sich mit Menschen anderer Kulturen auseinanderzusetzen und mit ihnen zu interagieren), das kulturelle Wissen (kulturelle Werteorientierung, Kommunikation, interpersonelle Beziehungen und Konfliktstile) sowie die Kommunikationsfertigkeiten (sinngebende Beobachtung, sinngebendes Zuhören, Empathie und Geduld für Fremdsprachige usw.). Um die Erlernbarkeit dieser Variablen zu ermitteln, legte sie den Schülerinnen und Schülern ein Fallbeispiel (Critical Incident) vor, das in einem Rollenspiel bearbeitet, und die wahrgenommenen Rollen anschliessend reflektiert wurden. Dann erhielten sie zur Vertiefung ihrer Kenntnisse einen Handout (Grundlagenpapier), welcher der Konfrontation mit den eigenen Erfahrungen diente. Die Wirksamkeit dieses unterrichtlichen Ansatzes wurde empirisch überprüft und mit einer Kontrollgruppe verglichen. Die Ergebnisse waren im Wesentlichen positiv. Die Lernenden wurden problembewusster, sie verbesserten im Vergleich zur Kontrollgruppe ihre interkulturelle Interaktions- und Kommunikationsfähigkeit, und sie waren stärker daran interessiert, gemeinsame Lösungen zu finden. Sie erkannten auch, dass das bewusste gegenseitige Aufeinander-Eingehen eine wesentliche Voraussetzung für das gegenseitige Verständnis ist. Schliesslich wurde die Wichtigkeit des Handouts als Wissensbasis erkannt.

Je kulturell heterogener Schulklassen sind, desto wichtiger wird es, in stufengerechter Form möglichst lebensnahe Problemsituationen zu bearbeiten, die anfänglich gut angeleitet sind. Abbildung 14.3 gibt einige pragmatische Anregungen (vergleiche dazu auch Garcia 1991).
Entscheidend ist, dass solche Fallbeispiele nicht nur kognitiv bewältigt werden, sondern anhand von Fallbeispielen Dialoge geführt werden, welche das Problembewusstsein schärfen, die sozialen und kommunikativen Kompetenzen der Lernenden stärken und lösungsorientiert sind (mindful identity negotiation). Abbildung 14.4 zeigt in freier Anlehnung an Weber (2005) eine mögliche Unterrichtsdisposition.
Abschliessend sei darauf hingewiesen, dass es Untersuchungen gibt, welche zu negativen Erfahrungen mit solchen Unterrichtsmodellen führten (z.B. Besuche bei Familien aus anderen Kulturkreisen haben Vorurteile verstärkt, Elias 1989). Deshalb erfordert ein solcher Unterricht seitens der Lehrkräfte eine hohe Sensibilität und eine absolute Unvoreingenommenheit. Wer diese gegenüber anderen Kulturen nicht hat, verzichtet besser darauf. Und schliesslich gilt hier, was bereits bei der Moralerziehung festgestellt wurde: Ob sich die in der Schule erworbenen Einsichten im Alltag umsetzen, bleibt eine offene Frage.

3 Individualisierter Unterricht

3.1 Übersicht

Abbildung 14.5 gibt eine Gesamtübersicht über die möglichen Formen der Individualisierung des Klassenunterrichts (innere Differenzierung). Der Entscheid, wie in konkreten Unterrichtssituationen individualisiert werden kann, wird von zwei Seiten her bestimmt: Einerseits zu überlegen ist, auf welche individuellen Unterschiede der Schülerinnen und Schüler Rücksicht zu nehmen ist, wenn im Klassenverband

Abbildung 14.3 **Anregungen zu interkulturellen Fallbeispielen**

Beispiel	Absicht	Schulstufe
Beschreibung und Erleben von Feiertagen verschiedener Kulturen (jeweils zur gegebenen Zeit, und Vergleich von mehreren Feiertagen mit der gleichen Klasse)	– Einsicht in Rituale – Verständnis dafür	Volksschule
Betrachtung von Verhaltensmustern von Familien	Besuch von Familien zu Hause oder Einladung von Eltern, um die unterschiedlichen Lebensweisen kennen zu lernen. – Merkmale und Probleme dieser Familien kennen lernen – Ursachen von Unterschieden in der Lebensweise erkennen lernen	Volksschule Sekundarstufe I
Vergleich von zwei Volksgruppen	– Erkennen von Sterotypen und deren Ursachen – Wege zum besseren Verstehen suchen	Sekundarstufe I
Vergleich der Lebensbedingungen in reichen und Schwellenländern	– Folgerungen über das Verhalten ziehen – Mögliche Integrationsformen suchen	Sekundarstufe I Sekundarstufe II
Studium von Rassismus und ethnischen Stereotypen	– Auswertung von Erfahrungen – Analysieren von Ursachen – Mögliche Lösungen suchen	Sekundarstufe I Sekundarstufe II

differenziert werden soll (unterschiedliche Erfahrungen und verschiedenes Vorwissen, kognitive und affektive Unterschiede, Unterschiede beim Lernen und unterschiedliche Fähigkeiten zur Kooperation). Andererseits ist zu entscheiden, in welcher Phase des Unterrichts innerhalb der Klasse individualisiert werden soll (Vorbereitung auf den Unterricht und Einleitung der Unterrichtseinheit, Lernprozess, Übung und Festigung sowie Anwendung und Transfer).

- Beim Entscheid den Unterricht zu individualisieren ist zu beachten, dass nicht nur kognitive Unterschiede, sondern auch die übrigen Verschiedenartigkeiten der Schülerinnen und Schüler berücksichtigt werden.
- Bei der Differenzierung von Aufgabenstellungen sollten auch schwächeren, weniger konzentrierten, ängstlichen usw. Schülerinnen und Schülern in der Ausgangslage die gleichen Aufgaben gestellt werden. Die Praxis, ihnen einfachere, weniger zeitaufwändige usw. Aufgaben zu erteilen, hat sich als leistungshemmend erwiesen (Good & Brophy 2003).

Abbildung 14.4 **Unterrichtsdisposition für mindful identity negotiation**

Schritte	Inhalt	Unterrichtsform	Methodische Hinweise
1. Schritt Motivation/Problemerkennung	Grundlegung anhand eines – Falls – Gesprächs – Erfahrung	– angeleitete Klassendiskussion oder – Gruppenarbeit	
2. Schritt Erste Aktivierung	Bewusstmachen der Probleme und Suche nach Gemeinsamkeiten in der Beurteilung	Rollenspiel mit Auswertung (Reflexion) Zuteilung der Rollen entsprechend der in der Klasse vorhandenen Kulturen	Stärkung der kommunikativen und sozialen Kompetenzen: – verständnisvolles Zuhören – verständnisvolles Beobachten – Empathie und Geduld für das Gegenüber – Klarlegen der eigenen und Verstehen der anderen Identität – Eigenarten des Andern wahrnehmen wollen (ihm mit Würde begegnen, ihn als Mensch sehen) – Selbstreflexion – Bemühen um eine konstruktivistische Problemlösung – Selbstreflexion (keine Rechthaberei)
3. Schritt Wissen	Erarbeitung von notwendigem interkulturellem Wissen	– Lehrervortrag – Selbständige Lektüre – Arbeitsblätter	
4. Schritt Auswertung	Reflexion über die eigenen Erkenntnisse	– Klassendiskussion – Aufsatz	

3.2 Zielerreichendes Lernen (Mastery Learning)

Die Idee des zielerreichenden Lernens (Mastery Learning) wurde von Carroll (1963) entworfen, von Bloom (1976) weiterentwickelt sowie von Block (1971) schon früh evaluiert. Sie beruht auf der grundsätzlichen Vorstellung, dass die meisten Lernenden jeden schulischen Lernstoff erfolgreich bewältigen können, wenn man ihnen genügend Zeit gibt. In neuerer Zeit haben Achtenhagen et al. (2001) die Idee im berufsbildenden Unterricht trotz kritscher Diskussion wieder aufgenommen und mit einem Unterrichtsansatz der komplexen Lehr-Lern-Arrangements eine systematische Untersuchung durchgeführt, mit welcher hohe Behaltensleistungen mit allen Schülerinnen und Schülern erreicht und in heterogenen Klassen die Leistungen auf einem hohen Niveau harmonisiert, die Leistungsunterschiede also etwas ausgeglichen werden konnten. Zu gleichen Ergebnissen gelangten Kulik et al. (1990), welche zeigten, dass

Abbildung 14.5 **Individualisierung im Klassenverband**

	Vorbereitung und Einleitung	**Lernprozesse**	**Übung/ Festigung und Anwendung**	**Transfer**
Unterschiedliche Erfahrungen und verschiedenes Vorwissen	G: Individuelle Repetition oder Vorbereitung anhand des Lehrbuches (Hausaufgabe) M: Individuelle Vorbereitung mit Arbeitsblättern G: Tutoring			
Kognitive Unterschiede – Unterschiedliche Lernfähigkeit		M: Zielerreichendes Lernen Adaptives Lernen Tutoring		M: Individuelle Arbeitsblätter M: Kleingruppenarbeiten G: Differenzierte Hausaufgaben
– Unterschiedliche Auffassungsgabe		A: Computergestütztes Lernen M: Individuelle Arbeitsblätter	G: Zusatzaufgaben G: Tutoring G: Kleingruppenarbeit	
– Unterschiedliches Lerntempo				
Affektive Unterschiede – Unterschiedliches Selbstvertrauen	Angepasste Zuwendung im Lehrerverhalten/Caring			
– Unterschiedliches Ausmass an Angst im Unterricht	G: Aufarbeitung des Vorwissens mit der Teilgruppe der Ängstlichen Rest der Klasse: Einzelarbeit	M: Zielerreichendes Lernen, mit dem Ziel, den Lernenden zu raschen Erfolgserlebnissen zu verhelfen		G: Differenzierte Aufgaben, um Erfolgserlebnisse zu schaffen (einzeln und in Kleingruppen)

G: geringer Aufwand für die Lehrperson
M: mittlere Arbeitsbelastung für die Lehrperson
A: grosser Arbeitsaufwand für die Lehrperson

Abbildung 14.5 (Fortsetzung)

	Vorbereitung und Einleitung	Lernprozesse	Übung/ Festigung und Anwendung	Transfer
Unterschiede beim Lernen – Unterschiedliche Konzentrationsfähigkeit – Unterschiedliche Arbeitshaltung	G: Systematische Kontrolle der Vorbereitung und Repetition	G: Überwachen der Konzentration	G: Angeleitete Arbeit mit der Gruppe der Konzentrationsschwachen Rest der Klasse: Einzel- oder Gruppenarbeiten G: Tutoring	M: Kurzfristige Kontrolle der von den Konzentrationsschwachen erbrachten Leistungen A: Arbeitsblätter mit genauen Arbeitsanweisungen
– Unterschiedliche Fähigkeiten zur Kooperation	G: Vorbereitung in Gruppen	G: Kleingruppen mit unterschiedlicher Anleitung	G: Tutoring (Mitschüler beobachten und besprechen die Kooperation)	G: Tutoring (Mitschüler beobachten und besprechen die Kooperation)

G: geringer Aufwand für die Lehrperson
M: mittlere Arbeitsbelastung für die Lehrperson
A: grosser Arbeitsaufwand für die Lehrperson

mit diesem Modell die Zahl der Schülerinnen und Schüler, welche ein bestimmtes Lernziel erreichen mussten, massgeblich gesteigert werden konnte.

Dem Modell des zielerreichenden Lernens liegt die folgende Annahme zugrunde (Achtenhagen et al. 2001): Jedes Curriculum lässt sich in eine Anzahl von Lernaufgaben mit eindeutigen Lernzielen zerlegen, und alle Lernenden sind in der Lage, jede dieser Lernaufgaben in dem Masse zu bewältigen, wie sie die für sie individuell nötige Lernzeit darauf verwenden können. Um alle Schülerinnen und Schüler auf das gleiche im Voraus definierte Niveau (Lernziel der jeweiligen Lernaufgabe) zu bringen, muss vor allem schwächeren Lernenden mehr Lernzeit zur Verfügung gestellt werden, in der ein remediales, d.h. Lücken schliessendes Lehren und Lernen erfolgen kann. Im Kern beruht das Modell auf dem Zyklus Unterrichten und Lernen → Überprüfen → erneutes Lernen → erneutes Überprüfen. Abbildung 14.6 zeigt diesen Ablauf etwas schematischer. Dieses Grundmodell lässt viele Varianten zu.

- Die Schritte 2, 4c, 4d, 6 usw. können statt im Frontalunterricht in Gruppen und konstruktivistisch umgesetzt werden.
- Der Schritt 4d kann als Einzelarbeit, in Gruppen oder als Frontalunterricht erfolgen. Möglich ist auch ein Tutoring.
- Die Schritte 4c und 4d lassen sich computergestützt (blended learning) durchführen.

Das zielerreichende Lernen ist eine wirksame Form des individualisierten Unterrichts, indem lernschwächere Schülerinnen und Schüler gezielt gefördert werden,

Abbildung 14.6 **Ablauf des zielerreichenden Lernens**

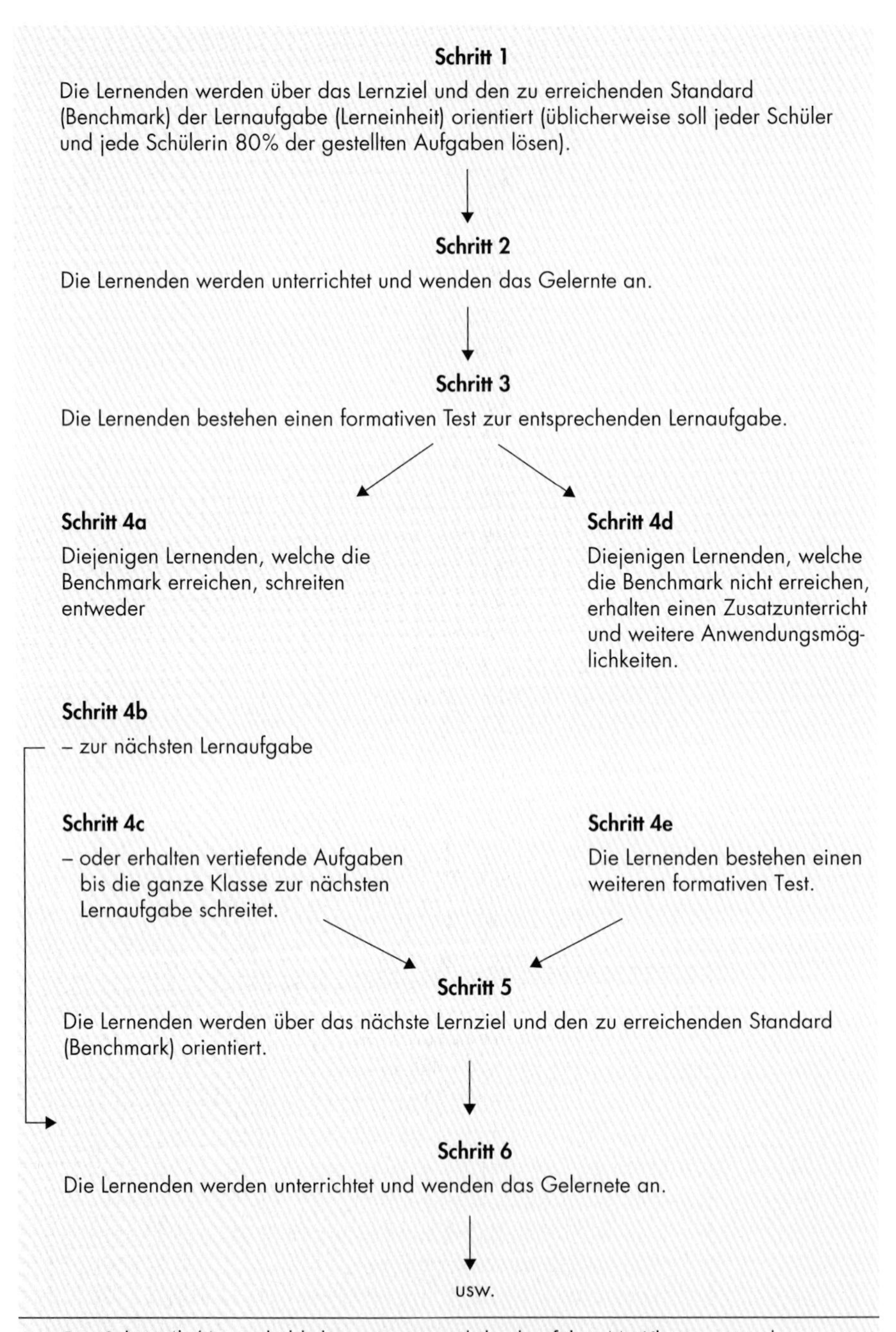

Der Schritt 4b/4c wird üblicherweise einmal durchgeführt. Mit Klassen mit sehr schwachen Schülerinnen und Schülern kann er mehrmals wiederholt werden.

weil im Klassenverband nach Leistungserfolg differenziert werden kann. Trotz dieses Vorzugs hat es sich aber aus mehreren Gründen nicht breit durchgesetzt:
1) Es stellt sich die Frage, ob ein solcher Unterricht nicht zu viel Zeit beansprucht und deshalb auf wichtige Lernbereiche verzichtet werden muss.
2) Erfolgsentscheidend ist die Gestaltung der formativen Testaufgaben, deren Ziel es ist, Grundlagen für die Diagnose von Lernschwierigkeiten zu gewinnen, um den Unterricht zu individualisieren.
3) Kritisiert wird der Zeitaufwand für das remediale Lehren und Lernen, indem gefragt wird, ob der Zeitaufwand für die Förderung der schwachen Schülerinnen und Schüler nicht zu gross sei, gar wenn man an mehrere Wiederholungen des Zyklus denkt. Kulik et al. (1990) stellten jedoch fest, dass der Zeitaufwand bei guter Organisation nur um etwa 4% steigt.
4) Schwierig wird die Umsetzung, wenn für ein Fach im Lehrplan nur wenig Lektionen zur Verfügung stehen.
5) Gewisse Kreise bemängeln die Zielsetzung des zielerreichenden Lernens, indem sie die angestrebte Angleichung der Lernerfolge gar nicht als wünschenswert betrachten, was allerdings ein fragwürdiges Argument ist.

Diese Einwände werden hinfällig, wenn das zielerreichende Lernen differenziert eingesetzt wird. Dazu können die folgenden Hinweise beitragen:
- Das zielerreichende Lernen sollte vor allem im Anfängerunterricht in heterogenen Klassen eingesetzt werden, um das Vorwissen für den fortführenden Unterricht zu sichern.
- Je stärker Grundfertigkeiten und Grundfähigkeiten als Voraussetzung für das weitere Lernen benötigt werden, desto eher sollte das zielerreichende Lernen eingesetzt werden.
- Schwergewichtig sollte dieser Unterricht angeleitet und gesteuert erfolgen (direktes Lehrerverhalten), um den schwächeren Schülerinnen und Schülern eine gute Lernunterstützung zu geben.
- Wichtig ist die Diagnose allfälliger Lernprobleme. Andernfalls bleiben die Wiederholungen im Lernzyklus wenig wirksam. Voraussetzung dazu sind formative Tests, welche nicht primär Lernprodukte, sondern Lernprozesse und deren Schwächen erfassen.
- Sind die Klassen sehr heterogen zusammengesetzt, dürfen die guten Schülerinnen und Schüler nicht vernachlässigt werden. Deshalb müssen im Schritt 4c zusätzliche interessante, herausfordernde Aufgaben für die guten Schülerinnen und Schüler bereitgestellt werden.

Insgesamt ist das zielerreichende Lernen ein für Lehrkräfte anspruchsvolles Modell (siehe auch Anderson 1985).

3.3 Adaptiver Unterricht

In Abbildung 14.5 wurden in pragmatischer Weise Formen dargestellt, wie im alltäglichen Unterricht individualisiert werden kann. In den letzten beiden Jahrzehnten sind viele Gesamtkonzepte für das individualisierte Lernen entworfen worden, die unter dem Begriff adaptive Erziehung oder adaptiver Unterricht zusammengefasst werden. Wang & Lindvall (1984) haben deren Merkmale schon früh beschrieben und die adaptive Erziehung oder den adaptiven Unterricht wie folgt charakterisiert:

- Der Unterricht baut auf quantitativ erfassten (gemessenen) Fähigkeiten aller Schüler auf, damit für die Individualisierung klare Voraussetzungen gegeben sind.
- Die Prozesse im Unterricht und die Lernmaterialien erlauben es jeder Schülerin und jedem Schüler mit dem eigenen Lerntempo und eigenen Lernprozessen voranzuschreiten, damit sie ihre Fähigkeiten und Interessen zum Tragen bringen können.
- Es werden fortlaufend formative Tests durchgeführt, damit die Lernenden ihre Lernfortschritte und Lernleistungen beurteilen können.
- Die Schülerinnen und Schüler übernehmen selbst die Verantwortung für das Erkennen ihrer Lernbedürfnisse und Fähigkeiten, für die Planung ihres Lernens und für die Lernkontrollen.
- Es stehen immer alternative Möglichkeiten zum Lernen und alternatives Lernmaterial für die Erarbeitung des Wissens und Könnens zur Verfügung.
- Lernende haben Wahlmöglichkeiten bezüglich Lernziele und Lernaktivitäten.
- Lernende helfen sich gegenseitig beim Verfolgen eigener Ziele aus und kooperieren zur Erreichung gemeinsamer Ziele.

Ein adaptiver Unterricht ist in jedem Fall durch einige oder alle diese Merkmale charakterisiert. Die Befürwortenden eines solchen Unterrichts setzen einen eigentlichen Paradigmawechsel des Unterrichts voraus, der hohe Anforderungen an die Lehrpersonen und an die Lernenden stellt, deren Einlösung im Schulalltag anspruchsvoll ist.

- Die Schülerinnen und Schüler müssen bereit und fähig sein, wenigstens phasenweise selbstgesteuert lernen zu können. Deshalb bedingt die Individualisierung anfänglich eine Anleitung zum selbstgesteuerten Lernen (siehe Abschnitt 3 im Kapitel 9).
- Damit die Lernenden individuell gefördert werden können, muss ihre Lern- und Leistungsfähigkeit verlässlich eingeschätzt werden, was gute diagnostische Kompetenzen voraussetzt.
- Individuell förderndes Lernen (einzeln oder in Gruppen) führt nur dann zu einem wirklich individuellen Lernen, wenn den Schülerinnen und Schülern auf ihre Gegebenheiten ausgerichtetes Lernmaterial zur Verfügung steht. Dazu eröffnen sich mit dem computergestützten Unterricht gute Möglichkeiten.
- Vor allem für leistungsschwächere Schülerinnen und Schüler ist beim individualisierten Lernen der Feedback bedeutsam. Deshalb ist es systematisch mit formativen Tests zu verbinden.
- Der Erfolg des individualisierten Unterrichts hängt stark von der Innovationskraft der Lehrpersonen ab. Gelingt es ihnen aufgrund der Lerndiagnose festzustellen, wo und in welchem Bereich eine Individualisierung notwendig und hilfreich ist, und wählen sie die geeignete Form aus, kann das Lernen der einzelnen Schülerinnen und Schüler positiv unterstützt werden. Abbildung 14.5 mag dazu Anregungen geben. Wahrscheinlich eignet es sich für das Einüben von Fertigkeiten und für das Anwenden einfacher Begriffe besser als für den Umgang mit kognitiv anspruchsvolleren Lernaufgaben (Jackson 1985).

Ganz allgemein ist vor einer Überschätzung des adaptiven Unterrichts eher etwas zu warnen:

(1) Wer glaubt, im adaptiven Unterricht seien die Lehrkräfte nur noch Manager, welche die Individualisierung organisieren, Material bereitstellen, formative Tests durchführen und diagnostizieren, geht von falschen Voraussetzungen aus. Vor allem die schwächeren Schüler benötigen eine zielgerichtete Betreuung (Scaffolding), die in grossen Klassen allerdings bald einmal an die Grenzen des Möglichen führt. Vor allem mit schwächeren Lernenden aus unteren sozialen Schichten ist deshalb ein guter Frontalunterricht mit der ganzen Klasse oft ebenso wirksam.

(2) Für gute Schülerinnen und Schüler kann sich der adaptive Unterricht sogar negativ auswirken, weil sie eigene Begriffe und Strategien entwicklen, mit welchen sie bestimmte Aufgaben in formativen Tests problemlos lösen, diese aber nicht so zu generalisieren vermögen, um sie in jeder veränderten Situation richtig anzuwenden.

(3) Besondere Vorsicht mit der Individualisierung gebietet sich mit schwächeren Schülerinnen und Schülern. Vor allem dürfen ihnen in den individuellen Lernphasen keine leichteren Aufgaben gestellt werden, weil sie dies erkennen und dadurch demotiviert werden und falsche Attribuierungen vornehmen. Viel entscheidender ist die Hilfestellung der Lehrkräfte. Leider stellt man schon lange fest, dass viele Lehrkräfte schlechte Diagnostiker und damit nicht in der Lage sind, echte Lernunterstützung zu gewähren. In solchen Fällen wird die Individualisierung oft eine organisatorische Routine ohne wirksame Hilfe beim Lernen (Allington 1991).

(4) Über alles gesehen wird die Wirkung des individualisierenden Lernens eher überschätzt. Entscheidend ist ein gutes Gleichgewicht zwischen dem Unterricht in der ganzen Klasse und eingebautem individuellem Lernen in besonders heterogenen Klassen, wobei die jeweilige Heterogenität der Klasse sowie Ziel und Inhalt des Unterrichts genau aufeinander abgestimmt sind, eine gute Diagnose von Lernschwierigkeiten erfolgt ist, die individuellen Übungs- und Anwendungsaufgaben auf die Eigenarten ausgerichtet sind und eine gute Lernunterstützung gegeben wird.

4 Der Umgang mit Problemschülerinnen und Problemschülern

4.1 Grundsätzliches

Zum Glück gibt es immer noch viele Schülerinnen und Schüler, welche lernen wollen, im Unterricht aufmerksam sind und die Anstösse und Anregungen der Lehrpersonen positiv aufnehmen. Leider ist aber die Zahl derjenigen, welche den Unterricht verzögern und ihn in unangenehmer Weise stören sowie im Umgang mit den Lehrkräften und den Mitschülerinnen und Mitschülern innerhalb und ausserhalb des Unterrichts Probleme schaffen, eher im Zunehmen begriffen. Solche Problemschülerinnen und Problemschüler können für die Lehrerschaft in dreierlei Hinsicht belastend werden (Brophy 1996):

- Sie können **schwierig** sein, indem sie mit Massnahmen schlecht ansprechbar sind und/oder unangemessen reagieren, wenn sie von ihrem Lehrer im Hinblick auf ihr Verhalten oder ihre Reaktionen auf Vorkommnisse im und ausserhalb des Unterrichts angesprochen werden.

- Sie können sehr viel **Zeit beanspruchen,** wenn man sie ansprechen, korrigieren, fördern oder auch nur verstehen will.
- Sie können für die Lehrpersonen **frustrierend** sein, wenn sie ihre Hilfe nicht wahrnehmen und annehmen wollen, oder wenn trotz aller Bemühungen keine Veränderungen und Fortschritte im Verhalten erkennbar sind.

Solche Schülerinnen und Schüler fordern ihren Lehrkräften immer wieder Entscheidungen ab, die im Einzelfall oft schwierig zu treffen sind, weil es angesichts der Einmaligkeit eines jeden Ereignisses keine allgemeingültige Regeln für das Lehrerverhalten gibt. Zu entscheiden sind immer wieder die folgenden Fragen:
- Wie weit soll ich gehen und wie viel Zeit dafür verwenden, um den Eigenarten und den Bedürfnissen der Problemschüler Rechnung zu tragen, ohne die übrigen Schülerinnen und Schüler im Klassenverband zu vernachlässigen, sie ob der Rücksichtsnahme in ihren Lernprozessen zu stören oder ihnen infolge der Beanspruchung durch die Problemschüler nicht die Aufmerksamkeit und sozialen Kontakte zuzugestehen, die sie eigentlich verdienten?
- Wie lange und wie weit soll ich selbst dazu beitragen, die Probleme dieser Schülerinnen und Schüler zu lösen zu versuchen, wann soll ich die Schulleitung und die Eltern informieren und eine Zusammenarbeit anbieten, und wann muss ich externe Hilfe beantragen oder selbst beiziehen?

Antworten auf diese Fragen sind anspruchsvoll, weil sie stark durch die Rollenvorstellungen sowie das persönliche pädagogische Ethos eines jeden Lehrers und einer jeden Lehrerin geprägt sind. Idealerweise sollte jede Lehrperson den folgenden Ansprüchen genügen:
- Sie sollte zu den Schülerinnen und Schülern eine persönliche Beziehung aufbauen, welche über das rein Unterrichtliche hinausgeht (Caring).
- Sie sollte bereit sein, in Problemsituationen den Lernenden und ihren Eltern auch ausserhalb der Schulzeit zur Verfügung zu stehen.
- Sie müsste versuchen, möglichst viele Probleme selbst zu lösen und nicht vorschnell die Hilfe von Spezialisten anzufordern, weil sie den Problemschüler oder die Problemschülerin immer wieder in den Unterricht und in den Klassenverband integrieren muss. Auch wenn die meisten Lehrkräfte für solche Sozialisierungsaufgaben nicht speziell ausgebildet sind, haben sie gegenüber Spezialpersonal viele eindeutige Vorteile: Sie kennen ihre Schülerinnen und Schüler aus einem längeren, unmittelbaren Kontakt, sie können bei Problemen sofort aktiv werden und unmittelbar handeln (z.B. gutes Verhalten belohnen oder schlechtes Verhalten bestrafen), und sie können permanent intervenieren.
- Sie sollte sich um eine erfolgreiche Sozialisierung bemühen, welche die Lernenden zu einer Selbstregulierung des Verhaltens führen muss. Dies gelingt umso eher, je klarer die Lehrperson Regeln setzt, die vernünftig sind und begründet werden; je stärker das Problemverhalten nicht nur getadelt, sondern mit einem erwünschten Verhalten in Zusammenhang gebracht wird, je stärker korrektive Massnahmen mit dem Ausdruck einer persönlichen Enttäuschung in Zusammenhang gebracht werden, und je deutlicher die Lernenden das Bemühen ihrer Lehrperson erkennen, ihnen persönlich helfen zu wollen.

Diese Ansprüche an die einzelne Lehrerpersönlichkeit sind sehr hoch. Deshalb wird es immer Lehrkräfte geben, welche solche Rollenvorstellungen nicht akzeptieren, nicht selten, weil sie sich mit einem solchen Rollenverständnis nicht identifizieren können. Deshalb ist es in solchen Fällen oft besser weniger zu tun als sich Verhaltenweisen anzueignen, die nicht überzeugend wirken und mehr schaden als nützen. Trotzdem sollte aber jede Lehrperson über ihre Möglichkeiten und Grenzen mit der Sozialisierung und Integration von Problemschülerinnen und -schülern stets reflektieren. Good & Brophy (1995) haben versucht, Merkmale von Lehrpersonen zu ermitteln, welche Problemschülerinnen und Problemschüler erfolgreich sozialisieren und in die Klassen- und Schulgemeinschaft integrieren. Es sind die Folgenden:

- **Soziale Attraktivität:** Aufrichtigkeit und Berechenbarkeit; Ausgeglichenheit, emotionale Reife usw.
- **Ich-Stärke:** Problemlösungsorientierung statt Rückzug, Überreaktionen, Tadel usw.; Bewahren von Ruhe in kritischen Situationen; aktives Zuhören ohne defensiv zu werden; keine Gewinn-Verlust-Situationen schaffen; Selbstvertrauen.
- **Realistische Wahrnehmungen über sich und seine Schülerinnen und Schüler:** Sichtbares Bemühen, sich so zu geben, wie man ist und die Lernenden so wahrzunehmen wie sie sind (keine verzerrten Wahrnehmungen, Pygmalion-Effekt).
- **Freude im Umgang mit den Schülerinnen und Schülern:** Gute Interaktion, um die Lernenden als Individuen kennen zu lernen, ohne jedoch die eigene Identität und Autorität als Lehrperson zu verlieren und ohne sich anzubiedern.
- **Klarheit über die eigene Rolle als Lehrperson:** Konsistenz im Verhalten und bei den eigenen Werten und deutlich machen, was toleriert und was nicht akzeptiert wird, um sich selbst den Umgang mit den Schülerinnen und Schülern zu erleichtern.
- **Geduld und Bestimmtheit:** Schülerinnen und Schüler testen immer wieder, ob Lehrkräfte ihre eigenen Regeln durchsetzen, ob sie auf Druck hin nachgeben, oder ob sie bei wiederholtem Fehlverhalten ermüden und nachgiebig werden. In solchen Fällen gilt es, sich geduldig, bestimmt und konsequent zu zeigen, den Lernenden aber zugleich zu helfen, die Fähigkeit zur Selbstkontrolle zu stärken.
- **Die einzelnen Schülerinnen und Schüler als Menschen wertschätzen, aber nicht alle Formen des Verhaltens akzeptieren:** Sie sollen spüren, dass sie als Persönlichkeiten in der Klasse angenommen sind, unerwünschtes Verhalten aber nicht geduldet wird.
- **Gleichgewicht zwischen Bestimmtheit und Flexibilität:** Erwartungen an die Lernenden und Regeln sollen nicht stur durchgehalten werden. Sie müssen an veränderte Verhältnisse angepasst und mit der zunehmenden Selbständigkeit und Fähigkeit der Schülerinnen und Schüler zur Selbstregulierung zurückgenommen werden.
- **Modellieren:** Lehrpersonen müssen ihre Vorgaben und Regeln im Schulalltag möglichst sichtbar modellieren (beispielsweise Menschen aus anderen Kulturen achten und nicht nur über die Wichtigkeit interkultureller Beziehungen sprechen oder selber verbindlich mit der Abfallbeseitigung umgehen).

- **Hohe Erwartungen an die Lernenden haben:** Anspruchsvolle Lernerwartungen kommunizieren, Verstärken, Unterstützung, um das Vertrauen in die eigenen Möglichkeiten zu stärken.

Zusammenfassend: Lehrkräfte sollten diese Aspekte der Sozialisation von Problemschülerinnen und Problemschülern bezogen auf das eigene Verhalten immer wieder reflektieren, denn das Bemühen um die Sozialisation und Integration vermindert die Problemfälle in den Klassen und die tägliche Belastung durch schwierige Klassen.

4.2 Typen von Problemschülerinnen und Problemschülern

4.2.1 Übersicht

In einer umfassenden Studie über den Umgang mit problembehafteten Schülerinnen und Schülern hat sie Brophy (1996) typisiert und vier Subgruppen zugeordnet (siehe Abbildung 14.7).

Seine Studie führte er wie folgt durch: Schulleitende wählten an ihren Schulen Lehrkräfte aus, welche sie aufgrund ihrer Beobachtungen im Schulalltag im Umgang mit Problemschülerinnen und -schülern als gewandt bzw. als wenig erfolgreich beurteilten. Diese Lehrkräfte wurden gefragt, wie sie auf die zwölf Typen von Problemschülern reagieren, und es wurden 24 kleine Problemgeschichten (für jeden Typ deren zwei) vorgelegt, auf welche sie zuerst spontan ihr wahrscheinliches Verhalten und anschliessend etwas systematischer und in allgemeinerer Form ihre Strategien im Umgang mit diesen Schülern beschreiben mussten. Anschliessend erhielten sie eine Charakterisierung dieser zwölf Typen und wurden gebeten, erneut über diese 24 Problemgeschichten nachzudenken, um darüber wieder befragt zu werden. Schliesslich wurden sie gebeten, ihre Präferenzen für bestimmte Strategien zu begründen und jene Strategien zu identifizieren, welche sie als unwirksam empfinden. Alle Aussagen bei den Befragungen wurden kategorisiert, um Erkenntnisse über erfolgreiche und weniger erfolgreiche Strategien zu gewinnen (beispielsweise «Kontrollieren und Unterdrücken des Problems ohne ergänzende Massnahmen», «Anleitungen und Hilfestellungen an die Problemschüler, um das Problem zu erkennen und es zu beheben» usw. (für Einzelheiten siehe Brophy & McCaslin 1992). Die Untersuchung hat viele praktische Einsichten für den Umgang mit Problemschülerinnen und Problemschülern gebracht. Generell haben die Lehrpersonen kurze und wenig

Abbildung 14.7 **Gliederung von Problemschülerinnen und Problemschülern (nach Brophy)**

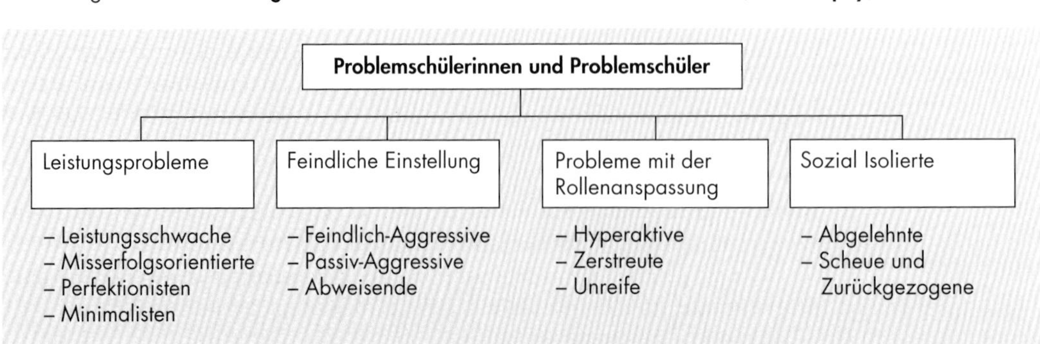

zeitraubende Interventionen gewählt, und sie zogen neutrale und unterstützende Strategien gegenüber strafenden Massnahmen vor (allerdings ergaben sich je nach Situation grosse Unterschiede bei den angewandten Strategien). Vielen Lehrkräften fehlten aber theoretische Grundlagen über den Umgang mit Problemschülerinnen und Problemschülern. Deshalb beruhten ihre Strategien zu oft nur auf «common sense» und persönlicher Erfahrung, was häufig zu Analogieschlüssen führte, welche wenig wirksam sind. Zudem reagierten die Lehrpersonen auf Problemschülerinnen und Problemschüler immer wieder mit Ablehnung, Zurückweisung und Strafen statt aufgrund einer sorgfältigen Diagnose mit langfristig wirksamen, konsequenten und aufbauenden Massnahmen.
Brophy & Evertson (1981) und später McIntyre (1989), Kottler & Kottler (1993) aufgrund einer Literaturanalyse sowie Brophy (1996) aufgrund seiner Untersuchung mit einer Literaturanalyse haben eine Fülle von Strategien für den Umgang mit Problemschülerinnen und Problemschülern entworfen, auf die im Folgenden ergänzt durch viele Praktiken aus der eigenen Lehrtätigkeit eingegangen wird. Den Rahmen dazu gibt auschliesslich die Untersuchung von Brophy (1996).

4.2.2 Schülerinnen und Schüler mit Leistungsproblemen

(1) **Leistungsschwache Schülerinnen und Schüler:** Sie können oft gut motiviert und gewillt sein, zu arbeiten. Es fehlt ihnen aber an Zielstrebigkeit, und es fällt ihnen schwer, Lerntätigkeiten zu Ende zu führen. Ihnen kann mit folgenden Strategien geholfen werden:

- Ein gut strukturierter Unterricht mit einem auf das Erbringen von klar festgelegten Lernleistungen und einem direkten Lehrerverhalten, die Vorgabe von Zeitlimiten für Einzel- und Gruppenarbeiten sowie eine systematische Überwachung der Lernprozesse sind förderlich. Wenig betreutes individualisiertes Lernen ist weniger wirksam, sofern die Phasen des selbständigen Lernens nicht mit einem Tutoring durch bessere Schülerinnen oder Schüler oder mit einer guten Überwachung der Lehrperson ergänzt werden.
- Aufgaben sollten nicht vereinfacht, sondern es sollten kürzere, angeleitete Lernschritte vorgesehen werden, damit sich rasch Lernerfolge einstellen, welche zu verstärken sind. Diese Lernschritte sollen mit Hilfe von Aufgaben begleitet werden, welche für die Lernenden interessant sind, wobei die Lernenden insbesondere bei Aufgaben- und Problemstellungen nicht überfordert werden sollten (beispielsweise können kurze Video-Sequenzen wirksamer sein als anspruchsvolle Texte).
- Treten Lernprobleme auf, so sollte die Unterrichtsgestaltung variiert und das Gleiche nicht nochmals in gleicher Form unterrichtet werden. Von Vorteil ist es, sich bei Wiederholungen nicht nur auf die Lerninhalte zu beschränken, sondern dem prozessorientierten Lernen und der metakognitiven Förderung viel Beachtung zu schenken.

(2) **Misserfolgsorientierte Schülerinnen und Schüler:** Sie sind fortwährend überzeugt, dass sie eine Aufgabe nicht erfüllen können. Deshalb nehmen sie das Lernen häufig nicht auf, und sie geben erste Bemühungen bald wieder auf. Sie erwarten häufig Misserfolge, selbst wenn sie auf dem guten Weg sind. Oft wirken sie auch frustriert und setzen sich nicht mehr voll ein. Auf unteren Schulstufen ist die Misserfolgs-

orientierung oft nur eine Erscheinung innerhalb einer umfassenderen emotionalen Unreife, welche durch eine geringe Frustrationstoleranz und durch eine starke Abhängigkeit von Erwachsenen als Reaktion auf Stress und Hemmungen charakterisiert ist. Ihnen kann man mit folgenden Strategien begegnen:

- Sie müssen dazu geführt werden, dass sie erkennen, wie ihre Lernfortschritte auf ihren eigenen Einsatz zurückgeführt werden können und sich die Lernbemühungen gelohnt haben (positive Attribuierung). Dies gelingt umso eher, je stärker sich die Lehrpersonen um die Anleitung von Lernprozessen und um die metakognitive Reflexion bemühen. Deshalb darf die Verstärkung nicht nur auf die Lernprodukte ausgerichtet sein, sondern sie sollte die individuellen Lernfortschritte hervorheben.
- Die Schülerinnen und Schüler sind immer wieder herauszufordern, damit sie nicht nur Erfolgserlebnisse haben, sondern auch lernen, mit Fehlern und Misserfolgen umzugehen. Dabei ist es wichtig, ihnen zu helfen, Fehler und Misserfolge rational zu begründen sowie irrationale und emotionale Argumentationen auszublenden.
- Im Klassenunterricht und bei Gruppenarbeiten ist sicherzustellen, dass die Lernenden wissen und verstanden haben, was von ihnen erwartet wird.
- Testaufgaben dürfen nicht nur einen bewertenden Charakter haben, sondern sie sollen zur Diagnose herangezogen werden, indem beispielsweise bei der Korrektur von Aufgaben mit knappen Hinweisen auf Denkfehler und Lernschwächen aufmerksam gemacht wird.
- Beispiele und Anwendungsaufgaben im Unterricht dürfen nicht nur als «Erfolgsmodelle» verwendet werden, sondern sie sollen so konstruiert sein, dass Fehler entstehen können, mit denen sich die Lernenden positiv auseinandersetzen müssen. Deshalb kann es sinnvoll sein, auch Aufgaben vorzulegen, welche Fehler beinhalten, damit sich die Lernenden mit Fehlern beschäftigen müssen.

(3) **Perfektionistische Schülerinnen und Schüler:** Sie stellen immer wieder hohe Anforderungen an sich selbst und haben häufig Angst, sie könnten ihren Ansprüchen nicht genügen. Im Unterricht halten sie sich zurück, weil sie keine Schwächen zeigen wollen. Deshalb wirken sie im Unterricht nur aktiv mit, wenn sie ihrer Sache sicher sind (Misserfolgsvermeidung). Solche Schülerinnen und Schüler stehen oft unter einem grossen Leistungsdruck der Eltern, deren Feedback üblicherweise auf zwei Arten erfolgt: Entweder verhalten sie sich bei der Anerkennung der Lernleistungen ihrer Kinder inkonsistent, so dass ihnen nie ganz klar ist, was von ihnen erwartet wird, oder sie erhalten eine Anerkennung nur bei Höchstleistungen. Solchen Schülerinnen und Schülern kann mit folgenden Strategien geholfen werden:

- Weil sie mit ihren Leistungen oft unzufrieden sind und diese Unzufriedenheit oft auch ausdrücken, müssen Lehrkräfte aktive Zuhörende sein, um die Ursachen des Perfektionismus zu erkennen und um darauf Einfluss zu nehmen, indem sie sie über ihre Besorgnisse berichten lassen und mit ihnen weniger übertriebene Zielsetzungen besprechen.
- Sie sollten lernen – und dies lässt sich durch entsprechendes Lehrerverhalten steuern –, dass man in der Schule in erster Linie lernen und nicht dauernd

demonstrieren muss, wie gut man ist. Deshalb sollte man in Klassen mit vielen Perfektionisten mit Wettbewerben oder individualisiertem Unterricht eher zurückhaltend sein und auf Beurteilungen mittels Ranglisten eher verzichten.

– Zu beachten sind rational-emotionale Einflüsse, die sich in Sätzen äussern wie «Ich hätte besser sein sollen. Mein Ergebnis ist eine Katastrophe. Ich bin schlecht und niemand mehr». In solchen Fällen müssen Lehrpersonen Leistungsergebnisse und Mensch trennen, den Lernenden helfen, mit einem Misserfolg umzugehen und sich mit den tatsächlichen Ursachen und nicht mit Selbstvorwürfen zu beschäftigen.
– Oft wird auch auf die Möglichkeit einer kognitiven Modifikation verwiesen, d.h. man leitet die Lernenden an, sich mit den Misserfolgen aufgrund eigener Beobachtungen sachlich auseinanderzusetzen.
– Die Lehrpersonen sollen die folgenden Verhaltensweisen häufiger zeigen: Die Hilfestellung (Caring) soll spürbar sein, den Lernenden sollen vernünftige Ziele vorgegeben werden, die Fragestellung im Unterricht soll so sein, dass es nicht nur richtige Antworten gibt (enge Fragestellung), sondern auch individuelle und kreative Antworten, die besprochen werden, herausgefordert werden.
– Die Lernenden sollen mehr auf ihre persönlichen Lernfortschritte hingewiesen werden und nicht laufend Vergleiche mit den Erfolgreichsten der Klasse anstellen.

(4) **Minimalistische Schülerinnen und Schüler:** Sie leisten – oft gezielt – gerade soviel, dass sie in der Schule «überleben». Sie lassen sich von der Schule nicht herausfordern und sind für vieles im Unterricht wenig motiviert. Lernaufgaben erfüllen sie mit einem minimalen Einsatz und Aufwand. Von ihren Fähigkeiten her könnten sie wesentlich bessere Schulleistungen erbringen. In vielen Fällen ist dafür das elterliche Erziehungsverhalten verantwortlich, indem Eltern zu wenig oder zu ausgesprochen perfektionistisch sind, oder sie ihre Kinder überbehüten, so dass sie keine Herausforderungen annehmen müssen und unreif bleiben. Im Übrigen fallen sie aber häufig nicht negativ auf und sehen die Notwendigkeit mehr zu leisten ein, sind aber trotzdem nicht in der Lage, sich Ziele zu setzen um mehr zu lernen.

– Mit aller Wahrscheinlichkeit wirken sich Druckmassnahmen (Lehrkräfte überwachen das Verhalten genau und geben mehr Aufgaben, deren Erfüllung genau kontrolliert wird) nicht in der erwünschten Weise aus, weil sie kaum geeignet sind, die Motivationsprobleme zu lösen. Versuche, den Unterricht interessanter zu gestalten und Aufgaben zu stellen, welche im Interessenkreis der Lernenden liegen, scheinen wirksamer zu sein.
– Angesprochen werden sollen die Minimalisten und Minimalistinnen immer dann, wenn sie ihre schlechten Leistungen selbst erkannt haben, indem sie aufgefordert werden, diese zu begründen. Die Lehrperson sollte dann keine Entschuldigungen und Ausreden akzeptieren, sondern sie veranlassen, den Ursachen nachzugehen und Vorschläge zu unterbreiten, wie sie selbst die Situation verbessern wollen. Dabei spielt die nachfolgende Kontrolle durch die Lehrkraft eine wichtige Rolle.
– Wichtig ist die Beobachtung der Minimalisten im individualisierten und im Gruppenunterricht, um als Lehrperson zielsetzend und korrigierend zu wirken, wenn sie nicht arbeiten. Hat eine Klasse viele Minimalisten, so empfiehlt

es sich, herausfordernde und interessante Hausaufgaben zu erteilen und die letzten zehn Minuten einer Lektion den Lernenden für den Beginn mit den Hausaufgaben zur Verfügung zu stellen. Während dieser Zeit beobachtet die Lehrperson alle Schülerinnen und Schüler, interveniert sofort bei denen, welche die Hausaufgaben nicht unmittelbar in Angriff nehmen und bespricht mit ihnen die Ursachen.

- Ob eine systematische Zusammenarbeit zwischen den Eltern und der Lehrperson mit Hilfe eines Aufgabenheftes, das von den Eltern zu unterzeichnen ist, oder ob den Eltern unmittelbare Beobachtungs- und Führungsaufgaben übertragen werden sollen, ist immer noch umstritten. Am ehesten zu empfehlen ist, dass die Eltern dafür sorgen, dass die Hausaufgaben planmässig unter günstigen räumlichen und zeitlichen Bedingungen erfüllt werden, sie also eine allgemeine Überwachungsaufgabe übernehmen. Hingegen sollten die Eltern selbst bei der Lösung der Hausaufgaben nicht konkret mitarbeiten oder gar unterrichten, weil sie meistens die Geduld im Umgang mit ihren eigenen, minimalistischen Kindern nicht haben und mit ihrer Ungeduld mehr schaden als nützen (siehe auch Kapitel 16).
- Eine gewisse Wirksamkeit haben Lernverträge. Die Lehrperson diagnostiziert Schwächen von Minimalisten und vereinbart mit ihnen in einem Vertrag, was zu tun ist, um die Schwächen zu überwinden. Die Lehrerin oder der Lehrer überwacht die Vertragserfüllung in Verbindung mit einer unterstützenden Anleitung.

Es ist interessant, dass über die Strategien für den Umgang mit Minimalisten und Minimalistinnen in der Forschung wenig Übereinstimmung besteht. Wahrscheinlich sind für den Minimalismus viele Faktoren verantwortlich, die immer wieder anders vernetzt sind: Elterliches Verhalten, Motivation, Qualität des Unterrichts, Vertrauen in die Lehrperson usw. Deshalb ist es schwierig, dieses Übel allein in der Schule zu überwinden.

4.2.3 Schülerinnen und Schüler mit feindlichen Einstellungen

(1) **Feindlich-agressive Schülerinnen und Schüler:** Sie lassen sich wie folgt charakterisieren: Sie zeigen ihr feindlich-aggressives Verhalten direkt und sind schwer zu kontrollieren. Sie schüchtern ihre Mitschülerinnen und Mitschüler oft ein, bedrohen und erpressen sie manchmal. Sie können gewalttätig werden und beschädigen Gegenstände. Sie lassen sich leicht provozieren und verhalten sich dadurch unkontrolliert. Sie sind impulsiv und zeigen oft ein Bedürfnis, andere zu dominieren. Ihr Verhalten kompensiert aber meistens nicht nur ein wenig entwickeltes Selbstkonzept, Unsicherheit oder Angst, sondern es handelt sich um erlernte Verhaltensweisen, mit denen sie meistens erreichen, was sie wollen. Eine wichtige Rolle dabei spielen die Eltern. Viele feindlich-aggressive Schülerinnen und Schüler stammen aus Familien, in denen die Eltern gegenseitig aggressiv sind, oder der eine Elternteil den anderen aggressiv behandelt. Besonders kritisch wird es für Kinder, welche zu Hause häufig bestraft, misshandelt oder feindlich behandelt werden. Solchen Kindern fehlen die positiven Modelle, welche die verschiedenen Formen des Fehlverhaltens richtig stellen und/oder in der Lage sind, konfliktlösend zu wirken. Defizite in der familiären Sozialisation tragen also wesentlich zum feindlich-aggressiven Verhalten bei. Besonders kritisch ist, dass sich aggressives Verhalten selbst verstärkt (insbesondere, wenn

damit eigene Ziele erreicht werden). Leider überträgt sich ein unkorrigiertes aggressives Verhalten oft unverändert in das Erwachsenenalter. Zu einfach sind Erklärungen, welche feindliche Aggressionen nur im Zusammenhang mit Frustrationen und Vernachlässigung sehen. Beides kann Schülerinnen und Schüler auch veranlassen, über ihr eigenes falsches Handeln nachzudenken und sich zu bessern. Deshalb sollten die Lehrkräfte bei solchen Lernenden mit klar gesetzten Grenzen, die vorgeben, was akzeptiert wird, versuchen, im Gespräch auf eine Besserung hinzuwirken. Ebenso falsch ist es, solche Schülerinnen und Schüler aufzufordern, ihrem Unbehagen und ihrer Wut, die zum aggressiv-feindlichen Verhalten führen, Ausdruck zu verleihen, weil sich auf diese Weise die Wechselwirkung Wut/Enttäuschung und aggressives Verhalten häufig verstärkt.

Für den Umgang mit feindlich-aggressiven Schülerinnen und Schülern sind die folgenden Strategien empfehlenswert:

- Feindlich-aggressivem Schülerverhalten darf nie mit aggressivem Lehrerverhalten begegnet werden. Lehrkräfte müssen als Modell dienen und vermeiden, dass ihr Verhalten aggressionsverstärkend wirkt. Dies erfordert eine hohe Selbstbeherrschung, die einerseits umso leichter fällt, je weniger man durch falsche Vorgaben, inkonsequentes Verhalten oder unbedachte Massnahmen aggressives Verhalten selbst hervorruft. Andererseits darf man nicht jede aggressive Handlung als gegen sich gerichtet verstehen, sondern die Ursachen müssen neutral analysiert werden. Dies ist besonders wichtig, weil immer mehr Lehrpersonen vorschnell alles gegen sie gerichtet verstehen. Bei der Analyse ist auch zu ermitteln, ob es sich um eine gezielte oder um eine unbedachte Aggression handelt. Unbedachtes ist durch eine kurze Zurechtweisung leichter in Ordnung zu bringen.
- Viele Aggressionen liessen sich vermeiden, wenn bei der Übernahme einer neuen Klasse erwartete aggressive Verhaltensweisen angesprochen werden und deutlich gemacht wird, dass alle Formen von Gewalt – vom subtilen Mobbing bis zu gewalttätigen Aktionen – grundsätzlich nicht akzeptiert werden. Wird gegen diese Festlegungen verstossen, gilt es, sich gleich zu Beginn durchzusetzen, um Wiederholungen möglichst zu unterbinden. In gewissen Ethnien gelten diejenigen Leute als erfolgreich, welche sich durchsetzen. Sobald solche Jugendliche ihre Chancenlosigkeit erfahren, passen sie sich an.
- Oft sind feindlich-aggressive Schülerinnen und Schüler Opfer der Umstände und ihrer Umgebung. Deshalb ist bei der Vorbereitung und Durchführung von Massnahmen immer zu überlegen, in welcher Lebenssituation die betroffenen Lernenden stehen, um darauf aufbauend die geeignete Strategie zu finden. In jedem Fall müssen aber die Betroffenen unmissverständlich erkennen, dass ihr Verhalten in keiner Weise toleriert wird. Erst dann sind je nach Situation die geeigneten Massnahmen (Gespräche, Rollenspiele, Strafen usw.) zu ergreifen.
- Wenn man sich für Strafen entscheidet, müssen sinnvolle Strafen erteilt werden (siehe Abschnitt 5.1 im Kapitel 15). Oft bleiben Strafen nicht zuletzt deshalb nicht wirksam, weil sie von aggressiven im Gegensatz zu eher angepassten Jugendlichen nicht als bedrohend und ernst wahrgenommen werden.
- In weniger komplexen Fällen können ein Gespräch und vor allem eine gezielte Reintegration in die Klasse sinnvoll sein.

Beispiele: Ein Schüler aus einem anderen Kulturgebiet zeigt ein aggressives Verhalten. Um ihn davon abzulenken, könnte man ihn in den Unterricht reintegrieren, indem man ihn bittet, zu dem was im Unterricht gerade behandelt wird, etwas aus seinem Land oder seiner Kultur zu berichten. Oder jüngeren Schülerinnen und Schülern kann eine Aufgabe in der Klasse (vorübergehendes Klassenamt) übertragen werden. Oder man zieht die Schülerin für eine Hilfsaufgabe bei (z.B. Mitwirkung beim Aufräumen der Experimentiergeräte), wodurch zugleich ein direkter Kontakt mit der Lehrerin sichergestellt werden kann.

- Oft fehlen feindlich-aggressiven Schülerinnen und Schülern die Einsicht und das Verständnis für das Fehlverhalten. Je stärker davon die ganze Klasse betroffen ist, umso sinnvoller kann es sein, mit der Klasse das Fehlverhalten zu besprechen, um dem Betroffenen deutlich zu machen, wie sein Verhalten von den Mitschülerinnen und Mitschülern wahrgenommen wird (kognitive Strategie). Allerdings darf die Wirkung dieser Strategie nicht überschätzt werden.
- Ist das Fehlverhalten emotional beeinflusst und trifft dies für viele Schülerinnen und Schüler zu, so kann der Einsatz einer emotionalen Kontrollstrategie angezeigt sein, indem man – vor allem in unteren Klassen – von Zeit zu Zeit emotional geladenes Fehlverhalten mit folgenden Fragestellungen bespricht: (1) Warum habt ihr euch provozieren lassen? (2) Welches waren die Folgen? (3) Wie würdet ihr jetzt auf die Situation reagieren? Allerdings dürfen auch hier die Erwartungen nicht überschätzt werden, weil die Klasse allenfalls zusätzliches Wissen über die Möglichkeiten einer Selbstkontrolle der Emotionen gewinnt, dieses Wissen aber das Verhalten in einer konkreten Situation nicht beeinflusst.

Lehrpersonen, welche in der Untersuchung von Brophy (1996) als im Umgang mit aggressiven Schülerinnen und Schülern weniger überzeugend beurteilt wurden, setzten als Strategie meistens ein kurzes Gespräch mit den aggressiven Schülerinnen und Schülern ein, während erfolgreiche Lehrkräfte zunächst unmissverständlich deutlich machen, dass das feindlich-aggressive Verhalten ungeeignet und untolerierbar ist, dann aber selbst viel weniger emotional reagierten und die Lernenden zu einem besseren Verhalten anleiteten bzw. sie unterstützten. In schwierigen Situationen haben sie Strafen in unmissverständlicher Weise angedroht, mussten sie aber häufig dann nicht anwenden, wenn für möglicherweise betroffene Schülerinnen und Schüler klar war, dass diese Lehrperson Strafen immer umsetzt. Ganz allgemein scheint die Androhung von Strafen in Verbindung mit anderen Massnahmen der bewussten Integration von aggressiven Schülerinnen und Schülern in den Unterricht und in die Klassengemeinschaft wirksamer zu sein als in schwereren Fällen ein Verzicht auf die Androhung von Strafen.
Vielen Lehrkräften bereitet die Frage Schwierigkeiten, ob und wann der Schulleiter, die Eltern und/oder der Lehrmeister über Handlungen von feindlich-aggressiven Schülerinnen und Schülern zu informieren und beizuziehen sind, und/oder ob Unterstützung und Hilfe bei Spezialisten angefordert werden sollen. Diese Frage ist immer noch umstritten. Hier wird folgende Auffassung vertreten:

- Eine Lehrperson muss die Probleme mit diesen Schülerinnen und Schülern so lange als möglich selber bewältigen. Die Orientierung und der Beizug von weiteren Personen sollte so spät als möglich erfolgen, weil diese Massnahme von den Schülerinnen und Schülern bald einmal als Schwäche ausgelegt wird.

- Handelt es sich nachweislich um strafrechtliche Vergehen, so müssen die Schulleitung, die Eltern und der Lehrmeister aber auch die Polizei benachrichtigt werden (Drogen, sexuelle Gewalt, sofern wirklich solche vorliegt).

Abschliessend drängen sich aber folgende Bemerkungen auf: Heute besteht in der Öffentlichkeit und in den Medien eine Tendenz zur Überreaktion: Vorschnell werden Einzelfälle – oft sensationslüstern – dramatisch hochgespielt. Viele Lehrkräfte neigen auch dazu, ihre Disziplinarprobleme mit Klassen als Ansätze zur Gewalt zu bezeichnen, um die Aufgabe der Führung von schwierigen Klassen und ihre eigene Verantwortung dafür an Spezialisten «abzuschieben». Diese haben nicht selten eine Tendenz zur Überbetreuung, indem sie in ihren Sprechzimmern aus den Problemfällen erst recht Problemfälle machen. Entscheidend bleibt der Lehrerpersönlichkeit mit ihren Fähigkeiten, einen gehaltvollen Unterricht zu bieten, ein gutes Caring zu betreiben und in einer klaren, verständnisvollen Art zu reagieren. Selbstverständlich gibt es heute auch bei uns Klassen, die kaum mehr führbar sind. Sie sind aber zum Glück doch immer noch die Ausnahme. Dies sollten auch die Medien zur Kenntnis nehmen.

(2) **Passiv-aggressive Schülerinnen und Schüler:** Sie stellen sich gegen den Lehrer oder die Lehrerin, opponieren und leisten meistens passiv Widerstand. Sie unterbrechen und verzögern – oft in etwas hinterhältiger Form – den Unterricht. Sie stehen mit ihrem Verhalten immer an der Grenze zwischen Erlaubtem und Unerlaubtem. Oft verwenden sie eine gezielte Taktik, um ihren Lehrer oder ihre Lehrerin zu ermüden oder sie gar unmöglich zu machen. Typische Verhaltensweisen sind: Selektives Zuhören (gewisse Hinweise werden nicht befolgt), Verzögerungstaktik (wenn die Klasse etwas tut, verhalten sich diese Schülerinnen und Schüler so, dass die Klasse warten muss), Übernahme einer Aufgabe ohne sie aber zu erfüllen, Schulmaterial und Unterlagen nicht bereithalten, die Lehrperson um Hilfe bitten, aber sich uninteressiert zeigen usw. Hinter solchen Verhaltensweisen versteckt sich oft ein Ärger, der anderswo nicht ausgedrückt werden kann. Reaktionen und Anweisungen des Lehrers oder der Lehrerin werden bei Zurechtweisungen höflich akzeptiert aber nicht befolgt, oft mit der Begründung, man sei dazu nicht in der Lage. Viele passiv-aggressive Schülerinnen und Schüler erfüllen auch unter vielen Vorwänden die Hausaufgaben nicht. Sie fühlen sich von der Lehrperson nicht verstanden, sehen vieles nur negativ und beklagen sich immer wieder über irgendetwas. Zu empfehlen sind die folgenden Strategien:

- Solchen passiv-aggressiven Schülerinnen und Schülern ist zu zeigen, dass man ihr Verhalten durchschaut hat. Dazu können Hinweise (z.B. auf dem Sportplatz kannst du auch laut sprechen) oder nicht verbale Zeichen (z.B. auf das Ohr deuten) hilfreich sein. Sie sollen dabei deutlich erkennen, dass man ihr passives Verhalten nicht akzeptiert. Dabei darf man aber nicht dominant werden.
- Durch geschicktes Ansprechen kann man zeigen, dass man nicht so autoritär ist, wie viele passiv-aggressive Lernende vermuten, um den ihrer Meinung nach durch die Schule oder die Lehrperson verursachten Ärger weiter aufzubauen.
- Anwenden sollte man eher indirekte Aufforderungen und weniger direkte Anordnungen, und auf Lob, (personen- und sachbezogene Verstärkung) sollte eher verzichtet werden, damit sich die Lernenden nicht auch in diesem Zusammenhang unter dem Druck der Lehrperson sehen. Verstärkt werden kann

eher mit interessanten schulischen Herausforderungen oder mit gutem Lernmaterial.
- Gelegentlich sollte man solche Schülerinnen und Schüler individuell arbeiten lassen, damit sie weniger Gelegenheit haben, mit ihrer Passivität Klassenkameraden anzustecken. Besteht eine Klasse aus vielen solchen Schülerinnen und Schülern, so empfiehlt sich ein häufiger genau kontrollierter individueller Unterricht.
- Gelegentlich und in günstigen Situationen kann man auch direkt fragen, ob man sie verärgert hat, damit die Schülerin oder der Schüler erkennt, dass man sich mit ihr (ihm) und allenfalls mit dem eigenen Verhalten als Lehrkraft auseinandersetzt.

(3) **Abweisende Schülerinnen und Schüler:** Sie wollen das tun, was ihnen passt und lehnen Lehrkräfte ab, indem sie ihre Autorität in Frage stellen oder gar bewusst die Auseinandersetzung mit ihnen suchen. Sie tun dies verbal, indem sie beispielsweise erklären, etwas nicht zu tun oder eine Weisung nicht zu befolgen. Und sie leisten nicht verbal Widerstand, indem sie die Lehrperson nicht zur Kenntnis nehmen, bewusst etwas tun, was die Lehrkraft nicht wünscht, an ungeeigneten Stellen lachen oder Zwischenbemerkungen einwerfen, Grimassen schneiden oder sich nicht verbal unflätig benehmen. Auch dieses Schülerverhalten steht meistens im Zusammenhang mit einer umfassenderen Verhaltensstörung wie Hyperaktivität oder Aufmerksamkeitsdefiziten oder mit einer inkonsequenten Erziehung im Elternhaus. Für solche Schülerinnen und Schüler sind folgende Strategien bedenkenswert:
- Klassen mit solchen Schülerinnen und Schülern sind klare Regeln zu setzen, und diese müssen durchgesetzt werden. Den Lernenden muss klar sein, was gilt. Das Leben im Klassenzimmer benötigt klare Strukturen, und den Lernenden muss bewusst sein, was von ihnen erwartet wird.
- Man darf sich von solchen Erscheinungen keinesfalls provozieren lassen. Man muss von Anfang an reagieren, und dies mit Ruhe und Überlegenheit und nicht mittels Hervorheben der eigenen Autorität (z.B. «in diesem Klassenzimmer sage ich noch was gilt»).
- Das Lehrerverhalten soll durch eine gezielte Sozialisierung geprägt sein, d.h. die Betroffenen sollen zur Integration in die Klasse oder in die Schule geführt werden, indem sie angeleitet werden, mit ihren Gefühlen besser umzugehen, eine bessere Selbstkontrolle zu gewinnen und sich in einer Form in die Klasse einzuordnen, damit sie sich am Ende nicht selber unmöglich machen.
- Verhindert werden muss durch geeignetes Lehrerverhalten (keine Überreaktionen, Übersehen von kleineren, unbeabsichtigten Störungen, Begründen von Massnahmen, die getroffen werden, persönliche Gespräche) der oft zu beobachtende Kreislauf von abweichendem Verhalten und Zurückweisung oder Ablehnung der betroffenen Schülerinnen und Schüler, denn Vorurteile und Ablehnung, die von solchen Jugendlichen sensibel gespürt werden, verschärfen die Konfliktsituationen.

4.2.4 Schülerinnen und Schüler mit Problemen der Rollenanpassung

(1) **Hyperaktive Schülerinnen und Schüler:** Sie sind fast ständig und in übertriebener Form in Bewegung und können kaum ruhig sitzen. Sie sind leicht erregbar,

verlassen ihren Sitzplatz häufig unerwartet, werfen ihre Antworten auf Fragen und viele Formen von Kommentaren ohne Aufgerufensein in die Klasse ein und wirken oft unkontrolliert. Häufig schwatzen sie auch übermässig viel. Sie haben jedoch auch eine Tendenz, Gegenstände und Mitschülerinnen und Mitschüler unbedacht zu berühren. Oft sind sie aber kreativ und originell. Sie haben aber trotzdem Mühe, sich beim Lernen oder bei Freizeitaktivitäten in geordneter Weise einzubringen.
Ursprünglich wurde bei diesen Erscheinungen von «Attention Deficit Disorder» (ADD) gesprochen und darunter vor allem eine motorische Hyperaktivität als ein Syndrom des Verhaltens verstanden. Gegen Ende der achtziger Jahre wurde der Begriff ausgeweitet und seither wird meistens von einer «Attention Deficit Hyperactivity Disorder» (ADHD) gesprochen, welche aus drei Gruppen von Symptomen besteht: Unaufmerksamkeit, Impulsivität und Hyperaktivität (American Psychiatric Association 1994). Man rechnet, dass etwa 3–5% der Kinder und Jugendlichen von dieser Störung betroffen sind, wobei der Anteil der Knaben viel grösser ist als derjenige der Mädchen. Tendenziell scheint die Zahl zu steigen. Allerdings werden in letzter Zeit viele unruhige Schülerinnen und Schüler zu vorschnell als hyperaktiv bezeichnet und deshalb häufig falsch behandelt. Über die Ursachen dieser Fehlentwicklung besteht noch Uneinigkeit. Es scheint, dass die Vererbung (biologische Prädispositionen) (sie dürfte 30–50% der Varianz erklären), psychosoziale Faktoren (Einflüsse der elterlichen Erziehung [chaotische häusliche Zustände], schlechte Beziehungen zwischen den Eltern, Feindseligkeit gegenüber den Kindern) und biologische Faktoren (Geburtsdefekte, leichte Gehirnschädigungen) dafür verantwortlich sind, wobei ungeeignete elterliche Reaktionen auch eine Folge und nicht die Ursache der Störung sein können (Goodman & Stevenson 1989, Williams et al. 1999).

Im Verlaufe der Jahre haben sich fünf Behandlungsverfahren entwickelt (Purdie et al. 2002):
1. **Pharmakologische Interventionen:** Es scheint, dass eine medikamentöse Behandlung die Aufmerksamkeit, die Konzentrationsfähigkeit und die Motivation erhöht, aber kaum Auswirkungen auf die Lernleistungsfähigkeit zu erwarten sind.

2. **Verhaltenstherapie:** Bei dieser Therapie werden Verstärkung und (sinnvolle) Bestrafung zur Reduktion des problematischen Verhaltens eingesetzt, wobei ein sofortiger, nachhaltiger und häufiger Einsatz dieser Mittel notwendig ist. Auch diese Therapie hat kaum Auswirkungen auf die Lernleistungsfähigkeit. Zusammen mit einer medikamentösen Behandlung verbessert sich aber das Verhalten in vielen Fällen.

3. **Kognitiv-verhaltensorientierte Interventionen:** Sie umfassen strategie-orientierte Schulungsmassnahmen zur Förderung von Fertigkeiten zur Steigerung der Aufmerksamkeit und zur Konzentration auf die Lernaufgabe, sowie zum Festlegen von eigenen Lernzielen und zum selbständigen Überwachen der eigenen Lernfortschritte. Gefordert werden also anspruchsvolle Lernaufgaben, bei denen einem angeleiteten strategischen Lernen viel Beachtung geschenkt wird. Im Gegensatz zur klinischen Anwendung sind diese Interventionen im täglichen Unterricht nicht besonders wirksam. Wahrscheinlich verhindert die meistens ungenügende Aufmerksamkeit bei Lernaufgaben die bewusste Wahrnehmung und spätere Anwendung der Strategien beim alltäglichen Lernen.

4. **Interventionen der Eltern:** Oft werden Trainingsprogramme für Eltern empfohlen, in welchen sie zur Verhaltenstherapie oder zu kognitiv-verhaltensorientierten Inter-

ventionen angeleitet werden. Auch dazu liegen keine generalisierbaren Erkenntnisse vor, denn in vielen Fällen stammen hyperaktive Kinder aus dysfunktionalen Familien (depressive oder gestresste Eltern, disziplinlose Eltern oder Alkoholiker-Familien), so dass Interventionen nicht zum Tragen kommen.
5. **Interventionen im Klassenzimmer:** Dieser Ansatz beruht auf den Vorstellungen des Managements im Klassenzimmer (siehe Kapitel 15), indem die Klasse und der Unterricht formal strukturiert werden, der Lärmpegel reduziert wird, die hyperaktiven Schülerinnen und Schüler in die vorderen Schulbänke gesetzt und von der Lehrperson genau überwacht sowie zwischen einzelnen Lernabschnitten immer wieder Pausen eingelegt werden. Vorgeschlagen werden zudem häufigere Lernkontrollen. Auch dazu ergeben sich unterschiedliche Forschungserkenntnisse (DuPaul & Eckert 1997). Wahrscheinlich bleiben diese Massnahmen zu allgemein, weil sie zu wenig zwischen den drei Komponenten Unaufmerksamkeit, Impulsivität und Hyperaktivität unterscheiden.
Bislang liegen zwei Meta-Analysen (Purdie et al. 2002, DuPaul & Eckert 1997) sowie eine Sammelstudie (Williams et al. 1999) vor, mit denen versucht wurde, allgemeingültige und praktikable Schlussfolgerungen zu den fünf Behandlungsverfahren zu finden. Generell war über alles gesehen das pharmakologische (medizinische) Behandlungsverfahren wirksamer als alle anderen Verfahren, wobei noch keine Klarheit über die Langzeitwirkungen der Medikamente besteht. Allerdings trägt die Beruhigung des pharmakologischen Treatments wenig zur Verbesserung der Lernleistungen bei. In dieser Hinsicht waren die Interventionen im Klassenzimmer am wirksamsten. Deshalb herrscht heute die Meinung vor, pharmakologische Behandlungsverfahren seien wertvoll, weil sie die Kinder und Jugendlichen beruhigen, wodurch generell bessere Rahmenbedingungen für das Lernen geschaffen werden. Sie allein scheinen aber nicht zu genügen, sondern sie sind durch Interventionen im Klassenzimmer zu ergänzen, weil die Beruhigung für sich allein zu keiner Verbesserung der Lernbereitschaft und der Lernergebnisse führt.

Mit aller Vorsicht sind Lehrpersonen die folgenden Strategien zu empfehlen:
- Ergibt eine sorgfältige Diagnose, dass eine «Attention Deficit Hyperactivity Disorder» (ADHD) vorliegt, so sollte mit den Eltern Kontakt aufgenommen werden, um mit dem Hausarzt abzuklären, ob eine pharmakologische Behandlung vertretbar und sinnvoll ist. In jedem Fall sollten die Eltern und die Lehrperson absprechen, welche Aufgaben die Eltern übernehmen müssten. Als wertvoll hat sich ein Hausaufgabenheft erwiesen, in welches die betroffenen Schülerinnen und Schüler ihre Hausaufgaben und allfällige weitere Aufgaben (z.B. mit den Eltern Formen des Fehlverhaltens regelmässig besprechen) unter der Kontrolle der Lehrperson eintragen, und das den Eltern als Kontrollunterlage zur Verfügung steht. Eltern sollten aber nicht unterrichten, sondern nur überwachen (gut organisierter Arbeitsplatz, konzentriertes Arbeiten, Zeitplanung usw.).
- Überwachen müssen die Lehrpersonen, ob die betroffenen Schülerinnen und Schüler im Unterricht die jeweiligen Lernziele sowie die zu bearbeitenden Problemstellungen und Aufgaben richtig wahrgenommen und verstanden haben. Dies soll unauffällig geschehen, damit die Betroffenen von den Mitschülern nicht als «Sonderfälle» wahrgenommen und allmählich isoliert werden.

- Der Umgang mit den betroffenen Schülerinnen und Schülern soll vorsichtig sein: Auch bei wiederholtem Fehlverhalten keine Unruhe und Ungeduld zeigen; unerwartete Einwürfe in den Unterricht auffangen und wenn möglich unmittelbar in den Unterricht einbauen (z.B. kreative Zwischenrufe); deutlich machen, dass sie Lernleistungen vollbringen können und diese verstärken; mit den Schülerinnen und Schülern Zeichen vereinbaren, mit denen die Lehrkraft Fehlverhalten für die Klasse kaum spürbar anzeigen kann. Zu vermeiden ist jede Form von Separierung dieser Schülerinnen und Schüler.
- Verstossen sie gegen mit der ganzen Klasse vereinbarte Verhaltensregeln, so ist mit gleichen Mitteln und auf die gleiche Art wie bei allen übrigen Schülerinnen und Schülern sofort zu reagieren. Sonderregeln für Hyperaktive sollten möglichst nicht vorgesehen werden.
- Seit langem wird auch ein Attribuierungs-Training empfohlen (Reid & Borkowski 1987), bei welchem die betroffenen Schülerinnen und Schüler angeleitet werden, über die Ursachen ihres ungeeigneten Verhaltens nachzudenken, um aufgrund einer solchen Reflexion sich selbst Ziele für das weitere Lernen und Verhalten zu setzen. Auf diese Weise werden die Betroffenen selbst zu Modellen, anhand derer sie erkennen können, wie sie sich verbessern. In schwierigen Fällen ist es sogar denkbar, ein typisches Verhalten per Video aufzuzeichnen, um darüber zu reflektieren. Es scheint, dass Videoaufnahmen sehr gut sensibilisieren.
- Sitzordnung und räumliche Gestaltung sollen wenig Möglichkeiten zur Ablenkung bieten: Die Betroffenen in vordere Bänke und weg von der Strassen- und Schulplatzseite setzen, keine zu bunten Wände im Schulzimmer.

Zusammenfassend lässt sich festhalten: Aus den Arbeiten von Brophy & Evertson (1981) und Brophy (1996) ergibt sich, dass sich Lehrpersonen nicht so sehr mit der Frage beschäftigen sollen, welches Behandlungsverfahren (Interventionen, Treatment) am wirksamsten ist, sondern sie müssen lernen, wie sie den betroffenen Schülerinnen und Schülern vorurteilsfrei begegnen wollen und sich angesichts der zusätzlichen Herausforderungen von ihnen nicht immer mehr distanzieren und sie nicht negativ zu behandeln beginnen. Erst wenn die Hyperaktivität in feindliches und aggressives Verhalten umschlägt, werden jene Strategien notwendig.

(2) **Zerstreute Schülerinnen und Schüler:** Sie haben eine kurze Aufmerksamkeitsspanne, können sich nur für kurze Zeit konzentrieren und sind durch Töne, Bilder und Sprache leicht ablenkbar. Sie sind zerstreut und oft nicht in der Lage, ihre Lernaufgaben und Hausaufgaben zu erfüllen. Sie haben meistens Schwierigkeiten mit der Organisation und Planung ihrer Aktivitäten, und sie vermeiden es, anspruchsvolle Aufgaben in Angriff zu nehmen. Häufig verlieren oder vergessen sie das für das Lernen oder für andere Aktivitäten notwendige Material. Viele betroffene Kinder und Jugendliche sind sich ihrer Zerstreutheit und deren Folgen gar nicht bewusst. In vielen Fällen ist die Zerstreutheit mit Tagträumen verbunden, d.h. sie denken während dem Unterricht und während dem Erledigen von Hausaufgaben an schöne Dinge, die mit dem Lernen nichts zu tun haben. Zu empfehlen sind die folgenden Strategien:

- Weil sich vor allem jüngere Schülerinnen und Schüler ihrer Zerstreutheit oft gar nicht bewusst sind, genügt es, sie immer wieder zu mehr Aufmerksamkeit, Konzentration und zur zielstrebigen Leistungserbringung anzuhalten.

- Gesteuert werden kann über das Lehrerverhalten: Augenkontakt; sie im Unterricht aufrufen (aber nicht überraschend, sondern den Namen aufrufen, bevor die Frage gestellt oder ein Auftrag erteilt wird); sich beim Erteilen von Aufgaben in die Nähe solcher Schülerinnen und Schüler stellen, um zu beobachten, ob sie aufmerksam sind; Hausaufgaben noch gegen Ende einer Lektion beginnen lassen und die zerstreuten Schülerinnen und Schüler beim Beginn der Arbeit beobachten und notfalls unterstützend eingreifen; erklären, warum man besser aufpassen muss; Aufgabenstellungen repetieren lassen; auf die Wichtigkeit von Lernschritten aufmerksam machen.
- Oft kann es von Vorteil sein, zerstreute Schülerinnen und Schüler in die Nähe des Standortes des Lehrers zu setzen.
- Beobachtet man einen Schüler oder eine Schülerin häufig beim Tagträumen, so sollten sie darauf ausserhalb des Unterrichts angesprochen werden, um zu erfahren, ob dafür schulische Probleme, Schwierigkeiten im Elternhaus oder persönliche Probleme (z.B. Freundschaftsprobleme) verantwortlich sind und allenfalls Hilfe anbieten.
- Steigt in einer Klasse die Zahl der zerstreuten Schülerinnen und Schüler, so ist zu überlegen, ob der Unterricht zu wenig interessant, zu anspruchsvoll oder zu wenig herausfordernd ist. Nicht immer liegen die Ursachen für die Zerstreutheit bei den Lernenden.

(3) **Unreife Schülerinnen und Schüler:** Sie sind meistens in tieferen Klassen zu finden und lassen sich folgendermassen charakterisieren: Sie sind emotional noch wenig stabil; zeigen Verhaltensweisen, wie sie für jüngere Kinder üblich sind; haben wenig Selbstkontrolle, geringe soziale Fähigkeiten und fühlen sich für nichts selbstverantwortlich; sie erscheinen häufig hilflos, inkompetent und sind stark vom Lehrer oder der Lehrerin abhängig.
Viele Lehrkräfte schätzen unreife Schülerinnen und Schüler nicht richtig ein, was den Umgang mit ihnen erschwert. Sie sehen sie als weniger leistungsfähig und nicht als besonders fleissig, auch wenn sie sich häufig um gute Kontakte mit der Lehrperson bemühen (Abhängigkeit von Erwachsenen). Schwierig wird die Beurteilung, wenn Lehrkräfte erkennen, wie sie – als häufige Erscheinung – mit den Klassenkameraden gut umgehen können, ihnen helfen und zu Konfliktlösungen beitragen. Je nach ihrer Einstellung und ihrer Toleranz gegenüber der Unreife handeln Lehrkräfte im Umgang mit den Unreifen ganz unterschiedlich. Tolerante Lehrkräfte bleiben selbst bei Störungen durch solche Lernende grosszügiger und führen Fehlverhalten oft auf eine unverschuldete Unreife zurück, so dass sie anders reagieren als bei aggressiven Schülerinnen und Schülern. Im Umgang mit diesen Schülerinnen und Schülern sind die folgenden Strategien empfehlenswert:

- Unreife sollen spüren, dass sie von ihrem Lehrer oder ihrer Lehrerin unterstützt werden, und sie konkret als Helfende zur Verfügung stehen. Allerdings darf man sich nicht missbrauchen lassen. Je mehr sie mit ihren Wünschen nach Beachtung und Anerkennung durch die Lehrperson suchen, desto wichtiger ist es, sie mit konkreten Aufgabenstellungen und Anforderungen zu konfrontieren, damit sich die Abhängigkeit von Erwachsenen nicht noch mehr verstärkt.
- Mit der Verstärkung ist Vorsicht geboten, indem nur Verhalten und Lernerfolge verstärkt werden dürfen, die von der Erscheinung der Unreife wegführen.

- Wenn irgendwie möglich sollten vor allem jüngeren Unreifen Aufgaben übertragen werden, mit welchen sie Verantwortung übernehmen müssen, um dem Gefühl der Unreife und damit der häufig zu beobachtenden emotionalen Instabilität entgegenzuwirken (z.B. Klassen- oder Schulämter).
- Ihre Unreife sollte man mit ihnen besprechen. Zugleich sind ihnen aber Ziele zu setzen, und es ist ihnen deutlich zu machen, dass sie bei deren Nichterreichung Konsequenzen zu tragen haben werden, damit ihr Bedürfnis nach Zuneigung und Unterstützung allmählich korrigiert wird, wobei dieser Prozess langsam aber gezielt verlaufen muss.
- Unreife Schülerinnen und Schüler suchen meistens den sozialen Kontakt zu den Klassenkameraden, werden von diesen aber zurückgewiesen oder gar verspottet. Deshalb sollten sich Lehrerinnen und Lehrer bewusst um ihre Integration in die Klasse bemühen, damit die unterrichtlichen Bemühungen nicht ständig durch negative Erfahrungen im Klassenverband durchkreuzt werden. Mittels Gruppenarbeiten, bei denen die Unreifen gezielt leistungsfähigen und verständnisvollen Gruppen zugeteilt werden, lässt sich einiges erreichen.

4.2.5 Sozial isolierte Schülerinnen und Schüler

(1) **Abgelehnte Schülerinnen und Schüler:** Sie wünschen und suchen Freundschaft mit Klassenkameraden, werden von diesen jedoch abgewiesen und abgelehnt, sei es, weil sie gewisse von den Mitschülerinnen und Mitschülern als negativ wahrgenommene Eigenschaften haben, oder sie sich durch etwas von den Mitschülern unterscheiden, was eigentlich nicht sein dürfte. Weil es ihnen an sozialen Kompetenzen fehlt, können sie sich nicht in geeigneter Form an ihre Klasse anpassen, werden ausgeschlossen und immer mehr gezwungen alles allein zu tun. Oft werden sie auch gehänselt, verspottet und bedroht. Als Folge davon werden sie wütend, widersprechen und beginnen bereits als Kinder mit Kämpfen und werden mit zunehmendem Alter selbstbezogen, taktlos und unbedacht. Zu beachten ist schliesslich, dass sich abgelehnte Kinder und Jugendliche in ihrer Klasse nicht durch gute Leistungen, Ansehen, sportliche Stärken usw. hervortun, sondern sie können sich nirgendwo profilieren, um in die Klassengemeinschaft aufgenommen zu werden, so dass sich Fehlentwicklungen, die zur weiteren Ablehnung führen, noch verstärken. Um ihnen zu helfen, empfehlen sich die folgenden Strategien:
- Die Lehrpersonen sollten Gelegenheiten schaffen, bei denen sich die Abgelehnten profilieren können, um Anerkennung zu gewinnen.
- Weil vor allem Kinder häufig nicht wissen, warum sie abgelehnt werden, sollten sie Lehrkräfte in einem vorsichtigen Gespräch auf die Ursachen aufmerksam machen und ihnen helfen, sich selbst um die Aufnahme in die Klasse zu bemühen: sich auf eigene Initiative einbringen, sich aktiven Gruppen anzuschliessen, bei Gesprächen zuhören und sich einbringen usw. Da diese Schülerinnen und Schüler jedoch meistens nicht in der Lage sind sich so zu verhalten, sollten Lehrerinnen und Lehrer solche Aktivitäten unterstützen, indem sie beispielsweise einer Gruppe vorschlagen, sie sollen die Abgelehnten einmal mitnehmen, oder indem sie in einem Pausengespräch einer Gruppe mitteilen, dass der abgelehnte Schüler einen Gesprächsbeitrag leisten könnte, und sie als Lehrperson das Aufnehmen und Anhören dieses Schülers unterstützen.

- Schwierig wird es, wenn die Ablehnung zu feindlich-aggressivem Verhalten gegenüber den Klassenkameraden führt. In diesem Fall sollten die Lehrpersonen helfen, Aggressionen abzubauen (siehe Ziff. 1 im Abschnitt 4.2.3 dieses Kapitels).
- Denkbar aber nicht immer erfolgreich kann der Versuch sein, einen reifen sozial stark integrierten Schüler in einem privaten Gespräch zu bitten, sich dem Abgelehnten etwas anzunehmen und zu versuchen, ihn zu integrieren.
- Nützlich sind aber alle diese Massnahmen nur, wenn die jeweilige Lehrperson für einen abgewiesenen Schüler selbst aus der Situation heraus eine gewisse Empathie entwickeln kann und alle Lernenden merken, wie sie sich um ein «Wir-Gefühl» in der Klasse, aus dem eine Lerngemeinschaft entstehen soll, bemüht.

(2) **Scheue und zurückgezogene Schülerinnen und Schüler:** Sie werden von der Klasse nicht abgelehnt, aber sie sind sozial isoliert, weil sie sich nicht um Kontakte mit ihren Mitschülerinnen und Mitschülern bemühen. Dies geschieht aber nicht willentlich, um bewusst stärker selbständig zu sein, sondern solche Schülerinnen und Schüler sind entweder scheu und ziehen sich meistens ungewollt zurück. Sie sind im Klassenverbund und in Gruppen eher ruhig, initiieren keine Kontakte, machen in keiner Weise auf sich aufmerksam und gehen nach dem Unterricht ihre eigenen Wege.
Die Ursachen für das scheue und zurückgezogene Verhalten sind vielfältig: Sie können in der Persönlichkeit liegen oder Ausdruck eines persönlichen Problems (z.B. nicht verarbeitete Scheidung der Eltern) oder einer Stresssituation (z.B. Ungewissheit über die Zukunft der Familie) sein. Bei Ausländerkindern sind es häufig deutliche Sprachhemmungen: Weil sie die Unterrichtssprache nicht richtig beherrschen, verzichten sie soweit als möglich auf Kontakte. Oft ist es auch fehlendes Selbstbewusstsein. So findet sich ein Kind in einer neuen Situation nicht zurecht (es weiss nicht, wie es reagieren soll), oder Jugendliche wissen nicht, wie sie sich in einer ungewohnten Situation verhalten sollen (Ausländerkinder sind beispielsweise an Schulveranstaltungen gehemmt, weil ihnen das kulturelle Verständnis dafür fehlt). Oder sie befürchten, es könnte etwas öffentlich werden, was sie verschweigen möchten (z.B. die Eltern trinken). Scheue Kinder verfügen oft auch über ein schwaches Selbstkonzept und erwarten von sich selbst nicht viel. Schliesslich dürfen soziale Ängste nicht übersehen werden, wenn sie sich beispielsweise im sozialen Umfeld der Klasse nicht zurechtfinden (z.B. ein Schüler einer Gastarbeiterfamilie aus unteren sozialen Schichten wird einer Klasse zugeteilt, welche sich hauptsächlich aus Kindern von Akademikerfamilien aus der Oberschicht zusammensetzt). Für solche Schülerinnen und Schüler empfehlen sich die folgenden Strategien:

- Wahrscheinlich gute Wirkungen werden erzielt, wenn die Lehrpersonen die scheuen und zurückgezogenen Schülerinnen und Schüler ermuntern können, sich Jugendgruppen, sozialen Organisationen oder Freizeitgruppen anzuschliessen und ihnen dabei helfen, guten Zugang zu diesen Gruppen zu finden (z.B. durch Vorschläge, Anmeldung und Hilfestellungen für den erfolgreichen Beitritt).
- Besondere Leistungen dieser Schülerinnen und Schüler (Zeichnungen, Handarbeiten, Aufsätze oder gute Aufgabenlösungen) sollen der ganzen Klasse gezeigt werden.

- Lehrpersonen können durch bewusste Kontakte versuchen herauszufinden, wo die Ursachen für die Zurückgezogenheit liegen, um solche Schülerinnen und Schüler im Unterricht zielgerichtet zu aktivieren und bewusst herauszufordern. Sie dürfen aber nicht zu Aktivitäten gezwungen werden, um zu verhindern, dass sich ihre Unsicherheit verstärkt, und sie sich weiter zurückziehen.
- Vieles kann durch das Lehrerverhalten beeinflusst werden: Unterstützung und Hilfestellung bei sprachlichen Hemmungen ohne anfängliche Sprachfehler zu stark zu korrigieren; bewusster Einbezug in den Unterricht (z.B. über etwas, was unterrichtsbezogen ist und worüber die zurückgezogene Schülerin etwas weiss, berichten lassen); gezielte Zuteilung in Gruppenarbeiten zu Gruppen, in denen sie etwas beitragen müssen; Verstärkung aller Versuche aktiv zu werden; mittels Caring zeigen, dass man helfen will; wenn auf gut gestellte Fragen keine Reaktionen kommen, darauf insistieren und nicht auf andere Schülerinnen und Schüler ausweichen; wenn Ängste die Zurückgezogenheit verursachen, Vertrauen schenken sowie spürbar auf den betroffenen Schüler zugehen, damit er seine Angst verliert.
- Weil solche Schülerinnen und Schüler häufig nicht auffallen und Lehrkräfte sich ihrer Schüchternheit oft nicht bewusst sind, weil sie solche Lernende gar nicht wahrnehmen, sollte man von Zeit zu Zeit bei Einzelarbeiten in der Klasse alle Schülerinnen und Schüler bewusst betrachten und sich fragen, wann man mit ihnen die letzte Interaktion hatte, um später vernachlässigte Schülerinnen und Schüler bewusst und gezielt zu aktivieren. Dabei sollte immer überlegt werden, ob es sich um scheue und zurückgezogene Lernende oder um bequeme Drückeberger handelt, welche direkter zur Aktivität herausgefordert werden müssen.

4.3 Grenzen

Leider finden sich in vielen Klassen immer mehr Problemschülerinnen und Problemschüler, was Lehrkräfte zunehmend mehr belastet und von der eigentlichen Unterrichtsarbeit ablenkt. Deshalb ist zu vermuten, dass sie die auf den letzten Seiten dargestellten Strategien als theoretisches Ideal kritisieren oder als Utopie bezeichnen, die fern jeder Schulrealität steht. Diese Feststellung mag bis zu einem gewissen Grad zutreffen. Aber je stärker sich Lehrpersonen gleich bei der Übernahme einer neuen Klasse um Problemschülerinnen und Problemschüler kümmern, um innerhalb der Grenzen ihrer persönlichen Möglichkeiten und Kräfte Strategien einzusetzen, umso eher weiten sich die Probleme nicht aus, was später entlastend wirkt, währenddem Nichtstun die Lage verschärft und die täglichen Belastungssituationen erhöht. Zu warnen ist aber vor einer falschen Verpsychologisierung dieser Schülerinnen und Schüler und vor zu vielen einzelnen Beratungsgesprächen und weiteren individuellen Unterstützungsmassnahmen. Die Kräfte sollten primär auf einen interessanten und wirksamen Unterricht mit vielen unterrichtlichen Interaktionen und Caring gelegt werden, weil dadurch viele belastende Probleme mit Schülerinnen und Schülern weniger auftreten. Deshalb wurden in diesem Kapitel auch die nahezu unüberschaubare Zahl von systematischen Strategien, welche therapeutischen und psychotherapeutischen Schulen entstammen, nicht dargestellt, denn einerseits überfordern sie die Lehrpersonen vom Aufwand her, und andererseits können solche von Nichtspezialisten angewandte Strategien oft mehr schaden als nützen.

5 Pädagogisch-psychologische Diagnostik

Für die alltägliche Arbeit in der Schule ist nicht nur wichtig, die vielen Formen von Problemschülerinnen und Problemschülern sowie Strategien im Umgang mit ihnen zu kennen, sondern viel bedeutsamer ist es, in jedem Einzelfall die richtige Zuordnung zu erkennen und eine wirksame Strategie einzusetzen, also treffend zu **diagnostizieren.**

Je schwieriger das Umfeld der Schule wird und je mehr Problemschülerinnen und Problemschüler in Klassen vermutet werden, über umso höhere pädagogisch-psychologische Diagnosefähigkeiten müssen die einzelnen Lehrpersonen verfügen.

Die **pädagogisch-psychologische Diagnostik** befasst sich mit der Beschaffung und Bewertung von Informationen über Schülerinnen und Schüler, die zu einer möglichst treffenden und auf Unterstützung ausgerichteten Einschätzung der aktuellen Ausprägung von Merkmalen der Lernenden (u.a. Fertigkeiten, Fähigkeiten, Einstellungen, Verhaltensweisen) oder der aktuellen Ausprägung einer pädagogisch bedeutsamen Entwicklungsumwelt (z.B. Interaktionen innerhalb und ausserhalb der Klasse, elterliches Erziehungsverhalten, Lernvergangenheit) führen und zu einer besseren Prognose in den pädagogisch relevanten Problemfeldern beitragen (Wild & Krapp 2001).

Die Suche nach Strategien im Umgang mit Problemschülerinnen und Problemschülern lässt sich als Problemlöseprozess darstellen, der in jeder Phase diagnostische Überlegungen voraussetzt (in freier Anlehnung an Wild & Krapp 2001). Ein solcher Prozess ist in Abbildung 14.8 dargestellt. Zu unterscheiden ist zwischen einer Vorbereitungsphase und einer praktischen Phase. In der Vorbereitungsphase sind jene Informationen zu sammeln, welche notwendig sind, um die Probleme der Schülerin oder des Schülers genau definieren zu können und um darauf aufbauend die Entscheidung über das Vorgehen (Treatment mit den geeigneten pädagogischen Massnahmen oder Strategien) zu treffen (**treatmentvorbereitende Diagnostik**). Nach der Einleitung des Treatments müssen laufend Informationen (Beobachtungen, Daten) gewonnen werden, welche eine Einschätzung des Erfolgs des Treatments ermöglichen und allenfalls Hinweise für weitere Massnahmen geben (**treatmentbegleitende Diagnostik.**) Schliesslich werden nach der Beendigung des Treatments Informationen benötigt, welche eine abschliessende Beurteilung des Treatments ermöglichen (**treatmentabschliessende Diagnostik**). Die zu analysierenden Aspekte und Fragen sind in Abbildung 14.8 dargestellt.

6 Nachwort

Die Individualisierung des Unterrichts stösst im Schulalltag bald einmal an Grenzen. Einerseits werden die Lehrpersonen laufend mit zusätzlichen Aufgaben belastet (Schulentwicklungsarbeiten, Schülerbetreuung ausserhalb des Unterrichts, Weiterbildung). Und andererseits machen es grosse Schulklassen unmöglich, sich allen Schülerinnen und Schülern mit ihren vielen Lern- und Verhaltensproblemen individuell anzunehmen. Vor einer falschen Vorstellung ist jedoch zu warnen: Kleinere Schulklassen garantieren eine nachhaltigere Individualisierung des Unterrichts und eine gezieltere Unterstützung von Problemschülerinnen und Problemschülern

Abbildung 14.8 **Problemlöseprozess für den Umgang mit Problemschülerinnen und Problemschüler**

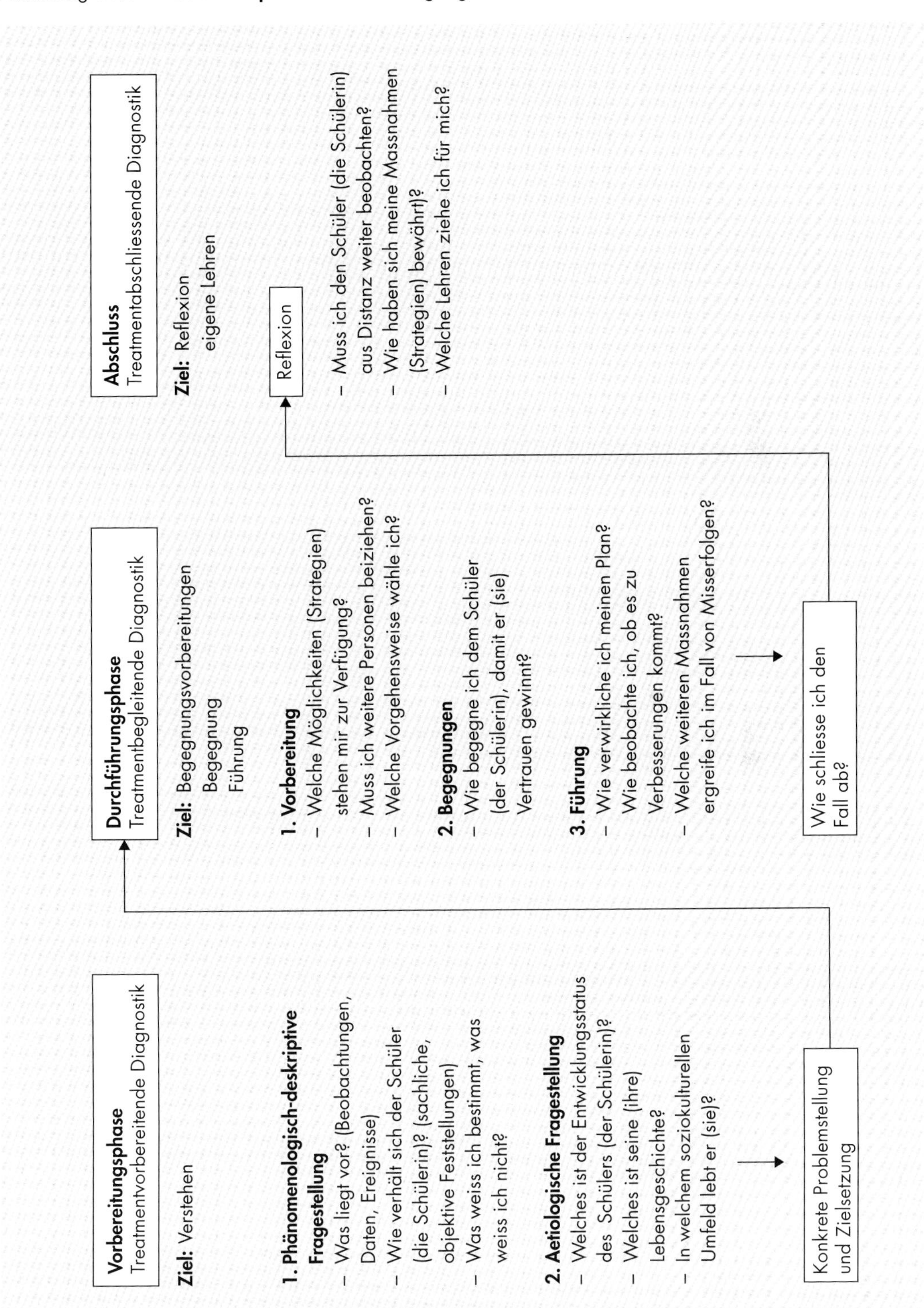

ebenso wenig wie bessere Schulleistungen (vergleiche beispielsweise Hattie 2005). Entscheidend ist das Verhalten der Lehrpersonen. Es lässt sich immer wieder beobachten, wie Lehrkräfte in grösseren und kleineren Klassen genau gleich unterrichten und sich den Lernenden gegenüber etwa gleich verhalten. Deshalb sind kleinere Schulklassen erst wirksam, wenn die Lehrpersonen sich dank der kleineren Schülerzahlen ernsthaft um die Individualisierung bemühen, was in jedem Fall sehr kräfteraubend ist. Angesichts der tendenziell zunehmenden Zahl von Problemschülerinnen und Problemschülern vermag die Schule zudem allein vor allem die Verhaltensprobleme nicht mehr zu bewältigen. Gefordert sind je länger desto mehr die Eltern, welche den Erziehungsauftrag wieder ernsthafter wahrnehmen und zielgerichtet mit den Lehrkräften zusammenarbeiten müssen. Diese Forderung entlastet jedoch die Lehrerschaft nicht: Bei allen Grenzen der Individualisierung des Unterrichts und der individuellen Betreuung nicht nur der Problemschülerinnen und Problemschüler, sollten alle Lernenden ein tägliches Bemühen ihrer Lehrerinnen und Lehrer um das individuelle Wahrnehmen und Unterstützen (Caring) spüren, auch wenn es kaum je jemandem gelingen wird, allen theoretischen Ansprüchen wie sie hier dargestellt werden, umfassend zu genügen.

7 Checklist für den Umgang mit individualisiertem Unterricht sowie mit Problemschülerinnen und Problemschülern

Checklist 20 möchte zum Nachdenken über die Individualisierung im Unterricht sensibilisieren.

Checklist 20: Individualisierung im Unterricht

		ja	nein
1.	Nehme ich eine mögliche Heterogenität meiner Klassen bewusst wahr, und überlege ich mir, ob ich in irgendeiner Richtung versuchen muss, in meinen Klassen in bestimmten Bereichen im Rahmen des Möglichen zu individualisieren?	☐	☐
2.	Bemühe ich mich, Schülerinnen und Schüler aus verschiedenen Gruppen aus ihrer Sicht zu verstehen, sie vorurteilsfrei wahrzunehmen und ihnen korrekt zu begegnen?	☐	☐
3.	Verfüge ich über interkulturelle Kompetenz und über Sachverstand im Umgang mit fremden Kulturen, damit sich meine Schülerinnen und Schüler aus anderen Kulturen verstanden und als Menschen akzeptiert fühlen?	☐	☐
4.	Kommt es in meinen Klassen an geeigneten Stellen im Unterricht auch zu einem interkulturellen Austausch/Einbezug interkultureller Fragen in den Unterricht und zu kooperativem Lernen in kulturell gemischten Gruppen?	☐	☐
5.	Messe ich in Klassen mit vielen fremdsprachigen Schülerinnen und Schülern der Pflege der Unterrichtssprache grosse Bedeutung bei? Bemühe ich mich vor allem um eine gute Tiefenstruktur (Textkompetenz), und stelle ich Sprachfehler gezielt fest, und korrigiere ich sie in angemessener Weise? (Richtigstellung ohne Demotivierung?)	☐	☐
6.	Bemühe ich mich im alltäglichen Unterricht im Rahmen des Möglichen um einen individualisierenden Unterricht wie er in Abbildung 14.5 vorgeschlagen wird?	☐	☐
7.	Erkenne ich die Problemschülerinnen und Problemschüler frühzeitig, und diagnostiziere ich ihr Verhalten systematisch?	☐	☐
8.	Vernachlässige ich ob der Problemschülerinnen und Problemschüler die problemlosen Klassenkameraden nicht zu sehr?	☐	☐
9.	Kann ich die Probleme solcher Schülerinnen und Schüler allein zu bearbeiten versuchen, oder benötige ich externe Hilfe?	☐	☐
10.	Nehme ich die Informationsaufgabe im Umgang mit Problemschülerinnen und Problemschülern richtig wahr?	☐	☐
11.	Versuche ich, mit Problemschülerinnen und Problemschülern nicht nur oberflächlich intuitiv umzugehen, sondern bemühe ich mich im Rahmen meiner Möglichkeiten pädagogisch-psychologische Diagnosen zu stellen, ohne jedoch mein Bemühen zu verpsychologisieren?	☐	☐
12.	Habe ich die persönliche Kraft und Disziplin, die Problemfälle so lange als möglich selbst zu bearbeiten? Weiss ich aber, wann ich die Eltern, die Schulleitung, die Lehrmeister und allenfalls die Polizei informieren und beiziehen muss?	☐	☐

Kapitel 15
Disziplinarprobleme, Aggressionen und Gewalt in der Schule: Die Führung im Klassenzimmer

1 Alltagsfragen

Wahrscheinlich als Folge der Ideen um die antiautoritäre Erziehung wollen auch heute noch viele, vor allem jüngere Lehrpersonen, von Führung und Ordnung im Klassenzimmer nichts wissen, weil Führung zu häufig mit autoritärem Gehabe, Disziplin und Zwang in Verbindung gebracht wurde. Sie verlassen sich eher auf vertrauensvolle Gespräche mit den Schülerinnen und Schülern in einem aufgeschlossenen Klima sowie auf den Aufbau einer Lerngemeinschaft, in der Probleme des Zusammenlebens im konstruktiven Dialog gelöst werden. Angesichts der zunehmenden Störungen im Unterricht, der Gleichgültigkeit beim Lernen und der ersten Anzeichen von Aggressionen in einzelnen Klassen beginnen sich jedoch viele Lehrpersonen wieder umzubesinnen. Dies nicht zuletzt, weil sie erkennen, wie sie sich durch diese Erscheinungen zusätzlich und unangenehm belastet fühlen, zumal sie sehen, wie in disziplinarisch unangenehmen Klassen keine Lernerfolge spürbar werden. Als Folge solcher Tendenzen wird der Ordnung im Unterricht wieder mehr Bedeutung beigemessen, und viele Lehrkräfte suchen bewusst nach Strategien für die Bewältigung von Störungen im Unterricht und Aggressionen im Klassenzimmer und in der Schule. Dabei sehen sie sich nicht selten vor einen inneren Konflikt gestellt: Einerseits möchten sie offen sein und nichts vorkehren, was ihnen den Vorwurf autoritären (was immer das heissen mag) Verhaltens eintragen könnte, und andererseits erfahren sie im Alltag, dass ein Zusammenleben in der Schule und im Klassenzimmer ohne Regeln und ohne ein gewisses Mass an Ordnung und Führung nicht denkbar ist. Dieser viele Lehrpersonen belastende Konflikt ist zu guten Teilen eine Folge von undifferenzierten pädagogischen Schlagworten, die laufend zur Verunsicherung der Lehrkräfte beitragen. So sah man beispielsweise in der Führung etwas Autoritäres, und alles, was mit Autorität zu tun hat, als etwas Unterdrückendes und damit Schlechtes. Und Disziplin wurde mit Zucht gleichgesetzt, um zu belegen, dass Disziplin in einer modernen Schule keinen Platz mehr habe. Auch wurden die Begriffe wie Führung und Disziplin oft anhand von falschen oder missbräuchlichen Beispielen generalisiert, um sie endgültig in Misskredit zu bringen.
Angesichts der Zunahme der Aggression und der grösser werdenden Disziplinarprobleme wurde die Forschung darüber in den letzten dreissig Jahren stark gefördert, so dass heute recht viel gesichertes Wissen über den Umgang damit zur Verfügung steht (siehe beispielsweise Lehmkuhl 2003, Heitmeyer & Hagen 2002, Freiberg & Lapointe 2006, Evertson & Harris 1992, Emmer & Aussiker 1990). Allerdings betreffen die meisten Forschungsvorhaben «normale» Klassen bis zum 10. Schuljahr, während für höhere Schulen und vor allem für «anormale» Klassen (mit Drogenproblemen,

echten Gewalttätigkeiten, Aktivitäten von Gangs usw.) noch weniger Forschungsergebnisse vorliegen. Als ganz allgemeine Erkenntnis aus dieser Forschung lässt sich ableiten: Erfolgreich sowie mit weniger Störungen, Aggressionen und Disziplinarproblemen belastet sind diejenigen Lehrkräfte, denen es gelingt, in ihrer Klasse eine gute Lernumwelt zu schaffen und aufrecht zu erhalten, und nicht jene, die sich als Autoritätsperson sehen, welche mit Zwangsmassnahmen Ruhe und Ordnung schaffen wollen. Aber Lehrkräfte brauchen eine natürliche Autorität und setzen als moralische Autoritäten, welche für das Geschehen in der Klasse Verantwortung übernehmen (Lickona 1992), Regeln und Vorschriften für das Verhalten im Klassenzimmer. Diese Regeln und Vorschriften dürfen jedoch keinen Selbstzweck haben, sondern sie dienen allein dazu, das Leben im Klassenzimmer so zu ordnen, dass eine Lernumwelt entsteht, die für das Lehren und Lernen förderlich ist. Deshalb dient die Führung im Klassenzimmer in erster Linie dem Schaffen guter Voraussetzungen für das Lernen und erst im Notfall der Disziplinierung der Schülerinnen und Schüler.

2 Grundlegung

2.1 Ordnung und Disziplin

Je mehr sich die Schulumwelt verändert, desto stärker polarisieren sich die Auffassungen über Ordnung und Disziplin in der Schule. Vor allem wenn sich Schülerinnen und Schüler unanständig verhalten, agressiv oder gar gewalttätig werden, fordern auf der einen Seite viele Leute schärfere Massnahmen zur Disziplinierung der Kinder und der Jugendlichen. Auf der anderen Seite wird die Meinung vertreten, alle Formen von Disziplinierung seien nicht besonders wirkungsvoll, und es sei besser, durch Gespräche und Hilfestellung die Lernenden zu mehr Selbstkontrolle und Selbstverantwortung zu erziehen, wozu eine gute Interaktion zwischen den Erwachsenen und den Kindern und Jugendlichen nötig sei. Diese seit langem andauernde Polarisierung leidet unter drei Unklarheiten. Erstens ist an vielen Schulen unausgemacht, welche Disziplin und Ordnung überhaupt erforderlich ist, wenn eine Lerngemeinschaft entstehen soll, die sich auf das Lernen und das Zusammenleben in der Schulgemeinschaft positiv auswirken müsste. Die Antwort auf diese Problematik ist nicht nur normativ geprägt, sondern sie beinhaltet auch einen individuellen Aspekt, denn Lehrkräfte nehmen Disziplinarprobleme und Störungen unterschiedlich wahr und reagieren darauf sehr verschiedenartig. Es besteht ein dauerndes Spannungsverhältnis zwischen Wahrnehmung, Akzeptanz und Toleranz. Als Folge davon sind sie bei ihrer schulischen Arbeit auch unterschiedlich persönlich betroffen und belastet. Im ungünstigen Fall verlieren sie die Freude an der Schule und am Unterricht, was zu Burnoutproblemen führen kann. Zweitens ist bei den Disziplinar- und Ordnungsproblemen der Blick aber auch auf die Schülerinnen und Schüler zu werfen: Welches sind die langfristigen Auswirkungen, wenn die Disziplinar- und Ordnungsprobleme in einer Schule und in einer Klasse zu ausgeprägt werden? Ist es überhaupt vertretbar, wenn progressivere Lehrerinnen und Lehrer eine relativ hohe Toleranz für schlechtes und störendes Verhalten zeigen und vieles akzeptieren? Und drittens stellt sich die Frage nach dem richtigen Lehrerverhalten im Zusammenhang mit Störungen und Disziplinarproblemen.

Weil der Begriff «Disziplin» politisch belastet ist, wird er hier nicht verwendet, sondern es wird von **Ordnung in der Schule, im Klassenzimmer und im Unterricht** gesprochen. Diese Ordnung wird gestört durch ein **Verhalten von Schülerinnen und Schülern, welches mit den in einer Schule aufgestellten und von der Lehrerschaft akzeptierten Regeln nicht übereinstimmt.** Oder anders ausgedrückt: Die Ordnung ist gestört, wenn die Schülerinnen und Schüler festgelegte Regeln verletzen.
Deshalb muss die Lehrerschaft einer Schule **Regeln** aufstellen, welche von allen Lehrkräften akzeptiert, den Schülerinnen und Schülern bekannt und bewusst sind sowie konsequent durchgesetzt werden. Angesichts der grösser werdenden Verhaltensunterschiede der Schülerinnen und Schüler an den verschiedenen Schulen, der verschiedenartigen Wahrnehmung durch die Lehrpersonen und der unterschiedlichen normativen Vorstellungen wird jede Schule ihre eigenen Regeln aufstellen müssen, wobei folgende Prinzipien wegleitend sein sollten:

- Die Regeln müssen sinnvoll begründbar sein, und sie dürfen keinen Selbstzweck haben,
- die Freiräume müssen mit zunehmendem Alter der Schülerinnen und Schüler ausgeweitet werden,
- die Lernenden müssen wissen, dass die Regeln durchgesetzt werden.

Der Zusammenhang zwischen unangemessenem (gegen Regeln verstossendem) Verhalten der Schülerinnen und Schüler und der Belastungssituation von Lehrkräften mit der Tendenz zum Burnout wird in der Diskussion über die Notwendigkeit von Regeln viel zu wenig beachtet. Den Lehrpersonen, welche Regeln gegenüber skeptisch sind, müsste der in Abbildung 15.1 dargestellte Kreislauf, der letztlich zum Burnout führt, viel bewusster sein.
Weil es immer wieder Lehrkräfte gibt, welche trotz des eben beschriebenen Ablaufs meinen, Regeln würden zur Unterdrückung von freier Entfaltung und von Kreativität führen, beinhalteten Ansätze zur Repression und trügen nichts zu einem guten Schulklima bei, ist auf die Langzeitwirkung von allen Formen von Verhaltensstörungen in Schulen und im Unterricht zu verweisen. So konnten Gottfredsen et al. (1993) nachweisen, dass den Unterricht störende Schülerinnen und Schüler mangels genügender Leistungen häufiger aus der Schule verwiesen werden, häufiger Drogen zu sich nahmen und häufiger aggressives Verhalten zeigten. Zu beachten sind auch die Langzeitwirkungen von unangepasstem und aggressivem Verhalten in der Schule. Bauer (2006) stellte in einer Langzeitstudie, die 1984 begann, fest, dass erste Erscheinungsformen von physischer und psychischer Gewalt bereits im Kindergartenalter feststellbar waren. Zudem gehörten Kinder, welche schon im Kindergarten aggressiv auffällig wurden, auch im Alter von 22 bis 23 Jahren noch besonders häufig zu den jungen Erwachsenen, die physische und vor allem psychische Gewalt praktizieren. Dies bestätigten auch Lösel & Bliesner (2003), welche die Stabilität von aggressivem Verhalten nachwiesen. Sie scheint besonders gross zu sein, wenn Fehlverhalten früh in das Verhaltensrepertoire von Kindern aufgenommen worden ist.
Geben daher Lehrkräfte für ihre Schule und ihren Unterricht sinnvolle Regeln vor, und setzen sie sie durch, so fördern sie eine langfristige positive soziale Entwicklung der Kinder und der Jugendlichen. Sie erleichtern sich aber auch selbst die eigene Arbeit, denn der Zusammenhang zwischen Störungen im Unterricht und Ausgebranntsein (burnout) von Lehrkräften ist sehr hoch (Friedman 1995, Gavish 2002). Diese Studien verweisen auch auf die typischen Formen des Fehlverhaltens von Schülerin-

Abbildung 15.1 **Bösartiger Kreislauf von Störungen im Unterricht**

Eine Lehrperson hat gegenüber Störungen eine hohe Toleranz und akzeptiert vieles, weil sie nicht kleinlich sein will

↓

Die Schülerinnen und Schüler zeigen immer häufiger ein Verhalten, das gewissen Ordnungsvorstellungen der Lehrperson widerspricht.
In vielen Fällen ist das Verhalten der Schülerinnen und Schüler in keiner Weise bösartig oder absichtlich. Sie wissen einfach nicht, was gilt, weil keine Regeln festgelegt wurden.

↓

Irgendwann verliert die Lehrperson die Geduld und reagiert unberechenbar, was auf die Schülerinnen und Schüler negativ wirkt. Es kommt auch von ihrer Seite her zu Überreaktionen.

↓

Als Folge davon ergreift die Lehrperson weitere Massnahmen, die häufig konzeptionslos, nicht richtig begründet und oft auch unbedachtet sind.

↓

usw.

↓

Die Lehrperson verliert die Freude an der Schule und am Unterricht.
Burnout-Symptome treten auf.

nen und Schülern, die am stärksten zum Ausgebranntsein beitragen: Respektlosigkeit gegenüber der Lehrperson; das Gefühl, infolge von Störungen die Ziele nicht zu erreichen sowie die Erfahrung, dass es nicht gelingt, die Lernenden für den Unterricht zu gewinnen (sie zu motivieren).
Insgesamt ist also die Wechselwirkung zwischen Fehlverhalten der Schülerinnen und Schüler sowie Störungen im Unterricht und Ausgebranntsein der Lehrpersonen für sie ein ernsthaftes Problem (Bauer, Stamm et al. 2006, Stöckli 1999). Besonders betroffen sind Lehrpersonen, welche mit grosser Freude und mit viel Idealismus unterrichten. Sie geraten in einen bösartigen Kreislauf: Sie bemühen sich um einen guten Unterricht, erleben aber in ihren Klassen immer wieder Störungen und Formen von anderem Fehlverhalten von Schülerinnen und Schülern → sie sind zunehmend mehr enttäuscht über kleine Ungereimtheiten, welche sie nicht nachhaltig zu korrigieren vermögen → weiterhin ein grosser Einsatz im Unterricht, aber allmähliche Enttäuschungen, weil die Schülerinnen und Schüler sich nicht bessern → Ermüdungserscheinungen → falsche und ungeeignete Reaktionen und Interventionen der Lehrperson → Anzeichen des Ausgebranntseins → unbedachte Überreaktionen der Lehrperson → aggressives Verhalten der Schülerinnen und Schüler. Solche typische, ungeeignete Verhaltensweisen sind:

- Gereizte Reaktion auch bei kleinen Ungereimtheiten seitens der Lernenden,
- stetes Nörgeln an Aktivitäten der Schülerinnen und Schüler,

- Unfähigkeit, den Schülerinnen und Schülern aufmerksam und geduldig zuzuhören,
- immer stärkere Distanz zu den Schülerinnen und Schülern,
- häufige Konflikte wegen Kleinigkeiten,
- Ungeduld, Nervosität und Misstrauen,
- vermehrt zynische und abschätzige Bemerkungen gegenüber den Schülerinnen und Schülern,
- vermeiden von Kontakten mit den Lernenden.

2.2 Betrachtungsweisen zu Massnahmen bei Verhaltensproblemen im Verlaufe der Zeit

Während langer Zeit beruhten Vorstellungen über die Disziplin und den Umgang mit Disziplinarproblemen auf einer «Nulltoleranz», d.h. man hatte feste, weitgehend unveränderliche Vorstellungen über die Ordnung in der Schule und im Unterricht. Traten Verhaltensprobleme auf, standen korrektive Massnahmen (Sanktionen) im Vordergrund. Im Verlaufe der Zeit verschob sich die Betrachtungsweise, die mit drei Merkmalen charakterisiert werden kann:

1) Nicht mehr die Sanktionen (Disziplinarmassnahmen) stehen zur Bekämpfung von Störungen im Vordergrund, sondern ihnen wird die primäre Prävention vorgelagert, d.h. durch geeignete Massnahmen (Regeln, interessanter Unterricht, Lerngemeinschaft sowie gutes Schul- und Klassenklima) wird versucht, unangemessenes Verhalten erst gar nicht mehr aufkommen zu lassen (primäre Prävention).
2) Gelingt die primäre Prävention nicht, d.h., befolgen Schülerinnen und Schüler allgemeine Regeln zum Verhalten nicht, so werden gezielte, indirekte und direkte Interventionen notwendig (sekundäre Prävention).
3) Kommt es trotz sekundärer Prävention zu ernsthaften Regelverletzungen und zu Störungen bis hin zu Aggressionen und zu Gewalt, so sind korrektive Massnahmen bis hin zu gezielten Strafen notwendig (tertiäre Intervention).

Abbildung 15.2 gibt einen Überblick über die drei Ebenen der Prävention. Dazu liegen viele Forschungsergebnisse vor.
Diese drei Ebenen verlangen ein differenziertes Angehen von Verhaltensproblemen. Nicht mehr Massnahmen aus der «Trickkiste» der «Nulltoleranz» stehen im Vordergrund, sondern notwendig sind überlegte Entscheidungen, welche sich eignen, die Verhaltensstörungen je nach den Vorstellungen über eine wirksame Lerngemeinschaft in situativ angemessener Form zu korrigieren. Anstelle des Gehorchens und des Bestrafens soll eine Unterstützung der Selbstkontrolle (Selbststeuerung) treten. Erst wenn solche Massnahmen der sekundären Prävention nicht mehr ausreichen, um zu viel unerwünschtes Verhalten zu unterbinden, werden korrektive Massnahmen (Disziplinarmassnahmen) (tertiäre Prävention) notwendig.
Insgesamt wird heute von der **Mehrstufigkeit** der Führung von Klassen zur Vermeidung bzw. Beseitigung von zu viel unerwünschtem Verhalten gesprochen.

Abbildung 15.2 **Mehrstufigkeit der Führung von Klassen bei zu viel unerwünschtem Verhalten**

Prävention (Primäre Prävention)	**Bei Übernahme einer neuen Klasse**	
	Ziel:	Vorsorge, dass es zu wenig unerwünschtem Verhalten kommt.
	Massnahmen:	– Festlegen von Regeln und Verfahrensweisen bei der Übernahme einer Klasse. – Erfolgreicher Start des Unterrichts mit der neuen Klasse.
	Im täglichen Unterricht	
	Ziel:	Sicherstellen, dass unerwünschtes Verhalten unterbleibt.
	Massnahmen:	– Führung im Klassenzimmer
Unterstützung der Selbstkontrolle (Selbststeuerung) (sekundäre Prävention)	Ziel:	Unterbinden der Anfänge von unerwünschtem Verhalten (Durchsetzen der Regeln)
	Massnahmen:	– Beseitigung leichter Formen von unerwünschtem Verhalten durch indirekte Interventionen. – Beseitigung schwerwiegender Störungen durch direkte Interventionen.
Korrektive Massnahmen (Disziplinarmassnahmen) (tertiäre Prävention)	Ziel:	Unterbinden von schwerwiegenden Formen von unerwünschtem Verhalten.
	Massnahmen:	– Bestrafung – Konfliktlösungen – Beizug weiterer Personen

2.3 Zu wenig erwünschtes und zu viel unerwünschtes Verhalten

Verhaltensprobleme von Schülerinnen und Schülern im Klassenverband lassen sich ganz allgemein in (1) zu wenig erwünschtes und (2) zu viel unerwünschtes Verhalten gliedern. Diese Unterscheidung ist bedeutsam, weil beide Formen des Zusammenlebens in der Schule und im Unterricht stören, die Lehrkräfte stark belasten, aber unterschiedliche Massnahmen erfordern (Gropper 1971, Charles 1992, Freiberg & Lapointe 2006).

Abbildung 15.3 zeigt Formen von **zu wenig erwünschtem Verhalten**, von denen bekannt ist, dass sie Lehrkräfte längerfristig demotivieren und psychisch stark belasten, obschon sie, wenn sie nicht gehäuft auftreten, den Unterrichtsverlauf anfänglich kaum stören. Meistens ist das Fehlen solcher erwünschten Verhaltensweisen auf Störungen der Persönlichkeit, auf Schwierigkeiten in der Eltern-Kind-Beziehung oder auf Kontaktarmut zurückzuführen. Deshalb macht es wenig Sinn, auf dieses zu wenig erwünschte Verhalten mit Tadel und Strafen zu reagieren. Wichtiger ist es,

- durch einen guten Unterricht die Lernmotivation zu verbessern (siehe Kapitel 12),
- solche Schülerinnen und Schüler gezielt in den Unterricht zu integrieren (z.B. bewusster Aufruf, wenn sie sich nicht melden, ohne sie dabei blosszustellen),
- sie bei ihrer Arbeit genau zu überwachen, damit sie erkennen, dass ein stetes Ausweichen nicht möglich ist,

Abbildung 15.3 **Zu wenig erwünschtes Verhalten**

Fehlende Aufmerksamkeit	– Die Lernenden sitzen teilnahmslos im Unterricht und zeigen keine Eigenverantwortung – Sie sind unaufmerksam (Tagträumen, sich mit unterrichtsfremden Dingen beschäftigen) – Sie reagieren auf Aktivitätsaufforderungen der Lehrpersonen nicht – Sie spielen oder schieben sich Zettel zu – Sie bleiben Aufrufen der Lehrperson gegenüber gleichgültig – Sie sind unkonzentriert
Ungenügende Motivation	– Die Lernenden interessieren sich nicht für das Geschehen im Unterricht – Sie nehmen am Unterricht nicht teil – Sie verzögern den Unterricht mit unwesentlichen Aussagen und Einwänden – Sie bleiben gegenüber allen Herausforderungen indifferent – Sie bitten bei Problemen nicht um Hilfe – Sie reichen schlecht ausgeführte oder unfertige Aufgaben ein – Sie kommen ohne Hausaufgaben und unvorbereitet in den Unterricht
Verhaltensprobleme	– Die Lernenden arbeiten während dem Unterricht an den Hausaufgaben – Sie lesen im Lehrbuch und beteiligen sich nicht am Unterricht – Sie schwänzen den Unterricht
Zu wenig unabhängiges Verhalten	– Die Lernenden suchen auffällig nach Anerkennung und Beachtung durch die Lehrperson – Sie schmeicheln sich bei der Lehrperson in auffälliger Weise ein – Sie versuchen sich zulasten von Mitschülerinnen und Mitschülern zu profilieren

- sie mit konkreten Aufgaben zu betrauen, deren Erfüllung genau kontrolliert wird (z.B. Klassenämter oder Aufgaben für die Klasse wie Materialbeschaffung,
- ihre Hausaufgaben genau zu überprüfen.

Abbildung 15.4 zeigt typische Formen von zu **viel unerwünschtem Verhalten.** Diese Formen werden aufgrund empirischer Untersuchungen von Lehrkräften als schülerbedingte Störungen bezeichnet, welche am Belastendsten wirken. Deshalb dürfen sie keinesfalls toleriert werden.

3 Primäre Interventionen: Eindeutige Regeln für erwünschtes Verhalten in der Schule und im Unterricht

3.1 Regeln

Viele Verhaltensprobleme, die sich zu Spannungen zwischen Lehrenden und Lernenden ausweiten können, entwickeln sich sowohl in der Schule als auch im Klassenzimmer, weil die Schülerinnen und Schüler nicht genau wissen, was von ihnen erwartet wird, oder wie die Lehrpersonen etwas geregelt haben möchten. Sie verhalten sich dann so, wie es für sie am bequemsten und angenehmsten ist, oder wie es bei weniger auf Ordnung bedachten Lehrkräften üblich ist. Vor allem Lehrkräfte, die ihre Klassen nicht führen wollen, akzeptieren häufig anfänglich viele Verhaltensweisen selbst

Abbildung 15.4 **Zu viel unerwünschtes Verhalten**

Gleichgültigkeiten	– Die Lernenden kommen zu spät in den Unterricht oder verlassen ihn unvermittelt – Sie bleiben bei Einzelarbeiten inaktiv – Sie wirken bei Gruppenarbeiten nicht mit – Sie schwänzen den Unterricht
Stören des Unterrichts (Verhaltensprobleme)	– Die Lernenden sind unruhig (schwatzen) – Sie stören den Verlauf des Unterrichts (Zwischenrufe, unvermittelte Einwürfe, auch wenn andere Schülerinnen und Schüler sprechen) – Sie unterhalten sich privat – Sie lassen Notizen und Unterlagen zirkulieren – Sie veranstalten Lärm (mit dem Pultdeckel lärmen, mit dem Bleistift klopfen, Schulmaterial fallen lassen) – Sie werfen Dinge im Klassenzimmer herum – Clownereien vor der Klasse – Sie stören die Klassenkameraden mit gezielten Bewegungen – Sie machen sich über die Lehrperson hinter ihrem Rücken lustig (Grimassen) – Sie essen und trinken im Unterricht
Unmoralisches Verhalten	– Die Lernenden lügen und stehlen – Sie schädigen anderes Eigentum – Sie schreiben ab und spicken bei Tests – Sie bezichtigen andere in unehrlicher Absicht
Herausforderung der Autorität	– Die Lernenden provozieren die Lehrpersonen, indem sie gezielt gegen Erwartungen der Lehrkräfte und/oder in böser Absicht gegen Regeln verstossen
Konflikte provozieren	– Die Lernenden verhalten sich gezielt und bewusst so, dass Mitschüler(innen) und die Lehrperson zu Konflikten provoziert werden
Aggressionen	– Die Lernenden greifen Lehrpersonen und Mitschüler und -schülerinnen verbal und körperlich an – Es kommt zu Gewaltakten

dann, wenn sie ihren Erwartungen widersprechen. In nicht wenigen Fällen bringt aber diese Grosszügigkeit dem Schülerverhalten gegenüber immer mehr anfänglich kleine, später grössere Störungen im Unterrichtsverlauf und im Zusammenleben mit der Klasse, so dass sich die Lehrkraft plötzlich gezwungen sieht, gewisse Vorschriften zu machen und sie auch durchzusetzen. Darauf reagieren die meisten Lernenden negativ, weil sie sich in ihren Gewohnheiten beeinträchtigt fühlen und in ihren Freiheiten beschränkt sehen, was nicht nur das Klassenklima verschlechtert, sondern auch zu Konflikten führen kann.

Untersuchungen belegen, dass diejenigen Lehrkräfte, die bei der Übernahme einer Klasse vernünftige Regeln in begründeter Weise festlegen, nicht nur weniger Störungen in ihrem Unterricht (weniger unerwünschtes Verhalten), sondern auch ein langfristig besseres Klassenklima haben (Emmer et al. 1980, Evertson & Emmer 1982, Emmer et al. 2003). Eine solche Vorgabe von Regeln hat – wie bereits angedeutet – nichts mit autoritärem Lehrerverhalten zu tun, sondern sie ist ein präventives Mittel

im Interesse einer Minimierung von zu viel unerwünschtem Verhalten. Schwieriger zu beantworten ist die Frage, welche Regeln konkret vorzugeben sind. Einerseits haben sie den von den Lehrkräften für die ganze Schule entwickelten Regeln zu entsprechen, und andererseits müssen sie mit den Auffassungen der einzelnen Lehrpersonen über Schule und Unterricht übereinstimmen, denn Regeln, die ihren Vorstellungen widersprechen, lassen sich nicht durchsetzen. Zudem sind die Regeln je nach Altersstufe der Lernenden anders zu gestalten. Deshalb sollte sich jede Lehrkraft für ihre Führung der Klassen ein eigenes System von Regeln entwerfen.
Der Aufbau des eigenen Regelsystems lässt sich etwas systematischer entwickeln, wenn gemäss Abbildung 15.5 vorgegangen wird und zunächst zwei Fragen beantwortet werden (Borich 1992):

1. Welche Regeln will ich für die Lernarbeit inner- und ausserhalb der Klasse, und welche für das Betragen inner- und ausserhalb der Klasse vorgeben?
2. Welche Regeln will ich am ersten Tag, und welche später (wenn sie nötig werden) vorgeben?

Zu regeln sind die folgenden Dinge:

- Aspekte, welche im Interesse klarer Voraussetzungen für die Schülerinnen und Schüler eindeutig zu regeln sind (müssen die Lehrbücher in jede Lektion mitgenommen werden oder dienen sie nur zur Repetition zu Hause; welche Hefte werden geführt [Theorieheft, Aufgabenheft usw.]; Umgang mit dem Absenzenwesen usw.).
- Aspekte, welche von den einzelnen Lehrkräften im Schulhaus unterschiedlich gehandhabt werden (Anschläge und Dekorationen im Schulzimmer usw.).
- Aspekte, auf welche die Lehrperson in ihren Klassen besonderen Wert legt (während des Unterrichts keine Kopfbedeckung tragen, keine Getränke im Unterricht usw.).

Zu überlegen ist, welche Regeln überhaupt sinnvoll sind. Zu beachten sind die folgenden Kriterien:

- Regeln sollten unter Berücksichtigung der konkreten Gegebenheiten in einer Klasse vernünftig begründet werden können.
- Regeln dürfen keinen Selbstzweck haben.
- Es sollten keine Regeln entwickelt werden, von welchen die Lehrperson selbst nicht überzeugt ist.

Abbildung 15.5 **Raster für die Entwicklung von Regeln**

	Regeln für das Betragen	**Regeln für das Lernen**
Regeln, die am ersten Tag zu geben sind	1. Erwartete Grundstimmung in der Klasse 2. Absenzenwesen	1. Lehrmaterial (Bücher, Hefte) 2. Hausaufgaben 3. Klausurenpraxis
Regeln, die später gegeben werden können	1. Kleine Störungen (Schwatzen, Zuspätkommen usw.) bei ihrem Auftreten 2. Benützungsregeln für Schuleinrichtung (Computerraum, Laboratorium usw.)	1. Klausurenbewertung, Notengebung 2. Darstellungsformen von Aufgaben (Heftführung) 3. Organisation von Unterrichtsverfahren

- Regeln müssen durchsetzbar sein.
- Regeln sollten nichts betreffen, was im Sinne kleiner alltäglicher Störungen immer wieder geschieht. Solches Fehlverhalten ist bei seinem ersten Auftreten sofort richtig zu stellen (z.B. man soll pünktlich in die Schule kommen). Die systematische Vorgabe solcher Regeln verleitet Schülerinnen und Schüler gerne zu Provokationen (die Lernenden testen die Lehrkraft, ob sie auf solche kleine Verletzungen mit unwesentlichen Regeln reagiert).
- Regeln, die überholt sind, sollten ausser Kraft gesetzt werden.

Regeln haben nur einen Sinn, wenn sie auch konsequent durchgesetzt werden, andernfalls verliert die Lehrkraft ihre natürliche Autorität. Emmer et al. (1994) fanden drei Hauptgründe, die dafür verantwortlich sind, dass gesetzte Regeln im Klassenzimmer nicht zum Tragen kommen:
- Die Regel ist ungeeignet, oder sie passt nicht in die Situationen oder auf die Personen, für die sie entwickelt wurde.
- Die Lehrkraft beobachtet das Geschehen in der Klasse zu wenig, so dass einzelne, welche die Regel verletzen, erwischt werden und andere nicht, was von den Lernenden als Ungerechtigkeit empfunden wird und weitere Störungen provoziert.
- Die Lehrkraft ist von der Regel selbst nicht ganz überzeugt. Deshalb setzt sie sie nicht konsequent durch bzw. lässt zu viele Ausnahmen zu.

Wirkungslos werden Regeln, wenn Lehrpersonen die folgenden Fehler begehen (Lohmann 2003):
- Sie ermahnen häufig und drohen Strafen an, kehren aber tatsächlich nichts vor.
- Sie wenden viel Zeit für Ermahnungen und disziplinarische Handlungen auf.
- Sie wirken häufiger strafend als integrierend.
- Sie treffen für das gleiche Fehlverhalten eines Schülers mehrere hintereinander geschaltete Massnahmen.
- Sie probieren sprunghaft verschiedene Massnahmen zum gleichen Fehlverhalten aus.
- Sie halten ihre einmal ausgesprochenen Massnahmen nicht durch.
- Sie brechen Konflikte häufig unerwartet und unmotiviert ab.

Diskutiert wird immer wieder, ob die Regeln von der Lehrkraft gesetzt und begründet oder mit der Klasse erarbeitet werden sollen. Weil die Gefahr gross ist, dass es bei der Erarbeitung nur zu Pseudodiskussionen kommt, und die Lehrkraft am Schluss doch selbst entscheidet, ist es ehrlicher, wenn sie die Regeln vorgibt und begründet. Die Angst, sie werde dadurch von der Klasse als «autoritär» wahrgenommen, ist dann unberechtigt, wenn es sich um vernünftige Regeln handelt, deren Sinn von den Lernenden verstanden wird. Diskutieren und die Schülerinnen und Schüler über eine Regel entscheiden zu lassen ist nur dort sinnvoll, wo den Lernenden eine echte Wahl gelassen wird, die Lehrkraft also mehr Wert auf die Regelung einer Frage als auf die Art der Regelung legt (z.B. über Verfahrensweisen bei Hausaufgaben). Anderer Auffassung ist Lickona (1992), für den das Festlegen der Regeln durch die Klasse für den Aufbau einer Lerngemeinschaft etwas sehr Wichtiges ist.

Schliesslich ist zu überlegen, wann den Schülerinnen und Schülern die Regeln bekanntzugeben sind.

- Geht es um wichtige (und nicht selbstverständliche) Verhaltensregeln und um Vorgaben über die gewünschte Ordnung im Unterricht, so sind die bedeutsamen Regeln in der ersten Lektion bekanntzumachen.
- Verstösse gegen Selbstverständlichkeiten wie Schwatzen müssen beim ersten Auftreten richtiggestellt werden.
- Organisatorische Regeln wie Regeln für den Umgang mit Computern oder im Sprachlaboratorium können eingebracht werden, wenn sie sich vom späteren Unterrichtsverlauf her aufdrängen.

In Abbildung 15.6 wird ein Beispiel für mit den Schülerinnen und Schülern (hier Sekundarstufe II) am ersten Schultag zu besprechende Regeln dargestellt. Für tiefere Schulstufen müssen andere Regeln vorgegeben werden (üblicherweise mehr Regeln für das Betragen).

3.2 Die Wichtigkeit eines guten Starts im Unterricht mit einer neuen Klasse

Vor allem Emmer et al. (insbesondere 1994) verweisen in vielen Studien auf die Wichtigkeit eines guten Starts mit einer neuen Klasse. Sie beobachteten Lehrkräfte bei der Führung ihrer Klasse während den ersten Tagen und erfassten später das Verhalten der Schülerinnen und Schüler im Unterricht, um herauszufinden, wie das Führungsverhalten den Einsatz der Lernenden bei ihrem Lernen und in ihrem Verhalten beeinflusste. Sie fanden heraus, dass diejenigen Lehrkräfte, die Regeln gaben, in die Ziele des Unterrichts einführten und den organisatorischen Fragen der Unterrichtsgestaltung Beachtung schenkten, bessere Voraussetzungen für den späteren Unterricht (weniger unerwünschtes Verhalten, bessere Erfüllung der Lernaufgaben, besseres Klassenklima) schafften. Bei Lehrkräften, die diesen Aspekten mit ihrer neuen Klasse wenig oder keine Aufmerksamkeit gaben, traten früher und intensiver unerwünschte Verhaltensweisen auf, die das Lehrer-Schüler-Verhältnis sowie das Lernen und das Klassenklima negativ beeinflussten, gar wenn sie unter dem Druck der Umstände für die Lernenden unerwartet Disziplinarmassnahmen ergreifen mussten. Aus diesen Untersuchungen lassen sich die folgenden Empfehlungen ableiten:

- In den ersten Lektionen sind alle **Unsicherheiten,** welche die Schülerinnen und Schüler haben, durch die Vorgabe von Regeln und Erklärungen sowie Erwartungen zu beseitigen und zufällig in Erscheinung tretendes unerwünschtes Verhalten zu korrigieren.
- Die ersten Lektionen sollten so gestaltet werden, dass alle Schülerinnen und Schüler spürbare **Lernerfolge** erzielen, sich wohl und frei fühlen und Vertrauen in die Lehrperson und ihre schulischen Absichten gewinnen.
- Anfänglich sollte der Unterricht mit der **ganzen Klasse** geführt und stärker gesteuert werden, damit das Lernen und das Verhalten der Schülerinnen und Schüler genau beobachtet und Lernschwierigkeiten sowie Fehlentwicklungen im Verhalten in wohlwollender Weise sofort korrigiert werden können. Je mehr die Klasse sich im gewünschten Sinn zu verhalten beginnt, umso mehr kann zur Vielgestaltigkeit der Unterrichtsführung übergegangen werden.

Abbildung 15.6 **Beispiel für am ersten Tag einzuführende Regeln (Sekundarstufe II)**

1 Erwartete Grundstimmung

- Unsere Klasse soll zu einer Lerngemeinschaft werden. Deshalb wollen wir häufig zusammenarbeiten und Aufgaben gemeinsam bearbeiten. Streberinnen und Streber, vor allem solche, die sich zulasten von Klassenkameraden und -innen hervortun wollen, haben in meinem Unterricht keine Chancen.
- Ich erwarte von allen einen offenen und ehrlichen Umgang untereinander. Vor allem hoffe ich auf offene Diskussionen im Klassen- und Gruppenunterricht, die auch Kritik beinhalten dürfen.
- Sollte sich jemand ungerecht behandelt fühlen, so bitte ich ihn oder sie, mich sofort anzusprechen, damit die Sache bereinigt werden kann. Ich bleibe in der Pause häufig im Schulzimmer, um angesprochen zu werden. Man kann aber auch Termine abmachen.

2 Lehrmittel

Wir arbeiten mit dem Buch... Es ist in jede Stunde mitzubringen, weil wir es immer wieder verwenden. Wir benötigen ein Aufgabenheft, in welchem alle Aufgaben zu lösen sind. Ich werde die Aufgaben immer stichprobenweise überprüfen. Dazu führen wir in Ergänzung zum Buch ein kleines Oktavheft, in welches ihr meine Tafelbilder übernehmt und knappe ergänzende Notizen macht. Ich kontrolliere die Hefte von Zeit zu Zeit. Schlecht geführte Hefte sind besser zu gestalten, weil sie als Grundlage für das spätere Lernen dienen.

3 Hausaufgaben

In meinem Unterricht sind Hausaufgaben etwas Wichtiges. Deshalb erteile ich Hausaufgaben, die einzeln und in Gruppen zu lösen, und die für den nächsten Tag oder längerfristig vorgesehen sind. Ich überprüfe die Hausaufgaben stichprobenweise. Wer nicht in der Lage ist, sie zu lösen, soll dies zu Beginn der Lektion mitteilen. Dann sind sie am nächsten Tag oder an einem zu vereinbarenden Termin vorzulegen.
Mündliche Hausaufgaben frage ich nicht ab, es sei denn, ich gebe eine besondere Aufgabe (z.B. Präsentation auf einer Hellraumprojektorfolie oder mit Powerpoint).

4 Klausuren

Bei mir gibt es keine Überraschungsklausuren. Die Termine für Klausuren werden jeweils für das ganze Semester gemeinsam vereinbart. Sie betreffen in jedem Fall den Stoff, der zwischen der letzten und der jeweiligen Klausur behandelt wird. Ich werde immer eine Woche im Voraus bekannt geben, in welcher Form die Klausur durchgeführt wird. Terminverschiebungen gibt es keine, wenn die Termine einmal festgelegt sind (ausser in aussergewöhnlichen Fällen).
Ich führe häufig formative Tests durch, damit Übungsgelegenheiten gegeben sind und ihr euere Lernfortschritte selbst überwachen könnt.

5 Absenzen

Ich halte mich strikte an die Absenzenregeln der Schule. Sollte indessen einmal jemand während einer Lektion bei mir etwas Wichtiges vorhaben, so kann er bei mir um Dispens für diese Stunde nachfragen.

Im Zusammenhang mit Klausuren bei Absenzen gilt Folgendes:
- Wer nur am Tag der Klausur fehlt, hat sie in der nächsten Stunde ohne weitere Absprache nachzuholen.
- Wer längere Zeit fehlt, hat sie nach Vereinbarung nachzuholen.

- Anfänglich ist die stete **Präsenz der Lehrkraft** bedeutsam, damit die Lernenden Fragen stellen. Durch die Präsenz kann die Lehrkraft zudem auch ihr Interesse an den Lernenden sowie ihre Offenheit zeigen, damit der gegenseitige Umgang ungezwungen wird.
- Schliesslich ist nochmals zu betonen, dass der Beobachtung der Lernenden und der **Durchsetzung der Regeln und des erwünschten Verhaltens** in den ersten Lektionen (Tagen) grösste Bedeutung für das künftige Verhalten der Lernenden und des Klassenklimas zukommt. Es ist einfacher, neue Schülerinnen und Schüler, die erwartungsvoll und anfänglich wohlwollend an die neue Lehrperson herantreten, mit einigen Regeln zu führen als nichts vorzusehen, um später zu einem Zeitpunkt Massnahmen zu ergreifen, wenn sich die Einstellung zur Schule oder zur Lehrkraft schon etwas verflacht hat.

Diese Empfehlungen dürfen nicht schematisch angewandt werden, sondern sie sind Richtlinien, welche an die eigenen Zielvorstellungen und an die eigene Persönlichkeit anzupassen sind.

3.3 Vorbeugendes Führungsverhalten im täglichen Unterricht

Wichtig ist nicht nur ein guter Start mit neuen Klassen, sondern gute Lehrkräfte zeichnen sich auch durch ein Führungsverhalten aus, das zu viel unerwünschtes Schülerverhalten gezielt unwahrscheinlich macht. Diesem Aspekt ging vor allem Kounin (1970) nach, der zum Schluss kam, dass unerwünschtes Schülerverhalten in vielen Fällen nicht ursächlich, sondern eine Folge von falschem Lehrerverhalten ist, so dass nicht in erster Linie nach Massnahmen und Strategien gegen Disziplinarprobleme, sondern nach einem Lehrerverhalten zu suchen ist, das präventiv gegen unerwünschtes Verhalten wirkt.
Kounin und seine Mitarbeiter wollten herausfinden, wie sich Lehrkräfte bei Disziplinarproblemen mit Schülerinnen und Schülern verhalten, und was dabei resultiert, um aus den Erkenntnissen Strategien zur Bewältigung von Disziplinarproblemen abzuleiten. Die Ergebnisse der ersten Studien waren immer die gleichen: Erstens liess sich keine Beziehung zwischen den Methoden, die Lehrkräfte zur Disziplinierung von Klassen einsetzten, und der Häufigkeit sowie der Stärke von auftretenden Disziplinarproblemen nachweisen. Zweitens konnten keine generellen Strategien gefunden werden, die Erfolge bei der Behandlung von Störungen garantierten. Damit bestätigte sich eine schulpraktische Erfahrung: Disziplinarprobleme sind etwas jeweils einmaliges und können nicht in Kategorien mit entsprechenden Strategien gefasst werden.
Kounin gab sich mit dieser Erkenntnis nicht zufrieden und begann Lehrerverhalten in Klassen mit und ohne Disziplinarproblemen zu beobachten. Dabei erkannte er, dass sich das Lehrerverhalten von Lehrkräften in disziplinierten Klassen von demjenigen von Lehrpersonen in weniger disziplinierten Klassen wesentlich unterscheidet, Störungen und anderes unerwünschtes Verhalten also zu einem guten Teil auf unzweckmässiges Lehrerverhalten zurückzuführen sind.
Kounin ermittelte acht in Abbildung 15.7 wiedergegebene Verhaltensweisen von Lehrkräften, die geeignet sind, gegen unerwünschtes Verhalten vorbeugend zu wirken. Obschon Kounin seine Untersuchungen auf unteren Klassenstufen durchführte, dürfen die Ergebnisse nach aller Erfahrung als allgemeingültig und auch als wirksam betrachtet werden. Offen ist indessen die Frage, ob diese Verhaltensweisen lernbar sind.

Abbildung 15.7 **Präventive Formen des Lehrerverhaltens gegen unerwünschtes Verhalten (Kounin)**

1 **Mit-der-Klasse-sein** (Withitness): Die Lehrperson ist in der Lage, alles zu erfassen, was sich im Klassenzimmer abspielt, einschliesslich jener Orte und Aspekte, die sie scheinbar nicht beobachtet. Sie scheint auch «hinten am Kopf Augen zu haben».

2 **Übergreifendes Handeln** (Overlappingness): Die erfolgreiche Lehrkraft kann gleichzeitig zwei oder mehrere Probleme im Klassenzimmer behandeln, ohne verwirrt zu werden oder den Überblick zu verlieren. (Z.B. ein Schüler liest etwas vor, und zwei andere Schüler schwatzen. Die gute Lehrkraft kann sich beispielsweise zu den beiden Schülern begeben, ohne die Lektüre zu unterbrechen.)

3 **Geschmeidigkeit** (Smoothness): Die erfolgreiche Lehrkraft hält den Fluss der Lektion aufrecht. (Sie gibt Nebensächlichem keine grosse Beachtung, sie unterbricht Aktivitäten der Schülerinnen und Schüler nicht ohne Grund, sie macht keine Sprünge von einem Bereich zum anderen und zurück, sie bricht eine Aktivität nicht unvermittelt ab.).

4 **Antrieb** (Momentum): Die erfolgreiche Lehrkraft zeigt kein Verhalten, das den Fortgang der Lektion verlangsamt (zu langes Verweilen bei bestimmten Lerngegenständen oder bei von Lernenden gezeigtem Verhalten, zu starkes Zuwenden zu Einzelnen statt zur Gruppe, zu häufige Detailanweisungen).

5 **Gruppen-Aktivierung** (Group alerting) bezieht sich auf die Fähigkeit der Lehrkraft, alle Lernenden in den Unterricht miteinzubeziehen. Je häufiger die Lehrkraft versucht, unaufmerksame Schülerinnen und Schüler in den Unterricht zurückzuführen, desto besser ist ihr Management.

6 **Verantwortlichkeit** (Accountability): Die erfolgreiche Lehrkraft versucht, die Lernenden während des Unterrichts für ihre Leistungen stärker verantwortlich zu machen. (Z.B. die Lehrkraft versucht, die Lernresultate möglichst vieler Schülerinnen und Schüler zu überprüfen, indem sie sie von allen niederschreiben und nicht nur mündlich bekanntgeben lässt; sie fragt nach der Lösung und ruft erst nach einer bestimmten Zeit zur Antwort auf.)

7 **Hinweis auf die Bedeutung eines Gegenstands und Aufruf zur Herausforderung** (Valence and challenge arousal): Hier handelt es sich um den direkten Versuch der Lehrkraft, die Schülerinnen und Schüler für einen Lerngegenstand zu begeistern, indem sie selbst Enthusiasmus zeigt, auf die besondere Bedeutung des Gegenstands verweist, oder zum Ausdruck bringt, dass das zu Lernende eine besondere intellektuelle Herausforderung bedeutet.

8 **Vielgestaltigkeit** (Variety): Je vielgestaltiger der Unterricht ist, desto besser ist das Management (Inhalt, Präsentation usw.).

Im Verlaufe der Jahre wurde auf viele weitere Faktoren verwiesen, die ebenfalls vorbeugende Wirkung haben. Analysiert man sie genauer, so liesse sich die folgende generelle Feststellung machen: Wenn der Unterricht interessant gestaltet wird, das Lehrerverhalten anregend und konsistent ist und eine von den Lernenden positiv wahrgenommene Lernumwelt geschaffen wird, so vermindert sich das unerwünschte Verhalten der meisten Schülerinnen und Schüler. Abbildung 15.8 verweist auf einige weitere präventive Aspekte im Lehrerverhalten, die nicht immer genügend beachtet werden (Charles 1992, Borich 1992, Hurrelmann & Bründel 2007).

Abbildung 15.8 **Weitere präventive Formen des Lehrerverhaltens**

1 Klare, unmissverständliche Übergänge von einer Lernaktivität zu einer anderen
Viele Störungen entstehen, wenn der Übergang von einem Unterrichtsverfahren zum anderen oder von einer Aktivität zur anderen zu unvermittelt kommt oder in unklarer Weise erfolgt. Deshalb bedürfen Übergangsphasen einer guten Steuerung.
Beispiele: Weil eine Kleingruppenarbeit nicht richtig ausgewertet wurde, kommt es noch zu privaten Gesprächen; Schülerinnen und Schüler arbeiten noch individuell weiter, obschon die Lehrkraft zum Klassenunterricht übergegangen ist; weil Unsicherheiten über das Material bestehen, gibt es vor dem Beginn der Gruppenarbeiten viel Bewegung im Klassenzimmer.

2 Eindeutige, unmissverständliche Aufgabenerteilung für Einzel- und Gruppenarbeiten
Unklare Aufgabenstellungen können bis zu ernsthafteren Konflikten führen.
Deshalb sollen Aufträge und Aufgaben in unmissverständlicher Weise erteilt werden, von keinen unnötigen Kommentaren begleitet und sinnvoll sein.
Beispiele: Hinweise, es handle sich um eine kleine Aufgabe, obschon sie viel Zeit beansprucht; unklare Hinweise mit späteren widersprüchlichen Ergänzungen; keine klaren Zeitabsprachen.

3 Beginn und Ende der Lektionen sind klar erkennbar
Der Unterricht sollte pünktlich beginnen (oder wenn dies beispielsweise infolge von Schulämtern nicht gelingt, muss man sich den Lernenden gegenüber auch etwas grosszügiger zeigen) und pünktlich sowie in unmissverständlicher Weise enden (z.B. durch eine Zusammenfassung, durch die Aufgabenerteilung und durch ein Schlusswort). Hier sind gewisse Rituale durchaus angebracht.

4 Eindeutige Rückmeldungen über geleistete Arbeiten
Viele Lehrkräfte schaffen sich Probleme, wenn sie nicht sicherstellen, dass die Lernenden klare Rückmeldungen über ihre Arbeit und Leistungen erhalten.
Beispiele: Keine Kontrolle der Hausaufgaben; keine Auswertung von Gruppenarbeiten.

5 Alle Lernenden in herausfordernde und interessante Lernaufgaben verpflichten
Je besser es der Lehrkraft gelingt, mit allen Lernenden aktiv zu arbeiten, desto weniger Gelegenheiten zu Störungen entstehen. Deshalb müssen passive Schülerinnen und Schüler aktiviert werden.

6 Voraussetzungen für spürbare Lernerfolge schaffen
Der Unterricht sollte so gestaltet werden, dass die Schülerinnen und Schüler möglichst schnell konkrete eigene Lernfortschritte und Lernerfolge spüren. Je besser vor allem der Anfängerunterricht darauf ausgerichtet wird, desto eher steigen die Motivation und als Folge davon der Lernerfolg. Dann werden auch Verhaltensstörungen abnehmen.
Hinweis: Deshalb ist vor allem mit konstruktivistischen Unterrichtsansätzen und mit komplexen Lehr-Lern-Arrangements in Klassen mit Verhaltens- und Ordnungsproblemen darauf zu achten, dass wenig disziplinierte und störungsanfällige Lernende nicht überfordert und übergangen werden.

7 Integration von Schülern mit Migrationshintergrund und aus benachteiligten Schichten
Lehrkräfte sollten sich bemühen, alle Schülerinnen und Schüler im Unterricht gleichmässig zu integrieren. Als Regel sollte im Schulhaus und in den Schulzimmern durchgesetzt werden, dass jedermann, der Lehrkräfte und Mitschüler aus anderen Kulturen in seiner eigenen oder in einer Fremdsprache beschimpft und beleidigt, mit strengen Sanktionen zu rechnen hat. Zudem sollten immer wieder Unterrichtseinheiten, Projekte oder Veranstaltungen durchgeführt werden, welche das gegenseitige soziale und interkulturelle Verständnis fördern. Schliesslich sollten die fremdsprachigen Schülerinnen und Schüler ständig zum Gebrauch der Unterrichtssprache angehalten, und anfängliche Sprachschwierigkeiten müssen im Unterricht aufbauend berücksichtigt werden.

Abbildung 15.8 (Fortsetzung)

8 Verbesserung des Schulklimas
Neben den Voraussetzungen eines guten Unterrichts sollte der räumlichen Gestaltung der Schule und der Klassenzimmer Beachtung geschenkt werden (Bilder, Pflanzen, Anschlagen von Schülerarbeiten), wobei in unteren Klassen den Schülerinnen und Schülern eigene Gestaltungsmöglichkeiten eingeräumt werden sollen. Für die Ordnungserstellung können Klassenämter hilfreich sein, wobei die Lehrpersonen ihre Vorbildfunktion übernehmen sollten. Schick & Ott (2002) belegen, wie Veränderungen der räumlichen Umgebung das Schulklima beeinflussen und ein geordnetes Schulleben erleichtert wird.

4 Sekundäre Prävention: Unterstützung der Selbstkontrolle

4.1 Indirekte und direkte Interventionen

Die konsistente Anwendung dessen, was bislang besprochen wurde, minimalisiert das unerwünschte Verhalten im Klassenzimmer. Es wird aber immer wieder Situationen geben, in denen einzelne Schülerinnen oder Schüler das Geschehen im Unterricht unbewusst oder bewusst stören. In vielen Fällen geschieht dies, wenn die Lernenden merken, dass die Lehrkraft die Klasse nicht überwacht (z.B. den Augenkontakt verliert, sich zu lange von der Klasse abwendet und auf die Wandtafel schaut, d.h. nach Kounin «nicht mehr mit der Klasse ist»). Meistens beginnt dann eine Schülerin oder ein Schüler mit «irgendetwas» und steckt damit andere an (z.B. Schwatzen, Zettel hin- und herschieben) (Felmlee et al. 1985), so dass es zu grösseren Störungen im Klassenverband kommen kann. In solchen Situationen muss die Lehrkraft die erste Störung sofort eliminieren, ohne dadurch den Fluss der Lektion zu unterbrechen und die übrigen Lernenden in ihrer Aufmerksamkeit für den Unterricht zu stören. Abbildung 15.9 zeigt die indirekten Interventionsmöglichkeiten bei unerwünschtem Verhalten, das zu leichten Störungen führen kann (Good & Brophy 1994). Allerdings sollte man sich immer überlegen, ob sich eine Intervention aufdrängt, oder ob man das unerwünschte Verhalten ignorieren kann. Dies empfiehlt sich vor allem, wenn es sich um eine kleine unbewusste Störung handelt (z.B. Bitte an den Tischnachbarn, Material zu geben; Nachfragen, weil etwas nicht verstanden ist; Bemerkung zum Lerninhalt). Das Übersehen hat den Vorteil, dass es keine Ablenkungen herbeiführt, und der Fluss der Lektion nicht unterbrochen wird.
Leider gibt es aber immer wieder unerwünschtes Verhalten, das zu schwerwiegenderen Störungen führt, bei denen die eben beschriebenen indirekten Interventionen nicht mehr ausreichen. In solchen Fällen wird sie zu direkten Interventionen gezwungen, die allerdings nur anwendbar sind, wenn die Lehrkraft die störenden Schülerinnen oder Schüler eindeutig kennt. Beispiele dafür sind: dauerndes Schwatzen, regelmässiges Abschreiben beim Nachbarn, Herumwerfen von Gegenständen, sich laufend mit anderen Dingen beschäftigen (z.B. Hausaufgaben für die anschliessende Lektion bearbeiten), dauernde unsachliche Zwischenrufe usw. Abbildung 15.10 verweist auf direkte Interventionsmöglichkeiten.

Bei direkten Interventionen sollte auf folgende Verhaltensweisen verzichtet werden:
– Direkte Interventionen stellen Anordnungen dar, die nicht zu diskutieren sind. Deshalb sollten Lehrpersonen keine Fragen stellen, weil sie oft rhetorisch oder

Abbildung 15.9 **Indirekte Inerventionen bei schwerwiegenden Störungen**

1 **Bewusster Augenkontakt:** Sobald die Lehrperson bei einer Schülerin oder einem Schüler einen Ansatz zu unerwünschtem Verhalten bemerkt, sucht sie den bewussten Augenkontakt. Der Effekt dieser Massnahme ist umso grösser, je mehr sich die Lehrkraft um regelmässigen Augenkontakt bemüht. In diesem Fall nämlich werden die Störenden vor einem unerwünschten Verhalten auf die Lehrkraft schauen, um festzustellen, ob sie beobachtet werden. Dadurch wird es für die Lehrkraft einfacher, durch Augenkontakt ihrem Missfallen Ausdruck zu geben. Bei Lehrpersonen, die keinen regelmässigen Augenkontakt mit der Klasse halten, dauert es üblicherweise länger, bis die Lernenden die Signale der Lehrkraft wahrnehmen.

2 **Gesten:** Ist das unerwünschte Verhalten etwas stärker, so können Gesten angewandt werden (z.B. Finger auf die Lippen halten, um Privatgespräche zu unterbinden, auf ein Buch oder Heft deuten, um zum Schliessen aufzufordern). Diese Technik eignet sich nicht nur im Klassenverband, sondern vor allem auch bei Gruppenarbeiten, wenn die Lehrkraft mit einer Gruppe arbeitet, und sie das Verhalten einer anderen Gruppe korrigieren will (dies entspricht auch Kounins Kategorie des übergreifenden Handelns).

3 **Physische Nähe:** Bei noch stärkerem unerwünschtem Verhalten kann sich die Lehrperson in Richtung der Störenden bewegen, ohne den Unterricht zu unterbrechen, weil physische Nähe zu grösserer Aufmerksamkeit führt.

4 **Name erwähnen:** Sind Lernende während einem Lehrervortrag oder einer -demonstration unaufmerksam, so kann es genügen, deren Namen während der Präsentation ohne weiteren Kommentar zu erwähnen.

5 **Zu Antworten herausfordern:** Störende Schülerinnen und Schüler können auch mit einer Sachfrage wieder in das Unterrichtsgeschehen zurückgeführt werden. Allerdings sollte man dies nur tun, wenn einigermassen Gewähr dafür besteht, dass die Betroffenen auch antworten können. Andernfalls kommt es zu einer weiteren Unterbrechung des Unterrichts, gar wenn die Lehrkraft im Falle des Misserfolgs noch eine negative Beurteilung anfügt. Deshalb sollte man in diesem Fall ausnahmsweise zuerst den Namen aufrufen und dann die Frage stellen.

Abbildung 15.10 **Direkte Interventionsmöglichkeiten bei schwerwiegenden Störungen**

1 **Direkte Aufforderung:** Die Lehrkraft ruft die betroffenen Lernenden kurz und knapp auf, das Fehlverhalten zu beenden, wobei sie das Fehlverhalten immer dann nicht erwähnen sollte, wenn den Betroffenen bewusst ist, was zu korrigieren ist.
Beispiel: Statt zu rufen: «Hans höre auf zu schwatzen und beendige deine Arbeit», genügt es aufzufordern: «Hans, beendige deine Arbeit.»

2 **In Erinnerungrufen einer Regel:** Die Lehrkraft kann auch in kurzer und knapper Form eine Regel in Erinnerung rufen. Diese Variante hat den Vorteil, dass keine langen Erklärungen nötig sind.
Beispiel: «Hans, halte dich bitte an die Regeln der Computerbenützung.»

sarkastisch werden und geradezu zur Diskussion herausfordern (z.B. «Wann gedenkst du auch einmal aufzupassen?»).

- Zweitens dürfen direkte Interventionen nicht von Drohungen begleitet sein, weil sie oft Konflikte provozieren (z.B. «Wenn du nicht endlich ruhig bist, werde ich deinen Vater informieren.»).
- Eine Lehrperson darf nie falsches Autoritätsgehabe zeigen (z.B. «Am Computer wird nicht gespielt, weil ich es nicht haben will.»).

- Eine direkte Intervention darf Vergangenes nicht in Erinnerung rufen (z.B. «Schwatze ruhig weiter, dann wirst du wieder die gleich schlechte Leistung erbringen wie im letzten Test.») und breit ausgeschlachtet werden (z.B. «Ich werde nun doch mit deinem Klassenlehrer Rücksprache nehmen.»).

Die indirekten und direkten Interventionen sind Führungsformen, mit denen den Lernenden geholfen werden soll, ihr eigenes Verhalten besser zu kontrollieren. Deshalb kommt ihrer konsequenten, aber sachlichen und wohlwollenden Handhabung grosse Bedeutung zu.

5 Tertiäre Prävention: Korrektive Massnahmen (Disziplinarmassnahmen)

5.1 Bestrafung

Gelingt es mit dem Setzen von Regeln sowie indirekten und direkten Interventionen nicht, unerwünschtes Verhalten zu beseitigen, so muss als letzte Möglichkeit eine Bestrafung ins Auge gefasst werden. Sie ist aber sehr gut zu überlegen und darf nur als Reaktion auf **wiederholtes Fehlverhalten und bei Versagen aller anderen Führungsmassnahmen** eingesetzt werden.
Vor allem als Folge von Fehlinterpretationen der behavioristischen Verstärkertheorie wurde immer wieder behauptet, Strafen seien unwirksam und schädlich, weil sie weiteres unerwünschtes Verhalten wie Aggressivität, unterwürfiges Verhalten, Ablehnung der Lehrkraft usw. herbeiführten. Eine neuere Interpretation von vielen Untersuchungen erbrachte ein differenzierteres Bild (Bandura 1986, Bandura 1989, Doyle 1990, Good & Brophy 1994, Steiner 2001): Unter geeigneten Bedingungen und mit ergänzenden Massnahmen eingesetzt lassen sich mit angemessenen Strafen schwerwiegendes unerwünschtes Verhalten beseitigen und Verhaltensänderungen herbeiführen. Deshalb sind sie als Erziehungsmittel nicht völlig auszuschliessen. Dies aber im Bewusstsein, dass sie für sich allein keine dauerhaften Lösungen bringen, sondern nur einen Teil einer Gesamtmassnahme darstellen. Daher ist genau zu überlegen, wann eine Strafe erteilt werden soll und durch welche weiteren Massnahmen sie zu ergänzen ist. Die Richtlinien in Abbildung 15.11 mögen eine Entscheidungshilfe geben.

Das Erteilen von Strafen stellt an Lehrkräfte hohe Anforderungen. Zu beachten sind die folgenden Aspekte:
- Die Lehrperson muss jede Überreaktion vermeiden (Wut, Zorn, unüberlegte und rasche Handlung).
- Sie muss das unerwünschte Verhalten als das nehmen, was es ist und nicht ihrerseits mit ungeschicktem Verhalten und unüberlegten Äusserungen die Situation komplizieren, indem sie beispielsweise kleine Formen von Fehlverhalten gegen sich gerichtet interpretiert und überreagiert.
- Körperstrafen sind für die Schule absolut ungeeignet, weil es (1) bei Körperstrafen schwierig ist, emotionsfrei und objektiv zu bleiben, (2) sie final bleiben und nur auf das Ergebnis der Strafe, nicht aber auf Verbesserungsmöglichkeiten ausgerichtet sind und (3) bei den Schülerinnen und Schülern der Eindruck

Abbildung 15.11 **Richtlinien für Strafen**

1 **Eindeutigkeit in Bezug auf die Verantwortung:** Eine Strafe darf nur erteilt werden, wenn feststeht, wer sich in unerwünschter Weise verhalten hat, und es sich um wiederholtes und schwerwiegenderes Fehlverhalten handelt. Dann ist die betreffende Person direkt zu strafen. Kollektivstrafen sind unzulässig.

2 **Zeitpunkt:** Die Strafe muss unmittelbar nach dem Ereignis erteilt werden. Erfolgt die Bestrafung mit grossem zeitlichen Abstand, so wird sie eher wirkungslos.

Beispiel: Der Hinweis «Ich will mir noch überlegen, wie ich dich bestrafen will», ist meistens wenig zweckmässig. Er schafft unnötige Spannungen oder macht die Strafe wirkungslos. Nur wenn die Lehrkraft den ganzen Vorfall infolge der Komplexität nochmals überdenken muss, lässt sich ein Aufschieben rechtfertigen. Dazu ist aber deutlich zu signalisieren: «Ich komme auf den Vorfall zurück.»

3 **Inhalt:** Die Strafe soll möglichst mit dem Inhalt (Ereignis) des Fehlverhaltens im Zusammenhang stehen und so erteilt werden, dass ihr nicht ausgewichen (sie nicht unterlaufen) werden kann.

Beispiele: Grundsätzlich sollten keine «Strafaufsätze» vergeben werden, weil sie die Motivation für Aufsätze ganz generell schwächen. Hingegen sind Aufsätze, in denen die zu bestrafende Person ihr Fehlverhalten zu behandeln hat, sinnvoll, weil sie dadurch gezwungen wird, über ihr Verhalten nachzudenken. Ein Auftrag dazu ist aber sehr sorgfältig zu formulieren. Andernfalls wird eine Minimalistenarbeit eingereicht.
Die Erkenntnisse sind zudem zu besprechen. Ebenso sinnlos (vor allem auf unteren Stufen) sind Abschreibeübungen oder das wiederholte Aufschreiben von Regeln, die verletzt wurden. Hausaufgaben (Aufgaben zum Fach) sollten nur erteilt werden, wenn sie für die Betroffenen förderlich sind, was ihnen zu erklären ist. Geldstrafen sind sinnlos (bescheidene Beträge bleiben wirkungslos, höhere sind unsozial). Die Notengebung darf nicht zu Strafzwecken missbraucht werden.
Zweckmässige Strafen sind beispielsweise: Bei Beschmutzen von Räumen, Zerstören von Material = Mithilfe im Hausdienst; Aufgaben häufig nicht gemacht = Nachsitzen und erledigen der Aufgaben unter Kontrolle.

4 **Angemessenheit:** Die Strafe soll angemessen sein, d. h. Fehlverhalten von unterschiedlicher Schwere soll verschiedenartig bestraft werden.

5 **Dauer:** Strafen dürfen nicht langfristig erteilt werden, damit die betroffene Person eine Chance hat, sich zu verbessern.

Beispiel: Sehr unzweckmässig ist beispielsweise das Verfahren, während 14 Tagen jeden Tag eine Zusatzaufgabe zu erteilen.

6 **Letzte Massnahme:** Der zu bestrafenden Person soll bewusst sein, dass die Strafe der letzte Ausweg ist. Dabei darf die Lehrkraft nicht dramatisieren, sondern sie soll dem (der) Betroffenen bewusst machen, dass schon verschiedentlich auf dieses Fehlverhalten aufmerksam gemacht und Massnahmen ergriffen wurden, aber keine Verbesserung eingetreten ist.

Beispiel: «Ich habe dir schon mehrere Male gesagt, wie wichtig die Verbesserungen sind. Jetzt hast du sie wieder nicht gemacht. Deshalb bleibst du nach der Schulstunde hier und erledigst die Verbesserungen unter meiner Aufsicht.»

erweckt wird, sie würden für das Erwischtwerden, nicht aber für den Sachverhalt selbst ausgeübt.

– Schliesslich ist zu überlegen, welche weiteren Massnahmen in Ergänzung zur Strafe vorzukehren sind (z.B. intensives Gespräch mit dem betroffenen Schüler oder der Schülerin, Rücksprache mit den Eltern und allenfalls Überweisung an eine Fachperson).

Insgesamt ist es also durchaus sinnvoll, angemessene Strafen bei wiederholtem Stören des Unterrichts, bei Aggressionen und bei unmoralischem Verhalten einzusetzen (siehe Abbildung 15.3). Liegen aber schwere Aggressionen vor, wird die Lehrkraft in ihrer Autorität herausgefordert oder suchen die Lernenden gar den Konflikt mit der Lehrperson, so liegen Konflikte vor, denen mit systematischen Konfliktlöseprozessen zu begegnen ist.

5.2 Konfliktlösungen

Schwere Aggressionen, die Herausforderung der Autorität und das bewusste Suchen von Konflikten durch Schülerinnen und Schüler entstehen aufgrund der verschiedenen Rollen der Lehrenden und Lernenden, der dahinterstehenden Bedürfnisse und Wünsche sowie infolge der unterschiedlichen Interessen und Ziele dieser Personen. Solches Fehlverhalten von Lernenden tritt nicht unvermittelt auf, sondern es ist das Endergebnis einer langen Kette von Ereignissen inner- und ausserhalb des Klassenzimmers: Generell schlechte räumliche, organisatorische und menschliche Zustände in der ganzen Schule (Gottfredson 1990), geringe Lernfortschritte der Schülerinnen und Schüler, ungenügende Zusammenarbeit von Lehrenden und Lernenden (Furtwengler 1990), zu wenig gewandte Führung der Klassen im Sinne der in diesem Kapitel besprochenen Aspekte der Prävention und als Folge aller dieser Aspekte ein schlechtes Lehrer-Schüler-Verhältnis.
Neben diesen innerschulischen Aspekten dürfen aber auch die Ursachen ausserhalb der Schule nicht übersehen werden: Einflüsse der Massenmedien auf Lernende, die im Umgang damit im Elternhaus keine Anleitung erhalten, die Parteinahme vieler Eltern zugunsten ihrer Kinder und gegen die Lehrerschaft, die zunehmend grössere Zahl ausserschulisch nicht betreuter Jugendlicher, alles Faktoren, die nicht generalisiert und überdramatisiert werden sollten, wohl aber dazu führen, dass immer häufiger einzelne Schüler schwerwiegendes Fehlverhalten sowie Aggressionen und Konflikte in die Schule hineintragen.
In solchen Situationen reichen Strafen allein nicht mehr aus, weil die Ursachen für das Fehlverhalten vielschichtig sind und zum Teil auch durch das Verhalten und/oder die Persönlichkeit der Lehrkraft selbst bedingt sind. Die Lösung ist über geschickte Reaktionen und anschliessende Konfliktlöseprozesse (Problemlöseprozesse) mit den störenden Lernenden oder ausnahmsweise (und wenn man sich als Lehrkraft genügend robust fühlt) mit der ganzen Klasse in der Form eines Gesprächs zu suchen.
Wenn schweres Fehlverhalten als sozialer Konflikt verstanden und eine systematische Konfliktlösung unter den Beteiligten erarbeitet wird, profitieren in erster Linie die Schülerinnen und Schüler (Johnson & Johnson 2006). Sie lernen mit Stresssituationen umzugehen und entwickeln sich dabei in kognitiver und sozialer Hinsicht. Durch die Auseinandersetzung mit dem Konflikt verbessern sich die interpersonellen Beziehungen, wovon vor allem Schülerinnen und Schüler, welche im Umgang mit anderen Menschen wenig erfahren sind, am meisten profitieren. Gefördert werden zudem soziale Fähigkeiten, die in allen Verhandlungssituationen benötigt werden.

Im Falle von schwerwiegendem Fehlverhalten und Störungen der Ordnung im Klassenzimmer sollte die Lehrperson die folgenden Gesichtspunkte beachten:

- Sie darf sich nicht provozieren lassen und durch ein geschicktes Verhalten (sofortige, überlegte Reaktion) zeigen, dass sie die Situation beherrscht.
- Dann muss sie entscheiden, welchen Weg sie zur Beseitigung der Fehlentwicklung wählen will. Möglich sind die folgenden Wege:

- Kurzes und bündiges Durchsetzen des gewünschten Verhaltens durch eine direkte Intervention oder eine korrektive Massnahme, allenfalls eine Strafe,
- Lösen des Problems (Konflikts) in einem persönlichen Gespräch mit dem Betroffenen oder den betroffenen Personen (mit dem Ziel, mit allenfalls notwendigen Massnahmen das gewünschte Verhalten wieder herbeizuführen),
- Besprechen des Problems (Konflikts) mit der ganzen Klasse (wiederum mit dem Ziel, mit allenfalls notwendigen Massnahmen das gewünschte Verhalten wieder herbeizuführen).

Welche dieser Möglichkeiten im Einzelfall die beste ist, lässt sich nicht sagen. Bei physischen Aggressionen wird man die Ordnung kurz und bündig durchsetzen und strafen müssen. Bei der Herausforderung der Autorität und beim bewussten Suchen von Konflikten durch einzelne Schülerinnen oder Schüler dürfte das persönliche Gespräch so lange das zweckmässige sein, als es sich um ein Problem zwischen Lehrkraft und der betroffenen Person handelt. Ist indessen die ganze Klasse betroffen, so ist das Klassengespräch mittels eines Konfliktlöseprozesses vorzuziehen. Der konkrete Entscheid hängt nicht nur von der Situation, sondern auch von der Persönlichkeit der Lehrperson ab (eine robuste, anerkannte Persönlichkeit wird es leichter haben, sich einfach durchzusetzen und zu strafen, während eine eher unsichere Lehrkraft das Risiko läuft, dass sie sich mit einzelnen Massnahmen nicht durchzusetzen vermag).
Entscheidet man sich für ein persönliches Gespräch oder für ein Klassengespräch, so ist der Problemlöseprozess genau vorzubereiten, damit nicht infolge mangelnder Kenntnisse des Sachverhalts oder infolge ungenügender Einsicht in die betroffene Person und ihre Umwelt neue Ungeschicklichkeiten entstehen, welche die Konfliktlösung erschweren. Diese Klärung soll zugleich zeigen, ob die Lehrkraft das Problem allein lösen kann, oder ob der schulpsychologische Dienst beizuziehen ist, denn therapeutisch nicht ausgebildete Lehrkräfte sollten sich nicht irgendwelcher psychologischer Methoden bedienen, sondern nur so lange wirken, als ein erzieherisches Problem vorliegt. Wichtig ist es, sich auf ein Gespräch im Umgang mit schwierigen Schülerinnen und Schülern gut vorzubereiten, um ihnen mit Sicherheit zu begegnen. Abbildung 15.12 zeigt ein mögliches Vorbereitungsschema.
Abbildung 15.13 zeigt (in freier Anlehnung an Johnson & Johnson 1995) ein Modell der Konfliktlösung im Klassenunterricht. Dieses Modell kann auch dazu dienen, den Lernenden an aktuellen Beispielen zu zeigen, wie man Konflikte mit Moderation und Mediation in allen Lebenssituationen zu lösen versuchen kann.
In den Vereinigten Staaten sind solche Konfliktlöseverfahren insbesondere bei grösseren Konflikten in der Schule sehr gebräuchlich. Eine Metaanalyse von Johnson & Johnson (2002) ergab, dass vor allem die Mediation mit dafür ausgebildeten Schülerinnen und Schülern gute Wirkungen für die Schulen brachte.

5.3 Beizug weiterer Personen in schwierigen Situationen

Der Beizug weiterer Personen (Klassenlehrer, Schulleitung, Schulpsychologen, Sozialarbeiter, Eltern) bei schwerwiegenden Verhaltens- und Ordnungsproblemen muss sorgfältig überlegt werden. Betreffen diese Probleme ausschliesslich eine Klasse im Unterricht, so sollten die Lehrpersonen in der Lage sein, die Probleme selbst zu lösen. Handelt es sich hingegen um Fehlentwicklungen in einer einzelnen Klasse, die Rückwirkungen auf die ganze Schule haben, ist die Schulleitung zu informieren, damit

Abbildung 15.12 **Schema zur Planung des Umgangs mit schwierigen Schülerinnen und Schülern**

Fragestellung	
1. Phänomelogisch-deskriptive Fragestellung – Was liegt vor? (Beobachtungen, Ereignisse) – Wie verhält sich der Schüler, die Schülerin? (sachliche objektive Feststellungen) – Was weiss ich nicht, sollte ich aber im Zusammenhang mit dem Problem wissen? – Wie sind meine Erkenntnisse zu interpretieren? 2. Ätiologische Fragestellung (Lebensgeschichte) – Welches ist die Lebensgeschichte des Schülers, der Schülerin? – In welchem sozio-kulturellen Umfeld lebt er (sie)? – Welches ist sein (ihr) persönlicher Entwicklungsstand? – Wie ist er (sie) in die Klasse integriert?	**Verstehen**
3. Erzieherische Fragestellung – Wo kann ich Hilfestellungen anbieten? – Muss ich weitere Personen zu Rate ziehen?	**Begegnungs-vorbereitung**
– Wie will ich vorgehen? – Wie begegne ich dem Schüler, der Schülerin?	**Begegnung**
– Welche konkreten Massnahmen führe ich durch, und wie überwache ich die weitere Entwicklung?	**Führung**

sie einheitliche Massnahmen einleiten kann (z.B. bei Drogen- oder Alkoholproblemen). In solchen Fällen müssen auch die Schulpsychologen und Sozialarbeiter eingesetzt werden, die sich aber schwergewichtig mit einzelnen Problemschülerinnen und -schülern beschäftigen sollten. Zu wenig erwünschtes Verhalten und Lernschwierigkeiten gehören aber in die Hand der Lehrkräfte, denn sie sind die Fachleute dafür.
Obschon der Informationsaustausch zwischen Elternhaus und Lehrkraft in allgemeinen schulischen Belangen sehr vorteilhaft ist, sollte das Elternhaus bei Disziplinarproblemen eher zurückhaltend orientiert werden. Einerseits stellen sich immer mehr Eltern, die sich stärker an den Bedürfnissen ihrer Kinder orientieren und es vorziehen, ungestört zu sein, bei Konfliktfällen unkritisch auf die Seite des Kindes, was die Situation für die Lehrperson komplexer macht. Andererseits besteht die Gefahr, dass vor allem ehrgeizige Eltern mit wenig sinnvollem Druck und unüberlegten Strafen (zunehmend mehr auch wieder mit sinnlosen Körperstrafen) reagieren, was sich auch für die Schule nicht positiv auswirkt. Deshalb sollte vor einer Kontaktaufnahme zu klären versucht werden, ob eine Begegnung mit den Eltern nicht zu weiteren Fehlentwicklungen, sondern zu einer zielstrebigen Zusammenarbeit in vertrauensvoller Weise führt. Gleiches gilt für die Orientierung von Lehrmeistern an Berufsschulen. Vor jeder Kontaktaufnahme sind die betroffenen Lernenden aber immer zu orientieren.

5.4 Ganzheitliche Modelle

Um es deutlich zu sagen: Die Überlegungen für den Umgang mit unerwünschtem Verhalten von Schülerinnen und Schülern in diesem Kapitel beruhen nicht auf einem bestimmten theoriebasierten ganzheitlichen Modell, sondern auf konkreten

Abbildung 15.13 **Schema zur Planung des Umgangs mit schwierigen Schülerinnen und Schülern**

1. Schritt: Den Konflikt mit seinen Hintergründen verstehen

Sicherzustellen ist, dass alle Beteiligten alle Hintergründe des Konflikts kennen, sie aus kognitiver und emotionaler Sicht verstehen und wissen, welche Standpunkte alle Beteiligten vertreten.

2. Schritt: Wählen einer geeigneten Konfliktstrategie

Zu betrachten sind die jeweils zwei Ziele einer jeden Konfliktpartei, welche die grundsätzliche Spannung beinhalten: (a) die eigenen Absichten einer jeden Partei und (b) das Bestreben der guten Beziehung mit der anderen Partei. In diesem Spannungsverhältnis ist zu entscheiden, welche Bedeutung den beiden Zielen zu geben ist, um die Konfliktstrategie zu wählen.
Denkbar sind fünf Möglichkeiten:

(1) Eine Partei zieht sich zurück (sie gibt ihre Absicht auf und verzichtet auf die gute Beziehung).
(2) Eine Partei erzwingt ihre Absicht (sie verwirklicht ihre Absicht und verzichtet auf die gute Beziehung).
(3) Eine vermittelnde Lösung (eine Partei gibt ihre Absichten im Interesse der guten Beziehungen auf).
(4) Kompromiss (beide Parteien geben einen Teil ihrer Absichten auf und minimieren den Schaden für die weiteren Beziehungen).
(5) Die Lösung des Problems wird ausgehandelt (die Absichten werden weitgehend aufrecht erhalten und die Beziehungen bleiben gut).

3. Schritt: Verhandlungen um das Problem zu lösen

Anzustreben ist eine **integrative Form der Konfliktlösung,** d. h. es wird eine Lösung des Problems angestrebt, mit welcher alle Konfliktparteien einverstanden sind und die guten Beziehungen erhalten bleiben. Dieser Verhandlungsprozess kann in sechs Schritte gegliedert werden:

(1) Die Konfliktparteien beschreiben unmissverständlich, was sie wollen.
(2) Sie beschreiben ihre Gefühle und Empfindungen, um offen und ehrlich zu kommunizieren.
(3) Sie begründen ihre Wünsche und ihre Gefühle, damit die Gegenparteien mehr Einsicht in und Verständnis für die Anliegen der anderen erhalten.
(4) Sie fassen die Position der jeweils anderen Konfliktparteien zusammen, um zu zeigen, dass die Problematik von den unterschiedlichen Perspektiven her gesehen wird.
(5) Sie entwerfen alternative Lösungen (Varianten), um zu neuen andersartigen Einsichten und Erkenntnissen zu gelangen.
(6) Sie versuchen sich auf eine Variante zu einigen.

4. Schritt: Einsetzen eines Mediators

Können sich die Konfliktparteien nicht auf eine Variante einigen, so ist zu überlegen, ob ein Mediator oder eine Mediatorin beigezogen werden soll (z.B. der Klassenlehrer, eine Vertreterin der Schülerorganisation, ein Mitglied der Schulleitung). Ihnen fallen vier Aufgaben zu:

(1) Beenden der Feindseligkeiten und Beruhigung der Situation.
(2) Sicherstellen, dass alle Beteiligten bereit sind, an einer Konfliktlösung mitzuwirken und bereit sind, den ganzen Prozess sachlich (ohne persönliche Angriffe) zu durchlaufen.
(3) Finalisieren der akzeptierten Lösung.
(4) Genaue Beschreibung der akzeptierten Lösung.

Problemstellungen und auf Erkenntnissen einzelner empirischer Untersuchungen zu solchen Problemen. In den letzten fünfzig Jahren wurden aber auch viele ganzheitliche Modelle (oder Prozesse) zur Führung von Klassen entwickelt, die zum Ziel haben, umfassende Strategien vorzulegen, mit denen unerwünschtes Verhalten vermieden und im Falle seines Auftretens überwunden werden kann. Allen diesen Modellen liegt eine gewisse Weltanschauung zugrunde. Sie basieren meistens auf einer bestimmten psychologischen oder Moral-Theorie, und sie sind über ausgebaute Trainingskurse lernbar (vgl. die umfassende Darstellung bei Freiberg & Lapointe 2006). Schon Emmer & Aussliker (1990) haben Effektivitätsuntersuchungen zu drei Modellen interpretiert und sind zu sehr widersprüchlichen Ergebnissen in dem Sinne gelangt, dass kein Modell für sich allein geeignet ist, die ganze Problematik der Disziplin zu lösen, obwohl in jedem Modell unter bestimmten Bedingungen wirksame Elemente vorhanden sind. Freiberg & Lapointe (2006) kommen zu einem ähnlichen Schluss. Einzelne Modelle und Programme haben nachweislich positive Auswirkungen auf das Verhalten der Schülerinnen und Schüler sowie auf die Ordnung in der Schule. Bei anderen liegen nur programmatische Aussagen über den Nutzen vor. Sie bestätigen aber aufgrund ihrer Analyse den bereits angesprochenen Paradigmenwechsel von der Intervention zur Prävention.
In diesem Buch werden diese Modelle und Programme nicht vorgestellt, weil die meisten von ihnen sich nicht mit dem Lehrerverhalten befassen, sondern sie curriculare Modelle darstellen, mit welchen in einem gezielten Unterricht die Probleme von Verhalten und Ordnung und weniger das Lehrerverhalten in konkreten Situationen behandelt werden. Deshalb werden abschliessend nur noch einige Gesichtspunkte zur Bedeutung der Kommunikation bei unerwünschtem Verhalten der Schülerinnen und Schüler angesprochen. Grundlage dazu geben einzelne Modelle und Programme.

6 Kommunikation bei unerwünschtem Verhalten der Lernenden

6.1 Konstruktive Beharrlichkeit

Die konstruktive Beharrlichkeit geht auf ein Modell von Canter (1976) zurück, das von folgenden Prämissen ausgeht: Jeder Lehrperson muss das Recht zugestanden werden, für das Verhalten im Klassenzimmer und das Lernen diejenigen Verhaltensweisen zu fordern, die einen Unterricht in der Form ermöglichen, wie sie es gemäss ihren Bedürfnissen und Fähigkeiten will. Deshalb gibt sie ihre Regeln und Wünsche in einer beharrlichen – aber nicht feindlichen oder unterdrückenden Weise – der Klasse bekannt und setzt sie durch, ohne aber die Interessen der Lernenden zu verletzen.

Die konstruktive Beharrlichkeit beruht auf drei Grundelementen:

- **Die Lehrkraft macht eine klare Aussage über ein Problem oder etwas, was sie berührt,** indem sie das erwünschte Verhalten und die daraus zu erwartenden Wirkungen umschreibt.

  Beispiele:
  «Schwatzen und Zettel herumschieben im Klassenunterricht stört alle anderen Schülerinnen und Schüler beim Lernen.»

«Antworten in die Klasse rufen, ohne die Hand aufzuhalten und aufgerufen zu werden, behindert Mitschülerinnen und Mitschüler an der aktiven Mitarbeit.»
Die Aussagen beziehen sich nur auf erwünschtes Verhalten, beinhalten keine Disqualifizierung der betroffenen Schülerinnen und Schüler und stellen auch keine Fragen dar («Warum bist du wieder am Schwatzen?»), die häufig zu weiteren negativen Verhaltensweisen der Lernenden führen.

- **Körpersprache:** Um die Bedeutung der Aussagen hervorzuheben, wird der begleitenden Körpersprache grosse Bedeutung beigemessen: bewusster Augenkontakt; körperliche, aber nicht bedrohliche Zuwendung zum Schüler (oder zur Schülerin), dessen oder deren unerwünschtes Verhalten zu korrigieren ist; Mimik, die das verbale Verhalten der Lehrkraft unterstützt.
- **Durchsetzen des erwünschten Verhaltens:** Versucht eine Schülerin oder ein Schüler über die Aussage des Lehrers zu argumentieren, andere verantwortlich zu machen usw., so nimmt die Lehrkraft dies zur Kenntnis, lässt sich aber nicht von ihrer Absicht abbringen, das erwünschte Verhalten durchzusetzen. Die Lernenden sollen fähig werden, die Verantwortung über Fehlverhalten zu übernehmen.

Dieser Ansatz ist stark kritisiert worden, weil er nach Meinung der Kritiker zu sehr auf einem «Befehls-Gehorsam-Schema» aufbaut (Curwin & Mendler 1988). Die Gefahr besteht tatsächlich, dass sich diese Form der Kommunikation in diese falsche Richtung entwickeln kann. Solange aber die Lehrperson anständig bleibt, vernünftige Regeln begründet und durchsetzt und die Klasse sehr viele Schülerinnen und Schüler hat, die sich an keine Regeln halten, unordentlich und aggressiv sind, kann mit dieser Kommunikationstechnik viel erreicht werden, gar wenn die Lernenden erkennen, wie wohlwollend sie letztlich von ihrer Lehrkraft unterstützt werden.

6.2 Empathische Reaktion

Aufgrund der Arbeiten von Gordon (1974), Ginott (1971) und Rogers (1983) entwickelte sich die Idee, auf unerwünschtes Verhalten empathisch zu reagieren. Mit dieser Form von Kommunikation bei unerwünschtem Verhalten von Schülerinnen und Schülern zeigt ihnen die Lehrperson, dass sie sich darum bemüht, ihre Wahrnehmungen und Gefühle zu erfahren und zu verstehen, um die Probleme im gegenseitigen Verständnis zu lösen und damit den Konflikt zu beseitigen. Abbildung 15.14 gibt dazu ein Beispiel. Empathische Reaktionen sind besonders geeignet, wenn Lernende ihre Belastungen, starke Gefühle oder Besorgnisse in die Situation des unerwünschten Verhaltens einbringen. Sie helfen ihnen, konstruktiv mit ihren Emotionen und mit dem Fehlverhalten umzugehen, oder es wird wenigstens vermieden, dass sich bei der Auseinandersetzung mit dem Fehlverhalten weitere Ungeschicklichkeiten ergeben.
Gordon (1974) baut in seinem Ansatz das Herbeiführen einer Situation ein, bei der es keine Verlierer gibt. Deshalb schlägt er vor, zuerst sei abzuklären, wem das Problem «gehört». So gehört es der Lehrperson, wenn ihre Wünsche und Zielvorstellungen durch unerwünschtes Verhalten betroffen werden, während es den Lernenden zusteht, wenn sie durch Vorgänge im Unterricht frustriert werden. Liegt ein den Lernenden «gehörender» Konflikt vor, so muss die Lehrperson aktiv zuhören, um zu verstehen, wie sie die Probleme erfahren und beurteilen, weil dadurch bessere Voraussetzungen für die Konfliktlösung geschaffen werden. «Gehört» das Problem der Lehrkraft, so muss sie «Ich-Botschaften» abgeben, die beschreiben, wie sie vom unerwünschten

Abbildung 15.14 **Schlechte und empathische Reaktionen**

Beispiel: Schlechte Reaktion	Beispiel: Empathische Reaktion
Schüler: Ihre Aufgabenstellung in dieser Klausur war wieder unfair: Zu viele Aufgaben mit wenig sinnvoller Abfragerei von Detailwissen. Lehrer: Den Sinn dieser Aufgaben könnt ihr noch gar nicht beurteilen. Ich überlege mir wohl, welche Aufgaben ich stelle. Schüler: Trotzdem sehe ich den Sinn nicht ein. Lehrer: Du wirst schon noch einsehen, dass alles, was ich im Unterricht mache, seinen Sinn und damit seine Berechtigung hat.	Schüler: Ihre Aufgabenstellung in dieser Klausur war wieder unfair: Zu viele Aufgaben mit wenig sinnvoller Abfragerei von Detailwissen. Lehrer: Warum hast du diesen Eindruck? Schüler: Zum Beispiel bei Aufgabe 5: Hier muss man die vier Punkte auswendig lernen. Das hat doch wenig Sinn. Lehrer: Halt, diese Punkte sind sehr wichtig, denn sie bilden die Grundlage für das weitere Verständnis dessen, was wir nächste Woche bearbeiten werden. Vielleicht hätte ich dies im Unterricht deutlicher sagen sollen. Ich werde in Zukunft besser auf solche Zusammenhänge aufmerksam machen. Hat es andere Aufgaben, die euch Mühe bereiteten?

Verhalten der Schülerinnen und Schüler betroffen ist, und wie sie dabei fühlt. Auf diese Weise erkennen die Lernenden ihr unerwünschtes Verhalten und seine Auswirkungen auf die Lehrperson besser. Durch diese Offenheit erwartet Gordon, dass das Problembewusstsein gestärkt und der Kontakt rationaler verstanden wird sowie günstige Voraussetzungen zu einer gemeinsamen Anstrengung zur Konfliktlösung geschaffen werden. Aufgrund von Untersuchungen scheinen «Ich-Botschaften» der Lehrkraft das unerwünschte Verhalten von Lernenden zu reduzieren (Peterson et al. 1979) sowie die bewusste Verwendung von aktivem Zuhören und Ich-Botschaften durch die Lehrperson das Ausmass des unerwünschten Verhaltens zu vermindern (Emmer & Aussliker 1990).

6.3 Problemlöse-Ansätze mit Schwergewicht auf Empathie und Reflexion

Häufig wird zur Überwindung von unerwünschtem Verhalten auch ein Problemlöse-Ansatz vorgeschlagen (Gordon 1974, Glasser 1977, Glasser 1990). Für einfache Situationen ist eine Vorgehensweise mit drei Schritten üblich: (1) Erfassen und definieren des Problems, wobei vor allem auf die Empathie viel Gewicht gelegt wird, (2) Suchen von Lösungen, bei der das Beobachten der Reaktionen der Lernenden bedeutsam ist, (3) Verpflichtung der Lernenden auf die Lösung (ohne oder mit Strafe). Damit unerwünschtes Verhalten und Konflikte mit einem Problemlöse-Ansatz überwunden werden, bedarf es eines einfühlenden Verhaltens der Lehrkraft mit vorangehender

Selbstprüfung. Sinnvoll ist dieser Ansatz nur, wenn es sich um ein ernsthaftes Problem handelt, das sich nicht mittels konstruktiver Beharrlichkeit lösen lässt.
Glasser (1977) schlägt einen 10-Schritt-Ansatz für die Reflexion von Lehrpersonen vor (siehe Abbildung 15.15), der vor allem für den Umgang mit Schülerinnen und Schülern vorgesehen ist, die schwerwiegende Formen unerwünschten Verhaltens in Klassen hineintragen. Er versucht vor allem die Einsicht in die Notwendigkeit guten Verhaltens zu stärken und regt zugleich auch die Lehrperson an, über ihr Verhalten nachzudenken (diesem Aspekt misst Glasser in späteren Arbeiten grosse Bedeutung bei). Obschon dieser Ansatz in den Vereinigten Staaten sehr verbreitet ist, liegen noch keine Untersuchungen über seine Wirksamkeit vor. Er dürfte aber in schwierigen Schulsituationen recht geeignet sein.

Abbildung 15.15 **10 Schritt-Ansatz bei unerwünschtem Schülerverhalten (Glasser)**

1. Schreibe deine typischen Reaktionen auf, die du zeigst, wenn unerwünschtes Verhalten bei deinen Schülerinnen und Schülern in Erscheinung tritt.
2. Analysiere die Liste um zu erkennen, welche deiner Techniken zur Beseitigung des unerwünschten Verhaltens wirksam sind und welche nicht.
3. Verbessere deine Beziehung zu den Lernenden, indem du sie ermutigst, sie bittest, besondere Botschaften bekanntzugeben, deiner Besorgnis Ausdruck gibst und davon ausgehst, dass sich die Beziehungen verbessern.
4. Ziehe die Aufmerksamkeit unangepasster Schülerinnen und Schüler auf das unerwünschte Verhalten und lasse sie dieses Verhalten beschreiben. Tue dies, bis die Beschreibung zutreffend ist und breche dann ab.
5. Rufe eine kurze Besprechung mit ihm (ihr, ihnen) ein und lasse sie ihr Verhalten beschreiben. Lasse sie anschliessend beurteilen, welches ihr Verhalten im Vergleich zu den vorgegebenen Regeln oder die an sie gestellten Erwartungen ist und frage sie, was sie hätten tun sollen.
6. Wiederhole den 5. Schritt, oder veranlasse die Betroffenen einen Plan zu entwickeln, um die Probleme zu lösen. Dieser Plan darf nicht nur darauf ausgerichtet sein, das unerwünschte Verhalten aufzugeben, sondern er muss eine Verpflichtung zu positiven Massnahmen zur Beseitigung der Probleme beinhalten.
7. Isoliere den Schüler oder die Schülerin von der Klasse, bis zum Versprechen, dass er oder sie die Regeln einhält und sich auch dazu verpflichtet.
8. Hält sich der Schüler oder die Schülerin nicht daran, so wird der Klassenlehrer oder Schulleiter eingeschaltet, und er oder sie bleibt vom Unterricht ausgeschlossen.
9. Genügt auch dies noch nicht, so werden die Eltern informiert, und der Schüler oder die Schülerin bleibt von der Schule ausgeschlossen, bis der Vorsatz zur Besserung erfüllt ist.
10. Schliesslich wird der Schüler oder die Schülerin aus der Schule ausgeschlossen.

7 Ernsthafte Aggressionen und Gewalt in der Schule

7.1 Vorbemerkung

Das Thema «Gewalt in den Schulen» ist in den letzten Jahren auch in unseren Ländern zu einem zentralen Thema geworden, nachdem Sachbeschädigungen, verdeckte und offene Erpressungen, Diebstähle, Aneignung von Sachen unter Bedrohung, allgemeine Bedrohungen, Körperverletzungen sowie sexuelle Übergriffe zunehmend häufiger anzutreffen sind. Begleitet werden diese Erscheinungen leider von einer breiten Thematisierung in den Medien, welche einzelne Vorfälle hochstilisieren und damit ganz wesentlich zu undifferenzierten Beurteilungen der ganzen Gewaltproblematik beitragen. Auffallend ist aber, dass es trotz einer gewissen Zunahme von Gewalttaten im gleichen Schulbezirk von Schule zu Schule grosse Unterschiede in deren Häufigkeit gibt. Dies stellt alle jene Annahmen in Frage, welche für die Gewalt ausschliesslich Fehlentwicklungen in der Familie und in der Gesellschaft verantwortlich machen wollen, wie freiere und ambivalentere Erziehung in der Familie, weniger spontane Kontakte in der Kleinfamilie oder bei gestörten Familienverhältnissen, Konsumorientierung und vorbehaltlose Individualisierung im täglichen Leben, Pädagogisierung des Alltags (d.h. die Kinder und Jugendlichen haben keine echten Freiräume mehr), Übersättigung mit Gewalt in den Medien usw. Zu vermuten ist aufgrund der Unterschiede von Schule zu Schule vielmehr, dass neben diesen ausserschulischen Faktoren auch jede einzelne Schule selbst mit ihrer Kultur, ihren Bildungszielen und Lerninhalten sowie den Interaktionsmustern zwischen allen Schulangehörigen die Häufigkeit und die Schwere von Gewalttätigkeiten innerhalb der Schule mitbeeinflussen. Deshalb greifen alle Erklärungsversuche, die nicht auch die Verhältnisse und das alltägliche Geschehen in den einzelnen Schulen miteinbeziehen, zu kurz.
Systematische Untersuchungen in den deutschsprachigen Ländern, die zu recht übereinstimmenden Ergebnissen kommen, verweisen auf eine leicht steigende Tendenz der Gewalt in den Schulen, vor allem in problembelasteten Schulen und bei bestimmten Gruppen von Schülerinnen und Schülern. Aufgrund von empirischen Untersuchungen lassen sich folgende Aussagen machen:

(1) Die **physische Gewalt** (Raufereien und Körperverletzungen, Erpressungen und Sachbeschädigungen [Vandalismus]) ist die vorherrschende Gewaltform (Klewin & Popp 2000). Solche Gewalthandlungen wie auch Diebstähle, Erpressung und Raub von wertvollen Kleidungsstücken, Handys usw. geschehen häufiger ausserhalb des Schulgebäudes auf den Pausenplätzen und dem Schulweg. Allerdings zeigt sich deutlich, dass nur eine Minderheit von Schülerinnen und Schülern immer wieder gewalttätig wird. Nach ihren Ängsten befragt scheinen Kinder und Jugendliche mehr die Aggressionen gegenüber einzelnen von ihnen auf dem Schulweg als Attacken in der Schule selbst zu fürchten, und jüngere Schülerinnen und Schüler fürchten sich besonders vor Angriffen älterer Schulangehöriger (Hurrelmann & Bründel 2007). Beachtenswert ist die Veränderung der physischen Gewalt in letzter Zeit. «Happy Slapping» (das Filmen von Prügeleien, Quälereien oder gar sexuellen Übergriffen mit der Kamera von Mobiltelefonen) und das Verbreiten der Aufnahmen stellen eine neue Form einer besonders verletzenden Demütigung mit vermutlich ausgesprochenen Langzeitwirkungen dar (Balci & Reimann 2006).

(2) Die **psychische Gewalt** besteht in demütigenden, herabsetzenden, erniedrigenden und isolierenden Gesten und Handlungen sowie in verbalen Beschimpfungen, Beleidigungen, Bedrohungen und Einschüchterungen (Hurrelmann & Bründel 2007). Neuerdings zeichnet sich die psychische Gewalt immer stärker durch «Mobbing» oder «Bullying» aus, d.h. durch feindselige Handlungen mit absichtsvollen Schikanierungen sowie systematischen und verletzenden subtilen Demütigungen über einen langen Zeitraum (Hurrelmann & Bründel 2007). Typische Opfer von Mobbing sind Schülerinnen und Schüler, die durch Sprachauffälligkeiten, äussere körperliche, mimische und gestische Eigenarten oder durch eine Kleidung, die nicht im Trend der Klasse liegt, auffallen. Oft sind es auch leistungsfähige und strebsame Lernende, die nicht selten aus der Klassengemeinschaft ausgeschlossen und von einer Gruppe von Mitschülern gemobbt werden. Die Erniedrigungen und Schikanierungen geschehen häufig ausserhalb der Schule, so dass Lehrkräfte solche Erscheinungen kaum erkennen, zumal die Betroffenen oft nicht den Mut haben, sich Lehrpersonen oder Mitschülern anzuvertrauen. Typische Täter sind Schüler mit einem protzigen Auftreten und einem demonstrativen Selbstbewusstsein, um welche sich Mitläufer positionieren und unterstützend in den Mobbingprozess eingreifen.

(3) **Sexuelle Gewalt** wird vorwiegend von Knaben gegenüber Mädchen ausgeübt. In der Volksschule beginnt es häufig mit dem «Rock hochheben», mit zunehmendem Alter werden sexuelle Anspielungen üblich, während sexuelle Handlungen oder gar erzwungener Geschlechtsverkehr noch eher die Ausnahme darstellen. Sexuelle Gewalt ist eine Folge von Imponiergehabe, demonstrativem Machtgebaren oder auch eine Form von Kontaktaufnahme oder Ausdruck eines Bedürfnisses nach Nähe. Bei den Mädchen führt sie zu Hilflosigkeit, Angst und Resignation sowie zu nachhaltig misstrauischen Gefühlen gegenüber den Männern.
Kritisch kann die Lage für Lehrerinnen werden, wenn sie kokettierend auf Schüler eingehen (Palzkill 1999). Reagieren sie auf sexuelle Anspielungen von älteren Schülern, bestärken sie sie in ihrem ungebührlichen Verhalten, weisen sie sie in die Schranken, gelten sie oft als humorlos. Deshalb ist die Distanz zu jeder Form von Koketterie zwingend.
Besonders wichtig ist, dass Lehrer auf jede Form von «netten» Bemerkungen und «Komplimenten» gegenüber Schülerinnen verzichten. Vor allem pubertierende Mädchen werden dadurch stark verunsichert, weil sie nicht wissen, wie sie darauf reagieren sollen: Handelt es sich um wohlwollende Bemerkungen, oder geht es um eine Grenzüberschreitung (Hurrelmann & Bründel 2007)?

(4) Zu einem immer grösseren Problem wird die **fremdenfeindliche Gewalt** sowohl in Klassen mit einer Minderheit von Ausländern als auch in Klassen mit einer Mehrheit von Ausländern. Sie ist auf Ablehnung und Ausgrenzung des Fremden und des Unbekannten ausgerichtet und durch Ideologien der Überlegenheit und Ungleichheit geprägt sowie durch eine Statushierarchisierung charakterisiert. Dadurch entstehen Ausgrenzung, Vernachlässigung und keine Chance der Integration von Immigranten in die eigene Klasse, Erscheinungen, die durch deren schlechte Schulleistungen noch verstärkt werden. Die Folge davon ist eine Cliquenbildung, die sich umso mehr verstäkrt, als diese Aussenseiter noch innerfamiliäre Gewalt erfahren haben. Interessant ist, dass Studien entgegen der allgemeinen Anschauung belegen, dass die Fremdenfeindlichkeit in Klassen mit vielen ausländischen Schülerinnen und Schülern geringer ist als in Klassen mit einem geringeren Ausländeranteil. Offenbar spielt hier die

Kontakthypothese eine Rolle: Vorurteile gegenüber Fremden verschwinden umso eher, je mehr Kontakte zu ihnen bestehen (Dollase 2001).
Aus der Fülle der einzelnen Studien sei auf eine sorgfältige Befragung von Detterborn & Lautsch (1993) verwiesen, die auf auch heute noch bedeutsame Aspekte verweist. Sie ermittelten bereits damals, dass vor allem 13- bis 14-jährige Schülerinnen und Schüler aus Haupt- und Gesamtschulen sich am meisten bedroht fühlen, aber zugleich auch die häufigsten Bedroher und oft bewaffnet sind (wer sich weniger bedroht fühlt, ist auch seltener bewaffnet, eine in den Vereinigten Staaten seit langem beobachtete Tatsache). Besonders interessant in dieser Untersuchung sind die Antworten auf die Frage nach den Gründen, welche die Schülerinnen und Schüler als Ursachen der Gewalt sehen. Den ersten Schwerpunkt bilden Frustrationserlebnisse (allgemeine Frustration, z.B. «Wut ablassen»; Gesellschaft als Quelle der Frustration, z.B. «keine Zukunft», «fehlende Freizeitmöglichkeiten»; die Schule als Ursache von Frustrationen, z.B. «Stress mit der Lehrkraft», «Leistungsdruck»; Frustrationen in der Familie, z.B. «Kummer und Ärger zuhause»). Der zweite Schwerpunkt betraf das Selbstwertgefühl (gewalttätige Aktionen, um sich zu bestätigen), wobei zwischen Frustrationen und Selbstwertgefühl eine Wechselwirkung besteht. Als drittes, aber weniger bedeutsames Schwergewicht der Ursachen für Gewalt nannten die Schülerinnen und Schüler Freude an Gewalt, Gruppendruck, Intoleranz und Langeweile. Schliesslich wurden die Schülerinnen und Schüler gefragt, ob sie es sinnvoll finden, sich mit ihren Lehrpersonen im Falle von Aggressionen und Gewalt zu besprechen und bei ihnen Rat einzuholen. 13 % sagten «ja», 59% gaben an «ja, mit manchen» und 14% reagierten mit «nein». Die Verweigerer begründeten ihr «Nein» mit dem mangelnden Vertrauen in ihre Lehrkräfte sowie mit der Macht- und Hilflosigkeit vieler Lehrpersonen im Umgang mit Aggressionen und Gewalt. Ganz allgemein zeigte sich, dass Lehrkräfte mit guten menschlichen Beziehungen zu den Lernenden, einer guten Vertrauensbasis und Fähigkeiten zum offenen Gespräch stark vorbeugend und aggressionsmindernd wirken.
Gewalt in der Schule ist ein vielschichtiges Problem, das es schwer macht, generalisierende Aussagen vorzulegen. Zu warnen ist vor allem vor unreflektierten Erkenntnissen, die oft im Anschluss an von den Medien hochgespielten Ereignissen an einzelnen Schulen verbreitet werden. Sicher ist nur, dass ein abweichendes Verhalten bei einer Minderheit von Schülerinnen und Schülern deutlich häufiger festgestellt werden kann. Beunruhigend ist aber weniger die Entwicklung der Gesamtzahl aggressiver und gewalttätiger Handlungen in der Schule, sondern die qualitative Veränderung der Gewalthandlungen, die sinkende Hemmschwelle bei einem kleinen Teil der Schülerschaft sowie der Umgang der Schülerinnen und Schüler untereinander und die Begegnung mit den Erwachsenen. Ackermann, Darge & Ehninger (2001) sprechen deshalb treffend von einer zunehmenden Polarisierung zwischen vielen an Gewalt unbeteiligten und wenig aktiv und passiv beteiligten Schülerinnen und Schülern. Eine wichtige Voraussetzung für den Umgang mit Gewalt in der Schule sind Kenntnisse über die Ursachen von Gewalt. Besonders wichtig ist dabei, dass nicht nur Ursachen betrachtet werden, welche in den familiären und gesellschaftlichen Gegebenheiten sowie im Fehlverhalten gewisser Medien begründet liegen, sondern auch den Ursachen nachgegangen wird, die in der Schule selbst zu suchen sind.

7.2 Die Ursachen der Gewalt

7.2.1 Die Schule selbst als Ursache der Gewalt

Viele Lehrpersonen sind sich noch nicht bewusst, dass die Ursache von Gewalt in der Schule selbst liegen kann. Viele Schülerinnen und Schüler empfinden den häufig wenig sinnvollen und oft auch unnötigen Leistungsdruck, zu häufige und wenig motivierende Lernkontrollen, die Selektionsmechanismen sowie das individuelle Wettbewerbsdenken als eine Art von «struktureller Gewalt» der Schule. Die Folge davon sind Verängstigung, Scham, Demütigung und Verzweiflung. Gewaltausbrüche von Schülerinnen und Schülern können deshalb aufgrund solcher schulischer Fehlentwicklungen als Versuch verstanden werden, sich in der als unangenehm empfundenen Lage zu behaupten (Schubarth 2000). Diesen Sachverhalt versuchen die **Emotionstheorien** zu erklären, welche von der Annahme ausgehen, dass sich Aggressionen und Gewalt auf eine bestimmte subjektive Befindlichkeit zurückführen lassen. Im Vordergrund steht die Frustrations-Aggressions-Theorie (Dollar, Doob et al. 1971). Nach ihr werden Frustrationen als Ereignis oder Erlebnis umschrieben, welches einem Wunschziel im Wege steht. Für viele Schülerinnen und Schüler sind gute Noten, das Wahrnehmen ihrer Bedürfnisse oder die Anerkennung durch die Lehrpersonen solche Ziele. Je mehr sie sich durch schlechte Noten, durch unfreundliche Behandlung und durch Nichtanerkennung oder durch wenig sinnvolle Leistungen oder Regeln betroffen fühlen, desto grösser werden die Frustrationen und umso eher können falsche Verhaltensweisen der Lehrpersonen (Gleichgültigkeit, Demütigung, Abweisung) zu Gewaltausbrüchen führen.
Daher sollten Lehrkräfte den Lernenden Unterstützung geben (Caring), sie beim Lernen in angemessener Weise verstärken und ihre Persönlichkeit anerkennen und vor allem darauf achten, dass sie durch ihr Verhalten nicht Kettenreaktionen auslösen, welche die Gewaltspirale in Gang setzen.

Im Unterricht geschehen selten Gewaltakte, weil die Lehrpersonen ihre Schülerinnen und Schüler überwachen. Sie brechen meistens in unbeaufsichtigten und nicht einsehbaren Räumen aus, wobei der Vandalismus zu einem immer grösseren Problem wird.
Deshalb muss in gewaltanfälligen Schulen die Aufsicht verstärkt werden, und gegen den Vandalismus lässt sich etwas einwirken, wenn alle Schäden im Schulhaus sofort repariert werden. Vernachlässigte Schulhäuser verleiten stärker zu Vandalismus. Auch eine unklare Schulorganisation (die Schülerinnen und Schüler wissen beispielsweise nicht, wer wofür zuständig ist, oder an wen sie sich im Fall von Problemen wenden können) wirkt gewaltfördernd. Schliesslich bestätigt sich immer mehr, dass grosse Schulen (über etwa 800–900 Schüler) und grosse Klassen (über 26–28 Lernende) eher gewaltverstärkend sind.

7.2.2 Der Einfluss der Eltern

Besonders schwierig ist der Umgang mit Schülerinnen und Schülern, welche aus Familien stammen, in denen Gewaltakte nicht ausgeschlossen sind. Die Auswirkungen davon werden **lerntheoretisch** begründet (Modelllernen, Bandura 1986). Die Kinder lernen vieles aus der Beobachtung von Interaktionen innerhalb der Familie. Diese stete Beobachtung führt zum Nachahmen eines Modells. Beobachten sie nun bei ihren Eltern ein sich ständig wiederholendes aggressives Verhalten, so übernehmen sie typische Verhaltensweisen in ihr Repertoire, wobei die Übernahme umso ausgeprägter wird, je häufiger sie sehen, wie solche Handlungen erfolgreich sind. Nicht selten werden Eltern aus vermeintlicher Liebe gewalttätig, indem sie mit ihren Kindern das Beste wollen und deshalb Besitz ergreifen. Werden sie dann enttäuscht (z.B. durch Schulversagen ihrer Kinder), reagieren sie – anfänglich oft mit subtiler – Gewalt. Kinder, die in der Familie viel Gewalt erfahren, werden selber auch häufiger gewalttätig (Pfeiffer & Wetzels 1999). Neben familiären Spannungen führen auch soziale Benachteiligungen sowie die Einsicht, dass die Zukunftschancen nicht gut sind, zu einer höheren Gewaltbereitschaft.

7.2.3 Durch die Unterrichtsführung und durch das Lehrerverhalten verursachte Gewalt

Lerntheoretisch begründbar sind die Folgen von unbedachten Verhaltensweisen von Lehrerinnen und Lehrern. Wenn sie auf Störungen im Unterricht mit Aggressionen reagieren, können sie zum schlechten Modell werden und unberechenbare Reaktionen bis zu Gewalttaten auslösen. Insbesondere demütigende, sarkastische und zynische Bemerkungen haben eine negative Wirkung, wobei besonders kritisch ist, wenn sich die Lehrpersonen ihres Verhaltens gar nicht bewusst sind. Man denke an Lehrkräfte, die meinen, zynische Bemerkungen seien etwas Lustiges. Gefährlich ist es auch, wenn Lehrpersonen bei unangemessenem Verhalten von Schülerinnen und Schülern «ausrasten» und psychisch oder physisch zurückschlagen, als Modell also erst recht versagen (Krumm 1999, Krumm & Weiss 2000). Geschehen solche Unzulänglichkeiten, so sind die Lernenden oft irritiert, können sich der Lehrperson in Worten nicht entgegenstellen und entwickeln einen inneren Ärger, der sich in Hass umschlagen und zu Gewalttaten führen kann. Je weniger sie solchen frustrierenden Erlebnissen ausweichen können, umso mehr versuchen sie, die Situation durch Gewalthandlungen (manchmal auch durch Rückzug) zu bewältigen. Wie stark die Reaktionen sind, hängt nicht nur von den Schülerpersönlichkeiten, sondern auch von ihrem sozialen Umfeld (Erfahrungen im Elternhaus, Integration in der Klasse, Akzeptanz durch die Mitschülerinnen und Mitschüler usw.) ab. Mit diesen Erscheinungen beschäftigen sich die **Konflikt- und Spannungstheorien.** Für die Schulen bedeutsam sind die sozialen Beziehungen in der Klasse und im Schulzimmer. Wenn dafür keine Vorgaben gemacht werden, und sich das Leben in regelfreien Räumen abspielt, in welchen vor allem gewaltanfällige Schülerinnen und Schüler ihren Einfluss und ihre Macht auszutesten beginnen und versuchen, allenfalls mit Gewalt, ihre eigenen Machtinteressen durchzusetzen, häufen sich Konflikte, die gewaltverstärkend wirken. Mit Vorgaben und Regeln, die auch durchgesetzt werden, lassen sich viele Konflikte, welche zu Gewalttaten führen, vermeiden.
Gewalttätigkeiten lassen sich im Weiteren durch **Etikettierungs- oder Definitionstheorien** erklären. Oft haben Lehrkräfte gegenüber gewissen Schülerinnen und Schülern – häufig unbewusst – Vorurteile, schreiben ihnen stereotype Eigenschaften zu und geben ihnen damit ein soziales Etikett, aus dem sie sich nicht mehr befreien können und mit Aggressionen reagieren. Besonders kritisch ist dies mit aggressiven Schülerinnen und Schülern, welche durch falsche Behandlung noch mehr in diese Richtung getrieben und erst recht aggressiv werden.
Ein Gegengewicht zu diesen Theorien stellen die **sozialen Kontrolltheorien** dar. Sie besagen: Je stärker die sozialen Bindungen innerhalb eines sozialen Systems (Schule,

Klasse) und die Identifizierung mit dem System und seinen Zielen sind, desto geringer ist das Ausmass von Vandalismus in der Schule und von Aggressionen gegenüber den Lehrkräften sowie den Mitschülerinnen und Mitschülern. Deshalb kommt dem Bemühen um eine erfolgreiche Integration aller Lernenden in einer Schule und einer Klasse grösste Bedeutung zu. Leider wird es in einer pluralistischen Gesellschaft mit ihren vielen Etikettierungen immer schwieriger, günstige Voraussetzungen für eine umfassende Integration zu schaffen. Daher sind alle gemeinsamen Bemühungen von Lehrpersonen und Eltern den Schulen eine gemeinsame Vision und ein klares Profil zu geben, wichtig, denn erst wenn es gelingt, einen gemeinsamen Nenner für alles Denken und Tun zu schaffen, sind die Voraussetzungen für eine Identifikation und Integration gegeben. Besonders kritisch wird es dort, wo das Schulklima (gespanntes Verhältnis im Lehrkörper, schlechte Lehrer-Schüler-Beziehung) nicht stimmig ist. Vor allem Spannungen im Lehrkörper werden von den Lernenden rasch erkannt und nicht selten als Grundlage für Provokationen genommen, welche durch falsches Lehrerverhalten in Aggressionen ausarten können.

Mit Hilfe dieser eben beschriebenen Theorien lassen sich Mängel in der Unterrichtsführung und beim Lehrerverhalten erklären, welche aggressives Schülerverhalten fördern:

- Vorurteile (Etikettierung) führen zu ungleicher Behandlung von Schülerinnen und Schülern sowie zu Diskriminierung, was das Konfliktpotenzial und als Folge davon Aggressionen fördert.
- Lehrkräfte fördern aufgrund von vorurteilsbehafteten Einstellungen Knaben oder Mädchen spürbar unterschiedlich, so dass sich die eine oder die andere Gruppe diskriminiert fühlt und aggressiv reagiert (siehe beispielsweise Spragne & Walker 2005).
- Die Unterrichtsqualität ist schlecht und die Lehrperson bemüht sich nicht um eine zielgerichtete Integration aller Schülerinnen und Schüler im täglichen Unterricht.
- Prosoziales Verhalten vor allem von schwierigen Lernenden wird nicht verstärkt.
- Die Schülerinnen und Schüler wissen nicht, was von ihnen bezüglich Lernen und Verhalten erwartet wird, und unklare Regeln über das Verhalten in der Schule und im Unterricht schaffen Unsicherheiten und fördern falsche Reaktionen seitens der Lehrperson und den Lernenden, was aggressionsfördernd wirkt.
- Kritisierendes und häufig bestrafendes Verhalten im Unterricht.
- Keine Anleitung zur Selbständigkeit und keine Verstärkung der Eigenverantwortung (stark gängelndes Verhalten im Schulleben und im Unterricht).
- Aggressives und entwürdigendes Verhalten der Lehrkräfte selbst.
- Für die Schülerinnen und Schüler erkennbare Uneinigkeit im Lehrkörper einer Schule und keine Koordination.
- Wenig spürbare Hilfe für Problemschülerinnen und Problemschüler.
- Es gelingt nicht, aus der Klasse eine Lerngemeinschaft zu bilden.

7.2.4 Schulversagen

Aggressives Schülerverhalten kann schliesslich durch ein Schul- oder Leistungsversagen ausgelöst werden. Sind Schülerinnen und Schüler als leistungsschwach gekennzeichnet, oder charakterisieren sie ihre Leistungen selbst als ungenügend (Etikettierungstheorie), oder erkennen sie selbst, dass ihre Leistungsschwäche ihre Berufs- und Lebensziele behindert, wodurch sie ihre Motivation verlieren (Emotionstheorie), kann die Bedrohung ihres Selbstwertgefühls Aggressionen auslösen. Besonders ausgeprägt ist dies bei Jugendlichen, welche gute Leistungen erbringen möchten (Identifikation mit den Leistungsanforderungen). Ihre Anfälligkeit für Aggressionen ist viel stärker als bei Schülerinnen und Schülern, welche der Schulleistung keine grosse Bedeutung beimessen. Kritisch wird das Verhalten vor allem dann, wenn Eltern Wertvorstellungen über die Entwicklung ihrer Kinder haben und diese feststellen, dass sie nach Befolgung dieser Wertvorstellungen in der Schule keinen Erfolg haben. Sie beginnen sich von diesen Werthaltungen abzuwenden und versuchen, auf andere Weise Anerkennung zu suchen. Nicht selten kommen sie dabei in Kontakt mit Gleichaltrigen, welche ihren Misserfolg durch erfolgreiches abweichendes Verhalten kompensieren, welches nicht selten in Gewalthandlungen endet. Verstärken kann sich diese Entwicklung, wenn die Eltern das Leistungsversagen nicht auffangen können und mit Druck und Bestrafung reagieren (Hurrelmann & Bründel 2007).

7.4 Vereinfachende Ansätze für den Umgang mit Aggressionen und Gewalt in der Schule

Diese Beschreibung der Ursachen von Gewalt bei Schülerinnen und Schülern verweist auf die Komplexität der Zusammenhänge, was den täglichen Umgang damit erschwert. Wahrscheinlich liegen die Ursachen – wie bereits früher erwähnt – zum grösseren Teil ausserhalb der Schule (insbesondere sozialer Kontext des ausserschulischen Alltags sowie Verhalten der Eltern), und zum kleineren Teil innerhalb der Schule (Schulorganisation und Schulklima sowie Beziehungen zwischen den Lehrpersonen und der Schülerschaft) (Meier & Tillmann 2000). Vieles, was in der Schule geschieht, ist von aussen beeinflusst und kommt in der Schule zum Ausdruck, und zwar umso stärker, je unzweckmässiger sich die Schule und ihre Lehrerschaft verhalten. Angesichts dieser Komplexität reichen viele herkömmliche Ansätze für den Umgang mit Aggressionen und Gewalt nicht mehr aus, obschon sie immer wieder angeführt werden. Nach Mand (1993) lassen sie sich wie folgt umschreiben:

(1) Der **individualisierende Ansatz** geht davon aus, dass irgendwelche Störungen in der Persönlichkeitsentwicklung für Fehlverhalten und Aggressionen verantwortlich sind. Deshalb drängt sich nach Auffassung der Vertreter dieses Ansatzes eine individuelle Behandlung der betroffenen Schülerinnen und Schüler durch Therapeuten und Erziehungsberater sowie in schweren Fällen die Einweisung in Sonderklassen und Heime auf, um die für solche Behandlungen nicht vorbereiteten Lehrkräfte zu entlasten.
Dieser Ansatz bleibt zu unbestimmt, weil einerseits die Ursachen der Persönlichkeitsstörungen nicht in den Zusammenhang mit den Erscheinungen in der Umwelt gebracht werden, und andererseits die Behandlung durch spezialisiertes Personal die schulisch bedingten Ursachen der Aggressionen meistens nicht zu bewältigen vermag.
Zwar mag der individualisierende Ansatz für ganz schwerwiegende Fälle anwendbar sein. Kritische alltägliche Probleme löst er aber nicht, weil es wenig sinnvoll ist, individuelle Lösungen mit Therapien und Sonderklassen zu suchen. In erster Linie muss

es Sache der Lehrpersonen bleiben, Aggressionen im Klassenzimmer bei ihrem ersten Auftreten zu korrigieren. Die heutige Tendenz, schwierige Schülerinnen und Schüler zu schnell «abzuschieben», muss überwunden werden.

(2) Der **konservative Ansatz** macht für die Aggressionen die veränderte Umwelt (Versagen der elterlichen Erziehung, Scheidung, soziale Missstände, Reizüberflutung usw.) verantwortlich. Deshalb fordern seine Vertreter wieder eine konsequentere Führung der Lernenden (Setzen von Grenzen) sowie eine bewusste Werterziehung im Unterricht.
Auch dieser Ansatz bleibt zu eng, weil gewalttätige Schülerinnen und Schüler auf eine undifferenzierte strenge Führung oft mit neuen Aggressionen reagieren, und die Werterziehung häufig wirkungslos bleibt.

(3) Der **progressive Ansatz** geht von den gleichen Ursachen aus wie der konservative Ansatz. Er will aber das Problem durch eine radikale Veränderung der Schule und ihres Unterrichts im Sinne einer Anpassung an die Veränderungen der Umwelt der jungen Menschen lösen. Alles, was Aggressionen fördern kann (zu strenge Führung in der Schule, wenig Freiräume beim Lernen, passives Lernen usw.), muss deshalb verändert werden. Vertreter dieses Ansatzes erwarten von einer «offenen Schule» eine Verminderung des aggressiven Verhaltens bei allen Schülerinnen und Schülern.
Es zeichnet sich immer deutlicher ab, dass solche «offenen Schulen» die Zügellosigkeit in vielen Klassen eher verstärken. Ohne eine angemessene Führung mit Verhaltensregeln lassen sich Aggressionen mit ihren vielen Ursachen nicht vermeiden.

(4) Der **Deutungsmusteransatz** sieht die Aggressionen in der Schule als Erscheinungsform eines Problems in der Lehrer-Schüler-Beziehung, indem Lehrkräfte und Lernende andere Spielregeln und Formen des Umgangs miteinander, unterschiedliche Rollenerwartungen sowie andere Interpretationen von Erscheinungen haben und nicht fähig sind, aufeinander zuzugehen. Besonders kritisch wird es dort, wo Schülerinnen und Schüler aus einer sozialen Umwelt stammen, in der ein rücksichtsloser Egoismus, schlechte soziale Bedingungen und Aggressionen vorherrschen, die als Muster in Schulen hineingetragen werden, und die Lehrkräfte im Umgang mit den aggressiven Erscheinungsformen hilflos sind, weil sie mit den Erscheinungen einer schlechten Umwelt zu wenig vertraut sind und dazu neigen, Erscheinungen von aggressivem Verhalten stereotyp aufzunehmen und bezogen auf die Ursachen zu wenig genau zu reflektieren. Als Folge davon kommt es zu Fehldeutungen, falschem Lehrerverhalten und verstärkten Aggressionen. Deshalb fordern die Vertreter dieses Ansatzes von den Lehrpersonen die Fähigkeit, Ansätze zu Aggressionen früh zu erkennen, sie richtig (im grösseren sozialen Zusammenhang) zu reflektieren und eine Vertrauensbeziehung aufzubauen, damit die Lernenden fähig werden, die Beziehungen im Klassenzimmer und die Schule als Ganzes positiv zu erfahren. Die Grundvoraussetzung dazu sind jedoch klare Regeln, die durchgesetzt werden, denn der Aufbau einer Vertrauensbeziehung setzt Klarheit in den Forderungen und Berechenbarkeit im Verhalten der Lehrpersonen voraus.

Für die Reflexion über Aggressionen und Gewalt mögen die fünf Sinnperspektiven jugendlicher Aggressionen anregender sein (Winkel 1993).

7.5 Die fünf Sinnperspektiven jugendlicher Aggressionen

Winkel (1993) zeigt in einer für die Schulpraxis hilfreichen Form, welcher Sinn hinter Aggressionen stecken kann (siehe Abbildung 15.16). Dabei geht er davon aus, dass Aggressionen weder «gut» noch «böse», sondern sehr ambivalent sind. Zunächst wollen die Schülerinnen und Schüler mit aggressiven Einstellungen und Handlungen – meistens in entstellter Form – etwas aussagen. Der Sinn dieser Aussagen lässt sich aber nur im grösseren Zusammenhang ergründen. Je besser er verstanden wird und je zweckmässiger darauf reagiert wird, desto wahrscheinlicher ist es, dass sich eine Aggression nicht destruktiv verstärkt, sondern konstruktiv überwunden werden kann. Dies gelingt aber nur, wenn die Lehrpersonen aufkommende Aggressionen sofort im grösseren Zusammenhang des Spannungsfelds Schule/Unterricht/ Lehrerverhalten sowie Umfeld/Eigenarten der Schülerinnen und Schüler deuten und darauf richtig reagieren können. Dazu bieten diese fünf Sinnperspektiven eine Hilfestellung.

Beispiele:
Ein Berufsschüler bedroht einen Klassenkameraden mit einem Messer. Eine genauere Analyse zeigt, dass er von seinen Mitschülerinnen und Mitschülern immer wieder «gehänselt» wird und sich dagegen nicht zu wehren weiss. Auch die Lehrerin hat diesen Zusammenhang nicht erkannt. Deshalb überweist sie den Schüler der Polizei, statt im Klassenverband frühzeitig dafür zu sorgen, dass dieser Schüler in die Klasse integriert wird, und bei ihm dank der Integration keine Ängste aufkommen, die letztlich zu den bedrohenden Aggressionen führen. Die Sinnperspektive dieser Aggression ist die Abwehr einer Bedrohung. Deshalb muss die Lehrerin Hilfen anbieten, damit sich der Schüler nicht mehr bedroht fühlt.

Abbildung 15.16 **Fünf Sinnperspektiven jugendlicher Aggressionen (Winkel)**

1. **Aggression als spielerischer Kampf**
   Ziel: Ausprobieren von Stärke, Freude am Siegen u.Ä.m.
   Gefahr: Aus Spass wird Ernst, oft blutiger Ernst!
2. **Aggression als Abwehr einer Bedrohung**
   Ziel: Beseitigung von Angst, Vermeidung von Verletzungen u.Ä.m.
   Gefahr: Vernichtung des Gegners!
3. **Aggression als Reaktion aufgrund von Frustration**
   Ziel: Ausgleich für eine Niederlage, Demütigung u.Ä.m.
   Gefahr: Blosse Ersatzbefriedigung!
4. **Aggression als Auskundschaften**
   Ziel: Freiräume und Grenzen erforschen, eigene und fremde Terrains abstecken u.Ä.m.
   Gefahr: Egoistisches Machtstreben!
5. **Aggression als entstellte Liebessehnsucht**
   Ziel: Gewinnen von Aufmerksamkeit, Zuwendung, Liebe u.Ä.m.
   Gefahr: Befriedigung durch «negative» Zuwendungen!

Ein Lehrer versuchte immer wieder, Störungen im Unterricht zu übersehen, weil er nicht dominant wirken wollte. Seit einiger Zeit hatte er den Eindruck, dass im Arbeitsverhalten und im Zusammenhalt der Schülerinnen und Schüler in der Klasse etwas nicht stimmte. Er ging aber dem Problem nicht weiter nach. Per Zufall entdeckte er eines Tages, dass vier Schüler die Klasse beherrschen, indem sie Schülerinnen und Schüler mit guten Lernleistungen als Streber «fertig zu machen» versuchten und sie zu bedrohen begannen, wenn sie sich nicht in ihrem Sinn verhielten. Während einer Gruppenarbeit beobachtete der Lehrer, wie diese vier Schüler die übrigen unter Drohungen anwiesen, eine minimalistische Arbeit abzuliefern. Als Folge davon bestrafte er diese vier Schüler mit Arrest, während welchem sie eine genau definierte Gruppenarbeit zu erbringen hatten. Im Anschluss daran verschärften sich die Probleme mit diesen vier Schülern weiter. In diesem Fall ist die Aggression als Auskundschaften zu verstehen: Weil der Lehrer zu lange nicht reagierte, versuchten sie ihre Freiräume und ihren Einfluss immer mehr auszuweiten. Die Strafe wurde dann als Niederlage empfunden, die Frustrationen und damit weitere Aggressionen auslöste. Die ganze Fehlentwicklung hätte vermieden werden können, wenn der Lehrer bei den ersten unerwünschten Verhaltensweisen dieser vier Schüler Regeln aufgestellt und Aufgabenstellungen so definiert hätte, dass sich kein Ausweichen, das sich bis zur Bedrohung entwickelte, hätte einstellen können.

Wesentlich für Lehrkräfte ist also, die Sinnperspektiven von Aggressionen im grösseren Zusammenhang zu erfassen und sofort zu reagieren, indem sie die Ansatzpunkte nicht primär unterdrücken (Triebunterdrückung), sondern steuernd auf die Schülerinnen und Schüler einwirken (Triebsteuerung). Dieses Einwirken soll so erfolgen, dass die Lernenden einerseits in der Schule, im Umgang mit den Lehrkräften und unter sich selbst viel Befriedigung erhalten, um seelische Stärke für ihre Weiterentwicklung zu gewinnen. Andererseits müssen sie aber auch lernen, Versagungen in ihren Wünschen und Bedürfnissen zu erfahren, um in sich jenes Gefühl von Entbehrung und Lernbereitschaft zu spüren, das für eine gedeihliche, persönliche Entwicklung nötig ist.

7.6 Praktische Massnahmen zum Abbau von Gewalt in der Schule

Spüren Lehrpersonen Ansätze von Aggressionen und Gewalt in der Klasse (anfänglich können sie sehr subtil sein: psychischer Druck, aus der Klassengemeinschaft ausschalten, beleidigendes Verhalten usw.), so sollten sie im Sinne von Best Practice folgende Gesichtspunkte beachten:

(1) Schulen mit zunehmenden Ansätzen von aggressivem Verhalten einzelner Schülerinnen und Schüler sowie Schülergruppen sollten sich um eine **Verbesserung des Schulklimas** bemühen. Gute Voraussetzungen dazu lassen sich über eine gezielte Stärkung des Schulprofils erreichen. Dies gelingt in erster Linie umso besser, je stärker sich das Lehrerkollegium auf gemeinsame erzieherische Werte, welche für die Schülerinnen und Schüler erkennbar sind, und auf Regeln, die von allen Lehrpersonen durchgesetzt werden, einigen können. Zweitens können gemeinsame Schulveranstaltungen wie Sporttage, gemeinsame Schulquartalseröffnung, Schultheater, Arbeits- und Projektwochen usw. dazu beitragen, dass sich die Schülerinnen und Schüler in ihrer Schule über den Unterricht hinaus für ihre Schule verpflichten können, vor allem wenn sie bei solchen Aktivitäten mit Symbolcharakter an der Entscheidungsfindung teilnehmen können. Drittens spielen Sauberkeit und Ordnung im Schulhaus sowie gute räumliche Voraussetzungen eine wichtige Rolle (Dubs 2005). Und viertens sollte die schematische Rhythmisierung des Unterrichts aufgelockert

werden, indem besser zwischen Anspannung und Entspannung, zwischen Unterricht in Lektionen und Blockphasen unterschieden wird sowie ein breites Repertoire von Unterrichtsmethoden zum Einsatz gelangt.
Schliesslich sollten in Schulen mit vielen fremdsprachigen Kindern, welche die Unterrichtssprache nicht beherrschen, spezielle Klassen gebildet werden, in welchen die sprachlichen Voraussetzungen für die spätere Teilnahme am ordentlichen Unterricht geschaffen werden, wobei in diesen Klassen auch Fragen der Kultur des Herkunftslandes bearbeitet werden sollten, damit diese Kinder nicht «kulturlos» werden, denn das Nichtbeherrschen der Unterrichtssprache und kulturelle Unsicherheiten mit den darauf zurückführenden schulischen Misserfolgen tragen viel zu aggressivem Schülerverhalten bei.

(2) Viele Schülerinnen und Schüler sind sich ihres aggressiven Verhaltens oft gar nicht bewusst. Dies nicht zuletzt deshalb, weil sie in den Medien, im Elternhaus und in ihrer sozialen Umgebung viel aggressives Verhalten erfahren und erleben, das von niemandem korrigiert wird, nicht selten aber Erfolge bringt. Daher muss jede Form von Aggression bei ihrem **ersten Auftreten bewusst gestoppt** werden. Tun es Lehrpersonen nicht, so entsteht bei den aggressiven und allen anderen Schülerinnen und Schülern der Eindruck, aggressives Verhalten würde akzeptiert, was aggressionsverstärkend wirkt, gar wenn es zu persönlichen Erfolgen und grösserem Einfluss auf die Klasse kommt.
Viele Lehrpersonen scheuen sich vor sofortigen Eingriffen: Sie wollen tolerant und nicht autoritär sein (obschon Aggressionen jede Form von Toleranz unterdrücken); vor allem bei älteren Schülerinnen und Schülern wagen sie es nicht mehr, direkt einzugreifen (obschon das aggressive Verhalten bei passivem Lehrerverhalten zunimmt); und sie vermeiden Interventionen aus Angst vor – oft unvorhersehbaren – Reaktionen der Eltern, die nicht selten der Meinung sind, erfolgreiche Menschen müssten etwas aggressiv sein (was je länger desto mehr die vielen Fehlentwicklungen in unserer Gesellschaft verstärkt). Angesichts der Zunahme der Gewalt an einzelnen Schulen ist diese Scheu zu überwinden: Lehrpersonen, die sofort geschickt steuernd eingreifen, schützen nicht zuletzt sich selbst vor zunehmender Gewalt.

Leider lässt sich immer wieder beobachten, wie Lehrkräfte in kritischen Situationen ungeschickt eingreifen, wodurch ihre Klassenführung ineffektiv wird. Lohmann (2003) zählt Merkmale einer schlechten Klassenführung auf:

- Die Lehrerinnen und Lehrer mahnen bei jedem Ansatz zu Aggressionen und drohen Strafen an, ohne sie jedoch umzusetzen (folgenlose «Endlosschleifen»).
- Sie setzen vorschnell und häufiger strafende Massnahmen ein statt sich um die Integration schwieriger Schülerinnen und Schüler in den Klassenverband und in den Unterricht zu bemühen.
- Sie brauchen viel Zeit mit Drohungen und disziplinarischen Handlungen statt geeignete Massnahmen ohne grosse Umtriebe kurz und bündig durchzusetzen.
- Sie versuchen fortlaufend und sprunghaft verschiedenartige Massnahmen einzusetzen statt konsistent und berechenbar zu handeln.
- Sie wenden für den gleichen Fall von Aggressionen mehrere nacheinander geschaltete Massnahmen ein und kommen immer wieder mit Bemerkungen auf das Ereignis zurück, statt es rasch, konsequent und endgültig zu erledigen.

- Sie halten ausgesprochene strafende Massnahmen nicht durch («Zurückstecken»), statt ihre Massnahmen durchzusetzen.
- Sie brechen Konflikte unvermittelt ab und nehmen die betroffenen Schülerinnen und Schüler nicht mehr wahr, statt zu versuchen, den Konflikt zu lösen und die Betroffenen wieder zu integrieren.

(3) Eine wesentliche Voraussetzung für die Vermeidung von Aggressionen und Gewalt ist das **Vertrauen der Schülerinnen und Schüler in ihre Lehrkräfte.** Aggressionen und Gewalttätigkeiten lassen sich bei solchen Lehrkräften häufiger beobachten, zu denen die Lernenden kein Zutrauen haben. Ursache dafür ist meistens ein Lehrerverhalten, das von den Lernenden als ungerecht und unberechenbar empfunden wird. Negativ wirken sich auch Unverständnis für die Anliegen der Schülerschaft (die Lehrkräfte setzen sich mit den Bedürfnissen und Wünschen der Lernenden nicht richtig auseinander) sowie das Desinteresse an den schulischen und ausserschulischen Problemen der Schülerinnen und Schüler aus. Besonders schädlich scheinen Machtlosigkeit und Hilflosigkeit von Lehrpersonen gegenüber aggressiven und gewalttätigen Kindern und Jugendlichen zu sein: Je weniger sie ihnen in verständnisvoller, aber deutlicher Weise Regeln und Grenzen setzen, desto häufiger haben sie sich mit aggressiven Fehlentwicklungen zu beschäftigen.

(4) Wenn aggressives Verhalten festgestellt wird, ist die Art der **Reaktion der Lehrpersonen** entscheidend: Aggressivem Handeln darf nicht mit Gegenangriffen und anderen bedrohenden Verhaltensweisen begegnet werden. Vielmehr ist nach den Sinnperspektiven zu fragen, um das unerwünschte Verhalten zu verstehen und es von den Ursachen her zu beseitigen.

(5) Wesentlich ist dabei, dass mit den einzelnen aggressiven und gewalttätigen Schülerinnen und Schülern einzeln, in Gruppen und/oder im Klassenverband intensive Gespräche über die Vorfälle, ihre Hintergründe sowie die Folgen geführt werden. Dabei darf die Lehrperson ihre persönliche Betroffenheit durchaus zum Ausdruck bringen, ohne jedoch ein Gefühl des Beleidigtseins aufkommen zu lassen. Ziel solcher Gespräche ist es, die Selbstreflexion über das fehlerhafte Verhalten zu fördern.

(6) Sind die Auswirkungen von Aggressionen und Gewalttaten schwerwiegend, so sollte in erster Linie die **Wiedergutmachung** und erst sekundär eine Bestrafung ins Auge gefasst werden. Wiedergutmachung heisst, einen Schaden durch eine eigene Leistung beheben, etwas selbst wieder in Ordnung bringen oder einen Dienst für die Geschädigten oder die Gemeinschaft erbringen.

(7) In Klassen mit regelmässigen Ansätzen zu Aggressionen ist auch die eigene **Unterrichtsgestaltung** kritisch zu hinterfragen. Sehr häufig werden Lernende aggressiv, weil sie den Sinn ihres Lebens nicht einsehen, keine Lernfortschritte spüren und damit keine Erfolgserlebnisse haben. Nur sinnvolle Lernziele und nur ein guter Unterricht mit vielgestaltigen Lehr- und Lernformen bringen jene Lernzufriedenheit, die für den Aufbau des Selbstkonzepts nötig ist.

(8) Prosoziales Verhalten lässt sich mit dem gezielten Einsatz von **Rollenspielen** fördern. Dabei können aggressive Vorfälle in der Klasse thematisiert werden, um Lernende in die Rolle von Opfern zu versetzen, damit sie lernen, Gefühle mitzuempfinden (Empathie) und anderes Verhalten zu erfahren. Solche Rollenspiele bedürfen einer sehr guten Vorbereitung, damit sie nicht «entgleiten». Deshalb sollten sie erst einge-

setzt werden, wenn die Klasse mit dem Rollenspiel an fiktiven Beispielen vertraut ist und damit über die Voraussetzungen zu einer guten Gesprächskultur verfügt.

(9) Wichtig sind die Erkenntnisse von Fein, Vossekuil et al. (2002), welche aufgrund einer Analyse von Gewalttaten zum Schluss kommen, dass Aggressionen nicht unvermittelt in Gewalttaten umschlagen, sondern sie sich vorher ankündigen. Zusammengefasst gelangen sie zu folgenden Erkenntnissen:

- Gewalthandlungen an Schulen sind selten impulsive, plötzliche Handlungen;
- bei vielen Vorfällen waren einzelne Personen mit den Ideen einer möglichen Gewalttat vertraut;
- meistens werden die Opfer vor der Gewalttat nicht bedroht;
- gewalttätige Schülerinnen und Schüler zeichnen sich nicht durch ein besonderes Profil aus;
- vor Gewalthandlungen zeigten solche Schülerinnen und Schüler ein auffälliges Verhalten;
- Gewalttätige haben eine persönliche Niederlage oder ein Versagen nicht verkraftet;
- sie fühlten sich vor ihrer Handlung von anderen gemobbt, beleidigt, nicht ernstgenommen oder verfolgt;
- konkrete Drohungen sind häufig ernst gemeint.

(10) Entscheidend ist, dass sich Lehrkräfte in einem Schulhaus über Aggressionen und Gewalt aussprechen, um eine gemeinsame Linie zu finden. Besonders verhängnisvoll ist es, wenn sich einzelne Lehrpersonen um die Überwindung von Aggressionen und Gewalt bemühen, während sich andere völlig gleichgültig verhalten, denn eine für Schülerinnen und Schüler erkennbare Uneinigkeit von Lehrkräften in solchen Fragen kann aggressivitätssteigernd wirken (Aggression als Auskundschaften). Zudem belasten widersprüchliche Reaktionsweisen der Lehrkräfte auf Aggressionen und Gewalt die Kollegialität im Lehrkörper und das Schulklima massgeblich.

8 Checklist und Beobachtungsschema zu Disziplinarprobleme, Aggressionen und Gewalt in der Schule: Die Führung im Klassenzimmer

Checklist 21 verweist auf wichtige Gesichtspunkte im Umgang mit Disziplinarproblemen, Aggressionen und Gewalt im Unterricht und in der Schule.
Mit Hilfe des **Beobachtungsschemas 18** lassen sich durch eine beobachtende Person unaufmerksame Lernende, Fehlverhalten von Schülerinnen und Schülern sowie die Reaktionen der Lehrperson bezogen auf die einzelnen Schülerinnen und Schüler festhalten. Ziel ist es, die Eigenarten der Angehörigen der Klasse zu erfassen und die Reaktionen der Lehrperson im Hinblick auf die Zweckmässigkeit zu beurteilen.

Checklist 21: Disziplinarprobleme, Aggressionen und Gewalt im Unterricht

	ja	nein
1. Führung (Management) der Klasse (primäre Interventionen)		
– Gebe ich meinen Lernenden Regeln und Vorschriften für die Arbeit und das Verhalten im Klassenzimmer und im Unterricht, ohne aber ihre Entfaltungsmöglichkeiten zu beschränken?	☐	☐
– Habe ich für diese Regeln und Vorschriften eine sachliche Begründung, welche den Lernenden bekannt ist?	☐	☐
– Lasse ich die Lernenden bei der Festlegung der Regeln und Vorschriften mitwirken, sofern ich nicht meine eigenen Absichten zwingend durchsetzen will?	☐	☐
– Bin ich für den Unterricht so vorbereitet, dass ich ihn bestimmt beginnen kann, die Schülerinnen und Schüler stets angemessen herausfordere und alle Hilfsmittel und Lernmaterialien jederzeit und ohne Verzögerung zur Verfügung habe?	☐	☐
– Hat mein Unterricht genügend Antrieb: Abwechslungsreich, vielgestaltig und arbeitsintensiv?	☐	☐
– Sind meine Lern- und Arbeitsanweisungen immer unmissverständlich?	☐	☐
– Bemühe ich mich bewusst, alle Lernenden regelmässig in den Unterricht und in die anderen Aktivitäten im Klassenzimmer einzubeziehen?	☐	☐
– Gibt es in meinem Unterricht nicht immer wieder Unterbrüche, Kunstpausen oder Momente der Verwirrung?	☐	☐
2. Unterstützung der Selbstkontrolle (sekundäre Interventionen)		
– Beobachte ich die Klasse ständig (Augenkontakt), und kann ich solange als möglich mit Blickkontakt und Gesten auf Unaufmerksamkeiten und Ansätze von Störungen reagieren, ohne den Unterricht zu unterbrechen?	☐	☐
– Unterscheide ich zwischen indirekten Interventionen (bewusster Augenkontakt, Gesten, physische Nähe, Aufruf zur Aktivität, Herausfordern) und direkten Interventionen (direkte Aufforderungen, ausdrücklich an Regeln erinnern), und differenziere ich bei deren Anwendung genügend?	☐	☐
– Kann ich geringfügiges Fehlverhalten (unerwünschtes Verhalten) auch übersehen?	☐	☐
– Versuche ich anfängliches Fehlverhalten solange als möglich mit indirekten Interventionen zu korrigieren?	☐	☐
3. Korrektive Massnahmen (tertiäre Interventionen)		
– Setze ich Strafen erst ein, wenn die primären und sekundären Massnahmen wirkungslos waren?	☐	☐
– Strafe ich richtig, wenn ich strafe (sofort, angemessen, die wirklich Verantwortlichen, sinnvolle Strafen)?	☐	☐
– Strafe ich unerwünschtes Verhalten und nicht mir unangenehme Eigenschaften der Betroffenen?	☐	☐
– Gibt es meinerseits keine Überreaktionen, und lasse ich mich nicht provozieren (spiele ich Provokationen herunter)?	☐	☐
– Gebe ich in komplexen oder mir unvertrauten Fällen den Betroffenen Gelegenheiten, sich über das Fehlverhalten auszusprechen?	☐	☐
– Setze ich dort, wo es sinnvoll ist, auch Methoden der Konfliktlösung ein?	☐	☐
– Versuche ich, alle Probleme möglichst selbst und ohne Beizug der Klassenlehrperson oder der Schulleitung zu lösen?	☐	☐

Fortsetzung Seite 548

Checklist 21: (Fortsetzung)

	ja	nein
4. Aggressionen und Gewalt		
– Greife ich bei ersten Erscheinungen von Aggressionen und Gewalt unmissverständlich ein?	☐	☐
– Reflektiere ich über die Ursache der Aggression oder der Gewalttätigkeit, und bin ich sicher, dass dafür nicht auch schulische Ursachen mitverantwortlich sein können, die ich sofort korrigieren muss?	☐	☐
– Versuche ich die Sinnperspektive einer Aggression oder von Gewalttätigkeiten zu erfassen, um nach sinnvollen Massnahmen zu suchen?	☐	☐
– Wenn ich mich für eine Massnahme entschieden habe: Denke ich auch an die Wiedergutmachung und an eine aufbauende, Vertrauen schaffende Perspektive bei den weiteren Begegnungen mit dem Schüler oder der Schülerin?	☐	☐
– Trage ich zu einer einheitlichen Linie im Umgang mit Gewalt und Aggressionen im Schulhaus bei?	☐	☐

Beobachtungsschema 18: Unaufmerksamkeit/Fehlverhalten	Name der oder des Lernenden												
	Zeitabschnitte[1]	1	2	3	1	2	3	1	2	3	1	2	3
Unaufmerksamkeit der Lernenden	Schaut sich um/Schaut aus dem Fenster												
	Starrt vor sich hin/Starrt in den Raum												
	Döst vor sich hin, schläft												
	Spielt mit einem Gegenstand												
	Arbeitet an etwas anderem												
	Liest etwas												
	Unterhält sich mit Schüler												
	Fragt Schülerin um Hilfe												
	Schaut auf die Uhr												
Fehlverhalten der Lernenden	Macht unnötigen Lärm												
	Macht übertriebene Gesten												
	Stösst, zerrt andere												
	Lässt Gegenstände zirkulieren												
	Macht Zwischenbemerkungen (nicht sachbezogen)												
	Lacht ohne Grund												
	Befolgt Anweisungen des Lehrers nicht												
	Kritisiert Anweisungen der Lehrerin												
	Wirft Gegenstände herum												
	Läuft herum												
	Macht provokative Bemerkungen												
Reaktionen der Lehrkraft	Übersieht bewusst												
	Reagiert nicht verbal (Blick, Geste, Annähern)												
	Fordert namentlich Aufmerksamkeit/Ruhe												
	Warnt sachlich												
	Droht												
	Tadelt, missbilligt (sachlich)												
	Fragt zielstrebig nach Urheber												
	Fragt rhetorisch												
	Kritisiert Schüler persönlich												
	Kommentiert Vorfall												
	Straft												
	Appelliert an Vernunft/Gewissen												

[1] Werden die Ergebnisse für die verschiedenen Zeitabschnitte einer Unterrichtseinheit erfasst, lassen sich allenfalls auch Schlüsse über die Motivation der Schüler, über den Erfolg der Darbietung oder über sachliche Schwierigkeiten des Lehrers ableiten.

Kapitel 16
Hausaufgaben

1 Alltagsfragen

Im Schulalltag wird immer wieder darüber gestritten, ob Hausaufgaben sinnvoll sind oder nicht. Die üblichen Argumente lassen sich folgendermassen zusammenfassen:

(1) Hausaufgaben als ausserschulische Arbeit verlängern die Lernzeit, was sich positiv auf den Lernerfolg auswirkt. Dagegen wird eingewendet, es handle sich um ein unkontrolliertes Lernen, bei dem sich Fehler einschleichen, so dass der Lernerfolg auch negativ beeinflusst werde. Ausserdem werde der Schulalltag unangemessen verlängert, was demotivierend wirke und sich ebenfalls gegen den Lernerfolg richte.

(2) Hausaufgaben erhöhen die Lerndisziplin, die Initiative und die Verantwortung der Lernenden, weil sie ihre Arbeit selbst planen und allein ausführen müssen. Als Gegenargument wird angeführt, dass sich diese Ziele nicht erreichen liessen, weil viele Hausaufgaben eine sinnlose, gesteuerte Beschäftigung darstellten, bei der diese Eigenschaften der Schüler nicht gefördert würden.

(3) Mit Hausaufgaben lässt sich das individuelle Lernen der Schüler und Schülerinnen fördern und verstärken, so dass sich neben dem besseren Lernerfolg auch eine grössere Zufriedenheit einstellen muss. Nach Meinung der Gegner trifft dies nicht zu, weil Aufgaben zu wenig genau ausgewertet würden und damit diese verstärkende Wirkung nicht hätten.

(4) Mit sinnvollen Hausaufgaben lassen sich die Lernziele der immer umfangreicheren Lehrpläne rascher erreichen. Dagegen wird der Vorwurf erhoben, die Schule wälze immer mehr Aufgaben an das Elternhaus ab. Dadurch würden zugleich mehr Ungerechtigkeiten geschaffen, weil weniger gebildete Eltern ihren Kindern nicht helfen können, was besonders tragisch sei, weil das Lehrerurteil durch die Art und Weise, wie die Schüler und Schülerinnen ihre Hausaufgaben machen, stark geprägt werde.

(5) Hausaufgaben bringen Schule und Elternhaus näher zusammen, weil die Eltern genauer verfolgen können, was im Unterricht geschieht. Gegner der Hausaufgaben sprechen von einer künstlichen und oberflächlichen Zusammenarbeit, die sich sogar negativ entwickeln könne, wenn die Eltern die Aufgaben ihrer Kinder nicht mehr verstünden und die Geduld verlören. Oft seien Hausaufgaben sogar die Ursachen von Familienstreitigkeiten.

2 Erkenntnisse aus der Forschung

Zum Problem der Hausaufgaben liegen mehrere hundert Untersuchungen vor, die zum Teil sehr widersprüchlich sind. Um trotz den Widersprüchen Erkenntnisse für die Alltagspraxis abzuleiten, sind die folgenden Aspekte zu beachten: Ganz generell ist zwischen Befragungen und Bestandesaufnahmen sowie experimentellen Untersuchungen zu unterscheiden. Bei den Befragungen und Bestandesaufnahmen ist zu beachten, ob die gewonnenen Daten nur interpretiert, oder ob sie zu Ratschlägen weiter entwickelt wurden, die eher nur programmatischen Charakter haben. Dadurch lassen sich viele resultierende Widersprüche erklären. Bei den experimentellen Untersuchungen sind die Rahmenbedingungen zu beachten. Wurden im Experiment die Hausaufgaben in alltäglicher Form eher zufällig erteilt, so ergeben sich andere Erkenntnisse, als wenn die Hausaufgaben systematisch und vielfältig geplant wurden. Wenn zudem bei Experimenten die Vergleichbarkeit der Experimental- und der Kontrollgruppe nicht kontrolliert wurde, können sich allein dadurch unterschiedliche Erkenntnisse ergeben. Wenn beispielsweise eine Gruppe aus Schülerinnen und Schülern aus bildungsreicherem Milieu mit unterstützenden Eltern bestand, und die andere Gruppe nur Unterschichtkinder umfasste, so entstehen andere Ergebnisse, als wenn die Schülerzusammensetzung in beiden Gruppen gleich ist. So stellen denn auch Cooper et al. (2006) in ihrer Sammelstudie fest, dass viele Untersuchungen im Bereich der Hausaufgaben methodische Mängel haben.
Angesichts dieser Problemlage wird hier versucht, aufgrund von zusammenfassenden Studien und von Metaanalysen zu einigen Erkenntnissen zu gelangen, welche generalisiert werden dürfen (Friesen 1979, Ziegler 1986, Cooper 1994, Cooper et al. 2006, Trautwein 2007):

(1) Befragungen und Bestandesaufnahmen zeigen, dass Personen und Eltern Hausaufgaben stark befürworten, und dass die Schülerinnen und Schüler aller Schulstufen den Eindruck haben, Hausaufgaben seien nötig, um bessere Noten zu erreichen. Diese Vorstellungen blieben über Jahrzehnte konstant. Lehrkräfte unterschätzen im Allgemeinen den Zeitbedarf, den die Lernenden zum Lösen der Hausaufgaben benötigen. Beim Erteilen der Hausaufgaben nehmen sie selten Rücksicht auf die individuellen Unterschiede bei den Schülern, und die Hausaufgaben umfassen meistens Lektüre und drillmässige Aufgaben. Besprochen und beurteilt werden Hausaufgaben nur von etwa einem Drittel der Lehrpersonen, obschon die positiven Wirkungen von Feedback allgemein bekannt sind. Auch bestimmen die Lehrer die Hausaufgaben meistens allein, während die Schüler mitsprechen möchten. Die Lernenden schätzen gute Erläuterungen und ziehen anspruchsvollere den blossen Routineaufgaben vor. Schliesslich konnte festgestellt werden, dass zwischen wissenschaftlichen Empfehlungen zu zweckmässigen Hausaufgaben und alltäglicher Aufgabenpraxis eine grosse Diskrepanz besteht.

(2) Obschon die Ergebnisse der einzelnen Untersuchungen über die Auswirkungen von Hausaufgaben auf den Lernerfolg und die Schulleistungen immer noch widersprüchlich sind, zeichnet sich aber eine deutliche Tendenz ab: Es besteht ein positiver Zusammenhang zwischen Hausaufgaben und Lernerfolg sowie Leistungsergebnis. Allerdings scheinen Hausaufgaben auf höheren Schulstufen (7.–12. Schuljahr) etwas wirksamer zu sein als auf der Volksschulstufe. Bezüglich Wirksamkeit der Hausaufga-

ben in verschiedenen Fächern konnten keine Unterschiede festgestellt werden. Auch scheint die Zeit, welche die Lernenden für ihre Hausaufgaben aufwenden, keinen wesentlichen Einfluss auf den Lernerfolg zu haben.

(3) Bedeutsam sind die Erkenntnisse über die Rolle der Eltern bei den Hausaufgaben. Hoover-Dempsey et al. (2001) ermittelten die folgenden Formen von Mitwirkung der Eltern: Sicherstellen guter Arbeitsvoraussetzungen für die Kinder und Jugendlichen, Kontakte mit der Lehrperson über die Hausaufgaben, generelle Überwachung der Tätigkeiten beim Bearbeiten der Hausaufgaben und Ermutigung der Lernenden sowie aktives Anleiten und Unterstützen, Hilfestellung bei den Prozessen der Aufgabenbearbeitung und den Lernenden zeigen, wie bestimmte in den Aufgaben enthaltene Fertigkeiten und Fähigkeiten den Lernerfolg erhöhen. Die bisherigen Forschungsergebnisse dazu sind gemischt. Offensichtlich spielen die Vorstellungen der Eltern über das Potenzial ihrer Kinder eine wichtige Rolle. Je negativer sie sind, umso negativer können sich vor allem unterrichtende Massnahmen bei den Hausaufgaben auswirken (Ungeduld infolge nicht erwarteter Leistungen). Eher positiv wirkt sich die Mitwirkung der Eltern aus, wenn sie gute Voraussetzungen für die Hausaufgabenerledigung schaffen, sich also auf die ersten vier oben erwähnten Formen der Mitwirkung konzentrieren, um die Selbständigkeit und Selbstkontrolle zu stärken. Auf die direkte Unterrichtung sollte eher verzichtet werden (Pomerantz, Moorman et al. 2007).

(4) Fasst man die Empfehlungen zusammen, welche die Forscher zur Gestaltung der Hausaufgaben vorschlagen, so ergeben sich die folgenden Trends (siehe auch Gage & Berliner 1998).

- Hausaufgaben sollen erteilt werden, weil sie, sofern sie zweckmässig aufgetragen werden, die Lernleistungen in vielen Fällen positiv beeinflussen können.
- Sie sollen auf dem erteilten Unterricht beruhen und nicht in erster Linie der Erarbeitung von Neuem dienen.
- Die Schülerinnen und Schüler sollen sich für die Hausaufgaben verantwortlich fühlen. Bis sie diese Selbstverantwortung übernommen haben, bedarf es einer angemessenen Kontrolle durch die Lehrperson.
- Hausaufgaben sollen nur in Ausnahmefällen (z.B. langfristige kreative Hausaufgaben) benotet werden. Hingegen sollen sie ausführlich besprochen werden, und eine metakognitive Reflexion sollte bei interessanten Hausaufgaben möglichst häufig erfolgen.
- Hausaufgaben sollten auch individualisiert werden.
- Die Eltern sollten über die Hausaufgaben und ihre unterstützende (nicht belehrende) Rolle durch den Klassenlehrer oder die Klassenlehrerin mit einer gewissen Regelmässigkeit informiert werden.
- In Klassen mit Konzentrations- und Arbeitsproblemen sollte gegen Ende einzelner Lektionen etwas Zeit eingeräumt werden, damit die Lernenden mit den Hausaufgaben noch in der Schule beginnen können, und die Lehrperson unterstützend und korrigierend bei denjenigen Schülerinnen und Schülern eingreifen kann, welche mit den Hausaufgaben Schwierigkeiten bekunden.

3 Praktische Hinweise zu den Hausaufgaben

3.1 Grundsätze

Abbildung 16.1 zeigt eine Zusammenstellung von sinnvollen und ungeeigneten Einsätzen von Hausaufgaben (siehe auch Hall et al. 2007).
Die Lernwirksamkeit von Hausaufgaben erhöht sich, wenn sie in Abstimmung mit dem Unterricht zielgerichtet und nicht nur routinemässig erteilt werden (z.B. «Lest bitte auf die nächste Lektion im Lehrbuch nach, was wir heute behandelt haben.»). Zudem sollten für verschiedene Ziele andersartige Aufgaben erteilt werden. Abbildung 16.2 gibt eine Übersicht über verschiedene Typen von Aufgaben.
Wenn die Hausaufgaben geplant werden, sollten immer zwei Fragen überlegt werden:
- Welchem Ziel sollen die Hausaufgaben dienen (was soll konkret gelernt werden)?
- Welcher Typ von Hausaufgaben ist für die vorgesehene Zielsetzung am besten geeignet?

3.2 Typen von Hausaufgaben

3.2.1 Übungs-/Anwendungsaufgaben

Übungs- und Anwendungsaufgaben herrschen in der Alltagspraxis vor. Typische Beispiele dafür sind:
- «Löst auf die nächste Stunde die Aufgaben 1–6 im Lehrbuch.»
- «Stellt die Statistik über die Temperaturentwicklung der letzten fünf Monate in grafischer Form dar.»
- «Beantwortet, nachdem ihr im Lehrbuch die Seiten 113–120 verarbeitet habt, die folgenden fünf Fragen…»

Je grundlegender Fertigkeiten und je regelmässiger erarbeitetes Wissen benötigt werden, desto wichtiger sind solche Übungs- und Anwendungsaufgaben. Die Bedeutung der Automatisierung von Grundfertigkeiten, die nur über viele Übungsbeispiele, die anfänglich keine grossen inhaltlichen Variationen haben sollen, erreicht wird, kann nicht genügend betont werden. Das gleiche gilt für Hausaufgaben zur Festigung von Begriffen anhand von Beispielen und Nicht-Beispielen sowie mit Hilfe von Interpre-

Abbildung 16.1 **Sinnvoller und ungeeigneter Einsatz von Hausaufgaben**

Sinnvoller Einsatz von Hausaufgaben	Ungeeigneter Einsatz von Hausaufgaben
– Schaffen von zusätzlichen Lerngelegenheiten – Erfahrungen aus dem Elternhaus einbringen und Materialien im Elternhaus und in der eigenen Umgebung sammeln – Fertigkeiten einüben – Lernerkenntnisse zusammenfassen – Neugier anregen und befriedigen – Individuelle Lernbedürfnisse befriedigen – Gedankenaustausch mit den Eltern anregen	– Strafaufgaben – Selbständiges Erarbeiten völlig neuer Lerngebiete – Ersatz für Unterricht (wenn beispielsweise die Unterrichtszeit nicht ausreicht) – Einüben von Fertigkeiten und Fähigkeiten, in welche im Unterricht nicht eingeführt wurden – Ziellose Aufgaben, aus denen nicht klar ersichtlich ist, weshalb etwas zu lernen ist

Abbildung 16.2 **Typen von Hausaufgaben**

Aufgabentyp	Charakterisierung
Übungs-/ Anwendungshausaufgaben	Diese Aufgaben sollen den Schülern helfen – erlernte Fertigkeiten zu festigen und zu automatisieren – sowie erarbeitetes Grundlagenwissen erkennend und herstellend anzuwenden. Solche Hausaufgaben sollen sich ausschliesslich auf im Unterricht behandelte Lerninhalte beschränken.
Vorbereitungshausaufgaben	Diese Aufgaben werden zur Vorbereitung von neuen Lerngegenständen, die in künftigen Lektionen behandelt werden, erteilt. Ihr Zweck ist es, – für Neues zu motivieren, – bisher Behandeltes, das für das Neue vorausgesetzt werden muss, zu repetieren, – gewisse Vorarbeiten für das Neue zu leisten, die ohne Hilfe des Lehrers möglich sind und den späteren Unterrichtsablauf erleichtern. Ihr Ziel ist es, die Wirksamkeit künftiger Lektionen zu verbessern.
Ausweitende Hausaufgaben (Transfer)	Diese Aufgaben werden erteilt, um den Schülern Gelegenheit – zur Verknüpfung von Begriffen und Generalisierungen sowie – zur Anwendung von erarbeiteten Fertigkeiten und Kenntnissen in neuen Situationen zu geben. Sie dienen also dem Transfer und verlangen abstraktere und umfassendere Denkleistungen als Übungs-/Anwendungsaufgaben.
Kreative Hausaufgaben	Diese Aufgaben verlangen von den Schülern – die Integration von vielen Fertigkeiten und Begriffen – um etwas Neues zu schaffen. Sie erfordern deshalb meistens viel mehr Bearbeitungszeit als die anderen drei Typen.

tationsaufgaben, bei denen ein Text oder eine Statistik im Hinblick auf bestimmte Begriffe bearbeitet werden. Allerdings hat dieser Typ von Hausaufgaben zwei wesentliche Nachteile: Einerseits wird bei ihm häufig abgeschrieben, und andererseits kann er zu einem Formalismus führen, der vom Wesentlichen ablenkt, so dass die Schüler sehr viel unproduktive Arbeit leisten (z.B. Titel in Zierschriften, überflüssiges Verwenden von Farbstiften). Mit formativen Tests lässt sich dem entgegenwirken, denn wenn die Schüler wissen, dass ihr Wissen und Können überprüft wird, lösen sie die Aufgaben eher selbst und konzentrieren sich auf das Wesentliche. Die Wirkung wird zudem erhöht, wenn weitere Hausaufgaben auf die ausgewiesenen Leistungen abgestimmt werden (diagnostische und therapeutische Funktion des formativen Tests und der darauf abgestimmten Hausaufgaben). Da Schüler ohne Feedback weniger lernen (und die Hausaufgaben weniger ernst nehmen) und über Hausaufgaben oft Unrichtiges gelernt wird, kommt deren Kontrolle grosse Bedeutung zu, die allerdings – vor allem auf höheren Schulstufen – nicht zu kleinlich sein darf. Vertretbar sind folgende Möglichkeiten:

- Mit den Hausaufgaben wird bereits gegen Ende einer Lektion begonnen, damit der Lehrer Fragen beantworten kann und Lösungen der ersten Aufgaben unter den Schülern verglichen werden können.
- In der folgenden Stunde werden alle Ergebnisse verglichen und Fragen beantwortet, wobei der Lehrer Stichproben in Bezug auf die Aufgabenerfüllung durchführt.
- Wird ein formativer Test durchgeführt, so genügt die Bekanntgabe der Resultate der einzelnen Hausaufgaben. Eine Kontrolle erübrigt sich, weil der formative Test die Informationen über die Art, wie die Hausaufgaben erfüllt wurden, erbringt. Für ältere Schüler scheint uns diese Lösung mit formativen Tests die geeignete zu sein.

3.2.2 Vorbereitungshausaufgaben

Die zweite Gruppe von Hausaufgaben sind die Vorbereitungsaufgaben; sie können folgendermassen lauten:
- «In der nächsten Stunde behandeln wir die Probleme des wirtschaftlichen Wachstums. Notiert zur Vorbereitung fünf Argumente für und fünf Argumente gegen weiteres Wirtschaftswachstum.»
- «In einer Woche beginnen wir mit dem Kapitel Beurteilung von Unternehmungen. Dabei benötigen wir die Kennziffern, die ihr im Buch auf den Seiten 47–63 repetieren müsst.»
- «Damit wir in der nächsten Stunde diskutieren können, bitte ich euch, den Zeitungsartikel, den ich austeile, zu lesen. Sucht zugleich nach den Widersprüchen in diesem Artikel.»

Vorbereitungshausaufgaben werden von den Schülerinnen und Schülern häufig nicht ausgeführt, weil Lehrer bei ihrer Erteilung drei Fehler machen:
- Die Aufgabe wird nicht klar erteilt, indem den Lernenden nicht bekanntgemacht wird, warum die Aufgabe aufgetragen ist.
- Die Schüler erkennen in der Lektion, auf welche die Vorbereitung zu treffen war, die Anwendung und Auswertung nicht. Deshalb sollte in der betreffenden Lektion an geeigneter Stelle klar Bezug auf die Vorbereitungshausaufgaben genommen werden.
- Die Inhalte der Vorbereitungshausaufgaben werden im Unterricht in der gleichen Form behandelt werden; daher sehen die Lernenden deren Sinn nicht ein und verzichten in Zukunft auf deren Bearbeitung.

3.2.3 Ausweitende Hausaufgaben

Ausweitende Hausaufgaben können folgendermassen erteilt werden:
- «Heute haben wir den Werkvertrag behandelt. Erarbeitet auf die nächste Stunde möglichst viele Kriterien zur Unterscheidung des Werkvertrags vom Kaufvertrag, den wir vor einem halben Jahr behandelt haben.»
- «Nachdem wir die Unternehmungsstandorte besprochen haben, beschreibe ich euch die Situation einer Unternehmung, die einen neuen Standort sucht: ... Mögliche Standorte sind A, B, C und D mit den folgenden Eigenschaften: ... Entscheidet mit einer guten Begründung über den besten Standort.»

Da bei ausweitenden Hausaufgaben die Denkprozesse der Schülerinnen und Schüler wesentlich sind, sollte die schriftliche Form verlangt und Wert auf gute Problemlösestrategien gelegt werden. In mündlicher Form sind solche Hausaufgaben nicht sinnvoll, weil die Schüler bei der Auswertung Antworten oft – ohne die Hausaufgabe gemacht zu haben – spontan geben.
Dieser Hausaufgabentyp ist anspruchsvoll und betrifft oft Aufgaben, die mehrere Lösungen haben können. Deshalb wird es für Lehrpersonen schwierig, den Lernenden jederzeit einen zielgerichteten Feedback zu geben. Denkbar sind folgende Möglichkeiten:

- Die Lehrperson korrigiert alle Hausaufgaben, was allerdings sehr zeitaufwändig ist.
- Bei Aufgaben mit mehreren Lösungen präsentiert sie ihre Lösung und diskutiert sie mit den Schülern. Dabei fordert sie sie auf, ihre eigenen, andersartigen Lösungen zu präsentieren und bespricht Unterschiede.
- Die Lehrperson entwirft eine Kriterienliste (allenfalls eine Matrixdarstellung), die sie auf dem Hellraumprojektor projiziert, damit die Lernenden individuell kontrollieren können, ob sie bei ihrer Lösung alle Elemente berücksichtigt haben.
- Die Schülerinnen und Schüler entwerfen ihre Lösung auf einer Hellraumprojektorfolie. Bei der Auswertung wird jemand aufgerufen, seine Lösung zu präsentieren. Aufgrund dieser Lösung erfolgt die Auswertung und Diskussion. Dieses Verfahren dient zugleich als Unterricht in Arbeitstechnik, weil die Lernenden dabei Präsentationstechniken anwenden müssen.

3.2.4 Kreative Hausaufgaben

Kreative Hausaufgaben, die meistens mehr Bearbeitungszeit erfordern und eher am Ende eines Lernabschnitts aufgetragen werden sollten, können beispielsweise wie folgt lauten:

- «Nachdem wir die Vor- und die Nachteile eines allfälligen Beitritts der Schweiz zur EU besprochen haben, müsst ihr eure eigene Meinung vertreten können. Tut dies, indem ihr einen Leserbrief im Umfang von 1500 Zeichen entwerft, der eure Meinung möglichst überzeugend zur Darstellung bringt.»
- «Zum Abschluss des Abschnitts ‹Mängel beim Vertragsabschluss› sollt ihr selbst einen Rechtsfall entwerfen, bei dem es schwierig ist, zwischen Grundlagenirrtum und absichtlicher Täuschung zu unterscheiden.»
- «Die Komplexität der Bodenrechtsfrage ist nun deutlich geworden. Um zu erkennen, wie schwer es der Gesetzgeber hat, bitte ich euch, selbst einen Text für einen Verfassungsartikel zu entwerfen, welcher der eigenen Meinung am besten entspricht, und der bei einer Volksabstimmung eine reale Chance hätte, angenommen zu werden.»

Kreative Aufgaben sind nur in schriftlicher Form sinnvoll. Sobald der Arbeitsaufwand der Schüler dafür grösser ist, sollten sie von der Lehrperson korrigiert und benotet werden, wobei den Lernenden die Bedingungen für die Benotung im Voraus bekanntzugeben sind. Die Benotung solcher Aufgaben hat zwei Vorteile: Einerseits geben sich die Lernenden mehr Mühe, und andererseits lässt sich auf diese Weise die Notenbasis verbreitern, womit nicht mehr nur Klausuren über den Schulerfolg entscheiden.
Kreative Hausaufgaben können auch als Gruppenarbeiten erteilt werden.

3.3 Weitere Aspekte der Hausaufgaben

Zur Ausgestaltung der Hausaufgabenpraxis lassen sich folgende Ratschläge anführen:

- Wenn eine Klasse neu übernommen wird, sollte mit ihr Sinn und Zweck der Hausaufgaben besprochen und Regeln über die gewünschte Form der Lösungen, Kontrolle und Berücksichtigung für die Notengebung festgelegt werden. Auch sollen die Hausaufgabentypen und deren Sinn für das Lernen erklärt werden.
- Für Hausaufgaben sollten Hefte oder Ringordner geführt werden, damit die Lernenden später auch die Hausaufgaben zur Repetition verwenden können. Anfänglich sollten die Aufgabenhefte häufig kontrolliert werden, damit deutlich wird, dass die Lehrperson den Unterlagen die nötige Beachtung schenkt. Später sollte die Kontrolle jedoch auf regelmässige Stichproben beschränkt werden. Eine Benotung der Aufgabenheftführung ist wenig sinnvoll.
- Noten sind angesichts des Zeit- und Arbeitsaufwandes nur für anspruchsvolle kreative Hausaufgaben sinnvoll. Im Übrigen sollten – um den Druck zu vermindern – Hausaufgaben nicht benotet werden.
- Hausaufgaben sollten immer in formell zweckmässiger Form aufgetragen werden, wobei unter verschiedenen möglichen Formen abgewechselt werden kann:
  - Schriftliche Lösungen in das Aufgabenheft, insbesondere wenn auf abschliessende Arbeit Wert gelegt wird;
  - Notizen auf ein Blatt Papier, insbesonders bei Vorbereitungsaufgaben (Lektüre; Probleme; Aufgaben, die im späteren Unterricht diskutiert werden);
  - Hellraumprojektorfolien für Aufgaben, die üblicherweise nur mündlich aufgetragen werden, und die sich für eine schematische Darstellung eignen.
- Mündliche Repetitionen im Sinne des Abfragens einzelner Schülerinnen und Schüler (allenfalls mit Benotung) sind eher zu unterlassen, da die Erfahrung lehrt, dass die Lernenden häufig spekulieren, ob sie aufgerufen werden oder nicht, wodurch lediglich die Schulangst steigt. Zudem neigen die Lernenden unter diesen Voraussetzungen zu sinnlosem Auswendiglernen, um geläufig «berichten» zu können. Mit Zwischenfragen des Lehrers kann dem zwar entgegengewirkt werden; die Abfragekontrolle ist aber dennoch für die Klasse als Ganzes nicht sehr wertvoll, weil – wenn die Spannung durch die Auswahl eines Schülers für die Repetition gewichen ist – die übrigen Schüler kaum mehr mithören. Wirksamer sind gute schriftliche Hausaufgaben, die in entspannter Situation mit der ganzen Klasse besprochen werden.
- Vor allem bei Übungs-/Anwendungs- und gelegentlich bei ausweitenden Hausaufgaben empfiehlt es sich, viele Aufgaben vorzulegen, aus denen die Lernenden eine bestimmte Anzahl, die zu erfüllen ist, auswählen können. Im Allgemeinen neigen sie dazu, mehr als das Minimum zu leisten und eher die anspruchsvolleren Aufgaben zu wählen.
- Bei anspruchsvolleren Übungs-/Anwendungsaufgaben sollten die Schlussergebnisse (für jede zweite Aufgabe, also zum Beispiel für alle geraden oder unge-

raden Aufgaben-Nummern einer Übungsreihe) vorgegeben werden, damit die Lernenden unmittelbaren Feedback erhalten. Im Falle von erkannten Fehlern wird anschliessend intensiver an deren Verbesserung gearbeitet.

- Aufgaben an Gruppen können bei ausweitenden und kreativen Hausaufgaben sehr sinnvoll sein. Für Übungs-/Anwendungshausaufgaben sind Gruppenaufgaben ungeeignet, weil hier Fertigkeiten und Fähigkeiten erlernt werden, die für jeden Schüler und jede Schülerin als Voraussetzung für weiteres Lernen individuell wichtig sind. Je nach Ziel eignen sich Vorbereitungshausaufgaben als Einzel- und Gruppenaufgaben (z.B. bei der Vorbereitung anhand von Literatur ist die Einzelarbeit sinnvoll, bei der Sammlung und Interpretation von Texten zu einer wirtschaftspolitischen Kontroverse ist die Gruppenarbeit sinnvoller).

- Hausaufgaben sollten stärker individualisiert werden, wozu folgende Möglichkeiten bestehen:
  - Differenzierung im Anschluss an formative Tests: Lernende mit schlechteren Leistungen erhalten vermehrt Übungs-/Anwendungshausaufgaben und solche mit guten Ergebnissen eher kreative Hausaufgaben. Allerdings kann diese Form der Differenzierung nicht regelmässig gehandhabt werden, weil die schwächeren Schülerinnen und Schüler sonst laufend entmutigt werden.
  - Eine Variante dazu eröffnet sich über die bereits besprochene Form von Hausaufgaben zur Auswahl.
  - Schliesslich lassen sich Hausaufgaben auch inhaltlich individualisieren, indem zwar gleiche Fähigkeiten und Fertigkeiten geübt, die Inhalte oder die sprachliche Umschreibung aber dem Erfahrungsschatz oder den sprachlichen Voraussetzungen der Schüler angepasst werden.

- Übungs-/Anwendungshausaufgaben sollten regelmässig und auf kurze Fristen aufgetragen werden, um ein verteiltes Lernen sicherzustellen und um bessere Voraussetzungen für die folgenden Lernabschnitte zu schaffen. Die Fristigkeit der übrigen Hausaufgaben hängt vom Umfang der Aufgabenstellung ab. Bei längerfristigen ausweitenden und kreativen Hausaufgaben sollten Zwischenbesprechungen eingeschaltet werden (Fragen, Rapporte), damit die Aufgaben nicht laufend hinausgeschoben werden.

- Schülerinnen und Schüler, welche die Hausaufgaben gelegentlich nicht machen, sollten nicht bestraft werden (zusätzliche Aufgaben, Nachsitzen, Abrunden im nächsten Zeugnis usw.). Vielmehr ist ihnen eine Nachfrist zu setzen, die mit einer sorgfältigen Kontrolle der nachgelieferten Hausaufgaben verbunden ist. Meistens lösen sich dann die Probleme von selbst.

- Von Vorteil ist es, die Aufgaben so zu erteilen, dass mit der Aufgabenstellung zugleich Hinweise auf die Arbeitsgestaltung gegeben werden. Beispiele:
  - Lektüre mit konkreter Aufgabenstellung;
  - Aufgaben, Probleme und Fälle mit der Auflage, Problemlösetechniken zu verwenden;
  - längerfristige Aufgaben mit der Auflage, einen Zeitplan zu erstellen und ihn mit dem Lehrer zu besprechen;
  - Stellungnahmen zu Problemen oder Aufsätze, für die zunächst nur die Disposition vorzulegen ist.

4 Checklist und Beobachtungsschema zu den Hausaufgaben

Checklist 22 dient den Lehrpersonen zur Überprüfung der eigenen Hausaufgabenpraxis. Mit dem **Beobachtungsschema 19** können sie ihre Schülerinnen und Schüler über ihre Hausaufgabenpraxis befragen.

Checklist 22: Hausaufgaben

		ja	nein
1.	Plane ich meine Hausaufgaben systematisch, indem ich sie auf den Unterricht abstimme?	☐	☐
2.	Wissen meine Schülerinnen und Schüler jeweils, warum ich bestimmte Hausaufgaben erteile?	☐	☐
3.	Erteile ich die Hausaufgaben nicht nur routinemässig, sondern unterscheide ich zielgerichtet die vier Typen von Hausaufgaben?	☐	☐
4.	Erteile ich in überlegter Weise kurzfristige Hausaufgaben (auf die nächste Lektion) und längerfristige Aufgaben (beispielsweise für einen Monat, oder Ende des Schulquartals)?	☐	☐
5.	Erteile ich die Hausaufgaben zielgerichtet als Einzel- und als Gruppenarbeit?	☐	☐
6.	Versuche ich immer wieder, die Aufgaben zu individualisieren?	☐	☐
7.	Sind meine formalen Anweisungen für die Bearbeitung der Hausaufgaben genügend (Heftführung usw.)?	☐	☐
8.	Vernachlässige ich Übungs- und Anwendungsaufgaben nicht, wenn ich Grundfertigkeiten und Grundfähigkeiten fördern will?	☐	☐
9.	Kontrolliere ich die Hausaufgaben in angemessener Form, und lasse ich sie bei Verzögerungen und schlechter Präsentation auf die nächste Lektion in Ordnung bringen?	☐	☐
10.	Werte ich die Erkenntnisse aus den Hausaufgaben mit den Schülerinnen und Schülern aus, um die Lernwirksamkeit zu erhöhen?	☐	☐
11.	Schätze ich den Zeitbedarf für die Aufgaben richtig ein?	☐	☐
12.	Bespreche ich an Elternabenden (Besuchstagen) meine «Aufgabenpolitik» mit den Eltern, und gebe ich ihnen Tipps für die elterliche Unterstützung der Kinder und Jugendlichen für die Erledigung der Hausaufgaben?	☐	☐

Beobachtungsschema 19 für Lernende: Hausaufgaben

Beurteile die Aufgabenpraxis deines Lehrers oder deiner Lehrerin	sehr				wenig zutreffend
1. Wir erhalten Hausaufgaben, die auf den Unterricht abgestimmt sind.	1	2	3	4	5
2. Wir erhalten verschiedenartige Hausaufgaben.	1	2	3	4	5
3. Die Hausaufgaben-Einteilung erfolgt klar und unmissverständlich.	1	2	3	4	5
4. Die Aufgaben sind anregend und interessant.	1	2	3	4	5
5. Für mich sind die Hausaufgaben nützlich, weil ich etwas lerne.	1	2	3	4	5
6. Die Hausaufgaben werden überwacht und ausgewertet.	1	2	3	4	5
7. Die Hausaufgaben sind zeitlich angemessen.	1	2	3	4	5

Kapitel 17
Die Vorstellung über die erfolgreiche Lehrperson

Anstelle einer Zusammenfassung werden abschliessend dargestellt, von welchem Lehrerbild in diesem Buch ausgegangen wird (Abbildung 17.1) und eine Checklist zur regelmässigen Reflexion der eigenen Tätigkeit als Lehrer oder Lehrerin vorgelegt (Abbildung 17.2).
Aufbauend auf diesem Lehrerbild und den Erkenntnissen der einzelnen Kapitel dieses Buches wird in Abbildung 17.2 eine Kriterienliste über anzustrebendes Lehrerverhalten zusammengestellt, welche zur Selbstreflexion anregen will.

Abbildung 17.1 **Lehrerbild, das diesem Buch zugrunde liegt**

1. Die Lehrperson als Lehr-Lern-Spezialistin

Sie verfügt über

- die für den Unterricht notwendige **Fachkompetenz,**
- die Kompetenz, situationsgerecht zu **lehren**, zum **Lernen anzuleiten** und **lernberatend** zu wirken,
- **diagnostische Fähigkeit,** um Eigenarten, Stärken und Schwächen der Schülerinnen und Schüler zu erkennen und sie unter Beachtung der Metakognition aufgrund ihrer Lernergebnisse so weit als möglich auch individuell zu fördern,
- eine positive Einstellung zu sinnvollen, begründbaren **Lernleistungsforderungen,** indem sie sowohl an sich selbst als auch an die Schülerinnen und Schüler immer wieder hohe Anforderungen stellt,
- die theoretischen Voraussetzungen, um einen **Unterricht** mit einem **breiten Repertoire führen** zu können, welcher die Merkmale einer persönlich geprägten Kunst hat.

2. Die Lehrperson als vertrauenswürdige und unterstützende Persönlichkeit

Sie tritt bei den Schülerinnen und Schülern in für sie erkennbarer Weise als sich um sie sorgende Person auf, der das **Caring** ein ehrliches Anliegen ist, indem sie sich darum bemüht,

- sich für ihre Schülerinnen und Schüler zu **interessieren** und sich um sie zu **kümmern,**
- individuelle Lernschwierigkeiten zu erkennen und betroffenen Schülerinnen und Schülern **lernunterstützend** beiseite zu stehen.
- bei persönlichen Problemen als **unaufdringlicher Gesprächspartner** zur Verfügung zu stehen.

3. Die Lehrperson als Erzieherin

Sie übernimmt auch einen immer wichtiger werdenden **Erziehungsauftrag,** indem sie

- **Wertfragen** aller Art gezielt in ihren Unterricht einbringt,
- zu den **eigenen Wertvorstellungen steht,** sie immer wieder **reflektiert** und sie **vorlebt,** ohne jedoch dogmatisch zu sein,
- mit **Regeln** vernünftige Grenzen für das Verhalten der Schülerinnen und Schüler setzt und diese **durchsetzt,** sie aber auch revidiert, wenn sich die Verhältnisse grundlegend verändern.

4. Die Lehrperson als Einzelkämpferin und als Teamarbeiterin

Weil Unterrichten eine Kunst ist, die von denjenigen besser beherrscht wird, welche auch theoretische Kenntnisse haben, ist die **Lehrfreiheit** die wichtigste Voraussetzung für die Unterrichtstätigkeit, denn eine Kunst kann sich nur in Freiheit voll entfalten. Deshalb bleibt die Lehrperson

- im Unterricht weiterhin eine **Einzelkämpferin,** weil nur sie allein ihre Kunst entwickeln kann, und weil sie allein die schulische Verantwortung für ihre Schülerinnen und Schüler trägt,
- in der Schulgemeinschaft ist sie aber **Teamworker,** indem sie sich an der Weiterentwicklung ihrer Schule zusammen mit allen anderen Lehrpersonen aktiv beteiligen muss, also an der Mitwirkung bei Schulentwicklungsarbeiten interessiert ist.

5. Die Lehrperson identifiziert sich mit ihrer Schule und den Lernenden

Die Bereitschaft, für die Schule als Gemeinschaft mehr zu tun als nur guten Unterricht zu erteilen, setzt eine hohe Identifikation mit der Schule und ihren Lernenden voraus. **Identifikation** heisst mehr als blosse Auftragserfüllung im begrenzten Raum des Unterrichts. Mit der Schule identifiziert sich jemand erst, wenn er sich für die gesamte Schulgemeinschaft einsetzt (curriculare und aussercurriculare Aufgaben mit Freude und Überzeugung erfüllt).

6. Lehrpersonen müssen physisch und psychisch belastbar sein

Die vielseitigen Herausforderungen im Lehrerberuf werden laufend grösser, und damit steigen die **physische und psychische Belastung.** Sie lässt sich in vielen Fällen vermindern, wenn Lehrpersonen

- sich regelmässig **weiterbilden,** damit sie sich nicht durch fachliche und pädagogische Unsicherheiten unnötig belasten,
- sich um einen **Ausgleich** zwischen Beruf und freizeitlicher Entspannung bemühen,
- ihren **Interessenkreis** ausweiten, um nicht nur schulbezogen zu reflektieren.

7. Menschliche Qualitäten von Lehrpersonen

Auch wenn die folgenden menschlichen Qualitäten von Lehrpersonen mit Hilfe von Persönlichkeitstests oder -inventaren nicht verlässlich erfasst werden können, sollten die folgenden Charaktereigenschaften erkennbar sein:

- ein ehrliches Bemühen um **Gerechtigkeit** gegenüber allen Schülerinnen und Schülern,
- ein durch **Echtheit** und **Glaubwürdigkeit** gekennzeichnetes Verhalten,
- ein für die Schülerinnen und Schüler stets **berechenbares Verhalten,**
- erkennbare **Ehrlichkeit** und angemessene **Offenheit** im Auftreten und Verhalten.

8. Die Lehrperson strahlt eine realistisch optimistische Grundhaltung aus

Kinder und Jugendliche benötigen angesichts der vielen Probleme unserer Zeit für ihre Zukunft Perspektiven. Eine «Weltschmerz-Pädagogik» hilft ihnen nicht. Deshalb sollte das Lehrerverhalten durch eine realistisch optimistische Grundhaltung gekennzeichnet sein.

Abbildung 17.2 **Kriterien von anzustrebendem Lehrerverhalten (zur Selbstreflexion)**

Kriterien	Indikatoren
Didaktische Kriterien	
Bedeutsame, anspruchsvolle und vielgestaltige Lernziele	– Die Lernziele sprechen im Zeitverlauf alle Lernbereiche (kognitiv, affektiv, volutativ, sozial, psychomotorisch) an. – Die Lernziele sind für die Lernenden bedeutsam, langfristig orientiert und auf inhaltliche Vernetzungen ausgerichtet. – Die Lernziele sind unter Berücksichtigung der Lernvoraussetzungen bei den Schülerinnen und Schülern angemessen anspruchsvoll. – Die Lernziele sind für die Schülerinnen und Schüler verständlich und werden von ihnen als sinnvoll wahrgenommen.
Systematisch geplanter und erkennbar strukturierter Aufbau des Unterrichts	– Der Unterricht ist kontinuierlich lernzielorientiert. – Er baut systematisch auf dem Vorwissen auf. – Er ist für die Lernenden in spürbarer Weise gegliedert (strukturiert); der «rote Faden» ist erkennbar. – Die Lehrperson bemüht sich um die Herstellung von möglichst vielen Zusammenhängen zwischen den Wissenselementen und Strukturen. Ihr Bemühen um diese Vernetzung ist für die Schülerinnen und Schüler erkennbar.
Aufbau von Wissensstrukturen (zusammenhängende Netzwerke)	– Das deklarative Wissen wird systematisch und zusammenhängend aufgebaut (Aufbau von Wissensstrukturen statt Addition von zusammenhangslosem Faktenwissen).
Anwendung von Wissen, Aufbau und Kompetenzen	– Wissen wird zielgerichtet angewendet. – Grundfertigkeiten und Grundfähigkeiten werden genügend eingeübt (Automatisierung von Grundfertigkeiten und Grundfähigkeiten). – Transfer- und Generalisierungsfähigkeiten werden durch Anwendung von Wissen in wechselnden Kontexten (Anwendungsbezügen) gefördert (Überlernen). – Wissen, Fertigkeiten und Fähigkeiten werden mit dem Ziel angewendet, Teilkompetenzen aufzubauen und diese zu Kompetenzen zu bündeln.

Abbildung 17.2 (Fortsetzung)

Kriterien	Indikatoren
Motivationale Kriterien	
Singgebung für das Lernen	– Den Schülerinnen und Schülern wird die Bedeutung sowie der Sinn und der persönliche Nutzen der Lerngegenstände deutlich gemacht. Es wird erklärt, warum etwas zu lernen ist.
Gehaltvolle Lernumgebungen	– Die Lernumgebungen (Einleitung von Lernprozessen, Problem- und Aufgabenstellung für einzelne Lernabschnitte) sind – herausfordernd (komplex): problemhaltige Situationen (komplexe Lehr-Lern-Arragements), welche auf dem Erfahrungshorizont und dem Vorstellungsvermögen sowie dem Vorwissen der Lernenden aufbauen, – über Aktualitäts-, Lebens- und Altersbezüge anschaulich, – sinnstiftend, d.h. sie werden von den Schülerinnen und Schülern als bedeutsam erkannt.
Ausbalancierte, aktive Steuerung des Lernens durch die Lehrperson	– Die Steuerung der Lernprozesse besteht – bedingt durch die unterschiedlichen Lernerfahrungen und verschiedenen Lernziele – aus einem situativ geprägten Mix von – stark gesteuertem (direktem) Lehrerverhalten (im Anfängerunterricht auf jeder Schulstufe und mit schwächeren Lernenden), – zurückhaltend gestalteter Steuerung (indirektem) Lehrerverhalten und – Lernberatung beim selbstgesteuerten Lernen der Schülerinnen und Schüler. – Jedes Lernen bedarf einer situationsgerechten Steuerung (Anleitung).
Förderung des selbstgesteuerten (selbstregulierten) Lernens	– Die Lehrperson leitet gezielt zum selbstgesteuerten Lernen an und schafft im Zeitverlauf gezielt mehr Freiräume. – Sie bietet beim selbstgesteuerten Lernen immer Lernberatung an, um Ineffizienzen und Misserfolge mit der Selbsttätigkeit zu vermeiden. – Deshalb steht die Lehrperson bei allem selbstgesteuerten Lernen (insbesondere bei Gruppenarbeiten) der Klasse immer zur Verfügung. – Die Lernberatung erfolgt mittels Scaffolding, d.h. die Lehrperson bietet weder Lösungen an noch fällt sie in ein direktes Lehrerverhalten zurück, sondern sie gibt Hilfestellungen (Anregungen) zur eigenständigen Fortführung der Lernens.
Metakognitive Förderung	– Die Lehrperson unterstützt die Lernenden bei der Reflexion über ihr eigenes Lernen. – Sie hilft ihnen, ihre Lern- und Denkprozesse zu beschreiben, zu analysieren und zu beurteilen sowie ihr Lernen zu planen und zu überwachen.

Abbildung 17.2 (Fortsetzung)

Kriterien	Indikatoren
Methodische Kriterien	
Ausbalancierte Methodenvielfalt	– Im Unterricht werden je nach den Zielsetzungen und den Gegebenheiten bei den Lernenden sowie den jeweiligen Rahmenbedingungen unterschiedliche Lehr- und Lernformen eingesetzt. Jede Form von Methodenmonismus ist zu vermeiden. – Für den Lernerfolg entscheidend ist nicht eine bestimmte Lehr- oder Lernform. Viel wichtiger ist es, die für eine Klasse jeweils geeignete Form zur zielgerichteten Aktivierung möglichst aller Schülerinnen und Schüler unter Berücksichtigung ihrer Gegebenheiten zu wählen.
Medien und Hilfsmittel	– Eine zielgerichtete Visualisierung erhöht die Lernwirksamkeit. – Vermieden werden sollten «Folienorgien» und exzessive «PowerPoint-Shows», welche die Aufnahmefähigkeit der Schülerinnen und Schüler überfordern. – Im gesteuerten Unterricht (direktes Lehrerverhalten) sollten Lerninhalte möglichst häufig durch während den Interaktionen entwickelte Schemata und Darstellungen visualisiert werden. – Die unterrichtliche Arbeit mit Dokumenten, Modellen, Versuchen und Simulationen usw. erhöht den Lernerfolg, sofern der Einsatz zielgerichtet erfolgt, den Voraussetzungen Rechnung getragen wird und immer eine Auswertung der Erkenntnisse erfolgt. – Der Medieneinsatz (E-Learning, Video, Clips usw.) ist wirksam, wenn er unmittelbar auf die Lernziele ausgerichtet ist, synchron erfolgt (keine Multimedia-Schau), im Umfang angemessen bleibt und die Erkenntnisse ausgewertet werden.
Kriterien zur Gestaltung von Lektionen	
Herausforderung	– Der Unterricht soll die Schülerinnen und Schüler herausfordern. Dies gelingt nur, wenn sie die Problemstellung, die dem Lerngegenstand zugrunde liegt, verstanden und eingesehen haben, warum er zu lernen ist. Deshalb ist der Einfürung in das Lernverständnis und der Zielsetzung genügend Zeit zu geben.
Vorwissen	– Es ist immer sicherzustellen, dass das für das Verständnis des Neuen notwendige Wissen vorhanden ist und allenfalls im Hinblick auf das Neue umstrukturiert wird.
Verstehen	– Bei der Erarbeitung des Lerngegenstands muss das Verstehen (und nicht bloss die Reproduktion) im Vordergrund stehen.
Üben, Vertiefen	– Die Lernfortschritte müssen durch zielgerechtes Üben (Automatisierung, Überlernen) verfestigt werden.
Vernetzen	– Das neu Gelernte soll in einer Zusammenfassung immer in Gesamtstrukturen und Gesamtzusammenhänge eingebaut werden.

Abbildung 17.2 (Fortsetzung)

Kriterien	Indikatoren
Kriterium Lernkontrollen	
Überprüfung des Wissens, der Fertigkeiten und Fähigkeiten (Kompetenzen)	– Es finden regelmässig formative und summative Lernkontrollen statt. – Sie werden zu diagnostischen Zwecken immer analysiert. – Die Lernenden erhalten lernunterstützende Rückmeldungen. – Alle Lernkontrollen dienen der Steuerung des Lernens. Deshalb sind sie transparent und erfolgen nicht überraschend.
Kriterien des Lehrerverhaltens	

Enthusiasmus und Motivationskraft sowie Förderung des Vertrauens in das eigene Lernen	– Die Lehrperson zeigt eine spürbare Begeisterung für ihren Lernbereich.
	– Sie orientiert sich an hohen fachlichen und moralischen Standards und bemüht sich um Vorbildwirkung.
	– Sie stärkt die Motivation der Schülerinnen und Schüler, indem sie
	  – häufig und möglichst alle Lernende zielgerichtet aktiviert,
	  – positive Erfolgserwartungen bei möglichst allen Lernenden aufbaut,
	  – für alle Schülerinnen und Schüler Gelegenheiten für Erfolgserlebnisse und erkennbare Lernerfolge schafft,
	  – immer wieder versucht, das Selbstvertrauen der Schülerinnen und Schüler zu stärken.

Emotional positive Führung und Steuerung	– Das Unterrichtsklima ist durch Transparenz, Berechenbarkeit, Offenheit, Verlässlichkeit und Ehrlichkeit geprägt.
	– Es besteht eine hohe Fehlertoleranz (Fehler werden für Erziehungs- und Lernprozesse dienstbar gemacht und nicht unterdrückt oder ausschliesslich negativ bewertet).
	– Die Lehrperson setzt zur Führung der Klasse und zur Steuerung des Unterrichts positive Mittel ein:
	  – Ermutigung und Verstärkung (Anerkennung) in ehrlicher, glaubwürdiger Form,
	  – Eingehen auf Lern- und andere Probleme (im Sinne des Carings),
	  – Gezielte und im Rahmen des Möglichen individuelle Unterstützung bei Lernproblemen,
	  – Förderung positiver Gefühle (Begegnung mit Sympathie, Glaubwürdigkeit, Vergnügen) und vermeiden negativer Gefühle (Angst, Ärger, Neid).

Abbildung 17.2 (Fortsetzung)

Kriterien	Indikatoren
Kriterien des Lehrerverhaltens (Fortsetzung)	
Hohe affektive Qualität der Lehrer-Schüler- Beziehung	– Die Lehrperson fördert den Aufbau einer Kooperations- und Vertrauenskultur, in der miteinander respekt- und vertrauensvoll umgegangen wird. – Die Interaktion zwischen der Lehrperson und den Lernenden ist seitens der Lehrperson durch folgende Merkmale charakterisiert: – Reversibilität des Verhaltens – Empathie und Rücksichtnahme – Echtheit – Geduld – Wertschätzung und emotionale Wärme
Techniken des unterrichtlichen Verhaltens	– Die Lehrperson nutzt die Unterrichtszeit konsequent für die Arbeit am Lerngegenstand (time on task) bei gleichzeitiger Orientierung an den Schülerinnen und Schülern durch – knappe Übergänge und die Vermeidung von Unterbrechungen, – ein optimales (nicht maximales) Unterrichtstempo, das Zeit für ein individuelles Reflektieren und Verarbeiten lässt, – eine angemessene Langsamkeitstoleranz. – Fähigkeit zur Aktivierung der Lernenden mit guter Frage- und Impulstechnik sowie Gewandtheit im Scaffolding (lernunterstützende Fähigkeiten durch gute Denkgerüste) – Feedbacktechniken (Verstärkung). – Klare, prägnante und strukturierte Ausdrucksweise und verständliche Sprache. – Fähigkeit zur Fokussierung (Zurückführung der Lerndialoge in eine Struktur, Zwischenzusammenfassungen). – Fähigkeit, bei Lernproblemen mit unterschiedlichen Unterrichtsansätzen die Erarbeitung der Lerninhalte zu wiederholen. – Fähigkeit, die Lernenden bei Motivationsschwächen und Ermüdungserscheinungen zum zielstrebigen Lernen zurückzuführen (hoher Antrieb durch eindeutige Aufgabenorientierung). – Fähigkeit, zweckmässige Lernkontrollen (Klausuren, Tests, Prüfungen) zur Lernsteuerung und Diagnose zeitgerecht durchzuführen. – Fähigkeit zur Diagnose von Lernschwierigkeiten und individueller Hilfe.

Abbildung 17.2 (Fortsetzung)

Kriterien	Indikatoren
Kriterium Führung der Klasse	
Effiziente, aufgabenorientierte und störungsvorbeugende Klassenführung	– Die Lehrperson zeigt eine aktive Kontrolle der unterrichtlichen Situation mit dem Ziel eines störungsfreien und entspannten Unterrichts. – Sie gibt der Klasse klare, begründete Regeln vor, die konsequent durchgesetzt werden. – Bei nicht tolerierbaren Störungen und Gewalt ergreift sie Massnahmen, die erzieherischen Wert haben. Angemessene Strafen sind in schwerwiegenden Fällen vertretbar. – Sie verfügt über Problemlöse- und Konfliktlösestrategien, welche sie in schwierigen Situationen einsetzt. – Sie bleibt wohlwollend positiv, setzt sich aber immer konsequent durch.
Kriterium Hausaufgaben	
Hausaufgaben	– Es sollen vielseitige Hausaufgaben erteilt werden, welche auf die Lernziele abgestimmt sind. – Hausaufgaben sollen kontrolliert, besprochen und zu diagnostischen Zwecken analysiert werden. – Gelegentlich sollen die Lernenden mit den Hausaufgaben bereits am Ende der Lektion beginnen können, damit die Lehrperson die Arbeit beobachten und notfalls individuelle Unterstützung geben kann.

Literaturverzeichnis

Achtenhagen, F. & John, E. G. (Hrsg.). (1992). *Mehrdimensionale Lehr-Lern-Arrangements.* Wiesbaden: Gabler.

Achtenhagen, F. (1992). Lernen, Denken, Handeln in komplexen ökonomischen Situationen. In F. Achtenhagen & E. G. John (Hrsg.), *Mehrdimensionale Lehr-Lern-Arrangements.* Wiesbaden: Gabler, 39–42.

Achtenhagen, F., Bendorf, M. et al. (2001). Mastery Learning mit Hilfe eines multimedial repräsentierten Modellunternehmens in der Ausbildung von Industriekaufleuten. In K. Beck & V. Krumm (Hrsg.), *Lehren und Lernen in der beruflichen Erstausbildung. Grundlagen einer modernen kaufmännischen Berufsqualifizierung.* Opladen: Leske + Budrich, 233–256.

Ackermann, C., Darge, K. & Ehninger, F. (2001). Gewalt in der Schule: Ausmass und Ursachen – Möglichkeiten der Prävention und Intervention im schulischen Kontext. In C. Hanckel et al. (Hrsg.), *Schule zwischen Realität und Vision.* Bonn: Deutscher Psychologen Verlag, 419–436.

Adams, R. S. & Biddle, B. (1970). *Realities of Teaching.* New York: Holt, Rinehard and Winston.

Aebli, H. (2002). *Zwölf Grundformen des Lehrens. Eine allgemeine Didaktik auf psychologischer Grundlage* (12. Aufl.). Stuttgart: Klett-Cotta.

Aerne, P. (1990). *Die Unterrichtsvorbereitung von Handelslehrern in der Alltagspraxis.* St. Gallen: Dissertation HSG.

Albanese, M. R. & Michell, S. (1993). Problem Based Learning: A Review of Literature and its Outcomes and Implementation Issues. Academic Medicine, 68, 52–81.

Alexander, K., Entwistle, D. & Dauber, S. (1995). *On the Success of Failure. A Reassessment of the Effects of Retention in the Primary Grades.* New York: Cambridge University Press.

Allington, R. (1991). Children who Find Learning to Read Difficult: School Responses to Diversity. In E. Hiebert (Ed.), *Literacy for a Diverse Society: Perspectives, Practices, and Policies.* New York: Teachers College Press, 237–257.

Altrichter, H. & Posch, P. (1998). *Lehrer erforschen ihren Unterricht. Eine Einführung in die Methoden der Aktionsforschung* (3. Aufl.). Bad Heilbrunn: Julius Klinkhardt.

Ambrose, D. (1996). Unifying Theories of Creativity: metaphorical Thought and the Unification Process. *New Ideas in Psychology,* 14 (3), 257–267.

American Psychiatric Association (1994). *Diagnostic and Statistical Manual for Mental Disorders, Revised* (4th ed.). Washington, DC: Autor.

Anderson, J. R. (1995). *Cognitive Psychology and its Implications* (4rd ed.). New York: Freeman.

Anderson, L. W. (1985). A retrospective and Prospective View of Bloom's «Learning for Mastery». In M. C. Wang & H. J. Walberg (Eds.), *Adapting Instruction to Individual Differences.* Berkeley, CA: McCutchan.

Anderson, L. W., Krathwohl, D. R. et al. (2001). *Taxonomy for Learning, Teaching and Assessing.* New York: Longman.

Arends, R. I. (1991). Learning to Teach (2nd ed.). New York: McGraw-Hill.

Aronson, E. (1984). Förderung von Schulleistung, Selbstwert und prosozialem Verhalten: Die Jigsaw-Methode. In G. L. Huber, S. Rotering-Steinberg & D. Wahl (Hrsg.), *Kooperatives Lernen*. Weinheim: Beltz, 48–59.

Aronson, E., Blaney, N., Stephan, C. et al. (1978). *The Jisgaw Classroom*. Beverly Hills, CA: Sage.

Artelt, C. (2006). Lernstrategien in der Schule. In H. Mandl & H. F. Friedrich (Hrsg.), *Handbuch Lernstrategien*. Göttingen: Hogrefe, 337–351.

Artelt, C., Demmrich, A. & Baumert, J. (2001). Selbstreguliertes Lernen. In J. Baumert & E. Klieme et al. (Hrsg.), *PISA 2000. Basiskompetenzen von Schülerinnen und Schülern im internationalen Vergleich*. Opladen: Leske + Budrich, 271–298.

Artelt, C., Schreblowski, S. & Hasselhorn, M. (2006). Selbstkontrollstrategien. Planen, Überwachen, Bewerten. In H. Mandl & H. F. Friedrich (Hrsg.), *Handbuch Lernstrategien*. Göttingen: Hogrefe, 151–161.

Aschersleben, K. (1999). *Frontalunterricht – klassisch und modern. Eine Einführung*. Neuwied: Luchterhand.

Auernheimer, G. (2002). *Interkulturelle Kompetenz und pädagogische Professionalität*. Opladen: Leske + Budrich.

Auernheimer, G. (2003). *Einführung in die Interkulturelle Pädagogik* (3. Aufl.). Darmstadt: Wissenschaftliche Buchgesellschaft.

Ausubel, D. P. (1960). The Use of Advance Organizers in the Learning and Retention of Meaningful Verbal Learning. *Journal of Educational Psychology*, 51, 267–272.

Ausubel, D. P. (1968). *Educational Psychology: A Cognitive View*. New York: Holt, Rinehart and Winston.

Babad, E. (1998). Preferential Affect: The Crux of the Teacher Expectancy Issue. In J. Brophy (Ed.), *Advances in Research on Teaching. Expectations in the Classroom* (Vol. 7). Greenwich, CT: JAI Press, 183–214.

Baddeley, A. (1991). *Human Memory. Theory and Practice*. London: Erlbaum.

Balci, G. & Reimann, A. (2006). *Verprügelt, vergewaltigt und gefilmt*. Internet: www.spiegel. de/ politik

Ballstaedt, St.-P. (2006). Zusammenfassen von Textinformationen. In H. Mandl & H. F. Friedrich (Hrsg.), *Handbuch Lernstrategien*. Göttingen: Hogrefe, 117–126.

Bandura, A. (1977). *Social Learning Theory*. Englewood Cliffs, NJ: Prentice-Hall.

Bandura, A. (1986). Social Foundations of Thought and Action: A Social Cognitive Theory. Englewood Cliffs, NJ: Prentice-Hall.

Bandura, A. (1989). Human Agency in Social Cognitive Theory. *American Psychologist*, 44, 1175–1184.

Bangert-Drowns, R. L. & Blankert, E. (1990). *Meta-Analysis of Explit Instruction for Critical Thinking*. Paper presented at the AERA Meeting, Boston.

Bangert-Drowns, R. L. (1992). *Meta-Analysis of Inquiry-based Instruction on Critical Thinking*. Paper presented at the AERA Meeting, San Francisco.

Banks, J. & Banks, C. (1995). *Handbook of Research on Multicultural Education*. New York: Macmillan.

Barnes, D. & Todd, F. (1977). *Communication and Learning in Small Groups*. London: Routledge & Kegan Paul.

Barrows, H. S. (1994). *Problem-Based Learning for the Pre-Clinical Years*. New York: Springer.

Barrows, H. S. (1996). *Because Wisdom Can't be told: The Challenges of Student-Centered Learning*. Springfield: Southern Illinois University, School of Medicine.

Barrows, H. S. & Myers, A. C. (1993). *Problem Based Learning in Secondary Schools*. Springfield, IL: Problem-Based Learning Institute.

Bauer, J. (2006). *Freiburger Schulstudie. Münchener Longitudinal-Studie zur Genese individueller Kompetenzen – LOGIK*. München: Max-Planck-Institut.

Bauer, J., Stamm, A. et al. (2006). Correlation Between Burnout Syndrome and Psychological and Psychosomatic Symptoms Among Teachers. *Int Arch Occup Environ Health*, 79, 199–204.

Baumert, J. (1995). *Bildungsverläufe und psychosoziale Entwicklung im Jugendalter.* Kiel/Berlin: IPN und Max-Planck-Institut für Bildungsforschung.

Beane, J. & Lipka, R. (1984). *Self-Concept, Self-Esteem and the Curriculum.* New York: Teachers College Press.

Beck, E., Guldimann, T. & Zutavern, M. (1995). Eigenständig lernende Schülerinnen und Schüler. In E. Beck, T. Guldimann & M. Zutavern (Hrsg.), *Eigenständig lernen.* St. Gallen: UVK, 15–58.

Beck, K. (1999). Wirtschaftserziehung und Moralerziehung – ein Widerspruch in sich? Zur Kritik der Kohlbergschen Moralentwicklungstheorie. *Pädagogische Rundschau,* (53), 9–28.

Beck, K., Bienengräber, T. et al. (2001). Progression, Stagnation, Regression – Zur Entwicklung der moralischen Urteilskompetenz während der kaufmännischen Berufsausbildung. In K. Beck & V. Krumm (Hrsg.), *Lehren und Lernen in der beruflichen Erstausbildung. Grundlagen einer modernen kaufmännischen Berufsqualifizierung.* Opladen: Leske + Budrich, 139–161.

Beck, K., Brütting, B. et al. (1996). Zur Entwicklung moralischer Urteilskompetenz in der kaufmännischen Erstausbildung – Empirische Befunde und praktische Probleme. *Zeitschrift für Berufs- und Wirtschaftspädagogik.* Beiheft 13, 187–206.

Becker, A. B. (1949). *The Speech Characteristic of Superior and Inferior High School Teachers.* Northwestern University: Unpublished Doctoral Dissertation.

Becker, W. C. (1986). *Applied Psychology for Teachers. A Behavioral Cognitive Approach.* Chicago: Science Research Associates.

Becker, W. C., Carnine, D. W. et al. (1980). Direct Instruction. An Effective Approach to Educational Intervention with the Disadvantaged and Low Performers. *Advances in Clinical Child Psychology*, 3, 452–468.

Becker, W. C. & Gersten, R. (1982). A follow-up of Follow Through: The later effects of the Direct Instruction Model on Children in Fifth and Sixth Grades. *American Educational Research Journal, 19, 75–92.*

Bednar, A. K., Cunningham, D. et al. (1992). Theory into Practice: How Do We Link? In T. M. Duffy & D. H. Jonassen (Eds.), *Constructivism and the Technology of Instruction. A Conversation.* Hillsdale, NJ: Lawrence Erlbaum, 17–34.

Beebe. S. (1978). *Effects of Eye Contact, Posture, and Vocal Inflection upon Credibility and Comprehension.* Paper presented at the Speech Communication Convention, Minneapolis.

Beez, W. (1968). *Influence of Biased Psychological Reports on Teacher Behavior and Pupil Performance.* Paper at the 76th Annual Convention of the American Psychological Association.

Bellack, A. (1966). *The Language of the Classroom.* New York: Teacher College Press.

Bender-Szymanski, D. (2002). Interkulturelle Kompetenz bei Lehrerinnen und Lehrern aus der Sicht der empirischen Bildungsforschung. In G. Auernheimer (Hrsg.), *Interkulturelle Kompetenz und pädagogische Professionalität.* Opladen: Leske + Budrich, 153–179.

Bennett, N. & Cass, A. (1988). The Effects of Group Composition on Group Interactive Processes and Pupil Understanding. *British Educational Research Journal*, 15, 19–32.

Bennett, N. & Dunne, E. (1992). *Managing Small Groups.* Hemel Hempstead: Simon & Schuster.

Berger, J., Rosenholtz, S. J. & Zelditch, J. (1980). Status Organizing Processes. *Annual Review of Sociology*, 6, 479–508.

Berliner, D. C. (1968). *The Effects of Test-like events and Note-taking on Learning from Lecture Instruction.* Stanford University: Unpublished Doctoral Dissertation.

Bernd, H., Hippchen, T. et al. (2000). *Durcharbeiten von Begriffsstrukturdarstellungen in unterrichtlichen und computergestützten Lernumgebungen.* Göttingen: Hogrefe, 15–36.

Bettencourt, E., Gillett, M., Gall, M. & Hull, R. (1983). Effects of Teacher Enthusiasm Training on Student On-Task Behavior and Achievement. *American Educational Research Journal*, 20, 435–450.

Beyer, B. K. (1988). *Developing a Thinking Skills Program*. Boston, MA: Allyn and Bacon.

Beyer, B. K. (1992) Teaching Thinking: An Integrated Approach. In J. W. Keefe & H. Walberg (Eds.), *Teaching for Thinking*. Reston, VA: NASSP

Beyer, B. K. (2001). What Research Says about Teaching Thinking Skills. In A. L. Costa (Ed.), *Developing Minds. A Resource Book for Teaching Thinking* (3rd ed.). Alexandria, VA: ASCD, 275–282.

Bittner, S. (2006). *Das Unterrichtsgespräch. Formen und Verfahren des dialogischen Lehrens und Lernens.* Bad Heilbrunn: Julius Klinkhardt.

Blatt, M. M. & Kohlberg, L. (1975). The Effects of Classroom Moral Discussion upon Children's Level of Moral Judgment. *Journal of Moral Education*, 4, 129–161.

Block, J. H. (1971). *Mastery Learning: Theory and Practice.* New York: Holt, Rinehart and Winston.

Bloom, B. S. (1976). *Human Characteristics and School Learning*. New York: McGraw-Hill.

Bloom, B. S. et al. (1956). *Taxonomy of Educational Objectives. The Classification of Educational Goals,* Handbook I: Cognitive Domain. New York: Longmans Green.

Blossfeld, H. P. & Shavit, Y. (1993). Dauerhafte Ungleichheiten. Zur Veränderung des Einflusses der sozialen Herkunft auf die Bildungschancen in dreizehn industrialisierten Ländern. *Zeitschrift für Pädagogik*, 39, 25–52.

Bond, C. F. & Titus, L. J. (1983). Social Facilitation. A Meta-Analysis of 241 Studies. *Psychological Bulletin*, 94, 265–292.

Borich, G. (1990). *Observation Skills for Effective Teaching*. Columbus, OH: Merrill.

Borich, G. (1992). *Effective Teaching Methods* (2nd ed.). New York: Macmillan.

Boss, J. A. (1994). The Autonomy of Moral Intelligence. *Educational Theory*, 44, 399–416.

Bower, G. H. & Hilgard, E. R. (1984). *Theorie des Lernens II* (3. Aufl.). Stuttgart: Klett-Cotta.

Bransford, J. D. & Stein, D. (1984). *Teaching Thinking and Problem Solving. Technical Report. Series 85.1.2.* Nashville, TN: Peabody College for Teachers.

Braun, C. (1976). Teacher Expectation: Sociopsychological Dynamics. *Review of Educational Research*, 45, 185–215.

Brezinka, W. (1987). *Tüchtigkeit, Analyse und Bewertung eines Erziehungsziels.* München: Reinhardt.

Brezinka, W. (1992). *Glaube, Moral und Erziehung*. München: Reinhardt.

Brickner, M. A., Harkins, S. G. & Ostrom, T. M. (1986). Effects of Personal Involvment Thought Provoking Implications for Social Loafing. *Journal of Personality and Social Psychology*, 51, 763–770.

Bronner, R. (1988). Planspieleinsatz zum Studienbeginn. In R. Bronner & R. Jordan (Hrsg.), *Kooperation in der Lehre*. Paderborn: Nixdorf.

Brophy, J. & Evertson, C. (1981). *Student Characteristics and Teaching*. New York: Longman.

Brophy, J. & McCaslin, M. (1992). Teachers' Reports of how they Perceive and Cope with Problem Students. *Elementary School Journal*, 93, 3–68.

Brophy, J. & Alleman, J. (1991). Activities as Instructional Tools: A Framework for Analysis and Evaluation. *Educational Researcher*, 20, 9–23.

Brophy, J. E. & Evertson, C. M. (1974). *Process-Product Correlation in the Texas Teacher Effectiveness Study. Final Report.* Austin: University of Texas.

Brophy, J. E. & Good, T. L. (1986). Teacher Behavior and Student Achievement. In M. C. Wittrock (Ed.), *Handbook of Research on Teaching* (3rd ed.). New York: Macmillan, 328–375.

Brophy, J. (1981). Teacher Praise. A Functional Analysis. *Review of Educational Research*, 51, 5–32.

Brophy, J. (1983). Research on the Self-Fulfilling Prophecy and Teacher Expectation. *Journal of Educational Psychology*, 75, 631–661.

Brophy, J. (1994). Trends in Research on Teaching. *Mid-Western Educational Researcher*, 7, 29–39.

Brophy, J. (1996). *Teaching Problem Students*. New York: The Guilford Press.

Brown, R. T. (1989). Creativity – What are we to Measure. In J. A. Glover, R. R. Ronning & C. R. Reynolds (Eds.), *Handbook of Creativity*. New York: Plenum Press, 3–32.

Brown, A. L. & Palincsar, A. S. (1982). Inducing Strategic Learning from Texts by Means of Informal, Self-Control Training. *Topics in Learning and Learning Disabilities*, 2, 1–16.

Brown, A. L., Campione, J. C. & Day, J. D. (1981). Learning to Learn: On training Students to Learn. *Educational Researcher*, 10, 14–21.

Buhl, M. (2003). Verständnisintensives Lernen. *SEMINAR. Lehrerbildung und Schule*, 9, 41–49.

Burbules, N. C. (1993). *Dialogue in Teaching. Theory and Practice*. New York: Teachers College, Columbia University.

Bussmann, H. & Heymann, H. W. (1995). Kreativität. In E. G. Skiba, C. Wulf & K. Wünsche (Hrsg.), *Enzyklopädie Erziehungswissenschaften*, Band 8. Stuttgart: Klett-Cotta, 490–494.

Butler, D. L. (1998). A Strategic Content Learning Approach to Promoting Self-Regulated Learning by Students with Learning Disabilities. In D. H. Schunk & B. J. Zimmerman (Eds.), *Self-Regulated Learning. From Teaching to Self-Reflective Practice*. New York: The Guilford Press, 160–183.

Campell, D. & Stanley, J. S. (1963). Experimental and Quasi-Experimental Design for Research on Teaching. In N. L. Gage (Ed.), *Handbook of Research on Teaching*. Chicago 1963.

Canter, L. (1976). *Assertive Discipline: A Take-Charge Approach for Today's Educator*. Geal Beach, CA: Canter and Associates.

Capaul, R. (1991). *Das Wahlpflichtfach B «Wirtschaft/Recht/Gesellschaft und Informatik» im neuen Lehrplan für den kaufmännischen Angestellten als Beispiel einer Schulinnovation: Probleme bei der Einführung und Bestandesaufnahme*. St. Gallen: Dissertation HSG.

Carlsen, W. (1991). Subject-matter Knowledge and Science Teaching: A Pragmatic Perspective. In J. Brophy (Ed.), *Advances in Research of Teaching* (Vol. 2). Greenwich, CT: JAI Press, 115–144.

Carroll, J. B. (1963). A Model of School Learning. *Teachers College Record*, 64, 723–733.

Casanova, U. (1987). Ethnic and Cultural Differences. In V. Richardson-Koehler (Ed.), *Educators Handbook: A Research Perspective*. White Plains, NY: Longman, 370–393.

Catrambone, R. (1998). The Subgoal Learning Modell: Creating Better Examples So That Student Can Solve Novel Problems. *Journal of Experimental Psychology*, 127 (4), 355–376.

Cazden, C. B. (1986). Classroom Discourse. In M. C. Wittrock (Ed.), *Handbook of Research on Teaching* (3rd ed.). New York: Macmillan Publisher, 432–463.

Cazden, C. B. (2001). *Classroom Discourse. The Language of Teaching and Learning*. Portsmouth, NH: Heinemann.

Chaikin, A. L. et al. (1978). Students' Reactions to Teachers' Physical Attractiveness and Nonverbal Behavior: Two Exploratory Studies. *Psychology in the Schools*, 15, 588–595.

Chan, W. M. (2000). *Metakognition und der DaF-Unterricht für asiatische Lehrer. Möglichkeiten und Grenzen*. Münster: Waxmann.

Charles, C. M. (1992). *Building Classroom Discipline* (4th ed.). White Plains, NJ: Longmann.

Chase, W. G. & Simon, H. A. (1973). The Mind's Eye in Chess. In W. G. Chase (Ed.), *Visual Information Processing*. New York: Academic Press.

Chi, M. T. & Glaser, R. (1985). Problem Solving Ability. In R. S. Sternberg (Ed.), *Human Abilities: An Information Processing Approach*. New York: Freeman.

Chi, M. T., Glaser, R. & Rees, E. (1982). Expertise in Problem Solving. In R. J. Sternberg (Ed.), *Advances in the Psychology of Human Intelligence* (Vol. 1). Hillsdale, NJ: Lawrence Erlbaum, 7–75.

Chilcoat, G. W. (1989). Instructional Behavior for Clearer Presentations in the Classroom. *Instructional Science*, 18, 4, 289–314.

Clark, C., Gage, N., Marx, R. et al. (1976). A Factorial Experiment on Teacher Structuring, Soliciting, and Reacting. *Journal of Educational Psychology*, 71, 534–555.

Coates, W. D. & Smidchens, V. (1966). Audience Recall as a Function of Speaker Dynamism. *Journal of Educational Psychology*, 57, 189–197.

Cohen, E. (1994). Restructuring the Classroom: Conditions for Productive Small Groups. *Review of Educational Research*, 64 (1), 1–35.

Cohen, L. M. & Ambrose, D. C. (1993). Theories and Practices for Differentiated Education for the Gifted and Talented. In K. A. Heller, F. J. Mönks &. H. A. Passow (Eds.), *International Handbook of Research and Development of Giftedness and Talent.* Oxford: Pergamon, 339–366.

Coladarci, T. (1986). Accuracy of Teacher Judgement of Student Responses to Standardized Test Items. *Journal of Educational Psychology*, 78, 141–146.

Colby, A. & Kohlberg, L. (1987). *The Measurement of Moral Judgment.* Vol. I/II. Cambridge, MA: Cambridge University Press.

Collins, A. & Stevens, A. L. (1983). A Cognitive Theory of Inqury Teaching. In C. M. Reigeluth (Ed.), *Instructional-Design Theories and Models: An Overview of their Current Status.* Hillsdale, NJ: Lawrence Erlbaum, 247–278.

Collins, A., Brown, J. & Newman, S. (1989). Cognitive Apprenticeship: Teaching the Craft of Reading, Writing, and Mathematics. In L. Resnick (Ed.), *Knowing, Learning, and Instruction: Essays in Honor of Robert Glaser.* Hillsdale, NJ: Lawrence Erlbaum.

Cooper, P. J. (1991). *Speech Communication for the Classroom Teacher* (4th ed.). Scottsdale, AZ: Gorsuch Scarisbrick.

Cooper, H. M. (1994). *The Battle about Homework.* Thousand Oaks, CA: Corwin Press.

Cooper, H. & Good, T. (1983). *Pygmalion Grows up: Studies in the Expectation Communication Process.* New York: Longman.

Cooper, H., Robinson, J. C. & Patall, E. A. (2006). Does Homework Improve Academic Achievement? A Synthesis of Research 1987–2003. *Review of Educational Research*, 76, 1–62.

Corno, L. & Snow, R. E. (1986). Adapting Teaching to Individual Differences Among Learners. In M. C. Wittrock (Ed.), *Handbook of Research of Teaching* (3rd Ed.). New York: Macmillan, 605–629.

Costa, A. L. (Ed.). (2001). *Developing Minds. A Resource Book for Teaching Thinking.* Alexandria, VI: ASCD.

Costa, P. T. & McGrae, R. R. (1994). Set Like Plaster? Evidence for the Stability of Adult Personality. In T. Heatherton & J. L. Weinberger (Eds.), *Can Personality Change*? Washington, DC: American Psychological Association, 21–48.

Cotton, K. (2000). *The Schooling Practices that Matter most.* Alexandria, VI: ASCD.

Cronbach, L. J. & Snow, R. E. (1976). *Aptitude and Instructional Methods: A Handbook for Research on Interactions.* New York: Irvington Publishers.

Cropley, A. J. (1997). Fostering Creativity in the Classroom: General Principles. In M. A. Funco (Ed.), *The Creativity Research Handbook* (Vol. 1). Cresskill, NJ: Hampton Press, 83–114.

Culbertson, F. M. (1957). Modification of an Emotionally Held Attitude through Role Playing. *Journal of Abnormal and Social Psychology*, 54, 230–233.

Cummins, J. (1983). *Language and Literacy Learning in Bilingual Instruction.* Policy Report. Austin, TX: Southwest Educational Development Lab.

Curwin, R. & Mendler, A. (1988). Packaged Disciplin Programs: Let the Buyer Beware. *Educational Leadership*, 46, 68–71.

Czycholl, R. & Ebner, H. (1989). Handlung und System in Modellen der Wirtschaftspädagogik. In M. Twardy (Hrsg.), *Handlung und System.* Düsseldorf: WH Verlag, 99–122.

Da Rosa, D., Kolm, P., Follmer, H. C. et al. (1991). Evaluating the Effectiveness of the Lecture versus Independent Study. *Evaluation and Program Planning*, 14, 141–146.

Daly, A. (1976). *Communication Apprehension in the Classroom: A Review.* Houston, TX: Paper at the Speech Communication Association Convention.

Daly, J. A. & Suite, A. (1981). Classroom Seating Choice and Teacher Perception of Students. *Journal of Experimental Education*, 50, 64–69.

Däpp, W. (1992). *Ethik in den Wirtschaftsfächern. Grundlagen, Unterrichtsprogramm und Teilevaluation*. St. Gallen: Dissertation HSG.

Davis, G. (1976). Research and Development in Training Creative Thinking. In J. Levin & V. Allen (Eds.), *Cognitive Learning in Children: Theories and Strategies*. New York: Academic Press.

De Corte, E. (2003). Designing Learning Environments. In L. Verschaffel & N. Entwistle et al. (Eds.), *Powerful Learning Environments: Unravelling Basic Components and Dimensions*. Amsterdam: Pergamon, 21–33.

de Kock, A., Sleegers, P. & Voeten, M. J. M. (2004). New Learning and the Classification of Learning Environments in Secundary Education. *Review of Educational Research*, 74 (2), 141–170.

Deci, E. L. & Ryan, R. M. (1991). A Motivational Approach to Self: Integration in Personality. In R. Dienstbier (Ed.), *Nebraska Symposium on Motivation. Vol. 38: Perspectives on Motivation*. Lincoln, NE: University of Nebraska Press, 237–288.

Deci, E. L., Vallerand, R., Pelletier, L. & Ryan, R. M. (1991). Motivation and Education: The Self-Determination Perspective. *Educational Psychologist*, 26, 325–346.

Delhees, K. H. (1994). *Soziale Kommunikation. Psychologische Grundlagen für das Miteinander in der modernen Gesellschaft*. Opladen: Westdeutscher Verlag.

Dettenborn, H. & Lautsch, E. (1993). Aggression in der Schule aus der Schülerperspektive. *Zeitschrift für Pädagogik*, 39, 745–774.

Deutscher Verein zur Förderung des mathematischen und naturwissenschaftlichen Unterrichtes e. V. (2005). *Arbeiten mit den Bildungsstandards im Fach Biologie. Empfehlungen für die Umsetzung der KMK-Standards Biologie SI*. Troisdorf: Bildungsverlag EINS.

DeVries, D. L. & Slavin, R. E. (1978). Teams-Games-Tournament (TGT): Review of Ten Classroom Experiments. *Journal of Research and Development in Education*, 12, 28–38.

Diehl, C. E., White, R. C. & Satz, P. H. (1961). Pitch Change and Comprehension. *Speech Monographs*, 28, 65–68.

Dietrich, St. (2001). Zur Selbststeuerung des Lernens. In St. Dietrich (Hrsg.), *Selbstgesteuertes Lernen in der Weiterbildungspraxis*. Bielefeld: Bertelsmann, 19–28.

Dillenbourg, P. (1999). What Do you Mean by ‚Collaborative Learning'? In P. Dillenbourg (Ed.), *Collaborative-Learning: Cognitive and Computational Approaches*. Oxford: Elsevier, 1–19.

Dillenbourg, P., Baker, M. et al. (1996). The Evolution of Research on Collaborative Learning. In P. Reimann & E. Spada (Eds.), *Learning in Humans and Machine: Towards on Interdisciplinary Learning Sciena*. Oxford: Elsevier, 189–211.

Dillon, J. (1979). Alternatives to Questionning. *High School Journal*, 62, 217–222.

Dollar, J., Doob L. W. et al. (1971). *Frustration und Aggression*. Weinheim: Beltz.

Dollase, R. (2001). Fremdenfeindlichkeit verschwindet im Kontakt von Mensch zu Mensch. Zur Reichweite der Kontakthypothese. *Diskurs*, 2, 16–21.

Dolmans, D. & Schmidt, H. (1999). The Advantages of Problem-Based Curricula. In J. A. Rankin (Ed.), *Handbook on Problem-based Learning*. New York: Forbes, 191–197.

Dörig, R. (2003). *Handlungsorientierter Unterricht – Ansätze, Kritik und Neuorientierung aus bildunstheoretischer, curricularer und instruktions-psychologischer Perspektive*. Stuttgart: WIKU Verlag.

Downs, V., Jaridi, M. & Nussbaum, J. (1988). An Analysis of Teachers' Verbal Communication Within the College Classroom: Use of Humor, Self-Disclosure, and Narratives. *Communication Education*, 37, 127–141.

Doyle, W. (1977). The Uses of Nonverbal Behaviors: Toward an Ecological Model of Classrooms. *Merrill Palmer Quarterly*, 23, 180–193.

Doyle, W. (1990). Classroom Management Techniques. In O. C. Moles (Ed.), *Student Discipline Strategies. Research and Practice*. Albany: State University of New York Press, 113–127.

Driscoll, M. P. (1994). *Psychology of Learning for Instruction*. Boston: Allyn and Bacon.

Dubs, R. (1982). *Der Führungsstil des Lehrers im Unterricht. Eine Analyse des Forschungsstandes zum Unterrichtsverhalten des Lehrers*. St. Gallen: Institut für Wirtschaftspädagogik.

Dubs, R. (1983). Eine Analyse von Lektionsplänen zum Thema «Die Wahl des geeigneten Unternehmungsstandortes». *Schweizerische Zeitschrift für Kaufmännisches Bildungswesen*, 77 (3/4), 73–82.

Dubs, R. (1985). *Kleine Unterrichtslehre für den Lernbereich Wirtschaft, Recht, Staat und Gesellschaft*. Zürich: Verlag des Schweizerischen Kaufmännischen Verbandes.

Dubs, R. (1990). Problemlösen im Fach Betriebswirtschaftslehre im Anfängerunterricht an Wirtschaftsschulen. *Unterrichtswissenschaft, Zeitschrift für Lernforschung*, 18, 338–352.

Dubs, R. (1993). *Bildungspolitik, Schule und Unterricht. Eine persönliche Standortbestimmung*. St. Gallen: Institut für Wirtschaftspädagogik.

Dubs, R. (1995). Konstruktivismus: Einige Überlegungen aus der Sicht der Unterrichtsgestaltung. *Zeitschrift für Pädagogik*, 41 (6), 889–903.

Dubs, R. (1996). Komplexe Lehr-Lern-Arrangements im Wirtschaftsunterricht – Grundlagen, Gestaltungsprinzipien und Verwendung im Unterricht. In K. Beck & W. Müller et al. (Hrsg.), *Berufsbildung im Umbruch. Didaktische Herausforderungen und Ansätze zu ihrer Bewältigung*. Weinheim: Deutscher Studienverlag, 159–172.

Dubs, R. (2001). Grenzen ökonomischer Prinzipien aus pädagogischer Sicht. In H. A. Wüthrich, W. B. Winter & A. Philipp (Hrsg.), *Grenzen ökonomischen Denkens*. Wiesbaden: Gabler, 289–303.

Dubs, R. (2004). Bildungsstandards – ein erfolgversprechender Paradigmawechsel? Ein Umsetzungsversuch als Diskussionsgrundlage im Fach Volkswirtschaftslehre. In M. Wosnitza, A. Frey & R. S. Jäger (Hrsg.), *Lernprozess, Lernumgebung und Lerndiagnostik. Wissenschaftliche Beiträge zum Lernen im 21. Jahrhundert*. Landau: Verlag Empirische Pädagogik, 38–55.

Dubs, R. (2005). *Die Führung einer Schule. Management und Leadership*. Zürich: Verlag des Schweizerischen Kaufmännischen Verbandes.

Dubs, R. (2006). Bildungsstandards und kompetenzorientiertes Lernen. In G. Minnameier & E. Wuttke (Hrsg.), *Berufs- und wirtschaftspädagogische Grundlagenforschung. Lehr-Lern-Prozesse und Kompetenzdiagnostik*. Bern: Peter Lang Verlag, 161–175.

Dubs, R. (2006). Führung. In H. Buchen & H.-G. Rolff (Hrsg.), *Professionswissen Schulleitung*. Weinheim: Beltz, 102–176.

Dubs, R. & Eberle, F. (1994). *Der Führungsstil von Lehrkräften: eine empirische Untersuchung*. Arbeitspapiere. St. Gallen: Institut für Wirtschaftspädagogik.

Duffy, G. G. (1993). Rethinking Strategy Instruction: Four Teachers' Development and Their Low Achievers' Understandings. *Elementary School Journal*, 93, 231–247.

Duffy, T. M. & Jonassen, D. H. (1992). *Constructivism and the Technology of Instruction*. A Conversation. Hillsdale, NJ: Lawrence Erlbaum.

Dunkin, M. J. & Biddle, B. J. (1974). *The Study of Teaching*. New York: Holt, Rinehard and Winston.

DuPaul, G. J. & Eckert, T. L. (1997). The Effects of School-Based Intervention for Attention-Deficit Hyperactivity Disorder: A Meta-Analysis. *School Psychology Review*, 26, 5–27.

Eccles, J. S., Midgley, C. et al. (1993). Development During Adolescense. The Impact of Stage-Environment Fit on Joung Adolescents' Experiences in Schools and Families. *American Psychologist*, 48, 90–101.

Ekman, P. & Friesen, W. V. (1969). The Repertoire of Nonverbal Behavior: Categories, Origins, Usage, and Coding. *Semiotica*, 1, 49–98.

Elias, J. L. (1989). *Moral Education. Secular and Religions*. Malabar: Krieger.

Emmer, E. T. & Aussiker, A. (1990). School and Classroom Discipline Programs: How well Do they Work? In O. C. Moles (Ed.), *Student Discipline Strategies: Research and Practice.* Albany: State University of New York Press.

Emmer, E. T., Evertson, C. M. & Anderson, L. M. (1980). Effective Classroom Management at the Beginning of the School Year. *Elementary School Journal*, 80, 219–231.

Emmer, E. T., Evertson, C. M. & Worsham, M. E. (2003). *Classroom Management for Secondary Teachers* (6th ed.). Boston: Allyn & Bacon.

Emmer, E. T., Evertson, C. M. et al. (1994). *Classroom Management for Secondary Teachers* (3rd ed.). Boston: Allyn and Bacon.

Englert, C. S. & Raphael, T. E. (1989). Developing Successful Writers through Cognitive Strategy Instruction. In J. E. Brophy (Ed.), *Advances in Research on Teaching* (Vol. 1). Greenwich, CT: JAI Press.

Englert, C. S., Raphael, T. E., Anderson, L. M. et al. (1991). Making Strategies and Self-Talk Visible: Writing Instruction in Regular and Special Education Classes. *American Educational Research Journal*, 28, 337–372.

Englert, C. S., Tarrant, K. L., Mariage, T. V. (1992). Defining and Redefining Instructional Practice in Special Education: Perspectives on Good Teaching. *Teacher Education and Special Education*, 15, 62–86.

Englert, C. S., Garmon, A., Mariage, T. et al. (1993). *Beyond Skills Instruction: The Effects of Discourse Communities in Special Education Classrooms on Literacy Performance.* Paper presented at the AERA Convention 1993, Atlanta.

Ennis, R. H. (1989). Critical Thinking and Subject Specifity: Clarification and Needed Research. *Educational Researcher*, 18 (3), 4–10.

Ennis, R. H. (1994). *Critical Thinking.* Englewood Cliffs, NJ: Prentice-Hall.

Entwistle, N. J., Entwistle, A. & Tait, H. (1993). Academic Understanding and Context to Enhance it: A Perspective from Research on Student Learning. In T. M. Duffy, J. Lowyck & D. H. Jonassen (Eds.), *Designing Environment for Constructive Learning.* New York: Springer, 331–357.

Ercikan, K. & Roth, W.-M. (2006). What Good is Polarizing Research Into Qualitative and Quantitative? *Educational Researcher*, 35 (5), 14–23.

Euler, D. (2001). *Bestandesevaluation Sozialkompetenz* (unveröffentliches Papier). St. Gallen: Institut für Wirtschaftspädagogik.

Euler, D. (2001). High Teach durch High Tech? Von der Programmatik zur Umsetzung – Neue Medien in der Berufsbildung aus deutscher Perspektive. *Zeitschrift für Berufs- und Wirtschaftspädagogik*, 97 (1), 25–43.

Euler, D. (2004). *Sozialkompetenzen bestimmen, fördern und prüfen: Grundfragen und theoretische Fundierung.* St. Gallen: Institut für Wirtschaftspädagogik.

Euler, D. (2006). Förderung von Sozialkompetenzen. In D. Euler (Hrsg.), *Facetten des beruflichen Lernens.* Bern: hep-Verlag, 185–230.

Evertson, C. & Harris, A. (1992). What we know about Managing Classrooms. *Educational Leadership*, 49, 74–78.

Evertson, C. M. & Emmer, E. T. (1982). Effective Management in the Beginning of the Year in Junior High Classes. *Journal of Educational Psychology*, 74, 485–498.

Exline, R. (1971). Visual Interaction: The Glauces of Power and Perference. In J. K. Cole (Ed.), *Nebraska Symposium on Motivation.* Lincoln: University of Nebraska.

Feather, N. (1982). *Expectations and Actions.* Hillsdale, NJ: Lawrence Erlbaum.

Fein, R. A., Vossekuil, B. et al. (2002). *Threat Assessment in Schools. A Guide to Managing Threatening Situations and to Creating Safe School Climates.* Washington, DC: United States Secret Service and United States Department of Education.

Felmlee, D., Eder, D. & Tsui, W. (1985). Peer Influence on Classroom Attention. *Social Psychology Quarterly*, 48, 215–226.

Fend, H. (1997). *Der Umgang mit Schule in der Adoleszenz.* Göttingen: Hogrefe.

Fenton, E. (1976). The Cognitive-Developmental Approach to Moral Education. *Social Education*, 40, 188–198.

Fisher, C. W., Filby, N. N. et al. (1983). *Teacher Behaviors, Academic Learning Time and Student Achievement: Final Report of Phase III-B*. San Francisco: Far West Regional Laboratory for Educational Research and Development.

Flanders, N. (1970). *Analysing Teacher Behavior*. Reading, MA: Addison-Wesley.

Flavell, J. H. (1992). Metakognition and Cognitive Monitoring. A New Aera of Cognitive Developmental Inquiry. In Th. O. Nelson (Ed.), *Metakognition. Core Readings*. Boston: Allyn and Bacon, 3–8.

Forrester, J. W. (1974). Das intuitionswidrige Verhalten sozialer Systeme. In D. L. Maedows & D. H. Maedows (Hrsg.), *Das globale Gleichgewicht*. Reinbek: Rowohlt.

Fortmüller, R. (1997). *Wissen und Problemlösen*. Wien: Manz.

Fosnot, C. (1992). Constructing Constructivism. In T. M. Duffy & D. H. Jonassen (Eds.), *Constructivism and the Technology of Instruction*. Hillsdale, NJ: Lawrence Erlbaum, 167–176.

Freeman, C. & Porter, A. (1989). Do Textbooks Dictate the Content of Mathematics Instruction in Elementary Schools? *American Educational Research Journal*, 26, 403–421.

Freiberg, H. J. & Lapointe, J. M. (2006). Research-Based Programs for Preventing and Solving Disziplin Problems. In C. M. Evertson & C. S. Weinstein (Eds.), *Handbook of Classroom Management*. Mahwah, NJ: Lawrence Erlbaum.

Freiberg, H. J. (1999). *School Climate. Measuring, Improving and Sustaining Healty Learning Environments*. London: Falmer Press.

Frey, H. (1976). Durch die Mengenlehre wird die Mathematiknote der schwachen Schüler schlechter! Untersuchung einer Behauptung. *Psychologie in Erziehung und Unterricht*, 355–363.

Friedman, I. A. (1995). Student Behavior Patterns Contributing to Teacher Burn Out. *The Journal of Educational Research*, 88, 281–289.

Friedrich, H. F. & Mandl, H. (Hrsg.), (1992). *Lern- und Denkstrategie. Analyse und Intervention*. Göttingen: Hogrefe.

Friesen, Ch. D. (1979). *The Results of Homework versus Non-Homework Studies*. ERIC Document No. 167 508, University of Iowa.

Fthenakis, W. E., Sonner, A. et al. (1985). Bilingual-bikulturelle Entwicklung des Kindes – Ein Handbuch für Psychologen, Pädagogen und Linguisten. München: Max Hueber.

Funke, J. & Zumbach, J. (2006). Problemlösen. In H. Mandl & H. F. Friedrich (Hrsg.), *Handbuch Lernstrategien*. Göttingen: Hogrefe, 206–220.

Furtwengler, W. J. (1990). Improving School Discipline Through Student-Teacher Involvment. In O. C. Moles (Ed.), *Student Discipline Strategies. Research and Practice*. Albany: State University of New York Press, 77–98.

Gage, N. L. (1976). A Factorially Designed Experiment on Teacher Structuring, Soliciting, and Reacting. *Research and Development Menorandum No. 147*. Stanford, CA: Stanford Center for Research and Development in Teaching.

Gage, N. L. (1978). *The Scientific Basis of the Art of Teaching*. New York: Teachers College Press.

Gage, N. L. & Needels, M. C. (1989). Process-Product Research on Teaching: A Review of Criticism. *The Elementary School Journal*, 89, 253–300.

Gage, N. L. & Berliner, D. C. (1998). *Educational Psychology* (6th ed.). Chicago: Rand McNally.

Galbraith, R. E. & Jones, T. M. (1976). *Moral Reasoning. A Teaching Handbook for Adapting Kohlberg to the Classroom*. Minneapolis: Greenhaven Press.

Gall, M. D. (1975). *The Effect of Teacher Use of Questioning Techniques on Student Attitudes. Final Report*. San Francisco: Far West Laboratory for Educational Research and Development.

Gall, M. D. (1984). Synthesis of Research on Teachers Questioning. *Educational Leadership*, 42, 40–47.

Galloway, Ch. (1968). Nonverbal Communication. *Theory into Practice*, 7, 172–182.

Garcia, R. (1991). *Teaching in a Pluralistic Society: Concepts, Models, Strategies* (2nd ed.). New York: Harper-Collins.

Gaskins, I. W., Anderson, R. C., Pressley, M. et al. (1993). Six Teachers' Dialogue during Cognitive Process Instruction. *The Elementary School Journal*, 93, 277–304.

Gavish, B. (2002). *Fit between Role Expectations and Actual Role Perceptions as Predictors of Burnout in Novice Teachers*. Doctoral Dissertation: Jerusalem: Hebrev University.

George, P., Lawrence, G. & Bushuell, D. (1998). *Handbook for Middle School Teaching* (2nd ed.). New York: Harper-Collins.

Gergen, K. J. (1965). The Effects of Interaction Goals and Personalistic Feedback on the Presentation on Self. *Journal of Personality and Social Psychology*, 1, 413–424.

Gerstenmeier, J. & Mandl. H. (1995). Wissenserwerb unter konstruktivistischer Perspektive. *Zeitschrift für Pädagogik*, 41 (6), 867–888.

Getzels, J. W. & Jackson, P. W. (1963). The Teacher's Personality and Characteristics. In N. L. Gage (Ed.), *Handbook of Research on Teaching*. Chicago: Rand McNally.

Giacona, R. M. & Hedges, L. V. (1983). Identifying Features of Effective Open Education. *Evaluation Studies*, 448–461.

Ginott, H. (1971). *Teacher and Child*. New York: Macmillan.

Glaser, R. (1984). Education and Thinking: The Role of Knowledge. *American Psychologist*, 39, 93–104.

Glasersfeld, E. von (1996). *Radikaler Konstruktivismus*. Frankfurt a.M.: Suhrkamp.

Glasser, W. (1977). 10 Steps to Good Discipline. *Today's Education*, 66, 60–63.

Glasser, W. (1990). *The Quality School: Managing Students without Coercion*. New York: Harper and Row.

Goetz, E. T., Alexander, P. A. & Ash, M. J. (1992). *Educational Psychology. A Classroom Perspective*. New York: Merrill.

Goldenberg, C. (1992). The Limits of Expectations: A Case for Case Knowledge about Teacher Expectancy Effects. *American Educational Research Journal*, 29, 517–544.

Goleman, D. (1996). *Emotionale Intelligenz*. München: Hanser.

Gomez, P. (2004). Einführung in das vernetzte Denken. In R. Dubs & D. Euler et al. (Hrsg.), *Einführung in die Managementlehre* (Band 5). Bern: Paul Haupt Verlag, 91–115.

Gonon, P. (Hrsg.). (1996). *Schlüsselqualifikationen kontrovers*. Aarau: Sauerländer.

Good, T. & Brophy, J. (1995). *Contemporary Educational Psychology* (5th ed.). White Plains, NY: Longman.

Good, T. (1993). Teacher Expectations. In L. Anderson (Ed.). *International Encyclopedia of Education* (2nd ed.). Oxford: Pergamon.

Good, T. & Nichlos, S. (2001). Expectancy Effects in the Classroom: A Special Focus on Improving the Reading Performance of Minority Students in First-Grade Classrooms. *Educational Psychologist*, 36, 113–126.

Good, T. & Weinstein, R. (1986). Teacher Expectations: A Framework for Exploring Classrooms. In K. K. Zumwalt (Ed.), *Improving Teaching* (The 1986 ASCD Yearbook). Alexandria, VA: ASCD.

Good, T. L. & Brophy, J. E. (1990), (2003). *Educational Psychology* (4rd ed.), (9th ed.). New York: Longman.

Good, T. L. & Brophy, J. E. (1994). *Looking in Classrooms* (6th ed.). New York: Harper Collins.

Good, T. L. (1975). *Teacher Behavior and Student Outcomes in the Missouri Teacher Effectiveness Study*. Columbia, MD: University of Missouri.

Good, T., Mulryan, C. & McCaslin, M. (1992). Grouping for Instruction in Mathematics: A Call for Programmatic Research on Small-Group Processes. In D. Grows (Ed.), *Handbook of Research on Mathematic Teaching and Learning*. New York: Macmillan, 165–196.

Goodmann, R. & Stevenson, J. (1989). A Twin Study of Hyperactivity: II. The Aetologie Role of Genes, Family Relationships and Perinatal Adversity. *Journal of Child Psychology and Psychiatric*, 30, 691–709.

Gordon, T. (1974). T.E.T.: *Teacher Effectiveness Training*. New York: David McKay.

Gottfredson, D. C. (1990). Developing Effective Organizations to Reduce School Disorder. In O. C. Moles (Ed.), *Student Discipline Strategies. Research and Practice.* Albany: State University of New York Press, 47–62.

Gottfredson, D. C. et al. (1993). Managing Adolescent Behavior: A Multiyear, Multischool Study. *American Educational Research Journal*, 30, 179–215.

Gottfried, A. (1985). Academic Intrinsic Motivation in Elementary and Junior High School Students. *Journal of Educational Psychology*, 77, 631–645.

Gray, J. (1990). Has Comprehensive Education Succeeded? Changes Within Schools and Their Effects in Great Britain. In A. Leschinsky & K. U. Mayer (Hrsg.), *The Comprehensive School. Experiment Revisited: Evidence from Western Europe.* Frankfurt a.M.: Peter Lang, 111–139.

Grell, J. & Grell, M. (1981). *Unterrichtsrezepte* (3. Aufl.). Weinheim: Beltz.

Grennon Brooks, J. & Brooks, M. G. (1993). *The Case for Constructivist Classrooms.* Alexandria, VA: Association for Supervision and Curriculum Development.

Grillenberger, P. & Niegemann, H. (2000). Entwicklung und Erprobung eines Lernprogramms zur Technik des «Concept Mapping». In H. Mandl & F. Fischer (Hrsg.), *Wissen sichtbar machen.* Göttingen: Hogrefe, 55–70.

Grob, U. & Maag Merki, K. (2001). *Überfachliche Kompetenzen. Theoretische Grundlagen und empirische Erprobung eines Indikatorensystems.* Bern: Paul Haupt Verlag.

Gropper, G. L. (1971). *Evaluation of a Program to Train Teachers to Manage Social and Emotional Problems in the Classroom.* Pittsburgh: American Institute for Research.

Gruber, H. & Renkl, A. (2000). Die Kluft zwischen Wissen und Handeln: Das Problem des trägen Wissens. In G. H. Neuweg (Hrsg.), *Wissen – Können – Reflexion.* Innsbruck: Studienverlag, 155–175.

Gudjons, H. (2006). *Neue Unterrichtskultur – veränderte Lehrerrolle.* Bad Heilbrunn: Julius Klinkhardt.

Guilford, J. P. (1956). The Structure of Intellect. Psychological Bulletin, 53, 267–278.

Guldimann, T. (1995). *Eigenständiger Lernen durch metakognitive Bewusstheit und Erweiterung des kognitiven und metakognitiven Strategierepertoires.* Bern: Dissertation Universität.

Hall, G. E., Quinn, L. F. & Gollnick, D. M. (2007). *The Joy of Teaching. Making a Difference in Student Learning.* Boston: Pearson.

Halperin, M. S. (1976). First-grade Teachers' and Childrens' Developing Perceptions of School. *Journal of Educational Psychology*, 68, 638–648.

Hamachek, D. (1975). Characteristics of Good Teachers and Implication for Teacher Education. In H. Funk & R. Olberg (Eds.), *Learning to Teach in the Elementary School.* New York: Dodd, Maed and Co.

Haney, C., Banks, C. & Zimbardo, P. (1973). Interpersonal Dynamics in a Simulated Prison. *International Journal of Criminology and Penology*, 1, 69–97.

Hannover, B. (1998). The Development of Self-Concepts and Interests. In J. Baumert, L. Hoffmann, A. Krapp & A. Renninger (Eds.), *Interest and Learning.* Kiel: Institut der Pädagogik der Naturwissenschaften, 105–125.

Harmin, M. (1988). Value Clarity, High Morality: Let's Go for Both. *Educational Leadership*, 46, 24–30.

Harrison, A. (1995). *Using Knowledge Decrement to Compare Medical Students' Long-Term Retention of Self-Study Reading and Lecture Materials. Assessment and Evaluation in Higher Education*, 20 (2), 149–159.

Hartley, J. (1976). Lecture Handouts and Student Note-Taking. *Programmed Learning and Educational Technology*, 13, 58–64.

Hattie, J. (1992). *Self-Concept.* Hillsdale, NJ: Lawrence Erlbaum.

Hattie, J. (2005). The Paradox of Reducing Class Size and Improving Learning Outcomes. *International Journal of Educational Research*, 43, 387–425.

Häussler, P. & Hoffmann, L. (1995). Physikunterricht – an den Interessen von Mädchen und Jungen orientiert. *Unterrichtswissenschaften*, 23 (2), 10–126.

Hawley, R. C. (1972). Values and Decision Making: Values in the Classroom. *Indipendent School Bulletin*, 32, 19–23.

Hayes, J. R. (1989). Cognitive Processes in Creativity. In J. A. Glover, R. R. Ronning & C. R. Reynolds (Eds.), *Handbook of Creativity.* New York: Plenum Press.

Hayes, J. R. (1990). *Cognitive Processes in Creativity.* Berkeley: Center for the Study of Writing.

Heath, S. (1983). *Ways with words.* New York: Cambridge University Press.

Heckhausen, H. (1969). Förderung der Lernmotivierung und der intellektuellen Tüchtigkeit. In H. Roth (Hrsg.), *Begabung und Lernen.* Stuttgart: Klett-Cotta, 193–228.

Heckhausen, H. & Heckhausen, J. (2006). *Motivation und Handeln.* Berlin: Springer.

Hedin, D. & Schneider, B. (1978). Action Learning in Minneapolis. A Case-Study. In R. W. Tyler (Ed.), *From Youth to Constructive Adult Life: The Role of the Public School.* Berkeley, CA: McCutchan, 149–167.

Heid, H. (1996). Was ist offen im offenen Unterricht? *Zeitschrift für Pädagogik.* 34. Beiheft, 159–172.

Heid, H. (2001). Situation als Konstrukt. Zur Kritik objektivistischer Situationsdefinitionen. *Schweizerische Zeitschrift für Bildungswissenschaften*, 23 (3), 513–517.

Heid, H. (2006). Ist Standardisierung wünschenswerten Lernoutputs geeignet, zur Qualitätsverbesserung des Bildungswesens beizutragen? *Gymnasium Helveticum*, 60, 19–22.

Heitmeyer, W. & Hagan, J. (Hrsg.). (2002). *Internationales Handbuch der Gewaltforschung.* Wiesbaden: Westdeutscher Verlag.

Helmke, A. (1988). Leistungssteigerung und Ausgleich von Leistungsunterschieden in Schulklassen: unvereinbare Ziele? *Zeitschrift für Entwicklungspsychologie und Pädagogische Psychologie*, 20, 1, 45–76.

Helmke, A. & Schrader, F. (1987). Interactional Effects of Instructional Quality and Teacher Accuracy on Achievement. *Teaching and Teacher Education*, 3, 91–98.

Helmke, A. & Weinert, F. E. (1997). Bedingungsfaktoren schulischer Leistungen. In F. E. Weinert (Hrsg.), *Psychologie des Unterrichts und der Schule. Enzyklopädie der Psychologie, Serie Pädagogische Psychologie.* Band 3. Göttingen: Hogrefe, 71–176.

Helmke, A. (1992). *Selbstvertrauen und schulische Leistungen.* Göttingen: Hogrefe.

Hennings, D. G. (1975). *Mastering Classroom Communication. What Interactions Analysis Tells the Teacher.* Pacific Palisandes: Goodyear Pub. Co.

Henson, K. (1988). *Methods and Strategies for Teaching in Secondary and Middle Schools.* New York: Longman.

Hillen, St., Berendes, K. & Breuer, K. (2000). Systemdynamische Modellbildung. In H. Mandl & F. Fischer (Hrsg.), *Wissen sichtbar machen. Wissensmanagement mit Mapping-Techniken.* Göttingen: Hogrefe: 71–89.

Hiller, H. J. (1971). Verbal Response Indicators of Conceptional Vagueness. *American Educational Research Journal*, 8, 151–161.

Hiller, H. J., Fisher, G. A. & Kaess, W. (1969). A Computer Investigation of Verbal Characteristics of Effective Classroom Lecturing. *American Educational Research Journal*, 6, 661–675.

Hodel, M. (1995). Organisationales Lernen – dargestellt an der Erarbeitung und Implementation eines durch Mind Mapping visualisierten Leitbildes. St. Gallen: Dissertation HSG.

Hofer, R. (1988). *Integration von Lern- und Arbeitstechniken in den wirtschaftswissenschaftlichen Unterricht der Mittelschule am Beispiel der Textverarbeitung durch Strukturierung.* St. Gallen: Dissertation HSG.

Hoff, E.-H., Lempert, W. & Lappe, L. (1991). *Persönlichkeitsentwicklung in Facharbeiterbiographien*. Bern: Verlag Hans Huber.

Hogan, K. & Pressley, M. (Eds.), (1997). *Scaffolding Student Learning. Instructional Approaches and Issues*. Cambridge, MA: Brookline Books.

Holzbrecher, A. (2004). *Interkulturelle Pädagogik*. Berlin: Cornelsen Verlag Scriptor.

Hoover-Dempsey, K. V., Battiato, A. et al. (2001). Parental Involvment in Homework. *Educational Psychologist*, 36, 195–209.

Horn, D. (1990). *Aspekte bilingualer Erziehung in den USA und Kanada – Unter Berücksichtigung des Unterrichts für Minderheitskinder in der Bundesrepublik*. Baltmannsweiler: Pädagogischer Verlag der Burgbücherei Schneider.

Hössli, N. (Hrsg.), (2005). *Muslimische Kinder in der Schweiz*. Thalwil: NCBI Schweiz.

Huber, A. A. & Rotering-Steinberg, S. (1998). Das Fragestellen als Ansatz zur Effektivierung, Kooperatives Lernen. Eine Studie unter Berücksichtigung des kognitiven Orientierungsstils Gewissheits-/Ungewissheitsorientierung. *Empirische Pädagogik*, 12 (3) 215–223.

Huber, G. (2006). Lernen in Gruppen/Kooperatives Lernen. In H. Mandl & H. F. Friedrich (Hrsg.), *Handbuch Lernstrategien*. Göttingen: Hogrefe, 261–272.

Hurrelmann, K. & Bründel, H. (2007). *Gewalt an Schulen. Pädagogische Antworten auf eine soziale Krise*. Weinheim: Beltz.

Isaksen, S. G. & DeSchryver, L. (2000). Making a Difference with CPS: A Summary of the Evidence. In S. G. Isaksen (Ed.), *Facilitative Leadership: Making a Difference with Creative Problem Solving*. Dubuque, IA: Kendall-Hunt, 187–249.

Jackson, P. W. (1985). Private Lessons in Public Schools: Remarks on the Limits of Adaptive Instruction. In M. C. Wang & H. J. Walberg (Eds.), *Adapting Instruction to Individual Differences*. Berkley, CA: McCutchan.

Jackson, P. W., Boostrom, R. E. & Hansen, D. T. (1993). *The Moral Life of Schools*. San Francisco: Jossey-Bass.

John, O. P. (1990). The «Big Five» Factor Taxonomy: Dimension of Personality in the Natural Language and in Questionnaires. In L. A. Pervin (Ed.), *Handbook of Personality: Theory and Research*. New York: Guilford Press.

Johnson, D. W. & Johnson, R. T. (1987). *Learning together and alone* (2nd ed.). Englewood Cliffs, NJ: Prentice-Hall.

Johnson, D. W. & Johnson, R. T. (1992). Positive Interdependence: Key to effective Cooperation. In R. Hertz-Lazarowitz (Ed.), *Interaction in Cooperative Groups: The Theoretical Anatomy of Group Learning*. New York: Cambridge University Press, 174–199.

Johnson, D. W. & Johnson, R. T. (1995). *Teaching Students to be Peacemakers*. Edina, MN: Interaction Book Company.

Johnson, D. W. & Johnson, R. T. (1998). Cooperative Learning and Social Interdependence Theory. In R. S. Tindale & L. Heath et al. (Eds.), *Theory and Research on Small Groups*. New York: Plenum, 9–35.

Johnson, D. W. & Johnson, R. T. (2002). Teaching Students to be Peacemakers: A Meta-Analysis. *Journal of Research in Education*, 12, 25–39.

Johnson, D. W. & Johnson, R. T. (2006). Conflict Resolution, Peer Mediation, and Peace Making. In C. M. Evertson & C. S. Weinstein (Eds.), *Handbook of Classroom Management. Research, Practice, and Contemporary Issues*. Mahwah, NJ: Lawrence Erlbaum, 803–832.

Jonassen, D. H. (1992). Evaluating Constructivistic Learning. In T. M. Duffy & D. H. Jonassen (Eds.), *Constructivism and the Technology of Instruction. A Conversation*. Hillsdale, NJ: Lawrence Erlbaum, 137–148.

Jonassen, D. H., Beissner, K. & Yacci, M. (1993). *Structural Knowledge. Techniques for Representing, Conveying, and Acquiring Structural Knowledge*. Hillsdale, NJ: Lawrence Erlbaum.

Jones, E. (1990). *Interpersonal Perception*. New York: Freeman.

Jones, M. & Gerig, T. (1994). Silent Sixth-grade Students: Characteristics, Achievement, and Teacher Expectations. *Elementary School Journal*, 95, 169–182.

Joyce, B. & Weil, M. (1986). *Models of Teaching* (3rd ed.). Englewood Cliffs, NJ: Prentice-Hall.
Jussim, L., Smith, A., Madon, S. & Palumbo, P. (1998). Teacher Expectation. In J. E. Brophy (Ed.), *Advances in Research on Teaching. Expectations in the Classroom* (Vol. 7). Greenwich, CT: JAI Press, 1–48.
Kagan, S. (1988). *Cooperative Learning*: Resources for Teachers. Riverside: University of California.
Kaiser, A. & Kaiser, R. (1999). *Metakognition. Denken und Problemlösen optimieren*. Neuwied: Luchterhand.
Kaiser, F. J. & Kaminski, H. (1999). *Methodik des Ökonomie-Unterrichtes. Grundlagen eines handlungsorientierten Lernkonzepts mit Beispielen* (3. Aufl.). Bad Heilbrunn: Julius Klinkhardt.
Käppeli, M. (2001). *Förderung von Handlungskompetenzen durch die Gestaltung gemässigt-konstruktivistischer Lehr-Lern-Prozesse*. St. Gallen: Dissertation Universität.
Kerry, T. (1992). *Teaching in Further Education*. Cambridge, MA: B. Blackwell.
Kirschenbaum, A. (1992). A Comprehensive Model for Values Education and Moral Education. *Phi Delta Kappan*, 73, 771–776.
Klein, S. (1971). Student Influence on Teacher Behavior. *American Educational Research Journal*, 8, 403–421.
Klewin, G. & Popp, U. (2000). Gewaltverständnis und Reaktionen auf Schülergewalt aus der Sicht von Schüler(innen) und Lehrer(innen). *Psychosozial*, 23, 43–56.
Klieme, E. et al. (2003). *Zur Entwicklung nationaler Bildungsstandards. Eine Expertise*. Frankfurt a.M.: Deutsches Institut für internationale pädagogische Forschung.
Kloas, P. W. (1997). Modularisierung in der beruflichen Bildung. *Berichte zur beruflichen Bildung*, Heft 203. Berlin: Bundesinstitut für Berufsbildung.
Knapp, M. L. (1978). *Nonverbal Communication in Human Interaction*. New York: Holt, Rinehard and Winston.
Knapp, M. L. (1984). *Interpersonal Communication and Human Relationships*. Boston: Allyn and Bacon.
Knoll, J. (2001). Wer ist das «Selbst»? In St. Dietrich (Hrsg.), *Selbstgesteuertes Lernen in der Weiterbildungspraxis*. Bielefeld: Bertelsmann, 201–213.
Kohlberg, L. (1976/1996). Moralstufen und Moralerwerb: Der kognitiv-entwicklungstheoretische Ansatz. In L. Kohlberg. *Die Psychologie der Moralentwicklung* (hrsg. von W. Althof). Frankfurt a.M.: Suhrkamp, 123–174.
Kohlberg, L. (1981). *Essays on Moral Development: Volume I. The Philosophy of Moral Development*. New York: Harper and Row.
Kohlberg, L. (1984). *Essays on Moral Development: Volume II: The Psychology of Moral Development*. San Francisco: Harper and Row.
Kohlberg, L. (1985). The Just Community Approach to Moral Education in Theory and Practice. In M. W. Berkowitz & F. Oser (Eds.), *Moral Education: Theory and Application*. Hillsdale, NJ: Lawrence Erlbaum.
Komisar, B. P. & McCellan, J. E. (1968). The Logic of Slogans. In B. O. Smith & R. M. Ennis (Eds.), *Language and Concepts in Education*. Chicago: Rant McNally, 194–214.
Koneya, M. (1976). Location and Interaction in Row and Column Seating Arrangements. *Environment and Behavior*, 8, 265–282.
Koop, B. & Mandl, H. (2006). Gemeinsame Wissenskonstruktion. In. H.-W. Bierhoff & D. Frey (Hrsg.), *Handbuch der Sozialpsychologie und Kommunikationspsychologie*. Göttingen: Hogrefe, 504–509.
Kottler, K. & Kottler, E. (1993). *Teacher as Counselor: Developing the Helping Skills you Need*. Newbury Park, CA: Corwin.
Kounin, J. (1970). *Discipline and Group Management in Classrooms*. New York: Holt, Rinehard and Winston.

Krapf, B. (1985). *Unterrichtsstrukturen und intellektuelle Anforderungen am Gymnasium.* Bern: Paul Haupt Verlag.

Krathwohl, D. R., Bloom, B. S. & Masia. B. B. (1964). *Taxonomy of Educational Objectives. The Classification of Educational Goals. Handbook II: Affective Domain.* New York: Longman.

Krause, U.-M. & Stark, R. (2006). Vorwissen aktivieren. In H. Mandl & H. F. Friedrich (Hrsg.), *Handbuch Lernstrategien.* Göttingen: Hogrefe, 38–49.

Krumm, V. (1986). «Offenes Lernen» in der Grundschule. In F. Oswald (Hrsg.), *Schulreform und Erziehungswissenschaft.* München: Reinhart.

Krumm, V. (1999). Machtmissbrauch von Lehrern: Ein Tabu im Diskurs über Gewalt in der Schule. *Journal für Schulentwicklung,* 3, 38–52.

Krumm, V. & Weiss, S. (2000). Ungerechte Lehrer: Zu einem Defizit in der Forschung über Gewalt an Schulen. *Psychosozial,* 23, 57–73.

Kulik, C., Kulik, J. & Bangert-Drowns, R. (1990). Effectiveness of Mastery Learning Programs: A Meta-Analysis. *Review of Educational Research,* 60, 265–299.

Lambiotte, J. G. & Dansereau, D. F. (1992). Effects of Knowledge Maps and Prior Knowledge on Recall of Science Lecture Content. *Journal of Experimental Education,* 60, 189–201.

Landwehr, N. & Müller, E. (2006). *Begleitetes Selbststudium. Didaktische Grundlagen und Umsetzungshilfen.* Bern: hep-Verlag.

Landwehr, N. (1994). *Neue Wege der Wissensvermittlung.* Aarau: Sauerländer.

Langer, I. & Schoof-Tams, K. (1976). Auswirkungen von Lehrerfrontalunterricht, Schülereinzelarbeit und Kleingruppenarbeit nach Lehrtexten unterschiedlicher Verständlichkeit auf die Wissens- und Behaltensleistungen von Hauptschülern verschiedener Leistungsgruppen. *Psychologie in Erziehung und Unterricht,* 21–28.

Larsson, S. (1983). Paradoxes in Teaching. *Instructional Science,* 12, 355–365.

Learning Technology Center (1992). The Adventures of Jasper Woodburg (Video Disc-Based Aventures). Nashville: Vanderbilt University.

Lehmkuhl, U. (Hrsg.). (2003). *Aggressives Verhalten bei Kindern und Jugendlichen. Ursachen, Prävention, Behandlung.* Göttingen: Vandenhoeck & Ruprecht.

Leinhardt, G. (2005). *Seeing the Complexity of Standing to the Side: Instructional Dialogues. Cognition and Instruction,* 23 (1), 87–163.

Leming, J. S. (1981). On the Limits of Rational Moral Education. *Theory and Research in Social Education,* (9), 7–34.

Lempert, W. (1993). Moralische Sozialisation im Beruf. Bedingungsvariablen und -konfigurationen, Prozessstrukturen, Untersuchungsstrategien. *Zeitschrift für Sozialisationsforschung und Erziehungssoziologie,* (13), 2–25.

Leone, D. (2000). *Die Förderung der Kreativität. Ein Unterrichtsmodell auf der Grundlage systemtheoretischer Erkenntnisse.* St. Gallen: Dissertation Universität.

Leutner, D. & Leopold, C. (2006). Selbstregulation beim Lernen aus Sachtexten. In H. Mandl & H. F. Friedrich (Hrsg.), *Handbuch Lernstrategien.* Göttingen: Hogrefe, 162–171.

Levin, A. (2005). *Lernen durch Fragen.* Münster: Waxmann.

Lewin, K., Lippitt, R. & White, K. R. (1939). Patterns of Aggressive Behavior in Experimentally created Social Climates. *Journal of Social Psychology,* 10, 171–185.

Lickona, T. (1992). *Educating for Character. How Our Schools Can Teach Respect and Responsibility.* New York: Bantam Books.

Lind, G. (2003). *Moral ist lernbar: Handbuch zur Theorie und Praxis moralischer und demokratischer Bildung.* München: Oldenbourg.

Lind, G. (2007). *Jan ist verliebt. Konstanzer Methode der Dilemma Diskussion.* CD. München: Bayrischer Rundfunk.

Lipsey, M. W. & Wilson, D. B. (1993). The Efficacy of Psychological, Educational and Behavioral Treatment: Confirmation from Meta-Analysis. *American Psychologist,* 48, 1181–1209.

Lipsmeier, A. & Pätzold, G. (2000). Lernfeldorientierung in Theorie und Praxis. *Beiheft 15 zur Zeitschrift für Berufs- und Wirtschaftspädagogik.*

Lohmann, G. (2003). *Mit Schülern klarkommen. Professioneller Umgang mit Unterrichtsstörungen und Disziplinarkonflikten.* Berlin: Cornelsen Scriptor.

Loo, R. (2002). Journaling: A Learning Tool for Project Management Training and Teambuilding. *Projects Management Journal*, 33 (4), 61–66.

Lösel, F. & Bliesener, T. (2003). *Aggressionen und Delinquenz unter Jugendlichen. Untersuchungen von kognitiven und sozialen Bedingungen.* Neuwied: Luchterhand.

Lou, Y., Abrami, P. C. et al. (1996). Within-Class Grouping: A Meta-Analysis. *Review of Educational Research*, 66 (4), 423–458.

Lubart, T. I. (1994). Creativity. In R. J. Sternberg (Ed.), *Thinking and Problem Solving.* San Diego: Academic Press, 289–332.

Maag Merki, K. (2002). *Evaluation Mittelschulen – überfachliche Kompetenzen. Schlussbericht der ersten Erhebung.* Zürich: Universität Zürich, Pädagogisches Institut.

Maag Merki, K. (2005). «Wissen worüber man spricht.» Ein Glossar. Standards, Unterrichten zwischen Kompetenzen, zentralen Prüfungen und Vergleichsarbeiten. *Friedrich Jahresheft XXIII*, 12–13.

Mac Manaway, L. A. (1968). Using Lecture Scripts. *University Quarterly*, 22, 227–236.

Mager, R. F. (1962). *Preparing Instructional Objectives.* Palo Alto, CA: Fearon.

Mand, J. (1993). Gewalt als Lebensgefühl. Die Welt von David und seinen Freunden. *Pädagogik*, 45, 17–20.

Mandl, H. (April, 1992). *Konstruktivistische Ansätze zur Gestaltung computerunterstützter Lernumgebungen.* Podiumsvortrag am zweiten Lernsystem-Analytiker-Kongress, Wiesbaden.

Mandl, H. & Breitinger, G. (1997). KOMMIT: *Kommunikation im Team* (Praxisbericht Nr. 9). München: L.-M. Universität, Institut für Pädagogische Psychologie und Empirische Pädagogik.

Mandl, H. & Fischer, F. (Hrsg). (2000), *Wissen sichtbar machen: Mapping – Techniken für das Wissensmanagement in Lern- und Kooperationsprozessen.* Göttingen: Hogrefe.

Mandl, H. & Friedrich, H. F. (Hrsg.), (2006). *Handbuch Lernstrategien.* Göttingen: Hogrefe.

Mandl, H., Friedrich, H. F. & Hron, A. (1988). Theoretische Ansätze zum Wissenserwerb. In H. Mandl & H. Spada (Hrsg.), *Wissenspsychologie.* München: Psychologie Verlags Union, 123–160.

Manske, M. & Davis, G. (1968). Effects of Simple Instructional Biases Upon Performance in the Unusual Uses Test. *Journal of General Psychology*, 79, 25–33.

Martens, R. L., Portier, S. J. & Valcke, M. M. A. (1995). *Comparing Study Outcomes from Different Learning Environments for Statistics.* Heerlen, NL: Centre for Educational Technical Innovation.

Marzano, R. J., Norford, J. S. et al. (2001). *A Handbook for Classroom Instruction that Works.* Alexandria, VA: ASCD.

Mauermann, L. (1979). Werterziehung durch Wertklärung. Anmerkungen zum Buch von L. E. Raths, M. Harmin & B. Simon: Werte und Ziele. Methoden der Sinnfindung im Unterricht. *Pädagogische Welt*, 33, 74–78.

Mayer, D. P., Mullens, J. E., Moore, M. T. & Ralph, J. (2000). *Monitoring School Quality: An Indicators Report.* Washington, DC: US Department of Education, Office of Educational Research and Improvement.

Mayer, R. E. (1999). *The Promise of Educational Psychology: Learning in the Content Areas.* Upper Saddle River, NJ: Prentice-Hall.

Mayer, R. E. & Wittrock, M. C. (1996). Problem-Solving Transfer. In D. C. Berliner & R. C. Calfee (Eds.), *Handbook of Educational Psychology.* New York: Simon & Schuster Macmillan.

Mayer, R. E., Heiser, J. & Lonn, S. (2001). Cognitive Constraints on Multimedia Learning: When Presenting More Material Results in Less Understanding. *Journal of Educational Psychology*, 93 (1), 187–198.

Mc Cagg, E. C. & Dansereau, D. F. (1991). A Convergent Paradigm for Examining Knowledge Mapping as a Learning Strategy. *Journal of Educational Research,* 84, 317–324.
McCaleb, J. & White, J. (1980). Critical Dimension in Evaluation of Teacher Clarity. *Journal of Classroom Interaction,* 15, 27–30.
McCroskey, J. C. & McVetta, R. W. (1978). Classroom Seating Arrangements. *Communication Education,* 27, 99–111.
McCroskey, J. C., Richmond, T. G. et al. (1985). Power in the Classroom V: Behavior Alternation Techniques, Communication Training and Learning. *Communication Education,* 34, 214–226.
McIntyre, T. (1989). *A Resource Book for Remediating Common Behavior and Learning Problems.* Bosten: Allyn & Bacon.
McKeachie, W. J. (1999). *Teaching Tips. Strategies, Research, and Theory for College and University Teachers.* Lexington, MA: D. C. Heath.
McKeachie, W. J., Pintrich, P. R. et al. (1990). *Teaching and Learning in the College Classroom: A Review of the Literature.* Ann Arbor, MI: National Center for Research to Improve Postsecundary Teaching and Learning.
McKenzie, G. R. (1974). A Theory-Based Approach to Inductive Value Clarification. *Journal of Moral Education,* (1), 47–62.
McLeish, J. (1976). Lecture Method. In N. L. Gage (Ed.), *The Psychology of Teaching Methods. Part One.* Chicago: University of Chicago Press, 252–301.
McPeck, J. E. (1981). *Critical Thinking and Education.* Oxford: Martin Robertson.
McPeck, J. E. (1990). *Teaching Critical Thinking.* New York: Routledge.
Meier, U. & Tillmann, K. J. (2000). Gewalt in der Schule – importiert oder selbstproduziert? *Praxis der Kinderpsychologie und Kinderpsychiatrie,* 49, 36–52.
Mertens, D. (1974). Schlüsselqualifikationen. Thesen zur Schulung für eine moderne Gesellschaft. *Mitteilungen aus der Arbeitsmarkt- und Berufsforschung,* 7, 36–52.
Metzger, C. (1986). *Formative Prüfungen im Hochschulunterricht.* Zürich: Verlag des Schweizerischen Kaufmännischen Verbandes.
Metzger, C. (2002). *Lern- und Arbeitsstrategien. WLI-Schule. Wie lerne ich? Eine Anleitung zum erfolgreichen Lernen* (5. Aufl.). Aarau: Sauerländer.
Metzger, C., Weinstein, C. E. & Palmer, D. R. (2003). *Wie lerne ich? Lernstrategieninventar für Studentinnen und Studenten bzw. WLI-Schule: Wie lerne ich? Lernstrategieninventar für Schülerinnen und Schüler* (6. Aufl.). Aarau: Sauerländer.
Meyers, R. E. (1991). Listening. *Grade Teacher,* 88, 30–35.
Midgley, C., Feldlaufer, H. & Eccles, J. (1989). Change in Teacher Efficacy and Student Self- and Task-Related Beliefs in Mathematics During the Transition of Junior High School. *Journal of Educational Psychology,* 81, 247–258.
Miller, S. I. & Fredericks, M. (1994). *Qualitative Research Methods. Social Epistemology and Practical Inquiry.* New York: Peter Lang.
Morse, W. C., Ardizzone, J. et al. (1989). *Affective Education for Special Children and Youth.* Reston, VA: The Council for Exceptional Children.
Moser, U. (2003). *Klassencockpit im Kanton Zürich. Ergebnisse einer Befragung von Lehrerinnen und Lehrern der 6. Klasse über ihre Erfahrungen im Rahmen der Erprobung von Klassencockpit im Schuljahr 2002/2003.* Zürich: Kompetenzzentrum für Bildungsevaluation und Leistungsmessung an der Universität Zürich.
Moser, U. & Rhyn, H. (1996). *Evaluation der Sekundarstufe I im Kanton Zürich. Schulsystemvergleich. Erster Bericht.* Bern: Universität, Institut für Pädagogik.
Moshman, D. (1982). Exogenous, Endogenous, and Dialectical Constructivism. *Development Review,* 2, 371–384.
Neber, H. (1996). Förderung der Wissensgenerierung in Geschichte: Ein Beitrag zum entdeckenden Lernen durch epistemisches Fragen. *Zeitschrift für Pädagogische Psychologie,* 10 (1), 27–38.

Nenninger, P., Stratka, G. et al. (1995). Motiviertes selbstgesteuertes Lernen. Grundlegung einer interaktionistischen Modellvorstellung. In R. Arbinger & R. S. Jäger (Hrsg.), Zukunftsperspektiven empirisch-pädagogischer Forschung. *Empirische Pädagogik*, Beiheft 4.

Nesbit, J. C. & Adesope, O. O. (2006). Learning With Concept and Knowledge Maps: A Meta-Analysis. *Review of Educational Research*, 76 (3), 413–448.

Newell, A. & Simon, H. A. (1972). *Human Problem Solving*. Englewood Cliffs, NJ: Prenctice-Hall.

Newman, R. & Goldin, L. (1990). Children's Reluctance to Seek Help with School Work. *Journal of Educational Psychology*, 82, 92–100.

Newmann, F. (1975). *Education for Citizen Action: Challange for Secondary Curriculum*. Berkeley, CA: McCutchan Pub. Co.

Noddings, N. (1984). Caring. *A Feminin Approach to Ethics and Moral Education*. Berkeley, CA: University of California Press.

Noddings, N. (2001). The Caring Teacher. In V. Richardson (Ed.), *Handbook of Research on Teaching* (4th ed.). Washington, DC: American Educational Research Association, 99–105.

Norton, D. E. (1989). *The Effective Teaching of Language Arts* (3rd ed.). Columbus, OH: Merrill.

Nowak, J. D. & Gowin, D. B. (1984). *Learning how to Learn*. Cambridge: Cambridge University Press.

Nucci, L. P. (Ed.). (1989). *Moral Development and Character Education. A Dialogue*. Berkley, CA: McCutchan.

Nüesch, C. (2001). Die Förderung von Lern- und Arbeitsstrategien für den Umgang mit dem Internet mit Hilfe des Modells der selbstregulierten Internet-Recherche. *Zeitschrift für Berufs- und Wirtschaftspädagogik*, 97 (4), 540–561.

O'Connor, M. C. & Michaels, S. (1996). Shifting Participant Frameworks: Orchestrating Thinking Practices in Group Discussions. In D. Hicks (Ed.), *Discourse, Learning and Schooling*. Cambridge: Cambridge University Press, 63–103.

O'Donnell, A. M. (1999). Structuring Diadic Interactions through Scripted Cooperation. In A. M. O'Donnell & A. King (Eds.), *Cognitive Perspectives on Peer Learning*, Mahwah, NJ: Lawrence Erlbaum, 179–196.

OECD (2000). *Schülerleistungen im internationalen Vergleich. Eine neue Rahmenkonzeption für die Erfassung von Wissen und Fähigkeiten*. Berlin: Max-Plank-Institut für Bildungsforschung.

Ogle, D. (1986). K-W-L: A Teaching Model That Develops Active Reading of Expository Text. *Reading Teacher*, 39, 564–570.

Oliner, P. M. & Oliner, S. P. (1995). *Toward a Caring Society: Ideas into Action*. Westport, CT: Praeger Publisher.

Opwis, K. (1998). Reflexionen über eigenes und fremdes Wissen. In F. Klix & H. Spada (Hrsg.), *Enzyklopädie der Psychologie: Themenbereich C. Band 6 Wissen*. Göttingen: Hogrefe, 369–401.

Osborn, A. F. (1963). *Applied Imagination* (3rd ed.). New York: Scribner.

Oser, F. K. (1986). Moral Education and Values Education: The Discourse Perspective. In M. C. Wittrock (Ed.), *Handbook of Research on Teaching* (3rd ed.). New York: Macmillan.

Oser, F. K. (o. J.). *Standards: Kompetenzen von Lehrpersonen* (vervielfältigt). Fribourg: Pädagogisches Institut der Universität.

Oser, F. K. & Althof, W. (1992). Moralische Selbstbestimmung. *Modelle der Entwicklung und Erziehung im Wertebereich*. Stuttgart: Klett-Cotta.

Page, E. B. (1958). Teacher Comments and Student Performance: A Seventy-four Classroom Experiment in School Motivation. *Journal of Educational Psychology*, 76, 173–181.

Palinscar, A. S. & Brown, A. L. (1984). Reciprocal Teaching of Comprehension – Fostering and Comprehension-Monotoring Strategies. *Cognition and Instruction*, 2, 117–175.

Palinscar, A. S. (1986). The Role of Dialogue in Providing Scaffolding Instruction. *Educational Psychologist*, 21, 73–98.

Palzkill, B. (1999). Prävention sexualisierter Gewalt in der Schule. In M. A. Kreienbaum (Hrsg.), *Schule lebendig gestalten. Reflexive Koedukation in Theorie und Praxis.* Wissenschaftliche Reihe, 113, 72–93.

Paris, S. G. & Winograd, P. (1990). How Metacognition can Promote Academic Learning and Instruction. In B. F. Jones & L. Idol (Eds.), *Dimension of Thinking and Cognitive Instruction.* Hillsdale, NJ: Lawrence Erlbaum, 15–51.

Parkhurst, H. B. (1999). Confusion, Lack of Consensus, and the Definition of Creativity as a Construct. *The Journal of Creative Behavior*, 33, 1–21.

Patterson, C. (1973). *Humanistic Education.* Englewood Cliffs, NJ: Prentice-Hall.

Pätzold, G. et al. (2005). Methoden im berufsbezogenen Unterricht – Einsatzhäufigkeit, Bedingungen und Perspektiven. *Beiheft 17 zur Zeitschrift für Berufs- und Wirtschaftspädagogik*, 117–136.

Pauli, C. (2006). Das fragend-entwickelnde Lehrgespräch. In M. Baer & M. Fuchs et al. (Hrsg.), *Didaktik auf psychologischer Grundlage.* Bern: hep-Verlag, 192–206.

Pearce, W. B. & Conklin, F. (1971). Nonverbal Vocalic Communication and Perception of a Speaker. *Speech Monographs*, 38, 235–242.

Peart, N. A. & Campbell, F. A. (1999). At-Risk Students' Perceptions of Teacher Effectiveness. *Journal for a Just and Caring Education*, 5 (3), 269–284.

Pellegrino, J. W. (2002). Connecting Learning Theory and Instruction: Principles, Practices and Possibilities. In F. Achtenhagen & E. G. John (Hrsg.), *Meilensteine der beruflichen Bildung (Band 1).* Bielefeld: W. Bertelsmann Verlag, S. 17–37.

Perkins, D. N. (1990). The Nature and Nurture of Creativity. In B. F. Jones & L. Idol (Eds.), *Dimensious of Thinking and Cognitive Instruction.* Hillsdale, NJ: Lawrence Erlbaum, 415–443.

Perkins, D. N. & Salomon, G. (1990). Are Cognitive Skills Contextbound? *Educational Researcher*, 19, 16–25.

Peterson, P. L. (1979). Direct Instruction Reconsidered. In P. L. Peterson & H. Walberg, (Eds.), *Research on Teaching: Concepts, Findings and Implications.* Berkeley, CA: McCutchan.

Peterson, P. L. & Swing, S. (1985). Students Cognitions as Mediators of the Effectiveness of Small-Group Learning. *Journal of Educational Psychology*, 77, 231–253.

Peterson, R., Loveless, S., Knapp, T. et al. (1979). The Effects of Teacher Use of I-Messages on Student Disruptive and Study Behavior. *Psychological Record*, 29, 187–199.

Petrie, C. R. (1963). Informative Speaking: A Summary and Bibliography of Related Research. *Speech Monographs*, 30, 79–92.

Pfeiffer, C. & Wetzels, P. (1999). Zur Struktur und Entwicklung der Jugendgewalt in Deutschland. *Aus Politik und Zeitgeschichte* (Beilage zur Wochenzeitschrift «Das Parlament»). B 26/99, 3–22.

Piaget, J. (1975). *Der Aufbau der Wirklichkeit beim Kinde.* Stuttgart: Klett-Cotta.

Piaget, J. & Inhelder, B. (1971). *The Psychology of the Child.* New York: Basic Books.

Pilz, M. (1999). *Modulare Strukturen in der beruflichen Bildung – eine Alternative für Deutschland.* Markt Schwaben: Wirtschaftspädagogisches Forum.

Pinney, R. H. (1969). *Presentational Behaviors Related to Success in Teaching.* Palo Alto: Stanford University: Unpublished Doctoral Dissertation.

Pintrich, P. R. & Garcia, T. (1991). Student Goal Orientation and Self-Regulation in the College Classroom. In M. L. Maehr & P. R. Pintrich (Eds.), *Advances in Motivation and Achievement* (Vol. 7). Greenwich, CT: JAI Press, 371–402.

Pomerantz, E. M., Moorman, E. A. & Litwack, S. D. (2007). The How, whom, and why of Parents Involvment in Childrens's Academic Lives: More is not Always Better. *Review of Educational Research*, 77, 373–410.

Posch, P., Schneider, W. & Mann, W. E. (1989). *Unterrichtsplanung mit Beispielen für den betriebswirtschaftlichen Unterricht.* Wien: Manz.

Prawat, R. S. (1989). Promoting Access to Knowledge, Strategy, and Dispositions in Students: A Research Synthesis. *Review of Educational Research*, 59, 1–41.

Prawat, R. S. (1991). The Value of Ideas. The Immersion Approach to the Development of Thinking. *Educational Researcher*, 20 (2), 3–10.

Prawat, R. S. & Nickerson, J. R. (1985). The Relationship between Teacher Thought and Action and Student Affecitve Outcomes. *The Elementary School Journal*, 85, 529–540.

Prawat, R. S., Anderson, A. et al. (1981). *Teacher Thinking about the Affective Domain: An Interview Study.* Paper presented at the AERA Meeting, Los Angeles.

Prenzel, M. (1997). Sechs Möglichkeiten, Lernende zu demotivieren. In H. Gruber & A. Renkl (Hrsg.), *Wege zum Können. Determinanten des Kompetenzerwerbs.* Bern: Huber, 32–44.

Prenzel, M. & Drechsel, B. (1996). Ein Jahr kaufmännische Erstausbildung. Veränderungen in Lernmotivation und Interesse. *Unterrichtswissenschaft*, 24, 217–234.

Prenzel, M., Kramer, K. & Drechsel, B. (2001). Selbstbestimmt motiviertes und interessiertes Lernen in der kaufmännischen Erstausbildung – Ergebnisse eines Forschungsprojektes. In K. Beck & V. Krumm (Hrsg.), *Lehren und Lernen in der beruflichen Erstausbildung. Grundlagen einer modernen kaufmännischen Berufsqualifizierung.* Opladen: Leske + Budrich, 37–61.

Presseisen, B. Z. (1992). Thinking Skills in the Curriculum. In H. J. Walberg & J. W. Keefe (Eds.), *Teaching for Thinking.* Reston, VA: NASSP, 1–13.

Pressley, M. & McCormick, B. (1995). *Cognition, Teaching and Assessment.* New York: Harper Collins College Publishers.

Pressley, M., Goodchild, F. et al. (1989). The Challenges of Classroom Strategy Instruction. *The Elementary School Journal,* 89, 301–342.

Pressley, M., Harris, K. & Marks, M. B. (1992). But Good Strategy Instructors are Constructivists! *Educational Psychology Review*, 4, 3–31.

Preuss-Lausitz, U. (2003). *Migrantenkinder 2000: Ausgangslage für eine Verbesserung der Chancengleichheit im Bildungssystem.* Arbeitspapier der Potsdamer Konferenz. http://www.chancengleichheit.org/texte/foren/F3/p_lausitz.html

Purdie, N., Hattie, J. & Carroll, A. (2002). A Review on Interventions for Attention Deficit Hyperactivity Disorder: What Works Best? *Review of Educational Research*, 72 (1), 61–99.

Ramseier, E. & Brühwiler, Ch. (2003). Herkunft, Leistung und Bildungschancen im gegliederten Bildungssystem: Vertiefte PISA-Analyse unter Einbezug der kognitiven Grundfähigkeiten. *Schweizerische Zeitschrift für Bildungswissenschaften,* 25.

Rankin, J. A. (Ed.). (1999). *Handbook on Problem-based Learning.* New York: Forbes.

Raths, L. E., Wassermann, S. et al. (1967). *Teaching for Thinking. Theory and Application.* Columbus, OH: Merrill.

Raths, L., Harmin, M. & Simon, S. (1976). *Values and Teaching.* Columbus, OH: Merrill.

Redfield, D. & Rousseau, E. (1981). A Meta-Analysis of Experimental Research of Teacher Questioning Behavior. *Review of Educational Research*, 51, 237–245.

Reetz, L. (1991). Handlungsorientiertes Lernen in Betrieb und Schule unter dem Aspekt pädagogischer Arbeitsteilung im dualen Berufsbildungssystem. In K. Aschenbrücker & U. Pleiss (Hrsg.), *Menschenführung und Menschenbildung.* Hohengehren: Schneider, 267–280.

Reid, M. & Borkowski, J. (1987). Causal Attribution of Hyperactive Children: Implication for Teaching Strategies and Self-Control. *Journal of Educational Psychology,* 79, 296–307.

Reinmann-Rothmeier, G. & Mandl, H. (1997). Lernen neu denken: Kompetenzen für die Wissensgesellschaft und deren Förderung. *Schulverwaltung*, 3, 74–76.

Reinmann-Rothmeier, G. & Mandl, H. (1998). Wissensvermittlung: Ansätze zur Förderung des Wissenserwerbs. In F. Klix & H. Spada (Hrsg.), *Enzyklopädie der Psychologie* (Serie II, Band 6). Göttingen: Hogrefe, 457–495.

Reinmann-Rothmeier, G. & Mandl, H. (2001). Unterrichten und Lernumgebungen gestalten. In A. Krapp & B. Weidenmann (Hrsg.), *Pädagogische Psychologie* (4. Aufl.). Weinheim: Beltz, 601–646.

Renkl, A. (1998). Träges Wissen. In D. H. Rost (Hrsg.), *Handwörterbuch pädagogische Psychologie*. Weinheim: Beltz, 514–520.

Resnick, L. B. (1985). Cognition and Instruction: Recent Theories of Human Competence. In B. L. Hammonds (Ed.), *Psychology and Learning: The Master Lecture Series* (Vol. 4). Washington, DC: American Psychological Association.

Resnick, L. B. (1987). *Education and Learning to Think*. Washington, DC: National Academy Press.

Reusser, K. (2006). Konstruktivismus. In M. Baer, M. Fuchs & P. Füglister et al. (Hrsg.), *Didaktik auf psychologischer Grundlage*. Bern: hep-Verlag, 151–167.

Rheinberg, F. (1997). Motivation. Stuttgart: Kohlhammer.

Rhodes, M. (1961). *An Analysis of Creativity*. Phi Delta Kappan, 42, 305–310.

Richards, H. C., Bear, G. G. et al. (1992). Moral Reasoning and Classroom Conduct: Evidence of a Curvilinear Relationship. *Merrill-Palmer Quarterly*, 38, 176–190.

Richmond, V. P., Gorham, J. S. & McCroskey, J. C. (1986). The Relationship between Selected Immediacy Behaviors and Cognitive Learning. In M. L. McLaughlin (Ed.), *Communication Yearbook 10*. Beverley Hills, CA: Sage.

Robinson, F. P. (1964). *Effective Study*. New York: Harper and Row.

Roesner, R. W. & Eccles, J. S. (1998). Adolescent's Perceptions of Middle School: Relation to Longitudinal Changes in Academic and Psychological Adjustment. *Journal of Research on Adolescence*, 8, 123–158.

Rogers, C. (1983). *Freedom to Learn*. Columbus, OH: Merrill.

Rolff, H.-G. (2006). Schulentwicklung, Schulprogramm und Steuergruppe. In H. Buchen & H.-G. Rolff (Hrsg.), *Professionswissen Schulleitung*. Weinheim: Beltz, 296–364.

Rosenholtz, S. & Simpson, C. (1984). Classroom Organization and Student Stratification. *Elementary School Journal*, 85, 21–37.

Rosenshine, B. (1968). *Objectively Measured Behavioral Predictors of Effectiveness in Explaining*. Paper presented at the Convention of AERA, Chicago.

Rosenshine, B. (1976). Classroom Instruction. In N. L. Gage (Ed.), *The Psychology of Teaching Methods*. Chicago: University of Chicago Press.

Rosenshine, B. (1983). Teaching Function in Instructional Programs. *Elementary School Journal*, 83, 338–351.

Rosenshine, B. & Meister, C. (1992). The Use of Scaffolds for Teaching Higher-Level Cognitive Strategies. *Educational Leadership*, 50, 26–33.

Rosenthal, R. & Jacobson, L. (1968). *Pygmalion in the Classroom. Teacher Expectation and Pupils' Intellectual Development*. New York: Holt, Rinehard and Winston.

Rowe, M. B. (1974). Wait-time and Rewards as Instructional Variables, Their Influence on Language, Logic, and Fate Control. Part One: Wait-Time. *Journal of Research in Science Teaching*, 11, 81–94.

Rüesch, P. (1998). *Spielt die Schule eine Rolle? Schulische Bedingungen ungleicher Bildungschancen von Immigrantenkindern*. Bern: Peter Lang.

Rüesch, P. (1999). *Gute Schulen im interkulturellen Umfeld. Ergebnisse aus der Forschung zur Qualitätssicherung*. Zürich: Orell Füssli.

Ryan, R. M. (1995). Psychological Needs and the Facilitation of Integrativ Processes. *Journal of Personality*, 63, 397–427.

Salomon, G. & Globerson, T. (1989). When Teams Do not Function the Way They Ought to. *International Journal of Educational Research*, 13 (1), 89–99.

Salonen, P. & Vauras, M. (2006). Interaktion zwischen Lehrenden und Lernenden. In M. Baer & M. Fuchs et al. (Hrsg.), *Didaktik auf psychologischer Grundlage*. Bern: hep-Verlag, 207–213.

Salonen, P., Lehtinen, E. & Olkinuora, E. (1998). Expectations and Beyond: The Development of Motivation and Learning in a Classroom Context. In J. Brophy (Ed.), *Advances in Research on Teaching. Expectations in the Classroom* (Vol. 7). Greenwich, CT: JAI Press, 111–150.

Santrock, J. W. (1976). Affect and Facilitative Self-Control. Influence of Ecological Setting, Cognition, and Social Agent. *Journal of Educational Psychology*, 68, 529–535.

Schecker, H. (1995). Vorlage zum DIFF-Workshop «*Systemisches Denken – Lehren und Lernen mit Simulationen und Modellbildungssystemen in Tübingen*».

Schefe, P. (1986). *Künstliche Intelligenz – Überblick und Grundlagen*. Mannheim: B. I. Wissenschaftsverlag.

Schick, A. & Ott, I. (2002). Gewaltprävention an Schulen – Ansätze und Ergebnisse. *Kinderpsychologie und Kinderpsychiatrie*, 51, 766–799.

Schiefele, U., Wild, K.-P. & Winteler, A. (1995). Lernaufwand und Elaborationsstrategien als Mediaforen der Beziehung von Studieninteresse und Studienleistung. *Zeitschrift für Pädagogische Psychologie*, 8 (1), 1–13.

Schläfli, A., Rest, J. R. & Thoma, S. (1984). *Does Moral Education Improve Moral Judgement? A Meta-Analysis of Intervention Studies Using the DIT*. Minneapolis: University of Minnesota.

Schley, W. (1992). Organisationspsychologische Beratung an der Schule – Das Konzept der Systemberatung und Organisationsentwicklung. In W. Pallasch (Hrsg.), *Beratung – Training – Supervision*. Weinheim: Deutscher Studien Verlag, 161–172.

Schneewind, K. A. (Hrsg.). (1994). Psychologie der Erziehung und Sozialisation. Enzyklopädie der Psychologie. Themenbereich D, Serie 1, *Pädagogische Psychologie* (Band 1). Göttingen: Hogrefe.

Schneider, W., Körkel, J. & Weinert, F. E. (1990). Expert Knowledge, General Abilities and Text Processing. In W. Schneider & F. E. Weinert (Eds.), *Interactions among Aptitudes, Strategies and Knowledge in Cognitive Performance*. New York: Springer, 235–251.

Schoch, E. & Seitz, H. (1997). Interdisziplinärer Unterricht – Anspruch und Wirklichkeit. In R. Dubs & R. Luzi (Hrsg.), *Schule in Wissenschaft, Politik und Praxis*. St. Gallen: Institut für Wirtschaftspädagogik, 633–645.

Schraw, G. (1994). The Effect of Metacognitive Knowledge on Local and Global Monotoring. *Contempory Educational Psychology*, 19, 143–154.

Schubarth, W. (2000). *Gewaltprävention in Schule und Jugendhilfe. Theoretische Grundlagen, empirische Ergebnisse, Praxismodelle*. Neuwied: Luchterhand.

Schulz von Thun, F. (1988, 1989, 1998). *Miteinander reden*, 1–3. Reinbek: Rowohlt.

Schulz von Thun, F. (2005). *Miteinander reden*: Kommunikationspsychologie für Führungskräfte (4. Aufl.). Reinbek: Rowohlt.

Schulz von Thun, F., Ruppel, J. & Stratmann, R. (2005). *Miteinander reden: Kommunikationspsychologie für Führungskräfte* (4. Aufl.). Reinbek: Rowohlt.

Schunk, D. H. (1991). *Learning Theories. An Educational Perspective*. New York: Macmillan.

Schweer, M. (1996). *Vertrauen in der pädagogischen Beziehung*. Bern: Verlag Hans Huber.

Schwegler, J. (1976). *Politische Modellanalyse. Entwurf eines Beispiels über Armeeprobleme. Durchführung und Evaluation an einer kaufmännischen Berufsschule*. St. Gallen: Diplomarbeit HSG.

Seel, N. M. (1991). *Weltwissen und mentale Modelle*. Göttingen: Hogrefe.

Seel, N. M. (2000). *Psychologie des Lernens*. München: Reinhardt.

Seidel, T., Prenzel, M. et al. (2006). Unterrichtsmuster und ihre Wirkungen. Eine Videostudie im Physikunterricht. In M. Prenzel & L. Allolio-Näcke (Hrsg.), *Untersuchungen zur Bildungsqualität von Schule*. Münster: Waxmann, 99–123.

Seidel, T., Rimmele, R. & Prenzel, M. (2003). Gelegenheitsstrukturen beim Klassengespräch und ihre Bedeutung für die Lernmotivation. *Unterrichtswissenschaft*, 31 (2), 142–165.

Semb, G. B. & Ellis, J. A. (1994). Knowledge Taught in School: What Is Remembered. *Review of Educational Research*, 64, 253–286.

Shavelson, R., Hubner, J. & Stanton, G. (1976). Self-Concept: Validation of Construct Interpretations. *Review of Educational Research*, 46, 407–441.

Shaver, J. P. & Strong, W. (1982). Facing Value Decisions. *Rational Building for Teachers* (2nd ed.). New York: Teachers College Press.

Shellard, E. & Protheroe, N. (2000). *Effective Teaching: How do we Know when we see it? The Informed Educator Series.* Arlington, VA: Educational Research Service.

Shulman, L. S. (1970). The Hidden Group in the Classroom. *Learning and Development*, 2, 1–6.

Shulman, L. S. (1986). Those Who Understand. Knowledge Growth. *Educational Researcher*, 15, 4–14.

Siegler, R. S. (1998). *Children's Thinking* (3rd ed.). Upper Saddle River, NJ: Prentice-Hall.

Simons, R. J. (1992). Lernen, selbständig zu lernen – ein Rahmenmodell. In H. Mandl & H. F. Friedrich (Hrsg.), *Lern- und Denkstrategien. Analyse und Interventionen.* Göttingen: Verlag für Psychologie, 251–264.

Singley, M. K. & Anderson, J. R. (1989). *The Transfer of Cognitive Skill.* Cambridge, MA: Harvard University Press.

Skinner, B. F. (1948). *Walden two.* New York: Macmillan.

Skinner, B. F. (1953). *Science and Human Behavior.* New York: Free Press.

Slavin, R. E. (1983a). *Cooperative Learning.* New York: Longman.

Slavin, R. E. (1983b). When does Cooperative Learning Increase Student Achievement. *Psychological Bulletin*, 94, 429–445.

Slavin, R. E. (1986). *Using Student Team Learning* (3rd ed.). Baltimore: Johns Hopkins University.

Slavin, R. E. (1990). Achievement Effects of Ability Grouping in Secondary Schools: A Best-Evidence Synthesis. *Review of Educational Research*, 60, 471–499.

Slavin, R. E. (1997). *Research on Cooperative Learning and Achievement: A Quarter Century of Research.* Paper presented at the annual meeting of the German Psychological Association. Frankfurt (September).

Smith, J. P., diSessa, A. A. & Roschelle, J. (1993). Misconceptions Reconceived: A Constructivist Analysis of Knowledge in Transition. *The Journal of the Learning Sciences*, 3, 115–163.

Snarey, J. R. (1985). Cross-Cultural University of Socio-Moral Development: A Critical Review of Kohlbergian Research. *Psychological Bulletin*, (97), 202–232.

Snow, R. E., Corno, L. & Jackson, D. (1996). Individual Differences in Affective and Conative Functions. In D. C. Berliner & R. C. Calfee (Eds.), *Handbook of Educational Psychology.* New York: Macmillan.

Soar, R. S. (1966). *An Integrative Approach to Classroom Learning.* Philadelphia: Temple University.

Soar, R. S. (1972). An Empirical Analysis of Selected Follow-Through Programs: An Example of a Process Approach to Evaluation. In I. Gordon (Ed.), *Early Childbook Education.* Chicago: National Society for the Study of Education.

Soar, R. S. (1972a). Teacher-Pupil Interaction. In *Yearbook 1972 of the Association for Supervision and Curriculum Development.* Washington, DC: Association for Supervision and Curriculum Development.

Soar, R. S. & Soar, R. (1983). Context effects in the Learning Process. In D. C. Smith (Ed.), *Essential Knowledge for Beginning Educators.* Washington, DC: American Association of Colleges of Teacher Education, 156–192.

Sommer, R. (1969). *Personal Space: The Behavioral Basis of Design.* Englewood Cliffs, NJ: Prentice-Hall.

Sommerfeld, P. (1993). *Erlebnispädagogisches Handeln. Ein Beitrag zur Erforschung konkreter pädagogischer Felder und ihrer Dynamik.* München: Juventa.

Spada, H. & Lay, K. (2000). Erwerb domänenspezifischen Wissens. In R. Duit & Ch. Rhöneck (Hrsg.), *Ergebnisse fachdidaktischer und psychologischer Lehr-Lern-Forschung*. Kiel: Institut für Pädagogik der Naturwissenschaften (IPN), 17–34.

Spaulding, R. L. (1965). *Achievement, Creativity and Self-Concept Correlates of Teacher-Pupil Transactions in Elementary Schools*. Hempstead, NY: Hofstra University.

Spearman, C. (1931). *Creative Mind*. New York: Appleton.

Spencer, H. (1873). *Education: Intellectual, Moral and Physical*. New York: Appleton.

Spielberger, C. (Ed.). (1966). *Anxiety and Behavior*. New York: Academic Press.

Spinath, F. M., Toussaint, A. et al. (2008). Motivation als Element schulbezogener Selbstregulation: Die Rolle genetischer Einflüsse. *Unterrichtswissenschaft*, 36, 3–16.

Sprague, J. R. & Walker, H. M. (2005). *Safe and Healthy Schools. Practical Prevention Strategies*. New York: Guilford Press.

Staeck, L. (1995). *Zeitgemässer Biologieunterricht* (5. Aufl.). Berlin: Cornelsen.

Stallings, J. A. & Kaskowitz, D. H. (1974). *Follow Through Classroom Observation Evaluation 1972 – 1973*. Menlo Park: Stanford Research Institute. Stanford Center.

Stangl, W. (o. J., mehrere Fassungen). *Der Begriff der sozialen Kompetenz in der psychologischen Literatur*. Internet: http://paedpsych.jk.uni-linz.at

Steiner, G. (1988). *Lernen. 20 Szenarien aus dem Alltag*. Bern: Verlag Hans Huber.

Steiner, G. (2001). Lernen und Wissenserwerb. In A. Krapp & B. Weidenmann (Hrsg.), *Pädagogische Psychologie. Ein Lehrbuch* (4. Aufl.). Weinheim: Beltz, 137–205.

Steiner, G. (2006). Wiederholungsstrategien. In H. Mandl & H. F. Friedrich (Hrsg.), *Handbuch Lernstrategien*. Göttingen: Hogrefe, 101–113.

Steiner, M. (1980). *Lehrplandifferenzierungen in der kaufmännischen Berufsbildung. Untersuchung zur Problematik der Differenzierung nach Neigungen im schweizerischen Kaufmännischen Berufsschulwesen*. St. Gallen: Dissertation HSG.

Sternberg, R. J. (1986). *Intelligence Applied*. New York: Harcourt Brace Jovanovic.

Sternberg, R. J. (1997). *Successful Intelligence*. New York: Plume.

Sternberg, R. J. (1997). *Thinking Styles*. Cambridge: Cambridge University Press.

Sternberg, R. J. (2001). Teaching Problem Solving as a Way of Life. In A. L. Costa (Ed.), *Developing Minds. A Resource for Teaching Thinking* (3rd ed.). Alexandria, VA: ASCD, 451–454.

Sternberg, R. J. & Kastoor, B. (1986). Synthesis of Research on the Effectiveness of Intellectual Skills Programs: Snake Oil Remedies or Miracle Cure? *Educational Leadership*, 44, 60–67.

Sternberg, R. J. & Lubart, T. I. (1996). Investing in Creativity. *American Psychologist*, 7, 677–688.

Stevenson, H. W. & Stiegler, J. W. (1992). *The Learning Gap. Why our Schools are failing and what we can learn from Japonese and Chinese Education*. New York: Summit Books.

Stewart, D. & Strasser, G. (1998). The Sampling of Critical, Unshared Information in Decision-Making Groups. The Role of an Informed Minority. *European Journal of Social Psychology*, 28, 95–113.

Stöckli, G. (1999). Nicht erschöpft und dennoch ausgebrannt? Pädagogisches Ausbrennen im Lehrerberuf. *Psychologie in Erziehung und Unterricht*, 46, 293–301.

Stratka, G. & Nenninger, P. et al (1996). Motiviertes selbstgesteuertes Lernen in der kaufmännischen Erstausbildung – Entwicklung und Validierung eines Zwei-Schulen-Modells. *Zeitschrift für Berufs- und Wirtschaftspädagogik*. Beiheft 13, 150–162.

Strohschneider, S. (1990). *Wissenserwerb und Handlungsregulation*. Wiesbaden: Deutscher Universitäts-Verlag.

Stronge, J. H. (2002). *Qualities of Effective Teachers*. Alexandria, VI: ASCD.

Stroot, T. (2007). Vom Diversitäts-Management zu «Learning Diversity». Vielfalt in der Organisation Schule. In S. Boller, E. Rosowski & Th. Stroot (Hrsg.), *Heterogenität in Schule und Unterricht*. Weinheim: Beltz, 52–64.

Süss, H. M. (1996). *Intelligenz, Wissen und Problemlösen*. Göttingen: Hogrefe.

Swanson, H. L. (1990). Influence of Metacognitive Knowledge and Aptitude on Problem Solving. *Journal of Educational Psychology,* 88 (2), 306–314.

Swartz, R. J. & Park, S. (1994). *Infusing the Teaching of Critical and Creative Thinking into Elementary Instruction. A Lesson Design Handbook.* Pacific Grove, CA: Critical Thinking Press and Software.

Sweller, J., Van Merrienboer, J. J. G. & Paas, F. G. W. C. (1998). Cognitive Architecture and Instructional Design. *Educational Psychology Review,* 10 (3), 251–296.

Tanner, D. & Tanner, L. (1995). *Curriculum Development. Theory into Practice.* Englewood Cliffs, NJ: Prentice-Hall.

Tausch, R. & Tausch, A. (1986). *Erziehungspsychologie* (9. Aufl.). Göttingen: Hogrefe.

Thomas, A. (Hrsg.). (1988). *Interkulturelles Lernen im Schüleraustausch.* Saarbrücken: Breitenbach.

Thompson, W. N. (1967). *Qualitative Research in Public Address and Communication.* New York: Holt, Rinehard and Winston.

Thorndike, E. L. (1932). *The Fundamentals of Learning.* New York: Teachers College.

Tobias, S. (1985). Test Anxiety: Interference, Defective Skills, and Cognitive Capacity. *Educational Psychologist,* 20, 135–142.

Trautwein, U. (2007). The Homework-Achievement Relation Reconsidered: Differentiating Homework Time, Homework Frequency, and Homework Effort. *Learning and Instruction,* 17, 372–388.

Treffinger, D. J. & Isaksen, S. G. (2001). Teaching for Creative Learning and Problem Solving. In A. L. Costa (Ed.), *Developing Minds. A Resource Book for Teaching and Thinking* (3rd ed.). Alexandria, VI: ASCD, 442–445.

Trigwell, K., Prosser, M. & Waterhouse, F. (1999). Relations between Teacher's Approaches to Teaching and Student's Approaches to Learning. *Higher Education,* 37, 57–70.

Turner, J. C., Midgley, C. et al. (2002). The Classroom Environment and Students' Reports of Avoidance Strategies in Mathematics: A Multimethod Study. *Journal of Educational Psychology,* 94 (1), 88–106.

Uhl, S. (1996). *Die Mittel der Moralerziehung und ihre Wirksamkeit.* Bad Heilbrunn: Julius Klinkhardt.

Van Ments, M. (1983). *The Effective Use of Role-Play. A Handbook for Teachers and Trainers.* London: Kogan Page.

Vargas, J. (1993). Improving Teaching by Focusing on Student Behavior. *The Teacher Education,* 28, 4, 5–23.

Vernon, D. T. A. & Blake, R. L. (1993). Does Problem-Based Learning Work? A Meta-Analyses of Evaluation Research. Academic Medicine, 68, 550–563.

Vester, F. (1985). *Unsere Welt – ein vernetztes System* (2. Aufl.). München: Deutscher Taschenbuch-Verlag.

Videbeck, R. (1960). Self-Conception and the Reaction of Others. *Sociometry,* 23, 351–359.

Von Cranach, M. & Tschan, F. (2003). Gruppen als informationsverarbeitende und handelnde Systeme – Konsequenzen für Gruppentraining. In K.-C. Hamberg & H. Holling (Hrsg.), *Innovative Personal- und Organisationsentwicklung.* Göttingen: Hogrefe, 332–351.

Vygotsky, L. S. (1962). *Thought and Language.* Cambridge, MA: MIT.

Vygotsky, L. S. (1978). *Mind in Society. Cambridge,* MA: Harvard University Press.

Wahl, D. (2006). *Lernumgebungen erfolgreich gestalten. Vom trägen Wissen zum kompetenten Handeln* (2. Aufl.). Bad Heilbrunn: Julius Klinkhardt.

Waibel, R. (1994). *Causal Relationship Between Academic Self-Concept and Academic Achievement. An Application of LISREL.* St. Gallen: Dissertation Universität.

Wallach, M. & Kogan, N. (1965). *Modes of Thinking in Young Children.* New York: Holt, Rinehard and Winston.

Wallach, M. (1971). *The Intelligence/Creativity Distinction.* New York: General Learning Press.

Walzik, S. (2006). *Sozialkompetenzen an der Hochschule fördern. Theoriegeleitete Entwicklung einer Lernumgebung und deren Evaluierung im Hinblick auf die Förderung sozialer Kompetenzen in Kooperations- und Teamsituationen.* Paderborn: Eusl-Verlagsgesellschaft mbH.

Wang, M. C. & Lindvall, C. M. (1984). Individual Differences in School Learning Environments: Theory, Research, and Design. In E. W. Gordon (Ed.), *Review of Research in Education* (Vol. 11). Washington, DC: AERA.

Ware, J. E. (1974). *The Doctor Fox Effekt. An Experimental Study of the Effectiveness of Lecture Presentations and the Validity of Student Ratings.* Southern Illinois University: Unpublished Doctoral Dissertation.

Webb, N. M. & Palincsar, A. S. (1996). Group Processes in the Classroom. In D. C. Berliner (Ed.), *Handbook of Educational Psychology.* New York: Macmillan.

Weber, A. (2004). *Problem-Based Learning. Ein Handbuch für die Ausbildung auf der Sekundarstufe II und auf der Tertiärstufe.* Bern: hep-Verlag.

Weber, E. (1975). Emotionalität und Erziehung. Ein pädagogischer Orientierungsversuch. In R. Oerter & E. Weber (Hrsg.), *Der Aspekt des Emotionalen in Unterricht und Erziehung.* Donauwörth: Auer, 69–125.

Weber, S. (1994). *Vorwissen in der betriebswirtschaftlichen Ausbildung. Eine struktur- und inhaltsanalytische Studie.* Wiesbaden: Gabler.

Weber, S. (2005). *Intercultural Learning as Identity Negotiation.* Frankfurt a.M.: Lang.

Wegge, J. (2001). Gruppenarbeit. In H. Schuler (Hrsg.), *Lehrbuch der Personalpsychologie.* Göttingen: Hogrefe, 484–507.

Weiner, B. (1972). *Theories of Motivation: From Mechanism to Cognition.* Chicago: Markham.

Weinert, F. E. (2001). Concepts of Competence: A Conceptual Clarification. In D. S. Rychen & H. L. Salganik (Eds.), *Defining and Selecting Key Competencies.* Göttingen: Hogrefe, 45–65.

Weinert, F. E. (1983). Ist Lernen lehren endlich erlernbar? Einführung in ein altes Problem und in einige neue Lösungsvorschläge. *Unterrichtswissenschaft*, 4, 329–334.

Weinert, F. E. (1984). Metakognition und Motivation als Determinanten der Lerneffektivität: Einführung und Überblick. In F. E. Weinert & R. H. Kluwe (Hrsg.), *Metakognition, Motivation und Lernen.* Stuttgart: Kohlhammer.

Weinert, F. E. (1993). Vorhersagbar- und Erklärbarkeit kreativer Leistungen. Ist Kreativität lernbar? *Technische Rundschau*, 24, 22–26.

Weinert, F. E. (1994). Entwicklung und Sozialisation der Intelligenz, der Kreativität und des Wissens. In K. A. Schneewind (Hrsg.), *Psychologie der Erziehung und Sozialisation. Enzyklopädie der Psychologie*, Themenbereich D, Serie I, Band 1. Göttingen: Hogrefe, 259–284.

Weinstein, C. E. (1988). Assessment and Training of Student Learning Strategies. In R. R. Schmeck (Ed.), *Learning Strategies and Learning Styles.* New York: Plenum Press, 291–316.

Weinstein, C. E. & Mayer, R. E. (1986). The Teaching of Learning Strategies. In M. C. Wittrock (Ed.), *Handbook of Research on Teaching* (3rd ed.). New York: Macmillan, 315–327.

Weinstein, R. S. & McKown, C. (1998). Expectancy Effects in «Context»: Listening to the Voices of Students and Teachers. In J. Brophy (Ed.), *Advances in Research on Teaching. Expectations in the Classroom* (Vol. 7). Greenwich, CT: JAI Press, 215–242.

Weinstein, R. S., Marshall, H. et al. (1987). Pygmalion and the Student: Age and Classroom Differences in Children's Awareness of Teacher Expectations. *Child Development*, 58, 1079–1093.

Wellenreuther, M. (2006). *Lehren und Lernen – aber wie?* (2. Aufl.). Hohengehren: Schneider.

Wenning, N. (2007). Heterogenität als Dilemma für Bildungseinrichtungen. In S. Boller, E. Rosowski & Th. Stroot (Hrsg.), *Heterogenität in Schule und Unterricht.* Weinheim: Beltz, 21–31.

Wild, E., Hofer, M. & Pekrun, R. (2001). Psychologie des Lernens. In A. Krapp & B. Weidenmann (Hrsg.), *Pädagogische Psychologie* (4. Aufl.). Weinheim: Beltz, 207–270.

Wild, K. P. & Krapp, A. (2001). Pädagogisch-psychologische Diagnostik. In A. Krapp & B. Weidenmann. *Pädagogische Psychologie* (4. Aufl.). Weinheim: Beltz PVU, 513–563.

Wilke, H. & Wit, A. (2002). Gruppenleistung. In W. Stroebe, K. Jonas & M. Hewstone (Hrsg.), *Sozialpsychologie. Eine Einführung.* Berlin: Springer, 497–534.

Will, H. (1991). *WUP aktuell: die Werkstattzeitung von Will und Partner.* München: Eigenverlag.

Willett, T. H. & Smythe, M. J. (1977). *A Descriptive Analyses of Nonverbal Behavior of College Teachers.* Paper presented at the Speech Communication Association Convention. Washington, DC.

Williams, C., Wright, B. & Partridge, I. (1999). Attention Deficit Hyperactivity Disorder: A Review. *British Journal of General Practice*, 49, 563–571.

Winkel, R. (1993). «Ey, ich aids Dich an!» Die fünf Sinnperspektiven aggressiven Verhaltens in der Schule. *Pädagogik*, 45, (3), 6–9.

Witty, J. & DeBaryshe, B. (1994). Student and Teacher Perceptions of Teachers' Communication of Performance Expectations in the Classroom. *Journal of Classroom Interaction*, 19, 1–8.

Wonderly, D. M. & Kupfersmid, J. H. (1980). Promoting Postconventional Morality: The Adequacy of Kohlberg's Aim. *Adolescence*, (15), 609–631.

Wood, D., Bruner, J. S. & Ross, G. (1976). The Role of Tutoring in Problem Solving. *Journal of Child Psychology and Psychiatry*, 17, 89–100.

Woods, D. R., Hrymak, A. N. et al. (1997). Developing Problem Solving Skill: The McMaster Problem Solving Program. *Journal of Engineering Education*, 86, 2, 75–91.

Woolfolk, A., Rosoff, B. & Hoy, W. (1990). Teachers' Sense of Efficacy and their Beliefs about Managing Students. *Teaching and Teacher Education*, 6, 137–148.

Wragg, E. & Wood, E. (1984). Teachers' First Encounters With Their Classes. In E. Wragg (Ed.), *Classroom Teaching Skills.* New York: Nichols, 47–78.

Wright, C. J. & Nuthall, G. (1970). Relationship between Teacher Behavior and Pupil Achievement in three Experimental Elementary Science Lessons. *American Educational Research Journal*, 7, 477–491.

Wuttke, E. (1999). *Motivation und Lernstrategien in einer selbstorganisationsoffenen Lernumgebung. Eine empirische Untersuchung bei Industriekaufleuten.* Bern: Peter Lang Verlag.

Wuttke, E. (2005). *Unterrichtskommunikation und Wissenserwerb. Zum Einfluss von Kommunikation auf den Prozess der Wissensgenerierung.* Bern: Peter Lang Verlag.

Zabeck, J. (1991). Schlüsselqualifikationen. Ein Schlüssel für eine antizipative Berufsbildung. In F. Achtenhagen (Hrsg.), *Duales System zwischen Tradition und Innovation.* Köln: Botermann & Botermann, 47–63.

Zajonc, R. B. (1968). Cognitive Theories in Social Psychology. In G. Lindzey & E. Aronson (Eds.), *Handbook of Social Psychology* (Vol. 1, 2nd ed.), Reading, MA: Addison-Wesley.

Zeder, A. (2006). *Das Lernjournal. Ein Instrument zur Förderung metakognitiver und fachlicher Kompetenzen.* St. Gallen: Dissertation Universität.

Ziegler, S. (1986). *Homework. Research Section Report No. 180.* Toronto: Board of Education.

Zimmerman, B. J. (2006). Integrating Classical Theories of Self-Regulated Learning: A Cyclical Phase Approach to Vocational Education. *Zeitschrift für Berufs- und Wirtschaftspädagogik*, Beiheft 20, 37–48.

Zutavern, M., Brühwiler, C. & Biedermann, H. (2002). *Die Leistungen der verschiedenen Schultypen auf der Sekundarstufe I* (Bericht 32). St. Gallen: Pädagogische Hochschule.

Zwicky, F. (1959). *Morphologische Forschung. Wesen und Wandel materieller und geistig struktureller Zusammenhänge.* Winterthur: Buchdruckerei Winterthur.

Stichwortverzeichnis

T

U

V

W

Z

T